De civitate Dei

上帝之城

（修订版）

上　册

［古罗马］奥古斯丁　著

王晓朝　译

人民出版社

再 版 前 言

　　奥古斯丁是古罗马帝国最杰出的基督教思想家、神学家、哲学家，西方文化的重要思想代表之一。在西罗马帝国行将就木之际，奥古斯丁有机地融合了基督教的核心信仰和柏拉图主义哲学，为基督教思想体系的最终形成作出了重要贡献，其深远影响遍及西方中世纪及近现代各种神学和哲学。

　　奥古斯丁的著作卷帙浩繁。他一生共撰有著作 232 部，书信和布道文数百。学界公认，《忏悔录》、《论三位一体》、《上帝之城》是奥古斯丁的代表作。为了更好地研究和评价奥古斯丁，本人于 1999 年翻译了《上帝之城》，于 2003—2004 年分上、中、下三册在香港出版了繁体字本。为了满足中国内地广大读者的需要，又由人民出版社于 2006 年出版了简体字本。从那以后，这个译本为广大读者所喜爱，也在学界留下了良好的口碑。

　　今年是中国社会改革开放四十周年。为了进一步推进新时代中国文化复兴大业，人民出版社拟再版拙译。闻讯后令我喜出望外，浮想联翩。始于 1978 年的改革开放给中国现代学术发展带来了勃勃生机。与我们的老师辈和学界前辈相比，我辈生逢其时，能够自主选择自己爱好的专业进行研究，并发表自己的学术见解。在此，谨向人民出版社的领导和责任编辑张伟珍女士表示诚挚的谢意！感谢你们对学术研究的重大支持！

译　者
2018 年 5 月 10 日

目　录

中 译 本 序

记不清在哪本书上读到过，或哪位学友对我说过："翻译奥古斯丁的著作不需要理由"。这句话的意思无非是说，这位古罗马帝国最杰出的基督教思想家的重要性使得翻译他的著作具有毋庸置疑的价值。

翻译奥古斯丁的著作不需要理由，然而出版他的著作需要有一篇中译本导言，其理由无非是：第一，让读者了解作者所处的时代背景、个人生平及相关事件；第二，帮助读者了解该书的写作动因、版本情况、逻辑结构和基本内容；第三，提供一些研究动态，并指出研究该书的重要性，为读者的思考和学者的研究提供一些线索。至于这篇序言能否起到这些作用，可由读者自己去判断，笔者只能尽力而为。

一、古罗马帝国的兴盛与衰败

要想读懂《上帝之城》，古罗马帝国的历史和文化应是必备的知识。

公元前27年，罗马帝国的第一位统治者屋大维拥有了"奥古斯都"的称号。从此时算起，到公元476年西罗马帝国灭亡止，罗马帝国的历史长达五个世纪。历史学家通常把罗马沦陷之前的帝国历史分为两个时期：帝政时期和帝国晚期。两者以公元235年亚历山大·塞维鲁即帝位或以戴克里先于284年即帝位为分期的界限。

罗马帝国的帝政时期（公元前27年—公元284年）经历了四个王朝，贤明君主也出了一些。"不会有什么争议的是，我们看到一些皇帝如奥古斯都、尼禄在塞涅卡执政时期的前五年、图拉真，尤其是哈德良、安东尼努斯·皮乌斯和马可·奥勒留等，努力要实现'圣明之君'的思想，最高统治者按照正义原则治理国家，把'公众福利'视为自己最高准则的思想。"①

帝政时期的罗马帝国就法权而论仍是一个由罗马公民群体统治的国家，这个群体由富贵显达的公民，即元老院成员所组成的统治集团为代表。外省被视为这个统治集团所共有的地产。当时意大利本土的居民人口只有 800 万左右，而帝国治下的臣民有一亿以上。最高统治者的高度集权与各地的城市自治是罗马帝国政治结构的典型特征。为了要以人数相对较少的罗马公民治理帝国全境，在健全行省制度的同时，帝国统治者又以国家的名义组织大规模的新城市的建设活动。两股力量维持着帝国的和平：一套人数不多但效率很高的行政机构和一支由职业军人组成的强大的常备军。

相对较长时期的和平环境无疑有益于文化的繁荣和统一文化的形成。帝政时期罗马帝国的文化繁荣是世所公认的，而这种文化繁荣与所谓"都市化运动"有密切的联系。这个运动极大地促进了罗马帝国境内城市的发展和繁荣，从而使帝国文化具有了典型的城市文明的特征。古罗马帝国的版图上有星罗棋布、数以千计的城市。帝国城市之多，城市之大，是世界古代文明中罕见的。"罗马帝国是由各城市或各城邦有机地汇合而成的一个大联合。各城市宛如人体里的细胞，是最小的，可是最有活力的有机体。"②罗马城作为帝国的首府是帝国所有城市中最壮丽辉煌的一个。可与罗马城媲美的是那些最富足的行省的首府：埃及的亚历山大里亚、叙利亚的安提阿、小亚细亚的以弗所、阿非利加的迦太基、高卢的里昂。稍逊于此的有帝国东西两部分数以百计的美丽的大城市。帝国所有的城市，尽管面积大小、人口多寡、财富、政治地位各不相同，但它们的外貌都呈现出罗马化的特征。

屋大维最先启动了城市化运动。他在罗马大兴土木，建造了许多公共设施。公元前 24 年建战神玛斯广场，公元前 13 年建马尔采鲁斯剧场、利维亚和屋大维亚柱廊，公元前 12 年建盖乌斯柱廊和长方形会堂。"他

---

① 策勒：《古希腊哲学史纲》，翁绍军译，山东人民出版社 1996 年版，第 284 页。
② 汤普逊：《中世纪经济社会史》上，耿淡如译，商务印书馆 1997 年版，第 54 页。

还经常敦促其他知名人士新建纪念碑或重建与装修旧纪念碑以装点罗马。"①在他的倡导下，许多宏伟庄严的建筑在罗马兴起。"他重建了一些年久失修而朽坏的或遭受火灾而烧毁了的神庙神殿，并用最丰富的献纳装饰这些以及其他的神庙；给卡庇托尔的朱庇特神殿，他一次就献纳了1.6万磅黄金，此外还有价值5000万塞斯特尔提乌斯的珍珠和贵重宝石。"②在他的推动下，罗马城从一座砖坯造的城市变成了一座大理石的城市，成为帝国尊严的象征。

克劳狄当政时期，都市化运动进一步推进。"他建成的公共工程虽然为数不多，但都是重要的、巨大规模的，主要有以下这些：由盖乌斯开始建筑的引水渠，富基努斯湖的排水道和奥斯提亚海港。"③韦斯帕西安④不仅对罗马的城市建设倾注了极大的热情，还坚决地鼓励各个行省建立都会生活。"由于从前的大火和断壁残垣，首都变得丑陋不堪。如果地产主对空地不加利用，他允许任何人占用和在上面建筑房屋。他亲自开始重建卡庇托尔，第一个动手清除瓦砾残骸，用自己的肩膀把垃圾背走。他还着手一些新建工程：市中心广场附近的和平之神庙，凯里乌斯山上献给神圣克劳狄的神庙，后者由阿格里皮娜开始建筑，但几乎被尼禄完全毁掉了；最后，还有罗马市中心的大圆形竞技场。"⑤这座"大圆形竞技场"建筑得非常坚固、宏伟壮丽。据说当时罗马人有句谚语："大圆形竞技场如有倾圮之日，罗马帝国亦必灭亡。"时至今日，罗马帝国早已作古，然而这座大竞技场仍然存留，成了引发人们思古之幽情的旅游胜地。

城市化运动给罗马帝国带来了深远的社会影响。一种以奴隶制为基础的高度发达的商品经济在帝国展现，成为帝国统治的经济基础；整个社会结构也发生了变化，人们的生活方式趋向一致。在此过程中，帝国统治者逐渐抹去了罗马公民和拉丁公民、罗马公民和行省属民的差别，一定程

---

① 苏维托尼乌斯：《罗马十二帝王传》，张竹明等译，商务印书馆1996年版，第64页。
② 同上书，第65页。
③ 同上书，第204页。
④ 或译作维斯帕西亚努斯，史书惯译韦伯芗。
⑤ 苏维托尼乌斯：《罗马十二帝王传》，第309页。

度上化解了民族矛盾，促进了民族同化。公元 212 年著名的"安东尼乌亚努斯敕令"把罗马公民资格赐给了所有的居民，帝国境内的所有自由男子至此都享有了公民权。它使原先狭隘的民族情结得以淡化，一种更具普遍意义的人类意识能够被人们比较普遍地接受了。尽管罗马帝国境内的文化趋同并没有最终消除文化的多样性，但我们可以说，到了 2 世纪中叶，罗马帝国的城市化运动大体完成，城市生活成为帝国居民生活的主要方式，帝国居民的统一公民意识已经具备。

　　罗马帝国不是一个完全世俗的实体，而有一个宗教的层面。罗马帝国建立以后，各种宗教的作用越来越大。我们可以看到，罗马传统宗教在公众中影响极大，在政治生活中仍旧有着重要作用，仍旧具有抗拒理性主义的思想功能；随着准专制的政治体制的建立，罗马宗教本身发生了重要变化，帝王崇拜与官方祭仪日盛，这种宗教调适使它能够在帝政时期仍然保持官方宗教的地位；在帝国文化的大熔炉中，罗马宗教置身于众多宗教之列，是最有影响力的宗教，在基督教成为国教之前，帝国的其他宗教还没有能与之相匹敌者，然而由于其自身所具有的神人同形同性论之痼疾，使它无法与后起的一神教，即基督教相抗衡，从而导致其官方宗教地位最终被基督教所取代。

　　一般说来，罗马当局对大多数非官方宗教的存在并不介意。帝国祭仪本身实际上也不是一种纯粹的宗教，因为帝国出于自己的目的从全国各地吸取和采纳了大量的异教祭仪。作为帝国首都的罗马城，随时都有从世界各地前来的臣民和外国人到这里定居。就像海洋容纳百川，罗马也迎接地中海世界所有民族进入她的胸怀。他们全都带来了本民族的宗教和迷信方式。罗马渐渐变成了它的子民的公共庙宇；该城的自由之风为人类所有神祇所共享。"这种宗教运动的活力表现在希腊—罗马世界热衷于吸收外来的宗教礼拜仪式，表现在东西方宗教的渗透和融合。"①神秘宗教和各种各样的流行祭仪占据了罗马万神殿的每一个壁龛。罗马皇帝哈得良下令重建罗马万神殿。他说："我想把这块所有神祇的圣地

----

① 　文德尔班：《哲学史教程》上卷，第 283 页。

建造得能够象征地球和天穹,永恒之火的种子存在于地球之中,天穹则涵盖万物。"当然,百分之百的宗教宽容并不存在。一旦某些宗教祭仪或组织对公众利益造成危害时,政府就一次次地加以限制或铲除。但作为一种通则,只要它们没有扰乱现存秩序,政府对它们的传播不予监管。"帝王和元老院在宗教问题上的政策始终既照顾到子民中的开明人士的思想,也照顾到迷信较深的子民们的习惯。在罗马世界流行的形形色色的宗教活动,罗马人民一概信以为真;哲学家一概斥为虚妄;行政官却一概认为有用。这样一来,忍耐不仅带来了相互宽容,甚至还带来宗教上的和谐。"①

政治上的统一已经完成,在宗教中寻求某种统一的体系也是必然的。多神论的宗教使许多人感到满足,神秘教使许多人得到精神上的解脱,然而还有一些人想要一种比哲学或秘仪更为深刻的宗教。哲学只能满足少数佼佼者;秘仪能满足较多人的需要,但无助于那些思想活跃或深感人生无价值的人。这些人的眼光如饥似渴地仰望着未来的更美好的世界,这是一种深沉的、强烈的、解放灵魂的要求,是一种超越凡尘的饥渴,是一种无与伦比的宗教热忱。这种探索最终指向了基督教。

基督教的诞生与罗马帝国的建立几乎同步。"希腊罗马世界是基督教的播种者耕耘的土地,种子的生长不仅依靠它本身具有的生命力,而且也取决于土壤的适宜与肥沃。"②就是在罗马帝国初期这样的文化环境中,基督教崛起了。

公元180年以前,基督教的社团相对比较弱小,不太为外人所知。它只是来自古代东方,在帝国大城市的居民中觅得栖身之所的众多祭仪之一。然后,从罗马皇帝马可·奥勒留逝世到康士坦丁大帝支持基督教的这一百二十多年里,基督教获得了长足的进步,教徒数量有了惊人的增长。而此刻的罗马帝国又开始受到内乱的困扰,苦难和动荡取代了在前

①　吉本:《罗马帝国衰亡史》,黄宜思等译,商务印书馆1997年版,第11页。

②　Angus, S., *The Religious Quests of the Graeco-Roman World*: A Study in the Historical Background of Early Christianity, New York, 1929. 安古斯:《希腊罗马世界的宗教探索》,第9页。

两个世纪那些强有力的皇帝的统治下取得的繁荣。惊恐不安的人们向宗教寻求避难所。为时代所崇尚的社会模式被削弱，传统信仰发生动摇。一种宗教在一个文化变迁、思想混乱的历史时期赢得大量信徒是常有的事，而这种迅速发展的宗教又往往与具有社会影响力或政治影响力的一整套观念联系在一起。得益于罗马帝国的社会结构和社会心理的变化，基督教迅速地发展起来。随着信众的增加，基督教的成分也变化了。以前的基督教几乎全部由贫苦阶层组成，绝大多数基督徒都是农民、匠人、妇女、儿童、乞丐、奴隶。到了 3 世纪初，越来越多有文化教养的人士进入教会，其中包括一些著名的学者，比如克莱门特、亚历山大里亚的奥利金、德尔图良等。政府官吏也有许多加入了基督教，有些还是行省总督一类的高级官僚。

　　罗马皇帝康士坦丁对基督教的支持使基督教走上了从秘密走向公开、从民间信仰上升为官方精神支柱的道路。康士坦丁以及后来的一些皇帝对基督教的支持从根本上改变了基督教在帝国中的命运，使基督教成为罗马帝国的唯一官方宗教。公元 313 年 2 月，他与利西努斯在米兰会面，以两位奥古斯都的名义颁布了所谓"米兰敕令"。这个敕令虽然还没有把基督教确立为国教，但值得注意的是，基督徒已经被统治者视作一种积极的力量，皇帝们对待基督教的态度已经改变了。敕令把宽容赋予基督徒，允许民众皈依基督教，归还迫害时期没收的教会财产。某些有利于基督教的重要尺度在这个官方文件中决定了下来。① 此后不到一代人的时间，在朱利安复辟旧神的努力失败以后，基督教在帝国中的地位有了根本性的改变。公元 380 年，狄奥多西一世（Theodosiu I，公元 379—395 年在位）颁布敕令，要求帝国"遵守神圣使徒彼得给罗马人的信仰"。公元 391 年、392 年，他又连续下令禁止异教崇拜，规定违者将受到与犯叛逆罪和渎神罪相同的惩罚。基督教因此成为罗马帝国唯一合法的宗教，即国教。这是罗马帝国史和西方世界史的一个重大转折点，是基督教国家的开端。

---

① 参阅 Alfoldi, A., 1969, *The Conversion of Constantine and Pagan Rome*, Oxford. 艾福蒂：《康士坦丁的皈依和异教的罗马》，第 82 页。

"在四世纪后半叶,教会比前一时期征服了更多更加杰出的知识分子。如圣杰罗姆所说,他们是最后皈依的人。"①到了公元325年的尼西亚会议前后,基督教的正统教义和神学体系已经成熟。一种有别于罗马帝国主流文化的新文化的精神体系成熟了。基督教神学征服了罗马帝国的精神世界,为西方中世纪的历史奠定了基础。

然而,就在基督教上升为国教以后的一个世纪内,出现了西罗马帝国的灭亡。公元410年,罗马城在蛮族的攻打下沦陷了。这一事件使罗马人日益高涨的基督教情绪受到了沉重打击。异教徒们乘机大肆攻击基督教,把罗马城的悲剧归咎于罗马人背叛民族神和改奉基督教,而虔诚的基督徒们也在苦苦思索这一事件的象征和意义。尽管基督徒并不认为自己属于这个世界,然而作为生活在现实中的每一个人都无法在思想上抹去罗马这个震撼人心的名字。奥古斯丁的生活时代正属于罗马帝国晚期。奥古斯丁的思想便是在罗马帝国的"伟大文明破碎之际酝酿而成的"。②

二、奥古斯丁生平概要

奥古斯丁的拉丁全名是奥勒留·奥古斯丁(Aurelius Augustinus, 354—430)。但是"奥勒留"这个名字,在奥古斯丁自己的《忏悔录》和书信中均未出现。学者们据此推断,奥勒留是由奥古斯丁同时代的人添加的。③

公元354年11月13日,奥古斯丁出生于北非的塔加斯特城(Tagaste),即现今阿尔及利亚东部的苏克阿赫腊斯城(Souk-Ahras)。当时,该城归罗马帝国的努米底亚(Numidia)行省管辖。在罗马帝国的版图

---

① MaCmullen, R., 1984, *Christianizing the Roman Empire*: A. D. 100—400, New Haven and London. 麦克姆伦:《罗马帝国的基督教化》,第68页。

② 白腾豪斯:《圣奥古斯丁研究手册》,第4页。

③ 参阅娄卜古典丛书(The Loeb Classical Library)《上帝之城》第一卷,《英译本导论》,George E. McCracken 撰,第 vii—viii 页;Eugene Portalie:《圣奥古斯丁思想指南》,Greenwood Press Inc. 1975 年,第5页。

中,北非属于西部,民众的通用语言为拉丁语。北非是早期拉丁基督教发展的重要地区。公元 2 世纪下半叶,基督教已经在讲拉丁语的帝国西部站住了脚。公元 3 世纪末,北非,尤其是迦太基(Carthage)周边地区,即现今突尼斯和阿尔及利亚,已经有了可与基督教在小亚细亚的教会相媲美的组织。奥古斯丁的一生主要就是在非洲这块土地上度过的。

奥古斯丁出生时,基督教虽已得到官方的支持,但尚未正式成为国教。在民众的实际生活中间,基督教仍处在与其他宗教对立冲突的状态之下。奥古斯丁的家庭也仿佛是这种社会状况的一个缩影。他的父亲不信基督教,只关心奥古斯丁的世俗功名,对他的早期生活有一定的影响。他的母亲则是一个虔诚的基督徒,一心指望他也早日归向上帝。她在晚年还长期陪伴在奥古斯丁的身边,反复规劝他皈依基督教,对他的生活和心灵影响很大。

奥古斯丁在青少年时代受过完备的学校教育,分别在家乡的启蒙小学、马都拉(Maduara)的文法学校(366 年起)和迦太基的修辞学校(370 年起)学习拉丁文、希腊文、文学、历史、语法、修辞和哲学,为他的日后发展奠定了良好的拉丁文和罗马古典文化基础。但他对希腊文不感兴趣,一直学不好,后来要靠拉丁译文才能研究希腊哲学。

奥古斯丁生性顽劣,不守本分,青少年时期曾干了不少坏事,诸如逃学旷课,打架斗殴,结伙偷梨,寻花问柳,与情人同居生下一子,后来又听从母命抛弃了这位名分不配的女子,另觅新人。不过他的羞耻心还未完全泯灭,对自己犯下的各种错误和罪恶时常感到焦虑不安。

19 岁那年,奥古斯丁读了西塞罗(Cicero,公元前 106—43 年)的著作《霍腾修斯》(Hortensius)①,开始对哲学产生浓厚兴趣,并决心追求永恒的真理,探索罪恶的根源。为此,他接触了圣经,但没能读懂,也没有接受基督教的信仰。他后来转向摩尼教,成为该教的一名热心听众,前后达九年之久,直至公元 383 年才对该教失望,离开了摩尼教。关于奥古斯丁与摩尼教的关系,学者们有不同看法。有的学者认为奥古斯丁并未读过摩

---

① 现已佚失。

尼教的文献,而仅仅是听过有关的教义而已,但多数学者认为,奥古斯丁接触过该教文献,不过没有成为正式摩尼教徒,而只是一名热心的听众。①

公元375年,奥古斯丁从迦太基修辞学校毕业,回到家乡做教师。在此期间,他经历了朋友死亡的痛苦与恐惧,可又未能找到超越死亡恐惧的出路。这一经历为他后来超越柏拉图主义哲学,领悟基督教的"道成肉身"和十字架的神秘意义提供了基础。公元376年至383年,奥古斯丁在迦太基当修辞学教师,后因对该城的学风不满,于383年秋赴罗马,又由于罗马的学生常常逃交学费,于384年转往米兰任教。米兰教会主教安布罗斯(Ambrose)此时对奥古斯丁产生了巨大影响。安布罗斯反复强调的"文字使人死,精神使人生"的喻意释经法使奥古斯丁大开眼界。

希腊哲学,尤其是柏拉图主义哲学,对奥古斯丁解决思想问题起了重要作用。据他自己回忆,20岁那年他就读过亚里士多德的《范畴篇》,但他认为亚里士多德的"实体论"对寻求真理并无什么用处。② 公元383年他对摩尼教失望以后,曾一度迷上柏拉图学园派的怀疑主义。③ 他采用了这种思想方法,对包括学园派哲学在内的一切思想均抱怀疑态度,④并从学园派的著作中领略到希腊哲学的理性论证。柏拉图主义和新柏拉图主义对奥古斯丁影响最大。他在米兰听安布罗斯讲道的时候研究了这些哲学,他阅读了用拉丁文编译的柏拉图主义著作,其中可能包括新柏拉图主义者普罗提诺(Plotinus)和波斐利(Porphry)的作品。⑤ 奥古斯丁后来在回忆自己的思想历程时提到,初次阅读柏拉图派哲学对他的思想起到两个实质性作用:首先,这种哲学使他"懂得在物质世界之外找寻真

---

① 参阅Coyle,J. K., 1978, Augustine's De Moribus Ecclesiae Cathocicae, The University Press, Fribourg Switzerland,《奥古斯丁的〈公教会之路〉》,第50—57页。

② 参阅奥古斯丁:《忏悔录》,卷4,章16。

③ 同上书,卷5,章10。

④ 同上书,卷5,章14。

⑤ 参阅布隆:《希波的奥古斯丁传》,第94页。

理"，①改变了原先将上帝当作物质实体的看法；其次，使他接受了普罗提诺把恶解释为善的匮乏的说法，②由此得到关于恶的根源的解释，并摆脱了摩尼教的善恶二元论。

以柏拉图主义为参照系，奥古斯丁重读了圣经，尤其是保罗书信。结果，他不仅认为圣经与柏拉图派哲学和谐一致，而且看到圣经超越柏拉图学派思想之处，这就是"道成肉身"和十字架的奥秘：基督甘取奴仆的形象，通过耶稣在十字架上的死亡，担负起了人类死亡的痛苦与恐惧，开辟了一条通往真理、通往永生的道路。③ 这样，长期以来一直困扰着奥古斯丁的两大问题，罪恶与死亡，终于迎刃而解了。

经过长期的思想斗争，奥古斯丁决定皈依基督教。公元 386 年秋到 387 年春，他在米兰以北的一座乡间别墅中首次开始过潜修的生活。当时他已辞去了修辞学教职，并解除了婚约，为正式加入基督教作积极的思想准备。在《忏悔录》中，他回忆了最终作出这一决定时的情景。那天，奥古斯丁怀着抉择的痛苦从房间里踱步来到花园，突然从邻居那里传出清纯的童音："拿着，读吧！拿着，读吧！"他立即转身回屋，顺手打开圣经，默默地读了最先翻到的一段话："不可荒宴醉酒，不可好色邪荡，不可争竞嫉妒。总要披戴主耶稣基督，不要为肉体安排，去放纵私欲。"④这段话仿佛是专门为他而作，深深打中他的要害，因为此前他一直"热衷于名利，渴望着婚姻"。⑤ 读完这段话，他"顿觉有一道恬静的光射到心中，溃散了阴霾笼罩的疑阵"。⑥ 到了公元 387 年复活节前夕，奥古斯丁终于受洗，正式加入基督教。

受洗后不久，奥古斯丁与母亲、儿子启程返乡，后因母亲中途病故，在罗马逗留了一年。公元 388 年，奥古斯丁经迦太基回到了家乡塔加斯特。

---

① 参阅奥古斯丁：《忏悔录》，卷 7，章 20。

② 参阅奥古斯丁：《忏悔录》，卷 7，章 12。

③ 参阅奥古斯丁：《忏悔录》，卷 7，章 9。

④ 《罗马书》13：13—14。

⑤ 参阅奥古斯丁：《忏悔录》，卷 6，章 6。

⑥ 参阅奥古斯丁：《忏悔录》，卷 8，章 12。

他变卖了家中仅有的一点儿财产,然后将钱分与穷人,并建立了一个平信徒修道院,继续过着沉思和潜心著述的生活。这段时期,他把基督教看作是从事哲学研究的有效帮助,着眼于善恶问题,探讨生活的幸福,批判了学园派的怀疑论和摩尼教的善恶二元论。

公元 391 年,奥古斯丁访问希波(Hippo),在当地主教及教徒们的极力挽留下,他很不情愿地担任了那里的牧师。不过,他很快就进入角色,显示了出众的才华。他在那里将希波的摩尼教领袖佛图纳图斯(Fortunatus)驳得体无完肤,迫使他当众认错并离开希波。公元 395年,奥古斯丁升任主教助理,396 年继任希波主教。他在这个职务上一干就是 34 年,直至公元 430 年 8 月 28 日去世为止。此时,希波城已经处在蛮族汪达尔人(Vandals)的围困之下,陷落在即。

奥古斯丁担任希波主教期间,将全部精力都献给了教会事业。他不知疲倦地布道,深入细致地解经,通过书信耐心回答来自各地的提问,频频出席迦太基等地的宗教会议并发表自己的见解。他坚定地站在大公教会(Catholic)①的立场上,反对异端,抨击异教。除了继续批驳摩尼教,他还与多纳图派(Donatists)、裴拉鸠主义(Pelaganism)进行了长期的论战。针对前者的分裂行为,他坚持大公教会的权威与统一;针对后者夸大自由意志的作用,他强调人的原罪,上帝的恩典和救赎预定论。罗马城遭劫以后,他写下了《上帝之城》驳斥异教徒的责难,为基督教的前途辩护。他还把自己原先所推崇的修道生活方式纳入教会之中,在主教住宅内建立了融教会生活与修道生活为一体的修道院,成为当时北非基督教的中心,并成为后来发展于欧洲的奥古斯丁修道会的前身。

三、奥古斯丁的著作与版本

奥古斯丁的著作卷帙浩繁。据他自己晚年在《订正录》

---

① Catholic 一词在本书中统译为"大公教",以区别古罗马帝国的天主教和后来的天主教。

(Retractation)一书中的回忆，奥古斯丁一生共撰写著作 232 部，还有数百封（篇）书信和布道文。我们在这里仅作简要介绍。

学者们公认，奥古斯丁的三部代表作是：《忏悔录》(Confessiones)，写于 397 年至 401 年；《论三位一体》(De Trinitate)，写于 399 年至 419 年；《上帝之城》(De Civitate Dei)，写于 413 年至 426 年。

他的主要哲学著作有：《反学园派》(Contra Academicos)，写于 386 年；《论幸福生活》(De Beata Vita)，写于 386 年；《独语录》(Soliloquia)，写于 386 年至 387 年；《论秩序》(De Ordine)，写于 386 年；《论辩证法》(De Dialectica)，真实性有争议，写于 387 年；《论灵魂不朽》(De Immortalitate Animae)，写于 387 年；《论自由意志》(De Libero Arbitrio)，写于 388 年至 395 年；《论音乐》(De Musica)写于 387 年至 390 年；《论谎言》(De Mendacio)，写于 396 年；《论基督导师》(De Magistro)，写于 387 年至 389 年；《论异议》(De Diversis Quaestionibus)，写于 388 年；《论美与适宜》(De Pulchro et Apto)，写于 380 年；《论灵魂的量》(De Quantitate Animae)，写于 388 年。

奥古斯丁著作有许多是论战性的。反摩尼教的有：《反佛图纳的摩尼教》(Contra Fortunatum Manichaeum)，写于 392 年；《反佛利科摩尼教》(Contra Felicem Manichaeum)，写于 398 年；《反福斯图的摩尼教》(Contra Faustum Manichaeum)，写于 400 年；《反摩尼教的基本教义》(Contra Epistolam Manichaeorum quam Vocant Fundamenti)，写于 397 年；《公教会之路》(De Moribus Ecclesiae Catholicae)，写于 388 年；《摩尼教之路》(De Moribus Manichaeorum)，写于 388 年；《反摩尼教论灵魂二元》(De Duabus Animabus contra Manichaeos)，写于 392 年；《反摩尼教论创世记》(De Genesi contra Manichaeos)，写于 388 年；《反摩尼教论善的本性》(De Natura Boni contra Manichaeos)，写于 399 年。反多纳图派的著作有：《反多纳图派论洗礼》(De Baptismo contra Donatistas)，写于 400 年。反裴拉鸠主义的著作有：《论本性与恩典》(De Natura et Gratia Contra Pelagium)，写于 415 年；《论裴拉鸠行动》(De Gestis Pelagii)，写于 417 年；《论基督的恩典与论原罪》(De Gratia Christi et de Peccato Originali, contra Pelagi-

um），写于 418 年;《论恩典与自由意志》(De Gratia et Libero Arbitrio)，写
于 426 年。

对奥古斯丁著作收录得较全的拉丁文版本主要有：本笃修道会版
(Benedictina, Paris, 1679—1700)；米涅(J. P. Migne)编《拉丁教父文集》
(Patrologiae Cursus Completus: Series Latina, Paris, 1844—64, vols, 32—
47)。维也纳学院编《教父文集》(Corpus scriptorum ecclesiasticorum lati-
norum, Academy of Vienna ed., 78 vols., Latin text only, 1866f)。

收录奥古斯丁著作的英文版本主要有：《尼西亚会议前后教父著作
集》(A Select Library of the Nicene and Post-Nicene Fathers of the Christian
Church, Schaff, P. ed., 1st and 2nd series, 28 vols., 1993, Michigan.)；
《教父文丛》(Library of the Fathers, Pusey, Keble, Newman, ed., Oxford,
1838—1888, 45 vols)；《基督教文献译丛》(Translations of Christian Litera-
ture, Sparrow, Simpson, Lowther Clarke, ed., London, 1917f)；《拉丁教父
著作选集》(Fathers of the Church: Selected writings of the Latin Fathers, F.
A. Wright ed., London, 1928)；《古代基督教作家》(Ancient Christian
Writers, Quasten, Plumpe, ed., Westminster, 1946f)。

经过学者们的长期努力，奥古斯丁的著作已经有相当一部分译成了
中文。计有：《忏悔录》，周士良译，商务印书馆，1987 年;《独语录》(内含
《论自由意志》)，成官泯译，上海社会科学院出版社，1997 年;《奥古斯丁
选集》(包括《论三位一体》前七卷、《论自由意志》、《论本性与恩典》和
《教义手册》)，汤清等译，基督教文艺出版社，香港，1989 年;《忏悔录》，
应枫译，生命意义出版社，香港，1988 年;《基本教理讲授选集》(含《论信
德与信经》、《与望教者谈信经》、《论信德与行为》、《论基督徒的战斗》、
《论基督徒的修养》、《论不见而信》、《基本教程手册——论信望爱》、《启
蒙教理讲授法》)，田永正译，闻道出版社，香港，1984 年。

特别应当指出，《上帝之城》在 20 世纪 70 年代已经有了一个中译
本，译名为《天主之城》(吴宗文译，台湾商务印书馆 1971 年版)。读者们
当然要问，已经有了一个中译本，为什么还要再译? 理由仍是多方面的。
不过在此，笔者只想说，作为一本世界名著，多一个中文译本不仅不会损

害其重要意义,反而能够凸显其重要价值。至于译本之优劣,我们仍旧留给读者自己去判断。这可能也是香港汉语基督教文化研究所邀我翻译此书的主要考虑。

这个中译本的翻译主要依据以下英译本:马库斯·多兹(Marcus Dods,1834—1909)译《上帝之城》(收入沙夫主编:《尼西亚会议及会议以后的基督教教父著作选集》,第一系列,第二卷);迪逊译《上帝之城:反异教徒》(The City of God against the Pagans, edited and translated by R. W. Dyson, Cambridge University Press, 1998.);娄卜丛书译本(Augustine:City of God, 7 vols, Loeb Classical Library.),由多人译成;泽玛、沃尔什译《上帝之城》(Augustine, The City of God, translated by D. B. Zema & G. G. Walsh, vlos. 8—10, in the Fathers of the Church, New York, 1950.)。

这个中译本对以上英译本中的注释做了综合取舍,注释文字亦做了变通。一些英译本每卷开头各有一段英译者对全卷主要论证的概述,每一章亦有一个英译者所加的标题,为有助于阅读,中译者译出这些文字,作为各卷的"提要"和各章的标题。

考虑到中国人文学界的习惯,这个中译本的书名译为《上帝之城》。书中所有圣经引文均结合奥古斯丁原文并参照和合本圣经"上帝版"译出。

四、《上帝之城》的写作动因与逻辑结构

罗马的沦陷是奥古斯丁写作《上帝之城》的直接动因。公元410年8月24日,哥特人在国王阿拉里克(Alaric)的率领下攻入罗马城,洗劫三天,并放火焚烧了城中的部分地方。这一事件在帝国上下引起了强烈的震动。异教徒们乘机大肆攻击基督教,把罗马城的悲剧归咎于罗马人背叛民族神改奉基督教的结果。罗马人原先日益高涨的基督教情绪也受到了沉重的打击。在这样一种特殊的历史背景下,奥古斯丁有了撰写《上帝之城》的打算。"我对上帝之家的向往由此被点燃,并推动着我去捍卫

上帝之城,反对它的攻击者的指责和歪曲。"①

　　罗马城是罗马帝国的发源地,在四世纪初以前的近八百年时间中该城一直是这个国家的首都。公元 330 年康士坦丁大帝迁都康士坦丁堡(Constantinople)以后,罗马城作为帝国政治中心的地位已经下降,但它依然是帝国西部的政治和文化中心。因此,在罗马人心目中,无论是基督徒还是异教徒,罗马城始终是帝国文明的象征。对基督徒来说,由于罗马曾经是使徒彼得和保罗光顾过的圣地,罗马教会是当时基督教的中心,因此它被基督徒视作受到上帝特殊庇护的"永恒之城"。所以,当杰罗姆(Jerome)得知罗马城的灾难时,不禁惊叹道:"如果罗马能够毁灭的话,还有什么地方能够安全呢?"②罗马沦陷这一事件对基督徒的打击从中可见一斑。

　　在异教徒看来,在罗马从弹丸之地跃居为世界性大帝国的首都的漫长过程中,祖先们并不崇拜基督教的上帝,而是崇拜自己的民族神,因此,罗马的强大是民族神庇护的结果,而罗马城的灾难是罗马人信奉基督教,背叛民族神而遭受的严厉惩罚。他们乘机对基督教提出了种种责难。一个世俗事件引发了一场信仰危机。"奥古斯丁尝试从事阐释历史哲学的历史时机,不只使他的工作格外引人注目,更使我们对他所具有的思想家的勇气备加推崇;最可能适合一位基督教思想家从事这种研究的时机,无疑应当是确立基督教为帝国宗教的康士坦丁大帝时期,而在奥古斯丁着手这项工作之际,正是公开信奉基督教的罗马世界衰亡的警钟长鸣之时。"③

　　奥古斯丁在情感上也为罗马城的遭劫而难过。他在一次布道中曾伤感地说:"我告诉你们,兄弟们,听到这个消息,我的心都碎了,是的,我的心碎了。"④然而,奥古斯丁的信仰并没有动摇。当时,虽然罗马大帝国正在急剧衰落,但大公教会的势力却在迅猛地膨胀。公元 390 年,罗马元老

① 　奥古斯丁:《订正录》卷 2,章 43。
② 　杰罗姆:《书信》123.16。
③ 　蒙哥马利:《奥古斯丁》,于海等译,中国社会科学出版社 1992 年版,第 197 页。
④ 　奥古斯丁:《布道文集》,篇 296。

院中已有 600 多位成员皈依了基督教,绝大多数行省的中产阶层已成为基督徒。① 公元 400 年以后,教会开始了"田野福音宣传"运动,基督教势力从城市往乡村扩散。各地教会之间形成了与帝国政府权力体系相应的关系网络。大公教会已成为几乎可以与帝国相抗衡的"国中之国"。当时已担任希波主教十多年的奥古斯丁,更是坚定地站在大公教会的立场上,强调教会在信仰生活中的重要作用,将教会视为人们通往生活的道德、幸福与和平的基本保证。在他看来,罗马城虽然毁了,但另一座新城"上帝之城"却在壮大,大公教会就是这座新城的世俗影子。

公元 413 年,应罗马将军马凯利努斯(Marcellinus)的请求,奥古斯丁开始写作《上帝之城》。公元 427 年,奥古斯丁大功告成,完成了这部世界名著,前后历时 14 年。对此,奥古斯丁本人也是始料未及的,其中一个原因是在此期间他与裴拉鸠派就自由意志与恩典问题进行了旷日持久的论战,因此推延了《上帝之城》的写作。

《上帝之城》全书共有 22 卷,可以分为两大部分。第一部分包括前 10 卷,主要批驳异教徒对基督教的责难,重评罗马史,认为罗马的毁灭是咎由自取,与基督教无关。第二部分包括第十一卷至第二十二卷,较为系统地涉及历史观。具体说来,第十一卷至第十四卷阐述了人类社会的起源,或"上帝之城"与"世俗之城"的来源;第十五卷至第十八卷阐述了人类历史的发展过程;第十九卷至第二十二卷阐述人类历史的结局。

《上帝之城》篇幅巨大,论题重复、思想矛盾之处时有发生,很难用今日的学术标准去断言这个文本中有一个严密的思想体系。奥古斯丁多变的生活轨迹与复杂的思想历程是造成这一现象的重要原因。他本人也曾说自己是一个"随着生活进展而写作,又在写作中进展"的人②。但毕竟,这是奥古斯丁的一部晚期著作,其中的内容融会了他一生中的主要思想,因此可以说《上帝之城》是"奥古斯丁思想的成熟之花",是他一生思想的

---

① 参阅汤普逊:《中世纪经济社会史》上,耿淡如译,商务印书馆 1996 年版,第 103 页。
② 参阅奥古斯丁:《书信》,143。

结晶。

搞懂上帝之城与世俗之城的含义和区别是我们理解《上帝之城》的一把钥匙。奥古斯丁本人在书中多处作过辨析。下面我们对他的相关论述作一些综合：

第一，"上帝之城"的说法源于圣经，"我们所称上天之城，是圣经上有证据的。"①经上说："上帝之城啊，有荣耀的事乃指着你说的。"②"上帝本为大，在我们上帝的城中，在他的圣山上，该受大赞美。锡安山，大君王的城，在北面居高华美，为全地所喜悦。""我们在万军之主的城中，就是在我们上帝的城中，所看见的正如我们所听见的。上帝必坚立这城，直到永远。"③奥古斯丁指出，这些经文"都告诉我们有一座上帝之城，它的创造者劝我们作它的子民。然而世俗之城的民众，却将他们的邪神放在圣城的创造者之上，因为他们不知道他是众神之王。"④

第二，上帝之城与世俗之城的划分不是空间或地理上的，而是有着不同追求的社会团体。"天下万国，虽宗教与风俗各异，言语、武器、衣冠不同，然而人类只有两个大团体，若照圣经上的话，我们可称之为两个城子，一个是由愿依肉欲生活的人组成，而另一个由愿依精神生活的人组成，若各得其所望，则平安无事。⑤ 这种划分不按民族、国度，因而具有普世意义。

第三，两城的划分标准可以进一步具体化为在尘世生活的人所爱对象的秩序。原罪之罚使人失落了生活的完满幸福，但是人没有失落对幸福的爱，⑥在现实生活中，"容易找到一个不愿作国王的人，但找不到不愿幸福的人"。⑦ 然而，人类对幸福的共同之爱，却会产生不同的爱的对象

① 《上帝之城》，卷11，章1。
② 《诗篇》87:3。
③ 《诗篇》48:1，2，8。
④ 《上帝之城》，卷11，章1。
⑤ 《上帝之城》，卷14，章1。
⑥ 《上帝之城》，卷22，章30。
⑦ 《上帝之城》，卷4，章23。

的秩序。因为在这个有着上下等级秩序的世界中，既可选择至上的上帝，依精神而生活，也可选择下一级的自己，依肉欲而生活。"两种爱创建了两座城：爱自己以至轻视上帝的人，组成了世俗之城，爱上帝以至轻看自己的人，组成了上帝之城。"①

第四，上帝之城和世俗之城的界限泾渭分明，但是两城的历史发展进程则"自始至终混合在一起"，"直到通过最后审判它们才被分开"。② 所以，关于"两城"的说法是"隐喻式"的。③ 上帝之城曾独立存在过，以后还将独立存在，不过那是尘世史之外的事情，即魔鬼犯罪前的"天使之城"④和末世审判后的未来天国。相对于人类社会的历史现实来说，上帝之城在人类社会的历史现实中不是独立存在的社会实体，而是一种象征。"上帝之城过去确实有过与之相似的某种影像和预言，它们是上帝之城的象征，而不是它在特定时间内在尘世的代表。这个影像也被称作圣城，因其象征性而得此名，它并不直接显示那将要到来的那个实在。"⑤

第五，教会只是上帝之城的象征，而不是上帝之城本身。事实上，在教会中有些人也"毫不犹豫地与我们的敌人一起反对上帝"，而在敌人之中有些人则会潜在地成为上帝之城的居民。基督徒不要为这样的事实而失望，因为"实际上在现世两城是相互纠缠、混合的，直至最后审判，它们才被各自分开"。⑥ 这一观点表明，奥古斯丁从未来历史命运的意义上肯定了教会优越于世俗国家，但没有要求教会在现实生活中凌驾于国家之上。

第六，两城的划分并不意味着基督徒的精神属于上帝之城，肉身属于世俗之城，而是指基督徒以灵与肉上下有序的生活态度（这就是属上帝之城的象征）从事着世俗的工作（此为世俗之城的身份）。这就是个人的

---

① 《上帝之城》，卷14，章28。
② 《上帝之城》，卷18，章54。
③ 《上帝之城》，卷15，章1。
④ 《上帝之城》，卷11，章9。
⑤ 《上帝之城》，卷15，章2。
⑥ 《上帝之城》，卷3，章35。

历史境遇。现世中的人是具有双重身份的存在:作为一名非基督徒,他存在着做基督徒的可能;作为一名基督徒,他必然同时也是世俗社会的一员。因此,奥古斯丁称基督徒既是上帝之城的"居民",①又是世俗之城的"旅客"。② 所以,基督徒虽然与他人有"不同的信、望、爱",但也"同样享受世间的利或者遭受邪恶"。③

第七,所谓的依肉欲的世俗之城的生活,不是指世俗的物质生活,而是指精神背离上帝从而为朽坏的肉欲所奴役的生活。所谓依精神的上帝之城的生活,也不是指人的精神生活,而是指精神服从上帝从而能够支配肉欲的生活。④ 人的完满本性不仅是灵与肉的统一,而且是上下有序的统一。在他看来,人的灵魂或精神一旦背离了上帝,也就不能支配自己的肉欲,从而成为肉欲的奴隶。

弄清了奥古斯丁上帝之城和世俗之城的含义与差别,那么,奥古斯丁在该书中表述的基督教的历史观也就不难理解了。

五、研究动态与思想价值

奥古斯丁是古罗马帝国最杰出的基督教思想家。他有机地融合了基督教的核心信仰和柏拉图主义哲学,为基督教思想体系的最终形成作出了重要贡献,其深远影响遍及西方中世纪及近现代的各种基督教神学和哲学。美国现代神学家、芝加哥大学教授威廉斯(Daniel D. Williams)的评价可以代表西方学术界对奥古斯丁的总体看法。他说:

"当我们想起怀特海教授关于西方哲学是对柏拉图的一系列脚注的评论时,我们也能同样公正地说,西方的基督教神学也是对奥古斯丁的一系列脚注。尽管后来的思想家对柏拉图和奥古斯丁所添补的注解多种多样,还有人持强烈的反对态度,但是奥古斯丁的著作依然居于基

---

① 《上帝之城》,卷14,章9。
② 《上帝之城》,卷14,章9。
③ 《上帝之城》,卷18,章54。
④ 《上帝之城》,卷14,章2—4。

督教思想领域的巅峰，以至于严肃的思想家没有人能够不重视它们。在中世纪，圣安瑟伦和圣托马斯·阿奎那直接依赖他。在新教改革中，路德和加尔文重新肯定了奥古斯丁的上帝观和人需要神恩的观念。始于笛卡尔的近代唯理主义哲学受惠于奥古斯丁的思想因素。他还以教义的其他因素支持了这样一些重要的思想家：帕斯卡尔（Pascal）、纽曼（Newman），以及我们这个时代的雅克·马利坦（Jacques Maritain）、莱因霍尔德·尼布尔（Reinhold Niebuhr）、保罗·蒂利希（Paul Tillich）和卡尔·巴特（Karl Barth）。无论是谁，若想了解 15 个世纪以来一直在塑造我们心灵的基督教传统和西方哲学的结构性观念，就必须了解圣奥古斯丁。"①

正因为奥古斯丁对西方社会和思想有如此广泛而持久的影响力，研究奥古斯丁在西方学术界也就成为一项永久性的课题。如果从奥古斯丁的好友波西狄乌（Possidius，约卒于 440 年）撰写《奥古斯丁传》算起，西方对奥古斯丁的研究已有一千五百多年的历史。西方学术界已有成果可以分为以下几种主要类型：第一，"年代学"（chronology）的研究，即按照奥古斯丁生活和写作的年代顺序，分阶段地叙述和评价他的思想发展历程，这方面的权威性著作有彼特·布隆（Peter Brown）的《希波的奥古斯丁传》（*Augustine of Hippo, a Biography*，初版于 1967 年）；第二，系统性的研究，即对奥古斯丁所涉及的主要思想领域进行系统的整理，代表性著作有耶稣会的雨日内·波塔勒（Eugene Portalie S.J., 1852—1909）所作的《圣奥古斯丁思想入门》（*A Guide to the Thought of Saint Augustine*）以及由白腾豪斯主编的《圣奥古斯丁研究手册》（*A Companion to the study of St. Augustine*，初版于 1955 年）；第三，以问题为导向的专题研究，这种类型的研究为数众多，研究的问题小到某一历史细节的考证，大到某些基本问题，并且通过这些基本问题可以贯通奥古斯丁的整个思想图景。例如，法国当代哲学家，著名的中世纪哲学史家吉尔松（Etienne Gilson）的《圣奥

---

① 转引自 Battenhouse. R. W., 1956, A Companion to the Study of St. Augustine, New York，白腾豪斯：《圣奥古斯丁研究手册》，第 4 页。

古斯丁的基督教哲学》(*The Christian Philosophy of Saint Augustine*, 1960)
以"幸福论"问题为导向,对奥古斯丁的思想作深入诠释。上述三种类型
当然不能作绝对的划分,有些著作可以看作是对几种研究方法的兼容。
例如,里斯特(John M. Rist)的《奥古斯丁:受洗的古代思想》(*Augustine*:
Ancient Thought Baptized, 1994)。

　　迄今为止,我国学术界对奥古斯丁的研究基本上采用总体述评的方
式,取得了一些基础性的成果。例如,博乐安:《奥古斯丁》,载《西方著名
哲学家评传》,第二卷,山东人民出版社,1984 年;赵复山:《奥古斯丁》,载
王树人等主编《西方著名哲学家传略》,上卷,山东人民出版社,1987 年;
范明生:《晚期希腊哲学和基督教神学:东西方文化的汇合》,第七章,"基
督教神学的奠基人:奥古斯丁",上海人民出版社,1993 年;赵敦华:《基督
教哲学 1500 年》,第三章,《奥古斯丁主义》,人民出版社,1994 年。这些
中文研究成果为后继者提供了把握奥古斯丁思想的基本素材和框架,提
出了许多重要的有参考意义的评价,可供我们研究奥古斯丁思想作参考。
另外,据本人所知,全国各重要大学的研究生近年来也有不少以奥古斯丁
为硕士、博士论文研究对象。相信中国学术界对奥古斯丁思想的研究一
定能够推陈出新,不断深入。这也从另一个角度向我们提出了翻译和出
版奥古斯丁《上帝之城》的重要性和迫切性。

　　由于历史文化背景的差异,中国读者对《上帝之城》这本世界名著了
解和研究很少。在笔者看来,我们现在阅读和研究这本著作至少具有以
下价值和意义:

　　首先,为我们把握基督教在古罗马帝国的历史发展提供重要材料。
要理解基督教并探讨它与异教文化的关系,必须了解基督教的生存环境。
基督教产生于古罗马帝国。这个帝国是基督教在其中得到充分发展的第
一个大帝国。古代西方世界是基督教的播种者耕耘的土地,种子的生长
不仅依靠它本身具有的生命力,而且也取决于土壤的适宜与肥沃。只有
在我们看清了基督教从中得以产生并在其中发现它自身的这个背景时,
它拥有的那些使我们可以称之为基督教的许多特点才能得到评价。《上
帝之城》为我们提供了许多一手材料,生动地反映了在罗马帝国这个文

化大熔炉里，基督教的成长过程，反映了当时激烈的文化冲突与融合。奥古斯丁作为古代基督教思想的集大成者，综合了他的前辈们的贡献，把基督教思想推向了一个新的高度。

其次，为我们把握基督教思想的发展和演变提供了重要的材料。基督教的发展不仅有一个组织（教会）的层面，而且还有一个思想的层面。一种宗教在一个文化变迁、思想混乱的历史时期赢得大量信徒是常有的事，而这种迅速发展的宗教又往往与具有社会影响力或政治影响力的一整套观念联系在一起。我们看到，在一个哲学、宗教、神灵、巫术，都被熔为一炉的文化环境中，基督教以其一神论的根基和基督教领袖们的号召力为旗帜，以众多教父思想家为代表，在思想领域战胜了其他对手，完成了思想上的综合。基督教思想家的创造也是多方面的。奥古斯丁思想中的神学历史观，或称奥古斯丁的"历史哲学"，是奥古斯丁思想重要组成部分，甚至是关键性的部分，具有鲜明的时代特征和思想深度，也正因为如此，这些观念能够持续地对后世思想发挥巨大的影响。

再次，有助于我们准确地理解基督教文化。历史告诉我们，基督教是一种富有创造力的宗教文化。当基督教与它的文化环境接触时，基督教与它的外界必然发生相互作用。当基督教的思想家在批判异教文化的时候，他们实际上也在为建立一种基督教新文化而努力。这种新文化将包含基督教信仰的基本内容和在历史进程中被基督教吸收进来的成分。这种修饰过了的基督教是一个新的起点，是一种新的创造。它给整个世界带来的是一种以基督教的信仰为核心的新文化。奥古斯丁基督教文化从罗马帝国亚文化的地位上升为占主导地位的主流文化这样一个关键时期，这样的变化不仅在改变着世界，而且也在改变着基督教本身。通过对《上帝之城》的研究，一定会加深对基督教文化的认识和理解。

最后，为汉语神学的建设提供有益的借鉴。时值世纪之交，无人否认当今中国社会正在经历着极为重要的社会转型和文化转型，更鲜有人否认基督教文化已经是中国社会中现存的一股重要文化力量，及其对中国文化发展所应起的作用。专家学者们在思考未来中国文化发展的走向时，无疑会涉及基督教与中国文化的关系问题，在创建汉语神学时也需要以历史为镜。《上帝之城》虽有其历史局限性,但仍可资借鉴。例如,中国宗教的多元状况与罗马帝国何其相似。我们通过比较即可知道,在这样一个文化多元的时代,信仰与理性的协调程度,信仰群体与整个社会的关系将是我们判断中国现存各宗教在今后一个时期内的走向与发展趋势的重要指标,而神学的创建发展亦可作为我们估量各种宗教文化创造力的尺度之一。

1999 年,本人应香港汉语基督教文化研究所之邀着手翻译此书,后于 2003 年至 2004 年分上、中、下三册在香港出版繁体字本。现为满足中国内地广大读者的需要,由人民出版社出版简体字本。出版之前,译者对繁体字本中的若干错误做了修订。借此机会,感谢香港汉语基督教文化研究所的授权,并向人民出版社责任编辑张伟珍女士表示诚挚的谢意。

王晓朝

清华大学哲学系

2005 年 12 月 20 日

第 一 卷

【本卷提要】奥古斯丁批判异教徒把世上发生的一系列灾难,特别是哥特人最近洗劫罗马,归咎于基督教及其禁止崇拜诸神。他认为生活中的幸运和灾祸为善人和恶人所共有。最后,他谴责可耻地讥笑基督教妇女遭受敌兵侮辱的那些人。

前言　写作本书的基本设想

最荣耀的上帝之城①是本书的主题,我最亲爱的孩子马凯利努斯(Marcellinus)②,写作此书是出于你的建议,我现将此书按照应许题献给你。关于上帝之城,我已经为她做了辩护,反对那些宁要他们自己的诸神,而不要这座城的创建者的人。这座城具有无与伦比的荣耀,无论这座城在我们看来是否凭着信仰存活在似水流年中③,在不敬神

① 奥古斯丁用"civitas Dei"这个大公教的术语称呼由上帝创建和统治的国家与社团。这个术语在圣经中用来指耶路撒冷或旧约时代的教会(《诗篇》40:6,4;48:1,8;87:3),指天上的耶路撒冷或完善的教会(《希伯来书》11:10,16;12:22;《启示录》3:12;21:2;22:14,19)。奥古斯丁用这个术语指整个上帝之国,在军事和国家两方面既有犹太教的含义,又有基督教的含义,并用它来与今世衰亡的国家相对立。他的著作涉及两种国家,但他用较好的国家为全书命名,称之为"上帝之城"。

② 马凯利努斯是奥古斯丁的朋友,曾恳请他撰写这部著作。马凯利努斯受罗马皇帝荷诺留(Honorius)的派遣,主持公元411年夏大公教与多纳图派主教举行的会议,判定大公教为胜利者。但由于他采用严峻的法律来对待多纳图主义者,因此成为报复的牺牲品,死后被尊为大公教的圣徒。参阅奥古斯丁:《书信集》133,136,138,139,143,151。

③ 参阅《哈巴谷书》2:4;《罗马书》1:17;《加拉太书》3:11;《希伯来书》10:38。

的人中作客旅，还是将在永恒宝座上居住，像她现在这样忍耐等待着，期盼"公义将转向审判"①，这座城依靠其卓越的品格，已稳操最终胜利和完全和平之胜券。这项工作既伟大又艰巨，但上帝是我的助佑。②

然而我明白，劝导骄傲者承认谦卑美德之伟大需要非凡的才能，谦卑美德使我们高升——然而不是靠人的傲慢，而是凭上帝的恩宠——超越一切无常的浮世荣华。我们所说的这座城的国王和创建者在圣经中用这样的话语对他的子民宣谕神圣的律法："上帝阻挡骄傲的人，赐恩给谦卑的人。"③这指的是上帝的属性，但是妄自尊大的灵魂和骄傲的野心也会假冒，并且非常喜欢将这上帝的属性充作自己的品行，所以"对臣服的人要宽大，对骄傲的人要征服"④。

因此，我们所从事的这项工作的计划，便要求我们在有机会的时候，也必须谈及世俗之城，尽管世俗之城是各民族的霸主，但它本身却受统治欲的支配。

章1　由于敬重基督，蛮族人在洗劫罗马时饶恕了那些敌视基督之名的人

敌人属于这座世俗之城，为了反对这些敌人，我必须捍卫上帝之城。他们中有许多人确实摈弃了不敬上帝的错误，成为这座城的足够可靠的公民；但仍有许多人仍旧在仇视救赎者，对他非凡的庇护并不感恩，竟然忘了自己若非在圣堂中躲藏，就不能躲过敌人的刀枪，现在也就不能信口

---

① 《诗篇》94∶15，有英译本作"审判将转向公义"。奥古斯丁由于不懂希伯来文，因此在引用旧约经文时只能依据他那个时代不完善的拉丁文译本，他一开始甚至反对杰罗姆修订拉丁文圣经。

② 参阅《诗篇》118∶6。

③ 《雅各书》4∶6；《彼得前书》5∶5。

④ 维吉尔：《埃涅阿斯纪》，卷 vi，行 853。本书所引维吉尔语均参照杨周翰中译本（人民文学出版社 1984 年版），并结合原文作适当修改，以下不一一注明。

雌黄,吹嘘自己命大了。① 这些由于蛮族人敬重基督而得到宽恕的罗马人不是成为基督之名的敌人了吗?殉道者的尸骨和使徒的教会可以为此作证,在这座城市遭难时,圣堂之门打开了,接纳所有前来投奔避难的人,无论他们是基督徒还是异教徒。② 嗜血的敌人在圣堂的门槛前止步,克制了他们的怒火。那些有怜悯心的敌人还将未被杀戮的人引入圣堂,免得那些没有怜悯心的人会再将他们杀戮。这些杀人凶手在其他地方确实都表现得毫无怜悯心,到处实行战争之特许而滥杀无辜,而一来到这些禁地,他们杀人的狂暴心就受到约束,他们捕捉战俘的迫切心也平息了。

然而,这些逃过劫难的民众现在却谴责基督教,把降临这座城的灾难归咎于基督。但是,他们之所以能保全性命,全靠蛮族人由于敬重基督而宽恕他们,但他们并不认为这应当归功于我们的基督,而是认为自己交了好运。如果他们还能明白事理,那么他们应当将敌人施加的残酷磨难归功于那位上帝,因为上帝常常凭借严厉的惩罚来纠正堕落的人性,而这种严厉的惩罚同样降临到义人和值得称道的人,——这样做或者是要借着审判把他们迁往一个更好的世界,或者是为了将来的目的,让他们仍旧活在人世间。

他们也应当将此归功于基督教时代的精神,因为这些嗜血成性的蛮族人没有遵行战争常规,饶了他们的命,为了基督的缘故饶恕了他们,无论这种仁慈是发生在那些乱七八糟的地方,还是发生在献给基督之名的那些地方,尤其在宏大的圣堂里,尽管得到怜悯要花费昂贵的代价,但它还是成了众人的避难所。因此,他们必须对上帝谢恩,诚心诚意地忏悔,请求他的圣名的庇护,感谢上帝使他们得以逃避永恒烈火——那些有着惯于撒谎的舌头的人则奉了这种名——的惩罚,得以逃脱现世毁灭的惩罚。你们看到那些蛮横无耻地凌辱基督仆人的人,其中有许多如果当初

① 奥古斯丁在这里指的是西哥特王阿拉里克(Alaric)于公元410年包围罗马。他在侵略、征服罗马的蛮族国王中是最仁慈的。据说他曾接受阿里乌派基督教,很可能是出于阿里乌派主教、圣经翻译者乌尔菲拉斯(Ulphilas)的教导。阿拉里克宽恕了大公教基督徒。有关细节参阅吉本的《罗马帝国衰亡史》和弥尔曼的《拉丁基督教》。

② 参阅杰罗姆《书信》27。

不伪装成基督的仆人，就断难逃脱毁灭与杀戮。然而，他们现在以一种不感恩的傲慢和最不虔诚的疯狂，冒着在永恒黑暗中受罚的危险，反对这个名字，他们曾欺世盗名，靠这个名字保住了性命，以享受今世短暂人生的光明。

章2　胜利者为失败者的神的缘故而宽恕失败者不合战争惯例

无论是在罗马建城以前，还是自罗马崛起并扩张疆界以来，大小战争，不计其数，史不绝书。翻遍这些史书，我们能否找到哪怕一个实例，表明一座城市被外族人攻占的时候，胜利者饶恕了那些逃往圣地，躲藏在他们的神灵庙宇中的人？或者能否找到一个实例，说明曾有蛮族的将军下令不得杀害那些在神庙中躲藏的人？① 埃涅阿斯（Aeneas）不是看到"普利阿姆（Priam）在神坛前用他自己的血玷污他自己尊奉的圣火吗"？② 狄奥墨得（Diomede）和乌利西斯（Ulysses）不是"杀死守卫，把对特洛亚生死攸关的雅典娜神像起了下来，并且竟敢用沾满鲜血的手玷污了这位处女神头上的彩带"吗？③ 后面那句话也不是真的，"从此幸运之流改变了，希腊人衰弱了"。④ 因为，在此之后，他们用火与剑征服和摧毁了特洛亚（Troy），后来，当普利阿姆逃向祭坛时，他们把他斩首。

特洛亚之灭亡也不是因为失去了密涅瓦（Minerva）的神像。⑤ 密涅瓦的神像自己首先丢失了什么，才导致自己沦丧？或许是守护她的卫士吗？无疑，正是她的卫士。因为他们一旦被杀，她就会被偷走。事实上，不是神像在保全人，而是人在保全神像。既然她连自己的卫士都不能保护，人们又怎能乞求她保护这座城市及其公民呢？

---

① 在古代有过这样的例子，例如在攻下推罗（Tyre）以后，亚历山大（Alexander）宽恕了在赫拉克勒斯神庙中避难的人，见阿里安《远征记》7：24。在卡罗奈（Coronea）战役以后，阿革西劳（Agesilaus）对在雅典娜神庙中避难的人表现出同样的仁慈，参阅普罗塔克《阿革西劳传》19。

② 维吉尔：《埃涅阿斯纪》，卷 ii，行 501—2。

③ 维吉尔：《埃涅阿斯纪》，卷 ii，行 166。

④ 同上。

⑤ 密涅瓦是雅典娜女神的别名。

章3　罗马人通常相当谨慎,然而却相信那些不能保护特洛亚的诸神会保护他们

这些神明就是罗马人乐意信赖的他们的城市保护神! 噢,这是一个多么令人遗憾的错误! 当我们以这样的方式谈论他们的诸神时,他们会向我们发火,但若他们自己的作家这样说,他们不仅不会发火,而且还要花钱去向他们学习,而这些权威的教师确实应当得到公众的酬劳以及其他荣誉。维吉尔(Virgil)就是这样,学童从小读他的书,为的是使这位公认的最伟大的诗人能让他们幼稚的心灵产生思想,使他们不会轻易遗忘他的教导,如贺拉斯(Horace)所说,"新制的木桶能长期保持它浓烈的气味。"①那么好吧,按照维吉尔的说法,朱诺(Juno)敌视特洛亚人,鼓动风王埃俄路斯(Aeolus)反对他们。她是这样说的:"有一支我所憎恨的族系正在海上航行,他们想把被征服的特洛亚的家神带往意大利,重建特洛亚。"②深谋远虑的人难道应当相信和依靠这些被征服的神灵来保护罗马吗? 人们会说,这只是朱诺之言,她就像一名发怒的妇人,根本不知道自己在说些什么。那么,经常被称为虔诚的埃涅阿斯本人又是怎么说的? 他不是说,"在城堡上阿波罗神庙当祭司的潘土斯(Panthus)逃脱了希腊人的袭击,手捧着圣物和被征服的神的塑像,疯也似的跑来请求庇护"吗?③ 有人对埃涅阿斯说,"现在特洛亚把它的一切圣物,把它的神祇都托付给你了"。④

这难道还不清楚,与其说埃涅阿斯把自己托付给神祇(他毫不犹豫地把它们称作"被征服的"),不如说有人把神祇托付给埃涅阿斯。如果维吉尔所说的诸神是这样的神,是被征服的神,在被征服时没有人的保护就不能逃脱,那么要罗马明智地把自己托付给了这样的守护者,认为不失去这些守护者罗马就不会被占领,这样的假设是何等的疯狂! 把被征服的神当作保护者和胜利者来崇拜,这样的崇拜,难道不是放着善神不去崇

① 贺拉斯:《书信》,卷 I,章 ii,行 69。
② 维吉尔:《埃涅阿斯纪》,卷 i,行 71。
③ 维吉尔:《埃涅阿斯纪》,卷 ii,行 319。
④ 维吉尔:《埃涅阿斯纪》,卷 ii,行 293。

拜,却偏要去崇拜凶兆吗?①　与其说,若无诸神的失落,罗马不会在这样的大灾难中灭亡,倒不如说,由于罗马没有尽可能长久地保全诸神,因此诸神衰亡了,这样想不是更加明智吗? 在考虑这个问题时有谁看不明白,说处在被征服的保护神之下的人不会被征服,这些人灭亡只是因为失去了保护神,这是一个多么愚蠢的假设,因为事实上他们灭亡的唯一原因,就是他们选作保护神的诸神是注定要灭亡的。然而,在描写和歌颂关于这些被征服的诸神的事情时,诗人们并不想编造虚假故事,而是作为诚实的人,受真理威逼,说出真相。

关于这一点,我们将在另一处更适当的地方作详细充分的讨论。②同时,我要尽力简要地说明我的意思,这些不感恩的人亵渎基督,把灾难的根源归于他,而灾难本是他们自身邪恶的行径带来的必然后果,尽管由于基督的缘故,这些邪恶之徒没有丢掉性命,但他们对此甚至不屑一顾;这些人疯狂地亵渎基督的圣名,而同样是这些嘴唇,为了保全性命,曾经假装称颂过这同一个圣名。在献给基督的圣所,由于基督的缘故,没有任何敌人能够伤害他们,他们约束住自己的舌头,得到安全和保障;而一旦离开了这些圣所,他们的舌头又放肆起来,怀着满腔仇恨诅咒基督。

章4　特洛亚的朱诺庇护所没有从希腊人手中解救任何人,而使徒们的教堂却保护了所有前来躲避的人,使之不受蛮族的杀戮

如我所说,特洛亚作为罗马人祖先居住之地,不能在她神祇的圣地保护自己的公民,使他们免遭希腊人的火与剑,尽管这些希腊人崇拜同样的神灵。非但如此,而且"在朱诺庙的空荡荡的廊下,在朱诺的保护之下,腓尼克斯(Phoenix)和乌利西斯被选出来守卫着战利品。从各处火烧的庙宇里抢来的特洛亚的珍宝,神的供桌,真金的酒樽,抢来的衣服,都堆放在这里。周围还站着一长列的儿童和面色惨白的妇女。"③换言之,选了

---

① 此处拉丁原文为:Non numina bona, sed omina mala。
② 参阅本书第 3 卷第 2 章以下。
③ 维吉尔:《埃涅阿斯纪》,卷 ii,行 761。

一位大女神的神庙,不是用来庇护战败者,而是用来监禁所有俘虏。

这座神庙不是普通神灵的神庙,也不是许多小神的神庙,朱诺是朱庇特(Jove)的姐姐和妻子,是所有神灵的女王。我们现在把她的神庙与纪念使徒而建造的教堂作一比较。在朱诺的神庙中堆积着从被焚毁的庙宇里抢来的战利品,不是堆在那里任其腐烂,而是要在胜利者中间分赃;而在使徒的教堂中,他们恭敬地将在别处找回的物件送还。在朱诺神庙中失去了自由,而在使徒教堂中保存着自由。在朱诺神庙中对俘虏严加捆绑,而在使徒教堂中这样做是绝对不可能的。在朱诺神庙中,遭监禁的人成为敌人的牲口,任其驱使,而在使徒教堂中,被他们宽厚的对手带进来的人可以获得自由。总之,温和的①希腊人占领朱诺的神庙是出于他们自己的敌意和傲慢,而这些基督的圣堂甚至连野蛮人也会选来作为表现人道和仁慈的恰当场所。

也许希腊人获胜以后应当放过那些神庙,因为特洛亚人崇拜的诸神也正是他们崇拜的,也许他们不敢屠杀或捕捉逃进神庙的人;也许维吉尔所描述的事情出于诗人的想象,而实际上从没发生过? 但是,毫无疑问,他所描述的正是敌人攻陷一座城市后通常的作为。

章5 恺撒叙述了敌人攻陷城池后一般会做些什么

甚至恺撒本人也正面地向我们提供了关于这种习俗的证词。根据非常诚实的历史学家撒路斯特(Sallust)②的记载,恺撒在一次元老院的演讲中谈到阴谋家。他说:"少女和少男遭到蹂躏,小孩子们从他们的双亲的怀抱中被夺走,家庭的女主人要屈从胜利者的意旨,神殿和家宅遭到劫掠,还有杀人放火的勾当。简言之,到处都是武器和尸首、鲜血和眼泪。"③如果

---

① 尽管通常用轻浮(levis)这个词来表示希腊人的多变,此处显然也是在这个意义上使用的,但与后继从句中的 immanis(野蛮的)相对应,表示希腊人比野蛮人要文明,如我们所说,野蛮人不会多变,但容易受感动。此处的拉丁原文是 levis(轻浮的),英文译成 gentle(温和的)。

② 即撒路斯提乌斯(Sallustius)。

③ 撒路斯提乌斯:《喀提林阴谋》,章 51。中译本,王以铸译,商务印书馆 1996 年版,第 137 页。奥古斯丁原文中把这段引文说成是加图的话,但实际上是恺撒的话,从多兹英译本改。

在这里他没有提到神庙，我们会假定敌人将按照习俗放过神灵的住所。罗马人的庙宇处在这些灾难之中，不是来自外族的侵略，而是来自喀提林（Catiline）和他的同伙，最高贵的元老院议员和罗马的公民。但我们可以说，这些人都是杀害祖国同胞（patriaeparricidae）的无耻之徒。

章6　甚至罗马人在攻陷城池后也不会宽恕躲藏在神庙中的失败者

世上有许多国家相互攻伐，从来没有哪一次宽恕了被征服者的神庙。我们为什么还要对此作详细论证呢？让我们先来回忆和考察一下罗马人的行径，看看罗马人自己是怎么做的。"宽恕被征服者，征服傲慢者"是对他们的主要称赞，还有人说他们"受伤害后宁肯宽恕而不愿报复"。①

但是为了扩张自己的疆域，罗马人围攻、占领、摧毁了那么多大城市。因此，请告诉我们，他们习惯于赦免什么庙宇，无论谁都能在里面藏身吗？他们确实这样做过吗？或者是历史学家们隐瞒了真情？难道可以相信，最迫切地在罗马人身上找出可歌可泣之处的那些人，竟然会忽略这些——按他们自己的说法——虔诚的最显著的证明？马库斯·马尔采鲁斯（Marcus Marcellus），一位杰出的罗马人，占领了叙拉古（Syracuse）这座装饰最华美的城市，有记载说，他曾为此城的即将毁灭而哀恸，在使她流血之前为她流泪。他甚至也曾采取措施，想要保存他的敌人的贞洁。因为在下令猛攻该城之前，他签发了一条禁令，不得骚扰任何自由民。然而这座城市还是按照战争惯例遭到洗劫，也没有别的任何记载，说这位高雅文明的指挥官曾下令严禁手下伤害那些在神庙中躲藏的市民。这些事肯定不是被遗漏掉的，因为他的流泪和想要保存敌人贞洁的禁令都没有被忽略。法比乌斯（Fabius）征服了塔壬同（Tarentum），人们赞扬他禁止把塑像当作战利品。因为当时他的文书问他希望如何处置抢来的大量神像，他用开玩笑来掩饰他的节制。他问，这些塑像是什么样的，随从们回答说，不仅有许多巨大的神像，而且还有一些拿着武器。于是他说："噢，那么让我们把这些愤怒的诸神留给塔壬同人自己吧。"你们瞧，罗马的历

---

① 撒路斯提乌斯：《喀提林阴谋》，章9。中译本，第100页。

史作家连这样的细节都不放过,一位将军的哭泣,另一位将军的嘲笑,一位将军高雅的遗憾,另一位将军开玩笑似的节制,哪里还会有什么细节被忽略呢?如果为了敌方神灵的荣耀,他们会表现出这种特别形式的怜悯,那么还有什么在神庙中的屠杀或监禁不会被禁止呢?

章7 罗马沦陷时发生的暴行符合战争习俗,而那些仁慈行为的发生在于基督圣名的影响

最近发生的使罗马遭受各种耻辱的灾难,屠杀、抢劫、焚烧、悲苦,都是战争习俗的结果。新奇的是,那些野蛮的蛮族人表现得如此文雅。他们选了几所最大的教堂,让民众可以进入其中避难,使之不遭杀戮,也不被强行拉走,有仁慈心的敌人还将许多人带入教堂给予释放,使之不被出售为奴。谁要是看不到这一切都应归功于基督之名和基督徒的真性情,那么他准是瞎子;谁要是看到这一点却不加以赞扬,那么他准是忘恩负义者;谁要是阻止任何人赞扬,那么他准是疯子。没有一个审慎的人会将这种仁慈归功于蛮族人。他们凶猛嗜血的心灵产生了敬畏,受到了约束,奇迹般地被上帝变得温和了。上帝在很久以前就通过他的先知说:"我就要用杖责罚他们的过犯,用鞭责罚他们的罪孽。只是我必不将我的慈爱全然收回。"①

章8 利害祸福经常无区别地临到善人和恶人

有些人会说,那么,为什么这种神圣的怜悯甚至会给予不敬神的人和不感恩的人?要说这是为什么,这是因为上帝的仁慈,他每日里"叫日头照好人,也照歹人;降雨给义人,也给不义的人。"②因为,尽管这些人中有一些会这样思想,悔改他们的邪恶,但也会有些人,如使徒所说,"藐视他丰富的恩慈、宽容、忍耐,竟任着刚硬不悔改之心,为自己积蓄忿怒,以致

---

① 《诗篇》89:32。
② 《马太福音》5:45。

上帝震怒,显他公义审判的日子来到。他必照各人的行为报应各人。"①
到那时,上帝决不会再耐心地请恶人悔改,更不要说有鞭策善人、使他们
受教育那样的耐心了。因此,上帝的仁慈也会关照他珍视的善人,就像上
帝会严厉地拘禁恶人,惩罚他们一样。神圣的天命为善人预备了将来的
公义和福乐,不义之人不能享受;对恶人上帝则准备了痛苦,善人不会受
此折磨。至于今生,上帝希望善人和恶人的福乐和痛苦都是共同的,但我
们不能太急于渴望得到这些恶人也同样享有的东西,更不能逃避那些甚
至连善人也经常要遭受的疾苦。

　　善人与恶人面对这些他们共有的事件,我们称之为不幸和幸运,其意
图有巨大差别。善人不会因为现世的幸运而感到自傲,也不会因为不幸
而崩溃;但是恶人因为已经被现世的幸福所败坏,因此他会感到自己受到
了不幸的惩罚。然而,甚至在当前有限事物的分配上,上帝也经常显现出
他自己的干预。如果每样罪过在今世都已经受到明显的惩罚,那么在末
日就没有什么可审判的了;另一方面,如果没有一种罪恶现在就受到上帝
的明显的惩罚,那么人们就会得出结论,这世上根本就没有上帝的眷顾。
今生的好事也同样:如果上帝不把那些人们向他祈求的东西明显可见地
慷慨地赐给人,那么我们就会说这些好东西根本不是从他那里来的;如果
他把这些好东西赐给所有寻求的人,那么我们就会假定,这些好东西是侍
奉上帝所得的唯一奖赏,这样的侍奉不会使我们敬重上帝,而只会使我们
变得更贪婪。

　　因此,尽管善人和恶人都会遭受痛苦,但我们一定不能因为他们所受
到的痛苦没有区别就设想人本身没有区别。即使所受的痛苦相同,受苦
者仍有不同,尽管他们面对的痛苦是相同的,但美德与邪恶不是一回事。
就好比在同样的火里,黄金闪光,而糠秕冒烟;同受连枷敲打,秸草扁瘪,
而谷粒洁净。就好比尽管经过同样力度的压榨,在大油桶里渣滓不会与
油混杂,所以,同样力度的伤害对善人是一种考验、净化和纯洁,而对恶人
来说是遭殃、毁灭和根除。因此,受到同样的伤害后,恶人会咒骂、亵渎上

---

① 《罗马书》2:4。

帝,而善人会求告和赞美上帝。所以,重要的区别不在于遭受什么苦难,而在于什么样的人在受苦。同样受搅动,污泥发出熏人的臭气,而香膏则发出馨香之气。

章9 同使恶人和善人归正的原因

那么,基督徒在这个灾难时期所受的痛苦难道不会促使每个信友考虑下面这些情况吗?首先,他们一定要谦卑地思考那些激怒上帝、使如此可怕的灾难降临人世的那些人的罪过,因为基督徒尽管远非邪恶的、不道德的、不敬神的人,然而他们不能把自己判定为洁净的、没有任何罪过、因此不应遭受这些今世苦难的人。因为每个人,不管他的生活如何值得赞扬,都会在某些时候屈从于肉体的欲望。尽管他没有堕入邪恶的深渊,成为十恶不赦、世人憎恨的,然而他还是大过犯偶尔犯,小过犯经常犯。更不必说,我们在什么地方能找到这样一个人,适宜担当正确处置那些陷入傲慢、奢侈、邪恶、恶毒、亵渎者的重任,而正是因为这些人的过犯,上帝现在才像他早就警告过的那样要击打全地?这样一个能与恶人一道生活却能活出我们应有样式的人在哪里呢?

我们屡次罪过地对他们视而不见,放弃开导和告诫,乃至于申斥和责备他们的机会,或是因为害怕辛苦,或是不愿冒犯他们,或是因为害怕失去友情,免得这样做以后他们会挡我们的道,或者会使我们在某些世俗的事物上受到伤害,这或是我们贪婪之心想要占有,或是因我们的软弱而害怕失去。所以,尽管恶人的行为对善人来说是一种灾难,善人不会与恶人一同落到在来世受谴责的地步,然而,由于善人因为害怕而饶恕了恶人该受谴责的罪行,因此,尽管他们自己的罪过是轻微的,可以宽恕的,他们在今世只能与恶人一同遭难,尽管从长远来说,他们能逃脱惩罚。所以,上帝让他们与恶人一同遭难是公正的,这样他们就会感受到今生之辛苦,而由于他们贪爱今生之甜蜜,他们不愿对恶人苦苦相劝。

如果有人不去承担发现和谴责恶人的责任,因为他在等待更恰当的时机,或是因为他害怕那些人受到谴责后变得更坏,或是因为其他软弱的人会因此失去信心而偏离信仰,不再努力过一种善良的、虔诚的生活,那么这个人的没有过问不是由邪恶引发的,而是出于一种好心的考虑。该受责备的是有这样一些人,他们自己远离恶行,生活在另一种时尚中,然而他们却不理睬其他人的过犯,而他们原本应当加以指责,使之弃邪归正。他宽恕他们是因为害怕他们的冒犯,担心他们会伤害自己的利益,阻碍自己得到善人本来可以毫无玷污地合法得到的好处,尽管他们用起这些好处来贪婪过度,全不像自认为今世的过客、宣信天上家乡希望的人。

当然,有许多基督徒是软弱的,他们希望享有婚姻生活,生儿育女(或者希望有子女),有自己的住宅和家产,使徒在教会里告诫过这些人应当怎样生活,诸如妻子应如何对待丈夫,丈夫如何对待妻子,儿童如何对待父母,父母如何对待儿童,仆人如何对待主人,主人如何对待仆人①;也不仅是这些软弱的兄弟乐意获得许多世俗的、今世的东西,不愿失去它们,所以他们不敢冒犯那些过着污秽邪恶生活令他们极大不快的人;而且还有那些生活更高尚、不为婚姻生活所羁绊、衣食简朴的人,他们也经常为他们自身的安全和好名声着想,不敢指责恶人,因为害怕恶人的诡计和暴力。即使他们并不害怕会被勾引去同流合污犯同样的罪,不,他们毫不害怕任何威胁和暴力侵犯,但他们对自己不愿参与的行为,常常又不愿去指责,而指责有时倒能制止这些恶行。他们不愿去干涉,因为他们害怕若是没有好结果,他们自身的安全或名声就要遭到毁损。他们不是考虑到安全和好名声可以影响那些需要他们开导的人,而是出于自身的软弱,乐意听到人们的奉承和敬重,害怕人们的评价和肉体死亡的痛苦,②也就是说,他们的不干涉是自私的产物,而不是爱的结果。

因此,在我看来,这就是善人要与恶人一道受苦的主要原因,上帝乐意在现世惩罚世人的道德败坏。善人恶人一道受苦,不是因为他们过着同样败坏的生活,而是因为那些善人尽管与恶人有别,但在热衷今世的生活上却不分彼此,而善人原本应轻看它,这样,恶人才能有好榜样,得到改造和指正,进而追求永恒的生命。如果恶人在寻求永恒生命这一点上不

---

① 《以弗所书》5:22—6:9;《歌罗西书》3:18 以下。
② 参阅《哥林多前书》4:3。

是善人的同伴,他们也应当被善人当作敌人来热爱,得到耐心地对待。只要他们还活着,没准就还能心意更新。

比起一般信徒不情愿申斥恶人,教牧人员若也这样做,恶果就要严重得多,因为正如上帝通过先知所说,"他虽然死在罪孽之中,我却要向守望的人讨他丧命的罪",①守望者作为民众的监督,正是教会按历来毫不留情地申斥罪恶的。不是守望者的人,当他看到今生与他有关的那些人的行为处在罪恶之中,许多事情应受谴责,但他却视若无睹,因为怕受冒犯,失去世上本可以合法地得到、而他过分急于得到的福益,那么这种人也并非无可指责。

最后,还有另外一个理由说明善人也要受到今世灾难的伤害,如约伯之例所示,为的是改善人的灵魂并显明敬虔之伟力,使之能够不计酬报、但爱上帝。②

章 10　圣徒虽然失去今世的财物,但实际上什么也没有失去

上述考虑是人们必须记住的,这样才能回答是否有任何忠信之人遭受的邪恶可以转化为益事这样的问题。或者我们得说这个问题是不需要的,使徒说的话是废话,他说:"我们晓得万事都互相效力,叫爱上帝的人得益处。"③他们失去了他们曾拥有的一切。他们的信仰、虔诚也都失去了吗? 只要有里面存着的心就行了,这在上帝面前是极宝贵的④,是这样的吗?⑤ 这些东西他们也都失去了吗? 因为这是基督徒的财富,对此使徒说:"敬虔加上知足的心便是大利了;因为我们没有带什么到世上来,也不能带什么去,只要有衣有食,就当知足。但是那些想要发财的人,就陷在迷惑,落在网罗和许多无知有害的私欲里,叫人沉在败坏和灭亡中。贪财是万恶之根;有人贪恋钱财,就被引诱离了真道,用许多愁苦把自己

---

① 《以西结书》33:6。
② 本章可与克里索斯顿(Chrysostom)致安提阿人的第一篇布道书相比照。
③ 《罗马书》8:28。
④ 参阅《路加福音》12:21。
⑤ 《彼得前书》3:4。

刺透了。"①然而，在罗马沦陷后失去一切财产的人，如果他们拥有那位虽然一无所有，但内心极度富有的使徒所说的财富，也就是说，享用这世上的东西，要像不享用一样，那么他们就可以说出受到上天试探但并不屈服的约伯说过的话："我赤身出于母胎，也必赤身归回。赏赐的是主，收取的也是主；因为这样主会喜乐，因此他必须收回；主的名是应当称颂的。"②像一位好仆人，约伯把主的意愿当作他最大的财富，靠着服从使他的灵魂丰富，他活着的时候不会因为失去什么而悲伤，因为他死的时候这些财物都会失去。但对那些虚弱的灵魂来说，尽管不能说他们宁要世上的财物不要基督，但可以说他们无节制地依恋世上的东西，当他们在为失去这些东西而感到痛苦的时候，他们犯了爱恋世物的大罪。因为他们的悲伤是他们自己造成的，按上面引用过的使徒的话来说，"他们用许多愁苦把自己刺透了。"长期轻视这些告诫的人应当从这样的经历中接受教训。

当使徒说出"那些想要发财的人就陷在迷惑里"③这些话的时候，他指责的不是拥有钱财，而是想要发财的欲望。因为在别处他说过："你要嘱咐那些今世富足的人，不要自高，也不要倚靠无定的钱财；只要倚靠那厚赐百物给我们享受的上帝。又要嘱咐他们行善，在好事上富足，甘心施舍，乐意供给人，为自己积成美好的根基，预备将来，叫他们持定那永恒的生命。"④

以这样的方式使用他们钱财的人会失少得多，得到安慰，更乐意把他们过去积攒下来的财富随意施舍，而不是在完全失去财富的时候悲伤不已，或是自私地贮藏。只有他们不愿带着离开人世的，才是会在今世灭亡的。我主的告诫是："不要为自己积攒财宝在地上，地上有虫子咬，能锈坏，也有贼挖窟窿来偷；只要积攒财宝在天上，天上没有虫子咬，不能锈

---

① 《提摩太前书》6:6—10。

② 《约伯记》1:21。

③ 《提摩太前书》6:9。

④ 《提摩太前书》6:17—19。

坏,也没有贼挖窟窿来偷;因为你的财宝在哪里,你的心也在哪里。"①听过这个告诫的人可以在奉献的时候证明,不能轻视这位最有价值的教师,他们都接受了他的告诫,他是他们财产的最可靠的监护人。如果有许多人乐意把财宝堆放在敌人无法找到的地方,那么在上帝的建议下,带着他们的财宝进入敌人根本无法抵达的城堡岂不更好?

我的朋友保利努斯(Paulinus),诺拉(Nola)地方的主教,②自愿放弃巨大的财产而变得赤贫,但他获得了丰富的圣洁。当蛮族攻陷诺拉时,他成了俘虏。他曾默默地祈祷说,这是他后来告诉我的,"主啊,让我不要为金银而困惑,因为你知道我的所有财宝在哪里。"因为曾教导他把全部财产隐藏和堆放在哪里的上帝也曾预言将要在这个世上发生的这些灾难。

上帝告诫他们把财宝放在哪里,怎样放,而这些人服从了他们的主,甚至在蛮族入侵时也没有失去他们今世的财产;而那些没有听从他的教导的人,不能正确使用今世财物的人,现在后悔了,如果这种后悔不是出于本来能够避免损失的智慧,至少也是由于后来的经历。

但是有些善人和基督徒受到折磨,敌人强迫他们献出财宝。他们确实既不会失去,也不能献出使他们自己成善的东西。然而,如果他们宁可受折磨也不愿交出财宝,那么我要说他们不是善人。倒不如提醒他们,如果他们为了钱财的缘故而受苦刑,那么他们应该在需要的时候为了基督而忍受一切折磨;应当教导他们要为基督受苦,他用永恒的幸福使所有人富裕,而不要为金银财宝受苦,无论是通过撒谎来保存它们,还是因为说了真话而失去它们。③ 因为在这些酷刑下,认信基督的人没有一个会失去他,而若非否认财富的存在,没有人能保存财富。因此,酷刑可以教导他们更加关注他们不会失去的、更加有用的财富,而不是去关心那些没有

---

① 《马太福音》6:19—21。
② 保利努斯是波多塞(Bordeaux)人,通过继承遗产和婚姻获得大量财富。在他 36 岁那年,他皈依基督教,此后他将财产分给穷人。他于公元 409 年成为诺拉的主教,时年 56 岁。诺拉在罗马沦陷后不久被占领。
③ 参阅《路加福音》16:9。

什么用处,而只能给他们带来不安和折磨的财富。

但有人会提醒我们,某些受折磨的人并无财宝可以交出,但是敌人并不相信他们说的话。然而,这些人可能也有求财之心,不愿贫困而有圣洁的尊严。在此我们必须说明白,不仅是真实的财宝,而且还有发财的欲望,都会带来如此惨烈的痛苦。即使他们没有积攒的金银,但他们抱有过好日子的希望,我确实不知道是否有因为假定他拥有财富而受酷刑的人;如果是这样的话,那么他们在受审的时候可以承认自己认信基督,是圣洁的,贫困的。尽管很难期待蛮族人会相信他,但这位认信基督的、圣洁的贫困者会因为受酷刑而得到上天的赏赐。

还有,他们说长期的饥荒使许多人死去,包括基督徒在内。但是忠信者也会通过虔诚的坚忍而使饥荒变得对自己有益。因为在饥饿中死去的人不必再受今生的疾苦,就像得了一场小病一样无伤大雅,而饥饿同时也能教训活着的人如何节俭度日,或者更长时间地禁食。

章11　有形体的今生无论是否可以长期推延,都会有终结

但是还有人会说,许多基督徒都被各种骇人听闻的残暴方式杀害了。好吧,如果连死亡也难以承受,那么这肯定是降生于这个世界的所有人的共同命运。关于这一点,我至少可以肯定,若非注定要在某个时候死亡,那么就没有人会死。最长的人生也好,最短的人生也罢,都终有一死。它们的终结是相同的,活得长不一定就好,活得短不一定就糟;活得长不一定就伟大,活得短不一定就渺小。① 既然死过一次的人不会被迫以同样苦难的方式死第二次,那么以什么样的方式终结生命又有何妨? 每个人都生活在日常偶发事件中,受到无数死亡的威胁,人无论活多久,他的命运都是不确定的,我要问的是,经受一次痛苦而死去不是比活在对各种死亡的恐惧中更好吗? 我并非不明白,心灵贫乏产生的恐惧会促使我们在

---

① 从斯多亚学派那里可以收集到许多类似的说法。安东尼努斯(Antoninus)说过,哪怕你能活3000年,甚至比这还要长好几倍,活上10000年,都仍旧要记住,除了今生,没有人会失去其他生命,除了他现在失去的今生,也不会再有别的生命。因此无论活得长短,结果都是一样的。

面临各种死亡时选择活得长一些;但是肉身的虚弱和胆怯的躲避是一回事,灵魂的深思熟虑与合理的劝导是另一回事。死亡如果是良善生活的终结,那么就不能被判定为恶;因为只有遭到后续的惩罚,死亡才变成恶的。因此,注定要死亡的人不需要小心地询问自己会怎样死亡,而要问死亡会把自己引向何处。由于基督徒非常明白,被狗舔伤口的敬神的乞丐之死比那些死后用紫色和白色的麻布包裹的邪恶的富人之死还要强得多,①因此,对于过着良善生活的人来说,这些可怕的死亡对他们能有什么伤害呢?

章12　死无葬身之地对基督徒也不会带来什么伤害②

还有人说在当时发生的屠杀中,甚至连尸骸都不能安葬。但是虔诚的信心不会依赖如此该受诅咒的情形;因为忠信之人心里头确信,他们连一根头发都不会掉,哪怕他们被野兽吞吃,上帝赐予他们的复活不会因此受阻。③ 如果敌人在杀身体之后所作的事会损害来世的生命,那么真理就决不会宣称:"那杀身体不能杀灵魂的,不要怕他们。"④

或许有人会采取这样一种荒谬的立场:死前不用畏惧那些杀身体的,但要畏惧死亡之后的状况,如果他们杀死身体后不予埋葬不是很可怕吗?如果这样的话,就好像他们能对死尸造成极大伤害似的,那么基督所言就是错误的,"那杀身体之后不能再作什么的,不要怕他们。"⑤我们决不能认为真理会有这样的错误。说那些杀人者能"作什么"是因为致命一击是可以感觉到的,那时身体仍有感觉;但在那之后,他们就不能再作什么了,因为被杀的身体已经没有感觉了。所以在那里确实有许多基督徒的尸体没有埋葬,但没有一个会与天堂分离,因为无处不在的上帝知道什么

---

① 《路加福音》16:19 以下。
② 奥古斯丁在他的论文《论死者应有的葬仪》(On Care to be had for the Dead)中把这个主题表达得更加充分。
③ 参阅《诗篇》79:2;《马太福音》10:30;《路加福音》21:18。
④ 《马太福音》10:28。
⑤ 《路加福音》12:4。

时候复活他创造的人。

《诗篇》中确实说过："把你仆人的尸首,交与天空的飞鸟为食;把你圣民的肉,交与地上的野兽。在耶路撒冷周围流他们的血如水,无人葬埋。"①但此处所说,与其说是那些承受死亡之人的痛苦,不如说是展现了作这些事的人的残忍。在人的眼中看来,这是一种悲惨的命运,而"在上帝眼中看圣民之死,极为宝贵。"②因此,所有这些死者的葬礼和仪式,细心的安排,坟墓的建造,葬礼的隆重,都是为了减轻活人的痛苦,而非对死者的安慰。如果厚葬能给恶人带来什么好处,那么薄葬,或根本没有安葬,也会伤害虔诚者。在人的眼中看来,送葬时身穿丧服的仆从如云是华丽的;而在上帝眼中,满身烂疮的乞丐被天使接走,不是将他送入大理石的坟墓,而是使他在亚伯拉罕的怀中重生,这才是豪华的葬礼。③

我要捍卫上帝之城,而反对上帝的人嘲笑这些事。甚至连他们自己的哲学家④也轻视厚葬,也常有整支军队为国捐躯,而无人关心他们是否弃尸疆场,成为野兽的食物。有诗歌很好地道出了这种对葬仪的高尚的藐视:"他没有坟墓,但有苍穹作他的墓室。"⑤既然如此,他们有什么必要嘲笑基督徒的尸骸没有得到安葬? 他们已经得到应许,他们的肉体要复活,不仅要从地上,而且要从地下最隐秘、最幽深的地方汇集他们的肢体加以重造!⑥

---

① 《诗篇》79:2, 3。

② 《诗篇》116:15。

③ 《路加福音》16:22。

④ 特别是第欧根尼(Diogenes)及其追随者。亦参见塞涅卡(Seneca):《论安宁》(De Tranq.),章 14;《书信》92;西塞罗:《图斯库兰争论集》,卷 i,章 43,昔勒尼派哲学家塞奥多洛(Theodorus)对利西玛库斯(Lysimachus)的回答。利西玛库斯用钉十字架威胁塞奥多洛,而塞奥多洛说:"你还是用十字架威胁你的朝臣吧,塞奥多鲁斯死后在地上还是在天上都没有什么关系。"

⑤ 卢坎(Lucan):《法塞利亚》(Pharsalia),卷 vii,行 819。恺撒在法塞利亚战役后禁止埋葬死者尸骸。卢坎即诗人卢坎努斯(Lucanus)。

⑥ 参阅《哥林多前书》15:52。

章 13　安葬圣徒身躯的理由

不过,死者的尸骸不能因为这个理由而加以藐视,不予安葬,更不要说义人和信徒的尸骸了,他们的身躯曾被圣灵用作工具,行一切善工。如果说父亲的衣裳、戒指,或他佩戴的一切,对他的子女来说是珍贵的,爱心越大,孝心越重,那么我们有更多的理由一定要料理那些我们所爱之人的身躯,因为身躯比所穿的任何衣服都要更加密切和亲密!因为身体不是一种附加的装饰或帮助,而是人的本性的一部分。因此,古时候举行虔诚的葬仪,为义人提供棺材,在墓地举行仪式。① 义人自己还活着的时候就吩咐他们的儿子关于葬礼方面的事,甚至还要他们把自己的尸体葬在某些自己喜欢的地方。② 按照天使的证言,多比(Tobit)接受委托,通过埋葬死者而得到神的欢心。③ 尽管我主死后第三日复活,但他本人也没有反对安葬他,而是赞美那个女人用香膏浇他的身体,并吩咐我们也要高兴。④ 福音书赞赏地讲到他的身躯从十字架上被取下来,用细麻布加香料裹好,加以安葬。⑤

这些事例肯定不能用来证明尸体有任何感觉,但它们表明上帝的旨意甚至达于死人的尸体,举行这样虔诚的葬仪令他喜悦,因为这是对复活的珍贵信仰。我们亦可从中得出整个教训,如果上帝甚至对无知觉的死人都没有忘记要举行葬仪,以表现他的珍爱,那么他一定会对我们这些活人所行的仁慈给予更多的奖赏。神圣的族祖们确实谈及其他一些埋葬和迁移他们尸体的事,我们应当在寓言的意义上加以理解;但在这里我们不需要任意谈论,我们所说的已经足够了。

如果说缺乏那些维持生命所必需的东西,食物和衣服,尽管会带来痛苦和试探,但都不能中止善人坚忍不拔的耐心,也不能从他们的灵魂中消除虔诚,反而使之更有成效,那么如果没有葬礼,或其他安葬死尸所需的

---

① 《创世记》25:10, 35:29, 等等。

② 《创世记》47:29, 50:24。

③ 《多比传》2:7, 12:12。

④ 《马太福音》26:6以下。

⑤ 《约翰福音》19:38 以下。

东西，只能对那些在赐福之人的隐秘居所安眠的恶人起作用！因此，尽管罗马和其他城市沦陷后基督徒的尸体没有得到安葬，但这既不是活人的错误，因为他们无力进行，也不是对死者的伤害，因为他们根本不能感觉到有什么损失。

章14 上帝从来不会中断对被捕圣徒的安慰

但是他们说，许多基督徒被捕走了。如果他们被带到一个无法找到他们的上帝的地方，那么的确是最遗憾的命运。但对这种灾难，圣经也提供了最大的安慰。有三位年轻人成了俘虏①，但以理当过俘虏，其他一些先知也是这样，但是上帝并没有不去安慰他们。以同样的方式，上帝没有不去安慰处在别的民族统治下的自己的子民，尽管这些民族是野蛮的，但还是人，上帝也没有放弃被吞在鱼腹中的先知。② 与我们争论的对手会嘲笑这些事情而不是相信这些事，尽管他们相信在他们自己的书中读到的故事，那位著名的琴师，美图姆那（Methymna）的阿利昂（Arion）③在海上翻了船，一只海豚把他顶起，推向海边。我们关于先知约拿的故事不易使他们相信，之所以说它不易被信是因为它更加神奇，说它更加神奇是因为这是一种更加伟大的力量的展示。

章15 勒古鲁斯是一个范例，他为了宗教的原因自愿忍受被俘的痛苦，然而这件事对他无益，因为他信奉诸神

但在他们自己的名人中有一个因服从宗教义务而自愿忍受被俘的高尚例子。马库斯·阿提留斯·勒古鲁斯（Marcus Atilius Regulus），一位罗马将军，落入迦太基人手中，成了俘虏。但迦太基人更希望交换战俘，而不是保留战俘，于是就派勒古鲁斯与他们自己的使者同行，去谈判交换战俘之事，但要他先发誓，如果谈判不成功，就当返回迦太基。勒古鲁斯去

---

① 《但以理书》3：12 以下，1：6以下。

② 《约拿书》2：1。

③ 希罗多德（Herodotus）最先讲述了这个著名的故事，称这位琴师为"最优秀的"。

了罗马,但他劝元老院不要交换战俘,因为他相信这样的交换对罗马共和国无益。在施加了这种影响以后,罗马人没有强迫他返回敌营,但他还是实现了自己自愿发过的誓言。迦太基人对他严刑拷打,用各种刑罚折磨他,最后把他处死。他们把他关进一只木箱,只能站,不能坐,箱子里面钉满铁钉,使他无法倚靠任何一面,就这样,他们剥夺了他的睡眠,使他死去。①

罗马人正确地赞扬这种在可怕的命运面前产生的优秀品德。然而,他向之发誓的神灵现在要对禁止崇拜他们的人实施报复,用现在的这些灾难来对人类造成伤害。如果这些神灵是因为他们能赐予今生之福才得到崇拜的,那么他们或者是愿意,或者是允许这些惩罚伤害一个遵守向他们发出誓言的人,如果他们在愤怒中伤害一名作伪誓者,不知他们会用什么更加残暴的惩罚?

但是为什么我不可以从我的推论中作出双重结论?勒古鲁斯肯定敬畏诸神,为了遵守誓言,他既不愿留在自己的祖国,也不愿去别处,而是毫不犹豫地返回最残忍的敌营。如果他以为这样作对他今世生命有益,那么他确实得到了,因为他的生命有了一个可怕的终结。通过这个例子,他实际上教导我们,诸神并不能确保崇拜者今世的幸福,因为他本人是忠心献身于这种崇拜的,但他打了败仗,成了俘虏,然后又因为他拒绝违反对他们发下的誓言,被折磨致死,受到各种前所未有的、骇人听闻的刑罚。假定诸神的崇拜者会受到来世幸福的奖赏,那么为什么要诽谤基督教的影响?他们为什么要断言,由于停止崇拜诸神而引起的灾难使城市沦陷,是因为忠心地崇拜诸神仍旧会受到像勒古鲁斯这样的不幸吗?或者说会有某些人盲目到这般胡思乱想的程度,面对明显的事实,仍然设想,尽管一个人可以是不幸的,一个诸神的崇拜者可以是不幸的,但整个城市不会如此?也就是说,他们诸神的力量更适宜保护众人而不适宜保护个人,就

---

① 奥古斯丁在这里使用了西塞罗(Cicero)的用词"剥夺睡眠"(vigilando peremerunt)。西塞罗在演讲辞《致皮索奈》(Pisonem)第19章提到勒古鲁斯。奥鲁斯·盖留斯(Aulus Gellius)引用图伯罗(Tubero)和图狄塔努斯(Tuditanus)的话,添加了许多关于刑罚的细节(章 vi,节 4)。

好像众人不是由个人组成似的。

但是如果他们说，勒古鲁斯即使当了俘虏，在忍受肉体折磨的时候，仍然享受着拥有美德之灵魂的幸福①，那么就让他们承认一个城市也能靠着这种真正的美德得到幸福。因为对社团的赐福和对个人的赐福来自同一源泉，所谓社团无非就是个人的和谐集合。所以我不想再讨论勒古鲁斯拥有什么样的美德，我说的已经够了，以他为高尚的榜样，他们必须承认崇拜诸神不是为了肉体舒适或外在的利益，因为他宁可失去所有这些东西，也不愿冒犯他向之发誓的诸神。

但是我们能够因为城中有这样一位公民而感到光荣，但却畏惧有一座城像他一样吗？如果他们不害怕这一点，那么就让他们承认，尽管他们像他一样勤勉地崇拜诸神，但是落到勒古鲁斯头上的灾难也可以落到一个社团头上，让他们不要再次因为他们的不幸而责备基督教。但我们现在关心的是那些被俘的基督徒，让那些趁灾难之机污蔑我们最健康的宗教的人，以一种不太轻率的方式，而不是用鲁莽的方式，考虑这一点，保持他们的平安。如果说不能因为诸神最虔诚的崇拜者为了遵守向他们发出的誓言，失去祖国而又无希望找到另一个祖国，落入他的敌人手中，被长时间严刑拷打折磨致死，而责备诸神，那么更加不能因为基督徒的名字而谴责那些相信基督教的人，因为他们充满信心地期盼天国，知道他们即使在自己家里，也仍然是今世的过客。②

章16　基督教的贞女亦成俘虏而受到污辱，但她们自己并不愿受辱。这样的事是否会玷污她们的灵魂？

但是他们以为自己提出了一个确定无疑的反基督教的指控，在大肆渲染被俘的恐怖时他们还说，不仅是罗马人的妻子和未婚的少女受到污辱，而且连献身于上帝的贞女也受到侵犯。如果在涉及这一点时感到踌躇，那么这确实不是基督徒的信仰和虔诚，甚至也不是仁慈的美德，而唯

---

① 斯多亚学派一般肯定这种说法。

② 参阅《希伯来书》11：13。

一困难之处在于能把这个主题马上处理得稳重与合理。

在讨论它的时候我们不能像安慰朋友似的对指责我们的人作出回答。然而,首先应当确定无疑地提出,使生活美好的美德在灵魂中有它的王座,这是不可攻击的立场,灵魂因此统治着肉身的肢体,肉身因为有神圣的意志而成为圣洁的。如果意志能保持坚定,没有动摇,但是仍旧不能无罪地加以逃避的时候,别人无论对肉体,或在肉体上做什么事,都不是承受者的错。如果肉体不仅受到伤害,而且还遭到别人的凌辱,无论何时有这类事情发生,那么完全纯洁的、没有丧失羞耻心的灵魂一定会感到可耻,因为它担心有些人会以为这些难以忍受的、没有感性快乐的行为得到过承受者的认可。

章17　由于害怕受到惩罚或羞辱而自杀

因此,即使某些处女为了避免这样的耻辱而自杀,只要还有人的情感,有哪一位会拒绝宽恕她们? 有些处女没有自杀,因为她们不愿用自己的罪行来逃避别人的罪行。把这种做法当作大恶来谴责的人自己虽然没有这种罪,但却犯了愚蠢的错误。如果法律不允许私自杀人,哪怕是杀一名罪人,那么杀死自己的人也犯了杀人罪,他杀死自己的罪比杀死别人更重,因为他杀死了一名无罪之人。犹大的行为不是应该受到谴责吗? 真理本身宣谕道,他上吊自杀不是减轻而是加重了他最可耻地作叛徒之罪,因为他对上帝的仁慈感到绝望,他感到内疚因而自杀,这样一来他就没有给自己留下接受治疗的余地。对没有做什么错事,不配受此惩罚的人下这般毒手更加应当禁止! 至于犹大,当他自杀的时候,他杀了一名恶人,但是他越过该受谴责的今生不仅由于基督之死,而且由于他自己的死亡;尽管他因为自己的罪行而自杀,他杀了自己是另一桩罪行。因此,一个人为什么要对他自己作恶呢? 为什么要用杀死一名无辜者的办法来逃避别人的罪行呢? 为什么要通过自己犯罪来使别人不能对他犯罪呢?

章18　肉身会遭受他人淫欲的侵犯,但心灵是不受侵犯的

但是,受辱者应对他人淫欲的侵犯存有恐惧之心吗? 如果这种淫欲

是他人的，那么它不会玷污受辱者；如果它玷污了受辱者，它就不是别人的，而是受辱者与之共同分有的。但由于贞洁是灵魂的美德，也有与之相伴的其他美德，所以坚忍之心宁可承受所有痛苦，而不会赞同邪恶。由于没有任何人，无论他多么伟大和纯洁，总是支配着自己的肉身，而只能控制他的意志，或是同意，或是拒绝，因此有什么样的疯子会假设，如果他的肉身被捉住，用于满足他人的淫欲，由此他就失去了他的贞洁呢？如果贞洁能这样被摧毁，那么贞洁肯定不是灵魂的美德，也不能将之列入使生活良善的好事，而应列入肉身的好事，和力量、美丽、完全、健康属于同样的范畴。简言之，所以这些可以削弱的好事根本不能削弱我们生活的良善与公义。如果贞洁并不比这些美德更好，那么遭到危险的肉身为什么应当保存它呢？另一方面，如果它属于灵魂，那么即使肉身受到侵犯，贞洁也不会失去。更不要说，神圣的节欲在抵抗肉欲的不洁时，甚至能使肉身的圣洁得以保存，因为使用肉身的意志仍然保持着圣洁，它仍在肉身中保持着力量。

肉身的圣洁并不在于身体的完整，也不在于不受任何触摸，因为肉身会受到各种侵犯和伤害，比如医生为了治病常要动手术，使旁观者感到害怕。假设一名产婆在检查少女的贞洁时（无论是恶意的，还是偶然的，或是由于不熟练）弄破了某些姑娘的处女膜，在努力弄清真相的时候，我想没有人会愚蠢到如此地步，相信毁了整个器官的完整，处女就会失去贞洁，乃至她肉身的圣洁。只要灵魂保持这种甚至能使肉身圣洁的坚定意志，他人淫欲的暴力侵犯不会对肉身的圣洁产生影响，这种圣洁的保存在于自身始终不渝的节欲。

还有，假定一名处女违反了她向上帝立下的誓言，去私会情人，当她已经失去和摧毁了使她的肉身圣洁的灵魂的圣洁，我们还能说她仍旧拥有肉体的圣洁吗？我们决不会这样说。让我们宁可得出这样的结论：只要灵魂的圣洁仍旧保持着，即使肉身遭到侵犯，肉身的圣洁也没有失去；同样，当灵魂的圣洁受到侵犯，哪怕肉身没有受到侵犯，肉身的圣洁也就失去了。因此，一名妇女受到他人罪恶的侵犯，而她自己没有任何赞同，那么就没有理由把她处死，更不必说为了避免受辱而自杀了，在这种情况下,她犯了某种杀人罪,用来阻止还不确定的罪行,而这项罪行不是她的。

章19　卢克莱提娅因受亵渎而自尽

因此,这就是我们的立场,已经足够清楚了。我们认为,当一名妇女受到侵犯,而她的灵魂并没有认同这种邪恶,而是保持不可侵犯的贞洁,那么这桩罪恶不是她的,而是侵犯她的那个人的。我们必须为之辩护的不仅是遭到他们反对的灵魂,而且还有那些受污辱的基督徒俘虏的肉身。这些人还有可能竟敢反驳我们的立场吗? 大家都知道他们如何热烈地赞扬古罗马那位高贵的烈女卢克莱提娅(Lucretia)的贞洁。国王塔克文(King Tarquin)的儿子侵犯了她的身体,她把这个浪子的邪恶行径告诉了她的丈夫科拉提努斯(Collatinus)和她的族人布鲁图(Brutus),要他们发誓为自己报仇。然后,由于心灵受到伤害,无法忍受耻辱,她自杀了。我们该把她称作什么? 荡妇还是烈女? 这个问题不是问她过去是什么。若有人就这件悲惨的事宣布说:“这真是一桩奇事,有两个人,但只有一个人犯奸淫。”①那么没有什么能比这说得更好了。这个说法最有说服力,最真实。因为这个人看到,两个肉体的结合,一个肉体有愚蠢的淫欲,另一个肉体有贞洁的意志。他注意的不是肉身肢体的接触,而是他们的灵魂有着巨大的差别,因此可以说,“有两个人,但只有一个人犯奸淫。”

既然她不是这桩罪恶的合作者,那么她为什么反而要承受更重的惩罚呢? 因为那个犯奸淫者只受到他的父亲的惩罚,而她承受了最重的惩罚。如果她并非自愿参与淫行,并非不贞洁的,那么对她的惩罚是不公正的。罗马的法律和法官,我要向你们呼吁。即使对犯下重罪的犯人,你们也不愿不加审判就加以杀害。那么,如果有人就此类案件向你们申诉,证明一名妇女不仅没有受审,而且是贞洁的,无罪的,但却被杀了,在这种情况下,你们难道不会对凶手加以适当的严惩吗? 这桩罪行是卢克莱提娅犯下的,因为她大肆张扬地杀死了无罪的、贞洁的、受到污辱的卢克莱提娅。审判吧! 如果你们无法审判,因为你们感到无人可以受惩罚,那么为

―――――――――――――

① 这段引文出处不详。

什么还要大肆宣扬她那杀死一名无罪贞女的无节制的勇敢？如果地府中的判官就像你们诗人所说的那样，而她就在犯人中间，你们一定会发现，要在判官面前为她辩护是不可能的。"再下去一些地方住着的是些悲伤的灵魂，他们曾亲手把自己杀死，但是他们并没有犯罪，他们只因厌恶生活才抛弃了生命。"如果她和别的那些人希望回到人间，"但是神意不许可，这可憎的令人发愁的沼泽水把他们锁住了，这九曲的河水把他们拦住了。"①

她也许不在那里，因为她杀的是有罪之人，而非无罪之人？也许只有她自己才知道自杀的原因，可能是行为的快乐背叛了她，因此她同意与塞克斯都（Sextus）媾和，尽管受到强烈的污辱以后，她又懊悔了，因此想到只有死才能减轻她的罪过？即使是这种情况，如果她能与她的假神一道完成有效的改悔，那么她仍旧不应该自杀。

然而，如果是这么一回事，并非"有两个人在，但只有一个人犯奸淫"，而实际上是两个人都陷入这桩罪恶，一个是公开的侵犯，另一个是秘密的同意，那么她并没有杀死一名无罪的妇女，而她雄辩的卫士可以说，她不属于那些"曾亲手把自己杀死，但并没有犯罪"的地府的居住者。卢克莱提娅的案例是一个悖论：如果你们宣判她犯了杀人罪，那么你们就确认她犯奸淫；如果你们宣判她犯奸淫，那么你们就使她的杀人罪更重。如果有人问，如果她是犯奸淫的，为什么要赞扬她？如果她是贞洁的，为什么要杀了她？那么没有办法可以摆脱这种悖论。

然而，我们的目的是驳斥那些不懂什么是真正圣洁的人，驳斥那些对我们受到侵犯的基督徒妇女进行污蔑的人，用这样一句赞扬她的话来说明这位高贵的罗马烈妇也就够了，"有两个人在那里，但犯奸淫罪的只有一人。"因为人们充满信心地认为卢克莱提娅是优秀的，不会犯奸淫的念头。同样，由于她杀了她自己，而她并非奸淫的同谋者，她的这个行为显然并非由于对贞洁的热爱，而是因为她的耻辱的重负。尽管她并没有唆使奸淫，但她对遭受这样的伤害感到可耻，这位烈女带着罗马人对虚荣的

---

① 维吉尔：《埃涅阿斯纪》，卷6，行434。

热爱被一种骄傲捕获了,她害怕自己如果继续活着,别人一定会以为她并不怨恨她所受到的污辱。她不能向人袒露内心的想法,而认为用自杀可以证明。她一想到别人会当众细说她所受到的污辱就充满了耻辱感。

但是,受到这种污辱的基督徒妇女不会作出这样的决定,而是活下去。她们不会用别人的罪行来惩罚自己,因而将她们自己的罪加在那些她们并不分有的罪之上。带着别人所犯的罪行给自己带来的羞辱去自杀,就好比她们的敌人的淫欲在驱使他们去强奸。在她们自己的灵魂中,在她们自己的良心的见证下,她们享受着贞洁的光荣。在上帝眼中,她们也是纯洁的,这使她们感到满足。她们不再要求更多的东西,这已足够使她们继续行善,抗拒他人的怀疑,免得偏离神圣的律法。

章 20 基督徒在任何情况下没有权利自杀

《圣经》正典书卷中找不到关于允许自杀的神圣诫命或者许可,无论是为了享有不朽,还是为了躲避或追求任何东西,这并非没有意义。甚至正确解释过的律法也禁止杀人,因为经上说"不可杀(人)",①此处省略"你们的邻人"更能证明这一点,而在禁止作伪证的时候有这样一些话语,"你们不可作假见证陷害你们的邻人。"②如果他作假证只是为了陷害他自己,那么也不应该根据这种解释设定他没有违反这条诫命。因为爱邻人是我们自己的爱所规定的,如经上说:"当爱人如爱己。"③如果作伪证陷害自己的罪名并不比作伪证陷害邻人更轻,那么尽管在禁止作伪证的诫命中只提到邻人,人们仍旧不难理解可以设定一个人作伪证是为了陷害自己。我们有更多的理由理解一个人不能自杀,因为在"不可杀(人)"的诫命中,其中的人没有作任何限定,可以是任何人,指律法置于其上的任何人。

因此,有些人试图把这个诫命的范围扩展到野兽和家畜,好像这条律

---

① 《出埃及记》20:13。
② 《出埃及记》20:16。
③ 《马太福音》22:39。

法禁止我们剥夺任何动物的生命似的。但若如此，为何不将此诫命扩大到树木，以及一切有根，靠大地滋养的东西？尽管这类生灵没有感觉，但人们说它们也是活着的，也会死亡。如果对它们施加暴力，就会杀死它们。所以，使徒在谈及这些东西的种子时也说："你所种的若不死就不能生。"①《诗篇》中也说："他降冰雹打坏了（杀了）他们的葡萄树。"②我们还必须认为"不可杀"这条诫命也包括摘一朵花吗？算了吧，我们说的"不可杀"并不包括这些没有感觉的植物，也不包括会飞、游、走、爬的无理性的动物，因为它们没有理性，与我们没有联系，因此造物主公正地指定我们管理它们，可以杀它们或养它们来供我们使用。③ 如果是这样的话，我们只能把这条诫命理解为针对人。这条诫命是"不可杀人"，因此，既不能杀别人，也不能杀自己，因为自杀的人所杀的仍然是人。

章21　我们在什么情况下可以将人处死而不犯杀人罪

　　然而，上帝的权柄为他不可杀人的律法设了一些例外。这些例外情况有两种：或是按照一般的法律处死犯人，或是在某些特殊时间内授权于某些人杀人。在后一种情况下，杀人者只是手持刀剑的工具，有人授权给他杀人，但并非他自己要对杀人的行为负责。同理，服从上帝之命对敌作战的人，或执行他的律法的人，代表着公众的正义或统治者的明智杀死恶人，这样的人并没有违反"不可杀人"的诫命。确实不能说亚伯拉罕犯下了残暴的罪行，因为他准备服从上帝的命令，而不是服从他的情欲，杀死他的儿子。④ 这样提问是合理的，我们是否应当把耶弗他（Jephthah）杀他的女儿视作顺从上帝的旨意，因为他打了胜仗以后从战场返回家乡时立下誓言，要把他见到的第一样东西献祭给上帝。⑤ 参孙（Samson）也与敌人一同埋在倾圮的房子里，我们只能这样判定，使他激动的圣灵给了他秘

---

① 《哥林多前书》15：36。
② 《诗篇》78：47。
③ 参阅《创世记》1：28 以下。
④ 《创世记》22：2以下。
⑤ 《士师记》11：29 以下。

密的指示让他这样做。① 除了这两种例外,或是执行公正法律的判决,或是执行来自上帝本人的专门旨意,这是一切公义的基础,无论谁杀了人,无论他杀的是别人还是自己,都卷入了谋杀罪。

章 22　高尚绝不能用来促进自杀

尽管他们不能得到法官的赞扬,但是那些使用暴力结束自己生命的人可能会被尊崇为心灵伟大。然而,如果你再仔细观察一下,就不会把唆使一个人自杀而非鼓励他忍受命运的艰辛,或忍受没有犯罪而受到惩罚,称作心灵伟大了。倒不如说,这是灵魂虚弱的证明,因为它竟然不能忍受肉体的痛苦或大众的愚蠢看法? 这岂非宣称一个比较伟大的心灵宁可面对生活之疾苦而不逃避,它可以问心无愧,而无需多注意人们的看法,特别是经常陷入谬误的大众的意见?

因此,如果自杀被视为高尚行为,那么没有人比克莱奥布洛图(Cleombrotus)更高尚了,故事说,当他读了柏拉图论灵魂不朽的著作以后,就头朝下从墙上跳下来摔死了,从今生前往他相信更好的那个来世。他并没有遭受灾难的压迫,也没有受到正确的或错误的指控使他不能很好地生活下去,简言之,除了一种高尚感以外,没有别的动因促使他寻死,中断今生甜蜜的滞留。然而,即使柏拉图,他读的就是柏拉图的著作,也会阻止他这样做,因为这种行为与其说是高尚,倒不如说是一种可以原谅的行为;因为柏拉图若不以同样的明智看到灵魂不朽,明白应当禁止自杀而不是鼓励自杀,那么柏拉图自己肯定会自杀,或者至少要建议人们自杀。

还有,据说许多人自杀是为了防止被敌人杀害。但是我们讨论的不是这种事有没有发生过,而是这种事是否应当发生。健全的判断胜过个别事例,例证确实应与理性的声音和谐;但并非所有榜样,而只有那些根据他们的虔诚区别出来的榜样,才值得去模仿。提起自杀,我们不能找到族祖、先知或使徒自杀的例子,尽管我主耶稣基督告诫他们从一个城市逃

---

① 《士师记》16:28 以下。

向另一个城市①,而他本来可以利用这个时机建议他们自杀,以逃避追逼他们的人。尽管他对自己的朋友说,他应许为他们准备永久的居所②,但由于他没有这样做,也没有提出要以这种方式告别今生,所以这样的例子显然出自"忘记了上帝的民族",③唯一真神的崇拜者对此没有必要加以模仿。

章23　怎样看待加图的例子,他由于不能忍受恺撒的胜利而自杀

关于卢克莱提娅我们说得够多了,除她之外,关于自杀的呼吁要找到另一个合乎常规的范例会有些困难,除非以加图(Cato)为例,他在尤提卡(Utica)自杀。我们以他为例,不是因为只有他这样做,而是因为他被人敬重为有学问的、高尚的人,所以据此可以认为他所做的事在过去和现在都是一件好事。但是对他的这种行为,我只需要提到他自己的朋友,像他一样有学问,坚决地劝阻他,并把他的行为说成是一种软弱而不是一种坚强,他自杀的举动不是受到一种防止受辱的高尚情感的支配,而是受到逃避艰辛的软弱的支配,不是吗? 确实,通过给他至爱的儿子提建议,加图实际上谴责了他自己。如果接受恺撒的统治是一种耻辱,那么这位父亲为什么要敦促儿子去接受这种耻辱,鼓励他绝对相信恺撒的仁慈? 他为什么不鼓励儿子与他一道去死? 如果说托夸图斯(Torquatus)的行为受到赞扬,他的命令在对付敌人的时候是成功的,而他的儿子却违抗命令,因此他下令处死他的儿子,那么为什么被征服了的加图要宽恕他的被征服了的儿子,而不宽恕他自己呢? 做一名对抗命令的胜利者比服从一名与公认的荣耀相对抗的胜利者更加可耻吗? 所以,加图不能把在恺撒的统治下生活当作可耻,因为如果是这样的话,那么他用剑杀死他的儿子就能把他的儿子从这种耻辱下拯救出来。事实上,加图希望他的儿子得到恺撒的宽恕,而他自己则比恺撒更加热爱荣耀,所以他对恺撒的荣耀感到

---

① 《马太福音》10:23。

② 《约翰福音》14:2。

③ 《帖撒罗尼迦前书》4:5。

妒忌,(据说恺撒本人确实也这样说过)①;或者说妒忌这个词也许用得不妥,那么就让我们说加图感到耻辱,因为这种荣耀本来应该是他的。

章24　勒古鲁斯的美德超过加图,根据这种美德可以确定基督徒的优秀

我们的对手感到自己受到了冒犯,因为我们宁可敬重圣徒约伯(Job)而不敬重加图,约伯忍受了加诸其身的可怕的邪恶,而不是通过自杀来摆脱所受的一切折磨。还有其他圣徒,在我们权威可靠的经书中记载着他们的事迹,他们忍受着被敌人俘虏和压迫,而不自杀。但这些异教徒的书却要我们喜欢马库斯·加图(Marcus Cato)和马库斯·勒古鲁斯(Marcus Regulus)。加图从来没有征服过恺撒;而在被恺撒征服以后,他不愿屈服于恺撒,正是为了逃避这种服从而使他自杀。相反勒古鲁斯先前征服过迦太基,他统率罗马大军为罗马共和国赢得了胜利,公民们喜极而泣,连他的敌人也被迫对他表示钦佩。然而后来,他被迦太基人打败了,在这个时候他宁可当俘虏,也不愿通过自杀来摆脱被捕的遭遇。他耐心地忍受着迦太基人的囚禁,但仍旧保持着对罗马人的热爱,他既没有弃绝他的被征服的身体,也没有放弃他的未被征服的精神。阻碍他自杀的也不是对生命的热爱。他后来毫不犹豫地返回敌营可以清楚地说明这一点,他当时答应敌人返回罗马当说客,并起誓一定会回来,而在罗马元老院他竭力劝说罗马人攻打迦太基,由此对迦太基造成的伤害远甚于用他的武器在战场上对敌人的伤害。他轻视生命,宁可承受敌人可能对他施加的各种酷刑,也不愿用他自己的手终结自己的生命,他的行为再清楚不过地表明自杀在他看来是一桩大罪。

在他们所有著名的杰出公民中,罗马人找不出比他更值得宣扬的人来。富裕不能使他腐败,在他赢得了这样的胜利之后,他仍旧是一个穷人;敌人也不能使他屈服,因为他无所畏惧地返回敌营,走向最悲惨的结局。如果最勇敢、最著名的英雄,他们只有尘世的国家要保卫,尽管他们只拥有伪神,然而却真正地崇拜他们,小心地恪守对他们立下的誓言,如

---

① 普罗塔克:《加图传》,节72。

果这些人，按照战争的习俗和权力用刀剑征服敌人，但在被敌人征服的时候不愿使自己的生命马上终结，如果他们尽管根本不怕死，但宁可承受奴役而不愿自杀，那么基督徒岂非更加应当避免自杀，他们是真神的崇拜者，天国公民的候选人，出于上帝的旨意他们被交到敌人的手中，让他们以此证明自己或得到矫正！确实，屈从于这种可悲境况的基督徒不会被至尊者①抛弃，为了他们的缘故，我主使自己卑微。基督徒也不应当忘记他们不受战争法则或军令的约束，乃至杀死被征服的敌人。如果说一个人不可以处死有罪的敌人，或者说不能杀死正在对他犯罪的敌人，那么他怎么能够糊涂到因为正在犯罪或将要犯罪的敌人在反对他而采取自杀呢？

章 25　不能用犯罪来避免罪

但是有人对我们说，有理由担心，当身体屈从于敌人的淫欲时，感官的暗中为害的快乐会诱使灵魂赞同罪恶，因此必须采取措施防止这种灾难性的后果。自杀不就是一种恰当的防范措施，不仅防止敌人的罪行，而且防止对基督徒的诱惑吗？首先，我们要说灵魂由上帝和他的智慧所引导，而不是由肉身的淫欲所引导，这样的灵魂肯定不会赞同由他人的淫欲所引发的肉体的欲望。说到底，即使会有这种情况，亦如真理所明白地宣示过的那样，自杀是一种可恶的、该遭谴的罪恶，有哪个傻瓜会说，让我们现在就来犯罪吧，这样我们就能预防将来可能的犯罪，让我们现在就杀人吧，免得我们将来会犯奸淫？如果我们被这样的邪恶所控制，那就谈不上什么清白，我们至多只能对犯罪作选择，将来的、不确定的犯奸淫不是比现在的、确定的杀人更可取吗？犯一种通过忏悔可以治疗的罪恶不是比犯一种无法可治的罪行更可取吗？我这话是讲给那些男男女女听的，他们担心会受到强暴者的淫欲的引诱而赞同罪恶，认为应当对自己采取暴力，以便防止自己犯罪，而不是他人犯罪。但是，相信上帝、寄希望于上帝之助的基督徒的心灵能够抗拒对肉体快乐的可耻的赞同，可以防止这种

---

① 　the Most High，指上帝。

情况的发生。如果那种仍旧居住在我们可朽肢体中的淫荡的不服从按它那与我们的意志无关的自身法则行事,那么它在反抗这种淫欲的人的身体中的运动是无可指责的,就像它在一个睡着了的人的身体中运动一样。

章26 圣徒在某些特殊情况下的行为不能当作追随的范例

但是他们说,在受到迫害时,某些圣洁的妇女为了避免受到强暴,投河自尽,①而她们知道投河肯定会淹死,在以这种方式自杀以后,大公教会把她们尊为殉道者。谈到这样的人,我不想太匆忙。我无法判断教会是否肯定她们的行为具有神圣的权威性,并提出可靠的证据来证明教会曾给予她们荣耀,纪念她们,当然这种情况是可能的。她们采取自毁的行动也许并没有受到人的判断的欺骗,而是受到上帝智慧的推动。我们知道参孙(Samson)就是这种情况。如果上帝吩咐人采取任何行动,而这种命令又有确凿的证据,那么又有谁会把服从称作犯罪呢? 又有谁会谴责这样虔诚的服从呢? 但是并非由于亚伯拉罕把他的儿子献祭给上帝,因此每个人把他的儿子献祭给上帝都是公义的。一名士兵服从上级的命令去杀人,而这个上级对他的驱使是合法的,那么他的国家的任何法律都不会指控他谋杀;但若他拒绝执行命令,那么他就会受到叛国和藐视法律的指控。如果他是自己做主,或是出于他自己的冲动才这样做的,那么在这种情况下他就犯了杀人的罪过。这样,他就要为他在没有命令的情况下所做的事情受到惩罚,而在有命令的情况下,他若是拒绝命令也会受到惩罚。如果一位将军的命令会造成这么大的区别,那么上帝的诫命难道不会造成区别吗? 所以,知道自杀是不合律法的人,如果接到我们不可违背的上帝的命令,那么还是可以这样做的。但是让他一定要弄明白,这种神圣的命令确实已经彰显。

至于我们,只有通过耳朵才会明白他人内心的秘密,因此我们不能依据假定来对这些我们不知道的事情下判断。"除了在人里头的灵,谁知

---

① 参阅欧西庇乌《教会史》8:12。

道人的事"。① 但是，我们肯定和坚持，并用各种方式宣称这种说法是正确的，没有人可以伤害他自己，自愿去死，因为这样做是逃避暂时的罪恶而坠入永恒的罪恶；没有人因为他人的罪恶而必须这样做，因为这样做是在用自己去犯一桩大罪的方式逃避一种并不会玷污他的罪过；没有人因为他自己过去的罪过而必须这样做，因为如果是这样的话，他更加需要活着，以便通过忏悔而治愈这些罪过；没有人应该以这种方式终结此生以获得我们在死后寻求的更好的生活，因为通过自杀而死的人在死后并不能得到更好的生活。

章 27　为了避免罪恶是否应当自愿去死

我在前面还提到过一个自杀的理由，这个理由被认为是充分的，亦即自杀是为了防止由于快乐地讨好或由于痛苦的暴力而坠入罪恶。如果这个理由是好的，那么人们一旦接受了重生的洗和一切罪过的赦免，我们就应当敦促人们马上毁灭自己。② 过去的一切罪过被赦免的时候正是避免一切将来的罪过的时候。如果这种避免可以通过自杀来合法地确保，那么为什么不想尽一切办法来获得它呢？

据此推论：为什么那些受过洗的人不马上结束他自己的生命呢？经历了今生艰辛终于自由的人为什么又要面对生活的艰辛，而他有能力轻易地摆脱这些艰辛，诚如经上说："有谁会铤而走险呢"？③ 在他可以合法离去的时候，他为什么要留恋今生，喜欢，或至少要面对，那么多艰险呢？有谁会愚蠢到这种地步，竟然歪曲真理，以至于认为尽管人由于害怕被另一个人，他的主人，压迫而犯罪，但他还是应当活着，把自己暴露在这个世界每日每时的诱惑面前，既面对主人的压迫带来的各种罪恶，又面对我们今生不可避免地要遇到的所有其他无数的不幸呢？当我们拥有更加简易的、摆脱罪恶的方法，劝说那些通过洗礼获得新生的人结束生命，纯洁而

---

① 《哥林多前书》2:11。
② 参阅《提多书》3:5。
③ 《便西拉智训》3:27。

圆满地回到他们的主那里去,我们有什么理由还要把时间耗费在劝告和激励受洗者,让她们保持处女的贞洁,或寡妇的清白,或婚姻的忠诚呢?

显然,如果有人认为这样的劝导应当尝试,我不说他是愚蠢的,但我要说他是疯子。那么,如果有人对某人说:"去自杀吧,免得在你的小罪过之上增添一桩滔天大罪,因为你在一位荒淫无耻的主人的手下生活,他的行为就像野蛮人?"如果他不能不带邪恶地说出:"去自杀吧,现在你已经洗清了你的所有罪过,免得再次坠入同样的或更大的罪过,你生活在这样一个世界上,它的各种不洁的快乐在诱惑你,它的残忍在折磨你,它的各种谬误和恐怖在征服你",他又怎么能够说出上面那番话来呢? 这样说是邪恶的,因此自杀也是邪恶的。如果说不出任何公正的理由,结论当然会是如此。如果连这个理由也不是公正的,那么自杀是没有理由的。

章28　凭着上帝的什么判断,敌人被允许对节欲的基督徒的身体施暴

因此,你们这些忠实的基督的仆人,尽管你们的贞洁受到敌人的玷污,但是不要让你们的生命成为你们的负担。如果你们保持着善心,知道自己并没有认同那些被允许对你们施暴的那些人的罪行,那么你们就有了伟大的、真正的安慰。如果你们要问为什么会有这种允许,那么这确实是造物主和宇宙统治者的深邃的旨意,"他的判断何其难测! 他的踪迹何其难寻!"①

无论如何,诚实地询问一下你们自己的灵魂,看自己是否完全没有因为自己的完善、节欲和贞洁而变得飘飘然,你们是否没有依据这些德行想要得到人们的赞扬,因为你们妒忌某些得到赞扬的人。在我这方面,我不知道你们内心的想法,因此我不是在指责你们;我甚至听不到你们对这些问题的回答。然而,如果他们回答说,这只是我的假定,那么说你们已经失去了据此能够赢得人们赞扬的东西,而保留了不能对人们展示的东西也就不奇怪了。如果你没有赞同罪恶,那是因为上帝

---

① 《罗马书》11:33。

的帮助，上帝的恩典使你不至于迷失，而在追求那些并不可爱的凡人的荣耀之后，必然会受到凡人的羞辱。但是在这两种情况下，即使你们中间的怯懦的心灵也会得到安慰，你们一方面得到了证明和公义，另一方面得到了惩罚和矫正。

至于有些心灵在受到询问时回答说，他们从来没有为自己的处女的贞洁，或寡妇的清白，或婚姻的忠诚而志气高大，"倒要俯就卑微的人"①，在这些上帝的恩典面前"当存战兢而快乐"②，从来不妒忌任何具有神圣和纯洁品格的人，而且不在意凡人的赞扬，这种赞扬经常使得受到赞扬的美德变得更加少有人实行，他们所希望的与其说是因实施这种德行的人的稀少而使自己变得杰出，不如说是希望实行这种德行的人数增加。我要说，即使这样忠贞的妇女也一定不能抱怨那些野蛮人竟然得到允许用下流的暴力侵犯她们，更不能允许自己相信，上帝作出这种允诺的时候忽视了她们的品格，而犯下这种罪行的人没有一个是可以不受惩罚的。凭着上帝的秘密的判断，某些最诱人的、邪恶的愿望现在被允许自由表现，但它们最终会受到公开的审判。还有，那些基督教的妇女可能并不具有对她们合乎美德的贞洁感到骄傲的意识，而在她们无罪地承受了俘虏她们的人施加的暴力的时候，潜在的动摇也可以出卖她们，使她们变得固执，坚定地反抗城市沦陷以后所受到的污辱。正如某些男子被死亡带走，"这样邪恶与虚妄便无法腐蚀他的思想了"③，所以那些妇女受到侵犯，免得繁华会败坏她们的节制。无论是那些在这样的处境下仍旧是处女的妇女，还是那些没有面对敌人的暴力从而失去贞洁的妇女，都不应该志气高大，而应当俯就卑微；这样，前者可以从已经消失的累赘中解脱，而后者则受到将要出现的麻烦的警告。

我们必须进一步注意，这些承受了痛苦的妇女中有些会明白，节欲是一种身体的善，只要身体不受侵犯，这种德行就能保持，但她们不懂得身

---

① 《罗马书》12:16。

② 《诗篇》2:11。

③ 《所罗门智训》4:11。

体和灵魂的贞洁依赖于意志的坚定,因上帝的恩典而得到增强,这种贞洁是不能从不愿意的人那里用暴力剥夺的。她们现在可以从这种错误中摆脱出来。当她们回想起自己多么诚心地侍奉上帝,当她们重新确认那坚决的劝告,上帝决不会抛弃那些侍奉他的人,当她们思考什么事情是不能怀疑的、使上帝欢悦就是贞洁的时候,祈求上帝的帮助,她们就一定会得出结论:上帝希望在他的圣徒身上看到这种圣洁,如果这些灾难会摧毁上帝恩赐给他的圣徒的圣洁,那么他决不会允许这样的灾难降临他的圣徒。

章29 不信基督者抱怨基督没有把他们从敌人的暴力下解救出来,基督的仆人对此应该作出什么回答

至高至真的上帝之全家有它自己的安慰,这种安慰不会骗人,而是包含着一种更加确定的不依赖于世事变迁的希望。他们①不会拒斥短暂今生的规范,从中他们可以学到永恒的生活;他们也不会由于经历此生而感到悲哀,因为他们把尘世的善物用作寓所而不为所困,尘世的疾苦则能证明和锻炼他们。那些人②在审讯他们的时候讽刺说,当灾难降临时,"你的神在哪里呢"?③ 我们可以反问,当他们由于没有崇拜他们的神灵、或坚持他们必须崇拜神灵,因而受到各种灾难的疾苦时,他们的神灵又在哪里呢? 基督之家会作出这样的回答:我们的上帝无所不在,他在任何地方,他不会局限在任何地方。他可以在场而不被察觉,他不需要移动就可离去;当上帝将我们暴露给敌人的时候,既可证明我们的完善,又可矫正我们的缺陷;作为对我们耐心忍受现世痛苦的回报,他会为我们保留永恒的奖赏。但是你们是谁,我们有必要与你们谈论你们自己的神灵吗? 更不必说与你们谈论我们的上帝了,"他在万神之上当受敬畏。外邦的神都是偶像,唯独主创造诸天。"④

---

① 指基督徒。
② 指异教徒。
③ 《诗篇》42∶3。
④ 《诗篇》96∶4—5。

章 30　有些人抱怨基督教，说基督徒希望不受约束，过一种无耻的奢侈的生活

　　如果你们已故的大祭司、著名的西庇阿·纳西卡（Scipio Nasica）现在还活着，他在布匿战争带来的痛苦中被元老院选派为向佛里吉亚女神献祭的最佳公民，那么他也会斥责你们的无耻，哪怕你们几乎不敢仰视此人的面容。你们为什么一遇到灾难就抱怨基督教，不就是因为你们希望享受你们不受约束的荒淫生活，希望这种应当抛弃的奢侈生活不被任何动荡和灾难所打断吗？你们确实希望和平、繁荣和富裕，但你们并不希望拥有那些使你们能够诚实地使用这些福益的德行，亦即中庸、节制、节欲、虔诚，因为你们的目的倒不如说就是确保享受各种无耻的快乐，因此从你们的繁荣中派生出来的道德沦丧所带来的灾难千倍于最凶恶的敌人所能造成的祸害。

　　这种灾难就是那位西庇阿，你们的大祭司，被整个元老院认定为最优秀的人，所担心的，当时他反对摧毁罗马的世敌迦太基，而这是加图竭力主张的。西庇阿担心的是，平安是软弱心灵的大敌，保持恐惧对公民们来说倒是一种更适宜的保护。他并没有错，后来的事件证明了他有多么明智。迦太基被摧毁了，罗马共和国从她最大的忧患中解脱出来，而在后来的繁荣状态中产生出众多的灾难和邪恶。最初的和谐削弱了，毁于猛烈的、血腥的叛乱；继而由于一系列邪恶的原因发生内战，带来一连串的屠杀、流血、无法无天的和残忍的剥夺公权、抢劫，在罗马人恪守美德的日子里，这种事情带来的伤害只会来自他们的敌人之手，而现在他们的美德丧失了，在他们的同胞公民手中，他们要承受更大的残忍。统治欲与其他恶德共存于罗马人之中，变得比在其他任何民族中都要更加强烈，无法扼制，一旦这种欲望控制了少数强人，其他弱者当然也就处在这种统治欲的统治之下。

章 31　统治欲在罗马人中怎样步步增长

　　这种情欲一旦在傲慢的心灵中扎下根来，就会逐渐生长，逐步挺进，直至抵达王座。要获得这样的进展并不需要什么东西，而只需要肆无忌

惮的野心。但是无耻的野心只能对一个被邪恶和奢侈败坏了的民族起作用。还有，繁荣可以使一个民族变得邪恶和奢侈；这就是那位非常明智的人纳西卡所竭力想要避免的，因此他反对毁掉罗马敌人迦太基这座最强大最富裕的城市。他认为，如果迦太基的威胁依然存在，那么这种恐惧可以对欲望起到一种约束作用，而欲望受到约束就不至于在奢侈中作乱，如果奢侈能够防止，那么邪恶就会终止；而邪恶一旦受到拒斥，那么美德就会昌盛，就会给国家带来极大的好处；适宜与美德为伍的自由就会不受约束地长存。

出于同样的原因，并受到同样审慎的爱国主义精神的激励，你们的那位大祭司，我要再一次提到他被众口一词地认定为罗马最优秀的人，给元老院在剧场周围修建一圈座位的议案泼了冷水，并在一篇庄重的讲演中严正警告罗马人不要步希腊人奢侈之风的后尘，湮灭罗马人的精神，劝告他们不要受外国人的荒淫萎靡之风的影响。[1] 他的话语是那么有理有力，迫使元老院作出决定，甚至那些原先放在剧场中供观众临时使用的板凳也遭到禁止。[2]

这样的人渴望把戏剧表演从罗马赶出去，那么他当然也有胆量反对那些他假定是神灵的权威！因为他不知道这些神灵是邪恶的魔鬼；或者说如果他知道，那么他会向它们祈求，而不是藐视它们。因为属天的教义还没有向异邦人启示，这就是应当依靠信仰来纯洁心灵，用卑微的虔敬来转变他们的自然气质，从侍奉傲慢的魔鬼转向寻求天上的事物，甚至高于苍天的事物。

章32　关于舞台表演的建立

我知道你们对这个事实一无所知，当你们咕哝着反对把你们从这样的统治中解救出来的上帝时，你们仍然一无所知。那些在罗马建立起来

---

[1]　参阅李维：《罗马史》，章48。

[2]　古罗马观众原先站着看戏，而现在又恢复了古老的习俗。参阅李维：《罗马史》，章48。

的悦目的游戏在舞台上表演着愚蠢和荒淫，不是依据人的邪恶的渴望，而是依据你们的神灵的安排。更加遗憾的是，你们把神圣的荣耀赋予西庇阿，而不是这样的神灵。这些神灵并不像他们的祭司那样有道德。但若你们在谬误的烈酒中畅饮的心灵还能够接受任何清醒的真理，那么现在请你们注意我的话。这些神灵吩咐说，应当举行这种会毒害身体的表演，用来荣耀他们；①而他们的祭司禁止建造剧场，以防止道德方面的毒害。如果你们还足够清醒，喜爱灵魂胜于肉体，那么就选择一下你们应当崇拜谁。此外，尽管这种毒害还存在，但这不是因为舞台上的演员的疯狂的色情占领了迄今为止只习惯于马术表演的爱好战争的民族，而是因为这些凶狠邪恶的精灵预见到这种毒害会短暂地停止，然后又会伺机爆发，不是败坏身体，而是用一种更加严重的疾病毒害他们的崇拜者的道德。这些神灵在这种毒害中找到了极大的快乐，因为它使人的心灵愚昧，好比陷入黑暗，又用这样愚蠢的丑恶使人的心灵失去尊严。甚至前不久，某些受到这种毒害的人在罗马沦陷后逃到迦太基避难，在剧场里每天都可以看到他们像疯子一样追逐演员。

章33　罗马的沦陷并不是在对罗马人的邪恶作出矫正

噢，糊涂的人啊，这是一种什么样的盲目，或者疯狂，把你们迷住了？在这样的时候，我们听说②连东部的民族都为你们的毁灭而悲哀，大地极远之处的强大国家也为你们的灭亡而伤心，把它当作人类共有的灾难，而你们自己却仍旧挤在剧场里厮混，比以前更加疯狂？这是一个传播瘟疫的地方，这是美德和荣誉遇难之处，西庇阿要禁止建造剧场，因为他想保护你们；这就是他希望仍旧保留一个令你们感到恐惧的敌人的原因，因为他清楚地看到繁荣会轻而易举地败坏和摧毁你们。他并不希望共和国昌盛了，城墙挺立，但是公民们的道德却沦丧了。邪魔的诱惑对你们的影响大于审慎者的告诫。因此你们不会把自己造成的伤害归咎于自己，而是

---

① 参阅李维：《罗马史》7：2。
② 参阅杰罗姆：《书信》136：2，127：12。

把自己承受的伤害归咎于基督教。你们祈求好运降临、不再受邪恶的伤害,但是你们所希望的恢复国家的和平与安全,不是希望共同体得到安宁,而是希望你们自己的邪恶的奢侈不受惩罚。西庇阿希望你们受到一个敌人的重压,这样你们就不会沉迷于奢侈的生活;但是你们执迷不悟,哪怕亡国也不愿放弃奢侈的生活。你们看不到灾难给你们带来的益处;你们已被造就为最邪恶的,你们仍将是最荒淫的。

章34　在罗马城的沦陷中上帝表现的仁慈

你们现在还活着,这要归功于上帝,是他宽恕了你们,使你们可以得到警告,改悔和重建你们的生活。是他允许你们这些不感恩的人避开敌人的刀剑,称自己为上帝的仆人,或者在殉道士的圣地找到避难之处。据说罗莫洛(Romulus)和瑞摩斯(Remus)为了能增加由他们创建的这座城市的人口,开辟了一处圣地,犯了任何罪行的人都可以在那里找到避难所,①这件事极好地预示了最近在基督的荣耀下所发生的事。罗马的摧毁者追随了她的创建者的榜样。但这与后者的功绩,增加公民的数目,没有多大关系,前者在这样做的时候是为了减少他们的敌人的数量。

章35　隐藏在不敬上帝的人之中的教会的儿子,以及教会中的伪基督徒

如果能找到更加充分、更加适宜的回答,那么让我主基督的救赎之家和君王基督的移居之城向它们的敌人作出这些回答。但是让这座城铭记在心,在她的敌人中隐藏着那些注定要做她的同胞公民的人,她不能认为,承受这些人作为敌人对她作出的伤害直至他们成为信仰的接受者是一项无效的劳动。同样,只要她是这个世界上的过客,上帝之城还在她的社团中,靠圣餐来维系,那么就有一些人不会永远居住在圣徒的地方。这些人,有些现在就可以认出来;有些自己就毫不犹豫地公开宣布,采取与我们的敌人相同的理由咕哝着反对上帝,而他们却还在参加上帝的圣餐。这些人,你们今天可以看到他们与我们一道在教堂里,明天可以看到他们

---

① 参阅李维:《罗马史》1:8。

与那些不敬上帝的人一道挤在剧场里。

如果在我们最公开的敌人中间都有某些人,他们自己是不知道的,注定要成为我们的朋友,那么我们就更没有理由对改造这样的人表示绝望。事实上,这两座城在这个世界上是相互纠缠在一起的,两座城里的公民相互混杂在一起,直至最终的审判把他们分开。现在我要在神的帮助下谈论这两座城的兴起、发展和终结,这就是我要写的东西。我为荣耀上帝之城而写,这座城在与另一座城的比较中可以发出更明亮的光芒。

章36　　在下面的讨论中将要涉及的主题

但是我还有一些事情要说,我要驳斥那些人把罗马共和国的灾难归咎于我们的宗教,认为这是由于禁止了向诸神献祭。出于这个目的,我必须列举在这些献祭被禁止以前,全部降临这座城市以及附属于她的各个行省的灾难,或者至少列举足够多的例子;因为,如果说在那个时候我们的宗教已经对他们放射出光芒,已经禁止了他们的献祭,那么他们无疑会把所有这些灾难的原因归咎于我们。

然后,我必须继续说明他们的道德状况,而一切王国都在真神的掌握之中,有了上帝的恩赐,他们的帝国才得以增长。我必须说明为什么上帝要这样做,而他们的假神不是在帮助他们,而是在用伪装和欺骗极大地伤害他们。最后,在用不容反驳的证据证明了这个观点以后,我还必须与那些坚持崇拜诸神的人相遇,他们声称崇拜诸神不是希望得到今生的好处,而是为了来世的幸福。如果我没有弄错,这一点在我的任务中是最困难的一部分,配得上使用最庄严的论证;我们在这个时候必须提到一系列哲学家,不是那些人们一般听说过的哲学家,而是那些在灵魂不朽、真正的上帝创造世界、上帝的意旨统治他的一切创造物等问题上与我们有许多共同点的最著名的哲学家。但由于他们在其他观点上与我们不同,我们一定不能放弃揭露他们的错误。在驳斥了这些恶人的能力不是上帝恩赐的这种观点以后,我们可以断定,关于真正永恒的幸福的允诺只能与上帝之城、真正的虔诚、崇拜上帝相连。至此,让我们结束本卷,在新的一卷中开始讨论这些主题。

第 二 卷

【本卷提要】奥古斯丁在本卷中回顾了基督时代开始之前罗马人承受的灾难，而在那个时候，世界各地都在崇拜伪神；由此证明，这些神灵并不能使罗马人摆脱不幸，而只能给他们带来一切灾难中仅有的，或至少是最大的灾难，亦即品性的腐败和灵魂的邪恶。

章1 本卷内容限定在必要的驳斥

由于全人类的理智都那么软弱，所以到处都有人在放肆地抗拒拥有清晰证据的真理。如果他们能够服从完整的教义，就像对待能治愈疾病的良药，那么在上帝的帮助下，靠着信仰和虔诚，上帝的恩典能够治好这种软弱。到那时，拥有正确理智的人不再需要相互辩驳，不再需要长时间地讨论那些空洞的推论，而只需要用足够清楚的话语来表达他们的理解。但是这种精神上的软弱比以往任何时候都要更加盛行，带来更大的危害，以至于在真理已经在人所能做到的范围内得到充分证明以后，他们仍旧把各种真理都当作他们自己不合理性的狂想。这是因为，极大的盲目性阻碍着他们看到摆在面前的清楚明白的东西，或是因为，他们的固执妨碍着他们承认自己所看见的东西的力量。因此，我们有必要经常性地、更加充分地谈论那些已经清楚了的要点。这样，我们才能使他们不仅看得到，而且摸得着，这样，他们才能够感觉到靠近他们双眼的东西。然而，如果我们奉行有问必答的原则，那么我们进行讨论的目的是什么，或者说我们的讨论应该有什么限制？有些人既不能理解我们的论证，又如此固执，习惯于对抗，即使他们明白了，他们也拒绝承认，他们对我们的答复如经上所说，"说傲慢的话"①，并且

---

① 《诗篇》94：4。

极端空洞。如果在他们铁青着脸,对我们的论证不屑一顾,用一切办法对抗我们的陈述的时候,我们开始对他们的反对意见进行驳斥,那么你们可以看到我们想要从事的这项任务有多么漫长、无效和痛苦。因此,我甚至不希望你,我的孩子马凯利努斯,也不希望其他任何人,我的这本书就是为了自由地侍奉他们而在基督的关爱下写下来的,以这样的方式对我的著作下判断。每当你们听到有什么事情与我书中所写的事情有不符之处,你们就要求有一个答复。可是你们千万别变得像那些愚蠢的妇女,使徒说她们"常常学习,终究不能明白真道。"①

章2　对第一卷内容的综述

在上一卷中,我从谈论上帝之城开始,在上帝的帮助下向读者奉献这本著作。这是我第一次努力向那些人作出答复,他们把蹂躏世界的战争,特别是最近罗马沦陷于野蛮人之手,归咎于基督的宗教,这种宗教禁止向恶魔奉献令人作呕的祭品。我已经说明,他们倒应该承认,由于基督的圣名,那些蛮族人违反一切战争的习俗和规矩,把教会的大教堂当作圣地来敬畏而不加骚扰,使之避免了按常规战争所带来的严酷的蹂躏,不仅有基督的真正仆人,而且还有那些在恐怖下伪称自己是基督徒的人,都在教堂中得到庇护。

从这一点产生的问题是:为什么邪恶的、不感恩的人会被允许分享这种庇护? 还有,为什么战争的严酷和灾难既施予虔敬者,也施予不虔敬者? 我用了相当大的篇幅对这个大问题作了适当的充分回答。我这样做,部分目的是为了使许多人摆脱忧虑,他们看到上帝的恩赐,以及每日里发生的那些共同事件,不分善恶地落在所有人头上;但是我的主要目的是为那些受到敌人强暴的圣洁的妇女提供某些安慰,她们在受到强暴后感到羞怯,认为自己的贞洁受到玷污,而我想要使她们摆脱这种羞耻感,增加活下去的勇气。

接下去,我简要地对某些人进行了反驳,他们对承受着这些灾难的可

---

① 《提摩太后书》3:7。

怜的基督徒进行最无耻、最荒唐的攻击，特别是针对那些尽管本身是圣洁的，但却受到心灵创伤的妇女。这些家伙自己是最荒淫无耻的，完全不像真正的罗马人。史书中大量记载着真正的罗马人的行为，他们的事迹也在各地传扬，但是他们却在他们的子孙中间找到了他们这种荣耀的头号敌人。由于这些古代英雄的辛勤劳动而建立起来的罗马，事实上是被他们的子孙无耻地加以毁灭的，她的毁灭是在罗马城墙还屹立着的时候，而不是在她遭到洗劫以后。因为，城墙的毁坏是石头和木头的坍塌，而罗马的毁灭是由于他们的荒淫。这里坍塌的不是城墙，而是这座城市的道德品性，他们心中燃烧着的欲火比焚烧他们房子的烈火为害更甚。至此，我结束了第一卷。

下面我要继续谈论这座城本身，以及附属于她的那些行省，自创建以来所承受的灾难，他们把所有这些灾难无一例外地归咎于基督宗教，就好像在那个久远的时期，福音的教义已经像现在这样到处传播、反对他们骗人的伪神似的。

章3 只要阅读历史就可以明白，在基督教成长之前，在罗马人仍旧崇拜诸神的时候，罗马人就已经遇到各种灾难

但是请记住，在列举这些事的时候，我仍旧要批评那些无知的人；就是这些人无知到这等地步，会说出这样的话："天不下雨，责备基督教"。①他们中确实有某些人受过良好的教育，嗜好阅读历史，完全可以在史书中读到我谈论的这些事件；但是为了挑唆无教养的大众反对我们，他们假装不知道这些事件。他们尽力使无知的民众相信，这些在确定的地点和时间发生的全人类都面临的灾难是基督教带来的，而现在大家都知道这种灾难扩散到各地，正在伤害着他们自己的神灵。

让他们与我们一道来回忆，在基督还没有以肉身降临之前，在他们空洞地加以怨恨的基督圣名的光辉在各个民族中闪耀之前，打断罗马繁荣

---

① 此处拉丁原文为 Pluvia deft, causa Christiani，类似的指责参见德尔图良:《护教篇》，章40，以及阿诺庇乌的雄辩的《反异教徒》。

的各种灾难反复发生。如果能够做到的话，让他们在这个问题上为他们的神灵辩护，因为他们坚持说，他们崇拜诸神是为了能够在灾难降临时得到保全，而现在，哪怕他们受到一丁点儿伤害，他们就指责我们。我要问的是：为什么在传扬基督的圣名冒犯他们之前，在对神灵的献祭终止之前，这些神灵要允许灾难降临到他们的崇拜者头上？

章4　诸神的崇拜者从来没有从诸神那里接受过任何健康的道德诫命，而在崇拜活动中他们举行各种不洁的仪式

首先，我们要问，为什么他们的神灵没有采取措施改良他们的崇拜者的道德？真正的上帝会放弃那些不祈求他的帮助的人，这样做才是公正的；而这些神灵为什么没有立下律法，指引他们的信徒过一种合乎道德的生活，而崇拜诸神的这些不感恩的人现在抱怨说崇拜诸神遭到了禁止？如果说这些人非常注意崇拜诸神，那么从神灵一方来说，他们也应当关注人的行为，这样说确实是公正的。

但是有人会回答说，一个人走上歧途是由他自己的意志决定的。有谁能否认这一点？但无论如何，这些神灵作为人的保护神，有义务用明白无误的语言向他们的崇拜者公布善良生活的守则。他们也有义务派出先知谴责违反这些守则的人，公开宣布要对这些作恶者实施惩罚，而对那些遵守这些守则的人则予以奖赏。有哪座神灵的庙宇之墙对这样的警告声发出过回响？我本人，当我还年轻的时候，曾参加过那些亵渎神灵的仪式，去过剧场；我见过主持祭仪的疯狂的祭司，听到过歌唱队的演唱；我在荣耀男女神灵的庆典中取乐，观看那些可耻的表演，有处女神凯勒斯提斯（Caelestis）①，还有众神之母伯瑞昔西娅（Berecynthia）②，在奉献给她的神圣的涤罪日里，有歌队在她的神轿前面演唱，歌词污秽，不堪入耳。我不想说诸神之母，而说任何一位元老院议员之母或一位诚实人的母亲，都

---

① 德尔图良提到过这位女神，主要在非洲得到崇拜（《护教篇》章24）。奥古斯丁在本卷第26章，以及他的著作的其他地方，再次提到这位女神。

② 伯瑞昔西娅是瑞亚（Rhea）或库柏勒（Cybele）许多名字中的一个。

不会如此不洁,甚至那些演员自己的母亲也不会成为听众中的一员。孝敬父母是一种天然的约束,即使最邪恶的人也不能忽视。同样,猥亵的行为和肮脏的言辞被这些表演者用来在一大群男女观众面前荣耀众神之母,而这些人在自己家里,若有他们自己的母亲在场,他们就会羞于启齿复述这些事情。观众们带着好奇心从四面八方聚集在一起,我必须说,他们会感到面红耳赤,贞洁的人一定会感到受到冒犯。

如果这些仪式是神圣的,那么有什么样的仪式是亵渎神灵的?如果这是在涤罪,那么什么样的事情是污染?这样的节庆被称作一道菜(fercula),就好像为不洁的魔鬼举行适宜从中作乐的宴会。人们不难看到什么样的精灵才会在这样污秽不堪的行为中感到兴奋,除非他们被使用诸神姓名的恶灵欺骗而变得盲目,或者他们在这样的时尚中生活,希望能以此讨好神灵,他们对这些神灵的恐惧甚过对真正的上帝的敬畏。

章 5　荣耀诸神之母的庆典中的猥亵活动

在这件事上,我肯定不希望具有这些人的看法,这些人宁可在这些无耻的祭仪中取乐,而不想终结它们,但是那位被元老院当作最优秀的公民选中,派去亲手接受魔鬼库柏勒的塑像,并把它护送到这座城里来的西庇阿·纳西卡,他会告诉我们,如果看到他自己的母亲受到国家如此崇高的敬意,拥有神一般的荣耀,他是否会感到骄傲;就好比希腊人、罗马人,以及其他民族把神的荣耀赋予对他们作出过重要贡献的人,相信他们作为凡人的保护者由此就会成为不朽者,进入诸神的行列。① 如果这是可能的,那么他肯定希望他的母亲享有这样的幸福。但若我们开始问他,在赋予他的母亲的荣耀中,他是否希望有这样无耻的庆祝仪式,那么他难道不会马上宣布,他宁愿他的母亲躺下死去,也不愿她活着亲耳听到这样污秽的语言?他具有如此严谨的德行,用他作为罗马元老院议员的影响力阻止在那座城中建造剧场,以保持罗马人的勇武精神,这样的人难道会希望他的母亲作为一名女神,从那些由一名罗马贵妇人献上的、令她面红耳赤

---

① 参阅西塞罗:《论神性》,卷 ii,章 24。

的话语中得到安慰吗？他有可能相信一名令人尊敬的妇女的节制会由于被提升为神而发生改变，因此能够承受被人用这样粗俗下流的话语所呼唤和庆祝吗？如果她还活在世上的时候听到这样的话，而没有捂住双耳逃离那个地方，她的亲戚、丈夫、子女肯定会替她害臊。

因此，诸神之母具有最无耻的男人也不愿他的母亲所具有的品格，她一心想要迷住罗马人的心灵。她在侍奉罗马人中最优秀的公民，但不是用她有益的建议使他们在道德上更加成熟，而是用她的欺骗缠住他们，经上那句话写的正是她，"淫妇猎取人宝贵的灵魂"。① 她的旨向是用一种貌似神圣的证言来吹捧他们的优秀，使他们依赖自己优秀的品德，而不再努力追求真正的虔诚和宗教，但若无真正的宗教，天生的禀赋无论多么杰出，都会化作傲慢和虚无。这位女神要求最优秀的人看到在她自己的神圣庆典中竟然需要连优秀的人在自己家中的餐桌上都耻于听见的污言秽语，这样做不是出于一种欺骗的目的又是为了什么？

章 6 异教徒的诸神从来没有教导过生命的神圣

这就是这些神灵相当忽略这些崇拜他们的城市和国家的生活和道德的原因，他们没有发布任何可怕的禁令，阻止这些人变得完全腐败，使他们从那些可怕的、令人厌恶的邪恶中得以保全。这种邪恶不会破坏庄稼的丰收和葡萄园，不会毁坏房屋和财产，不会伤害服从于灵魂的身体，而会伤害灵魂本身，恶灵会统治整个人。如果有过这样的禁令，那么就让他们拿出证据来。他们会告诉我们，那些宗教秘仪会向入会者的耳朵喃喃地述说这些禁令，告诉信徒怎样才能过一种纯洁、正直的生活；但这完全是愚蠢的吹嘘。倒不如让他们告诉我们有这样的地方，指出它的名字，在某个时候的集会不是在那里演唱淫秽的歌曲和进行荒唐的表演，不是在庆祝那些最肮脏的、最无耻的"富伽利亚节"（Fugalia）②，这个节日被称

---

① 《箴言》6:26。

② 此处原文为 Fugalia，词义为"国王的逃跑"。关于奥古斯丁此处涉及何种宴饮，学者有不同意见。可能是指庆祝当年从罗马赶走国王的节日。不过这个节日在每年 2 月 24 日庆祝，通常被称作 Regifugium。

作"富伽利亚"（逃走）倒是不错的，因为他们驱赶了节制和公正，而是在接受以诸神的名义颁下的约束不洁、征服野心、消除奢侈的诫命；简言之，他们可以在波西乌斯（Persius）猛烈的痛斥中学到一些东西，他说："听着，你们这些遭弃的生灵，弄明白事物的原因；我们是什么、我们为什么而生；我们在生活中要遵守什么法则；凭什么样的技艺我们可以抵达航程的终点而不翻船；对我们的财富应当加以什么限制，什么样的欲望是合法的，怎样使用钱财是肮脏的；对国家和家庭应作什么奉献，总之，神想要你们成为什么样的人，他命令你们填补什么地方。"①让他们告诉我们，他们在哪些地方可以通过与诸神的交际得到这样的训导，在哪些地方崇拜这些神灵的民众习惯于去那里聆听这样的教训，就像我们可以指出为了这个目的，我们的教堂在接受基督教的每一块土地上建立起来。

章7　哲学家的建议因为缺乏神圣的权威而没有任何道德效果，凡人天性倾向于恶，诸神的榜样比人的告诫更容易影响他们

但是，他们可能会向我们提起哲学家的学派及其争论。首先，这些东西不属于罗马而属于希腊；哪怕我们得承认他们现在是罗马人，因为希腊本身已经成为罗马的一个行省，但哲学家的教导仍旧不是诸神的诫命，而是人的发现，在他们自身沉思能力的推动下，他们努力发现自然隐藏的法则、伦理学的正误和辩证法，这种辩证法后来要求遵循逻辑规则，告诉人们什么是不合逻辑的，什么是错误的。他们中有些人，在上帝的帮助下，作出了重大的发现；但是单凭他们自己，人的不坚定会使他们受到欺骗，陷入谬误。这是神圣的天命安排的，这样才能约束他们的骄傲，以这些人为例可以指出，卑微才是走向最高领域的通道。如果上帝的真理允许的话，我们在后面适当之处还要涉及这个问题。②

然而，如果哲学家作出的任何发现足以指导人们获得美德与福佑，那

---

① 波西乌斯（Persius）:《讽刺杂文》（Satira），章 iii，行 66—72。波西乌斯系公元前一世纪拉丁诗人。

② 参阅本书卷 8，章 12。

么赋予他们神圣的荣耀不是非常公正吗？带着各种合乎美德的情感，在"柏拉图庙"中阅读柏拉图的著作不比出现在那些魔鬼的庙宇中更加荣耀吗？在库柏勒的祭司的见证下，他们在神庙中阉割自己、祭献娇柔的女子、狂暴地割伤自己，或者参加其他各种残酷的、可耻的祭神的仪式，既可称作无耻的残忍，又可称作残忍的无耻。如果他们在公开场合聆听诸神的法律，而不是空洞地赞美他们祖先的习俗和法律，岂非一种更加适宜的教育，更像是能够促进青年的美德？确实，罗马神灵的所有崇拜者，一旦他们被波西乌斯（Persius）所说的"燃烧着的淫毒"所沾染①，他们就宁可观看朱庇特的行径，而不愿聆听柏拉图的教导或加图的谴责。因此，特伦斯（Terence）著作中的那个年轻无赖看到一幅壁画，描写朱庇特诱奸达那厄（Danae），化作金雨落入达那厄的怀中，就以此作为他自身淫荡的先例，声称要做神的模仿者。他说："用他的霹雳震撼着最雄伟的神庙的大神，他能这样做，我这个凡人就不能这样做了吗？行，我已经这样做了，而且非常快乐。"②

章8　戏台上表演的可耻行为与其说能使诸神愉悦，不如说是在冒犯他们

　　但是有人会提出异议，这些故事只是诗人的虚构，而不是从诸神的仪式中派生出来的。好吧，我并不想在戏剧表演的无耻和秘仪的无耻之间作仲裁；对此我只想说，历史迫使我断定，同是这些以诗人的虚构为主要吸引力的娱乐并非是由罗马人无知的忠心引入的诸神的庆典，而是诸神本身颁下的紧急命令，告诫罗马人举行这些仪式和庆典来荣耀诸神。我在上一卷涉及过这个问题，并且提到戏剧的娱乐首先是在罗马发生瘟疫的时候开始的，是由大祭司批准的。③ 有谁会宁可不采用由神批准的那些戏剧表演作出的榜样作为他自己的生活规范，而去接受那些无非是由

---

① 波西乌斯：《讽刺杂文》，章 iii，行 37。

② 特伦斯：《阉人》（Eunuch），卷 3，章 3，行 36。

③ 参阅本书卷 1，章 32。

权威人士写下来或制定的禁令呢？如果诗人错误地表现朱庇特，把他说成是通奸犯，那么可以期待贞洁的诸神会对这样邪恶的虚构表示愤怒，并且进行报复，而不会鼓励这样做。

在这些表演中，最可忍受的是喜剧和悲剧，也就是说，是那些诗人为戏剧表演而写下来的东西，在这些戏剧中，他们尽管经常处理不洁的主题，但还没有像其他一些戏剧那样使用肮脏的语言。在所谓光荣的和自由的教育中也包含可耻的东西，但长辈们却要求男孩子阅读和学习这些内容。

章9　希腊人服从神灵而允许诗歌，古罗马人则对此加以约束

西塞罗在他的著作《论共和国》中考察了古代罗马人在这个问题上的看法。著作中的对话人之一西庇阿（Scipio）说："如果喜剧没有为日常生活习惯所接受，它便不可能以自己的可耻表演博得观众的赞赏。"①早先时候，希腊人还保存着某些合理的演出许可制度并制定了法律，无论什么喜剧若要提到任何人，必须指名道姓。而在西塞罗的同一本著作中，西庇阿说："有谁没有受过喜剧的攻击，或者更确切地说是凌辱？有谁得到过它的宽恕？姑且承认它嘲弄过民众派首领、无耻之徒、图谋对国家发动暴乱的克莱翁（Cleon）、克莱俄丰（Cleophon）、叙佩伯鲁斯（Hyperbolus）。我们暂且容许这样做，尽管对这类公民的抨击最好来自监察官，而不是诗人。但是对伯里克利（Pericles）这样一个在这么多年间享有无比崇高的威望，无论和平时期还是战争时期都领导过自己国家的人用诗歌进行嘲弄，并且在舞台上表演，这样做并不比假如我们的普劳图斯（Plautus）或奈维乌斯（Naevius）企图抨击西庇阿兄弟，凯西留斯（Caecilius）抨击加图合适。"②稍后他又说："相反，当我们的十二铜表法仅对极少数罪行判处死刑时，其中却包括这样的案件，即如果有人唱歌或作诗攻击和诋毁他人，这有多好啊！要知道，我们应该让我们的生活接受长官的审判和法律

---

① 西塞罗：《论共和国》，卷4，章10。
② 西塞罗：《论共和国》，卷4，章10。

的裁断,而不是由诗人来评判,并且只有在法律赋予我们回答的权利和可以依法辩护的情况下,我们才听取指责。"①上述话语是我从西塞罗的这本书的第四卷中摘引下来的,我逐字逐句地加以引用,只在个别地方省略了一些字,有少量的移位,以便使其含义更加清楚。这些引文与我努力想要解释的主题是相关的。西塞罗还作出进一步的陈述,并在结论性的段落中说明古代罗马人并不允许任何活着的人在戏台上受到赞扬或谴责。但是希腊人,如我所说,尽管并非更加道德,但却更加合理地允许了罗马人禁止的事情;因为他们看到他们的神灵批准上演那些低级的、使用肮脏语言的喜剧,并以此为乐,这些喜剧不仅指责人,而且也谴责神灵本身;这些无耻的行为强加给他们的无论是诗人的虚构,还是真实的邪恶行为的写照,都没有什么区别。观众对此难道只会嘲笑,不会模仿吗? 所以他们会得出结论,当神灵自身都不希望他们的名声得到维护的时候,要维护那些城邦的领导人和普通公民的好名声显然是太狂妄了。

章10 魔鬼允许人们把诸神的罪恶公之于世是一种害人的伎俩

在进行这种表演的时候,有人声称那些有关诸神的故事是不真实的,错误的,仅仅是一种虚构,但是,如果根据道德来衡量我们的宗教教义,这种看法只能使事情变得更糟。如果我们考虑到魔鬼的邪恶,那么他们会对人实施什么样更加恶毒、狡猾的欺骗? 当一名诽谤者用谣言反对一名杰出政治家的正直的、诚实的生活时,难道他应当为这种谣言的不真实和无根据受到谴责吗? 据此,当诸神成为这种邪恶的、不公正行为的对象时,什么样的惩罚才是充分的? 但是被罗马人当作神来崇拜的这些魔鬼愿意拥有这些邪恶,他们没有犯下这些罪恶,但却被强加于他们,只要能够用他们的意见的罗网缠住人的心灵,使其能与他们一道走向命定的惩罚就行。确实可以说,这些邪恶的事情实际上是由人干下的,或者说是由那些被当作神灵的人干下的,他们被那些乐意犯错的人当作神灵。因为,魔鬼使用上千种有害的骗人伎俩使自己被当作崇拜的对象。还有,即使

---

①　西塞罗:《论共和国》,卷4,章10。

人没有犯下这样的罪恶,恶灵仍旧乐意允许人们把这些罪恶归于神圣的
存在,似乎这样他们就能从天上为实施这样可耻的恶行得到充分的批准。

　　因此,看到他们侍奉的神灵的性格,希腊人就认为肯定不能限制诗人
在戏台上表现人的邪恶,因为他们希望他们的神灵是这个样子的,或者因
为他们害怕,如果他们要求自己具有比他们断言的诸神更加不受指责的
名声,那么他们可能会引起神灵的愤怒。

章 11　希腊人让演员承担国务活动,他们认为这些人能使神灵欢娱,他们的同胞不能排斥他们

　　依据同样的理由,希腊人赋予戏剧演员以巨大的国家的荣誉。在上
面提到过的《论共和国》这本书中有一位非常雄辩的雅典人埃斯基涅斯
(Aeschines),他年轻时曾经是一位悲剧演员,后来成为一位政治家,另一
位悲剧演员阿里斯托德谟(Aristodemus)也经常被雅典人作为使节派到
腓力那里去。① 因为他们判定这些主要的戏剧演员似乎能使神灵感到欢
娱,因此没有理由要谴责他们,把他们当作无耻之徒。

　　这些希腊人无疑是不道德的,但是他们的行为确实也和他们的神灵
的性格一致。因为,当那些诗人和演员的舌头按照神灵的吩咐对诸神的
圣名加以毁损时,怎么能够假定他们会保护公民的生命呢? 而在断言这
些演员把欢乐给予他们所崇拜的神以后,他们怎么能够约束自己对那些
在剧场里表演的演员的轻蔑呢? 他们又怎么能把最高的城邦的荣誉授予
这些演员呢? 正是通过这些为了神灵的欢娱或荣耀而进行表演的演员,
他们告诉人们这些东西是神灵所需要的,而按照祭司们的解释,神灵会对
此表示愤怒而不予以接受。

　　拉贝奥(Labeo)②的渊博知识使他成为这些问题的权威。他认为,善
神与恶神应当有不同的崇拜形式;向恶神祈求应当使用血腥的祭牲和表

---

① 参阅西塞罗:《论共和国》,卷4,章11。
② 奥古斯丁时代的一名律师,精通法律和古代历史,他的一些著作在当时得到高度
　　赞赏。

示悲哀的仪式,而侍奉善神可以用欢乐的形式,例如,(如他自己所说)演戏、过节、宴饮。① 凭着上帝的帮助,我们会在后面对所有这些内容详加讨论。而现在围绕主题我们要说的是,各种献祭全都毫无区别地面向所有神灵,就好像所有神灵都是善的一样。(实际上,在这里使用"善"与"恶"这些词都是不妥的,因为他们那里只有邪恶的神灵,异教徒的诸神全都是邪恶的,他们根本不是神,而是恶灵。)或者如拉贝奥所认为的那样,除了向不同的神灵奉献不同的牺牲,希腊人还公正地把荣誉授予主持献祭的祭司和表演戏剧的演员,如果这些表演能使所有神灵愉悦,或者能使他们的善神高兴(但这样也很糟糕),如果只有这样的表演才能使他们欢乐,那么这些演员就不会公开指责他们的神灵给他们带来伤害了。

章 12　罗马人不允许诗人像对待人一样对待神灵,表明他们对人的重视　　　胜过对神灵的重视

然而罗马人,如西庇阿在同一次讨论中自夸的那样,拒绝诗人对他们的行为和好名声进行攻击和诬蔑,如果有人胆敢写出这样的诗句来诬蔑他们,就会成为一桩大罪。只要与他们自己有关,他们就会庄严地诉诸法律,而对待诸神,罗马人是傲慢的、不虔诚的,因为他们知道这些神灵不仅容忍这种攻击和诬蔑,而且喜欢人们这样做,诗人们带伤害性的语言会使他们感到快乐,而罗马人自己却不能够忍受这样的行为。他们的祭神仪式是诸神能够接受的,而他们的法律却禁止以类似的仪式伤害他们自己。

西庇阿,当你看到罗马人没有保护任何神灵的时候,为什么还要赞同禁止诗人进行攻击和诬蔑,免得有任何公民受到伤害? 你难道把你们的元老院看得比卡皮托利山(Capitol)②更加高贵吗? 在你们眼中,这座罗马城比整个神灵的苍天更有价值,因此你们要禁止诗人诬蔑公民,他们可以用不洁的语言强加于神灵,但却不能对元老院的议员、执政官、国王或

---

① 此处宴饮的原文是 Lectisternia,是一个宗教节日的名称。在这个节日中,神灵的偶像被挪到大街上,各种食物摆在它们面前。

② 罗马七山丘之一,在山上最高处建有朱庇特、朱诺、密涅瓦诸神的庙宇。

大祭司造成伤害吗？当然啦,普劳图斯(Plautus)或奈维乌斯(Naevius)攻击西庇阿兄弟是不恰当的,凯西留斯(Caecilius)嘲讽加图也是不可容忍的;而你们的特伦斯鼓励青年以至高的朱庇特为榜样,肆意淫乱,却是恰当的。

章 13　罗马人应当明白,想在荒唐的娱乐中得到崇拜的神灵不配神圣的荣耀

但是,如果西庇阿还活着,他可能会回答说:"我们怎么能够对诸神自身加以神圣化的事情进行惩罚呢？因为用来表现这些事情的戏剧表演是由诸神引进罗马社会的,诸神吩咐我们应当用这样的表演来荣耀他们。"但是这样一来,不是正好提供了清楚的证明,他们并不是真正的神,也不配在任何方面从共和国接受神圣的荣誉？假定他们需要以罗马公民受到嘲讽的方式受到荣耀,那么每个罗马人都一定会提出反对意见。我要问,当诸神建议把他们自己的罪恶当作赞扬他们的材料的时候,他们如何配得上得到崇拜呢？这种伎俩难道不会使他们的真相暴露,并证明他们是可恶的魔鬼吗？

这样,尽管他们被罗马人迷信地当作神灵来侍奉,而他们也没有隐瞒自己想要在荒淫的戏剧表演中得到崇拜的愿望,但是罗马人由于充分关注到他们的尊严和美德,因而拒绝像希腊人那样赋予演员任何奖励。关于这一点我们拥有西庇阿的证词,西塞罗记载说:"他们罗马人认为整个戏剧表演都是一种可耻的勾当,因而决定,这样的人不仅失去其他公民可能享受的荣誉,甚至可能根据监察官的审查,被逐出他们的部落。"①这是一项杰出的法令,是罗马的精明的又一项证据;但是我希望他们的精明能够更加彻底和一贯。因为我听说,如果有罗马公民选择舞台作为他的职业,他不仅关上了从事各种值得称赞的生涯的大门,而且要被逐出部落。我只能宣称:这是真正的罗马人的精神,这才配得上这个国家令人妒忌的名声。但有人会打断我的喜悦,询问我,当戏剧表演被当作是赋予诸神荣

①　西塞罗:《论共和国》,卷4,章10。

耀的时候,有什么理由要禁止演员获得各种荣誉? 在很长的时期内,罗马的美德并没有受到戏剧表演的污染;①如果这些戏剧表演由于能满足公民的嗜好而被接受,那么引进戏剧必定会伴随着一种松弛的性质。但是事实上,是诸神要求观看这种表演以得到满足。那么,为什么要将通过他们的表演崇拜神灵的演员加以驱逐呢? 你们又怎么能够在敬畏要求进行这些演出的神灵的时候,指责那些进行这种邪恶表演的演员呢?

这就是希腊人和罗马人参与过的争论。希腊人认为他们公正地赋予演员以荣誉,因为他们崇拜需要戏剧的神灵;而罗马人不允许污辱他们自己的平民部落的名字,更不要说污辱元老院了。整个讨论可用以下三段论来加以总结:希腊人向我们提供了大前提,如果崇拜诸神,那么必须把荣誉授予崇拜诸神的人;罗马人添加了小前提,但是这样的人决不能得到荣誉;基督徒引出结论:因此决不能崇拜这样的诸神。

章14　想要从理想国中驱逐诗人的柏拉图胜过那些想要在戏剧表演中得到荣耀的神灵

我们还要继续询问,为什么写下这些戏剧的诗人,按照十二铜表法他们不能伤害公民的良好名声,要被认为比演员更值得尊敬,而这些演员在无耻地诽谤诸神的品性? 谴责羞辱神灵的诗歌,而又将荣誉赋予诗歌的作者,这样作难道是正确的吗? 在此我们难道还不应当把棕榈枝奖给一位希腊人柏拉图吗? 在建构他的理想国时,他明白应当从城邦中把诗人当作国家的敌人驱逐出去。② 他不能容忍把诸神拎出来加以羞辱,也不能容忍公民的心灵被诗人的虚构弄得扭曲和痴迷。

你们看到柏拉图要把诗人从城邦中驱逐出去,使公民不受伤害,而你们也看到这些神灵把戏剧表演当作荣耀他们自己的形式,我们现在可以比较一下前者所反映的人性和后者所反映的神性。尽管不成功,但是柏

---

① 按照李维的说法,戏剧表演于公元前392年引入罗马,而在那之前,罗马只有马戏表演。参阅李维:《罗马史》,卷 vii,章2。

② 参阅柏拉图:《理想国》398A, 568B, 605A, 607B。

拉图努力劝导轻信、淫荡的希腊人不要去创作这样的戏剧;而诸神使用他们的权柄,怂恿庄重的、头脑清醒的罗马人上演戏剧。不仅要上演这些戏剧,他们还要人们将这些戏剧奉献给他们,在庄严的节日中举行庆祝,作为给他们的荣耀。如果是这样的话,一个国家应当把神圣的荣誉赋予禁止这些邪恶荒淫的戏剧的柏拉图,还是应当将荣誉赋予那些魔鬼?他们喜欢使人盲目,使人不能接受柏拉图做得不太成功的、谆谆教诲的真理。拉贝奥把柏拉图这位哲学家提升到半神半人(demigod)的地位,类似赫丘利和罗莫洛。拉贝奥把半神看得高于英雄,但半神和英雄都可算作神灵。我不怀疑他会认为这位被他列为半神的人①不仅配得上得到比英雄更大的敬重,而且也超过对诸神本身的敬重。

罗马人的法律和柏拉图的思辨有相同之处。后者对诗人的虚构发出全面的谴责,而前者不允许进行讽刺,至少不能以人为讽刺对象;柏拉图不能容忍诗人在他的城邦中居住,罗马的法律禁止演员注册为公民;如果他们不怕冒犯那些要求这种演出的诸神,那么他们同样也会把诸神全部驱逐出去。因此,罗马人显然不接受,或者说我们也没有理由期待他们接受那些来自诸神的、规范他们行为的法律,因为他们自己实施的法律超过诸神的道德,使之显得可耻。

诸神要求用戏剧表演来荣耀他们,罗马人则把演员排斥在所有国家荣誉之外。② 前者下令要用戏剧表现他们自己的可耻,以此来庆祝;而后者下令没有一位诗人可以损害任何公民的名声。半神半人的柏拉图抗拒那些神灵的淫荡,显示出罗马人的天才的不足之处,因为柏拉图把诗人完全从他的理想国中驱逐出去,无论他们的创作是与真理无关的虚构,还是在神圣行为的伪装下把最邪恶的例子摆到了恶人面前。从我们这方面来说,我们确实不把柏拉图当作神或半神。我们甚至不会把他拿来与上帝的任何天使相比,也不会把他比作宣谕真理的先知、任何一位使徒、基督的殉道士,或任何一位忠信的基督徒。我们这样说的原因会在恰当的地

① 指柏拉图。
② 参阅德尔图良:《论演出》(De Spectac),章 22。

方加以表述,藉着上帝的帮助。然而,由于他们希望把柏拉图当作一位半神,我们认为他肯定属于那个在各方面都很优秀的阶层,如果不能与赫丘利或罗莫洛相比(尽管没有历史学家或诗人曾经叙述和歌颂过他杀害他的弟弟的事,或他犯下的其他罪行),那么肯定能与普里阿普斯(Priapus)、辛诺塞法莱(Cynocephalus)①、"发烧"(Fever)②相比,这些神灵有些是罗马人从外国人那里接受的,有些是通过本地的祭仪成圣的。那么,如何能够指望这样的神灵能够推进良善和健全的法律,或者防范道德的和社会的罪恶,或者消除已经在蔓延的罪恶呢? 诸神甚至在利用他们的影响传播荒淫,通过戏剧表演告诉民众他们那些真假难辨的行为,用好像是神圣的认可来点燃凡人淫荡的烈火。西塞罗谈到诗人时用这样一些话来说明他们反对国家:"每当人民有如一位伟大、明智的教师发出的欢呼和赞叹传到他们那里,它们往往造成多大的混乱,引起多大的恐惧,激起多么强烈的欲望。"③

章15　罗马人选择崇拜什么神灵不是出于理性,而是出于虚荣

　　但是,显然是虚荣,而不是理性,在决定着他们选择什么样的伪神,不是吗? 被他们当作半神的柏拉图竭尽全力用他的雄辩口才劝导人们避免最危险的精神灾难,但并没有被他们判定为配得上一座小神庙,而罗莫洛由于是他们自己民族的人,因此他得到的敬仰高于许多神灵,尽管他们的秘密教义只允许他们把他列为半神半人。他们给罗莫洛指定了一位罗马祭司(flamen),在他们的宗教中,这种祭司得到人们的高度崇敬,他们的神灵中只有三位拥有这种祭司。狄阿利司(Dialis)是朱庇特的祭司,玛提阿利斯(Martialis)是玛斯的祭司,奎利那里斯(Quirinalis)是罗莫洛的祭司,因为,当他的同胞们把罗莫洛当作诸神中的一员时,他们给他起了奎利努斯(Quirinus)这个名字。按照这种荣耀程度来看,罗莫洛的地位相

---

① 埃及人的神灵,长着狗头。
② 据说当时罗马有三座"发烧"的祭坛。参阅西塞罗:《论神性》,卷3,章25。
③ 西塞罗:《论共和国》,卷4,章9;参阅西塞罗:《图斯库兰争论集》,卷3,章2。

当于朱庇特的兄弟尼普顿和普路托,或者相当于他们的父亲萨图恩。他们给萨图恩指定的祭司相当于侍奉朱庇特的祭司的等级,与玛斯的荣耀相当,玛斯在传说中是罗莫洛的父亲。他们赋予玛斯这样的荣耀也许完全是因为罗莫洛的缘故。

章 16　如果诸神真的拥有公义,那么罗马人应当从诸神那里得到良好的 法律,而不必从其他民族那里借用

还有,如果罗马人能够从他们的神灵那里接受生活的准则,那么他们就不会向雅典人借用梭伦(Solon)的法律了,罗马建立以后,他们这样做了,并努力改善、补充这些法律。① 尽管莱喀古斯(Lycurgus)伪称阿波罗授权于他,给拉克戴孟人(Lacedemonians)②立法,但是敏感的罗马人并没有相信他,没有从斯巴达引进法律。据说继承罗莫洛统治的努玛·庞皮留斯曾经建立某些法律,然而尚不足以规范国家事务。这些法令中有许多涉及宗教仪式,但没有报道说他的这些法令来自诸神。至于道德方面的邪恶,亦即生活和行为中的巨大的邪恶,按照最聪明的异教徒的说法③,由于这种邪恶盛行,他们的城市虽然还没有受到伤害,但他们的国家已经被毁灭了,他们的神灵并没有给崇拜者提供任何保护,使他们能够躲避这些邪恶,恰恰相反,他们竭力增添这些罪恶,这是我们在前面已经努力加以证明了的。

章 17　关于抢劫萨宾妇女以及其他甚至在罗马辉煌时期就已经盛行的 罪恶

我们可能得为罗马人被他们的神灵抛弃寻找一下原因,按撒路斯特的说法,"在罗马人中间普遍存在的公正和善良与其说建立在法律之上,不如说乃是出于本性。"④我以为,正是由于这种所谓的出于本性的公正

---

① 参阅李维:《罗马史》,卷 iii,章 31—34。
② 即斯巴达人。
③ 此处可能是指普劳图斯(Plautus)。
④ 撒路斯特:《喀提林阴谋》,章 9。

和善良才会有他们抢劫萨宾人的妇女这种事发生。未经她们的父母同意，假意邀请她们去看演出，然后用暴力劫持她们，确实，还有什么比这种事更加公正和善良！如果说萨宾人拒绝罗马人的求婚是错误的，那么罗马人在遭到拒绝后用暴力劫持她们岂不是更加错误？如果罗马人在求婚的要求遭到拒绝后对邻邦发动战争或许还有几分公正可言，那么他们不应该在劫持了邻邦的妇女以后，在对方提出归还的要求时才发动战争。他们首先应当宣战，然后，玛斯才能帮助他的好战的子孙，用武力报复那些因为拒绝婚姻给他们带来的伤害的人，才能赢得他们想要的女人。这样我们才能说，这些遭到拒绝的人具有某种"发动战争的权力"，但他们却不能得到"和平的权力"，带走那些拒绝与他们联姻的处女，更没有权力对他们公正地表示愤怒的父母发动非正义的战争。

这种暴力行为后来通过赛会而得到纪念，成为一件愉快的事，然而这样做并不能为罗马城或罗马国家设置先例。如果有人能够看到这一行为的后果，那么这种错误扎根于被罗马人奉为神灵的罗莫洛，他也有这种不公正的行为，只是人们不会指责他劫持妇女。

还有，我以为正是由于这种天生的正义和善良，在国王塔克文（Tarquin）被驱逐以后，他的儿子强暴了卢克莱提娅（Lucretia），执政官朱尼乌斯·布鲁图（Junius Brutus）强迫卢克莱提娅的丈夫，他自己的同事，一个无罪的好人辞职，接受惩罚，唯一的指控是因为他具有塔克文家族的名字和血统。这种不公正的行为得到民众的批准，或者至少得到他们的默许，因为是民众选择了科拉提努斯（Collatinus）和布鲁图担任执政官。

这种正义和善良的另一个例子是他们对马库斯·卡弥鲁斯（Marcus Camillus）的处理。这位杰出的罗马统帅迅速地征服了当时罗马最强大的敌人维伊人（Veii），这场战争已经进行了十年，而罗马军队因统帅无能而屡战屡败。但在卡弥鲁斯恢复了罗马的安全，占领了敌人最富裕的城市以后，他就开始受到那些忌妒他的成功的、傲慢的罗马民众的恶毒指控。看到罗马对他的奉献并不感恩，担心自己一定会遭到谴责，他私自出逃，但仍被缺席审判，罚款一万个银币。稍后，他那不感恩的国家又要请他帮忙，抗击高卢人的进攻。

　　我无法回忆起罗马人犯下的所有可耻的、不公正的行为,贵族试图统治平民,而平民则抗拒他们的统治。我只需要说,双方专注的都是谋求胜利,而非正义和良善。

章18　撒路斯特的历史揭示了处在危难时期或和平时期的罗马人的道德

　　在此,我要停顿下来,引述一下撒路斯特本人的证言,他赞扬罗马人的话语("在罗马人中间普遍存在的公正和善良与其说建立在法律之上,不如说乃是出于本性。")提供了讨论这个问题的机会。他提到的那个时期就在国王们遭到驱逐之后,而那座城市在很短的时期内就有了巨大的增长。然而这位作家在他的《历史》的第一卷,即这部著作的绪言中承认,甚至在那个时期,在国王的统治转变为执政官的统治的短暂间隙中,比较强大的人开始不公正地行事,激发了普通民众与贵族的分离,以及城中的其他混乱。撒路斯特说,在第二次和第三次布匿战争之间的那个时期,罗马人的社会享有前所未有的和谐与纯洁的状态,其原因不是他们爱好良好的秩序,而是因为他们害怕与迦太基之间的和平遭到破坏,(就如我们已经提到过的那样,纳西卡反对彻底摧毁迦太基,因为他担心这样做会导致邪恶盛行,无法保持罗马人原有的生活方式)。然后他继续说:"然而,在摧毁迦太基以后,混乱、贪婪、野心,以及其他罪恶,因为繁荣而变得与日俱增"。如果这些罪恶是在"增加",并且是在"与日俱增",那么这些罪恶早已出现,并且一直在增加。所以撒路斯特进一步解释了他所说的事情的原因:"从一开始就存在着强者的压迫、平民与贵族的不断分离,以及其他民事纠纷,平等与公正地管理事务只存在于驱逐国王以后,城邦担心遭到塔克文的报复和面临与伊拙斯康人的战争的那个短暂时期。"①你们瞧,他承认,甚至在驱逐了国王以后的那个短暂时期,恐惧也是平等和良好秩序的原因。事实上,他们担心塔克文在被赶下王座和赶出城邦以后会对他们开战,会与伊拙斯康人结盟。但是再来看他添加的

---

① 撒路斯特:《历史》,残篇1。

话："在那以后，贵族把民众当作自己的奴隶，像国王一样对待他们，鞭笞和杀害他们，剥夺他们的财产，像僭主一样对待那些身无分文的人。民众在这样的残暴统治下，在高利贷的压榨下，被迫要为连绵不断的战争奉献金钱和服兵役，最后他们拿起武器逃往阿文廷山（Mount Aventine）和圣山（Mount Sacer），建立了自己的部落，有了自己的法律。直到第二次布匿战争开始，混乱和纷争才告一段落。"①你们看到罗马人是什么样的人了，哪怕是在驱逐国王以后最初的那几年里。这种状况就是当时罗马人的状况，亦即他所说的"在罗马人中间普遍存在的公正和善良与其说建立在法律之上，不如说乃是出于本性。"如果这些日子就是罗马共和国表现得最为优秀和最为杰出的时期，那么我们对那些后续的时代又该说些什么或该怎么想，用这位历史学家本人的话来说，"通过逐步的演变，它怎样不再是最崇高和最公正的城市而变成最坏、最邪恶的城市"？②　如他所提到的那样，这就是在迦太基遭到毁灭之后。撒路斯特简要的总结和他对这个时期的描述可以从他自己的历史中读到，他告诉我们繁荣如何促使腐败盛行，直至内战时期。他说："从这时候起，祖先的道德荡涤殆尽，好似秋风扫落叶；年轻人追求奢侈和邪恶，可以公正地说，没有一位父亲能有一位儿子保存他自己的遗产，或者不去夺取他人的遗产。"③撒路斯特还叙述了苏拉（Sulla）的许多恶行和共和国的腐败的一般状况。其他作家也作出了同样的观察，尽管他们的用语不那么触目惊心。

　　然而，我认为你们现在可以看到，或者至少能够明白，这个城市早在我们的天上的君王降临之前就已经坠入罪恶的泥坑。这些事情不仅发生在基督开始教导之前，而且在他从童贞女降生之前就已发生。如果他们不敢把这些从前发生的可悲的罪恶归咎于他们的神灵，这些罪恶在迦太基毁灭之前是比较可以容忍的，但是在迦太基毁灭之后是不可容忍的和可怕的，尽管诸神用他们邪恶的伎俩蒙蔽了众人的心灵，使人们毫无邪恶

---

① 　撒路斯特：《历史》，残篇 2。

② 　撒路斯特：《喀提林阴谋》，章 5。

③ 　撒路斯特：《历史》，残篇 1。

感,那么他们为什么要把现在发生的灾难归罪于基督呢? 基督教导赐予生命的真理,禁止我们崇拜伪神、骗人的神,他用他神圣的权柄禁止和谴责人们的邪恶的、害人的淫欲,逐渐地把他自己的子民撤离这个被这些邪恶败坏了的、陷入毁灭的世界,用他们组成一个永恒之城,不是建立在空洞的言辞之上,而是建立在真理的判断上。

章 19　在基督禁止诸神崇拜之前罗马共和国就已经产生了腐败

这就是罗马共和国,"通过逐步的演变,它不再是最崇高和最公正的城市而变成最坏、最邪恶的城市"。我并不是第一个说这种话的人,最早说这种话的是他们自己的作家,我们付了学费向他学习,早在基督降临之前他就写下了这些话。你们看到,早在基督降临之前,在迦太基毁灭之前,"祖先的道德荡涤殆尽,好似秋风扫落叶;年轻人追求奢侈和邪恶,可以公正地说,没有一位父亲能有一位儿子保存他自己的遗产,或者不去夺取他人的遗产。"现在让他们站在自己的立场上,把他们的神灵赐予罗马民众的法律和反对奢侈与邪恶的教训念给我们听。提到贞洁与节制的主题,他们只能保持沉默,也不会要求民众不要参与那些得到他们所谓神圣助佑的下流可耻的仪式。让他们阅读我们的先知书、福音书、使徒行传、圣徒书信中的诫命,让他们仔细阅读其中大量的反对邪恶和奢侈的箴言,这些箴言在各地的教会中为了这个目的而向会众宣读,不是用不确定的哲学讨论的声音,而是用上帝本身的奇迹,从天而降的雷霆,轰鸣着人们的耳朵。然而,他们并不把基督降临之前导致共和国彻底腐败的奢侈、邪恶、残忍、堕落归咎于他们的神灵,而是在后来的日子里无论他们的傲慢与柔弱受到什么样的伤害,他们就怒气冲天地指责我们的宗教。

如果"世上的君王和万民,首领和世上一切审判官,少年人和处女,老年人和孩童"①,无论年龄与性别,只要施洗者召唤他们,哪怕是税吏和士兵②都会聆听和恪守基督宗教的有关公义和良善生活的箴言,那么各

---

①　《诗篇》148:11。

②　《路加福音》3:12。

国都会用它自己的幸福装点整个大地,在永恒的生活中达到王国荣耀的顶峰。但如果这个人在聆听,那个人在嘲讽,大多数人醉心于邪恶而不愿完全遵守严格的美德,那么基督的子民,无论他们的处境怎样,无论他们是国王、首领、审判官、士兵,还是外省人、富人或穷人、自由民或奴隶、男人或女人,都要遵命忍受这个尘世的国家,无论她有多么邪恶和堕落,通过这种忍耐,他们才能为自己在那最神圣、最庄严的天国赢得天使般的地位,在那里,上帝的意志就是法律。

章20　那些反对基督教的人想要过什么样的幸福生活

但是那些神灵的崇拜者和仰慕者,乐意模仿神灵的无耻言行的人,根本不在乎这个国家的衰落和腐败。他们说:"只要她还没有被打败,只要她还在兴旺发达,只要她还在胜利中取得荣耀,或者更好些,她还处在平安之中,那么她的好坏对我们来说又有什么关系呢? 我们关心的是个人能够增加他的财富,供他日常挥霍,使强者能够为他们自己的目的役使弱者。让穷人为了生计投靠富人,在富人的庇护下他们可以享有懒散的安宁;让富人把穷人当作依附者来役使,骄傲地管理他们。让民众不仅向那些保护他们利益的人鼓掌,而且向那些为他们提供快乐的人鼓掌。不要赋予严格的职责,不要禁止不洁。让国王们不要按照公义,而要按照他们臣民的服从程度估量他们的荣耀。让各个行省保持对国王的忠诚,但不是把国王作为一种道德指引者,而是作为他们财产的主人和他们的快乐的提供者,不是抱着内心的敬畏,而是抱着一种扭曲的、奴性的恐惧。让法律审理他人对自己财产的伤害,而不要审理自己对他人财产的伤害。如果一个人受到邻居的伤害,或者说邻居损害了他的财产、家庭、人身,那么让他行动起来,进行抵抗;但若是他在伤害别人,那么就让他和随他一道行动的人都不要受到惩罚。让这个国家有足够的公开的娼妓,使每个想要嫖娼的人都能如愿,特别是对那些因为太穷而不能蓄养一个妓女专供自己使用的人能够如愿以偿。让富丽堂皇的厅堂林立,在那里提供最豪华的宴席,无论何人只要愿意就可在那里不分昼夜地狂饮、玩乐、呕吐、放荡。让各处都能听到舞蹈的喧哗声、剧场里的无节制的欢笑声,让最残忍的、最荒唐的欢乐连续不断,持久地使人亢奋。如果这样的幸福在任何人看来是一种灾难,那么他就是公众的敌人,如果有人想要修正或终止它,那么就让他闭嘴,惩罚他。让那些向民众提供了这种娱乐,并努力保存它的人被承认为真正的神灵。让这些人按照他们的愿望受到崇拜;让他们向他们的崇拜者要求他们喜欢的娱乐,只要他们能够保证这样的幸福不会因为敌人入侵、灾荒,或任何一种灾难而衰微。"①

有那个心智健全的人会以为此处所说的国家指的是罗马帝国,而不是撒达纳帕鲁斯(Sardanapalus)的王宫? 这位古代的国王放纵淫乐,死的时候还让人在墓碑上刻上这样的字句,说他死后唯一拥有的就是那些生前吞食消化了的东西。如果这些人也有这样一位国王,他在自我放纵的时候也不会严厉地约束他们,那么他们一定会比罗马人对待罗莫洛那样更加热心地为他建立神庙和指派祭司。

章 21 西塞罗对罗马共和国的看法

但若我们的对手认为,只要罗马共和国还能继续存在下去,他们就根本不在乎她如何被那些腐败可耻的仪式所玷污,如果他们因此对撒路斯特关于共和国"最坏、最邪恶的"状况所提供的证词不屑一顾,那么他们会怎样看待西塞罗的陈述,甚至在他那个时代罗马共和国实际上已经完全灭亡,已经根本不存在了?

西塞罗在著作中以西庇阿(摧毁迦太基的那位西庇阿)为谈话参加者之一讨论共和国,而在那个时期罗马共和国已经呈现出由于撒路斯特所描写的那些腐败而迅速毁灭的迹象。事实上,在这场讨论发生的时候,那个煽动叛乱的首领,格拉古(Gracchi)兄弟之一,按照撒路斯特的说法,已经被处死。同一卷书中确实提到过这件事。而西庇阿在第二卷结尾处说:"如同演奏弦乐、管乐和声乐时需要保持各种不同的乐音之间的某种和谐,精微的听觉会对它们的任何变音和不协调感到难以容忍,这种和声靠对各种声音进行调整而协和一致,由上、中、下各种阶层协调意见组成的国家也像

---

① 参阅西塞罗:《图斯库兰争论集》,卷5,章35。

声乐一样,靠各种不同因素的协和一致而发出协调的奏鸣。歌唱时音乐家们称之为和声的东西,在国家中称之为和睦,这是每个国家的一种最紧密、最牢固的安全纽带,并且如果没有正义,它便怎么也不可能存在。"①

　　然后,当西庇阿相当全面、仔细地分析了正义对国家如何有益,缺乏正义对国家如何有害以后,谈话参加者之一菲鲁斯(Philus)插话,要求对这一问题作更为详尽的讨论,对正义作更加深刻的说明,因为普遍流行着一种看法,认为"没有非正义便不可能管理国家"。西庇阿表示要仔细讨论这个命题,并且说如果不能证明这个命题是无根据的,那么他们此前有关国家问题的讨论都无法获得任何进展,"没有非正义便不能管理国家"这个命题是错误的,而"没有最大的正义便不能管理国家"才是正确的。②

　　由于对这个问题的讨论延续到下一天,因而在第三卷里继续就这个问题进行了热烈的争论。菲鲁斯首先叙述了那些认为"没有非正义便不可能管理国家"的人的看法,并特别声明那不是他本人的意见。他极力支持非正义说,反对正义说,用各种近似正确的理由和实例想要证明,前者如何有益于国家,而后者对国家是无用的。这时莱利乌斯(Laelius)根据所有在场的人的要求,开始为正义辩护,并且断言,没有什么东西比非正义更有害于国家,没有高度的正义便不可能对国家进行统治,也不能使国家长存。在大家认为这一问题已经得到满意的阐述之后,西庇阿回到他原先的谈话中断的地方,重复了自己的意见,提出简略的国家定义,称国家乃是"人民的事业"。不过他认为,"人民不是人们某种随意集合的集合体,而是许多人基于法权的一致和利益的共同而结合起来的集合体。"③他然后指出定义在讨论问题时多么重要,并且从他自己的那些定义出发得出结论:国家,即"人民的事业",只有在同一位国王或少数贵族或人民整体良好地、公正地统治的时候才能存在。当国王行事不公正,西庇阿按希腊习惯称其为僭主,或者贵族们行事不公正,他称其协调一致为

①　西塞罗:《论共和国》,卷2,章42。
②　西塞罗:《论共和国》,卷2,章44。
③　西塞罗:《论共和国》,卷1,章25。

集团,或者人民本身行事不公正,他对此没有找到通行的称呼,因而也称其为僭主,那么国家不仅已经被败坏,如同前一天讨论过的那样,而且有如从引述的定义得出的结论所表明的那样,已经不存在任何国家,因为它已经不是人民的事业,既然它被僭主或宗派所掌握,而且人民本身也已经不是人民,如果他处事不公正,因为它已经不是"由法权的一致和利益的共同而结合起来的大众的集合体",犹如曾对人民作过的界定那样。就这样,当时的罗马共和国已经像撒路斯特所描述的那样,不过已经不只是像他所说的堕落不堪、声名狼藉,而是根本不存在了,如果按照当时一些著名人士进行的一次关于国家问题的谈话中阐述的观点。西塞罗本人在第五卷开始时,不是引用西庇阿的谈话,也不是引用其他任何人的谈话,而是在表达他自己的观点。在引用了诗人恩尼乌斯(Ennius)的一行诗"罗马人严格的风俗习惯和她的公民是罗马国家存在的基础"以后,他说:"我觉得,这行诗言简意赅,如同从某个神谕所发出的预言。要知道,无论是谁在统治,如果公民不具有那样的风俗习惯,如果他们不是处于管理国家的地位,便都不可能建立或者如此长久地保持一个权力扩展到如此辽阔的国家。因此,在我们的时代之前,我们祖先的风俗习惯本身培养出了许多卓越的人物,而杰出人士本身则又维护了古代风俗和祖辈们的遗训。我们的时代在如同接受了一幅杰出的,然而由于年代久远而颜色暗淡的图画那样接受了共和国之后,不仅没有认真地用它原有的颜色加以修复,而且甚至也没有关心哪怕是保持它的外表和哪怕是它的轮廓。事实上,从诗人称之为罗马国家存在的基础的古代风俗中保存下来了什么? 我们看到,它已经完全成为过去而被遗忘,以至于不仅不再受到尊重,甚至都不为人知晓。至于公民,我还能说什么呢? 风俗本身由于得不到公民的体现而泯灭。对于风俗习惯遭到的这种不幸,我们不仅应该作出解释,而且甚至应该如同犯了重大罪行般地面对法庭。要知道,我们由于自己的过错,而不是因为某种偶然性,只把共和国保留在口头上,而实际上我们早就把它抛弃了。"①

---

① 西塞罗:《论共和国》,卷5,章1。

这是西塞罗的忏悔，是在阿菲利卡努（Africanus）死了很久以后才作出的，而在《论共和国》中，他是一名对话人，但仍早于基督降临。如果这些灾难被认为是由于基督教的传播和发展引起的，那么我们的对手中难道不会有人认为这些灾难应当归咎于基督徒吗？但是为什么他们的神灵不想办法防止这个共和国的衰落和灭亡呢？早在基督道成肉身之前，西塞罗就已经对这个国家的衰亡表示了悲伤。她的崇敬者需要追问，哪怕是在古代，这个国家是否盛行过真正的公正，或者用西塞罗的比喻来说，这种公正实际上是一幅颜色暗淡的图画，而绝非现实？

如果上帝想要我们这样做的话，我们将在别处讨论这个问题。而在这里，随着讨论的进展，我需要按照西塞罗通过西庇阿之口提供的他自己的定义，简要地说明什么是共和国，什么是人民。有许多证据表明他自己亲身参加了这场争论。罗马从来不是一个共和国，因为它从来没有实行过真正的公正。① 但是按照更加实用的定义，我得肯定有过某种共和国，而古代罗马人肯定比后来的罗马人更加好地管理过这个国家。只有基督创建和统治的国家才有公正，如果有人称这个国家为共和国，那么我们确实也不能否认它是人民的事业。但是如果这个名字，它在别的地方和语境下变得为人们所熟悉，被认为与我们的习惯用语不同，那么我们至少可以说，在圣经所说的那座城里有真正的公正，"上帝之城啊，有荣耀的事乃是指着你说的。"②

章22　罗马诸神从来没有采取任何措施防止共和国因道德败坏而毁灭

与此相关的问题是，无论我们的对手说罗马共和国过去或现在有多么值得敬仰，但是根据他们自己最博学的作家的证言，早在基督降临很久之前，它就已经变得"最坏、最邪恶"，实际上已经不存在，被腐败摧毁了。为了防止这种情况的发生，那些守护神必须向民众提供有关道德和生活准则的诫命，这些民众建立那么多神庙崇拜神灵，还有大量的祭司和献

---

① 参阅本书卷19，章21,24。
② 《诗篇》87：3。

祭、无数的各种各样的仪式、众多庄严的节庆和宏大的赛会。但在所有这些活动中，那些魔鬼只是寻求他们自己的利益，而不关心他们的崇拜者如何生活，或者倒不如说他们努力引诱崇拜者去过一种应该被抛弃的生活，只要他们能荣耀神灵，对神灵抱敬畏之心。

如果有人否认这一点，那么就让他介绍、指出、宣读诸神反对叛乱的法律，格拉古兄弟冒犯了这些法律，把一切都搅得乱七八糟，还有马略（Marius）、秦纳（Cinna）和卡波（Carbo）在把他们的祖国拖进内战时破坏了这些法律，这些战争是最野蛮的、非正义的、残酷地爆发而又残忍地终结。或者我们还可以提到苏拉对这些法律表示轻蔑，撒路斯特和其他历史学家对此人应受全人类憎恶的生平、性格和行迹作过描述。还有谁会否认在那个时候，共和国实际上已经灭亡了呢？

他们可能会勇敢地起来为诸神辩护，认为由于公民的腐败，诸神抛弃了这座城市。按照维吉尔诗中的说法："所有我们藉以立国的神都已经离开了他们的庙宇和祭坛。"①但若如此，他们就不能抱怨基督宗教，就好像由于它冒犯了诸神才使得他们抛弃罗马，而是由于罗马人长期的不道德行为才从城市的祭坛上赶走了一大批小神，就像赶走了一群蝴蝶。然而，早在祖先的道德被败坏之前，当罗马被高卢人占领和焚烧的时候，这群神灵在哪里？他们也许在场，但是睡着了，是吗？当时整个城市落入敌人手中，只有卡皮托利山还没有被占领，如果不是守夜用的鹅把睡着了的诸神唤醒，卡皮托利山也会被占领！这件事使得罗马决定设立鹅节，由此陷入与埃及人相仿的迷信，因为埃及人崇拜野兽和鸟类。

但是在这里，我不能同时讨论这些由敌人的军队或某些灾难造成的邪恶，这些伤害与其说是对灵魂的，不如说是对身体的。我现在要谈的是道德标准的崩溃，这种道德堕落起初只是千里长堤上的蚁穴，而到了后来，就好像大浪拍岸似的轰然崩坍了，国家在这样的灾难中毁灭。尽管房屋和城市还在那里，但是最杰出的作家都毫不犹豫地说这个国家毁灭了。如果那些神灵曾经颁下有关正义和道德生活的法律，而这些法律遭到这

① 维吉尔：《埃涅阿斯纪》，卷2，行351—352。

座城市的拒绝,那么神灵们"离开了他们的庙宇和祭坛",任由这座城市遭到毁灭,是一项正义的举动。但是请告诉我们,拒绝与崇拜他们的民众生活在一起,对他们的腐败没有采取任何纠正的举动,这样的神灵是何方神圣?

章23　今世的盛衰不依赖于魔鬼的喜爱或敌视,而依赖于真神的意志

还有,这些神灵显然没有用权柄约束人们的欲望,而是在唆使这些欲望谋求满足,不是吗? 出身下层、靠个人奋斗而成功的马略(Marius)凶残地挑起内战,得到了神灵的有效帮助。他先后七次担任执政官,死于第七任执政官任期的最后一年,幸运地逃过了苏拉之手。苏拉继马略之后掌了权。神灵为什么不帮助马略约束许多无法无天的行为呢? 如果说诸神没有对他的成功伸出援助之手,那么无异于承认一个人可以在他自己的神不保佑他的情况下获得他所渴望的今生幸福;即使神灵对他持敌视态度,一个人也能够获得马略那样的幸运,安享健康、权力、财富、荣誉、尊严、长寿;而另一方面,尽管神灵是他的朋友,人们也会像勒古鲁斯(Regulus)那样受到折磨,当俘虏、被捆绑、受拷打、不能睡觉,最后悲惨地死去。肯定了这一点就等于承认诸神是无用的,对他们的崇拜是肤浅的。如果诸神宁愿用与灵魂的美德、在死后会得到奖赏的公义的生活方式相反的东西教导民众,甚至在暂时的、变化的福益方面,既不伤害他们所恨的人,也不赐福于他们所爱的人,那么为什么还要崇拜他们? 为什么他们还要渴望得到人们的敬仰? 为什么人们在困难危急的时候要偷偷抱怨,就好像神灵因为愤怒而退休了似的? 按他们的说法,为什么基督宗教要受到最无耻的谣言的伤害? 如果在现世的事务中他们对善与恶均握有权柄,那么他们为什么要站在最坏的罗马公民马略一边,而抛弃最优秀的莱古鲁斯呢? 这岂非证明了他们自己是最不公正和最邪恶的吗?

即使有人认为他们的不公正和邪恶是为了使人们敬畏和崇拜他们,这样想也是错误的,因为我们知道莱古鲁斯对他们的崇拜并不比马略逊色。显然也不能认为,由于诸神被认为喜欢马略胜过莱古鲁斯,因此更应当选择过一种邪恶的生活。受到所有罗马人高度尊敬的美特鲁斯(Metellus)有五个儿子当过执政官,他即使在今生也过着一种幸福的生活,而最邪恶的喀提林(Catiline)被剥夺了一切财产,在他自己挑起的战争中被打败,最后悲惨地死去。唯有那些崇拜上帝的人才能拥有真正的、确定的幸福,唯有上帝才能赐予幸福。

显然,当这个国家因腐败而遭到毁灭的时候,她的神灵没有采取任何行动给予指点或矫正她的品性,阻止她的毁灭,反倒是在用增加已经存在的不道德和腐败的方法来加速她的毁灭。他们不需要伪装成由于城邦的邪恶而受到震惊,因此愤怒地撤离。因为他们曾经在那里,这就够了;他们已经被察觉了,被证明是有罪的。他们同样既不能打破沉默去指导别人,也不能保持沉默以隐匿自己。我不想再谈那个事实,敏特奈(Minturnae)的居民为马略感到遗憾,在女神马利卡(Marica)的丛林前赞扬他,请女神赐给他各方面的成功,使他能从绝望的深渊中不受伤害地返回罗马,统率一支残暴的军队进入这座城市。那些希望这样做的人可以去读有关著作的描写,知道他的胜利有多么血腥,他的行为多么不像一位公民,他对待这座城市比任何外敌入侵还要严酷无情。

如我所说,我不想再谈此事,也不想把马略的充满血腥味的巨大幸福归于我不认识的所谓敏特奈的女神(马利卡),而宁可归于上帝的秘密旨意,这样我们的对手可以闭嘴,可以从谬误中被拯救出来,他们并非由情欲所引导,而是出于对事件的谨慎的考虑。即使这些魔鬼在这些事上握有某些权柄,他们也只能拥有万能上帝赋予他们的秘密的指令,这样我们才不会过分注重尘世的幸福,因为这种幸福经常是连马略这样的恶人也会拥有的;另一方面,我们也不会把它当作一种恶,因为我们看到有许多崇拜唯一真正的上帝的人,他们是善良的、虔诚的,尽管魔鬼起先会取得显著的成功,但是最终我们不能认为应当为了尘世的幸福或灾难而求助于这些不洁的恶灵,或者恐惧他们,因为世上的恶人不能够做到他们想做的一切事情,那些魔鬼也不能,而只能在上帝允许的范围内做某些事。上帝的判断是全明的,没有人能够完全理解,也没有人能够正确地加以指责。

章 24　苏拉的行径，魔鬼宣称苏拉得到过他们的帮助

苏拉这个复仇者的残忍行径确实无与伦比。在他第一次进军罗马，与马略交战之前，他举行占卜祭祀，发现牺牲的内脏显得非常吉利，按照李维的记载，如果苏拉在诸神的帮助下不能完成他的计划，那么占卜官波斯图米乌（Postumius）愿意掉脑袋。你们瞧，神灵并没有"离开了他们的庙宇和祭坛"，而是仍旧在对这些事情作预测，但他们并没有采取步骤对苏拉本人进行矫正。他们的预言许诺苏拉获得巨大的成功，但没有对苏拉的邪恶欲望进行威慑。因此，当苏拉在亚细亚与米特拉达铁斯（Mithridates）作战时，朱庇特通过卢西乌斯·提图斯把一道消息传递给苏拉，说米特拉达铁斯很快就能被他征服。后来，当苏拉打算返回罗马对那些伤害了他和他的朋友的公民进行报复的时候，朱庇特又通过第六军团的一位士兵把第二道消息传递给苏拉，说朱庇特预见到苏拉将会战胜米特拉达铁斯，还许诺给他从敌人手中恢复罗马共和国的权力，尽管要通过巨大的流血。苏拉马上询问那个士兵消息从何而来，并且根据他的回答确信这则消息与第一则消息一样来自朱庇特。那么，这些神灵在这些事情上是公正的吗？关心这种战争、预测战争的结果、放弃对苏拉的矫正、对他进行的惨无人道的战争不加约束，这种战争不仅要伤害共和国，而且要使共和国灭亡？事实上，如我经常说的那样，如《圣经》告诉我们的那样，如事实本身充分显示的那样，这些魔鬼只乐意寻求实现他们自己的目的，以便使人们把他们当作诸神来崇拜，以便诱骗人们用犯罪的方式向他们献祭，使他们全都成为邪恶的罪人，等待上帝的审判。

苏拉后来到塔壬同（Tarentum）献祭，在祭牲的肝脏上看到类似金王冠的形象。于是，那位占卜官波斯米乌斯把它解释为胜利的象征，并下令只能吃那牺牲的内脏。稍后，某个名叫卢西乌斯·庞提乌斯（Lucius Pontius）的奴隶哭喊起来："我是柏洛娜的使者。苏拉！胜利属于你。"然后他又说卡皮托利山应当被焚毁。说完这些预言，他就离开了军营。但是，他在第二天又回来了，比头一天更加疯狂，喊着"卡皮托利山起火了！"卡皮托利山确实发生了大火。对魔鬼来说，要预见某些事并迅速地宣扬是轻而易举的。

　　但是与我们的主题相关,你们要注意这些人想要服从的神灵是什么样的神灵,在这些神灵的支配下,这些人亵渎把忠信者的意志从魔鬼的支配下解救出来的救世主。那个人以先知的语调大喊,"苏拉,胜利属于你!"可以确定他在远方神灵的支配下说出这样的话,他也预见到了将要发生的事,而且这些事确实发生了。但是他从来就没有喊叫说,"苏拉,不要犯罪!"在看到小牛犊的肝脏上有金王冠的形象,并以此作为胜利的神圣征兆以后,这位胜利者在罗马犯下了滔天大罪。

　　如果这样的征兆通常是由公正的神灵发出的,而不是由邪恶的魔鬼发出的,那么占卜用的内脏确实应当向苏拉显示落到这座城市和苏拉本人头上的灾难的象征。这场胜利并没有使他上升到权力的顶峰,使他的野心得到完全实现,而是使他自己也受到伤害。因为胜利使他的欲望在顺利的处境下变得更加无法节制,由此给他本人带来了道德上的损害,这种损害远甚于他给他的敌人带来的肉体上的毁灭。这些神灵并没有把这些真正可怕的、可悲的灾难用占卜、托梦、神谕等方法向苏拉预示,因为他们担心的是他的失败,而不想对苏拉的行径进行矫正。没错,他们关心的就是让他去征服他的同胞,让他成为他自己那些可耻罪行的俘虏,这样一来,他本人也就成为这些魔鬼的更加顺从的奴仆了。

章25　拥有权柄的恶灵通过树立类似神圣的榜样而引诱人们作恶

　　除了那些宁可模仿这样的神灵而不是藉着神圣的恩典摆脱这种神灵的人,有谁不能从这个例子中看出,这些邪恶的灵多么渴望人们以他们为榜样,假借神圣的权柄去犯罪?有谁看不到这一点?从前,在康帕尼亚(Campania)的广阔平原上,罗马的军队在那里浴血奋战,而稍后不久,神灵们也在那里打仗?起先有人听到那里有阵阵巨响,后来有许多人说看见有两支军队在那里打了好几天仗。这场战争结束以后,他们看到战场上布满了只有一场恶战才会留下的人的脚印和马蹄印。如果神灵之间还要相互混战,那么凡人进行内战是完全合理的;但若如此,那么这些好战的神灵一定是非常邪恶的。然而,他们为什么要进行这场可耻的战斗?而罗马人的内战反倒是不邪恶的,因为他们只是在模仿诸神罢了。内战已经爆发，在此之前，某些猛烈的战斗和残酷的大屠杀已经发生。已经有许多人被那名战士的故事所感动，他剥下一名被他杀死的敌人的盔甲，认出那具尸体原来是他自己的兄弟，随着战斗的进一步进行，他自己也被杀死，倒在他的兄弟的尸体上。① 为了掩饰这些残忍的悲剧，为了增进罗马人进行这种可怕战争的狂热，这些被人们当作神灵来崇拜的、邪恶的魔鬼就实行了这个相互战斗的计划，以此鼓励罗马人不要从内战中退缩，根据这些神灵的榜样，人间的罪恶可以被判定为正义的。

以同样的伎俩，我已经提到过，这些恶灵下令要人们把那些戏剧表演奉献给他们。在这些娱乐中，诗人的创作和戏剧表演把这样的罪行归于诸神，这样每个人都可以放心地模仿他们，无论他相信诸神真的做过这些事，或是不相信这一点，而是明白这是人们在把自己最渴望的事情归到诸神头上。他们不希望有人假设，诗人们是在散布谎言，他们把诸神说成是相互战斗的，用可耻的行为诬蔑他们。因此他们肯定诗人的诗歌，以此欺骗人类。他们把他们自己的战斗展现在世人眼前，不仅通过戏剧表演，而且通过真实的战场。

我们被迫指出这些事实，因为连他们自己的作者都毫不犹豫地指出，罗马共和国已经由于公民们的道德风俗的堕落而毁灭了，在我主耶稣基督降临之前就已经不存在了。现在，他们并不因为这种毁灭而指责他们自己的神灵，而是因为今生短暂的邪恶指责我们的基督，这种邪恶不会毁灭善人，无论他们已经死去还是仍然活着。尽管我们的基督颁布了许多关于弘扬美德、克制邪恶的诫命，但他们还是这样说。而他们自己的神灵对于保存、侍奉他们的国家什么也没有做，没有用这样的诫命防止这个国家的毁灭，他们的所作所为倒不如说是在通过他们邪恶的榜样败坏她的道德，从而加速她的毁灭。我想，现在没有人胆敢说共和国的毁灭是因为诸神"离开了他们的庙宇和祭坛"，好像他们是美德之友，受到了凡人的恶德的冒犯。不，有那么多从牺牲内脏、占卜、算命中得来的预兆，藉此，他们可以吹嘘说自己能够预测未来事件，控制战争的结局，但所有这些都

---

① 参阅普罗塔克：《马略传》，章39。

证明他们是在场的。如果诸神确实不在场,那么罗马人绝不会长时间地沉迷于内战,就好像受到这些神灵的唆使一样。

章26 魔鬼在秘密场合提供了某些晦涩的道德训诫,而那些公开的庄严仪式中包含着各种邪恶

你们看,情况就是这样。你们看到了诸神那些肮脏、残忍的品性和可耻、有罪的行为,这些事情无论是真是假,都是应他们自己的要求而被公开的,但却被人神圣化,奉献给神灵,当作庄严的事情加以公布,以此荣耀神灵。你们看到他们发誓要对那些拒绝公开这些事情的人加以报复,要人们把神灵当作值得模仿的对象。无论这些罪行是真实的还是想象的,在这些恶行中取乐的魔鬼承认自己是不洁的精灵,并且以自己犯下的罪行取乐。依据无节制者的要求,受到节制者的鼓励,他们庆祝这些荒淫的行为,声称他们自己是罪恶生活的挑唆者。把这些情况都加在一起,我要问,既然如此,为什么还要说他们曾经将良好的道德戒条,在他们的神龛前的秘仪中,提供给少数他们拣选过的人? 如果是这样的话,这件事只能用来进一步证明这些恶灵的邪恶。因为正直和贞洁的影响是如此之大,所有人,或大多数人,都会在这些美德的赞扬声中受到感动;也不会有任何人完全堕落,总会存在某种荣誉感。因此,除非魔鬼有时候也如圣经所说,装作光明的天使①,否则他就不能隐瞒他的欺骗。同样,在公开场合,不洁的污言秽语伴随着掌声充斥着民众的耳朵,而在私下场合,对那少数圣洁的听众谈论假冒的贞洁;公开的剧场里演出可耻的东西,而值得赞扬的东西却被隐藏在幕后;光荣被隐匿,而可耻被宣扬;邪恶的演出引来众人观赏,而合乎美德的演说却难以找到听众,就好像荒淫值得吹嘘,而纯洁要受到嘲笑一样。除了在魔鬼的庙宇中,到哪里还会产生这样的困惑? 除了处在谎言的包围中,到哪里还会产生这样的迷茫? 那些秘密的教导只向有美德的人提供,他们的人数极少;而邪恶的榜样用来鼓励恶人,他们的人数多得无法计算。

---

① 《哥林多后书》11:14。

我们不知道那些加入凯勒斯提斯（Caelestis）秘仪的人于何时何地得到过良好的训诫，但我们确实知道在她的神龛前，在竖立她的偶像的地方，大量的民众从四面八方聚集在那里，拥挤不堪，观看在那里进行的表演。我们可以看到，一边是淫妇们的场面宏大的表演，另一边则站立着这位处女神，人们用祈祷和荒淫的仪式崇拜这位处女神。在那里我们看不到有演员对此感到可耻而面红耳赤，也没有演员感到有贞洁方面的重负，各种荒淫的仪式都作了充分的表演。我们清楚地看到这位处女神对什么感到高兴，而观看了这些表演的妇女回家之后会变得更加聪明。某些比较谨慎的妇女面对演员们的荒唐表演确实会掉转头去，但在羞怯的窥视之下也就学会了邪恶的技艺。由于有男人在场，她们不敢大胆地观看淫荡的表演，但是她们更不敢大胆地用贞洁的心谴责她们崇拜的神圣仪式。然而，这种荒淫如果发生在一个人家中，那么它只是秘密的，而在神庙中发生的这种荒淫就会成为一门公开的课程。如果男人中还有人保持节制，那么说明男人并不能毫无约束地实行诸神教唆的邪恶行为，而若不进行这样的表演就会引起诸神的愤怒。

这是什么样的精灵，能够秘密地诱使人们腐败，让他们去犯奸淫，支持他们去作恶？除非做这些事能够获得与参加那些宗教仪式同样的快乐，这些仪式在竖有魔鬼偶像的庙宇中进行，他们乐于在他们的偶像前看到这些邪恶的表演。他们在秘密场合对某些公义之人小声地诉说，用以欺骗这些善人，而他们在公开场合邀请人们腐败，由此控制成千上万的恶人。

章27 为了向神灵求助，罗马人把那些肮脏的表演神圣化，极大地助长了公共秩序的颠覆

西塞罗，一位杰出人士和哲学家，在将要被选为市政官的时候，希望公民们理解他的职责，在他的多项义务中，他必须举行节庆赛会，以便祈求大母神福罗拉（Flora）的帮助。① 按照习俗，这种赛会被认为是最下流

---

① 西塞罗：《致维瑞姆》（In C. Verrem Actio），卷5，章8。

的。在另一处，当时他已经担任了执政官，而这个国家处在急剧的衰败之中，他说当时已经按照诸神的答复举行了十天的赛会，凡是能够平息诸神怒气的事情没有一件遭到忽略。① 就好像节制会引起诸神的不满，而淫荡却能使诸神平息愤怒，诚实的生活会引起他们的仇恨，而这些下流的表演反而会使他们得到安慰。那些自称得到神灵保佑的人的暴行无论对国家造成多么大的威胁，都不会比诸神联合起来用这样无耻的行为败坏国家更加有害。为了避免那种对人的身体造成的威胁，诸神以一种消除人们精神美德的方式对他们进行安抚。在没有使公民们的道德完全腐败之前，诸神不会加入战斗，抗击包围这座城市的敌人。

由于用这种表演向这样的神灵祈求帮助，这种祈求是荒唐的、不洁的、鲁莽的、邪恶的、肮脏的，由于赞扬罗马人天生的、值得肯定的美德，这些演员不能获得城邦的荣誉，被赶出他们的部落，被认为是腐败的和可耻的。我还要说，这种祈求是愚蠢的、可恶的，对诸神的罪行作这样的虚构的、欺骗性的解释不符合任何宗教情感。然而，整个城市都知道了这些神灵的可耻，他们的邪恶行径通过演员的台词和姿势暴露在光天化日之下。人们看到诸神在做这些事的时候兴高采烈，因此相信神灵不仅希望表演这些事，而且希望观众们进行模仿。（如果诸神确实曾经作出过善良的、诚实的训诫）那么他们是在秘密的场合进行的，只对极少数人这样说过，他们担心的不是这些训诫不能得到奉行，而是担心这些训诫外传。

章 28　基督宗教是赐予健康的宗教

那些顽固的、不感恩的、被邪灵紧紧捆绑的恶人私下抱怨，因为只有通过基督之名，人们才能从这些不洁的恶灵的控制下得到拯救。他们抱怨，人要与受惩罚的魔鬼一道受罚才能获得救赎，才能摆脱不虔诚的黑暗，进入虔诚的光明。他们抱怨，因为民众进入教会举行贞洁的崇拜，不同性别的民众会体面地分开，他们在那里学到如何度过今生，以便身后能获得福佑的永恒，他们在那里聆听对所有人公开的圣经的教诲和公义的

---

① 　西塞罗：《反喀提林第三演说》，章 8。

训诫,遵守圣经教诲的人可以听到他们的得救,不遵守圣经教诲的人可以听到他们将受审判。尽管有些人来到这里想要嘲笑这些训诫,但他们的冒失行为会突然发生转变,由于敬畏或者感到耻辱而得到约束。因为在那里没有肮脏、邪恶的行为可供观看和模仿,只有解释真正的上帝的诫命,叙述上帝的奇迹,赞扬上帝的恩赐,或者是在寻求上帝的恩惠。

章 29　劝告罗马人批判异教

噢,可敬的罗马人啊,这才是值得你们向往的宗教,你们是斯卡沃莱(Scaevolae)、西庇阿、莱古鲁斯、法伯里修(Fabricius)的后裔。你们应当向往这些事,与恶魔的那些空洞伎俩完全不同。如果在你们的本性中有任何杰出的美德,那么这些美德只有用真正的虔诚才能洗涤和完善,而在不虔诚中,它们只能是邪恶的、该受惩罚的。你们现在可以对自己的追求作出选择,你们不应赞扬自己,而应赞扬真正的上帝,在他那里不会有谬误。你们可以拥有你们那一份世俗的荣耀,但是依据上帝的密旨,过去并没有向你们提供这种真正的宗教,供你们选择。醒来吧,现在是白天! 你们中有些人确实已经苏醒,他们完善的美德和为了真正的信仰所受的痛苦是我们要加以荣耀的,因为这些人努力与各种敌对力量作斗争,用无所畏惧的死亡征服了它们,"是他们用自己的鲜血为我们赢得了这片安身的土地。"①

我们邀请你们到这个国家来,鼓励你们让自己成为这座城市的公民,它在真正的赎罪中也有自己的圣地。② 不要听信你们那些邪恶的同胞的话语,他们散布关于基督和基督徒的谎言,把这个多灾多难的时代归咎于基督徒。他们期盼的时代不是能够平安生活的时代,而是一个他们可以作恶而又不受惩罚的时代。这些事情决不会使你们感到快乐,也不会对你们尘世的国家有好处。你们现在要把握天国,为此付出的辛劳是微不足道的,而你们在那里将会拥有真正的统治,直到永远。因为在那里,你

---

① 维吉尔:《埃涅阿斯纪》,卷 11,行 24。
② 喻指罗马早先繁荣时被各国民众当作圣地。

们看不到女灶神的炉火,也没有卡皮托利山的石头,而只有一位真正的上帝。"对他们,我不施加任何空间或时间方面的限制,我已经给了他们无限的统治权。"①

那么不要再追随骗人的伪神,要谴责他们,藐视他们,摆脱他们,获得真正的自由。他们不是真正的神灵,而是邪恶的灵,你们的永恒幸福对他们来说只是一种痛苦的惩罚。你们追溯族系一直追溯到朱诺(Juno),但朱诺对于罗马人的要塞落入特洛亚人之手并不十分妒忌,不像这些魔鬼妒忌人类拥有永恒的王座,但是他们仍旧被你们当作神灵。而你们并没有对他们作出任何谴责,反而用赛会去安抚他们,但又宣称那些进行表演的人是可耻的。那么请允许我们肯定你们有反对这些不洁的灵的自由,他们给你们套上了庆祝他们无耻丑行的重轭。你们不让这些神灵罪恶的表演者担任光荣的职务,向真正的上帝祈祷吧,他可以把这些乐意犯罪的神灵从你们中间消除掉,如果他们确实犯下这些罪行,那是一件最可耻的事,如果这些罪行是虚构的,那么这是一种最邪恶的捏造。你们干得很好,从公民中驱逐所有演员。但是你们还要更加清醒,神圣的上帝是不能用有损于人类尊严的伎俩来祈求的。因此,连你们自己都拒绝把那些演员列为罗马公民,哪怕是最低等级,你们怎么能够相信作为属天的神圣力量的神灵会在这些下流的戏剧表演中取乐?罗马城的荣耀根本无法与天上之城的荣耀相比,在那里真理就是胜利,神圣就是尊严,幸福就是和平,永恒就是生命。如果你们为接纳这样的人感到脸红,那么就更不应该接纳这样的神灵。如果你们想要接近这座幸福之城,那么就切断与魔鬼的联系。那些要靠无耻行为来祈求的神灵不配得到具有公义心的人的崇拜。通过基督宗教的洗涤,从你们的崇拜中驱逐这些恶灵,就像监察官用取缔令剥夺那些人的荣誉。

但是,肉体方面的好处是那些恶人唯一乐意享有的幸福,而肉体方面的痛苦是他们唯一想要躲避的。我们将在下一卷指出魔鬼们并不具有人们认为他们具有的力量。即使他们拥有力量,我们一定不能因此而崇拜

① 维吉尔:《埃涅阿斯纪》,卷1,行278。

这些神灵,我们必须藐视他们的赐福,崇拜他们并不能获得那种遭到他们妒忌的我们想要得到的幸福。他们甚至并不拥有赐予今生短暂幸福的力量,而人们崇拜他们就是由于这个原因。在下一卷,我将对此作出证明。在此,让我们结束当前的论证。

第 三 卷

【本卷提要】在上一卷中,奥古斯丁考察了道德和灵性方面的灾难,然后在本卷中考察外在的和身体方面的灾难。他指出,自从罗马建城以来,罗马人不断遭受这些灾难。在基督降临之前,他们对伪神的崇拜并没有遇到对手,但即便如此,也不能避免这些灾难。

章1 这些疾苦只令恶人害怕,即使在诸神得到崇拜的时候这个世界也在不断地遭受灾难

关于在一切罪恶中首先要加以反对的道德和灵性方面的罪恶,我已经说了很多,足以显示伪神没有设法防止那些崇拜他们的民众遭遇这些灾难,反而加速了他们的灭亡。我明白,现在我必须谈及那些只令异教徒害怕的罪恶,饥荒、瘟疫、战争、掠夺、俘虏、屠杀,以及其他已经在第一卷中列举过的相似的灾难。这些事情只令恶人害怕,但不会使人变得邪恶。异教徒不会红着脸赞扬善良,然而却把邪恶保存在他们赞扬的善良之中。在他们看来,拥有一所坏房子比过一种坏的生活更值得悲伤,就好像人生最大的善就是拥有一切好东西,而他自己却不必是善的。

但是异教徒的神灵并没有阻挡这些只有异教徒才害怕的恶,即使在神灵们不受限制地受到崇拜的时候也是这样。在我们的救世主降临之前,人类在不同的时间和地点遭受了无数难以置信的灾难的打击,除了奉行世界性崇拜的希伯来这一民族的人,(上帝最秘密、最公义地判断他们配得上上帝的恩典)此外还有什么人有资格得到上帝的恩典?但我不可太啰唆,对于上天降给其他任何民族的灾难我都将保持沉默,只谈罗马和罗马帝国发生的事。我用这些术语指的是罗马城和那些在基督降临前已

经通过联盟或征服而成为这个国家的组成部分的那些地方。

章2　希腊人与罗马人共同崇拜的诸神允许伊利昂遭到毁灭是否公正

　　那么,首先,为什么特洛伊(Troy)或伊利昂(Ilium),罗马人民的摇篮(我一定不能忽略或掩饰我在第一卷中已经涉及的问题①),要被希腊人征服、占领和摧毁,尽管那里敬重和崇拜的是和希腊人同样的神灵? 有些人回答说,这是因为普利阿姆(Priam)为他的父亲拉俄墨冬(Laomedon)发假誓,因此而受惩罚。② 这样看来,拉俄墨冬雇了阿波罗和尼普顿为他做工是真的了。因为这个故事继续说,拉俄墨冬许诺付给他们工钱,但后来又耍赖。令我感到惊讶的是,著名的占卜师阿波罗辛辛苦苦地从事这项庞大的工作,竟然从来没有怀疑过拉俄墨冬会赖他的工钱。他的叔父尼普顿,朱庇特的哥哥,海洋之王,也一样,他确实不应该不知道将会发生什么事。因为荷马③(他在罗马建城以前生活和写作)说他能够预见到埃涅阿斯的未来,他后来实际上创建了罗马。如荷马所说,尼普顿还用一朵云彩把埃涅阿斯从阿喀琉斯的愤怒下解救出来,尽管(按维吉尔的说法),他"当时本想把他亲手建造的特洛亚连城基推倒。"④

　　那么像阿波罗和尼普顿这样伟大的神灵,竟然不知道有人会赖他们的工钱,他们建造了特洛伊城墙,而从这个不感恩的民族那里除了几声谢谢以外什么也没有得到。然而,把这样的人物当作神灵比欺骗这样的神灵是不是一桩更加严重的罪过也还有疑问,甚至荷马本人也不完全相信这个故事。因为,当他说尼普顿与特洛伊人为敌的时候,他把阿波罗说成是特洛伊人的拥护者,而在这个故事里,两位神灵都受了蒙骗。然而,我们的对手若是相信他们的故事,那就让他们红着脸去崇拜这样的神;他们若是不相信这些故事,那么就不要再说"特洛伊人发假誓"了,或者让他们解释诸神为什么要仇恨特洛伊人,但却喜爱发假誓的罗马人。喀提林

----

① 参阅本书卷1,章4。
② 维吉尔:《农事诗》,卷1,行502;参阅《埃涅阿斯纪》,卷4,行542。
③ 《伊利亚特》,卷20,行293以下。
④ 维吉尔:《埃涅阿斯纪》,卷5,行810。

的阴谋规模很大,败坏了整座城市,但他怎么能够得到那么多人的支持,用他们的双手和舌头发假誓和争吵? 除了因为发假誓败坏了许多元老院议员的判断,还有其他原因吗? 除了因为发假誓影响了民众对在他们面前审判的案子的投票和决定,还有其他原因吗? 由此看来,古代就有的发誓甚至在最大的腐败中也保存下来了,但不是用宗教的敬畏去束缚恶人,而是用新增的发假誓来完成罪恶的谎言。

章3　帕里斯的奸情不会冒犯诸神,因为这种罪过在诸神中非常普遍

因此,说诸神(他们说,那个国家依靠诸神才得以建立,尽管后来证明它被希腊人所征服)对特洛伊人发假誓表示愤怒是没有根据的。帕里斯(Paris)的奸情也不会引起他们的愤怒,使他们不再保护特洛伊,这是另外一些人在他们的辩护中信誓旦旦地宣称的。因为诸神的习惯是成为恶的挑唆者和指导者,而不是对恶进行报复。撒路斯特(Sallust)说:"据说,罗马城最初是由特洛伊人建立和居住的,在埃涅阿斯的率领下四处流浪的特洛伊人并无固定的住所。"① 如果诸神认为帕里斯的奸情应当受惩罚,那么主要是罗马人该受惩罚,或者至少包括罗马人在内,因为这桩奸情是由埃涅阿斯的母亲引起的。但是仇恨帕里斯所犯奸情的诸神怎么能够不恨他们自己的姐妹维纳斯?(不用提别的例子了)她与安喀塞斯(Anchises)通奸,于是成了埃涅阿斯的母亲。是因为一桩罪恶使墨涅拉俄斯(Menelaus)②受到伤害,而另一桩罪恶得到伏尔甘③的默许吗? 我想象,诸神并不妒忌他们的妻子,也不在乎与人共享她们。

可能有人怀疑我在把神话转换成笑话,在处理如此重要的主题时不够庄重。那么好吧,让我们说埃涅阿斯不是维纳斯的儿子。我愿意承认这一点,但是罗莫洛总算是玛斯的儿子了吧? 为什么一个是,而另一个不是? 难道男神与女人交媾是合法的,而男人与女神交媾是不合法的? 按

---

① 撒路斯特:《喀提林阴谋》,章6。

② 海伦的丈夫。

③ 维纳斯的丈夫。

照维纳斯的法律允许玛斯所做的事，却不允许维纳斯按自己的法律去做同样的事，这种情况实在难以令人置信。然而，两件事都有罗马人为证。古代的罗莫洛相信他自己是玛斯的儿子，而近代的恺撒与之相比并不逊色，也认为自己是维纳斯的后裔。①

章4　瓦罗的看法：杜撰自己是诸神的后裔是有用的

有人会说，这些事情你们都相信吗？不，我确实不相信。因为连瓦罗这位非常博学的异教徒也承认这些故事是虚假的，尽管他没有勇敢地、充满自信地这样说。但是他说过，尽管勇敢的人相信自己是诸神的后裔是虚假的，但这样做对国家来说却是有用的，因为这样一来，人们的精神会珍视这种信仰，从而更加勇敢大胆地从事伟大的事业，更加精力旺盛地推进这些事业，充满信心地去争取更大的成功。你们看，瓦罗的观点为虚假开辟了多么广阔的天地，而我对此已经用自己的话作了表述，这种说法完全可以理解，也就是说应当在社团中杜撰许多宗教和神话传说，只要对公民有益就可以撒谎，乃至涉及诸神本身也可以撒谎。

章5　诸神惩罚帕里斯的奸情不可信，因为他们对罗莫洛的母亲的奸情都没有表示愤怒

维纳斯是否与凡人安喀塞斯生下埃涅阿斯，或者玛斯是否与努米托尔（Numitor）的女儿生下罗莫洛，我们把这些事当作没有定论的问题暂且搁下。因为我们自己的圣经也提到过非常类似的问题，堕落的天使是否与凡人的女儿交媾，因此大地上曾经有一个时期充满巨人，亦即身形巨大而强壮的人。② 现在，我把我的讨论限制在这样一个悖论中：如果他们的著作讲述的埃涅阿斯之母与罗莫洛之父的事情是真的，那么当诸神自己也在乐意通奸的时候，怎么会对通奸感到厌恶？如果这些事情是假的，那

---

① 恺撒说："我姑母朱里娅的家族从母系方面说是帝王的苗裔，从父系方面说乃是不朽的神的后代。……朱里乌斯这个家族可以上溯到维纳斯。"苏维托尼乌斯：《罗马十二帝王传》，卷1，章6。

② 《创世记》6:4。

么诸神在这个事例中也不会对那个犯奸淫的男人表示愤怒,因为他们喜欢这样的事,哪怕说诸神犯奸淫是假的。还有,如果玛斯的奸情是不可信的,维纳斯并没有干丢脸的事,那么罗莫洛的母亲则无法以神灵的诱惑为借口。因为西尔维娅(Sylvia)是灶神的女祭司,对于这种亵渎,诸神必须在罗马人身上施加比帕里斯在特洛伊的奸情所应受到的报复更加严厉的惩罚。连罗马人自己在远古时期也曾经活埋所有犯奸淫的信奉灶神的处女,而其他没有献身于神灵的妇女若犯奸淫,虽然也要受惩罚,但不至于为了这种罪过而被处死,这样她们才会更加诚实地弘扬她们所敬神庙的贞洁,甚过凡人床上的贞洁。

章6　诸神没有惩罚罗莫洛杀害弟弟的行为

我要添上另一个例证:如果凡人的罪过会极大地引起这些神灵的愤怒,使他们任由特洛伊毁于火与剑,藉此惩罚帕里斯的罪行,那么杀害罗莫洛的弟弟的凶手也一定会激怒他们,使他们反对罗马人,甚过一位希腊丈夫的哄骗使他们反对特洛伊人,因为在一座新建城市里杀害兄弟的行为对他们的刺激必定胜过在一座已经繁荣的城市中发生的奸情。对我们现在要讨论的问题来说,罗莫洛下令杀死他的弟弟,或是亲手杀死他的弟弟,并没有什么区别。许多人无耻地否认这是一桩罪恶,有些人则通过对这件事情表示怀疑而加以否认,还有些人表现出伪装的悲伤。我们不想停下来考察和掂量那些历史学家关于这个问题的证言。所有历史学家都认为罗莫洛的弟弟被杀了,不是被敌人所杀,而是被一名陌生人所杀。如果是罗莫洛下的命令,或者是他自己犯下这桩罪行,那么罗莫洛确实是罗马人的首领,甚于帕里斯充当特洛伊人的首领。那么,罗莫洛的弟弟受到神灵保护,当罗莫洛杀死他的时候,为什么还要抢走别人的妻子以平息在特洛伊的诸神的愤怒呢?①

在我看来,如果那桩罪行不是由罗莫洛的双手或意志造成的,那么整座城市该受指责,因为它分辨不出杀兄弟和杀父母哪一桩罪更重,也不知

———————

① 参阅西塞罗《论义务》,卷3,章40;李维《罗马史》,卷1,章67。

道犯这样的罪要受到什么惩罚，并且已经犯了这样的罪。他们两兄弟都是罗马城的创建者，而其中的一个因为这桩罪行而不能成为城邦的统治者。到现在为止，我看不出诸神任由特洛伊遭到毁灭有什么理由，也看不到诸神给罗马带来繁荣有什么理由，除非事实真相是，罗马人逃离特洛伊是因为他们在那里被打败了，被迫逃往罗马，在那里实施他们的骗术。但不管怎么说，他们在特洛伊有过立足点，还能进一步欺骗后来到那些土地上居住的居民，而在罗马，他们通过练习邪恶的骑术，获得了更加丰盛的荣耀。

章7　关于马略的一位将军菲姆利亚给伊利昂带来的毁灭

我们确实可以问，可怜的伊利昂干错了什么，因而要在罗马第一次内战的高潮中，要在马略的支持者中最坏的恶棍菲姆利亚（Fimbria）的手中承受痛苦，遭到远比希腊人的抢劫更加猛烈和残忍的毁灭？当希腊人占领它时，许多人逃走了，没有逃走的人尽管作了俘虏，经受苦难，但仍旧活了下来。而菲姆利亚从一开始就下令不留一个活口，把所有居民与城市一起烧毁。

这就是伊利昂的灭亡，不是亡于由于其恶行而召来的希腊人之手，而是亡于在其废墟之外发展起来的罗马人之手，而这个时候，诸神虽然受到双方同样的崇拜，却什么也没有做，或者更准确地说，他们什么也不能做。那么，在特洛伊修复了被希腊人纵火造成的毁坏以后，所有神灵，靠着他们的帮助这个王国才得以建立，真的"抛弃了所有的凡人和神圣的庙堂"①吗？

但若如此，我要问个明白。因为在我的判断中，诸神的行为应受的谴责与那些居民的行为应受的鼓励一样多。因为他们关上城门抗击菲姆利亚，为苏拉保护了这座城市，最后被这位暴怒的将军放火吞蚀。至今为止，苏拉这条理由比前两条理由更有价值，因为他一直在用兵恢复这个共和国，他的善良意向不容歪曲。那么，特洛伊人还能做什么更好的事情

---

①　维吉尔：《埃涅阿斯纪》，卷2，行351。

呢？还有什么比保存这个城市作为罗马国家的一部分,关上城门反抗他的国家的杀父罪行,更加光荣,更加忠实于罗马,对她的关系更有价值呢？

诸神的辩护者会认为这种行为给特洛伊带来了毁灭。诸神抛弃了犯奸淫的民众,把特洛伊留给希腊人的大火,以便从它的灰烬中可以使贞洁的罗马再生。但是诸神为什么要第二次抛弃这个城市,而这个城市现在是罗马的同盟者,并没有对她高贵的女儿发动战争,而是对罗马最公义的部分保持着最稳固、最虔诚的忠诚？为什么诸神要放弃它,让它毁灭,让它不是毁于希腊英雄之手,而是毁于最卑劣的罗马人之手？或者说,如果诸神不喜欢苏拉的理由,因此不幸的特洛伊人要保护他们的城市,那么诸神自己为什么要把成功预测和允诺给苏拉？我们必须把诸神称作幸运者的吹捧者,而非不幸者的帮助者？

那么,特洛伊没有被毁灭,而是诸神抛弃了它。魔鬼总是在找机会进行欺骗,做它们能做的事。当所有的神像都被推翻,与城市一道被焚毁以后,李维告诉我们,只有密涅瓦的神像仍旧丝毫无损地竖立在她的神庙的废墟中。① 在赞扬诸神的时候不能说"诸神使这里神圣",②在为诸神辩护的时候也不能说"诸神来自每一座神庙与神龛",因为这个奇迹使他们能说的,不是以此表明诸神有力量,而是表明诸神在场,因此诸神是有罪的。

章8 罗马是否一定要托付给特洛伊的诸神

那么把罗马托付给特洛伊诸神的智慧表现在哪里？丧失特洛伊已经证明了诸神的虚弱。有些人会这样说吗？当菲姆利亚袭击特洛伊的时候,诸神已经在罗马住下了。那么,密涅瓦的神像怎么会仍旧竖立在那里？此外,如果菲姆利亚摧毁特洛伊的时候诸神住在罗马,那么当罗马本身被高卢人占领,放火焚烧的时候,诸神又会住在特洛伊。如果诸神听觉灵敏,行动迅速,他们至少应当在听到卡皮托利山上的鹅叫以后马上赶回

---

① 李维:《罗马史》,章83。
② 维吉尔:《埃涅阿斯纪》,卷9,行247。

来保卫这座圣山,尽管要保护城里的其他部分已经来不及了。

章9　说努玛统治时代的和平是诸神带来的是否可信

人们还相信,在诸神的帮助下,罗莫洛的继承人,努玛·庞皮留斯(Numa Pompilius),在他统治的整个时期,都享受着和平,伊阿诺斯(Janus)的大门是关着的,而习惯上在战争期间它一直开着。① 之所以如此,据说是因为他在罗马人中制定了许多宗教仪式。如果这位国王聪明到能够全心全意地追求,克服有害的好奇心,用真正的虔诚寻找真正的神,那么他肯定会博得我们的祝贺,因为这种闲暇实在太少了。但若这种闲暇不是由诸神创造的,那么诸神看到他越忙,诸神欺骗他的可能就越小。因为他们发现,他越是空闲,他们就越能吸引他的注意。瓦罗把努玛的所有努力和努玛用来联络诸神和这座城市的技艺都告诉了我们,如果上帝许可的话,我将在恰当的地方讨论这些事情。②

由于我们正在谈论由诸神赐予的福益,所以我准备承认和平是一项伟大的福益,但它是真正的上帝的福益,就像阳光、雨露,以及维系生命所必需的其他东西,这些东西也在频繁地赐予不感恩的、邪恶的人。③ 但若这项伟大的福益是由诸神赐给罗马和庞皮留斯的,那么为什么诸神后来甚至在更加值得称赞的时期也没有把它赐给罗马帝国? 那些神圣的仪式在初次举行时比后来的庆祝要更加有效吗? 但是,在努玛时代,这些仪式还不存在,直到努玛把它们添加到祭仪中去。后来,这些仪式已经举行并得以保存的时候,这项福益才产生出来。那么,努玛统治的这四十三年,或者像另外一些人那样宁愿说三十九年,如何能够保持不间断的和平? 在努玛统治罗马以后,这种崇拜已经建立,而诸神本身在这种崇拜的呼吁下也被承认为这座城市的卫士和守护神。可是,从罗马建城到奥古斯都统治的所有时期,我们困难地找到只有一年,亦即第一次布匿战争结束后

---

① 伊阿诺斯的大门不是神庙的大门,而是被称作"伊阿诺斯"的一条通道的门,只用于军事目的,关了表示和平,开着表示战争。

② 参见本书卷7,章34。

③ 参阅《马太福音》5:45。

的那一年,人们能够关上战争的大门,这真是一个奇迹。

章10　如果按照努玛的方式可以获得和平与安宁,罗马帝国进行一连串的战争是否可取

他们不是回答说,没有这一连串不间断的战争,罗马帝国决不会得到极大地扩张,也不会有这样的光荣? 这真是一个雄辩的论证! 一个王国为什么一定要狂热地追求伟大? 人体是个小世界,拥有适中的体形和健康岂不是比通过非自然的折磨追求巨大的体形更好? 等你获得了魁梧的身材,你就会没有时间休息,你的肢体越发达,你的痛苦就越多。撒路斯特说:"最初,国王们(这个帝国最初是一个王国)有不同的爱好。有些人锻炼他们的头脑,有些人锻炼他们的身体。即使在那个时候,人们的生活还没有受到贪心的控制;每个人都过着知足常乐的日子。"①如果撒路斯特描述的时代得以延续,那么会产生什么样的邪恶,或者说不会产生什么样的良善呢? 对罗马的繁荣来说,维吉尔所谴责的那些状态是否应当延续,必不可少? "世风日下,时代变得暗淡无光,人们疯狂地好战,贪欲横流。"②

但是罗马人对从事这样灾难性的战争显然有一套似乎有理的辩解,亦即,他们的敌人施加的压力迫使他们抵抗,所以他们被迫进行战斗,这不是由于人性的贪婪,而是出于保护生命和自由的必要。好吧,我们暂且搁下这一点不提。下面是撒路斯特对这个问题的解释:"当这个新建立起来的国家在居民、文化和领土都得到发展并且开始变得相当富裕、相当强大的时候,就像人间事物常见的情况那样,它的繁荣引起了人们的妒忌。结果是相邻的国王和民族便对他们发起了进攻。但他们的朋友几乎没有人帮助他们。而被吓住的其他人也因害怕危险而袖手旁观。但是罗马人是十分注意维护他们和平时期和战争时期的利益的,他们于是赶忙作了准备,相互激励着去迎击敌人,用武力来保卫他们的自由、他们的国

---

① 撒路斯特:《喀提林阴谋》,章2。
② 维吉尔:《埃涅阿斯纪》,卷8,行326—327。

家和他们的父母。后来，当他们的勇敢使他们摆脱了危险的时候，他们又去帮助他们的联盟者和友人，因此他们同联盟者结成友好的关系毋宁说是为了服务于他们，而不是有所求于他们。"①

这是在用光荣的手段构筑罗马的伟大。但是我知道，尽管有邪恶的邻国入侵，在努玛统治的时候还是维持了长时间的和平，或者说那些入侵中止而使和平得到了维持。即使罗马受到战争的骚扰，但还没有用武力回击，那么用同样的方法，罗马也可以使她的敌人安静下来而不是用战争去征服它们，或者用交战恫吓它们。如果是这样的话，那么罗马就可以总是处在和平统治之下，关上伊阿诺斯之门。但若这样做不是罗马的权力，那么罗马享有和平不是取决于她的诸神的意愿，而是取决于她周围的邻国的意愿。只有在它们同意不打仗的时候，罗马才能和平，除非那些可悲的诸神竟敢向他们青睐的人出售并不属于他们可以馈赠的东西，而是由其他人的意愿决定的东西。这些魔鬼在被允许的范围内确实能够用他们自己独特的邪恶恫吓和挑唆那些恶人。如果他们总是拥有这种力量，此时若无一种更加秘密、更加高级的力量采取反对他们的行动，那么他们在赐予和平或战争胜利方面拥有最高权力。但他们几乎总是要通过某些人的情绪而争吵，他们的意愿经常与诸神的意愿相反。这一点不仅由其中包含很少暗示和真理颗粒的虚假的传说所证明，而且可以由罗马历史本身来证明。

章11　据说库卖的阿波罗神像流泪向希腊人预兆灾难，但神不能救助他们

库卖（Cumae）的阿波罗的故事也承认了诸神的这个弱点，这座神像据说在阿该亚人与阿里斯托尼卡（Aristonicus）王战争期间流了四天眼泪。② 占卜官对这个预兆感到震惊，决定把这座神像扔进大海，这时库卖的老人出来干预，说在反对安提奥库斯（Antiochus）和珀耳修斯（Perseus）

---

① 撒路斯特：《喀提林阴谋》，章6。
② 西塞罗：《论占卜》，卷1，章43,98。奥古斯丁在此处混淆了两场战争。一场是反阿该亚人的战争，结束于公元前146年，另一场是反帕嘉玛的阿里斯托尼卡王战争，结束于公元前129年。

的战争中,这座神像也发出过同样的预兆。于是人们根据元老院的法令向阿波罗献礼,因为这件事表现了神灵对罗马人的青睐。然后又召集了那些据说技能更加娴熟的占卜师来做预测。他们宣布,阿波罗神像流泪对罗马人来说是吉祥的,因为库卖是希腊的殖民地,阿波罗(以及由他发出的预兆)对将要在他自己的希腊土地上盛行的灾难感到悲哀,因为他就是在这个地方长大的。稍后,报告传来,阿里斯托尼卡王被打败了,成了俘虏。这个结果显然与阿波罗的想法相反,而阿波罗的意愿是用他的大理石神像的流泪来预示的。

　　这个故事告诉我们,尽管诗人们的诗句是神秘的,但并非完全没有真理,而是以足够充分的适当的风格描写了魔鬼的行事方式。例如,维吉尔讲到狄安那(Diana)对卡弥拉(Camilla)感到忧心忡忡①,赫丘利(Hercules)为帕拉斯(Pallas)之死而流泪②,可能也是由于这个缘故。为什么努玛·庞皮留斯在享受了长期和平以后不知道,也不追问他从谁那里得来和平? 他把闲暇用于考虑他应当信赖哪位神,把罗马的平安和行动托付给他。他没有梦见真正的、万能的、最高的、照料着凡间事务的上帝,而只是把那些被埃涅阿斯带到意大利来才得以保存的特洛伊神灵再次聚集起来。拉维尼亚(Lavinian)王国无论是特洛伊人还是埃涅阿斯自己建立的,努玛都认为必须要有其他神灵来保护逃亡者和帮助弱小者,把这些神灵添加到原先的神灵中去。这些神灵与罗莫洛一起来到罗马,或者是在阿尔巴(Alba)③被摧毁的时候来到罗马的。

章12　罗马人在努玛引进的神灵之外添加了大量的神灵,神灵数量的众多于事无补

　　尽管庞皮留斯引进了数量众多的祭仪,然而罗马人并不感到满足。

---

① 维吉尔:《埃涅阿斯纪》,卷 11,行 532。
② 维吉尔:《埃涅阿斯纪》,卷 10,行 464。
③ 即阿尔巴·隆加(Alba Longa),拉丁姆城市,在罗马东南,位于阿尔巴湖西岸山脊的长形地带。埃涅阿斯原定都拉维尼乌姆,死后其子阿斯卡纽斯迁都阿尔巴·隆加,三百年后罗莫洛迁建罗马城。

当时朱庇特本人还没有他的主要庙宇，塔克文（Tarquin）国王开始在卡皮托利山建造神庙。埃斯科拉庇俄斯离开埃庇道鲁（Epidaurus）来到罗马，在这座最显要的城市他可以更好地发挥他的伟大的医术。① 诸神之母也从佩西努斯（Pessinuns）来到这里，但我不知道她是什么时候来的。当她的儿子已经在卡皮托利山居住的时候，她本人不太可能继续隐居在荒郊野地里。如果她是众神之母，那么她不仅应当随着她的某些子女迁往罗马，而且应当让别的子女也跟随她。我确实怀疑她是否是辛诺塞法莱（Cynocephalus）的母亲，他是很久以后才从埃及来到这里的。我也怀疑"发烧"（Fever）女神是否由她所生，这件事只能由她的孙子埃斯科拉庇俄斯②来决定。无论她的出身如何，我相信，外国的神灵都不会擅自把这位出身卑贱的罗马公民称作女神。

有谁能数得清罗马的守护神？本地的和外来的，天空、大地、冥府、海洋、山脉、河流，还有如瓦罗所说，确定的和不确定的诸神，③男神和女神，就像动物一样，各种各样的神都有这些区别。罗马享有这样一大帮神灵的保护，一定能够在那些巨大的、可怕的灾难中保存下来，我能提到的灾难只是其中一小部分。罗马用祭坛上的浓烟，像烽火一样，请来一大帮神灵保护她，让他们维护神庙、祭坛、献祭、祭司，这样罗马就冒犯了真正的、最高的上帝，所有这些仪式只有献给他才是合法的。在拥有较少神灵时，罗马比较幸运，但罗马却认为自己应当拥有更多的神灵，这样才会变得更加伟大，就像一艘较大的船要有较多的人。我假定罗马轻视较少的神灵，认为他们数量太少而不能够保护她的伟大，而在较多神灵的保护下，罗马可以过相对比较幸福的日子。

然而，即使在国王们的统治下（努玛·庞皮留斯除外，关于他，我已经讲过了），也一定会有内乱和纷争，从一开始就有罗莫洛的弟弟被谋杀这样邪恶的事情出现！

---

① 李维：《罗马史》，卷10，章47。
② 作为阿波罗的儿子。
③ 参阅本书卷7，章17。

章 13 罗马人凭着什么权力或协议得到他们最初的妻子

为什么朱诺和维纳斯都不能帮助可敬的埃涅阿斯的儿子们用某些权力和公正的方法娶妻,而朱诺当时还与她的丈夫朱庇特一道珍视"罗马人,这个穿拖裾袍的民族"?① 出于想要传宗接代的可悲的必然性,罗马人外出抢亲,然后对他们的岳父宣战。那些可怜的妇女在还没有从她们的丈夫对她们干的坏事中恢复过来时,已经得到了她们父亲的鲜血作嫁妆。"但是罗马人征服了他们的邻居。"是的,没错,但这种胜利伴随着对双方的伤害,伴随着屠杀亲戚和邻居! 恺撒与庞培的战争只是岳父与女婿之间的竞争,在战争开始前,恺撒的女儿,即庞培的妻子已经死了。卢坎(Lucan)带着多么深沉和公正的悲伤宣称:"我要为这场比在埃玛西亚(Emathia)平原上举行的内战更坏的战争悲歌,而在那场战争中,罪恶受到胜利的公义审判!"②

罗马人实施了想要进行的征服,双手沾满了他们的岳父的鲜血,从他们怀抱中抢走了那些可怜的姑娘。尽管父亲被杀,但她们甚至不敢哭泣,只怕冒犯了她们得胜的丈夫。在双方激战时,她们站着祈祷,但不知道应当为谁祈祷。这样的婚姻肯定不是维纳斯替罗马人安排的,而是由柏洛娜(Bellona)安排的。或者也可能是冥神,愤怒的阿勒克托(Allecto),由于朱诺也在帮助她们,因此她比朱诺用祈祷唆使她反对埃涅阿斯的时候具有更大的自由。③ 被俘的安德洛玛刻(Andromache)也要比这些罗马人的新娘更加幸福。尽管她是一名奴隶,然而后来她成了皮洛斯(Pyrrhus)的妻子,他没有再杀特洛伊人,而罗马人连他们喜欢的新娘的父亲也要在战斗中加以杀害。安德洛玛刻,胜利者的俘虏,对她的人民的死亡只会悲伤,不会害怕。萨宾族的妇女,当族中男子在战斗时,担心她们的父亲被杀,而在她们的丈夫回来后又要为父亲的死亡而悲伤,她们的悲伤和恐惧都不能随意表达。因为,她们的丈夫所取得的胜利包括毁

① 维吉尔:《埃涅阿斯纪》,卷 1,行 281 以下。
② 卢坎:《法塞利亚》,卷 1,章 1。
③ 维吉尔:《埃涅阿斯纪》,卷 7,行 323 以下。

灭同胞、亲戚、兄弟、父辈，引起虔诚的极度痛苦或残忍的狂喜。还有，战争中的运气是变幻莫测的，有些人在她们父亲的刀剑下失去了她们的丈夫，另一些人的丈夫和父亲在相互残杀中同遭毁灭。

罗马人决不可能不遭惩罚就逃走，他们被赶回他们的城墙内，在关闭的城门后面保护自己。当敌人用诡计打开城门以后，敌人冲进城来，城里的广场成为岳父和女婿们仇视相拼的战场。抢亲者确实被打败了，四散逃往他们的家中，在他们原先可耻而又可悲的胜利上又添上新的耻辱。就在这个关节眼上，罗莫洛向朱庇特祈祷，不再希望他的公民能够勇敢，而只希望他们还能站立在他们的土地上。从这时起，这位神获得了"站立者"（Stator）这个名称。① 但即便如此，灾难还是没有结束，直到那些被抢走的妇女披头散发地跑了出来，站在她们的父亲面前，这才化解了罗马人公义的愤怒，然而这样做依靠的不是取胜的武器，而是因为她们孝顺的祈求。然后，不愿与弟弟共事的罗莫洛被迫接受萨宾人的国王提多·塔修斯（Titus Tatius）共同掌握王权。但是，不喜欢与自己的同胞兄弟相伴的人对一名陌生人又能容忍多久呢？于是，塔修斯被杀，罗莫洛仍旧是唯一的国王。直至现在，他仍旧是比较伟大的神灵。

你们瞧，这是什么样的婚姻法，竟然引发了非自然的战争。这些就是罗马人的宗族、宗教方面的同盟。这就是得到诸神大量庇护的城邦的生活。你们看到关于这个主题有许多严肃的事情要说，但是我们的目的不在于此，我们需要讨论别的事情。

章 14　罗马人对阿尔巴人发起的罪恶战争，权力狂赢得了胜利

在努玛以后的其他国王的统治时期，阿尔巴人受到挑衅而参加了战争，不仅给他们自己，而且也给罗马人带来可悲的结果。这又是怎么一回事？努玛的长期和平变得令人感到沉闷，罗马和阿尔巴两国军队之间无数的屠杀与伤害使和平告终！埃涅阿斯之子阿尔巴（Alba）比特洛伊更称得上是罗马之父，他的人马处在阿斯卡尼俄斯（Ascanius）的包围之下。

---

① 李维：《罗马史》，卷 1，章 12。

他在罗马国王图鲁斯·霍斯提略(Tullus Hostilius)的挑衅下应战,战况激烈,双方死伤惨重。最后议定由双方各出一对三胞胎一决胜负,罗马方面站出来三位霍拉提(Horatii),阿尔巴人出了三位库里亚提(Curiatii)。有两位霍拉提被库里亚提杀死,但剩下的那位霍拉提却把三位库里亚提全给杀了。于是,罗马保持了胜利。但是经过这样的牺牲,参与决斗者只有一个人活着回家。这种损失到底是谁的损失?这难道不是所有埃涅阿斯的子女、阿斯卡尼俄斯的后裔、维纳斯的后代、朱庇特的子孙的悲哀吗?因为这场战争比内战更坏,交战的两个国家是母亲与女儿的关系。

在这场三胞胎的决斗之外还有更残忍、更可怕的一幕。因为两个国家先前是友好的(相互通婚,比邻而居),霍拉提的一位姐妹已经与一位库里亚提订婚。当她看到自己的兄弟毁了她的婚姻,不禁号啕大哭,结果他的兄弟在愤怒中把她也给杀了。在我看来,这位姑娘似乎比整个罗马民族都要更加人道。我认为她不应该由于对那个已经与她订婚的男子之死表示悲哀而受指责,或者说她正在为她的兄弟杀了已经许诺把自己的姐妹嫁给他的那个人而感到悲哀。我们为什么要赞扬埃涅阿斯对他的敌人表示的悲哀,①哪怕是他亲手杀的?为什么在攻城前回忆起叙拉古全盛时期的宏伟和光荣时,在念及万事万物的共同命运时,马尔采鲁斯(Marcellus)要为这座城市流泪?我以人道的名义起誓,如果为被自己征服的敌人流泪的人要受到赞扬,那么一位虚弱的姑娘不能由于她为被她兄弟杀死的未婚夫悲伤而被当作犯罪。而当那位姑娘在为被她的兄弟杀死的未婚夫流泪时,罗马正在为她的母邦遭到这样的蹂躏而感到欢乐,她以自己的子民与阿尔巴人共同流血这样的代价购买了胜利。

你们为什么要信誓旦旦地只对我说“光荣”、“胜利”这些名词?剥去掩盖着无耻欺骗的伪装,看着赤裸裸的行为,就这样衡量它们,判断它们。说出你们反对阿尔巴的指控来吧,就像特洛伊被指控为犯奸淫。没有这

① 维吉尔:《埃涅阿斯纪》,卷10,行821。在书中,劳苏斯(Lausus)说:“安喀塞斯之子埃涅阿斯看着他临死前的脸面呈现出一派奇怪的苍白颜色,动了怜悯之心,深深叹了一口气。”

样的指控,也不像是能够找到这样的指控。点燃这场战火仅仅是为了"图鲁斯(Tullus)要激发怠惰的人们起来习武,把懒散的军队引向胜利。"①这种无休止的罪恶野心是那些杀父母的内战唯一的动因。

撒路斯特曾给这些战争打上罪恶的标记。他简要而又真心赞赏地谈起那些远古时代的生活,没有贪婪,每个人对自己所拥有的都很满足。他还说:"但是当亚细亚的居鲁士(Cyrus),希腊的雅典人和拉栖戴孟人(Lacedemonians)开始征服各个城市和民族,把对于统治的渴望当作发动战争的借口,把最大限度地扩充统治大权看成是最大荣誉"②,等等,恕我不再赘述。这种权力欲像可怕的瘟疫扰乱和吞噬了人类。这种欲望在罗马取得对阿尔巴的胜利之时征服了罗马,而罗马人还要赞扬罗马的罪恶,称之为光荣。正如我们的圣经所说:"恶人以心愿自夸,他祝福贪财的,却轻慢主。"③

撕去这些虚假的面具和骗人的谎言,事情就能得到真实的辨认。不要对我说,这个人或那个人是伟大的,因为他勇敢善战,等等。角斗士凭着野蛮的角斗和征服得到一分赞扬,但我认为最好还是懒惰一些,不要用这样的武器来寻求光荣。如果两名角斗士进入剧场角斗,一个是父亲,一个是他的儿子,有谁能忍心看下去? 有谁会不为之动容? 那么由一个子邦对母邦发起的战争怎么可能是光荣的? 如果说战场不是剧场,广阔的平野上有着无数的尸骸,而非只有两名角斗士,死去的是两个国家的精华,观看这场战争的不是剧场里的观众,而是全世界,只要他们的名声能够传递下去,他们不仅对当时还活着的人,而且也对他们的后代提供了世俗的景观,因此两者之间就有区别。我们能这样说吗?

然而这些神灵,罗马帝国的保护神,就像剧场里的观众,他们并不感到满足,直至霍拉提的姐妹被她的兄弟杀死,成为罗马方面的第三位牺牲者,所以罗马本身,尽管当时取得了胜利,也应当为死者悲号。

---

① 维吉尔:《埃涅阿斯纪》,卷6,行814以下。
② 撒路斯特:《喀提林阴谋》,章2。
③ 《诗篇》10:3。

后来,作为这场胜利的结果,阿尔巴被毁灭了。那是特洛伊诸神的第三个避难所,第一个是伊利昂,后来被希腊人攻克,第二个是拉维尼乌姆(Lavinium),埃涅阿斯在这片流放者的土地上建立了一个王国。但是阿尔巴被毁也可能是因为诸神按他们通常的习惯离开了那里,如维吉尔所说:"所有我们藉以立国的神都已经离开了他们的庙宇和祭坛。"①没错,诸神确实离开了他们的第三个避难所,在他们抛弃了三个城邦以后,罗马人似乎变得比较聪明,对他们表示信赖。阿尔巴的国王阿姆留斯(Amulius)放逐了他的兄弟,得罪了诸神,而罗马的国王罗莫洛杀了他的兄弟,却得到诸神的欢心。

但是,我们的对手说,在阿尔巴被毁前,她的居民就与罗马居民混杂在一起,所以两个城邦实际上是一个。好吧,就算如此,那么还有阿斯卡尼俄斯(Ascanius)的城邦,这是特洛伊诸神的第三个驻地,但被她的子邦所摧毁。此外,由于战争带来的可悲混杂又使双方流淌了许多鲜血。

后来的那些王朝又频繁地发生同样的战争,我该如何叙说这些战争的细节呢?尽管每场战争都以伟大的胜利而告终,都由一场大屠杀来结束,但是每次新的战争都仍旧由那些曾经创造和平和缔结和约的人的后裔所挑起。对这段充满灾难的历史我们无需证明,因为事实上后来的国王都没有关上战争之门,②因此与他们所有的保护神一道,没有一个国王实行过和平的统治。

章 15　罗马国王们的生死情景

国王们自己的结局又如何?关于罗莫洛,有一个奉承他的传说告诉我们,说他死后进了天堂。有位罗马历史学家说,由于罗莫洛过分残暴,元老院的议员们把他撕成了碎片。③ 还有一位名叫朱利乌斯·普洛库鲁斯(Julius Proculus)的人受到唆使,说罗莫洛向他显灵,通过他命令罗马

---

① 维吉尔:《埃涅阿斯纪》,卷 2,行 351。
② 参阅本卷,章 9。
③ 李维《罗马史》,卷 1,章 16;西塞罗《论共和国》,卷 2,章 10,20。

人民把罗莫洛当作神来崇拜，以这种方式，那些对议员们的行为开始忿恨的民众才平静下来。因为当时还发生了日蚀，无知的民众认为这是罗莫洛的神力在显灵，而不知道这种现象是由太阳运行的固定法则引起的。我们确实倒不如说，太阳光的被遮掩可以用来表示对那桩罪恶的揭露，这种太阳的悲哀也可以当作罗莫洛被杀的证据，就像我们的主由于犹太人的残忍和不虔诚而被钉十字架那件真事一样。① 有充分的证据表明在这件事中，太阳的昏暗不是由于天体的自然法则所致，因为当时是犹太人的逾越节，只在满月时举行，而太阳的自然的日蚀只能发生在月亮盈亏周期的最后一个四分之一。

西塞罗也相当清楚地指出，说罗莫洛变成了神是一种想象而非真事，甚至在《论共和国》中，他还通过西庇阿之口说："罗莫洛获得了如此崇高的声望，以至于他在一次日蚀时突然消失后，人们把他归入天神之列。任何一个凡人若没有为自己的德行赢得特别的荣誉，任何时候都不可能获得这样的褒赞。"② 从"突然消失"这些词来看，我们可以明白他是由于遭遇风暴或谋杀而神秘地消失的。因为他们其他的作家不仅谈到日蚀，而且还谈到一场突如其来的风暴，这场风暴或者是为犯罪提供了机会，或者使罗莫洛消失的就是风暴本身。

罗马的第三位国王图鲁斯·霍斯提略（Tullus Hostilius）也是被雷劈死的。西塞罗在同一本书中说："人们不相信他这样死后被带入神界，那也许是因为对罗莫洛的那种称颂已经深入人心，但罗马人普遍不愿意把这种事情轻易地加到另一个人身上。"③ 在一篇充满抨击的演说辞中，西塞罗也用圆滑的术语说，"我们通过爱戴与赞颂使得建立了这座城市的罗莫洛上升到不朽诸神的行列"④，意思是他的神化不是真的，而是一种名誉，这样有礼貌地称呼他是由于他的德行。在《霍腾修斯》（Hortensius）那篇对话中，在谈论太阳有规则的日蚀时，他也说他们"制造

---

① 《路加福音》23:44 以下。
② 西塞罗:《论共和国》，卷 2，章 10。
③ 西塞罗:《论共和国》，卷 2，章 17，参阅李维《罗马史》，卷 1，章 22。
④ 西塞罗:《反喀提林第三演说》，章 1。

了像掩盖罗莫洛之死那样的黑暗,这件事发生在一次日蚀的时候。"①在此,你们看到,他根本没有回避谈论罗莫洛的"死",因为西塞罗与其说是一名歌功颂德的文人,不如说是一个有理性的人。

除了死于自然原因的努玛·庞皮留斯和安库斯·玛修斯(Ancus Marcius)之外,罗马其他国王之死有多么可怕!图鲁斯·霍斯提略,阿尔巴的征服者和摧毁者,如我所说,他本人和他的房子毁于霹雳。普利斯库·塔奎纽斯(Priscus Tarquinius)被他前任的儿子们所杀。②塞维乌斯·图鲁斯(Servius Tullus)被他的女婿塔奎纽斯·苏泊布斯(Tarquinius Superbus)卑鄙地谋杀,继承了他的王位。那个杀死罗马最好的国王的弑父罪犯没有公然把诸神从他们的祭坛和神庙中赶出去,而这些神灵据说曾经因为帕里斯以这样的方式对待可怜的特洛伊而将她抛弃给希腊人的火与剑。这位塔克文家族的杀人凶人竟然还被允许继承他岳父的王位。这位可耻的弑父者在统治期间获得多次战争的胜利,用战利品修建卡皮托利山。③ 这个时候,那些神灵并没有离去,而是继续居住在由那个弑父者营造的辉煌的卡皮托利山上,痛苦地接受他们的国王朱庇特的监管和统治。他并非在他无罪的时候营造卡皮托利山,以后又因为后来的罪行而受到惩罚,而是在他营造卡皮托利山那个时期,用非自然的罪行为自己开辟道路。他后来被罗马人驱逐,禁止他入城,但不是由于他自己的罪行,而是由于他的儿子与卢克莱提娅邪恶的恋情。他本人不知道这桩罪行的发生,因为他不在罗马。因为当时他正在带领军队作战,围攻阿代亚(Ardea)。我们不能认为他在不知道他的儿子犯下的罪行的情况下会做什么。然而,在既没有人向他查询又没有定罪的情况下,民众剥夺了他的王权。他带着军队返回罗马,军队进了城,而他却被拒绝入城,他的部队抛弃了他,城门在他面前关上了。他后来求助于邻国,用灾难和不成功的

---

① 这篇对话现在只剩一些残篇,但奥古斯丁经常引用它,尤其是在奥古斯丁《忏悔录》起了重要作用。

② 李维:《罗马史》,卷1,章40。

③ 参阅西塞罗《论共和国》,卷2,章24,44;李维《罗马史》,卷1,章55。

战争折磨罗马人。由于重新掌权无望,他依赖的盟国把他抛弃了。于是他在罗马附近的一个小镇图斯库兰度过十四年退隐生活,这是书中记载的。他的妻子陪伴他在那里度过晚年,最后的结局比他的岳父还要惨。如果记载属实,那么他死于他的女婿之手,出自他自己的女儿的挑唆。这位塔克文家族的人被罗马人不是称作残忍的,也不是无耻的,而是骄傲的。罗马人的骄傲可能也反映出他们国王的僭主作风。他们并没有更多地在意他谋杀了他们最好的国王,他的岳父,而是选他做了他们的国王。如果对一名罪犯委以重任还不算一桩大罪,我表示怀疑。

然而没有人会对诸神抛弃祭坛说三道四,除非有些人可能会为诸神辩护,说他们待在罗马是为了惩罚罗马人,用空洞的胜利引诱他们,用残酷的战争削弱他们,而不是帮助他们,给他们赐福。

这就是罗马人,在这个国家受到高度赞扬的时代,直至塔奎纽斯·苏泊布斯(Tarquinius Superbus)于 243 年被放逐,在国王们的统治下所过的生活。在此期间,他们经历的所有胜利、鲜血、灾难,还没能使罗马的疆域从这座城市向外扩展二十英里,它的范围甚至无法与任何小小的盖图利安(Gaetulian)国相提并论。

章16　一名最早的罗马执政官将其他执政官驱逐出境,稍后在罗马死于一名受伤的敌人之手,由此结束了邪恶的一生

让我们再补充一些撒路斯特提到过的事,讲罗马人如何用正义和节制来恢复秩序。[1] 当时罗马人正好面临塔克文的威胁,与伊拙里亚(Etruria)的战争一触即发。伊拙斯康人(Etrurians)要帮助塔克文家族重返王座,而罗马因为苦难的战争而动荡不已。这位执政官说这个国家要用正义和节制来恢复秩序,但要通过恐惧的压力,而不是通过公平的影响。

这个简短的时期是个多事之秋,王权被消灭,执政官制度首次建立起来! 但是,他们并没有履行他们应尽的责任。朱尼乌斯·布鲁图(Junius Brutus)剥夺了他的同事卢西乌斯·塔奎纽斯·科拉提努斯(Lucius Tar-

---

[1]　撒路斯特:《历史》,残篇 1,2。

quinius Collatinus)的权力,把他驱逐出这座城市。稍后,他自己打了败仗,被敌人杀死。而在此之前他杀了自己的儿子和连襟,因为他发现他们阴谋复辟塔克文家族的势力。维吉尔即便想要赞扬这种行为,但在记载这种行径时他仍旧感到不寒而栗。因为,维吉尔在说了"他的几个儿子发动新的战争,他为了美好的自由"以后马上宣称,"咳,不幸的父亲啊!不得不把他们处死,不管后人怎样看待这件事"。也就是说,让后人来随意判断这种行为,让他们来赞扬和抬举这位杀了儿子的父亲,他是不幸福的。然后他又说"他的爱国之心和求得美誉的强烈欲望占了上风"①,就好像是在安慰一个不幸福的男人。

　　布鲁图的结局是悲惨的,尽管他在杀了自己儿子的时候也杀了他的敌人塔克文的儿子,但这样做并不能保住他自己,反而是年迈的塔克文活得比他长。那么,似乎能够确定布鲁图的那位同事科拉提努斯是无罪的。尽管他是一位好公民,但当这位僭主受到惩罚时,他也受到与塔克文本人相同的惩罚。布鲁图本人据说是塔克文的亲戚。② 但是,科拉提努斯的不幸在于不仅要流血,而且要承受塔克文家族的名字带来的后果。那么,改变他的名字,而不是改变他的国家,应当是对他的适当惩罚,可以把他的名字删节,简称为卢西乌斯·科拉提努斯。但是罗马人并没有强迫他失去他能够失去而又没什么损害的东西,而是剥夺了他的第一执政官的荣耀,把他赶出这片他所热爱的土地。那么,这种不公正的、可恶的、对国家无益的事情,是布鲁图的光荣吗? 他被"他的国家的热爱和热烈的赞扬"所驱逐是由于这个原因吗?

　　当僭主塔克文被驱逐的时候,卢西乌斯·塔奎纽斯·科拉提努斯,卢克莱提娅的丈夫,与布鲁图一同被立为执政官。注重公民的性格胜过注重公民的名字,民众的行为是多么公正啊! 剥夺他的新同事的荣耀和国家,布鲁图的行为有多么不公正,而实际上他倒是可以剥夺他的名字,如果这个名字确实冒犯了他的话! 这样的瘟疫和灾难会使"用正义和节制

---

① 维吉尔:《埃涅阿斯纪》,卷6,行820。
② 是他的外甥。

恢复秩序"的政府倒台。继承了布鲁图事业的卢克莱修（Lucretius）在同一年年终前被疾病夺走了生命，瓦勒留（Valerius）继承了科拉提努斯的位置，霍拉修斯填补了由于卢克莱修之死留下的空白。这就是灾难性的一年，充满葬礼的一年，共有五名执政官的一年。这就是罗马共和国赋予执政官以新的荣耀和职务以来的第一年。

章17　罗马人崇拜的诸神并不干预执政官制度实施以后罗马共和国的灾难

从那以后，这个"用正义和节制来恢复秩序"的时期接近了尾声，人们的恐惧逐渐消退了，但不是因为战争停止，而是因为人们已经对战争习以为常了。后来，形势的演变有如撒路斯特的简述，"在那以后，贵族把民众当作自己的奴隶，像国王一样对待他们，鞭笞和杀害他们，剥夺他们的财产，像僭主一样对待那些身无分文的人。民众在这样的残暴统治下，在高利贷的压榨下，被迫要为连绵不断的战争奉献金钱和服兵役，最后他们拿起武器逃往阿文廷山和圣山，建立了自己的部落，有了自己的法律。直到第二次布匿战争开始，混乱和纷争才告一段落。"①

为什么我要耗费时间来描写这些事情，也让别人耗费时间来阅读它们？撒路斯特精练的概述足以使人们了解共和国到第二次布匿战争为止，在漫长的时期内遭受的不幸，知道她如何受困于无休止的战争，而又被内乱和纠纷所折磨。所以，他们所吹嘘的这些胜利并不是根本的幸福与欢乐，而是一种可悲、空洞的安慰，是在诱使人们内心激荡，在灾难之上制造新的灾难。请善良和勇敢的罗马人不要对我们所说的话感到愤怒，因为我们确实既不需要他们表示反对，也不想痛斥他们的愤怒，因为我们知道他们无法隐藏什么。我们所说的话并不比他们自己的作者更加严厉，也不太详细和尖刻，然而他们勤奋地阅读这些作者的书，还强迫他们的儿童学习它们。但是，那些愤怒的人在我讲了下面这些撒路斯特讲过的话以后会对我怎么样？"频繁的骚乱、纷争，最后还有内战变得越来

①　撒路斯特：《历史》，残篇，1，2；参阅本书卷2，章18。

普遍,而少数受到民众依赖的强有力的领导人以寻求长老和民众的利益为幌子,攫取最高权力。公民们被判定为善的或恶的,但不涉及他们对国家是否忠诚,因为所有公民都同样腐败,而那些富裕而又极端危险的强人被当作善良的公民受到尊敬,因为是他们在维持着国家的存在。"①

现在,如果这些罗马历史学家认为言论自由的荣耀迫使他们不能对这座城市的疾病保持沉默,就像他们自己在许多地方要宣告这座城市的光荣,(他们毕竟并不拥有别的更加真实的城市,亦即那座居住着选民的永恒之城),那么为什么要我们保持沉默呢? 他们把这个时代的灾难归罪于我们的基督,为的是让较少的人得到指点,而弱者会疏远这座唯一能够享有永久幸福生活的城市。因此我们的自由应当更大些,因为我们对上帝的希望更加美好,更加确定。事实上,我们反对他们的诸神的话语并不比他们自己的作者更加可怕,而他们自己阅读这些书,让这些书中的事情流传。我们所说的一切确实都是来自他们,而有许多更可怕的事情我们是不能说的。

那么,当受诡计引诱去侍奉诸神的罗马人遇到灾难的时候,诸神在哪里? 罗马人认为,为了这个世界的渺茫的和虚妄的繁荣,应当正当地崇拜那些神灵。当执政官瓦勒留(Valerius)在保护卡皮托利山时被杀,卡皮托利山被流放者和奴隶付之一炬的时候,诸神在哪里?② 这位执政官比那一大群与他们最高的、最伟大的国王在一些的神灵能够更好地保护朱庇特的神庙,而他却又是来抢救能够保护他的这些神灵的神庙的。当这个城市被无休止的诱惑所削弱,被可怕的饥荒和瘟疫弄得一筹莫展,等候派往雅典借用法律的使者回来使之恢复安宁的时候,诸神在哪里?③ 当民众受到饥荒的困扰,第一次建起一个完善的市场时,当斯普利乌·买留斯(Spurius Maelius)在饥荒加剧时把粮食分给饥饿的民众,因此被指控为谋反的时候,诸神在哪里?④ 同样完整的例子还有,已经下台的专制者昆提

① 撒路斯特:《历史》,残篇 1,12。
② 李维:《罗马史》,卷 3,章 18。
③ 参阅本书卷 2,章 16。
④ 李维:《罗马史》,卷 4,章 12 以下。

乌（Quintius）被擅长骑术的昆图斯·西尔维留（Quintus Servilius）处死，引发了一场严重的、危险的暴乱，这个时候，诸神在哪里？严重的瘟疫在罗马流行，居民们在长期祈祷无效之后，想出主意要庆祝莱克提斯特尼亚节（Lectisternia），而在此之前从未庆祝过这个节日，也就是说，他们为诸神建造神轿以荣耀诸神，与其说这是对这种圣仪的解释，或者倒不如说是一种对神灵的亵渎，这个时候，诸神在哪里？① 再往前数十年，在此期间罗马军队不断遭受重大损失，若无福里乌斯·卡弥鲁斯（Furius Camillus）的增援，几乎全军覆没，但他后来却受到这个不感恩的国家的惩罚，这个时候，诸神在哪里？② 当高卢人在罗马烧杀抢掠，把罗马变成一片废墟时，诸神在哪里？③ 当瘟疫带来的毁灭记忆犹新，福里乌斯·卡弥鲁斯也死于这场灾难，他首先为这个不感恩的共和国抵抗了维安人（Veians）的入侵，后来又把它从高卢人那里抢救下来，这个时候，诸神在哪里？④ 倒不如说，在这场灾难中，他们引进新的娱乐，像一场瘟疫，散布着更加致命的传染病毒，不是对身体，而是对罗马人的道德。⑤ 难以置信的大量的罗马贵妇面对另一场可怕的瘟疫，她们的品性受到传染，这种新瘟疫的危险胜过其他任何瘟疫，这个时候，诸神在哪里？⑥ 或者，当两位执政官率领的军队都被闪密特人包围在考丁福克（Caudine Forks），被迫签订可耻的和约，六百罗马骑士充当人质，而军队在放下武器后被剥夺了一切，穿着单衣钻过牛轭，这个时候，诸神在哪里？⑦ 或者说，在最严重的瘟疫打击罗马军营，使许多士兵死去的时候，诸神在哪里？⑧ 另一场无法忍受的瘟疫降临，罗马被迫派人去埃庇道鲁（Epidaurus）向医神埃斯库拉庇俄斯（Aesculapius）救援，这可能是因为长住卡皮托利山的众神之王朱庇特青

---

① 李维：《罗马史》，卷5，章13。
② 李维：《罗马史》，卷5，章32；参阅本书卷2，章17。
③ 李维：《罗马史》，卷5，章37以下。
④ 李维：《罗马史》，卷7，章1。
⑤ 李维：《罗马史》，卷8，章18。
⑥ 李维：《罗马史》，卷9，章3以下。
⑦ 李维：《罗马史》，卷10，章31。
⑧ 李维：《罗马史》，卷10，章47，参阅本卷，章12。

年的时候风流成性,使他没有闲暇研究医学,对吗?① 还有一次,卢坎尼
亚人(the Lucanians)、布拉昔亚人(Brathians)、闪密特人(Samnites)、伊拙
斯康人和塞诺尼亚的高卢人协力反对罗马,起先杀了罗马的使者,然后消
灭了执政官率领的军队,杀了一万三千人,包围了指挥官和七名护民官,
这个时候,诸神在哪里?② 罗马的民众不堪忍受长期战乱,最后抢劫城
市,退往伊阿尼库鲁(Janiculus)。当时情况十分危急,人们向独裁者霍腾
修斯(Hortensius)救援,只有在形势极端危急时人们才会救助于他。他把
逃亡者领了回来,但自己却在执行他的职责时丧生。这种事在独裁者中
是没有先例的,因为此时埃斯科拉庇俄斯已经来到他们中间,这不也是诸
神的耻辱吗?

　　当时确实战火四起,由于缺乏兵员,他们把无产者(proletarii)招募入
伍,之所以有这个名字是因为这些人穷得买不起武器装备,因此倒有闲暇
生儿育女。③ 当时赫赫有名的希腊国王皮洛斯(Pyrrhus)应塔伦廷(Tar-
entines)之邀起兵反对罗马。皮洛斯就这项举动请求神谕时,阿波罗给了
他令人欣喜,但又模糊不清的神谕。无论结果如何,这位神灵本身都可以
被认为是神圣的,因为他听到的神谕是这样的:无论皮洛斯被罗马人征
服,还是罗马人被皮洛斯征服,都已在占卜之神的预料之中。④ 当时双方
军队进行了多么可怕的屠杀! 不过像他自己所希望的那样,皮洛斯在这
次战争中仍旧是征服者。如果下一次战争罗马人仍旧不是征服者,那么
我们倒是可以宣布阿波罗是真正的占卜家了。

　　灾难性的战争正在进行,此时可怕的疾病也在妇女中爆发,许多怀孕
的妇女在产前死去。我想,埃斯科拉庇俄斯在这件事上会原谅他自己,他
会认为自己是一位名医,而不是助产婆。耕牛也死去了,当时所有人们都

---

① 李维:《罗马史》,卷 12。

② 李维:《罗马史》,卷 11。

③ proletarius 这个词的字根是 proles(子女),参阅西塞罗《论共和国》,卷 2,章 22,
40。

④ 这条神谕原文为:"Dico te, Pyrrhe, vincere posse Romanos"。西塞罗《论占卜》,卷
2,章 56,116。

相信各种动物都会遭到绝种的厄运。对那个值得记住的奇冷的冬天我真不知该说些什么，可怕的大雪一连下了四十天，连台伯河都被冰封了，不是吗？如果这种事情发生在我们这个时代，那么我们又会从我们的敌人那里听到什么样的指责呢？

至于其他长期延续、杀人夺命的大瘟疫，我们又该说些什么？尽管使用了埃斯科拉庇俄斯的良药，但是到了瘟疫发生的第二年，情况却变得更糟了。这场瘟疫直到最后引进西彼拉圣书（Sibylline books）以后才平息。如西塞罗在他的《论占卜》（De Divinatione）中所说，西彼拉圣书中记载的神谕，其含义取决于它的解释者，他们随心所欲地作出那些可疑的推测。① 在这个事例中，瘟疫的原因被解释成有许多神庙被用作民居。这样，埃斯科拉庇俄斯就可以逃避指责，说他可耻地疏忽大意和缺乏医术。但是为什么会有那么多圣地被肆无忌惮地霸占？这只能是因为人们对这样一群神灵的祈祷和恳求都是无效的，因此这些神庙被崇拜者遗弃，被某些凡人用作居所，而并不显得冒犯。那些当时被人们认为还能阻止瘟疫蔓延的神庙，在被滥用之后也失灵了，也被挪作凡俗之用。如果没有这种失误，那么这些神庙倒可以用来证明瓦罗的伟大与博学，在他论圣地的著作中，他提到了那么多鲜为人知的地方。可见，恢复神庙对消除瘟疫无益，它所起的作用只能是为诸神提供一个很好的借口。

章18　罗马人在布匿战争中承受的灾难不是诸神的保护所能缓解的

还有，在历次布匿战争中，当胜利在两个强大的国家之间长期悬而未决，双方竭尽全力、殊死相拼的时候，有多少小国家崩溃了，有多少繁华的大城市被摧毁了，有多少城邦被征服和毁灭了，有多少地区和土地荒芜了！双方又有多少胜利者被击败！有多少军人或平民死去！有多少巨大的舰队在交战中，或者在各种海难中沉没！如果我们想要计算出共有多少灾难或者想要弄清具体情况，那么我们应当成为历史学家。

罗马在这个时期受到极大的困扰，使出各种无用的、荒唐可笑的权宜

---

① 　西塞罗：《论占卜》，卷 2，章 54 以下。

之计。例如，人们按照权威的西彼拉书，重新安排世俗的赛会，而这些赛会是一个世纪以前确定的，后来在幸福的年代里湮没了。祭司团更新了献给冥神的赛会，这些赛会也是在较好的年代中被人们废弃的。这些都不奇怪，大量的死人使整个冥府充满欢乐，需要欢庆。那些邪恶的战争、可怕的纷争、充满血腥的胜利，一会儿属于这一方，一会儿属于另一方，尽管大多数胜利对人来说是灾难，但都为魔鬼提供了巨大的欢乐和丰盛的宴会。

在第一次布匿战争中，除了罗马人被打败和勒古鲁斯（Regulus）被活捉以外，并没有其他灾难性的事件。我们在前两卷中提到过他，视之为无可争辩的伟大人物。若非出自惯常地对颂扬和荣耀的追求，使他没有将已经被削弱了的迦太基置于死地，那么他在最初打败迦太基人之后是能够结束第一次布匿战争的。如果这个人不是出乎意外地被俘虏和捆绑，那么他对誓言的忠诚，以及他所得到的极为残酷的死亡，是不会使诸神脸红的，而诸神确实是黄铜制造的和没有血气的。

当时在城里确实也不再需要沉重的灾难。因为台伯河奇特地泛滥，几乎把城里低洼之处全部毁掉，一些房子被冲走，而另一些房子则在洪水退去后还泡在积水中腐烂。这次水灾后又发生了更具摧毁性的火灾，烧毁了广场附近的高大建筑，连灶神维斯太（Vesta）的神庙也未能幸免。它用经过挑选的处女为祭坛添加新鲜的香油，用永不熄灭的烈火表示永恒的生命，但她们与其说是被选来享受这种荣耀，倒不如说是接受这种惩罚。我们讲的这座神庙中的祭火并不满足于保持燃烧，而是发出愤怒。那些处女因烈火而成圣，不能去抢救那些已经给接受它们的三座城市①带来毁灭的倒霉的偶像，而祭司美特鲁斯（Metellus）忘记了自身的安全，冲进大火中抢救圣物，被烧个半死。② 大火并不认识他，甚至也不认识在庙里的司火女神，她的神像也没有能够逃脱被毁的厄运。在此，你们可以明白，一个人对维斯太的侍奉远胜过她能对这个人所能做的事情。这些

① 特洛伊（Troy）、拉维尼亚（Lavinia）、阿尔巴（Alba）。

② 李维：《罗马史》，卷19。

神灵享有城邦保护神的名誉，但他们若是连大火烧身都不能挡回去，他们又如何能够为遭遇火灾或洪水的城邦提供帮助呢？事实证明他们是无用的。

如果我们的对手坚持这样一个看法，他们的偶像得以神圣化是因为它们象征着永恒的事物，而不是为了保障短暂的幸福，那么我们提出的这些反对意见是愚蠢的，因为这样一来，尽管这些偶像也和所有物质的和可见的事物一样会毁灭，但对它们所象征因而被圣化的事物并不会带来损害性的后果，而偶像本身则可以因先前对他们侍奉的理由再次得到更新。然而可悲的是，他们盲目地以为，通过可灭的诸神的干预，可以从毁灭中保存世俗的幸福和国家的短暂繁荣。因此，如果有人提醒他们，诸神逗留在他们中间的时候，幸福和繁荣仍旧受到毁损，那么他们应当红着脸改变他们自己那些无法加以捍卫的观点。

章 19　第二次布匿战争的灾难削弱了双方的力量

至于第二次布匿战争，（即使根据那些并非为了叙述战争，而旨在颂扬罗马统治的作家的知识）要想历数交战双方在急剧变化中遭遇的灾难那就太冗长了。那保持着胜利的民族与其说是征服者，倒不如说是被征服者。

汉尼拔翻越比利牛斯山（Pyrenees），进入西班牙，穿越阿尔卑斯山（Alps），横行于高卢地区，在这整个过程中，他的军队沿途抢劫和征服，把意大利蹂躏得荒无人烟。这场战争多么持久和残酷！罗马人不断地被消灭！有多少城镇被敌人占领，有多少城镇被敌人毁灭！多么可怕的战争，有多少罗马人被打败，在汉尼拔的刀剑下丧失了他们的光荣！对他们在坎奈（Cannae）平原遭受的惨败我该说些什么呢？甚至连残忍的汉尼拔在那里也对他最厉害的敌人流下的鲜血感到心满意足，下令宽恕俘虏。他从战场上派人将三斗（bushels）金戒指送往迦太基，表示有那么多有地位的罗马人在那天死去，这比用数字更容易说明在那场可怕的屠杀中还有多少没有戴戒指的普通罗马人被杀。这样的人数量众多，但由于他们地位低下，人们往往只是估计一下死亡的总数，而不会得出准确的报告。

　　事实上，在这场战斗以后，罗马人兵员缺乏，只好征招犯人、奴隶、出身贫贱等级的人入伍。他们许诺只要参战，犯人可以免受惩罚，奴隶可以获得自由。但是这些奴隶，或者按他们现在的身份，这些被征招入伍为罗马共和国而战的自由民没有兵器。因此，他们就去神庙拿武器，就好像罗马人对他们的诸神说，放下这些武器吧，你们那么长时间地拿着它们，却一点用也没有，现在我们的奴隶要用它们来做你们做不到的事。当时，共和国发给士兵的军饷太少，只能把私人财产用于公共目的。除了各自佩戴的金戒指和印玺，这是他所属阶级的标志，罗马人非常慷慨地贡献了他们的财产，没有一位元老院的议员将私人的黄金保留下来，更不要说其他等级和部落的人了。但若是在我们的时代，他们会捐出他们的财产的痛苦吗？他们能忍受失去财产吗？他们宁可把钱用在戏剧表演上，以获得肤浅的满足，也不愿捐出来建立这些军团。

章20　尽管萨贡顿人忠诚于罗马，但并没有从罗马诸神那里得到帮助，因此遭到灭亡

　　在第二次布匿战争的灾难中，没有别的事件比萨贡顿人（Saguntines）的命运更加可悲，更能激起深刻的埋怨。① 这座西班牙的城市对罗马十分友好，但却由于它对罗马人的忠实而遭到灭亡。当时汉尼拔撕毁了与罗马人的和约，寻找机会迫使罗马人进行战争，派兵对萨贡顿（Saguntum）进行猛烈的攻击。消息传来，罗马派了使节去见汉尼拔，敦促他撤围。当这项要求遭到拒绝以后，他们前往迦太基，指责迦太基人破坏和约，但仍旧无功而返。在此期间，对萨贡顿的围攻仍在进行。到了第八或第九个月，这个繁荣但是倒霉的城市被占领了。由于它对自己的国家和对罗马都很亲近，因此就遭到这样残酷的对待，令人不忍卒读、更无法转述。然而，由于它与我们现在正在讨论的问题有直接关联，因此我还是要简单地谈论一下。②

---

①　李维：《罗马史》，卷21，章2以下。
②　李维：《罗马史》，卷23，章22。

　　首先，饥饿摧残着萨贡顿人，食人尸的事情时有发生，至少有这样的记载。其次，在破城之际，他们为了免遭落入汉尼拔之手的厄运，设置了一个巨大的火葬堆，公民们投身烈火，而在此之前又用刀剑杀死自己的孩子。在这样的情景下，那些神灵，那些通奸者，那些对肥胖的牺牲垂涎三尺而又口吐谎言的美食家，为什么要束手旁观呢？他们为什么不能干涉这个城市与罗马人的亲密联盟，或防止这个城市因为忠于联盟而遭灭亡，而诸神本身是这种联盟的撮合者？萨贡顿忠于在这些神灵面前订立的条约，恪守所发的誓言，但却被一个发假誓的凡人所围攻、占领和摧毁。如果说汉尼拔后来接近罗马城墙的时候，是这些神灵用霹雳和风暴威胁他，把他赶走，那么我要问，为什么他们先前不进行这样的干预？我要大胆地说，这个用风暴所作的证明与其说是荣耀地为那些罗马人的同盟者作了辩护，他们由于不愿背弃罗马人，而又没有自己的资源，因此处在险境之中，倒不如说是为罗马人自己作了辩护，因为罗马人为自己而战，有着丰富的资源反对汉尼拔。

　　如果诸神是罗马繁荣昌盛的保护者，那么他们一定会保存这种荣耀，使萨贡顿人免受灾难。可见，相信由于这些神灵的关照才使罗马免遭汉尼拔的涂炭有多么愚蠢，因为他们并不能拯救由于忠实于与罗马的联盟而遭灭亡的萨贡顿城。如果萨贡顿人是基督徒，并且因为其基督徒的信仰而受苦（当然，基督徒不会用火与剑杀他们自己的人），那么他们一定会带着从对基督的信仰中产生的希望去受苦，这个希望不是暂时的奖赏，而是无穷尽的永恒的赐福。那么，这些神灵的吹捧者和辩护士在受到萨贡顿人之血的指责时，他们在辩护中会说些什么呢？因为人们已经习惯于把这些神灵当作在这个流逝着的生命中确保繁荣的保护者来崇拜和求助。关于勒古鲁斯（Regulus）之死的那个例子有什么可说吗？尽管这两个事例有区别，一个只涉及个人，另一个涉及整个社团，然而在两个例子中，毁灭的原因都是恪守盟誓。正是这个原因使勒古鲁斯自愿返回敌营，也使萨贡顿人不愿意向他们的敌人投降。

　　那么，恪守誓言会使诸神愤怒吗？或者说，当诸神对他们生气的时候，不仅个人，而且整个社团都会灭亡吗？让我们的对手去作选择吧。一方面,如果这些神灵对恪守信仰感到愤怒,那么就让他们把背誓者当作他们的崇拜者。另一方面,如果个人和国家会遭受更加重大的可怕的灾难,会因为受到诸神的青睐而最终灭亡,那么崇拜诸神并不会产生幸福的结果。因此,让那些以为由于他们的宗教崇拜被取消而陷入困顿之中的人把他们的愤怒搁在一边,因为这些神灵不仅极为可能与他们待在一起,而且青睐他们,他们会遭遇可悲的、不幸的命运,甚至就像勒古鲁斯和萨贡顿人那样,受到可怕的折磨,最后悲惨地死去。

章 21　罗马对她的拯救者西庇阿表示感谢,撒路斯特把这个时期说成是最好的

要省略掉许多事情,我才不至于超越我给自己这本著作规定的限制。现在我来谈谈第二次布匿战争和最后一次布匿战争之间的那个时期,按照撒路斯特的说法,在此期间,罗马人团结一致,表现出伟大的美德。在这个美德与和谐的时期,伟大的西庇阿,罗马和意大利的解放者,表现出惊人的能力,结束了充满恐怖、毁灭和危险的第二次布匿战争。他打败了汉尼拔,征服了迦太基,他的整个一生据说都献给了诸神,在他们的神庙中得到珍视。但是这位西庇阿在取得了这样的胜利以后,却受到他的政敌的指控,被迫离开他用他的勇敢拯救和解放了的祖国,在利特努姆(Liternum)小镇度过他的余生,与流放没有什么区别,据说他曾留下遗嘱,他死后连遗体也不愿在这个不感恩的国家安息。①

当时还有一位行省总督格奈乌斯·曼留斯(Gnaeus Manlius),在征服了加拉太人以后,把亚细亚的奢侈之风引入罗马,这种奢侈比所有敌人的军队更具摧毁力。从那时起,铁制的床架和昂贵的地毯第一次开始使用。② 还有,宴会上开始有歌妓,其他一些放荡的把戏也引进来了。但是现在我想说的不是那些自愿做这些事的恶人,而是那些承受痛苦的人。在西庇阿这个例子中,他屈服于他的政敌,在流放中死去,而他拯救过这

---

① 李维:《罗马史》,卷 38,章 50 以下。
② 李维:《罗马史》,卷 39,章 9。

个国家。这个例子对我现在要讨论的主题来说最贴切,他把罗马神灵的神庙从汉尼拔手中抢救出来,这些神灵受到崇拜只是由于人们想要得到短暂幸福的保证,而这就是给他的奖赏。但是我们看到,由于撒路斯特宣称没有别的时期比这一时期的罗马更好了,因此我认为应当提到当时从亚细亚引进的奢侈之风,这样才能明白,他的说法,仅当与其他道德状态更糟、分裂更加激烈的时期相比,才是正确的。

因为在那个时期,我指的是第二次和第三次布匿战争期间,臭名昭著的"伏科尼亚法"(Lex Voconia)通过了。该法律禁止男子指定一名妇女,哪怕是他的独生女,作为继承人,我无法知道是否还有比这部法律更加不公正的法律。两次布匿战争间隙期间,罗马遭受的痛苦确实比较少。他们的兵力在境外被战争所消耗,但也得到胜利的慰藉,而国内也不像其他时期有那么多动乱。罗马的敌人最终遭到失败,迅速地向另一位西庇阿屈服,最后一次布匿战争宣告结束,而这位西庇阿因此为自己赢得"阿非利加征服者"(Africanus)这个名号。然而就在这个时候,罗马共和国却产生了大量的疾病,起因于和平与繁荣引起的腐败,因此我们可以说,罗马对迦太基的突然征服给罗马带来的伤害比迦太基与罗马的长期对峙所带来的伤害还要严重。

从那时起直到恺撒·奥古斯都(Caesar Augustus)的整个时期,奥古斯都似乎完全剥夺了罗马的自由。按他们自己的判断,这种自由确实不再是光荣的,而是充满纷争和危险。罗马现在相当衰弱,缺乏活力,于是各种事物又重新屈服于一名君主的意志,但却被人们当作是古老共和国的新生,一种新的政治统治登场了。我要说,在这整个时期,在各种情形下,都有许多战争爆发,但我们在这里都略去不谈。省略掉的还有使罗马蒙受奇耻大辱的努曼提亚(Numantia)条约。据说献祭用的鸡从笼中逃走,当时的占卜表明执政官曼昔努斯(Mancinus)会有灾难。多年来,小小的努曼提亚城挡住了罗马军队的围攻,成为共和国的心病,而其他的将军在向这座小城进攻前,似乎也没有得到过更有利的卜兆。①

———————————

① 李维:《罗马史》,卷55。

章22　米特拉达铁斯下令杀死一切在亚细亚出现的罗马公民

这些事情我都放过去,但我对亚细亚国王米特拉达铁斯(Mithridates)下达的命令不能一言不发。这个命令要将居住在亚细亚任何地方的罗马公民处死(当时在亚细亚有许多罗马人经营各种业务),而且执行了。① 这个场面多么可怕,每个罗马人无论出现在哪里都有可能遭到奸险的谋杀,在田野里或在大路上,在镇子里,或在他自己家中,在街上,在市场上或在神庙中,在床上或者在餐桌上! 想想这些人临死时的呻吟,想想目击者的泪水,甚至想想凶手本人。对于大量的牺牲者来说,这是多么残暴啊,不仅能在他们自己家中看到这样可怕的屠杀,而且还要亲自参与。他们要突然改变他们原先对罗马人友好的态度,在和平环境中挑起战端。我要说,这道命令所要伤害的,不仅是身体,而且是灵魂!

所有这些被谋杀的人都是藐视占卜的吗? 当他们离家走上送命之路前难道没有向公共的神或家里的神询问过吗? 如果他们没有,那么我们的对手不能以此为特别理由抱怨基督徒的时代,因为很久以前罗马人就把占卜当作愚蠢来藐视。另一方面,如果他们请示过神谕,那么请他们告诉我们,他们这样做得到了什么好处。尽管神圣的法律当时还没有对占卜加以认可,但是这样的事情在当时还没有被禁止,人们承认它的权威性。

章23　所有家畜染上疯病,然后发生使罗马共和国动荡不安的内乱

现在让我们尽可能简洁地提一下那些更加令人烦恼的灾难,因为这些灾难离家更近。我的意思是指那些一般被称作内乱的事件,因为这些内乱摧毁了国家的利益。现在,暴乱演变为城市里的流血战争,各个党派相互仇视,不是口角和辩论,而是使用暴力和武器。罗马人血流成河,内战使意大利荒无人烟,还有奴隶的起义!

在拉丁人挑起反对罗马的内战之前,所有供人使用的家畜,狗、马、

---

① 李维:《罗马史》,卷78。

驴、牛，以及其他屈服于人的动物，突然都野性大发，忘了先前所受的驯服，抛弃它们的棚厩任意游荡，无论是陌生人还是它们的主人都无法安全地靠近它们。① 如果这是一个预兆，那么由一场瘟疫来预兆的灾难该有多么严重？因为，无论瘟疫是否是一种预兆，瘟疫本身都是一场严重的灾难！如果在我们的时代发生了瘟疫，那么异教徒一定会像他们的家畜反对他们那样，更加狂暴地反对我们。

章 24　由格拉古改革引发的内乱

这场内战最先起于格拉古兄弟对土地法的改革，因为他们想把被贵族霸占的土地分配给民众。但是，要想改革一种长期实行的陋习是一项充满危险的事业，如事件本身所证明的那样，它是一种毁灭。伴随大格拉古之死而来的是什么样的灾难！稍后又是什么样的屠杀使小格拉古遭遇相同的命运！贵族和平民互相厮杀，不是按照法律权威和程序，而是依靠暴民和武装暴徒。

小格拉古死后，执政官卢西乌斯·奥皮米乌(Lucius Opimius)在城中展开战斗，被打败以后，他本人与他的同党都被杀死，还死了许多公民。后来进行的法律审判据说又处死了大约三千人。由此可见，有多少人在暴乱中丧生，甚至连法律审判也变得如此血腥。谋杀格拉古的凶犯把格拉古的头颅按重量卖给执政官，获得同样重量的黄金，这是他们事先订好的协议。② 在这场屠杀中，马库斯·伏尔维乌(Marcus Fulvius)，一名执政官，也与他的所有子女一道被处死。

章 25　由于看到这些暴乱和屠杀，元老院下令建造和平神庙

这确实是元老院的一个很好的法令，按照这个法令，和平神庙建在这场暴乱发生的地方，各个等级的众多公民在这里倒下。③ 我想，用这座神

---

① 奥洛修斯：《历史》，卷5，章18。
② 普罗塔克：《希腊名人传》，卷17。
③ 在这座神庙的铭文下方有人写了这样的话："混乱造就了和平神庙。"参阅李维《罗马史》，卷21，章1。

庙来纪念对格拉古的惩罚可能会使那些抗辩者感动,并影响他们的记忆。但是,建造神庙对诸神来说除了是一种嘲笑又能起什么作用? 如果当时这位女神在城里,那么她就不会使自己受到这样的内乱之苦了。或者说,这位和平女神应当受到指责,因为那场流血是由于她擅离职守,没有监管好公民们的心灵,因此她要被禁闭在那座神庙里。

如果说他们还会注意到前后一贯,那么他们为什么不在那个地方建造一座不和女神的神庙? 或者说为什么他们要把和平当作一位女神,而不把不和当作一位女神? 是因为使用拉贝奥(Labeo)的区分,一位是善神,一位是恶神吗?① 之所以得出这样的看法是因为他观察到在罗马有为"发烧"(Fever)建立的神庙,也有为"健康"建立的神庙。根据同样的理由,不和与和平都应当神化。

这是罗马人进行的一场冒险,把如此邪恶的东西当作女神,他们忘了特洛伊的毁灭也是由于冒犯了她。由于没有与其他神灵一道被邀请参加珀琉斯(Peleus)和忒提斯(Thetis)的婚礼,她感到愤怒,于是就用送金苹果的办法在三位女神中制造不和,由此引发了天宫中的纷争、对维纳斯的胜利、海伦的被强暴和特洛伊的毁灭。如果罗马人不认为她也应当与其他神灵一样在他们的城市中拥有一座神庙,从而可能冒犯她,使她会用这样的动乱来扰乱这个国家,那么当她看到她的对手的神庙建立在那场屠杀发生的地方,或者换言之,在她自己的杰作发生的地方,会激发她多么狂暴的情感。

我们嘲笑这些愚蠢的做法,那些聪明人和有学问的人会被我们的嘲笑所激怒。然而,同时作为善神与恶神的崇拜者,他们就无法摆脱关于"和平"与"不和"这样的悖论。他们或是否定对这些女神的崇拜,宁可崇拜"发烧"或"战争",很古老的时候就建有崇拜它们的神庙,或者是在所有"和平"抛弃了他们,"不和"将他们掷入猛烈的内战漩涡的时候,仍旧崇拜这些女神。

---

① 参阅本书卷 2,章 2。

章26　建造和平神庙以后出现的各种战争

他们以为，在演说家们的视野能及之处建起和平神庙，以此纪念格拉古受到的惩罚与死亡，就能有效地阻挡暴乱。但是后来发生的更加频繁的可悲的战争说明了这样做有多少效验。因为在那以后，演说家们不是努力避免以格拉古兄弟为榜样，而是超过了他们的谋划，例如护民官卢西乌斯·萨图尼努斯（Lucius Saturninus）和执政官盖乌斯·塞维留斯（Gaius Servilius）的所作所为。他们在马库斯·德鲁苏斯（Marcus Drusus）之后，煽动流血的暴乱，引发内战，使意大利遭受可悲的伤害，弄得荒无人烟。

后来发生的那场奴隶战争和内战打了多少仗，流了多少血，构成罗马帝国主体的意大利人几乎全被征服，就好像他们是野蛮人似的！甚至连历史学家们都感到难以解释，为什么那场奴隶战争开始时只有少数角斗士，肯定不超过七十人，但是后来会有那么多勇猛凶狠的人投靠他们，有多少罗马将军吃了败仗，又有多少地区和城市遭到蹂躏。这场奴隶战争不是唯一的，还有马其顿行省，以及后来的西西里和意大利沿海地区，都遭到暴乱奴隶的洗劫。有谁能恰当地描写这些匪徒开始造反时所犯下的可怕暴行，或是他们后来进行的反对罗马的战争？

章27　马略和苏拉之间的内战

当马略（Marius）被打败，赶出城去的时候，他的双手沾满了同胞们的鲜血，他们都是党争的牺牲品。在此期间，他几乎没有喘息的机会，用西塞罗的话来说，"后来秦纳（Cinna）和马略占了上风；确实，那时最知名的公民都被杀死了，国家的光明被熄灭了。苏拉随后对马略和秦纳胜利时的残酷行为又进行了残酷的报复，有多少公民被屠杀以及国家遭到多大的灾难那就无需再去回忆了。"[1]这场不受惩罚的报复造成的毁坏甚于它所要惩罚的罪恶所造成的毁坏，对此，卢坎（Lucan）说："这种治疗是过度的，与疾病太相似了。疾病治愈了，但人已经死去了，只有罪恶能够活下

---

[1]　西塞罗：《反喀提林第三演说》，章10。

来。然后,私人的仇恨与愤怒,不受法律的约束,被允许任意发泄。"①

在马略和苏拉之间的那场战争中,除了遍布死尸的战场,城里的街道、广场、市场、剧场、神庙也都布满尸骸,很难计算胜利之前杀的人多还是胜利之后杀的人多,其理由仅仅由于他们应当是胜利者,或者由于他们是胜利者。当马略获得胜利,从流放地返回的时候,除了遍地尸骸外,执政官屋大维(Octavius)的首节被悬挂在讲坛上,恺撒和菲姆利亚(Fimbria)在他们自己的家中被谋杀,两位克拉苏(Crassus),父亲和儿子,在众目睽睽之下被杀害,拜庇乌斯(Baebius)和努米托留(Numitorius)的尸体被挂在钩子上肢解,卡图鲁斯(Catulus)服毒自杀以逃避他的敌人对他下毒手,朱庇特的祭司美鲁拉(Merula)割开血管,用自己的鲜血向他的神献祭。还有,任何人对马略行礼问候时,若是没有得到他的举手回答,就会被当场处斩。

章28 苏拉的胜利是对马略的一种残忍的报复

苏拉的胜利尾随马略的残忍报复而来。但是他的胜利不仅要付出巨大的流血作为代价,而且要在一种敌对结束以后保存另一种敌对,后继的和平就像战争一样充满血腥。在老马略前不久制造的大屠杀之上,属于同一党派的小马略和卡波(Carbo)又增添了许多更大的罪恶。当苏拉逼近时,他们看到取胜无望,生命不保,就制造了一场不分敌友的大屠杀。他们使罗马的每个角落洒上鲜血还不满足,于是就围攻元老院,从议事厅中把议员们拉出来处死,就像从监狱中提取死因。大祭司穆西乌斯·斯卡沃拉(Mucius Scaevola)在维斯太(Vesta)祭坛前被杀。他依恋此处,因为整个罗马没有比她的神庙更加神圣的地方了,他的鲜血浇灭了圣坛上由那些处女日夜照料的长明火。苏拉下令在公共村(Villa Publica)②杀了七千人以后才胜利进入罗马城,他们不是在战斗中被杀的战士,而是已经解除了武装的战俘。在战争的怒火熄灭之后,和平本身的怒火还是如

---

① 卢坎:《法塞利亚》,行 142—146。
② 罗马城郊的公共建筑,专供新兵办理登记和接待外国使者。

此猛烈。

苏拉的士兵进城后任意杀人，死者不计其数，直到最后有人向苏拉建议，应当允许某些人活命，否则胜利者就没有人可供驱使了。于是这种愤怒的和不分青红皂白地杀人行为得到制止，那道剥夺公民权的法令表达了较多的仁慈，名单上列有两千多属于最高等级的人，议员和骑士。其人数之多确实令人悲哀，但毕竟有一个确定的限制，所以还得说它是一个安慰。要杀的人如此之多确实令人悲伤，但其他人总算可以平安了，这还得说是一道喜讯。

然而，这种冷酷的平安面对那些注定要死的人所受的酷刑也只能发出哀泣。有人被刽子手们徒手撕成碎片，这些人对付一个活人比野兽撕咬弃尸更加野蛮。也有人被挖去眼珠，身上的肉一点点被割去，用这种酷刑使人慢慢死去。有些被占领的城市受到拍卖，就像拍卖农场一样，有一座城市被谴责为凶手，就像一名被定为死罪的囚犯。

这些事情都是在战争结束以后的和平中发生的，不是为了使胜利更快到来，而是在胜利已经取得以后，因此我们不能轻视。和平与战争一样残酷，甚至比战争更加残酷，因为战争期间双方都有武器，而和平期间杀害赤手空拳的人。战争给人以自由，人们在能够进攻的时候可以厮杀，和平给幸存者带来的不是生命，而是不可抗拒的死亡。

章29　罗马人经历了哥特人和高卢人的入侵，以该时期的灾难与内战带来的灾难作比较

有什么外国人的愤怒，有什么野蛮人的残忍，能够与这种公民对公民的胜利相提并论？与最近的哥特人的入侵和较早的高卢人的入侵相比，马略和苏拉以及他们的同党在对他们的同胞开战时表现出来的残忍，何者给罗马带来了更大、更骇人听闻的、更加残酷的灾难？除了还没有被占领的卡皮托利山以外，高卢人确实杀了他们在城中各处找到的所有议员，但他们至少给了那些在卡皮托利山里的人一条生路，如果他们不冲进去，也可以把那些人饿死。哥特人放过了那么多议员，如果说他们杀了哪位议员倒是值得惊奇的。

而苏拉,当马略还活着的时候,就打定主意要征服卡皮托利山,要在那里签发死刑执行令,而连高卢人都没有想到要侵犯这个地方。尽管马略注定还要更加凶狠地回来制造血腥的屠杀,他逃走以后,苏拉从卡皮托利山签发了屠杀议员的法令,还没收了许多公民的财产。苏拉离去后,马略这一派又干了些什么?他们甚至不肯放过穆西乌斯(Mucius),他是一位公民,一名议员,一名祭司,尽管按他们的说法,他当时抱住掌握着罗马命运的神圣的祭坛。不必再提其他无数次屠杀了,苏拉最后那份追杀令上所列举的议员名字比哥特人的洗劫杀死的议员还要多。

章30　基督降临之前,残酷的战争一场接一场

那么,出于什么样的厚颜无耻、狂妄自大、愚蠢或疯狂,他们拒绝把这些灾难归咎于他们自己的神,而是把现在的灾难归咎于我们的基督!这些血腥的内战比任何外来战争带来了更大的灾难,这是他们自己的历史学家说的。这些内战不仅是灾难,而且对共和国来说绝对是毁灭性的。这些内战早在基督降临之前很久就开始了,一场接一场地发生。一系列的原因带来一连串的战争,从马略与苏拉之战到塞尔托利乌(Sertorius)与喀提林(Cataline)之战,这两人一个受到苏拉的追杀,一个受到苏拉的提拔。往后则有雷必达(Lepidus)与卡图鲁斯(Catulus)之战,这两人一个希望废除苏拉,另一个为苏拉的行为辩护。再往后还有庞培(Pompey)和恺撒之战,庞培曾是苏拉的同党,拥有的权力与之相同,甚至超过苏拉,而恺撒指责庞培的专制,因为他自己还没有掌权,后来庞培战败被杀,恺撒的权力超过了他。内战之链从一位恺撒那里一直延伸到另一位恺撒,后来称作奥古斯都,基督降生于奥古斯都在位统治时期。

甚至奥古斯都本人也进行了多次内战,无数杰出人物在战争中死去,其中有共和国最富有管理才能的西塞罗。当盖乌斯·朱利乌斯·恺撒(Caius Julius Caesar)征服庞培的时候,尽管他相当宽厚地保证政敌的生命安全和荣誉,但仍被怀疑为谋取皇权,最后在元老院的讲坛上被一群高贵的议员谋杀,这些人想要捍卫共和国的自由。他的权力转移到了安东尼(Antony)手中,这个人具有完全不同的性格,腐败而又邪恶。为了捍卫

共和国的自由,西塞罗竭力呼吁人们起来反抗他的统治。在这个关头,另一位恺撒,盖乌斯的养子,如我所说,后来被称作奥古斯都的那一位,作为一个年轻的天才崭露头角。西塞罗喜欢这位年轻的恺撒,为的是通过他去影响安东尼。西塞罗希望这位恺撒能够推翻和削弱安东尼的势力,建立一个自由的国家,但西塞罗的希望是盲目的,不确定的。因为,正是这位年轻人,尽管受到西塞罗的提携和影响,但却允许安东尼杀死西塞罗,以此为结盟的保证,也使他曾为之多次宣称要加以捍卫的共和国的自由服从于他自己的统治。

章31　把当前的麻烦归咎于基督和禁止多神崇拜是厚颜无耻的,因为在诸神得到崇拜的时候,这样的灾难也在降临

让那些对基督的伟大恩惠不感恩的人,为了这些沉重的灾难去责备他们自己的神灵吧。当圣火还在诸神的祭坛上燃烧,充满着"阿拉伯的馨香,鲜花编成的花环散发出芬芳"①的混合香味的时候,当祭司们穿着荣耀的祭服,神庙被装饰得庄严辉煌的时候,当献祭、赛会、神圣的冥思在神庙中频频举行的时候,当公民之血任意流淌的时候,不仅在遥远的地方,而且也在诸神的神庙中,这些灾难确实发生了。西塞罗没有在神庙中寻求避难,因为穆西乌斯(Mucius)这样做了,但却是徒劳的。但是,那些诽谤这个基督教时代的人最无法给予宽恕,他们逃进献给基督的地方避难,或者是被那些野蛮人领进这种地方从而得到安全。

简言之,不必重复我已经引述过的众多例子,也不必再增添其他不胜枚举的事例,我唯一要说的就是每一公正的判断都会承认,如果人类在布匿战争之前就接受基督教,如果在引入基督教以后这些战争带来的灾难给欧洲和非洲带来荒芜,那么现在指责我们的人不会有一个把这些灾难归咎于我们的宗教。如果基督教的被接受和扩散先于高卢人的入侵,或者先于毁灭罗马的洪水和大火,或者先于所有那些灾难性的事件,即内战,那么至少在涉及罗马人的范围内,他们的指责是非常苛

---

① 维吉尔:《埃涅阿斯纪》,卷1,行417。

刻的！

　　至于其他那些被称作预兆的具有奇特性质的灾难，它们难道是从基督教时代才开始有的，以至于要将罪过归咎于基督徒吗？我指的不是那些相当怪异然而无害的事情，比如公牛讲话，未出生的婴儿在母腹中讲话，蛇会飞，母鸡或女人变性，以及其他类似的奇事。无论是真是假，这些事不仅保存在他们的想象中，而是记载于他们的历史著作中。这些事都不会伤害人，而只会令人惊奇。但若天上下泥土、下粉尘、下石头，不是冰雹，而是真正的石头，那么这种事一定要算作会带来严重伤害的事。我们在他们书中读到，埃特纳（Etna）山的大火从山顶向海边直泻而下，把海水都煮沸了，岩石烧裂，船只离岸驶去，这种现象确实是惊人的，但同时又是有伤害的。他们提到，在另一场火山爆发中，同样炽热的火山灰布满了西西里岛，卡提纳（Catina）城的房屋都被毁坏，埋葬在火山灰中。这场灾难使罗马人对他们感到怜悯，免去了他们当年的进贡。① 人们还可以读到，当时已经成为罗马行省的非洲受到蝗灾，遮天盖地的蝗虫吃尽了庄稼和树叶，然后被一朵巨大的云彩赶下海去。② 虫子在海中淹死后被海浪冲回岸边，污染那里的空气，引发严重的瘟疫。他们说光是玛西尼萨国（Masinissa）就死了八十万人，相邻地区死得更多。他们还对我们说，守卫尤提卡（Utica）的三万士兵死得只剩十人。

　　然而，假如这些灾难发生在现在，那些愚蠢地指责我们的人岂不又会把它们归咎于基督宗教，并迫使我们作出回答吗？他们从来不把这些事情归咎于他们自己的神灵，尽管他们崇拜诸神是为了避免那些同类的更小的灾难，也想不到他们先前崇拜的诸神并不能使他们在这些严重的灾难中得以保全。

---

① 参阅奥洛修斯：《历史》，卷5，章13。但奥洛修斯说进贡赦免了十年。
② 李维：《罗马史》，卷40。

第 四 卷[①]

【本卷提要】作者在本卷中力图证明，罗马帝国的疆界辽阔和年代久远不能归功于朱庇特或异教的神灵，而应当归功于惟一的真正的上帝。他是幸福的创造者，尘世的王国依靠他的权能和判断才得以建立和维持，而异教的神灵只能起一些低级作用，只能把一些微不足道的小事托付给他们。

章1 本书第一卷已经讨论过的内容

在这本《上帝之城》开始的地方，我认为首先必须对它的敌人作出回答。他们狂热地追求世俗的快乐，渴望得到昙花一现的事物，把他们所承受的所有痛苦和悲伤归咎于基督教，指责这个有益的、真正的宗教。他们甚至在得到上帝怜悯的告诫时仍旧这样做，从而招致上帝严厉的惩罚。

他们中间也有一批没有知识的暴民，由于受到有知识的人的挑唆而对我们更加仇视。他们以为他们所处的时代发生的这些怪异之事在以往的时代里从来没有发生过，而这种看法甚至得到某些人的肯定。这些人明知这种看法是错的，但却佯作不知，以便使他们显得有正当理由反对我们。他们的作家撰写和发表了的历史书籍一定会证明，情况绝非他们所想象的那样。而这些作家同时还说他们公开或秘密地加以崇拜的伪神是最不洁的精灵，是最邪恶的、会骗人的魔鬼，甚至还说它们以作恶为乐。他们认为，无论这些神灵是真实的还是虚构的，他们都仍旧愿意为这些神

---

① 在奥古斯丁在写给埃伏第乌斯(Evodius)的信中提到本书第 4 卷和第 5 卷的开始和完成于同一年，即公元 415 年，该信写于公元 415 年末。参见奥古斯丁：《书信集》169。

灵的节日举行庆典,荣耀这些神灵。只要供他们模仿的权威似乎是神圣的,他们就不会在这些罪恶行为中表现出人的懦弱来。

不是出于我们自己的猜测,而是部分根据最近的回忆,部分根据那些把这类事情记载下来传给后代的人的著作,我们已经证明了这些事情,因为我们自己也看到过为这些神灵举行的庆典,①而那些记载过这类事情的人不是为了谴责他们的神灵,而是为了荣耀他们。例如瓦罗,他们中间最有学问、最有权威的人,写过好几本关于人事与神事的书,有些写人,有些写神。如果这个国家只有善良诚实的人,那么这种戏剧表演甚至在人事中也不会得到允许。尽管如此,瓦罗仍旧按照人与神各自的尊严,把这种戏剧表演不是全部归为人事,而是部分归入神事。这样做并非完全基于瓦罗自己的权柄,而是因为他在罗马出生和受教育,他发现这些戏剧表演已经在神事中建立起来了。

我们在第一卷结束的地方简要地提到过下面要讨论些什么,并在后续两卷讨论了部分内容。因此,我现在还要讨论尚未涉及的内容,以满足读者的期待。

章 2　第二和第三卷包含的内容

我们说过那些人把罗马共和国的灾难归咎于我们的宗教,只要能够想得起来,只要有这种需要,我们就要反对这种意见,要尽最大的可能列举事实,说明这座城市,或者属于帝国的那些行省,在关于诸神的祭仪遭到禁止之前就已经发生过这些灾难。如果我们的宗教当时已经对他们放射出光芒,或者已经禁止他们亵渎神的礼仪,那么他们无疑会由于这些灾难的发生而责备我们。

我们已经按照原先的想法在第二和第三卷中详细讨论了这些事情。在第二卷中,我们讨论了道德上的邪恶,只有这种恶才是真正严重的灾难。在第三卷中,我们指出这种灾难只有傻瓜才害怕面对,这种恶会对身体和物质的善产生影响,但一般说来,即使善人也要承受这种恶。至于道

---

① 　见本书卷 2,章 4；奥古斯丁：《忏悔录》,卷 1,章 10,卷 3,章 2。

德方面的邪恶，我们的对手不仅会耐心地接受，而且乐意接受。

我已经讲过的罪恶只涉及罗马城和罗马帝国，我的讨论甚至还没有延伸到恺撒·奥古斯都时代！我选择并强调指出的恶不是人与人之间的相互伤害，例如战争带来的蹂躏和毁灭，而是那些属地事物的恶，亦即从这个世界本身的元素中产生出来的恶。阿普留斯（Apuleius）的那本《论净化》（De Mundo）有一段话简要地提到过这种恶，说一切属土的事物都有变化、衰败和毁灭。用他自己的话来说，频繁的地震使大地开裂，把城市及其居民完全摧毁，暴雨使整个地区变成一片汪洋，神奇的波涛把从前的陆地切割成为片片岛屿，海水退去以后人可以赤足抵达某些岛屿，暴风骤雨袭击着城市，乌云中发出的霹雳烧毁了东部地区，而洪水则同样毁灭了西部沿海地区。从前，神圣的力量使高耸的埃特那山顶喷发出炽热的火焰，沿着山坡奔流直下。如果我希望尽可能从历史上收集同类事例，那么我什么时候才能做完这件事？这些事情都是在基督之名胜过罗马人的祭仪之前的那些时代发生的，而这些祭仪对真正的拯救来说显得如此空洞和有害。①

我还允诺过要指出他们的道德状况，说明掌握着一切王国的真神为什么要允许这个帝国扩展她的疆域。② 我要指出，这些被他们当作神灵加以敬重的东西不能提供任何帮助，反倒会用他们的欺骗和伪装带来很多伤害。所以现在我必须讨论这些事情，尤其是罗马帝国成长的问题。被罗马人当作神灵来崇拜的魔鬼进行有害的欺骗，对他们的道德品格带来极大的伤害，关于这一点我已经说过不少，尤其是在第二卷中。

另外，在已经完成的三卷书中，每当有适宜之处，我都要指出，那些野蛮人超越战争惯例荣耀基督之名，而上帝通过基督之名，哪怕是在邪恶的战争之中，既给善人也给恶人带来安慰。如经上所说："他叫日头照好人，也照歹人，降雨给义人，也给不义的人。"③

---

① 参阅阿普留斯：《论净化》，章 34。

② 见本书卷 1，章 36。

③ 《马太福音》5:45。

章3 帝国的疆域通过战争极大地拓展被视为聪明或幸福一类的善

现在,让我们来看,他们如何大胆地把罗马帝国巨大的扩张与持久归功于诸神,他们荣耀地崇拜诸神,甚至还用那些邪恶的赛会和礼仪侍奉诸神。

然而,我首先得花一些时间在下面这个问题上:你们无法说明在这个帝国中生活的民众是幸福的,而在这种时候你们为辽阔的帝国疆域感到荣耀,这样做是聪明谨慎的吗?罗马人总是生活在黑暗的恐怖和残忍的欲望之中,被战争灾难和流血所包围,无论是内乱还是外患,到处流淌着鲜血。这样的人的喜悦好比辉煌而又脆弱的玻璃,他们极为害怕它一旦落地就会摔成碎片。

这一点比较容易觉察。听到民族、王国、行省这些大字眼,让我们不要被空洞的吹嘘和响亮的名称所迷惑。我们可以做这样的想象:有这么两个人,他们是个别的人,就像语言中的字母一样,是构成一个城市或王国的基本元素,而无论这个国家的疆域有多么辽阔。再让我们假设这两个人一个是穷人,或者不穷不富,另一个则很富裕。那个富人心里燃烧着贪婪的欲火,由于得不到满足而身体憔悴,内心满是忧愁,从来没有安全感。他整日里躁动不安,气喘吁吁地与他的敌人长期争斗。经历了这些悲哀,他确实为自己积攒了巨大的财产,但同时也为自己堆积了大量的苦难。而另一位不穷不富的人满足于少量实用的财产,呵护他自己的家庭,与他同族的邻居和朋友和睦相处,有着虔诚的宗教,性格温和,身体健康,生活节俭,品性贞洁,良心安宁。我不知道是否有这样的傻瓜,若要他在两者间做选择的时候竟然还会犹豫不决。因此,以这两个人为例,我们可以讲两个家庭、两个民族、两个王国,两者完全可以作一比较。如果我们小心谨慎、不带偏见,那么我们很容易明白哪一种生活是真正幸福的,哪一种生活是邪恶的。

如果崇拜真正的上帝,用真正的礼仪和真正的美德侍奉他,那么由好人实施的广大而又持久的统治是有益的。但这种益处并非给这些好人自己,而是给受他们统治的民众。至于他们自己,他们的虔诚和正直是上帝的伟大恩赐,足以使他们得到真正的幸福,使他在现世过得好,死后亦能获得永恒的生命。因此，在这个世界上，好人的统治是有益的，不是为了他们自己，而是为了别人的事务。但是恶人的统治是有害的，因为这种统治主要是为了统治者自己。他们沉溺于邪恶，因此摧毁了他们自己的灵魂，而那些被他们统治的人只有也成为邪恶的才能不受伤害。对公义者来说，所有依据不义的统治强加于他们的恶都不是对罪恶的惩罚，而是对美德的考验。因此好人是自由的，哪怕他是一名奴隶；而恶人是不自由的，哪怕他是统治者。更可悲的是，恶人侍奉的不是一个人，而是许多恶，因为他拥有许多恶。① 关于恶，经上说，"人被谁制服就是谁的奴隶。"②

章4　没有公义的王国就像一个强盗团伙

取消了公义的王国除了是一个强盗团伙还能是什么？所谓匪帮不就是一个小小的王国吗？这个强盗团伙本身是由人组成的，有一个首领，凭他的权威实行统治，由于一种同盟关系而结合在一起，按照一致赞同的法律来分赃。如果这个强盗团伙接纳被社会抛弃的恶人，后来发展到攻城掠地、征服民众的地步，那么它就更加名符其实地就是一个王国。它变得越来越真实，不是由于消除了罪恶，而是由于它的所作所为越来越不受惩罚。确实，这就是那个被捕的海盗对亚历山大大帝的回答。这位国王问那个海盗，你说通过占领大海来保持敌对是什么意思？那个人大胆而又傲慢地反问道："那么你说占领整个世界是什么意思？我用一艘小船来做这件事，所以我被称作强盗；而你用一支大舰队来做这件事，所以你被称作皇帝。"③

章5　角斗士的造反，他们的权力变得就像国王的权力

因此，我不想再追问罗莫洛聚集起来的那些人是什么样的人，因为罗莫洛确实解放了他们，使他们成为他的城邦的成员。他们可以不必再担

---

① 参阅塞涅卡：《书信》47：17。
② 《彼得后书》2：19。
③ 参阅西塞罗：《论共和国》，卷3，章14，24。

心自己会受到惩罚,可以比较和平地参与社会事务,而他们原先的恐惧会
驱使他们犯下更大的罪恶。

然而我要说的是,罗马帝国本身需要极为警觉,她已经征服了许多国
家,成为其余国家普遍恐惧的对象,而她本身想要避免灾难性的垮台也极
为困难。因为,仅仅是一群在康帕尼亚(Campania)逃跑的角斗士就招募
了一支强大的军队,任命了三位将军,野蛮凶狠地摧残了意大利。请我们
的对手告诉我们,什么样的神灵在帮助这些人,使他们从一小撮可以轻视
的强盗变得能够取得一个王国,甚至连罗马人对他们拥有这样强大的兵
力和营盘都感到害怕? 或者否认这些人得到过神力的帮助,因为他们并
没有持续很久?①

如果有人活得很长,那又怎么样? 在这个事例中也是这样,神灵并没
有帮助任何人去统治,因为所有人都会很快地死去,统治的权力也不能算
作一种幸福,因为每个人都会死,所有人都会一个个死去,就像水蒸气消
散一样。罗莫洛统治时期崇拜诸神的人死去很久了,而在他们死后罗马
帝国成长为一个庞大的国家,这件事对那些死者来说又有什么关系呢?
他们现在要向冥神发誓,这些誓言无论是善还是恶,与摆在我们面前的这
个问题都没有什么关系。尽管帝国的这些职位已经设立了很长时间,有
许多已经死去的人前后相继地担任过这些职务,但对那些担任要职的人
同样也可以这样看,他们在有限的生命中肩负重任的时间极其短暂。

然而,如果把这些只能短暂延续的幸福也归功于诸神的帮助,那么这
些角斗士一定得到过神灵相当大的帮助。他们打破奴隶的枷锁,胜利逃
亡。他们还组织起一支强大的军队,服从他们的首领的意志和命令,而罗
马统治者却害怕他们。好几位罗马将军都没能征服他们,而他们占领了
许多地方,赢得了许多胜利,享受着他们所希望的快乐,为所欲为,以主人
的身份体面地生活着,直至最后被征服,而这种征服是在极端困难的情况
下完成的。下面让我们来考虑更重要的问题。

――――――

① 这支起义军在造反后第三年被克拉苏(Crassus)剿灭。

章6　关于尼努斯的邪恶，为了能够统治更广大的地区，他第一个对邻国发起战争

　　查士丁努（Justinus）追随特洛古斯·庞培（Trogus Pompeius），撰写希腊史或外国史，而不限于只写拉丁史。他的著作开头非常简要地说："民众和国家的事务一开始掌握在国王手中。他们上升到统治地位不是依靠民众的拥戴，而是依靠那些懂得如何节制的善人的知识；不是依靠法律，而是用国王的决定约束民众。这些国家习惯上只保卫自己的疆界，而不谋求扩张，每个统治者的地盘保持在他原来生长的地方。亚述人的尼努斯王（Ninus）首先在建立帝国的欲望驱使下改变了这种古老的习俗。他首先向他的邻国开战，后来完全征服了直至利比亚边境的广大区域，而这些国家的人还从来没有接受过训练，不知道如何抵抗。"稍后，他又说："尼努斯通过不断的占领，建立了强大的权柄。在成为他的近邻们的主人以后，他继续扩张。他的军力得到增强，取得了一个又一个的胜利，征服了所有东方的民族。"

　　无论查士丁努或特洛古斯在写作时对事实忠实到什么程度，与其他更加可信的作者相比，他们的说法也许不太可靠的，但事实上亚述王国在尼努斯王的统治下扩张得极远，其统治也延续了很久，连罗马帝国都还没有延续得那么久。按那些研究编年史的作家所说，从尼努斯开始统治的第一年算起，直到被美狄斯人（Medes）所灭，这个王国延续了一千二百四十年。但是向邻居开战，继而向其他人开战，在统治的欲望支配下，摧残和征服那些无害的民众，这样的作为除了被称作大盗还能称作什么？

章7　人间王国的兴衰是否受到过诸神的帮助或抛弃

　　如果这个强大而又持久的王国没有得到过诸神的帮助，那么为什么要把罗马帝国疆域的辽阔和统治的长久归功于罗马诸神？无论其中的原因是什么，这个原因若能解释一个事例，当然也应当能解释另一个事例。如果他们满足于将另一王国的繁荣也归功于诸神的帮助，那么我要问是哪一位神，因为当时尼努斯征服的其他国家并没有崇拜其他神灵。或者说，如果亚述人有他们自己的神灵，这些神灵在建设和保存帝国方面本领高强,那么他们现在已经死了,因为亚述人自己也已经失去了他们的帝国,或者说这些神灵通过欺骗得到了他们的报酬,或者说他们对更加强大的帝国作了应许,选择去了美狄斯,又从那里去了波斯,因为居鲁斯(Cyrus)邀请了他们,把更好的东西许诺给了他们。马其顿王国亚历山大的统治极其短暂,但其疆域辽阔,从那时起,这个民族一直保存着它自己的帝国,直到现在还在东方占有大片土地。

如果情况是这样的话,那么这些神灵是不忠诚的,因为他们会抛弃自己的王国而投靠敌人的王国。这种事连凡人卡弥鲁斯(Camillus)也不会做,当时他胜利地征服了一个敌对的国家。尽管他感到自己为罗马做了那么多事,但罗马是不感恩的。但是后来,他忘记了这种伤害,想起他的家乡,于是又把他从高卢人手中解放出来。可以说这些神灵并不像诸神所应当的那么强大,因为他们可以被人的技艺和力量所征服;或者说,当他们自己相互开战的时候,这些神灵没有被人战胜,而是某些城市特有的神灵被另外一些神灵所战胜。因此,我们还可以说他们各持己见,为了自己的派别而相互争吵。因此,罗马城市一定不能崇拜他自己的神灵,反而应当崇拜会对自己的崇拜者提供帮助的神灵。

当然我们不知道,说诸神多变、逃跑、转移、打败仗这些指责是真是假。但我们知道,当这些王国由于战争而遭到巨大毁灭的时候,基督的名字还没有在大地的这些部分传扬。如果说,在一千二百多年以后,当这个亚述人的王国被消灭的时候,基督宗教已经在那里传扬另一个永恒的王国,并且终止了对伪神的亵渎崇拜以后,那么这个民族的蠢人除了说这个有着悠久历史的王国遭到灭亡只能是由于抛弃了他们自己的宗教和接受了基督教,此外还能说什么? 这是多么愚蠢的抱怨。让指控我们的人照照镜子,看看他们自己是个什么样子。如果他们还有任何羞耻之心,那么他们会脸红,因为他们发出了同样的抱怨。

尽管罗马帝国受到猛烈的摧残,但还没有崩溃,而这样的事情在人们听到基督之名之前也发生过,而在经历了摧残以后她又得以恢复。我们没有理由对我们这个时代表示绝望。因为,有谁知道上帝在这件事情上是怎么安排的?

章8　罗马人甚至不愿将一件事情托付给一位神灵,他们怎么能够把他们的帝国的成长和延续托付给某一位神?

如果你们高兴的话,我们下面要问,在罗马人崇拜的那么多神灵中,你们特别相信哪一位神灵,或者说是什么神灵在使帝国得到扩张和保存?他们当然不敢把这项如此杰出和极为尊严的工作的任何部分归功于女神克洛亚西那(Cloacina),或者归功于伏鲁皮娅(Volupia),因其妖娆色情而得名,或者归功于鲁本提娜(Lubentina),因其欲望而得名,或者归功于瓦提卡努斯(Vaticanus),他负责管理婴儿的尖叫,或者归功于库尼娜(Cunina),她管理他们的摇篮。要在本卷的这几页列举所有神灵或女神的名字是不可能的,即使在鸿篇巨制中,也很难找到足够的地方给每一位神确定一项专门的功能。

他们甚至没有想到应该把他们的土地全部托付给一位神灵加以保护,而是把农场交给卢西那(Rusina),把山顶交给朱伽提努斯(Jugatinus),把小山坡交给女神科拉提那(Collatina),把山谷交给瓦洛尼娅(Vallonia)。他们甚至不能找到一位完全胜任的塞吉提娅(Segetia),请她照料庄稼的整个生长过程,而是在谷物播种后,把它们托付给女神赛娅(Seia),然后,当种子发芽生长起来以后,把它们交给女神塞吉提娅,谷物收割储存以后则托付给女神图提利娜(Tutilina),让她负责粮食的安全。有谁会想不到女神塞吉提娅足以照料庄稼的生长,从它发芽钻出地面直到结穗?但对人来说,她还不够,因为人喜欢众多的神灵,这个可悲的灵魂,轻视贞洁地拥抱唯一真正的上帝,却要向一群魔鬼卖淫。因此,他们设了一位普洛塞耳皮涅(Proserpine)掌管种子的发芽,设了诺多图斯(Nodotus)掌管庄稼的拔节,设了女神伏鲁提娜(Volutina)掌管分蘖。庄稼张开谷鞘使谷穗生长,由女神帕特拉娜(Patelana)掌管;当庄稼长满新穗的时候,由于古人以谷芒比喻敌对,因此就把这一阶段划归女神霍斯提利娜(Hostilina)掌管;当庄稼开花的时候,由女神福罗拉(Flora)掌管;当谷穗灌满浆的时候,由拉克图努斯(Lacturnus)神掌管;当庄稼成熟的时候,由女神马图塔(Matuta)掌管;当庄稼收割的时候,也就是离开土地的时候,归女神卢西娜(Runcina)掌管。

尽管这样做不会使诸神蒙羞,但我还没有说完就已经感到厌烦了。我提到这些例子只是为了表明,他们没有权力说罗马帝国的建立、成长和延续应当归功于他们的神灵。这些神灵全都有具体事情要管,没有一项完整的任务可以全部托付给他们中的哪一位。塞吉提娅怎么能够照料帝国,因为她的任务是照料谷物和树木?库尼娜怎么能够思考战争,因为她的权限不超过婴儿的摇篮?诺多图斯神什么时候可以帮助打仗,他甚至无需掌管谷穗的鞘壳,而只要照料庄稼的拔节?每个家庭都会在家门口设一个看门人,一个人就足够了,而这些人却为看门这件事设了三位神:福尔库鲁斯(Forculus)管门,卡尔戴亚(Cardea)管门柏,利曼提努斯(Limentinus)管门槛。这样一来,福尔库鲁斯就不能同时掌管门柏和门槛。

章 9　帝国疆域的拓展和帝国统治的长存是否应当归功于朱庇特,崇拜朱庇特的人相信他是主要的神灵

让我们撇下这群小神,至少暂时撇下一会儿,去考察一下那些主要神灵的活动,靠着这些主要神灵,罗马才变得如此强大,能够长期统治了那么多民族。这无疑应当是朱庇特的工作。这些人把他视为一切男神与女神的国王,他的权杖和他在卡皮托利山上的神庙表明了这种地位。关于这位神有句名言,尽管出自一位诗人,但却是最贴切的,"朱庇特充满一切事物"。① 瓦罗相信,尽管用的神名不一样,那些只崇拜一位没有任何偶像的神的崇拜者也在崇拜朱庇特。如果是这样的话,那么罗马人为什么(要像其他异教的民族一样)塑造一座与他相像的偶像来羞辱他?瓦罗本人对这种做法也很不以为然。尽管他要抗拒这座大城市里的保守习惯,但他毫不犹豫地宣布并把这样的话写了下来,那些为民众建造偶像的人既消除了对神的敬畏,又添加了错误。

章 10　依照什么看法,那些人为世界的不同部分确定不同的神灵

还有,为什么要把朱诺与朱庇特联系在一起,当作他的妻子,并马上

---

① 维吉尔:《短诗集》(Eclogae),第 3 首,行 60。

称她为"姐姐和配偶"？① 他们说，因为在以太里有朱庇特，在空气里有朱诺，这两种元素是联系在一起的，一种比较高级，一种比较低劣。② 如果朱诺也渗入事物的某些部分，那么人们讲的"充满万物的"就不是朱庇特了。朱庇特和朱诺是双方各自充满万物，还是作为一对配偶存在于这两种元素中，或是同时又各自存在于两种元素之一？ 为什么要把以太归于朱庇特，而将空气归于朱诺？ 此外，有这两位已经足够了，为什么还要将海洋归于尼普顿，把大地归于普路同？ 这些神灵也不能没有伴侣，撒拉西娅（Salacia）与尼普顿结合，普洛塞耳皮那与普路同结合。因为他们说，就像朱诺占有天空的较低部分，亦即空气，撒拉西娅占有海洋的较深部分，普洛塞耳皮那占有大地的较深部分。

　　他们想要使这些故事自圆其说，但是找不到办法。因为如果情况是这样的话，为了使每种元素能有一对神灵，他们的古贤就会说世界上有三种主要元素，而不是四种。他们十分肯定地认为以太是一回事，空气是另一回事。但是水，无论是浅是深，总还是水。即使假定它们有某些差别，但这些差别能使它们不再是水吗？ 至于较深的地，无论它拥有什么样的神使它能与较浅的地相区别，但它除了是地，还能是别的什么东西吗？

　　你们瞧，如果整个物理世界是由这四种或三种元素组成的，那么还要密涅瓦做什么？ 有什么东西可以被她拥有，有什么事物她可以渗透？ 因为，尽管她并不是两位主神婚姻的产物，但她仍旧与他们一道，被安置在卡皮托利山上。或者，如果说她拥有以太的较高部分，根据这种解释诗人虚构说她从朱庇特的头顶上产生出来，那么为什么不把她当作诸神的女王，因为她比朱庇特还要高？ 因为把女儿放在父亲的前面不合适吗？ 那么这条公正的准则也适用于朱庇特本人和萨图恩吗？ 因为萨图恩被征服了吗？ 他们之间有无打架？ 他们说，决不会，那是无稽之谈。你们瞧，我们不能相信神话故事，而必须拥有那些关于诸神的比较有价值的看法！那么，为什么他们不给朱庇特的父亲指定一个位子，即使不比朱庇特的位

---

① 维吉尔：《埃涅阿斯纪》，卷 1，行 47。

② 参阅欧里庇得斯，残篇 877，941。

子更高,至少也应当让他们享有同等的荣耀? 他们说,萨图恩就是一段时间。① 因此,崇拜萨图恩的人是在崇拜时间,这就暗示众神之王朱庇特是从时间中生下来的。如果说朱庇特是天,朱诺是地,又说他们是从时间中生出来的,这样说合适吗? 因为这样一来天地都是被造的,因而也就不是永恒的了? 他们中间那些有学问的聪明人也在书中表达了这样的看法。下面这些维吉尔的话不是出自诗人的狂想,而是出自哲学家的著作,"然后以太,万能的父,化身为有形的阵雨,降落到他的配偶的欢娱的胸怀里,使之富有生育力。"②也就是说,他进入忒路斯(Tellus)的怀抱,或大地的怀抱。尽管在这里,他们也可以说有某些区别,认为大地本身忒拉(Terra)是一回事,忒路斯是另一回事,忒路莫(Tellumo)又是另一回事。他们把这些都当作神灵,用它们的本名来称呼,用它们不同的职司来区别,为它们设立祭坛和祭仪来崇拜。同是这位大地,他们也称之为众神之母,甚至连诗人们的虚构也显得更加宽容。若不是按照他们的诗歌,而是按照他们的圣书,朱诺不仅是朱庇特的姐姐和妻子,而且还是朱庇特的母亲。他们还把大地当作刻瑞斯来崇拜,还当作维斯太(Vesta)。③ 不过他们更多地肯定维斯太就是火,而不是别的什么。火与火炉相关,没有火炉,城市就不能存在。因此,处女不愿意侍奉她,因为处女什么也不能生,所以火也什么都不能生。但是,所有这些胡话在从童女而生的那一位面前都一定会完全消失。

我们的对手把荣耀和贞洁赋予火,还不怕脸红一遍又一遍地说维斯太也是维纳斯(Venus),对此有谁能够受得了? 这样一来,维斯太的侍女所显示的贞洁的荣耀都会化为乌有。如果维斯太就是维纳斯,那么处女们怎么能够侍奉她而不模仿维纳斯? 有两位维纳斯,一位是处女,另一位是妇人吗? 或者倒不如说共有三位,一位是处女们的女神,被称作维斯太,另一位是妇人们的女神,还有一位是淫妇的女神? 对最后这位女神,

① 西塞罗:《论神性》,卷 2,章 25。

② 维吉尔:《农事诗》,卷 2,行 325—326。

③ 参阅奥维德:《黑海书简》(Fasti),卷 6,行 299。

腓尼基人也已经献上礼物,让他们的女儿在出嫁前在女神面前卖淫。她们中哪一位是伏尔甘的妻子？肯定不是那位处女,因为她有丈夫。我们也一定不可说是那位妓女神,免得我们会羞辱了朱诺的儿子和密涅瓦的同伴。因此,我们一定得明白,伏尔甘的妻子是结了婚的维纳斯,但我们只希望结了婚的妇女不要去模仿她与玛斯的恋情。

他们会说:"你们又回到讲故事上去了!"他们对我们谈论他们的神灵感到愤怒,而不对他们自己这样做感到愤怒,这样公平吗？尽管很难相信,他们创作这些表现他们的神灵所犯罪行的戏剧是为了荣耀这些神灵,但是到底是谁在心甘情愿地在他们的剧场里观看诸神的罪行？

章11　比较有学问的异教徒把许多神灵当作唯一的一位朱庇特来辩护

就让那些比较有学问的异教徒在推论中随心所欲地断定与自然秩序有关的事情吧。就让朱庇特成为这个有形世界的灵魂,让他充满一切,在这个由四种元素组成的世界中运动,①或者随他们高兴说这个世界有几种元素。就让朱庇特把这个世界的某些部分让给他的兄弟姐妹。就让朱庇特成为以太,这样他可以从高处拥抱朱诺,因为空气在以太下面。还有,就让朱庇特是整个天空和空气,这样他可以通过下雨使大地受孕,大地既是他的妻子,也是他的母亲,这种事在神圣的存在中并不是邪恶的。还有(把所有看法全都说一遍是不必要的),就让朱庇特是唯一的神,像那位最高贵的诗人所说,"神渗透万物,无处不在,田野的每一个角落,大海的每一顷波涛,天空的每一个层次。"②让这位神就是在以太中的朱庇特,就是在空气中的朱诺,就是在海中的尼普顿,就是在海底的撒拉西娅(Salacia),就是在地下的普路托,就是在地底下的普洛塞耳皮那,就是在百姓炉灶中的维斯太,就是在铁匠炉中的伏尔甘,就是天空中的索耳(Sol)、卢那(Luna)和星辰,就是会占卜的阿波罗,就是商业神墨丘利,就是开创者伊阿诺斯(Janus),就是终结者特米努斯(Terminus),就是时间

---

① 参阅维吉尔:《短诗集》,卷3,行60;《埃涅阿斯纪》,卷6,行727。
② 维吉尔:《农事诗》,卷4,行221—222。

萨图恩,就是战争中的玛斯和柏洛娜(Bellona),就是葡萄园中的利伯尔,就是田野里的刻瑞斯,就是森林里的狄安那,就是有智慧的密涅瓦。最后,让他就是那群平民神中的某一位。让他就是那位以利伯尔之名掌管男人精子的神。让他就是那位以利伯拉(Libera)之名掌管女人卵子的神。让他就是狄斯帕特(Diespater),由他产生白天的光明。让他就是女神美那(Mena),他们把她的职司定为妇女的月经。让他就是鲁西纳(Lucina),妇女分娩时请求她的帮助。让他帮助那些正在出生的东西,把它们从大地的怀抱中取出来,被称作奥浦斯(Ops)。让他在婴儿啼哭时张开嘴,被称作瓦提卡努斯(Vaticanus)神。让他把婴儿从地上拎起来,被称作勒瓦纳(Levana)女神。让他看管摇篮,被称作库尼娜(Cunina)女神。让他就是在这些女神中的那一位,能说出新生者的命运,被称作卡门特斯(Carmentes)。让他掌管那些幸运的事件,被称为福耳图那(Fortuna)。让他就是卢米那(Rumina)女神,给小孩喂奶,因为古人把乳房称作卢玛(ruma)。让他就是波提那(Potina)女神,掌管喝酒。让他就是埃杜卡(Educa)女神,提供食物。根据婴儿的害怕,让他被称作帕凡提亚(Paventia)。根据马上就会实现的希望,让他被称作维尼利娅(Venilia)。根据淫欲,让他被称作伏鲁皮娅(Volupia)。根据行动,让他被称作阿革诺利亚(Agenoria)。根据推动人们采取行动的动力,让他被称作斯提莫拉(Stimula)女神。让他就是斯特瑞尼亚(Strenia)女神,这样能够尽力。让他就是努美里亚(Numeria),她能教数字。让他就是卡美那(Camena),她能教唱歌。让他既是提供建议的康苏斯(Consus)神,又是提供灵感的山提亚(Sentia)女神。让他就是朱文塔斯(Juventas)女神,在脱下童年的服装以后,她掌管青年时代的开始。让他就是福耳图那·巴耳巴塔(Fortuna Barbata),她使那些成年人长出胡子,尽管他们如果真的想要荣耀成年人,那么他们至少应当给成年男子介绍一位男神,或是根据 barba 这个词把他称作巴耳巴图斯(Barbatus),就像诺多图斯(Nodotus)这个名字源于 Nodus 一样,或是一定不能称他为福耳图那(Fortuna),因为他已经长了胡子,应当称为福耳图纽斯(Fortunius)。让他就是朱伽提努斯(Jugatinus)神,主掌婚配。在新娘解开腰带以后,让他被呼作维吉尼西斯(Virginiensis）女神。让他就是穆图努斯（Mutunus）或者就是图图努斯（Tutu-nus），后者在希腊人中被称作普里阿普斯（Priapus）。如果异教徒不感到可耻，那么就让所有这些被我提到名字的，以及其他无论什么没有被我提到名字的神灵（因为我认为不必全部提到），让所有男神和女神都是同一位朱庇特，无论他们是作为他的部分，还是作为他的权能。在那些喜欢把朱庇特当作世界灵魂的人看来，这就是他们中间最伟大、最有学问的人的看法。

如果所有这些说法都是真实的（这些说法是否真实我现在不予考究），那么如果罗马人出于比较谨慎的权衡，只崇拜一位神灵，他们又会有什么损失呢？如果崇拜这位神灵本身，又有他的哪个部分会遭到藐视呢？如果他们害怕这位神灵的某些部分因遭到轻视而发怒，那么这种情况不会发生，因为就像他们所说的那样，这位神灵是一个无所不包的、活生生的存在，他把一切神灵都包涵于自身，就好像他们是他的德行、肢体或部分。但若有一个部分愤怒，有一个部分喜悦，有一个部分比其他部分更加躁动不安，那么每个部分都有他自己与其他部分不同的生命。如果所有部分都是一个整体，亦即整个朱庇特本身，那么说朱庇特的某个部分没有单独得到崇拜是对他的冒犯是非常愚蠢的。如果得到崇拜的对象是一个包括所有部分的整体，那么没有一个部分会被忽视。

为了避免过于繁琐，让我们来看，当他们说所有星辰，所有活物，所有拥有理性灵魂的东西，毋庸争议地都是神灵，都是朱庇特的部分的时候，他们怎么看不到还有多少神灵他们没有崇拜，还有多少神灵他们没有为之建造神庙或设立祭坛？事实上，他们只想到要为极少数星辰建立神庙和奉献祭祀？因此，若是那些没有得到严格崇拜的神灵会生气，那么他们还敢生活在这个只有少数神灵高兴，而大部分神灵都在生气的世界上吗？但若星辰是得到他们崇拜的朱庇特的组成部分，他们崇拜所有星辰，能够用朱庇特的名字代表所有神灵，向朱庇特祈祷也就是向所有神灵祈祷，那么以这样的方式，没有神灵会生气，因为只要崇拜朱庇特就等于崇拜所有神灵，没有任何一位神灵会受到轻视。但若只崇拜少数神灵，那么倒会引起其他没有得到崇拜的大多数神灵的愤怒，尤其是在那神圣住所中赤身裸体的普里阿普斯(Priapus)得到他们特别青睐的时候更是如此。

章12 有些人认为神是世界的灵魂,世界是神的身体

还有一个荒唐的看法,不一定非要有知识的人,而是各种人,都会被激怒。考察这个观点的性质并不需要什么天才,人们只要撇开争吵的欲望就能看到,如果说神是世界的灵魂,世界是神的身体,那么就得说,神是一个由灵魂和身体组成的活的存在,而这位神就像某种自然的子宫把万物包容在他自身中。这样看来,一切活物的生命和灵魂,按照它们各自出生时的状况,都由神的灵魂赋予生命,因此,没有任何东西不是神的组成部分。如果情况是这样的话,有谁看不出从中可以推导出不虔诚、不敬神的结论来? 例如,无论踩着什么东西,一定是踩着了神的某个部分;无论杀死了什么活物,也一定是杀死了神的某个部分。我不想把思考这个问题的人会得出的推论全都说出来,但他们在谈论的时候不会不感到羞耻。

章13 有些人断言只有理性动物才是神的组成部分

但若他们的意思是只有理性动物,比如人,才是神的组成部分,那么我确实不懂,如果整个世界都是神,他们怎么能够把野兽不当作神的组成部分。但是,关于这一点有什么可争的? 只要考虑一下作为理性动物的人就可以了,如果崇拜一个男孩就等于崇拜了神的一个部分,还有比这更加令人厌恶的信仰吗? 除非是疯子,有谁会认为神的组成部分可以变得淫荡、邪恶、亵渎,完全应当受到谴责? 简言之,为什么神要对那些不崇拜他的人表示愤怒,而这些冒犯者是他的组成部分?

剩下来他们一定会说,所有神灵都有他们自己的生命,每个神灵都为自己而活,没有一个神灵是其他神灵的组成部分,所有神灵都应当受到崇拜,如果说神灵太多而不可能全被知道和得到崇拜,那么至少应当知道多少就崇拜多少。在这些神灵中,朱庇特是国王,由于这个原因,我相信罗马人会认为是朱庇特在使罗马帝国得以建立和扩张。每位神灵都有自己的职司和工作,而且没有一位能够插手其他神灵的工作。如果朱庇特没有做这件事,那么罗马人该相信哪位神能做这项如此伟大的工作呢? 诸

神之王真的能够使凡人的王国得到扩张和变得伟大吗？

章14　扩张王国的工作不宜归于朱庇特，胜利女神足以担负这项职司

在此，我首先要问，为什么王国本身不是某种神？如果"胜利"是一位女神，那么为什么王国不是神？如果胜利女神喜欢和胜任这项工作，并且总是与那些她希望他们成为胜利者的人站在一起，那么还要朱庇特来做什么？一旦有了这位女神的青睐和帮助，有什么王国会征服不了，有什么国家会不投降？可见，即使朱庇特也无事可做，是多余的。

也许义人不愿意与邪恶的不义之人交战，也不会为了王国的扩张，唆使和平的、没有做错事的邻居自愿参加战争？如果他们能够以这样的方式考虑问题，那么我会高度赞扬他们，同意他们的想法。

章15　好人希望扩大自己的统治地盘是否合适

那么请他们考虑，好人乐意扩张帝国可能是不适宜的。因为，帝国得以扩张的战争是邪恶的。如果能够对邻国保持和平与公正，那就绝对不会在任何挑唆下对邻国开战。在这种情况下，所有的国家都保持着较小的规模，人类会比较幸福。这个世界会有许许多多的各个民族的国家，就好像城市里有许许多多公民的房子。因此，战争和征服能使不受约束的恶人感到快乐，而在受到约束的好人看来，则必然是一种可悲。然而，恶人统治义人是一种更大的不幸，所以这种必然性也可以被义人恰当地视为幸运。无疑，与好邻居和平共处比用战争手段征服恶邻更幸福。

如果你希望能够征服你仇恨或害怕的人，那么你的愿望是恶的。如果罗马人能够建立这个庞大的帝国，不是靠罪恶的战争，而是靠公义的战争，那么他们一定不会把外族的不义之神当作女神来崇拜。因为我们看到，这种事与帝国的扩展有很大关联，因为这些神灵把外族人变得如此不义，使得对他们进行正义之战成为必需，从而使帝国得以扩张。如果恐惧（Fear）、害怕（Dread）、疟疾（Ague）也可以作为罗马的神灵，那么不义，至少外国民族的不义，为什么不可以是一位女神呢？

因此，靠着这两位神，亦即外国的不义和胜利女神（Victoria），尽管朱

庇特什么事也不做,罗马帝国也能得到扩张,不义女神使战争有了理由,而胜利女神使这些战争有了一个幸福的终结。当这些事情都被当作朱庇特的恩赐,而又由那些神灵来完成的时候,朱庇特在这里还有什么用呢?这些神灵本身也是神,或者被称作神,被当作神来崇拜。如果朱庇特本身被称作帝国,就像帝国被称作"胜利"(Victory)一样,那么朱庇特在这里也许还有些用处。或者说,如果帝国是朱庇特的恩赐,为什么不把"胜利"也当作他的恩赐呢? 如果朱庇特不是一块在卡皮托利山上受人崇拜的石头,而是真正的"万王之王,万主之主"①,那么确实应该如此。

章16　罗马人给各种事物和心灵活动都规定了不同的神灵,他们为什么要把"安宁"的神庙建在城门外面

使我感到非常惊奇的是,他们给每样东西都指定一个神灵,甚至给心灵的各种运动指定一个神灵。这样,他们有激起行动的女神阿革诺利亚(Agenoria),激起异常行动的女神斯提莫拉(Stimula),引起过度行为并使之恢复的女神穆尔西亚(Murcia),如庞波纽斯(Pomponius)所说,murcid的意思就是异常懒惰和没精打采,还有女神斯特瑞努亚(Strenua),使他们产生有力的行动。然而,当他们为所有这些神灵和女神举行庄严的、公开的崇拜时,他们却不愿意向名为"安宁"(Quies)的女神公开谢恩,而是把她的神庙建在科林涅(Colline)门之外。这种做法象征着一颗不安宁的心灵,或者倒不如说,这种做法表示坚持崇拜那一群神灵的人,或者倒不如说崇拜一群魔鬼,不能生活在安宁之中,对此,那位真正的医生说过:"我心里柔和和谦卑,你们当学我的样式,这样,你们心里就必得享安息。"②

章17　如果最高权力属于朱庇特,是否还有必要崇拜胜利女神

他们可能会说,朱庇特派遣服从众神之王的女神维克多利娅

---

① 《启示录》19:16。

② 《马太福音》11:29。

(Victoria)来到那些由朱庇特指派给她的民族中间,为这些民族战斗? 但这里实际上说的不是按照他们的想象虚构出来的众神之王,而是那位真正的永恒之王。是上帝派遣了他的天使,而不是根本不存在的维克多利(Victory),把胜利赐予上帝所希望的征服者,上帝的计划可以是隐秘的,但不会是不义的。

如果维克多利(Victory)是一位女神,为什么特利乌姆(Triumph)不是神,不是与胜利女神在一起的她的丈夫、兄弟或儿子? 他们确实在对神灵作想象。这些事情如果出于诗人的狂想,那么就应该接受我们的批判,应当被判定为诗人的荒谬,不配用来描述真正的神。然而,他们并不感到自己可笑,不仅阅读这些诗人的作品,而且在神庙中崇拜这些受到溺爱的蠢事。然而,他们应当只向朱庇特诉求,凡有需要只向他祈祷。如果维克多利(Victory)是一位服从她的国王的女神,那么无论她的国王派遣她去哪里,她都不敢抗命,做她自己想做的事。

章18　　他们为什么要认为幸福女神和幸运女神有区别

此外,幸福(Felicity)怎么也会是一位女神? 人们为她建了一座神庙,把一座祭坛奖赏给她,为她举行恰当的祭仪。那么,只有她才应当受到崇拜。因为只要有她在场,人们还会缺乏什么好东西吗? 但是,那些认为幸运(Fortune)也是一位女神,并且崇拜她的人希望得到什么? 幸福是一回事,幸运是另一回事吗? 幸运确实可以是恶的也可以是善的,而幸福如果是恶的,那它就不会是幸福了。我们确实一定要认为所有性别不同的神灵(如果他们有性别之差)只能是善的。柏拉图是这样说的,[①]其他哲学家也这样说,一切可敬的国家和民族的统治者都这样说。那么幸运女神怎么会有时是善的,有时是恶的? 也许,当她是恶的时候,她就不是一位女神,而是突然变成一个邪恶的魔鬼? 那么一共有多少位"幸运"? 有多少幸运的人,就有多少幸运,也就是说善的幸运。但由于同时也一定有许多交厄运的人,那么这位唯一的幸运女神能够同时既是善的又是恶的,对某些人是

---

① 柏拉图:《国家篇》,卷 2,379B。

善的,对其他人是恶的吗? 作为女神的她总是善的吗? 如果是的话,那么她本身就是幸福。既然如此,为什么还要给她起两个不同的名字?

当然,这是可以容忍的。因为用两个名字称呼同一事物是一种习惯。但是为什么要用不同的神庙、祭坛和祭仪? 他们会说,这是有原因的,因为幸福女神因先前的功绩而是善的,而幸运被说成是善的却没有任何功绩,可以偶然地落在善人和恶人的头上,这就是为什么她要被称作幸运的原因。然而,不加区别地对待善人与恶人的女神怎么会是善的? 她如此盲目、随心所欲,经常对崇拜她的人视而不见,而投向那些轻视她的人。既然如此,为什么还要崇拜她? 或者说她那些忠心的崇拜者博得了她的青睐和善意,于是她考虑到他们的功劳,不再使他们偶然失足。这样一来,幸运的定义变成了什么? 我们该怎样看待一位从偶然事件中得名的女神呢? 因为,如果她是真正的幸运,那么崇拜她的人什么好处也得不到。但若她使她的崇拜者显出特色,从而使他们得益,那么她就不是幸运了。再说,朱庇特会在高兴的时候派遣她吗? 如果是这样的话,那么该受崇拜的只有朱庇特,因为幸运女神不能抗拒朱庇特的命令,而朱庇特可以派她去任何地方。或者,至少,只让恶人崇拜她,他们并不想获得功绩以取悦于幸福女神。

章19　关于福耳图那·姆利伯利丝

他们把这位所谓的神灵称作福耳图那(Fortuna),并谈论了许多。他们确实有一个故事,[1]说她的塑像曾经开口说话,而且不止一次。这座像是罗马的贵妇人奉献的,被称作福耳图那·姆利伯利丝(Fortuna Muliebris),这些妇人的敬意赢得了她的欢心。如果真有这种事,我们也不会感到惊奇。因为恶魔要骗人并不难,而他们倒应该小心恶魔的诡计,因为讲话的这位女神是偶然到此,并非来寻访有功劳的人。为什么福耳图那(Fortuna)是多话的,而幸福女神(Felicitas)是不说话的? 这只能是因为

---

[1]　瓦勒留·马克西姆:《秘闻录》(Factorum et Dictorum Memorabilium Libri IX),卷1,章8,行4。

人们只要有幸运女神作他们的朋友，就不必管自己是否公义的生活。他们认为幸运女神会给他们带来运气，而不管他们自己配不配。不管怎样，如果福耳图那的塑像确实开口说话，那么她至少应当用男人的声音说话，而不是用女人的声音说话，免得人们会得出这种印象，这只是奉献神像的人创造出来的奇迹，是由于女人的饶舌所致。

章20　异教徒用神庙和圣仪来荣耀美德和信仰，如果把这些好的性质当作神，那么也应当崇拜其他好的性质

他们也把美德（Virtue）当作女神。如果美德可以是一位女神，那么她的地位一定高于其他许多神灵。但由于它不是一位女神，而是上帝的恩赐，因此我们应当向能赐予美德的那一位祈祷，只有他能够赐予美德，而所有伪神都将消失。为什么要将信仰（Faith）当作女神，为她建立神庙和祭坛？任何有信仰的人都已经在自己心中为她建立了神庙。但是，他们怎么能够知道这种信仰首要的和最高的要求是人应当相信真正的上帝？为什么光有美德还不够？美德不也包括信仰在内吗？他们认为把德行分成四个部分是适宜的：谨慎、正义、勇敢、节制，每一部分都有它自己的美德，信仰位于正义这个部分，占居首要的地位，如我们许多人所知的这句经文的意思，"义人必因信得生"。①

但若信仰是一位女神，我感到奇怪的是，为什么这些爱好众多神灵的人在他们同样能为她建立神庙和祭坛的时候，错误地承认了那么多女神，但却忽略了她。为什么节制不配当一名女神？许多罗马国王并没有以她的名义获得微小的荣耀。最后，为什么勇敢不是一位女神？当穆西乌斯（Mucius）把他的右手伸进烈火的时候，勇敢女神与他同在。当库提乌斯（Curtius）为了他的祖国跳进地裂自杀的时候，勇敢女神与他同在。当德修斯（Decius）父子为了军队的安全贡献自己的生命时，勇敢女神与他们同在。尽管我们可以提问，这些人是否拥有真正的勇敢，但这个问题与我们现在的讨论无关。为什么谨慎和智慧在诸神中没有地位？因为它们都

---

① 《罗马书》1：17；《哈巴谷书》2：4；《加拉太书》3：11；《希伯来书》10：38。

在美德这个一般的名字之下得到崇拜吗？那么也应该崇拜一位，而其他的神灵都可以视作他的部分。然而，被包含在美德这个名字之中的信仰和贞洁已经在它们自己的神庙中拥有了它们自己的祭坛。

章21　异教徒尽管不知美德和幸福是神的恩赐，但至少应该对拥有美德和幸福感到满足

不是真理，而是愚蠢，造就了这些女神。因为，它们是真正的上帝的恩赐，而它们本身并非女神。然而，如果有了美德和幸福，还需要寻求什么呢？美德和幸福都不能使其满足的人，还有什么东西能使他满足？因为美德确实包含我们所需要的一切，幸福包括我们所希望得到的一切。如果帝国的扩张和长存是某种善，那么它也与这种幸福有关。如果崇拜朱庇特为的是使他能赐予这两样东西，那么为什么他们不明白这两样东西是上帝的恩赐？但若把它们当作女神，那么至少应当看到，如果没有其他那么多神灵也没有什么关系。考虑到他们的狂想已经把所有职司在各种男神和女神中分派，那么如果他们能够做到的话，让他们找出有什么东西可以由任何神灵赐予已经拥有美德和幸福的人。如果美德已经拥有一切幸福，那么从墨丘利或密涅瓦那里又能得到什么指点呢？古人确实把美德定义为良好与公义地生活的一门技艺。美德在希腊语中叫作 arete，拉丁文 ars 是从这个词中派生出来的。但若美德只属于那些能干的人，不能干就没有美德，那么在幸福女神能够提供这种美德的时候，为什么还需要有一位父神卡提乌斯（Catius）呢？据说他能使人小心（catos），亦即警觉。

人生来能干确实是一种幸福。因此，尽管还没有出生的人不能崇拜幸福女神，但是为了将来能得到他的崇拜，幸福女神也可以把这种青睐赐予崇拜她的这个孩子的父母，让他们生下一个能干的孩子。如果幸福女神能够在场，那么孕妇们还有什么必要在分娩时向鲁西纳（Lucina）求援？她们不仅已经有了一个好产婆，而且也能生一个好孩子。当婴儿诞生的时候，有什么必要把他们托付给女神奥浦斯（Ops）？当他们在发出第一声啼哭时，为什么要把他们托付给瓦提卡努斯（Vaticanus）神？当他们躺在摇篮里的时候，为什么要把他们托付给女神库尼娜（Cunina）？当他们

吃奶时,为什么要把他们托付给女神卢米那(Rumina)? 当他们站立的时候,为什么要把他们托付给斯塔提利努斯(Statilinus)神? 当他们走过来的时候,为什么要把他们托付给女神阿得俄娜(Adeona)? 当他们走开时,为什么要把他们托付给亚伯俄娜(Abeona)? 当他们心智初开时,为何要把他们托付给女神孟斯(Mens)? 当他们开始想要好东西时,为什么要托付给男神伏鲁姆努斯(Volumnus)和女神伏鲁姆娜(Volumna)? 当他们到了可以结婚的年龄时,为什么要托付给掌管婚姻的神灵? 在他们能够获取丰收的时候,为什么要托付给乡村神,主要是福鲁特斯卡(Frutesca)女神? 在他们能打仗时,为什么要托付给玛斯和柏洛娜(Bello-na)? 在他们能取得胜利时,为什么要托付给女神维克多利娅(Victoria)? 在他们能取得荣耀时,为什么要托付给"荣誉"(Honor)神? 在他们很有钱时,为什么要托付给佩库尼亚(Pecunia)女神? 当他们有铜币和银币时,为什么要托付给埃斯库拉努斯(Aesculanus)神和他的儿子阿根提努斯(Argentinus)神? 他们把埃斯库拉努斯当作阿根提努斯的父亲,原因是铜币的使用在银币之前。但是使我感到奇怪的是,为什么阿根提努斯没有生下奥利努斯(Aurinus),因为后来还使用了金币。如果他们把他也说成是神,他们会更加喜欢奥利努斯,超过他的父亲阿根提努斯和他的祖父埃斯库拉努斯,正好像他们喜欢朱庇特甚过萨图恩。

然而,当一位幸福女神已经能够把所有的人类幸福恩赐给所有人的时候,有什么必要把这些恩赐,灵魂、身体、外在的财产,都当作神,向这么一大群神灵祈祷? 我无法提到全部神灵,他们自己也不能据此将所有人类的福益,无论大小,全都当作神灵,或者当作神灵的部分。他们也不能为了求福或驱恶再向别的神灵祈求。为什么要因为疲倦而向女神费索娜(Fessona)祈祷,为了驱逐敌人而向女神佩洛尼亚(Pellonia)祈祷,为了生病而向作为医生的阿波罗或埃斯科拉庇俄斯祈祷,或者在最危险的时候,同时向他们祈祷? 要清除田野里的荆棘,有什么必要请斯比奈西斯(Spiniensis)神来帮忙,或是为了不使庄稼长霉病,而请女神罗比戈(Ru-bigo)帮忙? 只要有了"幸福"女神(Felicitas)的保护,没有什么邪恶能够产生,有了邪恶也很容易驱除。

最后,由于我们现在涉及的是这两位女神,美德和幸福,如果幸福是对美德的奖赏,那么它就不是一位女神,而是上帝的恩赐。但若幸福是一位女神,那么为什么不能说美德本身也是由她赐予的,因为甚至连获得美德也是一种巨大的幸福?

章22 瓦罗为自己能把崇拜诸神的知识传给罗马人而感到光荣

瓦罗自夸给他的同胞带来了极大的福益,因为他不仅重新计算了罗马人崇拜的神灵,而且还叙述了他们各自的功能。他说:"知道一位医生的名字和容貌,但却不知他是一名医生,那么就不会有什么好处。同理,如果非常明白埃斯科拉庇俄斯是一位神,但却不知道他能馈赠健康,因此也不知道向他求助,那么也就不会有什么好处了。"对此他还用了另一个比喻。他说:"如果一个人不知道谁是铁匠,谁是面包师,谁是织布的,向谁能够买到用具,谁可以用作助手,谁可以作自己的领袖,谁可以作自己的教师,那么不要说生活得很好了,就连活着都是不可能的。"他还断言,"据此无人可以怀疑,如果知道神灵有什么力量、功能或权能,那么关于诸神的知识是有用的。""这样我们就能知道为了什么事情应该向什么神灵求助,免得神灵太多反而不知如何是好,向利伯尔求水,向吕姆福斯(Lymphs)要酒。"这真是非常有用的知识!

如果他能够揭示事情的真相,教导人们只有一位真正的上帝,一切好东西都是从上帝那里来的,人应当崇拜上帝,那么有谁会不向瓦罗谢恩呢?

章23 尽管幸福女神足以取代其他所有神灵,崇拜多神的罗马人在很长 时间内并没有把她当作女神来崇拜

如果异教徒的书籍和仪式是真实的,说幸福是一位女神,能够馈赠一切,使所有人马上就能幸福,那么为什么他们没有把幸福女神当作唯一受崇拜的神灵呢?任何人想要得到任何东西的理由不就是为了得到幸福,此外还有别的什么理由吗?为什么在经过那么多罗马统治者之后,直到卢库鲁斯(Lucullus)当政时代才为一位如此伟大的女神建造神庙?为什

么雄心勃勃地建起一座幸运城市的罗莫洛本人不在其他所有神灵之前为这位女神建立一座神庙？如果说这位女神与罗莫洛在一起，他就会什么也不缺，那么他为什么还要向其他神灵求助？如果这位女神对他不那么慈悲，那么罗莫洛本人不可能首先成为一名国王，更不要说后来被罗马人当作神了。然而，为什么他要把伊阿诺斯、朱庇特、玛斯、皮库斯（Picus）、法乌诺斯（Faunus）、提伯里努斯（Tiberinus）、赫丘利，以及其他一些神灵确定为罗马人的神？为什么提多·塔修斯（Titus Tatius）又添上了萨图恩、奥浦斯、太阳神、月亮神、伏尔甘、光明神，以及不管什么神，其中甚至有女神克洛亚西娜（Cloacina），而幸福女神却遭到忽视？为什么努玛指定了那么多男神和女神，但就是没有这位幸福女神？可能是因为神灵太多了，他无法看到这位女神，对吗？如果国王霍斯提略（Hostilius）能够知道或可能崇拜这位女神，他就不会把"害怕"（Fear）和"恐惧"（Dread）当作新神引进来抚慰崇拜者了，因为当幸福在场时，害怕和恐惧都会被赶走。我不说抚慰，而是说赶走。

其次，我要问，在有人崇拜幸福女神之前，罗马帝国怎么会已经得到极大的扩展？那么，帝国比幸福更加伟大，是吗？如果有真正的幸福，怎么会没有真正的虔诚呢？所谓虔诚就是对真神的真正崇拜，而非崇拜魔鬼一样的伪神。然而，到了后来，当幸福已经被当作诸神中的一员的时候，不幸的内战却开始了。这可能是因为幸福女神对这么迟才被接纳为神族的一员感到耻辱，或是因为接纳她不是为了荣耀，而是为了谴责，也可能是因为与她一同受崇拜的还有普里阿普斯（Priapus）和克洛亚西娜（Cloacina）、"害怕"与"恐惧"、疟疾（Ague），等等。这些东西并非应当受到崇拜的神灵，而是崇拜者的恶，对吗？

最后，如果说把一位如此伟大的女神放在一群卑贱的东西中来崇拜是好的，那么为什么不按照起码比其他神灵更加荣耀的方式来崇拜她？把幸福女神既不列入可以与朱庇特一道议事的神灵①，也不列为蒙拣选

---

① di consentes，指塑像竖立在集议场的十二位大神：朱诺、维斯太、密涅瓦、刻瑞斯、狄安娜、维纳斯、玛斯、墨丘利、朱庇特、尼普顿、伏尔甘、阿波罗。

的神灵,这种做法无法容忍,对吗?① 早就应该为她建立崇高庄严的神庙
了。确实,为什么不能给这位女神比朱庇特更好的待遇呢? 因为是她把
这个王国恩赐给罗马人,而不是朱庇特。我假定罗莫洛在统治这个王国
的时候是幸福的。幸福肯定比一个王国更有价值。要找到害怕成为国王
的人无疑是容易的,但是我们确实找不到不想幸福的人。假定其他神灵
的神庙和祭坛已经把卡皮托利山给占完了,为了给幸福女神建造一座宏
伟的神庙,让她可以占据顶峰,那么通过占卜或别的有效方式问诸神是否
愿意给幸福女神腾出地方来,这时恐怕连朱庇特也得让位。不会有任何
人抗拒幸福女神,除非有人希望不幸福,但这是不可能的。

确实,如果向朱庇特询问,那么他决不会像玛斯、特米努斯
(Terminus)和朱文塔斯(Juventas)三位神灵那样,拒绝给他们的上司和国
王让位。书上记载说,国王塔克文(Tarquin)想要在卡皮托利山上找一块
最好的地方为朱庇特建神庙,但最适宜的地方已经被其他神灵占据了,有
许多神灵在卡皮托利山初建时已经有了自己的神庙。塔克文不敢触犯神
灵,惹他们不高兴,但相信他们会愿意给他们伟大的主人让出地方来。在
通过占卜向他们询问的时候,他们全都愿意搬家,只有我刚才提到的这三
位神不愿意。因此卡皮托利山保留了这三位神灵的位置,但是把他们的
神像安放在非常隐秘的地方,以至于最有学问的人都不太知道它们在
哪里。②

朱庇特本人受到特米努斯、玛斯和朱文塔斯的藐视,但他一定不会藐
视幸福女神。那些愿意给朱庇特让位的人肯定也会给幸福女神让位,因
为是她让朱庇特成为众神之王的。或者说,如果他们不愿意让位,那么也
并不是由于对她不尊重,而是因为他们宁可不醒目地待在幸福女神的神
庙里拥有幸福,而不愿显赫地待在他们自己的神庙里而没有幸福。

这样,幸福女神被放置在这样一个伟大庄严的地方,公民们应该很快

① 参阅本书卷 12,章 2。
② 奥古斯丁此处无疑是在凭借记忆写作,把几个不同的故事混在一起了。参阅奥
维德《黑海书简》,卷 2,行 667 以下,李维《罗马史》,卷 1,章 55。

从她那里学会使各种良好的愿望变为现实。于是，那些多余的神灵被抛弃了，只有幸福女神受到崇拜，这是人的本性所使然。人们只向她祈祷，只有在她的神庙里才挤满了想要得到幸福的公民，他们中没有人不希望得到幸福。这样，原先向所有神灵寻求幸福，而现在只要向幸福女神寻求就可以了。因为人们希望从神灵那里得到的无非就是幸福，或者说人们想拥有的就是幸福。因此，如果幸福女神有权与她喜欢的人在一起（她应该有这种权力，因为她是女神），那么放下这位可以从她那里得到幸福的女神不顾，而去向别的神灵祈祷，这样做有多么愚蠢！因此，他们应当给这位女神比其他神灵更高的荣耀，她的神庙也应当更加庄严。我们从异教徒自己的作家那里读到，古罗马人给某位苏玛努斯（Summanus）神的荣耀比朱庇特还要大①，他们说前者掌握着夜间的霹雳，而后者掌管白天的霹雳。可是，在为朱庇特建起那座宏伟的庙宇以后，许多人到那里去向朱庇特祈祷，鲜有人还记得或听到过苏玛努斯的名字。

然而，如果幸福不是一位女神，因为幸福确实是上帝的恩赐，那么就必须寻找有权力赐予幸福的上帝，而那些蠢人追随的一大群有害的伪神必须抛弃。这些人把上帝恩赐的东西当作神灵，用他们自己傲慢的意愿冒犯上帝本身。抛弃幸福的恩赐者，把幸福当作一位女神来崇拜的人绝不能摆脱不幸，正好像有人不去向真正有饼的人买饼，反而画饼充饥，那么他就绝不能摆脱饥饿。

章24　异教徒把上帝的恩赐当作神灵来崇拜的论据

然而，我们可以考虑一下他们的论据。他们说，难道我们的祖先糊涂到这种地步，竟然不知道这些东西是神的恩赐，而它们本身并不是神吗？他们知道先要有馈赠者，然后才能有恩赐的东西，但他们不知道恩赐礼物的神的名字，于是就用恩赐的东西的名字称呼恩赐者，把名字稍微变化一下，用作神的名字。例如，从战争这个词产生神名柏洛娜（Bellona），而不是 bellum，从摇篮这个词产生神名库尼娜（Cunina），而不是 cunae，从直立

①　参阅奥维德：《黑海书简》，卷2，行731以下。

的庄稼产生神名塞吉提娅(Segetia),而不是 seges,从苹果这个词产生神名波莫娜(Pomona),而不是 pomum,从公牛这个词产生神名布波那(Bubona),而不是 bos。

还有,有的时候连名字也不变更,就用所赐之物的名字称呼他们,所以恩赐金钱的神叫作佩库尼亚(Pecunia),但这样做并不是把金钱本身当作女神,还有赐予美德的"美德"女神(Virtus),赐予荣誉的"荣誉"女神(Honor),赐予和谐的"和谐"女神(Concordia),赐予胜利的"胜利"女神(Victoria)。因此,他们说,当幸福被称作一位女神的时候,不是指被恩赐的幸福,而是指恩赐这些幸福的神。

章25 应该崇拜唯一的上帝,他的名字不可知,但却是幸福的赐予者

看到这些理由,我们可能会感到欣慰,因为这些人的心还没有变成铁石。虚弱的人心现在已经明白,除非有神的恩赐,否则便不能得到幸福。许多崇拜包括朱庇特在内的多神的人都看到了这一点。但是,由于他们不知道恩赐者的名字,于是就用他们所得恩赐的名字来称呼恩赐者。这就足以表明,甚至连他们已经崇拜的朱庇特也不能赐予幸福,而那位应当以幸福(Felicity)之名得到崇拜的神才能赐予幸福。我完全同意他们的看法,认为幸福是他们不知道的某位上帝的恩赐,让他们去寻找这位上帝,崇拜这位上帝。让他们抛弃那一大堆魔鬼,让这位上帝把幸福恩赐给每个人。对那些不满足于获得幸福的人来说,崇拜上帝,幸福的赐予者,还不够;而对那些满足于获得幸福的人来说,侍奉上帝,幸福的赐予者,已经足够了。

这位上帝不是他们所说的朱庇特。因为,如果他们承认朱庇特是幸福的赐予者,那么他们就不会在幸福女神的名字下寻求其他男神或女神,请他们赐予幸福,他们也不会崇拜本身有那么多耻辱的朱庇特,因为人们说他无耻地与他人的妻子通奸,还无耻地玩弄美貌的男童。

章26 诸神要求崇拜者以戏剧表演的方式崇拜他们

但是西塞罗说:"荷马发明了这些事情,把人的事情归到神的头上,

而我宁可把这些神的事情归于人。"①诗人把这样的罪恶归于诸神,使得这位心思缜密的人感到这样做是可耻的。那么,为什么要在舞台上表演那些所谓荣耀诸神的戏剧?在这些戏剧中,一些恶棍的表演代表诸神,而这些剧本是由最有学问的异教徒写下来的,当作他们的宗教的组成部分。西塞罗应当在此大声叫喊,不是反对诗人的虚构,而是反对古人的习俗。但是他们难道不会大声叫喊道:我们做了什么?是这些神灵自己要求在荣耀他们的时候表演那些丑事,如不遵命,就要进行严厉的报复。他们对违抗者进行惩罚,直到人们这样做了,他们才会感到高兴。

　　下面我要讲的一件怪事合乎他们的美德。罗马附近有个乡下人名叫提多·拉丁纽(Titus Latinius),他在梦中得到命令,要他去元老院告诉那些议员重新举行那些罗马的赛会。原因是,在进行庆祝的第一天,他们把一名受过审判的罪犯当众加以惩处,这件事弄得诸神很不高兴,因为他们原来想从赛会中取乐。这个乡下人不敢按梦中的命令去元老院报信。于是,当天晚上他又做了一个更加可怕的梦,说是他将失去了他的儿子,因为他拒绝听从神灵的命令。第三天晚上,他得到警告,如果他仍旧拒不从命,更大的惩罚在等着他。那个人仍旧不敢从命,于是得了可怕的传染病。然后,在朋友的建议下,他把这件事报告了执政官,并且被用担架抬着去了元老院,把他的梦当众宣布。讲完之后,他的病马上就好了,自己走回家去。② 元老院对此奇迹感到惊讶,下令以四倍的代价重新上演那些戏剧。

　　有哪个心智正常的人看不出那个人是受到魔鬼的支使,而只有上帝的恩典通过我主耶稣基督方能使他解脱?人们被迫为诸神上演那些不体面的戏剧。在这些戏剧中,诗人所描写的诸神的罪恶得到欢呼,而这样的戏剧在元老院的命令下重新上演。在诸神的推动下,在这些表演中,最下流的演员把朱庇特当作贞洁的剥夺者来庆贺,由此讨得朱庇特的欢心。如果这些表演是虚构的,那么朱庇特会生气;但若朱庇特对表演他的罪恶

---

① 《图斯库兰争论集》,卷1,章26,65。
② 李维:《罗马史》,卷2,章36;西塞罗:《论占卜》,章26。

感到高兴,哪怕这些事情不真实,那么崇拜朱庇特不就是在侍奉魔鬼吗?这样一位朱庇特能建立、扩展、保存罗马帝国吗? 他比任何罗马人都要更加邪恶,因为这种事情会使他们感到厌恶。这样一位朱庇特能给我们幸福吗? 对他的崇拜有着可耻的内容,而如果不按这种方式崇拜他,他就会愤怒。

章27 关于大祭司斯卡沃拉讨论过的三种神灵

有记载说,那位非常有学问的大祭司斯卡沃拉(Scaevola)①区分了三类神灵,即分别由诗人、哲学家、政治家引进的神灵。他声称第一类神灵微不足道,因为诗人在谈论这些神灵时虚构了许多可耻的事情;第二类神灵不适宜讲述,因为其中包含一些多余的事情,还有一些事情人们知道以后会引起偏见。既然是多余的,那么一定是不重要的,因为有本事的律师常说"其余的事情不足为患。"但是,那些一旦向大众说明就会造成危害的事情是什么? 斯卡沃拉说:"赫丘利、埃斯科拉庇俄斯、卡斯托耳和波吕丢刻斯,不是神灵,因为有学问的人声称他们只不过是反抗凡人日常命运的人。"②还有什么事情会造成危害? 斯卡沃拉说:"这些城邦并没有诸神的真正的偶像,因为真正的神既没有性别和年龄,也没有确定的、有形的肢体。"这位大祭司不希望民众知道这些事情,因为他并不认为神灵是虚假的。然而,他认为用宗教欺骗民众是有用的。瓦罗在他关于神圣事物的著作中也毫不犹豫地提出过这种看法。这是多么优秀的宗教! 想要获得拯救的弱者在这种宗教中能够获得成功,因为当他们想要寻求获得拯救所依赖的真理时,竟然有人相信对他们进行欺骗是有用的!

在这些书中,斯卡沃拉在陈述拒斥诗人介绍的那一类神灵的理由时确实没有保持沉默。这是因为诗人们歪曲了诸神,使神灵甚至无法与好人相比。他们让这个神偷东西,让那个神通奸,或者让他们说一些蠢话,

---

① 此处的记载无疑是指瓦罗已经佚失的著作。西塞罗称斯卡沃拉为最雄辩的律师,雄辩者中最有本事的人。见西塞罗:《论演说家》(De Orator),卷1,章39。

② 参阅本书卷6,章7;卷7,章27。

做一些下流的事。例如三位女神相互比美,比不过维纳斯的那两位女神摧毁了特洛伊,朱庇特变成公牛或天鹅去勾引女人,女神与男人结婚,萨图恩吞食他的子女。简言之,凡是能想象得到的奇迹和邪恶都能在那里看到,然而却远离了诸神的本性。

噢,大祭司斯卡沃拉,如果你能做到的话,取消这些把戏吧。教导民众不要举行这样的庆典来纪念不朽的神灵。禁止这些节庆,因为在这些节庆中民众乐意崇拜诸神的罪恶,并且喜欢尽可能模仿这些罪恶。但若民众这样作答:"噢,大祭司,是你自己要求我们这样做的",那么就请诸神不要提出举行这种祭仪当作对神灵的荣耀的要求,也不要怂恿你谴责这种罪行。如果这些行为本身是恶的,那么无论如何都不能使人相信它们与大多数神灵有关。他们错误地把这些恶行归咎于神灵而又不受惩罚,给神灵带来了更大的伤害。

但是诸神不会听你的,他们是魔鬼,他们教唆罪恶,在作恶中取乐。他们并不认为这些虚构的事情是对他们的伤害,正相反,要是在他们的节庆中不举行这些祭仪,那倒会使他们感到无法忍受。事实上,如果你们抬出朱庇特来反对这些祭仪只会把事情弄得更糟,因为他的众多罪恶在戏台上表演是最频繁的!如果你们用朱庇特这个名字称呼整个世界的统治者,那么你们岂不是在极大地冒犯他吗?因为你认为他应当与那些肮脏的神灵一道受崇拜,并把他称作这些神灵的王。

章28　崇拜诸神是否有助于罗马人保持和扩张帝国

因此,受到这种荣耀抚慰的诸神,或者倒不如说受到污辱的诸神(如果能够说真话而不说,反而喜欢说假话,这是一桩更大的罪恶),绝不可能用任何方式使罗马帝国扩张和保持。因为,如果有这个能耐,那么诸神宁可把这个伟大的礼物赐给希腊人。希腊人在这一类圣事中,亦即戏剧表演中,以比较荣耀、比较尊严的态度对待诸神。尽管允许他们的诗人随意对任何神灵进行描写,也摆脱不了诗人的谎言,在他们的戏剧中可以看到神被撕成碎片的场景,但希腊人并没有把戏台上的演员本身看作下流的,而是尊敬他们,甚至给他们最崇高的荣誉。

罗马人尽管不崇拜奥利努斯(Aurinus)神,但却照样能够拥有金币,所以他们也可以不崇拜阿根提努斯(Argentinus)和他的父亲埃斯库拉努斯(Aesculanus),却照样可以拥有银币和铜币。类似的情况恕不一一赘述,否则就太冗长了。由此我们可以得出结论,如果真正的上帝不愿意,那么他们无论用什么办法都不能获得统治。如果他们不知道或者轻视这些虚假的神灵,带着忠诚的信仰和美德只崇拜这一位上帝,那么他们将会拥有一个更好的王国,无论这个王国是大还是小,在这里还是不在这里,他们以后还会得到一个永恒的王国。

章29 异教徒认为靠虚假的占卜可以预见罗马帝国的力量和稳定

我前不久提到过的那个故事有什么意义?我指的是玛斯、特米努斯和朱文塔斯不愿意给众神之王朱庇特让位的故事。罗马人把这个故事当作一个杰出的预言。对此他们解释说,这个故事表明玛斯的后裔,亦即罗马人,不会把他们占领的任何地方让给别人,同样,由于特米努斯的原因,没有人能够骚扰罗马的边境,还有,由于女神朱文塔斯的原因,罗马青年拒绝向任何人投降。然而,让他们自己来看,如果这些占卜者把朱庇特当作敌人,拒绝荣耀他,那么他们怎么能够把朱庇特当作他们的诸神的国王,认为把这个王国恩赐给他们的是朱庇特?如果这些事情是真实的,那么他们根本不需要害怕,因为他们不必承认这些不愿给朱庇特让位的神灵会把位置让给了基督。在帝国的疆界还没有改变之前,耶稣基督已经证明他自己能够把他们赶走,不仅从他们的神庙里,而且从他们的崇拜者的心灵中。

但是,在基督的肉身到来之前,在我们从他们的书中引述的这些事情发生之前,在国王塔克文举行那次占卜之后,罗马军队确实好几次被打败溃逃,由此可见这个占卜是虚假的,从女神朱文塔斯不给朱庇特让位这件事情中作出的预测也是假的。玛斯的民族受到践踏,罗马城本身亦受到高卢人的侵犯,帝国的疆界在汉尼拔的大举进攻下只剩下很小一块地方,许多城市都沦陷了。因此,这个所谓准确的占卜落空了,只剩下对朱庇特的抗拒,但不是出自诸神,而是出自魔鬼。根本不放弃是一回事,放弃以后又收回是另一回事。后来，罗马帝国的东部疆界根据哈德良（Hadrian）的意愿而发生改变，三个高贵的行省，亚美尼亚（Armenia）、米索布达弥亚（Mesopotamia）、亚述（Assyria），投降了波斯帝国。这样，特米努斯神，按照那些书上的说法他是罗马疆界的保护神，在那个最神奇的占卜中，拒绝给朱庇特让位，但他似乎比害怕众神之王更加害怕一位凡人的国王哈德良。我上面提到的这些行省后来光复了，但几乎就在我们还能记得起来的时间内，这些边远省份又沦陷了。朱利安（Julian）服从那些神灵的预言，愚蠢地下令烧毁那些装载给养的船只。① 这样，军队缺乏给养，朱利安本人也被敌人杀死，军团遭到极大地削弱，指挥官被杀。在敌人的攻击下，一个士兵都未能逃脱，除非在他们还活着的时候，帝国疆界的和平条款能够签署。这次战争所遭受的损失虽然不如哈德良所作的妥协带来的损失那么大，但仍旧带来了相当大的牺牲。

所以，特米努斯不给朱庇特让位是一个空洞的占卜，因为他服从了哈德良的意愿，也服从了朱利安的鲁莽和朱庇特的必然性。比较聪明和勇敢的罗马人已经看到了这些事情，但几乎没有力量反对国家的习俗，不得不为这些魔鬼举行仪式。尽管他们明白这些仪式是空洞无用的，但他们自己仍旧认为应当举行宗教仪式，而这些仪式本应当归于上帝，因为自然的秩序都是由唯一真正的上帝确立起来的。对此，使徒说："他们去敬拜侍奉受造之物，不敬奉那造物的主，主乃是可称颂的，直到永远。"②这位真正的上帝的帮助是必要的，他派来真正虔诚的圣人，为真正的宗教而死，从这个世界上消除假圣人。

章30　诸神的崇拜者所拥有的关于诸神的观点

担任占卜官的西塞罗对占卜加以嘲笑，指责人们用听乌鸦和寒鸦叫声来规范生活的目的。③ 有一位学园派的哲学家争辩说，一切事情都是

---

① 　参阅本书卷5，章21。
② 　《罗马书》1∶25。
③ 　西塞罗∶《论占卜》，卷2，章37。

不确定的,这些事情不值得相信。在《论神性》这本书的第二卷,西塞罗介绍了鲁西留斯·巴尔布斯(Lucilius Balbus),他在自然中追溯迷信的根源,并给予物理学的和哲学的解释,反对建立偶像和相信神话。他说:"你们难道看不出,理性能够从自然科学合理而有用的发现中引申出荒谬的想象的诸神?由此产生错误的观念、荒诞的故事和只对乡村老妇有价值的迷信。我们还认为我们知道诸神的形象、年龄、习惯、风格!我们甚至声称知道它们的家族史、婚姻以及相互之间的亲属关系,我们用各种方式把它们降低到虚弱的人的形象上来。我们用自己的情感去表现它们。它们有情欲,有悲哀,有坏脾气。按照神话传说,它们甚至会发生争斗战争,引起灾难。在荷马史诗里,我们看到诸神为了支持希腊人和特洛伊人之间的战争而分成敌对的双方,甚至它们自己也对提坦神(Titans)和巨灵神(Giants)发起战争。这些神话轻浮而荒唐,讲述的人和聆听的人都是笨蛋。"①

你们瞧,这些为异教徒的神灵作辩护的人承认了些什么。后来他继续说,有些事情属于迷信,但另一些事情属于宗教。西塞罗按照斯多亚学派的说法,认为可以向人们传授这些事情。他说:"不仅是哲学家,而且还有我们的祖先,区别了迷信与宗教。那些整天祈祷、献祭,使他们的子女能活得比他们长的人被称作迷信的。"②有谁看不出当他害怕公众的偏见时,他试图赞扬古代的宗教,希望把宗教与迷信脱钩,但找不到这样做的办法。如果那些整天祈祷和献祭的人被古人称作迷信的,那么建造不同年纪,穿着不同衣服的神灵偶像,发明诸神谱系、婚姻和亲属关系的人(这是他要指责的)不是也应当被称作迷信的吗?因此,这些事情一旦被发现是错误的迷信,那么他的言外之意就是塑造和崇拜这些偶像是错误的。还有,尽管在公开场合他本人竭力表白自己是不迷信的,但在私下里,他认为这些偶像是值得敬畏的。所以,他在这场讨论中作了雄辩的论证,但在公开场合他甚至不敢窃窃耳语。

① 西塞罗:《论神性》,卷2,章28,70。
② 拉克唐修反对西塞罗的这种词源解释。参阅拉克唐修:《神圣原理》,卷4,章28。

让我们基督徒对上帝我们的主谢恩，如西塞罗所说，不是对天地谢恩，而是对创造天地的那一位谢恩。因为这些巴尔布斯没有对之严加申斥的迷信就像一个"胡言乱语者"（babbler）。[1] 而上帝，通过基督最崇高的谦卑，通过使徒们的传扬，通过殉道士为真理而生、为真理而死的坚定信仰，通过上帝的信徒的自由侍奉，已经不仅推翻了这些宗教的心脏，而且推翻了迷信的神庙。

章31 尽管没有发现真正的上帝，但是瓦罗拒斥流行的信仰，认为只能崇拜一位神

瓦罗本人说了些什么？我们可悲地看到，尽管这不是他本人的判断，但他还是把戏剧表演包括在宗教仪式之中。他在许多地方像一位宗教人士，鼓励崇拜诸神。但有时候，他承认自己并不具有这样的信仰，而只是在叙述罗马国家建立的这些制度。所以，他毫不犹豫地说，如果他正在建立一个新国家，他能够按照自然法则更好地列举神灵和他们的名字。由于生来就处在这个已经非常古老的国家，因此他不得不接受祖传的神灵和他们的姓名，以及与他们相关的历史。他研究和发表这些细节的目的是为了吸引民众崇拜这些神灵，而不是轻视他们。这些话足以表明这位最敏锐的人没有把所有事情都公之于世，因为这些事情不仅在他看来是卑鄙的，而且对普通民众来说也是卑鄙的，除非对这些事缄口不语。我应当对这些事情进行猜测，除非他本人在另外一段话中公开说，关于宗教仪式有许多事情是真的，但这些事情对普通人来说不仅是无用的，而且会有误导民众的危险，哪怕它们是假的，也会有这种危险。因此，希腊人已经悄悄地把他们的宗教仪式和秘仪在高墙内隐匿起来。关于这一点，他无疑表达了所谓聪明人的政策，国家和民众就是由这些人统治的。然而邪恶的魔鬼会对这种狡猾的策略感到欢欣鼓舞，因为这样一来骗子和受骗者都被他们控制了。除了上帝的恩典，通过我们的主耶稣基督，没有任何人能够摆脱这种控制。

---

[1] 巴尔布斯（Balbus）一词源于 balbutiens、stammering、babbling（唠唠叨叨）。

这位最敏锐最博学的作者还说,在他看来,只有那些相信神是世界的灵魂,用筹划和理性掌管着世界的人才明白什么是神。① 由此可见,尽管他没有获得真理(因为真正的上帝不是一个灵魂,而是灵魂的创造者和塑造者),但他若能摆脱和反对传统习俗的偏见,那么他会承认并提出只应该崇拜通过筹划和理性统治世界的唯一的神。所以在这个主题上剩下来还需要与他争论的问题就是:与其把神称作灵魂,倒不如把神称作灵魂的创造者。

他还说,古代罗马人在长达一百七十多年的时间里崇拜诸神而没有使用偶像。② 他说:"如果这个习俗能够延续至今,那么诸神就会得到更加纯洁的崇拜。"倾向于这种观点,他引证了犹太人的情况作见证,还有其他例证。在结论中他还毫不犹豫地说,那些首先为民族建造神像的人既为他们的同胞消除了宗教的敬畏,又增添了错误。他聪明地考虑到,以固体形象展现的诸神很容易引起人们的轻视,以为他们是没有生命的。他没有说这些人传播错误,而是说他们增添了错误,由此可见他希望人们明白,当还没有神像的时候,已经有错误了。因此,只有那些相信神是统治世界的灵魂的人才明白什么是神,没有神像的宗教仪式才更加纯洁,他在说出这些话的时候与真理只有一步之遥了。如果他能够反对这种长期以来形成的错误,那么他一定会把这些观点当作自己的看法提出来,只应该崇拜一位神,崇拜这位神的时候不能用偶像。由于他几乎就要发现真理了,所以他可能很容易想到灵魂的可动性,从而明白真正的上帝就是创造灵魂本身的不动的本性。

因此,无论这些人在他们的著作中写下多少嘲弄诸神的话,在上帝隐秘的意志的推动下他们可以承认这些观点,但是他们并不想劝导其他人。因此,我们可以对这些著作进行引证,驳斥那些拒绝承认这些看法的人。为我们而流的神圣鲜血所做的献祭,圣灵对我们的恩典,可以使我们摆脱那些邪魔的强大力量。

---

① 参阅西塞罗:《论神性》,卷 1,章 2。

② 普罗塔克:《努玛传》,章 8。

章 32　那些国王为什么希望保持伪宗教

瓦罗还说,关于诸神的系谱,民众与其相信诗人不如相信自然哲学家,然而他们的祖先,亦即古代罗马人,相信诸神有性别,有系谱,给他们定婚配,这样做似乎没有别的原因,只是因为那些大胆聪明的人在宗教事务上以此欺骗民众,靠着这种欺骗不仅崇拜,而且模仿魔鬼,而魔鬼的最大欲望就是欺骗。正如魔鬼只能控制那些受骗的人,那些人间的统治者也只能以宗教的名义欺骗人们接受那些他们自己知道是虚假的东西,他们确实不是公义的,而是像魔鬼那样,以这种方式把民众牢牢地束缚在社会之中,让民众乖乖地做他们的臣民。有哪个虚弱、无知的人能逃脱统治者和魔鬼的双重欺骗呢?

章 33　一切国王和王国的时间是由上帝的判断和权能规定的

因此,上帝是幸福的创造者和恩赐者,因为只有他才是真正的神,尘世间的王国无论是好是坏都是他赐予的。他这样做并不仓促,也不偶然,因为他是上帝而不是幸运之神。他这样做有事物和时间的秩序,这些事对我们来说是隐秘的,但对上帝自己来说是一清二楚的。然而,他本人并不是这个时间秩序的臣仆,而是统治它的主人和总督。他把幸福只赐给好人,有些仆人会得到幸福,有些仆人则没有,有些国王会得到幸福,有些国王则没有,完全的幸福则只存于没有人再是仆人的时候。因此,上帝把尘世间的王国既赐给好人也赐给坏人,免得那些心灵仍旧非常虚弱的上帝的崇拜者把他的这种恩赐当作非常重要的。

这是旧约的奥秘,新约的奥秘隐藏于其中,甚至尘世间的恩赐也在其中作了应许。尽管这些东西没有公开宣布,但是属灵的可以理解这些尘世间的恩赐象征着永恒,也可以明白在什么样的上帝的恩赐中可以找到真正的幸福。

章 34　唯一的上帝建立了犹太人的王国,只要它能保持真正的宗教,上帝就会让它存在

这些尘世间的好东西,更不必说人们期盼想象中的更好的东西,都由

上帝自己来支配,而不属于众多伪神的支配。罗马人从前相信这些伪神是值得崇拜的。上帝使他在埃及的少数子民生养众多,用奇迹把他们拯救出来。当他们的后裔生养众多的时候,他们的妇女无需向鲁西纳(Lu-cina)祈祷。这个民族人口大量增加是上帝自己在为他们助产。上帝自己把他们从埃及人手中拯救出来,因为埃及人逼迫他们,想要杀死他们全部的婴儿。没有女神卢米那(Rumina),这些婴儿照样吃奶,没有库尼娜(Cunina),他们照样睡摇篮,没有埃杜卡(Educa)和波提那(Potina),他们照样吃喝,没有那些幼稚的神灵,他们照样受教育,没有那些婚姻神,他们照样结婚,没有崇拜普里阿普斯(Priapus),他们照样交媾,他们不向尼普顿祈祷,但在他们要通过红海时,海水退为干地,在他们过完后,海水复原淹没追击他们的敌人。当他们得到从天而降的玛尼娅时,他们也不向女神玛尼娅(Mannia)献祭,当他们口渴时,磐石中流出水来,但他们并不崇拜宁妇(Nymphs)和吕姆福斯(Lymphs)。不举行玛斯和柏洛娜(Bellona)的疯狂仪式,他们照样打仗。他们打过胜仗,但并没有把胜利当作一位女神,而是视为他们的上帝的恩赐。没有塞吉提娅(Segetia),他们获得丰收,没有布波那(Bubona),他们有公牛,没有美洛那(Mellona),他们有蜂蜜,没有波莫娜(Pomona),他们有苹果。总之,罗马人认为自己必须为所有事物向这样一大群伪神求助,而他们则更加幸福地从唯一真正的上帝那里得到更多的东西。

如果他们没有带着不虔诚的好奇心犯下反对上帝的罪行,他们的国家将会长存,虽然不如罗马的地域那么辽阔,但他们肯定比罗马人更加幸福。然而他们受巫术的诱惑,转向其他陌生的神灵和偶像,最后还杀了基督。现在他们流散到所有国家和民族,这是通过唯一真正的上帝的意愿达成的,而各地的那些偶像、祭坛、墓地、伪神的神庙都被推翻了,献祭遭到禁止。从他们自己的书中可以看到他们的先知很早就预言了这些事,免得当他们在我们的书中读到相同的事情时会认为这些事是我们编造出来的。

现在,让我们把接着要说的话留到下一卷再说,免得这一卷显得太长。

第 五 卷①

【本卷提要】如上卷所示,罗马帝国的权力和扩张不能归功于伪神,但有些人将它归结为命运。为了驳斥这种说法,奥古斯丁在本卷中首先讨论了命运学说。然后,他证明在上帝的预见和我们的自由意志之间并没有矛盾。接着,他谈论了古罗马人的性格,说明它在什么意义上可以归于罗马人自身的美德,在什么范围内可以归于上帝的旨意,尽管他们不崇拜上帝,但是上帝让他们的统治得以扩张。最后,他解释了什么是基督徒皇帝的真正的幸福。

前　言

现在可以明白,我们全心全意想要获得的一切就是幸福,幸福不是一位女神,而是上帝的恩赐。因此,除了崇拜能使人幸福的上帝,不应该崇拜其他神灵。如果幸福本身是一位女神,那么她应当成为人们崇拜的唯一对象。由于这些问题都已经得到说明,现在让我们继续考虑,为什么上帝适宜被视为罗马帝国扩张和长期统治的恩赐者,他能够把这些好礼物与其他各种东西一道赐予人,而那些不善良的,因此也不幸福的人也能拥有这些东西。他们所崇拜的众多伪神对这些事并不产生影响,对此我们已经作了充分的引证,当然,如果有必要的话,我们仍将再作引证。

章1　罗马帝国和其他一切王国的状况不是偶然的,也不是由星辰的位置决定的

罗马帝国的伟大,既非由于偶然,也非命中注定。按照那些人的判断

---

① 写于公元 415 年。

或看法,所谓偶然是指这些事情的发生没有原因可寻,或者说虽有原因,但并不按照某种理智的秩序出现,所谓命中注定则是指这些事情的发生与上帝的意志和人的意志无关,按照某种必然的秩序独立发生,简言之,人类的王国是由天命建立起来的。如果有人把它们的存在归于命运,因为他用命运这个名词来称呼上帝本身的意志或权能,那么就让他保持这种看法,但要校正他的用语。因为,当有人问他,你说的命运是什么意思的时候,他为什么不把他最后说出来的话放到前面来说呢? 当人们听到这个词的时候,他们只会按照语言的日常用法将它理解为某个人出生或受孕时星辰的具体位置。有人认为这种位置与上帝的旨意完全无关,而另一些人则肯定它与上帝的旨意有关。

除了上帝的意志以外,那些人还认为星辰决定了我们应该做什么,或者决定了我们将得到什么好东西,或者我们将受到什么邪恶的伤害。不仅那些拥有真正宗教的人,而且还有那些希望崇拜任何神灵,哪怕是崇拜伪神的人,都应当拒斥这种观点。因为,这个观点实际上不就是在说不要崇拜任何神灵或向任何神灵祈祷吗? 然而我们现在的争论并不打算指向这种观点,而是要反对那些人,他们为他们所说的神灵辩护,反对基督教。

这些人认为,星辰的位置依赖于上帝的意愿,以某种方式决定了每个人将会拥有的性格和在他身上将会发生的善与恶。如果他们为了能够按照他们他们自己的意愿决定自己的事情,因此认为这些星辰也具有上帝那样的最高权能,那么他们也极大地损害了天堂。他们设想,在这座天堂里有着最聪明的议员,有着最辉煌的元老院,但却发布邪恶的法令,让那些罪恶的行为发生,这些邪恶的法令即使在人间的王国颁布,也会遭到全体人类的反对,会被推翻。上帝是星辰之主,也是人类之主。如果人的行为是由天体的必然性所决定的,那么上帝对人的行为还能起什么作用呢? 或者说,如果他们认为星辰确实从最高的上帝那里得到某种权能,但它们并不按照自己的判断决定这些事情,而只是在一种必然性的要求和迫使下,以它们自己为工具使上帝的命令得以实现,那么在这种情况下,我们是否就可以把星辰的那些邪恶的意愿视作上帝的意愿了呢?

如果把星辰的作用说成是象征事物,而不是影响它们,星辰的位置就像起描述作用的语言,不会引发将来的事情,那么这是没有知识的人的看法。例如,星相家们就不会这样说,火星处在这个或那个位置上表示谋杀,而是说会发生谋杀。尽管我们承认他们不一定会这样说,而我们也必须把哲学家在描述星辰位置时的用语当作恰当的用语来接受,但无论如何,困难仍旧存在。例如,他们从来没有解释过双胞胎的行为,确定地说明他们所遇到的事件的原因,他们的职业、技艺、荣誉,以及其他与人生相关的事情,还有他们的死亡,经常有巨大的差别。双胞胎在所有这些事情上的差异更像两个陌生人,而不是非常相似的双胞胎,然而双胞胎的出生时间前后间隔很小,他们的母亲怀上他们更是在同一次交媾行为中的同一刹那完成的。

章2　双胞胎在健康方面的差别

据西塞罗说,名医希波克拉底(Hippocrates)在著作中表示怀疑某一对兄弟是双胞胎,因为他们经常一起生病,而且病情加重和减退的时间都一样。① 斯多亚学派的波西多纽(Posidonius)对星相很有兴趣,②为了解释这个事实曾经假定这对兄弟是在同一星相下受孕和诞生的。在这个问题上,这位医生的猜测更值得接受,方法更为可信,因为,父母交媾时的状况会影响到受孕和胚胎发育,而后来胚胎的发育、成长、诞生都是在同一母亲的子宫中进行的,因此婴儿诞生时的情况也一定是相同的。后来,他们在同一所房子里得到哺养,吃同样的食物,呼吸同样的空气,在同一个地方活动,喝同样的水,这些事情从医学上来讲对人体健康好坏有重大影响,在那里他们也会接受同样的锻炼,他们的体质非常相似,以至于会在同样的时间由于同样的原因而染上同样的疾病。但是,若将他们受孕或诞生时星宿的位置作为他们同时生病的原因,显然是一种最大的无知。因为,有那么多各种各样的人,在各种不同的条件下,遇到各种不同的事

---

① 希波克拉底和西塞罗的所有现存著作均无关于这件事的记载,有学者认为西塞罗可能在他已经佚失的《论命运》中记载过这件事。

② 参阅西塞罗:《论占卜》,卷2,章21,47。

件,而他们也可能是由他们的父母在同一时间、同一地方、躺在同样的天空下受孕和生下来的。

我们知道,双胞胎不仅行为不同,会去不同的地方,而且他们也会得不同的疾病。在我看来,希波克拉底应当对此提供最简单的解释,也就是说,由于吃不同的食物和进行不同的锻炼,使他们在身体健康方面有了差别,不仅在体质上,而且在心灵的倾向上。还有,波西多纽,或其他断言星相会影响命运的人,如果不愿意把这些他们自己都不懂的事情强加于那些无知者,那么他们完全可以找到别的解释。我知道,他们想要解释双胞胎诞生时间的微小间隔,因此把原因归结为用来表示时间变化的天体标志,亦即被他们称作星相的东西。但是相对于双胞胎在意愿、行为、性格等方面的差异来说,这个原因太小了,或者说要解释他们的社会地位是卑贱还是高贵,这个原因又太大了,因为据他们所说,社会地位的差别取决于人们的出生时辰。因此,如果两个双胞胎几乎同时出生,连星相都没有什么变化,而我要求他们在所有方面都一模一样,那么这是任何双胞胎都绝不可能做到的。但若双胞胎中的第二个婴儿出生推迟了,星相变了,那么我想该为他找一对不同的父母,而这在双胞胎是绝对不可能的。

章3 星相家尼吉底乌斯提出用来解决双胞胎难题的所谓陶工轮子的论证

因此,把那个著名的所谓陶工轮子的论证搬出来是没有用的,据说尼吉底乌斯(Nigidius)对双胞胎的问题感到困惑,于是提出了这个论证。他本人亦因此得到费古鲁斯(Figulus)①这个绰号。他用尽全力旋转陶工的轮子,然后用墨水以最快的速度在轮子上点了两点,让这两点能够尽可能落在同一处。等到轮子停止转动的时候,他用墨水做的两点标记有一段距离。他解释说,由于星宿旋转得很快,即使双胞胎诞生的间隔很短,就像我用墨水所做的两个标记一样,但在这么短的时间里,星宿已经走得很

① 词义为"陶工",参阅苏维托尼乌斯:《奥古斯都传》,章94;卢坎(Lucan):《法塞利亚》(Pharsalia),卷I,行639。

远了。这就是双胞胎在习惯和运气方面可以有各种差别的原因。

这个论证比那些用轮子旋转制成的器皿本身还要脆弱。因为，如果星相有那么多意义是不能通过观察加以理解的，在双胞胎这个例子中，父母的遗传可以影响其中的一个，而不影响另一个，那么为什么在非双胞胎的例子中，当他们在宣称星相包含着无人能够理解的奥秘的时候，竟敢通过观察星相来给每个人确定出生的准确时辰？现在，如果这样的预测与其他非双胞胎的人的出生时间相关，星相家们观察到他们的星相在天空中分布很广，而那些双胞胎的星相则相距很近，与此相关的事情都是微不足道的小事，以至于人们不愿向星相家们咨询，那么有谁会向星相家询问他们什么时候应该静坐，什么时候应该行走，什么时候应该吃饭？当我们能够指出双胞胎的习惯、行为、命运有许多巨大差别的时候，星相家的说法又有什么正确可言？

章4　关于双胞胎以扫和雅各，他们的性格和行为极为不同

在先祖时代，有两位出名的人物是双生子，他们的出生时间相距很短，后出生的那个婴儿用手抓住先出生的那个婴儿的脚跟。[①] 他们的生活和品性存在着巨大的差别，他们的行为极不相同，他们的父母对他们的爱也不一样，以至于在他们之间产生了相互敌对的厌恶。当我们说他们差别那么大的时候，我们的意思是指他们一个在行走的时候另一个在静坐，一个在睡觉的时候另一个在走路吗？这一类差别在那些向星相家咨询的人看来虽然取决于星宿的微小变化，但显然可以忽略不计。他们在人出生时记下星辰的位置，以便向星相家请教。那对双胞胎中一个长期当雇工，而另一个从来没有当过雇工。他们的母亲喜欢其中的一个，而不喜欢另一个。他们中的一个失去了在他们的民族中视为荣耀的长子权，另一个则得到了这种权力。还有关于他们的妻子、子女、财产，我们该说些什么？在所有这些方面，他们的差异多么巨大！然而，如果与双生子诞生时的短暂间隔相关的这些事情不能归于星宿，那么又怎么能够通过观

---

① 《创世记》25：25；奥古斯丁：《论基督教教义》，卷2，章33。

察星相来预测其他人的情况呢？另一方面，如果这些事情能够预测，因为它们不是与那些极为短暂的间隔相关，而是与能够观察到、能够记载下来的时间变化相关，那么那个所谓陶工轮子的论证又能起什么作用？除非它对那些心灵像泥土一样的人有用，可以用来防止他们明了那位星相家的空洞观点。

章5　如何说服星相家相信他们的学问是无用的

医圣希波克拉底由于看到有些人患病、病重和康复的时间相同，因此怀疑他们是双胞胎，我想要说的是，这不足以充分驳斥那些人想把体格相同归于星辰的影响吗？那些在同一时间患同样疾病的人为什么不按照他们出生时间的前后一个接一个地生病呢？（因为他们肯定不会在同一时刻诞生。）或者说，如果他们在不同的时间出生并不一定使他们在不同的时间生病，那么为什么要满足于认为他们出生时间的差异是他们在别的事情上的差异的原因呢？他们为什么能在不同的时间到国外去旅行，在不同的时间结婚，在不同的时间生孩子，然而不能由于同样的原因而在不同时间生病呢？如果星相在他们诞生时发生了变化，由此决定了其他所有事情的不同，那么为什么在他们受到疾病攻击的时候，仍然要受到他们同时受孕的影响呢？或者说，如果健康与否与受孕的时间有关，而其他事情与诞生的时间有关，那么在不知道受孕时的星相的情况下，他们一定不能用观察出生时的星相来预测任何与健康有关的事情。但若他们说他们不需要观察受孕时的星相来预测生病，因为这些事情是由诞生时的星相来揭示的，那么他们又怎么能够根据出生时的星相指出双胞胎中的某一个生病的时间，同时又说那个并不具有同样出生时间的星相的另一个也一定会在同样的时间生病？

还有，我要问，如果双胞胎出生时的间隔很大，他们的星相也有很大差别，因此，会产生极大影响的星相的主要征兆都不一样，甚至会从这种变化中产生不同的命运，那么情况怎么会是这个样子，因为他们不可能是在不同时间受孕的？或者说，如果同时受孕的双胞胎由于诞生时间不一样会有不同的命运，那么为什么出生于同一时刻的双胞胎也会有不同的命运？因为,如果同时受孕并不妨碍诞生有先后,那么同时诞生为什么会妨碍他们同时死亡呢？如果同时受孕允许双胞胎在子宫中发育时受到不同的影响,那么为什么同时出生不允许他们在这个世界上拥有不同的命运？这样一来,这种虚构或幻想,就全被扫除了。两个孩子在同一时刻受孕,不,在同一瞬间受孕,处在同样的星相下,但有不同的命运,使他们出生的时候有先后,而两个孩子由两位不同的母亲在同一瞬间生下,处在同一星相下,但却不能拥有不同的决定他们今后不同性质的生与死的命运,这种情况是多么奇怪啊？

　　他们在受孕时还没有命运,因为他们只能在出生时有命运,对吗？如果能发现受孕的时间,那么这些星相家可以预测许多事情,他们这样说是什么意思？人们传说过这样一个故事,说某位圣人选定时间与他妻子同房,以确保生下一个有出息的儿子。关于同时生病的双胞胎,伟大的星相家和哲学家波西多纽作出过回答。他说:“之所以发生这种事是因为他们是同时受孕的,也是同时出生的。”为了更加确定,他添上了“受孕”这个词,免得有人对他说他们不可能同时诞生,因为他知道双胞胎受孕一定是同时的。他希望这样就能表示他没有把产生他们的相同之处和同时生病这一事实的原因归结为他们体质的相同,以此为最重要的原因,但是他认为,即使在他们相同的健康方面,出生情况的不同也不能改变相同的命运。或者说,如果双生子命运的改变是因为他们出生时间不同,那么为什么不说为了能在不同的时间出生,他们的命运已经改变了？如果出生的秩序能够改变他们在受孕时具有的命运,那么活在这个世上的人为什么不能改变他们出生时的命运？

章6　关于不同性别的双胞胎

　　但是,甚至在肯定同时受孕的双胞胎中,也经常会有一男一女这种情况发生。我认识一对双胞胎,一男一女。他们都还活着,正处在青春年华,在性别允许的范围内,他们在身体方面有很相似的地方,但他们的整个生活范围和目的极为不同(只要想想男性与女性在生活方面所必然存在的差别就可以了)。他们一个是军官,几乎总是离家执行军务,到外国去打仗,而另一个从来没有离开过她的祖国,或者她自己的家乡。还有,他结了婚,而她是神圣的处女,他生了许多子女,而她从来没有结过婚。假如我们考虑到有人的意愿和上帝的恩赐,那么这种情况可能并不奇怪,但若我们相信星相决定人的命运,那么这种情况就非常不可信了。

但是,星相不是能起很大的作用吗?关于这种想法的荒谬,我想我已经说得够多了。但是那些星相家说,无论星相在其他方面有什么作用,人出生时的星相肯定具有重要意义。但是他们为什么不重视受孕时的星相,因为受孕无疑是在同一交媾行为中发生的?自然的力量确实如此伟大,妇女一旦怀孕,她就会停止受孕。或者说,双胞胎有可能会因为星相方面的差异而在出生时发生变化,因此一个胎儿变成男的,另一个胎儿变成女的吗?

某些星辰的影响会引起某些不同的现象,这样说并非完全荒谬,例如,我们看到太阳的逼近和远去产生每年的季节变化,月亮的盈亏会使某些事物的体积增大或缩小,例如海胆、牡蛎和大海神奇的潮汐,这些事并不服从人的意志,而取决于星辰的位置。然而星相家希望用星相来约束我们的行为,这只能迫使我们追问,为什么不能将这些变化,哪怕是身体变化的原因归结为星相的变化。还有什么比性别与身体的关系更紧密?然而,处在同样的星辰位置之下,可以孕育不同性别的双胞胎。如果对同时受孕因此具有相同星相的双胞胎来说,受孕时的星相不会引起双胞胎婴儿有不同的性别,而在他们出生时的星辰的位置能够使他们今后产生巨大差别,一个结婚,而另一个保持神圣的贞洁,那么,还有什么比肯定或相信这种说法更加荒唐吗?

章7 关于选择黄道吉日结婚和播种

有人会请这种人按照星相替他们的某些具体行为选择行事的日子吗?例如我们刚才提到过的那个人命中注定不能生下一个有出息的儿子,而是生一个没出息的儿子,然而由于他有这种知识,因此选了一个良辰与他的妻子交媾。就这样,他创造了一个他先前并不具有的命运,依据他自己创造的命运,某些事成为命中注定的,而这些事并不包括在他自己出生时拥有的命运中。真是愚蠢至极！如果结婚的日子要选择，那么只能在这个选定的日子里结婚，否则就得在不幸运的日子里结婚，婚姻就会成为不幸福的。如果是这样的话，已经由人出生时的星相决定了的命运又变成什么了呢？我们能说通过选择就能改变已经决定了的命运，而在选定日子时作的决定就不能被别的力量改变吗？

如果只有人，而非天底下的万事万物，受到星辰的影响，为什么他们要选择某些日子，说这些日子适宜种植葡萄或树木，或者适宜播种，说那些日子适宜驯兽、给母牛和母马配种怀孕，以及其他类似的事情？如果有人说某些选定的日子对这些事情有影响，因为星宿根据时间的差别统治大地上的一切事物，有生命的或无生命的，那么让他考虑一下，在同一时刻会有无数众多的东西诞生、兴起、或开始，而这些事物在终结时是如此不同，这就可以使小孩都明白选择黄道吉日是可笑的。有哪个疯子胆敢肯定，所有的树、草、兽、蛇、鸟、鱼、虫，都有它们分别不同的特定的诞生时间？无论如何，人不会为了试验星相家的技能，在家里勤奋地观察星相，想要找到不会说话的动物出生时的星相，他们喜欢这些星相家胜过其他，这些星相家说通过观察星相可以说明动物的出生而不是人的出生。他们竟然还敢说出什么动物出生了，是长羊毛的，或是适宜驮东西，或是适宜耕地，或是适宜看家，因为星相家还想给狗算命，而那些来向他们请教的人在得到回答后兴高采烈，大声欢呼。

他们在骗人，使人相信在某个人出生时，其他一切东西的出生都暂时停止，在这个人出生的时候，在同样的天空下，甚至连一只苍蝇都不会出生。即使承认这一点，我们的推论仍旧不能就此止步，而必须从苍蝇一直上升到骆驼和大象。他们不会注意到，如果选择一个黄道吉日在一块地里播种，同时播下很多种子，同时发芽，同时生长，同时成熟，然而当所有谷穗都已饱满的时候有些得了霉病，有些被鸟吃掉，有些被人拔去。看到它们具有如此不同的结局，他们会说所有这些谷子播种时都有不同的星相吗？他们会承认为这些事情去选择黄道吉日是愚蠢的，会肯定这些事情与星相无关，而又认为只有人才与星相有关。那么，在这个世界上，上帝把自由意志只赋予人类吗？

根据已经思考过的这些事情,我们有很好的理由相信,受到那些邪恶精灵的挑唆,星相家们按照某种实际上并不存在的技艺提供了那么多奇奇怪怪的回答,诱惑人们接受星相决定命运这种错误和危险的观点。

章8 所谓命运并非星辰的位置,而是依据上帝意愿的各种原因之间的关联

至于所谓的命运,不是任何生灵受孕、诞生、开始存在时的星辰的位置,而是使万物变化的各种原因的整体和环节。我没有必要花费精力与他们进行单纯的用词之争,因为他们把所谓原因的秩序和联系归于最高的神意和权能,上帝被最正确、最真实地认为能预先知道将要发生的一切事情,并且规范一切。尽管并非一切人的意志来自上帝,但是上帝是一切权能的源泉。

这主要是最高的上帝的意志,他的权能不可抗拒地施加于万事万物,这就是他们所说的命运。下面这些诗句可以作证,如果我没弄错的话,作者是阿奈乌斯·塞涅卡(Annaeus Seneca)。他说:"至尊的圣父,崇高的天空的统治者,你乐意引导我。我要马上服从,决不拖延。瞧,我在这里。我马上就照你至高无上的意志办事。如果你的命令与我的爱好不符,我仍将追随你的吩咐,完成你指派的工作,尽管我的心灵会感到痛苦,但我仍将含泪接受所面对的一切,无论是善是恶。愿意的人,命运领着走,不愿意的人,命运拉着走。"[1]显然,在最后这句诗中,他把先前被称作"最高圣父的意志"的东西称作"命运"。他说他愿意服从它,由它领着走,而不是不情愿地被拉着走。因为,"愿意的人,命运领着走,不愿意的人,命运拉着走。"

下面这几句由西塞罗译成拉丁文的荷马史诗也倾向于这种看法:"生活在大地上的人们就是这样思想,随着父神朱庇特送来不同的时光。"[2]当然,西塞罗并不认为一位诗人的看法在这样的问题上有什么分

---

① 塞涅卡:《书信集》,107。
② 荷马:《奥德修纪》,卷18,行136,137。

量，但他注意到斯多亚学派在肯定命运的力量时习惯于使用荷马的诗句。他不是在这里处理诗人的看法，而是在考察哲学家的观点。根据这些他们在争论中引用的诗句，可以明显地知道他们所说的命运是什么意思，因为他们把朱庇特称作最高的神。他们说，整个命运的链条都悬挂在朱庇特的身上。①

章9　关于上帝的预见和人的自由意志，反对西塞罗的定义

西塞罗驳斥斯多亚学派所用的方式表明他并不认为自己能有效地使用论证驳倒他们，除非他能先否定占卜。② 他想要否定有关于未来事件的知识，他竭尽全力表明，无论是神还是人都没有这样的知识，不可能对将来的事进行预测。这样一来，他既否认了上帝的预见，又试图用一些空洞的论证驳斥某些非常容易驳倒的神谕，藉此推翻所有预见，甚至那些比光明还要清楚的预言（尽管那些预见并没有被他驳倒）。

但是在驳斥星相家的猜测时，他的论证是成功的，因为星相家的猜测可以毁灭和驳斥它们自己。但不管怎样，断定星辰对命运的影响比否定对未来事件的预见要更加可以容忍得多。因为，承认上帝的存在，但同时又否认他对未来的知识具有预见，显然是极为愚蠢的。圣经的话语很好地道出了这位西塞罗本人的问题和他试图肯定的学说，"愚顽人心里说，没有神。"③然而，他没有亲自做这件事，因为他看到这种观点是多么冗长和令人厌恶，因此在论诸神本性的那本书中④，他让科塔（Cotta）出面驳斥斯多亚学派的观点，而他自己则倾向于鲁西留斯·巴尔布斯（Lucilius Balbus）的观点。他让这位对话中的人物起到为斯多亚学派立场辩护的作用，而并不赞同否认任何神灵存在的科塔（Cotta）。然而，在他论占卜的那本书中，他亲自出马公开反对那些对未来事件作预测的学问。但他所做的一切似乎都是为了能在不承认命运学说的同时摧毁自由意志。因

---

① 参阅西塞罗：《论命运》，卷18，章41。

② 参阅西塞罗：《论占卜》，卷2。

③ 《诗篇》14：1。

④ 西塞罗：《论神性》，卷3。

为他认为,一旦承认有关于未来的知识,那就无法否认作为其必然结果的命运。

但是,让这些哲学家的令人困惑的讨论和争辩继续下去,而我们可以承认最崇高的和最真实的上帝,承认他的意志、至高无上的权能和预见。还有,我们也不必害怕会强迫自己做不愿做的事,因为上帝的预见是不会错的,他预见到我们会这样做。西塞罗害怕这一点,因此他反对预见。斯多亚学派尽管赞成一切事物的发生都有命运,但他们也坚持万事万物的发生并非必然的。

那么西塞罗为什么要害怕对未来事物的预测呢?这无疑是因为,如果一切未来的事情都可以预见,它们就会按照被预见到的那个序列发生,如果它们按照这个序列发生,那么存在着上帝所预见到的事物的序列,因为任何事情的发生都有某些原因。他说,但若存在着万事万物发生的确定的原因序列,那么一切事物的发生都是命中注定的。他说,如果是这样的话,那么就没有什么事情可以由我们自己的力量来决定,也就不存在所谓的意志自由;如果承认这一点,那么整个人生就给搅乱了。制定法律就会没有用,赞扬、责备、鼓励也全都落空了,无论是奖善还是惩恶都无公正可言。①

这样的结果是十分荒唐的,是人们无法追随的,因此西塞罗就选择了排斥对未来事情的预见,使敬神的心灵无法接近这种考虑,迫使人们在两者中进行选择,或者是有些事情处在我们的力量范围之内,或者是存在着预见,这两者可能不会同时为真,但如果肯定了其中之一,那么就必须否定另一个。因此,他真像一位伟大的哲人,非常娴熟地倚重人类的善行,选择了意志自由来肯定他的观点,否认对未来事物的预见。就这样,在他希望使人自由的时候,他使人们亵渎神灵。

但是虔诚的心灵会同时选择两者,承认两者,用虔诚的信仰坚持两者。西塞罗会说,这如何可能呢?因为肯定有关于未来事物的知识,就得承认一连串的后果,不可能有任何事情依赖于我们自己的自由意志。还

---

① 西塞罗:《论命运》,卷 17,章 40。

有,如果有什么事情取决于我们的意志,那么我们必须按照同样的推理步骤返回,直至抵达根本不存在对未来事物的知识的结论。我们返回的步骤是这样的:如果有自由意志,那么一切事物并不按照命运发生;如果一切事物并非按照命运发生,那么就不存在一个原因的序列;如果不存在一个确定的原因序列,那么就不存在一个可以由上帝预见到的事物的确定的序列;如果不存在可以为上帝所预见的原因序列,那么任何事情都不能说是按照上帝所预见的那样发生的。还有,他说,如果一切事物按照上帝所预见的那样发生这种说法是不对的,那么上帝根本就没有任何对未来事件的预见。①

现在,为了反对这种亵渎神明的、不虔诚的、胆大妄为的理性,我们既肯定上帝在一切事情发生之前就知道这些事,又肯定我们可以按照我们的自由意志做我们知道或感到要做的事,仅仅因为我们想要做。我们没有说一切事物的产生都有命运,我们也没有肯定命运什么都不能决定,因为我们证明命运这个名称在那些谈论命运的人那里的意思是每个人受孕或诞生时的星相,这是一个空洞的用语,因为星相学本身是一种幻想。但是最有效的原因序列应当归于上帝的意志,我们不想用命运这个词来否认上帝的意志或重新确定上帝意志的意思,除非我们有可能把命运这个词理解为是从"fari"(说)这个词派生出来的,因为我们不能否认经上说,"神说了一次,这两件事我都听见,就是能力都属于神。主啊,慈爱也是属于你,因为你照着各人所行的报应他。"②现在,"神说了一次"这个表达法可以理解为"不可更改",也就是说上帝所说的是不可更改的,因为上帝知道一切不可改变的事情和一切他要做的事。所以,除非命运这个词还没有在别的意义上被理解,还没有朝着我们不希望人们作此理解的方向发展,那么我们可以在"上帝已经说了"的意义上使用命运这个词。

但我们不可由此认为,对上帝来说存在着一个所有原因的确定的序列,因此没有任何事情取决于我们的自由意志的实施。因为,我们的意志

---

① 　西塞罗:《论命运》,卷10,章20以下。
② 　《诗篇》62:11,12。

本身也被包括在上帝的确定的原因序列之中,为他的预见所包含。因为,人的意志也是人的行为的原因,能预见事物的全部原因的上帝在那些原因中决不会忽略我们的意志。

甚至连西塞罗本人所作的认可也足以驳斥他的这个论证。① 一切事物的发生皆有原因,但并非每个原因都是命中注定的,因为有偶然的原因、自然的原因和有自由意志的原因,他怎么能这样说呢? 他承认无论发生什么事情必有一个先在的原因,这就足够了。因为我们说,那些被称作偶然的东西并非只是一个表示没有原因的空名,而只是表示潜在的原因,我们把潜在的原因或是归于真正的上帝的意志,或是归于某种精灵的意志。至于自然的原因,我们用这个说法绝不意味着将它们与上帝的意志分割开来,因为上帝是一切自然的创造者或设计者。现在,我们可以提到有自由意志的原因了。这些原因既可以是上帝的,也可以是天使的,或者是人的。如果没有理性的动物按其本性进行各种运动,寻找或拒绝各种东西,也能被称作意志的话,那么这类原因也可以是动物的。当我说天使的意志时,它的意思既可以是好天使的意志,也可以是坏天使的意志,我们把好天使称作上帝的天使,把坏天使称作魔鬼的使者,或者恶鬼。还有,当我说人的意志时,它既可以是好人的意志,又可以是坏人的意志。

由此我们可以得出结论,除非具有自由意志的原因,否则没有有效的原因使一切事物得以发生,举例来说,生命之灵属于自然的原因。空气或风被人们称作灵,但由于它是一样东西,因此它不是生命之灵。而生命之灵使万物加速发生,是各种东西的创造者,也是各种被造的灵的创造者,它就是上帝本身,不被创造的灵。存在于上帝的最高意志中的力量对一切被造的灵的意志起作用,帮助善者,审判恶者,支配一切,把力量赐给某些,而不赐给另一些。由于他是一切自然的创造者,所以他也是一切力量的赐予者,但他并非一切意志的赐予者,因为恶者的意志并不来自上帝,而与本性相对的意志则来自上帝。至于肉体,它们更加服从意志,有些服从我们的意志,我这样说指的是一切活着的可朽的生灵,但最主要是指人

① 西塞罗:《论命运》,卷 10,章 21 以下。

的意志而非动物的意志。但是它们全都首先服从上帝的意志，一切意志也都要服从上帝的意志，因为若无上帝的恩赐，它们就没有力量。

因此，上帝是创造事物的原因，但上帝本身不是被造的，而其他一切原因既是创造的，又是被造的。这就是所有被造的灵，特别是理性的灵。然而，物质性的原因与其说是创造的，倒不如说是被造的，不能列入有效的原因之中，因为它们只能服从各种灵的意志。因此，当我们的意志本身在原因序列中具有非常重要的位置时，必然包括在上帝的预见之中的原因序列怎么会与人的意志无关呢？

西塞罗满足于把这种原因序列称作命中注定的，或者用命运这个名称来表示这个原因序列本身。对此我们感到非常厌恶，特别是对命运这个词的解释，人们已经习惯于按照它的错误含义来理解了。但由于他否认一切原因的序列都是最确定的，否认上帝的预见完全清楚地知道这种原因的序列，因此我们对他的观点的痛恨甚于对斯多亚学派的观点。他或者是否认上帝的存在，在他的那本《论神性》中，他确实让一个虚构的对话人物这样做过，或者是承认上帝的存在，但却否认上帝可以预见到将来的事情，这不正是"愚顽人心里说没有神"①吗？不能预见将来所发生的一切事情就不是上帝。我们的意志有能力做一切上帝想要它们做并且预见到它们能做的事情。无论它们拥有什么力量，这些力量都有最确定的限制，无论它们将要做什么，它们一定会去做，因为上帝预见到它们有能力去做这些事，而且会去做这些事，而上帝的预见是不会错的。因此，如果我想用命运这个词指称什么的话，我宁可说命运是弱者的行为，而"选择"是把弱者置于他的力量之下的强者的行为，而不承认被斯多亚学派武断地称作命运的原因序列消除了我们的意志所作的选择。

章10　我们的意志是否受必然性支配

因此，不要害怕必然性。斯多亚学派由于害怕必然性，花了很大气力对事物的原因作出这样的区分，把有些原因置于必然性之外，而让另一些

---

① 《诗篇》14:1。

原因服从必然性。他们把我们的意志放在他们希望不服从必然性的那些
事情之中，他们明白，如果我们的意志也服从必然性，那么我们的意志就
不可能是自由的。现在，如果我们用必然性这个词表示不属于我们力量
范围内的事，那么，甚至连我们的意志也是与必然性相对立的，例如死亡
的必然性，而我们藉以过一种公义的生活或邪恶的生活的意志显然并不
处在这样的必然性之下，因为我们做许多事情，如果我们不愿意的话，那
么我们肯定不会去做。我们的意志本身是一个最明显的例子。因为，如
果我们愿意，就有意志的行为，如果我们不愿意，就没有意志的行为。如
果我们没有选择去做某事，我们当然不会作出这种选择。

　　但若我们把必然性定义为事物一定会如此或一定会以某种方式完
成，那么我不知道为什么要害怕取消意志自由的必然性。如果我们说上
帝必然是永生的，上帝必然预见一切，那么我们并没有把上帝的生命和预
见置于必然性之下，同样，当我们说上帝不会死或上帝不会犯错误，我们
也没有削弱他的权能，因为这些对他来说都是不可能的，如果这些对他来
说是可能的话，那么他的权能是比较小的。上帝不会死，也不会犯错误，
把上帝称作全能者肯定是对的。因为，把上帝称作全能的是因为他做他
想做的事，而不是因为他承受了他不愿意受到的痛苦，如果他会遇到这种
事，那么他就绝不会是全能的。因此，上帝不会去做某些事情，因为他是
全能的。

　　同样，当我们说这是必然的，如果我们愿意的话，我们会凭借自由选
择去作某事，当我们这样说的时候，我们既肯定了确定无疑的真实的东
西，也不会继续将我们的意志置于毁灭自由的必然性之下。然而，我们的
意志作为意志而存在，会做我们愿意作的任何事情，如果我们不愿意，那
么它们什么也不会做。但当任何人因为他者的意愿而受到痛苦，尽管他
本人并不愿意，即使在这种情况下，我们的推论仍保持着它们的基本适用
性，我指的不是引起痛苦的那一方的意志，而是用上帝的权能来解决这个
问题。因为，如果一个意志只是存在，而不能做它要做的事，那么就应当
用更加强大的意志来支配它。除非这种意志存在过，不是另一方的意志，
而是虽然具有心愿但又不能完成其心愿的那一方的意志，否则就不会是

这种情况。因此，一个人无论受到什么与他自己的意愿相对立的痛苦，他一定不能将它归结为人的意志，天使的意志，受造的灵的意志，而宁可归结为赋予意志以力量的上帝的意志。然而，我们不能由此推论我们的意志没有力量是因为上帝预见到我们的意志会做什么选择。因为，能作预见的一定会预见到某些东西，而不会什么都预见不到。

再说，能预见到我们的意志将会作出什么决定的上帝不是什么都没预见到，而是预见到某些东西。然而，尽管上帝作了预见，但我们的意志仍然是有力量的。所以，我们绝不可能被迫为了保持上帝的预见，就取消意志的自由，或者为了保持意志的自由而否认上帝能对未来的事情作出预见，这样想是不虔诚的。我们忠实地承认两个方面。坚持前者可以使我们更好地信仰，坚持后者可以使我们更好地生活。因为，不相信上帝的人不可能很好地生活。为了保持我们的自由而否认上帝的预见是错误的，正是靠着上帝的帮助我们才是自由的，或者将要自由。

由此可以推论，实行律法并非空洞的，责备、鼓励、赞美、咒骂也并非毫无作用，因为上帝也预见到这些事情，这些事情具有上帝所预见到的价值。祈祷也是有用的，可以获得上帝喜爱，这些喜爱也是上帝预见到的，他会把它恩赐给向他祈祷的人，公正地奖赏良好的行为，惩罚罪恶。然而，没有一个人犯罪是因为上帝预见到他会犯罪。一个人犯罪是他自己要犯罪，这是没有疑问的，因为上帝的预见是不会错的，不是那个人的命运或运气，或者他的不幸运，而是那个人自己要对他的犯罪负责。无人犯罪，除非他自己选择犯罪。如果他不愿意犯罪，他就不会犯罪。甚至他不愿意犯罪也在上帝的预见之中。

章11　上帝的普世旨意无所不包

因此，至尊的、真正的上帝，与他的道和圣灵在一起的（他们是三位一体的）全能的上帝，是每一个灵魂和身体的创造者和制造者。凭着他的恩赐，每个人都能找到真实的而非虚幻的幸福。上帝把人造成由灵魂和身体组成的理性动物，人犯罪以后，上帝既没有让他不受惩罚，也没有不加怜悯地离开他。他让人，好人与坏人，存在，就像他让石头存在一样，他让人像树木一样有生命，他让人像动物一样有感觉，他让人像天使一样有理智。上帝是一切尺度、规范、秩序、大小、数量、重量的创造者。[①] 他是一切性质、类别、条件的源泉，他是各种形式的种子的源泉，各种种子的形式的源泉，各种种子和形式的运动的源泉。上帝还赋予一切肉体以起源、美、健康、生殖力，以及肢体的配置和总体和谐。他赋予非理性的灵魂以记忆、感觉、胃口，他还给理性灵魂添加了理智和意志。他使一切充满和谐，从天上到地下，从天使到人，甚至到最小的最微不足道的动物，更不必说鸟类的羽毛、植物的小花、树木的叶子。我们决不能相信上帝会将人的王国、王国的兴衰，置于他的神意的律法之外。

章12 尽管古罗马人并不崇拜真正的上帝，但他们有什么功绩使得上帝要扩张他们的帝国

让我们继续考虑罗马人有什么美德，使地上的王国也在其权能之内的真正的上帝要屈尊帮助他们兴起这个帝国，他这样做的原因是什么。为了能在更加清楚的基础上讨论这个问题，我们在前面几卷中已经指出，他们认为应该用那些微不足道的、愚蠢的仪式加以崇拜的那些神灵与这件事毫无关系。在本卷中我们也已经驳斥了命运学说，免得有人会在已经接受劝告罗马帝国的扩展和保存并非由于崇拜这些神灵以后，仍旧把它归于某种命运，而不是归于最高上帝的最强大的意志。

历史告诉我们，古时候的罗马人与希伯来人以外的其他所有民族一样，崇拜伪神，用牺牲作献祭，不向上帝献祭，而向魔鬼献祭。他们的历史学家称赞古罗马人说，他们"渴望人们的赞美，但对金钱却挥霍无度，他们的目的在于取得无限的名声。"[②]他们酷爱荣誉，为荣誉而生，也可以为荣誉毫不犹豫地去死。他们的其他愿望都被这种追求荣誉的欲望所制约。对他们的国家来说，侍奉是可耻的，统治和指挥是荣耀的，因此他们首先谋求解放，然而就想使之成为世界之主。因此，由于不能忍受国王们

---

① 参阅《所罗门智训》11:20。
② 撒路斯特：《喀提林阴谋》，章7，参阅西塞罗：《论共和国》，卷2，章31。

的统治，他们把政权交到两位首领手中，让他们执政一年，称他们为执政官，他们既不是国王，也不是主人。① 事实上，比较正确的说法是，国王（rex）这个词源于统治（regere）而非治理（regnare），王国（regnum）这个词源于 regnare，而国王这个词源于 regere。因此，王家的尊荣并不被当作一位专门的统治者或一位仁慈的执政官的标志，而是一位骄傲的主人的标志。

因此，塔克文国王遭到了罢黜，执政官的统治制度建立起来。接下去，就如同一位作者在对罗马人进行赞扬时已经间接提到过的那样，"罗马这个国家一旦争得了自由，便在很短的时期内，变得令人难以置信的强大和繁荣，人们满脑子的对光荣的渴望竟是如此强烈。"②对赞扬和荣耀的渴望完成了这么多神奇的壮举，按照凡人的标准，无疑配得上赞美和荣誉。

这位撒路斯特还赞扬了他自己那个时代的伟大人物，马库斯·加图（Marcus Cato）和盖乌斯·恺撒（Caius Caesar）。他说共和国很久没有出现什么伟大人物了，而在他的记忆中，这两位大人物有着杰出的美德和非常不同的追求。他对恺撒的赞扬说他醉心于建立一个大帝国，拥有一支强大的军队，发动一场可以使其天才和德行光辉照人的新的战争。具有这种英雄性格的人，他的祈祷就是希望战争女神柏洛娜（Bellona）会激励可悲的民族参加战争，用她血淋淋的鞭子驱使他们打仗，使他们有机会表现他们的勇敢。这就是对赞扬和荣誉的渴望所带来的后果。因此，首先是对自由的热爱，然后是在追求赞扬和荣誉的欲望支配下，罗马人取得了伟大的成就。他们最伟大的诗人为他们的所有这些动机作了见证："波尔塞那命令罗马人接受被放逐的塔克文，并发动大军压城；还有埃涅阿斯的后裔拿起武器为自由而冲杀。"③在那个时候，他们最大的愿望或者是

---

① 奥古斯丁注意到执政官（cousul）这个词源于 consulere（商议），因此，这个词表示一种比较温和的统治，而不是，国王（rex），这个词源于统治（regere），或主人（dominus），这个词源于 dominari（主宰）。
② 撒路斯特：《喀提林阴谋》，章7。
③ 维吉尔：《埃涅阿斯纪》，卷8，行646。

勇敢地去死,或者是自由地活着。

然而,一旦获得了自由,他们的最大愿望就是取得荣耀,除非能取得统治,否则光有自由是不够的。同是这位诗人以朱庇特的口吻道出了他们最大的野心:"的确,凶狠的朱诺出于骇怕,如今把沧海、大地和青天搅得疲乏不堪,她也将改变主意,和我一起爱抚这些世界的主宰者,这个穿拖裂袍的民族,罗马人。这就是我的决定。将有这么一天来到,罗马的家族将臣服弗蒂亚(Phthia)和声名显赫的米刻奈(Mycenae),君临被征服的阿尔戈斯(Argos)。"①维吉尔通过朱庇特之口说出来的这些预言实际上是他自己的想法,这些事情已经完成,维吉尔把它们当作事实来看待。但是我提到这些事情的目的是为了说明,除了自由,罗马人高度推崇统治,把统治视为最值得赞扬的事情之一。这就解释了为什么这位诗人推崇专门属于罗马人的技艺,亦即统治和指挥的技艺,胜过其他民族的那些技艺。他写道:"这里还有其他一些人,我相信有的将铸造出充满生机的铜像,造得比我们高明,有的将用大理石雕出宛如真人的头像,有的在法庭上将比我们更加雄辩,有的将擅长用尺绘制出天体的运行图,并预言星宿的升降。但是,罗马人,你记住,你应当用你的权威统治万国,这将是你的专长,你应当确立和平的秩序,对臣服的人要宽大,对傲慢的人,通过战争征服他们。"②

古罗马人越是热衷于这种战争的技艺,就越少沉迷于享乐。赚钱使他们的身体和心灵变得软弱无力,并带来道德败坏的后果。他们勒索普通公民而又对那些卑劣的戏剧演员滥加赏赐。当撒路斯特写下这些话和维吉尔歌颂这些事情的时候,那些性格卑劣的人已经很多了,他们不是凭技艺寻求荣誉和荣耀,而是靠欺骗和诡计。撒路斯特说过:"但是最初使人们的灵魂受到促动的与其说是贪欲毋宁说是野心,野心确实是一种缺点,但是它还不算太违背道德。因为光荣、荣誉和权力,这些是高尚的人和卑劣的人同样热烈期望的,只是前者通过正当的途径获得它们,而没有

① 维吉尔:《埃涅阿斯纪》,卷 1,行 279。
② 维吉尔:《埃涅阿斯纪》,卷 6,行 847。

高尚品质的后者通过狡诈和欺骗取得它们罢了。"①

　　按照美德去寻求的意思就是凭借良好的技艺寻求荣誉、荣耀和权力，而不是靠欺骗性的诡计，因为好人和无知的人同样也想要荣誉和荣耀，但是好人通过正当的途径来获得它们。这条途径就是美德，沿着这条道路达到目标，亦即达到荣耀、荣誉、权力。

　　这就是渗入罗马人心灵的情感，甚至他们的神庙也表明了这一点，因为他们在非常近的地方建了美德（Virtue）神庙和荣誉（Honor）神庙，把上帝的恩赐当作神灵来崇拜。因此我们可以理解，在好人看来荣誉是美德的目的，是最后达到的东西，而在坏人看来，他们想要荣誉，但根本没有美德，因此就只能通过欺骗来获得荣誉。

　　加图更值得赞扬，因为撒路斯特说："他越是不追求名誉，名誉越是在他身后紧追不舍。"②我们之所以说更值得赞扬，那是因为罗马人渴望得到的荣耀就是获得一个好名声。然而美德并不依赖人们的判断，而是依赖个人自己良心的见证。使徒说："这是我们的荣耀，我们良心的见证。"③他在另一处说："各人应当察验自己的行为，这样，他的荣耀就专在自己，不在别人了。"④因此，他们想要为自己获得荣耀、荣誉和权力，好人会用良好的技艺去寻求，但不应当用美德去寻求，而应当用这些良好的技艺寻求美德。因为若不以人的最高的终极之善为目标，就不可能有真正的美德。由此可见，甚至加图也不应当追求他所要追求的荣耀，而是他的国家应当按照他的美德赐予他荣耀，而无需他自己提出要求。

　　但是，在这两位罗马伟大人物的时代，加图拥有的美德最接近真正理想的美德。因此，让我们来看一下加图本人对这个国家从前状况和当前状况的判断。他说："不要以为我们的祖先通过武力才把一个微不足道的小国变成一个伟大的国家。如果事情是这样的话，我们的国家就会比

---

①　撒路斯特：《喀提林阴谋》，章 11。

②　撒路斯特：《喀提林阴谋》，章 54。

③　《哥林多后书》1：12。

④　《加拉太书》6：4。

他们的国家要美好得多,因为我们的公民和联盟者的数量比他们大得多,更不用说武器和马匹了。是另一些我们根本不具备的品质使他们变得伟大:国内方面是讲求实效的作风,对外是公平的统治,商讨问题时光明磊落,丝毫不感情用事,独立不倚的精神。而我们却失去了这些优秀的品质,变得奢侈而又贪婪,公家贫困而私人腰缠万贯。我们以富裕为荣,并养成一种饱食终日无所事事的风气。我们善恶不分,用野心篡夺本来应当凭着功绩才能获得的一切报酬。当你们每个人都在谋求自己的私利时,当你们在自己家中沉湎于享乐而不能自拔,并受到金钱或权势的摆布时,没有防御能力的共和国受到侵犯,乃是顺理成章的事情。"①难道这有什么值得奇怪吗?

听了加图或撒路斯特的这些话,有人可能会认为这些对古罗马人的赞扬适用于所有古罗马人,或者至少,适用于大部分古罗马人。情况并非如此,否则的话,加图本人所写的,我在本书第二卷中加以引用的那些事情就不会是真的了。② 在那段话中他说,甚至从这个国家一开始建立,有权力的人就犯下了许多错误,使得民众脱离他们的领袖,还发生其他内乱,唯一存在着公正和温和的统治的时期是在驱逐了国王以后,但时间不长,他们又因恐惧塔克文而进行反对伊拙里亚(Etruria)的凶狠的战争。这场危机结束以后,元老院的议员们开始统治民众,把他们当作奴隶,像从前的国王那样残暴地对待他们,剥夺他们的土地,排挤他人而将统治权掌握在自己手里。元老们想要统治,而民众不愿侍奉,这样的纷争直到第二次布匿战争方才结束。因为,更大的恐惧压迫着他们不安的心灵,更大的忧虑使他们从神智昏乱中清醒过来,使他们恢复了内部的统一。

但是,当时的伟大业绩都是通过少数人的统治,按他们的良好方式行事而取得的。靠着少数好人的智慧和预见,他们首先通过不断增加一般的公共福利而使共和国的罪恶得以平息。这是撒路斯特的解释。他说,他尽力收集各种史料和传说,了解罗马人民在和平时期和战争时期,在陆

---

① 撒路斯特:《喀提林阴谋》,章 52。
② 本书卷 2,章 18。

地上和海洋上所取得的许多杰出成就，希望能够理解他们为什么能够获得这些伟大成就。他知道，罗马人经常用一支小部队战胜敌人的强大军团，他也知道罗马人用有限的财力与富裕的国王们进行战争。他说，在对这个问题深思熟虑以后，他认为少数公民的杰出才能是取得所有成就的关键，这个原因可以解释为什么穷国能够战胜富国，为什么罗马人能够以少胜多。撒路斯特继续说："但是当罗马被奢华与懒散腐化之后，却是共和国本身因其伟大而在它的将领和长官问题很多的情况下还能维持住。"①因此，即使对加图的赞扬也只适用少数人，因为只有少数人拥有这种按照正确的途径，亦即依靠美德本身，追求荣耀、荣誉和权力的美德。这种美德可以用来解释罗马人的事业，加图认为实施这种美德带来的结果是使国库充实，而个人则应当保持贫困。而在他提到的道德败坏、邪恶盛行的时代，这个准则就颠倒了，成了"国穷民富"。

章13　喜欢赞扬尽管是一种恶，但被当作一种美德，因为藉此可以约束更大的恶

在东方的王国已经辉煌了很长时间以后，上帝想要西方也兴起一个帝国，这个帝国尽管在时间上是晚出的，但在其疆域和伟大方面会更加辉煌。为了在其他民族中克服邪恶，上帝有意将荣誉、赞扬和荣耀赋予这些人，要他们寻求自己的荣耀，要他们毫不犹豫地考虑国家的安全，甚过他们自己的安全，以这种恶，即喜爱赞扬克制他们对财富的贪婪和其他邪恶。甚至连诗人贺拉斯也对喜爱赞扬有最清楚的认识，这一点并没有能逃避他的觉察。他说："野心使你们膨胀吗？接受我的建议：如果把这本书读三遍，你们就感到安宁。"②这位诗人还在一首抒情诗中提到统治欲。他说："如果你们能够约束你们的贪婪，而不是去征服利比亚和遥远的伽德斯（Gades），让两个迦太基民族侍奉一位主人，那么你们的统治会更加

---

① 撒路斯特：《喀提林阴谋》，章53。
② 贺拉斯：《书信集》，卷1，36，37。

广大。"①

不管怎样,他们不依靠从虔诚的信仰中得来的圣灵的力量约束卑劣的欲望,也不依靠对理性美的热爱,而是依靠人们的赞扬,他们确实不能算作圣人,但至少可以算是不那么卑劣的人。甚至连西塞罗也不能隐匿这个事实,因为在他写的《论共和国》这本书中,在谈到国家首脑的教育时,②他说,他们应当受到关于荣耀的熏陶,还说他们的祖先通过对荣誉的追求完成了许多丰功伟绩。迄今为止,罗马人不仅没有抗拒这种邪恶,而且还认为必须激起这种荣誉感,认为这样做对共和国有益。西塞罗在他的哲学书中也没有批评这种有毒的观点,反而更加公开地宣扬它。甚至在他谈论那些以追求真善为目的,而并非为了博得人们赞扬的学习时,他也说出下面这些一般的论断:"荣耀哺育了技艺,在荣耀的推动下,所有人都参与学习,而这些追求一般并不为人们所看重,并被放弃。"③

章14　消除人的赞扬,因为一切义人的荣耀尽在上帝

因此,对这种欲望无疑应当抗拒而不是服从,因为人越是摆脱了这种恶,他就越是趋向于上帝。尽管人不能彻底从心中消除这种恶,因为即使对那些在美德方面取得良好进步的人,这种恶也不会停止诱惑他们的心灵,但不管怎样,让我们用对公义的热爱压制对荣耀的欲望。这样,如果在某处有"一般并不为人们所看重,并被放弃"的事情,如果这些人是善良的、公义的,那么他们听到人的赞扬时会感到脸红,会服从对真理的热爱。如果在心中喜爱荣耀甚过敬畏或喜爱上帝,那么这种恶与虔诚的信仰敌对。主说:"你们互相受荣耀,却不求从独一之神来的荣耀,怎能信我呢?"④还有,关于那些相信上帝但却害怕公开承认上帝的人,这位传道者说:"这是因他们爱人的荣耀,过于爱神的荣耀。"⑤

---

① 　贺拉斯:《颂歌》,卷2,章2。
② 　卷5、7、9。
③ 　西塞罗:《图斯库兰争论集》,卷1,章2,4。
④ 　《约翰福音》5:44。
⑤ 　《约翰福音》12:43。

上帝的使徒们不一样。他们在那些不被人们看重,甚至被人们极度厌恶的地方传扬基督之名,按照西塞罗的说法"这些追求一般并不为人们所看重,并被放弃"。他们牢记他们从这位好教师和心灵的医生那里听来的话:"凡在人面前不认我的,我在我天上的父面前(或在上帝的天使面前)也必不认他。"①尽管受到骚扰和咒诅,受到残酷的迫害和野蛮的惩罚,但他们并没有从人们辱骂的喧嚣中退缩,而是继续传播人的拯救。他们述说神圣的话语,过着神圣的生活,征服坚硬的心灵,使之充满公义的安宁。他们在基督的教会中赢得了荣耀,但他们没有把这种荣耀视为他们的美德的目的,而是把这种荣耀本身归于上帝的荣耀,靠着上帝的恩赐,他们才能做这些事。他们用自己灵魂中的恩典的火焰点燃其他人的心灵,就像上帝用爱的火焰对使徒起作用一样。他们的主教导他们不要为了人的荣耀而去追求善。主说:"你们要小心,不可将善事行在人的面前,故意叫他们看见,若是这样,就不能得你们天父的赏赐了。"②另一方面,他又不希望他们误解这些话,由于害怕被人们喜悦,因此就隐藏他们的美德,不去帮助人。主说:"你们的光也当这样照在人前,叫他们看见你们的好行为,便将荣耀归给你们在天上的父。"③注意,不是让你们可以被他们看见,不是带着让他们皈依你们的意向,因为你们凭着自己"什么也不是",而是通过看见你们,"他们可以将荣耀归给你们在天上的父",成为像你们这样的人。

使徒之后有殉道者,他们比斯卡沃拉、库提乌斯和德修斯们更加伟大,既因为他们具有真正的美德,即真正的虔诚,而且也因为他们人数众多。那些罗马的英雄与他们不一样,他们是罗马世俗之城的公民,他们的王国不在天上而在地下,他们所尽全部义务的目的只不过是为了城市的暂时安全。他们对永恒的生命一无所知,而只知道凡人的生死相继。他们关心他们的名声,这样在他们死后,可以被他们的崇拜者挂在嘴上,除

---

① 《马太福音》10:33;《路加福音》12:9。
② 《马太福音》6:1。
③ 《马太福音》5:16。

此之外,他们还能喜爱什么荣耀呢?

章15 上帝赐予罗马人的美德以暂时的奖赏

因此,对这些人上帝并没有打算赐予他们永恒的生命,与他神圣的天使一道住在上帝在天上的城中,要进入这个有福的社会唯一的道路就是真正的虔诚,亦即献给唯一真正上帝的宗教侍奉,希腊人称之为"latreia"(对神的侍奉和崇拜)。另一方面,如果上帝不把一个辉煌的帝国赐给他们,那么罗马人藉以追求那种荣耀的美德就没有获得奖赏。对他们来说,做某些善事就是为了能够获得凡人的荣耀,主也说过"我实在告诉你们,他们已经得了他们的赏赐。"①因此,那些罗马人用个人的财产为公众谋福利,也就是让个人利益从属于国家,抗拒邪恶的诱惑,以一种自由的精神为国家利益出谋划策,既不沉迷于公开的罪恶,也不沉迷于私人的情欲。他们以为自己在沿着正确的道路前进,靠着这些行为努力追求荣誉、权力和荣耀,他们得到了所有民族的赞扬,他们把帝国的法律强加于许多民族。时至今日,在文学和历史中,他们在各民族中是最荣耀的。他们没有理由抱怨最高的真正的上帝不公正,因为"他们已经得了他们的赏赐"。②

章16 永恒之城是赐予圣徒的奖赏,罗马人的美德典范对他们也有用

圣徒们得到的赏赐是完全不同的。这些人,当他们还活着的时候,受到那些热爱这个世界而仇恨上帝之城的人的指责。这座城是永恒的。那里无生无死。那里有真正的幸福,这种幸福不是一位女神,而是上帝的恩赐。当我们在朝圣途中看到它的美丽时,我们得到了信仰的信物。那里升起的不是既照好人也照坏人的太阳,而是只保护好人的公义的太阳。③在那里不需要剥夺穷人的财富来丰富公共的宝库,因为那里有共同的真

---

① 《马太福音》6:2。

② 《马太福音》6:2。

③ 参阅《马太福音》5:45;《马可福音》4:2。

理的宝库。因此，罗马帝国的荣耀及其极大地扩张不仅是对罗马公民的补偿，而且对永恒之城的居民也有意义，当他们赴那里朝圣时，他们会对这些范例作冷静的思考。如果地上的国家由于人的荣耀的缘故而为它的公民所热爱，那么由于永恒生命的缘故，他们对这个天上的祖国应当如何热爱呢？

章17　罗马人发动战争有什么好处，对被征服者又有什么贡献

如果考虑到人生是多么短暂，对一个再过几天就要死去的人来说，如果统治者不强迫他反对上帝和做坏事，那么由谁来统治又有什么关系呢？除了把他们自己的法律强加于其他民族，以及在战争中进行大屠杀，罗马人还对被征服的民族带来哪些伤害？如果这些伤害是其他民族同意的，那么他们就应当作得更加成功，但这样一来就无征服的荣耀可言，因为罗马人自己也不能免除他们强加于其他民族的那些法律。如果这件事的完成没有玛斯和柏洛娜在场，那么就没有胜利的地位，在无人战斗的地方就无人征服，罗马人和其他民族的状况是一样的。尤其是，如果罗马人能合乎人道地、最仁慈地这样做，即承认罗马帝国的所有公民都拥有权力，把先前只为少数人拥有的特权赋予所有人，在这种情况下，没有自己的土地的贫困阶级可以在公共开支下维持生活，那么他们会明白自己被征服者夺走的粮食将由国家提供，这个国家有优秀的管理者，他们会发自内心地承认自己是这个国家的成员，而不是被征服者。

我看不出把人区分为征服者和被征服者对政治稳定和公共秩序有什么好处，但这种区分肯定不是为了人的尊严，除非这样做会给他们带来最疯狂的人的荣耀，而在战争中"他们已经得到了他们的赏赐"，他们渴望得到荣耀而进行最疯狂的战争。罗马人不为他们的土地纳税吗？他们有特权学习，而其他人没有权利学习吗？在外国不也有许多元老，他们甚至从来没有见过罗马人。把一切自夸都消除掉，人与人又有什么区别呢？即使这个扭曲了的世界承认比较优秀的人应当比其他人得到较高的荣誉，那么也不应该以极大的代价换取荣誉，因为荣誉就像没有重量的轻烟。

但是让我们转向上帝的仁慈。让我们考虑一下遭到他们轻视的事情有多么伟大,他们承受的痛苦有多少,为了获得人的荣耀他们要克服哪些欲望,而对他们的美德的唯一赏赐就是那些人的荣耀。让这件事也有助于我们抑制骄傲,应许给我们统治的这座城与他们的城相比有天壤之别,就像永恒的生命超过短暂的快乐,就像固定的荣耀超过空洞的赞扬,就像天使的集体超过凡人的社团,就像上帝的光芒超过他所创造的日月的光芒。看到罗马人为了建立这个地上的国家做了许多大事,承受了巨大的痛苦,那么作为这个天上的国家的公民不会将他们为此所做的任何事情视作伟大的,哪怕是为了进入天国他们已经做了许多善事,忍受了许多邪恶。在已经考虑过的这些事情中,特别值得一提的是,赦免进入天国的公民的罪行,这件事也可以在罗莫洛的避难所中找到影子,当时各种罪犯为了逃避惩罚来到这里,这个国家就是在这个基础上创建的。

章18 基督徒从罗马人追求人的荣耀和地上之城中得出的教训就是他们为永恒之国做任何事情都应当避免自夸

如果为了这个地上的城市,布鲁图(Brutus)甚至能够处死他的儿子,而天上的城市却不会迫使任何人作这样的献祭,那么我们为什么要想为这个永恒的和天上的城市而藐视这个世界的所有美好之处,而无论它令人多么愉快呢?杀死自己的儿子肯定比在天国里要做的事情更加困难,甚至也比在信仰和公义的召唤下,把自己为儿子积攒的家产用于救济穷人更加困难。世俗的财富既不能使我们,也不能使我们的儿子幸福,因为他们很可能在我们还活着的时候失去,或者在我们死后被别人拥有,我们不知道他们被谁拥有,或者可能不想知道。只有上帝才能使我们幸福,他是我们心灵的真正财富。而说到布鲁图,甚至连赞扬他的诗人也见证了他在杀儿子的时候是不幸福的。诗人说:"他的几个儿子发动新的战争,他为了美好的自由,咳,不幸啊,不得不把他们处死,不管后人怎样看待这件事。"接下去,诗人又说了一句安慰的话,"然而,热爱祖国和荣誉使人坚强。"①

---

① 维吉尔:《埃涅阿斯纪》,卷6,行820。

　　这里有两种动机，即为了自由和对名誉的贪婪，使得罗马人取得了可以敬佩的成功。但若这样做是为了正在死亡的人的自由，或是为了追求凡人的赞扬，父亲可以杀死儿子，那么这样的事有什么伟大可言？但若这样做是为了可以使我们摆脱罪恶、死亡和魔鬼的统治，获得真正的自由，不是凭借得到凡人赞扬的欲望，而是凭借正在逃跑的人的诚实的愿望，不是从塔克文国王那里逃离，而是从魔鬼和魔鬼之王那里逃离，那么我们不会去杀死自己的儿子了，而是宁可将我们的儿子列为基督的穷人，这样岂不更好？

　　还有另一位姓托夸图斯（Torquatus）的罗马领导人杀了他的儿子，这样做并非因为他的儿子是他的祖国的敌人，而是因为在受到敌人挑战时，他的儿子鲁莽地前去应战。他的行为虽然是为了他的祖国，然而却违抗了他做将军的父亲发布的命令。尽管他的儿子打了胜仗，但是为了不使有更多的人照他的样藐视权柄，由此会带来的坏处超过打胜仗带来的好处，于是这位将军处死了他的儿子。我要说的是，托夸图斯的行为有什么值得罗马人自我夸耀，有些人为了天国的律法而轻视人世间所有好东西不是比他们杀儿子更值得赞扬吗？

　　我们还可以福里乌斯·卡弥鲁斯（Furius Camillus）为例。他起先把他的国家从他们最残暴的敌人维恩特人（Veientes）的统治下解放出来，然后发现自己受到那些妒忌他的人的谴责。在这种情况下，他仍旧再一次把他受到耻辱的祖国从高卢人手中拯救出来，因为他知道，自己没有别的可以更好地生活在荣耀中的地方。与此相仿，为什么我们需要做一名基督教的英雄，在教会中受到敌人的伤害，但并不因此投向异端，或者自己建立异端，而是捍卫教会，使之不受危险的异端教义的伤害？因为只有一个教会，我们在这个教会中才能获得永生，而异端只能提供一条凡人荣耀的道路。

　　国王波尔塞那（Porsenna）对罗马人发起一场邪恶的战争。为了迫使他停战，穆西乌斯（Mucius）①想要杀死波尔塞那，但没有成功，误杀了另

----

① 参阅本书卷4，章20。

一个人。穆西乌斯把自己的右手伸向烈火熊熊的祭坛,并说其他许多像他一样的人都要来杀死波尔塞那。他的勇敢使波尔塞那感到震惊,出于对谋杀的顾虑,他马上宣布结束战争,与罗马人媾和。我要说的是,如果穆西乌斯这样的功绩可以进天国,那么不仅将一只手,而且将整个身体都投入烈火的基督徒又当如何? 他们这样做不是出于自愿,而是受到他人的迫害。

再以库提乌斯(Curtius)①为例。服从他们神灵的神谕,他骑着骏马,全副武装地跳下悬崖,因为那则神谕讲罗马人应当把他们拥有的最好的东西投入深渊,而他们只能把那句话理解为神灵命令他们派一个全副武装的骑士去死,因为罗马人认为没有比他们武装的骑士更珍贵的了。如果是这样的话,那么我们岂不是可以说为永恒之城而死的人是伟大的,不过不是自愿跳崖,而是死在某些他的信仰的敌人手中? 更加奇特的是,他在这样去死的时候得到了主的更加确定的旨意,主也是他的国家的国王,"那杀身体不能杀灵魂的,不要怕他们"。②

如果说为了实践他们的诺言,德西(the Decii)家族③献出了他们的生命,用鲜血平息神灵的愤怒,从而拯救了罗马军队,那么甚至连神圣的殉道士也没有理由想象自己做了什么事,配得上做那座真正幸福的城市的公民。他们之所以能成为那座城市的公民仅仅是因为他们努力了,为他们的兄弟流血了,甚至是为了他们的敌人的缘故流血了。他们按照上帝的吩咐,在爱的信仰和信仰之爱方面相互超越。

马库斯·普尔维鲁斯(Marcus Pulvillus)④奉献一座神庙荣耀朱庇特、朱诺和密涅瓦。这个时候,有些居心叵测的人告诉他说他的儿子死了,为的是让他能够离开,使奉献神庙的荣耀可以归于他的同伴。但是对荣耀的贪婪征服了他破碎的心中的哀伤。他没有回家,而是让别人把他儿子埋了,没有举行任何葬礼。那么,还有人能说他为传播福音做了伟大

---

① 参阅本书卷4,章20。
② 《马太福音》10:28。
③ 参阅李维:《罗马史》,卷2,章8。
④ 参阅本书卷1,章15。

的事情吗？这样的教导把天国的公民聚集在一起，使他们免除许多错误。当有门徒心中挂念他父亲的葬礼时，主对他说，"任凭死人埋葬他们的死人，你跟从我吧。"①

为了不违反他自己的誓言，哪怕是他对最残暴的敌人发的誓，勒古鲁斯（Regulus）②独自从罗马返回敌营。因为正如他在罗马人想要挽留他的时候说的那样，他在成为非洲人的奴隶以后，失去了罗马公民的荣耀的尊严。后来，迦太基人用最残酷的刑罚把他处死，因为他在罗马元老院说了反迦太基人的话。如果勒古鲁斯能够这样做，那么为了能对那座幸福之城保持忠诚，③在这种信仰的引导下，还有什么样的酷刑我们不会加以藐视？为了报答上帝赐予的一切，为了表示对上帝的忠诚，我们难道不会忍受勒古鲁斯为了守信用而在他最凶残的敌人手中所受到的那样的痛苦？

假定一名基督徒自愿走上贫困的道路，这种朝圣的生活是通往上帝之家的最快捷的道路，而上帝本身是我们真正的财富。一旦他听到或读到卢西乌斯·瓦勒留（Lucius Valerius）的事迹，他还能大胆地自夸吗？他死在执政官任上，但一贫如洗，以至于他的葬礼也要靠民众捐赠。或者让基督徒听一听或读一读昆提乌·钦基那图（Quintius Cincinnatus）的事迹。他只有四亩（acres）土地，在从独裁官的位置上卸任以后，他得亲自耕种。他担任的这个官职甚至比执政官还要荣耀，在赢得征服敌人的巨大荣耀以后，他宁愿继续过他的贫穷生活。

即使基督徒没有受到尘世许诺的诱惑，放弃他在永恒之城的公民权，但也应当学会不要对自己所做的事自夸。法伯里修（Fabricius）如果能退出罗马，他就能得到四分之一个王国。但他拒绝了埃皮鲁斯（Epirus）国王皮洛斯（Pyrrhus）的许诺，宁愿作一名贫穷的公民。

对罗马人来说，共和国的意思就是人民的共同财富，国家的共同财

---

① 《马太福音》8:22。

② 参阅本书卷1，章15。

③ 《诗篇》116:2。

富。当罗马国家处在最繁荣、最富裕的时候,他们自己的家庭非常贫穷。有一位罗马人已经做过两次执政官,但仍被这个穷人的元老院的检察官起诉,因为有人发现他拥有十磅重的银盘子。我要说,既然这些打了胜仗使共和国富裕起来的人都那么穷,那么所有基督徒难道不要为了一个更加高尚的目的而将他们的财富变成共同财产吗?(甚至按照《使徒行传》中所说),他们可以把财产按照各人所需用的分给各人,但没有人可以说有什么东西是他自己的,一切东西都是他们的共同财产。① 他们必须明白,他们没有理由对此自夸。为了获得天使一般的公民权,他们所做的事情毕竟并不比那些为了保持罗马帝国的伟大的异教徒多到哪里去。

这些事迹,以及无论什么能在罗马历史中发现的故事,已经广为流传,在民众中拥有巨大的影响。罗马帝国怎么会不因此而得到极大地扩张,取得巨大的成功呢?罗马人想要得到幅员广大的帝国和长久的统治,以其公民的杰出美德而著称于世。他们得到了他们想要的东西。他们得到了他们的赏赐。他们的榜样对我们来说是一种教训。如果不为上帝之城的荣耀实践我们的美德,那么我们就是可耻的,而我们的美德在某种意义上与他们为了这个世俗之城的荣耀而实践的美德相似。但即使实践了美德,我们也没有理由骄傲。因为,如使徒所说:"现在的苦楚,若比起将来要显于我们的荣耀,就不足介意了。"②但是在人的短暂荣耀的范围内,这些古罗马人的生命还可以算是非常有价值的。

因此,在真理的光芒中我们也可以看到要崇拜上帝,这个真理在旧约中是隐藏着的,而在新约中是彰显了的。③ 也就是说,不要从尘世的暂时的福益来看待对上帝的崇拜,上帝不加区别地把这些福益既赐予好人也赐予坏人,而要从永恒的生命、永恒的恩赐、天上之城的社会来看待对上帝的崇拜。在这种真理的光芒中,我们看到犹太人最公正地成了罗马人的荣耀的战利品,因为我们看到这些想要靠美德来获得尘世荣耀的罗马

① 《使徒行传》2:45。
② 《罗马书》8:18。
③ 参阅本书卷4,章33;卷16,章26。

人征服了那些犹太人。犹太人杀死了真正的荣耀的恩赐者，拒绝了永恒之城，这是他们最大的堕落。

章19　真正的荣耀和统治欲的区别

想要获得凡人荣耀的欲望和想要统治的欲望肯定是有区别的。因为，尽管酷爱人间荣耀的人很容易滑向谋求统治，但是那些寻求真正的荣耀，哪怕只是人们口头赞扬的人，也不会得罪那些具有健全判断力的人。因为有许多优秀的道德品质，哪怕那些并不拥有这些道德品质的人也能对此作出判断，而那些追求荣耀、荣誉和统治的人正是靠着这些优秀的道德品质来谋求人们的赞扬。关于这些人，撒路斯特说："他们沿着真正的道路前进。"①

另一方面，有些人并不想获得荣耀，因为这种荣耀使人害怕得罪那些对他的行为作判断的人，他们想要获得统治和权力，并常用最公开的犯罪来寻求他所喜爱的东西。因此，想要荣耀的人或者是沿着真正的道路前进，或者就使用欺骗和虚构，希望自己以善人的面目出现，而实际上并不是善人。

因此对拥有美德的人来说，轻视荣耀是一种伟大的美德，这种轻视可以被上帝看见，但并不显示给人的判断。无论谁想要在人面前显示自己轻视荣耀，人们就会怀疑他这样做是为了获得更大的赞扬，亦即更大的荣耀。他没有办法向怀疑他的人证明这种怀疑只是猜测，并不真实。但是，轻视赞扬者的判断的人也会轻视怀疑者的鲁莽。如果他真是好人，那么他不会对他们的拯救无动于衷，因为人从上帝的灵那里得来的美德是伟大的，他会公义地爱他的敌人，希望通过爱他们使仇恨他诽谤他的人转变为公义的，成为他的同伴，但不是在尘世间，而是在天国里。至于那些赞扬他的人，尽管他认为他们的赞扬几乎没有什么价值，但他并不认为他们的爱没有什么价值，也不会逃避他们的赞扬，免得失去他们的爱。因此，他努力把他们的赞扬引向上帝，每个人从上帝那里领受的东西，无论是什

---

① 撒路斯特：《喀提林阴谋》，章 2。

么,都是真正值得赞扬的。

但也有人轻视荣耀而贪婪地谋求统治,超过野兽的残忍和欲望。有些罗马人确实如此,他们宁可放弃对荣誉的热爱,也不愿放弃对统治的渴望,历史可以证明有许多人是这样的。尼禄皇帝是第一个在这方面登峰造极的人,是邪恶的集大成者。他放荡无耻到了极点,人们想不出人间还有什么事情是他不敢做的。他是那么残忍,只有那些认识他的人才会相信他还有温和的时候。但无论如何,即使对这样的人来说,他的统治权也是由至尊上帝的旨意赋予的,上帝判明当时人间事务的状况只配有这样的君主。圣言在这个问题上说得很清楚,上帝的智慧这样说:"帝王依靠我进行统治,而僭主则占有国土。"①但"僭主"这个词在这里是按照古人的用法,并不是指邪恶的、不虔敬的国王,如维吉尔所说:"国王们不握手,和平不长久。"②而在另一处上帝最清楚地说:"使不虔敬的人不得作王,免得有人牢笼百姓。"③

到此为止,尽管我已经尽力表明为什么唯一真实和公义的上帝要帮助罗马人,按照世俗王国的某些标准,罗马人是好的,他们已经荣耀地缔造了如此伟大的帝国,但是可能还有一个比较隐秘的原因,上帝比我们更加清楚人的功劳有什么区别。在所有真正虔敬的人中间,在所有事情上,大家一致认为,对上帝的真正崇拜能够获得真正的美德,真正的美德并非人的赞扬的奴隶。无论如何,永恒之城在圣经中称作上帝之城,尽管他们还不是永恒之城的公民,但那些拥有美德的人还是比不拥有美德的人对地上之城更加有用。

靠着上帝的仁慈,被赋予真正的虔敬的生活的人,如果他们有统治民众的技能,那么就让他们拥有权力,对人间事务来说,没有什么比这更加幸运的事了。但是这样的人,无论他们今生拥有多么伟大的美德,都只能把它归于上帝的恩典,是上帝把美德恩赐给想要美德的人,相信美德的人

---

① 《箴言》8:15。此处和合本译文为"帝王借我坐国位,君王借我定公平。"

② 维吉尔:《埃涅阿斯纪》,卷7,行266。

③ 《约伯记》34:30。

和寻求美德的人。同时，这些人明白自己距离完全的公义还有多远，这种完全的公义存在于那些神圣的天使的社会，他们正在朝着这种公义努力。但是，我们无论可以怎样赞扬这种美德，为它叫好，若无真正的虔敬，它仍旧是人的荣耀的奴隶，根本无法与圣徒最初的和最起码的美德相比，把希望寄托在真正的上帝的恩典和仁慈之上。

章20　用美德侍奉凡人的荣耀就像用美德侍奉身体的快乐一样可耻

　　把美德当作人的终极之善的哲学家想要使那些人感到可耻，因为他们虽然把美德放在很高的位置上，但却使美德受制于身体的快乐，快乐以自身为目的，而美德只是达到这个目的的手段。快乐就像一位出身高贵的女王，坐在王座上，周围是那些美德大臣，注意着女王的点头示意，随时准备按她的命令行事。① 她命令"勇敢"小心地考察以什么方式可以达到最大的、最安全的快乐。她命令"公义"提供服务，使她能在友谊中得到好处，公义在身体的舒适中是必要的，也可以用来避免犯错，或是由于违反法律而使快乐受到伤害。她命令"坚忍"使他们的女王，亦即"快乐"保持勇敢，如果对她的身体有伤害但还不至于死亡，那么她能凭借回忆先前获得的快乐而使现在的强烈疼痛减轻。她命令"节制"只吃限量的食物，哪怕是最爱吃的，使健康不会被任何过度所伤害，或者说借助"节制"，快乐（对伊壁鸠鲁主义者来说，快乐主要是身体健康方面的事）得到了严格的检查。这样，有着全部荣耀和尊严的美德将成为快乐的奴隶，而快乐就像某些专横的、不名誉的女人。

　　我们的哲学家说，没有什么东西比这幅图景更可耻、更可怕，善人的眼睛无法忍受它。他们道出了真理。但是，即使我们把美德表现为人的荣耀的奴隶，我也并不认为这幅图景就能变得比较美丽。因为，尽管人的荣耀不是一位放荡的女人，但它无论如何受到了吹捧，有许多空洞之处。因此，用坚实的美德去侍奉这种荣耀不值得，这样做会使"勇敢"什么都不能提供，"公义"什么都不能分配，"节制"什么都无需克制，唯有对使人

---

① 　参阅西塞罗：《论至善与至恶》，卷2，章21，69。

快乐这个目的来说,它们才能侍奉空洞的荣耀。

那些所谓的哲学家在被指控为卑鄙的时候也无法为自己辩护,因为他们虽然轻视荣耀,但也无视他人的判断,认为只有自己才是聪明的,并以此自娱。如果他们确实拥有某些美德,那么他们的美德只不过是在以另一种方式屈服于人的赞扬,因为,只喜欢自己的人除了是一个人以外什么也不是。而真正虔敬上帝的人,热爱、信仰、盼望上帝的人,会把他的注意力放在那些使自己不高兴的事情上,而不是放在使自己高兴的事情上。如果有什么能使他高兴,那么不是他自己,而是真理。无论发现什么高兴的事情,他都把它归于他害怕得罪的仁慈的上帝,同时为他自己那些已经被治愈了的毛病向上帝谢恩,并为治愈其他人的毛病而祈祷。

章21 罗马帝国是由上帝恩准的,上帝是一切力量的源泉,他的意志统治一切

从上述事情可以得出的结论是,我们只能把赐予王国和帝国的权力归于真正的上帝,而不能归于其他,上帝只把天国赐予虔敬的人,但将尘世国王的权力既赐给虔敬的人也赐给不虔敬的人,因为这样做会使上帝高兴,他的意志绝不会是不公正的。尽管我们已经就上帝的治理原则谈论了很多,因为做这样的解释上帝会认为是好的,但要讨论隐藏在人心中的事情,清楚地考察和决定各种王国的功绩,对我们来说是勉为其难,超越了我们的能力。

然而,上帝是唯一的真神,决不会丢下人类,不对他们进行公义的审判或者不帮助人类。愿意的时候,上帝就将一个王国赐给罗马人,就像过去他也曾将王国赐给亚述人,甚至波斯人。波斯人只崇拜两位神,一位善神,一位恶神,这是他们自己的书籍记载的。关于希伯来人我没有什么要说,因为我已经说了似乎必须要说的话,希伯来人在有一个王国的时期内,只崇拜真正的上帝。

尽管波斯人没有崇拜女神塞吉提娅(Segetia),但是上帝也赐给他们丰收。尽管波斯人没有崇拜罗马人规定要加以崇拜的那些神灵,罗马人让每位神灵掌管某些具体事情,或让几位神灵掌管一件事情,但上帝也把

土地的其他各种福益恩赐给波斯人。我还要说，尽管波斯人没有崇拜罗马人认为帮助他们建立帝国的神灵，但上帝还是把统治权赐予波斯人。

　　对个人也一样。上帝赐予马略（Marius）的权力也赐予盖乌斯·恺撒（Caius Caesar），上帝赐给奥古斯都（Augustus）的权力也赐给尼禄（Nero）。他将权力赐给最仁慈的皇帝苇帕芗（Vespasian）父子，也赐给残忍的多米田（Domitian）。最后，为了避免提到所有皇帝，我们要说上帝既把权力赐给基督徒康士坦丁，也赐给背教者朱利安。朱利安那颗接受了恩赐的心灵受到亵渎圣灵的、可恶的好奇心的欺骗，也受到权力欲的挑唆。他从好奇开始，进而醉心于那些空洞的神谕。他自信能够取胜，于是下令烧毁了那些为他的军队运送必要的给养的船只。由于好大喜功，朱利安进行冒险，结果他很快就被敌人杀死，把那支缺少给养的军队扔在敌人的国土上，这是对其鲁莽的公正惩罚。与我在上一卷提到过的特米努斯神的咒语相反，①他们显然无法改变罗马帝国的边界，也不能逃脱厄运。因为尽管特米努斯神不服从朱庇特，但他屈从于必然性。这些事情显然都是由一位真正的上帝按照他的意愿决定的。尽管事情的原因是隐秘的，但我们能说这些事情都是不公正的吗？

章 22　战争的延续和结果取决于上帝的意志

　　战争持续时间的长短也是由上帝按照他公正的意志和判断来决定的，或是让战争继续伤害人类，或者让战争停止，对人类进行安慰。这就是为什么有些战争持续了多年，有些战争很快就结束的原因。反对海盗的战争和第三次布匿战争在令人难以置信的时间内就结束了。还有，对逃亡的角斗士的战争，尽管在战争中，有许多罗马将军和执政官都打了败仗，意大利受到可怕的骚扰和洗劫，但还是在三年多的大屠杀中结束了。许多民族已经成为罗马帝国的臣民，迦太基已经被消灭，然而皮森特族人（Picentes）、玛西族人（Marsi）和普利格尼族人（Peligni），他们是意大利人，而不是外国人，在罗马的统治下，在长期最忠实地侍奉罗马以后，想要

_____

① 参阅本书卷 4，章 23，29。

取得自由。在这场意大利的战争中,罗马人经常被打败,两名执政官阵亡,还有其他高贵的元老院议员。所幸的是这场灾难没有长期延续,在战争爆发的第五个年头终于结束。但是,第二次布匿战争延续了十八年,巨大的灾难侵蚀着共和国,使罗马人的兵力几乎枯竭。仅仅两次战役①就有七万罗马士兵阵亡。第一次布匿战争进行了二十三年方才结束。密特里达提战争(Mithridatic war)进行了四十年。没有人可以设想,在那些得到人们高度赞扬的时代,那时候的古罗马人更加勇敢善战,能够很快地结束战争。闪密特战争(Samnite war)一直进行了将近五十年。罗马人在这场战争中受到重创,甚至被迫从轭下钻过。由于他们不是为了公义的缘故才热爱荣耀,而似乎是为了荣耀才热爱公义,因此他们经常撕碎已经缔结的和平条约。

我提到这些事情,因为有许多人对过去的事情一无所知,还有些人则对他们知道的事佯装不知。如果在基督教时代看到有什么战争比他们所想象的时间延长了,那么他们马上就会对我们的宗教作出猛烈的、蛮横的攻击。他们声称,如果没有基督教,如果只按照古人的方式崇拜那些神灵,那么罗马勇士一定能在玛斯和柏洛娜的帮助下迅速地结束战争。好吧,让这些人回忆一下他们读过的历史,看看罗马人进行的这些战争延续了多久,有着多么不同的结果,有过多么可怕的屠杀。让他们记住,整个大地就像波涛汹涌的大海,总是遭受各种灾难的骚扰。让他们在受到伤害时也要说实话,停止疯狂地反对上帝,这样做既摧毁他们自己,也欺骗其他的无知者。

章23 崇拜魔鬼的哥特王拉达盖苏斯与他强大的军队在一天内被征服

这些人总是把事实湮没在遗忘的记忆之中,不过我们还清楚地记得由于上帝的仁慈而在最近发生的一桩奇迹,对此他们应当感到高兴和向上帝谢恩。如果我们对这些事情保持沉默,那么我们就同样是不感恩的了。哥特人的国王拉达盖苏斯(Radagaisus)率领一支野蛮的大军逼近罗马,准备

---

① 指特拉溪曼湖(Thrasymene Lake)战役和坎奈(Cannae)战役。

攻城。然而,他的军队在某一天遭到痛击,罗马人几乎没有死伤,而十万多哥特人在战场上被降服,这位国王和他的儿子都被俘虏,后来被处死,受到应得的惩罚。如果这样一个不虔敬的人带着这么大一支不虔敬的军队进城,那么还有谁能幸免于难? 有什么殉道者的坟墓能得到尊敬? 他对什么人会出于对上帝的敬畏而加以赦免? 他会让什么人不流血? 有谁的贞洁能够保持而不受侵犯? 但是,异教徒竟然高声赞扬他们的神灵! 他们这样做有多么亵渎,竟然夸耀说拉达盖苏斯征服了那么多地方是因为他向神灵祈祷,用每天举行的献祭赢得了神灵的欢心,而基督教却不允许罗马人献祭! 拉达盖苏斯能逼近那个地方确实得到了全能上帝的首肯,而当他的名声到处传扬的时候,我们在迦太基听到那些异教徒相信并传播拉达盖苏斯的话,说他得到那些神灵的帮助,因为他每天都向这些神灵献祭,那些不向这些罗马神灵献祭的人肯定不能征服他,这些人甚至不被允许向神灵献祭。现在,这些恶人并不因为上帝伟大的仁慈而向上帝谢恩,而上帝首先决定用蛮族入侵来惩罚这些人的腐败,他们的腐败比蛮族的腐败应当受到更重的惩罚。然后,上帝用他的仁慈节制了他的义愤,允许哥特人的国王以一种神奇的方式被征服,免得虚弱的心灵会把任何荣耀归于受到救助的魔鬼。但是后来,上帝允许罗马被敬重基督教的蛮族人占领,与以往所有战争习俗都不同,这些蛮族人保护那些在圣地避难的民众。① 同时,这些蛮族人敌视魔鬼和那些不虔敬的献祭,他们好像正在对这些神灵进行一场比对人的战争更加可怕的战争。这样,世界的真正主人和统治者在惩罚罗马人时也是仁慈的,他用打败魔鬼的崇拜者的奇迹来显示这些献祭哪怕是为了当前的安全也是不必要的。上帝的目的是拯救那些不是凭着坚定的信仰,而是凭着一时的勇敢而参加基督教的人,使他们不会抛弃真正的宗教,帮助他们保持对永恒生命的忠诚的期待。

章 24　基督徒皇帝的幸福是什么? 为什么它是真正的幸福?

我们说某些基督徒皇帝是幸福的,不是因为他们统治了很长时间,也

---

① 参阅本书卷 1,章 1。

不是因为他们安宁地逝世，把皇位传给儿子，或是能够征服国家的敌人，或是能够挫败敌视他们的公民的反叛企图。甚至某些魔鬼的崇拜者也能得到这样的奖赏，或者在可悲的一生中得到其他安慰，这些人不属于上帝的王国，而属于魔鬼王国。这也可以归结为上帝的仁慈，因为上帝不希望那些相信他的人把这些东西当作他的最高赏赐。但是我们说，如果那些基督徒皇帝公义地进行统治，如果他们不陶醉在所获得的高贵荣誉和高度赞扬之中，也不接受那些谦卑者的谄媚和奉承，而且仍旧记得他们自己是凡人，那么他们是幸福的。如果他们把自己的皇权当作对上帝的侍奉，尽可能用来扩张对上帝的崇拜，如果他们敬畏、热爱、崇拜上帝，那么他们是幸福的。如果他们热爱这个国家而又不担心与人共享，如果他们慎用惩罚，多用宽恕，如果他们只在对国家的治理和安全是必要的时候才使用惩罚，而不用惩罚来进行私人报复，如果他们使用宽恕不是为了鼓励免受惩罚，而是为了让过犯者可以改过，如果他们用仁慈来弥补被迫实行的严峻手段，那么他们是幸福的。如果他们的奢侈得到约束而不放纵，如果他们宁可约束自己的欲望而不想统治全世界，如果他们的统治不是出于追求空洞的荣耀，而是出于对永恒幸福的热爱，那么我们说他们是幸福的。最后，如果他们为了自己的罪过，不拒绝向真神，也就是上帝，奉献人道的献祭、忏悔和祈祷，那么他们是幸福的。我们说，这样的基督徒皇帝由于拥有希望而在今生是幸福的，当我们期盼的那一天到来的时候，他们注定会拥有真正的幸福。

章25　上帝赐予基督徒康士坦丁皇帝的繁荣

　　善良的上帝不希望那些为了永恒生命而相信他、崇拜他的人会有这样的看法，只有寻求魔鬼的帮助得以强大的人，才能获得伟大的王国和政治上的统治。由于这个原因，上帝把无人胆敢祈求的、最圆满的、尘世的恩惠赐予罗马皇帝康斯坦丁（Constantine），他不崇拜魔鬼，而崇拜真正的上帝。上帝把建立一座城市①的荣耀恩赐给他，这座城市是罗马城和罗

————————

① 康士坦丁堡。

马帝国的女儿和伴侣，城中没有魔鬼的神庙或偶像。他作为唯一的皇帝统治了很长时间，在没有外援的情况下捍卫了整个罗马世界。在计划和实行战争的时候，他是胜利者；在推翻僭主时，他是成功者。他得享高寿，死后把帝国传给他的儿子们。

另一方面，上帝不希望任何皇帝为了能够得到康士坦丁般的幸福而成为基督徒，除非为了永恒的生命，无人可以出于其他任何动机而成为基督徒。正因如此，上帝赐予约维安（Jovian）的统治比赐给朱利安的统治还要短得多。上帝也允许革拉提安（Gratian）被僭主的刀剑所杀，不过他的死比起伟大的庞培来还要逊色得多。因为加图对庞培的报复遭到了失败，庞培作为前者的内战继承人而离开了他。尽管虔诚的心灵并不需要这样的安慰，革拉提安还是遭到提奥多西（Theodosius）的报复，他们同朝执政，尽管革拉提安自己有一个小弟弟，他想要得到一位忠实的同盟者的愿望胜过扩张权力的愿望。

章26　论皇帝提奥多西的信仰和虔诚

按照这种解释，提奥多西不仅在革拉提安活着的时候保持着对他的忠诚，而且在他死后，像真正的基督徒那样，照顾他的小弟弟瓦伦提尼亚（Valentinian），使之成为与他共同执政的皇帝。后来，瓦伦提尼亚被谋杀革拉提安的凶手马克西姆（Maximus）驱逐。如果提奥多西受权力欲的驱使，而不是热爱行善，那么他可以使瓦伦提尼亚一贫如洗，然后再毫不费力地废掉瓦伦提尼亚，但他还是带着父亲般的情怀保护瓦伦提尼亚。当他收养那个男孩，为他保留帝王的尊严，非常仁慈地安慰他的时候，提奥多西一定有一种更加伟大的快乐。后来，马克西姆取得了最初的那些成功，成为提奥多西的可怕的敌人。在这种危机下，他没有尝试去向那些亵渎的神谕请教，而宁可去向在埃及沙漠中隐修的约翰咨询。他听说这位上帝的仆人（他的名声早已传到国外）有发预言的才能。从约翰那里，他得到了自己必胜的确定信息。

在杀死僭主马克西姆以后不久，他带着最深刻的同情心和敬意，恢复了年轻的瓦伦提尼亚先前在帝国中的地位。稍后，瓦伦提尼亚被秘密谋杀了,或者是死于非命。此时提奥多西又得到那位先知的指点,充满自信地讨伐不合法地被推举为皇帝的僭主欧吉纽斯(Eugenius),更多地依靠祈祷,而非依靠刀剑,打败了他的非常强大的军队。参加过那场战斗的士兵告诉我,他们手中的投枪全被一阵狂风卷起,沿着提奥多西手臂所指的方向飞向敌人,不仅挡住了敌人的飞镖和弩箭,而且将其打回,落在敌人的脸上。因此诗人克劳狄安(Claudian)尽管不是基督徒,但他仍旧发出赞扬说:"噢,幸福的人啊,你的上帝喜欢你,你的军号吹响,所有的风都会呼应。"① 像他所相信的和被预见到的那样,提奥多西取得了胜利。

提奥多西随后做的第一件事就是摧毁朱庇特的神像,据我所知,这座神像安放在阿尔卑斯山,但我不知道那里用的是什么样的祭仪。他把朱庇特神像上那个用黄金制成的霹雳仁慈地赐给侍臣。而在欢乐的时刻,那位侍臣开玩笑说,如果能被这样的霹雳打死是最幸福的。他的敌人的儿子们逃入一座教堂,他们的父亲已经被杀死,不是由于他下的命令,而是在激烈的战争中死去。尽管他们还不是基督徒,但提奥多西想利用这个便利使他们成为基督徒,用基督徒的爱去对待他们。他不仅没有剥夺他们的财产,而且在允许他们保留之后还施加赏赐。提奥多西不允许任何人在战争之后实行私人的报复。他不像秦纳、马略和苏拉,以及其他类似的人,这些人在内战结束了的时候也不希望结束战争,而是宁可继续打仗,提奥多西则希望战争结束以后就不要再伤害任何人。

除了这些事情以外,他从一开始统治就不断地用公正和仁慈的法律帮助碰上麻烦的教会与她的敌人作斗争,反对倾向于阿里乌派,给教会带来巨大伤害的异端瓦伦斯(Valens)。提奥多西确实乐意作一名教会的成员胜过当一名人间的国王。他非常明白,哪怕是暂时的繁荣也是真正的上帝的恩赐,而不是魔鬼的馈赠,于是他下令摧毁各地异教徒的神像。

最能说明他的宗教谦卑的例子莫过于帖撒罗尼迦人的那件事。这些人犯了大罪,在主教的请求下,提奥多西答应宽恕他们。然而在他的

---

① 克劳狄安:《颂辞》,行 96—98。

随从施加的压力下，他同意处罚他们。因此，教会迫使他作出补偿，人们看见他不顾帝王的尊严而跪在地上忏悔。这个时候，人们对他的敬畏远远超过对他的愤怒和惩罚。诸如此类的善良行为要全部讲一遍那就太多了。

与这些行为相比，提奥多西从这个世界得到的最大的凡人的尊严和崇高都是空洞的。因为对这些行为的奖赏是永恒的幸福，上帝是这种幸福的赐予者，这种幸福只赐给真正虔诚的人。但是其他所有今生的福益，世界本身、光、空气、土地、水、果实、人的灵魂、人的身体、感觉、心灵、生命，上帝既赐给好人也赐给坏人。在这些福益中也可以加上拥有一个帝国，上帝按照他的神圣统治在各个不同时期的需要规定了这个帝国的扩展。

我明白，现在我们必须回答为诸神进行的另一种辩护。在受到驳斥，信服了这些最明显的证明，知道这些伪神不可能帮助人们获得这些暂时的福益，而这些福益只有傻瓜才想获得以后，我们的异教徒朋友会声称，他们崇拜诸神不是为了现世的利益，而是为了死后的利益。至于那些为了尘世的满足想要崇拜虚幻的影子，对他们幼稚的理智并不感到悲伤的人，我想在这五卷书中他们已经得到了充分的回答。在这几卷书中，当我发表了前三卷，就有很多人已经传阅过了，我听说某些人正在准备对书中的看法进行驳斥。后来又有人告诉我，他们已经把他们的责问写了下来，但正在等候一个没有危险的时候发表出来。我给他们的建议是，不要寄希望于不能帮助他们的东西。当然，任何人都很容易想象他已经做了回答，原因很简单，只是因为他不愿意表示沉默。有谁会比无话可说的人更加健谈呢？如果愿意的话，一个空洞的心灵可以比充满真理的人叫得更加响亮，但决不会比真理更加有力。

让人们仔细考虑一下我们已经说过的所有这些事情，如果有可能的话，请不带偏见地加以判断，这样他们就会清楚地明白，那些喋喋不休的所谓回答只能表明他们的滑稽可笑和小丑般的厚颜无耻。让他们约束自己的荒唐，宁要聪明人的批评，不要蠢人的赞扬。如果他们正在等待时机，不是为了得到谈论真理的自由，而是为了得到谩骂的许可，那么我希

望西塞罗说的不是他们,"噢,恶人啊! 是谁在自由地犯罪?"①无论谁认
为自己有了谩骂的许可,因此自己是幸福的,那么根本不给他这种许可会
使他更加幸福。但若他能够把这些空洞的自夸搁在一边,以一种自由的
方式向持不同观点的人询问,注意听取对方的观点,然后进行朋友般公
正、严肃、自由的讨论,那么他会得到我所能给予他的所有回答。

---

① 西塞罗:《图斯库兰争论集》,卷 5,章 19。

第 六 卷

【本卷提要】到第五卷为止,作者的论证主要用于反对那些相信崇拜诸神是为了现时利益的人。再往下,作者转向反对那些相信崇拜诸神是为了永生的人,后继五卷用于驳斥这种信仰。作者首先说明最受人尊敬的异教神学家瓦罗本人对诸神的看法。奥古斯丁采纳了瓦罗对异教神学的分类,即分为神话神学、自然神学、公民神学(civil theology),并且马上证明神话神学和公民神学都不可能对来世生活的幸福作出贡献。

前 言

我想我在前五卷中已经充分驳斥了那些相信许多伪神的人,基督教的真理表明,这些神灵只是无用的偶像、不洁的精灵、肮脏的魔鬼,或者是某些被造物,但肯定不是造物主,人们崇拜它们是为了今世的生活和世俗的利益。希腊人把崇拜这些神灵所用的礼仪和侍奉称作 latreia(对神的侍奉和崇拜),而这些东西实际上应当献给唯一真正的上帝。

如果空洞的荣耀受到尊敬,而又不服从任何真理的力量,面对这种极端愚蠢和疯狂,五卷书或更多卷书都是不够的。但有谁不知,这种空洞的荣耀对于受它控制的那些人来说是一种致命的欲望呢?尽管医生们尽全力想要治愈它,但这种疾病仍旧没有被征服,不是因为医生不尽职,而是因为病人已经无药可救。但是如果那些人能够认真理解和思考他们读到的内容,仔细地衡量与比较,不坚持或不那么坚持那些被他们长期当作珍宝的错误,那么这些人就比较容易看出,在已经完成的五卷中我们所作的事比解决问题所需要的内容更多,而不比所需要的内容少。他们也会同意,是他们中间那些无知的人想用今生的这些灾难来解释对基督教的仇恨,指责基督教要改变和毁灭人间事务,而他们中有知识的人与无知者也不仅是只有一点不同,而是被一种疯狂的不虔敬所控制,违反他们自己的良心,鼓励那些仇恨。我还要说,他们会同意这种仇恨完全没有正确的反思和理性,充满了轻率和鲁莽,以及最邪恶的敌意。

章 1 那些人宣称他们崇拜诸神不是为了眼前的利益,而是为了永久的生命

现在,让我们按既定的秩序进行讨论,驳斥和开导那些人,他们认为自己崇拜那些已经被基督教的真理摧毁了的诸神,不是为了今生,而是为了来世。我想用神圣诗篇中的真理性预言来开始我的讨论,"那倚靠上帝,不理会狂傲和偏向虚假之辈的,这人便为有福。"①不管怎样,在所有这些空洞的谎言中,我们应当用最大的耐心听取哲学家们的话,他们已经驳斥了民众的错误观点。但是民众自己为神灵建起偶像,并且虚构出种种不可信的关于诸神不朽的故事,或者说他们相信已经在流传的故事,用神圣的祭仪和仪式与这些故事相混杂。

这些人并非总是公开宣讲他们的观点,而在私下讨论这个问题的时候,他们暗示了对迷信的拒斥。对这些人我感到与他们讨论下面这个问题并不困难:为了来世的生活,我们应当崇拜一位上帝还是应当崇拜众神? 这位上帝创造了一切有灵性和有形体的生灵,而那些神灵,如有些哲学家所认为的那样,是由这唯一的上帝创造的,并且是他将这些神灵安置在不同的区域,因此应当认为这位上帝比一切神灵更优秀、更高贵。②

但是有人想要断言必须肯定这些神灵,对他们表示满意,这些掌管琐事的神灵会赏赐永恒的生命。我在第四卷中③已经提到过一些这样的人。那些最有才能、最敏锐的人以撰写对人类有益的书为荣,教导人们崇拜每一位神有什么理由,向每位神可以祈求什么,应当向利伯尔求水,向

---

① 《诗篇》40:4。

② 参阅柏拉图:《蒂迈欧篇》40。

③ 章11,21。

吕姆福斯(Lymphs)求酒,免得造成像戏台上的小丑表演那样的混乱。那些人真的相信任何人都可以向不朽的诸神祈求吗? 当他向吕姆福斯祈求赐给他酒的时候,他们会回答他:"我们只有水,向利伯尔(Liber)去要酒。"此时那个祈求者会正确地说,"如果你们没有酒,那么至少你们应当把永恒的生命赐给我,这样总可以吧?"还有什么事情比这更加荒唐? 那些不太容易发笑的吕姆福斯①如果不愿像魔鬼那样骗人,会大笑着对祈愿者说:"噢,人啊,你刚刚才知道我们不能赐给你酒(vitem),而现在你竟然认为我们有权力赐给你生命(vitam)?"

因此向这些神灵寻求永恒的生命是最鲁莽的愚蠢,这些神灵被断定为主管与我们最可悲、最短暂的今生相关的各种琐事,当你向他们中的一位祈求并不属于他主管的东西,你就落得个在戏台上被嘲笑和挖苦的下场。在戏台上,小丑们知道他们在干什么,因此他们受嘲笑是在剧场里,但当蠢人这样做,而又不知道怎样做更好的时候,那么他更应当受到世人的嘲笑。关于那些由城邦建立起来的神灵,有学问的人已经把他们都找了出来,开列了每一位男神或女神主管什么具体的事情,例如,应当向利伯尔求什么,应当向吕姆福斯求什么,应当向伏尔甘求什么,等等。我在第四卷中已经提到过一些,②其他的我认为应当省略。如果向刻瑞斯求酒,向利伯尔求面包,向伏尔甘求水,向吕姆福斯求火,是一种谬误,那么祈愿者向它们中的任何一位祈求永恒的生命,岂非更是一桩大错?

如果我们问应当相信什么男神或女神能够把尘世的王国赐给人,那么所有事情都已经讨论过了,认为尘世的王国由任何一位这样的伪神建立显然都远离真理。如果相信比所有尘世王国更为人喜爱的永恒的生命可以由这些神灵中的某一位赐予,岂非最疯狂的不虔敬? 为什么在我们看来这样的神灵不能赐予尘世的王国,其理由不是因为让非常伟大和高贵的神灵去主管那些非常琐碎细微的事情是不合适的,而是因为考虑到人类的脆弱,我们有权轻视那些人间权力的顶峰,然而,无论由这些神灵

---

① 参阅本书卷4,章22;维吉尔:《短诗集》(Eclogae),第三首,行9。

② 维吉尔:《短诗集》(Eclogae),第三首,行9。

中的哪一位来把王国恩赐给我们,并由他来维持,我们都会感到可耻。由此可见,就像我们已经在前面两卷中讨论过的那样,如果那些神灵中没有一位,无论是高贵还是卑贱,适合把可朽的王国赐予凡人,那么说他能够使凡人不朽岂非更不可能?

还有,如果按照那些现在正在与我们争辩的人的看法,崇拜诸神不是为了今生,而是为了来世,那么肯定也不能用这些分配给诸神掌管的事情(不是按照任何理性真理的法则,而只是出于空洞的猜测)和分割给他们的力量来解释对诸神的崇拜。他们相信,要想达成这个可朽今生的所有愿望,必须崇拜诸神,对此我已经尽力在前五卷中做了充分的驳斥。

让我们为那些崇拜女神朱文塔斯(Juventas)①的人设想这样一种状况,崇拜他的人总是处在青春花季,而轻视她的人会在青年时期就死去,或者在青年时期就像老人一样衰老。让我们再设想长胡子的福耳图那·巴尔巴塔(Fortuna Barbata)一定会使崇拜他的人长出比其他人更漂亮的胡子,而那些轻视他的人则不长胡子或长很难看的胡子。因此我们可以正确地说,由于这几位神的功能都有限,因此我们不应该向朱文塔斯寻求永恒的生命,她连使你长胡子都不可能,我们也不应该向福耳图那·巴尔巴塔寻求永恒的生命,他甚至没有权力在今生让你活到长胡子的年龄。

可见,即使为了这些琐事崇拜据说拥有这些权力的神灵也是不必要的,因为,许多朱文塔斯女神的崇拜者根本没有活到那个年纪,而许多不崇拜她的人却有着欢乐的青年时期。同样,尽管有许多人崇拜福耳图那·巴尔巴塔,但他们根本没有长胡子,更不要说胡子长得很难看了,而那些长胡子的不崇拜福耳图那·巴尔巴塔的人反倒可以嘲笑这些崇拜者。当人们已经看出为了一些短暂易逝的恩赐而去崇拜据说拥有这种权力的神灵有多么空洞和愚蠢的时候,还会有人的理智愚蠢到这种地步去相信崇拜这样的神灵会得到永生吗? 因此,这样的神灵不能赐予我们永恒的生命。甚至那些大胆宣称自己能够赐予永恒的生命,以此换取无知民众崇拜的那些神灵也不能这样做。这些人满足于对尘世生活作一些划

---

① “年轻”女神。

分,使他们的神灵忙忙碌碌,给每位神指定一项具体的工作。

章2 瓦罗对异教诸神的看法,他揭示了诸神的种类和祭仪,但为了更加虔诚,他应当对此保持沉默

有谁比马库斯·瓦罗（Marcus Varro）更加仔细地研究过这些事情？有哪位学者能比他作出更多的发现？有谁比他更关心这些事情？有谁对这些事情作过更加明确的区分？有谁比他更加勤奋、更加详细地把这些事情写下来？虽说瓦罗没有语言文字的美,可是他博学多闻,文章里智慧的箴言比比皆是,以致在我们称之为世俗的,而异教徒称为自由的整个知识领域中,他在讲求实际的学者眼里被认为知识渊博,就像西塞罗在文体爱好者眼里显得韵味无穷一样。甚至西塞罗本人也提供了这方面的证言,他在《学园派哲学》（Academica）这本书中叙述与瓦罗的讨论,说"这个人无疑是一切人中最敏锐的,最博学的。"①西塞罗没有说瓦罗最雄辩或最健谈,因为实际上瓦罗在这些方面都有缺陷,而是说他"最敏锐"。西塞罗在那几卷书中,即在《学园派哲学》中,提到一切事物都是可疑的,但在提到瓦罗的时候说"这个人无疑是最博学的"。事实上,在这件事情上西塞罗如此确定,以至于把他怀疑一切的态度放在了一边。在讨论学园派的怀疑时,他对怀疑主义表示赞同,但唯独在这件事情上忘了自己是一名学园派哲学家。西塞罗在这本书的第一卷赞扬瓦罗的文学著作。他说:"当我们在城里迷路时,尽管我们是陌生人,你的书给我们指明了回家的路。我们终于知道我们是谁,我们在哪里。没有什么事情是你没有涉及的,我们的国家的古代、它的历史分期、崇拜的规则、祭司的法律、家庭生活与公共生活、我们的城市的地形、名字、分区、功能,以及一切人事和神事的原因。"②

瓦罗具有杰出的品质,正如特伦提阿努（Terentianus）用最优美的诗

---

① 《学园派哲学》,卷1,章1。

② 西塞罗:《学园派哲学》,卷1,章3。

句简洁地说:"瓦罗,一个拥有世上一切知识的人。"①他读了那么多书,以至于我们要感到奇怪他竟然还有时间写作。他写了那么多书,以至于我们难以相信有人能够读完它们。我要说,这个具有巨大才能极为博学的人,尽管他反对和摧毁了他写下来的那些所谓的神圣的事情,认为这些事情与其说与宗教有关,不如说是迷信,但是,在他能够做到的情况下,他并没有解决这些荒唐的、邪恶的事情。当瓦罗崇拜这些神灵,并且感到应当崇拜它们的时候,他的著作表明他担心这些神灵不是由于受到敌人的攻击,而是遭到公民的抛弃而灭亡。由于这种怯懦,瓦罗拯救了这些神灵,用这些著作把它们保存在好人的记忆之中。比起美特鲁斯(Metellus)从烈焰中抢救维斯太的圣物,埃涅阿斯从燃烧的特洛伊城中抢救神像,②他感到自己起的作用更大。然而事实上,他留给后人,无论是聪明人还是傻瓜,阅读的东西都是不适宜的,是与宗教的真理完全敌对的。这样一位最敏锐、最博学的人却没有得到圣灵恩赐的精神的自由。他受到他的国家的法律和习俗的约束,不能对他受到影响的那些事情保持沉默,反而在宗教的伪装下谈论它们,对此我们应该作何感想?

章3 瓦罗把他那本论古代文物的书分成人事和神事两部分

他写了四十一卷的《古代文物》(Antiquities)③,把全书内容分成两部分:人事和神事。他用二十五卷写人事,十六卷写神事。人事部分又再分为四个部分,每个部分有六卷。他把注意力集中在这些方面:谁在活动,他们在什么地方活动,他们什么时候活动,他们在做什么。因此他在第一个六卷中描写人,在第二个六卷中描写地方,在第三个六卷中描写时间,在第四个,也就是最后一个六卷中描写事情。四六二十四,一共二十四卷。在开头的地方,他放上单独一卷,作为一个总的导论。在神事方面,在主题许可的范围内,他也保持了同样的秩序。神事是由人在特定地点

---

① 特伦提阿努:《韵律诗》(De Metris),行2846。
② 维吉尔:《埃涅阿斯纪》卷2,行717,747以下。
③ 又译《人神制度稽古录》。

和时间中进行的。十二卷书中包含四个方面，每个方面用三卷的篇幅。第一个三卷写人，第二个三卷写地方，第三个三卷写时间，第四个三卷写圣仪，分别说明是谁在活动，他们在什么地方活动，他们在什么时间活动，他们在做些什么，由此作了最精细的划分。

但由于必须说明，或者说人们尤其希望他能说明这些神圣的仪式是为谁进行的，因此他又用了三卷描写诸神本身。三五十五，一共十五卷。但我们说过，神事部分共有十六卷。因为他在神事部分开头处放上单独一卷导论。在导言之后，他用第一个三卷谈论与人相关的事，第一卷谈大祭司，第二卷谈占卜师，第三卷谈主管神圣祭仪的十五人。① 他用第二个三卷谈地方，第一卷谈小神庙，第二卷谈大神庙，第三卷谈宗教圣地。再接下去的三卷与时间有关，也就是与节日有关。他用一卷谈节日，用另一卷谈赛会，用第三卷谈戏剧表演。第四个三卷与圣事相关，他用一卷谈献祭，另一卷谈私人的圣仪，第三卷谈公共的圣仪。最后那个三卷与诸神本身相关，仍旧遵循这个进程。他用第一卷谈确定的神灵，用第二卷谈不确定的神灵②，用第三卷，亦即全书最后一卷，谈主要的和拣选的神灵③。

章4　从瓦罗的讨论来看，崇拜涉及人事的神早于涉及神事的神

在这整个一系列最漂亮、最精致的划分中，若想寻求，或是希望其中能提到永恒的生命，那是注定要落空的。阅读了我已经说过的内容，以及我后面还要说的内容，这里的原因对那些心灵并不固执、不与自己为敌的人来说是显而易见的。瓦罗所涉及的内容是人的作为，或是精灵的作为。不是被他们称作善的精灵的作为，而是不洁的精灵的作为，说得更明白些，是恶灵的作为。这些恶灵狡猾地在私下里向人们提供不虔敬的思想，有时候则把它们的理解，那些丑恶的观念，作公开的表露。受它们的影响，人的心灵变得越来越愚蠢，尽力用各种错误的证明来肯定它们的观

---

① "骄傲者"塔克文国王购买了西彼拉书，指定两名祭司保管和解释。后来祭司数量增加到10人。而后又由苏拉增至15人。

② 参阅本书卷3，章12；《使徒行传》27：23。

③ 参阅本书卷7，章2。

点,而不能发现和接受不变的、永恒的真理。

为什么要先写人事,然后再写神事,这位瓦罗提供了一个理由,因为先有国家存在,然后才有它们设立的各种宗教仪式。但是真正的宗教不是由尘世的国家设立的,相反,真正的宗教本身显然是由真正的上帝激励和指导的,上帝把永恒的生命赐给他的崇拜者。

下面是瓦罗提供的理由,说明为什么要先写人事,再写神事。他认为神事是由人设立的,"就像先有画家然后才有画,先有建筑师后有房子一样,所以是先有国家,后有由国家设立的东西。"然而他承认,如果写一部关于诸神性质的论文,那么他会先写神,然后再写人。他的言下之意似乎是,他要么没有处理全部神灵的打算,而只处理部分神灵,要么是说并非全部神灵存在于人间,某些神灵并不存在于人间。然而,他的最后三卷书详细地解释确定的神、不确定的神、拣选的神,似乎想要包括所有神灵,这又该如何解释? 他写道:"如果我们想要描写神灵的所有性质,那么我们在涉及人之前就得首先完成神事的写作。"这样说到底是什么意思? 他要么描写诸神的所有性质,要么描写一部分,要么根本就不涉及。如果要涉及全部,就得放在涉及人事之前,如果只涉及部分,按照事情的性质,为什么就不能放在人事之前了呢? 难道部分神灵不是比整个人类更可取吗? 如果认为部分神灵比整个人类更可取太过分了,那么至少部分神灵比罗马人更可取。因为瓦罗描写人事的那几卷书并没有提到整个世界,而只提到罗马。他说他对这几卷书做了恰当的安排,按照写作顺序,安排在描写神事的那几卷之前,就像先有画家后有画,先有建筑师后有房子。这就是公开地承认,这些神事就像画和房子一样,是由人建立的。只剩下第三种假设,瓦罗根本就没有涉及神的性质,但他不希望公开地说明这一点,而是把它留给聪明人去推论。当一个人用"不是全部"(not all)来表示"某些"(some)的时候,也可以把它理解为"没有"(none),因为这里否定的可以是部分,也可以是全部。实际上,就像他自己所说的那样,如果他写一本关于诸神全部性质的论文,那就应当把它放在人事之前了。尽管瓦罗没有这样说,但是真理要求神的性质应当置于罗马人的事情之前,哪怕并非神的全部事情,而只是一部分。

但是，如果他将关于神事的讨论放在人事之后，那么他根本就没有涉及神的性质。因此，他的论证不是出于想把人事置于神事之先的愿望，而是出于他不愿意宁可要虚假的事情，而不要真实的事情。在他描写人事时，他追随历史事实，但在他描写被他们称作神的事情时，除了对空洞的事情进行猜测，他还有什么可以追随的呢？无疑，这就是他这种巧妙做法的意义所在，不仅把神事放在人事之后，而且说明他为什么要这样做的理由。他若是不加以说明，有些人可能就会以别的方式为他的论证方式提出辩解。但由于他自己提出了这样做的理由，使他人无法对此作任意的猜测，这就清楚地证明了他看重人甚于看重人创立的东西，看重人性甚于看重神性。这样他就承认，在描写神事的时候，他并没有描写神灵性质的真相，而是在描写关于神灵的想象，这是错误的另一个名称。他在别的地方更加公开地表示（如我在第四卷中所提到的）①，如果他自己能建立一个新城市，他会按照事情的真实秩序来写，但由于他只能生活在一个旧城市里，因此他只能追随那里的习俗。

章5　瓦罗的三种神学：神话神学、自然神学、公民神学

瓦罗把神学，或者是对神灵的系统处理，分成三种：第一种是神秘的，第二种是自然的，第三种是公民的。② 对此我们该作何种考虑？在拉丁语中，我们应当把第一种称作 fabular（如果这个词还在用的话），但是让我们把它称作 fabulous，因为神秘的（mythical）这个词是从希腊词 mythos（神话）中派生出来的。第二种应当称作自然的，这个词现在还是常用词。第三种的名称是瓦罗自己用拉丁语"公民的"（Civile）来确定的。他自己的解释是这样的："他们把主要由诗人使用的称作神秘的，把哲学家使用的称作自然的，把普通公民使用的称作公民的。至于我已经提到的第一种神学，里面有许多虚构，与不朽者的尊严和性质相敌对。我们可以在其中找到，有一位神是从脑袋里生出来的，另一位神是从大腿里生出来

---

① 　本书卷4，章31。
② 　参阅本书卷4，章27处斯卡沃拉的区分。

的，还有一位是从滴血中产生出来的。在其中我们还看到，这些神灵偷窃，奸淫，侍奉人。简言之，所有这些归于诸神的事情实际上都是人的事情，是最邪恶的人干的事。"在他能做的地方，在他敢做的地方，在他认为自己可以这样做而不受惩罚的地方，瓦罗确实明确地，毫不含糊地戳穿了那些靠撒谎的故事建立起来的诸神的性质，因为他正在谈论的不是自然神学，也不是公民神学，而是神话神学，对此他认为自己能够随意指出它的错误。

现在让我们来看，关于第二种神学他说了些什么。他说："我已经解释过第二种神学是什么意思，对此哲学家们留下过许多书，在其中讨论这样一些问题：诸神是谁？诸神在哪里？诸神有什么种类和性质？诸神从什么时候开始存在，或者它们是否永远存在？它们是不是火，如赫拉克利特所相信的那样？它们是不是数，如毕泰戈拉所相信的那样？它们是不是原子，如伊壁鸠鲁所说的那样？以及其他一些事情。学校里的人比大街上的人更容易容忍这些看法。"除了谈到哲学家们相互争论，由此分成很多派别以外，瓦罗在这种神学中什么错误也没有找到，这种神学被称作自然神学，属于哲学家。他把这种神学从街头巷尾消除，封闭在学校里。但是他却并不想从公民中消除最荒谬、最卑贱的第一种神学。噢，民众的宗教的耳朵，其中甚至包括罗马人，甚至无法忍受哲学家争论诸神的问题！但是当诗人吟诵和演员们表演那些有损不朽者的尊严和性质的事情，不仅只是凡人的事情，而且还是最邪恶的人的事情，他们不仅能够忍受，而且愿意聆听。不仅如此，他们甚至还认为这些事情能够使诸神欢娱，诸神想要他们这样做。

但是有些人会说，让我们把这两种神学，神话神学与自然神学，与我们现在要讲的公民神学区别开来。瓦罗本人似乎有所预见，已经作了区别。现在就让我们来看他是如何解释公民神学的。我明白为什么要将神话神学与公民神学区别开来，因为神话神学是虚假的、卑劣的、不适宜谈论的。但要将自然神学与公民神学区分开来，不就等于承认公民神学本身是错误的吗？如果一件事情是自然的，那么它有什么错，使我们要加以排斥？如果所谓公民神学不是自然的，那么它有什么功绩值得我们承认？

实际上，这就是他为什么要先写人事，后写神事的原因，因为写神事他不能追随自然，神事只是人的设立。

然而让我们也考察一下公民神学。他说："第三种神学是公民的神学，特别是祭司们的神学，在城市里必须知道这种神学和实践这种神学。这种神学解释了对什么神灵适宜举行公开的崇拜，用什么样的仪式和献祭是合适的。"让我们注意看他接下去说的话，"第一种神学特别适用于剧院，第二种适用于世界，第三种适用于城市。"有谁看不出他在赞扬哪一种神学？当然是第二种，这种神学他在前面说属于哲学家。因为他证明了这种神学与世界有关，没有比这更好的神学了。① 但是，对另外两种神学，第一种和第三种，适用于剧院和城市，他到底是作了区分还是把它们联在一起？尽管我们看到城市在这个世界中，但是从这个前提我们不能得出结论说，任何属于城市的事情都与世界有关。因为，在城市里，按照错误的看法，被相信或被崇拜的东西可以在这个世界之中或在这个世界之外不具有真正的存在。但是剧院和城市总是在一起的。剧院不在城里又能在哪里呢？除了演戏，建造剧院还有别的目的吗？除了演出那些神圣的事情，还能演什么？这就使我们回到瓦罗花了那么大精力描写的那些神事上来。

章6　关于神话神学与公民神学的联系，对瓦罗的问题作出回答

噢，马库斯·瓦罗！你虽然是最敏锐的人，你无疑是最有学问的人，但你仍旧是人而不是神。在圣灵的提升下观察和宣讲神圣的事情，你确实看到了神圣的事情要与人的琐事和谎言区分开来，但是你害怕冒犯那些民众的最腐败的看法和他们的公共的迷信习俗。即使你自己从各方面对它们进行考察以后心里头明白，并在你的书中大声宣布，哪怕像那些心灵虚弱的人所假设的那样，把诸神当作这个世上的原素存在，都与神的性质格格不入。这位拥有最杰出才能的人在这里能做什么？人的学问，尽管多种多样，在这里能帮你摆脱困境吗？你希望崇拜自然的神，但你被迫

---

① 参阅西塞罗：《论神性》卷2，章7，14，37。

崇拜公民的神。你很快发现某些神是虚假的,对这些神你任意地说出你的想法,而不管你是否愿意,但你敢同样批评那些公民的神吗? 你说神话的神属于剧院,自然的神属于世界,公民的神属于城市。但是你认为世界是神创造的,而城市和剧院是人创造的,在神庙中受到崇拜的神灵却在剧院里受到嘲笑,得到献祭的神灵拥有为了荣耀它们而举行的赛会。你更加自由和精细地确定某些神灵是自然的,其他的神灵则是由人设立的,还说对那些被人设立的神灵诗人的作品提出一种解释,祭司又提出另一种解释,而两种解释在虚假这一点上是共同的,它们都使敌视真理的魔鬼感到快乐。

我们暂时把被他们称作自然的神学搁在一边,以后再讨论。我现在要问的是,有人愿意向这些诗人的神、剧院的神、戏剧中的神寻求永恒的生命吗? 让这种想法灭亡! 真正的上帝禁止如此狂野亵渎的疯狂! 这些神灵想要它们的罪行在戏台上表演,看了这样的表演反而会感到快乐,而你们竟然向这样的神灵寻求永恒的生命? 我想,不会有人如此固执,如此不虔敬。因此,依靠神话的神学和公民的神学都不能获得永恒的生命。因为一种神学通过想象播下关于诸神的肮脏的种子,另一种神学采摘果实并加以珍藏;一种散布谎言,另一种收集谎言;一种用想象的罪行来追求神圣的事情,另一种用戏剧表演这些罪行来使神圣的事情具体化;一种用人的声音来歌唱那些有关诸神的不虔诚的虚构,另一种则把节庆献给诸神;一种歌唱诸神的恶行和罪恶,另一种喜爱诸神的恶行和罪恶;一种作出发现,另一种则证明其为真,或对这种虚假感到高兴。这两种神学都是卑劣的,都应当受到谴责。但是剧院里的神学公开地宣扬邪恶,而城市里的神学崇拜邪恶。从这样污染我们短暂的生命的神学中能找到永恒的生命吗? 如果这些事情进入我们的心灵,得到我们的首肯,那么这些恶人不就把我们的生命污染了吗? 我们的生活不就被这些崇拜他们自己罪行的魔鬼污染了吗? 如果这些罪行是真的,那么这些魔鬼有多么邪恶! 如果这些罪行是假的,那么这种崇拜有多么邪恶!

当我们谈论这些事情时,可能会有某些对我所写的事情非常无知的人认为,只有这些诗人们歌颂,演员们在台上表演的关于诸神的事情是可笑的,配不上神的尊严,是令人厌恶的,不值得庆祝的,但是那些不是在剧院里表演,而是由祭司们奉行的神事是纯洁的,合宜的。即便如此,也决不会有人认为这些戏台上的可恶的事情会给诸神带来荣耀,诸神本身也决不会下令要人们进行这样的表演。但是人们对在戏台上表演这些事情并不感到可耻,因为它们与在神庙中进行的事情是一样的。

最后我要说,当我们上面提到的这位作者试图把公民神学与神话神学、自然神学区别开来,当作第三种神学的时候,他宁可希望人们把它理解为由另外两种神学调和而成的,而不是与它们分离的。因为他说诗人描写的这些事情如果要人们追随,那么它们太低了,而哲学家所说的事情要人们追随,那么它们太高了。"尽管它们以这种方式有所不同,但是从这两种神学中可以取来解释公民神学的地方绝不是一二点。因此我们要指明公民神学在哪些方面与诗人的神学是共同的,尽管它与哲学家的神学一定更为接近。"因此,公民的神学并非与诗人的神学没有联系。在另一处提到诸神的世代的时候,他说民众比倾向于自然神学家更容易倾向于诗人。在一个地方他说必须如此,而在另一处他说实际上已经如此。他说哲学家写作是为了使用,而诗人写作是为了娱乐。因此,从诗人作品中来的东西是诸神的罪行,民众一定不要追随,但无论如何这些东西使民众和神灵都得到娱乐。他说,诗人为了娱乐而写作,而不是为了使用,诗人认为诸神想要看到他们写这些事情,民众则会表演这些事情。

章7　关于神话神学与公民神学的相同和一致之处

因此,这种用于剧院演出的诗人神学充满着色情和卑鄙,却被纳入公民的神学,这种被判定为应当完全加以谴责和拒斥的神学被部分地宣称为对有教养的人是有益的,值得保留。当我说部分,指的不是无关紧要的部分,外在于整体的某个部分,不适宜与之结合的某个部分,而是指与其他部分和谐地相适应的部分,就像肉身的某个肢体。以诸神的形象、状态、年纪、性别、性格为例。如果诗人说朱庇特是长胡子的,墨丘利是不长胡子的,那么祭司们不也是这样认为的吗?祭司的普里阿普斯(Priapus)会比演员的普里阿普斯较不猥亵吗?他接受信徒崇拜的样子与在戏台上为了观众的快乐而摆出的样子有什么不同吗？年老萨图恩和年轻的阿波罗在神庙中的塑像与演员用来表现他们的面具有什么不同吗？掌管门户的福尔库鲁斯（Forculus）和掌管门槛的利曼提努斯（Limentinus）是男神，而在他们之间掌管门闩的卡尔戴亚（Cardea）是女神。这些被诗人认为不配在诗歌中歌颂的事情不是可以在那些讨论神事的书中找到吗？戏台上的狄安那带枪，而城市里的狄安那只是一位处女吗？戏台上的阿波罗是一位琴师，而德尔斐的阿波罗不懂这门技艺吗？

但是这些事情与那些可耻的事情相比还算是体面的。他们在卡皮托利山上为朱庇特的保姆建起塑像，他们到底如何看待朱庇特？① 这些事情不正好是在为欧赫墨鲁（Euhemerus）作见证吗？他不是一位讲故事的吟诵诗人，而是一位努力探究事实的历史学家。他写道，所有这些神灵都只不过是凡人，是可朽的。他们指定一位祭司埃普洛奈斯（Epulones）作朱庇特餐桌旁的食客，这样做不是在模仿圣仪吗？如果有演员说朱庇特邀请了这位食客，那么他肯定会引来哄堂大笑。然而，瓦罗说了这样的话，不是在开玩笑，而是在赞扬诸神。他的那几卷论神事而不是论人事的书证明他写过这样的话，不是在谈论赛会的地方，而是在解释卡皮托利山法规的地方。简言之，他屈服并承认，由于凡人按他们自己的形象造神，所以他们相信诸神沉迷于凡人的快乐。

当然，恶灵也在忙碌。他们的任务是用戏剧把错误的观念固定在人的心灵中。有一个关于神圣的赫丘利的故事。据说他感到无聊，因此就玩掷骰子的游戏来消磨时间。他用一只手表示赫丘利，用另一只手表示自己，如果自己赢了，他就用神庙里的钱为自己弄一顿晚餐，找一名情妇，如果赫丘利赢了，他就用自己口袋里的钱来提供同样的乐趣。结果他自己输了，尽管是被赫丘利打败的，于是他给赫丘利神提供了一顿晚餐，还找来了最高贵的妓女拉伦提娜（Larentina）。但是她在神庙中睡着了，梦见赫丘利与她做爱，并对她说，她可以从她离开神庙时见到的第一位年轻人那里得到嫖资，她相信这是赫丘利付给她的钱。她走出神庙时遇到的

① 奥维德：《黑海书简》，卷 5，章 115 以下。

第一位年轻人是富有的塔鲁提乌斯（Tarutius）。他们相爱了很长时间，并在他死的时候给这位妓女留下了他的孩子。她由此极为幸运，发了大财，被神雇佣在她看来并非丑事。她立下遗嘱把大量遗产留给罗马人，这些都是神给她的奖赏。她死了以后，遗嘱被找到了。他们说，由于她的功德，人们给她神圣的荣誉。①

现在，如果这些事情都是诗人的虚构和戏台上的表演，那么它们无疑都与神话神学有关，也会被判定应当与庄严的公民神学区分开来。但当这些可耻的事情，不是诗人的，而是民众的，不是演员的，而是神圣的，不是戏院里的，而是神庙里的，也就是说，不是神话神学的，而是公民神学的，由一位如此伟大的作者记载下来，那么足以表明，表演诸神之卑鄙的戏剧艺术不是空洞的，而是伟大的，而那些祭司们企图用所谓神圣的仪式来表现那些根本不存在的诸神的高贵品质是注定要落空的。

朱诺的圣仪在她珍爱的萨摩斯岛举行，②据说她在那个地方与朱庇特结婚。刻瑞斯的圣仪表现普洛塞耳皮涅（Proserpine）到处寻求被普路托（Pluto）抢走的女儿。维纳斯的圣仪表现她心爱的阿多尼斯（Adonis）被野猪咬死，她悲伤万分。诸神之母的圣仪表现她爱上年轻美貌的阿提斯（Atiis），但出于女人的妒忌而将他阉割，遭受过同样灾难的男人会在圣仪中合唱，对此表示悲哀，这样的人被称作伽利（Galli）。③ 没有什么戏台上的事情比这些故事更加不体面的了。既然如此，他们为什么还要努力把诗人虚构的而又与戏台有关的这些关于神的故事与他们希望属于城市的公民神学区分开来，就好像他们正在区分高贵与卑贱、高尚与卑劣？因此我们更有理由感谢戏台上的演员，他们通过戏剧表演向人们展示了被神庙的高墙隐藏着的所有事情，将之赤裸裸地表现在人们眼前。

当这些暴露在光天化日之下的事情是那么邪恶的时候，那些隐秘的圣仪怎么可能是好的呢？他们肯定知道自己在黑暗中与那些阉人和性反

---

① 参阅普罗塔克：《罗马人的问题》，章36。
② 参阅维吉尔：《埃涅阿斯纪》，卷1，行15以下。
③ 参阅奥维德：《黑海书简》，卷4，行223以下；本书卷2，章7；卷7，章25。

常的人干了些什么。然而他们不能够隐藏那些可悲的、被阉的人。如果
他们能做到的话,让他们用任何神圣的东西去劝导那些人,然而他们无法
否认无数这样的人生活在他们所谓的神圣的事情中。我们不知道他们做
了些什么,但是我们知道他们通过谁在做。因为我们知道在戏台上的表
演中,没有人听到过阉人、性反常者的合唱,甚至也没有听到过妓女的合
唱。我们甚至认为进行这样的表演也是邪恶的、无耻的,好人一定不会去
作这样的表演。既然如此,那些神圣的仪式怎么会使用那些连戏台上都
不会选用的人来进行呢?

章 8　按自然理论作出的解释,异教徒的教师试图以此捍卫他们的诸神

　　但是他们说,这些事情确实全部是自然的,也就是说,可以用某些自
然现象来解释,显示它们的自然含义,这样一来,就好像在这场讨论中我
们正在谈论的是自然,而不是神学。然而,神学不是关于自然的解释,而
是关于神的解释。尽管真正的神是上帝,之所以如此,不是根据人的意
见,而是根据其本性,但无论如何,我们不能由此推论一切性质都是神圣
的。人、野兽、树、石头肯定有性质,但没有一样性质是神圣的。具体到众
神之母,整个解释都从这样一个起点开始,众神之母就是大地。既然如
此,我们有什么必要推进考察? 有什么必要对其他各种神灵逐一进行考
察? 还有什么看法会令那些人更加喜欢,因为他们认为一切神灵都曾经
是人? 在大地就是众神之母的意义上,神灵都是大地生的。但是在真正
的神学中,大地是神创造的,而不是神的母亲。

　　无论用什么方式解释他们的圣仪,无论对事物的性质使用什么样的
推论,说男人应当像女人那样柔弱肯定不是在顺从自然,而是在违反自
然。哪怕恶人在酷刑的折磨下也羞于承认犯有这种罪行,但这种疾病和
罪恶学是在神圣的仪式中得到了承认。还有,如果坚持说这些已经被证
明比戏台上的邪恶更加愚蠢的圣仪有它们自己的解释,把它们说成是事
物性质的象征,那么为什么不用同样的方式解释诗人的那些故事呢? 事
实上,有许多神话已经有了这样的解释。以一切神话中最可怕的故事为
例,萨图恩吞吃了他自己的子女。这件事被解释为"时间",萨图恩的另

一个名字,将吞蚀一切出生的东西。或者按瓦罗的解释,①这件事象征着种子来自于土而复归于土。其他神话故事也大体如此。

这种所谓的神话神学,以及与之相关的所有解释都受到批判和谴责,被人们抛弃。不仅有哲学家的自然神学,而且还有我们现在正在谈论的属于城市和民众的公民神学都对神话神学作出了批判,因为它虚构了诸神的卑鄙。但是,那些最敏锐、最有学问的人发起的批判中包含着一个秘密,这就是,神话神学和公民神学都应当受到批判,但是他们愿意抛弃神话神学,却不敢抛弃公民神学,他们公开地攻击诗人的作品,而对公民神学只是以某种方式指出它与神话神学的相似之处,他们并不希望人们接受公民神学,甚于神话神学,而是希望这两种神学都被抛弃。他们希望最优秀的心灵可以轻视这两种神学,接受被他们称作自然神学的东西,这样就不必冒公开批判公民神学的危险了。实际上,神话神学和公民神学两者都既是神话的,又是公民的。任何人努力研究一下它们的空洞和邪恶就会发现它们都是虚构的故事,任何人只要注意到剧场里、赛会上、城市里的公共崇拜所用的场景都是从诗人的神学中借用来的,就会明白这两种体系都是公民的。

那么,这样的神灵会拥有赐予永恒生命的权力吗? 它们自己的偶像和圣仪表明它们都是虚构的神,它们的形状、年纪、性别、性格、婚姻、世系、祭仪都已经受到了公开的质疑,都表明它们只是在生前或死后获得圣仪的凡人。不洁的恶灵提出了这样的建议,并确认这些错误,或者说它们利用某些时机,把这些错误塞入凡人的心灵,欺骗他们。

章9　关于神灵的具体职司

再说那些神灵的各种职司。他们说必须按照神灵的特殊功能进行相应的祈祷,因此对神灵的功能作了愚蠢的、琐碎的划分。对此我们已经谈了许多,尽管还没有涉及全部。这些事与其说与神的尊严一致,倒不如说与喜剧小丑的打诨一致。如果有人为他的婴儿雇了两个保姆,一个只管

---

① 参阅本书卷4,章10。

食物,另一个只管饮水,就像他们用两位女神,埃杜卡(Educa)和波提那(Potina),来掌管这件事,那么这个人肯定是愚蠢的,他做的事肯定会成为一个笑料。他们说利伯尔(Liber)的名字源于"liberation"(释放),因为他主管男性交配时的射精。他们还说利伯拉(Libera)(他们认为就是维纳斯)也起类似的作用,只不过是对女性而言,因为他们说妇女也释放卵子。为了荣耀这两位神,据说男性和女性的生殖器被放在神庙里,男性的献给利伯尔,女性的献给利伯拉。此外,他们还给利伯尔指定了女人和酒,挑起他的淫欲。酒神狂女疯狂地进行庆祝活动,对此,瓦罗自己也承认,如果酒神狂女不是高度亢奋,那么是不会有这样的举动的。后来,这种事情被一位比较明智的元老院议员下令禁止了。① 他们至少明白了这些恶灵在被人们当作诸神,进而控制人的心灵时,会有多大的力量。这种事情确实不是在戏院里发生的。尽管这些会使诸神感到愉悦的表演非常像发疯,但在戏院里演员们是在表演,而没有发疯。

还有,瓦罗说迷信的人害怕诸神,而宗教的人像敬畏父母一样敬畏诸神,但不会像害怕敌人那样害怕诸神。这种区别是一种什么样的区别?他说诸神都那么仁慈,宁可宽恕恶人,也不愿伤害无辜的人。他告诉我们妇女生产后有三位神被指定来保护她,以免西尔瓦诺斯(Silvanus)神来骚扰她。三个男人作为三位保护神的象征守夜。第一位用短柄斧敲门槛,第二位用碾槌,第三位用长把扫帚扫地。他们认为展示这些农具就可以阻挡西尔瓦诺斯神进来。因为,没有斧子就不能砍树,没有碾槌就不能碾谷,没有长把扫帚就不能堆谷。三位保护神的名字就是由此而来的:英特西多纳(Intercidona)出自 intercido(砍),用斧子砍,皮鲁姆努斯(Pilumnus)出自碾槌,而狄维拉(Diverra)出自长把扫帚。靠着这些神灵的保护,生下孩子的妇女就可以不受西尔瓦诺斯神的侵犯。看起来这些仁慈的保护神敌不过一个恶神,除非他们三个能够一起出现与之相敌,使用这些耕作的象征去反对那个居住在森林里的、粗卑的、可怕的、不开化的神。这些保护神是无害的、和平的吗?如果这些神就是城里头的赐予

———————————

① 李维:《罗马史》卷39,章18。

健康的神,那么他们岂不是比在剧院里受到嘲笑的神灵还要可笑?

　　一对男女结婚的时候,朱伽提努斯(Jugatinus)神掌管这件事。好吧,就算如此。但是把新娘带回家却要求助于多米都库斯(Domiducus)神。多米提乌斯(Domitius)帮她进家门。当她与丈夫待在一起的时候,又要用到女神曼图耳那(Manturna)。还需要多少神? 让人们还是节制一些吧。剩下的事情血肉之躯的情欲都会去做,还是让它被隐秘和害羞掩盖了吧。连伴郎都离去了,为什么还要用一大群神灵填满新房? 还有,新房里挤满一群神,不是考虑到他们在场会使新人保持贞洁,而是靠着他们的帮助,生来具有比较软弱的性别、在这种处境下会发抖的新娘可以顺从地交出她的贞洁。因为在那里有女神维吉嫩西斯(Virginiensis)、女神之父苏比古斯(Subigus)、女神之母普瑞玛(Prema)、女神波图达(Pertunda)、维纳斯、普里阿普斯。为什么要这样? 一个男子干这种事需要神的帮助,有这种必要吗? 如果有这种必要,一位男神或一位女神难道还不够吗? 有维纳斯在场不就够了吗? 据说她的名字就来自于此,没有她的力量在起作用,女子不会放弃贞操。如果那位男子还有羞耻心,而神灵没有羞耻心,那么当结婚的新人相信有那么多男女神灵在新房里忙忙碌碌,他们岂不是更加感到害羞,对行房事更加犹豫不决? 如果在场的女神维吉嫩西斯帮新娘解开腰带,在场的苏比古斯神帮她睡在新郎的身子底下,在场的女神普瑞玛帮她保持不动,那么女神波图达在那里做什么? 让她脸红,让她走出去。让那个做丈夫的自己去做这些事吧。除了他任何人做这件事都是可耻的,而这位女神的名字却又是从"穿孔"(pertundere)这个词来的。但她可能比较宽容,因为人们说他是一位女神,而不是一位男神。如果人们相信她是男的,被称作波图都斯(Pertundus),那么这位做丈夫的可能要比那位抗拒西尔瓦诺斯的骚扰的刚刚分娩的产妇更需要得到帮助来保护他的妻子的贞节。普里阿普斯也在场,对此我该说些什么? 这位神有着巨大的阳具,按照伴娘的最荣耀、最虔敬的习俗,每位刚结婚的新娘都必须坐在他的阳具上面。

　　让他们继续下去,仔细区分公民神学与神话神学、城市与剧院、神庙与戏台、祭司的圣事与诗人的歌唱、高尚的与卑鄙的、正确的与错误的、重要的与琐碎的、严肃的与可笑的、需要的与应当拒绝的。我们明白他们在干什么。他们知道艺术的和神话的神学有着政治的倾向,诗人的诗歌像一面镜子反映了这一点。然而,他们不敢谴责公民神学。当他们在揭露公民神学的时候,他们感到谴责和消灭镜子里的影像更自由,希望那些知道他们想要干什么的人能够不仅厌恶这种影像,而且厌恶事实本身。然而,诸神本身尽管从同一面镜子中看见自己,但他们非常喜欢这种影像,因此,从这两种神学中,我们可以更好地看清他们是谁,他们是什么。他们用可怕的命令强迫崇拜者把不洁的、虚构的神学献给他们,这种神学把诸神当作庄严的、神圣的。这就既表明他们是最不洁的恶灵,又表明遭到拒斥的戏台上的神学成了这种神学的组成部分,选择和批准了城市神学。因此,整个神学是可耻的、虚假的,其中包含着虚构的神灵,一部分来自祭司的书,另一部分来自诗人的诗歌。它是否还有别的部分是另一个问题。到此为止,我想自己已经充分显示,根据瓦罗对神学的划分,城市的神学和戏台上的神学属于一种公民的神学。由于它们都是可耻的、荒唐的、错误的,虔敬的人希冀从其中任何一种神学获得永恒的生命都是愚蠢的。

应当注意,即使瓦罗本人在对诸神作解释和列举诸神的时候,也是从人开始的。他从伊阿诺斯(Janus)神开始叙述那些与人的一生各个阶段有关的神灵,直至衰老和死亡。这一串神灵中最后一位是女神奈尼娅(Naenia),她负责在葬礼上唱挽歌。此后,瓦罗开始解释其他神灵,他们的职司不是人本身,而是人的财产,比如食物、衣服,以及所有今生的必需品。他给每位神确定了具体的职司,然后说明什么事情应当向什么神灵祈祷。他努力编写了这么一个无所不包的神灵档案,但就是没有证明有这么一位能赐予永恒生命的神存在,也没有提到他的名字,让人们可以向他祈祷,而寻求永恒的生命当然是我们做基督徒的唯一的目的。当然,有谁会愚蠢到看不出瓦罗的真正目的?

通过提供这样一个完整细致的公民神学的解释,他展示了这种神学与那种虚构的、可耻的神话神学的相同之处,同时也说明了神话神学是公民神学的一部分。他显然想要为自然神学在人们的心灵中取得地位,这种神学他说是由哲学家建立的。他精细地批评了神话神学,但不敢公开批评公民神学，而只是简单地展示了它应该受到批判的性质。在两种神学都受到批判以后，对有着正确理智的人来说，自然神学当然是唯一可取的神学。依靠真正的上帝的帮助，我将在恰当之处对此作更加仔细的讨论。

章 10　塞涅卡的自由，他对公民神学的攻击比瓦罗对神话神学的批判还　　　　要猛烈

　　尽管两种神学是相似的，但是瓦罗缺少的言论自由使他无法像批判剧院神学一样批判公民神学。但是，阿奈乌斯·塞涅卡（Annaeus Seneca）却拥有这种自由，不是完全拥有，而是部分拥有。我们有某些证据表明这个人在我们的使徒时代声名显赫。我说他拥有部分言论自由主要表现在他的写作上，而不是表现在行为方式上。在那本反迷信的书中①，他对城市和乡下的神学的批判比瓦罗对戏台和神话神学的批判更加详细，更加猛烈。在谈到偶像的时候，他说："他们向神圣的、不可亵渎的不朽者献上用最低贱的、无生命的材料制作的偶像。他们赋予不朽者人、野兽、鱼的形象，有时候还有两种性别和好几个身体。他们把这些偶像称作神灵，如果它们是活的，我们突然遇见它们时一定会被吓个半死。"稍后，他赞扬了自然神学，叙述了某些哲学家的观点。他向自己提出一个问题，"有些人问我：'我是否应该相信天空和大地是神灵，有些神在月亮上面，有些神在月亮下面吗？我应当听信柏拉图，他说神是无形体的，还是应当听信逍遥学派的斯特拉波（Strabo），他说神没有心灵？'"②塞涅卡的回答如下："从长远来看，谁的梦比较接近真理，提多·塔修斯（Titus Tatius）的梦，罗莫洛的梦，或图鲁斯·霍斯提略（Tullus Hostilius）的梦？塔修斯发现了女神克洛亚西娜（Cloacina），罗莫洛发现了皮库斯（Picus）和提伯里努斯（Tiberinus），图鲁斯·霍斯提略发现了帕伏耳（Pavor）和帕洛耳（Pallor）。这些神灵实际上是人的最不一致的情感，一

---

① 此书已经佚失，参阅德尔图良：《申辩书》，章 12。
② 参阅柏拉图：《斐德罗篇》86A；西塞罗：《论神性》，卷 1，章 13，35。

个是心灵在恐惧之下的激动，另一个是身体的激动，不是由于疾病，而实际上只是肤色的变化。你们愿意相信这些东西是神灵，要在天上给它们找个位置吗？"

塞涅卡在写到残忍而又可耻的宗教仪式时是相当自由的。他说："一个崇拜者把自己阉割，另一个崇拜者把自己的手臂砍下来。当他们愤怒地用这样的办法向神灵祈求的时候，哪里还谈得上有什么对神灵的敬畏？对希望拥有这种崇拜的神灵根本不应该崇拜。用这样一种甚至连最大的恶人在发泄愤怒时也不会使用的方法来向神祈求，这种心灵癫狂到了什么地步。僭主会砍去某些人的肢体，但他们从来不命令任何人自己砍自己的肢体。为了皇室的需要，有些人被阉割，但是从来没有人被他的主人命令自阉。他们在神庙中自杀。他们用自己的创伤和鲜血来祈求。如果有时间看到他们做的这些事和他们忍受的痛苦，就能发现这些事不值得敬重，不像受过教育的人的作为，不像心灵健全的人的作为。如果疯子仍旧只是少数，那么这些人无疑是疯子，但是现在有那么多疯子，因此我们只好说他们是正常的。"

接下去，他叙述了那些发生在卡皮托利山上的事，并且最坦率地指出这种事情只有那些非常可笑的人或疯子，才干得出来。他用开心的语调讲述道，在埃及人崇拜奥西里斯（Osiris）的秘仪中，有它丢失神像时的悲伤和失而复得时的巨大欢乐。尽管这里的丢失和找到只是想象，但是那些什么也没有丢失，什么也没有找到的人的悲伤和欢乐却完全是真的。接下去他说："还有一个固定的发疯的时间。每年发一次疯也许是可以宽容的。只要上到卡皮托利山，你就会对这里公开展示的疯狂感到可耻，而这种疯狂竟然还被称作崇拜。一个人在向一位神宣读致敬的诸神的名单，另一个人在向朱庇特报告时辰。一个人像侍从官，另一个像教练那样挥动手臂。有些妇女在那里想象自己是朱诺和密涅瓦的侍女，负责给她们梳头，但却远离神像，甚至远离神庙，在那里移动自己的手指头。靠近她们的还有一些妇女，手里拿着镜子。有一群人想呼吁诸神在法庭上帮助他们。还有一些律师手里拿着文书在向神灵解释他们的案情。在那里还曾有过一位杰出的喜剧演员，不过现在已经年迈体衰，每天在卡皮托利山上表演,就好像已经被人们厌倦了的这些表演会引起神灵的快乐。各种艺人都在那里懒洋洋地为神灵做工。"稍后,他又说:"尽管这些人在竭力为诸神做各种琐事,但他们献给神的东西是不体面的,不庄重的。有些女人就坐在卡皮托利山上,以为朱庇特爱她们,她们一点也不害怕会引起朱诺的愤怒,而这是诗人给我们讲过很多次的。"

瓦罗没能享有这样的自由。因此,他只批评了诗人的神学。由于害怕被切成碎块,他不敢指责公民神学。但若我们想要讲真话,那么举行这些仪式的神庙要比表演这些仪式的剧场更加糟糕。对这些公民神学的圣仪,塞涅卡的立场是,一个聪明人最好像演员那样参加这些仪式,但不必真的把它们放在心上。他说:"这些事情都是法律规定的,聪明人最好遵守,但别真的以为诸神会喜欢。"稍后,他又说:"诸神之间的联姻没有什么好处,至少,兄弟姐妹之间的婚姻是违反自然的。我们让柏洛娜嫁给玛斯,维纳斯嫁给伏尔甘,撒拉西娅(Salacia)嫁给尼普顿。有些神灵没有婚配,就好像没有人给他们做媒,但这样做肯定是不必要的。有一些女神没有结婚,如波普洛尼娅(Populonia)、富尔戈利娅(Fulgoria)、卢米那(Rumina),对此我一点儿也不惊讶。整个这一大堆卑贱的神灵都是由于长时间的无穷无尽的迷信堆积下来的。我们会崇拜他们,但决不要忘了,祭仪只是一种习俗,而不是一种确信。"

他认为,法律和习俗都没有在公民神学中增添任何能使诸神愉悦的东西,或者与事实相符的东西。这位哲学家被人们认为非常坦率,因为他是罗马人的一位杰出的议员。他崇拜他批评的东西,他做他谴责过的事,他敬慕他批判过的东西,这是因为哲学教给他一个伟大的真理,决不要因为迷信而将信仰的东西信以为真。他必须服从国家的法律和大众的习俗,但他可以起一个演员的作用,不是在戏台上,而是在庙堂里。糟糕的是,他把那些谎言表演得太好了,人们根本不认为这是在表演。至少,戏台上的演员宁可通过表演来使人们得到娱乐,而不想欺骗观众。

章11　塞涅卡对犹太人的看法

塞涅卡也在公民神学的其他迷信中寻找犹太人的圣仪的错误,特别是安息日。他说守安息日是无用的,因为这样一来犹太人就失去了一生中七分之一,而许多需要马上处理的事情也就无法处理。然而,他没敢提到已经与犹太人敌对的基督徒,既无赞扬也无指责,免得如果赞扬基督徒就会与他的国家的古代习俗敌对,或者如果他指责基督徒,那么他就与自己的意愿为敌了。

在谈论那些犹太人时,他说:"这个可怕的民族的生活方式已经越来越深地扎下根来,正在传遍整个世界。他们已经使他们的征服者服从了他们的习俗。"用这些话他表示了自己的惊讶。但他自己并不知道,这是出于上帝的旨意。他接下去又说了一些话,明确地表示了他对这些圣仪的真正性质的看法。他说:"犹太人知道他们所有礼仪的原因,而我们中间的大多数人都只是履行这些仪式,而不知道为什么。"至于犹太人的庄严传统,为什么或在什么范围内它们是由神圣的权柄设立的,后来在确定的时间里,这个上帝的子民在得到永恒生命的启示后又被同样的权柄所取消,我们必须放在别的比较恰当的地方谈论,特别是在涉及我与摩尼教的争论的时候。①

章12 一旦揭示异教诸神的空虚,那么显然可以推论他们不可能把永恒的生命赐予任何人,甚至不能在今世帮助我们

现在,我们看到有三种神学,希腊人分别称之为神话神学、自然神学和政治神学,而在拉丁文中分别称作神话的、自然的、公民的。从神话神学和公民神学中都不可能寄予获得永恒生命的希望,因为有那么多伪神的崇拜者自己对神话神学进行了自由的批判,而公民神学则将神话神学作为它的组成部分。如果有读者认为这些要点本卷已经说得够多了,那么让他再读一下我在前面写的内容,特别是在第四卷中论上帝作为幸福的恩赐者的那个部分。② 除了幸福,人还应当把自己奉献给谁? 幸福是

---

① 奥古斯丁:《反摩尼教的福斯图》,卷6,章7。
② 参阅本书卷4,章26。

一位女神吗？幸福不是一位女神，而只是上帝的恩赐。① 我们热爱永恒的生命，在永恒的生命中才有真正的、圆满的幸福。那么，除了向作为幸福赐予者的上帝奉献我们自己，我们还能向谁奉献？根据我已经说过的内容，没有人会认为这些神灵会是幸福的赐予者。他们受到如此不体面的仪式的崇拜，而要是得不到这样的崇拜，它们甚至还会更加不体面地愤怒。由此可见它们只不过是不洁的灵。

那么，不能赐予幸福的神灵怎么能够赐予永恒的生命？我们所说的永恒的生命指的是有着无限幸福的生命。如果灵魂生活在永久的惩罚之中，而那些不洁的灵也在那里受折磨，那么这种生活并非永恒的生命，而是永恒的死亡。没有什么比不会死亡的死亡更加重大和更加糟糕的死亡了。灵魂不能没有某种生命，它生来就被创造为不朽的，因此它的最大的死亡就是受到永恒的惩罚，与上帝的生命分离。因此，只有赐予真正幸福的上帝才赐予永恒的生命，亦即无限的幸福生命。由于这种公民神学崇拜的诸神已经被证明不能赐予这种幸福，所以决不能根据那些短暂的尘世的琐事去崇拜它们，如我们在前面五卷中所示，更不能为了获得永恒的生命而去崇拜它们。永恒的生命从死亡以后才开始，我在本卷中特别想要说明这一点，而且在其他各卷中也可以找到支持它的证明。但是，古老的习俗根深蒂固，也许有人会认为我已经说过的还太少，还不能使他们放弃这种崇拜方式，那么我希望在上帝的帮助下，他们能够注意与本卷相连的下一卷。

---

① 参阅本书卷4，章18。

第 七 卷

【**本卷提要**】作者在本卷中揭示，崇拜伊阿诺斯、朱庇特、萨图恩，以及其他一些拣选的神灵，并不能获得永恒的生命。

前　　言

对那些拥有较为敏锐的理解能力的人来说，以上各卷已经够了，甚至超过了需要，但是我要请求他们能够耐心地容忍我继续以超过常人的勤奋根除这些邪恶的观念，对下面这些为其他人写的内容，不要因为他们自己不再需要了而感到太肤浅。由于人类长期以来所犯下的错误，这些观念在那些较为迟钝的心灵中是根深蒂固的，是与宗教的真理完全敌对的。只有真正的上帝能够影响这一目的，而我在上帝的恩典下，靠着上帝的帮助，已经用自己微薄的力量完成了以上各卷。一个至关重要的问题是，人们接受真正神圣的上帝作为必须追随和崇拜的对象，以支持我们现在这个虚弱的生命，然而这样做并不是为了短暂的、空虚的、可朽的今生，而是为了永恒的生命，只有永恒的生命才是有福的。

章1　公民神学中显然找不到真正的神，因此需要到拣选的神灵中去寻找

这种神灵（divinity）或神（deity）——神这个词我们的基督教作家会毫不犹豫地加以使用，以便准确地翻译那个希腊词（theotes）——并不存在于马库斯·瓦罗花了十六卷书的篇幅描述的公民神学中。换言之，通过崇拜由国家指定要崇拜的诸神不可能获得幸福的永恒生活。如果有人还没有被我刚刚完成的第六卷说服，那么读了本卷，他可能就清楚了，不再有什么疑惑了。

可能有些人会这样想,至少,瓦罗在他的书中最后一卷讨论了拣选的神和主要的神,人们崇拜这些神是为了幸福的生命,只有永恒的生命才是幸福的生命,而我们对那些拣选的和主要的神讲得很少。对这个问题,我不想重复德尔图良说过的话,"如果诸神可以像葱头一样做选择,那么肯定有些神是坏的,应当扔掉。"①这样的说法机智多过真实。我不想这样说是因为我看到,即使在那些拣选过的神灵中,也还可以再拣选,让他们去担负更加重要的职司。这就好比打仗,士兵征募来以后,还可以再从中拣选一些人担负比较重要的军务。在教会中,有些人被拣选为监事,而有些人肯定不能担任监事,但所有好的基督徒都配得上被称作蒙拣选的。造房子要拣选角石,而其他的石头虽然不能作角石,仍可用于造房子。吃葡萄可以拣着吃,但没有被选中的留在那里仍可以榨汁,并没有被抛弃。事情非常明显,没有必要再举更多的例子了。因此,没有必要仅仅因为诸神中有些是蒙拣选的而指责描写诸神的作家或诸神的崇拜者。我们宁可查考一下他们是什么神灵,由于什么原因他们显得像是蒙拣选的。

章2　哪些神是蒙拣选的,他们是否没有普通神灵的职司

瓦罗肯定把下列神灵当作蒙拣选的,用整个一卷书来描写它们:伊阿诺斯、朱庇特、萨图恩、格尼乌斯(Genius)、墨丘利、阿波罗、玛斯、伏尔甘、尼普顿、索尔、奥耳库斯(Orcus)、父神利伯尔、忒路斯(Tellus)、刻瑞斯、朱诺、卢那(Luna)、狄安娜、密涅瓦、维纳斯、维斯太。这二十位神中有十二位是男神,有八位是女神。

为什么这些神要被称作蒙拣选的,因为他们统治这个世界较高的区域,还是因为人们比较了解他们,对他们的崇拜比较多? 如果是因为他们在这个世界上担负着比较重要的工作,那么我们在他们中间一定找不到掌管细小琐事的卑贱的神。然而,让我们从伊阿诺斯开始,据说他负责打开子宫之门,让精子进入子宫。由此开始,一大串关于胎儿的细节指定给

---

① 德尔图良:《申辩书》,章13。

许多小神。萨图恩在这个场景中负责精子。然后是利伯尔①使男性激动
射精。然后是利伯拉(Libera)负责女性这方面的事情,也就是说她使女
性激动放出卵子,这位女神也被当作维纳斯。这几位神都属于蒙拣选的。
但是也还有一位掌管月经的女神美那(Mena),她虽然是朱庇特的女儿,
但很难说她的职司是高贵的。瓦罗在他论拣选的神的书中把掌管月经的
职司指定给朱诺,而她在蒙拣选的神中甚至是王后。她以朱诺·鲁西纳
(Juno Lucina)这个名字,与她的养女美那一道掌管这种职司。还有两位
神极为模糊,维图姆努斯(Vitumnus)和山提努斯(Sentinus),一位负责赐
予胎儿生命,一位负责赐予胎儿感觉。他们的地位虽然低,但他们承担的
职司却肯定比那些拣选的神要更加重要。没有生命和感觉,胎儿在母亲
子宫中只不过是毫无价值的东西,并不比泥土和灰尘好到哪里。

章3 没有理由在神灵中作选择,许多情况下较高的职司被指派给较低
级的神灵

为什么有那么多拣选的神要去做那些琐碎的工作,这些工作的重要
性还不如名不见经传的维图姆努斯和山提努斯,而他们反倒能慷慨地赐
予生命与感觉? 蒙拣选的伊阿诺斯的恩赐是让精子有门可入,蒙拣选的
萨图恩的恩赐是精子本身,蒙拣选的利伯尔的恩赐是射精,利伯拉,她是
刻瑞斯或维纳斯,把排卵赐给妇女,蒙拣选的朱诺(不是单独,而是与朱
庇特之女美那一道)赐予月经,有助于胎儿的生长,没有名气的卑贱的维
图姆努斯赐予生命,而同样没有名气的山提努斯赐予感觉。最后这两样
东西低于理智和理性,但高于其他。正如能够思考和推理的存在高于那
些只有生命和感觉的存在,比如牛,所以那些被赐予生命和感觉的东西高
于那些没有被赐予生命和感觉的东西。在此,生命的赐予者维图姆努斯
和感觉的赐予者山提努斯必须列入蒙拣选的神,而不是管接受精子的伊
阿诺斯,管精子的萨图恩,管释放精子或卵子的利伯尔和利伯拉,无人会

---

① 西塞罗在《论神性》卷2中把这位利伯尔与利伯尔·巴库斯(Liber Bacchus)区别
开来,后者是朱庇特和塞墨勒之子。

在意这些种子,除非它们能得到生命和感觉。然而这些拣选的恩赐不是由蒙拣选的神赐予的,而是由某些不出名的和被抛弃的神赐予,他们的职司是尊严的,但他们却不是蒙拣选的神。

可能有人会这样回答,伊阿诺斯拥有控制一切开始的权力,因此把开始受孕归于他并非没有理由,萨图恩拥有掌管一切精子的权力,因此人的精子不能排斥他的作用,利伯尔和利伯拉有权掌管一切种子的排泄,因此他们也主管与人的生殖相关的排精和排卵,朱诺主管一切涤罪和生育,所以她必然也部分掌管月经和生育。如果他们作出这种回答,那就让他们也为与维图姆努斯和山提努斯相关的问题提供一个回答,他们得承认这两位神具有掌管一切生命和感觉的权力。如果承认这一点,那么让他们看这两位神被放在多么低微的地位上。种子生长在大地和土壤中,而生命和感觉则被认为是星辰上的神灵的财产。但若他们说只有这样的东西才会使肉体拥有生命,才会有感觉,这是指派给山提努斯的职司,那么为什么不把赐予肉体生命和感觉归于创造一切有生命和感觉的东西的上帝? 上帝的这种恩赐当然也会给予胎儿。如果是这样的话,那么,维图姆努斯和山提努斯还有什么用呢? 但是这个意见可以否定。我们必须设定这些和肉体有关的事情是最低贱的,掌管一切生命和感觉的神把这些事情交给较小的神去管理,让他们就像仆人一样。因此,我要问,这些被拣选的神没有仆人,因此无法托付这些使命,只能不顾自己的尊严与低贱的神合作吗? 朱诺是被拣选的众神的王后,是朱庇特的姐姐与妻子。然而她对男孩来说只是一名指路人伊特杜卡(Iterduca),并且与一对最低微的女神,亚伯俄娜(Abeona)和阿得俄娜(Adeona),一起从事这项工作。他们还在这里放上一位女神美那,赐给男孩良好的心灵,但她不是被拣选的神,好像还有比良好的心灵更伟大的恩赐似的。但是朱诺被列入蒙拣选的神,因为她是指路人"伊特杜卡"和带路人"多米杜卡"(Domiduca)(前一个名字用于给人指点前往某处的路径,后一个名字用于给人指点回家之路)。如果有谁心灵不健全,那么有她带路确实不错。对神灵作拣选的选择者没有把赐予良好心灵的神列为蒙拣选的神,而她实际上比密涅瓦更有资格,因为他们在指派神灵的职司时,把男孩的记忆力确定为她的职司。有谁会怀疑有一个良好的心灵比有一个好记性要好得多？因为有良好的心灵就不会是坏人，而有些坏透了的人却拥有令人羡慕的好记性，更糟糕的是他们很难将自己想干的坏事忘掉。然而，密涅瓦属于被拣选的神，而女神美那则被一大群小神所掩盖。关于美德女神（Virtus）和幸福女神（Felicitas）的情况也差不多，对此我已经在第四卷中谈到过了。① 尽管她们被称作女神，然而要把她们列入被拣选之列被认为是不合适的，而玛斯和奥耳库斯倒被列入其中，一个是引起死亡的原因，另一位管接受死人。

我们看到甚至连这些蒙拣选的神灵也与其他神一道工作，就像议员与普通民众合作。我们还发现某些并没有被列为蒙拣选的神所掌管的事情比那些蒙拣选的神所掌管的事情更加重要。连瓦罗都用一种晦涩的方式说，许多原本是父亲和母亲的神灵就像人间的父母一样，比他们的子女的地位还要低。② 因此，幸福女神没有被列入蒙拣选的神可能是有道理的，因为被拣选的神获得这种高贵的地位不是靠功德，而是靠运气。那么至少"幸运女神"（Fortune）应当列入其中，或排在其他被拣选的神的前面，因为他们说这位女神把她得到的礼物分配给每个人，不是按照任何理性的安排，而是随机的。她在蒙拣选的神灵中应当拥有最高的地位，因为她最好地显示了她拥有的权力。那些被选中的神灵不是因为具有杰出的美德或理性的幸福，而是依靠随机的力量，而那些崇拜诸神的人认为，这正是由幸运女神实施的力量。

最雄辩的作家撒路斯特也有他对诸神的看法。他说："毫无疑问，是命运在主宰着一切。她可以任意地使一切事件变得有名或默默无闻，而不顾事实。"③他们找不到理由说明为什么维纳斯会那么出名，而美德女神（Virtus）会那样默默无闻。这两位的神性都得到他们的公认，而她们的功绩则无法相比。还有，如果神灵的地位高低是由人们对他们的热衷

① 章 21,23。
② 例如，父神萨图恩和母神奥浦斯比他们的子女朱庇特和朱诺的地位要低。
③ 撒路斯特：《喀提林阴谋》，章 8。

程度决定的，比如人们对维纳斯的追求超过对美德女神的追求，那么为什么密涅瓦那么出名，而黄金女神佩库尼亚（Pecunia）却连神庙都没有？黄金对人的诱惑远比技艺要大，即使在那些拥有各种娴熟技艺的艺人中间，你也难以找到一个人不是为了获得黄金而使用他的技艺的，目的当然总是比工具更值钱。那么，如果对诸神的拣选是根据愚昧大众的判断，为什么在有那么多艺人追求金钱的情况下，为什么女神佩库尼亚没有被选中而密涅瓦被选中了？如果这种区别是由少数聪明人作出的，那么为什么美德女神没有被选中而维纳斯被选中了，而前者被选中的理由更加充分？

无论如何，如我已经说过的那样，幸运女神在拣选的神中间应该有一个很高的地位。那些敬重她的人认为幸运在一切事情上发挥作用，能否出名完全是偶然的，而不是按照明显的价值。她甚至能够对诸神使用她的力量，也就是说，按照她的偶然判断，在她愿意的时候让某位神出名，或者在她愿意的时候让某位神默默无闻。幸运女神必须在这些拣选的神中间占据一个显要的位置，因为她甚至对这些蒙拣选的神也具有重要的力量。我们也许要解释为什么幸运女神没有被拣选，我们必须假定幸运女神本身拥有的唯一的幸运是厄运。在这种情况下，她是她自己最糟糕的对手，因为她使别的神出名，而她自己则仍旧默默无闻。

章4　低级的神灵没有那么多丑事，而那些被拣选的神的丑事还受到庆祝

然而，任何渴求名声的人会向那些被拣选的神表示祝贺，称他们为幸运的，可是看不到这样做给他们带来的伤害大于荣耀，而那些卑微的小神由于默默无闻反而受到了保护。每当我们看到用凡人的观念虚构出来的那些故事，给神灵指派各种各样的工作，就会哈哈大笑，这就好比负责一小片地区的税款包收人，或者像银铺街上的艺人，本来一名艺人就能做成的器皿，现在要经过许多工匠之手。人们认为许多工匠一起工作是必要的，其唯一理由是每名工匠只需要学会这门技艺的某个部分，这样他们就能学得更快，做得更好，而不是每个人都要从头到尾学会这门技艺的每一个部分和环节，如果一定要掌握整门技艺，那么肯定会比较慢，比较难。

一般说来,我们很难在那些未被拣选的神灵中发现他们犯下什么罪行而给自己带来耻辱,但另一方面,我们也很难在被拣选的神灵中发现还有未被贴上可耻标记的神。这些高贵的神总是屈尊去做其他小神的卑贱工作,而其他小神却不可能在这些拣选的神的高贵的耻辱方面与他们看齐。此刻,我想不起伊阿诺斯这个名字有什么特别可耻的含义。据我所知,他可能是无罪地生活着,没有犯过任何公开的和秘密的罪行。他非常客气地接待了被流放的萨图恩,把他的王国与这位客人共享,然后各自建造了一座城市①,名叫伊阿尼库鲁姆城(Janiculum)和萨图尼亚城(Saturnia)。可是那些崇拜诸神的人追求崇拜丑恶的东西,他们发现伊阿诺斯的生活不像其他神灵那样可耻,于是就试图在塑像上羞辱伊阿诺斯,把他塑成可怕的怪物,有时两张脸,有时四张脸。在大多数被拣选的神由于浸透各种罪行已经不知羞耻的时候,他们难道希望给伊阿诺斯多塑几张脸就可以标志他的无罪吗?

章5　异教徒比较秘密的教义及其自然的解释

现在让我们来看那些自然主义的解释,他们试图用这种解释把最卑劣的错误打扮成深刻的教义。首先,瓦罗强烈称赞这些解释,说古人发明了诸神的塑像、徽章、装饰品,为的是那些参与秘仪的人可以用他们的肉眼看见诸神,由此可以使他们用他们心灵的眼睛看见世界灵魂及其组成部分,亦即真正的神灵。那些把神灵塑造成人形的人也有这种意思,凡人的心灵处在人的身体中,而不朽的心灵也应该这样。② 放置器皿来象征诸神也是这个意思,例如在利伯尔的神庙里放上一样酒器来表示酒,用器皿来表示盛放的东西。这样,他们用人形的塑像来象征理性的灵魂,因为人的形体就是盛放理性灵魂的器皿,而神或诸神与理性灵魂具有同样的性质。

这就是我们最博学的瓦罗想要向人们启示的奥秘。但是,噢,你这位

---

① 维吉尔:《埃涅阿斯纪》,卷8,行357,358。
② 西塞罗:《图斯库兰争论集》,卷5,章13。

最敏锐的人，这些秘仪是否使你失去了能保持清醒头脑的勇气？那些最先为人们建立偶像的人消除了公民对神灵的敬畏，添加了谬误，而古代罗马人没有偶像却能更加纯洁地荣耀诸神。考虑到这些古罗马人，你才大胆地反对后来的罗马人。如果最古的罗马人也崇拜偶像，你可能就不敢提出这些反对建立偶像的观点了，你解释这些危险空洞的秘仪也会更加详细，更加雄辩。你那么博学，那么能干（我真为你悲伤），但绝不可能通过这些秘仪接近真正的上帝，靠着上帝，而不是与上帝一道，你的心灵才被创造出来，你的心灵不是他的一个部分，而是他的一个作品。上帝不是万物的灵魂，而是万物的创造者。他创造了一切灵魂。如果灵魂没有对上帝的恩典不感恩，那么只有在他的光芒下，灵魂才能幸福。

本卷下面的篇幅将揭示这些秘仪的性质及其价值。这位最博学的人同时承认，这个世界的灵魂和元素是真正的神。因此显然可见，在他的神学范围内，亦即在他赞扬的自然神学的范围内，可以找到理性灵魂的位置。在涉及被拣选的神的那卷书中，关于自然神学他说得很少，但我们从中可以看出他是否可能用自然主义的解释使这种公民的宗教与自然神学一致起来。这是他在处理被拣选的神最后要涉及的。如果他能做到这一点，那么所有神学都是自然的。但若如此，他还有什么必要小心地把公民神学与自然神学区分开来？哪怕这种区分是有效的，他深爱的自然神学也不会是正确的，因为它只涉及灵魂的范围，而没有涉及真正的创造灵魂的上帝。如果自然神学不是真正的神学，那么公民神学就更加没有价值，更加虚假，因为自然神学没有涉及的仅仅是有形体的性质。瓦罗所阐述的观点非常奇妙，也非常精致。我现在就必须提到里面的某些观点。

章6　瓦罗认为上帝是世界的灵魂，然而世界的各个部分还有许多神圣的灵魂

这位瓦罗在序言中说，他认为上帝是世界（希腊人称作 kosmos）的灵魂，世界本身就是上帝。但是正如一个聪明人尽管由身体和心灵组成，但他之所以被称作聪明的是由于他的心灵，因此，尽管这个世界由身体和心灵组成，这个世界被称作上帝也是由于心灵。瓦罗在这里似乎以某种方

式承认有一位上帝,但是为了引进更多的神,他又说这个世界可以分成两部分,天与地,各自又可再分为两部分,即天分成以太和空气,地分成水和陆地,在所有这些部分中,以太最高,空气第二,水第三,地最低。他说,所有这四个部分都充满灵魂,在以太和空气中的灵魂是不朽的,在水中和地中的灵魂是有朽的。从天空的最高部分到月亮的轨道有许多灵魂,亦即恒星和行星,我们不是把它们理解为神,而是看见它们是神。在月亮的轨道和云彩与风之间是空气的灵魂,这些灵魂是用心灵看见的,不是用眼睛看见的。这些灵魂被称作英雄(Heroes)、家神(Lares)和鬼怪(Genii)。这就是瓦罗在他的序言中提出来的自然神学概要。它不仅使瓦罗感到满意,也使其他许多哲学家感到满意。这些内容我必须更加仔细地加以讨论,在上帝的帮助下,我将完成关于这些被拣选的神的讨论,这仍旧是公民神学的一个部分。

章7 把伊阿诺斯和特米努斯当作两个不同的神灵是否合适

瓦罗从伊阿诺斯开始。那么,伊阿诺斯是谁?伊阿诺斯是这个世界。这倒是一个简洁而又毫不含糊的回答。那么为什么要说一切事物的开端与他相关,而一切事物的终结与另一位被他们称作特米努斯(Terminus)的神相关呢?他们说有两个月份敬献给这两位神,分别涉及开端与终结,1月份献给伊阿诺斯,2月份献给特米努斯,在它们之上还有十个月,即从3月起至12月。他们说在2月份庆祝特米那利亚节(Terminalia)①的原因是在2月份有一个称作菲伯卢姆(Februum)的神圣涤罪仪式,2月(February)因此而得名。② 那么我们能说事物的开端与这个世界,亦即伊阿诺斯有关,但事物的终结与他无关,因为还有另一位神被指定负责事物的终结吗?他们不也承认这个世界上一切有开端的事物也会有终结。如果只给伊阿诺斯一半权力,那么在塑像时给他塑上两张脸不是太愚蠢

---

① 2月23日。
② 努玛对罗马人的年历作过改动,普罗塔克在《努玛传》中作过有趣的解释。奥维德也对"二月"的由来作过解释。他告诉我们,它是每一年的最后一个月,因在这个月举行驱邪仪式而得名。《哀歌》(Fasti),卷2,行639。

了吗？

　　如果说伊阿诺斯和特米努斯实际上是相同的，一张脸指的是开端，另一张脸指终结，这样来解释双面塑像不是要好得多吗？只要有一个在起作用，就一定得注意到两方面。对每个行为，一方面要看到它的开始，另一方面要看到它的结束。因此展望未来的意向一定会与回顾以往的记忆相连。如果一个人忘记了自己做某件事是从什么地方开始的，那么他怎么能够知道怎样结束它？但若他们认为幸福的生活是从这个世界开始的，而且相信只有超越这个世界才能使幸福生活得以完成，那么他们可以只把开始的权力归于伊阿诺斯，亦即这个世界。但如果是这种情况，他们就应当把特米努斯置于伊阿诺斯之前，也不应该把他排除在被拣选的诸神之外。即使暂时性的事物的开端和终结现在由两位神来代表，那么更高的荣耀也应当给予特米努斯。因为每当一件事结束的时候，人们会感到更大的快乐，而事情开始时人们总是抱着很大的期望，同时又顾虑重重，希望能达成所愿，直至事情结束。在事情结束之前，人们不会有快乐。

章8　伊阿诺斯的崇拜者给他塑造双面神像的原因，什么时候他们想要有四张面孔的塑像

　　瓦罗为我们提供了关于双面像的解释。他们说，它有两张面孔，一张在前，一张在后，因为这个世界的形状就像我们的嘴完全张开时的样子。希腊文中的"天"（ouranos）这个词还有一个意思是上腭。瓦罗告诉我们，有些拉丁诗人把天穹称作 palatum（腭）。① 在这张嘴中，一条向外的通道朝着牙齿的方向，另一条向内的通道朝着食管的方向。你们瞧，按照希腊诗人或我们的诗人的诗意的解释，这个世界成了这个样子！解释这位神受到崇拜的原因竟然就像是在解释唾液，在这个天穹中有两条通道，一条可以向外吐，一条可以往下咽。还有什么比这更荒谬的解释。首先，这个世界并没有两条相反的通道，一条可以接纳，一条可以抛出。其次，这个世界并不像我们的嘴巴和喉咙。然而由于我们的腭，伊阿诺斯就成了世

① 恩尼乌斯（Ennius）语，见西塞罗：《论神性》，卷2，章18。

界的象征,而伊阿诺斯与腭并无相似之处。

当他们把伊阿诺斯塑成四张面孔,称作双伊阿诺斯的时候,他们解释说,四张面孔指的是这个世界的四个部分,这个世界看着世界之外的东西,就像伊阿诺斯通过他的四张面孔看他以外的东西。还有,如果伊阿诺斯就是世界,这个世界由四个部分组成,那么只有两张面孔的伊阿诺斯像就是假的。如果它是真的,因为整个世界有时被理解为东和西,那么在同时提到北和南的时候,这个世界应当被称作"双世界"吗,就像有四张面孔的伊阿诺斯被称作"双伊阿诺斯"? 他们可以在人的嘴里找到某些东西来证明双面的伊阿诺斯是世界的象征,但在这个世界上肯定没有任何东西是有可供进出的四个门(januae)的,除非请尼普顿帮忙,让他给我们一条长着双鳍的鱼,放在嘴里,这样在嘴巴的前后通道之外又加上左右两个通道。无论如何,尽管有那么多通道,没有灵魂能够逃避这种空虚,除非他聆听真理的话语:"我就是门(janua)。"①

章9　关于朱庇特的力量,朱庇特与伊阿诺斯的比较

现在让我们来听听他们对朱庇特的看法。他们说,他是神,对这个世界上所发生的一切事物的原因拥有权力。维吉尔的著名诗句证明了这种权力的伟大:"能知道事物原因的是有福的。"②但是为什么要把伊阿诺斯放在朱庇特之上? 让那位最敏锐、最博学的人来回答这个问题。他说:"因为,伊阿诺斯掌管最初的事物,而朱庇特只掌管最高的③事物。因此,朱庇特应该被当作万物之王,因为最高的事物比最初的事物要好。尽管最初的事物在时间上在先,但是最高的事物在尊严上超过其他事物。"如果我们已经区分了事情的最初部分与最高部分,那么这是一个相当好的回答。例如,启程就是一个行为的开始,到达就是这个行为的最高阶段。开始学习是行为的开始,获得知识是这个行为的最高部分。

---

①　《约翰福音》10:9。
②　维吉尔:《农事诗》,卷2,行470。
③　"最高的"这个词的原文是Summa,也包括最后的意思在内。

因此，一切事情先有开始，但是最高的部分是它的终结。然而这个问题在讨论伊阿诺斯和特米努斯的时候已经讨论过了。被归于朱庇特的原因是行为者，而不是行为，行为或行为的开始在时间上早于它的原因是不可能的。创造总是在被造之先。因此，尽管被造的事物或已经完成的事情的开端与伊阿诺斯相关，但是它并不先于归于朱庇特的它们的原因。由于没有在先的原因任何事物都不会发生，因此没有原因任何事物都不会开始发生。

如果人们把朱庇特称作神，认为他的力量就是创造被造的自然和一切自然物的原因，但又用充满谎言和罪恶的表演来崇拜他，那么这些人犯下的亵渎罪比那些完全否认神灵存在的人还要深重。因此，他们最好把别的那些配得上用邪恶和罪恶来加以荣耀的神称作朱庇特，让这些神取代朱庇特成为他们亵渎的对象，就好比给萨图恩一块石头吞下，以取代他的儿子。他们这样做可能更好，而不是把作为世界统治者的朱庇特称作打雷者和通奸者，想象他到处做那些不体面的事情，说他虽然有控制一切自然和自然物的原因的力量，但却不能控制他自己。

下面我要问，如果伊阿诺斯就是这个世界，那么他们应当把朱庇特放在诸神中的什么位置上？瓦罗把真正的神定义为世界的灵魂和它的部分。因此，与此定义不符的一定不是真正的神。那么，他们会说朱庇特是世界的灵魂，而伊阿诺斯是世界的身体，亦即可见的世界吗？如果他们说是的，那么他们就不可能肯定伊阿诺斯是神。因为按照他们的定义，即使这个世界的身体也不是神，只有世界的灵魂和它的部分才是神。瓦罗明白这一点，因此他说这个世界的灵魂是神，这个世界本身也是神。但是一个聪明人由灵魂和身体组成，他之所以被称作聪明的是因为他的灵魂。所以尽管这个世界也是由灵魂和身体组成的，但它被称作神也是由于灵魂。因此，这个世界的身体单独不能是神，这个世界的灵魂，或这个世界的灵魂与身体一道，才是神。我们还得说明，它之所以是神不是由于它的身体的美德，而是由于它的灵魂的美德。因此我们说，如果伊阿诺斯是这个世界，因而他是神，他们会不会为了使朱庇特成为神，就说他是伊阿诺斯的某个部分呢？他们宁可把这个世界的存在归于朱庇特，这样我们在维吉尔的诗中看到,"世界万物充满着朱庇特。"①

然而,为了使朱庇特可以是神,特别是让他能成为众神之王,他们必须认为朱庇特也是这个世界,这样才能统治其他神灵,按照他们的说法,这些神灵是他的部分。关于这个看法,瓦罗在他那本关于诸神崇拜的书中讨论了瓦勒留·索拉努斯(Valerius Soranus)②的诗句:"万能的朱庇特,众王之主,万物之主,众神之主,他是众神的父亲与母亲,他是一,他是一切。"瓦罗在书中解释说,就像雄性播下种子和雌性接受种子一样,他们认为就是这个世界的朱庇特应当既能播种,又能接受种子。瓦罗说,由于这个原因,索拉努斯才说"众神的父亲与母亲",并且正确地说一就是一切。因为这个世界是一,在这个一中包含着一切。

章 10　伊阿诺斯与朱庇特是否真有区别

这么说来,伊阿诺斯是这个世界,朱庇特也是这个世界,但世界只有一个。因此,伊阿诺斯和朱庇特怎么会是两个神呢?为什么他们有各自的神庙、祭坛,不同的祭仪,不同的塑像?因为开端的性质是一,原因的性质是另一个一,一个叫作伊阿诺斯,另一个叫作朱庇特,这样说就够了吗?假定一个人在不同领域有两种能力或两个职业,这两种工作是不同的,那么我们是否就可以说有两个判官或两个艺人?事实真相是,同一位神主宰着开端和原因,但我们一定不能因为开端和原因是不同的事情,因此就认为有两位神。如果他们的思维没有出错,那么他们也得承认,按照权能来解释,也可以把朱庇特当作许多神,因为他有许多权能,他的那些别名就表示他主管许多事情。下面我就要提到这些别名。

章 11　朱庇特的各种别名并非与许多神灵相连,而是与一位神相连

他们还把朱庇特叫作"胜利者"(Victor)、"不可战胜的"(Invictus)、

---

① 维吉尔:《短诗集》,卷3,行60。他这个表达法来自阿拉图斯(Aratus)的《天象》(Phoenomena)。

② 西塞罗的同时代人,大约生活在公元前一世纪。

"救援者"（Opitulus）、"激励者"（Impulsor）、"守护者"（Stator）、"快捷者"
（Centumpeda）、"面对四面八方的"（Supinalis）、"强光"（Tigillus）、"美满
的"（Almus）、"哺育者"（Ruminus），以及其他许多无法一一列举的别名。
他们根据那么多原因和权能给这位神起了这些别名，但并没有迫使他们
把这位神当作许多神。他们给他起了这么多别名是因为他征服一切，而
他不被任何东西所征服，还因为他帮助贫困者，他拥有推动、阻止、建立的
权能，他可以带来安全，扫除敌手，像一束强光控制着这个世界，哺育一切
生灵。我们看到，这些功能有些是大事，有些是小事，然而全都由一位神
来履行。我想，他们把事物的原因和事物的开端当作这一个世界的两个
神，朱庇特和伊阿诺斯，他们之间的差别比主掌世界和给小生灵喂奶之间
的差别要小得多。然而按他们的解释，虽然这两项工作之间的差别，按照
性质和庄严程度，有如此之大，但他们并不认为有必要说主管这两件事的
是两个神，一个是提吉鲁斯（Tigillus），另一个是卢米努斯（Ruminus），而
是只有一位朱庇特。我不太愿意说主管给小动物喂奶的与其说是朱庇
特，倒不如说是朱诺，特别是已经有了一位女神卢米那（Rumina）帮助朱
诺完成这项工作。因为这样一来的话，就可以说朱诺本身无非也就是朱
庇特，这实际上就是瓦勒留·索拉努斯诗句中已经说过的意思，"万能的
朱庇特，众王之主，万物之主，众神之主，他是众神的父亲与母亲"，等等。
那么，当仔细的考察可以发现朱庇特也就是那位女神卢米那的时候，为什
么还要把他称作卢米努斯？说一位神掌管谷物，另一位神掌管谷粒，还有
一位神掌管谷糠，以这样的方式确定下来的神是没有尊严的。如果这样
的说法是正确的，那么让两位神灵掌管一些小事，甚至给小动物喂奶，一
位是万物之王朱庇特，另一位不是他的妻子，而是某位更低劣的卢米那
（除非朱庇特本人就是卢米那，卢米努斯这个名字是男性用的，而卢米那
这个名字是女性用的），用这样的方式确定下来的神更加没有尊严！我
确实应当说他们不愿给朱庇特起一个女性的名字，但是在那诗句中确实
说到"父亲和母亲"。此外我还看到他在别的地方，与他那些别名一道，
被称作"佩库尼亚"（钱）。这样，我们找到了一位卑微的女神，这些小神
我已经在第四卷中提到过了。但是，男性和女性都有钱（pecuniam），为什

么不把他既称作佩库纽斯（Pecunius），又称作佩库尼亚（Pecunia）呢？这是他们应当考虑的。

章 12　朱庇特也叫作佩库尼亚

他们对这个名字的解释多么巧妙啊！他们说，朱庇特也被称作佩库尼亚，因为一切事情都属于他。这种对神名的解释多么伟大！事实上，这个名字不仅是粗俗的，而且可以用来骂人。与天地间包含的其他一切事物相比，在钱这个名称下被人拥有的一切东西算得了什么？①　事实上，是人的贪婪把这个名字给了朱庇特。那些爱钱的人想让他们自己不仅爱一位普通的神，而且爱众神之王。但若把朱庇特称作财富（Riches），那么情况就不一样了。因为财富是一回事，钱是另一回事。我们把聪明、公义、善良的人称作丰有的，但他们可以没有钱，或只有一点儿钱。他们更加真实地拥有美德的财富，因为凭着美德，即使缺乏生活必需品，他们仍旧对自己拥有的东西感到满足。我们把贪婪的人称作贫困的人，他们总是想要拥有更多的东西，总是感到自己缺乏。无论拥有多少钱，无论他们的财产数量有多么庞大，他们仍旧还想要更多的钱。我们把上帝恰当地称作富有的，但不是从钱财方面来说的，而是因为他是万能的。有很多钱的人被称作富人，但他们的内心永远是贫困的。同理，那些没有什么钱的人被称作穷人，但只要他们的内心是聪明的，那么他们就是富裕的。

聪明人应当如何看待这种神学？在这种神学中，众神之王得到这个名字是因为这种"智者绝不会追求"的东西。②　如果只有这样的聪明人由于他们灵魂之善良而知道某些关于永恒生命的教义，那么他们不用钱，而是用智慧，来指称这位世界的统治者要容易得多，因为对智慧的热爱会消除邪恶的污染和对金钱的热爱。

---

①　Pecunia（钱）这个词还有财产的意思。pecunia 最初指按照牛来计算的财产，以后泛指任何种类的财产或财富。

②　撒路斯特：《喀提林阴谋》，章 11。

章 13　说明了萨图恩和格尼乌斯的性质以后就可以知道他们就是朱庇特

为什么我们还要再谈朱庇特？因为这样做就可以把其他所有神灵都追溯到他那里，与他等同。这样一来，认为有许多神的观点只不过是一种不包括丝毫真理在内的意见。如果朱庇特的各个部分和权能都可以被当作神，如果他们的心灵对许多神灵从这个可见世界结合在一起的各个部分得到他们的名字，或对性质的多重掌管感到困惑，那么所有这些神灵实际上都可以追溯到朱庇特这一位神那里去。

例如，我们问，谁是萨图恩？瓦罗回答说："他是一位主要的神，掌管一切播种。"然而他在解释瓦勒留·索拉努斯的那些诗句时不是说过，朱庇特就是这个世界，他掌管一切播种，既播种又接受吗？这就是说，掌管一切播种的权能在朱庇特手中。谁是格尼乌斯（Genius）？瓦罗说："他是一位掌管一切有出生的事物的神。"然而，他们不相信这种权能属于这个世界，而对这个世界他们是这样描述的："万能的朱庇特，诸神的父亲和母亲。"在另一处，瓦罗说每个人的守护神（genius）是他的理性灵魂，就像每个人都有他自己的守护神一样，世界的灵魂是它的神。这也就是说这个世界的灵魂就是这个世界的守护神。因此，这位守护神的名字就叫朱庇特。如果说每个守护神都是神，每个人的灵魂都是守护神，那么必然要承认每个人的灵魂都是神。即使这些神学家本人也都拒绝承认这样荒谬的结论。于是，他们所能做的就是把这位无比杰出的守护神称作世界的灵魂，因此他就是朱庇特。

章 14　墨丘利和玛斯的职司

但是他们不知道如何才能把墨丘利和玛斯说成是这个世界的部分和表现为元素的神的活动。因此，他们就把这两位神的职司确定为掌管人的活动，亦即掌管讲话和战争。如果墨丘利也具有掌管神的讲话的权能，那么他的权能就要超过众神之王了，因为连朱庇特也要从他那里得到讲话的能力，并且要按墨丘利的好恶来讲话，这显然是荒谬的。但若只把掌管人的讲话的权能指定给墨丘利，那么说朱庇特不愿意掌管人的讲话是

不可信的,因为他甚至愿意以卢米努斯(Ruminus)之名负责给婴儿和幼
兽喂奶。能讲话是我们超过野兽的地方,显然应当由朱庇特掌管。因此
语言本身既属于朱庇特,又属于墨丘利。

如果他们把语言本身说成是墨丘利,那么就让我们来看看他们的解
释。他们说这位神之所以被称作墨丘利,因为他总是在"来回跑"①,就像
语言在人之间来回。他们还说希腊人把他称作赫耳墨斯(Hermes),因为
hermeneia 的意思是讲话或解释,这些肯定属于语言的范围。他们说墨丘
利还掌管商业,因为语言在买卖人之间传递。墨丘利的脚下和头上有翅
膀,象征着语言的流动就像鸟在空中飞翔。他也被称作使者,因为凭借语
言,各种思想才能得到表达。然而,如果语言本身就是墨丘利,那么凭着
他们这种混乱的解释就可以说,墨丘利不是一位神。他们通过向不洁的
灵祈祷,为自己制造神灵,他们被这些魔鬼附身,而不是被圣灵所激励。

同样,他们无法在各种自然运作中为玛斯找到他能起作用的元素或
世界的部分,因此,虽然没有人想要战争,他们说他是一位战神,而战争是
人的事务。这样,如果"幸福"之神会赐予持久的和平,那么玛斯就无事
可做。但若战争本身就是玛斯,就像语言本身就是墨丘利一样,那么我希
望不要把战争错误地称作神,正如战争本身不是神,这两种说法都是正
确的。

章 15　关于异教徒用神名来称呼星辰

这些神很可能就是拥有这些神名的星星。他们确实把一颗星称作墨
丘利,另一颗星称作玛斯。在以神的名字为名的星星中有一颗叫作朱庇
特,但是对他们来说,朱庇特是整个世界。还有一颗星叫萨图恩,然而在
他们看来,萨图恩除了掌管万物生长的种子以外没有别的属性。还有一
颗最亮的星叫作维纳斯,然而在他们中有些人看来,维纳斯也是月亮。更
不要说关于朱诺和维纳斯是哪颗星有很大的争论,就好像她们在争金苹
果。有人说金星(Lucifer)属于维纳斯,有人说它属于朱诺。但人们通常

---

① 拉丁文原文为 Quasi medius currens。

说维纳斯是胜利者。事实上，大多数人都认为这颗星属于维纳斯，只有很少的人持不同的看法。

由于他们把朱庇特称作万物之王，如果说他的星还不如维纳斯的星那么明亮，那么有谁会不嗤笑他呢？朱庇特的星应当比其他星星更明亮，因为他本身比其他神更强大。他们回答说，它之所以不太明亮是因为它太高了，离大地太远了。如果说具有较高尊严的应当具有较高的位置，那么为什么萨图恩在天上高于朱庇特？这岂不是在说这位众神之王太虚弱了，无法抵达更高的位置？也许萨图恩在克里特失去了他的王国，在卡皮托利山上失去了他的地位，因此他要在天空中获得一个位置？但是为什么伊阿诺斯没有得到星星？如果这是因为他就是这个世界，所有星星都在他里面，那么朱庇特也是这个世界，而朱庇特却有一颗星。伊阿诺斯是否尽可能做了妥协，放弃成为天空中的一颗星，而在大地上接受了许多脸孔？

还有，如果他们认为墨丘利和玛斯是神，因为他们是这个世界的部分，那么我们可以指出语言和战争不是宇宙的组成部分，而是人类的事务。但是他们为什么不为白羊座（Aries）、金牛座（Taurus）、巨蟹座（Cancer）、天蝎座（Scorpio），以及其他的一些星座上建立祭坛和神庙？这些星座不是一颗星，而是每个星座都由许多星星组成。他们说这些星座位于那些已经提到过的天穹的最高部分的上方，在动力因的推动下按照不变的轨道在运行。那么为什么不把这些星座当作神？它们连小神都算不上，更不要说成为被拣选的神了。

章 16　关于阿波罗和狄安那以及其他拣选的神灵，他们应当是世界的部分

尽管他们把阿波罗说成是一名占卜家和医生，但无论如何，作为这个世界的一部分，他们给了他一个位置，因为他们说阿波罗也是太阳。以同样的方式，他们说他的妹妹、道路的守护神狄安那是月亮。他们还说狄安那是处女，因为路上是不长任何东西的。他们还说阿波罗和狄安那都带着弓箭，因为太阳和月亮的光芒照射到大地上来就像箭一样。他们把伏

尔甘说成是这个世界的火,把尼普顿说成是这个世界的水,把父神狄斯
(Father Dis),亦即奥耳库斯(Orcus),说成是这个世界的土和最低的部
分。他们让利伯尔和刻瑞斯主管种子,前者掌管雄性的种子,后者掌管雌
性的种子,或者说前者管种子的液体元素,后者管种子的干燥元素。所有
这些都与世界有关,亦即与朱庇特有关,朱庇特被称作"父亲和母亲",因
为他放射和接受一切种子。他们还把刻瑞斯说成是大母神,认为她也就
是大地,称之为朱诺。因此,他们把朱诺说成是事物的第二位的原因,而
不管他们已经说过朱庇特是"众神之父亲与母亲",因为按照他们的说
法,整个世界本身就是朱庇特。还有密涅瓦,由于让她掌管人的技艺,他
们竟然没有为她找一颗星,于是就有人说她是最高的以太,或者是月亮。
还有维斯太本身被他们当作最高的女神,因为她就是大地,尽管他们曾经
说过这个世界上的凡人的生活用火不属于伏尔甘,而归维斯太掌管。这
样,他们就把所有拣选的神都说成是这个世界以及世界的部分,有些神就
是整个世界,有些神是它们的部分。朱庇特是整个世界,格尼乌斯、大母
神(Mater Magna)、索尔和卢娜、阿波罗和狄安娜,等等,是这个世界的部
分。他们有时候把一位神说成是许多东西,有时候又说一样东西是许多
神。朱庇特是一位神又是许多东西,他是整个世界,又是天空,又是那颗
朱庇特星。朱庇特是第二位的原因,是空气,是大地,如果她战胜了维纳
斯,她还会是一颗星。同样,密涅瓦是最高的以太,又是月亮,因为他们假
定月亮位于以太的下方。他们还用相似的方式把一样东西说成是许多
神。这个世界既是伊阿诺斯,又是朱庇特,大地既是朱诺,又是大母神或
刻瑞斯。

章17　即使瓦罗自己也承认他所说的诸神是含糊不清的

　　上面所说仅仅是少数例子,但由此可见这些神话中的其他部分也决
不会比这些例子更加正确。他们并不是在作解释,而是越弄越糊涂。他
们在反复无常的观点的驱使下,来来回回,颠三倒四。所以甚至连瓦罗自
己也对这些事情表示怀疑,而不是确信。写完论述确定的神灵的那三卷
书的第一卷以后,他开始谈论不确定的神。他说:"我希望我不会因为在

这一卷中叙述了某些关于神的可疑的观点而受到批判。任何一位读者如果认为自己必须或能够下定论，那么他可以自由地发表自己的意见。对我自己来说，如果我要对已经写好的第一卷提出疑问，那么要比试图在这一卷里做一个系统的综合容易得多。"这样，他不仅对关于不确定的神的那卷书提出了疑问，而且也对关于确定的神的那卷书提出了疑问。

还有，在关于被拣选的神的第三卷中，在写了自然神学的某些重要方面以后，他转而谈论公民神学的空洞谎言。然而，缺乏真理的指引，又受传统的约束，他说："我将在本卷讨论罗马公民的公共的神。罗马人为这些神献上了神庙，把它们装饰得富丽堂皇。正如克罗封（Colophon）的克塞诺芬尼所说，我只是写下我的想法，但并不意味着我要坚持这些想法。人只能思考这些事情，神才能知道这些事情。"

可见，在描写那些由人虚构出来的事情时，瓦罗所能做的只是犹豫不决地许下一个诺言，这些事情既不是完全可以理解的，又不是确定可信的，而只是一些可疑的看法。他确实既不能肯定伊阿诺斯就是这个世界之类的观点，又不能发现诸如朱庇特为什么是萨图恩之子，而萨图恩要受朱庇特的统治之类事情的原因。我要说的是，他不可能肯定或发现确定的观点，就像这个世界是存在的，天空和大地是存在的，天空中有着明亮的星辰，大地因种子生长而丰饶；他也不可能达到这样完全的确信，就像这个自然界的一切事物均受某个不可见的强大力量的支配。

章18　异教谬误产生的一个更加可信的原因

对这些神灵所作的最令人可信的解释是，他们实际上是人，按照他们各自的具体才能、性格、事迹、活动，人们为他们设立庄严的祭祀。这些圣仪就像魔鬼一样逐渐潜入人心，到处流传。最后又有诗人出来用谎言为诸神涂脂抹粉，而恶灵则引诱人们接受这些谎言。以萨图恩的故事为例，他的儿子朱庇特把他推翻，夺取了他的王座。瓦罗对这个故事的解释是，原因（以朱庇特为象征）先于种子（与萨图恩相关）。但是，如果我们假定有某个年轻邪恶的王子，或是一个害怕被他邪恶的父亲所杀害的青年，想要自己当国王，结果把他的父亲赶下了台，这样的解释要简单得多。如果按照瓦罗的解释,那么萨图恩决不会在朱庇特之先,也决不会成为朱庇特的父亲。因为原因总是先于种子,而决不会从种子中产生出原因。事实上,即使是最敏锐的人,当他们试图将这些空洞的故事或英雄的事迹解释为自然现象的象征时,也会遇到困难。不幸的是,这样的努力就像这些故事一样愚蠢。

章19　解释萨图恩崇拜的形成

瓦罗说,人们说萨图恩有吞食自己子女的习惯,这只是象征种子回归大地,在土中生长。他还说,人们说萨图恩在吞吃朱庇特时被掉了包,吞下了一块土,这件事象征着在耕田的犁发明之前,人们用手把种子埋在土中。按照这种说法,那么是土本身,而不是种子,应当被称作萨图恩,因为被吞食的是土,种子从土中生长出来而又复归于土。萨图恩吞下一大块土与凡人用手把种子埋入土中有什么关系?有些种子逃脱了被吞食的命运是因为被土覆盖吗?依据瓦罗的解释,你们可以想象某个人扒开土壤取走了种子,就像用一块土把朱庇特替换下来,这样做只会使那个人更加急切地想要吞食种子。可见,如果按照这种解释,朱庇特是种子,而不是种子的原因,这个结论与我们上面的结论是一致的。

这些人正在解释愚蠢的事情,但又找不到聪明的解释。他们说萨图恩有一把大镰刀。瓦罗解释说这是农业的象征。但是在萨图恩统治的时代,肯定还没有农业。瓦罗自己就说过,在萨图恩的"古代的好时光",人们靠大地自然生成的果实生活。也许这样说更好些,那个曾经当过国王的萨图恩在失去他的权杖的时候得到了一把大镰刀,他的儿子占据了王座,萨图恩的余生只能成为一名农夫。瓦罗接着解释了为什么在迦太基人中间要用男童向萨图恩献祭,而在某些民族中也有用成年男子献祭的,例如高卢人。这是因为,在一切种子中,人是最优秀的。对这种最残忍的做法我们还有什么可说。让我们记住,所有这些解释都与真正的上帝无关。上帝是活生生的,无形体的,不变易的,只有从他那里我们可以获得幸福的永恒的生命。而他们的所有解释都是有形的,暂时的,易变的,凡俗的。

瓦罗告诉我们，故事中说萨图恩阉割了他的父亲科埃鲁斯（Coelus），这件事象征着神圣的种子属于萨图恩，而不属于科埃鲁斯。其中的原因是，假如能找到原因的话，没有什么种子能在"天空"（Coelus）中生长。然而麻烦的是，如果萨图恩是科埃鲁斯之子，那么他也是朱庇特之子。因为他们无数次地强调，朱庇特就是天。可见这些解释根本不是建立在真理之上，用不着别人动手，它们之间就已经相互推翻了。瓦罗说萨图恩被称作克洛诺斯（kronos），这个词在希腊文中表示一段时间，因为没有时间，种子是不能生长起来的。这些关于萨图恩的事情讲来讲去都归结到种子上来，你们可以认为他完全有力量主掌种子。但是为什么还要有别的神来掌管种子，特别是利伯尔和利伯拉，亦即刻瑞斯？瓦罗就这些神说了许多与种子有关的事情，就好像他从来没有说过萨图恩和种子有关似的。

章20　关于刻瑞斯的厄琉息秘仪

在刻瑞斯的各种祭仪中，厄琉息秘仪在雅典人中拥有最高的声誉。瓦罗对此没有作什么解释，除了提到发现谷物与刻瑞斯和帕耳塞福涅有关，刻瑞斯失去了帕耳塞福涅，她被奥耳库斯（Orcus）抢走了。瓦罗说，帕耳塞福涅象征着种子的生育力。由于种子总是在某个确定的季节开始生长，而大地曾有一个时期是不结果实的，于是就产生了一种看法，认为刻瑞斯的女儿，亦即生育力本身，被称作帕耳塞福涅，这个词源于 proserpere（产生，生长），被奥耳库斯抢走了，禁闭在地府中，为此要举行公众的哀悼仪式。由于这种生育力又会恢复，因为奥耳库斯把帕耳塞福涅又送了回来，于是人们举行欢乐的仪式加以庆祝。瓦罗还说，刻瑞斯的秘仪所说的那么多事情都与谷物的发现有关。

章21　为荣耀利伯尔而举行的仪式是可耻的

我们现在来谈谈利伯尔的仪式。他们认为利伯尔掌管潮湿的种子，既指植物的种子，即含有可以制酒的果汁的果实，也包括动物的种子。这些仪式如此丑恶，因此我不愿详加描述，否则就太冗长了，但我仍要证明这种仪式有多么愚蠢。在我必须加以忽略的许多事情中，有件事我要提一下。瓦罗说在意大利的某个十字路口处所举行的利伯尔的仪式十分放荡不羁。为了荣耀利伯尔,在那里竟然崇拜男性生殖器。这种可恶的仪式不是秘密地举行,而是公开地展示。在节庆中,人们把这个不体面的肢体安放在马车上极为荣耀地游行,起先是在乡下的十字路口,然后进城。在拉维尼乌姆(Lavinium)镇有一个月用来给利伯尔献祭。在那些日子里,所有人都聚集在路边,污言秽语,直到那个生殖器游行完毕,重新放回原位。由当地最杰出的妇女制作的花冠要当众戴在那个利伯尔的生殖器上。据说通过这样的抚慰可以使种子乐意生长。为了从田野中驱除妖魔,甚至强迫观看这些庆典的妇女公开做那些连妓女都不愿在戏台上做的事情。

这就解释了为什么只让萨图恩掌管种子是不够的,也就是说,这些不洁的灵魂想要为诸神寻找更多的机会。这样的灵魂被唯一真正的上帝所抛弃,因为它是不洁的。它用淫欲向许多伪神卖淫,因此变得更加肮脏。它把这些亵渎的仪式称作圣仪,其结果只能使自己受到一大群魔鬼的侵犯和玷污。

章 22　关于尼普顿、撒拉西娅和维尼利娅

尼普顿已经有一个妻子,名叫撒拉西娅(Salacia)。他们说这个名字象征着大海里的深水。但是为什么还要把维尼利娅(Venilia)也说成是尼普顿之妻呢? 这只能是因为心灵的欲望想要有更多的魔鬼,可以向它们卖淫,而不是因为这位女神对他们的圣仪完全必要。还是让我们来看这种显赫的神学会对我的批评提出什么样的回答吧! 这种神学说,维尼利娅就是冲向岸边的波浪,而撒拉西娅是返回大海的波浪。一来一回的波浪是同一个波浪,为什么要有两位女神呢? 想要得到许多神灵的疯狂的欲望确实就像冲向岸边打得粉碎的海浪。尽管冲向海岸边的浪与返回大海的浪是同一股浪,但来回反复的灵魂在这个无意义的场合还是要请两个魔鬼来进一步玷污它。

噢,瓦罗,我要向你发问,或者任何读过你这位博学者的著作,认为可以向你学到一些伟大的事情的人要向你发问。我并不要你解释唯有上帝

才有的永恒的不变的本性,而仅仅要你按照与世界灵魂及其部分的学说相一致的方式来回答,你认为世界灵魂及其部分是真正的神。你把渗透在大海中的这个世界灵魂的某个部分说成是你们的尼普顿神,这是一个错误,但还比较可以容忍。但请问,为什么冲向岸边又返回大海的波涛是这个世界的两个部分,或世界灵魂的两个部分? 你们中间有谁会愚蠢到有这种想法? 为什么他们要创造出两位女神来? 唯一的原因似乎是,你们聪明的祖先已经为你们提供了那么多神,但不是这么多神灵要来统治你,而是那么多魔鬼要用这些空洞的谎言来占据你的心。按照这种解释,撒拉西娅虽然服从她的丈夫,但她为什么会失去对大海深处的支配权? 在把她说成是退去的浪潮时,你们已经把她放在大海表面的位置上了。她对她的丈夫娶了维尼利娅作小老婆感到愤怒,因此想要把他从大海的表面赶走,对吗?

章 23　瓦罗肯定大地是一位女神,因为作为世界灵魂的神也渗入大地的深处,把神圣的力量传输给大地

尽管我们看到大地上充满了生灵,但是大地是一个整体。另外我们也要看到,它是一团巨大的物体,在各种元素中,土是这个世界的最低部分。他们为什么要说大地是一位女神? 因为大地会结出果实来吗? 那么,为什么不把人也当作神? 是人在土地上耕种才使大地结出果实,他们耕种土地,但并不崇拜土地。他们会说,这个世界灵魂的某个部分渗透在大地中,使它成为一名女神。事情再明显不过了,或者说这样的回答根本不解决问题,因为人也有灵魂,然而,他们并没有把人当作神,而是去崇拜那些不仅不是神,而且连人本身都不如的存在物,说起来实在可悲,这是在那神奇而又可怕的错误引导下发生的事。

瓦罗确实在论拣选的神的那卷书中肯定整个自然中的灵魂有三个等级。一种灵魂渗透一切物体的有生命的部分,赋予它生命力,但没有感觉。瓦罗说,这个等级的灵魂在人体中渗透到骨头、指甲、毛发。第二个等级的灵魂在有感觉的地方。这个等级的灵魂渗透到眼睛、耳朵、鼻孔、嘴巴和其他感觉器官。第三个等级的灵魂是最高的,称作心灵,理智占据

着心灵的王座。只有人才拥有这个等级的灵魂。瓦罗说,世界灵魂的这个部分称作神,而在我们身上的灵魂被称作守护神格尼乌斯(Genius)。我们可以看出,这个世界的石头和泥土没有感觉的能力,它们实际上就是神的骨头和指甲。日月星辰是神的感觉器官,我们能够看见太阳、月亮和星星,同时靠着它们我们才能看见其他东西。还有,以太是神的心灵。神在心灵中的美德渗透到星辰中,也使星辰成为神。这种美德通过星辰渗透到大地中,使大地成为忒路斯女神,这种美德一旦渗入海洋,就使海洋成为尼普顿神。

让他最好离开这种自然神学,回到他的起点上来,因为他已经被这些曲折多变的途径弄得疲惫不堪了。我要说的是,让他返回到公民神学上来,在那里多待一会儿。关于公民神学我还有些话要讲。我暂且先不提泥土和石头是否与我们的骨头和指甲相似,因为它们都没有理智和感觉,我也不讨论我们的骨头和指甲是否有理智,因为它们长在有理智的人身上。我只是想说,如果有谁认为拿来与泥土和石头作类比的骨头和指甲是神,那么就好像说骨头和指甲是人一样愚蠢。我们可能会有机会与哲学家争论这些事情,然而现在,我希望把瓦罗当作一名政治神学家。尽管他似乎想抬起头来,进入自然神学的自由境界,但他的意识被公民神学的主题所占据,使他滑向公民神学的观点。他主要关心的还是保护古罗马人和其他国家的宗教,使它们不受崇拜尼普顿是不合理的这样一类指责。

我现在要提出责问:如果世界灵魂的某个部分渗入大地,而大地确实是唯一的,那么为什么不能只有一位女神,即被瓦罗称作忒路斯的那位女神呢?但若如此,那么朱庇特的兄弟奥耳库斯和尼普顿又该怎么办?奥耳库斯又被他们称作父神狄斯(Father Dis)。① 在这种情况下,他的妻子普洛塞耳皮那(Proserpine)又该如何处置?按照瓦罗在同一卷书中提到的另一种观点,她不是大地的生育力,而是大地的下部。② 如果他们说世界灵魂的某个部分渗入大地的上部,使大地成了父神狄斯,那么什么时候

① 参阅本卷,章16。
② 瓦罗:《论拉丁语》,卷5,章68。

世界灵魂也能渗入大地的下部,使那里成为女神普洛塞耳皮那呢？如果是这种情况,忒路斯又该怎么办？因为这样一来,大地已经被分成了两个部分,有了两位神,因此不可能找到第三个地方使她成为第三位神,除非说奥耳库斯和普洛塞耳皮那实际上就是女神忒路斯,她们并不是三位神,而是一位神或两位神。尽管她们被说成是三位神,各有自己的祭坛、神庙、仪式、神像、祭司,但是这些都只能说明魔鬼在诱惑和玷污那些卖淫的灵魂。

　　我还要问,为了能够确定有一位忒路莫(Tellumo)神,又该把大地的哪个部分看作世界灵魂居住的地方？瓦罗说,没有具体的部分,但是同一个大地有双重生命,一重是阳性的,会产生种子,一重是阴性的,能接受种子,并使种子得到滋养。因此,大地按照阴性的原则被称作忒路斯,根据阳性的原则被称作忒路莫。然而如瓦罗自己所说,在祭祀大地的时候,祭司们还要再加上两位神,一共要侍奉四位神,亦即忒路斯、忒路莫、阿尔托耳(Altor)①和卢索耳(Rusor)②。这又是为了什么？忒路斯和忒路莫我们已经讲过了。但是他们为什么要崇拜阿尔托耳？瓦罗说,这是因为大地所生长的一切都是由大地来哺育。他们为什么要崇拜卢索耳？因为一切事物都要回归到它们来的地方去。

章24　忒路斯的别名及含义,尽管这些名字指出了许多性质,但不能作为多神论的证明

　　那么,按照这种四重性的解释,大地必须要有四个名字,但不能由此把它们当作四位神灵,就好像朱庇特和朱诺,他们有许多名字,但都只指向单一的神。所有这些名字所象征的意义都属于一位神或一位女神,但是名字的多样性并不意味着有许多位神。最淫荡的妇女有时候也会对那些在邪恶的情欲推动下追求她们的人感到厌倦,与此相像,灵魂在变得非常淫荡,向不洁的灵卖淫以后,也会抱怨它需要投靠的神灵和玷污它的神

---

① 　词意是哺育者(Nourisher)。

② 　词意是回归者(Returner)。

灵太多了,而在开始的时候灵魂是乐意这样做的。瓦罗本人好像也对神灵之众多感到可耻,愿意把忒路斯说成是一位女神。他说:"他们认为这位伟大的母神有一只鼓,象征着她是大地的圆面;而她头上高耸的塔(towers)象征着城镇(towns);而安放在她周围的座位象征着其他万物都在运动,而她不动。他们用伽利(Galli)作祭司侍奉这位女神,象征着那些需要种子的人应当向大地寻求。他们在她面前跳跃,这是在告诉人们,那些耕种土地的人不应当闲着,田野里总是有事可做的。铙钹声象征着金属工具和人手的劳作,所有其他声音都与农业劳动有关。这些铙钹是用铜做的,因为在铁器发明之前,古人用青铜工具干农活。他们在这位女神身边放了一只没有锁链的温驯的狮子,以此表明没有任何土地是不可开垦的,没有收获的,只要精心耕作就会带来好收成。"

然后瓦罗继续说,由于他们给母神忒路斯起了许多名字,于是就有人认为这些名字表示许多神灵。他说:"他们认为忒路斯是奥浦斯,因为大地由于耕作而得到改良;忒路斯就是母亲神,因为大地是丰产的;忒路斯是伟大的,因为她产出许多种子;忒路斯是普洛塞耳皮涅(Proserpine),因为果实悄悄地从大地中产生;忒路斯是维斯太,因为大地披盖着植物。"他还说:"就这样,他们并非毫无理由地把其他女神与大地等同。"如果大地是一位女神(尽管按照真理来说,大地甚至不能算一位女神),那么他们为什么不把大地分成许多个大地呢?就算一位女神有许多名字,就算女神的数量没有女神的名字那么多,但是犯了错误的古人所具有的权威性沉重地压迫着瓦罗,迫使他在表述了这个观点以后惴惴不安,因为他马上又说:"那些认为真的有许多女神的人认为,这种古人的看法并没有什么矛盾的地方。"说一位女神有许多名字和有许多位女神是完全不同的,怎么会没有矛盾呢?但是瓦罗说这是可能的,因为同一事物既可以是一,又可以在其中包含着多。我承认一个人身上有许多事物,但因此就可以说在这个人身上有许多人吗?同理,一位女神那里有许多事物,因此就可以说存在着许多女神吗?让他们随心所欲地去划分、集合、多样化、重复、包含吧!

忒路斯和大母神有许多著名的秘仪,都与可朽的种子和农业有关。

那么,与之相关的事物,亦即祭神的鼓、高塔、伽利祭司、摇摆的肢体、铙钹的声音、狮子的形象,应许着永恒的生命吗? 为了象征那些缺乏种子的应当追随大地,他们用受过阉割的伽利作祭司侍奉大母神,但这样的侍奉岂不是在使他们更加需要种子? 他们难道不是由于追随这位女神而失去他们原先拥有的种子,反而会通过这种追随获得种子吗? 这是在解释这种祭仪,还是在反对这种祭仪? 甚至我们的对手也没有考虑到,那些邪恶的魔鬼获得了多么大的胜利,竟然能够实施如此野蛮的仪式,而又可以不对崇拜者应许任何伟大的事情作为酬谢。如果大地不是一位女神,而通过耕作能从大地上获得种子,那么人就不会为了获得种子而对自己下手失去原有的种子了。如果大地不是一位女神,而通过他人之手大地可以变得丰产,那她就绝不会强迫人用自己的双手使自己失去生育能力,在利伯尔节庆时也不会让一位拥有尊严的妇女在众目睽睽之下将花环戴在男人的阴私部位,如果她的丈夫还有羞耻感,那么他站立在一边会感到面红耳赤,无地自容。在婚礼中,新娘得坐在普里阿普斯的阴茎上。这两件事情十分邪恶,但与忒路斯的祭仪相比只是小巫见大巫。在这些事情中,男人和女人都受到邪恶祭仪的嘲笑,但并没有被摧毁。在第一件事情中,人们担心大地中了妖术,而在忒路斯的祭仪中,他们甚至不害怕被阉割! 在第二件事情中,新娘的贞洁受到羞辱,但对她的生育能力并没有造成伤害,而在忒路斯的祭仪中,男人的阳具被阉割,他没有变成女人,但也不再是男人。

章25　按照希腊人提出的神秘教义解释阿提斯自阉的意义

瓦罗没有提到阿提斯(Attis),也不想对他作任何解释,那些伽利被阉割就是为了纪念刻瑞斯对他的爱情。但这绝不意味着那些博学聪明的希腊人会对如此神圣和杰出的事件不做解释,保持沉默。杰出的哲学家波斐利(Porphyry)说阿提斯象征着春天的花朵,春天是最美好的季节,之所以要阉割阿提斯是因为花朵在结果之前会凋谢。因此,他们不是把名叫阿提斯的这个人比作花朵,而是把他的男性生殖器比作花朵,男性生殖器确实是在人还活着的时候就已经凋谢,或者倒不如说,它没有凋谢,也没有脱落,而是被扯掉了。这朵花脱落以后也不会产生果实,而是绝育。无论阿提斯在被阉割后还剩下什么,他到底象征着什么?这件事究竟指代什么?对此可以作什么样的解释?这些希腊人想要找到恰当的解释,而他们毫无结果的尝试正好告诉我们,那些相关的谣传和书面记载不就是一些关于阉人的故事吗?像瓦罗这样的博学者当然不会不明白这个故事的含义,因此他正确地回避了这个问题,不愿意谈论它。

章 26 令人厌恶的大母神祭仪

瓦罗也不愿意谈论大母神祭仪中的那些矫揉造作的、有损端庄的男男女女,我也不记得在别处读到过这些事。然而就在昨天,这些矫揉造作的人还在迦太基招摇过市。他们涂脂抹粉,没精打采,迈着女人的步子,就像那些生活糜烂的人一样。① 对他们实在无话可说。解释失败了,理性遭到讥笑,话语沉默了。大母神超过了她的所有子女,不过不在于神性的伟大,而在于邪恶。连伊阿诺斯这个邪魔也比不上大母神。伊阿诺斯的邪恶只在于他的形象,而大母神的邪恶在于她的残忍的祭仪。伊阿诺斯的石头塑像有多余的肢体,而大母神要使男人失去生殖器。朱庇特到处播撒荒淫的种子也比不上这种事令人厌恶。朱庇特到处诱奸妇女,但只有与该尼墨得(Ganymede)的奸情玷污了天庭,而大母神与那么多敬畏她的矫揉造作的人既玷污了大地,又凌辱了天庭。我们也许能够拿萨图恩来与这位大母神相比,作为这种令人憎恶的残忍的典型,我们甚至可以把萨图恩排在大母神前面,因为萨图恩阉割了他的父亲。但是在萨图恩的节庆中,人们宁可被其他人杀死,也不愿阉割自己。诗人说萨图恩吞食他的子女,自然神学家随心所欲地对此作出解释。那个故事说萨图恩后来还把他的子女们给杀了。迦太基人在祭仪中把他们的子女献给萨图恩,但是罗马人从来没有接受过这种祭仪。然而,这位诸神的伟大母亲把阉人带到罗马人的神庙中来,保存了这种野蛮的风俗,相信通过阉割他们的男子可以增强罗马人的力量。

———————

① 参阅德尔图良:《申辩书》,章13。

　　与这种邪恶相比,墨丘利的盗窃、维纳斯的荒淫、其他神灵的不道德和邪恶行径又能算得了什么? 我们即使在戏台上看不到表演这些事情,也能从书本中读到。什么样的邪恶才会如此伟大,只有伟大的诸神之母才能与之匹配,更何况这些事情据说是由诗人发明的? 而且诗人们还虚构说,这些事情对诸神来说是可以接受的。因此,我们应当驳斥撰写和吟诵这些诗歌的诗人,指责他们的无耻和荒谬。但若这些事情已经被转化为神圣的祭仪和荣耀,并且神灵本身也在需要和鼓励这种转化,那么这只能是神灵的罪恶,或者倒不如说,这是魔鬼的供认和恶人的欺骗。如果祭祀这位大母神需要阉割过的男人,那么这不是诗人们的发明。若要诗人受阉割,那么他们宁可躲避这种恐怖,而不会去吟诵。

　　为什么要这样想,为了死后的幸福生活而去崇拜那些蒙拣选的神灵的人,在受制于愚蠢的迷信和被迫侍奉不洁的魔鬼时,甚至连死前都不能诚实地生活? 瓦罗说,这些事情都与这个“世界”(Mundum)①有关。但是请他想一想,倒不如说这些事情都与“不洁”(Immundum)有关。还有,这个世界上存在的事物没有一样是不能以这种方式指代这个世界的。我们相信真正的宗教,因此我们的心灵不会把这个世界当作它的神来崇拜,而是为了上帝的缘故,把这个世界当作上帝的作品来赞扬。我们的心灵将荡涤世俗的污秽,纯洁地走向创造了这个世界的上帝。

章27　自然哲学家的虚构,他们不崇拜真神,也不施行侍奉真正上帝的崇拜仪式

　　我们看到,这些拣选的神确实比其他神更加出名,然而不仅他们的功绩不能公布于众,而且他们的可耻行径也不能隐藏。说这些神过去是凡人更加可信,不仅诗人们这样说,而且历史文献也这样记载并留传下来。对此,维吉尔说过:“最早从外面来到这里的是萨图恩,他从奥林波斯(Olympus)逃亡到这里,因为他被他的更加伟大的儿子朱庇特打败,失去了

---

① Mundum 这个拉丁语词还有另一个含义:“清洁”。

他的宝座。"①历史学家欧赫墨鲁(Euhemerus)充分叙述了后来发生的事,他的书又由恩尼乌斯(Ennius)译成拉丁文。那些在我们之前用希腊文或拉丁文著书立说的人反对这一类谬误,对此说了许多,我没有必要在此细述。

那些博学的、思维敏锐的人想把人事转为神事,但是每当想起这些自然主义的解释,我就认为这些事情只能指暂时的、有形体的事物。尽管不可见的事物仍旧是可变易的,但这样的事物绝不是真正的上帝。如果这种崇拜被当作至少与宗教相适应的观念象征来举行,那么真正的上帝并没有通过这种象征来宣谕确实令我们悲哀,不过,这种崇拜若没有愚蠢和邪恶的表演,那么它在某种程度上还是可以容忍的。但由于它不虔诚地将肉体或灵魂当作真正的上帝来崇拜,而只有上帝的临在才会使灵魂幸福,因此它是一种罪恶;而那些并不能使崇拜灵魂或肉体者藉此获得拯救或凡人的荣耀的崇拜更是一桩大罪! 因此,用本应归于真正的上帝的神庙、祭司、献祭侍奉这个世界的原素或者任何被造的灵,那么哪怕这些世界的原素和被造的灵是纯洁的、不邪恶的,但这种崇拜仍旧是邪恶的。这不是因为进行这种崇拜的东西是邪恶的,而是因为这些东西只能用于崇拜上帝,只有上帝才配得到这样的崇拜和侍奉。

但若有人认为自己正在崇拜唯一真正的上帝,亦即一切灵魂和肉体的创造者,但却在崇拜中使用了可笑的稀奇古怪的偶像、用人作牺牲、在男性生殖器上戴花环、用神妓卖淫挣钱、撕扯人的肢体、阉割男人、用矫揉造作的姿态和不洁的荒诞的表演,那么他的罪过不是因为他崇拜了不应该得到崇拜的对象,而是因为他用不正确的方式崇拜了应当得到崇拜的对象。但若有人崇拜这样的对象,亦即愚蠢和邪恶的东西,而不崇拜真正的上帝,亦即灵魂和肉体的创造者,或是崇拜一个生灵,无论它是灵魂还是肉体,还是灵肉合在一起,那么他就两次犯下了反对上帝的罪过,因为他既把不是上帝的东西当作上帝来崇拜,又用这些上帝和非上帝都不会接受的东西来进行崇拜。

---

① 维吉尔:《埃涅阿斯纪》,卷 8,行 319—320。

这些异教徒的崇拜有多么可耻和罪过是显而易见的，但是他们崇拜什么或崇拜谁却是模糊不清的。他们的历史已经证明了他们公开举行这些愚蠢可耻的祭仪是为了服从诸神的要求，诸神用严厉的责罚迫使他们这样做。因此显而易见，这种公民神学完全是为了发明某些办法，吸引邪恶的、最不洁的灵，怂恿它们去向那些毫无感觉的偶像顶礼膜拜，藉此占据愚昧的心灵。

章 28 瓦罗的神学充满前后不一致的地方

那么出于什么目的，这位最博学、最敏锐的瓦罗想要用最精致的论证来把所有这些神灵归结为天和地呢？他不可能做到这一点。它们就像水一样，会从他的指缝渗透过去，滴落到地上。在谈到这些女性，亦即女神的时候，他说："就像我在第一卷相关部分说过的那样，由于天和地是诸神的两个起源，因此诸神被分别称为属天的和属地的，所以我在前几卷书中从天开始，谈论伊阿诺斯，有些人说他就是天。然后我要谈论地，现在就让我从忒路斯开始谈论女神。"

我能明白这颗伟大的心灵要经历多么大的困惑。他受到某些似是而非的相似性的影响，说天是行为者，地是承受者，并据此把阳性原则归于天，阴性原则归于地，而没有考虑到上帝既创造了天，又创造了地，上帝才是主动性与被动性的创造者。他根据这种原则解释了萨摩色雷西（Samothracians）秘仪，并且十分虔诚地许诺要详细地解释这些秘仪，他的同胞不懂这些秘仪，他要把他的解释写下来寄给他们。然后他说，他搜集了很多证据，在这些秘仪中，一座偶像代表天，另一座代表地，其他偶像代表各种事物的类型，柏拉图称事物的类型为理念。瓦罗说朱庇特代表天，朱诺代表地，密涅瓦代表理念。天是万物藉以被创造的，地是万物从中被创造的，类型则是万物被造的依据。但是关于最后的类型，我差点儿忘了说，柏拉图赋予这些理念以极大的重要性，以至于说并非万物按照理念由天创造，而是天本身也是按照理念被创造出来的。然而，我们再说回来，在论拣选的诸神那卷书中我们可以看到，瓦罗放弃了关于诸神的这种囊括万物的理论。因为他将男神归于天，女神归于地，又将密涅瓦归入女神，而在此之前他把密涅瓦的位置放得比天本身还要高。还有,男神尼普顿在海里,而大海与其说是属于天,不如说是属于地。最后还有父神狄斯,在希腊文中称为普路托(Pluto),他是另一位男神,是朱庇特和尼普顿的兄弟,也被当作属地之神,他掌管大地较高的部分,而将较低的部分交由他的妻子普洛塞耳皮涅掌管。那么,他们怎么能够尝试用男神指代天,而用女神指代地呢?这样的论证又有什么可靠性、一致性、清晰性可言呢?

但是忒路斯是女神的起源,是伟大的母亲,那些矫揉造作的人、阉人、自残者、沉醉于迷狂的人,在她周围不断地发出疯狂的、令人厌恶的噪声,既然如此,怎么能够把伊阿诺斯称作男神之首领,把忒路斯称作女神之首领呢? 在前一种情况下,错误并没有造就一位首领,而在后一种情况下,疯狂也没有造就一位健全的首领。他们为什么要徒劳无益地用这些神灵指代世界? 即使他们能够这样做,也不会有虔诚的人把这个世界当作真正的上帝来崇拜。不管怎样,真理清晰地显明他们不可能这样做。倒不如让他们把这些神灵等同于死人和最邪恶的魔鬼,那就再也不会有什么问题了。

章29 被自然哲学家当作世界及其部分的所有事物都必须归于唯一真正的上帝

我们的对手按照自然主义用来解释诸神的一切事物,都可以不必担心会有任何亵渎地归于真正的上帝,是他创造了这个世界,他是一切灵魂和肉体的创造者。对此我们可以作这样的表述:我们不崇拜天与地组成这个世界的天与地,并非一个灵魂或许多灵魂渗透一切有生命的事物,而是创造天地的上帝渗透一切在天地之中的事物,上帝创造了一切灵魂,而无论它的生命状态如何,或者是拥有无感觉和理性的生命,或者是有感觉的生命,或者是既有感觉又有理性的生命。

章30 以何种虔诚可以区分造物主与被造物,而不是用崇拜作为被造物的生灵取代创造者

现在,我要开始对唯一真正的上帝的这些创造物作一检视,为了对他

们众多的、令人厌恶的、可耻的秘仪作出荣耀的解释,我们的对手为他们自己构造出许多伪神。我们崇拜上帝,他确定了由他创造的事物的性质,规定了它们的起始与终结,规定了它们的存在与运动,他明白、知道、配置了事物的原因,他设置了种子的力量,他赋予生灵以理性的灵魂,亦即心灵(mind),他赐予语言的能力和使用,他赐予一切在他看来为好的灵(spirits)以预见未来的能力,他自身亦通过他喜欢的人预见未来,他还通过他中意的人消除疾病。当人类受到战争的矫正和严惩时,他主宰着战争的起始、进程和终结,他创造和支配着最可怕、最凶猛的烈火,火是他统治的巨大世界的一部分,他是一切水的创造者和统治者。

他把太阳造就为一切有形的光明中最明亮的,赋予它适当的力量和运动;他甚至对那些地府中的居住者也没有放弃统治权;他给凡人指定了适当的种子和营养,无论是干的还是湿的;他建立大地,使之丰产,为动物和人提供食粮。他不仅明白和规定了主要的原因,而且也规定了次要的原因。他为月亮决定了运行的轨道。他为天地提供了从一处到另一处的通道。他还把由他创造的心灵赐予人类,还有各种有助于人类生活和本性的技艺。他规定了男女的结合以繁衍后代。他把凡间的火作为礼物赐予人类,供他们日常使用,在炉灶里燃烧,或作照明之用。

那个最敏锐、最博学的瓦罗耗费精力,把这些事情归于那些拣选的神,我知道他用的方法并非自然的解释,他的解释可能出自某些其他的来源,也可能是他自己的推测。然而,所有这些事情都是由唯一真正的上帝创造和实施的。上帝无处不在,不被任何空间包围,不受任何约束,不能被划分成部分,不会有任何部分发生变化,他用无所不在的力量充满天地,他的本性中没有匮乏。上帝以某种方式指引着他所创造的一切事物,让它们能够进行专门的运动。尽管万物没有上帝就可以是无,但是万物绝不是上帝。上帝也通过天使做许多事情,但天使的赐福只能出自上帝。还有,尽管上帝为了某些目的而派遣天使到人那里去,但是他并不通过天使赐福予人,而是由他自己赐福,因为天使的赐福也出自上帝。

章 31　除了一般的赐福,上帝尤其青睐真理的追随者

我们已经提到过,这种福益是按照对自然的支配方式赐予的,上帝把这些福益既赐予好人也赐予坏人。除此之外,我们还从上帝那里得到巨大的爱,只有好人才能得到这种爱。我们对上帝的感恩绝不会是充分的,为我们的存在、为我们的生活、为我们拥有的天地、为我们拥有的心灵和理性,藉此我们可以寻求创造一切的上帝。还有,当我们背负深重的罪恶,回避他的光明,热衷于黑暗,以至于盲目亦即邪恶的时候,上帝决不会抛弃我们,而是把他自己的道,他的独生子,派到我们中间来。他为我们道成肉身而降生为人,为我们受苦。凭借他,我们可以知道上帝珍视人,凭借这种独一无二的祭献,我们可以涤清一切罪恶,凭借圣灵爱的浇灌,我们可以克服一切艰难险阻,抵达永恒的栖息地,品尝到默祷上帝的无比的甜蜜。有什么样的心灵和舌头能够对所有这一切充分地感恩?

章 32　以往各个时期都有基督拯救奥秘的征兆

这种关于永恒生命的奥秘,甚至从有人开始,就已经借助某些与不同时代相适应的象征和神秘的东西,通过天使向那些与之相遇的人宣谕。过去,希伯来人蒙召结成社团,实现这种奥秘,所有自从基督降临直至现在以及将来所要发生的一切事情都已经向他们预言,有些时候通过那些明白自己在说些什么的人,有些时候通过那些并不明白自己在说些什么的人。这个民族后来流散到各个国家,为的是证明在其中宣布了在基督中获得永恒拯救的圣经。这部神圣的书不仅包含着预言,也不仅包括用来教导人们恪守道德和虔诚的关于公义生活的诫命,而且还包括用来侍奉上帝的仪式、祭司、圣幕、神殿、祭坛、祭祀、礼仪,等等。这些东西在希腊文中都恰当地被称作"latreia"(对神灵的崇拜与侍奉)。这些东西都象征和预示着我们相信将会应验的事情,或者我们看到正在应验的事情,或者我们等待着将要应验的事情,因为我们相信永恒的生命和忠于基督。

章 33　只有通过基督宗教才能揭露恶灵的欺骗,恶灵喜欢人们犯错误

只有真正的宗教才能显明各民族的这些神灵是最不洁的魔鬼,他们

想要人们把他们当作神，于是装作死人的亡灵或其他生灵。他们为自己的不洁感到自豪，喜爱邪恶可耻的事情，以此作为神圣的荣耀，妒忌人的灵魂皈依真正的上帝。人一旦相信了上帝，就可以从这种最残忍、最不义的控制下解放出来。上帝为人提供了谦卑的榜样，追随这个榜样，人可以站立，而骄傲会使人堕落。

魔鬼中不仅有我们已经谈论了许多的神灵，还有罗马人的神，以及属于不同民族和不同地区的许多神，更有我们现在要涉及的神，这些神是被拣选的，成为神灵中的参议员，但这种拣选显然是由于他们罪恶累累、臭名昭著，而不是因为他们美德方面的尊严。瓦罗想对他们的圣事作自然的解释，试图把这些邪恶的事情说成荣耀的，但他找不到调和两者和自圆其说的办法，因为这些自然的解释根本不是这些仪式的原因，他想要这样做只是一厢情愿。这些事情与真正的上帝和永恒的生命毫无关系，这些解释没有指出真正的原因，其他类似的解释也没有。宗教寻求真正的上帝和永恒的生命，而他们所做的事情只是从事物的性质中寻求某些理由，用来解释那些愚蠢荒谬的、根本无法理解的圣仪。瓦罗努力想要做的事与某些剧场里的故事或神庙中的秘仪相关，但是他没有声称剧场与神庙相似，而是谴责有人把神庙弄得与剧场相似。然而，他又试图松弛那些可怕的事情带来的震惊情感，引入那些自然的解释。

章34　元老院下令焚毁努玛的书，免得人们知道书中所说的举行圣仪的原因

相反，如这位最博学的人所述，我们发现努玛·庞皮留斯（Numa Pompilius）的书中提出过的圣仪的原因是无法容忍的，它们不仅在宗教人士读来是没有价值的，而且被隐匿在黑暗之中。我在本书第三卷①答应过要在恰当的地方加以谈论。因为，我们在瓦罗《论诸神的崇拜》第三卷中读到："某位特伦提乌斯（Terentius）在伊阿尼库鲁姆有一块地，当他的雇工在努玛·庞皮留斯的坟墓附近耕种时，从地下挖出了努玛的著作，

---

①　章9。

其中写着圣仪的原因。他把这些书送去给这座城市的执法官(praetor)。这位执法官读了这些书的开头部分以后,就把它当作一个重要事件报告给元老院。那些主要的议员读了某些关于圣仪的解释,他们表示赞同已经死去的努玛的看法,而那些有着宗教虔诚的元老院的议员们则下令要那位执法官焚毁这些书。"①

愿每个人都相信他认为适宜的事情,让那些不虔诚的捍卫者也把他们各种疯狂的意向说出来。在我看来,这段记载足以表明,由努玛·庞皮留斯写下来的关于罗马祭仪的构成原因一定不能让民众或元老院议员们知道,甚至也不能让祭司们知道。还有,努玛本人通过不合法的好奇而获得这些魔鬼的秘密,目的是为了能够把它写下来,这样就能通过阅读记得这些事。然而,尽管他是一名国王,没有理由害怕任何人,但他既不敢把这些事传给任何人,也不敢用其他任何方法毁掉它。由于他既不愿意任何人知道这些事,免得人们教导可耻的事情,又担心冒犯了魔鬼会引祸上身,于是他就将这些书埋在一个他认为安全的地方,相信没有任何人会在他的棺材附近耕地。而那些元老院的议员,尽管不敢谴责他们祖先的宗教,因此被迫赞同努玛的看法,但是他们心中确信这些书是邪恶的。他们不敢下令将这些书重新埋回地下,因为他们知道人的好奇心会因此而被激发起来,更加渴望知道这些事情,而是下令用火焚毁这些被发掘出来的书。他们认为现在举行这些圣仪是必要的,在他们看来,对这些圣仪的原因无知,比掌握了这种知识而引起城市的动乱要更加可以容忍。

章35 努玛在水卜时看到某些魔鬼的影像而受骗

上帝没有派先知和天使到努玛那里去,因此他被迫举行水卜(hydromancy),在水中看到诸神的形象(或者倒不如说是魔鬼向他显现),从他们那里学到应该建立和遵循什么样的圣仪。瓦罗说,这种占卜是从波斯人那里传来的,努玛本人使用水卜,后来的哲学家毕泰戈拉(Pythagoras)也用过。他说,在这种占卜中,他们也向冥府中的居住者询问,并且举行

---

① 参阅普罗塔克:《努玛传》,章22;李维:《罗马史》,卷40,章29。

血祭，希腊文称作 nekromantia。但无论称作 necromancy，还是称作 hydromancy，实际上都是一回事，都是要死者预见未来。做这种事需要什么技艺，还是让我们的对手自己去考虑。我不愿意说这些技艺是法律认可的，在我们的救世主降临之前，即使在异教徒的国家里使用这种技艺也要受到重罚。我也不愿意对此加以否定，因为这些事情在当时也许是被允许的。庞皮留斯通过这种技艺学到了关于圣仪的知识，但他隐瞒了这些圣仪的原因，因为他对自己知道的事情也感到担心。元老院也意识到这些书会引起麻烦，因此下令将其焚毁。因此在我看来，瓦罗想要引进各种疯狂的自然解释，如果这些书包含着这样的解释，那么它们肯定不会被焚毁，对吗？否则的话，元老院的议员们也会焚毁瓦罗出版的那些题献给大祭司恺撒的书。①

据说努玛娶女仙厄格利亚（Egeria）为妻，因为（如瓦罗在前面提到过的那本书中所作的解释那样）这个名字的词源是打水，亦即携带（egerere）水到某处举行水卜。事实就以这种方式转变为充满谎言的故事。这位过分好奇的罗马国王通过水卜既学到了写在那些祭司书中的圣仪，又知道了这些仪式的原因，然而他不愿意让除他本人以外的任何人知道这些原因。于是他就让这些知识与自己一道去死。他小心翼翼地将它分别写下来，在他死后就埋入地下。这些书肯定描写了魔鬼们的丑恶行径，使得连接受整个公民神学的人都无法接受，就好像那些议员，他们在自己的祭仪中实际上已经采用了许多可耻的行为。他们也无法接受那些神灵无非就是已经死去的人这一事实，由于年代的推移，几乎所有异教民族都相信他们是不朽的诸神。而那些魔鬼会喜欢这样的仪式，会以那些死人的面目出现，接受崇拜。他们用某些错误的神迹使人们把这些死人当作不朽的神灵，进而把这种信仰建立起来。

但是凭借真正上帝的隐秘旨意，这些魔鬼得到允许，把这些事情告诉他们的朋友努玛。他掌握了技艺，能举行水卜。可是这些魔鬼没有得到允许在努玛死的时候对他发出警告，烧毁那些书，而不是埋葬那些书。尽

---

① 参阅拉克唐修：《神圣原理》，卷1，章6。

管魔鬼们不想让人们知道这些书中的事情,但是他们不能阻挡那个农夫的犁,也不能阻挡瓦罗的笔。通过他们,这件事逐渐变得为人知晓。没有得到允许,魔鬼们不能影响任何事情,只有依据万能的上帝依据人们的行为所下的至尊的、公义的判断,魔鬼们才能得到允许伤害他们,或者征服和欺骗他们。只要根据元老院宁可焚毁庞皮留斯埋藏的书这个事实就可以判断这些书有多么邪恶,或者这些书与崇拜真正的上帝有多么大的偏差,而不必害怕努玛曾经担心过的事。他害怕魔鬼的伤害,因此不敢加以焚毁。

因此,让那些现在仍旧不愿过一种虔诚生活的人继续通过这种仪式去寻求永恒的生命。但是,让那些不希望成为恶魔同工的人不要害怕那些崇拜魔鬼的、臭名昭著的迷信,让他们承认真正的宗教,因为它揭露了魔鬼的假面具,使之化为乌有。

第 八 卷

【本卷提要】奥古斯丁在本卷中开始讨论第三种神学,即自然神学,并提出问题:自然神学的诸神崇敬能否为未来的生命提供确定的幸福。他宁可与柏拉图主义者讨论这个问题,因为柏拉图的体系在哲学中是"流畅的典范",并且最接近基督教的真理。为了论证这一点,他首先驳斥阿普留斯,以及所有那些坚持应当把精灵当作人神之间的使者和中介的人;进而指出人不可能通过精灵与善良的诸神调和,并指出人是恶的奴隶,热衷于赞助那些善人和聪明人厌恶的东西;然后进一步谴责诗人、戏剧表演、巫术的亵渎。

章1 需要与哲学家讨论自然神学,他们比其他人拥有更多的知识

现在,我们需要在心里作出比处理和解释前几卷提出的问题更大的努力,因为我们不是在和普通人讨论被罗马人称作自然的神学。这种神学既不像神话神学,又不像公民神学——亦即戏剧神学和城市神学,其中一种神学展现了诸神的罪恶,另一种神学证明了诸神拥有更加罪恶的愿望。因此,在这里我们必须与哲学家交谈,哲学家这个名字即使译成拉丁文也表明他们是智慧的热爱者。

还有,如果创造一切事物的上帝就是智慧,如神圣的权威和真理证明了的那样,①那么真正的哲学家就是热爱上帝的人。但由于并非所有拥有这个荣耀名称的人都热爱上帝,因此我们当然不能由此推论,所有被称作哲学家的人都是真正的智慧爱好者。我们必须从他们中间选择那些我

———————————

① 参阅《所罗门智训》7:24 以下。

们通过阅读能够弄懂他们的看法的哲学家,而某些哲学家对我们要处理的这个问题没有价值。在本书中,我不想驳斥哲学家们的所有虚幻观点,而只涉及与神学有关的观点,我们把神学这个希腊词的意思理解为对神性的阐述或解释。进一步说,我也不想驳斥所有这样的哲学家,而只涉及赞成下列观点的哲学家,尽管他们认为神是存在的、神关注着人的事务,但他们否认崇拜一位不变的上帝就足以过上幸福生活,甚至死后也一样;他们还认为,我们必须崇拜由上帝创造和分派在不同的领域的众多神灵。

这些哲学家的看法甚至比瓦罗的看法更接近真理。因为,瓦罗能够察觉到自然神学只能延伸到这个世界和世界灵魂,而他们承认一位上帝,高于一切拥有灵魂的事物。他们承认,上帝不仅创造了这个可见的世界,亦即通常所谓的天与地,而且创造了一切灵魂,无论它是哪一种。还有,上帝创造了理性的、理智的灵魂,这是人的灵魂,使之分有上帝本身不变的、无形体的光明。哪怕是有一丁点儿这种知识的人,都不会对柏拉图学派的哲学家一无所知,这个学派因其祖师爷而得名。在提到柏拉图之前,我还要简略叙述一下我认为对解决当前问题来说必要的观点,首先要提到那些在同一研究领域先于柏拉图的人。

章 2　意大利学派、伊奥尼亚学派及其创始人

人们对希腊语的尊重超过其他任何民族的语言,我们从希腊文献中知道有两个哲学派别。一个流派叫作意大利学派,起源于意大利先前属于所谓"大希腊"的那个部分;另一个流派叫作伊奥尼亚学派,起源于希腊的伊奥尼亚地区。萨摩斯的毕泰戈拉是意大利学派的创始人,哲学这个词据说也是由他发明的。因为在他那个时代,从前那些过着一种值得赞扬的生活方式、品格超群的人被称作贤人;但是当有人问毕泰戈拉喜欢被别人称作什么时,他回答说他是一位哲学家,意思就是智慧的学生或智慧的爱好者;因为在他看来,宣称自己是贤人是非常冒昧的。①

伊奥尼亚学派的创始人是米利都的泰勒斯。他是所谓的"希腊七

---

① 贤人的拉丁文是"Sapiens",意即聪明人,已经获得智慧的人。

贤"之一。其他六个人出名都是因为他们的生活方式，以及提出了某些生活准则。然而，泰勒斯的出名是因为他研究了事物的本性，为了使他的学派后继有人，他把他的论述写了下来。他最杰出的方面是天文计算，甚至能够预测日蚀和月蚀。还有，他认为水是万物的始基，是构成世界万物的原素，既是构成世界本身的原素，又构成在这个世界上产生的一切事物。他所做的工作令人肃然起敬，然而他没有提到有一个神圣的心灵在支配着这个在我们看来如此神奇的世界。

　　泰勒斯的学生阿那克西曼德继承了泰勒斯的事业，但阿那克西曼德对事物的性质持有不同的看法。因为他不像泰勒斯那样认为所有事物都出自一种始基，出自水，而是认为每一事物有其恰当的始基。他相信这些事物的始基在数量上是无限的，从这些始基中产生出无数个世界，而一切事物都从这些世界中产生。他还认为，这些世界都处在持久不断的消解和再生过程中，每个世界都按照不同的性质，或长或短地存在一个可能的时期。他也没有把这些事物的各种活动的任何部分归结为神圣心灵的作用。

　　阿那克西曼德死后，他的学生阿那克西美尼把事物的所有原因都归于无定形的气。阿那克西美尼不否认诸神的存在，也没有忽视他们，但他在相信气是由诸神创造的时候，反过来又认为诸神是从气中产生出来的。后来，他的学生阿那克萨戈拉察觉到有一个神圣的心灵在使我们看到的一切事物产生，它使用无定形的东西构成了一切事物的粒子，同一种粒子的第一个都相同。按照这种观点，每一始基都是由同种粒子造成的，而神圣的心灵是粒子的创造者。还有，阿那克西美尼的另一个学生第欧根尼说，气确实是造就一切事物的质料，但气分有神圣的理性，没有神圣的理性，就不可能造出任何东西来。

　　阿那克萨戈拉的学生是阿凯劳斯。他也认为每一个别事物都是由粒子构成的，这些粒子相互之间都是相同的。但他还认为，有一种内在的心灵使一切事物结合，或使永久的物体离散，也就是说使那些粒子结合或分离。柏拉图的老师苏格拉底据说是阿凯劳斯的学生；为了能够引出柏拉图，我已经总结了上述学派的主要观点。

章3 苏格拉底的哲学

人们记得苏格拉底最先把哲学的全部努力引向对道德的矫正和规范,而在他之前的所有先驱者都把他们的主要精力用于研究这个物理世界,亦即研究自然。然而在我看来,要想清楚地确定苏格拉底为什么要这样做是不可能的。这也许是因为他对研究晦涩的、不确定的事情感到厌倦了,所以就把他的心灵用于发现明显的、确定的事情,而这对于获得幸福生活也许是必要的,所有哲学家已经付出的辛勤劳动似乎就是为了达到这个目标。或者说,像某些仁慈地相信他的人所设想的那样,他之所以这样做,乃是因为他不希望看到心灵被尘世的欲望所玷污,因此努力把心灵引向神圣的事物。他认为,从前那些哲学家追求的事物的终极原因无非就是一位真正的、至尊的上帝的意愿,而只有洁净了的心灵才能理解这些意愿。因此他认为,人必须努力通过良好的道德来纯洁生命,使心灵摆脱欲望的重负,用它天生的活力把自己提升到永恒事物和沉思的领域,这样就能用纯洁的理智去思考无形体的、不变的光明,而一切被造性质的原因的稳定居所就在其中。

不管怎么说,大家都知道苏格拉底以一种奇妙而又优雅的论证风格和最敏锐的智慧,外出寻找和跟踪无知者的愚蠢,这些人以为自己拥有某些知识。他在这样做的时候完全与那些他似乎奉献了全部心智的道德问题联系在一起。他有时候承认自己的无知,有时候掩饰他的知识。以这种方式,他激起了一些人的敌意,结果受到诬告,被判处死刑。然而,这座曾经公开审判过他的雅典人的城市后来公开为他哀悼,公众的愤怒猛烈地转向指控苏格拉底的人,一个被民众的暴力处死,而另一个则像自愿接受永久流放一样逃跑了,这才逃脱了相同的惩罚。

由于在生死两方面的杰出名声,苏格拉底死后,他的哲学有许多解释者。他们热烈地争论那些道德问题,而这些问题必然与人们赖以获得幸福生活的"主善"①相连。然而,苏格拉底本人在讨论这个问题时提出过一些命题,坚持过一些命题,摧毁过一些命题,至于他自己如何理解至善,

---

① 原文为 the chief good, summum bonum。

这一点并不清楚。因此，这些解释者们就各取所需，把自己认为是"至善"①的东西当作至善。这样一来，所谓至善就是各人自己获得的能使他幸福的东西。苏格拉底的追随者对什么是至善的看法很不相同，简直令人难以相信他们的看法都出自同一位老师。有些人，比如阿里斯提波，认为至善是快乐；另一些人，比如安提斯泰尼，认为至善就是美德。要想历数这些门徒的所有观点，确实需要很长的时间。

章4　苏格拉底最杰出的学生柏拉图把哲学划分为三个部分

在苏格拉底的学生中，柏拉图是最杰出的，他的光彩远远超过苏格拉底的其他学生，使他们黯然失色，这样说并没有什么不妥。柏拉图生来就是雅典人，家世显赫，天赋极高，远远超过他的同学。然而，他认为自己的理解和苏格拉底的学说还不足以使哲学达到完善的地步，于是他就尽可能广泛地游历，哪里有他可以获得的知识，他就去哪里学习。就这样，他甚至去了埃及，学习了当地那些伟大的事物与学说。然后他又去了意大利那些毕泰戈拉学派声名显赫的地方，在最杰出的老师的教导下学习，轻而易举地掌握了当时流行的意大利哲学。出于对老师苏格拉底的独特的爱，他的对话几乎都以苏格拉底为发言人，通过苏格拉底之口说出他自己的学说，无论是从别人那里学来的，还是用他自己的理智努力获得的，在讨论道德问题时表现出老师的风采和关注。

对智慧的寻求由行动和思考组成，所以可以说智慧的一部分是行动性的，另一部分是思考性的。智慧的行动部分与生活行为有关，亦即与道德规范相关；智慧的思考部分与研究自然的原因和真理的最纯粹形式有关。人们记得苏格拉底在智慧的这个行动部分非常杰出，而毕泰戈拉则更多地关注智慧的思考部分，为此倾注了最大的心力。柏拉图值得赞扬的地方是把两部分结合起来，使哲学达到完善的地步，然后又把哲学划分为三个部门：首先是道德哲学，主要涉及行为；其次是自然哲学，对事物进行思考；第三是逻辑学，区别真假。尽管逻辑学对行动和思考都是必要

---

① 原文为 the final good，Finem boni。

的,但是思考把研究真理的性质宣布为自己的领地。因此这种三分法与原先的区分并不矛盾,即认为追求智慧由行动和思考组成。

我想,要解释柏拉图如何看待这些哲学部门,也就是说解释他认为一切行动的目的是什么,一切自然事物的原因是什么,一切理智的光明是什么,那就太冗长了;但我们也不能因此而作出任何仓促的论断。不管怎么说,柏拉图敬重并仿效他的老师苏格拉底的著名实践,在他的著作中把苏格拉底当作争论的参与者,从而把他自己的知识或看法隐藏起来。由于这个原因,我们不容易清楚地看到柏拉图本人对一些重要问题的看法。

然而,本书中提到的或者柏拉图在他著作中表述过的某些观点还是适宜的。这些观点有些是他本人的表述,有些是对他人观点的转述,而他本人也似乎倾向于赞同。这些观点有些对真正的宗教有益,我们可以拿来捍卫我们的信仰,有些则与之相悖,例如,关于一神或多神存在的问题,关于死后方有真正的幸福生活的问题。有些人紧跟柏拉图,他们对柏拉图的喜爱胜过喜爱其他一切民族的哲学家,他们的敏锐和对真理的理解也因此而得到高度赞扬。他们似乎懂得上帝,在上帝那里找到了存在的原因、理智的基础和可以用来规范我们生活的类型。这三样东西,第一样可以视为与自然的事物有关,第二样与理智的事物有关,第三样与哲学的道德有关。人是以这样一种方式被创造出来的,因此人是最优秀的,人可以超越其他一切事物,也就是说都是因为有了一位真正完善的上帝,没有他就没有自然的存在,就没有教义的教训,就没有行动的益处。因此,让我们寻求上帝,他为我们安排了一切;让我们察觉上帝,他使一切事物变得确定;让我们热爱上帝,他使一切事物公义。

章5 尤其要与柏拉图主义者讨论神学,因为他们的观点比其他哲学家的观点更可取

因此,如果柏拉图说过,聪明人就是模仿、认识、热爱上帝,并与上帝同工而得到赐福的人,那么我们还有什么必要去详细考察其他哲学家呢?

没有人比柏拉图主义者更接近我们了。① 因此，让神话神学让位给他们，这种神学使人的心灵受到诸神罪恶的挑唆；让公民神学也让位给他们，在这种神学中不洁的魔鬼以诸神的名义诱惑尘世之人醉心于尘世的快乐，想要得到凡俗的、错误的荣耀。（魔鬼用不洁的欲望充满了他们的崇拜者的心灵，唆使他们在崇拜仪式中表演诸神的罪恶，而他们在这种表演中找到了最大的快乐。在公民神学中，任何在神庙中极为荣耀的东西在剧场里都变得极为污秽，而在剧场里无论如何卑劣的东西在神庙里都能得到辩白。）瓦罗的解释也必须让位给柏拉图主义者，瓦罗用天、地、种子、可朽事物的行动等术语来解释这些祭仪。然而，第一，这些祭仪并不具有他相信并附加的那种意义，因此他的解释并无真理相随；第二，即使这些祭仪有这种意义，但理性的灵魂一定不能把这些自然秩序中的下界事物当作神来崇拜，也一定不能把那些被真正的神提升的上界事情当作神来崇拜。对那些与神圣祭仪相关的著作我们也要说同样的话，努玛·庞皮留斯小心翼翼地把这些书隐藏起来，他死后这些书与他一道埋入地下，但是后来被耕田的人犁了出来，由元老院下令焚毁。

然而，我们若是记得马其顿的亚历山大写给他母亲的信中也提到过同类著作时，我们可以不必如此轻视努玛。在这些书信中，亚历山大说有一位埃及大祭司莱奥向他作了启示。不仅有皮库斯和法乌诺斯、埃涅阿斯和罗莫洛，而且有赫丘利、塞墨勒所生的阿斯克勒庇俄斯和利伯尔、廷达鲁斯的双生子，以及那些被神化了的其他凡人，都被视为凡人。这种情况也适用于诸神这个较高的种族，西塞罗在他的《图斯库兰争论集》中提到这些主神，②但没有提到他们的名字：朱庇特、朱诺、萨图恩、伏尔甘、维斯太，以及其他许多神，瓦罗则试图把他们等同于世界的某部分原素。由于泄露天机，莱奥像努玛一样感到害怕，因此他告诫亚历山大，务必焚毁那封写给母亲的涉及这些事情的信。

---

① 参阅奥古斯丁：《论真正的宗教》(De vera religio)，章7；米诺西乌·菲利克斯：《屋塔维》，章21；亚历山大里亚的克莱门：《杂记》，卷1，章21。
② 《图斯库兰争论集》，卷1，章13。

　　让包含在神话神学与公民神学中的东西让位给柏拉图主义的哲学，柏拉图主义者说真正的神是万物的创造者、真理的启示者、幸福的赐予者。其他那些哲学家也一样，他们使心灵成为身体的奴隶，认为有形体的事物是自然的第一原则；让他们也让位给承认一位伟大的神的伟大人物。这样的哲学家有主张湿气的泰勒斯，有主张空气的阿那克西美尼，有主张火的斯多亚学派，有主张原子的伊壁鸠鲁，原子是极为细小的物体，既不能再分割，又不能再察觉。这样的哲学家还有许多，无需在此一一列举，但他们都相信物体，不管是简单的还是复合的，是有生命的还是无生命的，是一切事物的原因和第一原则。他们中有些人，比如伊壁鸠鲁，相信无生命的事物能够产生有生命的事物。另一些人则相信，一切有生命的和无生命的事物都源于有生命的东西，但是一切事物都有身体，而且来自有身体的事物。比如，斯多亚学派认为，作为构成这个可见世界的四原素之一的火，既是有生命的，又是有理智的，是这个世界的创造者，一切事物都包含着火，这样的火实际上就是上帝。

　　这些人和其他同类哲学家只能察觉他们受限于身体感官的心向他们提出来的建议。哪怕他们身上有某样看不见的东西，哪怕这样东西在他们身上表现出来，但他们仍旧看不到这样东西，而只是想到它而已。但是这样的内心想法不再是物体，而只是物体的相似物，而在心灵中，它既不是物体，也不是物体的相似物。对这种相似物下判断的功能，视之为美的或丑的，无疑都优于被判断的东西。这种功能就是人的心灵和理性的灵魂；它肯定不是物体，甚至也不是物体的相似物，思想者的心灵进行感受和判断，但心灵不是物体。因此，灵魂既不是土，也不是水、气、火，这四种有形体的始基被称作四原素，我们看到的这个有形体的世界是由它们构成的。既然灵魂不是物体，那么上帝，灵魂的创造者，怎么会是一个物体？

　　因此，就像我们说过的那样，让所有这些哲学家让位给柏拉图主义者。还有一些哲学家也要让位，他们尽管耻于说上帝是一个物体，但不管怎样还是认为我们的灵魂具有与上帝同样的性质。后一批人尽管不受灵魂展示的巨大变易性的困扰，但把这种变易性说成是上帝的性质是不虔诚的。他们倒不如说，身体改变了灵魂的性质，而灵魂本身是不变的。他们也可以说损害肉身的是某些物体,但肉体本身保持不变。简言之,不变的东西不能被任何东西所改变,而对能被物体改变的事物来说,由于它可被某物改变,因此不能称之为不变的。

章6　柏拉图主义者对被称作物理学的那部分哲学的理解

然而,柏拉图学派的哲学家并非配不上享有高于其他哲学家的名声和荣耀,我们已经讲过,他们看到神不是物体,因此他们超越一切物体去寻找神。他们看到凡是可变的东西都不是最高的神,因此他们超越一切灵魂和所有可变的灵去寻求“最高者”。接下去他们还看到,无论何种可变的事物,无论何种样式,无论何种性质,使之为其所是的是形式,而形式离开了“真正自存者”就不可能具有存在,因为“自存者”是不变的。因此,无论我们考虑的是这个世界的形体、大小、性质和有序的运动,还是这个世界上的所有物体,无论我们考虑的是所有生命,那些能获得和保持营养的生命,比如树的生命,或者那些除此之外还有感觉的生命,比如野兽的生命,或者那些还具有理智的生命,比如人的生命,或者那些并不需要营养来维生,而只需要维护、感受、理解的生命,比如天使的生命,一切生命只能通过绝对存在的上帝而存在。因为对上帝来说,不是一样东西存在,另一样东西活着,就好像上帝可以是存在的,但却不是活生生的似的;对上帝来说,也不是一样东西活着,另一样东西理解,另一样东西得福,就好像上帝能理解而不能赐福似的。对上帝来说,存在就是活着,就是理解,就是赐福。

依据这种不变性和简洁性,柏拉图主义者懂得了创造一切事物的是上帝,而上帝本身却不是由其他事物造出来的。因为他们考虑到无论什么事物要么是物体,要么是生命;生命优于物体,物体的形体是可感的,而物体的生命是理智的。因此他们把理智看得高于感觉。所谓可感的事物,我们指的是凭着身体的视觉和触觉能够察觉的事物;而所谓理智的事物,指的是那些可以用心灵的眼睛来加以理解的事物。因为没有一种有形体的美是不需要用心灵来加以判断的,无论是有形体的美,比如图形,还是运动着的美,比如音乐。但若心灵本身不具有这些事物的更高形式,那么就不会有体积,不会有声音,也不会有空间和时间。但即使在这些事情上,如果心灵是不可变的,那么一个人就不可能比另一个人对感性的形式作出更好的判断。较为敏捷的人比较为迟钝的人能够作出更好的判断;较为熟练的人比较不熟练的人能够作出更好的判断;经验较多的人比经验较少的人能够作出更好的判断;在同一个人身上,随着能力增强,他的判断能比先前更好。但是,能够变得较好或较差的东西无疑是可变的。

因此,能干的、有知识的、熟悉这些事情的人很容易得出结论,最初的形式并不存在于可变的事物中。然而,由于他们看到身体和心灵可以具有或大或小的形式,如果它们完全缺乏形式,它们就根本不存在,因此他们看到必定存在着某个"最初的形式",它是不变的,也无法对它作程度上的比较,他们极为正确地相信它就是事物的"第一因",它本身不是被造的,但一切事物都是由它创造出来的。就这样,神本身把可以由此认识的神的事情显现在人心里,尽管创造一切可见的、暂时的事物的神是不可见的,神的永能和神性是不可见的,但是通过被造之物就可以看见和理解神。① 有关哲学的这个部门我们已经说够了,柏拉图主义者称之为物理的,亦即自然的。

章7　柏拉图主义者在逻辑或理性哲学中大大超过其他一切哲学家

至于他们在第二个部门,被称作逻辑学,亦即理性哲学,这个部分的教导,上帝禁止我们拿柏拉图主义者与那些哲学家相比,那些哲学家把身体的感官当作察觉真理的器官,认为我们所学到的一切都可以用如此不真实、虚假的标准来衡量! 伊壁鸠鲁主义者以及和他们相似的一些人就是这样,斯多亚学派本身也是这样,尽管他们钟爱争论的技艺,称之为辩证法,但他们认为心灵从身体的感觉中产生观念(他们称作 ennoiai),并用定义的方法对观念进行解释。他们所有的学说和教导确实都是从这一信念中派生出来并与之相联。但就在这个地方,当斯多亚学派说只有聪明的才是美的,这个时候我经常感到惊讶,他们凭着什么样的身体感官看

---

① 参阅《罗马书》1:19—20。

到这种美。用什么样的肉身的眼睛使他们能够看到智慧的形式和秀美？

　　然而，那些被我们正确地列为优于其他所有人的哲学家，已经区别了那些靠感觉来接受的事物和那些用心灵才能觉察到的事物，既没有否定感官的作用，也没有给它添加什么作用。他们说，我们赖以了解一切事物的心灵之光就是自身同一的上帝，一切事物都是由他创造出来的。

章8　柏拉图主义者在道德哲学中也占据首位

　　剩下的这个哲学部门是关于道德的，希腊人称之为伦理学。有关最高的善的问题就是在这部分哲学中讨论的，如果我们的一切行为都与此相关，而且寻求最高的善不是为了其他目的，而是为求善而求善，那么为了得到幸福我们就没有什么还要再进一步寻求的了。因此，这个最高的善被称作目的，因为我们希望用它来解释其他事情，而最高的善本身只能用它自己来解释。

　　有人说过，这种使人幸福的善来自身体，有些人说它来自心灵，还有一些人则认为来自身体和心灵。因为他们看到人本身是由灵魂和身体组成的，因此他们相信，他们的幸福只能从二者之一派生，或者同时来自二者，如此推论也就可以达到终极之善，通过它，他们能够得到幸福，他们的一切行为都必须追溯到这个终极之善，而不需要再用其他任何更高的东西来解释善本身。因此，有些人添加了第三类善，并称之为外在的，例如尊贵、荣耀、财富，等等，但他们并没有把这些东西当作终极之善的一部分，也就是说人们追求这些东西并非为了这些东西本身，而是为了别的原因。他们说，这种善对好人来说是善的，对恶人来说是恶的。由此可见，无论是向心灵还是向身体，或是向二者同时寻求善的人，都仍旧是在假定善只能在人身上寻找。然而，那些向身体求善的人是在向人的低级部分求善，那些向心灵求善的人是在向人的高级部分求善，那些同时向二者求善的人是在向完整的人求善。因此，无论是向某个部分求善，还是向整个人求善，他们仍旧是在向人求善。依据这种差别可以区分不同的哲学家，但我们可以区分的不是三种，而是许多种；因为不同的哲学流派在身体之善、心灵之善、二者之善的问题上已经提出了许多不同的观点。

因此,让这些哲学家统统让位给柏拉图主义者,因为他们断定人的幸福不在于身体的快乐,也不在于心灵的快乐,而在于上帝的快乐。上帝的快乐不像心灵使身体快乐或心灵使自己快乐,也不像一个朋友喜欢另一个朋友,而像眼睛喜欢光明,如果有上帝的帮助,我将在别处尽我所能把这个问题讲得更清楚些。而现在,只要记得柏拉图断言最高的善就是按照美德去生活也就够了,①他认为只有拥有关于上帝的知识的人才能这样做,才能模仿上帝,这是幸福的唯一原因。然而,他并不怀疑实践哲学就是热爱具有无形体的性质的上帝。由此推论,智慧的学生,亦即哲学家,当他开始喜爱上帝的时候会成为有福之人。这是因为,尽管乐于爱所爱的东西不一定幸福,许多人的不幸是因为他们爱上了那些一定不能爱的东西,而当他们乐于爱它时就会更加不幸,但是不爱所爱的东西一定不会幸福。哪怕是那些爱上了一定不能爱的事物的人也不认为自己是因为爱它才是幸福的,而是因为自己乐于爱它才认为自己是幸福的。除了那些最不幸的人以外,当人们所爱的是真正的、最高的善的时候,有谁会否认乐于爱其所爱的人是幸福的? 但是柏拉图说,真正的、最高的善是上帝,因此他希望哲学家成为上帝的热爱者,因为哲学旨在获得幸福生活,热爱上帝的人在上帝的快乐中得到幸福。

章9 与基督教所信仰的真理最接近的哲学

关于真正的上帝,某些哲学家认为,他是一切被造物的创造者,是使一切事物可知的光明,是使一切事物得以完成的善,因此我们从他那里推导出我们本性的第一原则、教义的真理和生活的幸福。无论他们是否可以恰当地被称作柏拉图主义者,无论他们给自己的学派起什么样的名字,无论是否只有伊奥尼亚学派的领袖拥有这种观点,像柏拉图本人一样完全理解这个问题,无论意大利学派是否也是这样,毕泰戈拉和毕泰戈拉学派,以及该地区拥有相同观点的人,无论其他民族是否有某些贤人和哲学

---

① 参阅柏拉图:《高尔吉亚》470D,508B。

家已经看到并作出了这样教导，他们是大西洋上的人、利比亚人、埃及人、印度人、波斯人、迦勒底人、西徐亚人、高卢人、西班牙人，我们都会把他们置于其他所有人之上，承认他们与我们最接近。

章 10　基督徒的宗教所具有的优点超过哲学家的一切技艺

只接受过教会文献教导的基督徒可能不知道"柏拉图主义者"这个名字，甚至不知道讲希腊语的哲学家中有两个学派，也就是伊奥尼亚学派和意大利学派。但他决不会对世上的事情一无所知，乃至于不知道哲学家自称学习智慧，或学习智慧本身。他会对那些"按照这个世界的原素"实践哲学，而非按照创造世界的上帝实践哲学的人保持着警醒，因为他受到使徒的告诫，忠实地聆听使徒的教训："你们要谨慎，不要让人用哲学和虚空的妄言照着世上的小学骗了。"①但他不能认为所有哲学家都是这样的，因为他听到这位使徒在提到某些哲学家的时候还说过："神的事情，人所能知道的，原显明在人心里；因为神已经给他们显明。自从造天地以来，神的永能和神性是明明可知的，虽是眼不能见，但借着所造之物就可以晓得。"②还有，在对雅典人谈到有关上帝的某件伟大的事情很少有人能够理解的时候，他说："我们生活、动作、存留，都在乎他。"③接下去他还添上这样的话，"就像你们自己说过的那样。"他也非常明白，要十分小心地防范哲学家的谬误。他在说了"神的事情，人所能知道的，原显明在人心里；因为神已经给他们显明"的时候，也提到他们没有正确地崇拜上帝本身，因为他们把只属于上帝的神圣荣耀赋予其他不配得到这种荣耀的事物，他说："他们虽然知道神，却不当作神荣耀他，也不感谢他。他们的思念变为虚妄，无知的心就昏暗了。自称为聪明，反成了愚拙；将不能朽坏之神的荣耀变为偶像，仿佛必朽坏的人和飞禽、走兽、昆虫的样

---

① 《歌罗西书》2：8。

② 《罗马书》1：19 以下。

③ 《使徒行传》17：28。圣保罗在这里提到的文献是克林塞斯的《宙斯颂歌》（Hymn to Zeus）和阿拉图斯的《天象》（Phoenomena）。

式。"①使徒在这里要我们明白罗马人、希腊人、埃及人这些享有智慧名声的民族,但是关于这一点我们以后再与他们争论。然而,就柏拉图主义者与我们一致的地方来说,他们认为有一位神,这位神是这个宇宙的创造者,不仅高于一切有形体的东西,而且他本身是无形体的,他也高于一切灵魂,是永不败坏的,他是我们的原则、我们的光明、我们的善,在这个方面,我们认为他们高于其他一切哲学家。基督徒尽管对他们的著作一无所知,不会在争论中使用他们没有学过的话语,不会把研究自然的哲学部门称作自然的(这是拉丁人的术语)或物理的(这是希腊人的术语),不会把有关发现真理这个问题的这个部门称作理性的或逻辑的,也不会把涉及道德问题,说明如何求善防恶的那个部门称作伦理的,然而基督徒并不是无知的,他们知道人是按照上帝的样式被造的,我们拥有的这种性质来自唯一、真正、至善的上帝,我们根据这种教义认识上帝和认识我们自己,通过上帝的恩典,我们趋向上帝,得到赐福。

因此,这就是我们喜欢柏拉图主义者胜过喜欢其他所有哲学家的原因,这是因为,当其他哲学家在竭力寻求事物的原因,想要发现学习和生活的正确模式的时候,这些人通过认识上帝,已经发现了构成这个宇宙的原因在哪里,发现了可以引导我们发现真理的光明,找到了可以汲取幸福的源泉。因此,以这种方式认识上帝的一切哲学家,无论是柏拉图主义者还是其他学派的哲学家,都与我们一致。然而,我们最好还是与柏拉图主义者探讨我们的原因,因为他们的著作比较出名。希腊人的语言在各民族中拥有杰出的地位,希腊人高度赞扬他们的哲学著作;而拉丁人在他们的优秀品质和荣誉感的推动下,更加热忱地学习这些著作,通过把这些著作翻译成我们的语言,使这些著作拥有了更大的知名度。

章 11　柏拉图从何处得到这种理智,以至于能够如此接近基督教的知识

在基督的恩典下,我们有些兄弟在听到或读到柏拉图的时候感到惊

① 《罗马书》1:21—23。

讶,因为柏拉图对神的理解有许多方面与我们的宗教真理是一致的。由于这个原因,有不少人设想柏拉图去埃及的时候听说过先知耶利米,或者是在这次旅行中读过其他先知的作品。① 我本人也在某些著作中表达过这种看法。② 然而,按照编年史仔细计算一下年代,表明柏拉图出生的时间是在耶利米做先知一百年之后。还有,柏拉图活了 81 岁,从他死时算起到埃及国王托勒密下令翻译先知的经文止,其间有大约 60 年的间隔。托勒密王要犹大地的希伯来人呈送先知的经文,并指派七十位也懂希腊语的希伯来文士翻译这些经文,并加以保存。③ 因此,柏拉图在旅行中既不可能见过耶利米,他那时已经死了很久,也不可能读过这些圣经,那个时候圣经还没有被译成柏拉图通晓的希腊语。

当然了,由于柏拉图是个勤奋的学生,他也许会在一位翻译的帮助下学习这些经文,就像他在埃及用这种方法学习别的作品,他也许无法写下希伯来圣经的译文,但可以通过讨论圣经尽可能地学到其中的内容,(甚至连托勒密王也是在表现出多方面的仁慈以后④才获得这种学习圣经的便利,尽管人们害怕他拥有的王权)。也有一些材料似乎在支持这种假设。例如,《创世记》开头说:"起初神创造天地。地是空虚混沌,渊面黑暗;神的灵运行在水面上。"⑤而在柏拉图谈论创世的作品《蒂迈欧篇》中,他说神首先把土和火结合起来,⑥这就清楚地表明他把火指定给天。这句话与"起初神创造天地"确实有某些相似性。还有,柏拉图谈论两种居间的原素,即水和气,通过这两种居间的原素,把位于端点的两种原素,

---

① 参阅殉道者查士丁:《护教首篇》,章 60;奥利金:《驳凯尔苏》,卷 4,章 39;欧西庇乌:《福音的准备》,卷 11,章 9,节 2;亚历山大里亚的西里尔:《反朱利安》,章 29;亚历山大里亚的克莱门:《杂述》,卷 1,章 22。
② 参阅奥古斯丁:《论基督教教义》,卷 2,章 43;《订正录》,卷 2,章 4,节 2。
③ 参阅本书卷 15,章 13。
④ 指托勒密释放犹太奴隶,给神庙送礼。参阅约瑟福斯:《犹太人古史》,卷 12,章 2。
⑤ 《创世记》1:1—2。
⑥ 柏拉图:《蒂迈欧篇》31B。

即土和火结合起来①；由此可见柏拉图心里记得"神的灵运行在水面上"这句经文。因为，若是不能充分明白圣经通常如何描写上帝之灵，那么他一定会假设这个段落中也提到了四种原素，事实上气这个词也有"灵"②的意思。至于柏拉图说哲学家是爱神者这一事实，他的看法并没有说出比神圣的经文更加惹人注目的观点。但是还有一个事实比其他任何事情都要令我倾向于同意这种看法，柏拉图对这些经书并非一无所知。一位天使把上帝的话语带给神圣的摩西，要他去把希伯来人领出埃及，这时候摩西问这位神叫什么名字，他得到的回答是："我是自有永有的，你要对以色列人这样说，那自有的打发我到你们这里来。"③这就是说，上帝是自在的，不是不变的，与上帝相比而言，被造的事物是可变的，因此没有存在。柏拉图热心地掌握了这个真理，并且极为聪明地接受了。④ 据我所知，柏拉图之前的任何人所写的书中都找不到这样的说法，除非在哪本书中写道，"我是自有永有的，你要对以色列人这样说，那自有的打发我到你们这里来。"

章12　尽管柏拉图主义者提到过唯一真神，但他们还是认为要用神圣的祭仪荣耀诸神

柏拉图从哪里学到这些事情其实并不要紧，无论是否来自先于他的古人著作，倒不如像使徒说过的那样，"神的事情，人所能知道的，原显明在人心里；因为神已经给他们显明。自从造天地以来，神的永能和神性是明明可知的，虽是眼不能见，但借着所造之物就可以晓得。"⑤所以，我想我已经足够充分地说明了选择柏拉图主义哲学家作为讨论自然神学的对手的理由。这个问题就是：为了死后的幸福，神圣的祭仪应当向一位神还是向多位神奉献？

---

① 柏拉图：《蒂迈欧篇》32B。
② 原文为 Spiritius。
③ 《出埃及记》3:14。
④ 柏拉图：《国家篇》，卷2,380D 以下。
⑤ 《罗马书》1:20。

　　我之所以选择他们，乃是因为他们关于一位创造天地的神的思想比较正确，这一点使他们超越了其他一切哲学家。也正是这一点使他们在后人的评价中高于其他哲学家。亚里士多德是柏拉图的学生，有着杰出的才能，尽管他的口才可能比不上柏拉图，然而还是要比其他人强。他后来创建了逍遥学派，之所以有这个名字乃是因为他习惯于边散步边争论。他出名之后，他的学派聚集了许多学生，甚至当他的老师还活着的时候就已经是这样了。柏拉图死后，他的继承人是他姐姐的儿子斯彪西波，后来掌管学园的还有柏拉图挚爱的学生塞诺克拉底。由于这个原因，再加上其他继承人，他们被称作学园派。但不管怎么说，后来选择追随柏拉图的最优秀的哲学家不愿意被称作逍遥学派或学园派，而是宁可被称作柏拉图主义者。他们中最著名的有希腊人普罗提诺、杨布里科和波斐利；但是非洲人阿普留斯，他既会讲希腊语又会讲拉丁语，也赢得了柏拉图主义者的名声。然而，他们这些人与这个学派的其他人，还有柏拉图本人，都认为应当用神圣的祭仪来荣耀许多神灵。①

章 13　柏拉图把诸神定义为善的存在和美德的热爱者

　　因此，尽管在其他许多方面他们也和我们不同，但我刚才提到的这个问题特别重要。所以我首先要问柏拉图主义者：你们认为神圣的祭仪应当奉献给善者还是恶者，或是既献给善者又献给恶者？我们看到柏拉图本人的观点肯定所有神灵都是善的，根本就没有恶的神灵。② 由此推出的结论必然是：这样的祭仪是奉献给善者的，因为它们是献给诸神的；如果诸神不是善的，那么他们就不是诸神。

　　如果是这样的话（除此之外我们还能如何相信诸神），那么这种观点确实马上使许多人的信念显得很空洞，他们认为神圣的祭仪是用来抚慰恶神的，目的是使恶神不伤害我们，而把神圣的祭仪献给善神则是为了祈求他们的帮助。但由于恶神是不存在的，所以像柏拉图主义者所说的那

---

① 柏拉图：《法篇》，卷 4，716D 以下；卷 8，828A 以下。

② 柏拉图：《国家篇》，卷 2，379A。

样,举行这种祭仪只是为了荣耀善神。

那么,谁是喜爱戏剧表演的诸神? 谁是要求在圣事中包括这些表演以荣耀自己的诸神? 他们的权能证明他们并非不存在,但是他们对这些事情的喜爱无疑证明了他们是恶的。柏拉图对戏剧表演的看法是人所周知的。他认为,必须把诗人们驱逐出这个国家,因为他们写了那么多毫无价值的颂歌去赞扬诸神的尊严和善行。① 那么,在戏剧表演的问题上与柏拉图意见相左的神灵是谁? 他确实不允许人们用这些虚构的罪行来使诸神名誉扫地,但是诸神却要求通过庆祝这些罪行来荣耀他们。

还有,在这样的场合,诸神不仅要求反复表演可耻的事情,而且要求表演残忍的事情;诸神夺走了提多·拉丁纽的儿子,使他得病,因为他拒绝服从诸神,而一旦他服从了它们的命令,疾病就消除了。② 这些神灵是邪恶的,然而柏拉图并不认为我们应当恐惧它们。他坚定地认为,应当毫不犹豫地从秩序良好的城邦中消除这些诗人亵渎神灵的愚蠢行为,因为喜爱不洁的诸神对这些东西感到高兴。但是,拉贝奥把这位柏拉图当作半神,对此我已经在第二卷中提到过了。③ 拉贝奥认为,用血淋淋的牺牲和同类祭仪可以抚慰恶神,而抚慰善神要用戏剧表演,以及其他各种与欢乐有关的事情。那么,这位半神柏拉图为什么如此大胆,坚持要取消这些快乐,因为他把这些事情视为卑劣的,还是因为这些神灵,或这些善神认为它们是卑劣的? 还有,这些神灵本身肯定也驳斥了拉贝奥的看法,因为它们在拉丁纽的事例中不仅表现得荒唐和淫乐,而且还表现得残忍和可怕。

因此,让柏拉图主义者向我们解释这些事情。按照他们的祖师爷的观点,他们认为一切神灵都是善的、诚实的,是聪明人的美德的朋友,他们认为把这些神灵想象成其他样子都是不虔诚的。他们会说,我们会对此作解释。那就让我们注意听取他们的解释。

---

① 柏拉图:《国家篇》,卷 3,398A;卷 8,568B;卷 10,605A,607B。

② 参见本书卷 4,章 26。

③ 参见本书卷 2,章 11。

章 14　有人认为理性的灵魂有三种：天上诸神的理性灵魂、空中精灵的理性灵魂、地上的人的理性灵魂

柏拉图主义者说，一切拥有理性灵魂的有生命的存在物都可以分成三类：诸神、凡人、精灵。诸神占据最高的区域，凡人占据最低的区域，精灵占据中间的区域。因为诸神的居所是天庭，凡人的居所是大地，精灵的居所是空中。由于他们所拥有的区域的尊严是不同的，所以他们的性质也是不同的。因此诸神优于凡人和精灵。凡人被置于诸神和精灵之下，这个位置既指它们居住的区域，又指它们在功德上的差别。因此，精灵拥有中间的位置，因为它们比诸神低劣，与诸神相比它们居住的区域较低，但它们比凡人优越，因为它们居住的区域比凡人要高。它们的身体是不朽的，这一点与诸神相似，但它们的心灵和情感与凡人相似。他们说，按照这种解释，精灵对剧场里的下流表演和诗人的虚构感到兴奋并不值得惊讶，因为它们同样屈服于凡人般的情欲，而诸神对此是不为所动的，是完全陌生的。这样我们就得出了结论，柏拉图通过驳斥和禁止诗人的虚构来剥夺戏剧表演的快乐不是针对全善的、得到高度赞扬的诸神，而是针对精灵。

尽管在其他人的著作中也可以看到这些内容，但是麦道拉的柏拉图主义者阿普留斯就这个主题写了一整本书，称之为《论苏格拉底之神》。在这本书中，他讨论和解释了临在苏格拉底的灵异是什么样的神，苏格拉底说这个灵异他非常熟悉，总是在告诫他要抗拒损害他的利益的行为。① 阿普留斯清晰而又详细地宣称，这个灵异不是神，而是精灵。他还极为详尽地讨论了柏拉图的观点，谈到诸神的高尚地位，凡人的低下地位和精灵的中间地位。如果事情是这样的话，那么柏拉图怎么敢取消剧场里的快乐，他不是从诸神那里夺走这种快乐，而是从精灵那里夺走这种快乐，因为他确实认为诸神不会像凡人这般不洁，除非他这样做的用意是告诫人们藐视精灵可耻的命令，洗涤他们的不洁，选择高尚的美德，尽管人的心灵此时还被束缚在凡人的肌体之中？尽管反对和禁止这种事情对柏拉图

---

① 柏拉图：《申辩篇》31D。

来说是最光荣的,但要求做这种事情的精灵肯定是最卑鄙的。所以,要么是阿普留斯错了,苏格拉底熟悉的灵异并不属于这一类神圣的存在,要么是柏拉图的信念自相矛盾,有时候荣耀精灵,有时候要把这些使精灵兴奋的事情从秩序良好的城邦中消除掉;或者说苏格拉底与精灵的友谊并不值得祝贺。然而,阿普留斯竟然根据这种友谊令人困惑地把他的书命名为《论苏格拉底之神》,而按照他冗长的讨论,他是如此乐意用大量的篇幅把诸神与精灵区别开来,那么他一定不能给他的书加上这样的标题,而应当称之为"论苏格拉底之精灵"。但他宁可把这层意思放在讨论中,而不是放在书名中。这种重要的教义影响着人类社会,所有人,或几乎所有人都对精灵这个名字抱有恐惧,若是在阅读阿普留斯的这本否定精灵尊严的著作之前先看到这本书的标题——"论苏格拉底之精灵",他们肯定会认为这个苏格拉底不是那位名人。

但是,精灵除了身体灵巧和力量,以及居住的区域较高之外,阿普留斯本人还认为精灵有什么值得赞扬的地方呢?因为,当他一般性地谈论精灵的道德时,他不仅没有说精灵是善的,而且说有许多精灵是恶的。确实,在读这本书的时候,没有人会对精灵想要在各种圣事中包括丑恶的剧场表演感到惊讶。没有人会对精灵希望被人们当作诸神感到惊讶,因此精灵会对诸神的罪恶感到高兴。没有人会对所有这些神圣祭仪由于诲淫的庄严而引起的哄笑或者由于令人厌恶的残忍而引起的恐怖而感到惊讶,这些性质与精灵的情欲是一致的。

章15　精灵并不因为拥有由气构成的身体或较高的处所而比凡人优秀

因此,让真正虔诚的、服从真神的人的心灵不要因为精灵拥有较好的身体而假设它们优于凡人。否则的话,他也得认为有许多野兽比我们优秀,因为它们有敏锐的感官、快捷的行动、强大而持久的体力。有哪个凡人的视力能比得上老鹰或秃鹫?有谁的嗅觉能比得上狗?有谁能比野兔、牡鹿、飞鸟跑得更快?有谁的气力能比得上狮子或大象?有谁能比蛇活得更长,据说蛇蜕皮以后又会变得年轻?但是正如我们由于拥有理性和理智而胜过所有动物,所以我们也一定会由于善良而又道德的生活而胜过精灵。神赋予它们的某些身体素质确实比我们好，但我们显然仍旧在道德上超过它们。这样一来我们必须明白，我们要超过它们的地方比身体更值得追求。这样一来我们也可以学会藐视精灵所拥有的这些身体上的优点，与之相比，生活的善良是我们胜过它们的地方。因为我们知道，我们也将有身体的不朽，但不是受到永久惩罚的不朽，而是现在引导我们，使我们的灵魂纯洁的不朽。

至于地位高低的问题，如果受到精灵住在空中，而我们住在地上这一事实的影响，就认为它们的地位在我们之上，那是极为荒唐可笑的。如果是这样的话，那么我们也得把所有鸟类的地位置于我们之上。但是我们的对手会说，鸟儿飞累了或需要觅食的时候还得回到地面上来休息或进食，而精灵不需要这样。那么，可以说鸟类优于人类，精灵优于鸟类吗？如果这种说法是完全可笑的，那么就没有理由仅仅由于精灵居住在一种较为崇高的原素中，就要我们认为精灵配得上接受我们虔诚的服从。正如空中的鸟不仅不优于居住在地上的人类，而且还由于我们拥有的理性灵魂而服从于我们一样，所以尽管精灵是由气构成的，但它们不会由于天空高于大地而优于我们人类，恰恰相反，人的地位在精灵之上，因为它们的绝望无法与虔诚者的希望相比。

哪怕是柏拉图的原则①也足以告诫我们，不要按照这些原素的等级估计有生命的事物的地位，柏拉图按照这个原则安排四种原素相互间的秩序，在两个位于端点的原素中塞入两个居间的原素，即火是最容易变动的，土是最不容易变动的，两个居间的原素是气和水，气比水高多少，火也比气高多少，水也比土高多少。阿普留斯本人说，人和其他一些动物一样都是陆居的，但人无论如何要高于水栖动物，尽管柏拉图把水置于土之上。② 他要我们明白，尽管柏拉图对身体的分类似乎是正确的，但在确定灵魂的美德时看不到相同的秩序；因为优秀的灵魂完全有可能居住在低劣的身体中，而低劣的灵魂也完全有可能居住在优秀的身体中。

---

①　柏拉图：《蒂迈欧篇》32B。参阅本卷，章11。

②　阿普留斯：《论苏格拉底之神》，章3。

章16　柏拉图主义者阿普留斯关于精灵的道德和行为的看法

同一位柏拉图主义者阿普留斯在谈到精灵的习性时说,它们也像人一样,心灵受到烦扰就会感到困惑,受到伤害就会感到愤怒,得到供奉和馈赠就会感到安慰,得到荣耀就会感到快乐;它们在各种圣仪中会感到兴奋,而这些事情若有一样被忽略它们就会感到恼火。① 在其他事情上,阿普留斯还说,占卜者、预言者、先知,以及梦中得到的启示,都取决于精灵,巫师的奇迹也是精灵的一种功能。② 在给精灵下一个简短的定义时,他说:"精灵是一类动物,它们的灵魂是被动的,它们的心灵是理性的,它们的身体是由气构成的,它们在时间上是永恒的。这五点,前三点对精灵和凡人来说是共同的,第四点是它们特有的,第五点与诸神相同。"③然而我看到,在精灵与我们相同的前三点中,精灵也有二点与诸神相同。因为阿普留斯说过,诸神也是动物,当他在用每一类存在自身的原素来确定其序列时,他把我们和其他陆居动物放在一起,纳入这一系列的还有其他在陆地上有生命和感觉的东西;他把鱼和其他会游泳的生物列为水栖动物,把精灵列为空中的动物,把诸神列为以太中的动物。④ 因此,如果精灵是一类动物,那么它们在这一点上不仅与凡人相同,而且也与诸神和兽类相同;如果精灵的心灵是理性的,那么它们在这一点上与诸神和凡人相同;如果精灵在时间上是永恒的,那么它们在这一点上只和诸神相同;如果它们的灵魂是被动的,那么它们在这一点上只和凡人相同;如果它们的身体是由气构成的,那么只有它们自己是这样的。

因此,具有动物的性质对精灵来说并不伟大,因为野兽也具有这样的性质;精灵并不因为具有理性的灵魂而高于我们,因为我们的灵魂也是理性的;至于精灵在时间上的永恒,如果它们没有得到赐福,时间上的永恒又有什么好处呢? 暂时的幸福比永久的不幸要好得多。还有,它们的灵魂是被动的,因此在这一点上它们又怎么能够胜过我们? 我们的灵魂虽

① 阿普留斯:《论苏格拉底之神》,章12,14。
② 阿普留斯:《论苏格拉底之神》,章6。
③ 阿普留斯:《论苏格拉底之神》,章13。
④ 阿普留斯:《论苏格拉底之神》,章7 以下。

然也是被动的，但若我们不是不幸的，我们就不会像它们这个样子。至于它们拥有用气构成的身体又能有多少价值呢，因为任何一种灵魂都要高于身体？因此，必须从灵魂中发出的宗教崇拜决不会归结为某些低于灵魂的东西。还有，阿普留斯若是把美德、智慧、幸福归于精灵，肯定它们在这些方面与诸神相同，并且是永久性的，那么他确实把某些应当追求和值得高度尊敬的东西赋予了精灵。但即便如此，也不足以促使我们崇拜精灵，把它们当作神，倒不如说，通过崇拜上帝，我们知道精灵拥有的这些东西来自上帝。这些用气构成的动物更配不上神圣的荣耀，由于它们是理性的，因此它们可以是不幸的；由于它们是被动的，因此它们会受苦；由于它们是永恒的，因此它们的不幸不会有终结！

章17　为了摆脱罪恶人们是否需要崇拜精灵

那么，把其他一些考虑搁在一边，我们在此仅讨论阿普留斯的说法，精灵与我们一样是服从于情欲的灵魂。我要问，如果所有四种原素都充满它们自己的那一类动物，不朽的动物充满火和气，可朽的动物充满水和土，那么为什么精灵的灵魂会受到情欲狂风暴雨般的激荡？希腊文"pathos"这个词的意思是"纷扰"，阿普留斯说精灵的灵魂是被动的就是这个意思，因为"passio"这个词源于"pathos"，都表示与理性相对立的心灵的骚乱。那么为什么精灵的这种心灵骚乱在野兽身上却看不到？因为这些事情若是出现在野兽身上不会引起与理性的对立，野兽是没有理性的。还有，当这样的纷扰出现在人身上时，就会带来愚蠢或不幸，因为我们还没有得到赐福和应许给我们的最终可以拥有的完善智慧，借此从毁灭中得到拯救。但他们说，诸神不会发生这种纷扰，因为它们不仅是永恒的，而且是有福的。这是因为它们据说也有理性的灵魂，但它们的灵魂是完全纯洁的，不受任何污垢和瘟疫的污染。若是诸神不受纷扰之苦是由于它们是幸福的、无不幸的动物，若是野兽不受纷扰之苦是由于它们没有能力幸福或不幸，那么剩下来就是精灵像人一样受纷扰之苦，因为它们是没有得到赐福的、不幸的动物。

因此，当凭借真正的宗教可以使我们摆脱与精灵相似的这些罪恶时，以某种宗教的名义让我们服从它们是多么愚蠢,或者倒不如说是多么疯狂! 因为阿普留斯本人尽管非常宽厚地对待精灵,认为它们配得上神圣的荣耀,但却拒绝承认它们会愤怒,①而真正的宗教告诫我们不要愤怒,而要抗拒愤怒。精灵会受礼物的欺骗,而真正的宗教告诫我们不要因为接受礼物而偏袒任何人。精灵会受到荣耀的吹捧,而真正的宗教告诫我们决不要对这种事情动心。精灵仇恨一些人,热爱一些人,这样做不是出于对这些人的清醒而又审慎的判断,而是出于阿普留斯所谓灵魂的被动;而真正的宗教教导我们也要爱我们的敌人。最后,真正的宗教告诫我们要消除心中的不安和心灵的动荡,消除灵魂中的一切骚乱,而阿普留斯断言精灵的灵魂永远动荡不停。② 那么,除了愚蠢和不幸,你们有什么理由要卑微地崇拜一个你们并不希望在生活中与之相似的存在呢? 模仿崇拜的对象是宗教的最高职责,而你们为什么要向一个你们并不希望模仿的存在致以宗教的敬意呢?

章18　认为凡人应当使用精灵向善神代求的宗教是一种什么样的宗教

因此,阿普留斯和其他一些与他有同样想法的人认为精灵位于空中,处在以太构成的天穹和大地之间,以此荣耀精灵,他们以为这样一来精灵就能把凡人的祈求传给诸神,把诸神的回答传给凡人。但是这样的想法是徒劳的,因为据说柏拉图就说过,诸神不能与凡人交际。③ 相信这种事情的人认为凡人不配与诸神交际,或诸神不配与凡人交际,但这样做对精灵来说是适宜的,精灵既与诸神交际,又与凡人交际,一方面代传凡人的祈求,另一方面把诸神的许诺传达给凡人。这样一来,老实人和对巫术的罪恶完全陌生的人对喜爱巫术的精灵是有用的,他作为赞助人,可以引诱诸神聆听他的祈求,尽管他不爱巫术,但诸神会认为他完全配得上聆听幸福的诺言! 精灵确实喜爱那些贞洁者不喜欢的、邪恶的戏剧表演。它们喜爱无邪

---

①　阿普留斯:《论苏格拉底之神》,章13。

②　阿普留斯:《论苏格拉底之神》,章12。

③　柏拉图:《会饮篇》203A;阿普留斯:《论苏格拉底之神》,章4,章6。

之人不喜欢的、巫师的"成千种害人的方术"。① 因此，如果说它们想从诸神那里得到些什么的话，那么它们凭自己的行为不可能得到贞洁和无邪的名声，除非它们的敌人做它们的中介！凡人努力去证明诗人的虚构和舞台上的模仿的合理性是徒劳的。如果贞洁的人卑劣地对待自己，不仅喜欢卑贱的东西，而且还假定这些事情能使诸神欢娱，那么我们可以用他们自己的权威柏拉图的话来反对他们的看法，而对柏拉图他们是高度尊敬的。

章19　依赖于恶灵帮助的巫术是渎神的

　　还有，我为什么不引用公众舆论本身作为见证，来反对某些最邪恶、最不虔诚的人喜欢加以荣耀的巫术？如果它们是值得崇拜的神的作为，为什么还会受到严峻的法律制裁？难道说是基督徒在执行这些惩罚巫术的法律？那位最著名的诗人在诗中说："我亲爱的妹妹，我对诸神起誓，我以你美好的生命发誓，我求助于魔法确实是不得已的。"②除了说明魔法无疑对人类有害，他的话还能有什么意思？他还说过，"我看见他引导直立的谷物移入另一块地"，③这里讲的也是凭借魔法和咒语可以使一块地里的收成转移到另一块地里。西塞罗不是告诉过我们，在罗马人最古老的十二铜表法中有一条是专门惩罚做这种事情的人的吗？④

　　最后，早在基督教的判断之前，阿普留斯本人不就受到过施行巫术的指控吗？如果他知道这些巫术是神圣的、虔诚的，与神力的作用和谐一致，那么在受到指控时，他一定不会认罪，而且还会公开承认自己施行巫术。他应当谴责那些保护和敬重巫术的法律，这些法律禁止人们谴责巫术。凭借这样的行为，他或许可以说服法官接受他的看法，或许要是法官偏执于不公正的法律，因他赞扬和推荐巫术而判他死刑的话，那么至少精灵会给他补偿。它们会给他相应的报答，因为他宣扬这种神圣的工作，甚

---

① 维吉尔：《埃涅阿斯纪》，卷7，行338。
② 维吉尔：《埃涅阿斯纪》，卷4，行492。
③ 维吉尔：《短诗集》，第8首，行98。
④ 参阅普林尼：《自然史》，卷28，章2，节17。

至不怕失去自己的生命。这就好像我们的殉道士,在受到指控时,他们不会逃避暂时的惩罚,他们宁可去死,因为基督徒的宗教使他们懂得这样一来他们就安全了,这样一来他们就成就了永久的荣耀。公开承认自己是基督徒,为基督教辩护,忠诚地、坚贞不屈地忍受一切折磨,视死如归,用这样的行为给禁止基督教的法律蒙上耻辱,并促使它改变。

但是事情正好相反,这位柏拉图主义的哲学家有一篇冗长的、雄辩的演说词保留至今,他在演说中为自己辩护,说自己从来没有施行过巫术,对魔法完全陌生,说自己的唯一愿望就是表明自己的清白,而清白的人是不会做这种事的。① 然而,他认为本应公正地受到谴责的巫师的一切奇迹都是按照精灵的教导并凭借精灵的力量施行的。既然如此,他为什么还要认为精灵值得赞扬? 如果我们希望我们的祈祷能够抵达真正的神,就必须避免通过精灵来传递,既然如此,那么他为什么还要认为精灵的存在是必要的,精灵可以把我们的祈求传递给诸神呢?

接下去我要问,他认为人的什么样的祈祷要通过精灵传达给善良的诸神,是巫术性的祈祷还是合法的祈祷? 如果是巫术性的祈祷,那么诸神并不希望接受这样的祈求;如果是合法的祈祷,那么诸神不希望通过这样的中介来接受祈求。如果是一位忏悔的罪人在祈祷,尤其是当他犯下与巫术有关的罪恶时,他还能够通过这些唆使和帮助他犯下这种可悲罪行的精灵来获得宽恕吗? 或者说,为了能使忏悔者得到宽恕,精灵本身首先应当改悔,因为精灵欺骗了这些罪人,对吗? 从来无人在提到精灵时讲过这一点。如果有人说过,那么它们就绝不会带着令人厌恶的傲慢,大胆地为自己寻求第一位的、神圣的荣耀了,因为想通过忏悔来得到宽恕的恩典就要表现出配得上怜悯的卑微。

章20 我们是否应当相信善良的诸神更愿意与精灵打交道,而不是与人打交道

也许有某种紧迫的原因促使精灵沟通诸神和凡人,把凡人的祈祷传

---

① 阿普留斯:《关于巫术的申辩》。

给诸神,把诸神的回答带回给凡人。那么这个原因和必要性是什么呢?柏拉图主义者说,实际上没有一位神会和凡人打交道。①

　　不和向它祈求的人打交道,却和顽固的精灵打交道,不和忏悔的人打交道,却和撒谎的精灵打交道,不和向神寻求庇护的人打交道,却和伪造神性的精灵打交道,不和寻求宽恕的人打交道,却和唆使他犯罪的精灵打交道,不和在一个秩序井然的城邦里用哲学著作拒斥诗人的人打交道,却和要求城邦的君主和祭司上演诗人嘲笑诸神的戏剧的精灵打交道,不和禁止把罪行强加在诸神身上的人打交道,却和乐意看到虚构诸神罪恶的精灵打交道,不和用正义的法律惩罚巫术的罪恶的人打交道,却和教导和实施巫术的精灵打交道,不和回避模仿精灵的人打交道,却和撒谎欺骗凡人的精灵打交道,这样的神的神圣性真是奇妙极了!

章21　诸神是否使用精灵作使者和通司,是否知道自己受骗

　　然而,这件荒唐的、不可信的事情却有着巨大的必要性,也就是说,位于以太的诸神尽管关心人间事务,但由于以太的位置太高,距离大地太远,因此若是没有精灵给它们传递消息,它们就不知道大地上的人在干些什么,而位于空中的精灵却是邻近以太和大地的。

　　噢,这样的智慧多么令人敬佩啊! 这些哲学家真的相信诸神吗? 他们坚持说诸神是全善的,一方面诸神关心凡人的事务,否则它们就不配受崇拜,另一方面由于这些分离的原素之间距离遥远,因此它们不知道凡人的事情。柏拉图主义者之所以相信这一点,乃是因为它们据此也可以相信精灵是必要的代理者,因此精灵也配得上受崇拜,通过它们诸神可以了解更多的人间事务,并在必要时帮助人。情况如果是这样的话,那么诸神由于身体构造的相似性而更了解精灵,胜过依据心灵之善来了解人。噢,多么可悲的必要性! 或者倒不如说这是一种多么令人厌恶的、空洞的谬误,免得我把神性说成是空洞的。因为,诸神若能够突破它们身体的障碍看穿我们的心灵,它们就不需要精灵作为信使把我们的想法告诉诸神;但

---

① 柏拉图:《会饮篇》203A。

若以太构成的诸神要以其身体为工具感受到心灵的有形表现,比如语言、行动、姿势,然后才能理解精灵告诉它们的事情,那么诸神也有可能会受到精灵的欺骗。从另一方面说,如果诸神的神性不会受到精灵的欺骗,那么神性同样也不会对我们的行为一无所知。

但是我想要柏拉图主义者来告诉我这一点。精灵有没有把惹恼了柏拉图的、诗人虚构的诸神的罪恶告诉诸神,是否隐瞒了它们自己从这些事情中得到的快乐?或者说精灵把事情的两方面都隐瞒了,它们宁可诸神对整件事一无所知?或者说精灵既向诸神报告了柏拉图对诸神的虔敬,又向诸神报告自己喜欢那些损害诸神形象的戏剧表演?或者说精灵隐瞒了柏拉图的看法,按照这种看法柏拉图不希望诸神的名誉因为诗人不虔诚的虚假指控而受损,而精灵对宣扬自己的邪恶也一点儿不脸红或害怕,因此它们喜爱庆贺诸神恶行的戏剧表演?我以问题的形式提出上述四种可能性,让柏拉图主义者作出自己的选择吧;无论他们的选择是什么,请他们注意自己对善良的诸神的看法有多么低级。

如果他们选择了第一种可能性,那么他们必须承认善良的诸神不可能与善良的柏拉图打交道,尽管柏拉图禁止对诸神造成伤害的事情,而诸神必然与邪恶的精灵打交道,尽管精灵在鼓励这些伤害诸神的事情。这是因为善良的诸神只能通过邪恶精灵的帮助知道一位与它们距离遥远的好人,而邪恶的精灵尽管与诸神近在咫尺,但诸神却不知道精灵是邪恶的。

如果他们选择了第二种可能性,说精灵隐瞒了两方面的事情,使诸神既不知道柏拉图最虔诚的法律,也不知道精灵从献祭中得到的快乐,那么诸神不知道善人为了捍卫善良诸神的荣耀、反对邪恶精灵的淫欲采取了哪些措施,在这种情况下,诸神通过精灵了解凡人的事务还有什么用处呢?

如果他们选择了第三种可能性,认为担当使者的精灵不仅向诸神报告了柏拉图禁止伤害诸神的看法,而且还报告了它们自己以伤害诸神为乐的看法,那么这到底是一种报告,还是一种污辱?诸神尽管聆听和理解了两种看法,却不仅未能驱逐其愿望和行为与诸神的尊严相悖、与柏拉图的宗教相悖的邪恶的精灵,而且还通过与自己邻近的精灵把礼物送给与自己相距遥远的善良的柏拉图,是这样的吗? 受到构成性原素之链的束缚,诸神只能与污辱它们的精灵联合,却不能与捍卫它们与凡人联合,诸神尽管知道精灵和凡人两方面的真相,却不能改变空气和土的重量,是这样的吗?

还剩下第四种可能性,如果他们选择了这种可能性,那么比作出其他选择更糟。因为有谁能够忍受说,精灵宣扬诗人对不朽诸神的诬蔑性的虚构,还有剧场里的可耻的模仿,还有它们自己最强烈的淫欲,以及做这些事情的最甜蜜的快乐,而它们却隐瞒柏拉图这位伟大的哲学家的观点,认为在一个有着良好规范的国家中这些事情都应当清除? 按照这种可能性,善良的诸神被迫向这样的使者了解情况,知道恶者的恶行,亦即这些使者本身的恶行,但却不能知道哲学家们的良好行为,尽管这些使者在伤害诸神,而哲学家们在荣耀诸神!

章22　反对阿普留斯的观点,我们必须拒斥崇拜魔鬼

所以,这四种选择都不可取,因为每样选择都要求我们认为诸神不好。剩下还有一种说法我们决不能接受,阿普留斯试图说服我们,与他同一学派的某些哲学家也持有这种看法,这就是精灵位于诸神和凡人之间,是二者的中介和通司,精灵把凡人的请求带给诸神,把诸神的回答带回给凡人。倒不如说,它们是只想伤害我们的精灵,完全不讲正义,充满傲慢,生性善妒,精于欺骗。它们确实住在空中,但之所以如此,乃是因为它们犯下弥天大罪而遭天谴,被扔出精美的天穹,它们在空中就好像住在一所适合它们的监狱中一样。尽管天空高于大地和水面,但精灵并不能因此而优于凡人,因为我们很容易超过它们的地方不在于我们属土的身体方面,而在于我们心灵的虔诚,我们选择了真正的神作为我们的帮助者。

但是,精灵就像对待囚犯和臣民一样统治着许多显然不配参与真正宗教的人。因为大部分精灵凭借行为或预言得来的奇迹和虚假象征,说服这些人相信它们是神。然而有些人比较小心谨慎,注意到了精灵的恶行。精灵无法使这些人相信它们是神,因此就冒充是诸神与凡人之间的使者,能

给人带来好处。有些人确实认为,哪怕是这种光荣也不能给予精灵,但是他们不敢说出来。他们确实不相信精灵是诸神,因为他们看到精灵是邪恶的,而他们希望能够把一切神都当作善的。但是他们害怕冒犯大众,正是由于民众根深蒂固的迷信,精灵才得以在许多仪式和庙宇中得到侍奉。

章 23　埃及人赫耳墨斯对偶像崇拜的看法,他为什么知道埃及的迷信将要废除

有一位埃及人赫耳墨斯,埃及人称之为特利斯买吉特,他对这些精灵有不同的看法。阿普留斯确实否认精灵是神,但阿普留斯说精灵占据诸神与凡人的中间地位,因此凡人不可避免地会把精灵包括在诸神中,阿普留斯也没有把精灵崇拜与真神崇拜区分开来。然而这位埃及人说,有些神是由最高神创造出来的,有些神是由凡人创造出来的。

任何人听到这种说法无疑都会假定他指的是塑像,因为塑像是人的作品。但是他断言可见的、有体积的塑像只不过是诸神的身体,某些精灵被召来居住在塑像中,它们有能力造成危害,或满足许多把它们当作神来侍奉、赋予它们神圣荣耀的人的愿望。然而,依靠某种技艺,把这些不可见的精灵与有形体的东西结合起来,以产生类似有生命的身体,然后把它献给精灵,赫耳墨斯说,这就是在创造诸神,人确实拥有这种伟大的、神奇的造神能力。

下面,我要引用一些已经译成我们语言的这位埃及人的话。他说:"噢,阿斯克勒庇俄斯,我们已经讨论了凡人与诸神之间的亲缘关系和友谊,你知道了凡人的力量和能力。天主或天父,或者最高的存在或神,是天上诸神的创造者,与此相同,凡人是居住在庙宇中的、作为人类近邻的这些神的创造者。"稍后他又说:"凡人在模仿神性的时候总是记得自己的本性和起源,因此,就像天主和天父按照自己的形象创造了天上的诸神一样,凡人也按照自己的形象塑造了他们自己的神。"①

① 阿普留斯:《阿斯克勒庇俄斯》,章 23。这些引文出自一篇赫耳墨斯与阿斯克勒庇俄斯的对话,由阿普留斯译成拉丁文。

　　此时，与阿普留斯谈话的阿斯克勒庇俄斯回答说："噢，特利斯买吉特，你指的是那些塑像吗？"这位赫耳墨斯回答说："是的，是塑像。但是你瞧，阿斯克勒庇俄斯，你多么缺乏信念。我说的塑像是有生命的，充满感觉和精灵，能做如此巨大而又神奇的事情。它们有先见之明，能通过掣签、托梦和其他许多手段预知未来。它们能使人得病，然后又治愈他们，能按照人的功绩把悲哀或欢乐降给他们。噢，阿斯克勒庇俄斯，你难道不知道，埃及就是天堂的影像，或者更加准确地说，是天上一切事物的秩序和事件在地上的再现？说实话，如果我们这样想，那么我们的国土就是整个世界的庙宇。然而，审慎之人应当预见一切，你若是不能预见，那是不对的。随着时间的推移，事情会越来越清楚，尽管埃及人有着虔诚的心灵和持续不断的侍奉，但他们崇拜的神是虚假的。"①

　　接下去，赫耳墨斯详细解释了他这段话的意思，并且似乎对当今时代作了预见，基督教由于拥有巨大的真理和圣洁，自由而又勇猛地推翻了所有这些虚假的东西，使得真正的救世主的恩典能够把人类从那些人造神的统治下拯救出来，使人类服从创造人类的神。然而，赫耳墨斯虽然对未来做了预见，但他仍以受嘲笑的精灵的朋友的身份说话，没有明显地提到基督的名字。相反，他带着某种悲伤预见这些祭仪的消灭，就好像这些事情已经发生了似的，而人们正是通过奉行这些祭仪才使埃及成为与天堂相似的地方。他就是使徒所说的那种人之一，"他们虽然知道神，却不当作神荣耀他，也不感谢他。他们的思念变为虚妄，无知的心也就黑暗了。自称为聪明，反成了愚拙，将不能朽坏之神的荣耀变为偶像，仿佛必朽坏的人"，②等等，整段话太长，我就不再引了。

　　关于这个世界的造物主，赫耳墨斯确实说了许多貌似真理的话。但我不知道他的心灵为什么会变得如此黑暗，以至于希望人类始终服从由人类自己制造的诸神并对诸神的消灭感到悲哀，就好像有什么事情比人类屈服于自己制造的东西更可悲的事情似的，而诸神是人造的这一点是

① 阿普留斯：《阿斯克勒庇俄斯》，章 24。

② 《罗马书》1：21 以下。

他本人也承认的。通过把自己的双手制造的作品当作诸神来崇拜，人可以变得不像人，这一点比人的双手的制造物通过人的崇拜而变成诸神更加容易。"人在尊贵中而不醒悟，就如死亡的畜类一样"，①这种事情比把人的制造物置于神的创造物之上更容易发生，人是神按照自己的形象创造的，神的创造物就是人本身。当人把自己制造的东西置于自己之上时，人就罪有应得，由于堕落而偏离了创造人的神。

埃及人赫耳墨斯对这些空洞的、骗人的、致命的、亵渎的东西表示悲哀，因为他知道这些东西被消灭的时候就要到了，但在表达悲哀时，他的冒失就像他表达知识一样轻率。因为把这些事情启示给他的不是圣灵，圣灵启示了神圣的先知，而神圣的先知预见到这些事情以后大声疾呼："如果人可以造神，那么它们就不是神。"②先知在另一处说："万军之主说，那日我必从地上除灭偶像的名，不再被人记念。"③神圣的先知以赛亚谈到埃及的偶像，他说"神临在埃及，埃及的偶像被消灭，埃及人的心被征服。"④他还说过其他一些有着相同作用的话。

还有一些人像先知一样知道将要发生的事情，对此感到喜悦。比如西面⑤或亚拿⑥，他们在耶稣降生之后马上就认识他；又如以利沙伯被圣灵充满，在耶稣尚在腹中时就认识了他⑦；又如彼得在圣父的启示下说，"你是基督，是永生神的儿子。"⑧但是把自己毁灭的时间告诉这位埃及人的精灵与天主在世时的精灵是一样的，它们颤抖着说："时候还没有到，你就上这里来摧毁我们吗？"⑨之所以这样问，乃是因为它们尽管知道自己毁灭的时候确实临近了，但它们相信这个时候不会那么快到来，而这时

① 《罗马书》49:20。

② 《耶利米书》16:20。

③ 《撒迦利亚书》13:2。

④ 《以赛亚书》19:1。

⑤ 《路加福音》2:25 以下。

⑥ 《路加福音》2:36 以下。

⑦ 《路加福音》1:41 以下。

⑧ 《马太福音》16:16。

⑨ 《马太福音》8:29。

候它突然到来了；或者是因为，提到毁灭它们的意思是它们的伪装被揭露，因此受到藐视。这确实是一次"时候还没有到"的毁灭，也就是说审判的时间还没有到，而到了审判的时间，它们要和那些与它们一起作恶的人一同受到永久的谴责。真正的宗教就是这样说的，这种宗教既不会骗人也不会受骗。它不像赫耳墨斯，"被一切异教之风摇动，飘来飘去"①，把真的与假的混合在一起，对一种宗教将要面临的毁灭表示悲哀，而他自己承认这种宗教是错误的。

章 24　赫耳墨斯尽管对将要到来的毁灭表示悲哀，但还是公开承认他的祖先犯的错误

很长一段间隔之后，赫耳墨斯重提人造神这个话题。他说："这个问题就说到这里。让我们回过头来讨论人和理性，理性是神圣的天赋，人有了理性才被称作理性动物。我们已经提到过的人的种种性质虽然很神奇，但还不是最神奇的。人能够发现神的性质，并把神性制造出来，这才是最神奇的事情。为了造神，我们的祖先发明了用某些材料制造诸神的技艺。之所以这样做，乃是因为他们的不信，他们实际上并不打算参加崇拜，不想参加神圣的宗教，他们关于诸神的观念大错特错。就这样，由于他们不能制造灵魂，他们就召来精灵的灵魂或天使的灵魂，使之与神圣的塑像和秘仪联系起来，藉此使他们的神像拥有行善与为恶的力量。"②

我不知道要是把精灵本身召来忏悔，它们会不会像赫耳墨斯一样承认自己做过的错事。赫耳墨斯说他的祖先发明了造神的技艺，原因是他们关于诸神的观念"大错特错"，他们的不信，他们不愿参加崇拜和神圣的宗教。他为什么就不能说他们有错？或者只说他们有错，而不说他们"大错特错"？不能。因为他们大错特错的原因在于他们的不信，不愿参加崇拜和神圣的宗教，所以才发明造神的技艺。然而，这种技艺在将来不可避免地要失传，因为它是巨大谬误的结果，是偏离崇拜和神圣宗教的结

---

①　《以弗所书》4:14。

②　阿普留斯：《阿斯克勒庇俄斯》，章 37。

果,而这个聪明人还把它当作神圣的宗教来表示哀叹!请这样想,看他是否一方面在神力的推动下揭示了他的祖先在过去犯下的错误,而另一方面在魔力的推动下他对精灵将要受到的惩罚表示悲哀。若是这些祖先关于诸神的观念确实大错特错,若是他们确实由于不信和心灵偏离崇拜与真正的宗教,因此发明了造神的技艺,那么要是神圣的宗教消灭了这种令人厌恶的、使人偏离神圣宗教的技艺,真理矫正了错误,信仰取代了不信,偏离者重新皈依,这些事情又有什么神奇可言呢?

如果赫耳墨斯只说他的祖先发明了造神的技艺,没有说明原因,而我们若是知道什么是正确的和虔诚的,那么就会注意到如果他们没有偏离真理,也就是说他们曾相信这些东西配得上神,并把心思用在崇拜和神圣的宗教上,那么他们绝不会去发明造神的技艺。另一方面,如果我们曾经说过这种技艺产生的根源在于人们的巨大谬误和不信,以及他们的心灵偏离崇拜神圣的宗教,那么这些抗拒真理之人的厚颜无耻就在一定程度上变得可以容忍了。然而,赫耳墨斯在人的所有技艺中最为推崇的就是这种造神的技艺,并且由于这些人造神在法律的命令之下要被清除的时候就要到了而感到悲哀,但无论如何他还是承认并解释了发明这种技艺的原因,说他的祖先发明了这种造神的技艺,说他们由于不信而大错特错,因为他们不参加崇拜和神圣的宗教,对此我们该怎么说呢?或者说,除了衷心感谢我们的主,我们的神,因为他把这些对立的东西都清除掉了,我们还能做什么呢?由于众多谬误而建立起来的东西因为有了真理之路而被消除,由于不信而建立起来的东西因为有了信仰而被消除,由于偏离崇拜神圣的宗教而建立起来的东西因为回归唯一真神而被消除。

这种情况也并非仅仅发生在埃及,尽管赫耳墨斯尤其对那里的精灵表示悲哀。实际上整个大地都在对我主唱新歌,如神圣的先知所说的那样。经上说:"你们要向主唱新歌,全地都要向主歌唱。"①这首颂诗的标题是"写于被掳后重建圣殿之际"。现在确实有一所圣殿为全地之主而建,这就是上帝之城,就是神圣的教会,在被掳期间,魔鬼的力量把那些信

①《诗篇》96:1。

靠上帝的人囚禁在那里，被掳之后他们成为上帝圣殿里的活石。① 尽管是凡人制造了诸神，但造神的人并没有被精灵俘虏，通过对诸神的崇拜，造神之人成了精灵的伙伴，但他不是愚蠢的偶像的伙伴，而是狡猾的精灵的伙伴。因为，除了像同一篇圣经说的那样"有眼却不能看"以外，偶像还能做些什么呢？② 无论是用什么材料制成的，偶像仍旧缺乏生命和感觉。然而，不洁的精灵通过邪恶的技艺与这些偶像结合在一起，俘虏了那些崇拜者的可悲的灵魂，让他们成为自己的伙伴。所以使徒说："我们知道偶像算不了什么，但是外邦人所献的祭是祭鬼，不是祭神；我不愿意你们与鬼相交。"③然而，在这一次人类被邪恶的精灵俘虏后，上帝的圣殿也在全地建立了。因此这篇颂诗就说："你们要向主唱新歌，全地都要向他歌唱。要向他歌唱，称颂他的名，天天传扬他的救恩。在列邦中述说他的荣耀，在万民中述说他的奇事。因他为大，当受极大的赞美；他在万神之上当受敬畏。外邦的神都属虚无，唯独主创造诸天。"④

　　所以赫耳墨斯感到悲伤了，因为消灭偶像崇拜，消灭由精灵的力量统治那些崇拜者的时候就要到了。在恶灵的挑唆下，他希望如颂诗作者所唱的那样将随着上帝的圣殿在全地建立而终止的俘虏能永远继续下去。赫耳墨斯悲伤地预见到这些事情，而先知快乐地预见到这些事情。还有，圣灵是胜利者，圣灵通过神圣的先知歌颂这些事情，甚至连赫耳墨斯本人也以一种神奇的方式被迫承认，他并不希望看到毁灭并对此感到悲伤的这些偶像不是由审慎、忠信、虔诚的人制造的，而是由那些犯了大错的、不信的、偏离崇拜和神圣宗教的人制造的。尽管赫耳墨斯把这些偶像称作神，但当他说它们是人造的，我们这样的人肯定不会去制造偶像的时候，赫耳墨斯也就自觉或不自觉地表明与偶像制造者不同的人，亦即审慎的、忠信的、虔诚的人不会去崇拜偶像，这同时也就表明，这些被人制造出来

---

① 参阅《彼得前书》2∶5。

② 《诗篇》115∶5。

③ 《哥林多前书》10∶19—20。

④ 《诗篇》96∶1—5。

并加以崇拜的偶像并不是神。因此,先知的话是正确的,"如果人可以造神,那么它们就不是神。"①

关于这种人造的、受人崇拜的诸神我们就说到这里,关于这种通过某种我不知道的技艺,通过某种欲望而与偶像联系起来的精灵我们也说到这里。但是当赫耳墨斯说它们是人造的神的时候,他至少没有像柏拉图主义者阿普留斯那样把某种使命赋予精灵,关于这位阿普留斯我们已经说了许多,我们已经揭示他的信仰是自相矛盾的、荒谬的。赫耳墨斯没有让这些人造神担任凡人与创造凡人的神之间的通司和中介,把凡人的祈祷带给诸神,把诸神的馈赠带给凡人。相信凡人制造的神对上帝创造的神的影响比制造神的凡人对上帝创造的神的影响还要大,而凡人本身也是由创造神的上帝创造的,这是极为愚蠢的。

因此,通过一种邪恶的技艺与偶像结合在一起的精灵是一个人造的神,但它只对某些具体的人是神,而非对全人类都是神。那么,除了犯错误的、不信的、偏离崇拜和神圣宗教的人以外没有人会去制造的神具有什么样的性质呢?还有,被引入神像在神庙中受崇拜的精灵又具有什么样的性质呢?引入神像就是引入与精灵本身相似的东西,尽管我不知道这些造神的凡人用的是什么技艺,他们偏离崇拜和神圣的宗教,而精灵不可能是凡人和诸神间的使者和通司。这是因为精灵具有完全低劣的、邪恶的性质,而那些制造神像的凡人,哪怕是处在犯错误、不信、偏离崇拜和神圣宗教的状态中,也无疑要比那些用他们自己的技艺为他们自己制造出来的诸神要强得多。因此,我们可以得出结论:作为精灵,它们拥有诸神拥有的力量,但它们只能为害,要么假装能够赐福,这种恶由于带有欺骗性而为害最烈,要么它们就公开地伤人。然而,若是没有上帝深邃而又秘密的旨意的允许,它们不可能造成任何伤害。还有,由于它们不是诸神与凡人之间的中介,因此它们对凡人的支配并不是因为它们与诸神结下了友谊。这样的精灵要想成为善良诸神的朋友是完全不可能的,我们把善良的诸神称作神圣的天使和理性的生灵,他们在天上有神圣的居所,"无

---

① 《耶利米书》16∶20。

论是有位的,还是主治的、执政的、掌权的"。① 他们的灵魂气质与精灵极为不同,其差距之大就好比恶德与美德、邪恶与善良之间的差距。

章25 好人可以在哪些方面与神圣的天使相同

因此,我们决不要通过所谓精灵的中介向诸神,或者倒不如说向善良的天使,恳求仁慈或善行。我们倒是应该通过与天使拥有相同的善良意愿来得到它们的仁慈,以这种方式我们可以和它们联合,与它们生活在一起,和它们一道崇拜他们崇拜的上帝,尽管我们无法用肉眼看见它们。因为不仅在身体的居所方面我们远离它们,而且在生活的品性方面远比它们软弱,因为我们可悲地拥有与它们不同的意愿。之所以如此,乃是因为我们不仅以肉身状态居住在大地上,因此无法与它们在一起,而且由于我们的心不纯洁,思念地上的事。② 但是现在,我们得到了治疗,我们可以像它们一样了,由于信心我们可以与它们接近了,在它们的帮助下,我们相信赐福于它们的上帝也将赐福于我们。

章26 所有异教徒的宗教一定都和死人有关

我们还可以注意到,这位埃及人对将要到来的这个时刻表示哀叹,在这个时候这些东西将要从埃及被消除,而他承认这些东西是由那些犯错误的、不信的、偏离崇拜和神圣宗教的人制造出来的。在提到其他事情时这位埃及人还说:"到那时,这块土地,这个有着神龛和神庙的最神圣的地方,将会充满棺材和死人。"③确实就好像这些东西如果消除了,人就不会死了,或者说就好像死者会躺在别的什么地方,而不是躺在地下,或者说他认为这样的说法不对:随着时间推移,棺材的数量必然增加,因为死者的数量必然增加!

但他似乎对这样一个事实表示悲哀:对我们的殉道士的纪念占据了

---

① 《歌罗西书》1:16 以下。

② 参阅《腓立比书》3:19;《歌罗西书》3:2。

③ 阿普留斯:《阿斯克勒庇俄斯》,章 24。

诸神的神庙和神龛。他这样做了,因此当那些与我们敌对的、心灵邪恶的人读到这些内容时,他们会以为我们在那些异教徒崇拜诸神的神庙里崇拜坟墓里的死人。这些不虔诚的人就像行走在崎岖不平的山路上的瞎子,根本看不到摆在他们面前的事实,他们不知道在所有异教的文献中找不到任何原先不是凡人的神,或者极少有这样的神,只是在他们死后,神圣的荣耀才加到他们头上。瓦罗的看法我在这里就不多说了,他认为所有死人在异教徒眼里都是某种神,被称作"亡灵"。① 他用埋葬死者几乎都要举行的神圣仪式来证明这一点。在这种语境下,他提到了葬礼中的竞赛部分,认为这就是神性的最好证明,因为除了荣耀神圣的存在者,其他仪式一般是不用竞赛的。

但是,我们现在正在谈论的这位赫耳墨斯本人伤心地说:"到那时,这块土地,这个有着神龛和神庙的最神圣的地方,将会堆满棺材和死人。"②然后在同一本书中,通过考察,他指出埃及的诸神实际上是死人!他指出,他的祖先由于不信和不参加宗教崇拜和神圣宗教,所以他们关于神的观念大错特错,为此还发明了造神的技艺,说完这些话以后他又说:"就这样,由于他们不能制造灵魂,于是就召来精灵的灵魂或天使的灵魂,使之与神圣的塑像和秘仪联系起来,藉此使他们的神像拥有行善与作恶的力量。"然后,就好像要举例证明这一点似的,他又继续说道:"噢,你们的祖先阿斯克勒庇俄斯,最先发现医药的人,在利比亚的一座山上被神圣化,此处靠近鳄鱼出没的海边,在那里的神庙中有他的尘世之人,亦即他的肉身,因为他的较好部分,或者倒不如说他整个人都已经升天了,要是可以说整个人都是一种理智的生命的话,但即使现在,凭着他的神力,他仍旧在用他先前使用过的医药技艺帮助病人。"③你们看那!赫耳墨斯在这里说的是一个死人在他的棺材所在地被当作神来崇拜,这样做当然是虚假的、错误的,因为实际上他已经升天了。

---

① 拉丁原文是 manes,意为"死者灵魂"、"幽灵"。

② 阿普留斯:《阿斯克勒庇俄斯》,章 24。

③ 阿普留斯:《阿斯克勒庇俄斯》,章 37。

接下去，赫耳墨斯又说："与我同名的祖先赫耳墨斯居住在这块以他的名字命名的土地上，他难道不会帮助和庇护从各地来到这里的凡人吗？"他这样说是因为这位被他称作祖先的老赫耳墨斯，亦即墨丘利，据说住在赫耳墨斯波利斯（Hermopolis），也就是以他的名字命名的城市。你们瞧！他说的两位神，阿斯克勒庇俄斯和墨丘利，曾经一度是凡人。就阿斯克勒庇俄斯来说，希腊人和拉丁人对他的看法是一样的。而就墨丘利来说，许多人不相信他曾经是凡人。也许作为神的赫耳墨斯与作为特利斯买吉特的祖先的赫耳墨斯名字相同，但不是一个人？在此我不想争辩他们是一个人还是两个人。但是按照这位赫耳墨斯后裔特利斯买吉特的证词，赫耳墨斯神像阿斯克勒庇俄斯一样曾经是凡人，受到他的同胞们的高度尊敬，只要说明这一点也就够了。

赫耳墨斯还继续说道："我们知道奥西里斯之妻伊希斯，在仁慈的时候她会把许许多多恩惠赐予我们，而在愤怒的时候她又会降下许多巨大的恶！"在说了这些关于伊希斯的话以后，他接着说："她在生气时降下的恶是多么巨大呀！"然后他指出："属土的和有质料的神祇容易发怒，因为它们是人造的，具有两种性质。"他之所以要这样说，乃是为了表明有一类神是凡人用他们的技艺制造出来的。这样我们也就明白了，在他看来，精灵就是死者的灵魂，那些犯了大错的人用技艺把它们制造出来，这些人是不信的和不虔诚的，他们把精灵引进塑像，因为制造神像的人不管怎么说都不能制造灵魂。然而，当他说"两种性质"的时候，他指的是身体和灵魂。他说："因此埃及人把某些动物当作神圣的，每个城市荣耀那些被神化为神祇的灵魂，这些人活着的时候遵循他们的法律生活，并且声名显赫。"

那么，他为什么还要伤心地抱怨埃及这块充满神龛和神庙的神圣土地上堆满了棺材和死人呢？赫耳墨斯这番话显然是在那些骗人的精灵的推动下说出来的，通过他被迫承认这块充满棺材和死人的土地上的人民把这些死人当作神祇来崇拜！但是这番话要表达的是精灵的悲哀，因为在神圣的殉道者的神龛处，精灵由于受到毁灭性的惩罚而感到伤心。在许多诸如此类的地方，精灵正在受拷打，被迫忏悔，从它们曾经附身的人体中被驱赶出来。

章27　基督徒荣耀他们的殉道士的方式

然而,我们没有为这些殉道士建立神庙、祭司、祭仪和献祭,因为殉道者本人不是神,或者说他们的上帝就是我们的上帝。当然,我们荣耀他们的遗物,纪念这些为了追求真理而牺牲的上帝的圣人,他们使真正的宗教得以彰显,使虚假的宗教得以暴露。在以前,即使有人认为这些宗教是虚假的,他们也由于害怕而不敢把他们的想法说出来。那么要是有人听到忠实的祭司在祭坛旁对着某些殉道者的圣体荣耀和崇拜神,说出这样的祷告,"圣彼得,圣保罗,圣西普里安,我向你们献祭",这又该如何理解呢?我们要知道,这样的献祭是在殉道者的坟墓边进行的,是献给上帝的,上帝把他们创造为人和殉道者,使他们像神圣的天使一样得享天上的荣耀。我们之所以要进行这样的献祭,既是为了能够就他们的胜利向真正的上帝谢恩,又是为了可以激励自己向他们学习,去赢得这样的桂冠和棕榈枝,吁请这位上帝来帮助我们。因此,无论宗教如何荣耀殉道士的圣地,都只是为了纪念他们,而不是一种献给死人和神祇的神圣祭仪。即使有虔诚的信徒把供品带往殉道士的圣地,这些东西也仅仅起着一种装饰作用,而不是献给死人的祭品,就好像它们是神灵似的。至于把食物带往圣地,受过较好训导的基督徒是不会这样做的,大多数国家也没有这种习俗;而哪怕有人这样做了,那也是因为他们希望以殉道士之主的名字来彰显他们的功绩。① 他们在祈祷前把食品放在圣骨匣前,祈祷完后就把它拿走,要么吃了它,要么把它分给穷人。凡是懂得基督教祭仪的人知道他们在献祭,但也知道这些东西不是献给殉道士的祭品。

我们的对手藉以崇拜他们的神祇的东西,以及我们藉以荣耀我们的殉道士的东西,既非神圣的荣耀,又非凡人的罪恶,因为我们没有向他们献祭,更没有依据他们的恶行创造神圣的祭仪。书上说,作为埃及女神和奥西里斯之妻的伊希斯,以及他们的所有祖先,都是王家成员。(伊希斯

---

① 参阅奥古斯丁:《忏悔录》,卷6,章2。

在祭祀她的祖先时发现了一堆大麦，她拿了几穗大麦给她当国王的丈夫和当国师的墨丘利看。由于这个原因我们的对手希望把伊希斯当成克瑞斯。）她所降下的大恶都不是由诗人记载下来的，而是记录在埃及人的神秘著作中。让那些有此意愿和有阅读能力的人读一下亚历山大写给他的母亲奥林庇亚丝的信，在信中他叙述了由祭司莱奥启示给他的事情；让那些读过它的人想一想，看他们到底是些什么人，他们的行为如何，他们的祭仪是死后才设立的，就好像他们是神祇似的。然而，我们的对手大多数把他们当作神，而上帝禁止人们大胆地拿他们来与我们神圣的殉道士作任何方面的对比，我们并不把殉道士当作神。我们不为殉道士指定祭司，也不向他们献祭，因为这样做是不恰当的、无价值的、不合法的，这样的事情只能对上帝做。我们既不会对这些所谓神灵的自身的罪行感到快乐，也不会对以可耻的方式展示诸神的罪恶感到兴奋，而无论这些罪行是否在他们还是人的时候犯下的，或者说他们不是人，而只是为了那些臭名昭著的精灵的快乐而虚构出来的。

苏格拉底若是有一位神，那么他的神不属于这一类精灵。但也许是那些想要在造神技艺上出类拔萃的人把这样的神强加给了这位对造神技艺陌生的人，他是无辜的。

那么，我们还需要说什么呢？甚至连有着中度审慎的人也不会认为崇拜这些精灵是为了死后的幸福生活。但也许我们的对手会说，一切神祇都是善的，而精灵有恶有善，因此受到崇拜的是善的精灵，通过它们我们可以获得永久的幸福。这种说法是我们在下一卷必须考虑的问题。

第 九 卷

【本卷提要】奥古斯丁在前一卷的讨论中指出必须弃绝精灵崇拜,因为精灵以成千上万种方式表明自己是邪恶的,但在本卷中奥古斯丁要面对这样的论断,即有人认为某些精灵是恶的,某些精灵是善的。在阐述了这个区别以后,奥古斯丁证明精灵不能给人提供幸福,而只有基督才能担当为人类提供永久幸福的职责。

章1　前述论证之要点及留待讨论的问题

有人提出这样的看法,神既有善的,又有恶的。① 但也有人对诸神比较敬重,把众多荣耀归于诸神,以至于不敢相信有任何神是恶的。但那些认为既有善神又有恶神的人把精灵包括在"诸神"这个名称之下,甚至还有人,这样的人尽管较少,把诸神称作精灵。他们指出,朱庇特本人确实被荷马称作精灵,而他们希望能把朱庇特当作众神之王。②

但是那些坚持诸神皆善、诸神比善人要卓越得多的人,确实有理由对精灵的行迹深感困惑。他们既不能否定这些行迹,又不能把这些行迹归于诸神。由于他们认为诸神是全善的,因此他们被迫区分诸神和精灵。精灵藉着某些堕落的行为展现它们的力量,而当这些人对此感到不快时,他们就相信这些行为来自精灵,而非来自诸神。他们也相信,由于神不与人类直接交往,精灵则处于神人中介的地位,把我们的祈祷送达诸神,把诸神的回答带给人类。这就是柏拉图主义者的看法,由于他们是哲学家

---

① 参阅拉克唐修:《神圣原理》,卷2,章14,节6;卷4,章27,节14以下。
② 荷马:《伊利亚特》,卷1,行222;普罗塔克:《论占卜的缺陷》,节415以下。

中最杰出、最能干的，因此我们选了他们来考察这个问题：人们崇拜多神是否有助于在来世获得幸福生活。出于这种考虑，我们在上一卷询问了精灵如何能够成为调和善人和善神的最亲近的邻居和朋友。我们已经指出这是不可能的，因为精灵喜欢的事情是善良谨慎的人加以回避和谴责的。这些事情包括诗人撰写的一些亵渎神明的故事，这些故事讲的不是凡人，而是诸神，还有在巫术中使用邪恶的、该死的暴力。

章 2　低于诸神的精灵中是否有善良的精灵可以帮助人的灵魂获得幸福

所以，按照我在上一卷末尾的许诺，我在本卷中要讨论的不是诸神之间的差别（因为所有神都被说成是善的），亦非诸神与精灵之间的差别（因为柏拉图主义者用距离遥远的高空把诸神与凡人隔离开来，而把精灵置于二者之间），而是精灵之间的差别，因为精灵构成一个类别，我们将在与我们的主题相关的范围内讨论这种差别。人们普遍相信有些精灵是恶的，有些精灵是善的，至于这种看法是柏拉图主义者的看法，还是别的派别的看法，无关宏旨，可以忽略。否则，就会有人假定自己应当追随善的精灵，并通过它们的调停来与诸神沟通，而诸神都是善的，自己死后可以与诸神在一起。这样的人实际上中了邪恶精灵的圈套，上当受骗，远离了真正的上帝，而和上帝在一起，也只有和上帝在一起，理性的和理智的人的灵魂才能得到赐福。

章 3　尽管阿普留斯不否定精灵拥有理性，但他并没有把美德赋予精灵

那么，善灵和恶灵之间有什么区别呢？尽管柏拉图主义者阿普留斯用了一般的术语和大量的篇幅讨论精灵用气构成的形体，但在提到它们灵魂的美德时缄默无言，但若说精灵是善的，那么精灵应当拥有美德。阿普留斯保持沉默，以便使精灵快乐。然而，他不能一直保持沉默，因为这样一来正好显示了精灵的可悲。阿普留斯断言精灵是有理性的，这也就等于承认精灵的心中甚至不具备足够的美德以抗拒任何程度的灵魂中的非理性的情欲。倒不如说，精灵自身脾气暴躁，变化无常，而这正是心灵愚蠢的表现。关于这个主题，阿普留斯自己说过这样一段话："诗人指的

正是这样一类精灵,这样说离真相不远。他们把诸神描述成痛恨或热爱某些凡人,使有些人繁荣昌盛和高贵,而百般敌视和伤害另一些人。所以,精灵有着怜悯、愤慨、悲伤、欢乐,以及人的各种情感。它们的心灵就像我们的心灵一样动荡不安,在各种思想的推动下,如同在波涛汹涌的大海上航行。所有这些情感的惊涛骇浪使它们远离天神的平静和安宁。"①

照这些话来看,并非它们灵魂中的某些低劣的部分,而是精灵据以被说成是理性动物的心灵在情欲的激荡下变得像惊涛骇浪,这一点还有什么疑问吗?所以,它们甚至不能与哲人②相提并论,因为当哲人在今生遇到心灵骚动时,他们会用不动心来加以抗拒,而普通人是无法避免心灵动荡的。这样的哲人不会接受各种诱惑,也不会做任何有可能使他们偏离真理之路和公义之法的事情。然而精灵就像愚蠢和不义的凡人,这种相似不是身体方面的,而是品性方面的。我确实可以说,它们更加糟糕,因为它们更加固执,无法通过某种惩罚来成全它们。所以它们的心灵就像阿普留斯所说的那样在大海上航行,它们的灵魂中也没有任何部分拥有真理和美德,而凭借真理和美德方能拒斥骚动和堕落的情欲。

章4　逍遥学派和斯多亚学派对情感的看法

希腊人把心灵的运动称作"pathe",关于这个问题哲学家有两种观点。(我们有些作家,比如西塞罗,把心灵的运动称作骚动,③有些人称之为爱慕或情感,还有一些人,比如阿普留斯,称之为情欲,这个说法可能更接近希腊文原意)某些哲学家说,这些骚动、情感或情欲甚至会攻击哲人,尽管哲人会用理性来加以节制和控制,用他的心灵来统治情欲,给情欲立法,从而使情欲减少到必要的程度。这是柏拉图主义者的想法,也是亚里士多德主义者的想法,因为逍遥学派的创始人亚里士多德是柏拉图的学生。然而另一些哲学家,比如斯多亚学派,相信哲人不会屈服于情

---

① 阿普留斯:《论苏格拉底之神》,章12。
② 原文为"wise man",亦译为"贤人"或"聪明人"。
③ 西塞罗:《图斯库兰争论集》,卷4,章6,节11。

欲。西塞罗在他那本题为《论至善与至恶》的书中讨论了善与恶的问题，令人信服地论证了斯多亚学派的观点，然而斯多亚学派在这一点上与柏拉图主义者和逍遥学派的分歧只是词句上的，而非本质上的。因为斯多亚学派拒绝把身体和外在的事物称作"善的"。他们宁可称之为"有用的"，因为他们认为对人来说，除了美德没有任何东西是善的，美德也是一种良好生活的技艺，仅仅存在于心灵中。其他哲学家只是在日常语言的意义上把这些事物称作"善的"，而与构成良好生活的美德相比，这些事物微不足道，没有多大价值。由此可以清楚地看到，无论被这两个学派称作什么，称作"善的"或是"有用的"，它们受尊重的程度是一样的，在这个问题上，斯多亚派只是乐意使用新词罢了。因此在我看来，此处若是问心灵的情欲是否影响哲人，或哲人是否完全不受情欲的影响，分歧的根源在于语词，而非在于事情本身。我想，若是语词的声音并非实在本身，那么斯多亚学派的看法与柏拉图学派和逍遥学派实际上是一样的。

为了不使讨论过于冗长，我只好省略许多本应提到的证据，而只提其中最有力的一项。文风优雅而又知识渊博的奥鲁斯·盖留斯在他的著作《阿提卡札记》中告诉我们，他有一次与一位杰出的斯多亚派哲学家一道出海航行。① 奥鲁斯·盖留斯对这件事讲述得非常详细，而我只能简要转述。当天空和大海变得越来越吓人，船只在风浪中颠簸，情况危急之时，这位哲学家脸色苍白，惊恐不已。那些在场的人看到了，尽管他们已经死到临头，但还是好奇地想要知道哲学家的心灵是否不受骚扰。后来，风浪逐渐平息，乘客之间的交谈又有了可能，或者说这些人太多嘴了，一位船上的乘客，也许是一位富有的喜爱快乐的亚细亚人，戏弄地说起这位哲学家当时脸色苍白，惊恐万分，而他自己却能在灾难临近时保持不动心。但是这位哲学家想起了斯多亚学派的阿里斯提波在类似场景中的一个回答，当时也有人竟然大胆地向阿里斯提波提出相同的质疑，阿里斯提波回答说："没错，你可以毫不担忧，因为你的灵魂是放荡卑鄙的，但我不

① 奥鲁斯·盖留斯：《阿提卡札记》，卷19，章1。

得不感到警觉,因为我的灵魂是阿里斯提波的灵魂。"①当这位富人遭到驳斥以后,奥鲁斯·盖留斯问这位哲学家恐惧的原因在哪里,他这样问不是想要惹恼他,而是为了向他学习。看到有人如此热心好学,这位哲学家立刻从背包中摸出一本斯多亚学派哲学家爱庇克泰德的书来,书中的学说与芝诺和克律西波的言论一致,我们知道,他们是斯多亚学派的创始人。

奥鲁斯·盖留斯说,在这本书中他读到,斯多亚学派相信灵魂体验着某种精神影像,称之为"phantasiae"(幻想、幻觉),这种影像是否会打击灵魂,或什么时候打击灵魂,不是我们的力量所能决定的。当这些影像作为某些可怕的、令人敬畏的事物的后果出现时,它们当然会推动灵魂,哪怕是哲人的灵魂。因此,当这些影像阻碍心灵和理性的行动时,哲人就会在瞬间脸色苍白,或被悲伤笼罩。然而,这并不会使他的心灵恐惧任何邪恶,也不表明他赞同或认可这些影像。斯多亚学派认为,对这些影像是否认同处在我们的能力范围之内,哲人的心灵和傻瓜的心灵之间的区别就在于,傻瓜的心灵屈从于相同的情欲,委身于它们,而哲人尽管也要经历必要的情欲,但无论如何能在心中保持不动摇,对那些他必须理性地加以寻求和回避的事情有着明确的定见。

我已经尽力做了解释。我的解释虽然不能说比奥鲁斯·盖留斯的解释更加典雅,但肯定比他的解释更加简洁,更加清晰。他讲述了自己通过阅读爱庇克泰德的著作以后所得知的这位哲学家的格言和观点,他自己的观点是从斯多亚学派的教导中得出来的。据此看来,斯多亚学派的哲学家关于情欲和心灵骚动的观点与其他哲学家的观点没有什么差别,或几乎没有差别,因为双方都认为哲人的心灵和理性不受情欲支配。斯多亚学派说情欲不能影响哲人,其原因也许是哲人肯定拥有的智慧不会被任何错误所掩盖或被任何厄运压倒。情欲会攻击哲人的心灵——哪怕情欲不能骚扰哲人智慧的安宁——其原因就在于那些被斯多亚学派称作"益处"和"害处"的事情,尽管他们并不希望称这些事情为"善"或"恶"。

---

① 第欧根尼·拉尔修:《著名哲学家的生平与著作》,卷2,章8,节7。

如果哲学家认为自己在船只颠覆时将要失去的东西——亦即他的生命或身体安全——没有任何价值，那么他肯定不会在情况危急时惊慌失措，以至于脸色苍白而暴露出内心的恐惧。尽管受到狂风暴雨的威胁而有可能丧失的生命和身体并不像美德一样能使持有美德者成为善的，他还是能够忍受心灵的动荡而持守坚定的信念，但是他们说这些东西不能称作善，而应称作"益处"，我们认为这只是名词之争，并不表示事物间的真正区别。当斯多亚学派和逍遥学派都由于害怕送命而变得面色苍白时，称之为善或是称之为"益处"又有什么关系呢？他们虽然没有用同样的名字称呼它们，但对它们表示了相同的尊敬。因为这两派哲学家都肯定地告诉我们，如果有人敦促他们去作恶或犯罪，以免失去这些善或益处，那么他们宁愿失去这些能保障生命和人身安全的东西，而不是去做不义之事。这样一来，心灵就有了坚定的信仰，不会允许与理性相对立的骚动占据上风，尽管灵魂的低下部分仍会受到骚扰。反过来说，心灵本身是一切诸如此类的骚动的主人，心灵会坚守阵地，抗拒情感的骚乱，实施美德的统治。埃涅阿斯的心灵就是这样的，维吉尔说："他的思想坚定不移，尽管眼泪徒然地流着。"①

章5　骚扰基督徒灵魂的情感没有使他们陷入邪恶，而是使他们发挥美德

在此我们没有必要长篇大论地解释圣经有关情欲的教导，圣经是基督徒知识的总和。圣经确实能将心灵本身置于上帝的统治和帮助下，而情感又处在心灵的制约下，所以情感可以节制和约束，并转向公义的用途。所以在我们的伦理中，我们不太问一颗虔诚的灵魂是否愤怒，而是问他为什么愤怒，不太问他是否悲伤，而是问他为什么悲伤，不太问他是否害怕，而是问他害怕什么。我不认为任何思维正常的人会愤怒地寻找作恶者的过错，以便矫正他，或者带着悲伤去安慰人，以便给悲伤者带来安慰，或者带着恐惧救人，以免处在危险之中的人被毁灭。斯多亚学派确实

---

① 维吉尔：《埃涅阿斯纪》，卷4，行449。

习惯于谴责同情。① 但若奥鲁斯·盖留斯故事中的那个斯多亚派哲学家受到一位同胞的同情,这样做是为了安慰他,而不是让他一个劲地害怕翻船,那他岂不是要体面得多吗! 更加优秀,更加人道,与虔诚的情感更加和谐,这是西塞罗赞扬恺撒的话。他说:"在你们的美德中,没有一样比你们的同情更值得赞扬和赞同。"②所谓同情不就是面对他人的不幸而产生的一种同胞之情,促使我们在可能的情况下去帮助他吗? 这种情感服从于理性,表示同情并不违反公义,就好像穷人得到救济,或者悔过者得到宽恕。西塞罗这位杰出的演说家毫不犹豫地把同情称作美德,而斯多亚学派却把同情列为邪恶,认为同情是可耻的,尽管我们看到杰出的斯多亚派哲学家爱庇克泰德在书中引用了斯多亚学派创始人芝诺和克律西波的观点,承认这种情感侵犯了哲人的灵魂,而哲人本来应当摆脱一切邪恶。由此可见,斯多亚学派并没有把攻击哲人的情感当作邪恶,因为这些情感不会引导他作出与理性和美德相违背的行为。我们也可以知道逍遥学派,还有柏拉图主义者,持有与斯多亚学派完全相同的观点。但是如西塞罗所说,可怜的希腊人总是为语词之争而苦恼,他们喜欢争吵胜过喜爱真理。③

然而提出这样的问题还是公平的:我们是否屈从于这些情感,哪怕我们是在这个不确定的今生行善? 神圣的天使在惩罚那些上帝的永恒律法要惩罚的人的时候可以不愤怒,它们可以帮助悲伤者而不需要有感到悲伤的同胞情谊,当那些它们热爱的人处在危险之中时,它们可以去帮助他们而自己不必感到恐惧。然而,人的日常语言经常把这样的情感用到它们身上。尽管它们与我们没有什么亲缘关系,但它们的行为也和我们在情感的推动下作出的行为相似。所以按照圣经的说法,上帝本身也会愤怒,但他不会受到任何情感的骚扰。因为这个词用来表示上帝复仇的结果,而非用来表示对他产生的任何骚乱。

---

① 塞涅卡:《论慷慨》,卷2,章4,5;西塞罗:《图斯库兰争论集》,卷3,章9,20。
② 西塞罗:《论法律》,章12。
③ 参阅西塞罗:《论演说家》,卷1,章11,47。

章6　阿普留斯认为凡人通过情感使精灵激动，再通过精灵的中介来确保得到诸神的帮助

让我们把神圣天使的问题搁在一边，考虑一下柏拉图主义者的观点，介于诸神和凡人之间的精灵受情感的驱使。如果它们的心灵仍旧是自由的，在受到情感的影响时仍旧处于情感之上，那么阿普留斯就不应该说"它们的心灵就像我们的心灵一样动荡不安，在各种思想的推动下，如同在波涛汹涌的大海上航行"。① 它们的心灵是它们灵魂的优秀部分，正是凭着这个部分它们才成为理性的存在者，如果它们确实有心灵，那么它们的心灵应当统治和约束灵魂低劣部分的动荡的情欲。我要说的是，它们的这种心灵，按照这位柏拉图主义者的说法，就像情欲的风暴一样动荡不安。因此，精灵的心灵屈从于恐惧、愤怒、淫荡，以及其他各种相似的情感。那么，它们心灵中还有哪个部分是自由的，拥有智慧，藉此可以令诸神喜悦并鼓励凡人更加接近良好的道德？既然它们自己的心灵都屈从于邪恶的情欲，时不时地拥有伤害我们的愿望，那么它们会竭尽全力使用自然赋予它们的理性来误导和欺骗我们。

章7　柏拉图主义者断言，诗人虚构诸神陷入派别纷争，从而污辱了诸神，参与这种纷争的不是诸神而是精灵

有些人会说，并非所有精灵都这样，只有恶的精灵才会这样，诗人说它们强烈地爱或恨某些人，这样说并非不真实，因为阿普留斯说"它们的心灵在各种思想的推动下就像我们的心灵一样动荡不安"，指的就是邪恶的精灵。但是阿普留斯在说了这些话以后又对所有精灵进行描写，而不只是描写恶的精灵，说它们凭着用气构成的身体而成为诸神与凡人之间的中介，对这些话我们又该如何理解呢？阿普留斯说，诗人们的虚构事实上表明诗人使精灵变成了诸神，他们的许可保护了精灵。诗人把诸神的名字赋予精灵，把它们说成是凡人的朋友或敌人。他说，事实上诸神的性格与精灵极为不同，诸神的居所远远高于精灵，诸神拥有极大的幸福。

---

① 阿普留斯：《论苏格拉底之神》，章12。

把这些不是神的精灵说成是诸神,说它们以诸神的名义相互争斗,抱着极
大的热情热爱或痛恨凡人,我认为这是诗人的虚构。但是阿普留斯又说
这种虚构离真相不远,因为尽管用诸神的名字来称呼精灵是错误的,但毕
竟还是道出了它们作为精灵的专门性格。与此相连,他谈到了荷马笔下
的密涅瓦,"她在云集的希腊人中斡旋,约束阿喀琉斯。"①他认为这位密
涅瓦是诗人的虚构,因为他假定真正的密涅瓦是一位女神。他把她置于
诸神的行列之中,相信她是全善的、幸福的,居住在天穹的以太层中,远离
大地,无法与凡人交通。但是有些精灵喜欢希腊人,反对特洛伊人,还有
一些精灵帮助特洛伊人反对希腊人,对此这位诗人同样也用维纳斯或玛
斯(真正居住在高空中的诸神不会以这样的方式行事)的名字提到它们,
称它们为特洛伊人的同盟者,是希腊人的敌人。这些精灵彼此之间也因
此而相互争斗,分别代表它们所热爱的人和它们所痛恨的人。阿普留斯
承认,诗人说的这些话实际上离事实真相不远。因为他们谈论的这些存
在者的心像我们凡人一样动荡不安,如阿普留斯所考察的那样,在各种思
想的推动下,它们的心就像波涛汹涌的大海。因此它们能够爱,也能够
恨,但不是为了正义,而是以一种暴民的方式行事。它们像驯兽师和驭手
一样表现出党派精神,代表一方去反对另一方。② 这位柏拉图主义哲学
家似乎努力想要使人相信,在诗人们吟诵这些故事的时候,人们不应当相
信它们是诸神,因为诗人在虚构中使用了诸神的名字,而它们实际上是处
于中间区域的精灵。

章 8　阿普留斯如何定义居住在天上的诸神、居住在空中的精灵和居住
在地上的凡人

什么?我们难道不应该接受阿普留斯本人提出的精灵定义,这个定
义显然包括所有精灵在内?他说精灵是某一类动物,有着被动的灵魂、理
性的心灵、空气的身体和永久的生命。但在列举这五种性质时,他一点儿

---

① 阿普留斯:《论苏格拉底之神》,章 10;参阅荷马:《伊利亚特》,卷 1,行 193 以下。
② 参阅奥古斯丁:《诗篇诠释》,章 39,行 8 以下;章 53,行 10。

也没有提到精灵与善人相似之处,这些善人的特点在恶人那里当然找不到。他首先提到太空中的诸神,然后就谈论起凡人,说凡人住在低洼的大地上。之所以要这样做,他说是描述了两端之后就可提起处于中间的精灵。他说:"居住在大地上的凡人享有理性,他们有语言的天赋,他们的灵魂是不朽的,他们的肢体是可朽的,他们的心灵是虚弱的、忧虑的,他们的身体是野蛮的、可憎的,①他们的性格各不相同,但同样无知,他们都那么固执大胆,但抱有坚定的希望。他们的辛苦徒劳无益,他们的运气极不可靠。个别的人都是可朽的,尽管整个人类世代绵延,所以人的种族不朽。他们的人生稍纵即逝,但他们的智慧姗姗来迟。他们的死亡飞快地到来,他们的生命是一场悲哀。"②

　　在列举了多数人拥有的众多性质时,他有没有忽略他所知的只有少数人才拥有的性质呢? 他提到了人的姗姗来迟的智慧。如果他没有提到这种智慧,那么他对人类的描述无论怎么详细,也都是不完整的。另一方面,当他赞扬诸神的卓越时,他肯定诸神的幸福超过人类,而人类则想用智慧来获得幸福。因此,如果他希望我们相信某些精灵是善的,那么他应当在他的描述中包含某些内容,使我们能够看到人类也有某种与诸神相同的幸福,或拥有某种与诸神相同的智慧。此外他没有提到可以区分善人与恶人的优秀品质。他肯定不愿意随意谈论凡人的罪恶,为的是不过分冒犯精灵,因为他这些话是说给精灵的崇拜者们听的。但不管怎样,他告诉那些审慎的人对精灵必须抱有什么样的看法。因为在谈论诸神的时候,他希望我们相信所有神都是善良的、幸福的,诸神与情欲、心灵动荡毫无关系,而精灵却受这些东西的支配,诸神与精灵的相同之处仅在于身体的不朽。他极为清楚地断言,精灵在灵魂方面与凡人相似,而与诸神不似,精灵与诸神的相似之处不在于拥有智慧,因为凡人也可以享有智慧。倒不如说,精灵实际上也受到支配着蠢人和恶人的情欲的控制,但聪明人和善人可以控制情欲,他们确实宁愿拒绝情欲而不是试图克服情欲。如

---

① 　参阅塞涅卡:《书信集》7,3,22。

② 　阿普留斯:《论苏格拉底之神》,章 13。

果阿普留斯希望我们明白精灵在灵魂的永恒性上与诸神相似,而不是在身体的永恒性上与诸神相似,那么他肯定不会把凡人排除在幸福之外,无疑,作为一名柏拉图主义者,他相信凡人的灵魂是不朽的。因此,当他描述这个种族时,他说人类拥有不朽的灵魂和可朽的肢体。按照这种解释,如果说凡人由于身体可朽而不具有与诸神相同的永恒性,那么精灵则完全具有这种相同的永恒性,因为它们的身体是不朽的。

章9　精灵的调解能否确保凡人与天神的友谊

　　那么凡人向诸神乞求友谊所要通过的中介是什么样的? 因为它们在各种生灵较为优秀的部分,亦即在灵魂方面,与凡人相同;然而它们超过凡人的地方仅仅是生灵较为低劣的部分,亦即身体,在这方面它们与诸神相同。因为一个生灵,亦即一个动物,由灵魂和身体组成。在这两种成分中,灵魂肯定比身体优秀。哪怕是疲软虚弱的灵魂,也肯定比最健康的身体要好。因为灵魂具有的较为优越的性质使之不会降低到身体的水平,哪怕是受到邪恶的玷污,就好像金子,哪怕是不纯的,它的价值也高于最纯的银或铅。然而这些介于诸神与凡人之间的中介,通过它们的调解使神与人联合,拥有诸神一般永恒的身体,但它们的灵魂有缺陷,像凡人一样。通过精灵的作用使诸神和凡人联合在一起的宗教看起来更像是由身体构成的,而不像是由灵魂构成的。

　　那么是什么样的邪恶,或什么样的惩罚使得这些虚假骗人的中介头朝下,也就是说使它们在生灵比较低劣的部分,亦即身体,与最优秀的存在者相同,而在比较优秀的部分,亦即灵魂,却与低劣的存在者相同呢? 它们与天神的联合靠的是起侍奉作用的部分,而它们与属土的人之间可悲的联合靠的却是起统治作用的部分。因为如撒路斯特所说,身体是仆人,"我们用灵魂统治,用身体侍奉"。他还说:"我们在一个方面与诸神相同,在另一个方面与野兽相同。"[1]他在这里讲的是有着可朽的身体,在这方面与野兽相同的凡人。而被哲学家们视为凡人与诸神之中介的精灵

―――――――――

[1]　撒路斯特:《喀提林阴谋》,章1。

确实可以说有灵魂和身体，"我们在一个方面与诸神相同，在另一个方面
与野兽相同"。但如我所说，它们是倒过来的，它们起侍奉作用的身体与
幸福的诸神相同，而它们起统治作用的灵魂却与可悲的凡人相同；它们较
为低劣的部分反倒是比较优秀的，它们较为高级的部分反倒是低劣的。
因此若有人注意到精灵享有诸神一般的永恒性，而不像大地上的生灵一
样，它们的灵魂与身体会在死亡时分离，那么我们决不要认为这些身体是
通往永久胜利的工具，而应视之为永久惩罚的枷锁。

章10　按照普罗提诺的说法，身体不朽的精灵比身体可朽的凡人更悲惨

人们对普罗提诺记忆犹新，[①]称赞他对柏拉图的理解超过其他任何
人。在讨论人的灵魂时，他说："父神出于怜悯而使它们受到必朽事物的
约束。"[②]也就是说，他想到人有可朽的身体，因此不会永远陷于今生可悲
的生活中，而这是出自父神上帝的怜悯。但是精灵不配得到这种怜悯，它
们除了得到屈从于情欲的、可悲的灵魂外，还得到不朽的身体，不像人的
身体那样可朽，而是永恒的。如果它们能够拥有人一样可朽的身体和神
一样幸福的灵魂，那么它们一定比人更幸福。如果它们拥有可悲的灵魂，
同时又配上像人一样的、可朽的身体，那么它们就会和人一样了；因为这
样一来它们至少能够拥有某种虔诚，可以在痛苦到死亡的过程中得到某
种休息。然而事实上，它们不仅不比人类幸福，而且比人类更不幸，因为
它们的身体是永久的囚室。阿普留斯不希望我们理解精灵通过智慧和虔
诚的增长可以变成诸神，他非常清晰地说，精灵将永远是精灵。

章11　柏拉图主义者认为人的灵魂在离开身体时变成精灵

阿普留斯确实说过，人的灵魂是精灵，当它们离开人的时候，如果配
得上善待，那么它们就会变成"lares"（家鬼）；如果配得上恶待，那么它们

①　普罗提诺死于公元270年，关于他与柏拉图的关系参阅奥古斯丁：《反学园派》，
　　卷3，章41。

②　普罗提诺：《九章集》，卷4，章3，节12。

就会变成"lemures"(夜游鬼)或"larvae"(恶鬼);如果应得的对待善恶不定,那么它们就会变成"manes"(祖魂)。① 只要稍加注意,有谁会不明白这种观点实际上是引人毁灭的道德地狱中的一个旋涡? 人们无论如何邪恶,如果相信自己将会变成恶鬼或祖魂,那么他们都会变得更坏。如阿普留斯所说,由于恶鬼是由可憎的精灵用恶人的灵魂造成的,那么这样的人会设想自己在死后将受到献祭和神圣荣耀的召唤,可以出来为非作歹。然而,这是另外一个问题。他还说过幸福的人在希腊语中称作"eudaimones",因为它们是善的灵魂,亦即善的"daimones";他以此作为证据来进一步肯定自己的观点,人的灵魂确实是精灵。

章12 柏拉图主义者区分了凡人与精灵的三种对立性质

但是,我们当前正在谈论的是这种存在者的特性,这种存在者被阿普留斯当作诸神和凡人之间的中介。它们的性质是一类动物,在心灵上是理性的,在灵魂上是被动的,在身体上是空气的,在时间上是永久的。他不仅按照住所也按照尊严程度对诸神和凡人作了区分,诸神住在最高的天上,而凡人住在最低的地上,然后他得出以下结论:"在此你们已经看到有两类生灵,诸神和凡人,前者与后者在住所的高耸、生命的永久、性质的完善等方面有天壤之别。诸神和凡人之间没有直接的交际手段,不仅是因为广袤的空间把它们隔离开来,而且是因为永生的诸神是永恒的、无错的,而凡人是短暂的、间断的。还有,诸神的性质是高尚的,因而是幸福的,而凡人则在不幸之中沉沦。"② 在这段话中我注意到他把三种对立的性质归于这两种极端的存在者,最高的存在者和最低的存在者。在叙述了三种诸神值得赞扬的性质以后,他又重复了一遍,尽管用了不同的词,以便与归于人类的三种相反的性质配合。这三种性质是住所的高耸、生命的永久、性质的完善。他然后在文中再次提起这三种性质,以便用来与属于人类的三种性质相对立。当提到"住所的高耸"时,他说"广袤的空

---

① 阿普留斯:《论苏格拉底之神》,章15。
② 阿普留斯:《论苏格拉底之神》,章4。

间把它们隔离开来"（他已经谈论了诸神住所的高耸）；还有"永生的诸神是永恒的、无错的,而凡人是短暂的、间断的"（他已经谈论了诸神生命的永久）。"还有,诸神的性质是高尚的,因而是幸福的,而凡人则在不幸之中沉沦"（因为他已经提到了诸神性质的完善）。就这样,他指出了诸神的三种性质:高耸、永久、幸福;而对凡人他指出了三样相反的属性:住所的低下、可朽、不幸。

章13　如果精灵既不像诸神一样幸福,又不像凡人一样不幸,它们如何能够成为诸神与凡人之间的中介

　　然后,阿普留斯提出了精灵的中间状态,其性质介于诸神和凡人拥有的三对性质之间。关于精灵的居所没有什么可争论的,因为位于最高处和最低处之间的位置确实可以当作或称作中介。然而其他两对性质仍有问题,我们一定要小心谨慎地加以处理,以便能够表明它们并不属于精灵,或者不能以某种方式将之归于精灵,以便与它们的中介地位相吻合。

　　然而,我们不能说这些性质不属于精灵,当我们谈到处所时,我们可以说中间的地位既不是最高的也不是最低的,但我们不能说精灵既不是幸福的又不是不幸的,就像没有感觉和理性的动植物一样,因为精灵是理性的生灵。它们的心灵有理性,因此,精灵必定是幸福的或不幸的。还有,我们不能说精灵既不是有死的又不是永生的,因为一切生灵要么是永远活着,要么是在死亡时终结它们的生命。还有,阿普留斯已经说过,精灵在时间上是永久的。因此,我们尚能设想的可能性只有一种:这些处于中介地位的存在者在两种剩余性质中一种与诸神相同,另一种与凡人相同,是吗? 它们若是从上面接受了两种性质,或是从下面接受了两种性质,那么它们就不再是中介了,而是要么上升成为神,要么下沉变成凡人。因此如我们所证明的那样,它们不可能缺乏这两种性质中的任何一种,它们会从两个端点各自接受一种属性,以便拥有中介的地位。还有,既然永恒的生命不可能从最低的那个端点得到,因为永生并不存在于那里,那么它们一定要从最高处得到这种属性;同理,只有不幸留在最低的端点给它们获取,由此完成它们的中介位置。

按照柏拉图主义者的观点,占据最高位置的诸神享有永久的幸福,或幸福的永恒。而另一方面,占据最低位置的凡人拥有可朽的不幸,或不幸的可朽。但是占据中间位置的精灵拥有可悲的永恒,或永恒的可悲。当阿普留斯在他提出的精灵定义中指出这五个因素时,他没有像他许诺过的那样指明精灵是中介。因为他说它们有三种属性与我们相同:是一种动物,心灵是理性的,灵魂是被动的。他说它们有一种属性与诸神相同:它们在时间上是永久的。那么,当它们有一种属性与最高者相同,但有三种属性与最低者相同时,它们如何成为中介?有谁看不出它们实际上倾向于或被迫趋向于最低的端点,从而远离了中间位置?

然而,甚至在这个地方也可以表明精灵占据着一个中间位置。因为它们拥有一个独特的属性,亦即空气的身体,就好像那些占有最高位置和最低位置的存在者也有一个独特的属性,诸神有以太的身体,而凡人有属土的身体。有两种属性对三者都是共同的,亦即它们都是一类生灵,它们的心灵都是理性的。阿普留斯本人在谈及诸神和凡人时说:"在此你们已经看到有两类生灵",而柏拉图主义者从来都认为诸神具有理性的心灵。剩下还有两种属性:灵魂是被动的,时间上是永久的;在这两方面,精灵有一点与最低者相同,有一点与最高者相同,所以它们既不上升到最高点,也不下降到最低点,而是通过精确的平衡保持它们的中间位置。然而这就是精灵拥有永久的不幸或不幸的永恒的原因。因为若是不怕冒犯精灵的崇拜者,阿普留斯就会说这些灵魂被动的精灵是"不幸的"。再说,由于这个世界不受偶然性支配,而是受至高的上帝的支配,这一点连柏拉图主义者自己也承认,那么精灵的不幸不是永久的,除非它们罪大恶极。

若将那些幸福者称作"eudaimones"(幸福者)是正确的,那么被柏拉图主义者置于凡人和诸神之间的精灵就不是"daimones"。那些善良的精灵又处于什么位置呢,它们高于凡人而低于诸神,帮助前者而侍奉后者吗?如果它们是善良的和永恒的,那么它们肯定也是幸福的。但若它们的幸福是永恒的,这一事实也就消除了它们的中介性质,因为这样一来它们也就更加接近诸神而远离凡人。因此,说善良的精灵如果是不朽的和幸福的,就可以正确地置于不朽的、幸福的诸神与可朽的、不幸的凡人之间,柏拉图主义者这样的说明也是徒劳的。因为它们若是同时拥有与诸神相同的这两种性质,即幸福与不朽,而又不拥有与凡人相同的两种性质,即不幸与可朽,那么它们岂不是远离凡人与诸神合一,而非介于两者之间了吗?

如果它们拥有两种属性,一种与一端相同,另一种与另一端相同,但不是两种都与一端相同,那么它们就会被置于两者之间。就好比说,人是野兽和天使的中介。野兽是一种非理性的、可朽的动物,天使是一种理性的、不朽的动物,人介于两者之间,比天使低,但比野兽高,人是一种理性的、可朽的动物,他的可朽与野兽相同,他的理性与天使相同。因此,当我们寻找一种介于幸福的不朽者和不幸的可朽者之间的存在者时,我们应当寻找既是可朽的又是幸福的,或者寻找既是不朽的又是不幸的。

章14　可朽的凡人能否拥有真正的幸福

凡人能否既是可朽的又是幸福的,这是人类的一个大问题。有些人对人类状况采取一种卑微的观点,因而否认自己有能力在过一种可朽生活时能够幸福。然而有些人反对这种观点,大胆地断言可朽之人通过智慧取得的成就也能幸福。① 若是果真如此,那么为什么不让这些哲人在不幸的可朽者和幸福的不朽者之间作中介呢? 因为他们在幸福方面与后者相同,在可朽方面与前者相同。确实如此,如果他们是幸福的,那么他们就不会妒忌别人,(还有什么能比妒忌更可悲的呢?)他们会竭尽全力帮助不幸的可朽者追求幸福,以便死后变成不朽者,与幸福的、不朽的天使合一。

章15　耶稣基督是神与人之间的中保②

但若一切人都有死,都是不幸的,那么只要处于这种状态,我们就要寻求一位中保,为了使我们的论证更加可能和可信,我们必须找到这样一

---

① 参阅塞涅卡:《书信集》59,结尾处。
② 《提摩太前书》2:5。

位中保,他不仅是人,而且也是神,由于有了他的幸福的死亡,他可以把凡人带出他们死亡的不幸,达到幸福的不朽。要成为这样一种中保需要两个前提:他要变成有死的;但他又要不再有死亡。他确实变成了有死的,但并不是因为道之神性不坚定,而是因为肉身之不坚定。他也不再是肉身有死的,而是从死中复活。这确实是他斡旋的结果,由于他的救赎,他成了中保,也就不再具有身体方面的死亡了。然而,这种状况适合我们与上帝之间的中保,使他既有短暂的死亡又有永恒的幸福,因此在临时状态中,他可以与那些命中注定要死的人相似,也可以把他们从有死的状态转变为他的永恒状态。

因此,善良的天使不可能成为不幸的可朽者与幸福的不朽者之间的中介,因为它们自己也既是幸福的,又是不朽的。邪恶的天使可以成为中介,因为它们在不朽这一点上与一方相似,在不幸这一点上与另一方相似。但这位善良的中保与它们的不朽和不幸不同,他选择了在一段时间内可朽,但仍继续拥有永久幸福的力量。就这样,他用他谦卑的死亡和丰盛的幸福征服了那些骄傲的不朽者和邪恶的精灵,阻止它们再去引诱那些心灵陷入不幸,他已经用信仰洁净了这些心灵,他已经把他们从邪恶的支配下拯救出来。

对可朽的、不幸的、远离不朽和幸福的人来说,他应当选择什么样的中保来与不朽和幸福合一? 他也许会因为找到了不朽的精灵而感到喜悦。已经不再存在的基督之死也许会成为他的绊脚石。一方面,存在着令人恐惧的永久的不幸。另一方面,死亡并不可怕,因为死亡不是永久的,永久的幸福才是必须热爱的。不朽的、不幸的中保进行了干预,阻止我们进入幸福的不朽,因为我们的进入会阻碍一条通道,亦即不幸在他那里的延续。但是可朽的、幸福的中保进行的干预通过死亡来进行。他可以用在他自身复活中显示的力量来使死者不朽,把他自己从来没有放弃过的幸福赐给不幸者。

邪恶的中保使朋友分离,善良的中保使敌人和好。但是存在着许多从事分离的中保,这是因为众多的幸福者都是由于分享唯一的上帝才变得幸福,而邪恶的天使之所以不幸,乃是因为它们被剥夺了这种分享。因此它们就会阻碍幸福者的成就，而不是进行帮助。也就是说，它们凭着数量众多而阻止我们抵达唯一幸福的至善，而要获得至善，我们并不需要许多中保，而只需要一位，这就是上帝的非被造的道，一切事物通过他被造，通过对他的分有我们才获得幸福。

然而他并非因为是道而是中保，因为作为至上不朽和最大幸福的道，他远离不幸的可朽者。倒不如说，他之所以是中保乃是因为他是人，通过他的人性他告诉我们，为了获得幸福与至善，我们不需要像我们会设想的那样寻求其他中保来引导我们一步步地达到目的。我们没有这种需要，因为一位幸福的和赐福的上帝已经成为我们人性的分有者，他能够为我们提供分享他的神性所需要的一切。在把我们从死亡和不幸中拯救出来的时候，他没有引导我们趋向不朽和幸福，通过分享不朽和幸福，使我们自己变成不朽的和幸福的。倒不如说他引导我们走向三位一体之神，天使本身就是由于分享三位一体之神才成为幸福的。因此，他选择了低于天使的仆人的形象，①以便成为我们的中保，但这个时候他仍旧持有高于天使的上帝的形象，②他本身既是地上的生命之道，又是天上的生命本身。③

章16　柏拉图主义者断定天神不与下界事物和凡人接触，因此需要有精灵的调解，这样的论断是否合理？

那么，"神不和人打交道"④这个看法是不正确的。这位柏拉图主义者说这是柏拉图的观点。他说这是诸神高尚的主要证据，它们从来不和人打交道，因此不受污染。然而他承认，精灵以这种方式受到污染，由此可以推论，精灵不能使污染它们的人洁净，而是双方都变得不洁，精灵的不洁是因为与人打交道，人的不洁是因为崇拜精灵。换句话说，如果有人说精灵能够与人接触而不受污染，那么精灵一定比诸神更优秀，因为诸神

---

① 参阅《腓立比书》2∶7；《希伯来书》2∶7；《诗篇》8∶5。
② 《腓立比书》2∶6。
③ 《约翰福音》14∶6。
④ 阿普留斯：《论苏格拉底之神》，章4。

若是与凡人混杂也会受到污染。据说高高在上是诸神的特有美德,因为从高处与人打交道就不会受污染了。

阿普留斯确实断言,柏拉图说至高的神、万物的创造者是唯一的神,而我们称之为真正的上帝,人类由于语言贫乏而不能理解他,甚至不能用任何话语把他说出来。① 但是阿普留斯也说过,哲人用自己心灵的力量使自己尽可能远离肉体,这个时候他们拥有的关于这位神的知识就像瞬间闪现的火花,照亮了最深沉的黑暗。② 所以,哪怕这位至高无上的神只是偶然像火花一样照亮黑暗,但不管怎么说他无疑出现在哲人的心灵上,使哲人尽力远离肉体,可见神确实高于一切事物。还有,他在这样做的时候自己也不会受到污染。那么,其他诸神为什么要高高在上,以便在与人的接触中不受污染呢?这就好比我们说那些用气构成的形体赋予大地充足的光芒,它们这样做了,但不被人们看见。阿普留斯把一切星辰都说成是可见的神,③如果星辰在被看见的时候不会受到污染,那么精灵也不会因为被凡人看见、被凡人近距离地看见而受到污染。

那么人的声音,而不是眼睛锐利的目光,会玷污诸神吗?这也许就是精灵要处于中间位置的原因,它们把凡人的声音报告给神,诸神则由于距离遥远而不会受到凡人的污染。我还需要提到人的其他感觉吗?如果说在场的精灵或诸神都不会受到献祭时牲畜发出的臭气的污染,那么它们吸入活人的气息也不会受到污染。说到滋味,它们不会像人一样有更新身体的必要,所以它们不会在饥饿的驱使下向人索要食物。触觉是由它们自己的力量决定的。尽管我们提到"接触"这个词的时候似乎特别具有触觉的意思,但诸神要是愿意的话可以与人混杂在一起,可以看也可以被看,可以听也可以被听。如果是这样的话,还有什么必要用到触觉呢?凡人是不敢这样做的,因为他们喜欢看到诸神和善良的精灵,或者与之交谈。还有,即使十分可疑地假定他们敢这样做,若无诸神或精灵的同意,

① 参阅柏拉图:《蒂迈欧篇》28C。
② 阿普留斯:《论苏格拉底之神》,章3。
③ 阿普留斯:《论苏格拉底之神》,章2。

他们同样也不能完成自己的意愿,因为他们甚至不能触及一只麻雀,除非它被关进鸟笼,不是吗?

所以让我们承认,诸神能够以身体的形象与凡人混合,可以看也可以被看,可以说话也可以聆听。如我所说,若是精灵以这种方式与凡人相混并且不受污染,而诸神若是相混则会遭到污染,那么精灵是不受污染的,而诸神是会受污染的。另一方面,如果精灵也被污染,那么它们又如何能够帮助人们获得死后的幸福生活呢?因为若是精灵本身被污染,它们就不能使凡人洁净,帮助他们在洁净之后与不受污染的诸神合一,而精灵被指定为诸神与凡人之间的中介。但若它们能够把这种益处授予凡人,精灵又能起到什么样的友好的中介作用呢?这种中介的结果不会是凡人在死后借助精灵的力量走向诸神,而是受到污染的精灵和受到污染的凡人住在一起,从而被排斥在幸福之外。

但某些人也许会说,精灵以海绵一类的方式使它们热爱的人洁净,在使凡人洁净的过程中,凡人变干净了,而它们自己却变脏了。然而,如果情况是这样的话,由于害怕受到污染而拒绝与凡人接触或沟通的诸神会与比凡人污染得更加厉害的精灵混杂在一起。或者说,不能在不污染自己的情况下使凡人洁净的诸神能够不受污染地使那些在与人接触中已经污染了的精灵洁净吗?谁能相信这种事情,除非最能骗人的精灵已经对他实施了欺骗?

如果看与被看是污染的原因,那么能够被凡人看见的诸神——阿普留斯把它们称作"可见的","是世上最明亮的光"①——以及其他星辰会是什么样的呢?除非它们自己愿意,否则不能被凡人看见的精灵,是否就比较安全,不受污染呢?或者说,如果被看不会带来污染,而看才会受到污染,那么我们的对手一定会否认,当光芒普照大地时,被他们相信是神的这些"世上最明亮的光芒"能看到凡人。然而,它们的光芒尽管照耀到一切不洁净的事物上,但它们本身并没有受到污染。那么,如果诸神与凡人混杂,甚至帮助凡人,在此过程中必然触及凡人,诸神会受到污染吗?

---

①　阿普留斯:《论苏格拉底之神》,章 2;参阅维吉尔:《农事诗》,卷 1,行 5 以下。

因为太阳和月亮的光芒触及大地,而大地并没有污染它们的光芒。

章 17 为了能够获得幸福生活,亦即分有至善,凡人需要有一位中保,但这位中保不是某位精灵,而只能是基督

我感到极为惊讶,这样一位有学问的人宣称一切有形体的感性事物都应当看得比无形体的理智的事物低劣,但他在讨论幸福生活的时候竟然会提到身体的接触。难道他忘了普罗提诺的精神?"我们必须飞向我们亲爱的故乡。那里有我们的天父,那里有我们所有人。船在什么地方,我们该如何飞翔?我们必须变得像神一样。"①因此,如果一个人成长得越接近上帝,他也就变得越像上帝;所以远离上帝的唯一办法就是变得不像上帝。人的灵魂不像无形体者、不变者、永恒者,因为它渴求短暂变易之物。

但是下界的事物是可朽的、不纯的,不能接近上界的不朽和纯洁,因此为了治疗这种与上帝分离的状况,确实需要有一位中保,然而这位中保尽管由于拥有不朽的身体而接近最高的存在者,但不管怎么说仍旧与灵魂患病的最低存在者相似。由于灵魂患病,这位中保很容易妒忌我们的治疗,而不是帮助我们得到医治。倒不如说,我们需要一位中保,他通过身体的死亡在我们的最低状态中与我们合一,然而凭借他精神中的不朽公义这种美德,他始终高高在上,所谓高高在上不是在暂时的住所意义上讲的,而是由于他拥有与上帝相似的优秀德行。这样一位中保可以为我们提供真正的帮助以洁净和拯救我们。不受污染的上帝绝不会害怕受到人性的污染,或者受到他以人的形象居于其间的那些凡人的污染,因为他用人体包裹自己!他的道成肉身在当前把两项完整的、并非不重要的教训启示给我们:真正的神不会被肉身玷污;不能由于精灵没有肉身而认为它们比我们强。如圣经所示,这就是"神和人之间的中保,降生为人的基

---

① 奥古斯丁在此显然凭记忆引用了《九章集》中的两段话,见普罗提诺《九章集》,卷1,章6,节8;卷1,章2,节3。

督耶稣"。① 在神性上他与天父永远相同，至于使他变得像我们的人性，此处还不是我充分加以谈论的地方。

章 18　骗人的精灵在许诺通过调停引导凡人走向神时使他们偏离真理之路

精灵的灵是不洁的，由此带来的许多后果清楚地揭示了精灵的可悲与邪恶，它们是虚假的、骗人的中保。但不管怎么说，它们经常想要凭着能散身的空间和由气构成的身体避开我们，阻碍我们的灵性进步。它们并不想为我们提供一条通往上帝的道路，它们的作为倒不如说是在阻碍我们接近这条道路。

精灵的朋友们把这条道路视为有形的，他们在以太构成的诸神和属土的凡人之间安排了某些原素，就像阶梯一样，而空气构成的精灵位于中间。这种观点是完全错误的，充满了谬误，因为公义并非以这种方式取得进展，我们趋向上帝不靠肉身的上升，而靠在灵性上与上帝相似，也就是说是无形的。但即使按这种观点，诸神也被认为拥有特殊的便利，由于它们距离我们非常遥远，因此它们不会由于和凡人接触而受污染。

我们的对手相信，精灵受凡人污染胜过凡人被精灵洁净，如果诸神不保护自己住所的高洁，连诸神也会受到污染。有谁会如此不幸地设想自己在这样一条道路上能找到洁净？ 如我们的对手所声称的那样，凡人在污染，精灵受污染，而诸神也有可能被污染。有谁不情愿选择一条我们可以避开精灵之污染的道路？ 在这条道路上，不受污染的上帝使我们从污染中得到洁净，使我们被接纳到不受污染之天使的团契之中。

章 19　甚至在精灵崇拜者中，精灵这个名字也不是一个好的象征

但是某些精灵崇拜者，如果我可以这样称呼他们，②断言被他们称作

---

① 《提摩太前书》2:5。
② 参阅奥古斯丁:《忏悔录》,卷8,章2,节4。

精灵的东西被其他人称作天使。拉贝奥本人就是说过这种话的人之一。① 我明白，如果我不想仅仅就名称问题争论，那么我现在就必须谈到善良的天使。柏拉图主义者不否认它们的存在，但宁可称之为善良的精灵，而不是善良的天使。

然而我们在圣经中看到，有些天使是善的，有些天使是恶的，但我们从来就没有读到过有什么善良的精灵，而遵循圣经才使我们成为基督徒。情况正好相反，凡是在出现"daemones"或"daemonia"这些术语的地方，这些词指的都是恶灵。还有，世界各地的许多人都有这种语言习惯，甚至在异教徒中也一样，他们认为我们应当崇拜许多神和精灵，任何受过教养、有知识的人在赞扬他的奴隶时都不会说"你有了精灵"。因为有谁会不认为这种说法是在故意向对方进行诅咒呢？那么，是什么原因迫使我们去冒犯人们的耳朵，有许多人使用这个词，但几乎所有人都仅仅在恶的意义上理解精灵这个词？我们有义务解释我们的意思，而使用"天使"可以避免使用"精灵"这个词带来的冒犯。

章20　使精灵自高自大的知识

然而这个名称的起源表明有些事情值得考虑。精灵这个词来自希腊文，而这个希腊语词表示知识。② 使徒在谈及圣灵时说："知识叫人自高自大，唯有爱心能造就人。"③这句话只能正确地理解为，缺乏爱心，知识就没有益处。没有爱心，知识就会使人自高自大，也就是说知识会使人骄傲，但这种骄傲是漂浮不定的，空洞的。

精灵具有无爱心的知识，所以它们飘飘然，自高自大，渴求神的荣耀和宗教侍奉，它们知道这些东西归于真正的上帝，但它们还是竭尽全力从受它们影响的人那里攫取这些东西。显现在基督身上的上帝的大德反对这种精灵的骄傲，而人类肯定会被它俘虏。凡人在骄傲方面与精灵相似，

---

① 　参阅本书卷2，章11。

② 　参阅柏拉图：《克拉底鲁篇》398A。

③ 　《哥林多前书》8:1。

在知识上与精灵不相似，因此他们不洁地自高自大，但却不认识神。

章21　上帝在什么范围内愿意把自己显现给精灵

　　然而，精灵自己非常了解这位主，甚至当他裹上虚弱的肉身时也认识他。它们对他说："拿撒勒人耶稣，我们与你有什么相干？你来灭我们吗？"①从这些话里可以清楚地看出精灵有很多知识，但没有爱心。它们确实害怕受到主的惩罚，但它们不爱主的公义。但是主只在自己选择的范围内让它们知道自己，只在适当的范围内让它们知道。主没有让它们像神圣的天使一样认识他，天使们知道主是上帝之道，和他们一样享有永恒。倒不如说，主以这样一种方式使自己被知，以便使精灵感到恐惧，从精灵的僭主手中主要实行救赎，实现前定的主的王国及其荣耀，实现永久的真实和真正的永恒。

　　然而他没有让精灵知道自己是永恒的生命，是照耀虔诚者的不变的光明，当虔诚者看见光明时，他们的心已经被对他的信仰所洁净。倒不如说，他通过自己的力量所显示的某些暂时的结果，通过他临在的象征，无论多么深远隐秘，使自己被知，这些东西更容易被天使察觉，哪怕是恶灵也一样，但不容易被虚弱的凡人察觉。当他决定这样的象征应当逐渐显示时，当他更加深地隐藏自己时，精灵之王对他产生了怀疑，试探他，看他是不是基督。然而发生这种事情是他允许的，他让自己被试探，这样他就可以用人的方式应对，为我们提供一个模仿的榜样。但在试探结束后，如圣经所说，他受到天使们的侍奉，②这些天使是善良神圣的天使，而这一定会给不洁之灵带来恐惧和颤抖。他使精灵越来越明白自己的伟大，就这样，即使他虚弱的肉身显得微不足道，也没有人敢违抗他的权柄。

章22　神圣天使的知识与精灵的知识之间的差别

　　然而善良的天使把一切关于有形的、暂时的事物的知识视为卑贱的，

---

①　《马可福音》1:24;《马太福音》8:29。

②　《马太福音》4:11。

拥有这些知识使精灵自高自大。这不是因为它们对这些事情无知，而是因为热爱上帝，正是由于上帝之爱才使它们成圣。它们对自己所爱事物之美充满炽热的感情，这些事物不仅是无形的，而且也是不变的、难以言表的，它们轻视在其之下和不在其之下的一切事物。它们之所以这样做为的是能够带着这些事物中的所有善去享有至善，而它们是被至善造就为善的。因此它们甚至带着更大的确定性知道这些暂时的、易变的事物，因为它们能在上帝之道中察觉这些事物的最初原因，世界凭着上帝之道而被造，根据这些原因，有些事物得到肯定，有些事物受到谴责，一切事物得到安排。

　　另一方面，精灵不能以上帝的智慧思考这些永恒者，而永恒者实际上是非永恒者的主要原因。但它们确实比人能预见到更多的未来事件，凭的是它们对那些预兆有较多的知识，而这些预兆对我们来说是隐秘的。还有，它们有时候会提前宣布自己的意向。最后，精灵经常犯错误，而天使决不会犯错误。因为从暂时易变的原因中推论暂时易变的事件是一回事，用自己的意愿和力量可以对这些事件施加暂时易变的影响，对精灵来说，这在某种程度上是允许的。但是预见到时代如何按照上帝永恒不变的法则发生变化，上帝的智慧维持着这种法则，通过分有圣灵知道上帝的意志，这是一切原因中最确定、最有力的原因，是另一回事。上帝把公义的洞察力赋予神圣的天使。它们不仅是永恒的，而且是幸福的。还有，使它们有福的原因是上帝，它们是由上帝创造的。它们乐意永远享有对上帝的分有和沉思。

章23　尽管圣经把天使和义人都称作神，但用这个名字来称呼异邦人的神是错的

　　如果柏拉图主义者宁可把这些天使称作神，而不是称作精灵，纳入他们学派的创始人和祖师爷柏拉图所说的由至高神创造的诸神行列，①那就让他们这样说吧，因为我们一定不要在语词问题上作无谓的争辩。如

---

① 　柏拉图：《蒂迈欧篇》41A。

果他们说这些存在者是不朽的，然而却又是至高神创造的，只有矢忠于它们的创造主才能获得幸福，而不是凭着它们自己的力量取得幸福，那么他们说出了我们要说的话，而无论他们用什么名字称呼它们。事实上这就是柏拉图主义者的看法，从他们的著作中可以看出他们要么都有这种观点，要么相当大一部分人有这种看法。至于用什么名字，我们和他们没有什么根本分歧，他们若是把这些幸福的、不朽的生灵称作诸神，那么从我们的圣经中也可以读到"诸神之神、主已经发话"、①"称谢万神之神"、②"他是超乎万神之上的大王"。③　还有，经上说："他在万神之上，当受敬畏"，接下去诗篇作者马上解释了原因，"因为外邦诸神都是精灵，唯独主创造诸天。"④他说"在诸神之上"，但马上限定是"外邦的"，也就是说外邦人把它们当作神，但它们实际上是精灵。"当受敬畏者"使它们感到害怕，这就是精灵对主喊叫的原因，"你来灭我们吗？"⑤但是经上说的"万神之神"不能理解为精灵之神，更不能把"超乎万神之上的大王"理解为超乎一切精灵之上的大王。圣经也把属于上帝子民的人称作神："我曾说，你们是神，你们全都是至高者的儿子。"⑥因此我们可以理解，被称作"万神之神"的是诸神之神，被称作"超乎万神之上的大王"的是诸神之王。

　　假定有人向我们提出下列问题：若是凡人被称作诸神是因为他们属于上帝的子民，上帝通过天使或凡人向他们说话，他们不是不朽的存在者，他们通过崇拜上帝寻求幸福并已经享有幸福，他们更配得上这样的称呼，这样说对吗？对此我们该如何回答呢？我们只能这样回答：圣经这样说并非没有道理，人在圣经中被称作神，这样的称呼比把那些不朽的、幸福的存在者称作神更加准确，因为我们在复活时和它们平等，这是上帝的

----

① 《诗篇》50：1。

② 《诗篇》136：2。

③ 《诗篇》95：3。

④ 《诗篇》96：4—5。

⑤ 《马可福音》1：24。

⑥ 《诗篇》82：6。

应许。否则的话,我们不坚定的信仰会由于这些存在者的卓越而将它们中的一位确定为神,而要阻止人们这样去荣耀一位凡人是容易的。还有,这样做是恰当的,属于上帝子民的凡人应当更加清楚地被称作神,这样做为的是使他们充满信心地认为被称作万神之神的是他们的上帝。哪怕把天上的这些不朽的、幸福的存在者称作万神,它们也不能被称作万神之神,亦即上帝子民之神,经上的话是对这些子民说的:"我曾说,你们是神,你们全都是至高者的儿子。"因此使徒说道:"虽有称为神的,或在天、或在地,就如那许多的神,许多的主。然而我们只有一位神,就是父,万物都本于他,我们也归于他;并有一位主,就是耶稣基督,万物都是藉着他有的,我们也是藉着他有的。"①

因此我们不必花费大量时间去争论名字问题,因为事情本身非常清楚,没有任何疑点。然而当我们说,派到人间宣布上帝旨意的天使属于幸福的不朽者之列,这样说不会使柏拉图主义者感到高兴。因为他们相信这样的侍奉不是由他们所谓的诸神进行的,亦即幸福的不朽者,而是由精灵进行的。他们没有大胆地说它们是幸福的,而只是说它们是不朽的。或者说,如果他们称之为不朽的和幸福的,那么只是把它们当作善的精灵,而不是当作居住在高远之处不与凡人接触的诸神。尽管这种争论看起来像是语词之争,但精灵这个名字令人生厌,我们一定要避免在神圣天使的意义上使用它。

现在让我们来结束本卷。我们确信,无论我们如何称呼这些不朽的、幸福的生灵,它们都仍旧是被造的,它们不是指引不幸的凡人走向不朽幸福的中介,因为它们与我们有两重区别。但从另一方面看,这些存在者确实拥有中间的位置,它们和在它们之上的一样拥有不朽,和在它们之下的一样拥有不幸,它们活该不幸,因为它们是邪恶的。它们不可能把它们自己都不拥有的幸福赋予我们,而只会妒忌我们的幸福。精灵的朋友们没有提出任何有价值的理由,说明我们为什么要把精灵当作我们的帮助者来崇拜,而不是把它们当作骗子躲开。至于那些善灵,它们不仅是不朽的

---

① 《哥林多前书》8:5—6。

而且也是幸福的，我们的对手设想我们应当称它们为神，用礼仪和献祭来侍奉它们，为的是确保死后拥有幸福的生活。然而这些灵，无论它们是什么，无论怎样称呼它们才是正确的，都希望把宗教崇拜只献给唯一的神，神创造了它们，分有神它们才是幸福的。在同一上帝的帮助下，我们将在下一卷更加仔细地讨论这一点。

第 十 卷

【本卷提要】奥古斯丁论证,善良的天使希望只有它们自己侍奉的神能够接受用献祭表达的神圣荣耀。接下去,奥古斯丁继续驳斥波斐利的有关论点,涉及灵魂洗涤和获救的原则和方式。

章1 柏拉图主义者本身已经确定只有一位神能够把幸福赐予天使或凡人,然而我们一定要追问,对那些他们相信为了幸福必须加以崇拜的精灵是否也需要像对神那样的献祭

任何有头脑的人都一定会认为,所有人都希望幸福。但谁是幸福的,或他们为什么幸福,这些问题在凡人虚弱的理智中引发无穷无尽的争论,哲学家也为此耗尽了他们的精力和时间。回顾这些争论需要很长时间,在此也无必要。读者可能记得我们在第八卷中说过的话,①我们在那里选了某些哲学家关于来世幸福的讨论。我们在那里问道,这种幸福是通过荣耀一位真神,众神的创造者,还是通过崇拜众神得来的。如果读者忘了,那么别指望我们在这里重复同样的论证,但他可以自己再去读一遍,以便更新他的记忆。我们选择的哲学家是柏拉图主义者,他们完全称得上是所有哲学家中最高尚的,因为他们相当聪明地察觉到人的灵魂尽管是不朽的、理性的,或理智的,但唯有分有上帝之光方能幸福,灵魂和这个世界都是上帝创造的。还有,他们断言一切人都希望得到的东西,即幸福生活,不可能被那些对"至善"缺乏纯粹之爱的人获得,而至善就是不变的上帝。

---

① 参阅本书卷8,章5。

　　然而，即使是这些哲学家，无论是为了迁就民众的愚昧无知，还是如使徒所说，"思念变为虚妄"，①也都认为或允许其他人可以崇拜许多神。他们中某些人甚至相信应当向精灵献祭，赋予精灵神圣的荣耀，对此我已经以答复的方式说了不少。所以，凭着上帝的帮助，我们现在必须考察和讨论这些不朽的、幸福的存在者，它们在天上厕身于"主治的、执政的、掌权的"之间，②柏拉图主义者把它们称作神，把其中某些称作善的精灵，或者像我们一样称作天使。我们要相信这些存在者需要我们用宗教的和虔诚的方式对待它们吗？说得更明白一点，它们希望得到我们的崇拜和献祭，奉献我们的财产和我们自己，还是希望我们只向上帝奉献，这位上帝既是它们的又是我们的？

　　这种崇拜只能归于神，或者说得更准确一些，只能归于上帝。为了用一个词就能说明这种崇拜，我必须用一个希腊词，拉丁语中没有一个词能令我完全满意。每当"latreiva"这个词出现在圣经中，我们的翻译者总是将它译为"侍奉"（servitus）。但是这种侍奉属于人，也就是使徒所教导的那种侍奉，奴仆必须服从主人③，通常用另一个希腊词来表示。④　而latreiva却总是，或者几乎总是被那些为我们写下神圣话语的作者用来表示对上帝的崇拜。这样的崇拜不能简单地被称作"cultus"（祭仪），因为这个词所表示的侍奉并非仅仅对神而言，我们也经常"cultivate"（耕作）人，针对他们的记忆力或人格。我们还说，我们不仅"cultivate"那些我们以宗教的谦卑对之服从的事物，而且也"cultivate"那些服从我们的事物。因为从"崇拜"（colere）这个动词中我们派生出"农夫"（agricolae）、"殖民者"（coloni）、"居民"（incoli）这些词来，而诸神本身之所以被称作"caeli-colae"，无非就是因为它们"cultivate"（caelum colant）天穹。当然了，不是通过崇拜天空，而是通过居住在天上，就好像它们是天上的殖民者。"殖

---

① 《罗马书》1:21。

② 参阅《歌罗西书》1:16。

③ 《以弗所书》6:5；《歌罗西书》3:22。

④ 即 douleiva，参阅奥古斯丁：《出埃及记诠释》，章94；《创世记诠释》，章21；《反摩尼教的福斯图》，卷15，章9。

民者"这个词在这里不是指那些生来就被迫在主人的监管下耕种土地的人,而是在那位伟大的拉丁语大师所说的意义上使用的,"那里有一座古城,由推罗(Tyre)的殖民者统治。"①他称这些人为殖民者,不是因为他们耕种土地,而是因为他们居住在城里。所以,对城邦来说也一样,那些受到较大城邦统治的城邦称作殖民地。这样严格地说来,"cultus"这个词可以在一个专门的意义上使用,指的是只归上帝的东西,但由于它也能用来表示其他事物,因此仅归于上帝的崇拜在拉丁语中不能只用"cultus"这个词来表达。

拉丁文"religio"这个词似乎更加确定地专门指对上帝的崇拜,而不是指其他任何崇拜,因此我们的翻译者使用这个词来翻译希腊术语"qrhskeiva"。然而在日常拉丁语中——不仅对无知者是这样,而且对最有学问的人也是这样——人们用"religio"来表示遵守人际关系、亲属关系和各种友谊。因此在讨论崇拜神的时候,用这个术语并不能避免模糊性,因为我们不能严格地说"religio"仅仅表示对上帝的崇拜而不表示其他,我们或是这样说了,那么我们就不正当地忽略了这个词还可以用来表示人际关系中的遵守义务。

还有"pietas"这个词,与之对应的希腊语词是"eujsevb-eia",通常被人们理解为严格地表示对上帝的崇拜,然而这个词也可以用来表示我们对父母应尽的义务。普通人也用它来表示慈善工作,我想之所以有这种用法,乃是因为上帝特别吩咐人们行善,宣称他对慈善的喜悦胜过得到献祭。从这种用法中还产生了把上帝本身称作"pius"的用法。② 然而希腊人尽管通常也用 eujsevbeia 表示"仁慈",但从来不在他们自己的谈话中称上帝为"eujsebhv"。因此,在圣经的某些段落中,为了使意思更加清晰,他们宁可不用 eujsevbeia,这个词的词义是好的崇拜,而用"qrhskeiva",用这个复合词来表示"上帝的崇拜"。然而,我们无法用一

---

① 维吉尔:《埃涅阿斯纪》,卷 1,行 12。
② 参阅"通俗拉丁语圣经"(Vulgate)《历代志下》30:9;《便西拉智训》2:13;《犹滴传》7:20。

个词来表示这两种意思。

　　因此，在希腊文中称作"latreiva"的东西，在拉丁文中称作"servitus"（侍奉），但它是一种我们藉此崇拜上帝的"侍奉"。在希腊文中称作"qrhskeiva"的东西在拉丁文中称作"religio"，但它表示的是一种使我们与上帝联系在一起的宗教。希腊文称作"qrhskeiva"的东西我们无法用一个词来表达，但我们称之为对上帝的崇拜，我们说这种崇拜只能归于上帝，上帝是真正的神，上帝使他的崇拜者成为神。[①] 然而，无论这些不朽的、幸福的天堂居民是谁，如果它们不爱我们、不希望我们幸福，那么我们一定不要崇拜它们，如果它们爱我们、希望我们幸福，那么它们无疑希望我们像它们一样，从相同的来源得到幸福。如果说我们的幸福来自某个来源，而它们的幸福来自另一个来源，这怎么可能呢？

章2　柏拉图主义者普罗提诺有关上苍启示的观点

　　但是在这个问题上，我们与这些比较杰出的哲学家并无争执。因为他们说过，并且在他们的著作中以各种方式充分地表明，这些存在者的幸福与我们的幸福来自同一源泉，来自照射于它们之上的某种理智之光，这就是它们的上帝，是与它们自身不同的，在上帝之光的照耀下它们受到启示，可以通过分有上帝之光而处于一种完美的幸福状态。

　　普罗提诺经常对柏拉图作出深刻的解释，他断言，柏拉图主义者甚至相信世界灵魂的幸福也和我们自己灵魂的幸福一样来自相同的源泉，也就是说，来自与世界灵魂不同的光，光创造了世界灵魂，在理智之光照耀下，灵魂得到理智的启示。他还提出这些无形体的事物和可见的、光明的天体之间的一个比喻：如果上帝是太阳，那么灵魂就是月亮，因为柏拉图主义者认为月亮的光芒来自太阳。所以这位伟大的柏拉图主义者说，没有任何性质高于理性的灵魂，或理智的灵魂，居住在天上的幸福的不朽者的灵魂也属于这一类灵魂，除了上帝、世界和灵魂本身的创造者。他说，这些天上的存在者也不能从其他来源获得幸福生活，凭借理智之光理解

---

① 　参阅《诗篇》82：6。

真理,它们的来源与我们是一样的。这一点与福音书相合,我们读道:
"有一个人,是从神那里差来的,名叫约翰,为要作见证,就是为光作见
证,叫众人因他可以信。他不是那光,乃是要为光作见证。那光是真光,
照亮一切生在世上的人。"①这个区别充分表明,理性或理智的灵魂,比如
约翰的灵魂,不可能拥有它自己的光,而需要从另一个来源得到光照,这
才是真正的光。约翰本人承认这一点并且为上帝作了见证,他说:"从他
丰满的恩典里,我们都领受了。"②

章3 尽管柏拉图主义者知道神是宇宙的创造者,但在崇拜问题上他们犯了错误,因为他们崇拜善的或恶的天使

情况就是这样,如果柏拉图主义者,或者其他拥有相同看法的人,知
道上帝,把上帝当作神来荣耀,向上帝感恩,如果他们没有变得"思念虚
妄",有时助长流行的谬误,有时自己不敢抗拒谬误,那么他们肯定会承
认幸福的不朽者和我们这些可悲的凡人,我们若能不朽和幸福,都必须崇
拜万神之神,他既是我们的上帝,也是它们的上帝。

我们应该侍奉上帝,这在希腊文中称作"latreiva",无论是通过某些
圣礼还是在我们内心进行。因为我们是上帝的殿,我们每个人都是,我们
所有人加在一起也是,因为上帝既在所有人和谐的身体中,也在我们每个
人身上。当上帝在所有人那里时并不比在个别人那里更伟大,因为上帝
既不会因为人数的添加而增长,也不会因为自身的划分而减少。当我们
一心向往上帝的时候,我们的心是他的祭坛。为我们祈祷的祭司是上帝
的独生子。当我们为了上帝的真理而争执到流血的地步时,我们把流血
的牺牲献给上帝。③当我们把自己奉献给上帝的时候,我们献上最甜蜜
的馨香,带着对上帝虔诚而又神圣的爱在上帝的注视下焚香。我们把确
定的日子献给上帝作神圣的节日,纪念上帝的恩惠,免得随着时间的流

---

① 《约翰福音》1:6—9。

② 《约翰福音》1:16。

③ 参阅《希伯来书》12:4。

逝,遗忘潜入我们心中,使我们不再谢恩。我们要在心中的祭坛把谦恭与感谢祭献给上帝,在心中燃起爱的火焰。① 这样我们才能在上帝能够被看的范围内看见上帝,这样我们才能依靠上帝,洗清罪恶和邪恶的欲望留下的每一污点,以上帝的名义得到圣洁。因为上帝是我们幸福的源泉,是我们一切愿望的目标。我们选择上帝,或者说我们再次选择上帝,乃是因为我们的忽视而曾经失去上帝,在重新选择(religentes)上帝以后(宗教这个词据说也是从重新选择这个词中派生出来的),②我们通过爱接近上帝,这样,当我们抵达上帝的时候,我们可以在上帝里面安息,得到赐福,因为我们得到完善,我们的目标得以圆满实现。我们的目标在哲学家中引起过激烈的争论,但无非就是与上帝合一,在上帝无形的拥抱下(如果我们可以在灵性的意义上这样说的话),真正的美德注入和充满了理智的灵魂。

我们得到告诫,要尽心、尽性、尽意地爱上帝。为了爱上帝我们必须接受那些爱我们的人的带领,并且带领我们爱的人。由此也就实现了作为律法和先知一切道理之总纲的两条诫命:"要尽心、尽性、尽意,爱主你的神"和"要爱人如己"。③ 为了使人知道自爱是什么,必须为他指定一个先于其他一切行为的目标,这样他才能获得幸福,因为一个自爱的人所希望得到的无非就是幸福。这个目标是通过"亲近神"④来获得的。因此,当一个人已经知道自爱就是要爱人如己的时候,除了告诫他要尽力鼓励他的邻人热爱上帝以外,其他还需要给他什么诫命吗? 这就是崇拜上帝,这就是真正的宗教,这就是公义的虔诚,这就是应当只归于上帝的侍奉。

任何不朽的力量,无论它拥有什么样的美德,能像爱它自己一样爱我

---

① 参阅《诗篇》116:15。

② 奥古斯丁在这里似乎认为,"religio"这个词派生于"religere"(重新选择),尽管在本卷章1,以及在《订正录》,卷1,章13,节19,他认为 religio 来自 religare(捆绑、联系),西塞罗也这样看,见《论神性》,卷2,章28。

③ 《马太福音》22:37—40。

④ 《诗篇》73:28。

们,那么它一定会希望我们通过服从上帝来找到幸福,它自己也会在服从上帝中找到它的幸福。如果这样的力量不崇拜上帝,那么它是不幸的,因为它失去了上帝。但它若是崇拜上帝,它就不希望自己代替上帝得到崇拜。倒不如说,它会用它全部爱的力量坚定地遵守经上所说的神圣的戒条,"祭祀别神,不单单祭祀主神的,那人必要灭绝。"①

章4　只能向唯一真神献祭

当前我们不必谈论崇拜上帝的宗教侍奉的其他形式,因为我想肯定不会有人胆敢否定这种祭祀仅仅归于上帝。有许多属于神圣崇拜的术语确实被错误地用来表示人的荣耀,无论是通过过分的谦卑还是恶意的奉承。然而得到这种荣耀的人仍旧被当作凡人,据说这些人配得上祭祀和敬拜,甚至为了使他们得到更多的荣耀,人们还崇拜他们,但有谁会认为对一个他认识的人进行献祭会使人们认为他是神?还有,该隐和亚伯两兄弟的事已经充分证明了用献祭来崇拜上帝这种行为是十分古老的,上帝拒绝了长兄的献祭,但对弟弟的献祭表示喜悦。②

章5　上帝并不需要献祭,但他需要人们以此为象征献上那些他所需要的东西

但有谁会如此愚蠢,认为在祭祀中献给上帝的东西对上帝来说是必需的,因为上帝有某些特殊的用途?圣经在许多地方否定了这种看法,但为了不使讨论过于冗长,现从《诗篇》中引一段话也就足够了。"我对主说,你是我的上帝,你需要的不是我的好处。"③所以我们相信,上帝不需要牛犊,不需要其他任何可朽物,不需要人世间的东西,甚至不需要人的好处,任何在崇拜上帝时用的祭祀物品对上帝没有好处,得益的是凡人。因为没有人会说他通过喝水给泉源带来好处,或者通过观看给光明带来

---

① 《出埃及记》22:20。

② 《创世记》4:4以下。

③ 《诗篇》16:2。(中文和合本后半句译作"我的好处不在你以外"。——编者)

好处。

至于从自己的畜群中取来牲口作牺牲进行献祭是古时候族长们做的事，现在的上帝子民读到这些事情，但并不这样做。我们明白，牺牲只是一种象征，表示我们亲近上帝并且帮助我们的邻人也这样做。然而，献祭通常被理解为一种不可见的献祭的可见的祭礼，也就是说它是一种神圣的符号。因此《诗篇》里的忏悔者，或者就是《诗篇》作者本人，请求上帝宽恕他的罪行，他说："你本不喜爱祭物，若喜爱，我就献上；燔祭你也不喜悦。神所要的祭，就是忧伤的灵，神啊，忧伤痛悔的心，你必不轻看。"①注意，他用这些话一方面表示上帝拒绝祭物，另一方面表示上帝需要献祭。所以上帝并不想要屠宰的牺牲，但上帝想要忧伤的灵。可见，他所说的上帝不想要的祭物是上帝想要的祭品的象征。还有，说上帝不想要祭物，《诗篇》作者的意思是上帝不希望愚蠢的人会因此认为上帝为了自己的快乐而需要祭物。上帝若是不希望他需要的祭品用这些他不需要的祭物来象征，——他真正需要的只有一样，就是忧伤的灵，忧伤痛悔的心——那么上帝肯定不会在古老的律法中传下这样的诫命，要人们献上这些他不需要的祭物，而这些祭物会使人认为上帝为了自己的快乐而需要它们。所以到了一定的时候，作为象征的祭物确实发生了变化，以便使人们不会相信祭物本身，而非由祭物象征的东西，是上帝想要的，或在我们中间可接受的。因此，在《诗篇》另一篇的一个段落里，上帝说："我若是饥饿，我不用告诉你，因为世界和其中所充满的都是我的。我岂吃公牛肉呢？我岂喝山羊的血呢？"②就好像上帝在说，即使这些东西对我来说是必要的，我也不会向你们要，因为我自己就有。随后，《诗篇》作者进一步揭示了这些话的意义："你们要以感谢为祭献与神，又要向至高者还你的愿，并要在患难之日求告我，我必搭救你，你也要荣耀我。"③还有，在另一位先知那里有这样的话："我朝见主，在至高神面前跪拜，当献上什

---

① 《诗篇》51∶16—17。
② 《诗篇》50∶12—13。
③ 《诗篇》50∶14—15。

么呢？岂可献一岁的牛犊为燔祭吗？主岂喜悦千千的公羊，或是万万的油河吗？我岂可为自己的罪过献我的长子吗？为心中的罪恶献我身所生的吗？世人哪，主已指示你何为善，他向你所要的是什么呢？只要你行公义，好怜悯，存谦卑的心，与你的神同行。"①所以在这位先知的话中，两件事情作了清楚的区分和充分的阐述，上帝不需要这样的祭物，但上帝确实需要用这样的祭物象征的东西。使徒在写给希伯来人的书信中说："不可忘记行善和捐输的事，因为这样的祭是神所喜悦的。"②所以，经上说"我喜爱怜恤，不喜爱祭祀"③的意思绝不是喜爱一种献祭甚于另一种献祭，因为在人们的日常语言中称作献祭的东西只是真正的献祭的一种象征。还有，怜恤是真正的献祭，所以经上说"这样的祭是神所喜悦的"。这是我刚引用过的。因此，无论是在帐幕里还是在神殿里进行的各种各样的献祭，我们读到的与此相关的神圣诫命都应当作象征性的解释，它们实际上指的是爱上帝和爱邻人。因为经上说"这两条诫命是律法和先知一切道理的总纲"。④

章6 论真正的、完善的献祭

因此，真正的献祭是为了能在神圣的团契中亲近上帝而做的各项工作，也就是说，抱着至善的目的和目标去做这些工作，只有这样我们才能真正得到赐福。因此，若不是为了亲近上帝，那么甚至连我们对他人的怜恤也不是对上帝的献祭。这是因为，尽管献祭是由凡人实施或奉献的，但献祭是一件神圣的事情，从古时候的拉丁作家使用"sacrificium"这个词就可以看出来。因此，以上帝之名圣洁了的人，向上帝发过誓的人，自己就是一个祭品，对这个世界来说他是死的，但他可以活在上帝那里。⑤ 对怜恤来说也一样，这种怜恤是每个人怜恤自己。所以经上说："凭着使上帝

---

① 《弥迦书》6：6—8。

② 《希伯来书》13：16。

③ 《何西阿书》6：6。

④ 《马太福音》22：40。

⑤ 参阅《罗马书》6：11。

喜悦怜恤你的灵魂。"①当我们节制自己的身体时，它也是一样祭物，如果我们为了上帝这样做（我们必须这样做），就可以不让我们的肢体成为不义之举的工具，而是让它成为公义的手段。② 使徒鼓励我们这样做，他说："弟兄们，我以神的慈悲劝你们，将身体献上，当作活祭，是圣洁的，是神所喜悦的，你们如此侍奉，乃是理所当然的。"③所以，因其低劣而被灵魂用作奴仆或工具的身体，在被正确地使用并与上帝有关时，是一种祭物。如果是这样的话，那么当灵魂直接面对上帝，被上帝爱的火焰点燃时，灵魂就更是一种祭品，它可以觉察到上帝之美，可以令上帝喜悦，它会失去世俗欲望的形式，借助对上帝的服从而得到永久的重铸！这确实是使徒后来又添上的话的意思，他说："不要效法这个世界，只要心意更新而变化，叫你们察验何为神的善良、纯全、可喜悦的旨意。"④

　　由于真正的献祭是怜恤我们自己或邻人的工作，它的完成与上帝相关，由于怜恤的工作除了使我们摆脱不幸、得到赐福之外没有别的目的，由于这项工作只有通过"我亲近神是于我有益"⑤的态度来完成，因此从中确实可以推论，整个得到救赎的城市——亦即圣徒的教会和团契——可以作为我们的祭品通过我们的大祭司献给上帝，这位大祭司甚至热烈地希望以奴仆的形式把他自己献给我们，这样我们就可以成为这位荣耀的首领的肢体。⑥ 他以这种形式奉献，在这样的形式中他奉献自己，因为只有这样他才是我们的中保。以这样的形式，他是我们的祭司，以这样的形式，他是我们的祭品。因此，使徒敦促我们将身体献上，当作活祭，是圣洁的，是神所喜悦的，如此侍奉乃是理所当然的，不要效法这个世界，只要更新我们的心意，使我们能够察验何为神的善良、纯全、可喜悦的旨意，这也就是我们自己的真正的献祭。使徒说："我凭着所赐我的恩，对你们各

---

① 《便西拉智训》30:24。

② 参阅《罗马书》6:16 以下。

③ 《罗马书》12:1。

④ 《罗马书》12:2。

⑤ 《诗篇》73:28。

⑥ 参阅《腓立比书》2:7。

人说:不要看自己过于所当看的,要照着神所分给各人信心的大小,看得合乎中道。正如我们一个身子上有好些肢体,肢体也不都是一样的用处。我们这许多人,在基督里成为一身,互相联络作肢体,也是如此。按我们所得的恩赐,各有不同。"①这就是基督徒的献祭:"我们这许多人,在基督里成为一身。"这也是教会持续不断地在祭坛前举行的献祭,如忠信者所知,以此证明教会本身在献祭中使自己成为献给上帝的祭品。

章7 神圣的天使爱我们,因此它们希望我们崇拜唯一真神,而不希望我们去崇拜它们

幸福的、不朽的存在者居住在天上,并在与它们的创造者的交际中喜悦。它们因他的永恒而坚定,因他的真理而确信,因他的恩惠而神圣。它们热爱我们这些不幸的凡人,希望我们变得不朽和幸福。因此,它们当然不希望我们向它们献祭,而希望我们向上帝献祭。它们知道,在这一点上,它们和我们是共同的。我们和它们属于同一个上帝之城,对此经上说:"上帝之城啊,荣耀的事乃指着你说的。"②凡人居于下界,天使从上面帮助护佑。上帝的理智和不变的意志是这座城的法律,天使们一起在天上的法庭中讨论我们凡人之事,把圣经传给我们。③ 经上说:"祭祀别神,不单单祭祀主的,那人必要灭绝。"④伟大的奇迹已经证明了这段经文、这条律法、这些诫命。这些不朽的、幸福的存在者显然希望我们像它们一样向上帝献祭。

章8 上帝通过天使行奇迹来确认他的应许,以此强化虔诚者的信仰

如果我讲述所有发生在数千年前的古代的事件和奇迹,以此肯定上帝对亚伯拉罕的应许,"地上的万国都必因他得福"⑤,那就显得太冗长

---

① 《罗马书》12:3—6。
② 《诗篇》87:3。
③ 参阅《加拉太书》3:19。
④ 《出埃及记》22:20。
⑤ 《创世记》18:18。

了。有谁会对这些事情不感到惊讶呢？亚伯拉罕绝经的妻子能在一个连多产的妇女都难以生育的年纪生子。① 当亚伯拉罕献祭时，一道火焰从天而降，从祭祀的肉块中经过。② 亚伯拉罕接待显现为人的天使，从他们那里得知上帝应许说他会有儿子，大火将从天而降，烧毁所多玛城。③ 天使在大火将要降临之际把亚伯拉罕的外甥罗得救出所多玛，而罗得的妻子回头一看，就变成了一根盐柱。④ 这是一个警告的象征，行走在得救之路上的人不能怀念丢下的东西。

还有，摩西在把上帝的子民从埃及的奴隶制的轭下解救出来的时候行了多么大的奇迹啊！埃及法老，也就是压迫埃及民众的国王，当他的术士行奇迹的时候，只有用更大的奇迹才能压倒它。这些术士借助魔法和巫术做了这些事，而这是邪恶的天使，亦即精灵，所热衷的。摩西以创造天地的上帝之名，在天使的帮助下，很轻易地就压倒了他们，因为他这一边拥有更大的力量，行得更正。那些术士确实在兴起第三场瘟疫时遭到了失败，而摩西在大行奇迹时一共兴起十场灾难。心地刚硬的法老和埃及人屈服了，同意让上帝的子民离去。然而他们马上又反悔，想要把离去的希伯来人抓回来，希伯来人在红海中走干地，而追赶的埃及军队被回流的水淹没。⑤

摩西领着希伯来人穿过旷野，一路上行了那么多令人惊讶的奇迹，对此我该说些什么呢？在上帝的指示下，一棵树扔进不能喝的苦水中，水就失去苦味，供会众解渴。⑥ 吗哪从天而降解除会众的饥饿，如果有人超过饭量多收，吗哪就会生虫变臭，但如果在安息日前收两天的量，就不会发臭，在安息日收吗哪是不合法的。⑦ 当他们想要吃肉，而人数众多不能满

---

① 《创世记》18：10 以下；21：1 以下。
② 《创世记》15：17。在他的《订正录》，卷 2，章 43 处，奥古斯丁说他不应当把这件事当作奇迹来谈论，因为这是梦中的异象。
③ 泛见《创世记》章 18。
④ 《创世记》19：15 以下。
⑤ 《出埃及记》7：14；参阅奥古斯丁《布道文》，篇 8；《诗篇诠释》，章 77，节 27。
⑥ 《出埃及记》15：23 以下。
⑦ 《出埃及记》16：14 以下。

足供应时,鹌鹑飞到营里来让他们吃个饱。① 当摩西伸出双手成十字形祈祷时,挡住他们前进道路的敌人就被打败,一个希伯来人都没有损失。② 上帝的子民中出了某些奸诈之人,想要与神圣的团契分离,他们脚下的大地开口把他们活生生地吞了下去,作为不可见的惩罚的一个可见的证明。③ 杖击磐石,水就丰盛地流出来给所有人和牲畜喝个够。④ 被火蛇咬了的罪人,只要一望挂在杆子上的铜蛇就活了。⑤ 这样做不仅是为了使受伤的民众得到治疗,而且也在他们面前竖起一个死在十字架上的形象,象征着用死亡战胜死亡。后来,保存着这一事件记忆的铜蛇被走上歧途的民众当作偶像来崇拜,但是被国王希西家打碎,他用自己的力量侍奉上帝和宗教,他的虔诚赢得了许多赞扬。⑥

章9 崇拜精灵使用不合法的技艺,柏拉图主义者波斐利认可其中某些技艺,但谴责另一些

施行这些奇迹以及做其他许多具有相同性质的事——尽管要全部加以列举太长了——为的是推进对唯一真神的崇拜,禁止崇拜众多的伪神。还有,这些奇迹是通过简单的信仰和虔诚的信念施行的,而不依靠巫师们的技艺和可疑的咒语。他们把这种技艺称作巫术,或者用一个更恶心的名称称之为魔法,或者用一个更荣耀的名称称之为神术。⑦ 我们的对手试图区分两种人:一种人热衷于不合法的技艺,施行巫术,他们称为巫师;另一种人在他们看来似乎值得赞扬,因为这些人施行神术。而实际上,两种人都受制于精灵的虚假的祭仪,把精灵当作天使来崇拜。

甚至连波斐利也许诺用一种巫术来洗涤灵魂。然而在论证时他还是

---

① 《民数记》11:18 以下;11:31 以下。
② 《出埃及记》17:9以下;参阅奥古斯丁:《反摩尼教的福斯图》,卷12,章30。
③ 《民数记》16:31 以下。
④ 《民数记》20:7以下。
⑤ 《民数记》21:4以下。
⑥ 《列王纪下》18:4。
⑦ 《创世记》19:15 以下。

有些犹豫不决和害羞,因为他否认这种技艺可以确保人们回归神。你确实可以看到,他的观点在两个端点之间摇摆:邪恶的渎神的好奇心和哲学家的职业。一方面他警告我们要避开巫术,因为巫术是虚假的,对施行者是危险的,是法律禁止的;而另一方面,就好像想到那些赞扬巫术的人,他声称巫术是有用的,可以用来洗涤灵魂的某个部分。这个部分当然不是理智的部分,而是灵性部分,因为我们用灵魂的理智部分察觉无形体的理智事物的真相,我们用灵魂的灵性部分察觉有形事物的影像。他说,灵性部分生来适宜接受精灵和天使,可以看到诸神,但要借助于被称作秘仪的巫术的祭祀。然而他承认,理智灵魂在行巫术的秘仪中得不到这样的净化,否则它就适宜看到神和察觉真正存在的事物。从他的这种认可可以推论,如果一个人依靠理智灵魂不能看到真正存在的事物,那么他所说的通过施行巫术秘仪产生的神是什么样的神,是什么样的神的影像。他还说理性灵魂——或者用他喜欢的说法,理智灵魂——可以逃避到它自己的王国里去,哪怕它从来没有受过任何巫术技艺的洗涤。他还说,这种技艺不能把灵性部分洗涤到能够获得不朽和永恒的地步。

然后,波斐利区分了天使与精灵,说精灵的住处是在空中,而天使住在以太或天堂里。他还建议我们利用某些精灵对我们的友好,依靠它们的帮助我们有可能在死后升天,哪怕升得不太高。然而他承认,通过另一种不同的方式,我们可以与天堂中的天使为伴。还有,他带着某种忏悔的腔调,非常明确地断言,在与精灵结盟时我们必须十分小心,因为灵魂死后要为它犯下的罪过受惩罚,而引诱灵魂上的精灵在这个时候是十分恐怖的。还有对巫术本身,尽管他把巫术当作一种赢得天使和诸神青睐的办法来评价,但他不否认巫术与某种神力有关,要么是这种神力在妒忌灵魂得到洁净,要么是妒忌神力者在施行这种技艺。他讲述了某个迦勒底人在这个问题上的抱怨。波斐利说:"在迦勒底有个好人抱怨说,尽管他竭尽全力洗涤他的灵魂,但他受到了挫折,因为有个力量强大的人,出于妒忌而向神力祈祷,指使它们不要聆听他的要求。"他又说:"因此,神力受到一个人的指使,就不能为另一个人做事。"以此为证据,他得出结论说,巫术是一种在诸神和凡人中不仅能够行善而且也能作恶的行当。他还得出结论说,诸神也会受苦,也会受到情欲的骚扰和激动,而阿普留斯把这些东西只归于精灵和凡人,诸神不在此列,因为诸神居住在崇高的以太层中。在作出这种区别的时候,波斐利分享了柏拉图的看法。

章10 巫术虚假地许诺可以呼唤精灵来洗涤灵魂

所以,你们瞧!波斐利这位名声比阿普留斯还要大的柏拉图主义者断言,借助我所不懂的这种巫术,连诸神本身也会屈服于情欲和烦恼,在祷词的嘱托下,它们有可能不去洗涤灵魂。他说,它们感到害怕,因为有人命令它们作恶,而要它们行善的人却不能用同样的巫术得到他想要的东西。

有谁看不到所有这些事情都是骗人的精灵使用的诡计,除非它是凡人最可悲的奴隶,远离能使我们真正自由的上帝的恩典?如果我们这里提到的诸神是善神,那么这个有着善良意愿的想要洗涤灵魂的人会与诸神一道胜过那个想要阻碍他灵魂洁净的人。或者说,如果这些神是公正的,认为这个人不配得到灵魂的洁净,那么它们无论如何不应当拒绝他的要求,因为它们被那个妒忌者吓坏了,或者如波斐利所说,受到一位更强大的神祇的阻碍而感到恐惧,而应当依据它们自己的判断力。还有,奇怪的是,这位有着良好意愿想通过巫术洗涤灵魂的迦勒底人应当知道,没有一位较高的神能进一步恐吓那些吓坏了的神祇,迫使它们行善,或者解除它们的恐惧,使它们能够自由地行善。这位善良的巫师本人为什么缺乏手段首先消除诸神恐惧的污点呢?这些神灵是他呼唤来洗涤他自己的灵魂的?如果有一位神能够接受嘱托恐吓较低的神祇,为什么就没有一位神能受嘱托消除它们的恐惧呢?如果有一位神听从妒忌者的唆使令其他神祇害怕,阻止它们行善,那么为什么就找不到一位神聆听好心人的话,消除诸神的恐惧,让它们行善呢?

多么精彩的巫术啊!多么令人敬佩的灵魂洗涤啊,不洁的妒忌竟然比恳求圣洁更有影响!因此,让我们避开和消除这种恶灵的欺骗,注意听取健全的教义。至于那些通过渎神的仪式进行了肮脏的涤罪的人,如波斐利所记载,好像能看到某些奇妙的异象,看到天使或诸神,如果他们确实看到了这些东西,那么这是使徒所说的"撒旦装作光明的天使"。① 因为这些幻影来自这个魔鬼,它想用诸神骗人的仪式来引诱不幸的灵魂上,使它们偏离对真神的崇拜,而只有依靠这位真神它们才能得到洁净和医治,如普洛托斯所说,"魔鬼变化成各种样子"。② 因此,无论它把我们当作敌人来追索,还是虚假地提供帮助,都是在伤害我们。

章 11　波斐利给埃及人阿奈波写信,询问精灵有什么差别

波斐利在给埃及人阿奈波写信的时候表现出较高的智慧,③他以求教的口吻寻求对方的指点,借机在信中揭露和推翻了这些渎神的技艺。他在这个场合下确实对精灵进行谴责,说它们相当愚蠢,竟然会被献祭时污浊的烟雾吸引,因此它们一定不住在以太层,而住在月亮下的空气中,或者住在月亮的表面。然而,他不敢说一切精灵都是愚蠢的、邪恶的,都在干那些会引起他愤怒的荒唐事。他按照其他人的说法,称某些精灵是善良的,尽管他承认,一般说来它们都是愚蠢的。还有,诸神不仅受到献祭用的牺牲的吸引,而且受凡人的驱使,去做凡人希望它们做的事,这使他感到惊讶。还有,如果诸神与精灵的区别在于有形体与无形体,那么使他感到疑惑的是,无疑有形体的日月星辰为什么要被当作诸神;④如果它们是诸神,为什么有些被称作有益的,有些被称作有害的;既然它们有形体,那么它们如何能够与无形体的诸神联合。

他还好像心有疑虑地问道,那些占卜师和行奇迹的人能够做这种事是由于他们自己灵魂的能力,还是借助于某种他们之外的精灵的手段。他猜测说,他们借助于外来精灵的手段,因为他们用石头和草药来诅咒某些人,或者以此打开紧闭的门户,或者行使诸如此类的奇迹。他说,这就是为什么有些人相信有一类存在者专门聆听祈祷的原因;这些生灵天生会骗人,能变形,反复无常,会模仿诸神、精灵和亡灵;就是这些存在者在

---

① 《出埃及记》7:14;参阅奥古斯丁:《布道文》,篇 8;《诗篇诠释》,章 77,节 27。
② 《出埃及记》15:23 以下。
③ 《出埃及记》16:14 以下。
④ 《民数记》11:18 以下;11:31 以下。

实施所有这些行为,而这些行为在我们看来或好或坏。然而,在那些真正
的好事上它们不会帮助我们。与此相反,它们甚至不知道这些好事。倒
不如说,它们常常诱人作恶,责备和阻碍那些想要寻求美德的人。它们充
满着傲慢和鲁莽,喜爱献祭的臭气,喜欢得到奉承。然而,波斐利没有提
到这一类骗人恶灵的其他性质,它们会进入人的灵魂,在人醒着的时候或
睡着的时候,欺骗人的感觉,就好像波斐利本人已被说服了似的。倒不如
说,在断定这些都是别人的看法时,他暗示自己心存疑虑。真的,很难理
解这样一位杰出的哲学家要理解或坚定地驳斥整个精灵团体会如此困
难,而任何不值一提的基督徒老妇人都会毫不犹豫地承认它们的存在,并
发自内心地对它们表示厌恶! 但也许波斐利不想冒犯阿奈波,他在这个
时候是在给阿奈波写信,而波斐利本人已经极好地揭露了这种巫术的仪
式,或者说因为有其他人在敬佩这样的仪式,认为这些仪式是神圣的,与
崇拜诸神相关。

　　然而,波斐利探讨了这个主题,并仍旧用请教的口吻说话,他提到的
某些事情,头脑清醒的人当然只会归诸于邪恶的、骗人的魔鬼。他问道,
为什么较好的精灵受到召唤时,也会像较坏的精灵一样去执行凡人不公
正的命令。它们为什么一方面拒绝听取刚刚与妇女发生过性关系的男人
的祈祷,另一方面自己却毫不犹豫地去勾引它们喜欢的人并犯奸淫?①
它们的祭司为什么要吃素、以免受动物的尸臭污染,而它们自己却被献祭
的烟雾和牺牲的臭味所吸引? 为什么加入秘仪者禁止触及死尸,而它们
的许多庆祝仪式都有死尸出现? 为什么作恶多端的人用想象性的灾难,
不是对精灵或死人的灵魂,而是对太阳、月亮或其他天体发出恐吓,强迫
它们提供恩惠? 这种人会恐吓说,他将毁灭天空,还会做其他凡人不可能
做到的事情,心里指望诸神会由于害怕他那虚假的、可笑的恐吓而执行他
的命令,就好像诸神是愚蠢的儿童。② 波斐利还提到有个人叫凯瑞蒙,对
这些神圣的事务,或者倒不如说叫渎神的事务非常了解。凯瑞蒙写道,埃

---

① 《出埃及记》17:9以下;参阅奥古斯丁:《反摩尼教的福斯图》,卷12,章30。
② 《民数记》16:31以下。

及人用来庆祝伊希斯及其丈夫奥西里斯功绩的祭仪非常出名,这种祭仪会产生强大的力量迫使诸神听命。凯瑞蒙用他的咒语迫使诸神这样做,还威胁说要公开或消灭这些神的秘仪。如果诸神拒不听命,那么他发出的要割碎奥西里斯肢体的威胁特别有效。

波斐利当然会感到惊讶,一个凡人竟然会对诸神发出如此空洞的威胁,不是对一般的神,而是对发出星辰光芒的天神本身,而这些威胁竟然有效,使天神不敢抵抗,乖乖地去完成他的意愿。或者倒不如说,波斐利看起来像是在表示惊讶和想要寻找原因,但实际上他给了我们这样一种理解,这种事情是精灵干的,他在前面对这类精灵作过描述,就好像是在引用别人的观点。如他所说,骗人的精灵模仿诸神和死人的灵魂,它们的欺骗不是出于天性,而是一种错误。然而它们并不像他所说的那样模仿精灵,因为它们自己就是精灵。

至于波斐利的另一个观点,借助于草药、石头、动物、某种声音、语词、图形、图画,甚至借助于观察天体在旋转着的天穹中的运动,凡人可以创造某种力量并产生各种各样的结果,诸如此类的信念都是由于精灵对拥有这些信念的人施行诡计的结果,而精灵在人类的错误中攫取欢乐。

波斐利的疑惑和请教也许是真实的。但即便如此,只要提到他叙述的这些事情,那么这些事情无疑不是那些帮助我们获得幸福生活的神力干的,而是和那些骗人的精灵有关。另一种可能,从较好的方面来理解这位哲学家,他也许是在用这种方式避免冒犯那位醉心于这种谬误、相信自己拥有某些伟大知识的埃及人。因此,波斐利没有骄傲地认为自己是这方面的教师和权威,也没有以敌对者的身份去反对这位埃及人,使他为难。倒不如说,为了把这位埃及人的心思引到这些事情上来,并且说明这些事情有多么微不足道,对这类事情确实应当加以回避,所以他以一位求教者的身份说话,谦卑地表示想要学习这些事情。

最后,他在书信结尾处向阿奈波请教,按照埃及人的智慧,幸福的道路是什么。至于那些与诸神交谈,为了寻找逃亡的奴隶、发财、婚姻、贸易之类的事情去麻烦诸神的人,他说,这些人养成的智慧似乎都白费了。他还说,这些神圣的存在者虽然与凡人交谈,也许会在其他方面讲真话,但它们关于幸福的说法全无价值或益处。因此,它们不会是诸神或善良的精灵。它们要么是被称作"魔鬼"的精灵,要么仅仅是凡人的虚构。

章12 关于真神通过神圣的天使兴起的奇迹

然而,通过巫术完成的事情从各方面来看都超越了凡人的能力。剩下来我们可以审慎地表示相信的就是,这些奇迹看起来好像是神预见到的或由神完成的,但实际上与崇拜真正的上帝无关。如柏拉图主义者多次证明了的那样,忠于上帝可以找到所有幸福,这些奇迹是邪恶的精灵用来引诱我们的圈套,真正虔诚的人必须加以回避。

另一方面,有些奇迹是上帝兴起的,或者通过天使,或者借助别的手段,这些奇迹向我们赞扬了真正地对上帝的崇拜和上帝的宗教,幸福的生活只存在于上帝之中。我们必须真的相信,这种奇迹要么是那些爱我们的存在者按照真理和神圣实施的,要么是上帝通过它们进行的。我们一定不要听这些人的话,说不可见的上帝不会兴起可见的奇迹,尽管这些人相信世界是上帝创造的。他们确实不能否认这个世界是可见的,但无论什么奇迹在这个世界里发生都一定小于整个世界,亦即天与地、在天地之中的一切,这些东西肯定是上帝创造的。然而,正好像上帝把这个世界造得对人隐秘和难解,所以上帝创造世界的手段也是隐秘的和难解的。因此,尽管有序的自然界的奇迹受到轻视,因为它们始终在我们面前,然而当我们明智地观察它们时,就可以明白它们比那些我们所不熟悉的、罕见的奇迹更伟大。人本身也是一个伟大的奇迹,大于凡人行使的任何奇迹。①

所以,创造出可见的天地的上帝,并不鄙弃天空中或大地上可见的奇迹。上帝行奇迹是为了激励灵魂,使它们能够放弃可见的事物去崇拜不可见的上帝。但上帝在什么地方这样做,在什么时候这样做,是一个不变的计划,这个计划只有上帝自己知道,在上帝的设计中,未来的一切时代都已经创造出来。这是因为,上帝推动一切暂时的事物,而上帝自身不

---

① 《民数记》20:7以下。

动；上帝已经完成的知识与尚未完成的知识没有什么不同；上帝也不会以
一种方式聆听祈求他的人，而以另一种方式看待想要祈求他的人。聆听
我们祈求的哪怕是上帝的天使，那也是上帝本身在天使中聆听我们，因为
上帝在天使中也像在上帝的真正圣殿中一样，这个圣殿不是用手造的，正
如上帝在那些圣徒中一样。他的旨意尽管是在不同的时间完成的，但已
经有了永恒的安排。

章 13　不可见的上帝经常使他自己变得可见，但不是以他的真身，而是以视者所能承受的样子显身

上帝尽管是不可见的，但他经常以可见的形式向先祖们显现，对此我
们不要感到困惑不解。正如我们听到声音，由此在安宁的心灵中形成思
想一样，尽管上帝从本性上来说是不可见的，但它能够被看到的方面与上
帝本身不是一回事。所以被看见的是上帝的形体，就好像思想本身可以
有声语言的形式被听见。先祖们对这一事实并非无知，尽管上帝的形体
并非上帝真身，但不管怎么说，他们看到了不可见的上帝。所以，尽管摩
西对上帝说话，上帝也对摩西说话，然而摩西说："我如今若在你眼前蒙
恩，求你将你的真身显示给我，使我可以看到你，认识你。"①

因此，上帝的律法通过天使令人敬畏的宣谕，不仅应当赋予一个人或
少数聪明人，而且应当赋予整个民族和大量的民众，②西奈山上发生的大
事就是当着全体百姓的面进行的。上帝的律法在那里赋予一个人，而众
百姓则怀着恐惧与战兢目睹这一事件。但是以色列民众不能像斯巴达人
相信莱喀古斯一样地相信摩西，也就是说斯巴达人认为莱喀古斯建立的
法律来自朱庇特或阿波罗。因为当崇拜一神的律法颁布给以色列民众
时，在他们眼前出现了各种奇迹和地震，其数量在上帝的旨意看来足以使
他们明白，创造者可以使用被造者来颁布律法。

---

① 《民数记》21：4以下。

② 《列王纪下》18：4。

章 14　崇拜唯一的上帝不仅是为了永久的幸福,而且也是为了短暂的繁荣,因为上帝的旨意决定一切

对于由上帝的子民组成的这部分人类进行的教育,就像对一个人的教育,要通过若干个时期或时代来完成,使他们能从短暂的事物转向永久的事物,从可见的事物转向不可见的事物。然而,即使在这个只应许可见物做奖赏的时代,只崇拜一神的诫命还是颁布了。这就是说,除了灵魂的真正创造主,人的心灵不应当承认其他任何神,哪怕是为了这个过渡期的生活中的尘世利益。因为,无论谁否认天使或凡人馈赠给人类的一切事物都出自万能的上帝,那么他一定是个傻瓜。

柏拉图主义哲学家普罗提诺确实讨论过神旨问题。[①] 他从花朵和树叶之美开始推论,认为神旨向下延伸,抵达源于至高神的尘世事物,而理智的、无法言喻的美属于至高神。他认为,一切不能展示完美形式的世俗事物稍纵即逝,不能拥有这般的精美,但至高神的理智的和不变的形式渗透于一切事物。主耶稣本人也证明了这一点。他说:"你想,野地里的百合花怎么长起来;它也不劳苦,也不纺线;然而我告诉你们,就是所罗门极荣华的时候,他所穿戴的还不如这花一朵呢! 你们这小信的人哪! 野地里的草今天还在,明天就丢在炉里,神还给它这样的妆饰,何况你们呢!"[②]

因此,人的不坚定的灵魂仍旧会虚弱地想要得到尘世的事物,它们会习惯于向上帝寻求今生所需要的微小而又短暂的恩惠,尽管这些事物与来生永久的幸福生活相比是值得轻视的。但哪怕是为了寻求这样的事物,灵魂至少不会背离对上帝的崇拜,而要想真正亲近上帝,只有通过藐视和弃绝这些事物才能做到。

章 15　神圣天使的使命和对上帝旨意的侍奉

因此如我所说,并如我们在《使徒行传》中读到的那样,上帝的旨意

---

① 普罗提诺:《九章集》,卷 3,章 2,节 13。
② 《马太福音》6:28—30。

是要天使在既定的时间颁布崇拜唯一真神的律法。① 然而，上帝本身在凡人中以可见的形式显现，而非以他自身的本质显现，他的本质对于可朽的眼睛来说确实是永远不可见的，眼睛看到的只是创造主通过服从于创造主的被造物展示的某些征兆。上帝也用人的语言说话，一个音节接一个音节，但按照他自己的本性，上帝不是以身体的方式而是以灵性的方式讲话，这些话语不是可感知的，而是可理解的，不是暂时的，而是永恒的，既没有开端，又没有终结。上帝的侍者与使臣幸福地享有上帝不变的真理，它们不是用身体的耳朵，而是用心灵，聆听了上帝的全部话语。它们没有丝毫怠慢或障碍，在这个可见的和可感的世界上实施上帝的旨意，它们以某种不可言说的方式听到了上帝的命令。

还有，上帝的律法是按照时代赋予的。因此，如我所说，首先有尘世奖赏的应许，但这些奖赏只是永恒奖赏的象征。然而，尽管许多人分享并庆祝了这些可见的象征，但很少有人明白这些永恒的幸福。但不管怎么说，呈现在律法中的所有话语和事情都非常清楚地要求我们崇拜一位神，不是崇拜一群神，而是崇拜创造了天地、灵魂、精灵的上帝，而上帝本身并不是精灵。因为上帝创造精灵，精灵是被造的。为了它们的存在和幸福，精灵需要创造它们的上帝。

章16　在有关幸福生活的应许上，我们应当相信那些要我们赋予它们神圣荣耀的天使，还是相信那些只要我们侍奉上帝而不要侍奉它们的天使？

那么，在幸福和永恒生活的问题上，我们要相信哪些天使呢？相信哪些希望自己得到崇拜和宗教顺从，强迫凡人为它们举行仪式和献祭的天使吗？或者相信那些说这样的崇拜只能归于一位上帝的天使？上帝是一切事物的创造者，他教导我们要带着真正的虔诚崇拜他，由于上帝的深思熟虑，天使们现在是幸福的，按上帝的要求，天使应许我们将来也会幸福。上帝的影像如此美丽，值得深爱，因此普罗提诺毫不犹豫地说，哪怕丰盛

---

① 《使徒行传》7:53。

地拥有一切好东西,若是不能爱,那也是完全不幸福的。①

因此,由于有些天使带来奇迹是为了引导我们崇拜这位上帝,而有些天使带来的奇迹是为了引诱我们崇拜它们自己,又由于前者禁止我们崇拜这些天使,而后者不敢禁止我们崇拜上帝,那么我们该听谁的呢? 让柏拉图主义者来回答,让任何哲学家来回答,让巫师来回答,或者倒不如让"初学者"来回答,因为对初步涉猎这种技艺的所有人来说,这个名称都比较适当。简言之,让所有人来回答吧,要是他们身上仍旧还拥有使之堪称理性动物的一部分天生的洞察力。我要说的是,让他们来告诉我们要不要向这些存在者献祭,它们是诸神还是天使,它们命令我们向它们献祭,或者禁止我们崇拜它们或其他任何东西,而要向一位神献祭。

如果这类存在者或其他存在者都没有实施奇迹,而只是发布命令,也就是说,有的要求向它们献祭,有些禁止向它们献祭而只是吩咐我们向一位神献祭,那么虔诚本身足以察觉哪些命令来自顽固和骄傲,哪些命令出自真正的宗教。对此我还要多说一些。如果激荡凡人灵魂的奇迹只是由那些想要凡人向它们自己献祭的存在者施行的,如果那些禁止我们崇拜它们自己,而命令我们只向一位神献祭的存在者从来没有施行过这样可见的奇迹,那么后者的权柄仍旧无疑更会为人所喜,这样的选择不是依据身体的感官,而是依据心灵的理性。然而,为了弘扬他的真理,上帝借助这些不朽的使者来宣谕真理,不是用它们自己的骄傲,而是用上帝的尊严来施行更伟大的、更确定的、更值得庆贺的奇迹。这样作为的是让那些虔诚者中的弱者不会被那些要我们崇拜它们自己的存在者说服而去拥抱假宗教,它们在竭力用惊人的奇迹来使我们信服。当人们看到真理以更加惊人的奇迹方式展现时,还会有人愚蠢到这个地步,以至于不去选择和遵循真理吗?

下面我们来讨论那些历史上归于异邦诸神的奇迹。我在这里讲的不是那些由于隐秘的原因不时发生的、与这个世界的性质有关的奇迹,比如动物生出怪胎,天空和大地出现奇异现象等等,但不管怎么说,这些奇迹

---

① 普罗提诺:《九章集》,卷1,章6,节7。

无论是恐怖的还是真的有害,其发生的原因都是由神意指定的。人们错误地相信,通过与精灵的交际,凭着精灵虚假的技艺,可以兴起或消除这些事情。然而,我在这里要谈论的奇迹很清楚,是由精灵的力量施行的。举例来说,埃涅阿斯从特洛伊逃出来时带着家神到处流浪;①塔克文用一把剃刀切开磨刀石;②埃庇道鲁地方的一条毒蛇附身于埃斯库拉庇俄斯,随他去了罗马;③弗里吉亚的一艘船上有一尊母亲的雕像,男人们无论用多少力气,甚至用公牛来拉,都纹丝不动,而一位小女子为了证明她的贞洁,把自己的腰带解下束在雕像上,就可以拉动它;④一位处女被人怀疑不贞洁,当她用台伯河的水灌满一把筛子时,人们就消除了怀疑。⑤ 诸如此类的事情根本无法与我们读到的在上帝的子民中兴起的奇迹相比。更不要说巫术和占卜的奇迹可以与之相比了,这些事情甚至连异邦的法律都加以禁止并给予惩罚! 大多数这样的事情只是空洞的幻象,通过玩弄人们的想象而欺骗凡人的感官。比如像卢坎所说的那样,把月亮拉下来,"直到她在树上撒下露珠"。⑥ 但若这些奇迹看起来似乎与那些由虔诚者施行的奇迹相同,那么这两种奇迹无论如何还是可以依据它们的目的加以区分,由此可以表明我们的奇迹更加卓越。因为巫术的行为只能表明,我们对手的许多神祇越是要求献祭的崇拜,它们就越不配。另一方面,我们的奇迹赞美上帝,这是上帝自己的圣经所证明的,然后这些献祭最终被取消,以此又向我们证明上帝并不需要这些东西。

　　因此,若有天使为它们自己要求献祭,我们一定会更喜爱那些要求献祭,但不是为了它们自己,而是为了上帝的天使,上帝创造一切,它们侍奉上帝。在这样的行为中,它们显示出它们有多么真实地爱我们,因为它们

---

① 瓦勒留·马克西姆:《秘闻录》,卷1,章8,行7。

② 李维:《罗马史》1:36。

③ 瓦勒留·马克西姆:《秘闻录》,卷1,章8,行2。

④ 奥维德:《哀歌》,卷4,行305以下。

⑤ 瓦勒留·马克西姆:《秘闻录》,卷8,章1,行5。

⑥ 卢坎(Lucan):《法塞利亚》,卷6,行506;参阅维吉尔节:《短诗集》,第8首,行69。

希望我们通过献祭,不是服从它们,而是服从上帝,它们也通过对上帝的沉思而幸福,并接近从来没有离开过上帝。还有,若有天使希望献祭,不是献给一神,也不是献给它们自己,而是献给众神,它们是众神的天使,那么我们一定要再次更加喜爱那些属于众神之神的天使。后者命令我们向上帝献祭,它们禁止我们崇拜任何其他的神。但其他的天使没有禁止崇拜上帝,上帝的天使命令我们只能给上帝献祭。

还有,就像它们的骄傲和虚伪所表明的那样,这些天使既不是善良的天使,也不是善神的天使,而是邪恶的精灵,它们希望看到祭祀不献给一位唯一的、最高的神,而献给它们自己。除了从善良的天使侍奉的一神那里,我们还能从哪里找到更好的辩护呢? 这些天使命令我们用献祭来侍奉,不是为了它们自己,而是为了我们自己必须对之献祭的上帝。

章17　关于上帝用来确认其律法和应许之权威的约柜和其他奇迹般的征兆

由于这个原因,上帝的律法被放在一个称作约柜的箱子里,天使颁布圣命,要我们用宗教仪式崇拜一位万神之神,而禁止对其他一切神祇的崇拜。约柜这个名字足以表明,不是这位受到所有仪式崇拜的我们的上帝被禁止和限制在那个地方,尽管他的答复,以及某些凡人的感官所能感受到的象征,是从约柜所在处发出的,对上帝的旨意所做的见证来自那里。还有,我说过,律法本身是刻在石板上放在约柜中的,祭司们虔敬地抬着它在旷野中行走,同时抬着的还有会幕,同样也被称作法幕。还有一个征兆出现,白天像云柱,夜间像火柱。当云柱移动时,营盘就移动了,当云柱停住时,营盘就安顿下来了。①

除了我说的这些征兆,还有从约柜所在处传来的声音,其他征兆也为律法作见证。当众人进入应许之地时,他们抬着约柜穿过约旦河,河水在上游停住,在下游继续流淌,所以约柜和众人都从干地上过去。② 当他们

---

① 《出埃及记》13:21;40:34 以下。

② 《约书亚记》3:16 以下。

来到第一座敌对的、信仰多神的城市时，祭司们抬着约柜绕城七次，城墙就突然塌陷，尽管他们并没有发起攻击，也没有用攻城槌。[①] 后来，当民众已经在应许之地居住时，约柜被敌人掳走了，因为民众犯了罪。[②] 那些掳走约柜的敌人把它安放在他们所崇拜的大神庙中，锁在里面。然而第二天打开庙门时，他们看到他们敬拜的大神像倒在地上，摔碎了。由于受到凶兆的警告，还有其他一些更令人悲伤的惩罚，他们把神圣的约柜还给了以色列民众。这是一种什么样的归还啊！他们把约柜装在车上，套上有乳的母牛，把牛犊关在家里。他们让母牛任意行走，想以此检验神力。然而，没有任何人的指点，母牛直行大道，去了以色列人那里，而不顾它们饥饿的牛犊的牵挂，把最神圣的约柜送回了崇敬它的人那里。

这些奇迹，以及其他同类事情，在上帝的估量中都是小事，但它们足以使凡人恐惧并给他们完整的指导。哲学家们，尤其是柏拉图主义者，他们的智慧比他人更值得庆贺，因为如我前不久所说的那样，他们教导说，连低下的尘世间的事物也受神意的支配。他们从无数种美中推出这一结论，美不仅可以在动物身上看到，而且可以在树木和花草那里看到。那么，更加明显的是神性的呈现可以用我们前面讲过的这些事情加以证明，并且据此也可证明，禁止向任何天上、地上和地下的存在者献祭，而只向一位神献祭，这样的宗教值得赞扬！只有上帝能用他对我们的爱和我们对他的爱使我们幸福。上帝指定在一段时间内使用这样的献祭，并预言这样的献祭将会被一位更好的祭司改变成更好的形式，由此证明上帝不需要这些祭品，而只是用它们来象征其他更大的祭品。上帝这样做不是为了使自己享有这样的荣耀并得到提升，而是以此点燃他对我们的爱的火焰，使我们崇拜和依靠他，这件好事不是为了他，而是为了我们。

章18　有人否认教会圣经中记载的奇迹是上帝用来教训子民的，奥古斯丁提出反对意见

会有人说这些奇迹是假的，实际上并没有这些奇迹，作品中记载的这

---

① 《约书亚记》6:20。

② 《撒母耳记上》4—6。

些奇迹是谎言吗？说这种话的任何人若是断言没有任何证据可以相信诸如此类的事情，那么他也可以根据同样的理由说关心人间事务的诸神不存在。因为异邦的历史证明了这样的神祇借助奇迹劝导凡人只崇拜它们。以这样的方式，尽管诸神没有给人类带来利益，但它们仍旧能够显示自己的力量。由于这个原因，我们这本书尽管已经写到第十卷，但至今尚未驳斥那些否认有任何神的存在，或认为神不关心人间事务的人。倒不如说，我们现在涉及的是那些喜爱他们自己的神祇胜过喜爱我们的上帝的人，上帝是最荣耀的圣城的创建者，那些人确实不知道上帝就是这个可见的、可变的世界的不可见的、不变的创建者，是幸福生活的真正赐予者，幸福不在于被造的事物，而在于上帝本身。

　　上帝最可信的先知这样说道："我亲近神是于我有益。"①在哲学家那里问题是这样提出来的：什么是与我们的一切职责都有关联的最终的善？《诗篇》作者没有说，发大财于我有益，身穿帝王的紫袍、头戴王冠、手持权杖于我有益。他也没有像不少哲学家说过的那样，说拥有身体的快乐于我有益；或者没有像更高尚一些的哲学家那样，说拥有灵魂的美德于我有益。他宁可说"我亲近神是于我有益"。他从上帝那里学到了这一点，献祭只能归于上帝，这是神圣的天使用奇迹向我们显示的；因此他本人变成了献给上帝的一样祭品，上帝理智的火焰点燃了他，他迅速地投入了上帝不变的、无形的怀抱。

　　还有，那些崇拜多神的人，无论他们认为这些神是什么样的，若是相信他们民族的史书或巫术书（或者用比较荣耀的术语"神术书"）中记载的奇迹是这些神祇施行的，那么他们有什么理由拒绝相信我们圣经中记载的奇迹？我们对圣经的信仰与我们对圣经教导我们要对之献祭的上帝的信仰一样大。

章19　真正的宗教所教导的向唯一、不可见、真正的上帝献祭的理由

　　有些人相信把可见的祭品献给其他神祇是合适的，但是更伟大、更优

---

① 《诗篇》73∶28。

秀的不可见的祭品——这种祭品是纯洁的心灵和善良的意愿——只能献给比其他一切更伟大、更优秀的不可见的上帝。然而，这些人肯定不知道这些可见的祭品是不可见的祭品的象征，就好像我们说出来的语词是事物的象征。因此，就好像我们说一些有意义的话，向上帝祈祷，赞美上帝，藉此把我们的心和这些意义所代表的实际事物献给上帝，所以让我们明白，在献祭中，我们对上帝献上可见的祭品，而在心中，我们应当奉献自己作为不可见的祭品。当我们这样做的时候，天使，以及其他由于拥有善与虔诚的美德而强大的存在者，会喜爱地看着我们，和我们同乐，并用它们的力量帮助我们。然而，若我们想要以这种方式崇拜它们，它们就不愿意接受，当它们被派到人间来，变得能被感官看见时，它们会强烈地禁止我们这样做。圣经中有这样的例子：有些人认为天使应当受到崇拜或献祭，想给天使献上与上帝一样的荣耀，而天使则训诫他们不能这样做，命令他们只向上帝献祭，因为天使们知道这样做是无罪的。①

还有，神圣的天使在这方面被上帝的圣人所模仿。保罗和巴拿巴被人当作神，因为他们在吕高尼行奇迹为人治病，吕高尼人想向他们献祭，但他们谦卑地、虔诚地拒绝了这种荣耀，并告诉人们应当相信上帝。②

还有，那些骗人的、傲慢的精灵想要得到献祭，其原因无非就是因为它们知道献祭归于真正的上帝。而令它们真正喜欢的，如波斐利以及其他许多人所说，不是尸体的腐臭，而是神圣的荣耀。实际上，它们有各种气味，如果它们希望得到更多的气味，那么它们可以为自己提供。能令僭称神的精灵高兴的不是焚烧尸体的烟雾，而是那些祈援者的灵魂，精灵欺骗这些灵魂，使之屈服，阻碍它们接近上帝。精灵通过引诱祈援者向其他神灵献祭，阻止他把自己作为祭品献给上帝。

章20　上帝与凡人之间的中保使最高的、真正的献祭生效

因此，真正的中保，耶稣基督这个人，采取仆人的形式成了上帝与凡

---

① 《士师记》13：16；《启示录》22：8。

② 《使徒行传》14：7以下。

人之间的中保。① 他以上帝的形式与天父一道接受献祭,天父就是唯一
的上帝。然而,他以仆人的形式自愿成为一样祭品,而不是受祭者,所以
即使是在这种情况下,任何人都无理由认为这是在向一个生灵献祭,无论
它是什么样的生灵。因此,耶稣基督既是献祭的祭司,又是被献的祭
品。② 在教会的圣事礼仪中,他希望以此为每日的象征。教会是耶稣基
督的身体,耶稣基督是教会的头,教会受到教导要通过耶稣基督奉献自
己。古时圣人举行的真正的献祭有许多各种各样的象征,以这种方式预
示许多事情,就好像一件事情可以用许多不同的语词来表达,为的是能够
经常赞美而又不至于啰哩啰唆。有了这种最高的和真正的献祭,一切虚
假的献祭都要让位。

章 21　精灵得到试探和荣耀圣人的权力,圣人的胜利不依靠抚慰空中的
精灵,而依靠服从上帝

确实,在某个既定的、很好地调整过的时间里,精灵会得到某种力量,
能够引诱受它们影响的凡人去反对上帝之城。这种残暴的精灵不仅得到
那些自愿者的献祭,而且也通过残忍的迫害而从非自愿者那里勒索祭献。
然而,它们的力量对教会不仅是无害的,而且甚至可以说是有用的;因为
它成全了殉道士的数量,在上帝之城里殉道士得到高度敬重,被视为杰出
的、光荣的公民,因为他们与亵渎神的罪行抗争,到了流血的地步。③ 如
果教会的习惯用语允许的话,我们还可以更加优雅地把这些人称作我们
的英雄。英雄这个词源于"朱诺"(Juno),在希腊人中叫"赫拉"(Hera),
按照希腊神话,她的儿子被称作"英雄"(Heros)。这个故事蕴涵的意义
与这样一个事实有关,天空(aer)据说是朱诺的领地,英雄和精灵们在天
上住在一起。此处英雄的意思是那些杰出的死者的灵魂。④ 但是我们把

---

① 参阅《腓立比书》2:6以下;《提摩太前书》2:5。
② 《希伯来书》10:11以下。
③ 参阅《使徒行传》12:4以下。
④ 奥古斯丁显然认为,相信aer和Hera之间有某些词源上的联系是不正确的。

我们的殉道士称作英雄的理由很不一样（我说过，若是教会用语允许的话），不是因为他们与精灵一道和睦地居住在天上，而是因为他们消灭了精灵，亦即那些空中的掌权者，①包括朱诺本身在内，而无论她被称为什么。

诗人们把朱诺刻画成敌视美德、妒忌以天堂为目的的勇敢的凡人，这样说并非不恰当。然而，维吉尔再次不幸地向她屈服和投降。因为尽管诗人在某个地方写道，朱诺说"我被埃涅亚斯征服了"，②但作为宗教顾问的赫勒努斯告诫埃涅亚斯说，"还是高高兴兴地向朱诺祈祷吧，用求援者的礼物去征服这位伟大的王后。"③与这种看法一致的是，波斐利说——尽管他是在表达别人的看法，而不是他自己的——善良的神祇或精灵不会接近凡人，除非邪恶的精灵已经先得到抚慰。这里蕴涵的意思是，恶的神灵比善的神灵更加强大，因为善的神灵想要帮助我们，却受到阻拦，直到恶的神灵得到抚慰，并让出位置；恶的神灵能够危害我们，但却没有善的神灵加以制止。这不是真正的神圣宗教所用的方式。我们的殉道士征服朱诺也不是用这种方式，这里讲的朱诺也就是那个妒忌虔诚者的美德的天上的神灵。我们的英雄，如果我们的习惯用语允许我们这样称呼她的话，征服赫拉用的不是祈援者的礼物，而是神圣的美德。西庇阿被称作"阿菲利卡努"（Africanus）确实是因为他靠勇敢征服了阿菲利加，而不是因为他用礼物安慰敌人而赢得敌人的怜悯。

章22　圣人抗拒精灵的力量是怎么来的，心灵何时真正得到洁净

依靠真正的虔诚，上帝的人驱逐了反对敬神的天上的敌对力量；不依靠抚慰，而依靠驱除。他们克服了敌人的所有诱惑，用的办法不是向它祈求，而是向他们自己的上帝祈祷。因为敌人不能征服和压制任何人，只能征服和压制与罪结盟的人。因此，以这位具有人形的上帝的名义，敌人被

---

① 参阅《以弗所书》2:2以下。

② 维吉尔：《埃涅阿斯纪》，卷7，行310。

③ 维吉尔：《埃涅阿斯纪》，卷3，行438以下。

征服了,他既是祭司又是祭品,可以用他来赎罪,也就是说,通过上帝与凡
人之间的中保、基督耶稣这个人,我们与上帝和好,涤罪得以完成。人由
于罪而与上帝疏离,因此我们今生不能靠我们自己的美德洗清我们的罪,
而只能依靠神的怜悯,不能依靠我们自己的力量,而只能依靠上帝的恩
典,因为无论哪种美德被我们视为自己的,无论这种美德是多么微小,都
是上帝的恩赐。我们确实可以把许多德行归于我们自己的肉身,但事实
上我们只有得到他的宽恕方能活着,直至我们抛弃肉身。这就是恩典要
通过一位中保赐给我们的原因,因为只有这样,被有罪的肉身所玷污了的
我们才能被"具有罪身的"上帝的儿子洁净。①上帝通过这一恩典显示他
巨大的仁慈,依靠上帝的这种恩典,在信仰的指引下,在不变的真理的照
耀下,我们在今生和来世走向最充分的成全。

章23　柏拉图主义者教导说,灵魂的洁净依靠"原则"或"位格"

甚至连波斐利也说,神谕宣布,依靠向太阳和月亮献祭不能使我们得
到洁净,这表明凡人不能通过向任何神祇献祭来洗涤罪行。太阳和月亮
被认为是天神中最大的,如果向太阳和月亮献祭都不能使我们洁净,那么
还有什么祭仪能使我们洁净呢? 接下去,他说神谕的意思是"原则"能使
我们洁净。② 他说了这样的话,免得有人会假定,向太阳和月亮献祭不能
使我们洁净,向诸神中的别的神祇献祭能够使我们洁净。我们知道他作
为一个柏拉图主义者所说的"原则"是什么意思。③ 因为他在这里提到了
圣父和圣子,在希腊人中,圣子是圣父的理智或心灵。然而关于圣灵他什
么也没说,或者一点儿也没说清楚,因为当他谈到某些其他的存在者拥有

---

① 《罗马书》8∶3以下。
② 亚历山大里亚和雅典的柏拉图主义者,从普罗提诺到普罗克洛,一致认为上帝有
　三个"原则"或三个位格:第一个是太一或善,也就是圣父;第二个是理智或道,也
　就是圣子;第三个是圣灵,是生命的普遍原则。至于这些位格的性质和秩序,亚
　历山大里亚学派与雅典学派看法不一。普罗提诺的三一论与波斐利的三一论有
　细微的差别。
③ 普罗提诺:《九章集》,卷4,章5,节1;亚历山大里亚的西里尔,《反朱利安》,章8。

二者之间的中间地位时，我不明白他的意思。像普罗提诺一样，在讨论三种主要的位格时，如果波斐利希望我们懂得这第三者是自然的灵魂，那么他肯定不会赋予它二者之间的中间地位，亦即圣父与圣子之间的中间地位。因为普罗提诺把自然的灵魂放在圣父的理智之后，[①]而波斐利在说到它是中介的时候，并没有把它放在其他二者之后，而是放在它们之间。他无疑说出了他能说的话或他希望说的话。然而，我们说圣灵不仅仅是圣父的灵，也不仅仅是圣子的灵，而是二者的灵。哲学家可以用他们喜欢的方式使用语词，他们不会自找麻烦去避免使用那些冒犯宗教信徒耳朵的词，哪怕是在最困难的问题上。但是我们有这种宗教义务，按照确定的规则讲话，免得我们用语之随便引起对我们所谈论事物的不虔敬的看法。

章 24　能洗净和更新人性的唯一真正"原则"

因此，当我们谈论上帝的时候，我们并不是说有两个或三个原则，我们也不能随意说有两位或三位神。在分别谈到他们的时候——圣父、圣子、圣灵——我们承认他们每一位都是上帝，但是我们不像异端的追随者撒比留斯那样，说圣父与圣子相同，圣灵与圣父、圣子相同。我们宁可说圣父是圣子之父，圣子是圣父之子，圣灵是圣父和圣子之灵，但它既不是圣父也不是圣子。所以，确实可以说只有依靠一个原则，人才能得到洁净，但柏拉图主义者在谈论原则时用复数形式是不正确的。

然而，波斐利屈从于妒忌的力量。他为它们感到可耻，但他太敬畏它们了，以至于不敢自由地发表反对它们的言论。所以他拒绝承认主基督是原则，依靠他的道成肉身，我们得以洁净。波斐利确实轻视他，因为他采取了肉身的形式以便为了我们的洁净而成为祭品。由于波斐利的傲慢，他不明白这个伟大的奥秘；我们真正的、仁慈的救世主为了向凡人显示他自己而裹上了有死的肉身，因此而变得卑微。邪恶的、骗人的中保因为没有这种可朽性而兴高采烈，它们以不朽者的身份说话，对可悲的凡人虚假地作出提供帮助的许诺。

---

① 普罗提诺：《九章集》，卷 4，章 5，节 6。

这样,善良的、真正的中保表明,罪是邪恶,而不是物体或肉身的性质。他表明,可以假定有一个肉身和一个人的灵魂是无罪的,并且能在死亡时抛弃肉身,通过复活改变成更好的东西。他还表明,死亡本身不是我们用犯罪的手段就能避免的,尽管死亡是罪的惩罚,这种赎价是无罪的他为我们支付的。倒不如说,如果需要,我们应当以公义之名承受死亡。他能够用他自己的死亡把我们从罪中救赎出来,因为他虽然死了,但并非为他自己的罪而死。

但是柏拉图主义者波斐利不承认他是原则,否则波斐利就会承认他是我们的洁净者之一。原则不是肉身,不是人的灵魂,而是道,一切事物借着他被创造出来。① 使我们洁净的是裹着肉身的道,"道成了肉身,住在我们中间。"②当基督用寓言谈到他要赐的粮就是他的肉时,那些没听懂他的话的人好像受到了冒犯,他们一边离开一边说,"这个人怎能把他的肉给我们吃呢?"而基督则对留下的人说:"叫人活着的乃是灵,肉体是无益的。"③

这个有了灵魂和肉体的"原则"洗涤信他之人的灵魂和肉体。因此,当犹太人问他你是谁的时候,他回答说他是"原则"。④ 我们这些肉体的、虚弱的人,倾向于罪,被无知的黑暗所包裹,因此完全不能理解这个原则,除非我们得到他的洗涤和治疗,用我们所是的方式和我们所不是的方式。因为我们是人,但我们不是公义的;然而他在道成肉身中有了人的性质,但他是公义的、无罪的。这是一种调解,靠着这种调解有一只手伸向坠落和无助之人;这是一颗种子,"由天使按立",靠着天使的安排而有了命令我们崇拜唯一上帝的律法,并应许了中保的降临。

---

① 《约翰福音》1:3。
② 《约翰福音》1:14。
③ 《约翰福音》6:57 以下。
④ 参阅《约翰福音》8:25,只有通俗拉丁文圣经(Vulgate)可以作这种理解。希腊文圣经此句含义模糊,但权威版本的英文翻译的译法可能是正确的,"他们就问他说:你是谁? 耶稣对他们说:'就是我从起初所告诉你们的。'"

章25　律法之下和律法之前的一切圣人在基督道成肉身的奥秘中因信称义

依靠对这一奥秘的信仰，古时候的人能够公义地生活而保持纯洁。甚至在律法赋予希伯来人以前就是这样，即使在那个时代他们也不缺乏教师，因为他们有上帝和天使。但在律法时代，律法用象征性的语言应许精神性的东西，就好像是在应许尘世的事物（由于这个原因，我们称之为旧约），这也是真的。当时还有先知与天使一样，宣布了相同的应许。在这些先知中，这位先知抱着伟大的、神圣的情感宣布说："我亲近上帝是于我有益。"①这是我前不久引用过的，涉及人生的目的和善。

在这篇诗篇中，旧约与新约这两部书的区别确实已经说得非常清楚。② 因为《诗篇》的作者说，当看到不虔诚者享有丰富的肉体的、尘世的应许时，他的双脚好像失去，要在滑地上摔倒。因为这样一来他对上帝的侍奉好像白费了，因为他察觉到那些轻视上帝的人幸福昌盛，而这正是他要向上帝手中寻找的。他还说，为了知道这是为什么，他努力思索，但都白费了，直到他进了上帝的圣所，知道了这些他错误地认为很幸福的人的结局。然后，如他所说，他明白了使他们沉沦的原因正是那些他们竭力提升自己的事情，而他们现在由于不公义而被灭绝了，所有短暂的幸福对他们来说都像是一场梦，醒来之后发现自己在梦中的所有快乐都不在了。由于他们把自己当作地上或尘世之城中的伟大人物，因此他说，"主啊，在你的城里你将使他们的梦想成为虚无。"

《诗篇》的作者甚至还充分说明了只向唯一的上帝寻求尘世之物会有什么好处，世上的一切都在上帝手中。他说："我在你面前如畜类一般，然而我常与你同在。"③他所说的"如畜类一般"的意思是：我是愚蠢的，因为我必须向你祈求不虔诚者不能与我共享的东西，而不是祈求那些我看到不虔诚者丰盛地拥有的东西，因此我以为我对你的侍奉白费了，因

---

① 《诗篇》73：28。
② 《诗篇》73：17 以下。
③ 《诗篇》73：22。

为那些拒绝侍奉你的人拥有着我没有的东西;但不管怎么说,我始终与你同在,因为即使我想要这些东西,但我并没有向其他神祇寻求。所以他继续说:"你搀着我的右手,以你的训言引导我,以后必接我到荣耀里。"①他得出结论说,尘世间的事物没有一样是吉利的,尽管当他看到不虔诚者丰盛地拥有这样的事物时感到犹豫。他说:"在天上我有什么呢? 在地上我想从你那里得到什么呢?"②他指责自己,对自己的念头感到不快;因为尽管他在天上有如此巨大的好处(这是他后来明白的),然而他在地上却向他的上帝寻求短暂的、脆弱的幸福,亦即用土做成的幸福。他说:"上帝啊,我的心和肉体衰残。"③但这个失误却引导他从地上的事物转向天上的事物! 因此他在另一篇诗中说:"我的灵魂尽管犯了错,羡慕渴望上帝的院宇。"④还有,在另一篇诗中,他说:"我心渴望你的救恩。"⑤然而,尽管他说他的心和肉体都衰残了,但他没有说,我心和肉体的上帝啊,而是说我心的上帝,因为靠着心使肉体洁净。所以主说:"先洗净里面的,好叫外面的也干净。"⑥

然后,《诗篇》作者说,上帝本身是他的一部分,不是上帝的某些东西是他的一部分,而是上帝本身是他的一部分。"我心的上帝,永远是我的一部分。"在一切事物中人会选择什么呢,他乐意选上帝本身。他说:"因为远离你的人要灭亡,你会把他们当作卖淫者全都摧毁",也就是说,他们向许多神祇献身。然后接着所有这些诗句,这篇诗说,"我亲近上帝是于我有益",不是远离上帝,也不是向众多神祇献身。当我们身上有待救赎的一切都已经得到救赎的时候,这种对上帝的亲近将会得到成全。

但现在,如他所说,要把我们的盼望寄托在上帝那里。使徒说:"我们得救是在乎盼望,只是所见的盼望不是盼望,谁还盼望他所见的呢? 但

---

① 《诗篇》73:23—24。

② 《诗篇》73:25。

③ 《诗篇》73:26。

④ 《诗篇》84:2。

⑤ 《诗篇》119:81。

⑥ 《马太福音》23:26。

我们若盼望那所不见的,就必忍耐等候。"①所以,当前为了建立这种盼望,让我们按照《诗篇》作者进一步所说的去做,用我们的方式成为上帝的天使或使者,宣扬上帝的意志,赞扬上帝的荣耀和恩典。因为,他在说了"把我们的盼望寄托在上帝身上"以后又继续说,"好叫我在锡安山的女儿门赞美你的一切作为。"②这是最荣耀的上帝之城,这座城只知道崇拜一位神。神圣的天使宣告了上帝之城,邀请我们加入它们的社团,希望我们在这座城里成为它们的同胞公民。因为它们不希望我们把它们当作我们的诸神来崇拜,而希望我们和它们一道来崇拜我们和它们的上帝,不是向它们献祭,而是和它们一起成为献给上帝的祭品。

同理,无论谁抛开邪恶的固执,考虑这些事情,肯定相信这些幸福和不朽的精灵不会妒忌我们(如果它们妒忌我们,那么它们不会幸福),而会热爱我们,希望我们和它们一样幸福,当我们和它们一道崇拜上帝圣父、圣子、圣灵的时候,它们会更喜欢我们,更乐意帮助我们,而不是当我们向它们献祭,崇拜它们的时候才这样。

章26　在承认真正的上帝和崇拜精灵之间摇摆的波斐利的弱点

我不知道为什么会这样,但在我看来,波斐利似乎为他的巫师朋友感到脸红;因为他几乎知道我所说的一切,但却没有公开谴责多神崇拜。确实,他甚至说过,有些天使来到人间,把神圣的真理启示给巫师,还有其他一些天使宣布大地和其中所充满的事物属于高深莫测的圣父。③ 但是我们要不要相信这些天使这样做是为了宣布圣父的意愿,希望我们只服从由它们宣布了其意愿的圣父呢? 因此我们一定不要害怕不向这些不朽的、幸福的、服从上帝的天使献祭会冒犯它们。因为它们知道这样的献祭只能归于唯一真正的上帝,只有依靠上帝它们才是幸福的。因此,它们无疑不希望得到象征性的献祭或由象征性的献祭所象征的真正的献祭。这

---

① 《罗马书》8∶24 以下。
② 《诗篇》73∶26 以下。
③ 欧西庇乌∶《福音的准备》,卷 4,章 7 以下。

样的傲慢属于骄傲的、可悲的精灵,与那些服从上帝的虔诚者极为不同,它们的幸福只来源于对上帝的依靠。我们也能得到这种善,它们认为衷心地喜欢我们是合适的,它们并不想固执地支配我们,而是向我们宣布,在上帝的统治下,我们可以和它们和睦相处,成为同胞公民。

那么,哲学家啊,你为什么仍旧害怕放大嗓门自由地反对这些神力呢,这些神力既有害于真正的美德,又有害于献给真正的上帝的礼物?你已经区别了宣布上帝意志的天使和那些被我所不知道的技艺拉下来访问巫师的天使。但你为什么仍旧荣耀后者,说它们宣布了神圣的真理?如果说它没有宣布圣父的意志,它们又能宣布什么神圣的真理?妒忌者的法术确实有效的束缚了这些精灵,使它们不能把纯洁赋予人的灵魂,如你所说,不能通过一位想要洁净的善人得到释放,重新恢复它们自己行动的力量。它们是邪恶的精灵,对此你仍旧表示怀疑吗?或者说,由于害怕冒犯巫师,你也许假装不知道它们是谁,而在好奇心的驱使下你已经学会了这些邪恶的、不洁的事情,就好像这些事情是巨大的幸福似的,对吗?你敢把这些妒忌的精灵——把它们称作害虫比称作神力更恰当——提升到空中,甚至提升到天上吗?就像你自己承认的那样,它们更应当被称作妒忌的奴隶,而不是被称作主人。因此,你羞于把它们纳入你的星辰之神的行列中,免得有辱星辰本身,是吗?

章27　波斐利的不虔诚甚至超过阿普留斯的错误

你的柏拉图主义同事阿普留斯所犯的错误更符合人的情感,更可容忍。他承认,占据月亮下方区域的精灵也受到情欲的风波和心灵的骚动,尽管他不很情愿承认,因为他荣耀精灵。① 至于占据以太层的较高的天神,无论是可见的,像太阳、月亮或其他放光而明显可见的天体,还是不可见的但他相信存在的天神,他就竭力争辩,说它们不会受到这样的骚动,认为说它们也会有这样的骚动是一种亵渎。

所以,不是从柏拉图那里,而是从你的迦勒底老师那里,你学会了把

---

① 　参阅本书卷9;阿普留斯:《论苏格拉底之神》,章12。

凡人错误地提升到宇宙的以太层和最高天,以便使巫师能够从你的诸神那里得到神圣的启示。你把你自己的生命的理智性质提升得高于这些神圣的启示,而你的生命的理智性质似乎不需要得到由神术的技艺施行的洁净,因为对哲学家来说,这些事情并非完全必需的。然而,由于你希望奖赏你的老师,你就向别人推荐这样的技艺,这些人不是哲学家,他们受到诱惑而使用这些你承认对你自己无用的技艺,而你自己能做更高级的事情。这样,哲学对大多数人来说太艰深了,那些远离哲学力量的人可以在你的鼓励下,在神术师的手中寻求洁净,这种洁净确实不是理智的洁净,而是灵魂的灵性部分的洁净。现在,由于不适宜学哲学的人占据人类的大多数,因此更多的人会被迫去向你的这些秘密的、不合法的教师请教,而不是向柏拉图学派请教。因为那些最不纯洁的精灵伪装成以太中的神,而你成了它们的传令官和使者,向那些灵魂的灵性部分被神术的技艺得到洁净的人许诺,说他们确实不会回归到圣父那里去,而会与那些神祇一样居住在以太层中。

但是大多数人不会相信这种许诺,基督为他们而来,把他们从精灵的统治下解放出来。在基督里面,他们得到了心灵、肉体、灵性的洁净。为了能够治疗整个人类染上的罪的瘟疫,他无罪地接受了整个人性。只要你认识他,只要你把自己托付给他治疗,而不是依靠你自己虚弱的、不坚定的人的美德,或者依靠最邪恶的好奇心! 他不会欺骗你,因为如你自己所写的那样,你们自己的神谕承认他是神圣的、不朽的。那位最出名的诗人说到过他(诗人确实是在为另一位神画像,但若把这些话用到基督身上也是真实的),"有你作我们的向导,残留在我们身上的任何罪恶的痕迹都会被清除,大地将解除它永远的恐惧。"①他用这首诗表明,由于这种生命的脆弱,即使那些在公义的美德方面取得伟大进步的人,也仍旧留有罪恶的痕迹,而这些罪恶的痕迹只有诗中所说的救世主才能治愈。在同一首诗的第四行处,维吉尔本人说这首诗不仅仅是他自己的虚构,因为他说"库卖的诗歌预言了最后的时代"。由此看来,这句诗无疑是由库卖的

----

① 维吉尔:《短诗集》,第 4 首,行 13 以下。

西彼拉启示的。

但是这些神术师,或者倒不如说这些以诸神的模样出现的精灵,用虚假的外貌和形式空洞的骗术污染而非洁净了人的灵性。因为,这些自己灵性不洁的精灵又如何能够洁净人的灵性? 如果它们不是不洁的,那么它们肯定不会受到妒忌者的符咒的约束,它们也不会像凡人一样害怕法术,或者过分妒忌以至于许诺空洞的幸福。但是你们承认理智的灵魂,亦即我们的心灵——不能用法术来洁净,这也就够了,甚至我们灵魂的灵性部分或较差的部分也不能用这样的技艺来使之成为不朽的和永恒的,尽管你们断言它能够洁净。然而,基督应许了永恒的生命,因此,不管你们如何愤怒、惊愕、困惑,这个世界还是聚集在他周围。

你无法否认,当人们把自己托付给神术的时候,他们犯了错误,这种神术用它盲目愚蠢的教导欺骗了那么多人。你也无法否认,向天使①祈祷和献祭,用这种方法来取得帮助,肯定是一个错误。同时,好像是为了避免浪费你学习这种技艺的努力,你把人们打发到神术师那里去,使那些不按照理智灵魂的指引来生活的人可以依靠神术师来洗涤他们的灵性灵魂,这样做又有什么意义呢?

章 28　波斐利不能认识基督是真正的智慧,原因何在?

因此,你把人引进确凿无疑的谬误,带来那么大的伤害而不知害羞,尽管你自认为是美德与智慧的热爱者。你若是真正热爱美德与智慧,那么你会认识到"基督总是上帝的能力,上帝的智慧",②而不会由于拥有空洞的知识而自吹自擂,对基督健全的谦恭感到厌恶。

不过你承认,灵魂的灵性部分,即使没有这些神术技艺和秘仪的帮助,也能依靠贞洁的美德得以洁净,但你白白浪费了许多精力去学习这些技艺。有时候你甚至说这些秘仪不能提升人死后的灵魂,所以在今生终结之时,它们甚至对被你称作灵性的灵魂的这个部分也没有益处。然而,

---

① 此处英译文为"to principalities and angels",意为"向掌权的第七级天使和天使"。
② 《哥林多前书》1:24。

你在许多地方多次回到神术技艺这个主题上来，在我看来，你这样做不是为了其他目的，而就是想要实施这种技艺，让那些对非法的技艺好奇的人高兴，或者引起其他人的好奇心。但你确实说得好，这种技艺是令人恐惧的，既因为实施这种技艺会带来法律上的危险，①又因为这种技艺行为有可能带来伤害。那些不幸的实施技艺的人如果只听你的话，那么他们就会远离这类技艺，或者绝不再接近它！

你确实说过，无知以及从无知中产生的许多邪恶，不能用任何秘仪加以洗涤，而只能依靠"父的心灵"②，亦即圣父的心灵或理智，是对圣父意志的认识。但你不相信这个心灵就是基督，由于他从一位妇女那里得到肉身和被钉十字架所受的耻辱，因此你轻视他。你竭力抬高智慧，向往较高的区域，而排斥这样低微的事情。但是他应验了神圣的先知对他所作的预言："我要灭绝智慧人的智慧，废弃聪明人的聪明。"③但他并没有灭绝和废弃上帝赠给他们的礼物，而只是灭绝和废弃了他们的固执己见，即不愿意把智慧和聪明归于上帝。因此使徒在引用了先知的这段证言以后又说："智慧人在哪里？文士在哪里？这世上的辩士在哪里？上帝岂不是叫这世上的智慧变成愚拙吗？世人凭自己的智慧，既不认识上帝，上帝就乐意用人所当作愚拙的道理拯救那些信的人，这就是上帝的智慧了。犹太人是要神迹，希腊人是求智慧；我们却是传钉十字架的基督。在犹太人为绊脚石，在外邦人为愚拙。但在那蒙召的，无论是犹太人、希腊人，基督总为上帝的能力，上帝的智慧。因上帝的愚拙总比人智慧，上帝的软弱总比人强壮。"④这就是被我们的对手所轻视的软弱和愚拙，就好像他们是智慧的和强壮的似的。然而这是治疗软弱的恩典，这些弱者不会傲慢地宣扬他们自己虚假的幸福，而宁可谦卑地承认自己真正的不幸。

---

① 参阅本书卷7，章35。
② 此处的拉丁原文是"patrikos nous"。
③ 《以赛亚书》29∶14；《哥林多前书》1∶19。
④ 《哥林多前书》1∶20—25。

章29　主耶稣基督的道成肉身,这是不虔诚的柏拉图主义者羞于承认的

你声称有父神与神子,你把神子称作父神的理智或心灵,在两者之间你放上第三者,我们想你指的是圣灵;按照你们的习惯,你称它们为三位神。到此为止,尽管你的用语不正确,但你在一定意义上看到了我们竭力想要追求的事物的影子。然而,你不愿承认不变的圣子的道成肉身,我们依靠他得救,我们通过他能够实现我们相信或以某些细小的方式理解的事情。你看到了我们应当居住的国度的影像,尽管离得很远,并且云雾重重,但你没有紧紧地沿着走向这个国度的道路前进。

然而,你承认有恩典这回事,因为你说恩典只赋予少数人,他们可以依靠他们理智的力量抵达上帝。你不说"恩典只令少数人喜悦",或"只有少数人有这种希望",而说"恩典只赋予少数人"。那么无疑,你承认上帝的恩典,而非人的自足。还有,你追随柏拉图的观点,更加清楚地使用这种语言,你说人在今生无疑不能依靠任何办法来获得完善的智慧,但那些按照理智生活的人会发现他们所缺乏的东西在来世将会由上帝的旨意和恩典来提供。①

噢,只要你承认上帝在我们的主耶稣基督身上的恩典,承认他的道成肉身,通过道成肉身他采取了凡人的灵魂和肉体,那么你就会看到这是一个恩典的最高榜样!但我现在在干什么呢?我知道对死人说话是白费气力,但这句话只对你有效。对那些高度敬重你的人就可能不是白费气力了,他们热爱你,因为他们热爱智慧,对那些你不应该学的技艺抱有好奇心。我以你的名义对这些人讲话。上帝的恩典不可能比这更仁慈地向我们推荐了。因为自身保持不变的上帝的独生子,道成肉身而有了人形,通过这个人的中介把上帝的爱的精神赋予人类。藉此我们有可能走向距离我们十分遥远的上帝,有可能从可朽变成不朽,从易变转为不变,从不虔诚变为虔诚,从不幸变得幸福。因为他使幸福和不朽的愿望渗透我们的本性,而他即使在成为可朽的时候仍旧保持着幸福,他教导我们要忍受和轻视痛苦,这样就能把我们期盼的东西赋予我们。

---

① 参阅柏拉图:《斐多篇》66—67B。

　　如果你们想要默认这条真理,那么你们需要谦卑,要说服你们低下头来接受它是十分困难的。这件难以置信的事情有什么不可信的地方?尤其是对你们这样的人来说,你们的哲学思考一定会教你们相信它。我指的是你们不相信上帝采取了人的灵魂和肉身。而你们自己毕竟把一定程度的优越性赋予理智的灵魂,它确实是人的灵魂,但你们说它能够变得与圣父的心灵具有相同的质料,而你们也承认它是上帝的儿子。那么,为了拯救众人,以一种不可言喻的、独特的方式,上帝之子拥有了理智的灵魂,这件事有什么不可信的呢?还有,从我们自己的本性就可以证明,只有当肉体和灵魂统一的时候,人才是整全的。如果这件事不是最普通的,那才是更不可信的。灵与灵之间的结合比较容易相信,或者用你们习惯使用的语言,无形者与无形者之间的结合,甚至一个是凡人,一个是神祇,一个是可变的,一个是不变的,这样的结合比有形者和无形者之间的结合更容易相信。

　　或许是童女生子史无前例使你们感到犹豫不决?但这件事不应该是个难题,正好相反,这个奇迹般的人奇迹般地诞生这一事实反倒能够帮助你们理解我们的宗教。

　　或者,你们拒绝相信,当他的身体被交付给死亡之后,已经通过复活变得更优秀了,因为他已经不再是可朽的,而是不可毁坏的,上帝已经使他高升到天上,是吗?你们拒绝相信这一点,也许是因为你们看到波斐利在我随意引用的那些书中描写了灵魂的回归,他反复教导我们说,灵魂一定要离开与肉体的任何形式的结合,以便可以与上帝幸福地住在一起。但是在这一点上,你们必须纠正波斐利的意见,因为你们在这个问题上与他的看法相同,认为这个可见的世界上的灵魂有巨大的身体。你们追随柏拉图,①说这个世界是一个动物,②是一个最幸福的动物,你们还希望说它是永恒的。然而,如果说灵魂为了幸福必须离开身体,那么这个世界怎么有可能从来不离开身体,然而又从来不缺乏幸福呢?还有,你们在你

---

①　柏拉图:《蒂迈欧篇》30B。

②　此处动物(animal)一词亦可译为"生灵"。

们的书中承认太阳和其他星辰有身体，能看见太阳的人都会毫不犹豫地同意你们的看法。但是你们还宣称，它们是最幸福的动物，它们永远与它们的身体结合在一起，你们把这种看法视为更高的真理。那么，当有人把基督教的信仰向你们推荐时，你们为什么忘了或假装不知道你们自己习惯性的讨论或教导？你们为什么拒绝在你们自己拥有的看法的基础上成为基督徒，而在实际上又对自己的看法加以反对？不就是因为基督卑微地来到这个世界上，而你们则是骄傲的吗？学了许多基督教圣经的人有时候可能过于焦急地讨论圣人在将来的复活中会拥有什么样的身体。①但我们一点也不怀疑他们的身体将是永恒的，基督复活的例子已经证明他们将拥有什么样的身体。无论他们的身体具有什么样的性质，我们宣称说它们是完全不可毁灭的和不朽的，它们不会丝毫妨碍沉思，而灵魂凭着沉思与上帝在一起。但你们自己说，在天上的存在者中，不朽的、幸福的存在者的身体本来就是不朽的。那么你们为什么还要认为，要想获得幸福必须抛弃身体？我要再次说，如果不是因为基督是谦卑的，而你们是骄傲的，你们为什么还要寻找一个似是而非的理由来躲避基督徒的信仰呢？

你们也许对受到纠正感到羞耻，是吗？这就是邪恶的骄傲。假定离开柏拉图学派，成为依靠圣灵教导渔夫思考的基督的信徒，并且说，"太初有道，道与上帝同在，道就是上帝。这道太初与上帝同在。万物是借着他造的；凡被造的，没有一样不是借着他造的。生命在他里头，这生命就是人的光。光照在黑暗里，黑暗却不接受光，"②这对有学问的人来说是一件可耻的事情吗？这就是神圣的福音书，"按约翰所记"的那卷福音书的开头。后来成为米兰主教的老圣人辛普里西安努③告诉我，有位柏拉图主义者说这段话应当用金子书写，悬挂在每一所教堂的最高处。但是骄傲者认为以上帝作为他们的主人是没有价值的，因为"道成了肉身，住

---

① 参阅本书卷 22，章 12 以下。
② 《约翰福音》1：1—5。
③ 参阅奥古斯丁：《忏悔录》，卷 8，章 2。

在我们中间"①。这些不幸的人得了病还不够,还要对他们的病大吹大擂,讳疾忌医。正因如此,他们得不到治疗,或者倒不如说,他们因此坠入更加可悲的境地。

章30　波斐利对柏拉图主义的补充和修正

如果更改柏拉图的任何教导都被认为是不恰当的,那么为什么波斐利本人作了那么多修正,而且是在一些重大问题上? 因为柏拉图肯定讲过人的灵魂在人死后回到野兽的身体中。② 波斐利的老师普罗提诺也这样看③;然而波斐利认为这个观点应当排斥。④ 他相信,人的灵魂确实要回归人的身体,但不是回归到它离开的那个身体,而是回归其他新的身体。他显然对另一种观点感到脸红,因为害怕一位母亲的灵魂回归到一头驴子的身体中让她的儿子骑在背上。然而他相信有这种可能性,一位母亲也许会回归到一位姑娘的身体中与她自己的儿子结婚,对此他倒不脸红了! 相信神圣的、真正的天使的教导,相信由圣灵激励的先知的预言,相信有使者在前的降临到这个世界上来的上帝的预言,相信由他派来的使徒的传道,他们用上帝的福音充满了整个世界,这样做要荣耀得多! 我要说,相信灵魂将一次性地回归它们自己的身体,比相信灵魂一次又一次地回到不同的身体要荣耀得多。然而我已经说过,波斐利没有彻底纠正这个观点,他只是认为人的灵魂只能进入人的身体,而不能进入野兽的身体。

他还说,神把灵魂放到这个世界上来,在明白了物质性的事物的罪恶本性以后,它可以回归到父神那里去,绝不会由于和这些事物接触再受玷污。在这个问题上,他的想法在一个方面确实不对,因为把灵魂赋予肉体是为了行善,而它要是不作恶就不会知道恶。但不管怎么说,他在一个重

---

① 《约翰福音》1:14。
② 柏拉图:《斐多篇》81E;《斐德罗篇》249B;《国家篇》,卷 10,619D 以下;《蒂迈欧篇》42C;欧西庇乌:《福音的准备》,卷 13,章 16。
③ 参阅普罗提诺:《九章集》,卷 3,章 4,节 2。
④ 参阅本书卷 13,章 19。

要问题上纠正了其他柏拉图主义者的看法,他承认灵魂一旦得以洁净所
有的罪恶,在上帝的临在中得以重建,那就绝不会再承受这个世界的疾病
之苦。由于采取了这一观点,他完全取消了柏拉图主义者最重要的教条:
正好像死人由活人而来,活人也要从死人而来。① 还有,他揭露了维吉尔
似乎从柏拉图那里接受的观点,涤罪后的灵魂被送往厄琉息原野散居
(这是诗人虚构的幸福者居住的地方),从那里被召往勒托河,这条河的
名字的意思是"忘川","由于忘记了过去,它们就可以看到高空,再次产
生回到身体中去的欲望。"②

　　波斐利正确地拒斥了这个观念,因为相信灵魂会产生回归今生的愿
望,再次承受可朽的身体的玷污是一件愚蠢的事情,——这不可能是最幸
福的生活,除非它的永恒性是完全确定的——就好像完善的涤罪只是为
了使之产生不正确的欲望似的。如果完善的涤罪只会遗忘所有的罪恶,
如果遗忘了所有的罪恶只会带来重新进入身体的欲望,再次陷入罪恶,那
么最高的幸福将会成为不幸福的原因,完善的智慧将会成为愚蠢的原因,
最高的洁净将会成为污染的原因。灵魂也不会真正地幸福,无论其幸福
可以延续多久,因为它必须为了幸福而受骗。只有摆脱恐惧,灵魂才能幸
福;但为了能够摆脱恐惧,它必须相信自己总是幸福的。但这个信念是错
误的,因为它也会在某些时候不幸。如果使灵魂快乐的原因是虚假的,那
么灵魂如何能够真正地快乐?波斐利看到了这一点,由于这个原因他说
涤罪后的灵魂要回到父神那里去,从此再也不用接触那些会使之陷入罪
恶的事物。因此,某些柏拉图主义者的这个观点是错误的,他们相信现在
存在的事情就是过去存在的事情,事物的消失和回归是一个必然的循环,
从相同的东西再到相同的东西。然而,哪怕这是真的,知道了又有什么益
处?柏拉图主义者会因此而假定他们比我们优越吗,因为我们今生对他
们的来世由于涤罪和智慧而完善了的更好的生活一无所知,而他们为了
这样一种幸福的生活必须相信虚假的东西?如果这样说是最荒唐、最愚

---

① 柏拉图:《斐多篇》70C 以下;德尔图良:《论灵魂》,章 28。
② 维吉尔:《埃涅阿斯纪》,卷 6,行 750 以下。

蠢的，那么波斐利的观点倒不如说是，灵魂轮回要经历无穷无尽的幸福与不幸的更替。如果情况是这样的话，那么这位柏拉图主义者的观点不同于柏拉图，他采用了一种较好的看法，他看到了柏拉图没有看到的东西，尽管柏拉图是一位如此伟大和杰出的老师，但波斐利毫不犹豫地修正了柏拉图的观点，因为他爱真理胜过爱柏拉图。①

章31　反对柏拉图主义的论证，他们断言人的灵魂像上帝一样永恒

　　既然我们不能依靠人的足智多谋来考察这些事情，那么我们为什么不能相信神圣的启示呢？这些启示告诉我们，灵魂不像上帝一样永恒，而是被造的，在某个时候并不存在。在柏拉图主义者看来，他们似乎有很好的理由拒绝相信这一点，因为他们认为不能始终存在的东西不可能永恒。然而当柏拉图在描写这个世界和上帝在这个世界里创造的诸神时，他非常清楚地说它们有开端，但没有终结，按照它们的创造者的最伟大的意志永恒地存在。② 然而在解释这一点的时候，柏拉图主义者发现柏拉图说的开端不是时间意义上的，而是原因意义上的。他们说，这就好像一只脚永久地踩在泥土中，足迹永远留存在泥土中，尽管无人会怀疑这个足迹是这只脚留下的，但是足迹不会早于脚，哪怕足迹是由脚制造出来的。所以他们说这个世界本身及被创于其中的诸神永久存在于创造它们的神的永久存在中，然而它们是被造的。

　　那么，灵魂若是永远存在，我们要说它的不幸也永远存在吗？若是在灵魂中有某些东西不是永远存在的，而是从某个时间开始的，那么灵魂本身为什么不可能从某个时间开始，尽管它没有先前的存在？它的幸福也像波斐利所承认的那样更加充分，在灵魂经历了邪恶以后会无终结地绵延下去吗？无疑，它的幸福有一个时间上的开端，它不是永远存在的，它在过去并不存在。这样，旨在说明没有任何事物的存在可以在时间上无终点——除非在时间上无起点的事物可以这样——的整个论证失败了。

---

① 　参阅西塞罗：《图斯库兰争论集》，卷 1，章 17，39。

② 　柏拉图：《蒂迈欧篇》41B。

我们在这里发现灵魂的幸福在时间上有开端,但无论如何在时间上无终结。

那么,让人的虚弱让位给上帝的权柄,关于真正的宗教让我们追随那些幸福的、不朽的精灵,它们不为自己寻求它们知道只归于它们的和我们的上帝的荣耀。它们不命令我们献祭,除非只向上帝献祭,如我经常所说的那样。我还要反复重申的是,对上帝的献祭要通过这位祭司来进行,我们和它们都必须这样做,他取了人的形象,以便成为我们的祭司,甚至以他自己的死亡作为我们献上的祭品。①

章32　波斐利找不到灵魂得救的道路,因为他的寻找是错误的,只有基督的恩典能够启示这条道路

这就是包含着灵魂得救之普遍道路的宗教,除了这条道路,没有别的道路可以使灵魂得救。这是一条王家的道路,只有它导向一个王国,这个王国不会像其他所有短暂的王权一样崩溃,而会在坚实的基础上永世长存。在他的第一卷临近结尾处讨论灵魂的回归时,波斐利说没有任何思想体系已经包含着灵魂得救的普遍道路,无论是从最正确的哲学,或是从印度人的道德和实践,或是从迦勒底人的秘仪,或是从别的什么教训,在他通过历史考察得来的知识中也还没有这样的道路,他无疑相信有这样的道路,但他还不知道它在哪里。他花了那么多精力去学习,在别人看来,他关于灵魂得救所知道的和所相信的已经够多了,但却不能使他自己满意。因为他明白,在如此重大的问题上,仍旧需要追随某些杰出的权威。当他说自己还没有从最正确的哲学中知道有一种体系包含灵魂得救的普遍道路时,在我看来,在这个地方他清楚地表明他本人置身于其中进行实践的这种哲学不是最正确的,或者说这种哲学不包含这样的道路。不包含这样一条道路的哲学怎么能是最正确的呢? 如果有一条道路能使所有灵魂得救,否则就不会有任何灵魂得救,那么还会有别的什么道路是普遍的呢? 当他补充说"或是从印度人的道德和实践,或是从迦勒底人

---

① 　参阅《腓立比书》2:8;《希伯来书》5:5以下;8:1以下;9:11以下。

的秘仪,或是从别的什么教训"的时候,他已经用有可能最清楚的语言表明,他从印度人或迦勒底人那里学到的东西并不包含这条灵魂得救的普遍道路。然而他又不能保持沉默,因为事实上他从迦勒底人那里学到了那些他经常提到的神谕。

那么关于这种灵魂得救的普遍道路,他希望我们理解什么呢？甚至最正确的哲学都还没有把它揭示出来,或者还没有被那些据说对神圣事物具有巨大洞察力的民族的教义揭示出来,因为它们对认识和崇拜天使抱有更强烈的好奇心,或者说依靠历史考察的方式,但仍旧无法得知。如果这条普遍道路不是属于一个民族的特有财产,而是所有民族共享的神圣礼物,那么这条普遍的道路又是什么呢？

波斐利确实有理智,他毫不怀疑这样一条道路的存在,因为他不相信神圣的旨意会不给人类留下这样一条灵魂得救的普遍道路。他不说这样的道路不存在,而只说这种伟大的恩惠和帮助还没有被发现,或者还没有被他所知。这不值得惊讶,因为波斐利生活在人类事务的这样一个阶段,而这条灵魂得救的普遍道路,无非就是基督教,当时还受到偶像崇拜者、精灵崇拜者和尘世间的统治者的迫害。由此造就和圣化了许多殉道士,亦即真理的见证者,以他们为榜样,我们可以为了我们神圣的信仰,为了赞美真理而忍受一切有形的病痛。然而波斐利,当他看到迫害的时候,以为这条道路很快就会湮灭,因此就得出结论说这不是灵魂得救的普遍道路。他不明白,如果他选择了这条道路,那些使他感到不安的罪恶以及使他感到害怕的事情只会使我们的宗教变得更加坚强,只会使我们更加强烈地赞扬我们的宗教。

所以这就是灵魂得救的普遍道路,是上帝出于怜悯而赐给一切民族的。已经得到或将要得到这种知识的民族,无论是什么民族,都应当问为什么是现在？或者问为什么这样迟？因为人的理智不能参透上帝的计谋。甚至连波斐利都明白这一点,他说自己还没有得到神的恩赐,还没有这方面的知识。尽管说自己还没有接受它作为自己的一部分信仰,或者尽管说自己还没有这方面的知识,但他并不因此而得出结论说这种恩赐不存在。

　　我要说,这就是信者得救的普遍道路,忠实的亚伯拉罕得到的神谕就与此相关,"地上万国都必因你的后裔得福。"①他确实生为迦勒底人,但他可以得到这些伟大的应许,从他那里可以生出一位后裔,"藉天使经中保之手设立",②这条拯救灵魂的普遍道路通过他给予万国万民,他接受了命令,离开了他的故土、亲属、父家。

　　所以,这是第一次,他自己从迦勒底人的迷信中被解放出来,开始追随和崇拜一位真正的上帝,忠实地相信上帝的应许。这就是普遍的道路,神圣的先知预言说,"神怜悯我们,赐福予我们,用脸光照我们,好叫世界得知你的道路,万国得知你的救恩。"③因此,在很久以后,我们的救世主取了亚伯拉罕后裔的肉身,说他自己"就是道路、真理、生命。"④这就是普遍的道路,很早以前就已经被先知所预言,"末后的日子,圣殿的山必坚立,超乎诸山,高举过于万岭,万民都要流归这山。必有许多国的民前往说:来吧! 我们登上帝的山,奔雅各神的殿;主必将他的道教训我们,我们也要行他的路。因为训诲必出于锡安,上帝的言语必出于耶路撒冷。"⑤然而,这条道路不是一个民族的道路,而是万国万民的道路。主的律法和言语并不是只在锡安和耶路撒冷,而是从那里传向整个世界。因此在复活之后,中保自己对他那些颤抖的门徒说,"这就是我从前与你们同在之时所告诉你们的话,我说摩西的律法、先知的书和诗篇上所记的凡指着我的话,都必须应验。于是耶稣开他们的心窍使他们能明白圣经。又对他们说:照经上所写的,基督必受害,第三日从死里复活,并且人要奉他的名传悔改、赦罪的道,从耶路撒冷起直传到万邦。"⑥

　　所以,这就是灵魂得救的普遍道路,由神圣的天使和神圣的先知首先在那些蒙受上帝恩典的少数人中作预言。他们的预言有时候非常清楚,有

---

① 《创世记》22:18。

② 《加拉太书》3:19。

③ 《诗篇》67:1以下。

④ 《约翰福音》14:6。

⑤ 《以赛亚书》2:2—3。

⑥ 《路加福音》24:44 以下。

时候十分隐蔽，尤其是在希伯来人中间，他们的社团在一定意义上被圣化，用他们的会幕、神殿、祭司和献祭作为上帝之城的影子和使者，万国万民从这时开始聚集到上帝之城里来。然后中保本身取肉身的形式到来，还有他幸福的使徒。在启示新约的恩典时，他们把这些事情说得更加清楚，而在较早时候这些事情以一种隐蔽的方式得到表征。这种启示与人类分散到各地去的时代相吻合，是上帝随他的心意用他的智慧规定的，它也受到神力的表征和奇迹的检验，其中有些我已经在前面提到过了。因为不仅有天使的形象出现，也不仅有这些天使所听到的道，还有上帝的子民，他们用简洁而又虔诚的话语武装起来，把不洁的精灵从肉体和人的感官中驱除，治愈身体的伤残与疾病。陆地和水中的野兽、空中的飞鸟、树木、无生命的东西、星辰，都服从神圣的命令。地狱里的鬼神向他们投降，死者复活。我在这里省略了与救世主本人有关的专门特有的奇迹，尤其是他的诞生与复活，而前一方面的神迹，他只用来证明他由童女而生的奥秘，而后一方面的神迹，他用来给所有将要在末日经历复活的人提供榜样。

这条道路使整个人洁净，为把可朽的人造就为不朽的作好各个部分的准备。我们不需要为那个被波斐利称作理智的部分寻求第三种涤罪，为那个被他称为灵性的部分寻求另一种涤罪，为身体本身再寻求一种涤罪，因为我们最真实的、最伟大的涤罪者和救世主自己取了全部人性。只有沿着这条道路前进，人才能得到救赎，——人类从来不缺乏这条道路，从前它被那些应许过的事情所预言，后来这些应许又得到应验——否则的话，过去无人得救，现在无人得救，将来也无人得救。

波斐利说，通过学习历史，他从来没有获得过关于这条灵魂得救的普遍道路的知识。但是我要问，除了这种关于整个世界的由杰出的权柄宣布的历史，还能找到什么更加光荣的历史？或者说，还有什么历史能比这种既叙述过去的事件，又预言未来事件的历史更加可信？众多的预言已经应验，我们无疑可以相信其他预言也会实现。

波斐利或其他任何柏拉图主义者都不能轻视神谕和预言，即使是和今生世俗事物有关的事情。他们确实恰当地对单纯的占卜以及占卜术的其他形式表示轻视。他们否认这些东西是伟大人物的宣谕，或者这些占卜的结果有什么重要性，在这些方面他们是正确的。因为有的时候这些预言依据的只是关于次要原因的先前拥有的知识，以同样的方式，用医生的技艺能够根据某些先期出现的症状预见疾病发展的过程。或者说，不洁的精灵对它们已经要做的某些事情作出预言，所以它们以权柄的形象出现，引导那些恶人的心灵和淫欲，引诱卑劣、脆弱的人按照似乎能证明它们预言的方式行事。但是那些追随灵魂得救普遍道路的圣徒作出的重要预言不是一回事。他们没有回避不重要的事情，因为他们经常预言这样的事情，为的是增强信仰，而这些事情是凡人感官无法把握的，是经验不能轻易证明的。但是他们所预言的其他事情是非常重要和神圣的事件，上帝让他们知道这些事情是为了让他们知道上帝的意愿，他们是上帝的传令官。基督的道成肉身以及所有那些由他完成或以他的名义完成的重要奇迹、人们的悔改以及把他们的心意转向上帝、罪的救赎、公义的恩典、虔诚者的信仰以及世界各地民众信仰真正的上帝、推翻偶像崇拜者和精灵崇拜者、对忠信者的试探与考验、那些锲而不舍者的涤罪及从一切罪恶中得到解放、末日审判、死者复活、对不虔诚者的社团的永久谴责、最光荣的上帝之城的永恒王国永远在上帝的影像中幸福快乐，所有这些事情都在圣经中以这种方式得到预言和应许。我们看到有这么多应许应验了，所以我们正应当虔诚地相信其他应许也会在时候到来时应验。有些人不相信，因此也不理解这条直接通向上帝之影像和与上帝的永恒团契的道路，按照圣经中的真正预言和宣谕，他们会攻击我们，但他们不能推翻我们。

在这十卷书中，尽管写的不像有些人所希望的那样成功，但我已经在真正的上帝和主的帮助下，通过驳斥不虔诚者的反对满足了某些人的愿望，这些不虔诚者喜爱他们自己的神祇，胜过喜爱我们一直在谈论的这座圣城的创建者。在这十卷书中，前五卷用于反对那些相信我们应当为了今生幸福而崇拜诸神的人，后五卷用来反对那些认为崇拜诸神应当有益于来世的人。接下去，为了实现我在第一卷作出的许诺，我要在上帝的帮助下说出我认为必须要说的话，涉及两座城的起源、历史和既定的目标，对此我已经说过，这两座城在这个世界上是相互纠缠和混杂的。

第 十 一 卷

【本卷提要】由本卷开始的全书第二部分①主要讨论属地的城和属天的城的起源、历史和命定的结局。奥古斯丁在本卷中首先说明，由于善良天使和邪恶天使之间的分离，使得两座城最初形成；此外他还在适当之处讨论了圣经《创世记》开头所描述的创世问题。

章1　关于本书的第二部分，开始解释属天的和属地的这两座城的起源和终结

圣经为我们所谈论的上帝之城提供了见证，其神圣的权威性超过一切民族的经书，②影响着各种各样的人类心灵，它之所以能如此，靠的不是偶然的理智运动，而显然依靠神圣旨意的最高安排。因为经上说："上帝之城啊，有荣耀的事乃指着你说的。"③在另一首诗中我们读到："主本为大，在我们的上帝的城中，在他的圣山上，该受大赞美，增加全地的喜悦。"④稍后，在同一首诗中，"在万军之主的城中，我们所听见的就是我们在上帝的城中所看见的。上帝必坚立这城，直到永远。"⑤还有，在另一首诗中，"有一道河，这河的分汊使上帝的城欢喜，这城就是至高者居住的圣所。上帝在其中，城必不动摇。"⑥从这些证言中——其他相同的证言

---

① 写于公元 416 或 417 年。
② 参阅奥古斯丁:《论基督教教义》,卷 2,章 63。
③ 《诗篇》87:3。
④ 《诗篇》48:1以下。
⑤ 《诗篇》48:8。
⑥ 《诗篇》46:4以下。

还有许多,要是全部提到那就太长了——我们知道有一座上帝之城,由于
她的创建者用爱激励我们,所以我们希望成为她的公民。

属地之城的公民喜爱他们自己的神灵甚于喜爱这座圣城的创建者,
因为他们不知道他是万神之神。然而,他们的神灵不是虚假的,而是不虔
诚的、骄傲的,它们失去了人人都可分享的上帝不变的光,因此变成一种
极为贫乏的力量,它们竭力追求自己的私利,向它们被误导的服从者寻求
神圣的荣耀。倒不如说,上帝是虔诚的、神圣的神灵的上帝,它们乐意服
从唯一者上帝,而不愿服从众多神祇,即它们自己,它们乐意崇拜上帝,而
不乐意自己被当作上帝崇拜。①

所以我们已经在前十卷书中对这座圣城的敌人作了回答,在我们的
主和王的帮助下,我们已经尽力而为。现在,我知道人们对我的期待,也
不会忘记我应尽的义务,我要再次依靠同一位主和王的帮助,详尽地讨论
这两座城的起源、发展和命定的结局。我们说过,这两座城——亦即属地
之城和属天之城——在当今世界上是混合在一起的,在某种意义上,二者
纠缠在一起。我首先要说的是,这两座城在天使中产生分歧时如何有了
它们的开头。

章2　无人能获得关于上帝的知识,除非通过上帝与凡人之间的中保,耶
稣基督这个人

人的心灵在沉思了全部有形和无形的创世以后,发现这个世界是可
变的,心灵努力超越这个世界,达到上帝不变的本质,在那里向上帝本身
学习各种不是由上帝独立创造的性质,这对人来说是一件伟大而极为罕
见的事情。上帝没有通过某些有形体的生灵,以空气在声源和听者之间
的振动在人身体的耳朵中引起共振的方式,与这样的人讲话。上帝也没
有通过灵性存在的方式使身体具有相似性,就好像我们在梦中或在其他
类似状态时一样(因为即使在这种情况下,上帝也好像是在对肉耳讲话,
因为做梦的人好像是在对着一个身体讲话,有物质的空间距离介于其间,

① 参阅本书卷9,章23;卷10,章1。

这样的异象很像身体）。倒不如说，如果有人能够用心灵而非用身体聆听，那么是上帝在凭借真理本身说话。上帝是在对人的较好的部分说话，这个部分比他的其他部分更能使他成为人，除了上帝，没有其他任何东西比人的这个部分更好。人应当最正确地被理解为——如果做不到，那么至少也要相信——是按照上帝的形象造成的，这无疑是因为人的这个部分使他与上帝比较亲近，也使他能够超越他拥有的与野兽相同的较低部分。但由于心灵本身，尽管生来具有理性和理智，但被黑暗和根深蒂固的错误笼罩，变得不仅无法亲近上帝和获得喜乐，甚至不能忍受上帝不变的光，直到心灵逐日更新，被治愈，能够承受这样巨大的幸福。所以，首先要给心灵灌输信仰，使之洁净。为了使心灵能够更加自信地走向真理，真理本身、上帝、上帝之子取了人性而又没有失去他的神性，建立了这种信仰，使人可以找到一条道路，通过一位神—人①走向人的上帝。这就是上帝与凡人之间的中保，耶稣基督这个人。② 作为人，他是中保和道路。③ 如果在一个努力追求的人和他追求的目标之间有一条道路，那么他有希望到达目标，但若没有道路，或者他不知道这条道路，他又如何知道自己的目标在哪里呢？现在唯一正确无误的道路就是，这同一个人既是上帝又是人，这个上帝是我们的目标，这个人是我们的道路。

章3　关于由圣灵创作的正典圣经的权威性

这位中保，首先通过先知，然后是他本人，然后通过使徒，不仅把他认为应当充分对我们叙说的都对我们讲了，而且还确立了被称作正典的经文。它们具有最显要的权威性，我们在一切不容忽视的问题上无保留地相信它们，而凭我们自己是不可能知道这些事情的。因为，我们可以拥有关于那些离我们的感觉不那么遥远的对象的知识，无论这些感觉是内在的还是外在的（这就是这些对象之所以被称作"当前的"原因，因为我们

---

① 此处英译文为"a God-man"。
② 《提摩太前书》2：5。
③ 《约翰福音》14：6。

说它们"呈现在我们的感官面前"，①比如说，对眼睛呈现就是"在眼前"）。至于距离我们感官十分遥远的对象，由于我们不能凭着自己的感觉所提供的证明来认识这样的对象，因此我们需要其他相关的证明，对那些我们无法见到的、对我们十分遥远的对象，我们就要依靠其他人的感觉。因此，对那些我们还没有亲眼看到的事物，我们依靠已经看到过的人，其他一切与身体感觉相关的事情也一样。还有，其他那些靠心灵和理性来察觉的事情也一样，把这样的知觉称作一类感觉是相当正确的，因为它与"判断"（sententia）有关，而这个词是从"感觉"（sensus）这个词派生出来的。② 因此，对那些距离我们的内在感觉十分遥远的、不可见的事物，我们相信那些已经见到过它们的无形体的光芒的人，或者那些长期对它们进行沉思的人，这样做是适宜的。

章4　论创世，这个世界既非没有开端，又非由上帝的新旨意所创造，就好像上帝起先没有后来才有这个意愿似的

在一切可见事物中，这个世界是最伟大的；在一切不可见事物中，上帝是最伟大的。我们看见这个世界存在，而我们相信上帝存在。上帝创造了这个世界，关于这一点我们相信任何人都不如相信上帝本身更为保险。那么我们在什么地方听上帝说过这件事吗？没有什么地方能比圣经说得更清楚了，在圣经中上帝的先知说："起初上帝创造天地。"③上帝创造天地的时候这位先知在那里吗？不在，但是上帝用来创造一切事物的智慧在那里，这个智慧使自己进入神圣的灵魂，使它们成为上帝的朋友和先知，④在他们心中无声地言说上帝的工作。常见天父之面的天使⑤也对他们说话，把上帝的意志告诉那些受益者。在这些先知中有一位先知说"起初上帝创造天地"，并把它写下来。所以他适宜为相信上帝这一信

①　此处拉丁文为"prae sensibus"。

②　参阅昆提里安：《论修辞学》，卷8，章5，节1。

③　《创世记》1：1。

④　参阅《所罗门智训》7：27；《箴言》8：27。

⑤　《马太福音》18：10。

仰作见证,同一位圣灵把这些知识启示给他,并使他在很久以前就能预言到我们将来的信仰。

那么为什么永恒的上帝喜欢在这个时候创造天地,而从前不把它们造出来呢?① 如果说这种话的人想要以此表明这个世界是永恒的,没有开端,因此也不是上帝创造的,那么他们极大地偏离了真理,深深地陷入了难以治愈的不虔诚的疯狂之中。因为,即使撇开先知们的声音,这个世界本身,依据它的变化运动的完善秩序,依据它的一切可见事物的宏大瑰丽,也已经无声地既宣告了它是被造的,也宣告了它只能由一位在宏大瑰丽方面不可言说、不可见的上帝来创造。

有些人确实承认这个世界是神创造的,②但他们想说,尽管世界是被造的,但它在时间上并没有一个起点,所以在某种神圣理智的意义上,这个被造的世界始终存在。他们之所以这样说,乃是因为在他们看来这样说可以使神免受偶然推动的指责,他们不希望人们相信创世的念头突然出现在上帝的心中,而以前从来没有出现过,或者说尽管上帝在任何方面都是不变的,但创世对上帝来说是一个新的意志行为。然而我看不出他们的这种解释在涉及到其他事情时也能自圆其说,尤其是在涉及到灵魂问题时。因为,他们若是认为灵魂和上帝一样是永恒的,他们就没有办法解释一种以前从来没有发生过的新的不幸如何能够发生。因为,他们若是说灵魂的不幸或幸福总是前后相继的,那么他们也必须说这种前后相继将会永远持续。然而从中可以推出荒谬的结论来,哪怕灵魂可以称作幸福的,但它肯定不能预见到自己的不幸和耻辱。另一方面,如果灵魂不能预见这些事情,而是认为自己既不会不幸又不会耻辱,而是永远幸福的,那么它的幸福只在于它乐意拥有这个错误的观念,没有什么能比这样说更愚蠢了。他们也许相信灵魂在以往无限的世代里处在幸福与不幸的交替之中,但是现在,一旦获得自由,它就绝不会再回归不幸。然而,即使

---

① 这是当时伊壁鸠鲁主义者提出来的普遍问题,参阅西塞罗:《论神性》,卷1,章9—21;奥古斯丁:《反摩尼教论创世记》,卷1,章3—4;《忏悔录》,卷11,章12。
② 指新柏拉图主义者。

他们这样想,他们仍旧确信灵魂以前从来没有真正获得过幸福,而只是从现在开始才享有某种真实的幸福。如果他们这样说了,那么他们就承认灵魂中发生了某些新颖宏大的事情,而这在整个永恒之前是从来没有发生过的。如果他们否认这种新体验发生的原因包括在上帝的永恒旨意中,那么他们也就同时否认了上帝是灵魂幸福的缔造者,而这种观点是亵渎神明的,不虔诚的。如果他们说上帝制定了一个新的计划,决定让灵魂从今以后永远幸福,那他们又该如何证明上帝不是这种令他们不快的变易的主体呢?①

然而,他们若是承认灵魂是在某个时间被造的,但绝不会在某个时间消灭,就好像数字一样,有开端但没有终结,②灵魂一旦经历了不幸并得到解放,它就绝不愿意再次知道将来的不幸,那么他们肯定不怀疑这种情况的发生会违反上帝不变的旨意。按照同样的道理,那就让他们相信这个世界也是在某个时间被造,然而上帝在创造这个世界时并没有改变他的永恒计划。

章5　我们一定不要去寻求理解这个世界之前的时间上的无限世代,也不要去寻求理解这个世界之外的空间上的无限领域,正如这个世界之前无时间可言一样,这个世界之外也无空间可言

下面我们必须考虑对这些人要作出什么回应,他们同意上帝是这个世界的创造者,但试图寻找创世的时间。我们也必须考虑他们会如何回答创世的场所在哪里这个问题。就好像他们问为什么世界在这个时候被造,而不在早些时候被造一样,也会产生这样一个问题,这个世界为什么在这里被造,而不是在别的什么地方。因为,他们要是认为在这个世界存在之前在时间上有一个无限的延展,而又不能明白在这段时间里上帝处在不动的状态,那么他们同样也会设想这个世界之外有空间上的延展,若有人说全能者在此期间不会无所事事,那么他们不也就要被迫接受伊壁

---

① 　参阅本书卷10,章31。
② 　自然数从1开始,但可以无限增长。

鸠鲁的存在着无数个世界的狂想了吗?①　其中唯一的区别就在于,伊壁鸠鲁断言这些世界的被造与毁灭都是由于原子的自由运动,而我们的对手则说这些世界的被造是神的工作,如果他们坚持这一点,那么这个世界就要朝着各个方向无限扩展,上帝不能休息,他们相信由上帝创造的这些世界不能用任何方式摧毁。

不过,我们在这里只涉及那些像我们一样相信无形体的上帝是除他自身以外一切事物的创造者的人。与其他人进行宗教争论完全没有价值,尤其是与那些认为神圣的荣耀应当赋予众多神祇的人。我们现在要涉及的这些哲学家在所有哲学家中具有崇高的地位和权威,尽管他们仍旧远离真理,但与其他人相比,他们距离真理要近一些。

这些哲学家承认上帝的隐秘本质是无限的,但在空间上不延伸,他们相信整个无形体的上帝在一切地方呈现,这是恰当的,然而又说上帝在这个世界之外并不存在,上帝只呈现在这个世界所处的地方,尽管与无限相比这个地方很小,是吗？在我看来,他们还没有达到这样荒谬的地步。他们既然说只有一个世界,这个世界的形体是巨大的,但又是有限的,有它自己确定的位置,是由神工创造的,那就让他们对上帝在这个世界存在之前的无限时间中休息这个问题作出与上帝在这个世界之外的无限空间休息这个问题相同的回答。就好比上帝用神圣的理性而非偶然地把这个世界安放在这个位置上,使这个世界据有这个处所而非其他处所,尽管没有任何人的理性能够理解这样安放的原因,也无法找到理由说明这个处所使它相对于其他无数个世界具有优越性,所以我们也无法假定上帝在这个时间而非早些时候创造世界是受了偶然性的指引,尽管在这个时间之前已经有无穷的时间逝去,尽管要选择另一时间创世并无什么区别。

但若他们在想象无限的空间时说人的思想是空洞的,因为在这个世界之外并无空间,那么我们的回答是,认为上帝在以往的时间里无所事事也是空洞的,因为在这个世界之前并无时间。

---

① 　卢克莱修:《物性论》,卷 2,行 1048 以下。

章6 创世与时间的开端同时出现,无先后之分

如果永恒与时间可以正确地依据这样一个事实加以区分,即没有运动和变化就没有时间,而永恒中没有变化,[1]那么有谁看不出,如果没有某些能够运动变化的被造物,就没有时间? 因为,运动变化的不同阶段不会同时发生。或者倒不如说,一个阶段结束,另一个阶段开始,时间就是构成这些阶段之间的或长或短的间隙。由于上帝是时间的创造者和建立者,上帝没有任何种类的变化,因此我看不出如何能够说上帝在一段时间的流逝之后创造了这个世界,除非说在这个世界被造之前就已经有某些被造物,凭着这些被造物的运动,时间能够流逝。[2]

还有,正确无误的圣经说,"起初上帝创造天地",因此我们可以知道在天地被造之前没有其他任何被造物;因为若是在天地之前有某些被造物,那么圣经就会说"起初"上帝创造某物。因此,这个世界无疑不是在时间中被造的,而是与时间同时被造的。因为,若是在时间中被造,那么必然在某个时间之后或之前,在某个已经过去的时间之后或在将要到来的时间之前。但在创世之前不会有"过去",因为此时还没有能以其运动使时间发生变化的被造物。如果变化和运动是在创世时被造的,那么时间和这个世界是同时被造的,它似乎是由创世前六日或七日的秩序而生。圣经中记载了这些日子的早晨和晚上,直到第六日,上帝造的一切事物都已经完工,而在第七日,上帝把这一日定为圣日,建立了上帝的安息这一伟大奥秘。[3] 但这些日子是什么样的日子,对我们来说很难,甚至不可能理解,更难以表达。[4]

章7 关于头三日的性质,在太阳被造之前有早晨和晚上

我们确实看到,我们所知的这些日子有晚上但并没有太阳落下,有早晨但并没有太阳升起。因此这头三日都是在没有太阳的情况下过去的,

---

① 参阅奥古斯丁:《布道文》,篇117,章10。

② 参阅奥古斯丁:《创世记诠释》,章5,节12。

③ 参阅《希伯来书》4:4以下。

④ 参阅奥古斯丁:《创世记诠释》,章4,节1。

因为太阳是在第四日被造出来的。上帝之道确实首先创造了光，我们读到上帝把光暗分开，称光为昼，称暗为夜。但这种光是什么光，凭着什么样的更替运动形成晚上和早晨，这些事情是我们感觉不到的。我们也无法理解这些事，但我们必须毫不犹豫地相信这些事。因为它要么是某种有形体的光，位于世界的最高部分，是我们的视力所不可及的，或者是从那个后来被太阳照亮的地方照射出来的；要么"光"这个词是用来表示圣城的，神圣的天使和幸福的精灵是这座圣城的公民；①对这座圣城，使徒说："但那在天上的耶路撒冷是我们永恒的母亲。"②在另一处他还说："你们都是光明之子，都是白昼之子；我们不是属黑夜的，也不是属幽暗的。"③

　　但在另一种意义上，我们可以恰当地把这一说法理解为，甚至在太阳被造之前，那一日有早晨，有晚上。因为与创造主的知识相比，被造者④的知识就像是夜晚的光。但当我们的知识被引向赞美和热爱创造主时，黎明就到来了，就有了早晨；而被造者若不遗弃创造主，那么黑夜绝不会降临。同理，当圣经按序列举这些日子时，它从来没有使用"黑夜"这个词。它绝不说"有黑夜"，而是说"有晚上，有早晨，这是头一日。"对第二日和其他日子来说也一样。被造者的知识在沉思自身时确实模糊不清，也就是说，直到它们在上帝的智慧之光中看到自己为止，而它们就是被这种技艺所造。因此，"晚上"（evening）是一个比"黑夜"（night）更为恰当的象征。然而，如我所说，当被造者转向赞美和热爱创造主时，早晨就回来了。当被造者用自己的知识这样做了的时候，这就是第一日。当被造者用关于天空的知识这样做了的时候，天空位于下面的水和上面的水之间，这就是第二日。当被造者用关于大地、海洋，以及从大地上产出的一切和植根于大地的一切的知识这样做了的时候，这就是第三日。当被造

---

① 参阅奥古斯丁：《忏悔录》，卷 12，章 15；奥古斯丁：《创世记诠释》，章 1，节 32 以下；章 4，节 45 以下。

② 《加拉太书》4：26。

③ 《帖撒罗尼迦前书》5：5。

④ 此处被造者指被造的世界。

者用关于天上较大的光和较小的光,以及一切星辰的知识这样做了的时候,这就是第四日。当被造者用关于水中滋生的和天空中飞的活物的知识这样做了的时候,这就是第五日。当被造者用关于地上的一切野兽和人本身的知识这样做了的时候,这就是第六日。

章8　如何理解上帝的安息,在什么意义上他在工作的六日后的第七日安息

上帝在第七日歇了他一切的工,并赐福给第七日,安息了,我们不能在一种十分幼稚的意义上理解这一点,就好像上帝十分辛苦地完成了他的工作。因为他"一吩咐便都造成",①凭的是瞬间发出的、听不到的,但又是理智的、永恒的话语。倒不如说,上帝的安息象征着在上帝那里的安息者的安息,正好像房屋的喜乐表示那些在房屋里的喜乐者的喜乐。即使不是房屋本身使他们喜乐,而是别的什么事物,这样说也是正确的。当房屋本身用它自身的美丽使居住者喜乐时,这样说就更加正确了! 因为在这里,用来象征被象征者的事物不仅把被象征物包含于其中(就好像我们说剧场鼓掌,草地低哞,意思是剧场里的人鼓掌,草地上的牛低哞),而且对被象征者产生实际效果,就好像我们说一封欢乐的信件一样,因为它使读到信件的人欢乐。因此,先知的权柄极为恰当地对我们说上帝安息了,以此象征在上帝那里的安息者的安息,上帝使它们安息。先知的预言也对那些听预言的人作出应许,因为经上为了这些人的缘故写道,如果这些人在今生凭信仰接近上帝,那么这些人在上帝对他们作了善功以后,在他们自己作了善功以后,将会在上帝那里永远安息。这在古代的上帝子民那里,是以他们律法中规定的安息日来象征的;但我想,我要在恰当的地方更加仔细地讨论这一点。②

章9　依照神圣的证言,关于天使的被造我们要相信些什么

由于我现在正在谈论圣城的基础,因此我想必须先谈一下神圣的天

---

① 《诗篇》148:5,33:9。
② 参阅本书卷22,章30。

使，它们构成了这座圣城的一大部分，它们确实是比较幸福的，因为它们从来没有背离过圣城。所以，在上帝的帮助下，我要尽可能充分地解释神圣的证言是如何告诉我们这些事情的。

当圣经谈到创世时，它没有明确地说天使是否被造，或被造的次序如何。然而，除非圣经在论创世时完全省略了这一点，否则天使的被造要么被包括在"天"这个词之中，经上说"起初上帝创造天地"，要么被包括在"光"这个词之中，而光的意思我已经说过了。我不认为圣经能够完全忽略这一点，因为经上说，"上帝就在第七日歇了他一切的工"。还有，《创世记》本身是这样开头的："起初上帝创造天地。"所以上帝在创造天地之前什么也没有创造。上帝的创世从创造天地开始，然后如圣经继续往下说的那样，地本身在被造之初是不可见的，无形状的，因为光还没有造出来，黑暗覆盖着渊面，也就是土和水混合不分的状况，而在没有光的地方，必然是黑暗的。但我们得知在创世中一切事物的被造都在六日内完工，那么为什么要忽略天使，就好像它们不是上帝在第七日要赋予安息的被造物似的呢？天使显然是上帝的创造物，因此在这里绝不会省略，尽管没有明确地提到它们。还有，圣经在别的地方以最明确的方式指出它们是上帝的创造物。那首三人在火窑前的赞美诗说："赞美主，你们是主的工"①，然后在同一部书后来的叙述中更加具体地提到了天使的名字。还有，《诗篇》中说："你们要从天上赞美主，从高处赞美他。你们要赞美他，他的众使者；你们要赞美他，他的诸军。你们要赞美他，太阳和月亮；你们要赞美他，一切放光的星宿。你们要赞美他，天上的天和天上的水。愿它们都赞美主的名，因他一吩咐便都造成。"②在这个地方，神圣的权威清楚地说明天使是上帝创造的，因为它们都被包括在其他天上的事物中，它们都因"他一吩咐便都造成"。那么还有谁胆敢说天使在创世的六日之后才被造出来？如果有人如此愚蠢，那么同样具有权威的经文已经驳斥了

① 《但以理书》3：57，圣经七十子本。

② 《诗篇》148：1—5。

他的看法,经上说:"那时晨星一齐欢唱,天使也都欢呼。"①因此,当星辰被造时,天使已经存在了,而星辰是在第四日被造的。那么我们能说天使是在第三日被造的吗?上帝不允许我们这样说,因为我们已经知道这一日创造了什么,土与水分开,两种原素各自取了与其本性恰当的外观,大地长出各种有根的植物。也许是第二日?不对,确实不对,这一日被造的是被称作天的气,位于上面的水和下面的水之间,第四日被造的星辰被安放在其中。

因此,如果天使属于上帝在这六日内创造的工,那么它们无疑就是被称作"昼"(day)的光,当经上不是说"头一日"(the first day),也不是说第二日、第三日等等的时候,而是说"一昼"(one day)的时候,它们就得到了一个统称。倒不如说,"一昼"这个相同的表达法一直重复到第六或第七,所以有七重知识,亦即上帝造物的六日,还有上帝安息的第七日。②因为当上帝说"要有光"的时候,就有了光,如果把这里的造光理解为创造天使,那么它们肯定被造就为永恒之光的分有者,而永恒之光就是上帝不变的智慧,万物是藉着它被造的,而我们称之为上帝的独生子。这样,在造它们的光的照耀下,天使变成光明的,被称作"昼",因为它们分享不变之光。在上帝之道的日子里天使和其他万物被造出来。"那光是真光,照亮一切生在世上的人",③也照亮了每一纯洁的天使,所以天使的光可以不是它们自己的,而是来自上帝。但若一位天使偏离上帝,它就变得不洁,就像那些被称作不洁的精灵一样,不再"在主里面是光明的"④,而是暗昧的,因为它们分有的永恒之光被剥夺了。因为邪恶没有它自己的本质。倒不如说,缺乏善使之得名"恶"。⑤

---

① 《约伯记》38:7。

② 希腊神学家和杰罗姆像柏拉图一样,认为上帝首先创造灵体,然后在创造物质的事物时使用它们。拉丁神学家认为上帝同时创造一切事物。

③ 《约翰福音》1:9。

④ 《以弗所书》5:8。

⑤ 参阅普罗提诺《九章集》,卷3,章2,节5;参阅本书卷22,以及奥古斯丁《圣经诠释》,章4。

章10　单纯而又不变的三位一体，圣父、圣子、圣灵是一位上帝，它们的基质和性质都是同一的

所以，只有一个善是单纯的，因此也只有一个善是不变的，这就是上帝。藉着这个善，其他一切善被造出来；但这些善不是单纯的，因此也不是不变的。我要说，"被造的"是被造出来，不是生下来。因为单纯的善生下来的善就像生它的善一样单纯，与生他的善相同。这两位我们称作圣父和圣子，这两位再加上圣灵才是上帝。圣父和圣子的灵在圣经中的特称是"圣灵"。

但是圣灵是圣父和圣子之外的另一位，因为他既不是圣父又不是圣子。但我说的"另一位"不是"另一样东西"，因为它也像圣父和圣子一样单纯，也像他们一样是不变的和永恒的至善。这个三位一体是一位神，尽管他是三位一体，但他仍旧是单纯的。因为我们不说善的本性是单纯的，因为善只存在于圣父那里，或只存在于圣子那里，或只存在于圣灵那里；我们也不像那些追随撒比留斯的异端分子所认为的那样，说三位一体仅仅是个名称，位格之间并无真正的区别；而是说这个三位一体之所以是单纯的，因为他就是他之所是，除非我们在谈到位格之间的相互关系时才不这样说。因为圣父确实有一位圣子，然而圣父本身并非圣子；圣子也有一位圣父，然而圣子本身并非圣父。但在提到他本身的时候，在不涉及位格之间相互关系的时候，他就是他之所是。就这样，我们在提到他本身时说它是活的，因为他有生命，他就是他拥有的生命本身。

由于这个原因，三位一体的本性被称作单纯的，因为他没有任何东西可以失去，因为他不是与自身不同的某些东西，就好像器皿不同于它所盛的液体，身体不同于它的颜色，气不同于它的光或热，心灵不同于它的智慧。因为这些事物没有一样是它之所有，器皿不是液体，身体不是颜色，气不是光和热，心灵不是智慧。因此，它们所拥有的可以被剥夺，可以转变或改变成其他状态或性质。器皿可以倒空里面所盛的液体，身体的颜色可以变淡，气可以变暗或变冷，心灵可以变愚蠢。圣人确实已经得到应许，在复活时他们将拥有不朽的身体，这种不朽的性质不会失去，但是身体的基质和不朽的性质仍旧不是一回事。因为不朽的性质完全存在于身

体的每个单一部分。它不会在一个部分较大,一个部分较小,因为没有一个部分会比其他部分更加不朽。整个身体确实比它的部分要大,它的一个部分会较大,另一个部分会较小;但较大的部分并不会比较小的部分更加不朽。因此不以整体而以部分呈现的身体是一回事,而整个身体完全呈现是另一回事,因为不朽的身体的每一部分无论与其他部分在某些方面有多么不等,但它的每一部分都同样是不朽的。例如,手不会比手指头更加不朽,尽管手大于手指头;所以,尽管手指头和手在尺寸上是不一样的,但手和手指头在不朽上是相同的。因此,尽管不朽与不朽的身体不可分,但它藉以被称为身体的基质是一回事,而它藉以被称作不朽的性质是另一回事,所以身体并不是它所拥有的性质。

还有,当灵魂本身整个儿地得到救赎时,灵魂将会由于分有并非灵魂自身的不变的智慧而永远聪明。因为,尽管充满光明的气绝不会被剥夺光明,但气是一回事,而它藉以光明的光仍旧是另一回事。我这样说并不是认为灵魂是气,就像有些不能理解无形体的性质的人所认为的那样。①这两件事尽管不一样,但却有某种程度的相似性。因此,上帝单纯的无形体的智慧之光启示了无形体的灵魂,这样说并非不适宜,就好像说无形体的光照亮了无形体的气。因此,正如被剥夺了光的气变得黑暗一样(所谓黑暗在有形体意义上无非就是缺乏光的气),②灵魂被剥夺了智慧之光就变得黑暗。

据此,所谓单纯的,就是那些最根本的、真正神圣的东西,因为在这些东西里面基质和性质是一回事,因为它们是神圣的,或智慧的,或幸福的,而无需分有其他并非它们自身的东西。智慧之灵确实被称作"多重的",因为圣灵自身确实包含许多东西。③ 然而它所包含的东西都是一样的,都是它自身,从整体来看,它就是所有这些东西。因为智慧不是多种事物,而是一样东西,它是理智事物的巨大的、无限的宝库,其中拥有一切可

---

① 参阅亚里士多德:《论灵魂》,卷1,章2,节15。

② 参阅奥古斯丁:《反摩尼教论创世记》,卷1,章2。

③ 《所罗门智训》7:22。

见、可变事物的不可见、不可变的形式，而前者是由后者造成的。因为上帝没有创造任何不可知的事物，甚至人的技艺也可以这样说。但若上帝知道他所创造的一切，那么他所创造的事物是他已经知道的，由此可以得出一个令人震惊但却真实的结论：如果这个世界不存在，我们就不能知道它，但若上帝不知道这个世界，那么它就不能存在。

章 11　我们要不要相信，甚至连那些不能对真理保持坚定信仰的精灵也分有神圣天使从一开始就始终拥有的幸福

事情就是这样，那些被我们称作天使的精灵绝不会以任何方式、在任何时间成为暗昧的；或者倒不如说，一旦被造就，它们就是光明的。然而，它们并没有以这样一种方式被造就，使它们能够以任何方式存在和生活。正好相反，它们被造就为光明的，以便使它们能够明智而又幸福地生活。这种生活无疑是永恒的，而天使的永恒是确有保证的，但某些天使由于背离了光明，因此无法过上明智和幸福的生活。尽管它们是愚蠢的，但它们仍旧拥有理性的生活；哪怕希望失去理性的生活，它们也无法做到这一点。但有谁能够知道在堕落之前它们在多大范围内享有这种智慧？我们能说它们与那些对自己的永恒幸福没有产生错误认识的天使一样分有相同的智慧吗？如果它们分有相同的智慧，那么邪恶的天使和善良的天使就会同样幸福，因为二者的永恒幸福都会得到确定的保证。无论生命有多长，如果它有终结，就无法称之为永恒；因为它之所以被称作生命，乃是因为它活着，但若称之为永恒，乃是因为它没有终结。这样，尽管一切永恒的东西并非由于永恒而幸福——据说惩罚之火是永恒的——然而，只有永恒的生命才真的是完全幸福的，而邪恶的天使的生命是不幸福的，因为它有终结，因此不是永恒的，无论它们是否知道这一点，或者相信别的。它们若是相信这一点因而产生恐惧，或是由于不知道这一点而处于无知，都会阻碍它们幸福。即便它们是无知的，它们仍旧不是在相信虚假的东西和不确定的希望，而是对它们的幸福是否永恒或有无时间上的终结处于不确定的状态，而它们的这种怀疑与我们相信属于神圣天使的完全的幸福生活是不相容的；因为我们不把"幸福"这个术语的含义限制得那么

窄,就好比说只有上帝才是幸福的。然而上帝是真正幸福的,没有任何幸福比他的幸福更大;天使的幸福尽管按照它们的能力来说已经是完全的幸福,但它们的幸福能与上帝的幸福相比吗?

章12　比较尚未得到上帝赏赐的义人的幸福与人祖犯罪之前在乐园中的幸福①

　　但是天使并非我们认为可以恰当地称之为幸福的那些理性的和理智的被造物的仅有组成部分。因为,尽管乐园中最早的人的幸福能延续多久是不确定的,但又有谁敢大胆地否认乐园中最早的人在他们堕落之前是幸福的?（尽管若是不堕落,他们的幸福是永恒的）有谁能否认这一点? 在当今时代,当我们看到人们在未来不朽之希望的引导下过着一种公义而又虔诚的生活时,我们不认为把他们称作幸福的就是轻率的,他们对自己不安定的心不表示痛责,但准备接受神对他们由于软弱而犯下罪行的怜悯。他们尽管能够肯定自己将得到应得的奖赏,但他们不能肯定自己是否配得上这种奖赏。因为有谁能够知道自己在实践和恩典的增长中能一直生存到末日,除非他从来自上帝的启示中得到确认,在上帝公义而又秘密的审判中,上帝没有欺骗任何人,但也没有指示要所有人关心这件事? 同理,在享受今世之善的范围内,乐园中的第一个人比当今不稳定状态中的任何义人都要更加幸福。然而,涉及未来之善的希望,任何不仅相信而且视之为确定真理的人都将永远享有由天使陪伴的至高神,避免各种邪恶。这样的人,无论受到多少身体上的折磨,都比那生活在不确定命运中的人,甚至比那生活在乐园中的最幸福的人,更加有福。

章13　是否所有的天使都被造就在一种共同的幸福状态之中,那些堕落的天使不知道自己会堕落,而那些保持坚贞不渝的天使是否会在堕落毁灭后得到持续蒙恩的保证

　　由此看来,任何人都不难看到,被理智的存在确定为恰当目标的幸福

---

① 　参阅奥古斯丁:《论堕落与恩典》,卷11,章27以下。

源于两件相关的事情：一件是不间断地享有不变的善，亦即上帝；另一件是享有某些知识，摆脱一切疑惑和谬误，始终保持相同的喜乐。我们虔诚地相信光明天使拥有这样的幸福；①但在理性的引导下，我们相信，由于其自身堕落而被剥夺光明的天使并不享有这种它们在堕落之前享有的幸福。然而它们的生命若是在堕落之前有所延续，我们必须坚定地相信它们享有同样程度的幸福，尽管并不包括关于未来的知识。

但是很难相信有些天使在被造时没有得到关于它们延续和堕落的预见，而另一些天使却确定无疑地知道它们的幸福将是永恒的。很难相信天使们在被造之初并非个个享有相同的幸福，并且一直延续到有些天使自甘堕落而偏离至善之光为止。然而，更难相信的是，神圣的天使现在不敢确信自己的永恒幸福，不知如何对待我们，而我们却能从圣经中知道如何对待天使。因为大公教会的基督徒不知道从善良的天使中绝不会产生恶魔，就好像他知道现在的恶魔绝不会再与善良的天使结成团契一样，是这样的吗？在福音书中，真理向圣徒和忠实的信徒许诺，说他们将会和上帝的天使一样；②还许诺他们将进入"永恒的生命"。③假如我们能够确定自己绝不会远离不朽的幸福，而天使们对此倒是不确定的，那么我们就会比它们更伟大，而不是与它们相同了。但是真理绝不会骗人，我们应该和天使相同，所以天使一定会对自己永恒的幸福确信无疑。由于堕落的天使对此不确定，因为它们的幸福注定要走向终结，因此可以推论天使是不一样的，或者说，如果天使是一样的，那么善良的天使只有在其他天使遭到毁灭之后才得到有关它们永恒的幸福生活的确定知识。

然而，也许有些人会说，主在福音中所提到的恶魔"从起初是杀人的，不守真理"④，这句话不仅应当理解为在人类被造之初恶魔从一开始就是人类的谋杀者，但它不能用它的欺骗来谋杀，而且应当理解为它从它自己被造起就不守真理，因此它绝不会像神圣天使一样幸福。它

---

① 参阅奥古斯丁：《创世记诠释》，章 11，节 23，30。

② 《马太福音》22：30。

③ 《马太福音》25：46。

④ 《约翰福音》8：44。

拒绝服从它的创造主,它感到骄傲,好像拥有特殊的权力,在这一点上它既是欺骗者,又是受骗者。因为无人能够摆脱万能者的力量,凡不能虔诚地服从存在者、骄傲自满的,它实际上是在以一种并不具有真实存在的虚假状态嘲笑自己。所以有福的使徒约翰说:"魔鬼从起初就犯罪。"①也就是说,它从被造起就拒绝公义,而只有虔诚地服从上帝才能拥有公义。

接受这种看法的人都不会赞同摩尼教或其他任何有害的异端,像摩尼教那样假设魔鬼从某些相反的第一因中得到某种独特的邪恶的性质。这些人因思想空虚而变得极为愚蠢,他们尽管也像我们一样认为传道人的话语具有权威性,但他们没有注意到上帝没有说过魔鬼的本性中缺乏真理。上帝反倒是说魔鬼"不守真理"。用这句话,上帝希望我们明白魔鬼偏离了真理;如果魔鬼能恪守真理,那么它就会成为真理的分享者,因此也能保持与神圣天使一样的幸福。

章14 魔鬼说它不坚持真理是因为真理不在它那里,这样说是什么意思

还有,我们若是要求上帝向我们说明魔鬼为什么不守真理的理由,那么他会说"因为真理不在它那里",如果真理在它那里,那么它就会恪守真理。然而要注意的是,这里所用的讲话方式是不寻常的。因为说"它不守真理,因为真理不在它那里",那么似乎意味着真理不在它那里是它不守真理的原因;然而事情正好相反,它不守真理是真理不在它那里的原因。同样的说话方式也出现在诗篇中:"上帝啊,我曾求告你,因为你必应答我";②而诗篇作者似乎应该说:"上帝啊,你必须应答我,因为我曾求告你。"但当他说"我曾求告"的时候,就好像有人要他为他的曾经求告提供证明似的,他使用了结果——亦即上帝对他求告的应答——来证明他自己的行为。就好像他在说,我用我曾求告来证明你必应答我。

---

① 《约翰一书》3:8。
② 《诗篇》17:6。

章15　如何理解"魔鬼从起初就犯罪"

还有,关于约翰所说的"魔鬼从起初就犯罪",他们①认为这句话的意思是魔鬼被造之初就具有罪性,这样的理解是一种误解。因为罪若是天然的,那么它就根本不是罪。② 那么这些人该如何回答先知们的证言呢?因为以赛亚在用巴比伦王的形象代表魔鬼时说:"明亮之星,早晨之子啊! 你为何竟然从天坠落?"③还有,以西结说:"你曾在伊甸神的园中,佩戴各样宝石。"④据此我们可以明白,魔鬼在某个时期是无罪的。因为稍后不久,经上就说:"你从受造之日所行的都完全"。⑤ 如果这些经文不能作别样解释,那么我们就必须明白"它不守真理"这句话的意思是魔鬼曾经拥有真理,但没有守住真理。还有,从"魔鬼从起初就犯罪"这句话我们不能假设魔鬼从被造起就犯罪,而是从它堕落起才犯罪,它因为骄傲,罪才出现。

还有,《约伯记》中有段话讲到魔鬼,"上帝于创世之初造它作他的天使的玩物。"⑥这句话与诗篇中的话一致,"那里有你创造的鳄鱼游泳在其中。"⑦但这些段落都不能引导我们去假设创世之初魔鬼被造出来作为天使的玩物,而是说这是魔鬼犯罪后所受的惩罚。所以,魔鬼一开始就是上帝的玩物。因为没有一样性质不是上帝所造的,甚至在最小的、最低的、最末的野兽那里也一样,一切尺度、一切形式、一切秩序都来自上帝,没有上帝,就不可能有任何计划,或者不可能有任何存在。那么作为至高者的造物,其尊严超过上帝所造的其他一切事物的天使的性质该有多么高贵啊!

---

① 指摩尼教人士。
② 参阅奥古斯丁:《论自由意志》,章3,14,41。
③ 《以赛亚书》14:12。
④ 《以西结书》28:13。
⑤ 《以西结书》28:15。
⑥ 希腊文圣经七十子本,《约伯记》40:14。
⑦ 《诗篇》104:26。

章16 被造物的等级与差别，或是按其有用性来估价，或是按合理的秩序来评定

在这些与上帝不同、由上帝所造的、具有不同程度存在性质的存在者中，有生命的被置于无生命的之上，有生育能力的，甚至有这种欲望的，被置于缺乏这种能力的之上。在那些有生命的事物中，有感觉的高于无感觉的，举例来说，动物高于植物。在有感觉的生物中，有理智者高于无理智者，举例来说，人高于牛。在有理智者之中，不朽的高于有朽的，比如天使高于人。这就是按照存在的性质排出的等级。但也有人按照有用性来确定各种价值标准，依此排列各种事物。由于这个原因，我们经常喜欢无感觉的事物胜过有感觉的事物。这种倾向确实如此强烈，如果能做到的话，我们宁可把后者全部消灭，无论是由于对它们在自然中的地位一无所知，还是由于尽管知道它们的地位，但仍旧使它们成为我们自己的便利的牺牲品。举例来说，有谁不愿意在自己的家中拥有面包而不是老鼠，拥有黄金而不是跳蚤？但我们为什么要对此感到惊讶呢？因为甚至在人自身的估量中，尽管人的本性肯定具有很高的尊严，但也会经常把一匹马看得高于一名奴隶，把一颗珠宝看得高于一名女仆。

所以在自由判断的范围内，有思想者的理性与一位贫困者或寻欢作乐者的看法肯定不同。因为理性考虑的是一样事物作为自然的一部分，其本身具有什么样的价值，而贫穷者考虑的是如何获取这些事物来满足自己的需要。理性考虑的是按照心灵之光所显现为真实的东西，而寻欢作乐者寻找的是任何能满足身体感官的东西。然而，在理性看来，良好的愿望和正确有序的爱具有更大的分量，实际上也是这样，尽管按照自然秩序天使高于凡人，但按照公义的律法，善良的人无论如何要高于邪恶的天使。

章17 邪恶的缺陷不是自然的，而是与自然相反的，罪的根源不在于创造主，而在于意愿

因此，按照魔鬼的性质而不是按照它的恶行，我们才能正确地理解

"上帝于创世之初造它作他的天使的玩物"这句话。① 因为恶无疑仅仅是在先前不具有的性质的意义上才是一种缺点或缺陷。而邪恶也仅仅是在与自然相反，能够毁灭自然的意义上才是一种缺陷。因此，离弃上帝不是一种恶，除非这种生灵的恰当本性就是依附上帝。所以，即使是一种邪恶的意愿也强烈地证明了自然之善。② 但正如上帝是自然之善的最高创造者，所以他也是邪恶意愿的最正义的统治者。因此，正如恶人错误地使用善性一样，上帝甚至能正确地使用邪恶的意愿。同理，上帝造出了魔鬼，魔鬼在被造出来时是善的，但魔鬼出于自愿而成为邪恶的，使它自己变得低贱而变成上帝天使的玩物。也就是说，上帝利用魔鬼的诱惑把善带给那些魔鬼想要伤害的圣人。由于创造了魔鬼的上帝肯定不会对魔鬼将来的邪恶一无所知，并且预见到从魔鬼的恶中能够带来什么善，因此诗篇说："那里有你创造的鳄鱼游泳在其中。"③因此我们可以明白，甚至当上帝用他的善性创造了善的魔鬼时，他无论如何已经预见到魔鬼将会变成邪恶的，已经做好了使用它的准备。

章18　按照上帝的旨意，美丽的宇宙由于有了对立和反差而变得更加辉煌

上帝绝不会创造任何他预见到将会变恶的天使，甚至不会创造任何变恶的凡人，除非他同样预见到可以使它们起到什么好作用，藉此把整个时代装点得更加美丽，就像一首以对偶句开头的美丽的诗。所谓对偶句（antitheses）是一种最优雅的修饰性语言。在拉丁文中也许可以称作"对比"（oppositions），或者说得更准确一些，称作"对立的命题"（contrapositions），尽管在拉丁文中，或者在一切民族的语言中，都有某种修饰手段，但这种文法在我们中间用得不多。④ 在《哥林多后书》中，使徒保罗也很优雅地使用了对偶句，他说："真实的道理、神的大能；仁义的兵器在左在

① 　经文见希腊文圣经七十子本，《约伯记》40：14。
② 　此处善的意思是发挥其适当的作用，任何事物发挥其恰当本性的即为善。
③ 　《诗篇》104：26。
④ 　昆提里安通常在反题的意义上使用这个词。

右;荣耀、羞辱、恶名、美名;似乎是诱惑人的,却是诚实的;似乎不为人所
知,却是人所共知的;似乎要死,却是活着的;似乎受责罚,却是不至丧命
的;似乎忧愁,却是常常快乐的;似乎贫穷,却是叫许多人富足的;似乎一
无所有,却是样样都有的。"①因此,正如这些对立的命题使语言变得更加
美丽,这个世界中的对立也使这个世界变得更加美丽,当然这种对立不是
由优雅的语词构成的,而是由真实的事物构成的。《便西拉智训》以这种
方式相当清楚地作了解释:"立善以抗恶,立生以抗死;所以立罪人以抗
义人。瞧这至高神的一切造物,皆成双成对,相辅相成。"②

章 19　"上帝把光暗分开"这句话该如何理解

圣言的晦涩在这个意义上是有益的,可以引发许多对真理的看法,使
之受到知识之光的照耀,就好比对同一段话,一位读者以一种方式理解,
另一位读者以另一种方式理解。但是,对每一段晦涩经文的解释都应当
用明显的事实来加以确证,或用其他含义确凿无疑的经文来加以佐证。
以这样的方式,通过对几种解释的考察,我们可以得知经文作者的真实含
义,如果得不到,也能引向对这一晦涩段落的深度考察,引发一系列其他
对真理的陈述。

现在,在我看来,如果我们能够明白天使是在最初的光被造的时候造
出来的,圣洁的天使与不洁的天使有一个分离过程,如经上所说,"上帝
把光暗分开,称光为昼,称暗为夜",③那么对上帝造物的解释并不荒谬。
因为只有上帝能作这种分离,也只有他能预见到天使的堕落和天使会堕
落,由于被剥夺了真理之光,天使会因为骄傲而滞留在黑暗之中。

关于我们熟知的、日常意义上的"昼"和"夜",上帝吩咐那些天体之
光显现在我们的感官之前,把光明与黑暗分开。上帝说:"天上要有光
体,可以分昼夜。"④经文稍后又说:"上帝造了两个大光,大的管昼,小的

①　《哥林多后书》6:7—10。
②　《便西拉智训》33:14 以下。
③　《创世记》1:4以下。
④　《创世记》1:14。

管夜,又造众星,就把这些光摆列在天空,普照在地上,管理昼夜,分别明暗。"①至于伴随天使的、神圣的、散发着真理光芒的"昼",以及用来表示偏离正义之光的、邪恶天使的昏暗心灵的"夜",只有上帝本身能够把它们区分开来,因为邪恶天使未来的恶——不是它们性质中的缺陷,而是它们的意愿——不可能躲过上帝或不被上帝所知。

章20　关于紧接着的那句话,"上帝看光是好的"

但是我们对这段经文中提到的另一句话也不能保持沉默,经上在说了"上帝说要有光,就有了光"之后,紧接着就说"上帝看光是好的"。但在上帝分光暗,把光称为昼,把暗称为夜的那段陈述之后没有这样的字眼出现,之所以如此,乃是因为这样说会使人以为上帝看暗也是好的,就像看光一样。但在不作为受谴责的对象提到暗的地方——亦即作为我们肉眼能看见的天上的光体所区分的暗——"上帝看光是好的"这样的话就添上了,尽管不是在区分之前,而是在区分之后。经上说:"上帝就把这些光摆列在天空,普照在地上,管理昼夜,分别明暗,上帝看着是好的。"因为两样东西都使上帝喜悦,两样东西都是无罪的。但在上帝说"要有光",就有了光的地方,经文继续说"上帝看光是好的,就把光暗分开了。上帝称光为昼,称暗为夜",在这个地方不适宜加上"上帝看着是好的",免得把二者都说成是好的,尽管二者之一的恶不是由于性质上的恶,而是由于它自己的过错。因此,在这里只有光令创造者喜悦,而天使的昏暗,尽管也是上帝设立的,却完全没有得到上帝的认可。

章21　上帝永久不变的知识和意志,上帝藉此创造一切,他创造的一切　　　　事物在被造之前和被造之后都令他喜悦

除了对按照上帝的智慧所计划的创造物表示认可和批准,我们还能如何理解"上帝看着是好的"这句话的意思呢? 因为上帝肯定不会认为

---

① 《创世记》1:16—18。

他的创造物仅仅是在被造之后才是好的。① 正好相反,如果不被上帝预见为好,上帝就不会把它造出来。然而这里说上帝"看着"是好的,如果上帝在造出这些事物来之前没有看到这些事物,那么他就根本不会把它们造出来,因此上帝显然是在教导我们它是好的,而不是他自己发现它是好的。柏拉图确实相当大胆地说,当整个创世完成时,上帝充满了欢乐。② 但柏拉图在这里不至于愚蠢到认为上帝新造的事物使上帝更加幸福。③ 倒不如说,他希望以这种方式表明,被造物令造物主喜悦是因为被造物按照造物主的设计完成了。上帝的知识并不是多种多样的,能以不同的方式知道还不存在的事物、现在存在的事物、已经不再存在的事物。上帝也不像我们一样寻找将来的事物、当前的事物、过去的事物。正好相反,上帝以一种与我们的思维方式极为不同的方式看待事物。因为在思考一件又一件的事情时,上帝的思想没有改变,而是用绝对的不变性把握所有事物。所以在那些存在于时间中的事物中,未来的就是还不存在的,现在的就是当下存在的,过去的就是不再存在的,但稳固永久存在的上帝理解所有这些事物。上帝不会以一种方式用眼睛看,以另一种方式用心灵想,因为上帝并非由心灵和身体组成。上帝现在知道的也不会与他始终知道的和始终将要知道的有所不同,因为被我们称之为过去、现在、将来的这三种时间尽管会影响我们的知识,但不会改变上帝的看法,"在他并没有改变,也没有转动的影儿。"④

上帝在沉思中也不会从一个念头转变为另一个念头,因为他认识万物的无形的影像是同时呈现的。正如他推动一切有时间的事物而他自身没有任何时间上的运动,所以他用不占据任何时间的知识认识一切事物。因此,当他看到造某个事物好的时候,他就看着他所造的事物是好的。当他看到某个事物被造时,他并不因此而具有双重知识,他的知识也不会以

---

① 参阅奥古斯丁:《反摩尼教论创世记》,章1,节13。

② 柏拉图:《蒂迈欧篇》37C。

③ 参阅普罗提诺:《九章集》,卷5,章8,节8。

④ 《雅各书》1:17。

任何方式增加,就好像他在造这个事物之前的知识比他看见这事物时要少。因为,他的知识若是不那么完善,以至于仍旧需要从他的创造物那里接受新增的知识,那么他就不是完善的创造者了。

因此,如果圣经的意向只是告诉我们谁造了光,那么它说"上帝造光"也就足够了;如果进一步的信息涉及上帝借助什么造光,那么它说"上帝说要有光,就有了光"也就够了,这样我们也就不仅知道上帝创造了这个世界,而且知道上帝借助话语(道)创造了世界。但由于他认为在创世问题上适宜让我们熟悉三个伟大的真理,亦即谁创造世界,以什么方式,为什么,因此经上说:"上帝说要有光,就有了光。上帝看光是好的。"因此,我们若是问,谁创造了世界,回答就是"上帝"。如果我们问上帝以什么方式创造世界,回答就是上帝说要有,也就有了。如果我们问上帝为什么要创造世界,回答就是"上帝看着是好的"。

没有任何创造者比上帝更伟大,没有任何技艺比上帝之道更精良,没有任何理由比善物应由善良的上帝来创造更有说服力。这也是柏拉图为创世确定的最充分的理由,善物应由善的上帝来创造。① 柏拉图也许读过圣经上的这句话,或者是听读过这句话的人讲起过,或者是用他自己敏锐的理智看到了上帝的不可见的事情,"藉着所造之物"②来理解这些事情,或者是从那些看见过这些事情的人那里听说了这些事情。③

章22　有人认为某些事物不是由这位善的造物主创造的,存在着某些天然的恶

然而,上帝之善就是良好的创世的原因。我要说的是,如果虔诚而又勤奋地对这个原因进行沉思冥想,就能终结在对这个世界的起源进行考

---

① 参阅《蒂迈欧篇》29D—30A。"让我来告诉你们这位创造者为什么要造出这个生成的世界。他是善的,没有一位善者会对任何东西产生妒忌;没有妒忌,他就希望一切都要尽可能地像他自己。这就是最真实意义上的创世的根源和宇宙的起源,而在这方面我们应当相信聪明人的证词。"

② 《罗马书》1:20。

③ 参阅本书卷8,章2。

察时产生的一切争论。但有些异端分子①不承认这一点，因为有许多事物，比如火、冷、野兽，等等，与我们并不相容，会伤害我们脆弱的血肉之躯，而我们的肉身当前正在接受正义的惩罚。但他们没有考虑到，这些事物在它们自己的位置上该有多么令人尊崇，它们自身的本性该有多么优秀，它们与这个被造世界的其他部分该有多么和谐，它们对这个宇宙共同体的贡献为宇宙增添了多少光彩。如果我们能拥有关于它们的恰当知识，那么它们甚至对我们也有很大用处。所以说，哪怕是毒药，如果邪恶地加以使用，那么它是摧毁性的，但若能够掌握它的性质并能恰当地在医疗中使用，它就是有用的。而另一方面，即使是那些给我们带来快乐的事物，比如食物、饮料、阳光，如果不加节制、不合时宜地使用，那么它们也会是有害的。

因此，神的旨意以这种方式告诫我们，不要愚蠢地谴责这些事物，而要勤奋地考察事物的用处。还有，当我们自己的理智或弱点因缺乏知识而受到谴责时，我们应当相信，即使事物的用处是隐秘的，但它的用处仍然存在，因为我们已经知道要发现某些真正存在的事物是非常困难的。这种用处的隐秘性既可以用来锻炼我们的谦卑，又可以用来克服我们的骄傲。因为这世上没有任何东西生来就是恶的，所谓"恶"无非就是善的缺乏。

但是，在属地的事物到属天的事物、可见的事物到不可见的事物的价值系列中，有某些好事物比其他事物更好，以这样的方式事物被造就为不平等的，以便使它们都能作为有差别的个体存在。还有，上帝是大事物的伟大创造者，但这样说并不等于说上帝在创造小事物时是渺小的。② 毕竟，这些小事物不是用它们自己的伟大来衡量的，因为它们并不伟大，而是用它们的创造者的智慧来衡量的。以人的可见形象为例。假如从人身上剃掉眉毛，那么人体失去的东西微乎其微，但它的美丽会遭到多么大的损失！因为美并非由尺寸构成，而是由各部分之间的平衡和比例产生的。

---

① 指摩尼教徒。
② 参阅奥古斯丁：《创世记诠释》，章 3，节 14，22。

但是有些人相信，某些恶性的产生和发展是由于某种与其自身原则相反的东西在起作用，他们拒绝接受善的上帝只能创造好事物这种看法，对此我们不必感到极大的惊讶。因为他们相信，上帝在一种极端的必要性的推动下，被迫从事创世这项伟大事业，这种必要性就是要打退反对他的恶势力，因此上帝把他的善性与这种恶势力混合在一起，以便约束它和征服它。他们还相信，上帝的本性因此而被可耻地玷污，并且最残忍地被俘虏和受到压制，上帝的巨大辛劳就是为了对自己的本性进行洁净和救赎，但是上帝用他自己的力量无法全部完成，所以未能得到洁净的地方就被用作监狱和刑具，用来囚禁那些被征服的敌人。摩尼教徒如果相信上帝的本质是不变的、绝对不会败坏的、不受伤害的，那么他们就不会说这种蠢话，或者胡言乱语了。还有，他们若是拥有完全的基督教的信仰，即主张灵魂可以凭它自身的意愿而变恶，灵魂会由于犯罪而毁灭，它享有的永恒真理之光会被剥夺，他们也就不会这样说了。我要说的是，这个灵魂不是上帝的一部分，也不具有与上帝相同的本性，而是由上帝创造的，与其创造者极为不同。

章23　与奥利金有关的谬误

更加令人感到奇怪的是，有些人和我们一样相信万物只有一个源泉，若非出自这位创世主，就不可能有不属于这位神的本质，但他们中也有人拒绝接受可以为这个世界的被造提供一个良好而又简单的理由的信念，这就是好的上帝必定创造好的事物，由于被造物与上帝不同，因此它们低于上帝，但不管怎么说，它们是好的，因为它们是由好上帝创造的。倒不如说，尽管这些灵魂确实不是上帝的组成部分，而是上帝的造物，但它们由于离弃上帝而犯了罪，因此它们要按照罪行的不同受到天地间不同程度的惩罚，而不同的身体就是它们的囚室。[①] 因此，并非要创造善的事物，而是要约束恶的事物，才是这个世界及其被创造的原因。

奥利金在这个方面受到了公正的指责。因为在被称作《论首要原

---

① 参阅爱庇芳纽：《反异端》，章44。

理》的那几卷书中,他相信这些事情,并且也这样写了下来。① 更令我惊
讶的是,这位如此博学并对教会文献非常熟悉的人竟然没有注意到:首
先,这种看法与权威经文的意思有多么对立,圣经在解释上帝做的工时,
一般总要加上"上帝看着是好的"这句话,而在讲到上帝完工时,经上还
说"上帝看着一切所造的都甚好。"②这就清楚地表明,除了应当由一位好
的上帝来创造好的事物之外,创世没有其他的原因。如果世上没有任何
犯罪,那么这个世界就会装饰和充满着全善的性质。还有,即便现在存在
着罪恶,但并非一切事物都会因此而充满罪恶,因为至少大量的天上的存
在者是善的,保持着符合它们本性的恰当秩序。尽管罪恶的意志拒绝保
持符合其本性的秩序,但它并不能因此而逃避上帝的律法,公正的上帝良
好地安排了一切事物的秩序。这就好比在一幅画的恰当之处涂上黑色反
而能增添它的效果,所以对那些有洞察能力的人来说,宇宙甚至因为有了
罪人而显得更加美丽,尽管从罪人本身来看,他们的畸形是一种可悲的
缺陷。

其次,奥利金和其他所有拥有这种想法的人肯定会遇到下列困难。
在他们看来,这个世界的被造使灵魂可以得到与其罪恶相适应的身体,灵
魂应当被囚禁在身体中,就好像进了教养所一样。然而,事情若真的如
此,那么罪恶较轻的灵魂就应当得到位置较高的、重量较轻的身体,而那
些罪孽深重的灵魂就应当得到位置较低的、沉重的身体。由此可以推论,
最邪恶的精灵肯定要比恶人更有理由得到属土的身体,没有哪种身体能
比属土的身体更低、更沉重了。但实际上我们明白,灵魂的功过不是按照
身体性质来衡量的,最坏的精灵拥有气构成的身体,而人甚至在他犯罪之
前就得到了泥土做的身体,这里讲的人当然是恶人,他们的罪比精灵的罪
要小得多,轻得多。

还有人说这个太阳在这唯一的世界上是绝无仅有的,这并不是因为
创造太阳的上帝想把这个有形的世界装饰成美的,或是想给这个世界带

---

① 奥利金:《论首要原理》,卷 1,章 6。

② 《创世记》1:31。

来什么好处，而仅仅是因为正好有一个灵魂需要有一个像太阳这样的身体来做它的囚室。世上还有比这更加愚蠢的论断吗？按照这个原则，如果正好不是一个灵魂，而是两个、十个，或是上百个灵魂犯了罪，也都犯有相同的罪行，那么这个世界就需要有一百个太阳了。而之所以没有出现这种情况，他们认为不应当归功于造物主的神奇预见，以确保有形世界的良好存在与装饰，而要归于只有一个灵魂犯了一桩大罪的事实，因此要有这样一个身体。相信这种事情的人显然不应当关注这个灵魂的迷失，而应当关注他们自己，他们其实并不知道自己在说什么，因为他们已经远离真理。

因此，当我们就任何生灵提出上面讲过的三个问题时——是谁把它创造出来的？用什么方法把它创造出来的？为什么要创造它？——我们的回答是：上帝把它创造出来，上帝藉着"道"把它创造出来，目的是使它成为好的。在此我们也许是在对三位一体，亦即圣父、圣子、圣灵进行一种深刻的、神秘的模仿。但另一方面，某些考虑也许会阻止我们对这段经文①作这样的解释。这个问题需要大量的讨论，我们不能指望在一卷书中解释一切。

章24　神圣的三位一体临在于一切被造物中，使被造物成为三位一体的象征

我们相信、我们坚持、我们忠实地宣讲，圣父生下了"道"，亦即"智慧"，万物藉他而被造，他是圣父唯一的独生子，他像圣父一样是一，他像圣父一样永恒，他像圣父一样至善。我们也相信，圣灵同时也就是圣父和圣子之灵，圣灵本身在本质上也是一，并且像圣父和圣子一样永恒。还有，由于它的位格所具有的个性而使这个整体成为三位一体，由于它的位格都具有不可分割的神性而使它成为一位神，就好像由于它们不可分割的全能而使之成为一位万能者。当问题涉及的是个别的位格时，答复必须是它们各自都是神，各自都是万能的，但当我们提到它们全体时，我们

---

①　即《创世记》1:31。

不能说有三位神或三位全能者,而只能说有一位神和全能者。这就是三个位格不可分割的统一,上帝希望我们以这种方式宣讲。

但是,善的圣父和善的圣子的圣灵能否因为圣灵对二者来说是共同的而被称作二者之善,对这个问题我不敢冒险提出仓促的意见。然而我发现自信地断定圣灵是二者之神圣性比较容易,这样说并不是认为圣灵只是神的一种属性,而是认为圣灵是三位一体本身的一个基本的位格。我倾向于把这个看法当作比较可能的观点来接受,因为,尽管圣父是灵,圣子也是灵,圣父是神圣的,圣子也是神圣的,但无论如何也要把第三个位格单独称作圣灵,因为它也和其他两个位格一样具有根本的神圣性。

但若神的善性无非就是神圣性,那么,提出上帝所做的工体现了三位一体的建议肯定是一种理性的谨慎运用,而不是一个鲁莽的假设,就像我们使用隐喻一样。使用这种语言方式的目的在于发展我们的理智,我们就任何上帝创造的事物发问:是谁把它创造出来的? 用什么方法把它创造出来的? 为什么要创造它? 因为说"要有"的是"圣言"之父。当圣父这样说的时候事物肯定是藉着圣言被造出来的。还有,经上说"上帝看着是好的",这就充分表明上帝造物不是出于任何必然性,也不是因为他需要任何好处,而只是出于上帝自身的善性,亦即这样做是好的。这是在事物被造出来以后说的,因此它的存在无疑要符合作为它被造之原因的善性。如果这种善性可以正确地被理解为圣灵,那么上帝之工就向我们揭示了整个三位一体。这个三位一体也是圣城的起源、准则和幸福,这座城在天上,在神圣天使之中。要是问,为什么会有圣城? 上帝创建了它。它的智慧从哪里来? 来自上帝的启示。它的幸福从哪里来? 来自上帝的喜乐。圣城的形式来自上帝的构造,圣城的准则来自对上帝的沉思,圣城的喜乐来自对上帝的遵循。圣城存在,圣城观望,圣城慈爱。它的力量在于上帝的永恒,它的光明在于上帝的真理,它的喜乐在于上帝的善性。

章 25　哲学分为三部分

在可理解的范围内,哲学家出于相同的理由希望把他们的学科分成三个部分(或者倒不如说,他们看到了有这样一种三重划分,因为他们并没有发明它,而只是发现了它):一部分称作物理的;另一部分称作逻辑的;第三部分称作伦理的。在许多作家的作品中,这些部分用拉丁术语被称作自然哲学、理智哲学、道德哲学,对此我在第八卷已经简要地提到过了。①

从这种三重划分中我们不可推论出这些哲学家已有三位一体的上帝的观念。然而,据说柏拉图被认为是最先发现和推荐这种划分法的,他看到只有上帝能够成为自然的创造者、理智与爱的激励的赋予者,在爱的激励下生活变得美好幸福。还有,尽管哲学家们对事物的性质、考察真理的方法、一切行为都必定会涉及的目的观点各异,但他们全部理智的精力都耗费在这三个重大的、一般的问题上。因此,尽管在涉及这些问题的各个方面时人们的观点五花八门,但自然有某种原因、科学有某种方法、生活有某种目的,这是确定无疑的。

还有,在任何从事技艺工作的人那里,必定呈现三样东西:天性、教育、实践。天性按照能力来判定,教育按照知识来判定,实践按照成果来判定。我明白,恰当地说,成果就是某人享有的东西,而实践则是对其享有的东西的使用。二者之间的差别是:我们说享有的东西本身就能使我们快乐,不涉及其他目的,而我们使用某些东西则有某些潜在的目的。因此,暂时性的东西是被使用的,而不是被享有的,只有这样我们才配享有永恒的事物。不像有些人希望享有金钱而使用上帝,他们不是为了上帝而使用金钱,而是为了金钱的缘故崇拜上帝。不管怎么说,按照习惯用语,我们既使用成果,也乐意实践。因为我们也经常说田野里的“成果”,哪怕它们是供我们使用的暂时性的事物。

那么,在这种日常意义上,在一个人身上要考虑三样东西:天性、教育、实践。如我所说,哲学家在这个获取幸福生活的领域中发现了三重划分,天性这部分属于自然,教育这部分属于理性,实践这部分属于道德。因此,我们若是自己的天性的创造者,那么我们也应当赋予自己知识,而不是要求通过教育来获取它,也就是说,要向别处去学习知识。我们的爱

---

① 参阅本书卷8,章4以下。

也一样,出于自身而回归自身,足以使我们生活幸福,而无需享有其他的善。但是现在,由于我们的天性的存在是上帝创造的,所以我们必须坚定地相信上帝是我们的教师,使我们可以真正的智慧,上帝也会赐予我们灵性的甜蜜,使我们可以真正地幸福。

章26　至高的三位一体的形象甚至在人获得幸福之前就能在人性中看到

我们确实认为我们自己就拥有上帝的形象,亦即拥有三位一体的形象。这个形象与上帝不能等同。这个形象确实远离上帝,因为它既不能与上帝一同永恒,说简单些,也不拥有和上帝一样的本质。然而它比上帝的任何创造物都要接近上帝,尽管它仍旧需要进一步改造和完善,以便更加接近上帝。我们存在,我们知道自己存在,我们为自己的存在和知道自己的存在而感到高兴。还有,涉及我说的这三样东西,没有任何类似于真理的谬误在困惑我们。因为我们并不是凭着某些肉体感官与这些东西发生接触,就像我们与外在于我们的事物发生联系一样。比如说,我们凭视觉得到颜色,凭嗅觉得到气味,凭味觉得到滋味,凭触觉得到软硬,在所有这些情况下,形象与可感物体相似,但形象并不是有形物体本身,我们的心灵得到的是形象,并且留有记忆,记忆激励着我们去向往物体。然而,没有任何虚幻的形象或幻影可以使我完全确信我存在、我知道我存在、我喜欢这一事实。

就这些相关的真理而言,我一点儿也不害怕学园派的论证,他们说,若是你弄错了,那又如何? 因为,我错故我在。① 因为,不存在的人是不会弄错的。而我会弄错,所以我可以借此肯定我存在。还有,我错故我在,但我假设我存在怎么会弄错呢? 因此,如果我会弄错,那么我必须存在,我知道自己存在无疑并没有错。同理,我知道自己知道也没有错。因为,正如我知道我存在一样,我也知道我知道。当我热爱这两件事情时,

---

① 此处仅就存在方式而言,因为若是我错了,我对某种存在的方式就有了意识,故可确证我们的存在。

我把我的爱添加给它们作为第三样事情，但并不比我知道的这两样事情小。当我说我爱的时候，我也没有错，因为我知道我爱的这两样事情并没有错。即使这些事情是虚假的，我爱这些虚假的事情仍旧是真的。因为，若我所爱的事情是虚假的，我又怎么会因为所爱的事情之虚假而受指责、遭禁止呢？但由于这些事情是真实的、确定的，当它们受到热爱时，又有谁会怀疑对它们的这种爱本身是真实的和确定的呢？还有，正如无人不希望幸福一样，不会有任何人不希望存在，因为，若是他不存在，他又如何能够幸福？

章27 存在、存在的知识以及对二者之爱

由于某种天然的原因，仅仅是存在就会令人如此快乐，由于这个原因，即使是那些处于悲惨境地者也不希望去死。当他们意识到自己的不幸时，他们希望找到不幸的原因，并且消除它们，而不希望自己在这些原因中被消除。让我们想一想那些似乎认为自己完全不幸的人和那些显然不幸的人，想一想那些被聪明人断定为由于愚蠢而不幸的人，或者想一想那些由于贫乏而被那些不贫乏并认为自己幸福的人判定为不幸的人。假定有人许诺把不朽赋予这些人，他们的不幸在不朽中将永无尽头，但有个条件，这就是他们不能希望不再保持相同的不幸，否则他们就将完全灭亡，不再拥有任何种类的存在。他们难道不会因此而欢喜雀跃，选择永远不幸而不是完全灭亡吗？这种人的众所周知的情感证明了这一点。因为他们害怕死亡，感到好死不如赖活，这不就清楚地证明了人的天性生来逃避不存在吗？还有，当人们知道自己将要死去的时候，他们希望自己能够在同样的不幸中活得长一些，死得迟一些，并视之为巨大的幸福，究其原因亦在于此。因此，他们无疑会满带感激之情接受一种会使他们的不幸永无尽头的不朽。

甚至一切非理性的、没有思想能力的动物，从巨大的龙到最小的虫，不也都表明它们希望活着，因此会竭尽全力避免死亡吗？每一颗大树和灌木，尽管无法移动自己的位置来逃避毁灭，不也都在用它们自己的方式保持它们的存在吗？它们把根深深地扎入土壤，以便从中吸取养料，又把

健康的枝叶伸向空中。最后,哪怕是那些既无感觉又无任何生命种子的有形物体,也在上升、下沉、平衡,以便保持与其本性最适宜的使之能够存在的位置,由此保持它们的存在。

还有,人的本性有多么热爱关于人存在的知识,人的本性有多么不愿意受骗,这一点可以按以下事实来理解:任何人都宁可不幸福而清醒,不愿意欢乐而疯狂。这一伟大而又神奇的追求知识的本能在其他任何生灵那里都看不到,只有在人身上可以发现。因为,尽管某些动物能用比我们敏锐得多的眼睛看这世界上的光,但它们却不能获得那照耀我们心灵的无形体之光,我们的心灵有了这种光的照耀,方能正确判断一切事物。我们得到的这种光越多,我们判断事物的能力就越强。

然而,尽管无理性的动物没有知识,但它们肯定拥有某种与知识相似的东西,而其他那些物质性的东西之所以被称作可感的,不是因为它们拥有感官,而是因为它们是我们感觉的对象。以树木为例,它们的营养和生长与感觉有某些相似之处。然而,尽管它们,以及一切有形体的事物,都拥有隐藏于它们本性之中的原因,但它们展现它们的形式,把形状给了我们这个世界的可感结构,供我们的感官去感觉,由此看来,尽管它们自己不能认知,但它们不管怎么说希望被认知。但我们在用感官感知这些事物时的方式是这样的,我们并不用这些感官来判断事物。因为我们拥有另一种只属于人的内心的比感官要高贵得多的感官,藉此我们察觉正义的事物和非正义的事物,用理智的观念察觉正义,用非理智的观念察觉非正义。这种感觉要起作用靠的既不是眼睛的瞳孔,也不是耳孔,更不是鼻孔、硬腭的滋味或身体的触摸。靠这种内在的感觉,我确认我存在,确认我知道自己存在,我热爱这两样确定的事情,并以同样的方式确认我爱它们。

章28 我们爱我们的存在,也爱我们关于我们存在的知识,我们是否必须爱使我们热爱二者的爱本身,以便使我们与神圣三位一体的形象更相似

我们已经就本书似乎需要涉及的这些事情谈了许多,亦即我们的存

在、我们关于我们存在的知识、我们有多么热爱这些事情，甚至在低于我们的事物中也能找到与它们相似的地方，尽管有差别。但我们还没有谈到使我们热爱它们的爱本身，并考虑这种爱本身是否被爱。然而，爱本身被爱着，证据在于，当正当地爱人时，爱他们的是爱本身。因为并非知道什么是善的人才可以被正当地称为善人，而是那些热爱善的人才可以正当地被称作善人。那么我们为什么看不到我们用来热爱我们所爱的任何善的爱正是我们用来爱自己的爱呢？因为也有一种爱是人们用来热爱那些一定不能爱的事物的，一个人如果爱了他一定不能爱的事物，那么他就会恨自己。两种爱可以共存于一个人，一种爱对人来说有助于良好的生活，而另一种爱会使我们生活不良，这种爱应当削减，直到我们整个生命得到完善的治疗，转变成善的。因为我们如果是牛，那么我们应当喜爱肉体的和感性的生活，这就是我们充足的善，当我们生活得很好时，我们不会去寻求其他事物。还有，如果我们是树，我们当然也不会在感觉的推动下去爱任何东西，但我们似乎也应当像树一样期盼被爱，藉此我们会变得更加茂盛，长出更多果实。如果我们是石头、波浪、狂风、火焰，或者诸如此类的东西，那么我们确实既没有感官，又没有生命，但我们仍旧不应当缺少使自己处于恰当位置和秩序的愿望。因为物体的重量就是它们的爱，它们由于沉重而下坠，由于轻盈而上升。物体的重量运载着物体，正如灵魂之爱运载着灵魂。①

　　然而我们是人，是按照我们的创造主的形象被造的。他的永恒是真实的，他的真理是永恒的，他的爱是永恒的和真实的，他本身就是永恒、真实、爱的三位一体，在他那里既无混乱，又无分离。当我们尽数他神奇地建立起来的一切工后，让我们考虑一下他的足迹，在有些地方深些，在有些地方浅些，但即使在低于我们的事物中仍旧是清晰的。这样的事物若不是由作为最高的存在、最高的智慧、最高的善的造物主创造的，那么它们不可能以任何方式存在，或以任何形状保存，或可指望保持任何秩序。因此，让我们在心中沉思他的形象，就像福音书中的那个小儿子死而复

---

① 参阅奥古斯丁：《忏悔录》，卷13，章9。

活,回归到因我们的罪而被我们背弃了的上帝那里去。①　在上帝那里,我们的存在不会再有死亡,我们的知识不会再有错误,我们的爱不会再有挫折。当前,我们相信自己拥有三样东西,存在、知识、爱,不是因为拥有其他证据,而是因为我们自己明白它们的临在,因为我们自己最真实的内在感官察觉到了它们。然而,我们自己不知道它们会延续多久,或它们是否会永远停止,也不知道使用它们有什么后果。因此,若是我们还没有获得证据,就让我们去寻找。但我们在谈信仰时应当更加小心谨慎,不是在这里,而是在后面,②信仰无疑应当处于证言之中。

那么在本卷中,在上帝的帮助下,让我们继续我们已经开始了的对上帝之城的讨论,但不是当作今生世俗生活的状况来谈,而是作为永恒不朽的天上的状况来谈。也就是说,让我们来谈论与上帝保持同盟的神圣天使,他们过去没有背离上帝,今后也绝不会。我已经说过,上帝从一开始就把这些天使和那些背离永恒之光而变得黑暗的天使分隔开来了。

章29　使神圣天使能够认识三位一体之神性的知识,依靠这种知识他们在看到上帝所做的工之前就明白了上帝做工的原因

这些神圣的天使学会认识上帝不是靠语词的声音,而是靠无法言说的真理的呈现,也即靠上帝的独生子——"道"。他们认识这个道本身,认识圣父,认识圣灵,他们知道这个三位一体是不可分的,其中的位格具有一种本质,它不是三位神,而是一神。他们以这样一种比我们更好的方式知道这一切。还有,他们不是以自己的方式认识每一被造的存在者,而是以这种更好的方式,亦即按上帝的智慧来认识,就好像在上帝创世的计划中,被造物是借着上帝的智慧造出来的一样。同理,他们按上帝的方式而非按自己的方式能更好地认识他们自己,尽管他们按照自己的方式也能认识自己。因为他们是被造的,所以他们与创造他们的上帝不同。因此,在上帝那里,他们拥有光明的知识,而在他们自己那里,他们拥有昏暗

---

① 参阅《路加福音》15:11 以下。
② 参阅本书卷 22,章 22。

的知识,这是我们在前面已经说过了的。①

　　按照事物被造的形式来认识事物与按事物存在本身来认识事物有巨大的差别。例如,用理智来把握直线和精确的几何图形是一种方式,而认识画在泥地上的直线和图形是另一种方式。正义也一样,认识正义的一种方式存在于不可言说的真理领域中,认识正义的另一种方式在义人的心灵中。其他一切事物亦然,例如,位于上面的水和下面的水之间的苍穹,被称作天空;下面的水的聚集、露出来的旱地、青草和树木的产生;造出太阳、月亮、星辰;从水中滋生出来的动物、鸟和鱼、深水中的水怪;在地上行走或爬行的活物以及比地上的一切动物都要优秀的人。神圣的天使按上帝之道以一种方式认识所有这些事物,他们看到了不可言说的东西、持久的原因和理由,这些事物就是按照这种理由被造的;而另一种方式则是按他们自己的方式来认识。以前一种方式,他们对事物的认识更加清楚,而以后一种方式,他们的知识比较晦涩,仅涉及作品而没有涉及作品的设计。然而,当沉思者提到这些作品,用它来赞美和歌颂创造者本身时,沉思者的心灵就好像黄昏降临了。

章30　数字六的完善,它是自然数中第一个由其组成部分构成的数

　　根据记载,这些工在六日内完成,相同的"日子"重复了六次,因为六是一个完全数。② 任何时间的间隙对上帝来说都是不必要的,就好像他不能同时创造万物似的,之所以要有六日创世只是为了用对被造物恰当的运动来标示时间的进程。或者倒不如说,数字六用来表示上帝创世的完成。因为数字六是第一个由它自己的部分构成的数,也就是说六的组成部分是它的六分之一、三分之一和二分之一,这些部分组成整个六。以这种方式看待一个数,能够被它整除的数就是它的组成部分,比如它的一半、三分之一、四分之一、或其他用任何数作分母的分数。这样,四在某种

---

① 　见本卷,章7。
② 　参阅奥古斯丁:《创世记诠释》,章4,节2以下;章4,节37;《论三位一体》,章4,节7。

意义上是九的一部分,但在我们当前的意义上却不能被称作九的组成部分。然而一却可以作为九的组成部分,因为一是九的九分之一,三可以作为九的组成部分,因为三是九的三分之一。但这两个部分加在一起,亦即九分之一和三分之一,或一和三,并不能构成九的总和。同样,在十这个数中,四在某种意义上是十的一部分,但在我们的意义上却不能被称作十的组成部分。但是一却可以,因为一是十的十分之一,十有五分之一,也就是二,十有二分之一,也就是五。但这三个部分,亦即十分之一、五分之一、二分之一,或一、二、五,加在一起却不是十,而是八。另一方面,十二这个数的部分加在一起却会大于整体。因为十二的组成部分有十二分之一,也就是一,有六分之一,也就是二,有四分之一,也就是三,有三分之一,也就是四,有二分之一,也就是六。但是一、二、三、四、六加在一起不是十二,而是更大的十六。我想,在这里简要地叙述一下这些事情是恰当的,为的是证明数字六的完善,我已经说过,六是自然数中第一个由其组成部分构成的数,而上帝就是在这个数字的日子里完成了他的工作。我们一定不要忽视数的知识,圣经中有许多段落包含数字,它们对勤奋的学生来说具有巨大的价值。经上在颂扬上帝时说:"你用数字、尺度和重量给万物排序",①这样说并非没有道理。

章31　关于第七日,在这一日庆祝完工和安息

在第七日——亦即在同一日子的第七次重复中,七这个数也是一个完全数,尽管是由于别的理由——引入了上帝的安息,由于这个原因,我们第一次听到这一日被定为圣日。但上帝并不希望用他的任何工作来为这一日祝圣,而是用他的安息。这一日没有夜晚,因为上帝的安息不是一样被造的事物。对这件事不可能按一种方式用上帝之道去认识,同时用另一种方式按其本身去认识,所以这件事并不会产生双重知识:即一种光明的知识和一种昏暗的知识。

关于数字七的完全确实有许多话要说,但本卷已经太长了,我有些担

---

① 《所罗门智训》11:21;参阅本书卷15,章20;卷17,章20;卷20,章5,章7。

心我在这里卖弄学识而实际上并无用处。因此我必须有节制地、严肃地谈论，免得谈论数谈论得太多，被误认为忽视"重量"和"尺度"。所以，这样说一下也就够了，三是奇数中的第一个完全数，四是偶数中的第一个完全数，七是由这两个完全数构成的。由于这个原因，七经常被用来表示普遍性，好比经上说"义人虽七次跌倒，仍必兴起"。① 这里的意思是，无论他会跌倒多少次，他都不会灭亡，（尽管此句中的意思不能理解为涉及犯罪，而应理解为导致谦卑的磨难）。还有，"一天七次赞美你"，②但在别处的表达方式则是"我要时时称颂主"。③ 神圣的权威经书中可以找到许多这样的例子，如我所说，数字七一般用来表示全体或事情的完成，表示普遍性。由于这个原因，这个数还用来象征圣灵，④主在提到圣灵时说："他要引导你们明白一切的真理"。⑤ 上帝的安息在这个数中，我们在上帝那里发现了这种安息。因为安息是完全，亦即是圆满，而在部分中只有辛劳。这就是为什么当我们只知道部分的时候就处在辛劳之中，而"等那完全的来到，这部分的就归于无有了"。⑥ 甚至当我们在圣经中搜寻的时候也是辛苦的。但是神圣的天使拥有最完善的知识能力和安息的幸福，因为他们已经拥有永恒之家，我们在这最艰辛的旅程中要加入他们的团契和集会。他们要帮助我们并不难，因为灵的运动是纯洁的、自由的，并不劳累。

章 32　关于天使在这个世界之前被造的看法

然而有些人会反对我们的看法，认为当经上说"要有光，就有了光"的时候，并没有提到神圣的天使。他也许相信或指出先有某些有形体之

---

① 《箴言》24:16。

② 《诗篇》119:164。

③ 《诗篇》34:1。

④ 参阅《以赛亚书》11:2;奥古斯丁:《旧约全书前七卷诠释》，章 2，节 107;《布道文》，篇 8，章 13。

⑤ 《约翰福音》16:13。

⑥ 《哥林多前书》13:10。这句经文中的"部分"在中译文中通常译为"有限"。

光的被造,而天使的被造不仅早于划分了水的、被称作"天空"的苍穹,而且早于"起初上帝创造天地"这些话所指的时间。他也许认为"起初"这个词并不意味着还没有造出任何东西来,因为天使已经造出来了,而是意味着上帝用他的智慧或凭着他的话语创造一切,这在圣经中称作"起初"。例如在福音书中,当犹太人问主是谁的时候,主回答说他是"起初"。① 对这种看法我不会提出任何批评意见,因为它使我很兴奋,使我看到在圣经创世记的开头就已宣告了三位一体。因为在"起初上帝创造天地"——意思是圣父在圣子里创造天地(如诗篇所证明的那样,我们读到"主阿!你所造的何其多,在智慧中你把它们都创造出来")②——稍后一些地方,圣经也非常恰当地提到了圣灵。我们被告知上帝首先造了什么样的土,或上帝首先提供了什么样的质料或物质,称之为"天地",用来进一步建造世界,这是在那些后续的语词中描述的,"地是空虚混沌,渊面黑暗"。然后,为了能够完成三位一体的解释,经上接着说:"上帝的灵运行在水面上。"

那么,让这些人按自己的意愿去解释吧。因为他们对自己能够提出许多不同的看法而感到骄傲,这样做与信仰的规则并不相悖,这是对那些读过这些经文的人的理智的一个挑战。然而,让任何人都不要怀疑居住在精致住所的神圣天使,尽管他们与上帝并不一样永恒,但他们确实是安全的,他们的永久性和真正的幸福是确定的。我们的主教导小子要加入他们的团契。他不仅说"他们会像天上的使者一样"③,而且当他说"你们要小心,不可轻看这小子里的一个;我告诉你们,他们的使者在天上常见我天父的面"④的时候,还说明了天使本身所享有的沉思的性质。

章33 关于两个不同的天使团体,可用光和暗来恰当地象征

但是某些天使犯罪了,被丢进这个世界最低的部分,囚禁在哪里,直

---

① 《约翰福音》8:25,参阅本书卷10,章24。
② 《诗篇》104:24,参阅《启示录》3:14。
③ 《马太福音》22:30。
④ 《马太福音》18:10。

到审判日接受对他们最后的谴责。使徒彼得把这一点说得最清楚,他说:"上帝没有宽容犯罪的天使,曾把他们丢在地狱里,用黑暗的锁链捆绑,等候审判。"①那么,还有谁怀疑上帝在其预见或行动中,把这些天使与其他天使分了开来? 有谁会否认其他公义的天使被称作"光明"? 连我们这些凭信仰生活,希望能像公义天使一样,但还没有做到这一点的人也已经被使徒称作"光明",他说:"从前你们是暗昧的,但如今在主里面是光明的"。② 而那些变节的天使,那些明白或相信自己比不信之人还要坏的天使都肯定知道他们最恰当的名字是"黑暗"。因此,即使要明白在创世记中还有另一种光,"上帝说要有光,就有了光",即使还有另一种黑暗,"上帝把光暗分开了",但不管怎么说,我们根据这些话语明白了有两个天使的团体。一个团体为拥有上帝而喜悦,另一个团体则骄傲自负。关于一个团体,经上说"他的众使者都要赞美他"③,而另一个团体的王则说"你若俯伏拜我,我就把这一切都赐给你"。④ 一个团体燃烧着上帝神圣的爱,另一个团体则充斥着对荣耀的不洁的爱。诚如经上所说:"上帝阻挡骄傲的人,赐恩给谦卑的人。"⑤我们可以说一个团体居住在众天之天上,而另一个团体则被掷入下界,处于狂风呼啸的低天中。一个团体在神圣的光明中安宁,一个团体在黑暗的欲望中颠簸。一个团体按上帝的旨意带来仁慈的帮助和公义的复仇,而另一个团体在傲慢的驱使下行使诱惑和伤害。一个团体是上帝的使臣,将上帝之善贯彻到底,而另一个团体想要进行的伤害受到上帝的约束。善良的天使嘲笑堕落的天使,说他们的逼迫反而是在不自觉地行善,而堕落的天使看到善良的天使在居所聚集而十分妒忌。

　　这两个截然不同的天使团,一个团体的本性是善的,意志是公义的,而另一个团体本性是善的,意志是恶的。圣经中有许多地方对此作了详

---

① 《彼得后书》2:4。中译文有改动。
② 《以弗所书》5:8。
③ 《诗篇》148:2。
④ 《马太福音》4:9。
⑤ 《雅各书》4:6;参阅《彼得前书》5:5。

细说明,我也相信,这两个天使团在创世记中是用"光明"与"黑暗"这两个词来象征的。即使我们所说的这段经文的作者在写下这些话的时候心里可能有别的意思,但我们想,他的晦涩之处仍旧情有可原。即使我们不能发现这本书的作者的真正意愿,但我们无论如何也不会偏离信仰的规则,从其他具有同等权威的经书中我们足以明白我们的信仰。即使作者在这些话中讲的是上帝所创造的物体性的事物,但这些事物无疑与精神性的事物有很多相似之处,所以使徒说:"你们都是光明之子,都是白昼之子;我们不是属黑夜的,也不是属幽暗的。"①

另一方面,如果创世记作者的意图就像我们所建议的那样,那么我们当前的讨论所要达到的目的就实现了。换言之,我们现在可以相信这个上帝的人,这个如此杰出、拥有神圣智慧的人——或者倒不如说上帝之灵在通过他说话——在记录上帝的工作时没有省略天使,他说所有这些工作都是在六日里完成的。当经上写道"起初上帝创造天地"时,天使被包括在"起初"这些词里。之所以如此,乃是因为上帝在创造其他事物之前创造了天使,要么更恰当地说,他们被包括在"起初"这些词里,乃是因为上帝在唯一独生的"道"中创造了他们。整个创世用"天"与"地"这些名称来象征,要么分成精神的和物质的(这是更加可信的解释),要么分成世界的两大部分,其中包含一切被造的事物。在这两种情况下,创世首先作为整体呈现,然后按照日子的神秘数字确立世界的各个部分。

章34　有些人相信"诸水"这个词象征着天使,还有人认为水不是被造的

然而,有些人认为诸水这个词以某种方式象征着天使,这就是"诸水之间要有空气"这句话的意思。按这种解释,空气之上的水被用来象征天使,而空气之下的水应当被理解为既表示可见的水,又象征着邪恶的天使或人类的各个民族。如果是这样的话,那么这段话中没有提到天使的被造,而只提及天使的分开。然而有些人极为邪恶、极为愚蠢地否认诸水是上帝创造的,理由是经上没有任何地方提到"上帝说要有水"。据此说

---

① 《帖撒罗尼迦前书》5:5。

来，他们也应当愚蠢地否认地是上帝创造的，因为经上也没有说"上帝说要有地"。但他们会说经上写着"起初上帝创造天地"。没错，但这句话必须理解为包括水在内。因为如诗篇所说："海洋属他，是他造的；旱地也是他手造成的。"①

　　然而，那些把"空气以上的水"这个短语理解为天使的人对元素的重量感到困惑，担心水由于其流动性和重量而不能置于世界上方。如果是这样的话，那么他们若能造一个人，他们也不会在这个人的头上放上任何水气，水气被希腊人称作"phlegm"，相当于我们身体原素中的水元素。②在上帝的工作中，头部最适宜作水气的处所，但对考虑到元素重量的这些人来说，这样做是荒谬的，若是我们不知道这一点，若是我们在创世记中看不到上帝把潮湿的、阴冷的——因而是沉重的——液体安放在人体的较高部分，那么他们就决不相信这一点。哪怕他们受到圣经权威的挑战，他们仍旧坚持说这些词句肯定有别的意思。

　　但若我们考察关于创世的这部经书中的一切细节，我们就有许许多多的话要说，我们就会远远地偏离本书的主题。现在，由于我们已经充分讨论了两个不同的、对立的天使团体，而我们想要讨论的两种人的团体也可以在两种天使团体中找到起源，本卷就到此结束。

---

① 　《诗篇》95∶5。
② 　参阅杰罗姆：《书信》52∶6。

第 十 二 卷

【本卷提要】奥古斯丁在本卷中首先提出两个关于天使的问题:一是从什么时候开始,有些天使有了善良的意志,而有些天使有了邪恶的意志;另一是好天使的幸福与坏天使的不幸的原因何在。然后他处理创造人的问题,指出人并非来源于永恒,而是被创造的,人只能由上帝创造。

章1 好天使与坏天使的本性是一样的

我们在上一卷已经指出两座城如何在天使中出现,现在我们必须谈到创造人,指出两座城如何在这个理性的种族中显现。然而,在这样做之前,我们首先要用证明的方式尽力对天使作出某些评论,这样做并非不妥或与主题不一致,因为我们所谈论的社会是由凡人和天使组成的。我们不说有四座城——两座天使之城和两座凡人之城——而宁可说有两座城,一座是由善良的天使和凡人一起组成的,另一座则由邪恶的天使和凡人组成。

好天使与坏天使性格上的对立并非源于他们本性与起源上的差异,这一点不容怀疑——因为创造他们的都是善良的、创造一切的上帝——而是源于他们的意志和欲望方面的差异。因为有些天使持续不断地趋向于万物之共善,亦即上帝本身、上帝的永恒、真理和爱,而有些天使对他们自己的力量感到兴奋,认为他们自己就可以是自己的善,从而脱离对他们和一切事物来说共有的善,拥抱他们自己个别的善。他们宁愿骄傲地自我膨胀,而不愿追求庄严高尚的永恒,宁要空虚的敏锐,而不要最确定的真理,宁愿热心地实现自己的目的,而不要爱的联合的力量。他们变得傲慢,虚伪,妒忌。

　　因此,好天使幸福的原因是他们矢忠于上帝,同理,坏天使可悲的原因也可以在前者的对立面中找到,这就是他们不忠于上帝。因此,要问好天使为什么幸福,那是因为他们忠于上帝,这样的回答是正确的。要问坏天使为什么可悲,正确的回答是他们不忠于上帝。除了上帝,没有其他任何善能使理性的或理智的生灵幸福。

　　当然了,并非每一生灵都能得到幸福,动物、树木、石头,或诸如此类的东西不具有幸福的能力。然而,能够幸福的生灵要成为幸福的,并不依靠他们自己去获取,他们并不能从无中创造出幸福来,而是从创造他们的上帝那里得到恩赐。构成他们幸福的东西若是失去就会变成可悲。因此,只有上帝的幸福不在于别人,而在于他自己的善本身,上帝不会可悲,因为只有上帝不会失去他自己。

　　所以我们说,善并非不变的,只有唯一、真正、幸福的上帝是不变的,他创造的事物确实是善的,因为他们来自上帝,但绝不是不变的,因为上帝并非用他自己创造了这些事物,而是从无中造有。因此,尽管他们不是至善——因为上帝是比他们更大的善——但这些可变的生灵可以倾向于不变的善,从而得到赐福,这样就非常好了。所以上帝就是他们的完全的善,没有上帝,他们必定是可悲的。

　　然而,这个被造的宇宙中的事物不幸福的原因,不能仅仅是因为它们不会有什么不幸。这就好像我们不能说身体的其他肢体比眼睛优越,因为它们不会瞎。正如有感觉的生灵即使会承受痛苦,也优于不会承受痛苦的石头,所以理性的生灵即使处于不幸,也优于无理性或无感觉,因而也不会经历不幸的自然物。既然如此,那么理性的生灵不倾向于上帝显然是一个错误。因为,它被造就为拥有这样一种优点,尽管它本身是可变的,但却能够通过对不变的善、至尊的上帝的依恋而获得幸福,也只有达到完全的幸福,它的需要才能得到满足,而只有上帝才能使这一目标实现。

　　还有,每一个过错都在伤害它发生于其中的生灵,由于这个原因,它与这种生灵相对立。然而依恋上帝的生灵与不依恋上帝的生灵不同,不是因为其本性不同,而是由于它的过失。然而由于这种过失,这种本性自身被证明为是非常高贵的,可敬的。因为毫无疑问,这种本性若是应当受到赞扬,那么它的过失就要公正地受到谴责。我们公正地谴责一项过失,完全是因为它使值得赞扬的本性受到污辱。例如,当我们说瞎是眼睛的一个缺陷时,我们就表明视力属于眼睛的本性。还有,当我们说聋是耳朵的一个缺陷时,我们就证明听力属于耳朵的本性。所以,当我们说天使这种生灵若是不依恋上帝是一个缺陷时,我们也就最清楚地宣布依恋上帝属于天使的本性。还有谁能高尚地明白或表达,依恋上帝,从而与上帝生活在一起,从上帝那里吸取智慧,为上帝喜乐,享有这种伟大的善,没有死亡、谬误或悲伤,该有多么光荣? 因此,由于每一种恶都是对这种本性的一个伤害,所以邪恶天使的每一种罪恶,他们对上帝的背弃,都充分证明了由上帝创造的他们的本性有多么好,不和上帝在一起是对这种本性的伤害。

章 2　没有与上帝相反的存在,与至尊永存的上帝相对的是非存在

上述讨论足以制止任何人去作这样的设想,在提及变节的天使时,我们可以认为他们是从某种第一因,而不是从上帝那里得到另一种本性。但若我们能够充分理解上帝派摩西去以色列的子民那里时通过天使说的话,"我是自有永有的",①那么我们就会更加稳健,也会更加容易地避免这种不虔诚的大错。

由于上帝是至高的存在——也就是说,他是最高的——因此上帝是不变的。他把存在赋予他从无中创造的事物,但这些事物的存在并不是像上帝自己的存在一样的存在。对有些事物,上帝赋予的存在比较充分,但对另一些事物,上帝以一种比较有限的方式赋予它们存在,就这样,上帝按照事物的存在程度,安排了天然的实在。就好像 sapientia (智慧)这个词来源于 sapere (聪明的),essentia (本质,本性)这个词来源于 esse

---

① 《出埃及记》3:14。引文的英译文为"I am that I am ",中译文是圣经和合本的译法。

（是，在，有）；essentia 确实是个新词，在古拉丁语中没有用过这个词，①而到了我们这个时代才开始使用，以便使我们的语言不至于缺少一个与希腊文"ousia"（在、本质）相对应的词。因此，对这种最高本性来说，其他一切存在都是藉着它被造的，因此没有一种本性是与他相对的，除非它是非存在，因为与存在相对的就是非存在。所以没有任何存在与最高的存在上帝相对，上帝是一切种类的存在的创造者。

章3　上帝的敌人之所以与上帝为敌，不是出于他们的本性，而是出于他们相反的意愿，这种意愿在伤害他们，在伤害一种良好的本性，如果一种恶不带来伤害，它就不是恶

上帝的敌人在圣经中之所以被称作敌人，不是因为他们的本性，而是因为他们邪恶地反对上帝的权威。但他们没有力量伤害上帝，而只能伤害他们自己。他们之所以是上帝的敌人，不是因为他们有力量伤害上帝，而是因为他们有抗拒上帝的意愿。上帝是不变的，在各方面都是不可摧毁的。因此，那些上帝的敌人用来抗拒上帝的恶不是针对上帝的，而是针对他们自己的，这种恶之所以是一种恶，乃是因为它败坏了他们本性中的善。然而，不是他们的本性与上帝相对，而是恶与上帝相对。恶与善相对，而又有谁会否认上帝是最高的善呢？因此恶与上帝相对，就像恶与善相对一样。

还有，被损害的本性是善，因此它与这种善也是对立的。但仅当它作为一种与善对立的恶那样与上帝对立时，它也和它所伤害的善对立，不仅作为一种恶，而且作为一种有害的东西。因为没有一种恶能伤害上帝，而只能伤害可变的、可败坏的本性，尽管如此，如恶本身所证明的那样，它们的起源仍旧是善，因为它们若不是善，恶就无从伤害它们了。② 因为，恶如何能够通过消除已被剥夺了完整、美丽、良好、德行，以及其他种种天然之善的本性，来伤害它们呢？若是完全缺乏善，就不可能消除它，因此也

---

① 参阅塞涅卡：《书信集》58：6，昆提里安：《论修辞学》，卷2，章14，节2。
② 参阅奥古斯丁：《圣经诠释》，卷4。

不会有恶,因为没有一种恶是不伤害的。从上可知,尽管恶不能伤害不变的善,但恶无论如何也要对善造成伤害,因为恶若是不造成伤害,恶也就不存在了。因此我们可以这样说,恶在至高的善中不存在,但它存在于某些善中,也只能存在于某些善中。

因此,在某些情况下可以有全善的事物,但绝不会有全恶的事物。因为,即使事物的本性由于邪恶意志的兴起已经受到伤害,但这些事物就其本性而言仍旧是善的。还有,当其受到伤害的某种本性受到惩罚以后,除了使其具有存在的善的本性之外,还有其他未受惩罚的本性。因为它受到的惩罚是公义的,而任何公义的事物无疑是一种善。没有人会因为本性之过错而受惩罚,而是因为意志的邪恶而受惩罚。哪怕是因习惯而得到强化的邪恶,或因长期的延续而使邪恶成为第二天性,其根源也在于意志。我们在这里讲的是天然生灵之恶,这些生灵之心能够拥有理性之光,凭着理性之光他们能够区分公义与不公。

章4 无理性无生命的事物的本性,它们有自己的种类和秩序,和宇宙之美并不敌对

然而,若是谴责野兽、树木,以及其他完全缺乏理智、感觉或生命的可变的、尘世的事物的邪恶,那是荒唐可笑的,哪怕过失会败坏它们可朽的本性。这些被造物,按它们的造物主的意愿,得到一种适合于它们的存在方式,它们会消逝,把位置留给其他事物,带有最低形式的美,季节之美就其自身的位置来说,是这个世界的和谐的一部分。因为,尽管尘世的事物并不想与天上的事物平等共存,但若完全没有尘世的事物,那么这对宇宙来说是不合适的,尽管天上的事物比较优秀。同理,在恰当地属于尘世事物的地方,有些事物产生,有些事物消逝,小事物屈从于大事物,被克服的事物转化成克服者的性质,这就是可变事物的确定的秩序。我们对这种秩序之美不会感到愉悦,因为,我们自己也是它的一部分,由于我们凡俗的处境而被纳入其中,因此我们无法感受到这个整体,而在这个整体中,有许多与我们有冲突的部分却又是与这个整体完全适应的,和谐的。这就是为什么在这样的境况中我们不太能够察觉创造主的智慧的原因,我

们得到恰当的告诫要相信它，免得因为凡人的空洞和鲁莽而假设可以在这样一位伟大的创造者的作品中找到任何错误。

　　然而，我们若是谨慎地关注这件事，那么我们将会看到，甚至连尘世事物的过失也和它们的最初本性相一致，这样的过失既非有意志的行为，亦非惩罚，由于同样的原因，它们中没有一样事物不是由上帝创造出来的，以上帝为它们的创造主。我们乐意看到它们的本性，但不乐意看到它们的本性因过错而丧失。即使是事物的本性使人不乐，就像经常发生的事情那样，许多事物的本性对人有害，但我们也不能因此而否定上帝是它们的创造主。因为人们在考虑它们时不是考虑它们本身，而只想到它们的用处，就好像那些用来打击埃及人的骄傲的动物群。①　然而在这个意义上，人甚至有可能责骂太阳，因为某些冒犯者和欠债者在法官面前受审，被判处在太阳底下暴晒。但若不从我们舒服不舒服的角度来看，而是就它们的本性而言，那么这些被造物是在荣耀它们的创造者。②　因此，甚至连永恒之火的本性无疑也是值得赞扬的，哪怕它是对那些不虔诚者的惩罚。还有什么能比熊熊燃烧的、耀眼的、光芒四射的烈火更加美丽？还有什么能比烈火更能用来加热、驱寒、烹饪，即使没有任何东西比火更具有毁灭性，会把一切都烧个精光？我们看到，同一样事物若以一种方式运用是有害的，但若恰当地加以使用则是最有益的。有谁能在这个世上找到足够的语词来解释它的用途？

　　我们一定不要听从那些赞扬火的光而谴责它的热的人，他们在思考火的时候不是按照它的本性力量，而是按照他们自己的舒适与否。他们希望看，但不希望被烧焦，他们没有注意到使他们感到喜悦的光会因其不适用性而伤害虚弱的眼睛，而使他们感到舒适的热却使不在少数的动物去寻找对健康生活更加适合的环境。③

---

①　参阅《出埃及记》3—4。
②　参阅奥古斯丁：《反摩尼教论创世记》，章1，节26，节16。
③　参阅普林尼：《自然史》，卷10，章67；卷29，章4；亚里士多德：《动物史》，卷5，章19。

章 5　处于各种事物中的一切本性都在荣耀上帝

因此，一切本性都是善的，之所以如此仅仅是因为它们存在并拥有它们自己的种与属，以及某种内在的和谐。① 因此当它们按照它们的本性所处的秩序位于它们应当在的那个地方时，它们依照它们所得到的尺度保存它们自身的存在。那些没有得到永恒存在的事物是变化的，变好或变坏，以此侍奉那些置于造物主的律法之下的事物的目的和运动。这样，它们在神圣的旨意中趋向于那个被包含在宇宙运作的一般图式之中的目的，尽管可变可朽的事物由于腐败而会最终消失，但不会仅仅由于它们的不存在而阻碍它们产生预定要它们产生的结果。情况就是这样，上帝，作为最高的存在，创造了每一非最高存在的存在（因为没有一个从无中创造出来的存在能与上帝等同，或者说若无上帝的创造，没有任何事物能够存在），因此我们不能按照是否给我们带来麻烦而谴责任何存在者。倒不如说，当我们对上帝创造的一切本性进行沉思的时候，上帝就受到了赞美。

章 6　善良天使幸福的原因和邪恶天使不幸的原因

因此，善良天使幸福的真正原因就在于它们依附于作为最高存在的上帝。如果我们寻找邪恶天使不幸的原因，那么很显然，它们的不幸在于它们弃绝作为最高存在的上帝，回归它们本身，而它们自己是不具有这样的至高存在的。它们的错误不就在于骄傲吗，因为"骄傲是罪的开端"，②所以它们拒绝把它们的力量用于侍奉上帝，而它们只要依附作为最高存在的上帝便能拥有更大程度的存在，因此，出于自爱它们宁可具有较不完善的存在。这就是它们最初的不足和失败，是它们本性中的原初缺陷，它们的本性在被造时确实具有其自身的高度存在，但无论如何不能够享有作为最高存在的上帝拥有的幸福。由于弃绝上帝，它们的本性不是变得毫无本性，而是具有较不完善的存在，因此它们是不幸的。

---

① 参阅本书卷 19，章 12 以下。

② 《便西拉智训》10：13。

　　还有，若是寻找邪恶天使的罪恶意志的动力因①，那么我们什么也找不到。因为，当意志本身在使行为邪恶时，使意志邪恶的原因又是什么呢？这样一来，邪恶的意志是邪恶的行为的动力因，但没有任何东西是邪恶的意志的动力因。因为，若是有某个事物是其原因，那么这个事物本身要么有意志，要么没有意志。它若有意志，那么这个意志要么是善的，要么是恶的。这个意志若是善的，那么有谁会傻到说一个善的意志会使另一个意志变得邪恶？在这种情况下，善的意志成为罪的原因，而我们不能相信还有比这更荒谬的事情。另一方面，若是这个被假定为使意志变得邪恶的事物本身有一个恶的意志，我现在就要问是谁使它变得邪恶，而为了把话题限制在我们当前的讨论中，我要问：使第一个邪恶意志变得邪恶的是什么东西？因为有某个意志在被某个并非最先的邪恶意志变得邪恶。或者倒不如说，最先的那个邪恶意志就是那个不被其他任何意志变得邪恶的那个意志。因为若是那个使它变得邪恶的东西在它之前，那么这个东西就是最先使其他事物变得邪恶的东西。但若有人回答说"没有任何东西使它邪恶，它始终就是邪恶的"，那么我要问：它的存在拥有某些本性吗？因为它若是没有本性，那么它根本不存在。但若它的存在确实拥有某些本性，那么它有缺陷，它的本性败坏了，或者受到伤害了，它的善被剥夺了。

　　因此，一个邪恶的意志不能存在于一种恶的本性之中，而是存在于一种善的但又是变动的本性之中，正是这种缺陷会带来伤害。因为，它若是不带来伤害，那么它肯定没有过失，由此带来的后果就是存在于其中的意志不能被称作恶的。还有，它若是带来伤害，那么它肯定是通过消除善或减少善来造成伤害的。因此不会有一种来自永恒的、存在于先前天然为善的事物之中的邪恶意志，这种邪恶的意志能够通过对善的事物的伤害来削弱它。

　　那么，邪恶意志若非来自永恒，我要问的就是创造它的是谁？对这个问题的唯一答案就是：是某种本身并不拥有意志的事物在使意志变得邪

---

① 英译文为"efficient cause"，亦可译为"直接原因"。

恶。接着要问的是,这种事物优于意志,还是劣于意志,或是与意志相等。它若是优于意志,那么它是比较好的。那么,它怎么会没有意志呢? 或者说它怎么会没有善良的意志呢? 同样的推论也可用于它与意志相等这种假设,只要两个事物各自拥有相等的善良意志,那么一个事物就不可能使另一个事物产生恶的意志。那么剩下来的还有天使本性中的意志,当它最初犯罪时,它的意志就已经被某种劣于它的、本身没有意志的东西变成邪恶的了。但这个东西即使本身是最卑劣、最低下的尘世的事物,它本身无疑也是善的,因为它是一种有其自身形式和种类、处于它自己的种类和秩序之中的本性和存在。因此,一样善的事物如何会成为邪恶意志的动力因? 我要说的是,善如何能够成为恶的原因? 因为,当意志放弃优于它本身的东西而转向劣于它的东西时,意志就变成邪恶的,这不是因为它转向的那个东西是邪恶的,而是因为转向本身是邪恶的。所以,低劣的东西没有使意志变得邪恶,倒不如说,是意志本身由于邪恶地、放纵地想要得到低劣的东西而使它本身变得邪恶。

假定有两个人,他们的灵魂和身体的构成都一样。二者都看到了对方的身体之美,其中一人情欲冲动想要不合法地享有另一人的身体,而另一人则保持他的意志贞洁。我们应当假定是什么在一个人那里使意志邪恶,而在另一个人那里却没有使意志邪恶? 是什么东西在产生了邪恶意志的这个人身上使得意志邪恶? 肯定不是身体之美,因为身体之美对两个人的眼睛都展现了,然而并没有在两个人身上都产生邪恶的意志。是人的肉体在一个人看的时候引起了他的欲望吗? 那么为什么人的肉体却没有引起另一个人的欲望呢? 要么原因在于灵魂? 但为什么不是两个人的灵魂? 因为我们假设的前提是他们的灵魂和身体的构成都一样。也许我们应当说其中的一人在恶灵的隐秘怂恿下受到了诱惑。然而,即使在这种情况下,决定要不要接受这样的怂恿和某种劝导的不还是他自己的意志吗?

所以我们要问,罪恶意志对作恶的劝导表示欢迎的原因何在? 现在,为了消除我们当前讨论的这一障碍,让我们假定两个人都受到相同的诱惑,但其中的一个屈服并表示同意,而另一个则保持先前的态度。这不就表明一个人愿意而另一个不愿放弃贞洁吗？假定每个人的身体和灵魂的构成都是一样的，那么发生这种情况的原因不就在于他们自己的意志吗？相同的美呈现在两个人的眼前，相同的诱惑也同样地对两人进行攻击。因此，无论如何彻底地考察这个问题，我们找不到任何东西在使他们中的某个人的意志变恶。因为我们若是说人自身在使他自己的意志邪恶，那么在这个人的意志变恶之前这个人是什么？他具有善良的本性，他的创造者是上帝，是不变的善。我们在这里有两个人，在他们看和受到诱惑之前，他们在身体和灵魂上是相同的，但其中一个人并没有接受诱惑，没有不合律法地使用对两人的视觉都同等显现的美丽的肉体。因此，若有人说那个屈服于诱惑的人在使他自己的意志邪恶，哪怕他在他的意志变恶之前肯定是善的。我们要问的是这个人为什么要这样做，因为他是一个天然的生灵，或是因为他是从无中被创造出来的吗？我们将会发现，恶不是从人是天然的生灵这一事实中产生的，而是从他是一个从无中被创造出来的天然生灵这一事实中产生的。因为，若天然的生灵本身是邪恶意志的原因，那么我们除了说恶是被某些善创造出来的、善是恶的原因之外，我们还能怎么说？因为在这种情况下，使意志成为邪恶的是一种善的天然的生灵。但一个天然的生灵，他是善的，尽管他是可变的，怎么会在他的意志变得邪恶之前产生出任何邪恶来，也就是说善的生灵怎么会产生本身为恶的意志？

章 7　我们不应当去寻找邪恶意志的动力因

所以，任何人都不要去寻找罪恶意志的动力因。因为这个原因不是有效的，而是无效的，邪恶意志本身不是某事物的效力，而是一种缺失。源自最高存在的某种缺失，相对于最高存在而言，具有较低的存在，这就是拥有邪恶意志的开端。现在要寻求这些缺失的原因，那么如我所说，这些原因不是动力因，而是不足之处，这就好比想要看到黑暗和听到静寂。黑暗和静寂都为我们所知，我们知道前者凭借眼睛，知道后者凭借耳朵，然而我们知道它们，不是由于它们的显现，而是由于它们缺乏任何显现。所以不要让任何人向我知道的事情中寻求我不知道的事情，或者说，除非他希望知道如何能够不知道我们知道的一切,而这是无法得知的。因为这些事情被人们所知不是凭着它们的显现,而是凭着它们缺乏显现,只能通过对它们的不知而知(如果事情能够以这种方式来表达和理解的话),因此我们关于它们的知识本身是一种不知。当身体的眼睛凝视有形物体时,仅当其开始看不见时它才看到黑暗。同理,没有其他的感官,只有耳朵能够感受静寂,然而静寂被感受到的方式无非就是不听。还有,我们的心灵依靠对理智形式的理解来察觉它们,但当它们有缺陷时,心灵通过不知来知道它们,因为"有谁能知道自己的错失呢?"①

章8　意志由于任性的爱而堕落,从不变的善变成可变的善

　　我确实知道上帝的本性决不会在任何地方或以任何方式有缺陷,而从无中创造出来的本性会有缺点。然而对这些被造的本性来说,它们拥有的存在越多,它们的行为越善,也就是说,它们所起的作用越多,它们拥有的动力因也就越多。另一方面,就其缺乏存在而言,由于这个原因它们作恶,在这种情况下,它们除了空虚还能有什么收获? 我还知道,在意志变恶之处,若是意志本身不愿意,那么这种恶不会在其中产生,因此这些恶会受到公正的惩罚,因为它们不是必然的,而是自愿的。意志的缺陷并非针对恶的事物,而是由于它们本身是恶的,也就是说,意志的缺陷并非针对本性为恶的事物或存在于恶的事物之中,倒不如说,意志的缺陷本身是恶的,因为它违反了本性的秩序。它实际上是偏离最高的存在而转向较低的存在。

　　这样,贪婪不是黄金的过错,而是违反常情地热爱黄金的人的过错,这种人因此而弃绝公义,而公义相对于黄金而言应当受到更高的敬重。还有,奢侈不是美的和令人愉悦的事物的过错,而是那个违反常情地热爱肉体,因而放弃节制的灵魂的过错,而凭借节制,我们被吸引到在灵性上更为美好的对象上去,它们更令人愉悦,因为它们不会灭亡。还有,吹嘘不是他人赞美的过错,而是那违反常情地热爱他人赞美而无视良心见证

---

① 《诗篇》19:12。

的灵魂的过错。① 骄傲也不是赋予权柄者或权柄本身的错,而是那违反常情地热爱其自身权能的灵魂的错,因为它藐视一个更加公义、更加高大的权能。因此,违反常情地热爱任何本性为善的事物都会通过对这种善的追求而变得邪恶,哪怕他获得了这种善,他变得邪恶乃是因为他被剥夺了更大的善。

章9　创造主把本性赋予神圣天使,也通过圣灵爱的渗透把善良意志赋予它们

所以,不存在所谓罪恶意志的天然动力因,或者我要是能这样说的话,不存在罪恶意志产生的根本原因。因为意志本身就是可变的精灵的恶的源泉,它们本性中的善因此而减少,变成邪恶的,意志变得邪恶无非就是因为弃绝上帝,因此产生这一缺陷的原因肯定也是无效的。然而,我们要是希望说善的意志也没有动力因,那么我们一定要小心,免得说善良天使的善良意志不是被造的,而是像上帝一样永恒。因为,善良天使本身若是被造的,那么我们怎么能说它们的善良意志不是被造的? 但若善良意志是被造的,那么善良意志在善良天使被造的同一时刻被造吗? 如果一同被造,那么善良意志无疑也是由创造天使的上帝创造的,善良天使忠实于创造它们的上帝,热爱创造它们的上帝。善良天使与那个堕落天使的社团分离,因为它们保持了原有的善良意志,而堕落的天使已经由于倾向于邪恶意志而改变了善良意志,这完全是一种恶,因为它们偏离了善,而善良的天使肯定不愿这样做,所以它们不会偏离善。

然而,善良的天使若是最初存在时没有善的意志,然后不是由于上帝的力量而是在它们自身中产生善的意志,那么它们就会因此而使自己比创造它们的上帝还要好。抛弃这种念头吧! 因为没有善良意志,它们除了是恶的还能是什么? 或者说,它们若不是恶的,因为它们并没有在善良意志之外再拥有一个恶的意志(因为它们还没有偏离它们还没有开始享有的东西),那么它们肯定没有保持同一,不那么善,因为它

---

① 参阅《哥林多后书》1:12。

们将要拥有一个善的意志。或者说,它们若不能使自己变得比卓越无比的上帝把它们创造出来的那个样子更好,那么没有上帝的帮助和运作,它们肯定不会拥有一个使自己变得更好的善的意志。正是由于它们的善的意志在起作用,所以善的天使没有转向拥有较低存在的自身,而是面向作为至高存在的上帝,依附上帝,它们自身的存在由于分有上帝而得以扩大,因此它们能够过一种明智的、幸福的生活。但这样一来岂不就证明了无论它们的意志有多么好,但仍旧处于无助状态,只能向往上帝,上帝把它们的本性从无中创造出来,但使它们能够享有上帝,上帝首先推动了天使对上帝的期盼,然而用自身去充满天使,从而使天使变得更好?

我们还必须讨论这样一个问题:如果善的天使使它们自己的意志成为善的,那么它们这样做是有意志的还是无意志的? 如果是无意志的,那么这肯定不是它们的所作所为,如果是有意志的,那么这个意志是善的还是恶的? 如果是恶的,那么一个恶的意志如何能够产生善的意志? 如果是善的,那么它们已经有了一个善的意志。使它们已经拥有这个意志的只能是上帝,因为上帝创造了它们的本性,同时赋予它们恩典,把它们造就为有善良意志的,也就是说使它们有一种纯洁的爱,使它们用这种爱去依附上帝。因此我们必须相信神圣的天使从来不会没有善良意志,亦即对上帝的爱。

但是有些天使变得邪恶了,尽管它们被造就为善的,之所以如此乃是因为它们自己的意志在起作用。这个意志不是被天使的善的本性造就为恶的,而仅仅是在它们愿意让自己的善有缺陷的意义上变成恶的,因为恶的原因不是善,而是善的缺失。因此,要么是堕落的天使所得到的上帝之爱的恩典比那些忠诚于上帝之爱的天使要少,要么是善良的天使和堕落的天使被同等地创造出来,后者因其罪恶意志而堕落,前者得到上帝更充分的帮助,得到圆满的赐福,以至于变得圆满而决不会堕落。这个问题我们在前一卷已经处理过了。①

----

① 参阅本书卷 11,章 13。

因此我们必须带着对创造主的赞美，承认"所赐给我们的圣灵将上帝的爱浇灌在我们心里"，①不仅对圣人来说是这样，对神圣的天使来说也是这样。还有，经上说"亲近上帝是好的"，②不但对人来说是这样，而且对最首要的天使来说也是这样。这种善的分享者拥有神圣的团契，既与上帝亲近，又相互之间亲近。它们是上帝的一座城，是上帝的活祭和活的圣殿。③

但这座城有一部分是从凡人中聚集起来的，他们将要与不朽的天使联合。然而现在，这座城的成员要么处在人世间的旅途之中，要么已经过了死亡的关口，他们的灵魂被接收到某个神秘的处所安息。我明白，我现在必须说明这座城的这个部分是如何从上帝的同一创造中产生的，就像我在涉及天使时所说的那样。按照在普天之下一切民族中拥有神圣权威的圣经的信仰，④从上帝最先创造出来的那个人中产生了整个人类。在圣经众多的真实阐述中，这是一条普天下各民族都应相信的神圣真理。

章10　有些人相信人类以及世界本身永存

有些人在谈论人类本性和基础时不知道自己在说些什么，让我们省略这些关于人的猜测。因为有些人在谈到人的时候拥有和对世界本身一样的看法，即认为人和世界是永存的。这样，阿普留斯在描述这个有生命的族类时说："就个人来说，他们是可朽的，但从集合的意义来说，亦即作为一个种族，他们是永生的。"⑤但若人类是永生的，那么这些历史如何可能是真的？史书告诉我们谁是第一个发明家，他们发明了什么，谁第一个开始建立文科的学科和其他技艺，谁最先居住在大地的这个地区或那个部分，住在这个岛屿或那个岛屿。当这个问题摆在这些人面前时，他们会

① 《罗马书》5:5。

② 《诗篇》73:28。

③ 参阅《罗马书》12:1;《以弗所书》2:19 以下。

④ 参阅《马可福音》14:9。

⑤ 阿普留斯:《论苏格拉底之神》,章4。

回答说:大地的大部分地区,哪怕不是全部,曾在一段时间内被大洪水和大火灾摧毁,人的数量变得很少,但从这些幸存者中繁衍起来的人口再次恢复到原先的规模,在这个时候出现的事物看起来像是新发现的和最早的,而实际上只是一种更新,只是由于巨大的灾难而一度中断和灭绝,除非源于一个先前已经存在的人,否则人就根本不可能存在。① 他们所说的只是他们的想法,而不是他们知道的事情。

章 11　历史错误地说已经过了许多个千年

这些人也受到某些完全不真实的作品的误导,认为已经过了许多个千年。② 因为我们依据圣经计算过,人的历史自第一个人被造以来还不到 6000 年。因此,那些认为已经过了许多个千年的作品的说法是空洞的,在这个主题上不包含任何值得尊重的权威性。但我们不会就这个问题作大量的论证。倒不如让我们只引用一下亚历山大大大帝给他的母亲奥林庇亚丝写的一封信,他在信中转述了某位埃及祭司讲的事情,而这位埃及祭司又是从一些被埃及人尊为神圣的书中看来的,其中包含着也为希腊历史学家所知的对历代王国的叙述。③

按照亚历山大的这封信,亚述王国的延续超过 5000 年。然而在希腊史书中,从伯鲁斯本人的统治开始的这个王国只有 1300 年的历史,而在埃及的材料来源中也把他算作这个王国的第一位国王。④ 然后提到波斯帝国和马其顿帝国,这位埃及人说它们的历史有 8000 多年,一直算到亚历山大时期,也就是正在与他说话的这位亚历山大。而在希腊人中,马其顿帝国的历史算到亚历山大之死为止只有 485 年,⑤波斯帝国只延续了

---

① 参阅柏拉图:《蒂迈欧篇》22C,23C;西塞罗:《论神性》,卷 2,章 118。
② 参阅柏拉图:《蒂迈欧篇》21 以下;《斐多篇》274C;西塞罗:《论占卜》,卷 1,章 19,章 36;拉克唐修:《神圣原理》,卷 7,章 14。
③ 参阅本书卷 8,章 5,章 27。
④ 参阅本书卷 18,章 21;卢尔、西尔编:《查士丁努著作集》,卷 1,章 2;维莱乌斯·帕特库卢斯:《罗马史》,卷 1,章 6。
⑤ 参阅维莱乌斯·帕特库卢斯:《罗马史》,卷 1,章 6;查士丁努:《书信》,第 33 封,节 2。

233 年,算到亚历山大征服波斯帝国为止。①

　　因此,希腊历史所说的这些年代比这位埃及人说得要短。确实,希腊人提供的数字哪怕乘以三也不能与埃及人所说的数字相等。因为据说,埃及人从前的年很短,一年只有四个月,所以他们和我们现在共同拥有的完整的一年相当于他们过去的三年。② 但即便如此,如我所说,希腊历史中所包含的年份也和那位埃及人说得不一致,所以我们一定要对前者的说法抱有更加坚定的信心,因为它没有超过包含在我们的著作中的真正的年份,我们的著作才是真正神圣的。

　　还有,若是亚历山大这封著名的信中所提供的年份与可能或可信的年份相距甚远,那么我们对其他一些著作的信任度就更低了,这些著作尽管充满了对所谓远古时代的荒谬解释,我们的对手还是希望用它们来反对我们最著名的圣书的权威。这些圣书作了预言,整个世界将会相信它们,而像它们的预言所说的那样,整个世界确实已经相信了它们的预言。事实已经证明,这些书中所提供的对以往世代的解释是真实的,因为它们对将要发生的事件的预见已经完全应验了。

章 12　有些人假定这个世界不是永恒的,但认为要么有无数个世界,要么是同一个世界按确定的时间诞生和消亡,永无止息

　　还有一些人,尽管他们不相信这个世界是永恒的,但认为这个世界不是唯一的,而是有无数个世界。③ 他们或者认为,确实只有一个世界,但这个世界按确定的时间产生和灭亡,这种情况发生了无数次。然而,那些按后一种方式进行思考的人必定要承认,早在人类诞生之前,就有人类存在。与那些认为大洪水和大火灾没有影响到整个世界的人不同,他们不能假定当整个世界灭亡时,总有某些人幸存下来,从他们中又产生后代,

---

① 　库提乌斯·卢浮士:《亚历山大大帝史》,卷 4,章 14,节 20;杰罗姆:《但以理书诠释》,卷 9,节 689。

② 　参阅本书卷 15,章 12;拉克唐修:《神圣原理》,卷 2,章 13;狄奥多洛·西库卢斯:《世界史》,卷 1,章 26;普林尼:《自然史》,卷 7,章 48,节 155。

③ 　参阅卢克莱修:《物性论》,卷 2,行 1023 以下。

繁衍成最初的人群。倒不如说,由于他们相信这个世界本身是从它自己的质料中再生的,所以他们也必定相信人类最初产生于这个世界的某些质料,然后凡人开始生育,就像其他的动物一样,父母生下子女。

章13 有些人认为人的被造较迟,对此该作什么回答

当世界的起源这个问题提出时,有些人拒绝相信这个世界不是始终存在的——即使是柏拉图本人也最清楚地认可这一点①(尽管不少人认为柏拉图真正的信仰与他的说法有矛盾)——我对这些人的回答则是,世界有一个开端。现在,我要以同样的方式回答那些人,他们对人类没有在以往无数个世代中被造,而是到了后来才被创造出来表示怀疑,就像我们在圣经中看到的那样,在人类存在之前,已有不到 6000 年的时间过去。按我们的权威说法,人类被造以后的时间尚如此短暂,人的岁月微不足道,如果他们对此感到烦恼,那么请他们反思一下,与那无限的永恒相比,有限的任何事物都不会是长远的,一切有限的时间都极为短暂,或者说,几乎等于零。由于这个原因,哪怕我们说自从上帝造人以来已经过去了5000 年或 6000 年,甚至说 60000 年或 600000 年,或者说是这个数字的60 倍、600 倍、600000 倍,或者说是这个总数的多倍数,直到我们无法再说出这个总数,我们仍旧能够提出同样的问题:上帝为什么不早一些造人?

这是因为上帝对永恒作了自制,以避免创造人的时间距今如此漫长,以至于远离我们而向后追溯,没有任何开端。因此,无论这个年代的数字有多么巨大,有多么不可言喻,但与永恒相比,这样的时间段只要有一个确定的结果,都不可视为整个大海中最小的水滴,或者环绕世界的大洋中的最小水滴。因为在这两个比喻中,一方极为微小,一方极为巨大,但都是有限的。同理,从某个端点开始到另一端点终结的时间段无论有多么长,若与无开端的时间相比,我不知道是否能称之为极小的,甚至可称为几近于无。假如我们取一段有限的时间向后追溯,使之一点一点减少,就

---

① 柏拉图:《蒂迈欧篇》28B。

好像一次从人的一生中减去一天,从他活着的现在开始,返溯到他出生的那天为止。即使你在这个返溯的过程中需要作减法的次数非常多,以至于不可言喻,但不管怎么样,这一减法必将在某个阶段引导你返回开端。但若我们现在要说的时间是没有开端的,那么在这返溯并减少的进程中,我不说这样的减法要做多久,或要做几个时辰,或要做几天、几月、几年,而会说这样延伸的时间是漫长的,无论何人都无法数清。由于我们设定可以对之使用逐步减少的方法的时间如此漫长,对其作减法的次数不是一次、两次,或是反复多次,而是永不停息,那么你们在这样做的时候能够达到或完成什么目的呢? 你决不能达到一个开端,因为它根本就没有开端。那么假定人类的可朽处境延续如此之久以衰亡和更新,也假定我们的后代保持着像我们一样的虚弱和无知状态,那么我们的后代会在600000 年之后抱着和我们相同的好奇心提出和我们现在一样的问题,而我们现在仅仅是在5000 年后发问。生活在我们之前的人也会提出相同的问题,他们所处的时间与人被创造出来的时间尚且很近。确实,第一个人本身会在他被创造出来后的那一天,或者就在他被造的那一天,问自己为什么不早一点被创造出来。而无论他被造的时间有多么早,这种关于有限事物的开端的争论,并不比为什么他不是现在被造出来,或为什么他不被晚些时候造出来更有意义。

章 14　某些哲学家相信世代的回复,每个既定的循环完成后,整个宇宙　　　总会返回相同的秩序和原先的状况

这个世界上的哲学家假定,这一争论不能以任何方式解决,也不应以某种方式解决,除非引进时间的循环,在时间的循环中,相同的自然物得到更新并永远重复。① 因此他们断言,这种世代的延续不断地逝去,又不断地到来,永不止息,而这个世界一如既往地穿越所有的循环,或者按特定的间隙盈亏圆缺,总是以一种崭新的面貌展现着同过去和未来一样类

① 参阅柏拉图:《蒂迈欧篇》39D;西塞罗:《论神性》,卷 2,章 51 以下;维吉尔:《短诗集》,第 4 首,行 5。

型的事件。① 从这个可笑的循环中,他们甚至无法为不朽的灵魂找到一条解脱之道,哪怕灵魂获得了智慧,仍旧要无休止地在虚假的幸福和真正的不幸之间穿行。因为,灵魂若是没有得到永恒的存在,若是因为对真理的无知而不明白将要到来的不幸,或是对预兆感到不快,哪怕它处在幸福之中,又如何能够确保幸福? 然而,灵魂若是进入幸福,把不幸留在背后,决不再返回不幸,那么有某些新事情出现了,而时间是没有尽头的。照此说来,这个世界为什么不也如此呢? 被造在这个世界中的人为什么不也如此呢? 这样,依照整个学说的路径,我们可以避免我所不知道的那些骗人的或受骗的聪明人所发现的错误的、曲折的道路。

然而,有某些哲学家②希望把我们在所罗门的《传道书》中读到的话理解为支持循环论的,书中提到一些事物都将更新和恢复它们的原来状态。"已有的事,后必再有;已行的事,后必再行。日光之下,并无新事。岂有一件事人能指着说这是新的? 哪知,在我们以前的世代,早已有了。"③但是所罗门在这里所说的事情,要么是他刚刚讲过的事情——亦即一代人的过去,一代人的兴起,太阳的升起与降落,江河的流动——要么是其他各种产生和消逝的事情。在我们之前出现的人,现在和我们在一起,将来还会在我们之后,其他一切动植物莫不如此。即使是怪异的、不正常的怪胎,尽管它们相互之间不同,尽管其中有些怪胎据说只出现过一次,但就其怪异和可怕来说,它们相互之间仍是相似的。在这个意义上,它们过去有过,将来也会有,出现怪胎并非日光下的新事。

还有,某些人会把这些话的意思理解为,一切事物始终按照上帝的预定被创造出来,因此在日光之下没有新事。然而,按哲学家们的意思,我们这些拥有真正信仰的人应当相信所罗门的这些话指的是在那些循环中,相同的事情一次又一次地重复,但愿上帝不要让这样的事情发生。例如,按他们的看法,正如哲学家柏拉图在某个确定的时期内在雅典镇上被

---

① 马克洛庞:《评斯基皮奥之梦》,卷2,章10。

② 奥利金:《论首要原理》,卷3,章5。

③ 《传道书》1:9以下。

称作学园的学校中教书那样,在无数个过去的世代里,这些世代尽管很长但却又是确定的时间段,同一个柏拉图、同样的城市、同样的学校和同样的学生反复存在,并将在未来的无数个世代中反复存在。我要说,上帝不会要求我们相信这种事情。因为基督已经为我们的罪死过一次了,"既从死里复活,就不再死,死也不再作他的主了",①我们本身也一样,在复活后将要"和主永远同在",②我们现在要如神圣的诗篇所告诫的那样对主说:"主啊,你必保护我们,你必保佑我们永远脱离这世代的人"。③ 下面的话我想也是非常适宜的,"恶人在圆圈中行走"④——他们的生命不是像他们所相信的那样在循环中产生,而是因为他们错误的路径,亦即他们虚假的学说的路径是循环的。

章15　人类在某个时间被造,上帝造人时并无任何新的设计或意志变化

　　这有什么值得惊讶的吗,他们在这些圆圈中漫游,既找不到进路,也找不到出路? 他们不知道人类如何开始,也不知道我们这种可朽的处境如何开始,这种处境又会如何走向终结,因为他们不能参透上帝的深奥意愿。⑤ 尽管上帝本身是永恒的,没有开端,但他无论如何会使时间有开端,人不是他先前就已创造出来的,他按时造人,按照他那不变的和永恒的目的,而非出于新的、突如其来的心意。有谁能探究这一目的深不可测的奥秘? 有谁能够具体叙述这不可言说的智慧,上帝并没有改变意志,他据此造人,而在此之前并无人的存在,他按时间造人,使人类从一位祖先开始增多? 诗篇作者本人首先说:"主啊,你必保护我们,你必保佑我们永远脱离这世代的人。"⑥然后,在指责了那些不给灵魂保留永久的救赎和幸福的愚蠢的、不虔诚的学说以后,他又说:"恶人在圆圈中行走。"这

---

① 《罗马书》6:9。
② 《帖撒罗尼迦前书》4:17。
③ 《诗篇》12:7。
④ 《诗篇》12:9,见希腊文圣经七十子本。
⑤ 参阅《哥林多前书》2:10。
⑥ 《诗篇》12:7。

就好比有人对他说:"那么你相信什么?你感到和知道什么?难道我们要假定上帝突然高兴起来想要造人,在无限永恒的过去上帝从来没有造过人,而在上帝之中永无新事,在上帝之中永无变化?"对此,就好像在对上帝本身讲话,诗篇作者直截了当地回答说:"依你深奥的智慧,使人的后代众多。"①他说,让人们随心所欲拥有他们自己喜欢的看法,让人们随心所欲相信和论证他们喜欢的观点,而你依照你深奥的智慧,使人的后代众多,你的智慧无人能知。这件事确实非常深奥,上帝永存,他想要造人,在此之前他从未造过人,他在某个确定的时间造人,但没有改变他的目的和意志。

章16 我们是否相信,由于上帝始终是主,因此他决不会缺少他可以为其主的生灵;在什么意义上我们可以说生灵始终存在,然而又不能说生灵与上帝共同永恒

我确实不敢说曾有一个时期上帝不是主。② 然而,我也不可以怀疑第一个人是在某个既定时间被造的,在此之前,他并不存在。但当我考虑上帝能够始终对什么做主这个问题的时候,若非始终存在着某些生灵,那么我不敢作出任何断言,因为我在独自沉思的时候记得经上说过:"有什么人能知道上帝的计谋?有谁能思考主的意志?因为凡人的思想微不足道,我们的想象是不确定的。可朽的肉身压制着灵魂,尘世的住棚阻碍着心灵对许多事情的思考。"③

然而在这个尘世的住棚中,我对许多事情进行思考。要思考的事情确实很多,因为我没有在众多事情中思考一件真实的事情,或超越众多事物进行思考,然而我却不能发现这件真实的事情。假如我说始终有许多生灵使上帝可以为其主,上帝始终是主,决不会不是主,但这些生灵在不同的时代里前后相继(因为我们一定不能说有任何生灵是与创造主共同

永恒的,这种说法会遭到信仰和健全的理性的谴责)。在这种情况下,我
必须小心翼翼,不至于坠入荒唐的谬误,远离真理之光,我一方面要假定,
可朽的生灵通过前后相继的时代而永存,一些生灵逝去,一些生灵到来,
但另一方面,直到我们所处的这个世界到来之前,当天使也被创造出来的
时候,不朽的生灵还没有开始存在。(如果是这种情况的话,那么我们假
设最先被造的光象征着天使就是正确的了,或者说天象征着天使,对此经
上说"起初上帝创造天地"。)①因为在天地被造之前,天使肯定还不存
在;否则的话,若是说天使作为不朽的存在者始终存在,那么就要相信它
们是与创造主共同永恒的。

　　然而,我要是说天使不是在某个时间被造的,而是存在于一切时
间,就像那些始终以上帝为其主的生灵一样,上帝绝不会不是主,上帝
总要行使他的主权,那么一定有人会问,如果天使是在一切时间之前被
造的,那么它们作为被造的存在者,不就是始终存在的吗? 对这个问题
也许可以作以下回答:我们为什么不能说它们始终存在呢,因为存在于
一切时间不就应当是"始终"存在吗? 所以,这样说没错,这些天使存
在于所有时间,甚至在有时间之前就被造出来了,这也就是说,时间若
是始于诸天被造,那么天使就存在于诸天之前。然而,让我们假定时间
不是始于诸天被造,而是在诸天之前就有的。我这里讲的"时间"指的
不是时辰、日、月、年,因为按照严格的用法,这些表示一段时间的"时
间"尺度显然始于天体的运动。因为上帝在建造天体时说,"天上要有
光体,可以分昼夜,作记号,定节令、日子、年岁"。② 或者倒不如说,我所
说的时间由某些变化的运动来表示,一部分时间出现的早些,另一部分时
间出现的迟些,因为这些部分不可能同时共存。那么,若是在诸天被造之
前在天使中有某种运动,那么就有时间存在,天使从它们被造起就在时间
中运动,因此天使存在于一切时间,因为时间本身也是在天使运动时才产
生的。这样一来,还有谁会说存在于一切时间中的东西并非"始终"

---

① 　参阅本书卷 11,章 9。

② 　《创世记》1:14;参阅奥古斯丁:《忏悔录》,卷 11,章 23。

存在？

如果我以上述方式作答,那么有人会对我说:如果上帝和天使都始终存在,那么天使怎么会不和创造主共同永恒呢? 确实如此,如果我们也认为天使始终存在,又如何能说它们是被造的呢? 对这个问题又该如何回答? 我们不应该说它们确实始终存在,因为它们存在于一切时间,并且与时间一同被造(或者时间与它们一同被造),然而它们也是被造的吗? 尽管没有人怀疑时间存在于一切时间之中,我们确实不会否认时间本身也是被造的。

时间本身若是不存在于一切时间之中,那么当时间还不存在时就有一个时间,有谁会愚蠢到说这种话? 我们可以正确地说当罗马还不存在时有时间,耶路撒冷还不存在时有时间,亚伯拉罕还不存在时有时间,人还不存在时有时间,如此等等。但到了最后,这个世界若不是在时间开端时被造的,而是在某段时间之后被造的,那么我们可以说当世界还不存在时有时间。但是说当时间还不存在时有时间是不恰当的,这就好比我们说在人还不存在时有人一样,在这个世界还不存在时有世界。但若我们把这里说的人理解为两个不同的人,那么我们可以在某种意义上这样说:当这个人还不存在时有另一个人。因此我们可以正确地说,当这种时间还不存在时有另一种时间。但有谁能够简单化地说,当时间还不存在时有时间?

然而,正如我们说时间是被造的一样,我们甚至也说时间"始终"存在,因为时间存在于一切时间之中。但我们不能因此而说,如果天使始终存在,那么天使不是被造的。因为我们说天使"始终"存在是因为天使存在于一切时间中,我们说天使存在于一切时间中是因为时间本身离开了它们就不可能以任何方式存在。因为事物的变化运动产生时间,在没有被造物存在之处,就不会有时间。由于这个原因,哪怕天使始终存在,它们也是被造的,如果它们始终存在,它们也不会因此而与创造主共同永恒。上帝始终存在于不变的永恒之中,而天使是被造的。说天使"始终"存在,乃是因为它们存在于一切时间之中,因为没有它们,时间就不可能以任何方式存在。

　　但由于时间的推移与变化有关，因此时间不能与不变的永恒共同永恒。① 由于这个原因，尽管天使的不朽并不在时间中发生——它没有过去，说它有过去就好像它已经不再存在似的，也没有未来，说它有未来就好像它还不存在似的——但无论如何，时间藉以产生的天使的运动是从过去到将来的。因此，天使不能与创造主共同永恒，就其运动而言，我们不能说它过去存在，现在不再存在，或者说它们现在还不存在，但将要存在。

　　因此，若上帝始终是主，那么他始终拥有置于他的主权之下的生灵。然而这些生灵并不是他生的，而是由他从无中创造出来的。它们也不会与上帝共同永恒，因为上帝存在于它们之前。但上帝不会在任何时间没有它们，因为上帝并不是藉着时间的推移来使它们开始存在的，而是凭着他常驻的永恒。②

　　但若我用这些术语对这些人作答——他们问，若是并非始终有某些生灵臣服于上帝，上帝如何可能始终是创造主和主，或者问，如果生灵始终存在，它怎么会是被造的而非与它的创造者共同永恒呢——那么我担心，他们会认为我是在就某些我不知道的事情作论断，而不是在叙说某些我知道的事情。所以我要转向那些我们的创造主希望我们知道的事情，上帝允许聪明人在今生知道这些事情，或者说上帝把这些事情留下来让那些全善的人知道，我承认要知道这些事情已经超越了我的能力。然而我想，不对这些事情作出肯定性的判断是正确的，这样做就可以使那些读到我的话的人可以明白，他们一定不能再提出这些充满危险的问题。他们倒应当断定自己没有能力处理所有这样的问题，而应当追随使徒完整的告诫。使徒说："我凭着所赐我的恩，对你们各人说：不要看自己过于所当看的，要照着上帝所分给各人信心的大小，看得合乎中道。"③因为，若是按照婴儿的体能适当喂食，他就会成长，会吃得更多，但若在他体能

---

① 参阅本书卷11，章6。
② 奥古斯丁：《忏悔录》，卷11，章13以下。
③ 《罗马书》12:3。"看得合乎中道"亦可译为"清醒地思考"。

不足时过量喂食,他就会生病而不能健康成长。①

章 17　我们如何理解上帝"在永恒的时间之前"给予人永生的应许

　　我承认自己不知道在人类被造之前有多少个世代,但我不怀疑被造的事物没有一样与创造主一样永恒。但是连使徒也把时间说成是永恒的,他提到的时间不涉及未来,但更令人惊讶的是,他所说的时间指的是过去的时间。因为他说:"盼望那无谎言的上帝在万古之先所应许的永生,到了日期,藉着传扬的工夫,把他的道显明了。"②你们瞧,他说过去有过永恒的时间,然而这个时间并非与上帝一样永恒。因为上帝不仅存在于这些永恒的时间之前,而且也"应许"了永生,这是在他自己的时间里显明的(也就是说,在某个既定的时间),这除了是他的道还能是什么呢?这就是永恒的生命。那么他是如何应许的呢,因为应许是对人作出的,而在永恒的时间之前,人类还不存在? 这不就意味着,这个应许存在于上帝自身的永恒中,存在于和上帝一样永恒的道中,有其已经预先确定了的自己的时间。

章 18　有些人相信上帝所做的工循环往返、周而复始,健全的信仰反对
###　　　这种推论,为上帝不变的目的和意志作辩护

　　我也不怀疑在第一个人被造之前根本不存在任何人,这同一个人不会以某种我所不知道的方式循环再现,我也不知道有过多少次循环,或有过其他类似性质的事情。我的这一信念不惧怕任何哲学论证,而在各种论证中被人们认为最敏锐的论证建立在这样一个论断的基础上,即任何思维方式都不能理解无限。然后他们就论证说,神有他自己的心灵,对于他所创造的一切有限的事物有他自己有限的看法。但是我们决不能假定上帝的善良意志曾有过不起作用的时候,因为若是有的话,就要认为上帝从过去不活动的永恒中的某个时间中清醒过来,然后开始活动,就好像上

---

①　参阅《哥林多前书》3:1以下。
②　《提多书》1:2。

帝对以往无开端的不起作用感到后悔，因此开始了有开端的工作似的。情况就是这样，他们说，相同的事情必定总是在重复，就像事物会消逝一样，它们也一定会回归，而在这些事物的变化之中，世界保持着同一，这个世界一直存在，然而是被造的，或者说，处于这些循环往复之中的世界不断地死亡和更新，否则的话，我们若是指定上帝的创世之工在某个时间开始，就要相信上帝把他过去永恒的闲暇视为无作用的，懒惰的，因此要受到谴责，并视为令其不快而加以更换。

但若假定上帝确实一直在创造短暂的事物，这些事物相互之间不同，一个接一个地被创造出来，所以上帝最后造人，而在此之前上帝从来没有造过人，那么看起来上帝造人并非没有知识（这些人假定没有一种知识能够理解生灵的无限的连续性），而是在某个特定的时刻造人，就好像在这个特定时刻他心血来潮而有突如其来的举动。

另一方面，他们说，若是承认这些循环，若是我们假定相同的短暂的事物是循环往复的，而这个世界在所有这些循环中保持同一，或者消失又更新，那么就不必把上帝说成在过去的永恒中懒散地不起作用，也不必把上帝说成在仓促之中无预见地进行创世。如果相同的事物不能循环往复，那么任何知识或预见都不能理解它们无穷的多样性。

他们想用这样一些论证，努力使我们纯洁的虔诚偏离正确的道路，以便使我们可以与他们一同行走在曲折的道路上。① 哪怕理性不能驳斥这些论证，我们的信仰也会嘲笑这些论证。但在上帝——我们的主——的帮助下，即使是理性也已经作好了充分准备，要粉碎这些通过猜测的框架所构思的循环往复。因为这些专门用来使人误入歧途的循环实际上是在用他们自己凡人可变的、狭隘的理智尺度衡量绝对不变的神圣心灵，这种理智是十分可疑的，没有思想的连续性，也没有用数字来计量一切事物。所以使徒说的话很适合他们，因为"他们用自己比较自己，乃是不通达的"。② 抱着新的目的，无论有什么新事物在他们面前出现，完成（他们的

---

① 参阅《诗篇》12:8。

② 《哥林多后书》10:12。

心灵是可变的),他们都得出结论说上帝也是这样的,因此这样的比较不是与神比较,因为他们不能明白神,而是在与他们自己比较,他们不是在与上帝比较,而是在与他们自己比较。而在我们看来,我们不敢相信上帝在工作时受一种方式的影响,而在安息时受另一种方式的影响。说上帝受影响确实完全是对语言的滥用,因为这种说法蕴涵着会有某些东西进入上帝的本性,而这些东西是他以前所不具有的。因为受影响就是受到某些作用,而无论何种会受到作用的事物都是可变的。因此,上帝的闲暇不是懒惰、无所事事、不活动,因为上帝的工作没有劳累、努力和繁忙。他在休息的时候也能行动,他在行动的时候也能休息。他能够在一个(并非新的)永久的设计中开始一项新工作,对于他先前没有创造的东西,他不会由于对他先前的设计感到后悔而开始创造它。

但当我们谈到上帝先前的休息和后来的工作时——我不知道除此之外这些事情还能如何被人理解——"先前"和"后来"这些术语无疑只用于处于这样一种关系中的事物,它们先前并不存在,后来才存在。但在上帝那里,先前的目标并没有更换,也没有被后来的不同的目标所消除,而是凭着同一、永恒、不变的意志,上帝影响着他创造的事物,既有先前的,就其还不存在、不应该存在而言,又有后来的,就其开始存在、应该存在而言。这样,上帝也许会以一种令人惊讶的方式向那些关注这些事情的眼睛显明上帝如何独立于他所创造的事物,上帝如何以他自己无偿的善意创造事物,因为上帝永恒幸福地存在,曾有一个时候并无被造物。

章 19 反对有人断言上帝的知识不能理解无限的事物

但是我们的对手还说,上帝的知识不能理解无限的事物。因此留给他们的出路就是一头扎进不虔诚的深渊,竟然敢说上帝不知道一切数。完全可以肯定,这些数字是无限的,因为无论你设定一个多么大的数,这个数都可以再增加。我的意思并不是说只要再加上一就能做到这一点。倒不如说是这样的,无论这个数是几,有多么巨大,都仍旧可以按照数的原则和知识,不仅可以加倍,甚至可以多倍。还有,每个数都受它自身性质的限定,但没有一个数能与其他数相等。因此,它们之间既是不等的,又是不同的。它们每一个都是有限的,但在集合的意义上它们是无限的。上帝是由于这种无限性而不知道数吗? 上帝的知识只延伸到某些数,而不知道其他的数吗? 有谁疯狂到说出这种话来?

　　我们的对手也不敢把数的问题轻易地打发掉,说数与上帝的知识无关,因为他们的大权威柏拉图把神说成是按照数的原则来建造这个世界的。① 而我们在我们自己的圣经中读到:"上帝以数、尺度、重量给万物排序"。② 先知也说上帝带来了处理事情的度量衡。③ 我们的救世主在福音书中说,你们头上的每一根头发都按数目数出。④ 但愿上帝不要让这种事情发生,我们不能怀疑上帝知道一切数,如诗篇作者所说的那样,"上帝的理智是无限的"。⑤ 尽管无限的数无法一一列举,但数的无限性对具有无限理智的上帝来说并非不可理解的。因此,如果说一切事物都被认知者的理智变成有限的事物来加以理解,那么上帝肯定以某种不可言喻的方式使一切无限变得有限,从而使之可以理解,对上帝的知识而言,无限并非不可理解的。

　　如果无限的数对上帝来说不能是无限的,因为上帝的知识能够理解它,而我们这些可怜的生灵竟然要给上帝的知识设定界限,并且说除非相同短暂的事物要在相同的循环周期中重复出现,否则上帝就既不能预见又不能认识他所创造的生灵,那我们凡人又算什么呢? 上帝的知识是多重的,又是多样性中的统一,上帝用他的理智理解一切不可理解的事物,尽管上帝总是想要把他后来的造物造就为新的,与他先前的造物不同,但上帝不能在无秩序和无预见的情况下造就它们,也不会突如其来地理解它们,而是凭借他永恒的预见创造它们。

――――――――――――

① 柏拉图:《蒂迈欧篇》35 以下。

② 参阅《所罗门智训》11:20。

③ 《以赛亚书》40:26,见希腊文圣经七十子本。

④ 《马太福音》10:30。

⑤ 《诗篇》147:5。

章20 关于世代之世代

那些被称作"世代之世代"的时间也许是在一个连续的系列中联系在一起的,并且在一种规范过了的多样性中前后相继,只有那些躲过苦难、历经沧桑的人才存留下来,生活在幸福的无终结的不朽之中。也许,当这些时间被称作"世代之世代"的时候,我们应当把它们理解为在上帝不变的智慧中保持不变的时代,它们是那些在时间中流逝的时代的动力因。关于这一点,我不敢大胆地作决定。还有可能,复数的世代(ages)是在单数的意义上使用的,所以"ages of ages"(世代之世代)的意思无非就是"age of age",就好像"heavens of heavens"(众天之天)这个短语的意思无非就是"heaven of heaven"。因为上帝把诸水之上的空气称作"天",而《诗篇》说,"让众天之上的诸水赞扬主的名字"。①

我们应当把这两种意思中的哪一种赋予"世代之世代"这个短语,或者说是否还有其他更好的意思,这是一个非常深刻的问题。但若我们推迟讨论这个问题,并不会阻碍我们当前的目的。按既定的过程,我们能够对这个问题得出某些确定的结论,换言之,更加仔细的思考可以使我们更加谨慎,以避免在处理如此晦涩的问题时作出鲁莽的论断。我们现在正在反对的是这样一种观点,它认为有周期性循环,相同的事物在一段时间间隔之后必然重复再现。但无论"世代之世代"的哪一种意思是正确的,都与这种循环没有什么关系。因为,无论在"世代之世代"中重复的是相同的世界,或是前后相继地联系在一起的不同的世界,但得到救赎的灵魂可以不再遭受灾难,生活在确定的幸福之中。或者说,"世代之世代"是永恒的,它与时间的关系就好比日常意义上的统治者与臣民,但它仍旧与循环没有关系,圣人的永恒生命已经驳斥了这种循环的存在。

章21 这些不虔诚的人断言,享有最高、最完善幸福的灵魂一定会在时间的循环中反复回归到辛劳和悲惨中去

什么样虔诚的耳朵能够忍受下面这样的论证? 今生在多灾多难,

---

① 《诗篇》148:4。

恶贯满盈中度过（这里所谓的生确实倒不如说是一种死，对这种死的热爱使我们害怕从中被拯救），此后，由于有了真正的宗教和智慧的帮助，各种罪恶终于被消灭了，终结了，当我们如此这般获得对上帝的观照，通过灵性之光的沉思和分有上帝不变的永恒而进入我们渴望的幸福境界之后，却必定会在某个时间统统失去，失去幸福的人会从永恒、真理、幸福中被抛掷到可朽的、可耻的、愚蠢的地狱中去，遭受诅咒，在那里上帝遭离弃，真理受厌恶，对幸福的寻求成为不洁的行为；这种状况将反复出现，以至于无穷，其间有确定的间隔，周期性地呈现；这种永久的、无休止的循环往复使真正的苦难和骗人的幸福轮流消逝和复原，之所以如此是为了使上帝能够知道他自己做的工，因为一方面上帝不能停止创造，另一方面上帝若总是在创造生灵，他就不知道他的造物的无穷数目。

我要说的是，有谁会聆听这样的事情？有谁能相信或忍受它们？如果这些事情是真的，那么对之保持沉默是比较谨慎的做法。确实——我希望能尽可能说得清楚些——如果对这些事情一无所知可能会更明智。因为若是在未来的世界里我们不记得这些事情了，那真是一种幸福，既然如此，我们现在有什么必要知道这些事情来增加我们的负担？另一方面，要是我们以后必定会知道这些事情，那么至少让我们现在对它们保持无知。这样，我们至少可以在当前对至善的期盼中而非在获得至善中比较幸福。因为，我们在今生期盼永生，但在未来的世界里我们却发现它是有福的，但却不是永久的，因此永生必定是在某个时候失去了。

还有，如果我们的对手说没有人能够获得将要到来的世界的幸福，除非在今生中他已经获得了关于循环的知识，在循环中，幸福与灾难轮流交替，既然如此，他们又如何能够信誓旦旦地说一个人越是爱上帝，他就越有可能获得幸福？因为他们自己的宣教就已经使这种爱本身瘫痪了。因为有谁会粗心到这种地步，去宽容地爱一个他一定会抛弃的对象，一个他将仇恨其真理和智慧的对象？还有，在已经获得关于这个对象的最幸福、最完善的知识以后，他还能这样做吗？哪怕是对一位世俗的朋友，如果知道对方将成为自己的敌人,还有人能忠实地去爱对方吗?① 但愿上帝不要让这种事情发生,这种观念不包含任何真理,是在用一种永无止境的苦难恐吓我们,而这种苦难会被一些虚假的幸福打断。因为还有什么幸福能比这种幸福更虚假——虽有真理之光的照耀,却对将要遭受苦难这一事实一无所知,虽居于最高幸福的要塞中,却还在害怕将来要遭受的苦难? 因为,一方面,我们若是对将要来临的灾难无动于衷,那么我们当前的不幸就不是那么短视,因为它预示着将要到来的幸福。另一方面,在将要到来的世界中令我们恐惧的灾难并不对我们掩藏,苦难的时代终究要和幸福的状态交替,灵魂将会更加快乐地度过这个苦难的时代,因为幸福的时代终将回归苦难。这样一来,我们对不幸福的期盼是幸福的,而我们对幸福的期盼是不幸福的。因此我们当前在忍受苦难,而以后又害怕将要到来的苦难,因此更准确地说,我们将始终处于苦难之中,而非在某些时候是幸福的。

但是,虔诚者已经宣布,真理已经证明,这些事情是虚假的。因为我们确实已经得到真正幸福的应许,我们可以得到永久的幸福,而不会被任何不幸所打断。因此,让我们沿着我们在基督那里找到的笔直的道路前进。以基督为我们的向导和救世主,让我们在心中抛弃这种不虔诚的、不真实的、无用的循环观念。波斐利本人尽管是一位柏拉图主义者,但他公开拒斥他的学派的这种观点,即认为灵魂在这些循环中永无止境地消逝与复归。之所以如此,要么是因为这种观点的愚蠢使他感到震惊,要么是对基督教的认识使他头脑清醒。我在本书第十卷提到过,②波斐利宁可说灵魂被送到这个世界上来,以便认识罪恶,受到洗涤,然后得到拯救脱离这个世界,当灵魂回归天父以后,绝不会再次承受这样的经历。如果他公开抛弃了他的学派的教条,那么我们基督徒又该如何弃绝和避免这种与我们的信仰有着深刻对立的观点呢?

但在驳斥了这些循环论以后,并无一种必然性在迫使我们假设人类

---

①　西塞罗:《论灵魂》,卷6,章59。
② 　参阅本书卷10,章30。

在时间上无开端,根据是没有任何事物在性质上是新的,在先前不存在的性质,在今后也不会存在。我不知道这又是一种什么样的循环。灵魂一旦得到拯救,就绝不会再像从前那样回归苦难,那么在它的经历中确实发生了某些从前没有发生过的事情,而这件具有最伟大后果的新事确实是进入永恒幸福的最保险的入口。如果在一种不朽的性质中能出现新颖的东西,既非过去有过的,又非将要出现的,由某种循环产生的,那么为什么要否定同样的情况在可朽性质中也会发生呢? 如果他们坚持幸福对灵魂来说不是一种新的经历,而只是对先前永久状态的回归,那么至少它从苦难中被拯救是新的,因此,按照他们自己的说法,灵魂从中被拯救的苦难本身也是某种新的经历。如果这种新经历是偶然出现的,而非包含在神圣天命所规定的有序出现的事物之中,那么那些在其中没有新事物出现,而只是先前状态再现的被决定、被量度了的循环又在哪里?

　　另一方面,若是这种新经历包含在神圣天命所规定的事物秩序之中(无论灵魂由于某种规定而被抛入这个世界的罪恶,或是由于犯罪而坠入其中),那么就有可能发生某种先前从未发生过的新事,然而这件新事对事物的秩序来说并不是外在的。灵魂若能依靠它自己的力量贸然为它自己创造一种神圣天命所没有预见到的新的苦难,供自己从事物的秩序中解脱出来,那么我们如何能用人类最虚幻的想象力去设定上帝不能创造新事物? 这个新事物是对这个世界而言,而非对上帝而言,它是上帝从前没有创造过的,但上帝在永恒中已经预见到了它。如果他们说这确实是真的,得到救赎的灵魂不再回归苦难,但即使这样也没有什么新事发生,因为过去、现在、将来都有持续不断地得到救赎的灵魂,那么他们至少要承认在这种情况下有某些新的灵魂,对它们来说,它们从中被拯救出来的苦难是新的。他们若是坚持说这些新人得以从中被造出来的灵魂(从这些灵魂的肉身中,它们若是明智地生活,那么它们会得到拯救,不会再返回苦难)不是新的,而是永存的,那么他们必须合理地承认灵魂是无限的。灵魂的有限数目无论有多么巨大,都不足以确保从永恒中持续不断地造出新人来,人的从这种可朽状态中永远解脱出来的灵魂绝不会再返回到可朽中去。我们的哲学家会发现难以解释在事物的秩序中如何会有无限数目的灵魂,他们认为灵魂的数目应当是有限的,是可以被上帝知道的。

现在我们已经粉碎了这些设定要在某个确定时期内把灵魂带回相同苦难的循环,还有什么观点能比相信上帝可能创造先前从未有过的新事物,并且在这样做的时候保持他的意志不变更为虔诚呢? 至于得到永久性拯救的灵魂会否持续不断地增长,让哲学家自己去决定吧,因为他们在确定要不要承认无限的时候显得如此精明。而在我们这一方,我们的推论从两方面都讲得通。因为,灵魂的数目若能无限增长,那么有什么理由否认过去从未被创造的事物可以被创造? 得到救赎的灵魂的数目先前从来没有存在过,也不是一次性被造的,而会逐渐产生,永不停止。另一方面,假定说获得永久性拯救,不会再回归苦难的灵魂的数目是确定的,这个数目决不会再增长更加适宜。在这种情况下,无论这个数目是多少,都是先前从未存在过的。还有,它不会没有任何开端地增加,以至于达到某个最终的数量,而这个开端本身先前从来没有存在过。因此,为了能有一个开端,第一个人被创造出来,而在他之前没有人存在。

章 22　关于第一个人被造,关于人类从他开始

我们已经在可能的范围内对上帝的永恒这个极为困难的问题作了解释,还说明了他如何创造新事物但并没有改变他的意志。完成了这些解释,也就不难看出,说上帝从由他创造的第一个人开始使人类增多,比说上帝从几个人开始创造人类要好得多。就拿其他动物的创造来说吧,上帝创造了某些独居的动物,例如生来就喜欢孤独的鹰、鸢、狮、狼,等等,也创造了其他喜欢群居的动物,它们喜欢有伴侣的生活,比如鸽子、欧椋鸟、牡鹿、小粘鹿,等等。但上帝在创造这两类动物时,并没有让它们从某个个体开始,而是一开始就有若干个个体。然而对于本性介于天使和野兽之间的人,上帝以这样的方式来创造,人要是能服从他的创造主,视之为公义之主,虔诚地遵守他的诫命,那么人就能进入天使的行列,获得幸福和永生,而无需死亡的间隙;但若人冒犯了他的主,他的上帝,表现得骄傲并滥用他的自由意志,那么他就会成为死亡之子,像野兽那样生活,有奴

隶那样的品性,死后注定要受到永恒的惩罚。因此,上帝只创造了一个人,这肯定不是因为他可以独居,不需要任何社团,而是以此来表明人类社会的统一,并以此表明会把和谐更有效地推荐给人。人联系在一起不仅靠本性的相同,而且也靠家庭的亲情。确实如此,上帝甚至像创造那个男人一样造出一个女人来给男人做妻子,而是从那个男人身上造出那个女人,①整个人类就这样完全从一个男人那里繁衍出来。

章 23　上帝预见到他创造的第一个人会犯罪,同时也预见到会有大量的上帝的子民藉着上帝的恩典而加入天使的团契

人会犯罪,上帝对此并非无知,这个人使自己臣服于死亡,他会繁衍出注定有死的后代。上帝也知道这些凡人会犯下滔天大罪。哪怕是那些一开始就有若干个体被创造出来的、没有理性意志的、水中或陆上的野兽,也会在同类中生活得更加安全与和平,而人类从一个个体中繁衍出来,为的是使人类能够保持和谐。因为,甚至连狮子和巨龙也不会像人那样对它们的同类开战。② 然而上帝也预见到,在他的恩典下,会有一个民族受到召唤,接受收养,③在罪恶得到救赎以后称义。他们会在圣灵的推动下在永久的和平中与神圣天使联合,最后的敌人——死亡——已经被摧毁了。④ 上帝知道这个民族会从这样的反思中得益,上帝使人类从一个人中衍生出来,为的是表明上帝有多么重视众多之统一。⑤

章 24　按照上帝的形象创造出来的人的灵魂的本性

所以上帝按照他自己的形象造人。⑥ 因为上帝给人造了一颗有理性

---

① 《创世记》2:22。
② 参阅普林尼:《自然史》,卷 7,章 1,节 5;朱文纳:《讽刺剧集》,篇 15,行 160 以下;塞涅卡:《论慷慨》,卷 1,章 26。
③ 参阅《罗马书》8:15;《加拉太书》4:5。
④ 《哥林多前书》15:26。
⑤ 参阅《诗篇》133:1。
⑥ 《创世记》1:26 以下。

和理智的灵魂,使人能够超过陆地、天空、海洋中的一切生灵,这些生灵都没有得到这样的天赋。当上帝用地上的尘土造出这个人时,[1]他把我说的这种灵魂赋予这个人。要么说上帝已经把人造出来,现在把气息吹入这个人,要么说上帝用他的气息把人造出来,所以上帝用来造人的气息——把气息吹入的意思就是使之呼吸——就是灵魂。然后,上帝取下这个男人的一块骨头给他造了一个妻子,帮他生育后代。上帝以神圣的方式做了这件事,我们不能以肉体的方式来理解这一劳作,就好像上帝和我们通常所见的匠人一样,用他们的双手,用提供给他们的材料,用他们的技艺造出某些物品。上帝之手是上帝的大能,上帝的劳作是不可见的,但会带来可见的结果。人们总认为这是故事而不是真相,按照习俗和日常工作来衡量上帝的力量与智慧,但上帝的理智和创造并不需要种子,哪怕是种子本身也不需要。由于这些人不理解最初被造的事物,因此他们不相信这些事物,这就好像把人的怀孕与分娩告诉那些没有这方面经验的人,哪怕他们知道了这些事情,他们仍旧会不相信的。然而也有许多人把这些事情归于自然的和身体的原因,而不明白这是神圣心灵作的工。

章25　能否说天使是某事物的创造者,哪怕是创造最小的生灵

有些人不相信神圣的心灵在创造或者关怀这些事物,但在这几卷中我们与这些人无关。然而还有一些人和他们的大师柏拉图一样,认为一切可朽的动物——人在动物中居于优越的地位,接近诸神本身——不是由创造这个世界的最高的上帝创造的,而是由那些本身亦由至尊神创造的较小的神创造的,它们在至尊神的允许或命令下行使权力。[2] 这些人只有从这种迷信中解脱出来,才可能摆脱谬误,这种迷信使他们去荣耀被当作创造主的诸神,为向诸神献祭寻找理由。相信或者说——哪怕是在我们能够理解之前这样说——上帝以外的任何神是任何性质的创造者,那么无论这种性质多么微小或可朽,都是亵渎神的。至于天使,柏拉图主

---

① 《创世记》2:7。

② 参阅柏拉图:《蒂迈欧篇》41C。

义者宁可称之为诸神，尽管它们在得到允许和授权的范围内，帮助这个世界上的事物产生，但我们并不因此称它们为创造主，就好像我们不会把园丁称作果实和树木的创造者。

章26　每一本性、每一生灵的种，都是由上帝的工创造和构成的

有一种被赋予的型相①存在，但不会改变任何物体的质料，例如，陶工和铁匠把型相赋予各种器皿和工具，艺术家在绘画和雕塑时造出与动物身体相似的形状。但还有另一种型相是内在的，其本身不是被造的，而是作为事物的动力因，不仅创造出天然的有形体的型相，而且还创造出生灵的灵魂本身。型相源于有生命、有理智的大自然的隐秘的选择。第一种意义上的型相可以归于每一位匠人，第二种意义上的型相只能归于一位创造者、造物主、建造者，只能归于上帝，他在世界和天使还不曾存在的时候创造了这个世界本身和天使。

如果我们可以这样说的话，那么有一种神圣的创造性的力量，这种力量不能被造，而是创造的。当这个世界诞生时，它赋予大地和太阳圆的型相。这同一种神圣的创造性的力量，不是被造的，而是创造的，也把圆的型相赋予眼睛和苹果。其他类似的天然物体也接受了它们各自的型相，就像我们所见到的那样，这些型相不是无来源的，而是来自创造主内在的力量。他说："我岂不到处延伸、充满天地吗？"②他用智慧的力量"从世界的一端抵达另一端，给万物排序"。③ 天使本身首先被造，然后为创造主创造其他事物提供帮助，但我不知道天使提供什么样的帮助。我不敢把那些它们也许做不到的事情归于它们，但我也一定不能否认它们具有的这样的能力。但撇开天使不谈，我把创造万物之工完全归于上帝，天使本身也应当对上帝谢恩，因为上帝赋予它们存在。

所以，我们不把园丁称作果树的创造主，因为我们读到："他既没有

---

① "型相"（form，idea）一词在中国学界常被译成"理念"。
② 《耶利米书》23:24。
③ 《所罗门智训》8:1。

栽种,又没有浇水,但上帝使之增长"。① 我们甚至不能把大地本身称作创造者,尽管她似乎是万物多产的母亲,帮助万物的种子发芽成长,把植物之根留在自己的胸膛上,因为我们同样也读到:"上帝随自己的意思给他一个形体,并叫各等子粒各有自己的形体。"②我们甚至也一定不要把妇女称作她的子女的创造者,因为上帝才是真正的创造者,上帝对他的仆人说:"未将你造在腹中,我已晓得你。"③尽管一名孕妇的各种精神状态会对她子宫中的胎儿产生影响,就好像雅各用剥了皮的树枝使羊群牝牡配合,生下各种杂色的羊羔,④然而做母亲的只是生下幼畜,而没有创造它们。因此,在动物的生育中,无论使用了何种有形的或精液的作用,要么是依靠天使和凡人的力量,要么是某种动物的力量,要么是借助两性的配合,也无论做母亲的欲望的力量和精神状态对幼畜的皮毛、颜色产生什么样的影响,受到各种影响的事物的本性自身是由至高的上帝创造的,而不是由其他力量创造的。是上帝神秘的力量在渗透万物,它呈现于万物而不受污染,它赋予一切存在物以存在,并对其加以修正和限制。所以,没有上帝,存在者就不可能存在,或者说,就不会有任何存在。

关于那些由匠人赋予有形体的事物的型相,我们不说罗马和亚历山大里亚是由工匠和建筑师造起来的,而是说它们是国王建造的。国王们用他们的意志、计划、资源建造了这些城市,所以一座城以罗莫洛为建城者,另一座城以亚历山大为建城者。所以,我们必须更加有把握地说,只有上帝是一切本性的创造者,因为他既没有使用任何他创造出来的质料做工,也没有使用他创造出来的任何工匠。还有,上帝若是从被造的事物中撤走他的创造力,那么这些被造物马上就会归于虚无,就像它们被造之前一样。所谓"之前",我这里的意思是相对于永恒而言,而不是相对于时间而言。其他还有什么创造者能像上帝更拥有时间,是他创造的事物

---

① 《哥林多前书》3:7。

② 《哥林多前书》15:38。

③ 《耶利米书》1:5。

④ 《创世记》30:37 以下。

的运动构成了时间的流逝？

章 27   柏拉图主义的观点认为，尽管天使确实是上帝创造的，但天使后来创造了人的身体

　　显然，在把其他动物的创造归于由至尊神创造的较为低级的神祇的时候，柏拉图无疑希望我们明白被造物的不朽的部分是从神本身那里取来的，而这些较小创造者又给被造物添加了可朽的部分，因此，这些神祇不是我们灵魂的创造者，而是我们身体的创造者。① 然而波斐利认为，灵魂若要接受洗涤，就必须切断与肉身的一切联系。② 同时，他又同意柏拉图和柏拉图主义者的看法，认为那些过着不节制、不荣耀生活的灵魂要回归肉身，以此作为对它们的惩罚，柏拉图认为灵魂会回归野兽的肉身中，而波斐利认为灵魂会回归人的肉身。③ 由此推论，那些希望我们把它们当作父母和创造者来崇拜的神祇，称他们为诸神也许有一定道理，实际上只是我们的枷锁的锻造者。它们不是我们的创造主，而是我们的狱卒和看守，是它们把我们禁闭在这个最痛苦、最令人抑郁的矫正所里。因此，让柏拉图主义者停止对我们的威胁，说我们的肉身是对我们的灵魂的惩罚，或者停止对我们的宣传，说那些要我们当作诸神来崇拜的神祇会鼓励我们尽力避免和摆脱肉身。

　　然而，这两种看法都是完全错误的。说灵魂会再次回归到今生接受惩罚，这是错误的；说除了创造天地的上帝之外，天地间的活物还有其他的创造者，这也是错误的。如果我们生活在一个肉身中只是在为我们的罪过受惩罚，那么柏拉图为什么要在另一处说，这个世界若非充满各种各样的生灵，可朽的和不朽的，就不会成为最美丽的和最美好的世界？④ 但若我们的被造，即使是可朽的，也是神的恩赐，那么回归肉身，亦即回到一

---

① 　柏拉图：《蒂迈欧篇》41C 以下。

② 　参阅本书卷 10，章 29；卷 22，章 26 以下。

③ 　参阅本书卷 10，章 30；卷 13，章 19。

④ 　参阅柏拉图：《蒂迈欧篇》30D，92C。

种神的恩赐,又怎么会是一种惩罚呢? 若是上帝,如柏拉图一直坚持的那样,①在他永恒的理智中包含着宇宙的观念,又包含着一切动物的观念,那么上帝为什么不能亲自把它们全都创造出来呢? 难道是因为他不愿意成为这些事物的建造者,使他理应受到赞扬的理智所包含的观念和计划成为不起作用的吗?

章28 人类的完满都包含在第一个人那里,上帝已经看到他的哪个部分应受荣耀和赏赐,哪个部分应受谴责和惩罚

因此,真正的宗教有很好的理由承认和宣称这位上帝既创造了整个世界,也创造了一切生灵,亦即灵魂和肉身。在陆上动物中,人是上帝按照他自己的形象创造出来的。由于我已经说过的原因,或许还有其他更大的原因,上帝只造了一个人,但并没有让这个人独居。因为从本性来说,没有比这个种族更合群的了,无论由于其本性的败坏而变得多么不合群。要记住我们所有人都来自一个祖先,没有任何东西能比记住这一点更适宜防止或医治不和。上帝乐意把他单独创造出来,而一切人都是从这个人那里衍生出来,人们由此得到告诫,要在众多的人群中保持团结。还有,女人是用男人的肋骨造出来的这一事实,十分清楚地象征着夫妻之间应当具有何等骨肉之亲。②

上帝最初创造的这些作品确实十分神奇,因为在它们之前没有任何事物。不相信它们的人也一定不会相信后续的奇迹,因为若非超越常情地发生,这些事情也一定不会被称作奇迹。但是,无论其原因有多么隐秘,在如此宏伟的神旨之中会有空洞的事情发生吗? 神圣的诗篇作者之一说:"你们来看主的作为,看他使地怎样荒凉。"③因此,我要在上帝的帮助下,在另一处④说明上帝为什么要用男人的肋骨造女人,这最初的奇迹

---

① 参阅柏拉图:《蒂迈欧篇》30B 以下;《国家篇》597B 以下。
② 《创世记》2:22 以下;《马太福音》19:4以下;《以弗所书》5:28,31。
③ 《诗篇》46:8。
④ 参阅本书卷 22,章 17。

象征着什么。

　　而现在，由于本卷必须告一段落，让我们仅仅说，在这个最先被造出来的人身上——尽管不那么明显，但存在于上帝的预见中——就已经有了人类所属的两个社会或两座城。因为从这第一个人那里衍生出来的所有人，有些受到奖赏而与善良的天使联合在一起，有些受到惩罚而与邪恶的天使联合在一起，但全都依据隐秘而又公正的上帝的审判。上帝的恩典不会不公正，他的正义也不会是残忍的，因为经上写道："主的所有道路都是仁慈和真理。"①

---

① 《诗篇》25：10。

第 十 三 卷

【本卷提要】本卷主要论述死亡是一种惩罚，其根源在于亚当之罪。

章1 第一个人的堕落，可朽性由此发生

我们已经处理了我们这个世界和人类的起源这个最困难的问题，按照讨论的恰当顺序，现在该讨论的是第一个人——或者宁可说最初的人类——的堕落，以及人类死亡的起因和蔓延。因为上帝没有把人造的和天使一样，也就是说，天使即使犯了罪也不会死。上帝把人造成这个样子，他们若是履行了顺从的义务，就能得到天使般的不朽和幸福的永生，不会有死亡的干扰，但若他们不服从，死亡就会带着公义的审判降临到他们身上。但是关于这一点，我们也已经在前一卷中讲过了。①

章2 能降临于不朽灵魂的死亡和降临于肉身的死亡

但我明白，我必须更加小心地谈论我们正在涉及的死亡种类。尽管人的灵魂确实是不朽的，但它仍旧会有某种属于它自己的死亡。灵魂之所以被称作不朽的，乃是因为在某些范围内，灵魂不会停止活着和停止感受，而身体之所以被称作有朽的，乃是因为肉体会被剥夺一切生命，不能再凭它自身而活着。所以，灵魂的死亡发生在它被上帝抛弃的时候，而肉体的死亡发生在被灵魂抛弃的时候。因此，这两种死亡，亦即整个人的死亡，发生在灵魂被上帝抛弃和肉体被灵魂抛弃的时候。在这种时候，灵魂不再从上帝那里得到生命，而肉体也不再从灵魂那里得到生命。

---

① 参卷本书卷12，章22。

　　还有，随着整个人的死亡之后而来的是神圣的话语权威中的所谓第二次死亡。[1] 这就是我们的救世主在话语中提到的，当时他说："唯有能把身体和灵魂都灭在地狱里的，正要怕他。"[2]然而，第二次死亡不会发生在灵魂与肉体紧密地结合在一起，根本无法分开之前，因此说肉体在被灵魂抛弃之前就已被摧毁就显得很奇怪，倒不如说这个时候身体仍旧有生命和感觉，能够感受到对它的折磨。在这场最后的惩罚中——不仅是惩罚，而且是永久性的，对此我们将在恰当之处予以详细的讨论[3]——说灵魂死了是正确的，因为它没有从上帝那里得到生命，但我们不能说身体死了，因为这个时候身体仍旧从灵魂那里得到生命。若非如此，身体又如何能够感受到随着复活而来的对肉身的折磨？无论何种生命都是善，无论何种痛苦都是恶，因此我们一定不能说身体仍旧活着，因为此时它的灵魂不是生命的原因，而是痛苦的原因，是这样的吗？

　　当灵魂生活得很好时，它从上帝那里取得生命，因为若无上帝对它作的善功它就不能活得很好。而当灵魂居于肉体时，肉体从灵魂那里得到生命，无论灵魂此时有无从上帝那里取得生命。恶人在他们的肉体中拥有的生命不是灵魂的生命，而是肉体的生命，甚至是死灵魂——亦即被上帝抛弃的灵魂——也会给予肉体生命，无论他们从自己的灵魂中得来的生命有多少，而正因为此，他们才是可朽的。然而在最后的审判中，这种生命被称作死而非称作生并非不公正。之所以如此，乃是因为人在这个时候尽管没有停止感觉，但他感受到的不是甜蜜的快乐，也不是有益的安宁，而是惩罚带来的痛苦。它之所以被称作第二次死，乃是因为它跟随第一次死亡而来，带来了两种联系在一起的本性的分离，无论是神的本性和灵魂的本性，还是灵魂的本性和肉体的本性。因此，对于第一次肉身的死亡，我们可以说它对善人来说是好事，对恶人来说是坏事。然而对于第二次死亡，由于它不会发生在任何善人身上，

---

[1]　参阅《启示录》2:11;20:6;20:14;21:8。

[2]　《马太福音》10:28。

[3]　参阅本书卷19,章28。

所以它对任何人都不是好事。

章3　由于我们的始祖犯罪而产生的死亡传给所有人,死亡是对罪的惩罚,哪怕是对圣徒也一样

现在有一个无法回避的问题产生了,由于灵魂与肉体的分离而产生的死亡对好人来说真是件好事吗? 若死亡是件好事,那么它如何能够成为对罪的惩罚? 最初的人若是不犯罪,他们就不会承受死亡。若死亡只对恶人发生,它又如何能对好人是件好事? 还有,死亡若是只对恶人发生,那么它对好人来说就一定不是好事,而是对他们根本不存在。在没什么可惩罚的地方为什么要有惩罚呢?

因此,我们必须承认最初的人被造成这个样子,他们若是不犯罪,就不会经历任何种类的死亡,但若他们成了罪人,就要接受死亡的惩罚,并且由他们这个族类生育出来的人也都要承受作为惩罚的死亡。因为他们的后代也会像他们过去一样。他们的本性由于犯罪而变坏,他们的罪行有多大,受到的谴责有多大,他们的本性就有多大的改变,所以对最初的犯罪之人的惩罚在他们的子女身上成为一种天然的后果。

之所以如此,乃是因为人生人不是以他从尘土中被造那样的方式。尘土是人被造时用的质料,而人作为父母,靠着他们才生下人来。所以尘土和血肉不是一回事,尽管血肉是由尘土造的。因此,整个人类都存在于第一个人身上,当他和他的妻子受到神的谴责定罪时,这种罪通过女人传给后代。当这个人不是在被造的时候,而是在犯罪和受惩罚的时候,他变成了什么样子,而就罪的起源和相关的死亡而言,这是他传播的。他本身没有因为所犯的罪以及相关的惩罚而被进入婴儿状态,或者像我们在幼儿身上看到的那样变得无助,身体和心灵十分虚弱。但是上帝规定从那以后婴儿来到这个世界上应当像小兽一样,因为它们的父母的生活和死亡已经堕落到野兽的水平。如经上所说:"人居尊贵中不能长久,如同死亡的畜类一样。"①我们确实看到,婴儿在运动和使用他们的肢体时比其

---

① 《诗篇》49:12。

他最温和的动物的幼畜更加虚弱，在选择和拒绝时更不坚决。① 这就好像居于人体中的力量要远远高于其他所有动物，但人的成长要迟缓得多，就好比弓拉得越紧，箭飞得越高。

尽管第一个人无视律法而受到公正的惩罚，但他并没有坠入或被掷入这种婴儿的低能状态。然而人的本性在他身上受到侵害而发生了一定程度的变化，由于他那不顺服的欲望而使他的身体受苦，变成必定要死的。他本身成了罪与罚的结果，亦即成为有罪的和有死的，并且把这些传给他的后代。但若婴儿能够被中保基督的恩典从这种罪的束缚中拯救出来，他们只能承受这种分离灵魂和肉体的死亡。从这种罪的束缚中解脱以后，他们不会再经历第二次死亡，即无限的惩罚。

章4　为什么那些因再生的恩典而摆脱原罪的人仍旧与作为对原罪之惩罚的死亡有关

如果死亡确实是对罪的惩罚，那么被恩典免除了罪的人仍旧要死吗？若有人对此感到不解，那么我已经在我写的另一本书中处理和解决了这个问题，书名叫作《论婴儿的受洗》。我在那里说到，尽管灵魂的罪恶消除了，但肉体与灵魂仍是分离的，若是身体能在洗礼圣事之后马上成为不朽的，那么信仰本身就会因此而被削弱。因为信仰仅当其处在对还没有成为现实的事情的希望之中时它才是信念。②

还有，对死亡的恐惧，至少在过去的时间里，被信仰的力量和斗争所克服。这种情况在神圣的殉道士身上表现得尤为真实，他们在斗争中确实可能既没有赢得胜利，也没有赢得荣耀——因为甚至不可能有什么斗争——但在获得新生之后，圣徒们就不会再有肉身的死亡了。③ 那么，有谁不会和婴儿一道去受洗，奔向基督的恩典，以便不再有肉体的分离？如

---

① 参阅奥古斯丁：《论婴儿的受洗》，章2，节69。该书为奥古斯丁《论功德与罪的救赎、论婴儿的受洗》一书的第二部分。

② 奥古斯丁：《论婴儿的受洗》，章3，节31，节34；参阅《罗马书》8:24；《希伯来书》11:1。

③ 参阅《提多书》3:5。

果信仰为其工作寻求和获取直接的报酬,那么就不能用一种不可见的赏赐来检验它,它甚至也就不是一种信仰了。

然而,凭着救世主的更加伟大、更加神奇的恩典,甚至连对罪的惩罚也转变为对公义的侍奉。从前对人说的是:"如果你犯罪,那么你会死";而现在对殉道士说的是:"如果你死,那么你不犯罪。"从前说"如果你违反诫命,那么你会死";而现在说"如果你拒绝死,那么你违反了诫命"。死亡从前是作为一种恐吓,使我们不犯罪,而现在死亡被当作可接受的,除非我们犯罪。就这样,凭着上帝不可言说的仁慈,哪怕是对恶的惩罚也成为护卫美德的盔甲,对罪人的惩罚也成为对义人的奖赏。所以,死亡因犯罪而起,而现在公义因死亡而成就。神圣的殉道士就是这样,因为对他们来说,迫害者向他们提出两种选择:要么背教,要么死亡。义人宁可死亡,他们相信最初的罪人就是因为不信而受苦。最初的罪人若是不犯罪,那他们是不会死的。他们的死亡是因为他们犯罪,而殉道士的死是因为他们不愿犯罪。由于罪人的犯罪而使惩罚落到了殉道士身上,而由于殉道士所受的惩罚,防止了罪恶的产生。这不是因为从前是恶的死亡现在已经变成了某种善的东西,倒不如说是上帝把恩典赐予信仰,被公认为生之对立面的死已经变成了我们求生的手段。

章5　就像恶人恶用本来为善的律法,所以善人善用本来为恶的死亡

当使徒希望说明当我们缺乏恩典的帮助,罪是一种多么大的伤害的时候,他毫不犹豫地说,罪的力量就是律法要加以禁止的。他说:"死的毒钩就是罪,罪的权势就是律法"。① 这样说是非常正确的。如果公义不被热爱以至于犯罪的欲望被爱征服,那么禁止只会使采用不合法行为的欲望增长;而没有神圣恩典的帮助,我们就不能热爱真正的公义或为公义感到高兴。② 但为了不使人们把律法当作一种恶,因为它被称作"罪的权

---

① 　《哥林多前书》15:56;参阅奥古斯丁:《论婴儿的受洗》,章3,节20;《论精神与文字》,章6。

② 　参阅奥古斯丁:《论精神与文字》,章56,章65。

势"，所以使徒在别处处理相同问题时说："律法确实是圣洁的，诚命也是圣洁、公义、良善的。既然如此，那良善的是叫我死吗？断乎不是！叫我死的乃是罪。但罪借着那良善的叫我死，就显出真是罪，叫罪因着诚命更显出是恶极了。"①他说"恶极"，乃是因为当过失通过罪的欲望增长而变得更加穷凶极恶时，连律法本身也会受到藐视。我们为什么认为提到这一点是恰当的呢？因为，正如律法使犯罪的欲望增长时，律法本身并不是一种恶，所以，当死亡增加了死亡承受者的光荣时，死亡也不是一种善。因为，律法被邪恶地放弃才造成了犯罪，而为了真理而拥抱死亡则造就了殉道士。因此，律法确实是善，因为它是对罪的禁止，死亡是恶，因为它是罪的工价。② 但是正如恶人作恶不仅使用恶，也使用善，所以义人行善不仅使用善，也使用恶。因此，恶人恶用律法的事情发生了，尽管律法本身是善；而善人很好地去死，哪怕死亡是一种恶。

章6　一般的死亡之恶，被视为灵魂与肉体的分离

所以，肉体的死亡——也就是灵魂与肉体的分离——对任何据说要死的人都不是好事，但人们还是要忍受死亡。迫使肉体与灵魂断然分开的力量会给人带来一种痛苦的经历，因为在活人身上二者是密切结合在一起的，死亡的可怕性质会一直延续到人完全失去感觉为止，而感觉产生于精神与肉体的相互渗透。有的时候，身体遭到打击或灵魂的短暂离去能够预示死亡的极度痛苦，而这种情况由于稍纵即逝而常常使人感觉不到。但是，无论这种被剥夺一切感觉的极度痛苦感是什么，如果是虔诚的忠信之人在忍受，那么死亡也会增加他忍耐的美德。但这种作用不会消除死亡惩罚的名称。死亡从第一个人那里开始出现，不间断地一直在他的所有后代中延伸，无疑是对从那个人而生的一切人的惩罚。但若为虔诚和公义的缘故而忍受死亡，那么它就成为那些再生者的光荣；尽管死亡是罪的工价，但它有时也确保没有别的工价支付给罪。

---

① 《罗马书》7：12—13。

② 参阅《罗马书》6：23。

章7 未受洗者的死亡是为认信基督而承受的

任何未受洗的人①为认信基督而死,这种认信对于罪的救赎具有同等的效力,就好像他们曾经在洗礼的圣泉中受过洗一样。② 因为说过"人若不是从水和圣灵所生的,就不能进神的国"③这些话的主也说过一个例外,他在另外的经文中以不那么像术语的话说:"凡在人面前认我的,我在我天上的父面前也必认他。"④在另一处,他则说:"凡为我丧掉生命的,必得着生命"。⑤

由于这个原因,经上说:"在主的眼中看他的圣徒之死极为宝贵。"⑥通过死,一个人的罪过全被赦免,而他的功德大大增加,还有什么能比这更宝贵? 对那些无法再逃避死亡的时候才去受洗的人来说,他们背负着自己全部的罪孽离开今生,而又没有与之相抵的功德,与他们一道离开今生的则有那些没有推迟死亡的人,尽管他们有可能这样做,但宁愿结束生命而认信基督,而不是通过否认基督来确保有受洗的机会。哪怕他们在死亡的威胁下不认基督,也能在洗礼中得到宽恕,甚至连那些罪大恶极的杀害基督的人也能在洗礼中得到赦免。但是圣灵的恩典必定十分丰盛,圣灵"随着意思吹",⑦呈现在这些圣徒身上,他们十分热爱基督,抱着得到宽恕的希望,因此在生命有危险的情况下也不愿否认基督!

因此,圣徒之死是宝贵的,巨大的恩典已经应许给他们,并在基督之死中预示给他们,只要能与基督相遇,他们就毫不犹豫地去面对死亡。圣徒之死证明了,原先用来惩罚罪人的死亡已经被用于产生公义的更加丰盛的果实。然而,我们不会依据这种解释把死亡当作一种善,因为死亡被转变为这样一种益处不是由于死亡自身的力量,而是依靠神的干预。死

---

① 字义为"未再生的"。
② 参阅奥古斯丁:《论灵魂及其起源》,章1,节11。
③ 《约翰福音》3:5。
④ 《马太福音》10:32。
⑤ 《马太福音》16:25。
⑥ 《诗篇》116:15。
⑦ 《约翰福音》3:8。

亡最初被用作恐惧的对象，使人们不犯罪，现在死亡必须转变为可以不犯罪，如果犯了罪也能得到赦免，死亡也必须转变为公义者向上帝献上的棕榈枝，伟大的胜利必归于上帝。

章8　为了真理的缘故而经受第一次死亡的圣徒可以免除第二次死亡

要是更加稍微仔细地考虑这件事，我们将会看到，即使一个人忠实地为了真理的荣耀而勇敢地去死，但实际上死亡仍旧是他在回避的事情；因为他经历了死亡的某些部分，但却是为了避免整个死亡，附加的第二次死亡是没有终结的、永久的死亡。他经历了灵魂与肉体的分离，免得当灵魂与肉体分离时，也和上帝分离，免得第一次死亡完成以后，第二次死亡永久地把他抓住。因此，如我所说，死亡本身对任何人都不是好事，哪怕人们为了达到或实现光荣地再生的良好目标而忍受死亡。然而对那些我们说已经死了的人，说死亡对恶人来说是恶的，对善人来说是善的，这样说并不荒谬。因为虔诚者脱离了肉身的灵魂死后在安息，而不虔诚者的灵魂死后在受惩罚，直到他们的肉身再次复活，虔诚者将永生，而不虔诚者将永死，这就是所谓的第二次死亡。①

章9　我们是否应当说在感觉停止、死亡降临的时候，死者有死的体验

至于灵魂与肉身分离的时刻——在好人和坏人那里都一样——我们应当说是在死亡之后，还是在死亡之中？若发生在死亡之后，那么它就不是善的或恶的死亡本身，因为死亡已经结束了，过去了，但灵魂的真实生活是在死亡之后。死亡在呈现时是一种恶，也就是说，临死之人忍受着死亡的痛苦，关于死亡的一种严酷的、悲伤的感觉——一种可以被好人善用的恶——在这个时候出现了。但当死亡已经过去的时候，不再存在的死亡如何会是善的或恶的呢？

还有，若更加仔细地考察这件事，我们将看到，连这种剧烈的、痛苦的垂死者的感觉也不是死亡本身。因为只要他们还有任何感觉，他们就肯

---

① 　参阅奥古斯丁：《订正录》，卷1，章14。

定还活着,若他们仍旧活着,那么应当说他们处于死亡之前的状态,而非已经处于死亡之中。因为当死亡真正到来时,它会剥夺身体的全部感觉,而在死亡逼近时,感觉是如此痛苦。由于这个原因,很难解释我们如何能够用"死"来描述那些还没有死,但确实已经走到生命尽头的人。但无论如何,称他们为垂死之人是正确的,因为当已经逼近的死亡真正到来的时候,我们就不能再称他们为垂死之人,而只能称他们为死人了。

因此,没有人是死的,只有活着的人。因为,哪怕是处于生命的最后一刻,如我们常说的那样,已经没有眼神了,但他仍旧活着,只要他的肉体还没有缺少灵魂。因此,这同一个人既是死的又是活的。他正在接近死亡,就要离开生命,然而他还有生命,因为他的灵魂还在他的身体中,他还没有死,因为他的灵魂还没有抛弃肉体。但若他的灵魂已经离去,这个人仍旧不是处于死亡之中,而是处于死亡之后,那么有谁能说他什么时候处于死亡之中? 一方面,一个人若不能同时既死又活,那么无人可被称作正在死的人,只要灵魂仍旧在肉身中,我们就不能否认他活着。另一方面,若无人能同时既死又活,我们宁可把死亡已经在其肉身中起作用的那个人称作垂死之人,那么我不知道他什么时候是活着的。

章10　凡人的生命应当称作死而不应当称作生

从我们存在于这个将要死去的肉体的那一刻开始,就没有任何时刻死亡是不起作用的。因为在整个今生的所有时刻——如果我们必须称之为生——它的变化一直在引导着我们趋向于死亡。确实没有哪个人不是在今年比去年更接近死亡,明天比今天更接近死亡,今天比昨天更接近死亡,现在这一刻比刚刚过去的那一刻更接近死亡,现在比刚才更接近死亡。我们无论活了多少时间,都要从我们的整个生命历程中扣除,而剩余的部分逐日减少。所以我们整个生命的延续只不过是在向着死亡前进。在这个过程中,不允许任何人停一会儿,或者走慢一些,哪怕是一会儿。倒不如说,所有人都在同一刻以同样的速度被驱赶着前进。因为短命人的一天不会比长命人的一天过得更快。倒不如说,尽管相同的时刻从他们那里逝去,速度是一样的,只是一个人的目标较近,另一个人的目标较远。走远路是一回事,走得慢是另一回事。因此,花费较长的时间走向死亡并不表示速度慢,而是要走过更多的地方。

　　还有,如果只要死亡本身开始在人身上起作用,人就开始死亡——亦即处在死亡中——那么人确实是从他存在于这个肉身之中那一刻起就开始处于死亡之中。(因为死亡就是取走生命,所以当全部生命被取走时,这个人就不是处于死亡之中,而是处于死亡之后。)除了死亡的进展乃至最后达到圆满之外,他的每一天、每一时辰、每一分钟,还有什么事情发生? 然后,当死亡圆满完成时,死亡以后的时间就开始了,而非我们所说的生命被取走而处于死亡之中的时间。因此,从人开始存在于这个肉身中的那一刻起,这种状态与其说是生不如说是死,他就不再是生了。但我们能不能说他同时既生又死呢? 说他生,也就是说他一直活到耗尽一切生命为止,但他同时也处于死亡之中,生命一旦耗尽,他也就死去了,是吗? 因为他若不是生,那么一点点失去并将要耗尽的是什么呢? 他若不是死,那么这种消耗本身又是什么呢? 因此,当所有生命从肉身中被取走时,这个时候就是死亡以后的时间,这样说并非不正确,因为死亡本身的状态确实存在于生命被取走之后的时间里。但是,如果生命被取走时人不是处于死亡之中,而是处于死亡之后,那么他什么时候处于死亡之中呢? 如果生命被取走时他不是处于死亡之中,那么他什么时候处于死亡之中?

章 11　人能否同时既生又死

　　但是,说一个人在抵达死亡之前处于死亡之中,这种说法似乎是荒谬的;因为一个人若是已经处于死亡之中,那么他在生命的每个阶段所要接近的是什么呢? 还有,说一个人同时既生又死,这种说法尤其与日常用法相悖,就好比说一个人既睡又醒。所以我们必须问,人什么时候是死的? 因为,在死亡到来之前,人不是死的而是活的,当死亡到来时,他不是正在死去,而是已经死了;前者是在死亡之前,后者是在死亡之后。那么什么时候他处于死亡之中,以至于我们可以说他正在死去? 所以我们说,这里有三个分离的时间——死前、死中、死后——与之相应的有三种状态:活、死、死后。很难界定一个人是否处在死或正在死的状态。在这种状态中，他不是处于死亡之前的活，也不是处于死亡已经完成的死后，而是处在死亡之中的死。只要灵魂还在肉身之中，尤其是还有感觉的时候，人肯定是活着的，因为人是由身体和灵魂构成的。因此这是在死之前，我们不能说他处在死亡之中；但另一方面，当灵魂离去以后，一切肉体感觉都消失了，人处于死亡之后，人死了。所以，在这两种状态之间的状态，即死或死亡之中消失了。因为当一个人还活着的时候，死亡就还没有到达，但若他停止活着，死亡就已经过去。所以，人决不会死，也就是说，决不会被包含在死的状态之中。时间的流逝也一样，当你寻找现在时，你找不到它，因为从过去过渡到将来不占据任何瞬间。

所以，按照这样的推理，我们必须谨慎地说，根本就无所谓肉体的死。因为若是有肉体的死，那么它在什么时候发生？若是它不在任何时刻发生，就没有人能处在死亡之中。当一个人还活着的时候，死亡肯定还没有出现，因为他不是处在死亡之中，而是处在死亡之前的状态之中。然而，他若是已经停止活着，那么死仍旧没有出现，因为他此时的状态是处在死后，而不是处在死亡之中。还有，若是死前或死后没有死亡，那么我们说"死亡之前"或"死亡之后"是什么意思？如果没有死亡，那么这样说是一种愚蠢的表达方法。我们不是将要生活在幸福的没有死亡的乐园中吗！然而，死亡不仅现在确实存在，而且是一件如此令人悲伤的事情，没有任何语言或推理能够解释清楚。

因此，让我们按照习惯的方式说话——一定不要别出心裁——用"死前"这个短语表示死亡到来之前的时间，如经上说："在人死前不要赞扬他。"①当死亡已经发生时，让我们也说这件事或那件事发生在"死后"。还有，让我们说到现在时，让我们尽可能好地表述，就好像我们说"他在死的时候留下了他的遗嘱，把某样东西留给这个人或那个人"——当然了，尽管他只能在还活着的时候这样做，只能在死亡之前而非在死亡之中这样做。

---

① 《便西拉智训》11：28。

让我们也使用圣经中的说法,因为经文中毫不犹豫地说死者不是处在死亡之后,而是处在死亡之中,所以有那句经文,"因为在死亡中无人会纪念你"。① 这是因为,直到复活之前人确实都处在死亡之中,就好像一个人睡着了,直到苏醒过来他都处在睡眠之中。然而,尽管我们可以说处于睡眠中的人是睡着的,但我们却不能以这种方式说死者,说他们死着。因为,就肉体的死亡而言,这是我们现在谈论的主题,我们不能说那些已经与他们的身体分离的人继续在死。但你们要明白,这一点正是我说的无法用语词来解释的情况,死了的如何还能说是活着的,或者说,哪怕是在死后,仍旧说死者处于死亡之中。因为,他们若是处在死亡之中,又如何能处在死亡之后——尤其是当我们甚至不能像称那些处在睡眠之中的人为睡着,称那些处于衰弱状态的人为弱着,称那些处在悲伤之中的人为哀着,称那些处在生命之中的人为活着一样,说那些处在死亡之中的人死着? 因为死者被说成是处于死亡之中,直至他们复活,然而不能说他们死着。

所以我认为,语法学家不能按照通常的规则拒绝使用拉丁语词"moritur"(第三人称动词,现在进行时,"他正在死"),这种情况的出现并非不恰当或不合适——不是出自凡人的努力,但可能是出于神旨。因为oritur(升起)这个词的完成时态是 ortus est,所有类似的动词的完成时态分词也都是这样构成的。但若我们寻找"moritur"的完成时态,通常得到的回答是 mortuus est,有两个 u。这是为了使"mortuus"好发音,就好像 fatuus、arduus、conspicuus,以及其他相似的词一样,但这些词不是完成分词,而是形容词,是没有时态的。但是"mortuus"这个词,尽管在形式上是形容词,却被用作完成分词,就好像被排斥了的东西实际上是不能排斥的。因此,人们对这个动词不能再恰当地予以拒斥,胜过这个词所表示的事件所受到的拒斥。然而,在救世主的恩典的帮助下,我们至少可以试着回避第二次死亡。因为这次死亡更加悲惨,并且是一切邪恶中最坏的。因为第二次死亡不是由于灵魂与肉体的分离,而是由于灵魂与肉体在永

---

① 《诗篇》6:5。

久的惩罚中结合。与人们的当前状况相反,在这种状态下,人不会处于死前或死后,而是始终处于死亡之中,由于这个原因,人绝不会是活着的,也绝不会是死去了的,而是处于无穷无尽的死之中。在死亡本身不死的地方,在此最坏的意义上,人决不会处于死亡之中。

章 12 上帝用什么样的死亡来恐吓人类先祖,不让他们违反诫命

因此,当人们问道,上帝用来恐吓我们的始祖,说他们若是违反上帝的诫命,不能顺从上帝旨意的时候就得死,这种死是什么样的死,是灵魂之死,还是肉体之死,还是整个人之死,或者说这种死就是所谓的第二次死亡,这时候我们必须回答:是所有的死。因为,正如整个大地由许多块土地构成、普世的教会由许多教会组成,所以普遍的死亡由所有死亡构成。第一次死亡由两种死组成:一是灵魂之死,另一是肉体之死。因此第一次死亡是整个人的死,因为灵魂经历着一次惩罚,没有上帝,也没有肉体。但第二次死亡是在这种时候发生的,灵魂没有上帝却有肉体,经受着永久的惩罚。

因此,在谈到禁果的时候,上帝对他安置在乐园中的第一个人说:"你吃的日子必定死",①这个恐吓不仅仅包括第一次死亡的第一个部分,即灵魂背离上帝,也不仅仅包括第一次死亡的第二个部分,即灵魂与肉体分离,也不仅仅包括整个第一次死亡,即灵魂因与上帝和肉体分离而受惩罚。倒不如说,它包括各种死亡,乃至于包括最终的死亡,即所谓的第二次死亡,其后则不再有任何死亡。

章 13 对人类祖先所犯过失的最初惩罚是什么

因为,一旦我们的始祖违反了诫命,神圣的恩典就离开了他们,他们对自己赤身裸体感到惊恐。因此,他们采来无花果树的叶子——这可能是在他们混乱的心灵中出现的第一件事——遮掩他们的羞处。② 因为尽

① 《创世记》2:17。
② 《创世记》3:7以下。

管他们的肢体仍和从前一样，但他们的肢体并不是令他们感到羞耻的根源。他们此时已经明白在他们的体内有一种新的纷扰，作为对他们的一种惩罚，肉体变得对他们不顺从，这就是对他们不服从上帝的直接报应。①

　　此时的灵魂为它自己拥有作恶的自由而感到兴奋，不愿侍奉上帝，而它先前对肉体的支配权也就被剥夺了。由于灵魂拥有抛弃它的至高无上的主的自由意志，因此它也就不再拥有它自己的低微的奴仆，不再能把肉体当臣民，而以前只要它保持对上帝的臣服，就能保持对肉体的支配。然后，肉体开始对圣灵施加淫欲②，在这样的相争中我们诞生了。人类的第一次过失带来了我们死亡的根源，在我们的肢体上，在我们有缺陷的本性中，都带有肉体的相争乃至它的胜利的痕迹。

章14　上帝所造的人的本性，由于凭人自己的意志作自由选择，人落入何种处境

　　上帝是本性的创造者，而肯定不是邪恶的创造者，他把人造得正直。③ 然而，人由于拥有自己的自由意志而堕落，受到公正的谴责，生下有缺陷的、受谴责的子女。我们所有人都在那一个人中，因为我们全都是那个人的后代，而那个人受到女人的诱惑而堕落犯罪，这个女人是在他们犯罪前从这个男人中造出来的。④ 我们作为个人生活的具体形式还没有造出来分配给我们，但已经有某种能遗传给我们的精液的本性存在。当这种本性受到罪恶的污染，被死亡的锁链束缚，受到公义的谴责时，人就不能在其他任何境况下出生了。就这样，从滥用自由意志开始，产生了所有的灾难，人类在从他那堕落的根源开始的一系列灾难的引导下，就像从腐烂的树根开始一样，甚至走向第二次死亡的毁灭。第二次死亡没有终点，只有那些得到上帝恩典的人才能幸免。

---

① 　参阅奥古斯丁：《论婴儿的受洗》，章2，节36。
② 　参阅《加拉太书》5:17。
③ 　奥古斯丁：《创世记诠释》，章1，节5。
④ 　奥古斯丁：《论婴儿的受洗》，章3，节14。

章15 亚当在将要犯罪的时候抛弃上帝,他抛弃上帝先于上帝抛弃他, 他离开上帝是灵魂的第一次死亡

但由于上帝讲的是"你必定死"(thou shalt die the death),①而不是 "deaths"(死亡的复数),因此让我们把此处理解为只有当作为灵魂之生命的上帝抛弃灵魂时,死亡才会发生。因为灵魂没有被上帝抛弃在先,所以灵魂离开上帝,而是灵魂先抛弃上帝,然后上帝抛弃了灵魂。因为灵魂自己的意志是它的罪恶的始作俑者,正好像创造主的意志是使灵魂的运动趋向于善的始作俑者,既在灵魂不存在时把灵魂创造出来,又在灵魂已经堕落和消亡之时再造灵魂,上帝是灵魂之善的根源。所以让我们把这句话理解为上帝只是在用这种死亡作警告,"你吃的日子必定死",就好比他说"在你不服从我,抛弃我的时候,我也会公正地抛弃你"。即使作此理解,这种死亡肯定也是一种恐吓,而这种死亡无疑必定为其他死亡相继。

因为,在那不驯服的灵魂的肉身中产生了不驯服的骚动,由于这个原因,亚当和夏娃遮盖他们的羞处,这个时候确实已经发生了一次死亡,亦即上帝抛弃了灵魂。上帝说的话表明了这一点,当时那个人由于害怕而躲藏起来,而上帝呼唤说:"亚当,你在哪里?"②上帝肯定不是因为不知道亚当在哪里而发问,而是在告诫他,要他想一想自己在哪里,因为上帝已经不和他在一起了。但当亚当的灵魂由于衰朽和年迈而要离弃肉体时,它也就经历了上帝在宣布人的宿命时所讲的另一种死亡,"你本是尘土,仍要归于尘土"。③ 第一次死亡就是由这两种死亡构成的,这是整个人的死亡,而它至少被第二次死亡所追随,除非人能被恩典解救。除了肉体自身的死亡,用土造成的肉身不会回归到尘土中去,肉体的死亡发生在作为肉体的生命的灵魂抛弃肉体的时候。因此,所有真心坚持大公教信仰的基督徒都同意,我们的肉体是有死亡的,但不是由于自然法则——上帝并

---

① 《创世记》2:17。
② 《创世记》11:28。
③ 《创世记》3:19。

没有把这种死亡赋予人——而是由于上帝对罪的公义的处罚，因为上帝在对罪进行复仇时对包含我们所有人在内的那个人说："你本是尘土，仍要归于尘土。"①

章16 哲学家不把灵魂与肉体的分离当作一种惩罚，尽管柏拉图说至尊神向较小的神祇许诺永不剥夺它们的肉身

我们为了保卫上帝之城——亦即上帝的教会——而反对那些哲学家的诽谤，他们在嘲笑我们的时候认为他们自己很聪明，因为我们说灵魂和肉体的分离是对人的惩罚的一部分。他们之所以要嘲笑我们，乃是因为他们认为，只有完全摆脱肉体，单纯地、赤裸裸地回归到神那里去，灵魂才能得到圆满的幸福。②

对这种看法，如果我在他们自己的著作中找不到任何东西可以加以反驳的话，那么我不得不努力加以论证，说明不是肉体，而是肉体的腐败，才是灵魂的重负。因此，我们在前一卷引用了经文，"可朽的肉身压制着灵魂"。③ 这句话用了"可朽的"这个词，表明灵魂不仅被肉身压制着，而且被罪，以及后来受到的惩罚压制着。即使没有加上这个词，我们也不能以别的方式理解这句话。然而，柏拉图非常明确地声称，由至尊神创造的诸神拥有不朽的身体。他描写说，创造诸神的至尊神把不朽的身体作为一种巨大的幸福应许给诸神，说它们将永远保持它们的身体，决不会被任何死亡夺走身体。既然如此，为什么这些哲学家——为了达到困扰基督宗教的目的——要对这些他们知道的事情假装不知，从而失去揭露我们的机会而显得自相矛盾？下面，我们引用一些柏拉图的原话，由西塞罗译成拉丁文，在其中，至高神正在对由他创造出来的诸神说话：

"众神的后裔，你们要聆听。由我作为父亲和创造者的这些作品未经我的许可，是不会毁灭的。所有组合而成的事物都可以分解，但想要分

---

① 《创世记》3：19。
② 普罗提诺：《九章集》，卷9，章6，章9。
③ 《所罗门智训》9：15；参阅本书卷12，章16。

解由理智联结在一起的结合物绝不是好事。由于你们都是被造的,因此你们确实不能不朽和不灭。然而,你们确实不会解体,也不会死亡,因为没有一种意志比我的意志更伟大,我的意志是你们永生的更加强大的保证,胜过你们诞生时得到的身体。"①

你们瞧,柏拉图一方面说诸神是可朽的,因为它们的身体和灵魂结合在一起,然而另一方面,由于创造诸神的至尊神的意志和目的,诸神又是不朽的。因此,灵魂与某种肉体的结合若是一种惩罚,那么为什么至尊神要对诸神说这些话,就好像它们害怕死亡,亦即害怕脱离肉体似的? 为什么至尊神要把不朽许诺给诸神,不是依靠它们复合的而非单一的本性,而是依靠他自己的不可战胜的意志,用这种力量来保证被造物的不灭,复合物的不分解,保持不朽?

至于柏拉图关于星辰的观点是对还是错,那是另外一个问题。② 因为我们不能马上向他保证说,这些发光的天体或球体——日夜不停地用它们的身体发出的光照耀着大地——也拥有理智和幸福的灵魂,赋予它们各自的身体以生命。这是柏拉图用来肯定整个宇宙本身的,就好像它是一个巨大的动物,其他一切动物都被包含在内。③ 但如我所说,这是另外一个问题,不是我们现在要加以讨论的。

现在,我已经说了我认为必要的一切,用来反对那些以当柏拉图主义者为荣,或以被称作柏拉图主义者为荣的那些人,这种名称上的骄傲使他们羞于当基督徒。他们担心,这个名称要是也被普通大众所拥有,就难免会贬低这些身穿希腊式长袍的人④,而他们的自重与他们人数的稀少是成比例的。这些人想在基督徒的教义中找些东西来谴责,于是就攻击身体的永恒性。他们说这是一个矛盾,因为我们一边寻找灵魂的幸福,同时

① 此处引文是西塞罗翻译的柏拉图《蒂迈欧篇》41A 处的一部分,存于西塞罗的《论宇宙》。奥古斯丁的引文不精确,参阅本书卷 22,章 26。
② 柏拉图:《蒂迈欧篇》41D—42A;参阅奥古斯丁《布道文》篇 241。
③ 柏拉图:《蒂迈欧篇》30C 以下,92C。
④ 指哲学家,在奥古斯丁时代,哲学家身穿这种希腊式的长袍作为标志。参阅奥鲁斯·盖留斯:《阿提卡札记》,卷 9,章 2。

又坚持说灵魂永远居住在身体中，而他们认为把灵魂和身体捆绑在一起是一种灾难。他们是这样说的，尽管他们的奠基人和大师柏拉图认为，这种状况是至尊神赐给由他创造出来的诸神的礼物，为的是使它们永远不死，亦即它们不应当与原先与它们结合在一起的身体分离。

章17　反对有人断言尘世的肉体不能被造就为不朽的和永恒的

　　这些哲学家还认为大地的身体不能是永恒的。然而，他们并不怀疑整个大地本身是永恒的，因为大地是他们的神祇的中心成员和永久成员；大地，亦即这整个世界，虽然不是最伟大的至尊神，但却是一位大神。① 他们相信至尊神把这位大神——亦即世界——创造出来，以便把其他低于大地的诸神安放在大地上。他们还相信这位大神是有生命的，据他们说，大地拥有一个理性的或理智的灵魂，被包裹在大地巨大的身体中，② 有四种原素作为这个身体的肢体，被建立和安排在恰当之处，由这些原素构成的结合体是不会分解的，是永恒的，所以他们的这位大神绝不会死亡。③ 但是，在这种情况下，如果大地——作为一个更大的生灵的身体的最主要肢体——是永恒的，那么要是神愿意的话，其他属土生灵的身体怎么会不是永恒的呢？

　　他们说过，土必定回归于土，动物属土的身体源于土。④ 他们说，就是由于这个原因，所以动物的死亡和分解是必然的，正是以这种方式，身体回归作为其来源的稳定的和永恒的土。但若有人对火说同样的话，断言来源于火的天体的身体必定回归宇宙之火，那么柏拉图所说的由至尊神许诺给诸神的不朽不就消失在这种争论的烈火中了吗？ 或者说天体不会发生这种情况，因为至尊神——如柏拉图所说，没有任何力量能够征服至尊神的意志——不让这种情况发生？ 那么在这种情况下，是什么东西在阻挡至尊神让地上的物体也和天体一样？ 柏拉图承认神能够阻止有出

---

① 柏拉图：《蒂迈欧篇》34A 以下。
② 柏拉图：《蒂迈欧篇》30B。
③ 柏拉图：《蒂迈欧篇》32A 以下。
④ 参阅西塞罗：《图斯库兰争论集》，卷 3，章 25，章 59。

生的事物死去、联合的事物分离、源于元素的事物复归,也可以命令灵魂,
一旦被安放在身体中,就绝不再抛弃身体,而是和身体一道享有永久的幸
福。① 那么为什么他不阻止属土的身体去死呢? 因为神没有力量做基督
徒相信的事情,而有力量做柏拉图主义者相信的一切吗? 是因为哲学家
能够知道神的目的和力量,而先知们却不知道吗? 正好相反,上帝的灵教
导他的先知去传扬上帝认为适宜启示的东西,而哲学家们在寻求启示时
却受到人为猜测的蒙骗。

　　但他们仍旧不应该由于无知或固执而受骗,以至于如此频繁地自相
矛盾。因为他们一方面依靠他们争论的力量作出论断,灵魂若是有福的,
那么它不仅必须抛弃属土的身体,而且要抛弃各种身体。然而另一方面,
他们认为拥有最幸福的灵魂的诸神无论如何也要与永恒的身体结合在一
起,天上的诸神与火的身体结合,②朱庇特本身(或这个世界本身,如果他
们希望这样说的话)的灵魂被完全包裹在一切有形体的元素之中,这些
元素构成了从天上到地下的整个巨大物体。③ 柏拉图的看法是,朱庇特
的灵魂按照音乐的节律从大地内部的中间——几何学家称之为中心——
通过它的所有部分,扩散和延伸到天空的最高处和最遥远的部分。④ 按
照这种看法,整个世界是一个有生命的存在,非常伟大、幸福、永恒,它的
灵魂幸福地拥有完善的智慧,但绝不会离开它的身体,它的身体从这个灵
魂那里得到永恒的生命。

　　既然这些哲学家允许他们自己的思考如此雄心勃勃,为什么还要拒
绝相信属土的身体能够被神的意志和力量造就为不朽的,灵魂能够幸福
地永远居住在身体中,而无需因死亡而与之分离,或因身体的重量而下
坠? 他们不是断言他们自己的诸神有火元素的身体,而诸神之王朱庇特
居住在一切有形体的元素之中吗? 如果说,为了幸福,灵魂必须放弃任何
种类的身体,那就让他们的诸神飞离星辰点缀的天空,让朱庇特离开大地

---

①　柏拉图:《蒂迈欧篇》32C—33D。

②　柏拉图:《蒂迈欧篇》40A。

③　柏拉图:《蒂迈欧篇》34A 以下。

④　柏拉图:《蒂迈欧篇》35B—36B。

去天上；或者说，如果它们做不到这一点，那就让它们受苦吧。但这些哲学家不希望接受这两种说法。因为他们不敢把他们的诸神说成是与身体分离的，免得他们好像是在崇拜可朽的东西；他们也不希望说诸神缺乏幸福，不敢承认诸神是不幸福的。因此，为了获得幸福，我们不需要抛弃各种身体，而只需要抛弃腐败的、令人厌烦的、痛苦的、垂死的身体；上帝并没有把这样的身体造出来作为上帝之善赐给第一个人，而只是把它作为对我们的罪的一种惩罚。

章18　哲学家们断言属土的身体不能居住在天上，因为它们天然具有的重量会使它们坠落到大地上来

我们的对手说，属土的身体必然受到它们天然具有的重量而受到大地的约束，或者被吸向大地，因此不能住在天上。① 第一个人确实住在大地上，住在那个树林茂密、果实丰盛的地方，那里由此得名"乐园"。但让他们再仔细考虑一下属土的重量问题，而我们必须对这个问题作出回答，它既涉及人们所说的基督的身体升天，也涉及圣徒们在复活时拥有身体。

如果说人的技艺可以用入水即沉的金属造出某些漂浮在水上的船只，那么上帝之手能以某种秘密的方式更加有效地造出这类东西来也就更为可信！柏拉图说过，神凭着他伟大的意志，能够使生出来的事物不毁灭，复合的东西不分解。还有，无形体的实体与身体结合在一起比一种物体与其他物体的结合更为神奇。更加确定的是，神能够使属土的物体不因其自身的重量而下坠，他使灵魂本身能够与身体一道居住在最完善的幸福之中，这种身体尽管是属土的，但却无论如何不会腐败；它们能够按其意志移动，去它们想去的任何地方，毫不费力。如果天使们从任何地方把它们喜欢的属土的生灵带往别处，安放在它们喜欢的地方，②那么我们难道要相信他们做不到这一点，因为它们会感到这是个负担吗？既然如此，我们为什么不应当相信圣徒之灵被神圣的恩典造就为完善的和幸福

---

① 参阅本书卷22，章11；奥古斯丁：《论信仰与诚条》，章13。

② 参阅《彼勒与巨龙》36以下。

的,能够毫不费力地带着他们的身体去他们希望去的任何地方,把身体安
放在他们希望的地方? 一般说来,当我们搬运重物时,我们感到属土的物
体的重量与它们的大小成比例,重量大的物体比重量小的物体更加是个
负担。然而,灵魂发现它自己的肢体在健康的时候比生病的时候要轻。
尽管背别人的时候,健康的、强壮的人要比瘦小的、有病的人重,然而当人
自己运动并携带自己的身体时,健康的、高大的人比那些由于饥饿和疾病
变得弱小的人更快捷。因此,当我们拥有属土的身体时,尽管它们仍旧是
可朽的、有死的,但重要的不是它们的重量,而是它们的构成状况。有什
么语词能够表达我们现在所说的健康和我们将来的不朽之间的巨大差
别? 因此我们的信仰并没有受到哲学家们从物体的重量产生出来的论证
的困扰,我甚至不会去问他们,既然他们相信整个大地悬浮在虚空上,为
什么不相信属土的物体能够在天上。① 关于这个世界停留在中心位置,
依据相同的法则,把一切天体吸引到它的中心来的论证,在此我不予
考虑。

　　但我要说,柏拉图断言较小的诸神——他认为它们创造了人和其他
属地的生灵,能够消除火的燃烧性质,保留火的发光性质,使火能通过眼
睛放光。② 他还承认至尊神有力量使有生的事物不死,使由相对的、不同
的部分——作为有形体的和无形体的基质——组成的事物不分解。那
么,我们还要怀疑上帝能够消除人的身体的腐朽性,保留人的本性,把不
朽赐予人吗? 或者说,我们还要怀疑上帝能够消除肉身的重量而保留肢
体的和谐安排吗? 关于我们的信仰——死者复活及其不朽的身体——要
是上帝不反对,我们将在本书结束时作更加详细的讨论。③

章19　有人不相信最初的人要是不犯罪就是不朽的,他们希望说灵魂脱
离身体永存

　　现在让我们继续解释我们已经开始讨论的最初的人的身体。如果不

---

① 参阅《约伯记》26:7。
② 柏拉图:《蒂迈欧篇》41C 以下,45B 以下。
③ 参阅本书卷 22,章 12 以下,章 25 以下。

是由于犯罪带来的后果，他们甚至不会有这种死亡，这种死对好人来说是好事。这种死亡不是只有少数人理解和相信，而是所有人都知道的；由于这种死亡，灵魂与肉体分离，由于这个原因，过去显然活着的生灵的身体现在显然死了。尽管怀疑死者公义、虔诚的灵魂在宁静之处安息的想法是亵渎的，但它们若能活在一个健康的身体里会更好。① 甚至连那些相信摆脱各种肉身是最有福的人也自相矛盾。因为他们中没有一个人敢把聪明人——无论是将要死的还是已经死的，亦即将要或已经摆脱肉身的——看得高于不朽的诸神，按照柏拉图的说法，至尊神把不会分解的生命应许给诸神作为一种慷慨的恩赐，这种生命与诸神的身体永远结合在一起。然而柏拉图本人认为，人只能虔诚、公义地度过此生，在脱离了他们的身体以后，被接受到绝不抛弃其身体的诸神的胸怀中去，②"因此，由于遗忘，它们会再次看到天穹，又一次产生回归身体的愿望。"③维吉尔用这样的话欣喜地表达了柏拉图的学说。

所以，柏拉图考虑到凡人的灵魂不能永远居住在它们的身体里，而是必定会由于死亡而脱离肉身，但是他也想到，没了身体，灵魂无法永久延续，只能由生到死，再由死到生，永久性地交替。然而他认为，聪明人和其他人不一样，聪明人死后会投生于星辰，所以这些人可以各自在一个适合于他的星辰上过一段安宁的日子。因此，当他遗忘了先前的痛苦，又一次产生回归身体的愿望时，他就可以回到凡人的辛劳和不幸中去。然而，那些愚蠢地生活的人会进入下一个轮回，进入到适合于他们的身体中去，要么是人的身体，要么是动物的身体。④ 这样，柏拉图把一种非常严酷的境况给予灵魂，甚至给予好的和聪明的灵魂。因为它们并没有得到永生和不朽的身体，倒不如说，它们既不能永久居住在它们的身体中，也不能脱离身体享有永恒的纯洁。

---

① 参阅奥古斯丁：《创世记诠释》，章12，节68。
② 参阅柏拉图：《斐多篇》108C；《斐德罗篇》248C。
③ 维吉尔：《埃涅阿斯纪》，卷6，行750；参阅本书卷10，章30。
④ 柏拉图：《斐德罗篇》248A—249D。

我们在前面某个地方已经说过,①在基督教的时代,波斐利对这种柏拉图的学说感到可耻。因此,他不仅说人的灵魂不会进入野兽的身体,而且认为聪明人的灵魂摆脱任何有形体的事物的束缚,摆脱一切身体,与父神一道过着一种永无终结的幸福生活。为了不被基督把永恒的生命应许给圣徒的说法超过,他还把涤罪后的灵魂安放在永恒的幸福之中,说它们不再返回先前的痛苦。但为了挑战基督,他否认不朽身体的复活,断定这些涤罪后的灵魂是永生的,不仅没有属土的身体,而且没有任何种类的身体。② 然而,不管这种学说的意思是什么,他没有说这些灵魂不应当向居住于身体之中的诸神献上虔诚的顺从。为什么他不这样说呢? 这只能是因为他相信这样的灵魂,即使没有身体相随,仍旧低于诸神。因此,这些哲学家如果不愿大胆地把人的灵魂看得高于最幸福的诸神,尽管它们与身体永久结合在一起——我不认为他们敢冒险这样做——那么他们为什么要认为基督教的信仰是荒谬的? 也就是说,基督徒的信仰认为,最初的人以这样的方式被造就,如果他们不犯罪,就不会由于死亡而与他们的身体分离,而会得到不朽的恩赐,以保持他们的服从,他们会永远生活在他们的身体中。还有,圣徒会在复活时拥有他们今生劳累的身体,但不会再有腐败或困顿落到他们的身体上,也不会再有任何悲伤和不幸笼罩他们的幸福生活。

章20　现在处于安息中的圣徒的身体将会被提升到一种更高的状况,高于我们先祖的身体在犯罪前的状况

还有,已经去世的圣徒们的灵魂不会再对这种使之与肉身分离的死亡感到忧伤,因为它们的肉身在希望中安居,③不管它们在一切感觉消失之后受到了多少伤害。如柏拉图所认为的那样,它们不希望忘记肉身。或者倒不如说,它们记得从不骗人的上帝对它们的应许,上帝向它们保

---

① 　本书卷 10,章 30。
② 　参阅本书卷 22,章 27。
③ 　参阅《诗篇》16:9。

证，你们连一根头发也不会损坏，①它们耐心地期待着它们身体的复活，以前它们在肉身中经历了许多艰辛，但从今以后它们绝不会再经历这样的事情。因为它们若是在肉身由于天生的软弱，反对它们的意志，而必须用灵性的律法加以约束时，不痛恨它们自己的肉身，②那么当肉身本身也将变成灵性的时候，它们会多么爱它！正如灵魂侍奉肉身时把灵魂称作肉身的并无什么不当，所以当肉身侍奉灵魂时，把肉身称作灵性的也是正确的。这不是因为肉身将转变为灵，这一点从下面这句经文中就可以推论出来，"所种的是血气的身体，复活的是灵性的身体"③。倒不如说，这是因为身体将以一种至尊的、神奇的态度服从灵的意志，并将以一种最确定的、有关不朽的知识实现灵的意志，一切困顿、腐败、犹豫都被消除了。

这时候的身体不仅好过它原来处于完全健康时的状况，而且也好过最初人类的身体在没有犯罪以前的状况。尽管只要他们不犯罪，就不会死，但他们还是要吃人们现在吃的食物，他们的身体也还没有成为灵性的，而只是动物的和尘世的。他们的身体不能抗拒衰老，但肯定不会走向死亡，这种状况是由上帝神奇的恩典借助乐园当中那棵生命树和那棵不可碰的禁树赋予他们的。④ 他们还可以吃别的东西，除了那棵禁树上的果实——这不是因为这棵树本身是邪恶的，而是为了倡导一种纯洁的、简单的服从，这是由创造主创造的理性生灵的最大美德。他们尽管没有摸邪恶的东西，然而他们摸了禁止他们摸的东西，这种不服从就是罪。

因此，最初的人靠吃其他果实过活，使他们的肉身不至于饥渴。但他们尝了生命树上的果子，所以死亡不会从任何方向逼近他们，在他们活了一段时间以后身体也不会衰老。他们用其他果实做营养，但生命树是他们的圣餐。我们可以这样想，生命树对于有形的乐园，就好像上帝的智慧对于灵性的——亦即理智的——乐园，关于这种智慧经上写道，"她是生

---

① 参阅《路加福音》21：18。
② 参阅《以弗所书》5：29。
③ 《哥林多前书》15：44。
④ 参阅奥古斯丁：《创世记诠释》，章 6，节 36。

命树,他们持守她。"①

章21　最初的人所居住的乐园应当正确地在灵性的意义上加以理解,但又不必轻视关于乐园具体位置的历史叙述的真实性

然而由于这个原因,有不少人把圣经中关于第一个人、人类的先祖,乃至整个乐园的真实叙述当作象征性的。他们把所有乐园中的树和结果实的植物转变成美德和生活习惯,就好像它们不是可见的、有形体的物体,而仅仅是说出来和写下来,传递某种象征性的意义。②

但要是说根本就没有一个真实的地上乐园,因为也可以从灵性的意义上对乐园加以理解,那么就好像说亚伯拉罕根本就没有两个妻子,撒莱和夏甲,以及她们生的两个儿子,一个是自主之妇人生的,一个是使女生的,因为使徒说她们象征着两约。③ 还有,这也就好像说泉水绝不会从摩西杖击的磐石上涌出,因为磐石也象征着基督,同一位使徒说过,"那磐石就是基督"④。所以,没有人禁止我们对乐园作寓意的理解,认为它象征着幸福者的生活。它的四条河流表示四种美德——审慎、坚忍、节制、公义;它的树木象征着一切有用的知识;它的果实象征着虔诚者的行为;生命树象征着智慧本身,诸善之母;吃了它的果子便知善恶的那棵树,象征着由于违反诫命而产生的经验。上帝指定的惩罚本身是公义的,因此是件好事情,但人类对惩罚的经验不是好事情。

这些事情也可以理解为指的是教会,所以我们可以恰当地把它们当作预言来看待,指向将要发生的事情。这样一来,乐园就是教会,就像我们在《雅歌》中读到的那样;⑤乐园的四条河就是四福音书;结果实的树就

---

① 《箴言》3:18。

② 参阅奥古斯丁:《反异端》(De Haeres),章59。对圣经故事作寓意解释者首推犹太神学家斐洛,否认乐园真实性的观点在安布罗斯等基督教教父那里也很盛行。奥古斯丁在批判异端时对这种观点进行谴责。

③ 参阅《加拉太书》4:22以下;《创世记》16:4,21:2。

④ 参阅《哥林多前书》10:4;《出埃及记》17:6;《民数记》20:11。

⑤ 《雅歌》4:12以下。

是圣徒,他们的果实就是他们的工作;生命树就是至圣,甚至就是基督;知善恶的那棵树就是我们对自由意志的拥有。如果一个人藐视上帝的意志,那么他确实只能给自己带来伤害;这样一来,他知道始终于共同之善和陶醉于个人之善之间的区别。爱自己就是放纵自己,因此,当他因此而充满恐惧和悲伤时,若他仍能感受到自己的痛苦,就可以唱诗篇中的诗,"我的心在我里面忧闷"①,而当他得到矫正的时候,他可以唱"我的力量啊,我必仰望你"②。所以,没有人阻止我们按照这些寓意的解释把乐园作如上理解,或者作更恰当的理解,而同时也相信我们听到的这些故事是真的,它们对事件的叙述是最忠实的。③

章 22　圣徒们在复活后拥有的身体是灵性的,尽管他们的血气不会转变为灵

义人复活后将会拥有的身体不需要树来保护它们,以抵御因疾病和年迈而来的死亡,也不需要吃其他有形的食物,以忍受饥渴。因为它们肯定能获得不朽作奖赏,不会受到任何侵犯。它们不吃东西,除非它们希望吃;它们有权利这样做,但没有这种需要。

当天使们以可见的、有大小的形体显现时,义人的身体也和天使们在一起。天使们取食不是因为它们有任何这方面的需要,而是因为它们希望以一种适合人的习惯的对人进行侍奉,并表示它们有力量这样做;因为我们不相信当人们把天使当作客人来接待时,它们吃东西只是做做样子。确实,对那些不知道它们是天使的人来说,它们似乎在用一种与我们相同的方式进食。这就是为什么天使要在《多比传》中说:"当你们认为亲眼看见我吃东西的时候,这只不过是看起来像那么回事。"④也就是说,你以为我像你们一样,为了恢复身体的气力而进食。

即使对天使来说,另一种观点似乎更加有理,但我们基督徒的信仰肯

---

① 《诗篇》42:6。

② 《诗篇》59:9。

③ 参阅奥古斯丁:《创世记诠释》,章8,节1。

④ 《多比传》12:19。

定没有给它留下余地,使人们怀疑救世主本身;救世主在复活之后是灵性的,但无论如何又是真实的,有血气的,他与门徒一道吃喝。① 因为从这样的灵性身体中被消除的不是吃喝的力量,而是吃喝的需要。因此,义人的身体将是灵性的,不是因为它们将不再是身体,而是因为它们将被一种叫人活的灵所支持。②

章 23　如何理解属血气的身体和属灵的身体,或者说死在亚当里的人和活在基督里的人是谁

　　正如那些拥有活灵魂的身体——尽管这灵魂还不是叫人活的灵——被称作有灵的身体,但它无论如何仍旧是身体而不是灵魂,所以那些被称作属灵的、拥有叫人活的灵的身体——尽管上帝禁止我们相信它们是灵而不是身体——具有血气的基质,但不具有血气的沉重和腐朽。所以人将不是属地的,而是属天的;这不是因为他那用土造成的身体不再是它本身,而是因为由于上苍的恩赐,它将被造得适合在天上居住;不是通过失去它的本性,而是通过改变它的性质。"出于地,乃属土"的第一个人被造就为一个活的灵魂,但不是一个叫人活的灵,③后一种状况保留下来,用作对他的顺从的奖赏。因此,他的身体需要食物和饮水,以便不被饥渴所削弱,它并不具有绝对的不可毁灭的不朽。倒不如说,它需要生命树的保护,避免死亡的必然,保存青春的花季,它无疑是血气的身体,而不是灵性的身体。然而,如果人没有因为冒犯上帝而引来上帝的报复,那么人是不会死的,尽管上帝曾事先警告过他。尽管哪怕是在乐园之外,他也不缺乏营养,然而由于不能接触生命树,他就落入时间和老年的魔掌,至少是在生命这个方面,如果不犯罪,他肯定能永远居住在乐园之中,尽管是在有血气的身体中,直到能够被造就为灵性的,作为对他的服从的奖赏。

　　假定我们把上帝说的那句话,"你吃的日子必定死"④,理解为上帝在

---

① 参阅《路加福音》24:43;《使徒行传》10:41。

② 参阅《哥林多前书》15:45。

③ 参阅《哥林多前书》15:45 以下。

④ 《创世记》2:17。

这里讲的死也表示灵魂与肉体分离这种明显意义上的死。但依据这种解释一定不能把后来的事情视为荒谬的，因为他们在吃了带来死亡的禁果那天并没有失去肉体。在那天，他们的本性确实变得邪恶了，由于上帝最公正地使他们与生命树分离，所以他们处在肉体死亡的必然性的统治之下，而我们就是在这种必然性下出生的。因此使徒不说"身体是死的，由于罪"，而是说"身体因罪而死，心灵却因义而活"。然后他继续说："然而叫耶稣从死里复活者的灵，若住在你们心里，那叫基督耶稣从死里复活的，也必藉着住在你们心里的圣灵，使你们必死的身体又活过来。"①因此，身体也将变成叫人活的灵，而它现在是一个活的灵魂。使徒称它为死的，乃是因为它已经受到死亡的必然性的约束。然而在乐园中，身体为一个活灵魂所拥有，尽管它还不是一个叫人活的灵，在这种情况下它不能正确地被称作死的，因为它不会落入死亡的必然性的控制，除非它犯罪。

但是当上帝说"亚当，你在哪里"的时候，他用这句话指出了灵魂的死亡，这是在上帝抛弃灵魂时出现的。当上帝说"你本是尘土，仍要归于尘土"的时候，他用这句话指出身体的死亡，这是在灵魂离开身体时发生的。上帝没有提到第二次死亡，因为他希望保守秘密，留待新约来发布，在新约中，第二次死亡得到了最清楚的彰明。② 他这样做首先是为了证明，第一次死亡是所有人共有的，由于罪而来。然而，第二次死亡不是所有人共有的，因为凭着上帝的恩典，通过一位中保，上帝把那些"按上帝旨意被召"的人从第二次死亡中拯救出来，如使徒所说："他预先所知道的人，就预先定下效法他儿子的模样，使他儿子在许多弟兄中作长子。"③

因此，使徒说第一个人被造就为血气的身体。为了想要区别我们现在拥有的血气的身体和我们将要在复活时拥有的灵性的身体，他说："所种的是必朽坏的，复活的是不朽坏的；所种的是羞辱的，复活的是荣耀的；所种的是软弱的，复活的是强壮的，所种的是血气的身体，复活的是灵性

---

① 《罗马书》8：10 以下。

② 参阅《启示录》2：11，20：6，20：14，21：8。

③ 《罗马书》12：19。

的身体。"然后为了证明这一点,他说:"若有血气的身体,也必有灵性的身体"。为了表明血气的身体是什么,他说:"经上也是这样记着说,'首先的人亚当成了有灵的活人,末后的亚当成了叫人活的灵。'"。① 他希望以这样的方式,说明有血气的身体是什么,尽管圣经没有说被称作亚当的第一个人,当他的灵魂被上帝的生气所造时"被造成为血气的身体",而是说"把人造成有灵魂的活人"。② 因此,依据经上所说,使徒希望把人的血气的身体理解为"第一个人被造成有灵魂的活人"。另一方面,他又告诉我们他希望如何理解灵性的身体,所以他又添上"末后的亚当成了叫人活的灵"。在这里他无疑指的是基督,基督从死中复活,不会再死。然后使徒继续说:"但属灵的不在先,属血气的在先,以后才有属灵的。"在此,他非常清楚地说明,当他写道第一个人被造成有灵魂的活人时,指的是属血气的身体,而当他说最末的亚当被造成叫人活的灵时,他指的是属灵的身体。因为属血气的身体在先,首先的人亚当拥有这种身体,尽管要是不犯罪,他就不会死。这也是我们现在拥有的这种身体,尽管在亚当犯罪以后,它的本性由于罪而发生了改变,堕落了,使我们处在死亡的必然性下。基督本身为我们设计的最初也是这种身体,但确实不是出于必然,而是出于选择。然后有了属灵的身体,我们的元首基督已经有了这种身体,而我们作为他的肢体会在最后死者的复活中拥有这种身体。③

然后,这位使徒又在这两个人之间加上了一个明显的区别,他说:"头一个人是出于地,乃属土;第二个人是出于天。那属土的怎样,凡属土的也就怎样;属天的怎样,凡属天的也就怎样。我们既有属土的形状,将来也必有属天的形状。"④使徒以这样的方式道出区别,从而使更新的圣礼确实能够在我们身上施行,正如他在别处所说,"你们受洗归入基督的,都是披戴基督了。⑤"但这种情况只有当我们生来就有的血气的身体

---

① 《哥林多前书》15:42 以下。

② 《创世记》2:7。

③ 参阅《以弗所书》4:15;《哥林多前书》12:27。

④ 《哥林多前书》15:47。

⑤ 《加拉太书》3:27。

由于复活而转变成灵性的身体时，方能在我们身上实现。再引用一下使徒自己的话语："我们得救是在乎盼望。"①

　　我们现在拥有这个属土之人的形状，通过生育，罪和死亡传递给我们，但我们又由于仁慈的恩典而拥有这个属天之人的形状，这种更新只能通过耶稣基督——上帝与人之间的中保——把永生赐给我们。② 使徒想要使我们明白他就是属天之人，因为他从天上下来降生为人，有着属土的凡人的身体，但他可以用属天的不朽来披戴它。使徒也还谈到另外一些人也是属天的，因为他们通过恩典成了基督的肢体，所以基督可以与他们成为一身，就像头和身子是一体的。③ 在同一封书信中，使徒在另一处说得更加清楚："死既是因一人而来，死人复活也是因一人而来。在亚当里众人都死了，照样，在基督里众人也都要复活。"④这也就是说，属灵的身体将会被造成叫人活的灵。这不是说死在亚当里的所有人都将成为基督的肢体，而是大多数人都将受到永恒死亡的惩罚，但使徒在两个分句中都用了"众"字，这是因为，就好比若非在亚当里，血气的身体都不会死，若非在基督里，灵性的身体都不会活。

　　因此，我们绝不是假定在复活时我们都将拥有像第一个人犯罪以前那样的身体。我们也不把"属土的仍旧属土"这样的话理解为表示身体因罪而将要进入的境况。因为我们没有假设亚当在犯罪前拥有属灵的身体，而他的身体转变为血气的身体是对他的罪的惩罚。如果人们这样想，那就太忽视了这位伟大导师的话了，他说："若有血气的身体，也必有灵性的身体；经上也是这样记着说，首先的人亚当成了有灵的活人"。⑤ 这里的意思肯定不是说仅当亚当犯罪以后他才成了有灵魂的活人，因为这是人的原始状况，而是为了说明什么是有血气的身体，有福的使徒保罗就依据律法来加以证明。

① 《罗马书》8：24。
② 参阅《提摩太前书》2：5。
③ 参阅《罗马书》12：5；《哥林多前书》12：27；《以弗所书》5：30。
④ 《哥林多前书》15：21。
⑤ 《哥林多前书》15：44。

章24 如何理解使人成为活灵的上帝的"生气"，如何理解主对他的门徒说"你们受圣灵"时吹的那口气

某些人对下面这句经文似乎也考虑得太少，"上帝用地上的尘土造人，将生气吹在他鼻孔里，他就成了有灵的活人，名叫亚当"①。他们认为这句话的意思不是上帝先把灵魂给了人，而是一个已经存在的灵魂被圣灵激活了。② 这样一个事实促使他们产生这样的想法：主耶稣从死里复活以后，对他的门徒吹了一口气，说"你们受圣灵"③。他们认为后一事例与前一事例情况是相同的，就好像这位传道人会继续说，"于是他们变成了活灵"。如果他确实这样说了，那么我们应当把这句话的意思理解为圣灵以某种方式成为灵魂的生命，没有这种生命，理性的灵魂必须被看作死的，哪怕理性灵魂的呈现被视为把生命赋予身体。但这种情况并没有发生，圣经本身的话语足以证明人是如何被造的，"上帝用地上的尘土造人"④。某些人认为这句话应当说得更加清楚些，应该说"上帝用地上的泥土造人"，因为经上已经说过，"但有雾气从地上腾，滋润遍地"⑤。由此推断，我们可以明白，这个人是用泥土造的，是湿气和土合成的。紧接其后，按照被译成拉丁文的希腊经文，是这样说的，"上帝用地上的泥土构造人"。无论"eplasen"这个希腊词是译成"created"还是"formed"都没有什么关系，尽管总体上来说，译成"created"比较正确。但那些宁可将这个词译成"created"的人之所以这样做，乃是为了避免晦涩之处，因为在拉丁语中，"formed"这个词的一般含义是为了某些不诚实的目的而进行虚构。⑥

所以这个用地上的尘土构成的人，或者说（由于尘土已经湿了）这个

① 《创世记》2:7。
② 参阅奥古斯丁：《反摩尼教论创世记》，章2，节8，节11。
③ 《约翰福音》20:22。
④ 《创世记》2:7。
⑤ 《创世记》2:6。
⑥ 奥古斯丁此处提到一个事实，拉丁语动词"fingere"可以表示"锻造"、"虚构"、"做假"。按照《牛津拉丁语词典》的解释，这不是非常普通的含义，但奥古斯丁心中想到的可能是口头语，而非书面语。

用地上的泥土构成的人——我的用词"地上的尘土"与圣经用语完全一样——在得到灵魂的时候，被造为一个有灵魂的身体，就像使徒所教导的那样。他"就成了有灵魂的活人"，也就是说，这团泥土被造成了有灵魂的活人。

但有些人说，除非他已经有了一个灵魂，否则他就不能被称作人。因为人并非仅仅是一个身体，也不仅仅是一个灵魂，倒不如说，人是由灵魂和身体构成的。没错，灵魂确实不是整个人，但却是人的较为优秀的部分，身体也不是整个人，而是人的较为低劣的部分，当两部分联系在一起的时候，它们才得到人的名称。然而，当我们单独提到某个部分时，它们都不会失去人的名称。因为在日常语言中，哪怕只提到灵魂，有谁会禁止说"那个人是死的，现在安息了，或处在折磨之中"，或者哪怕只提到身体，有谁会禁止说"那个人被埋葬在某某地方"？有谁会说神圣的经文没有采用这种习惯的语言方式？情况正好相反，圣经的表达与我们的看法在这方面如此接近，甚至当身体和灵魂联系在一起、人仍旧活着的时候，它也用"人"这个名称分别称呼身体或灵魂，称灵魂为"内人"（inward man），称身体为"外人"（ourward man），①就好像有两个人似的，尽管两部分合在一起才成为人。

然而，我们必须把这里的意思理解为，人既是按照上帝的形象造成的，又是属土的，而且注定要回归于土。第一个陈述指的是上帝把理性灵魂灌输给人——亦即送入人的身体——他把生气吹入那个人，或者说得更恰当些，是通过上帝的激励。第二个陈述指的是人的身体，上帝用尘土造人，然后把灵魂给了它，使它成为有灵魂的身体，就这样，那个人成了有灵的活人。

然而，主对门徒吹了一口气，说"你们受圣灵"。他肯定希望这句话被理解为圣灵不仅是圣父的灵，而且也是独生的圣子、他自己的灵。② 圣

---

①　这两个词在和合本圣经中译成"内心"和"外体"，见《哥林多后书》4:16。

②　参阅奥古斯丁:《论三位一体》，章15，节47；奥古斯丁:《约翰福音诠释》，章99，节6，节8。

父之灵与圣子之灵确实是同一个灵,由此构成圣父、圣子、圣灵的三位一体;它不是被造的,而是创造者。还有,从基督肉身的嘴里吹出的那口气不是圣灵的真正基质和本质,而是如我所说,它是一个象征,借此我们可以更好地理解圣灵对圣父与圣子来说是共同的。因为圣父与圣子并非各自拥有一个圣灵,而倒不如说,同一圣灵同属于二者。

在圣经中,圣灵总是用希腊文"普纽玛"(pneuma)来表示,在我们刚才引用过的段落中,耶稣就是这样说的,用他肉身的嘴的吹气来象征他把灵赐给他的门徒。在整个圣经中我想不起有任何地方用过别的术语来表示圣灵。但在"上帝用地上的尘土造人,将生气吹在他鼻孔里"这句话中,希腊原文中用的词不是通常表示圣灵的"pneuma"(生气),而是"pnoe"(气息),这个名称更多地用于被造的生灵,而不是用于创造者。因此,为了更加清楚起见,有好几位拉丁文圣经的翻译者宁可用"气息",而不是用"灵"来翻译"pnoe"。同一个词也出现在《以赛亚书》的希腊文本中,在那里上帝所说的"我所造的所有气息"无疑是指所有灵魂。① 所以,"pnoe"这个希腊词凡用来描写上帝时有时指"气息"(breath),有时指"灵"(spirit),有时指"吹气"(inspiration),有时指"吸气"(aspiration)。然而,"pneuma"除了表示灵以外,从不用来表示其他意思,要么是人的灵,如使徒所说,"除了在人里头的灵,谁知道人的事"②,要么是野兽的灵,如在所罗门的书中所说,"谁都知道人的灵是往上升,兽的灵是下入地"。③"pneuma"还用于有形体的"灵",这是对风的称呼;在《诗篇》中就是这样说的,"火与冰雹,雪和雾气,最狂暴的灵(风)。"④还有,它也用来表示圣灵,不是被造生灵之灵,而是创造主之灵,主在福音书中说"你们受圣灵",用他肉身的嘴巴吹气来象征。就在他说了"你们要去使万民作我的门徒,奉父、子、圣灵的名义给他们施洗"⑤,用这些话最清楚地表达

---

① 《以赛亚书》57:16。见希腊文圣经七十子本。

② 《哥林多前书》2:11。

③ 《传道书》3:21。"兽的灵"在和合本中译成"兽的魂"。

④ 《诗篇》148:8。

⑤ 《马太福音》28:19。

了三位一体的地方，我们也在圣经的其他许多地方读到"上帝是个灵"。①
但在所有这些圣经引文中，我们没有看到使用"pnoe"，而是用"pneuma"；
而在拉丁文圣经中，用的不是"flatus"，而是"spiritus"。至于"上帝把生气
吹在他的脸上"这句话——或者说得更准确一些，"上帝激励他"——（我
们可以看到）哪怕是希腊文本也没有使用"pnoe"这个词，而是用
"pneuma"，我们仍旧不应当被迫认为"pneuma"这个表达法必然表示创
造者的灵，在三位一体中被恰当地称作圣灵。如上所述，"pneuma"的习
惯用法只用来表示创造者的灵，而不是被造者的灵。

　　但是，我们的对手说，当圣经使用"气息"这个词的时候，不一定非要
加上"生命的"，除非它希望我们明白这个表达法用来表示圣灵。还有，
当经上说"人变成一个灵魂"时，也不一定非要由于别的原因而加上"活
的"这个词，除非要表示上帝之灵把生命恩赐给灵魂。因为，他们说灵魂
按其本质而言就是某种拥有独特生命的东西，如果不是为了借此表示我
们应当把这种生命理解为是由圣灵赐予的，有什么必要添加"活的"这个
词？然而，这只是在为凡人的猜测努力辩解，而忽略了对圣经的关注？其
实不用太麻烦，在同一卷书稍微前面一点儿的地方，当大地上的所有动物
被造出来时，经上不就说过"大地要生出活灵来"吗？② 还有，不用费太大
的努力我们就可注意到，仍旧是在同一卷书中，经文后来讲到生活在大地
上的所有动物都在大洪水中死去，"凡在旱地上、鼻孔有气息的生灵都死
了"。③

　　因此我们发现，圣经的习惯用法"活灵"或"生灵"甚至可用于野兽。
还有，在我们读到的"凡在鼻孔有气息的"这个地方，用的词是"pnoe"，而
不是"pneuma"。那么我们需要问在这里有什么必要添加"活的"这个词，
因为如果不是活着的，灵魂就不能存在？还有，有什么必要在说了"灵"
这个词以后再添加"活的"这个词？回答是：一方面，当圣经使用"活灵"

---

① 《约翰福音》4:24。
② 《创世记》1:24，圣经和合本译文为"地要生出活物来"。
③ 《创世记》7:22。

或"生灵"这样的表达法时,这表明它希望我们把动物的身体,亦即有灵魂呈现于其中的动物的身体是感觉的处所;另一方面,在提到人的被造时,我们忘了这种语言的习惯表达法,圣经希望我们理解,这个人接受了一个理性的灵魂,这个灵魂不像其他动物那样出自水和地,而是由上帝的气创造的。然而人以这样的方式被造,他的灵魂住在动物的身体之中,就像圣经中提到的其他动物,"大地要生出活灵来",经上也说它们中有生灵。还有,这里用的词是"pneuma",而不是"pnoe","pnoe"这个词表示的肯定不是圣灵,而是动物的灵魂。

我们的对手还说,如果把上帝的气息理解为出自上帝的口,如果我们相信上帝口中出来的就是灵魂,那么我们必须承认灵魂具有和圣经中所说的"智慧"相同的基质。"智慧"说:"我出自至高者之口"。① 但"智慧"说的是它出自上帝之口,而不是它是上帝之口吹出的气。还有,正如我们在呼吸时,我们吹出来的气可以不是作为我们人的本质的气,而是出自我们周围的空气,我们吸入空气,再把它呼出来,所以万能的上帝吹出来的气也可以不是作为他的本质的气,也可以不是作为他创造出来的在他面前的事物的本质的气,甚至可以不出自任何本质。说上帝通过激励或呼吸把这种气息吹入这个人的身体是最适宜的。这种气是无形体的,正如上帝是无形体的,但上帝是不变的,气是可变的,因为气是被造的,而上帝不是被造的。这些人希望引用圣经,但却不注意圣经说过些什么。让他们明白,并非只有这一个地方提到上帝从他口中吹气,让他们聆听或阅读上帝说的话:"你既如温水,也不冷也不热,所以我必从我口中把你吐出去。"②

我们没有理由拒绝使徒的说法,他清楚地区分了血气的身体和灵性的身体,亦即区分了我们现在拥有的身体和将会拥有的身体。他说:"所种的是血气的身体,复活的是灵性的身体。若有灵性的身体,也必有灵性的身体。经上也这样记着说,'首先的人亚当成了有灵的活人',末后的

① 《便西拉智训》24:3。
② 《启示录》3:16。

亚当成了叫人活的灵。但属灵的不在先,以后才有属灵的。头一个人是出于地,乃属土;第二个人是出于天。那属土的怎样,凡属土的也就怎样;属天的怎样,凡属天的也就怎样。我们既有属土的形状,将来也必有属天的形状。"①这些话我们在上面都已经说过了。

所以,如使徒所说,那第一个人亚当拥有的有血气的身体没有被造成根本不会死的,而是被造成若犯罪就会死。而叫人活的灵造就的身体是灵性的、不朽的,完全不会死。它在这个方面像灵魂。因为灵魂尽管由于犯罪而会死,尽管灵魂会失去某种它自己的生命,亦即上帝的圣灵,灵魂依靠上帝的圣灵才能聪明地、幸福地生活,尽管灵魂的生活是可悲的,但它并没有停止过某种生活,因为它被造成不死的。这种情况在造反的天使那里也一样。尽管由于犯罪,它们在某种意义上是死了,因为它们抛弃了上帝,上帝是它们生命的源泉,当它们从中饮水时,它们就能明智地生活得很好。但它们不会彻底死去,停止生命,失去感觉,因为它们被造成不死的。即使在末日审判之后,它们也不会缺少生命和感觉,它们会进入第二次死亡,在那里接受折磨。但那些属于上帝恩典的、与那些保持着幸福生活的神圣天使同为同胞公民的人,拥有属灵的身体,永远不会再犯罪或死亡。他们会受到不朽的保护,哪怕是罪也不能夺去他们的不朽。他们血气的身体的本性会得到保持,但不会再有肉身的腐败和沉重。

现在有一个问题必须加以考虑,并在我们的主上帝的帮助下加以解决。如果最初的人因为犯罪而使淫欲在他们不顺服的肢体中产生,并且仅当神圣的恩典抛弃它们的时候,如果从那个时候他们的眼睛明亮了,知道自己是赤身裸体的,如果他们肢体的无耻情感不再服从他们意志的控制,于是他们用树叶遮盖自己的羞处,在这种情况下,如果他们仍旧保持被造时的状态,不犯罪,那么他们如何生养后代? 然而,本卷必须到此结束,这么大的问题不是三言两语就能说清楚的。所以我们把它留到下一卷再去更加恰当地处理。

---

① 《哥林多前书》15:44 以下。

De civitate Dei

上帝之城

（修订版）

下　册

［古罗马］奥古斯丁　著

王晓朝　译

人民出版社

第 十 四 卷

【本卷提要】奥古斯丁再次处理最初的人犯罪的问题,他认为按肉体生活的原因在于肉体的生命和人的邪恶情欲。他尤其证明了与淫欲相伴的羞耻感是对不顺从的公正惩罚,并探讨了如果人不犯罪,如何能够无淫欲地繁衍这个问题。

章1　若非上帝的恩典拯救了许多人,所有人都将陷入永久的第二次死亡

我们已经在前面几卷说过,①上帝选择了从一个人开始把人类造出来的方式。他这样做的目的不仅是要使人类能够依据天然的相似性而团结在一起,而且要使人类能依靠同胞亲情的约束而和平地生活在一起。如果最初的两个人没有不服从——一个人从无中被造,另一个人从第一个人被造——那么人类的个别成员都不会屈服于死亡。犯罪使最初的这两个人的本性发生了巨大变化,变得邪恶,所以罪的束缚和死亡的必然性传给了他们的后代。

死亡之国对人的统治如此彻底,若非上帝的恩典从中拯救了一些人,那么对罪恶的惩罚将把所有人卷入永久的第二次死亡,对罪恶的惩罚是人类应得的,而上帝的恩典是人类不应得的,因为人类并无什么功德。这样,尽管这个世界上有许许多多国家,人们按不同的礼仪、习俗生活,有许多不同的语言、武器、衣着,但只有两种人类社会的秩序,我们可以按照圣经的说法,正确地称之为两座城。② 一座城由按照肉体生活的人组成,另

---

① 本书卷 12,章 22,章 28。
② 参阅《以弗所书》2:19;《腓立比书》3:20。

一座城由按照灵性生活的人组成。当它们找到了自己想要的东西时,各自生活在它们自己的和平之中。

章2　按肉体生活应当理解为不仅产生于肉体的过错,而且也来自心灵的过失

　　因此,我们首先必须明白什么是按肉体生活,什么是按灵性生活。任何人要是只采取我们这些话的表面价值,必定会犯错误,这是因为他忘了圣经如何使用这种讲话方式,或是因为他对此注意得太少。一方面,他肯定可以假设伊壁鸠鲁学派哲学家按肉体生活,因为他们把身体的快乐视为人的至善。他可以假设,以其他某些方式把身体之善视为人的至善的哲学家也是按肉体生活的。他还可以假设,那些普通人按肉体生活,他们不相信任何学说,不实践任何哲学,而只是倾向于欲望,除了从感官中得到的快乐,他们不知道还有其他什么高兴的事。另一方面,他可以假设斯多亚学派的哲学家是按灵性生活的,他们把人的至善放在人的心中,①人心若无灵,那还能算什么呢? 然而,按照圣经使用这个表达法的意思,上述这些人实际上都在按肉体生活。

　　圣经没有用"肉体"(flesh)这个术语仅仅表示属地的、可朽的生灵的身体,如经上说:"凡肉体各有不同:人是一样,兽又是一样,鸟又是一样,鱼又是一样。"②正好相反,这个术语有其他多种用法,表示不同的事情。在这些用法中,这个词可以用来表示人本身,亦即人的本性,这是在用人的某个部分代表整个人,例如,"所以凡有血气的,没有一个因行律法能在上帝面前称义"。③ 如果在这里指的不是"没有一个人",那么使徒希望我们把它理解成什么呢? 这一点在稍后处就更加清楚了,他说,"没有一个人靠着律法在上帝面前称义",④而在写给加拉太人的信中,使徒说

---

① 　西塞罗:《图斯库兰争论集》,卷4,章15,章34;《学园派哲学》,卷1,章10,章38。
② 　《哥林多前书》15:39。
③ 　《罗马书》3:20,"肉体"(flesh)在句中译成"有血气的"。
④ 　《加拉太书》3:11,这里的出处不是《罗马书》,如奥古斯丁所想的那样。

"知道人称义不是因行律法"。①

据此，我们把"道成了肉身"②这句话解释为基督变成了人。某些人不能正确地理解这段话，他们假设基督没有人的灵魂。③但正如我们在福音书中读到抹大拉的话，"有人把主挪了去，我不知道放在哪里"④，这里也是在用部分代表整体，因为她讲的仅仅是基督的肉身被从坟墓里挪了去，所以整体也可以用部分来表示，在这个例子中用的是"肉身"这个词，实际意思是人。

肉身这个词在圣经中的用法极多，若要逐一加以考察需要很长时间。我们当前的目的是发现"按照肉体生活"这个短语的意思，肉身在这里很显然是一种恶，尽管肉身的本性不是恶。所以让我们仔细考察一下保罗写给加拉太人的信中的一段话，他说："情欲的事都是显而易见的，就如奸淫、污秽、邪荡、拜偶像、邪术、仇恨、争竞、忌恨、恼怒、结党、纷争、异端、妒忌、凶杀、醉酒、荒诞等类，我从前告诉你们，现在又告诉你们，行这样事的人必不能承受上帝的国。"⑤

我们当前的考察需要我们对使徒信中的这段话给予充分的考虑，如果我们这样做了，什么叫作按肉体生活这个问题也就解决了。使徒说肉体的事都是显而易见的，然而逐一列举并予以谴责。我们发现，不仅是那些与肉体快乐有关的事情列入其中，比如奸淫、污秽、邪荡、醉酒、荒宴等等，而且那些与肉体快乐无关的心灵之恶也在其中。因为这段话里也提到拜偶像、邪术、仇恨、争竞、忌恨、恼怒、结党、纷争、异端。有谁会不明白，这些是心灵之恶，而非身体之恶？人也许确实会由于献身于拜偶像或行异端而节制他的肉体快乐。⑥但哪怕他是这样的人，尽管被视为约束和压制肉身淫欲的，按照使徒的权威，他仍旧是在按肉体生活；他对其他

---

① 《加拉太书》2:16。

② 《约翰福音》1:14。

③ 参阅奥古斯丁：《反异端》，章49；爱庇芳纽：《反异端》，章69，章49。

④ 《约翰福音》20:13。

⑤ 《加拉太书》5:19以下，"肉身"这个词在中文圣经中译为情欲。

⑥ 参阅奥古斯丁：《约翰福音诠释》，章13，节13。

肉体快乐的节制恰好证明了他在做那些应受谴责的肉身的事情。

除了心灵，有谁能感受到仇恨？有谁会对敌人，或对被他视为仇敌的人说，"你的肉身对我不好"，而不是说，"你的心对我不好"？最后，如果有人听说过"属肉身的"（carnalities）①这个词，要是有这个词的话，那么他无疑会把这些事情归于人的肉身，与此相应，也不会有人怀疑"属灵魂的"（animosities）②这个词与心灵相关。那么为什么"教导外邦人相信和证道的师傅"③要把所有这些相类似的过失归入"肉身的事"呢？这只是因为他在象征性地使用这个词，在以部分表示整体，他希望人们把"肉身"这个词理解为"人"。

章3　罪的原因从灵魂开始，而不是从肉体开始，因罪而来的腐败本身不是罪，而是惩罚

现在有些人可以说，肉身是各种道德罪恶的原因，灵魂受肉身的影响，过着邪恶的生活。但是说这种话的人没有仔细考虑到人的整个本性。因为，"可朽的肉身把灵魂坠了下来"。④ 所以使徒在谈到可朽的身体时也首先说，"我们的外体虽然毁坏"⑤，然后继续说，"我们原知道，我们这地上的帐篷若拆毁了，必得上帝所造，不是人手所造，而是在天上永存的房屋。我们在这帐篷里叹息，深想得那从天上来的房屋，好像穿上衣服。倘若穿上，被遇见的时候就不至于赤身了。我们在这帐篷里叹息劳苦，并非愿意脱下这个，乃是愿意穿上那个，好叫这必死的被生命吞灭了。"⑥

我们被可朽的肉身拉着往下坠，然而我们知道，下坠的原因不在于身体的本性和基质，而在于肉身的腐朽，知道了这一点，我们不希望裹上肉身，而希望拥有不朽。到那时候我们仍旧有身体，但由于它不再是可朽

---

① 该词的拉丁文是"caro"。
② 该词的拉丁文是"animus"。
③ 《提摩太前书》2：7。
④ 《所罗门智训》9：15。
⑤ 《哥林多后书》4：16。
⑥ 《哥林多后书》5：1以下。

的,因此它不会成为一个负担。而现在,"可朽的肉身把灵魂坠了下来,尘世的帐篷使心灵堕落,沉迷于许多事情。"①不管怎么说,那些假设灵魂的毛病来源于身体的人错了。

维吉尔确实是在用美丽的诗句解释柏拉图的教导。他说:"一种强大的力量在激励着它们的生命,它们有着属天的源泉,在一定意义上它们不受有害的身体的阻碍,也不受属土的肉身和有死的肢体的影响。"②但他也希望我们明白身体是心灵四种最主要的纷扰的主要根源:欲望、恐惧、欢乐、悲伤,而它们又是一切罪恶的根源。③ 所以他接着又说:"因此欲望、恐惧、欢乐、悲伤到来了;它们不仰望天空,而是被囚禁在漆黑的洞穴中。"然而,我们的信仰很不一样。因为,迫使灵魂下坠的身体的腐败,其原因不在于最初的罪,而在于对这种罪的惩罚;不是可朽的肉身使灵魂有罪,而是有罪的灵魂使肉身可朽。

这样,尽管肉身的腐败对罪和邪恶的欲望有刺激,但我们仍旧一定不要把邪恶生活的所有罪恶都归于肉身。否则我们就应当认为魔鬼不会有任何罪恶,因为魔鬼没有肉身。我们确实也不能说魔鬼奸淫或醉酒,或者说它犯有诸如此类与肉体的快乐有关的罪行,尽管魔鬼在秘密地诱惑和怂恿我们去犯这样的罪。然而,魔鬼极为骄傲和妒忌;这些邪恶占据了魔鬼,使它注定要在我们这个黑暗的牢房中接受永久的惩罚。④

使徒把这些支配着魔鬼的邪恶归于肉身,尽管魔鬼肯定没有肉身。使徒说,仇恨、争竞、忌恨、恼怒、妒忌是肉身的事,所有这些邪恶的起源和根源是骄傲,骄傲支配着魔鬼,尽管它没有肉身。有谁会比魔鬼对圣徒表示出更大的仇恨? 有谁能比魔鬼对圣徒更加争竞,更加忌恨,更加恼怒,更加妒忌? 然而,魔鬼虽有种种错误,但却没有肉身。那么这些事怎么会是肉身的事呢? 如我所说,这只能是因为它们是人的事,使徒在这里用肉身这个术语指代人。

---

① 《所罗门智训》9:15。
② 维吉尔:《埃涅阿斯纪》,卷6,行730以下;参阅柏拉图:《斐德若篇》245E—250E。
③ 参阅西塞罗:《图斯库兰争论集》,卷3,章11,节24;卷4,章6,节11以下。
④ 奥古斯丁:《反摩尼教论善的本性》,章33。

　　所以，不是由于拥有了魔鬼没有的肉身，人才变得像魔鬼。倒不如说，由于按照人自身生活，才使人变得像魔鬼，亦即按人生活。因为当魔鬼不能恪守真理的时候，它选择了要按它自身生活，所以它说出来的谎言是它自己的，不是上帝的。魔鬼不仅是一个撒谎者，而且是"说谎之人的父"。① 它确实是第一个撒谎的，谬误像罪一样，从它开始。

章4　什么是按人生活和按上帝生活

　　因此，当一个人按人生活，而不是按上帝生活时，他就像魔鬼一样。甚至连天使也不应当按它自己生活，而应当按上帝生活，若它能恪守真理、言说上帝的真理，而非言说它自己的谎言。使徒在另一处也提到了这一点，他在谈到人的时候说："若上帝的真实因我的虚谎越发显出他的荣耀"。② 他说谎言是我们的，真理是上帝的。

　　所以，当一个人按照真理生活时，他不是按自己生活，而是按上帝生活，因为上帝说"我就是真理"。③ 然而，当一个人按自己生活时——亦即按人生活，不按上帝生活——他肯定是在按谬误生活。这不是因为人本身是谬误，他的创造者是上帝，而上帝绝不会是谬误的创造者。倒不如说，人被造就为公义的，他应当按他的创造者生活，而不应当按他自己生活，他要执行创造者的意志，而不是执行他自己的意志，而谬误就在于不按造他被造的方式生活。

　　人确实希望幸福，但他以这样一种方式生活不可能幸福。还有什么能比这更虚假？所以说每一种罪都是谬误不是空话。因为，只有依据意志作出的行为才会犯罪，我们的意志要么想要自己称心如意，要么想要自己回避不幸。因此，这是一种谬误，我们用犯罪来使自己称心如意，然而犯罪却使我们不幸。或者说，我们用犯罪来使自己生活得好，但恰恰相反，犯罪使我们的生活更糟。为什么会这样呢？不就是因为幸福只能来

---

① 《约翰福音》8：44。

② 《罗马书》3：7。

③ 《约翰福音》14：6。

自上帝,而不能来自人自己,但人却由于犯罪已经抛弃了上帝吗？正是因为按自己生活,所以人犯了罪。

我已经说过,有两座相互对立,互相冲突的城,它们的形成是由于有些按肉身生活,有些按灵性生活。现在也可以说有些按人生活,有些按上帝生活。保罗在对哥林多人说话时把这一点说得很清楚。"你们仍是属肉体的,因为在你们中间有妒忌、纷争,这岂不是属乎肉体、照着世人的样子行吗？"①因此,"照世人的样子行"和"属肉体的"是一个意思,因为在这里作为人的一部分的"肉体"应当理解为人本身。

使徒确实在早些时候还把这些属肉体的人称作"属血气的"。他是这样说的:"除了在人里头的灵,谁知道人的事？像这样,除了上帝的灵,也没有人知道上帝的事。我们所领受的,并不是世上的灵,乃是从上帝来的灵,叫我们能知道上帝开恩赐给我们的事。并且我们讲说这些事,不是用人智慧所指教的言语,乃是用圣灵所指教的言语,将属灵的话解释属灵的事。然而,属血气的人不领会上帝圣灵的事,反倒以为愚拙。"②

稍后,对这样的人——亦即对"属血气的人"——他说:"弟兄们,我对你们说话,不能把你们当作属灵的,只得把你们当作属肉体的。"③"属肉体的"和"属血气的"这两个术语,都是用部分来指代整体的象征性语言的例子。因为灵魂和肉体都是人的部分,但可以用来表示整个人。这样,"属血气的人"不是与"属肉体的人"不同的人。倒不如说他们是同一个人,也就是按人生活的人。以同样的方式,这个指代人的说法也用在别处,我们读到:"所以凡有血气的,没有一个(no flesh)因行律法能在上帝面前称义"④,"雅各家来到埃及的共有七十人(the threescore and ten souls)"。⑤ 我们要明白,第一句话中的"没有一个"指的是没有一个人,第二句话中的"七十个灵魂"指的是七十个人。

---

① 《哥林多前书》3:3。
② 《哥林多前书》2:11 以下。
③ 《哥林多前书》3:1。
④ 《罗马书》3:20。
⑤ 《创世记》46:27。

　　还有，在使徒说"不是用人智慧所指教的言语"的地方，他也可以说"不是用人的肉体的智慧所指教的言语"。同理，在他说"照世人的样子行"的时候，他也可以说"照肉身的样子行"。这一点在他后面说的话里显得更加清楚，"有说：'我是属保罗的。'有说：'我是属亚波罗的。'这岂不是你们和世人一样吗？"①在这里，他用"这岂不是你们和世人一样吗"把意思说得比"你们是属血气的"和"你们是属肉体的"更加清楚，也就是说，你们是按人生活的，不是按上帝生活的，因为你们若是按上帝生活，你们自己也会成为神。

章5　柏拉图主义者对灵魂和肉体的看法比摩尼教的观点可取，但也要受到谴责，因为它把所有罪恶都归于肉体的性质

　　所以，没有必要在我们的罪和恶这件事上怪罪肉体的本性，这样做对我们的创造主不公平，肉体的本性就其自身所属的种类和既定地位来说是善的。但若有人抛弃善的创造主而按被造之善生活，肉体就不是善的了，而无论是按肉体生活，还是按灵魂生活，还是按整个人生活，因为人是由灵魂和肉体组成的，只用"灵魂"或"肉体"都能指代整个人。把灵魂的本性赞美为至善的人和把肉体的本性指责为邪恶的人，在他倾心于灵魂或拒斥肉体的时候都是属肉体的，因为他的信念是凡人的虚幻，而不是神圣的真理。

　　柏拉图主义者确实不像摩尼教徒那样愚蠢，因为他们并不把我们当前的肉体当作天生的恶的基质来谴责。②　相反，他们把构成这个可见的、有形体的世界及其性质的一切元素归于作为创造者的神。然而他们认为，灵魂受到属土的、有死的身体的影响，产生不健康的欲望、恐惧、欢乐和悲伤。这四种"纷扰"（如西塞罗所称）③或"情感"（这个术语比较通用，源于希腊文）包含着人类行为的一切罪恶。④

---

① 　《哥林多前书》3:4。
② 　参阅奥古斯丁：《反异端》，章46。
③ 　西塞罗：《图斯库兰争论集》，卷4，章6，节11。
④ 　参阅本书卷8，章11。

　　然而,如果这是真的,那么为什么在维吉尔的书中,当埃涅阿斯从他在阴间的父亲那里得知灵魂将返回身体时,他对这种信念感到惊讶,并声称"啊,父亲,我们能够相信升天的灵魂又返回累赘的身体吗? 什么样强烈的求生欲望会使它们处于这样的不幸之中?"①这种从属土的肢体和有死的肉身中产生出来的强烈的求生欲望仍旧存在于这些彻底洗涤过的灵魂中吗? 维吉尔不是说这样的灵魂已经清除了一切所谓的"身体的瘟疫"吗? 它们开始,甚至在此之后,希望回归肉身吗?②

　　因此,哪怕这是真的(尽管这种信仰是完全空洞的),离去而又复归的灵魂处于不断的污染和涤罪的交替之中,我们仍旧应当得出结论说,不能把产生所有这些灵魂的邪恶运动的原因简单地归结于它们属土的身体。因为,按照柏拉图主义者自己的说法,这种"强烈的欲望",如他们杰出的发言人所说,并非由肉体产生,它迫使灵魂返回身体,甚至在灵魂已经涤清了各种肉身的瘟疫,建立了某种外在的身体以后,仍旧这样做。这样,如他们自己所承认的,灵魂不仅处在肉身的影响之下经历欲望、恐惧、欢乐、悲伤,灵魂也会受到灵魂自身产生的这些情感的骚扰。

章6　人的意志的性质决定了心灵正确与否

　　重要的事情在于人的意志的性质。因为,意志若是邪恶的,情感也是邪恶的;意志若是公义的,情感也不仅不应受到谴责,而且还应得到赞扬。意志与所有的情感相关,确实,情感无非就是意志的行为。所谓欲望和快乐不就是意志的行为与我们所希望达到的目的相一致吗? 所谓恐惧和悲伤不就是意志的行为与我们所希望达到的目标不一致吗? 当这种一致把自身表现为我们所期望的追求时,它就被称作欲望;当这种一致把自身表现为我们所期望的快乐时,它就是快乐。同理,当我们与我们不希望发生的事情不一致时,这样的意志的行为就是恐惧;当我们与所发生的违反我们意志的事情不一致时,这样的意志的行为就是悲伤。一般说来,当人的

---

①　维吉尔:《埃涅阿斯纪》,卷6,行719以下。
②　维吉尔:《埃涅阿斯纪》,卷6,行751。

意志受到各种想要追求或避免的事情的吸引或排斥时，它就转变为一种情感或其他情感。

因此，按上帝生活，而非按人生活的人必定是善的热爱者；由此可以推论，他也必定仇恨恶的东西。进一步说，由于没有人的本性是恶的，恶之所以为恶乃是由于某些过失，因此，按上帝生活的人对恶人有一种"完善的恨"的责任。① 也就是说，他不能由于过失而恨人，也不能由于人而爱过失；倒不如说，他应该恨过失，但是爱人。当过失得到医治，剩下的只是他必须爱的人时，他就没有什么需要恨的了。

章7 我们发现"amor"（爱）和"dilectio"（爱）这两个词在圣经中不加区别地使用，既可以指好的爱，又可以指坏的爱

当一个人的目的是爱上帝，不是按人生活，而是按上帝生活，爱他的邻居就像爱他自己一样，那么由于这种爱，他无疑可以称得上是拥有善良意志的。这种爱的倾向在圣经中一般称作"仁爱"（caritas），但也称作"爱"（amor）。例如，使徒教导我们，想要统治上帝子民的人应当是善的"爱者"（amator）。② 主本人曾经问使徒彼得："你爱我（diligis me）比这些更深吗？"彼得回答说："主啊，是的，你知道我爱（amo）你。"③然后主又一次发问，但问的不是彼得是不是爱（amaret）他，而是彼得是不是爱（diligeret）他；而彼得又回答说："主啊，是的，你知道我爱你。"但当耶稣问第三遍时，他自己没有说"你爱我吗"（diligis me），而是说"你爱我吗"（amas me）。在这里，这位传道人继续说，"彼得因为耶稣第三次对他说'你爱我吗'（Amas me）就忧愁。"然而，这不是第三次，因为主说"你爱我吗"（Amas me）只有一次，说"你爱我吗"（Diligis me）有两次。由此我们可以明白，当主说"Diligis me"的时候，他的意思与"Amas me"没有什么不同。而彼得也没有改变用词，他在第三次回答时说："主啊，是的，你知道我爱

---

① 《诗篇》139:22，和合本中译文为"切切地恨恶"。
② 《多比传》1:8。
③ 《约翰福音》21:15。

（amo）你。"

我想这种区分值得提起，因为有不少人假设"dilectio"和"caritas"与"amor"的意思不同。他们说"dilectio"是褒义的，而"amor"是贬义的。然而事情很清楚，即使在世俗文献的作者那里也不是这样。但还是让哲学家们去考虑要不要为了他们自己的目的去作这种区分吧。不管怎么说，他们的著作已充分表明，当事情与直接朝向上帝本身的善有关时，他们用"amor"表示最高的敬爱。但我关心的是我们自己的宗教圣经，我们把它的权威性看得高于其他一切著作，它并没有在"amor"、"dilectio"和"caritas"之间作这种区别。我们已经看到，"amor"也在褒义上使用。

但若有人假定"amor"既可用于褒义也可用于贬义，而"dilectio"只能用于褒义，那么就请他注意诗篇中的话，"唯有喜爱（diligit）强暴的人恨他自己的灵魂"①，还有使徒约翰的话，"人若爱（dilexerit）世界，爱（dilectio）父的心就不在他里面了。"②请注意在后一段经文中，"dilectio"既用于褒义，又用于贬义。我已经说明了"amor"的褒义的用法，但若有人想要查考一下它的贬义的用法，那就让他读一下这段经文，"因为人将成为他们自己的热爱者（amantes），钱财的热爱者（amatores）。"③

所以，正义的意志是一种好的爱，邪恶的意志是一种坏的爱。因此，爱努力去占有它所爱的东西，这就是欲望；爱占有或享有了它所爱的东西，这就是欢乐；爱逃避它所反对的东西，这就是恐惧；爱经历着它所反对的东西，这就是悲伤。同理，如果爱是好的，那么这些情感就是好的；如果爱是坏的，那么这些情感就是坏的。

现在让我们依据圣经来证明我们所说的这些话是正确的。使徒"情愿（concupiscit）离世与基督同在。"④还有，"我想要（concupivit）期待着你的审判"，⑤或者说得更恰当些，"我期待着想要（concupiscere）你的审

---

① 《诗篇》11∶5。

② 《约翰一书》2∶15。

③ 《提摩太后书》3∶2，和合本中译文为："因为那时人要专顾自己，贪爱钱财。"

④ 《腓立比书》1∶23。

⑤ 《诗篇》119∶20，和合本译为"我时常切慕你的典章"。

判。"还有，"追求智慧的欲望（concupiscentia）能给你带来一个王国。"①然而，作为一种固定用法，当我们使用"cupiditas"或"concupiscentia"而又没有添加欲望的对象时，它们就表示贬义的"欲望"。"欢乐"有褒义的用法，比如"你们义人应当靠上帝欢乐"，②"你使我心里快乐"，③"你会用你的赞同使我充满欢乐。"④"恐惧"在某些地方是在褒义上使用的，使徒说："就当恐惧战兢，作成你们得救的功夫"，⑤"你不可自高，反要恐惧"，⑥"我只怕你们的心或偏于邪，失去那向基督所存纯一清洁的心，就像蛇用诡诈诱惑了夏娃一样。"⑦至于"悲伤"，能否找到这个词用作褒义的例子是个棘手的问题。西塞罗使用"疼痛"（aegritudo）来替代悲伤，⑧而维吉尔用"痛苦"（dolor）来代替悲伤，他说："他们感到痛苦与快乐。"⑨然而我宁可说"悲伤"，因为"疼痛"和"痛苦"更多地用来表示身体的状况。

章8　斯多亚学派希望在聪明人的心灵中找到的三种性情，痛苦或悲伤被排除在外，因为有美德的心灵是不会有这种感觉的

在上面讨论过的三种心灵纷扰的地方，斯多亚学派希望在聪明人的心灵中找到三种性情。性情在希腊文中是"eupatheiai"，在拉丁文中是"constantiae"，这是西塞罗的用法。⑩ 他们找到愿望来代替欲望，找到高兴来代替欢乐，找到谨慎来代替恐惧。然而他们否认聪明人的心灵中有

---

① 《所罗门智训》6:20。

② 《诗篇》32:11。

③ 《诗篇》4:7。

④ 《诗篇》16:11。

⑤ 《腓立比书》2:12。

⑥ 《罗马书》11:20。

⑦ 《哥林多后书》11:3。

⑧ 西塞罗：《图斯库兰争论集》，卷3，章10。

⑨ 维吉尔：《埃涅阿斯纪》，卷6，行733。

⑩ 西塞罗：《图斯库兰争论集》，卷4，章6，节11以下；第欧根尼·拉尔修：《著名哲学家的生平和著作》，卷7，节116。

某种与疼痛或痛苦相应的东西,为了避免模糊不清,我宁可称这里讲的痛苦为悲伤。

　　斯多亚学派说,愿望肯定追求善,这就是聪明人做的事;高兴产生于善的获得,这是聪明人在任何地方都能获得的;谨慎避免邪恶,邪恶是聪明人必须回避的。然而,悲伤由一种已经发生了的恶所决定,由于他们认为没有一种恶能落到聪明人头上,所以他们说在聪明人的心灵中没有任何与悲伤相应的东西。他们这些话的意思大体上是这样的:只有聪明人能拥有愿望、高兴和谨慎,而傻瓜除了欲望、欢乐、恐惧和悲伤,什么也经历不到。按西塞罗的说法,前三样是“性情”,后四样是“纷扰”,但在其他大部分作者那里被称作“激情”(passion)。然而在希腊人中,如我所说,前三样称作“eupatheiai”,后四样称作“pathe”。

　　当我尽可能仔细地考察这个术语是否与圣经中的用法一致时,我发现先知是这样说的:“我的上帝说,恶人不会高兴。”①这句话蕴涵着这样的意思,恶人能够感到欢乐,但不会高兴,因为高兴只属于好人和虔诚的人。还有,福音书说:“所以,无论何事,你们愿意人怎样待你们,你们也要怎样待人”②;这句话似乎有这样的意思,没有人会愿意得到邪恶的对待,而只会希望得到良好的对待。确实,由于语言习惯的问题,现在有不少翻译者在句中加上了“好”这个词,并把整句经文译成“无论你们希望人们对你们做什么好事,你们对他们也要这样做。”他们认为这一添加是必要的,免得有人会希望别人对他做可耻的事,例如提供奢侈的宴席,不必说更卑鄙的事情了。如果这样的人对别人也这样做了,他也许会认为自己在遵守诫命。但在希腊文福音书中——拉丁文圣经是从希腊文译过来的——“好”这个词并没有出现。倒不如说,这句经文应当读作“无论你们希望别人对你们做什么事,你们对他们也要这样做。”我相信,之所以如此,乃是因为“好”这个词的意思已经蕴涵在“你们愿意”(ye will)中

---

① 《以赛亚书》57:21,见希腊文圣经七十子本,和合本译为“我的神说:恶人必不得平安。”

② 《马太福音》7:12。

了；因为经文并没有说"你们想要"（ye desire）。

　　然而，我们不需要总是用这样精细的含义来约束我们的语言，倒不如说，它们仅在需要时才使用。当我们阅读某些作品、其作者的权威我们若非不虔诚就无法加以拒斥的时候，在经文的真正含义不能找到其他表达法的地方，这些精细的意思是可以理解的，就好比我在上面所引用的例子，一部分引自先知，一部分引自福音书。因为有谁不知道恶者会快乐地狂喜？——然而"我的上帝说，恶人不会高兴。"如果不是因为"高兴"在这里是在一种特别意义上使用的，有专门的意思，那么怎么会这样呢？还有，教导人们去做他们"想要"别人对他们自己做的事情，免得他们会用可耻的、非法的快乐来相互满足，有谁会否认这样做是错误的？然而最完整、最真实的诫命是这样的："无论你们希望别人对你们做什么事，你们对他们也要这样做。"如果不是因为在这里，"希望"这个词是在某种确定的意义上使用的，不带有恶的意思，那么这条诫命怎么会这样说呢？另一方面，如果没有"恶意"（evil will）这样的东西，就不会有一些人们更加熟悉的用法在日常语言中频繁使用，比如"你们一定不要有说任何谎言的意愿。"①但恶意的意愿和天使们宣称"在地上平安，对人持好意"②时的意愿是有区别的。如果意愿只能是好的，那么"好"这个词用在这里是累赘的。还有，当使徒说"爱在邪恶中不感到高兴"时③，如果不是因为恨在邪恶中确实感到高兴这一事实，使徒的话怎么会是对爱的巨大赞美呢？

　　在一些世俗文献的作家那里也能看到对这些术语不加区别地使用。例如西塞罗，这位最杰出的演说家说："元老院的议员们，我想要（desire）仁慈。"④他在这里是在褒义上使用"desire"这个词的，又有谁会如此邪恶地认定他必须说"我的意愿是"（my will is）而不能说"我想要"（I desire）？另一方面，在特伦斯的剧本中，有个可耻的年轻人情欲沸腾，说"我有一个愿望，不为别的什么，只为斐鲁美娜（Philumena）。"但他的奴

① 《便西拉智训》7：13。

② 《路加福音》2：14。

③ 《哥林多前书》13：6，和合本译文为"不喜欢不义"。

④ 西塞罗：《反喀提林演说》，篇1，章2，节4。

仆作出的回答相当清楚地表明他的"愿望"就是他的欲望,他的奴仆比他还要色情。这个奴仆对他的主人说:"如果你不是在那里愚蠢地空谈,让你的欲望白白地燃烧,把从心中驱逐你的爱当作你的任务,那么你会好过得多。"① 还有,"高兴"这个词在贬义上使用,就在维吉尔那句关于心灵的四种纷扰的最简要的陈述中提到,"于是欲望、恐惧、高兴、悲伤到来了"。② 同一位作者还说过"心灵邪恶的高兴"③。

所以,愿望、高兴和谨慎对善人和恶人来说是共同的;换句不同的话来说,善人和恶人都会感受到欲望、恐惧和欢乐。但是善人以一种好的方式感受这些情感,而恶人以一种坏的方式感受这些情感,就好像人的愿望既可以是正义的,又可以是邪恶的。还有,尽管斯多亚学派在聪明人的心灵中找不到与悲伤相应的东西,但我们发现即使是悲伤这个词也能在好的意义上使用,尤其在我们自己的圣经中。例如,使徒保罗赞扬哥林多人"以一种虔诚的方式"感到悲伤。但有些人也许会说,使徒是在对他们表示祝贺,因为他们在悔改中感到悲伤;也就是说,这是一种悲伤,只属于那些犯了罪的人。使徒是这样说的:"我先前写信叫你们忧愁,我后来虽然懊悔,如今却不懊悔,因我知道那信叫你们忧愁,不过是暂时的。如今我欢喜,不是因你们忧愁,是因你们从忧愁中生出懊悔来。你们依着神的意思忧愁,凡事就不至于因我们受亏损了。因为依着神的意思忧愁,就生出没有后悔的懊悔来,以至得救;但世俗的忧愁是叫人死。你看,你们依着神的意思忧愁,从此就生出何等的殷勤来!"④ 提到这一点,斯多亚学派为了捍卫自己的立场会这样回答:尽管悲伤似乎在悔改产生时起了作用,但它仍旧不能存在于聪明人的心灵中,因为聪明人既不会屈服于罪,因而需要悔改和悲伤,又不会屈服于任何邪恶,因而在经历或忍受恶的时候感到悲伤。如果我没记错的话,他们举的例子是阿尔西庇亚德。他认为自己是幸福的,但当苏格拉底使用论证揭示他有多么不幸,因为他愚蠢的时

---

① 特伦斯:《安德里亚》,行 306 以下。

② 维吉尔:《埃涅阿斯纪》,卷 6,行 733。

③ 维吉尔:《埃涅阿斯纪》,卷 6,行 278 以下。

④ 《哥林多后书》7:8 以下。

候,他哭了。① 所以,对他来说,愚蠢是一种有用的、可取的悲伤的原因,他发现自己完全不应该像现在这个样子,因此感到悲伤。但是斯多亚学派说,聪明人不会经历这样的悲伤。

章9　对心灵的骚扰在义人的生活中转变为公义的情感

关于骚扰心灵的问题,我在本书第九卷中已经对哲学家们作了回答。我指出他们关心语词胜过关心实质,想要争论胜过想要真理。② 另一方面,我们基督徒是上帝之圣城的公民,在今生的旅途中按上帝生活。这样的公民感受到欲望、痛苦和高兴,但却是以一种与圣经和整个教义相一致的方式,由于他们的爱是公义的,因此他们所拥有的情感也是公义的。

他们恐惧永久的痛苦,想要得到永生。他们现在感到痛苦,因为他们仍旧在心里叹息,"等候得儿子的名分,乃是我们的身体得赎。"③他们在希望中欢乐,因为"那经上所记死被得胜吞灭的话将要应验"④。还有,他们害怕犯罪,他们想要锲而不舍。他们对他们的罪孽感到痛苦,为他们的善功感到高兴。他们被告知,他们可以感到恐惧,"只因不法的事增多,许多人的爱心渐渐冷淡了。"⑤圣经告诉他们可以想要锲而不舍,"唯有忍耐到底的必然得救。"⑥他们被告知,他们可以为他们罪孽感到痛苦,"我们若说自己无罪,便是自欺,真理不在我们心里了。"⑦他们被告知,他们可以为他们的善功感到高兴,"上帝喜爱捐得乐意的人。"⑧

还有,因坚强程度不同,他们害怕或者想要得到考验,而当考验产生时他们感到悲伤或欢乐。他们害怕被诱惑,因为他们得知,"若有人偶然

① 西塞罗:《图斯库兰争论集》,卷3,章32,节77。
② 参阅本书卷9,章4以下。
③ 《罗马书》8:23。
④ 《哥林多前书》15:54。
⑤ 《马太福音》24:12。
⑥ 《马太福音》10:22。
⑦ 《约翰一书》1:8。
⑧ 《哥林多后书》9:7。

被过犯所胜,你们属灵的人就当用温柔的心把他挽回过来,又当自己小心,恐怕也被引诱。"①他们可以想要得到考验,因为他们听到圣城中的一位勇士说"上帝啊,求你察看我,试验我,熬炼我的肺腑心肠。"②他们可以在考验中感到痛苦,因为他们看到彼得痛哭。③ 他们可以在考验中感到高兴,因为他们听到雅各说,"我的弟兄们,你们落在百般试炼中,都要以为大喜乐。"④

但是圣城的公民受到这些情感的推动不仅仅是为了他们自己的缘故。他们也代表那些希望得到拯救和恐惧灭亡的人感受这些情感。这些人的死亡会使他感到痛苦,这些人得到拯救会使他们感到高兴。我们这些从异教的世界进入基督教会的人尤其要注意,这位有着最高美德和勇敢的人是"外邦人在信仰和证道方面的师傅"⑤,他因锲而不舍而得荣耀,比其他使徒更加艰辛,在他的许多书信中,他不仅教导他当时看到的上帝的子民,而且教导那些他还没有看到,但已经预见到的上帝的子民。他是基督的斗士,受基督的教导,受基督的膏泽,与基督同钉十字架。⑥他在基督里得荣耀,他"成了一台戏,给世人和天使观看"⑦,在这个世界的舞台上,他"按规矩比武"⑧,并且"向着标杆直跑,要得上帝在基督耶稣那里从上面召我来得的奖赏。"⑨上帝之城的公民用信仰的眼睛看到他而无比高兴。他们看到他与乐者同乐,与悲者同悲,艰苦奋斗,无所畏惧,情愿离世与基督同在。⑩ 他们看到他切切地想见罗马人,要在他们中间

---

① 《加拉太书》6:1。

② 《诗篇》26:2。

③ 《马太福音》26:75。

④ 《雅各书》26:75。

⑤ 《提摩太前书》2:7。

⑥ 参阅《加拉太书》1:12;《哥林多后书》1:21。

⑦ 《哥林多前书》4:9。

⑧ 参阅《提摩太后书》2:5。

⑨ 《腓立比书》3:14。

⑩ 参阅《罗马书》12:15;《哥林多后书》7:5;《腓立比书》1:23。

得些果子,如同在其他外邦人中一样。① 他们看到他对哥林多人的愤恨,担心他们的心偏于邪恶,失去在基督里所存纯一清洁的心。② 他们看到他在心中承受着巨大的、连续不断地对以色列人的忧愁,因为他们无视上帝的公义,希望建立他们自己的公义,不愿意服从上帝的公义。③ 他们看到他如他自己宣称的那样忧愁,不仅是为了他自己的痛苦,而且还为了那些已经犯了罪、行污秽、奸淫、邪荡的事,不肯悔改的人。④

如果这些从对善者之爱和神圣仁爱中产生的情感和意向被称作邪恶,那么我们就得允许真正的邪恶被称作美德。但由于这些情感是在恰当的场合展现的,这些意向是正确理性的结果,所以有谁敢说它们是不完善的或邪恶的激情? 因此,当主本身定意要取奴仆的形象,过凡人的生活时,⑤尽管他是无罪的,但他仍旧在他断定必须显示这些情感的场合作了显示。人的情感在他身上并不是虚假的,他真的拥有人的身体和人的心灵。所以福音书说他对犹太人刚硬的心表示忧愁,这样的报道肯定不是假的⑥;他说"我没有在那里就欢喜,这是为你们的缘故,好叫你们相信"⑦,他甚至在将要使拉撒路复活时哭了⑧,他想要和他的门徒吃逾越节的筵席⑨,他还极其难过,心里甚是忧伤。⑩ 确实,为了实现他自己坚定的目标,当他有了这种想法时,他在他凡人的心灵中经历了这些情感,就好像他想要造人,他就造了人。

然而我们必须承认我们拥有的这些情感,哪怕它们按上帝的意志来说是公义的,但也只属于今生,而不属于我们寻求的来世,我们甚至经常

---

① 参阅《罗马书》1:11 以下。
② 参阅《哥林多后书》11:2以下。
③ 参阅《罗马书》9:2;10:3。
④ 《哥林多后书》12:21。
⑤ 《腓立比书》2:7。
⑥ 《马可福音》3:5。
⑦ 《约翰福音》11:15。
⑧ 《约翰福音》11:35。
⑨ 《路加福音》22:15。
⑩ 《马太福音》26:38。

违背我们的意愿向它们屈服。因此我们会哭泣，尽管是在值得赞扬的爱的推动下，而不是在任何应受责备的欲望的推动下，有时候甚至会在我们不希望哭的时候痛哭。这些眼泪来自我们人的软弱，但对主耶稣来说不是这样，他的软弱来自他的权能。然而，我们若是感到在屈服于今生的软弱时根本就没有这样的情感，那么我们肯定不会公义地生活。因为使徒责备和斥责过某些人，他说他们是"无亲情的"。① 神圣的诗篇也责备过这种人，说"我指望有人体恤，却没有一个"。② 确实，若处在这种不幸的地方，又要使我们完全免除痛苦，这就像这个世界上的一位学者所理解和所说的那样，"不付出巨大的代价就不可能做到，这个代价就是心灵的野蛮和身体的麻木"。③

在这一点上，让我们考虑一下希腊人所说的"apatheia"（无感情的），这个词译成拉丁文是"impassibilitas"，用来表示心灵的状况，而非身体的状况。④ 如果我们把这个词理解为一种无感情的生活，用来与理性和骚扰心灵的东西相对立，那么这显然是一种良好的、应予期待的状况。然而，它不属于今世的生活。因为圣经上确实说过，无论任何人，哪怕是最虔诚、最公义、最圣洁的人也不可能处于这种状况，经上说，"我们若说自己无罪，便是自欺，真理不在我们心里了。"⑤所以这种"apatheia"的状况只有在人无罪的时候才会到来。而在今世，如果我们能不受谴责地生活，那就不错了。但若任何人假定自己今生无罪，那么他不仅不能免罪，而且还会因为疏忽而感到遗憾。⑥

还有，如果"apatheia"被定义为心灵不为任何情感所动的状况，那么有谁不会断定这种麻木不仁是一切邪恶中最大的恶？因此可以正确地说，我们完善的幸福来自摆脱各种恐惧和悲伤，但除了完全偏离真理的

---

① 《罗马书》1:31。

② 《诗篇》69:20。

③ 西塞罗：《图斯库兰争论集》，卷3，章6，节12。

④ 参阅塞涅卡：《书信集》9。

⑤ 《约翰一书》1:8。

⑥ 参阅奥古斯丁：《约翰福音诠释》，章41，节10。

人,有谁会说在这种幸福中没有爱和高兴? 还有,如果"apatheia"是一种无恐惧的惊吓和无痛苦的折磨,那么我们若是希望公义地生活,亦即按上帝生活,那么这种状况是应当加以避免的。但人们显然希望这种状况会在那应许了的、将会是永恒的幸福生活中盛行。

现在有一种害怕就是使徒约翰所说的害怕,"爱里没有惧怕;爱既完全,就把惧怕除去,因为惧怕里含着刑罚。惧怕的人在爱里未得完全。"①然而这种害怕和使徒保罗的害怕不是同一类型,保罗害怕的是哥林多人受到蛇的诡诈诱惑。② 保罗的害怕是爱所拥有的,确实只有出于爱,才会有这样的害怕。但另一种害怕不会从爱中产生,关于这种害怕使徒保罗说,"你们所受的不是奴仆的心,仍旧害怕"。③ 这种害怕是"洁净的,存到永远"。④ 如果这种害怕在将要到来的世界里存在——否则如何理解存到永远——那么这种害怕不是那种使人担心邪恶将要降临的恐惧,而是一种能使他更加固守不可失去之善的担心。

在对已经得到的善的爱保持不变的地方,对恶的害怕肯定可以作为一种没有危险的害怕来避免,如果我们可以用这样的方式来表达的话。因为"洁净的"害怕表示意志的行为,藉此我们可以坚定地拒绝犯罪,可以勇敢地反对犯罪,与此相伴的不是害怕犯罪的软弱的忧愁,而是爱的宁静。换言之,在永久幸福的欢乐这种最安全的状态中若无任何种类的害怕,那么"对上帝的害怕是洁净的,存到永远"这个说法与"穷乏人必不永久被忘"⑤是同类的。忍耐本身不会是永久的,因为它仅在有恶的地方才是必需的;或者倒不如说,通过忍耐所获得的目标才是永久的。所以,"洁净的"害怕也许指的是永远的承受,因为害怕本身所导致的目标将是永远的承受。

所以,如果我们要达到一种幸福的生活,必须过一种公义的生活,这

---

① 《约翰一书》4:18。
② 《哥林多后书》11:3。
③ 《罗马书》8:15。
④ 《诗篇》19:9。
⑤ 《诗篇》9:18。

种生活会公义地显示所有这些情感,而邪恶的生活则会邪恶地显示这些情感。还有,按照同样的道理,幸福的生活是幸福的和永久的,会显示爱和高兴,这些情感不仅是公义的,而且是确定的,完全不包含害怕或痛苦。因此,上帝之城的公民在今世的旅途中必须过一种什么样的生活就清楚了,他们必须按灵性生活,而非按肉体生活,亦即要按上帝生活,而非按人生活。至于他们正在朝着那个方向前进的不朽的生活是一种什么样的生活,也就清楚了。

另一方面,另一座城由那些不是按上帝生活,而是按人生活的不虔诚者组成,他们崇拜伪神而藐视真神,他们遵循的是人的学说或魔鬼的学说。这些情感就像疾病和动乱一样扰得这座城动荡不安。如果有公民似乎想要控制这些情感和以某种方式驯服情感,那么由于他们不虔诚的傲慢和洋洋得意,使得他们甚至在痛苦减少时增加傲慢。他们中有些人,带着少有的像怪物一样稀罕的自豪,着迷于自律,认为自己根本不会受到任何情感的骚扰、激励、鼓动和影响。但这些人付出的代价是完全失去人性,而非获得真正的安宁。一件事并不会仅仅因为它的严酷无情而必然正确,而同一件事也不会仅仅因为它的不动情感而是健康的。

章 10　我们是否相信被安置在乐园中的最初的人在犯罪之前屈服于任何种类的情感

那么,最初的人的情况怎么样——或者倒不如说,最初的人类怎么样,因为最初的两个人结合在一起了? 在犯罪以前,他们的肉体能否感受到情感,而这些情感是我们属灵的身体感受不到的,因为此时一切的罪过都已经洗涤和终结? 提出这样的问题并无不妥之处。如果他们能够感受到情感,那么在那个值得纪念的幸福之地,亦即在乐园中,他们如何能够幸福? 因为人要是受到恐惧和痛苦,他怎么能够被称作是幸福的呢? 还有,乐园里物产丰盛,没有死亡的危险和身体的疾病,善良的意志会加以寻找的东西在那里一样也不缺,也没有任何事物会给幸福地生活在那里的人带来肉体的或心灵上的伤害。那么,给这些人带来恐惧或痛苦的又是什么呢?

　　这对夫妇对上帝的爱和相互之间的爱没有受到阻挠,他们忠诚的生活给他们带来巨大的快乐,因为他们所爱的东西总是随时供他们享用。他们小心地回避犯罪,只要这种情况延续下去,就不会有任何邪恶从任何地方产生,给他们带来悲伤。然而,使他们恐惧或痛苦的原因是由于他们想要碰那棵禁树,吃树上的果子,但又害怕死亡吗? 如果是这样的话,这些人已经受到欲望和恐惧的困扰,哪怕是在乐园中。但是上帝禁止我们假设这种事情会发生在没有任何罪的地方。因为想要做上帝的律法禁止的事,仅仅是由于害怕惩罚而不做,而非出自对公义的热爱,那么这肯定是罪。我要说,上帝禁止在一切罪之前已经有这样一种罪,看到那棵树就动了念头的罪,就好像看见一位妇女,主说:"凡看见妇女就动淫念的,这人心里已经与她犯奸淫了。"①

　　那么,最初的人类该有多么幸福啊,既不受任何心灵的困扰,又不受任何身体的痛苦! 如果我们的先祖没有犯下那桩恶行,其后果一直传给他们的后代,如果他们中没有人种下恶果以至于必须自食恶果,接受谴责,那么整个人类肯定会生活得幸福。还有,这种幸福会一直延续下去,他们会"生养众多"②,直至出现许多预先确定的圣徒;他们也还会被赋予另一种更大的幸福,即给予最幸福的天使的那种幸福。在这样的幸福状态下,肯定会有某种保证,没有人会犯罪,也没有人会死;圣徒的生命没有任何先前的劳累、痛苦、死亡的经验,而现在经过死者复活,他们已经有了所有这些经验。

章11　第一个人的堕落,他的本性被造就为善的,但受到罪的侵害,只有它的创造者能使它复原

　　由于上帝预知一切,因此他不会不知道人会犯罪。由于这个原因,我们关于圣城的所有论断都必须考虑到上帝的预知和安排;一定不要假设那些我们所不知道的事情,因为这些事情在上帝的安排中没有地位。人

---

① 《马太福音》5:28。
② 《创世记》1:28。

不能用他的罪来干扰上帝的目的,也就是说人不能强迫上帝改变他已经决定了的事情。因为凭着他的预知,上帝知道由他本身创造出来的本性为善的人会变得何等邪恶,也知道自己能从这种恶中兴起什么样的善。

上帝确实说过要改变他的旨意,我们甚至在圣经中读到上帝"后悔了"①这样的象征性说法。但这样的说法仅仅是从人的角度看问题,或者指的是某些按照自然原因发生的事情,不能用来贬低万能者对其要做的事情的预知。如经上说,"上帝造人原是正直",②因此人就有了善良意志,因为若无善良意志人就不会正直。所以善良意志是上帝之工,上帝使人被造时就有了善良意志。

另一方面,这个意志最初的恶行始于其他各种恶对人起作用的时候,它与其说是上帝之工的失败,不如说是人自身之工的失败。这个意志所做的工是恶的,因为它们是按这个意志本身去做的,而不是按上帝的意志去做的。这样,这个意志本身,或者人本身,就其意志是恶的这一点来说,这棵坏树必然结出坏果子,亦即那些恶行。③ 还有,尽管恶的意志与本性不符,而且与本性相悖,因为它是一种缺陷,但它无论如何属于有缺陷的本性,因为除了存在于本性之中它就不能存在。但它只能存在于创造主从无中造出来的那个本性之中,而不能存在于上帝创造他自身的本性之中,就好像上帝生下道,万物藉着道造出来。④ 尽管上帝用地上的尘土造人,但大地本身和所有属土的质料都是从无中创造出来的,当造人的时候,上帝赋予人的身体一个从无中创造出来的灵魂。

然而,恶会彻底地被善战胜,尽管恶被允许存在,以证明创造主公义和完善的预知能对恶物善用,但不管怎么说,若无恶的存在,善也就不能存在,这就好比真正的、至尊的上帝,以及其他一切天上的生灵,不可见的和可见的,存在于我们这个烟雾弥漫的天空之上。然而,若无善的事物,

① 参阅《创世记》6:6;《出埃及记》32:14;《撒母耳记上》15:11;《撒母耳记下》24:16;参阅奥古斯丁:《论基督教教义》,卷3,章40。

② 《传道书》7:29。

③ 参阅《马太福音》7:17 以下。

④ 参阅《约翰福音》1:3。

恶也就不能存在，但就其本性而言，有恶存在于其中的本性确实是善的。还有，消除恶靠的不是消除恶产生于其中的本性，或消除本性的任何部分，而是依靠治疗和矫正受到恶的侵犯而堕落的本性。

所以，仅当意志不是邪恶与罪的奴隶时，意志的选择才是真正自由的。上帝把这样的自由赋予意志，但现在由于意志自身的过错而失去了自由，除了能把自由赐予意志的上帝，意志无法恢复自由。因此，"真理"说："天父的儿子若叫你们自由，你们就真自由了。"① 这句话的意思和说"天父的儿子若拯救你们，你们就真得救了"是一样的，因为他是我们的拯救者，由于同样的理由，他是我们的救世主。

所以，第一个人按照上帝生活在一个既是有形的，又是灵性的乐园中。② 它不仅仅是一个有形的乐园，只能用好东西供给身体，而不能成为灵性的乐园，向灵魂提供好东西。然而，它也不仅仅是一个灵性的乐园，人可以凭其内心的感觉享有这个乐园，而却不能凭其外在的感觉享有一个有形的乐园。它是两种乐园，能够满足双方。但后来就来了那个傲慢的天使，它由于傲慢而产生妒忌，这种傲慢曾诱使它离开上帝而追随自己。它抱着僭主一般的野心希望能对属下发号施令，而不是做一名好属下；因此它就从灵性的乐园跌落下去了。关于它的堕落，以及它的同谋犯的堕落，它们原来是上帝的天使，现在却变成了它的天使，我已经在本书第十一卷和第十二两卷尽可能详细地做了论述。③ 在这次堕落之后，它想尽办法偷偷地潜入人心，提出一些狡猾的建议，它妒忌人的未曾堕落的状态，因为此时它已经堕落了。为了达到这个目的，它在那个有形的乐园里选择了蛇作为它的口舌，那里也还住着其他陆上动物，它们是驯服的，无害的，还住着两个人，一个男人，一个女人；蛇这种活物在地上滑行，用肚子行走，确实适合做这种事。撒旦凭着它天使的身份和优越的本性，使这条蛇在灵性的邪恶方面服从它。它把蛇当作工具来滥用，让蛇去欺骗

---

① 《约翰福音》8：36。
② 参阅奥古斯丁：《创世记诠释》，章 8，节 1。
③ 参阅本书卷 11，章 13；卷 12，章 1。

那个女人。它选了这对夫妻中较弱的一方下手,以逐渐实现它的全部目的,它设想那个男人不那么容易上当,或者说不那么容易由于他自己的错误而落入圈套,但会屈服于那个女人的过失。

这种事也发生在亚伦身上,当时的百姓要铸偶像,亚伦虽不同意,但禁不住他们的劝说,或者说迫于压力他屈服了。① 还有,说所罗门自己认为应当拜偶像是不可信的,倒不如说是他的妃嫔迫使他参加献祭。② 第一个人和他的妻子也是这种情况。当时只有他们两个人在一起,作为丈夫和妻子。我们不能相信是那个男人受到了诱惑而违反上帝的律法,因为他以为那个女人讲的是真话,倒不如说是由于他们之间的亲情,所以他顺从了那个女人的愿望。所以使徒说"不是亚当被引诱,乃是女人被引诱"③这句话并非无道理。因为她把蛇的话当作真的,而亚当不希望与他唯一的伴侣分离,哪怕要付出分享她的罪的代价。然而,他若是明知故犯,那么他的罪并不比那女人的罪轻。所以使徒没有说"亚当无罪",而是说"亚当没有被引诱"。当他说"罪是从一人入了世界"④时,他指的肯定是亚当,稍后就更清楚了,在那里他提到了"亚当犯罪的样子"。⑤

借助"被引诱"这个词,使徒希望我们明白那些不认为他们的所作所为是犯罪的人。但亚当是知道的,否则的话,"不是亚当被引诱"这句话怎么会是真的呢? 然而,亚当不知道神的严厉惩罚,所以他错误地认为自己所犯下的罪微不足道。就这样,尽管他没有以那个女人被引诱的相同方式被引诱,但按照他自己后来的申辩,他确实犯了错误。他说:"你所赐给我、与我同居的女人,她把那树上的果子给我,我就吃了。"⑥还需要再说些什么吗? 尽管他们两个人没有都由于轻信而受到引诱,但他们两人都落入魔鬼的圈套,被罪俘虏了。

---

① 《出埃及记》32:3以下。
② 《列王纪上》11:4。
③ 《提摩太前书》2:14。
④ 《罗马书》5:12。
⑤ 《罗马书》5:14。
⑥ 《创世记》3:12。

章12　最初的人所犯之罪的性质

有些人可能要问，为什么其他的罪不会以最初这两个人犯下的罪那样的方式改变人的本性。这是因为这种罪使人的本性屈服于我们所见所闻的各种巨大的腐败，也屈从于死亡。尤为甚者，人变得受动荡冲突的情感的纷扰，变得很难再像犯罪以前那样在乐园中居住，尽管在那个时候，他生活在肉体之中。

如我所说，问这种问题的人不应当把亚当和夏娃做的事视为微不足道的小事。这件事确实只涉及一样食物，除了不能碰它以外，这样食物不是恶的或有害的，上帝不会在如此幸福之处创造或种植任何邪恶的东西。但是上帝的诫命需要服从，在某种意义上，这种美德在理性动物身上是其他美德之母和监护者。人被造就为要为自己的利益而服从上帝，按他自己的意志行事而非按他的创造者的意志行事是有害的。还有，在食物如此丰盛之处，禁止吃一种食物的诫命是很容易遵守的，就像记住这条诫命一样简单，当欲望还不处在与意志对立的时候，上帝发布了这条诫命，而欲望与意志的对立是后来才产生的，是对罪的惩罚。然而，违反这条诫命的邪恶相对于遵守这条诫命的轻而易举来说要大得多。①

章13　在亚当的罪过中，恶的意志导致恶的行为

亚当和夏娃在犯罪前已经秘密地开始变坏了，由于这个原因他们才会不服从。如果没有邪恶的意志，他们就不会作出邪恶的行动。此外，除了骄傲，还有什么能成为他们邪恶意志的开端呢？因为"骄傲是犯罪之始"。② 除了是一种想要得到有悖常情的提升的欲望，骄傲又能是什么呢？这种有悖常情的提升确实会导致放弃心灵安身的基础，使心灵变为并继续成为它自己的基础。当一个人对自己感到喜悦时，骄傲就发生了；他本应对不变之善感到喜悦，而不应对自己感到喜悦，而在这种时候他就偏离了不变之善。这种偏离是作为一种自由意志的行为发生的。如果意

---

① 　奥古斯丁：《论堕落与恩典》，章31。
② 　《便西拉智训》10:13；参阅本书卷12，章6。

志保持着对高于它的、不变的善的坚定不移的爱,那么它就不会追随自己的快乐而背离这种善,是这种善把光明赐予意志,使它能够看,是这种善把火赐予意志,使它能够爱。如果是这样的话,意志就不会变得那么昏暗和寒冷,以至于允许那个女人相信蛇说的是真话,允许那个男人把他妻子的愿望置于上帝的诫命之上,并认为这只是一个微不足道的过失,拒绝放弃他妻子的陪伴,尽管这样一来,他自己成了他妻子犯罪的同伴。

就这样,这个邪恶的行动——亦即偷吃禁果——是由已经变坏的人干的,这样的恶果只能从一棵坏树中长出来。① 还有,树变坏的原因在于和本性相悖,因为意志若无缺陷,这样的事就绝不会发生,这样的缺陷就是违反本性的。但只有从虚无中创造出来的本性才会由于有缺陷而反常。尽管意志作为一种归因于上帝创造的本性而存在,但它偏离本性的原因在于它是从无中被创造出来的。

当然了,人不会彻底偏离他的本性,以至于失去所有存在。然而当他转向自身时,他的存在与他依赖最高存在时的存在相比就变得不那么完全。就这样,抛弃上帝和依靠自身存在——亦即对自己感到喜悦——不是马上就失去所有的存在,而是变得比较接近虚无。按圣经所说,这就是要用另一个名称来称呼骄傲的原因,称作"任性的"。② 提升你们的心是好事,但不能向着自己提升——这是骄傲——而要向着主提升,这是服从,只属于谦卑者。

然而,在谦卑中有某些东西会提升心灵,而在提升中心灵又会对其中的某些东西进行滥用,这是一种令人惊讶的方式。滥用提升和谦卑地提升看起来确实是悖论。然而,虔诚的谦卑使心灵服从比它优秀的对象。但没有什么能比上帝更优秀了,这就是谦卑能通过让心灵服从上帝,从而提升心灵的原因。另一方面,提升是一种恶,心灵由于得到提升而拒绝服从,从而离开上帝,而没有任何东西能比上帝更优秀了。就这样,心灵坠

---

① 参阅《马太福音》7:18。
② 《彼得后书》2:10。

落了，进入了经上所说的状态，"当它们正在被提升的时候，你使它们沉沦。"①经上没有说"当它们已经被提升"，就好像它们先是被提升，然后再坠落。倒不如说，它们是在被提升的同时开始坠落的，这种提升本身就是一种下降。

由于这个原因，谦卑在上帝之城中得到最崇高的赞扬，也在处于今世旅程中的上帝之城中得到赞扬，这座城的王，也就是基督，是谦卑的最好榜样。而与谦卑这种美德相对立的骄傲，按照圣经的证言，完全支配着基督的对手，也就是魔鬼。这确实就是我们正在谈论的两座城的巨大差别。一座城是由虔诚的人组成的，另一座城是由不虔诚的人组成的，各有其所属的天使。在一座城中，对上帝之爱拥有骄傲的位置，而在另一座城中，则是爱自己。

显然，如果这个人不是已经开始对自己感到喜悦，那么魔鬼不可能引诱这个人犯罪，公开去做上帝明确禁止他做的事情。这就是亚当听到"你们将如神一样"②时感到高兴的原因。但若亚当和夏娃能够服从他们存在的最高的和真正的基础，而不是骄傲地以他们自己为基础，那么他们就会更好地像神一样。因为被造的众神之所以为神，不是由于处在它们自己的本性之中，而是由于分有真正的上帝的本性。由于努力追求更多的东西，人减弱了，当他对自己的自足感到高兴的时候，他离开了真正令他满足的上帝。

当人对自己感到喜悦，就好像已经成为自己的光明的时候，最初的恶就到来了，只要他开始对自己感到喜悦，他就离开了真正的光明，而把自己当作光明。我要说，最初的恶是秘密地到来的，后续的还有其他的恶，是公开犯下的恶。经上说的是真的，"败坏之先，人心骄傲；尊荣以前，必有谦卑。"③秘密地发生的堕落先于完全可见的堕落，尽管前者不能清楚地辨认出来。因为即使堕落已经在那里，在抛弃至高神时发生了，又有谁

---

① 《诗篇》73：118。
② 《创世记》3：5。
③ 《箴言》18：12。

会把提升认作下降呢？另一方面,明显的、违反诫命的情况出现时,有谁看不出这是一种堕落呢？

　　这就是违反上帝诫命的行为发生后,任何想象的公义都不能为之辩护的原因。我要大胆地说,陷入某种公开的、明显的罪过对那些骄傲者有益,这种罪过使他们对自己感到喜悦,哪怕他们已经由于对自己感到喜悦而堕落了。当彼得哭泣的时候,他的状况比他对自己感到喜悦时更加完善。① 神圣的诗篇也说:"愿你使他们满面羞耻,好叫他们寻求你上帝的名。"②这也就是说,让那些通过寻求自己的名来使自己感到喜悦的人去寻求上帝的名来使上帝喜悦。

章14　犯下罪过者的骄傲比罪过本身更糟

　　更糟糕、更应受谴责的是在罪行昭然若揭时仍旧在寻找借口时表现的骄傲,就好像最初的人一样,当时那个女人说"那蛇引诱我,我就吃了",那个男人则说"你所赐给我、与我同居的女人,她把那树上的果子给我,我就吃了"。他们没有表示任何遗憾,也没有请求矫正。尽管他们没有像该隐一样拒绝承认他们的所作所为,③但他们的骄傲使他们想要把自己的错误行为怪罪于他人,那个女人的骄傲使她责备蛇,那个男人的骄傲使他责备那个女人。这对明显的违反上帝诫命的行为来说,更像是在指控而不是在自责。即使那个女人是在蛇的引诱下犯下罪过的,而那个男人则接受了那个女人提供的果子,但犯下罪过不管怎么说都是他们自己的行为,既有上帝的诫命,就不应当再相信或服从任何东西。

章15　最初的人由于不服从而受到公义的惩罚

　　人轻视上帝的诫命,但这位上帝创造了人,按他自己的形象把人造出来,使人高于其他动物,把他安置在乐园中,为他丰盛地提供了幸福生活

---

①　参阅奥古斯丁:《论堕落与恩典》,章24。

②　《诗篇》83:16。

③　参阅《创世记》4:9。

所需要的一切。上帝没有给他规定大量压迫性的、难以做到的戒条，使他不堪重负，而是给了他一条非常简洁的、容易做到的戒条，要他完全服从。用这条诫命，上帝想要提醒他创造的生灵，他是主，他的无偿侍奉是在为人着想。然而尾随而来的是公义的遣责，原本通过遵守诫命就能使其肉身变成灵性的人现在竟然连他的灵性都变成肉身的了。按照上帝的公义，那个对自己感到喜悦的骄傲的人现在已经交到他自己手中。但做到这一点的方式并非人现在已经完全处在自己的控制之下。倒不如说，人被分裂，反对他自己，不再享有他追求的自由，而是生活在恶的严酷的和不幸的束缚之下，而这种束缚是他犯罪时认可的。这样一来，由于他自己的一个意志的行为，他在灵性上死去了，而由于违反他的意志，他在肉体上也注定要死。由于抛弃了永恒的生命，他也要接受永恒死亡的惩罚，除非他能得到恩典的救赎。凡认为这种惩罚的尺度太过分或不公正的人，肯定不知道应该如何度量在一个很容易不犯罪的地方犯下的这种罪恶有多么大。

亚伯拉罕的顺服是众所周知的，因为他受到召唤，要去做一件极其困难的事情，亦即杀死他的儿子；①而在乐园中遵守诫命并无什么难处，所以不服从的罪过也就变得更大。第二位亚当的顺服更值得注意，他"存心顺服，以至于死"，②所以第一位亚当的不顺服更令人厌恶，因为他不顺服以至于死。在给不顺服指定的惩罚如此巨大，而创造主发出的诫命又如此容易服从的地方，有谁能道出这种罪过有多么巨大，竟然不服从如此容易做到的事，这事由巨大的权柄发出命令，并伴有如此可怕的惩罚的恐吓？

简要地说来，要对这种罪进行惩罚，如果不是用让他自己不服从自己来惩罚，又能用什么来惩罚这种不服从呢？如果不是让他自己不服从自己，那么人的不幸又会是什么呢？因为他过去不愿做他能做的事，现在他不能做他愿做的事。尽管在乐园中，在人犯罪之前，他不能做任何事，但

①　《创世记》22:2以下。

②　《腓立比书》2:8。

他在那个时候并不希望做任何他不能做的事,因此他所做的都是他能做的事。然而现在,就如我们在最初的人的后代那里所看到的那样,如圣经所证明的那样,"人是那么无能"。① 因为有谁能数得清那么多人希望做但却做不到的事情? 因为人不顺服他自己,亦即不顺服他的心灵,甚至不顺服他的比较低劣的部分,亦即他的肉体,也不顺服他的意志。由于违反自己的意志,他的心灵经常为此而感到困扰,他的肉体忍受着痛苦,衰老,死亡,承受着违反我们意志的各种事情,要是我们的本性在各个方面,或者我们人的各个部分都服从我们的意志,那么我们是用不着承受这些事情的。

肉体现在所处的状况只是不能侍奉我们的意志。但这又有什么区别呢,除非我们承认通过上帝的正义——我们曾拒绝作为他的属下来侍奉他——一度服从于我们的肉体现在使我们悲哀,因为它竟然不愿意侍奉我们了? 然而我们拒绝侍奉上帝并不能使上帝悲哀,而只能使我们自己悲哀,因为他并不需要我们的侍奉,就像我们需要肉体的侍奉一样。就这样,我们接受的是对我们自己的惩罚,而我们所做的不是对上帝的惩罚。还有,被称作属肉身的痛苦实际上是从肉体中产生、来自肉体的灵魂的痛苦。因为离开了灵魂,肉体凭它自身又能感受到什么样的欲望或痛苦?

当我们说肉体感受欲望或承受痛苦时,要么是人本身在起作用,如我所论证的那样,②要么是受肉体影响的灵魂的某些部分在起作用。一种严酷的经验产生痛苦,一种温和的经验产生快乐。肉体的痛苦只不过是产生于肉体的灵魂的困扰,是一种与受到痛苦的肉体不一致。同理,心灵的痛苦,被称作悲伤,是和降临于我们、与我们的意志不一致的东西。还有,恐惧通常先于悲伤,恐惧也是灵魂中的某种东西,而不是肉体中的某种东西;因为肉体痛苦之先并无我们所谓的肉体的担忧,能在痛苦到来之前就在肉体中感受到。另一方面,快乐之先有某种嗜好在肉身中作为它自己的欲望被感受到,比如饥与渴,当这类感觉发生在性器官时被称作情

---

① 《诗篇》144 :4。
② 见本书本卷,章 2。

欲,尽管欲望是一个可以指称各种愿望的一般性名称。

　　甚至愤怒本身在古时候也被定义为无非就是复仇的欲望;①尽管一个人经常会对身边的不能感受到他的复仇的物体表示愤怒,就好像一个人写作不顺时会在盛怒中砸碎他的刻写蜡板的尖笔。哪怕这是非理性的,但它不管怎么说是一种复仇的欲望,在某种意义上有人会说这是复仇法则的一个影子,作恶者终将受恶。这样就有了一种关于复仇的欲望,叫作愤怒。此外还有一种对金钱的欲望,叫作贪婪;有一种不顾一切代价要取得胜利的欲望,叫作固执;有一种追求荣耀的欲望,叫作虚荣。欲望的种类有许多,不少欲望有它们专门的名称,而有些欲望则没有。比如说,谁能轻易给出一个名称来称呼做主人的欲望,尽管内战提供了充分的证据,表明这种欲望对僭主的支配有多大?

章16　欲望之恶,欲望这个词尽管适用于许多邪恶,但它尤其指不洁之爱的强烈要求

　　所以对许多事物会有许多欲望;然而,当"欲望"这个词被使用而又不附加任何词来表示欲望的对象时,它在心中所指的唯一一事情就是激起身体不洁部分的情欲。这种情欲不仅对整个身体取得胜利,不仅对外在的身体,而且也对内在的身体。当心灵的情感与肉体的渴望联系在一起时,整个人都会强烈地骚动,由此带来的快乐胜过其他快乐;这种身体的快乐如此巨大,以至于在达到高潮时,心灵的警觉,或者说心灵的戒备,几乎完全放弃。任何智慧的和神圣欢乐的朋友知道在婚姻生活中应当如何"用圣洁、尊贵守着自己的身体",②如使徒所告诫的那样——这样的人肯定会生儿育女,但宁可没有这种淫欲,如果这种事有可能的话。因为这样的话,为了这一目的而被造的部分就会是他的心灵的仆人,哪怕是在执行生殖任务的时候,就像他的其他肢体执行分配给它们的任务一样。它们会按他的意志行事,而不会在欲望的强烈要求下骚动。

---

① 参阅西塞罗:《图斯库兰争论集》,卷3,章5,节11;卷4,章9,节21。
② 《帖撒罗尼迦前书》4:4。

但即使是喜爱这种快乐的人也不会只按他们的意志在合法的婚姻或不合法的奸情中行事。有的时候这种情欲紧迫地产生,有的时候它又会抛弃渴望已久的爱人,哪怕心中燃烧着爱情,身体中的情欲也会冷却。所以,情欲奇怪地不仅拒绝侍奉生殖的欲望,而且拒绝侍奉淫荡享乐的情欲。尽管它在大部分地方完全反对心灵的控制,但它反对自己的地方也不少,它使心灵激荡,但它并不追随整个过程,使身体也激荡。

章17 最初的人赤身裸体,在犯罪以后感到羞耻

因此,说这种情欲极为可耻是对的,人的这些肢体的运动或不运动与我们的意志完全不符,因此可以把它们称作可耻的,而在人犯罪之前,这些东西并不被称作可耻的。因为经上说:"当时夫妻二人赤身裸体并不羞耻。"①这不是因为他们不知道自己赤裸着身体,倒不如说是因为赤身裸体还没有成为可耻的事,因为情欲还没有独立于他们的意志而激荡他们的肢体。肉体此时还没有用它自己的不服从为人的不服从提供证据。

但最初的人并非被造就为盲目的,就像那些未受教导的大众信仰一样,②因为亚当看见了动物,给它们命名,③我们读到夏娃"见那棵树的果子好作食物,也悦人的眼目"。④ 所以很清楚,他们的眼睛不是闭着的。然而,他们的眼睛也没有充分张开——也就是说他们没有充分注意——以便认识他们得到的披着恩典外衣的幸福是一种什么样的幸福,就好像他们的肢体此时还不知道如何反对他们的意志。当这种恩典消失时,依据他们的不顺服制定的惩罚到来了,在他们身体的运动中出现了某些可耻的新奇感,由此产生的后果就是使他们的裸体成为可耻的。当注意到这一点时,他们感到惊恐。

由于这个原因,经上写道,在他们邪恶地违反了上帝的诫命以后,"他们二人的眼睛就明亮了,才知道自己是赤身裸体,便拿无花果的叶

---

① 《创世记》2:25。
② 参阅奥古斯丁:《创世记诠释》,章11,节40。
③ 参阅《创世记》2:20。
④ 《创世记》3:6。

子,为自己编作裙子。"①经上说"他们二人的眼睛就明亮了"的意思不是
说他们能够看见了,因为他们已经能看见了,而是说他们可以区别他们失
去的善和他们堕入其中的恶了。因此那棵树从这个事件中得名,如果他
们不顾上帝的禁令触摸了那棵树,吃了树上的果子,他们就能作这种区
别,而那棵树也就被称作分别善恶树。② 生病的痛苦经历也会使健康的
快乐变得更明显。

　　所以"他们知道自己赤身裸体"——也就是说原先使他们并不关注自
己身体的恩典被剥夺了,所以当罪的律法对他们的心灵开战时,赤身裸体
对他们来说成了羞耻的源泉。③ 就这样,他们得到了一种知识,如果他们相
信并服从上帝,不曾作出冒犯上帝的行为,那么他们一定会比现在更幸福,
而这种行为带来的后果迫使他们通过经验知道了不忠实和不服从的有害
后果。因此,由于他们的肉体的不服从所带来的惊恐——这种惩罚是对他
们不服从的见证——他们"便拿无花果的叶子,为自己编作 campestria,也
就是腰布",④这是某些翻译者的用法。这是一个拉丁词,源于训练场
(campus),年轻人在训练场上裸体锻炼时用来遮掩羞处的布称作腰布
(campestria),而作这种打扮的人一般称作扎腰布者(campestrati)。⑤

　　就这样,出于一种羞耻感,用来遮掩在情欲推动下不服从意志的羞怯
本身成为由于不服从之罪而受谴责的对象。从那时候起,遮掩羞处的习
俗为一切民族所拥有——因为他们全都来源于一个祖先——某些野蛮民
族甚至在洗澡时也不暴露他们的羞处,而只能穿着衣服洗。⑥ 在印度的
神秘隐士中,有些人实行裸体哲学,因此被称作裸体派。⑦ 他们在任何时

① 《创世记》3:7。
② 《创世记》2:17。
③ 参阅《罗马书》7:23。
④ 句中"腰布"一词在和合本中译为"裙子"。
⑤ 参阅贺拉斯:《书信》,卷1,第11封,节18。
⑥ 参阅希罗多德:《历史》,卷1,章10;柏拉图:《国家篇》452C。
⑦ 参阅第欧根尼·拉尔修:《著名哲学家的生平与著作》,卷1,节122;德尔图良:
　 《申辩书》,章42;杰罗姆:《书信》,第53封,节1。

候都遮住他们的阳具,尽管他们身体的其他部分什么也不穿。

章18 性交的羞耻感,无论是不合法的性交还是婚姻的性交

在这种情欲的影响下作出的行为要避开公众的目光。不仅是那些通奸者需要有地方藏匿,以避免人们的指责,而且合法的卖淫者也要有地方,世俗的城市使卖淫这种恶行也具有了合法性,这种情欲得到允许,但却不会受到任何法律的制裁。天生的羞耻感使妓院也要提供保密场所,但不贞洁的行为要消除禁令的约束比无耻者想要消除这种秽行的隐蔽场所要容易得多。

甚至连那些恶人也把卖淫称作恶,尽管他们喜欢嫖娼,但他们不敢公开表明。但夫妻间的性交又如何? 按照婚约的规定,结婚的目的是生儿育女。尽管它确实是合法的,没有什么可耻之处,但它不是仍旧需要一个私密处,远离人们的目光吗? 在新郎开始爱抚新娘之前,新娘不仅会把所有仆人先打发出洞房,而且连新郎的随从和其他所有被允许进入洞房的亲戚也都要打发出去吗? 就像某位"罗马人的口才大师"①所说的那样,一切正义的行动都希望在光天化日之下进行,也就是说,它们希望被人知道。② 而这种正义的行为也希望被人知道,尽管它不希望被人们看到而脸红。因为有谁不知,当一切结婚仪式都已经完成后,结了婚的夫妻为了生儿育女要做些什么呢? 然而,当这种行为真的要进行时,甚至连已经因性交而得以出生的儿童也不允许看。这种正义的行为想要由心灵之光来承认它,但它无论如何要回避肉眼的目光。如果不是因为这种生来体面的事要以一种作为惩罚的羞耻的方式进行,怎么会是这样的呢?

章19 在人身上激发出来的愤怒和情欲产生邪恶的结果,需要用理智来约束,愤怒和情欲不是人犯罪之前的完整状况的组成部分

由于这个原因,那些比其他人更接近真理的哲学家承认愤怒和情欲

---

① 卢坎:《法塞利亚》,卷7,行62。
② 西塞罗:《图斯库兰争论集》,卷2,章26,章64。

是人的灵魂的组成部分，它们在灵魂中是动荡无序的情感，激励着我们去采取那些智慧禁止的行为，因此，需要心灵和理性去节制它们。它们位于灵魂的第三部分，灵魂就好像住在某个城堡里，统治着人的其他部分，理性发布命令，而其他部分侍奉理性，由此在人的灵魂的所有部分之间保持着正义。①

可见这些哲学家承认灵魂的另外两个部分是邪恶的，哪怕是在聪明人和有节制的人那里。由于这个原因，心灵要对它们进行压制和约束，不让它们趋向不合法的对象，而只允许它们做智慧的律法所允许的事。例如，愤怒被允许用来加强正义的权威，就好像情欲被允许用来生育后代。但我要说，在乐园中，在罪恶产生之前，这些激情并不以它们现在的邪恶形式存在。因为它们当时并不会趋向任何违反公义的事，意志必定会用理性的缰绳迫使它们约束自己。

然而现在，当这些激情处在运动之中时，它们受到那些过着节制、公义和虔诚生活的人的规范，有时候很容易，有时候很难，但这种规范伴随着强迫和斗争，不是一个健康的、自然的过程，而是出自罪的弱点。还有，羞耻并不会像隐藏由性器官实施的情欲行为那样隐藏愤怒的行为，以及与其他情欲相伴随的言行。但这不正是因为，在其他激情中，不是情欲本身在推动身体的肢体，而是与激情达成一致之后的意志在推动身体的肢体吗？因为意志对使用这样的肢体拥有主权。一个人的舌头或双手若不是按照他的意志的命令以某种方式进行运动，那么没有人能愤怒地说出一句话或殴打别人，而按照相同的意志，哪怕并不愤怒，其他的肢体也会运动。但是性器官在情欲的支配下堕落得如此彻底，除非主动或受到其他刺激，否则要是缺乏激情，它们根本不会行动。正因如此，它使我们感到羞耻，使我们要回避旁人的眼光，使我们脸红。一个人宁可在他不公正地对他人发怒时被一大群人观看，也不愿别人观看他与妻子的合法性交。

---

① 参阅柏拉图:《国家篇》586D,589 以下。

章 20　昔尼克学派的恶行

犬儒派,亦即昔尼克学派的哲学家,看不到这一点,他们对人的羞怯提出了一种相反的看法,这种看法只能称作是像狗一样的,也就是说它是不洁的,无耻的。他们相信,由于夫妻之间的性交是合法的,有他人在场也不应感到羞耻,因此可以在任何街道和广场上公开进行。然而,某种天然的羞怯战胜了这种荒谬的看法。据说第欧根尼确实这样做过,并为此感到自豪,他以为他的无耻行径能给世人留下深刻印象,这样一来他所属的学派就会更加出名。① 然而,昔尼克学派后来停止这样做,使人在众目睽睽之下感到脸红的羞怯战胜了这种认为人应当像狗一样行事的错误信念。

因此,我相信第欧根尼,以及其他有类似行径而受到谴责的人,只是在众人面前作出性交的动作,人们实际上并不知道他们在斗篷之下做了些什么。我不相信在众目睽睽之下性交能获得这种快乐。即使这些哲学家愿意在公开场合性交而不感到脸红,情欲自身也会感到脸红而抬不起头来。我们看到,至今仍有昔尼克学派的哲学家,他们不仅披着斗篷,而且手里拿着棍棒,②但没有一个人敢这样做。任何人胆敢这样做,一定会受到对此表示厌恶的人们的热烈欢迎,不一定是用冰雹般的石头,但肯定会有阵雨般的唾沫。

那么毫无疑问,人的本性对它的情欲感到羞耻,而且应当感到羞耻。因为这种情欲的不服从的性质使生殖器官完全服从它的紧迫性而摆脱意志的力量,这足以显示由于最初的人的不服从而召来的对人的惩罚。这种惩罚尤其适宜出现在身体的生殖器部分,由于最初的人犯下了大罪,人的本性变坏了。当全人类还只有一个人时,这种罪就已渗入进来,给所有人带来死亡,没有人能够免除这种罪带来的辛劳,这是上帝的正义的惩罚,也只有上帝的恩典才能对人逐个地消除这种罪。

---

① 第欧根尼·拉尔修:《著名哲学家的生平与著作》,卷6,章69。
② 参阅阿普留斯:《关于巫术的申辩》,节446。

章21　上帝在人犯罪之前赐福予人，要人生养众多，这一赐福并没有因为人的罪过而废除，但却与不完善的情欲联系在一起

但愿上帝阻止这样的事，说我们应当相信用"要生养众多，遍满地面"①这句话来表达上帝的赐福，应当由在乐园中安身的那两个人用使他们感到羞怯，因此要遮掩肢体的情欲的方式来完成。这种情欲确实是他们犯罪以后才产生的。确实是在他们犯罪以后，他们的本性才感受，注意，为之脸红和隐藏这种情欲，当本性失去使每一身体的部分侍奉本性的力量以后，本性有了羞耻感。但是这种生养众多，遍满地面的幸福仍旧保留下来，尽管他们现在已经冒犯了上帝，因为这种幸福是在他们冒犯之前赐予的，所以可以把生儿育女理解为与婚姻的光荣有关，而不是对罪的惩罚。

然而，即使到了现在仍旧有人不懂得存在于乐园中的幸福状况，以为不用他们知道的这种方式，亦即情欲的方式，就不能生育，而我们看到，这种方式即使在光荣的婚姻中也会带来羞怯。有些人不相信，以至于不接受，甚至嘲笑圣经中的那段话，那里写着亚当和夏娃在犯罪以后对他们的赤身裸体感到羞耻，所以遮掩他们的羞处。② 还有一些人，③尽管接受和荣耀圣经，但却认为"生养众多"不应当理解为肉体的生育，因为经上在别处也用这样的话提到灵魂："你要使我灵魂中的力量生养众多。"④就这样，当他们解释《创世记》中后面的话"遍满地面，治理这地"时，他们把"地"理解为身体，灵魂用它自己的临在"遍满"身体，在它的力量生养众多时，它就最有效地"治理"了身体。他们坚持说，没有这种在犯罪以后产生的、被沮丧地注意到的、想要掩蔽的情欲，就不可能像现在这样生育后代。他们还说孩子不会生在乐园中，而只能生在乐园外。这倒没错，亚当和夏娃确实是在被赶出乐园以后再聚在一起生育，并且生下了他们的

---

① 《创世记》1：28。

② 参阅奥古斯丁：《诗篇诠释》，章146，节13。

③ 参阅奥古斯丁：《反摩尼教论创世记》，章1，节30；《忏悔录》，卷13，章24，节37。

④ 《诗篇》138：3，和合本中译文为"使我心里有能力"。

后代。

章 22　肉体的结合由上帝规定并赐福

　　然而,我们丝毫也不怀疑,按照上帝的赐福,生养众多,遍满地面是一种婚姻的礼物,上帝从一开始,在人犯罪之前,在造那个男人和那个女人的时候,就制定了婚姻,因为性别的差异在身体上是相当明显的。赐福本身确实附属于上帝的这项工作,因为在经上写了"造男造女"以后,马上就加上"上帝就赐福给他们,又对他们说:'要生养众多,遍满地面,治理这地'",等等。

　　所有这些肯定都能作精神性的解释。然而,我们不能把"男"和"女"解释为象征每个个别的人身上的其他东西,比如说用它们来区别人身上的统治性成分和被统治性成分。就像由身体有不同性别这一事实最清楚地表明了的那样,否认男性和女性的被造是为了实现生育子女的目的,为的是能够生养众多,遍满地面,是一个巨大的谬误。还有,当主被问到出于任何理由的休妻是否合法时(因为摩西允许给妻子休书就可以休了她,因为以色列人的心硬),他的回答与发号施令的灵性和服从的肉身,或者统治的理性心灵和被统治的非理性欲望,或者优越的思想美德和服从于思想美德的行动美德,或者心灵的理智力量和身体的感觉,没有任何关系。倒不如说,他清楚地谈论了约束两性的婚姻,因为他回答说:"那起初造人的是造男造女,并且说:'因此人要离开父母,与妻子联合,二人成为一体。'这经你们没有念过吗? 既然如此,夫妻不再是两个人,乃是一体的了。所以,上帝配合的,人不可分开。"①

　　所以,起初造男造女确实是像我们现在所看到和所知道的那样是两种不同的性别,说他们是一体的,既指他们的连合,又指那个女人的起源,因为她是用那个男人的肋骨造出来的。使徒依据这个上帝规定的范例,告诫做丈夫的要爱他的妻子。②

---

①　《马太福音》19:4以下。
②　参阅:《以弗所书》5:25;《歌罗西书》3:19。

章23　如果人不犯罪,乐园中会不会有生育,或者说在那里有无贞洁与情欲之间的斗争

要是有人说亚当和夏娃如果不犯罪,就不会有交配或生育,那么他不就是在说人犯罪是必然的,以便拥有众多的圣徒吗?因为他们要是保持独身而不犯罪——像有些人所相信的那样,他们若不犯罪就不可能生育——那么显然,如果要有许多公义之人而不是只有两个人,那么就必须犯罪。但若这种看法荒谬得难以相信,那么我们必须相信哪怕没有一个人犯罪,也会产生许多圣徒充满那座最幸福的城,其数量之大就像现在聚集起来的一样,在上帝的恩典下,他们来自众多的罪人,只要这个世界上还有儿童生出来。①

因此,如果没有罪,称得上是乐园中的幸福的婚姻会生出许多可爱的儿童来,但不会有情欲的羞耻。我们现在确实没有任何例子可以证明这种事如何发生。然而并非不可信的是,服从这种情欲的身体的部分在没有情欲的情况下会服从意志,就好像有那么多身体的部分仍在服从意志一样。当我们想要做事的时候,我们移动我们的手脚去执行它们的任务,看看我们自己和其他人,它们在各种情况下都不会有什么冲突,一切都很自然。这种情况尤其表现在工匠身上,在完成他们的各种具体工作时,他们运用各种能力,并通过持久的练习加以发展,尽管他们的本性是不坚定的和迟钝的。那么为什么在提到生育的时候我们不能相信,若无作为对不服从之罪的惩罚的情欲产生,性器官也能像其他肢体一样服从人的意志?

西塞罗在他的著作《论共和国》中讨论不同政府的类型,他依据人的本性作了推演。②他不是说过,统治肢体就像管理小孩,因为它们准备服从,而统治灵魂的邪恶部分就像管束奴隶,要有比较严厉的强制性措施吗?在本性的序列中,灵魂肯定高于身体,然而同一灵魂统治身体要比统治它自己更加容易。我们在此讨论的情欲确实是令人脸红的,之所以如

---

① 参阅《路加福音》20:34。

② 西塞罗:《论共和国》,卷3,章25,章37。

此,更多的是因为当情欲产生时,灵魂既不能有效地命令自己完全摆脱情欲,又不能彻底统治身体,使这可耻的器官由意志来推动,而非由情欲来推动。确实,若有这样的统治,它们就不是可耻的了。

灵魂由于身体的抗拒而感到羞耻,身体是一种低于灵魂的本性,身体应当服从灵魂。当灵魂与其他激情相对抗的时候,灵魂不会感到可耻,因为激情只会被它自己克服,所以灵魂仍旧是胜利者。这种胜利确实是无序的和邪恶的,因为它是从那些必须服从理性的部分中产生的,但这种胜利仍旧是由灵魂的部分赢得的,因此如我所说,灵魂只是被它自己征服了。仅当灵魂以一种有序的方式征服它自己的时候,这种胜利才是值得赞扬的,合乎美德的,因为它使非理性的运动服从心灵和理性,而理性本身则服从上帝。不管怎么说,灵魂在它的邪恶部分不服从它时比身体不抗拒它的意志和命令时还要不感到可耻,因为身体是与它不同的东西,是比它低劣的东西,若无灵魂,身体就没有生命。

但只要意志凭着它的权威约束着其他肢体——没有它,由抗拒意志的情欲所推动的肢体就不能满足它们的欲求——羞怯就会保存下来,这不是因为犯罪的兴奋被消除了,而是因为它的快乐没有得到允许。无疑,乐园中的婚姻不会知道这种抗拒,这种对立,这种情欲和意志之间的冲突,或者说,要是不服从之罪没有产生,作为惩罚的不服从也没有出现,意志至少会充分控制情欲的需要。意志就会不仅拥有身体的其他肢体的侍奉,而且有性器官的侍奉。在这种情况下,为了生育的目的而创造出来的身体器官就会对着"生殖的土地"①播下它的种子,就像现在用手在地里撒种一样,羞怯就没有必要成为我们现在详加讨论的主题,我也没有必要对那些贞洁的耳朵说对不起了。这样的话,讨论可以自由进行,所有出现在我们心里的与这种身体器官有关的事情都可以讨论,而不必害怕淫秽而加以限制,也不会有任何用语会被称作淫秽的,倒不如说,有关这个主题所说的任何东西都会像我们谈论身体的其他部分一样光荣。

然而,若有人产生了不洁的思想而责备我现在写下的这些东西,那么

---

① 维吉尔:《农事诗》,卷 3,行 136。

请他责备他自己的倾向,但不要责备他的本性;让他检讨自己的恶行,而不要检查我们必要的言词。纯洁虔诚的读者或听众很容易原谅我谈论这些事情,只要我在驳斥那个不信者,他的论证不依据外在于我们经验的信仰,而仅仅依据他对我们的经验事实的理解。使徒谴责了那些女人可怕的罪恶,她们"把顺性的用处变为逆性的用处",①如果对使徒的谴责不感到厌恶,那么读了我说的这些话也不会有人感到受到冒犯,尤其是我和使徒不一样,我在这里提到的和谴责的不是该受谴责的淫秽。然而,我应当像他那样,尽量避免使用淫秽的语词来解释人的生殖过程。

章24　如果人保持着纯洁无邪,因他们的服从而配得上留在乐园中,那么他们会像使用其他肢体一样使用他们的生殖器官来生育,也就是说依据他们的意志作出自由选择

所以,生育后代的种子要按照需要由男人播下,由女人接受,他们的生殖器官要由意志来推动,而不要被情欲所激动。因为我们不仅在我们的命令下推动那些有骨头和关节的肢体,比如手、脚、手指头,而且推动那些由柔软的组织松弛地组成的部分,当我们希望这样做的时候,它们会摇晃着摆动,会伸长而延展,会放松而弯曲,会收缩而坚硬,就好像我们的嘴部和脸部运动一样。还有,甚至连肺部也是这样,除了骨髓,肺是所有内脏中最精致的,由于这个原因,肺被保护在胸腔里,在意志的控制下呼吸,发出声音和调节声音。像铁匠的风箱和乐师的风琴一样,当我们呼吸、讲话、叫喊、唱歌时,肺就按我们的意志行事。

我不想谈论某些动物拥有控制覆盖它们全身的皮毛的本能,如果它们感到有什么东西叮在它们身上,应当驱赶,它们就会抽搐不好的感觉出现的那个部位,不仅赶走吸附在它们身上的飞蝇,甚至摆脱扎在它们身上的投枪。人不能这样做,但造物主也不能把这样的能力赋予任何他希望它们拥有这种能力的生灵吗? 所以人本身可以再次从他的下体获得一种服从,由于他自己的不服从,他失去了这种服从。如果上帝使人现在只为

---

① 《罗马书》1:26。

情欲推动的身体变得只为他的意志推动,这对上帝来说也并不困难。

　　然而我们知道,有些人拥有的本能与他的同胞极为不同,由于稀罕而令人惊讶。这种人可以按他的意志用他的身体做某些别人完全不可能做到的事,人们听说了这种事也很难相信。有些人能晃动他们的耳朵,要么是晃动一只,要么是两只一齐动。有些人头部保持不动,他们长着头发的头皮能朝着前额移动,然后又可随他的意愿使之复原。有些人能吞食大量的各种物体,然后轻微地收缩隔膜,把这些东西原封不动地吐出来,就像从一个袋子里拿出来似的。有些人擅长模仿鸟兽的声音和别人的声音,若非亲眼所见,别人就不可能区别真假。有些人能够随心所欲地用肛门发出无臭味的声响,就好像是在用那个部位唱歌,我本人就认识一个人,他能够想流汗就流汗。还有,某些人能够想哭就哭,想流泪就流泪。

　　更加不可思议的是我们许多兄弟最近见证的一件事。卡拉马(Calama)主教区的一个堂区里有一位长老名叫瑞提图图(Restitutus)。只要他愿意——人们经常要他这样做,以亲眼目睹这件奇事——他就能使自己的一切感觉消失,起先是模仿一个男人悲号的声音,然后就躺倒不动了,就像一具死尸。人们无论怎么拧他刺他,他都没有感觉,甚至用火烧他,他仍旧没有感觉,除了醒过来以后伤口有点疼痛。这种情况不是通过自控来实现的,而是由于失去感觉,所以他的身体一动不动,也不呼吸,就像死人一样。然而后来他说,如果人们当时能够比平时更加清楚地说话,他就能听到,但好像是在远处说。

　　所以,即使到现在,各种各样的运动和感觉仍旧出现在这些在可朽的肉体中过着艰难生活的人身上,身体以神奇的方式侍奉某些人,超越了本性的常规局限。那么有什么理由使我们不相信,在不服从之罪以及用可朽来对其进行的惩罚出现之前,人的肢体是人的生殖意志的仆人而无需任何情欲? 由于人要喜悦自己而抛弃上帝,所以他被交到他自己手中,由于人不服从上帝,所以人也不能服从他自己。因此,更加明显的灾难到来了,人不能按照他所希望的那样去生活。如果他能按照他所希望的那样去生活,那么他会认为自己是幸福的;然而即便如此,如果他邪恶地生活,他也不会拥有真正的幸福。

章25　真正的幸福在今世不能获得

如果更加仔细地考虑这件事,我们将会看到,没有人能够按他的希望去生活,除非他是幸福的,也没有人会是幸福的,除非他是公义的。然而,哪怕是公义之人也不会按他的希望生活,除非他进入完全摆脱死亡、谬误、伤害的境界,并在将来也肯定能摆脱这些事情。这是我们的本性的愿望,除非这一愿望能够达成,否则它就不可能完全幸福。当生活本身并不由他自身掌控时,当前又有哪个人能够按照他的希望去生活呢? 他希望活,但他被迫死。当他不能按他的希望活那么久的时候,他以什么方式按他的希望去活呢? 哪怕他希望死,当他根本不希望的时候,他又如何能按他的希望去活呢? 如果他希望死,不是因为他不希望活了,而是因为死后他能有更好的生活,他仍旧不能按他的希望去活,而只有通过死才能达到他所希望达成的目标。

然而,让他按他的希望去活吧,因为他强迫命令自己不要去期望他不能拥有的东西,而只是选择他能够拥有的东西,如特伦斯所说:“如果你不能做你想做的事,那么就想你能做的事。”①他在可悲地忍耐,这样的人会幸福吗? 如果他不爱他的生活,他的生活肯定不幸福。还有,如果他爱他的生活,因此他是幸福的,那么他必定爱他的生活甚于爱其他所有事物,因为他爱其他任何事物肯定也是为了幸福的生活。还有,如果被爱的对象值得爱——如果一个人不爱他值得爱的生活,他是不能幸福的——那么爱者必定希望它是永恒的。因此,仅当生活是永恒的时候,生活才是真正的幸福。

章26　我们必须相信居住在乐园中的幸福的夫妻能够完成生育的任务 而无需有可耻的欲望

所以当人期望神所命令的事情时,人按他所希望的那样居住在乐园中。他生活在上帝的喜悦中,人从上帝之善得到他自己的善。他的生活中没有任何匮乏,他可以永远这样生活。那里有食物,他可以免于饥饿,

---

① 特伦斯:《安德里亚》,行305以下。

那里有饮水,他可以免于口渴,那里有生命树,他可以免于死亡。他的身体中没有腐败,或者说腐败不会在他身上产生,给他的任何感官带来痛苦。没有对身体中来的疾病的恐惧,也没有从身体外来的任何伤害。他享有最健康的身体和完全安宁的灵魂。

正如乐园中没有酷暑严寒,居住在那里的人也没有欲望或恐惧在阻碍他的善良意志。没有任何悲伤的事情,也没有任何空洞的快乐。倒不如说,真正的欢乐从上帝那里源源不断地到来,"从清洁的心和无愧的良心、无伪的信心生出来的"①爱朝着上帝燃烧。忠诚的爱存在于夫妻之间使他们和谐,心灵和肉体保持着协和与警醒,上帝的诫命不费力地得到遵守。在闲暇中,人们不知道劳累,也没有违背他们意愿的睡眠。

当人类处于如此安逸幸福的状态中时,上帝禁止我们设想,要播下生育后代的种子,没有不健康的情欲是不可能的。倒不如说,性器官会像其他肢体一样按照意志的命令行动。所以,无需欲望的刺激,丈夫就会在心灵安宁的时候把他的种子放入妻子的子宫,而妻子身体的完整性也不会受到任何伤害。尽管经验无法证实这一点,但我们也没有理由不相信,当身体的这些部分不受热流的推动,而是在生育的需要产生时由意志的力量来推动,精子可以进入子宫而不会使妻子失去完整性,就好像处女流出经血无损于她的完整,精子也能经由经血排出的通道进入子宫。就好像妇女的子宫在胎儿成熟时张开分娩,没有痛苦的嚎叫一样,两性之间也可以按照意志的自然方式,为了生育和受孕的目的而结合,而不是为了满足情欲而结合。

我现在谈论的事情会被人们认为是可耻的,尽管我已经尽力想要说明这些事情在它们变得可耻之前是可能发生的,但我们的讨论宁可受到那些羞怯的有节制的声音的检查,也不愿被我的口才继续推进。在任何情况下,我所谈论的这种可能性都没有被可能经历它的人所经历。因为他们的罪过发生在先,所以他们在能够聚在一起按照意志的安宁行为完成生育任务之前就被赶出了乐园。而现在提起这样的事情,除了狂暴的

---

① 《提摩太前书》1:5。

淫欲的经验,而非像我所想象的那样宁静,人们的感觉中还会出现其他什么事吗?

这就是羞耻阻碍我说话的原因,尽管我的理性并不缺乏思想的材料。但是万能的上帝,一切本性的至善的创造者,帮助和奖赏善良的意志,抛弃和谴责邪恶的意志,他命令二者都同样不能缺乏计划,藉此他可以在他的智慧中完成他的城预定的公民数目,这些公民甚至出自受到谴责的人类。他现在没有依据他们的功德来选择,因为所有人都被谴责为从一个受伤害的根上生长出来。他凭恩典来选择他们,不仅对那些得到救赎的人显示他丰盛的恩典,而且也对那些没有得到救赎的人显示。因为每个从分享公正惩罚的命运中被赦免的人都能认识到,能从这样的恶中被善拯救,这种善不是他应得的,而是无价地赐予的。那么,为什么上帝在他的预见中知道人会犯罪还要把他们造出来呢? 因为只有这样,上帝才有可能对他们显示并通过他们说明他们的罪恶会受到什么惩罚,而他又能赐予什么样的恩典,在上帝的创造和安排之下,事物的正当秩序不会被犯罪者邪恶的无序所扰乱。

章27　犯罪者无论是天使还是凡人,他们的反常不会扰乱上帝的旨意

所以犯罪者,无论他们是天使还是凡人,都无法阻碍"为完成主的意旨而进行的伟大工作",[1]以他的旨意和全能,上帝把每个人该得的分配给他,上帝知道如何善用好的东西和坏的东西。就这样,作为对它最初邪恶意志应得的回报,邪恶的天使受到了这样的处罚,使它的恶变得如此顽固,使它不再能拥有善良的意志。但为什么上帝不能善用它,反而允许他去诱骗被造就为公义的——亦即有善良意志的——第一个人呢?[2] 因为人被造就在这样的处境中,如果他相信上帝的帮助,做一个善人,那么他能战胜邪恶的天使,如果他骄傲或自爱,抛弃上帝——他的创造主和帮助者,那么他自己就会被打败。这样,他拥有神助的公义的意志,会取得良

---

① 《诗篇》111:2,和合本中译文为"耶和华的作为本为大,凡喜爱的都必考察"。
② 奥古斯丁:《创世记诠释》,章11,节16。

好的回报,但若他拥有抛弃上帝的邪恶意志,那么他只配得到恶报。

确实,没有上帝的帮助,人甚至不能相信上帝的帮助,但人确实有权自爱而不接受神圣恩典的好处。正如生活在这具肉身中而无食物的帮助不是我们的力量能做到的,而根本就不住在这具肉身中是我们的力量能够做到的(就像自杀),所以哪怕在乐园中没有上帝的帮助而良好的生活不是人的力量能够做到的事,但邪恶地生活却是人的力量能够做到的,但这样一来,他的幸福就不能持久,公义的惩罚也就接踵而来。然而,既然上帝并非不知道人会堕落这一事实,为什么他还要让人接受邪恶的、妒忌的天使的诱骗呢?上帝确实完全肯定人会被战胜,但上帝无论如何也预见到,在他的恩典的帮助下,这个魔鬼本身也会被人子战胜,圣徒们会取得更大的光荣。

将来的事情对上帝来说都不是隐秘的,然而上帝不会凭着他的预见强迫任何人犯罪。用来自那种罪的经历,上帝向一切理性的生灵、天使和凡人证明了生灵的傲慢和上帝的保护之间有着多么大的差别。有谁胆敢相信,或者胆敢说,确保天使或凡人会堕落不在上帝的力量之中?然而上帝宁可不去从他们的力量中消除是否犯罪的选择,他以这样的方式表明骄傲会带来多么大的恶,他的恩典能带来多么大的善。

章28　两座城的性质,属地之城与属天之城

所以两座城是被两种爱创造的:一种是属地之爱,从自爱一直延伸到轻视上帝;一种是属天之爱,从爱上帝一直延伸到轻视自我。① 因此,一座城在它自身中得荣耀,另一座城在主里面得荣耀;一座城向凡人寻求荣耀,另一座城在上帝那里找到了它的最高荣耀,这是良心的见证。一座城因它自身的荣耀而高高地抬起头,而另一座城对它的上帝说:"你是我的荣耀,又是你叫我抬起头来的。"②在属地之城中,国王用统治的欲望治理着被他征服的民族,但他反过来也受它们的制约;在属天之城中,所有人

---

① 参阅奥古斯丁:《诗篇诠释》,章64,节22。
② 《诗篇》3:3。

都在仁爱中相互侍奉，统治者靠他们的建议，臣民们靠他们的服从。一座城喜爱展示在它的强人身上的力量，另一座城对它的上帝说："主啊，我爱你，你是我的力量。"①

就这样，在属地之城中，聪明人按人生活，追求身体之善或他们的心灵之善，或者追求二者。他们中有些人虽然能够知道上帝，"却不当作上帝荣耀他，也不感谢他。他们的思念变为虚妄，无知的心就昏暗了。自称为聪明（亦即在骄傲的支配下，为他们的智慧而颂扬自己），反成了愚拙；将不能朽坏之上帝的荣耀变为偶像，仿佛必朽坏的人和飞禽、走兽、昆虫的样式（在崇拜这种偶像时他们既是民众的领袖，又是民众的同伴）。"②然而在属天之城中，人除了虔诚没有智慧，他们正确地崇拜真正的上帝，在圣徒的团契中寻求回报，这个团契既是圣徒的，又是天使的，"上帝是一切中的一切"。③

---

① 《诗篇》18:1。

② 《罗马书》1:21 以下，括号中的话是奥古斯丁插入的解释。

③ 《哥林多前书》15:28，和合本中译为"上帝为万物之主"。

第 十 五 卷

【本卷提要】奥古斯丁在前面用了四卷的篇幅处理了两座城——属地之城和属天之城——的起源问题，然后又用下面四卷解释它们的成长和进展。为此，他解释了与这个主题相关的圣经历史书中的主要段落。他在本卷中开始这部分工作，解释《创世记》中记载的事件，从该隐和亚伯的时代一直到大洪水。

章 1　人类的两个序列，从开始到终结

关于乐园中的幸福，人们有许多看法，谈论得很多，写得也很多，既涉及乐园本身、最初的人在那里的生活，也涉及他们犯下的罪过和所受的惩罚。在前面几卷中①我也处理了这些事情，谈了我对圣经的解读，也依据权威的经文谈了我自己的推论。如果要作更加详细的探讨，就要有更多各种各样的论证，也需要比现在更多的篇幅和时间。但我没有时间回答那些懒惰的、迂腐的人提出来的所有问题，他们更愿意提问题，而不能理解我的回答。

然而现在，我认为自己已经充分处理了与世界、灵魂、人类的起源有关的最大的问题和最难的问题。我把人类分成两个序列。一个序列由那些按人生活的人组成；另一个序列由那些按上帝生活的人组成。象征性地说，我把这两个序列称作两座城，亦即人类的两个社会，一个预定要由上帝来永远统治，另一个要与魔鬼一道经历永久的惩罚。但这是它们终结时发生的事情，对此我们要放到后面再谈。② 现在，由于这些城的起源

---

① 尤其是第十四卷。
② 见本书卷 19—22。

我们已经说够了——要么是起源于天使,它们的数目我们不知道,要么是起源于最初的两个人——所以我似乎应当开始叙述它们的历史,从最初两个人开始生育他们的后代一直到人类停止生育为止。因为我们正在谈论的两座城的历史贯穿这整个时代或世代,在这一历史时期中,死者不断逝去而由新生者后继。

该隐是人类两位先祖的长子,他属于凡人之城,而次子亚伯属于上帝之城。① 我们发现,在各种情况下都如使徒所说,"属灵的不在先,属血气的在先,以后才有属灵的。"②所以每个人,由于他来自受到审判的这个族类,首先必定是恶的和属血气的,因为他来自亚当,但若他再生,向着基督前进,他后来就是善的和属灵的。整个人类也是这样。当这两座城开始一系列的生死过程时,首先出生的是这个世界的公民,然后出生的是这个世界上的朝圣者,属于上帝之城。后者是由恩典预定的,由恩典选择,凭着恩典,他是地上的朝圣者,凭着恩典,他是天上的公民。就他本身而言,他生于同样的泥团,从起源上来说全都受到谴责,但是上帝像一位窑匠——指出这种相似不是唐突,使徒就聪明地用过这种说法——"从一团泥里拿一块作成贵重的器皿,又拿一块作成卑贱的器皿"。③ 但是卑贱的器皿先做成,贵重的器皿后做成,因为在各种情况下,如我已经说过的那样,人首先是堕落者。尽管我们必然以这种方式开始,但我们必定不能保持这种状态,因为后来出现了高贵的状态,我们可以向之前进,一旦达到这种高贵的状态,我们就可以保持它。因此,尽管不是每个坏人都会变好,但最初不坏的人没有一个会变好,这一点无论如何是真的。一个人变好变得越快,他就越能因其成就而被称作好人,并在好人的名称下隐匿他从前的坏名。

经上写道,该隐建造了一座城,④而亚伯这个朝圣者没有建城。因为圣徒之城在天上,尽管它的公民在地下,对圣徒之城的人来说,这个世界

---

① 参阅《创世记》4:1以下。
② 《哥林多前书》15:46。
③ 《罗马书》9:21。
④ 《创世记》4:17。

是一个客店,直到它的王国到来。然后,它将召集它的所有公民从死里复活,让他们领受这个应许的王国,在那里他们将与他们的国王——永恒之王——一道,永远统治世界。

章2　按血气生的儿女和凭着应许生的儿女

这座圣徒之城确实有某种影子和预言的形象,它不是用来再现大地上的景象,而是指向未来由它启示出来的既定时刻。也被称作圣城的耶路撒冷这个形象虽然与将要到来的那座城不完全相同,但它确实由于指向那座城而被称作圣城。使徒在对加拉太人说话时提到了这座为奴的耶路撒冷城,也提到了它指向的那座得到救赎的城。他说:"你们这愿意在律法以下的人,请告诉我,你们岂没有听见律法吗? 因为律法上记着,亚伯拉罕有两个儿子:一个是使女生的,一个是自主之妇生的。然而那使女所生的,是按血气生的;那自主之妇人所生的,是凭着应许生的。这都是比方,那两个妇人就是两约。一约是出于西奈山,生子为奴,乃是夏甲。这夏甲二字是指着阿拉伯的西奈山,与现在的耶路撒冷同类,因耶路撒冷和她的儿女都是为奴的。但那在上的耶路撒冷是自主的,她是我们的母。因为经上记着:'不怀孕、不生养的,你要欢乐。未曾经过产难的,你要高声欢呼,因为没有丈夫的比有丈夫的儿女更多。'①弟兄们,我们是凭着应许作儿女,如同以撒一样。当时,那按着血气生的,逼迫了那按着圣灵生的,现在也是这样。然而经上是怎么说的呢? 是说:'把使女和她的儿子赶出去,因为使女的儿子不可与自主妇人的儿子一同承受产业。'②弟兄们,这样看来,我们不是使女的儿女,乃是自主妇人的儿女了。"③

从使徒的权柄传给我们的这种解释模式,告诉我们应当如何理解两约的圣经——旧约与新约。一部分是属地之城,用除它自身之外的一些事物来象征,而它自身又被造就为属天之城的形象;所以它是为奴的,因

---

① 《以赛亚书》54:1。

② 参阅《创世记》21:10。

③ 《加拉太书》4:21 以下。

为它的建立不是为了它自己，而是为了作为另一座城的象征而起侍奉作用。由于它本身又由其他事物来象征，所以这个起着预示作用的事物本身又被其他事物所预示。因为撒拉的使女夏甲和她生的儿子代表着形象的形象。但是影子随着光明的到来会逝去，自主之妇撒拉象征着自主之城，而夏甲作为影子，以另一种方式起着侍奉作用。由于这个原因，撒拉说"你把这使女和她儿子赶出去！因为这使女的儿子不可与我的儿子以撒一同承受产业"，或者如使徒所说"与自主妇人的儿子"。

因此，我们发现属地之城有两个方面：一方面，它展示着它自己的存在；另一方面，它用它的存在指向属天之城。但是属地之城的公民是由受到罪的侵害的本性生育的，而属天之城的公民是由于恩典而从罪中得到救赎的本性生育的。因此前者被称作"可怒的器皿"，而后者被称作"蒙怜悯的器皿"。① 他们也由亚伯拉罕的两个儿子来表示，一个儿子以实玛利是使女夏甲按血气所生，另一个儿子以撒是由撒拉按应许所生。两个儿子确实都来自亚伯拉罕的种子，但一个儿子按通常的方式出生，作为自然方式的证明，而另一个儿子是应许所赐，象征着上帝的恩典。一种情况显示了通常的人类处境，另一种情况提醒我们上帝的仁慈。

章3　上帝的恩典使不育的撒拉生子

撒拉实际上不能生育，并由于不育而绝望，她想要通过她的使女来为她得子，所以她将使女给了丈夫为妾，让使女怀孕得子，她自己想为丈夫生子，但却做不到。② 以这种方式，她履行了妻子对丈夫的义务，在另一个女人的子宫里行使了她自己的权力。以实玛利的出生和其他所有人的出生一样通过两性结合的自然过程，由于这个原因，他的出生被说成是"按血气所生"。这并不是说这样的幸福不来自上帝，或者说这不是上帝的作品，因为经上说作为上帝大能的智慧"渗透到世界的每一个角落，把

---

① 《罗马书》9：22 以下。

② 参阅《创世记》16：1 以下。

一切安排得井井有条"。① 但当上帝希望表明他所赐予的恩典并非人的
功德所该得的时候,他就恩赐一个不按自然过程出生的儿子。因为像亚
伯拉罕和撒拉这样年纪的人按照自然过程的结合是不可能生子的。在各
种情况下,哪怕是能生育的妇女也会由于年迈而不能生育,更何况撒拉在
到了不能生育的年纪之前还没有生育过。

　　这种状况下的本性没有能力生育后代这一事实,象征着人类受到罪
的伤害而受到公正的处罚时的本性,由于这个原因,人的本性在未来不配
得到任何真正的幸福。所以,按应许所生的以撒可以正确地解释为象征
着恩典之子,是得到救赎之城的公民,有永久的和平相伴,在这些公民中
间,没有个人的意志之爱,亦即私意之爱,而有着共同欢乐之爱和不变之
善。这种爱使一心出于多人之心,因为它是对仁爱的完全一致的服从。

章4　属地之城的争斗与和平

　　属地之城不会是永久的,因为当它受到终结时的审判和惩罚时,它就
不再是一座城。但它在这个世界上有它自己的善,并为其能够提供的好
处而感到喜悦。由于这种好处并非不给热爱它的人带来痛苦,所以属地
之城经常由于诉讼、战争、内乱而分裂,反对它自己,也由于带来死亡和短
命的那些胜利而反对它自己。如果这座城的某个部分挑起战争反对这座
城的另外一些部分,那么它也会寻求战胜其他民族,尽管在这种时候它自
己已被罪恶所俘虏。取胜的时候,它会骄傲自大,但这样的胜利只会带来
死亡。另一方面,它若想到人类命运的变化无常,更加痛苦的灾难将会降
临在现在繁荣昌盛的地方,那么它的胜利只能是短命的。因为它不可能
永远统治那些被它胜利征服了的人。

　　但我们不能说这座城想要得到的善不是善,因为按其人为的方式来
说,拥有这些善比不拥有这些善要好。所以它想要得到人世间的和平,尽
管这只是为了最低等级的善的缘故,而它想要得到的这种和平竟然要用
发动战争的手段来获取。它若是征服了对手,没有人再抵抗了,那么它享

---

① 《所罗门智训》8:1。

有了它没有拥有过的和平，但对立的派别也会在不幸福的贫困中努力争取和平，而这种和平是不能为双方同时拥有的。为了争取这种和平，战争连绵不断，因为这种和平是依靠所谓光荣的胜利来获得的。

当胜利来到为比较正义的原因而战斗的一方时，确实，有谁会怀疑这样的胜利是值得欢乐的，由此得来的和平是值得向往的？这些事情是善的，它们无疑是上帝的恩赐。但若更高的善遭到废弃——这种更高的善属于属天之城，在那里胜利将确保永久的欢乐和最高的和平——而得到期盼的其他的善被认为是唯一的善，或者比那些据信为更高的善得到更多的爱，那么灾难必将接踵而来，现有的灾难将大大增加。

章5 属地之城的第一位建城者，他杀害兄弟的不虔诚之罪也在杀害兄弟的罗马建城者那里得到反映

属地之城的第一位建城者是个杀人犯，出于妒忌，他杀了他的兄弟，他的兄弟是永恒之城的公民，是这个大地上的朝圣者。所以丝毫也不值得惊讶，很久以后，在这座城的根基之上有了我们正在谈论的属地之城的京都，它统治着许多民族，这第一个犯罪的榜样——或者如希腊人所说，它的原型——在这里得到了反映。有位罗马诗人也谈到了这桩罪行："兄弟的鲜血浸湿了最初的城墙。"①这就是罗马建城的经过，如罗马史书所记载，罗莫洛杀了他的兄弟瑞摩斯。然而，这两人都是属地之城的公民。两人都在寻求建立罗马共同体的光荣，但这种荣耀不可能为两个人同时享有，只能为一个人独占，因为对谋求统治权的人来说，只要他活着的同事也想染指这种光荣，他的统治权必定受到削弱。因此，为了能使他们中的一个人能独掌统治大权，他的同事就得消失。通过这种罪行，这个帝国变得更大，但却变得更糟，否则的话，它会变得较小，但却较好。

另一方面，该隐和亚伯并非两人都对人世间的事情抱有相同的愿望，杀害兄弟的那个人并非由于担心自己的统治会由于两人都行使统治权而被削弱而妒忌他的兄弟，因为亚伯并没有在他兄弟建立的那座城中寻求

---

① 卢坎：《法塞利亚》，卷1，行95。

统治。倒不如说,该隐的妒忌是一种恶魔般的妒忌,他对待善者的邪恶行径不是因为别的原因,而只是因为善者是善的,而他们自己则是恶的。人对善的拥有不会由于有善的共享者不断出现而变少。正好相反,对善的享有会随着每个分享者的仁爱与和谐而更加充分。拒绝与他人分享这种占有物的人根本不可能享受它,他对他的分享者爱得越多,他享有的善也就越充分。

这样,瑞摩斯和罗莫洛之间产生的争斗显示了属地之城分裂并反对自身的程度;而在该隐和亚伯之间产生的争斗则证明了两座城之间的敌对——上帝之城与凡人之城。因此,恶者之间会发生争斗,同样,恶者会努力反对善者,善者也会反对恶者。但若善者已经获得完善,那么他们之间就不会争斗。但当他们朝着完善的方向前进,但还没有达到完善时,他们之间会有争斗,一个好人会反对另一个好人,一个好人的某个部分也会与他自己争斗。甚至在一个人身上,"情欲和圣灵相争,圣灵和情欲相争。"①因此,一个人的属灵的欲望会努力反对另一个人的肉体的欲望,或者一个人属肉体的欲望会反对另一个人属灵的欲望,就好像善者与恶者之间的争斗一样。甚至两个尚未达到完善的好人,他们属肉体的欲望也会争斗,就像恶者之间的争斗,直到他们得到治疗,最后胜利地康复为止。

章 6　上帝之城的公民在今世承受罪的惩罚时也会表现软弱,但上帝的恩典会治疗他们

现在,这种软弱——亦即我们在第十四卷涉及过的不服从②——是对最初的不服从的惩罚。因此,它不是本性的一部分,而是一种过失。由于这个原因,要对那些正在向着善前进、按信仰生活在这个客居之处的人说,"你们各人的重担要互相担当,如此,就完全了基督的律法。"③在别处,经上又说:"我们又劝弟兄们,要警戒不守规矩的人,勉励灰心的人,

---

① 《加拉太书》5:17。
② 本书卷14,章2。
③ 《加拉太书》6:2。

扶助软弱的人，也要向众人忍耐。你们要谨慎，无论是谁都不可以恶报恶。"①在另一处，经上说："若有人偶然被过犯所胜，你们属灵的人就当用温柔的心把他挽回过来，又当自己小心，恐怕也被引诱。"②还有另一处，"不可含怒到日落。"③还有在福音书中，"倘若你的弟兄得罪你，你就去趁着只有他和你在一处的时候，指出他的错来。"④还有，在提到罪的时候，使徒担心会有许多人跌倒，于是他说："犯罪的人，当在众人面前责备他，叫其余的人也可以惧怕。"⑤

　　由于这个原因，我们经常得到教导要相互宽恕，为了保持和睦而关心他人，否则就不能见到上帝。⑥有个欠了一千万银子的仆人无力偿还，他的主人动了慈心而免了他的债，但他却不愿宽恕欠他十两银子的同伴。我主耶稣讲述了这个寓言以后继续说："你们各人若不从心里饶恕你的弟兄，我天父也要这样待你们了。"⑦以这样的方式，上帝之城的公民在今世旅居时得到了治疗，并且以此象征他们天国的和平。圣灵也在人心中工作，使体外的医疗得到良好的效果。否则的话，即使上帝使用某些服从于他的生灵以某种人形对人的感觉说话——对身体的感官，或对那些与感官非常相似的官能，就像我们在睡眠时拥有的官能那样——但没有用他内在的恩典统治和指导我们的心灵，那么任何真理的传播都无益于人。

　　按照只有上帝才知道的安排，区分"可怒的器皿"和"蒙怜悯的器皿"，这确实是上帝的作为。上帝确实是在以一种神奇的和秘密的方式帮助我们。如使徒所教导的那样，当住在我们身上的罪——或者倒不如说对罪的惩罚——不再继续统治我们必死的身体，使我们顺从身体的私

---

① 《帖撒罗尼迦前书》5：14 以下。
② 《加拉太书》6：1。
③ 《以弗所书》4：26。
④ 《马太福音》18：15。
⑤ 《提摩太前书》5：20。
⑥ 参阅《希伯来书》12：14；《马太福音》5：8。
⑦ 《马太福音》18：23 以下。

欲时,当我们不再把肢体献给罪作不义的器具时,①我们就有了改变。这种变化是这样的,在上帝的统治下,人不再与他自己密谋作恶。倒不如说,以他自己改变了的心灵,他在这里发现了一个比较温和的统治者,此后,当他的健康得以完善并得到不朽的时候,人将无罪地在永恒的和平中得到治理。

章7 该隐犯罪的原因,他顽固地作恶,连上帝的话语也不能阻止他

关于上帝对人说话这件事,我要尽力详加解释。当上帝以他通常对最初的人说话的方式对该隐说话时——借助一个臣服于上帝的生灵,采用恰当的外形,就好像上帝是他的一个同伴——这些话语对该隐有什么良好的作用吗?② 听了上帝的告诫以后,他就不犯杀兄弟之罪了吗? 因为上帝在这两位兄弟的供物中作了挑选,看中了一样供物,看不中另一样。毫无疑问,这种选择是可以借助某些可见的标记来确认的。上帝作了这种选择,因为该隐的工作是恶的,而他的兄弟的工作是善的。但是该隐"大大地发怒,变了脸色"。③ 经上写道:"主对该隐说:'你为什么发怒呢? 你为什么变了脸色呢? 若你的供物献得对,但分得不对,你难道没有罪吗? 少安毋躁,罪要回到你那里,你却要制服它。'"④

在上帝对该隐所作的这一告诫或警告中,我们不清楚或不知道为什么上帝要说"若你的供物献得对,但分得不对,你难道没有罪吗"。这段话的晦涩引起许多不同的解释,每个阐释者都努力按照信仰的准则解释圣经。当把供物献给上帝时,供物确实"献得对",只有上帝才配得上献祭。但若我们没有正确地选择献祭的地点、时间、供物、献者、供完后分给哪些人吃,供物就"分得不对"。在这里,"分"表示这种选择。上供可以

---

① 参阅《罗马书》6:12 以下。
② 奥古斯丁:《创世记诠释》,章8,节37。
③ 《创世记》4:5。
④ 《创世记》4:6以下,见希腊文圣经七十子本。和合本中译文为:"主对该隐说:'你为什么发怒呢? 你为什么变了脸色呢? 你若行得好,岂不蒙悦纳? 你若行得不好,罪就伏在门前。它必恋慕你,你却要制服它。'"

在不适当的地方进行,或者说供物适合一个地方,不适合另一个地方,或者在一个时候不适合,在另一个时候适合,或者说供物完全不适合任何地点和时间,或者也许是人在给上帝上供时给自己留下了最好的部分,或者说献祭有亵渎者参加,或者说献祭的参加者中有不合律法的。

　　现在很难发现该隐在哪个方面令上帝不悦。但使徒约翰在对他的弟兄们说话时说过:"不可像该隐,他是属那恶者,杀了他的兄弟。为什么杀了他呢? 因自己的行为是恶的,兄弟的行为是善的。"①据此我们可以理解上帝为什么不喜欢该隐的供物了,因为它是错"分"了的,这里分的意思就是,尽管他把他的某些东西给了上帝,但他把自己给了他自己,就像所有那些追随自己的意志而不追随上帝的意志的人所做的那样。也就是说,这些人抱着一颗邪恶的、不公义的心生活,然而仍旧给上帝上供。他们假定,借助这种手段他们可以得到上帝的帮助,但不是治疗他们卑劣的欲望,而是让他们的欲望得到满足。这就是属地之城的行事方式:崇拜一神或众神,取得它们的帮助,不是凭着仁慈,而是在淫欲的掌控下成功地治理城市,使天下太平。善在这个世界上的使用是为了享有上帝,与此相反,恶想要使用上帝,为的是享有这个世界。也就是说,这些人相信上帝存在并关心人间事务,而那些不相信这一点的人会陷入更坏的处境。这样,当该隐发现上帝喜欢他兄弟的供物而不喜欢他的供物时,他必须改变他的方式,模仿他善良的兄弟,而不是产生傲慢和妒忌。但是,"该隐大大地发怒,变了脸色"。这种对他人——他的兄弟——之善怀恨在心的罪过就是上帝要特别加以强烈反对的,上帝问"你为什么发怒呢? 你为什么变了脸色呢?",就是在谴责这种罪行。由于看到该隐妒忌他的兄弟,所以上帝要谴责他。

　　人心对他人来说是隐秘的,所以确实可以怀疑,或不知道,该隐是否因为他自己已经知道自己的邪恶令上帝厌恶而发怒,还是因为他怨恨他兄弟的善,他的兄弟用善来使上帝喜悦,所以上帝喜欢他的供物。但是上帝提出了他拒绝接受该隐的供物的理由,上帝这样做了,所以该隐应当正

────────────

① 《约翰一书》3:12。

确地对他自己感到厌恶,而不应该错误地迁怒于他的兄弟。这样,尽管该隐由于"分得不对"而是不公义的,亦即他没有公义地生活,所以他的供物不配得到认可,但上帝表明该隐无理由地仇恨他的兄弟更加不义。然而,上帝没有不给该隐神圣的、公义的、善良的诫命就把该隐赶走。因为上帝说了:"少安毋躁,罪要回到你那里,你却要制服它。"这里说的"它"是指该隐的兄弟吗? 上帝禁止我们这样想! 那么"罪"指的又是什么呢? 因为上帝先说"你难道没有罪吗",然后又说"少安毋躁,罪要回到你那里,你却要制服它。"这里说的"罪要回到你那里"的意思肯定是,他应当知道他必须把自己的罪归到自己身上,而不是归到别人身上。

这是一剂要求改悔的良药和一种并非不适当的道歉的要求。这样,上帝说"罪要回到你那里"这句话应当理解为"让罪回到你那里,这样你就能制服它了",而不是"罪要回到你那里,你却要制服它",也就是说,要把这句话当作命令,而不是当作预见来理解。因为一个人如果不是为罪辩护而将罪置于自己头上,而是通过忏悔使罪屈服于他,那么他将制服罪。否则,他确实是罪的奴隶,当罪产生时他给予保护,罪就会制服他。

但是罪也可以理解为肉体的情欲本身,对此使徒说"情欲和圣灵相争",而在肉体的后果中他提到了忌恨。① 确实是忌恨在使该隐发怒,进而杀了他的兄弟。按这种理解,我们要把"当它回来"的意思理解为"它要回来",亦即"罪要回到你那里,你要制服它"。这是人的肉体的部分被激动以后会发生的事,这个被使徒称作"罪"的部分出现在他说的一句话中,"既是这样,就不是我作的,而是住在我里头的罪作的。"②(也有哲学家说灵魂的这个部分是邪恶的,心灵一定不能跟着它走,而必须将它置于心灵之下,用理性来约束它的不合法的行动)当人的这个部分骚动着去作恶时,如果我们能保持我们的安宁,服从使徒的话,"不要将你们的肢体献给罪作不义的器具",③那么它会回来,屈服于心灵,服从理性的

① 《加拉太书》5:17 以下。
② 《罗马书》7:17。
③ 《罗马书》6:13。

统治。

　　所以，这是上帝对该隐的告诫，忌恨之火点燃了该隐，使得本应模仿他兄弟的该隐要除去他兄弟。但上帝说"少安毋躁"，也就是说不要用你的双手去干坏事，"不要容罪在你们必死的身上作王，使你们顺从身子的私欲。"①因为你要是消除你的怒火，不去助长它，而是用你的平静约束它，那么"罪会回到你那里，你会制服它"。不要允许罪有任何外部的行动，要用你的心灵的仁慈的力量控制罪，也不要在内心让罪有任何行动。

　　同样的事情也对同一圣书中的那个女人说过，在他们犯罪以后，上帝对他们进行审查和审判。他们全都受到了申斥：以蛇形出现的魔鬼、那个女人本身和她丈夫本身。上帝对那个女人说："我必多多增你怀胎的苦楚，你生产儿女必多受苦楚。"然后上帝又说："你必恋慕你丈夫，你丈夫必管辖你。"②关于罪，或者关于肉体的邪恶欲望，上帝对该隐说的意思，在这段话中也对这个有罪的女人说了。这里的意思应当理解为，统治妻子的男人，也应当像统治肉体的心灵一样。因此，使徒说："爱妻子便是爱自己。从来没有人恨恶自己的身子。"③

　　所以我们希望这些罪得到矫正，因为它们是我们自己的，而不是把它们当作别人的罪来谴责。但是该隐就像一名罪犯一样接受上帝的诫命，他确实就是罪犯。忌恨在他心中增长，他找机会杀了他的兄弟。属地之城的创建者就是这种人。他还预示着杀死基督的犹太人，而基督是民众的牧者，由牧羊人亚伯来象征。但这是一种先知的寓言，在此我不拟多说。然而我记得，关于这个主题我已经在我的著作《反摩尼教的福斯图》中说过一些了。④

章8　该隐为什么在人类之初就建城

　　我似乎必须为圣经的历史真实性辩护，免得人们以为在那个时候由

---

①　参阅《罗马书》6:12。
②　《创世记》3:16。
③　《以弗所书》5:28 以下。
④　奥古斯丁：《反摩尼教的福斯图》，卷 12，章 9。

一个人建造一座城是不可信的,因为那时候大地上总共好像只有四个人,
或者说,总共只有三个人,因为该隐杀了他的兄弟,他们是:第一个人,人
类之祖、该隐本人、该隐的儿子以诺,那座城就按以诺的名字命名。但那
些对此感到困惑的人忽略了一个事实,圣经历史书的作者不需要把当时
可能存在的所有人都说出来,而只需要按照他正在从事的写作计划提到
那些需要提到的人。因为作者的意图——圣灵通过他在起作用——是以
一种十分清楚简洁的方式讲述从人祖开始到亚伯拉罕为止的世系。然后
他再从亚伯拉罕的种子讲到上帝的子民,而其他所有民族的情况都撇开
不谈。由圣灵所预见到的一切将要发生的事情在书中都有象征或预言,
包括与永恒的圣城相关的事情,包括与统治它的王和它的建城者基督相
关的事情。但作者在涉及被我们称作属地之城的其他人类社会的时候没
有保持沉默,因为属地之城也被提到,其详细程度足以使上帝之城可以通
过与它的对立面的比较而光芒四射。

    神圣的经文记载着最初的那些人的寿命,先是提到某个人,然后说他
在多少岁的时候生儿养女,然后说他一共活了多少岁,然后说他死了。①
有些他们的儿女没有被提到名字,但这一事实并不妨碍我们从中推断在
这个人世的第一阶段有许多人生活,有许多人出生,有许多城可以在他们
的协同下建立。这些记载是在上帝的灵的推动下写下来的,上帝的目的
在于引导我们的注意力从人类最初转向不同世代的这两个社会,以便区
分它们。所以,一直到大洪水时期,人的世代(即那些按人生活的人的世
代)和上帝之子的世代(亦即按上帝生活的人的世代)在圣经叙述中是交
织在一起的,有分开谈论的地方,也有结合在一起谈的地方。分开谈的地
方是它们的世系是分开记载的,一支源于杀兄弟的该隐,另一支源于一位
名叫塞特的兄弟,他是亚当的另一个儿子,取代该隐所杀的那个兄弟的位
置。另一方面,结合在一起谈的地方是,当善变成恶,所有人都变坏,以至
于被大洪水毁灭的时候,除了那位名叫挪亚的义人和他的妻子,他的三个
儿子和儿媳。总共只有这八个人配得上在方舟中躲避毁灭一切生灵的大

---

①　例如参阅《创世记》5:4以下。

洪水。

所以经上写道："该隐与妻子同房，他妻子就怀孕，生了以诺。该隐建造了一座城，就按着他儿子的名，将那城叫作以诺。"①然而，我们不可因此而推论我们应当相信以诺是该隐的第一个儿子，也不可从"他与妻子同房"这一事实推论这是他与妻子的第一次性行为。因为经文在提到人祖亚当时也说了同样的话，亚当不仅与妻子同房生了该隐（该隐似乎是他的头生子），而且后来也还生了儿子，经上说"亚当又与妻子同房，她就生了一个儿子，起名叫塞特。"②因此，我们阅读关于同房生子的经文时要注意，尽管并非总是这样，但这是一种普遍的语言形式，并非特指夫妻间的第一次性行为。还有，那座城按以诺的名字命名这一事实并不一定确证以诺是他父亲的头生子，说他的父亲还有别的儿子并非没有可能，但是由于某种原因，他爱以诺胜过爱其他的儿子。例如，犹大不是头生子，但是犹太地（Judaea）和犹太人（Jews）是以犹大的名字命名的。

即使以诺是第一座城的建城者的长子，我们也不能根据这段解释得出结论说，以诺的父亲建立了这座城，并在以诺出生的时候用他的名字给这座城命名。因为一座城无非就是许多人由于同胞关系而联系在一起，所以一座城是不可能由一个人建立的。然而，当一个人的家庭变得很大，人口众多时，那么他肯定有可能建一座城，并以他长子之名给他所建立的城命名。还有，那个时候人的寿命很长，在圣经中提到的大洪水之前的这些人中寿命最短的也达 753 岁。③ 还有几个甚至超过九百岁，尽管没有人达到一千岁。

有谁会怀疑，在那个时候一个人有可能在一生的时间里生养众多，足以建立好几座城，而不是一座城？这一点可以很容易地从下面这个事实推论出来，从亚伯拉罕一个人开始，希伯来人在四百年多一点的时间里繁衍众多，在出埃及时已有六十万年轻战士。④ 这还不包括以东人，他们不

---

① 《创世记》4:17。

② 《创世记》4:25。

③ 《创世记》5:31。

④ 《出埃及记》12:37 以下。

属于以色列人,因为他们的祖先是亚伯拉罕的孙子,以色列的兄弟以扫,
还有其他一些民族源于亚伯拉罕本人的种子,但不是通过他的妻子
撒拉。①

章9　大洪水以前人的长寿和他们强健的身体

　　所以,对这些事情作谨慎思考的人都不会怀疑,在人的寿命如此漫长
的时候,该隐不仅能建立这样的一座城,而且能建一座大城。然而,会有
某些不信者对这些按照权威记载下来的当时的人的寿命表示怀疑,认为
这些岁数不可信。还有某些人不相信当时的人的体形比现在的人大得
多。然而,最著名的罗马诗人维吉尔提到过,有一块巨大的界石竖在地
里,当时的人能抓着它参加战斗,提着它跑,还能转动它,最后把它扔出
去。维吉尔说:"大地像现在这样产出巨大的身体,十二个强壮的人也难
以抬起它来。"②他的意思是在那些日子里,大地上的生灵的身体比现在
要大。那么,当大地还很年轻,在那场著名的、值得纪念的大洪水之前,大
地上的生灵的身体肯定还要大得多!

　　然而,随着时间的推移,人们对古人巨大体形的怀疑大部分得以消
除,由于洪水的冲刷或其他原因,这些巨大的尸骸显露出来。大得难以置
信的骨骼被发现,或者被挖出来。③ 我本人在尤提卡(Utica)——不光是
我自己,还有多人同行——看到过一枚巨大的人的臼齿,如果切割成我们
的臼齿一般大小,那么能够切成一百颗。但我倾向于相信这枚牙齿属于
某个巨人。不仅是当时的一般人的身体比我们现在的人大,而且还有巨
人的身体远远超过所有人,就好像后来在我们这个时代也有——尽管很
少,但总是有——一些例子,有些人的体形远远超过其他人。知识极为渊
博的老普林尼证明说,随着时间的推移,自然产生的身体变得越来越小。
他注意到,荷马也在他的诗歌中抱怨这一点,普林尼没有把这些抱怨嘲笑

---

① 　参阅《创世记》25:1以下,12 以下,泛见 36。
② 　维吉尔:《埃涅阿斯纪》,卷 12,行 899 以下。
③ 　维吉尔:《农事诗》,卷 1,行 493 以下;希罗多德:《历史》,卷 1,章 68。

为仅仅是诗人的臆造,而是作为一名对自然界的奇观极为感兴趣的作家,把这些说法当作对事实的精确陈述。① 还有,如我所说,古代人的骸骨到了很晚的时候还是不断被发现,因为骨头是很耐久的。

我们的经验中没有任何东西可以证明那时候古人的长寿。然而,我们不能以此指责圣史的准确性。我们不相信它的叙述,这是极为放肆无礼的,而我们已经亲眼看到它的许多预言都已经应验。还有,普林尼也说过,甚至到现在仍有一个种族的人活到两百岁。② 这样,如果我们相信在某些我们所不知道的地方现在可以提供事例证明人的寿命超过我们的经验,那么我们为什么就不能相信过去某些时候也有这种情况发生呢? 为什么有些没有发生在这里的事情在别处发生了是可信的,而某些现在没有发生的事情在别的时间发生了就是不可信的呢?

章10　希伯来圣经所说的古人寿命与我们版本中的说法不一

希伯来圣经所说的古人寿命与我们的版本③的说法似乎确实有不小的差异。我不知道原因何在,然而这个差异还不至于大到可以否定古人高寿的地步。在我们的版本中,我们发现第一个人亚当在他生那个名叫塞特的儿子之时是 230 岁,而在希伯来圣经中是 130 岁。在我们的版本中,我们读到亚当生了塞特以后又活了 700 年,而在希伯来圣经中是 800 年。所以亚当的总寿命在两种版本中是一致的。④

还有,在后来的世代里,希伯来圣经记载的父亲生下那些儿子时的年龄比我们的版本中的记载要年轻 100 岁,但在我们的版本中,他生下儿子

---

① 普林尼:《自然史》,卷 7,章 16;荷马:《伊利亚特》,卷 5,行 302 以下;卷 12,行 378 以下;行 445 以下。

② 普林尼:《自然史》,卷 7,章 48。

③ 奥古斯丁说的"我们的版本",指的是教会在接受圣杰罗姆的拉丁文译本之前所使用的译自希腊文圣经七十子本(Septuagint)的拉丁文圣经。读者们会注意到,在讨论族长的年龄和类似问题时,奥古斯丁的引文与圣经的现代版本经常不同。这样的差别几乎总是因为他使用的圣经译本早于"圣经拉丁文通俗译本"(Vulgate)。参阅奥古斯丁:《论基督教教义》,卷 2,章 15 以下。

④ 《创世记》5:3 以下。

以后又活的寿命比希伯来圣经中要少 100 年。这样,两项加起来的总和在两种版本中是一致的。关于第六代,两种版本没有任何差异。但在讲到第七代的时候,就像讲到前五代一样,父亲生儿子时的岁数又有 100 岁的差异——那里讲到以诺没有死,而是受神的喜悦,被神取到天上去了①——但在总的寿命上仍旧是一致的。因为按照两种版本,在以诺升天之前他活了 365 岁。

还有,第八代也有某种差异,但比上述差异小,类别上也不一样。按照希伯来圣经,以诺的儿子玛土撒拉生儿子时的岁数比我们的版本中的记载要大 20 岁,而不是小 100 岁。② 但在讲到他生儿子以后又活的岁数时又减少了这么些岁数,所以总的岁数在两种版本中仍旧是一样的。只有提到第九代的时候,总的岁数有差异,尽管不是太大。③ 拉麦是玛土撒拉之子,是挪亚之父,希伯来圣经所记载的他的岁数比我们的版本多 24 岁。在他生下那个名叫挪亚的儿子时,他的岁数在希伯来圣经中比我们的版本中小 6 岁,而他生了挪亚以后又活的岁数在希伯来圣经中比我们的版本中大 30 岁。所以,如我们所说,30 岁减 6 岁,差异是 24 岁。

章 11　关于玛土撒拉的年纪,他的生命似乎一直延续到大洪水以后十四年

从希伯来圣经与我们的版本的差异中产生了一个非常出名的难题,也就是根据计算玛土撒拉一直活到大洪水以后。圣经告诉我们,当时生活在大地上的所有人,总共只有八个在方舟中逃过了这场毁灭,而玛土撒拉并不在其中。按照我们的版本,玛土撒拉在生拉麦的时候是 167 岁,而拉麦在生挪亚的时候是 188 岁,这两个数字加在一起是 355 岁。④ 在这个数字上再加上挪亚在大洪水时的岁数 600 岁,⑤这样从玛土撒拉诞生

---

① 《创世记》5:21 以下。
② 《创世记》5:25 以下。
③ 《创世记》5:28 以下。
④ 参阅《创世记》5:25 以下。
⑤ 《创世记》7:6。

到大洪水的时候一共是 955 年。但是玛土撒拉的整个岁数是 969 岁,因为他在生拉麦这个儿子的时候是 167 岁,生了拉麦以后又活了 802 岁,①如我所说,这两项加在一起是 969 岁。从这个数字中减去从玛土撒拉诞生到大洪水的时间 955 年,剩下 14 年,这样看来,玛土撒拉在大洪水以后的这段时间里显然仍旧活着。

　　看到这些情况,有不少人认为玛土撒拉在大洪水以后仍旧活着,但不是活在大地上,因为当时不能在水下生活的生灵显然全都毁灭了。他们相信,玛土撒拉当时和他的父亲在一起,他的父亲升天了,他就在天上一直住到大洪水退了为止。他们拒绝怀疑教会当作伟大的权威接受下来的文本的正确性,他们相信是犹太人的版本,而不是另一个版本,包含着不真实的内容。

　　这些人不承认更像是翻译者犯了错误,而不是作为原本的圣经语言本身有错误的陈述,因为我们的译本是从希腊文圣经翻译过来的。他们说,我们不能相信希腊文圣经七十子本的译者会犯一模一样的错误,他们的翻译在同一时间进行,对原文有着完全相同的解释,或者说他们不会在一个对他们来说并不重要的问题上故意说假话。所以他们声称,是犹太人怨恨我们翻译他们的律法书和先知书,所以把他们的经文偷换了某些段落,以便削弱我们的译文的权威性。

　　如果有谁认为这样的解释是恰当的,那就让他接受这种看法或怀疑吧。然而,玛土撒拉在大洪水以后肯定不能继续活着,如果希伯来文本对他寿命的记载是真实的,那么他肯定死于大洪水那一年。至于希腊文圣经七十子本的翻译者们,我必须在恰当之处作更加详细的解释,以表明我的看法。在上帝的帮助下,我将在本书需要之时讨论他们所处的时代。②然而,对我们当前的目标来说,只要按照两种版本说明当时人的长寿使得一个人在一生的时间里能够生养众多,足以建立一座城也就够了,这个人是他的父母的头生子,而他的父母是当时大地仅有的占有人。

---

①　《创世记》5:26。

②　参阅本书卷 18,章 42 以下。

章 12 有些人不相信最初人的寿命能像圣经所说的那样长

我们根本没有必要听从那些人的建议,说古人的计年与我们不一样。他们相信古人的 1 年非常短,我们的 1 年相当于他们的 10 年。所以他们说,任何人听到或读到有人活了 900 岁的时候,应当把它当作 90 岁,因为他们的 10 年相当于我们的 1 年,我们的 10 年相当于他们的 100 年。这样,按照他们的理解,亚当生塞特那一年是 23 岁,而塞特本人生以挪士的时候是 20 岁零 6 个月。圣经说塞特当时 205 岁,但是按照我们现在正在加以考虑的那些人的看法,我们现在的 1 年在当时被分成 10 个部分,每个部分被称作 1 年。每个这样的部分都由 6 的平方构成,因为上帝在 6 日内完成了他创造的工,在第 7 日安息。在第 11 卷中,我已尽我所能讨论过这个论题。6[①] 乘 6,6 的平方,是 36 日,再乘以 10 是 360 天,亦即 12 个阴历月。至于剩下的 5 天需要用来构成一个阳历年,此外还要加上一天的四分之一,也就是每四年加一天,这就是所谓的"闰日"。古人用这种被罗马人称作"置闰"的办法来平衡每年的天数。

按这种看法,塞特之子以挪士在生该南的时候是 19 岁,尽管圣经上说塞特那时候的岁数是 190 岁。[②] 从那以后,在圣经列举了他们岁数的大洪水以前的各个世代的人中间,在我们的版本中没有一例生儿子是在 100 岁,或 100 岁不到一些,甚至 120 岁,或 120 岁多一点儿。倒不如说,他们生儿子最早也是在 160 岁。他们说,因为没有人能在 10 岁的时候生儿子,或者如当时人所说的在 100 岁的时候生儿子;而性能力成熟,能够生育后代的年纪是 16 岁,这在古代就被称作 160 岁。

为了使这种认为古人计年的方法与我们不同的观点能够显得比较可信,那些人就从史书中找来大量证据,说埃及人一年是 4 个月,阿卡纳尼亚人一年是 6 个月,拉维尼亚人一年是 13 个月。[③] 老普林尼提到,有些书中讲某人活了 152 岁,另一个人比他还要多活 10 岁,还有人活了 300

---

① 见本书卷 11,章 8。

② 《创世记》5:9,见希腊文圣经七十子本。

③ 参阅马克洛庇:《农神节》,章 1,节 12;索利努斯:《杂史》,章 3。

岁，但另一些人活得更长，500 岁或 600 岁，还有不少人甚至活到 800 岁。① 然而，他认为所有这些说法都出于对计年的无知。他说："因为有些人把夏季当作一整年，把冬季当作另一个整年，而另一些人把 4 个季节当作一个整年。就像阿卡狄亚人，他们一年只有 3 个月。"他还提到埃及人，说他们的一个短年只有 4 个月，这我已经提到过了，有时候还把月亮的每次盈亏算作一年。他说："这样一来，我们就听说他们中有些人能活1000 岁。"

　　某些人之所以把这些材料当作有可能成立的证明，不是因为他们想要抨击圣史的真实性，而是因为他们希望加强圣史的真实性，以反对那些认为古人长寿不可信的人。这样一来，他们就说服自己，也不认为去说服别人是可耻的，他们说当时的一年很短，当时的 10 年才相当于我们的 1 年，我们的 10 年相当于当时的 100 年。但是，有最清楚的证据表明这种意图是完全错误的。② 然而在我列举这些证据前，我似乎应当提出一项可以被认为比较可信的建议。

　　我们肯定可以用希伯来圣经提供的证据来驳斥这种论断，并对希伯来圣经的内容表示信服，在希伯来圣经中我们看到亚当生他的第三个儿子时的年龄是 130 岁，而不是 230 岁。③ 如果这个年龄相当于我们的 13 岁，那么当他的第一个儿子诞生时，他肯定是 11 岁，不会再多了。但是按照我们熟知的确定的自然法则，有谁能在这样的年纪做父亲？然而，让我们放弃这个论点。亚当也许确实能在他被造的时候生儿育女。我们不能相信他在被造时就像我们的婴儿一般大小。然而，他的儿子塞特在生以挪士的时候不是我们的版本中所说的 205 岁，而是 105 岁。④ 那么按照这种解释，他还不到 11 岁。关于他的儿子该南我们又该怎么说呢？尽管在我们的版本中他生玛勒列的时候是 170 岁，但在希伯来经文中是 70

---

① 普林尼：《自然史》，卷 7，章 48。
② 参阅本卷，章 14。
③ 参阅《创世记》5∶3。
④ 参阅《创世记》5∶6。

岁。① 但若那个时候的 70 年是现在的 7 年,那么有谁能在 7 岁时生
儿子?

章 13　在计算岁数时我们是否必须遵从希伯来文本的权威,而非希腊文圣经七十子本

但是,当我这样说的时候,马上就会有人告诉我,希腊文圣经七十子
本的译者都非常杰出,值得赞扬,他们不可能弄错,要错就是犹太人的错。
这种看法我在上面已经充分解释过了。② 然而,乍看起来,下面两种情况
中哪一种更可信:一种是散居在四面八方的犹太人共同策划了一个密谋,
写下这种错误的记载,从而也剥夺了他们自己对真理的拥有,因为他们吝
惜其他人分享他们圣经的权威;另一种是希腊文圣经七十子本的译者
们——他们自己也是犹太人,埃及国王托勒密把他们召集在一起,让他们
执行这项任务——吝惜其他民族分享圣经的真理,同意执行这种密谋。
有谁看不出这两种可能性中哪一种比较易行和容易被相信?

但是事实上,上帝禁止任何谨慎的人相信这些看法,犹太人无论有多
么邪恶和违反常情,也不会对如此广泛传播的经文做这种事;那值得崇敬
的七十个人也不可能出于妒忌而精心策划了这样的阴谋,剥夺其他民族
获取真理的权力。因此,比较容易相信的是另一些人的观点,他们说当托
勒密图书馆里的希腊文圣经七十子本第一次开始誊写的时候,我们在这
里讨论的某些差异可能出现在某个抄本上,如果它是第一个抄本,那么这
个起源于某个抄写员的错误就会被广泛传抄。在玛土撒拉的寿命以及在
另一个总寿命不一致,两者误差达 24 岁的问题上,③怀疑发生了这样的
错误并不荒谬。然而在某些例子中,同样的错误不断出现,在一个版本中
生儿子时的年龄多 100 岁,而生儿子以后又活的岁数少 100 岁,所以总数
就吻合了。这种情况在第一、第二、第三、第四、第五、第七代中都出现了,

---

① 参阅《创世记》5:12。
② 本卷,章 11。
③ 亦即在第 10 章讨论过的拉麦的例子。

这些错误似乎保持着某种一致性，因此可以认为是有意识的作法，而非偶然。

在那些拉丁文本和希腊文本提供的数字与希伯来文本有差别的例子中，先是减去 100 年，然后又加上 100 年，这种情况发生在前后相继的几代人中。在另外一些例子中，出现误差既不能归于犹太人的邪恶，也不能归于七十位译者精心策划的阴谋。倒不如说，这些错误应当归于最先从托勒密王的图书馆中拿到经文的抄写员，我们在上面讲过，他是为了抄写经文。还有，在那个时代，有不少抄写员是粗心大意的，也没有仔细检查，他们不会像我们一样关注那些很容易理解的内容，或者注意那些应当学习的地方。有谁会认为弄清以色列的每个部落有多少人是值得思考的问题呢？人们不认为这些知识是有益的，也不会有多少人认为弄清这些数字是极为有益的。

但对第一类例子来说——在连续几代中，一个版本提到的生儿子的岁数比另一个版本少 100 岁，而生了儿子以后又活的岁数又多了 100 岁，两相抵消，总寿命一致——这无疑要归因于某些人，他们希望说服我们所谓古人非常长寿实际上是因为那时候的年非常短，但他们也努力想要使这种看法与生儿子所必要的性成熟相一致。于是他就提出这种不可信的建议，我们的 10 年相当于古时候的 100 年，免得人们不愿意相信古人能活那么长；但在他发现年龄不适宜生儿子的地方，他就加上 100，然后又从生儿子以后又活了的岁数中减去 100，使总寿命保持不变。他希望使生儿子的年龄适当与可信，然而又不会使这些人的总寿命有假。

他没有对第六代人这样做，这就比什么证据都要更加清楚地表明他在我说过的有这种需要的地方这样做了，而在不需要的地方就没有做。因为他发现这代人，按照希伯来文本，雅列生以诺的时候是 162 岁，[①] 而按照他的短年的理论，雅列是 16 岁零 2 个月。这个年龄已经适宜生育，没有必要再加上 100 个短年，使雅列的年龄变成我们的 26 岁，他也不用在雅列生以诺以后又活的年龄中再减去 100 年，因为他在前面就没有加

① 参阅《创世记》5:18。

上 100 年。这样一来,两种版本的记载就没有任何差别了。

让我们再回到有关第八代的问题,我们在希伯来文圣经中读到,玛土撒拉在生拉麦时 182 岁,而在我们的版本中,没有像通常那样加上 100 岁,而是小了 20 岁。这 20 岁又加到他生了拉麦以后又活的岁数中,使总的寿命在两种版本中一致。但就性成熟这一点来说,我们这位不知名的编辑希望我们把 170 岁理解为 17 岁,他没有必要对这个年龄再作加减,因为这个年龄已经适宜生儿子了,只有在他认为不适宜生儿子的年龄之处,他才加上 100 岁。我们确实不能公正地假设这 20 岁的差异只是一个偶然犯下的错误的结果,因为他先是减去 20 岁,然后又加上 20 岁,使总数在两种版本中保持一致。那么,我们应当怀疑这里面有着更加邪恶的目的吗?他也许想要掩盖他原来的行为,即在各个必要之处先加上 100 岁,再减去 100 岁,这一次尽管不是 100 年,但仍旧是先减后加,尽管数字很小。

但是,无论这件事应当如何理解——无论我已经提出的建议可信不可信,无论它真实不真实——我都不应怀疑,当两种版本有某些差异时,它们不可能都是对既有事实的真实记载,我们应当相信最初的语言,而不是由译者翻译成另一种语言的版本。然而,已经发现有三种希腊文抄本,一种拉丁文抄本,一种叙利亚文抄本,都说玛土撒拉死于大洪水之前的第 6 年。①

章 14　古人一年的时间长度与现在是一样的

现在让我们来看如何能够清楚地说明,用来记载古人长寿的年份不是所谓短年、我们的一年相当于他们的十年,而是与我们现在的时间长度相等,是由太阳的转动决定的。经上写道,大洪水发生在挪亚 600 岁那一年。经上说:"当挪亚六百岁那年,在第二个月,在这个月的第十七天,大雨倾注在大地上。"②如果那时候的一年那么短,只相当于我们现在的十

---

① 参阅奥古斯丁:《旧约全书前七卷诠释》,卷 1,章 2。
② 《创世记》7:10 以下。

分之一，只有三十六天，那么为什么还要这样说呢？如果这样来理解古代的"年"，那么这么短的年肯定要么是根本没有月份，要么有十二个月份，但每个月只有三天。因此它怎么能够说"当挪亚六百岁那年，在第二个月，在这个月的第十七天"，除非那时候的月份和现在的月份一样，否则的话，在提到大洪水停止的时候，它怎么能说是在第七个月的第二十二天？我们读到大洪水结束时的结果，"在第七个月的时候，方舟停在亚拉腊山顶上，是在这个月的第十七日。水又渐消，直到第十一个月。在第十一个月，在这个月的第一天，山顶都现出来了。"①

　　因此，如果这里讲的月份都和我们现在的月份一样，那么那时候的年也肯定像我们现在的年。三天一个月的月份肯定不会有第二十七天。或者把这些时间尺度按比例缩小，三天的三十分之一被称作一天，这样说来，记载中延续了四十个昼夜的大洪水②实际上还不到我们的四天。有谁能忍受这样荒唐空洞的推测？所以，让我们消除这个错误，它希望用错误的猜测来支持我们圣经的真理，但只会在别处摧毁真理。简言之，那时候的一天与现在的一天一样长，由循环的昼夜二十四小时决定。那时候的一个月与现在的一个月一样长，是月亮盈亏的一个周期。那时候的一年与现在的一年一样长，由十二个月份外加五又四分之一天组成，完全就是太阳转一周的时间。挪亚六百岁那年，就是这种年，在这一年的第二个月的第二十七天，大洪水开始了，大雨连续下了四十个昼夜，这些日子并非仅仅相当于现在的两个多小时，而是四十个二十四小时的昼夜。同样的道理，古时候寿命长达九百岁的人的一年和后来的人的一年是一样的，亚伯拉罕活到 170 岁，③他的儿子以撒活到 180 岁，④以撒的儿子雅各活到 150 岁，⑤许多年以后的摩西活到 120 岁，⑥而我们这个时代的人可以

---

① 《创世记》8：4。

② 《创世记》8：6。

③ 参阅《创世记》25：7。

④ 《创世记》25：28。

⑤ 参阅《创世记》47：28。

⑥ 《民数记》34：7。

活到 70 或 80,或者 80 多一点儿,经上说这种年日"所矜夸的不过是劳苦愁烦"。①

所以,在希伯来版本和我们的版本中发现的数字上的差异与古人寿命长短无关,如果是这种性质的差异,那么两种版本都不可能是真实的了,所以事情的真相必须到翻译我们的版本所依据的那种语言中去寻找。尽管做这件事的机会对全世界任何希望做这件事的人敞开,然而至今为止还没有人想要参照希伯来文本修正希腊文圣经的许多段落,它的译者在这些地方似乎偏离了原文。这种程度的差异不能当作错误,我也不认为应当把它当作错误。倒不如说,只要抄写员没有抄错,只要他们的译文所提供的意思与真理一致并宣扬真理,那么我们有必要相信,希腊文圣经七十子本的译者们选择了这种与原文有差异的译文,不是在完成他们作为翻译者的任务,而是在实施他们作为先知的自由。

所以,在使用圣经证言时,使徒的权威有很好的理由不仅引用希伯来文本,而且也引用希腊文圣经七十子本。但我已经许诺要在上帝的帮助下,在更加恰当的地方更加仔细地讨论这一点。② 而现在我要限制自己,我只说我们一定不能怀疑,在人的寿命很长的时代,人祖的第一个儿子有可能建一座城。当然了,我说的是属地之城,而不是被称作上帝之城的属天之城,正是为了上帝之城的缘故,我要不辞辛劳地写这么长一本著作。

章15 最初的人在生儿育女之前是否禁欲

现在,有些人会问:我们要相信那个想要生儿子而不能保持禁欲的人能够一百年,或者按照希伯来版本的说法,八十年、七十年或六十年,没有性生活? 或者说,如果他没有禁欲,那么他没有能力生育? 这个问题可以用两种方式来解决。一是相对于当时总体上较长的寿命来说,那时候的人性成熟也较迟,二是(在我看来这是更加可信的解决办法)圣经在这些地方提到的这些人不是头生子,而只是为了建立到挪亚为止的谱系而需

---

① 《诗篇》90:10。
② 参阅本书卷18,章42以下。

要提到的人，我们看到，从挪亚开始，这个谱系一直延伸到亚伯拉罕，然后再往下延伸到一个关键时代，谱系标志着这座最光荣的城的进程，它在这个世界上是过客，而它寻求的是天国。

不能否认该隐是第一个通过男女结合而出生的人。因为我们读到亚当在该隐出生时说："主使我得了一个男子"，①如果该隐不是通过男女结合而出生的第一个男人，那么亚当就不会这样说了。然后亚伯出生了，他被他的长兄所杀，这件事象征着上帝之城的寓居。因为在他身上第一次显示了上帝之城要在那些不虔诚者手中遭受不公正的迫害，这些不虔诚者是从土中出生的，也就是说这些人为他们属土的起源感到高兴，为他们属地之城的世俗幸福感到欢乐。但经上没有说明亚当生该隐和亚伯的时候多少岁。

从那以后，整个谱系分成两个家系，一个是该隐的家系，另一个是塞特的家系，他生下来取代被该隐杀害的那个兄弟，亚当叫他塞特，经上说这个名字的意思是"上帝另给我立了一个儿子代替亚伯，因为该隐杀了他"。② 所以有两个家系，一个源于塞特，一个源于该隐。如我们所说，人类的这两个不同序列反映了两座城：一座是属天之城，它在这个世界上是一名过客；另一座是属地之城，它期待属地的事物，依附于这些事物，以此为它仅有的快乐。尽管亚当通过该隐而产生的这一家系的后裔有详细记载，直到第八代，但没有任何一处提到他生儿子时的年龄。因为上帝之灵不希望用属地之城的家系来标志大洪水之前的时代。倒不如说，上帝宁可用属天之城的那些家系来做标志，因为它们更值得纪念。

还有，当塞特出生时，圣经没有对他的父亲当时的年龄保持沉默，③但此时亚当已经生了其他子女，有谁敢大胆地肯定该隐和亚伯是他仅有的儿子呢？为了建立恰当的谱系，他们是名字被记载下来的仅有的儿子，但从这一事实无法推论他们是亚当到那时候为止的仅有的后代。尽管亚

---

① 《创世记》4:1。

② 《创世记》4:25。

③ 《创世记》5:3。

当其他子女的名字在沉默中被遮掩,但我们读到"亚当生儿育女",因此为了避免猜测之罪过,谁敢说亚当生了多少子女?

还有,塞特出生以后,亚当说"上帝另给我立了一个儿子代替亚伯,因为该隐杀了他",神圣的意志推动他说这句话的原因可能不是因为塞特是亚伯之后出生的第一个,而是因为塞特将把他兄弟的神圣性带向圆满。还有,经上说"塞特活到 105 岁"——按照希伯来版本是 205 岁——"生了以挪士"①;但有哪个善于思考的人会断言以挪士是塞特的头生子?他若是头生子,那么我们就不会惊讶塞特那么多年没有性生活而又没有禁欲的意图,或者说,他确实有性生活但没有生育后代的能力,但我们也还读到"塞特生儿养女,共活了 912 岁就死了。"②

后来记载的那些人也一样,说他们生儿养女。所以很明显,提到一个儿子的名字绝不意味着他一定是头生子。正好相反,说这些父亲们在他们生命的很大一部分时间里性能力不成熟,或者说他们缺少妻子和后代,是不可信的;同理,说这些儿子是他们的头生子是不可信的。倒不如说,圣史的作者想要通过到挪亚的诞生和生活为止的世代相继的谱系来追溯时间的推移,在挪亚生活的时代,大洪水发生了。所以,他提到那些儿子显然不是按他们是不是头生子,而是按家系的传递。

为了把事情说得更清楚,我在这里插一个例子来说明我的看法无疑可以当作是真实的。传福音的马太希望能够通过一系列的祖先把我主的家谱告诉我们。他先讲亚伯拉罕,然后就提到大卫。他说"亚伯拉罕生以撒",但他为什么不提亚伯拉罕的长子以实玛利呢? 他说"以撒生雅各",但他为什么不提以撒的长子以扫呢? 他不这样做的原因是因为通过别的儿子,他不可能抵达大卫。然后马太继续说"雅各生犹大和他的弟兄",那么犹大是雅各的头生子吗? 马太说"犹大生法勒斯和谢拉",但这两个儿子都不是犹大的头生子,在他们之前犹大已经生了三个儿子。③

---

① 《创世记》5:6。

② 《创世记》5:7以下。

③ 《马太福音》1:1—6。

这样，马太在他叙述的家谱中只提到那些能抵达大卫的名字，他有意识地这样做。从这个例子我们可以理解古代生活在大洪水以前的人不是被当作头生子来提起，而是那些通过他们能够抵达族长挪亚的人才被提到。所以我们没有必要在他们什么时候性成熟这样的问题上把自己弄得筋疲力尽。

章16　现在有关近亲结婚的法律不适用于早期的人类

第一个人是用土造出来的，他的妻子则是用他的肋骨造出来的。在这第一桩婚姻以后，人类需要通过男性与女性的结合来繁衍后代。但那个时候除了由最初这两个人生育的子女以外，没有其他人。因此，男人娶他们的姐妹为妻。在古代，这种事情是可以接受的，因为这是在必然性的驱使下进行的，然而现在这种事情要受到谴责，因为这是宗教禁止的。爱的情感现在有了恰当的去处，聚居在一起保持光荣的和谐对男人有益，通过各种不同的亲属关系可以使他们更好地团结在一起。但不是各种亲属关系都应集中在一个人身上，而是要把这些亲属关系分布到不同的人身上，大量的人通过这些关系联系在一起，从而使社会生活更加有效。"父亲"和"岳父"是两种不同亲属关系的名称，当每个人既有父亲又有岳父的时候，情感的联系就扩展到许多人中间去了。然而，当兄弟姐妹通过婚姻结合在一起的时候，亚当对他的儿女来说，不得不既是父亲又是岳父。他的妻子夏娃也一样，既是她的儿女们的母亲，又是他们的岳母。但若有两位妇女，一位作母亲，一位作岳母，那么社会亲情的约束作用就更加广泛。还有，对一位姐妹来说也一样，因为她也得做妻子，集两种关系于一身，但若这两种关系由两个人承担，一个是姐妹，一个是妻子，那么被这些亲情关系结合在一起的人数就增加了。但当世界上只存在第一对夫妻的子女，只有兄弟姐妹的时候，这种情况是不存在的。仅当有足够的女性时，她们才可以做妻子，而不必同时也做姐妹。到了这种时候，兄弟姐妹之间的通婚不仅是不必要的，而且成为不合法的。如果最初的人的孙子可以娶他们的堂姐妹为妻，结成姻亲，那么他们之间的关系就不仅仅是两种，而是三种了。这些关系应当分布到不同的个人身上，使更多的人在这些亲情的作用下团结起来。兄弟姐妹之间的婚姻会使得一个男人是他自己的孩子的父亲、岳父和舅舅。同理,他的妻子也会是他们共有的孩子的母亲、姑姑和岳母。他们的孩子之间也不仅是兄弟姐妹和相互间的配偶,而且也是堂兄妹,因为他们的父母是兄弟姐妹。然而,这些关系若分布在不同的个人身上,就会有九个人联系在一起,而不是每种关系涉及三个人。一个男人会有一个人做他的姐妹,一个人做他的妻子,一个人做他的堂兄妹,一个人做他的父亲,一个人做他的舅舅,一个人做他的岳父,一个人做他的母亲,一个人做他的姑姑,一个人做他的岳母,社会关系就这样扩展开来,不只是一个小组,而是广泛得多,把一大批人比较紧密的联系在一起。

我们也注意到,随着人类的繁衍,甚至在许多伪神的不虔诚的崇拜者中间也遵守这条规则。尽管他们违反常情的法律允许兄弟姐妹结婚,但他们真正的习俗要好一些,他们宁可取消这样做的自由。在人类最初的时代里,娶姐妹为妻一般来说是允许的,但这种行为现在遭到强烈的谴责,绝不可能再成为合法的。因为对人类情感影响最大的,或者说最容易冒犯人类情感的是习俗。在这个事例中,习俗约束我们的无节制的情欲,因此人们可以正确地判定轻视或违反习俗是邪恶的。如果一个人由于贪婪的占有欲而超越自己的地界是邪恶的,那么这种由于性交的情欲而颠覆一种道德界限的行为则更加邪恶!我们也发现,出于道德的原因,堂兄妹之间的婚姻在我们这个时代也已经很少见了,因为尽管法律允许这样的婚姻,但这种婚姻所涉及的亲属关系距离兄妹关系只有一步之遥。神的律法没有禁止这种婚姻,人的法律也没有加以禁止,①但人们对这种合法行为会有一种憎恶感,因为堂兄妹结婚和兄妹结婚几乎没有什么差别。堂兄妹自己相互之间也称作兄弟姐妹,由于他们的血缘关系太近,他们和兄弟姐妹几乎差不多。

对古代的族长来说,保证亲属关系不会因为世代延续而变弱,乃至于

①　堂兄妹之间的婚姻事实上在提奥多西一世时被禁止。参阅安布罗斯:《书信集》,第60封,节5。在下面的文字中,奥古斯丁似乎记得这一事实。参阅普罗塔克:《罗马人的问题》,章108。

到了最后亲属关系不再存在，这是一项宗教义务。所以他们试图用婚姻作为纽带来加强这种关系，在亲属关系不至于变得太疏远之前就加强它，也就是说在它消失之前就把它找回来。这样，当这个世界遍满人以后，尽管他们不喜欢与同父、同母或同父同母的姐妹结婚，但无论如何希望从他们自己的家族中找一位妻子。然而，有谁会怀疑现在的婚姻更加合乎道德，堂兄妹之间的婚姻应当被禁止？① 这不仅是由于刚才讨论过的亲属关系所涉及的人增加了——如果一个人不是身处两重关系，而是由两个人来分别承担这两重关系，那么家庭成员的数量就会增加——而且是因为人身上有了某种荣耀感——既是自然的又是值得赞扬的——推动着他不愿把他必须敬重和荣耀的女性亲属作为情欲的对象。尽管情欲对于生育来说是必要的，但如我们所看到的那样，情欲在正派的婚姻中也会引起羞耻。

　　所以，对可朽的种族来说，男女之间的结合是一座城的温床。属地之城只需要谱系，而属天之城还需要复活，以避免与生育相关的伤害。神圣的叙事在这样一个问题上保持着沉默：复活在大洪水之前有无有形可见的标志，就像大洪水之后亚伯拉罕所制定的割礼一样；②如果有，那么它是什么。然而圣经并没有对远古人向上帝献祭这件事保持沉默。最初的两兄弟的故事已经把这件事说得很清楚，我们也还读到挪亚在大洪水退去后从方舟里出来向上帝献祭。③ 我在前几卷中已经讨论过这个主题了，我们知道那些精灵为自己僭取神性，希望人们相信它们是神，要求人们向它们献祭，获取这种荣耀的快乐。它们这样做不为别的，只为它们知道真正的献祭只属于真正的上帝。④

章 17　同一父母生下的两位族长和领袖

　　亚当是两个种族之祖，一个种族世代相传的成员属于属地之城，一个

---

① 参阅上注。

② 《创世记》17:10 以下。

③ 《创世记》8:20。

④ 参阅本书卷 10，章 4 以下，章 26。

种族世代相传的成员属于属天之城。亚伯被杀这件事有着神奇的象征意义，然后任命了两位族长，分别领导两个种族，他们是该隐和塞特，他们的儿孙的名字都有记载，表明这两座城开始在人类中清晰地显现。

该隐确实生了以诺，并建立一座城，用以诺的名字命名，这座城就是属地之城。它不是这个世界的过客，而是在这个世界中找到了它的安息之所，有了它短暂的和平与幸福。该隐这个名字的意思是"占有"，这就是当他出生时，他的父亲或母亲要说"上帝使我得了一个男子"的原因。以诺这个名字的意思是"奉献"，因为属地之城献在建城之处，它所努力追求的目标就是希望在这里。塞特这个名字的意思是"复活"，塞特之子以挪士的名字的意思是"人"，然而"以挪士"和"亚当"的意思不一样。尽管以挪士这个名字的意思确实是"人"，但在使用这个词的这种语言中——即希伯来文——它既指男人又指女人。经上写道："上帝造男造女，在他们被造的日子赐福给他们，称他们为亚当（人）。"[1]这就毫无疑问地告诉我们，女人被称作夏娃，这是女人的专名，但亚当这个名字的意思是"人"，这个名字属于男女两性。然而那些懂希伯来文的人断言，以挪士这个名字也有"男人"的意思，在此意义上它不能成为女人的名字。所以以挪士这个名字指的是"复活之子"，复活之后既没有娶，又没有嫁。复活之后就不再生育了。

还有，我认为在此注意一下从塞特这个人开始的家系没有什么不妥，在相关叙述中说他生儿养女，但没有提到任何女人的名字；而在源于该隐的家系中，提到了最后出生的一位女人的名字。我们读到："玛土撒利生拉麦。拉麦娶了两个妻，一个名叫亚大，一个名叫洗拉。亚大生雅八，雅八就是住帐篷养牲畜之人的祖师。雅八的兄弟名叫犹八，他是一切弹琴吹箫之人的祖师。洗拉又生了土八该隐，他是铜匠、铁匠的祖师。土八该隐的妹子是拿玛。"[2]

这就是该隐家系的内容，始于亚当，包括亚当在内，一共有八代，也就

---

① 《创世记》5∶2。

② 《创世记》4∶18 以下。

是说到拉麦为止共有七代,他是两个妻子的丈夫,第八代人包括他的子女在内,其中提到一个女人的名字。以这种方式,它优雅地指出在属地之城,即使到了终结之时,都会有两性交合的肉体生育。这就是为什么这个男人的妻子的名字也要被提到,他在该隐家系中是最后一位父亲,而在夏娃之后,在大洪水之前的其他叙述中都没有这种情况。现在该隐——这个名字的意思是"占有"——成了属地之城的建城者,他的儿子被称作以诺,意思是奉献,这座城以他的名字命名。这就表明这座城的起源和终结都在大地上,除了能在这个世界上看到的一切外,没有别的希望。另一方面,塞特这个名字的意思是"复活"。他是分别加以叙述的另一家系的族长,我们现在就必须考察神圣的历史对他的儿孙是怎么说的。

章18　亚伯、塞特和以挪士象征着基督、基督的身体、教会

圣经说:"塞特也生了一个儿子,他盼望求告上帝的名。"①这确实是一个响亮地说出来的真理的证言。所以,在盼望中,人作为"复活之子"活着;在盼望中,上帝之城作为今世的客人而活着,是由基督复活的信念生下来了。因为亚伯这个名字的意思是"悲哀",他的兄弟是塞特,这个名字的意思是"复活"。因此,这两个人预示着基督之死与基督从死里复活,从这一信念中——亦即从一个盼望求告上帝的名的人的信念中——上帝之城诞生了。

使徒说:"我们得救是在乎盼望;只是所见的盼望不是盼望,谁还盼望他所见的呢?"②现在有谁会不明白这里精妙的象征意义? 如果亚伯不盼望求告上帝的名,那么如圣经所记载的,他的供物会被接受吗? 经上所说的由"上帝另立用来代替亚伯"的塞特不也在盼望求告上帝的名吗? 然而,为什么这样一种被理解为所有虔诚者共有的盼望要特别赋予以挪士呢? 这确实是因为以挪士被记载为这位父亲的头生子,而这个家系是

---

① 《创世记》4:26,和合本中译文为"塞特也生了一个儿子,那时候,人才求告耶和华的名"。

② 《罗马书》8:24 以下。

从这位父亲开始的。为了更好的命运,这个家系被区别出来,也就是说,为了属天之城。由于这个原因,说他象征着这样一些人——也就是人的社会——是合适的,他们不按照人生活,生活在属地的幸福中,而是按照上帝生活,生活在对永恒幸福的盼望中。经上没有说"他在上帝中盼望",或者"他求告上帝的名",而是说"他盼望求告上帝的名"。这句话如果不是预言一个民族将会按照上帝恩典的挑选而兴起,他们会求告上帝的名,又能预言什么呢?如另一位先知所说,使徒讲的这句话指的是属于上帝恩典的子民,"到那时候,凡求告上帝名的就必得救。"①经上说"叫他以挪士",以挪士这个名字的意思是"人",然后马上加上"他盼望求告上帝的名",这就足以表明人不能把盼望放在自己身上,就好像我们在别处读到过的那样,"依靠人的人有祸了"。② 所以人一定不能把盼望放在自己身上,这样才能变成另一座城的公民,而不是成为这座奉献给这个时代、以该隐之子命名的这座城的公民。也就是说,他一定不要把盼望放在这个可朽世界的变化过程中,而应放在永恒幸福的不朽之中。

章19　以诺上天的意义

以塞特为族长的这个家系也包含这个意为"奉献"的名字,从亚当数起的第七代,包括亚当在内,因为以诺的意思是"奉献",这是从亚当开始算起的第七代传人的名字。以诺令上帝喜悦,上帝把他带到天上去了。以诺属于第七代,七这个数也是一个有象征意义的数,就是这个数使安息日成为神圣的,也就是说,从亚当数起,以诺是第七代。他也是从塞特算起的第六代,塞特是有别于该隐后代的那些家系的族长,上帝在第六天创造了人,使他的工作圆满。因此,以诺上天预示着我们自己的奉献,它被推迟了,但现在已经在我们的首领基督身上实现,基督从死里复活,然后升天。但有另一种奉献尚未完成,即建造以基督本人为根基的整所房

---

① 《约珥书》2:32;参阅《罗马书》10:13。

② 《耶利米书》17:5。

子,①它也被推迟了,直到所有不再死的人复活。无论我们称它为上帝之家,或圣殿,或上帝之城,都没有什么关系,这些名称与我们的拉丁语习惯也没有什么冲突。例如,维吉尔用"阿撒拉库斯之家"这个名称来表示这个帝国的最伟大的城市,意思是罗马人把他们的祖先通过特洛伊一直追溯到阿撒拉库斯。他也把罗马人称作"埃涅阿斯之家",因为罗马是由埃涅阿斯领导下的特洛伊人来到意大利建造的。② 诗人在这个方面模仿了圣经。在圣经中,希伯来人尽管人口众多,但仍被称作"雅各之家"。

章20　该隐的家系在第八代终结的原因,出于同一祖先亚当的挪亚属于第十代

有些人会说:圣史的作者记载亚当的后裔,通过他的儿子塞特,最后想要抵达挪亚,在挪亚生活的时代发生了大洪水;然后他继续记载挪亚的后代,直到亚伯拉罕。传道人马太则从亚伯拉罕开始解释到基督为止的谱系,基督是上帝之城的永恒国王。然而,这位作者记载该隐的家系有什么意图,他想用这种记载引出什么结果来呢?

我们的回答是这样的:在大洪水期间,整个属地之城的种族都毁灭了。然而,从挪亚的子孙开始,这个属地之城的种族又开始恢复,这个按照人生活的人的社会不会完全终止,直到世界末日的到来,因为主说这个世界上的人有娶有嫁,不断地生儿育女。③ 但是上帝之城是这个世界上的客旅,通过死后复活要走向另一个世界,它的子女不娶也不嫁。

所以在这个世界上,生儿育女对两座城来说都是一样的,尽管现在,上帝之城也有成千上万的公民禁欲。另一座城虽然也有人模仿这种禁欲,但他们陷在谬误之中。因为这些人属于属地之城,他们偏离了上帝之城的信仰,建立了各种各样的异端,他们确实是按照人生活的,而不是按

---

① 参阅《以弗所书》2:20。
② 维吉尔:《埃涅阿斯纪》,卷1,行284;卷3,行97。
③ 参阅《路加福音》20:34。

照上帝生活的。① 印度的裸体派信徒也一样,他们在印度的荒野中实践
他们的裸体哲学,是属地之城的公民,然而他们也禁欲。② 但这样的禁欲
仅当按照至善施行时才是善的,至善就是上帝。我们没有发现在大洪水
之前有任何人禁欲。甚至亚当的第七代后裔以诺也没有禁欲,经上说他
被提升到天上而不是死去,在他升天之前他生儿育女,其中有玛土撒拉,
通过玛土撒拉这个家系继续往下记载。

那么,假定该隐这个家系一直延续到大洪水为止,假定他并不是很迟
才性成熟,不会在 100 年或 100 多年的时间里无子女,那么为什么在他的
家系中记载的后裔这么少? 因为《创世记》的作者打算从塞特的种子追
踪他的家系,直达挪亚,然后再一次按照严格的秩序开始。但若他没有这
样的意图,追踪该隐的家系直到某个具体的人,那么他有什么必要越过该
隐的头生子直达拉麦,而整个家系终结于拉麦的子女,他们从亚当算起是
第八代,从该隐算起是第七代? 这就好像有某种未来的联系要添加,以便
把整个追踪一直抵达以色列人,尘世的耶路撒冷在他们身上预示了属天
之城,或者基督,"按肉体说,基督也是从他们出来的,他是在万有之上,
永远可称颂的上帝",③他是天上的耶路撒冷的建造者和统治者。但这是
不可能的,因为该隐的整个后裔全都被大洪水毁灭了。

如果是这样的话,我们可以假设这个家系记载的都是头生子。但为
什么他们的子女这么少呢? 确实,如果一直算到大洪水为止,那么不会这
么少,除非我们假定他们的父亲禁欲,直到 100 岁左右性成熟为止——除
非我们假设,与他们的寿命相比,那时候的人性成熟很迟。如果他们全都
在 30 岁时生儿子,那么 30 乘以 8(一共八代,包括亚当和拉麦),一共 240
年。因此,他们有无可能在直到大洪水为止的这段时间内全都不生育?

有什么理由使作者不愿记载后来的世系? 按照我们的版本,从亚当
到大洪水一共是 2262 年,按照希伯来圣经则是 1656 年。如果我们相信

① 参阅奥古斯丁:《反异端》,章 25,31。
② 参阅本书卷 14,章 17。
③ 《罗马书》9:5。

这个较小的数字比较准确，那么从 1656 中减去 240，那么在剩下的 1400 年里——一直到大洪水为止——该隐的后裔都应当禁欲吗？

但是，让受这个问题困扰的人回想一下，当我问如何能够相信古时候的人在那么长的时间里不生孩子时，我提出两种解决这个问题的办法：要么是与他们的寿命相比，他们很迟才达到性成熟，要么是记载在家系中的儿子不是头生子，《创世记》的作者想通过他们抵达某个人，而这个人的家谱是他想要追溯的，就好像记载塞特的家系，目标是挪亚。这样，在叙述该隐的家系时，没有必要提到的人就不出现了，那些头生子被省略，只有那些通过他们作者就可抵达某个人的名字才被提到。所以，剩下唯一可能的就是他们性成熟很迟，他们不能生育，直到他们超过一百岁。在这种情况下，该隐的家系可以忽略头生子，但仍旧会超过大洪水发生的时间。

在追溯了到拉麦和他的儿女为止的这座被我们称作属地之城的家系以后，《创世记》的作者为什么要停止记载可能存在的一直到大洪水为止的其他世系，这里面有某些更加秘密的原因可能是我不知道的。但也还有另外一种可能成立的原因——这种解释会消除假设古人性成熟很迟的必要性——可以解释为什么该隐的家系不通过头生子来叙述。这个原因就是，由该隐建立的、以他的儿子以诺的名字命名的这座城广泛地扩展它的统治，但没有同时出现几个国王，而是在每个时代只有一位国王，由该隐的后代前后相继。这些国王中的第一位可以就是该隐本人；第二位是他的儿子以诺，这座城以他的名字命名；第三位是以拿，他是以诺生的；第四位是米户雅利，他是以拿生的；第五位是玛土撒利，是米户雅利生的；第六位是拉麦，是玛土撒利生的，他也就是从亚当算起通过该隐的家系中的第七代。但从中无法推见这样的结论：这些族长继位，因为他们是长子。倒不如说，这些继位者由于对属地之城有用而被挑选出来，挑选的标准是他们的德行，要么用某种抽签的办法，要么是由于某个继承人得到了父亲的偏爱，因此得到继承权。

就这样，大洪水可能发生在拉麦仍旧活着并掌权的时候，除了那些躲在方舟中的人，拉麦和其他所有人都被大洪水一起毁灭。还有，如果我们计算一下从亚当起到大洪水为止的这段时间里人的寿命,那么这两个不同的家系没有显示相同的代数就不值得惊讶了。该隐的家系有七代,而塞特的家系有十代;因为如我已经说过的那样,拉麦是从亚当算起的第七代,而诺亚是第十代。拉麦有几个儿子的名字被记载下来,而不是像此前所有的记载一样只有一个,其原因在于他死后由谁来继承王位是不确定的,要是在拉麦与大洪水之间仍有时间需要另一个统治者。

但是,无论该隐的家系是按长子来记载,还是按国王来记载,在我看来都没有理由要对这样一个事实保持沉默,即拉麦是从亚当开始的第七代,他有相当多的子女的名字被列举出来,使总数达到了十一,因为加上了三个儿子和一个女儿,而十一象征着罪。(他的妻子也可以象征某些事情,但这似乎不是我们当前要讨论的,因为我们在这里谈论的是后裔,圣经也没有提到他的妻子来自何处。)数字十象征着律法;"十诫"这个词可以提醒我们这一事实,由于数字十一超越了十,它显然清楚地象征着对律法的过犯,因此是罪。上帝的子民被告知用山羊毛织十一幅幔子,作为帐幕以上的罩棚,这是他们在迁延时可以携带的神庙。① 山羊毛确实起着提醒罪的作用,因为山羊被安置在左边;②在认罪的时候,我们穿着山羊毛织的衣服俯伏在地,就好像我们在用诗篇的话说"我的罪常在我面前"。③

所以,从亚当开始、通过罪恶的该隐、到第十一这个数结束的家系,象征着罪。这个数由一位妇女来完成,因为这桩使我们所有人都要死的罪是通过一位女性开始的。还有,肉体的快乐与这桩罪相联,"情欲和灵相争",拉麦的女儿名叫拿玛,意思是"快乐"。然而,从亚当开始、通过塞特、到挪亚为止的家系,给了我们律法之数,十。在这里要加上挪亚的三个儿子,但他们中有一个犯了罪,有两个接受了他们父亲的幸福,所以除去那个应受谴责的儿子,加上获准的儿子,我们就得到十二这个数。这个

---

① 《出埃及记》26:7。

② 参阅《马太福音》25:33。

③ 《诗篇》51:3。

数字标志着族长和使徒，因为它是组成七的两个部分的产物，三乘四，或四乘三，得十二。

事情就是这样，我想我们现在必须考虑和讨论这两类后裔——他们的家系分别代表两座城，一座是大地出生的，一座是再生的——后来如何混杂在一起成为活该在大洪水中毁灭的整个人类，只有八个人除外。

章21　为什么在提到该隐之子以诺后继续记载整个家系，直到大洪水，而在提到塞特之子以挪士后，圣经的叙述就转回到造人上来

这件事情首先要考虑的是下面这个方面：圣经在列举该隐的后裔时先提到以诺，该隐所建的城用以诺的名字命名，提到以诺先于提到该隐的其他后裔，然后继续往下叙述，直到我所说过的终结，也就是人类，即整个该隐的后裔在大洪水中毁灭。然而在另一家系中，先是提到塞特的一个儿子以挪士，但作者没有接着就添上到大洪水为止的各代后裔。倒不如说，他中断了叙述，并且说了这样一些话："这是记载亚当家族的书。上帝造人的日子，是照着自己的样式造的：并且造男造女。在他们被造的日子，上帝赐福给他们，称他们为人。"①

在我看来，这段插话出现在这里是因为作者打算重新从亚当开始叙述他的谱系。作者不希望对属地之城也这样做，因为他希望表明上帝把属地之城也包括在记录中，但不予计算。但在提到"在盼望中求告上帝之名"的塞特之子以后，如果不是为了以这种适当的方式表现两座城——一座城始于一名杀人凶手，终结于另一名杀人凶手（拉麦也对他的两个妻子承认他杀了一个人）②，另一座始于在盼望中求告上帝之名的人——作者为什么要回过头来重述上帝造人呢？因为上帝之城客居在这个世界上的最高任务，它在这个有死的今世的整个任务，就是求告上帝；这一事实由被杀的、作为"复活之子"的亚伯向我们颂扬。这个人确实象征着整个属天之城的统一，这个统一尚未完成，但已经由先知的预言作了预示。

---

① 《创世记》5：1以下。

② 《创世记》4：23。

因此,让该隐之子——亦即"占有"之子,这个词如果不表示拥有属地的事物又能表示什么——拥有属地之城的名字吧,因为这座城就是以他的名义建造的。因为,这正如诗篇作者所唱的那样,"他们以自己的名称自己的地。"①所以,就有了另一首诗中所说的"主啊,你的圣城必使他们的影像化为虚无。"②至于塞特之子,亦即"复活之子",就让他在盼望中求告上帝之名。他确实象征着人类社会,就像诗中所说"我就像神殿中的青橄榄树,我永永远远倚靠上帝的慈爱。"③但让他不要寻求世俗的空洞名气,因为"那倚靠上帝,不理会狂傲和偏向虚假之辈的,这人便为有福。"④

这里提到的两座城,一座倚靠这个世界上的事物,另一座倚靠对上帝的盼望。但它们都起始于在亚当那里开启的进入有死状态的大门,所以它们要继续朝着它们各自不同的目标前进。所以在插入那段倒叙以后,作者又重新开始叙述谱系,添加其他各代。从这个该受谴责的起点开始,就好像出自同一块粘土,上帝既创造了某些"适宜摧毁的器皿",又创造了某些"为得荣耀做准备的仁慈的器皿"。对前者,上帝给予某些既定的惩罚;对后者,上帝赐予他的无价的恩典。上帝这样做,使得在这个世上客居的属天之城可以通过这种器皿的比较来学到,不应当相信它自己的意志自由,而应当"在盼望中求告上帝的名"。因为存在于人本性中的意志通过它自己的自由选择,会从善转变为作恶。这是因为,尽管人的本性被善的上帝造就为善的,但不变的上帝把人的本性造就为可变的,因为人的本性是从无中创造的。人的本性也能从恶转变为行善,但没有上帝的帮助,它就不能这样做。

章22　上帝的儿子们被人的女子俘虏而堕落,所以除了那八个人以外,所有人都应当在大洪水中灭亡

随着人类繁衍增多,自由意志的实施带来了两座城的混杂,因为他们

① 《诗篇》49:11。
② 《诗篇》73:20。
③ 《诗篇》52:8。
④ 《诗篇》40:4。

成了和平的分享者，就这样，两座城在一定意义上混合在一起了。这种恶又一次被发现要归因于女性。然而，这种恶的方式与世界之初的那种恶的方式不一样，因为这些妇女不是在谎言的诱惑下说服男人去犯罪。倒不如说，在属地之城中——也就是在属地之人的社会中——道德败坏的女人由于身体美貌而得到上帝的儿子们的爱，上帝的儿子们就是另一座城的公民，上帝之城是这个世界上的过客。① 这样的美貌肯定是一种善，来自上帝的馈赠，但上帝也把美貌给了恶人，免得美貌在善人眼中显得太重要。

　　因此，通过抛弃只属于善者的较大的善，人坠入最小的善，这种善不是只属于善者，而是善者与恶者均能享有。所以上帝的儿子们被人的女子的美貌俘虏了，为了娶她们为妻，他们放弃了为保持神圣的团契所需要的虔诚，堕落到大地所生的人的社会中去。身体之美确实是上帝创造的，但它是短暂的、肉体的，因此是一种较低的善，如果爱美貌胜过爱上帝——上帝是永恒的、内在的、永久的善——那么这种爱是错误的，就像吝啬鬼由于爱黄金而抛弃了公义。这里讲的错误尽管与黄金无关，但与人有关；这对每一被造物来说都是对的，尽管它是善的，但却有正确的爱与错误的爱两种情况，当正确的秩序得到遵守，那么爱就是正确的，如果扰乱了秩序，那么爱就是错误的。这就是我在某些赞扬蜡烛的简短诗句中所说的："这些蜡烛是您的馈赠。它们是善的，因为创造了它们的你是善的。它们没有一丝一毫来自我们，除了我们的罪。当我们放弃了正确的秩序，罪就兴起了，对它们的热爱也就取代了对您的热爱。"②

　　但若真正地爱创造主，也就是说真正地爱创造主而不是用某些东西来取代他，那么这种爱不可能是错误的。因此，我们哪怕是在爱那些值得我们爱的事物，也必须遵守正确的秩序，使我们的美德能使我们良好的生活。因此在我看来，美德最简洁、最正确的定义就是"正确有序的爱"。这就是为什么在雅歌中，基督的新娘上帝之城要唱道："把仁爱有序地安

---

① 参阅《创世记》6:2。
② 奥古斯丁诗句中的主题可能是复活节蜡烛，拉丁原文比较晦涩。

放在我身上。"①

这样,由于仁爱的秩序——亦即快乐的秩序和爱的秩序——被扰乱了,所以上帝的儿子们抛弃了上帝,去爱那些人的女子。这两个名称足以表示两座城的差别。"上帝的儿子们"的意思不是说他们的本性不是人的儿子,而是说他们由于恩典而开始有了另一个名称。确实,在提到上帝的儿子们爱人的女子的那句经文中,他们也被称作"上帝的天使"。② 因此,许多人猜测他们不是人,而是天使。

章 23 我们是否相信有灵性基质的天使爱女人的美貌,想娶她们为妻,天使与凡人女子的结合生下巨人

在本书第三卷讨论天使是否精灵的时候,我们提出过天使有无身体与女人性交的问题,但在那里没有解答。③ 经上写道:"上帝以精灵为使者",④这也就是说,上帝让那些本性为精灵的人作为他的天使,让它们承担传递消息的责任。因为,希腊文"angelos"在拉丁文中变成"angelus",这个词的意思是"使者"。但圣经接着说:"以火焰为仆役",这里不清楚指的是天使的身体,还是指他的仆役必须燃烧着仁爱之火,就像燃烧着灵性之火一样。

不管怎么说,最可信的圣经也曾提供证言,说这些天使以某种身形对人显现,不仅可以被看见,而且可以被触摸。⑤ 还有,人们广泛流传,通常被称作"incubi"的森林和田野之神经常可耻地对女人下手,追逐、奸淫她们,许多人证实了这一点,要么依据他们自己的经验,要么根据别人的说法,而这些人的良好信仰是无法怀疑的。还有某些被高卢人称作"dusii"的精灵,也不断地进行这样的尝试。所以,许多品性良好的人都证明了这一点,要否定它似乎是不合理的。因此,我不会大胆地对这个问题说出什

---

① 《雅歌》2∶4,见希腊文圣经七十子本。

② 《创世记》6∶2。

③ 见本书卷3,章5。

④ 《诗篇》104∶4,和合本译文为"以风为使者"。

⑤ 例如参阅《创世记》19∶1以下;《士师记》6∶12以下。

么确定的看法:有着空气的形体的某些精灵——气这种元素甚至用扇子扇动也能被身体的触觉感受到——是否有情欲,并以某种它们能够做到的方式与女人性交,她们感到精灵这样做了。

　　然而,我不能以任何方式相信上帝的神圣天使在那时候会犯下如此重大的错误,或者认为使徒彼得说的话是针对它们的,"就是天使犯了罪,上帝也没有宽容,曾把他们丢在地狱,交在黑暗坑中,等待审判。"①倒不如说,他说这些话针对的是那些一开始就反叛上帝、与它们的国王魔鬼一起堕落的天使,魔鬼由于妒忌而以那条蛇的模样欺骗了第一个人。圣经在许多地方把上帝的人称作"天使"。例如在讲到约翰时说:"我要差遣我的使者在你前面,预备道路。"②还有,先知玛拉基由于得到特殊的恩典而被称作"天使",也就是说,有一种专门的恩典赐予他。③

　　有些人对这一事实感到困惑,那些被称作"上帝的儿子们"与他们所爱的女子结合所生的后代不是像我们这样的人,因为我们读到他们是巨人。然而,即使在我们这个时代,如我在上面提到过的,有些人的体形可以远远超过普通人。几年前在罗马,当罗马城被哥特人几乎夷为平地的时候,那里不就有一位妇女与她的父母生活在一起,她的身高超过其他所有人,就好像巨人一样吗? 人们蜂拥而至来看她,不管她走到哪里。更令他们惊讶的是,她的父母甚至还没有我们通常看到的最高的人那么高。

　　然而,巨人甚至可能在"上帝的儿子们"之前就有过,上帝的儿子们也被称作上帝的天使,他们与人的女子交合,也就是说与那些按人生活的人的女儿交合,换言之,塞特之子与该隐之女交合。这确实是正典圣经的说法,在我们读到这些事情的那卷书中这样写道:"当人在世上多起来,又生女儿的时候,神的儿子们看见人的女子美貌,就随意挑选,娶来为妻。主说,人既属乎血气,我的灵就不永远住在他里面,然而他的日子还可到一百二十年。那时候有巨人在地上,而在神的儿子们和人的女子们交合

---

①　《彼得后书》2:4。

②　《马可福音》1:2。

③　参阅《玛拉基书》2:7。

生子以后,他们为自己生下的子女也和古时候英武有名的巨人一样。"①

圣经的这些话足以表明,当上帝的儿子们娶人的女子为妻时,大地上有巨人存在,上帝的儿子们爱人的女子是因为她们"漂亮",也就是美貌。"漂亮"这个词也用来表示身体之俊美,这是圣经的习惯用法。但在这件事情之后,大地上也有巨人诞生,因为经上说"那时候有巨人在地上,而在神的儿子们和人的女子们交合生子以后,他们为自己生下的子女也和古时候英武有名的巨人一样。"因此,在上帝的儿子们和人的女子们交合生子之前和之后都有巨人。

圣经然后说,"他们为自己生下子女"。这就足以表明,最初,在上帝的儿子们堕落之前,他们生儿子是为了上帝,而不是为他们自己。这是因为,此时交合的情欲还不是他们的主人,而是仆役。它是被指定承担一项任务的仆役,它的任务不是繁殖一个骄傲的家族,而是生育上帝之城的公民去作上帝的使者,他们可以说是把希望寄托在上帝那里,就像塞特之子一样,这位"复活之子"在盼望中求告上帝之名。在这种盼望中,他们和他们的后代会成为永恒之善的共同继承人,会成为以上帝为父的家庭中的兄弟。

然而,如某些人设想的那样,这些上帝的儿子们无疑并非上帝的使者,就像他们也不是人一样,而圣经本身清楚明白地宣称了这一点。经文首先说:"神的儿子们看见人的女子美貌,就随意挑选,娶来为妻",稍后即说,"主说,人既属乎血气,我的灵就不永远住在他里面"。确实,要通过上帝之灵他们才成为上帝的使者和上帝的儿子,但由于坠入较低级的事情,他们也被称作"人",这个名称指出了他们的本性,而非上帝的恩典。他们也被称作"血气",因为他们抛弃了灵性,由于抛弃了灵性,所以他们自身也被抛弃了。

在希腊文圣经七十子本中,他们也确实既被称为"上帝的使者",又被称为"上帝的儿子们",尽管并非所有文本都这样译,因为有些文本只

---

① 《创世记》6:1以下,最后一句和合本译为"那时候有伟人在地上。后来神的儿子们和人的女子们交合生子,那就是上古英武有名的人。"

有"上帝的儿子们"。但是，最受犹太人欢迎的阿揆拉，既没有用"上帝的使者"，也没有用"上帝的儿子们"，而是用"诸神的儿子们"。然而，两种译法都是正确的。因为他们是上帝的儿子，但在以上帝为父的家庭中，他们也是他们自己的父亲的兄弟，而他们的父亲也是上帝之子；而说他们是诸神之子则是因为他们是诸神生的，和诸神一样，他们自己也是诸神。这是诗篇中的说法，"我曾说：'你们是神，都是至高者的儿子。'"①我们正确地相信希腊文圣经七十子本的译者们领受了先知之灵，所以他们若是在翻译中对原文作了某些更换，或者用了一些不同的表达方式，我们无疑应当认为他们是在上帝之灵的激励下这样做的，尽管这个表达法据说在希伯来文中是晦涩的，既能解释为"上帝的儿子们"，又能解释为"诸神的儿子们"。

让我们把包含在所谓"外经"中的故事撇开，因为它们的来源是隐秘的，那些把真正的圣经传递给我们、有着最确定继承关系的族长们也不清楚它们的来源。在这些外经中确实可以发现某些真理，但它们没有正典式的权威，因为其中包含着许多不真实的内容。当然，我们不能否认亚当的第七代传人以诺在圣灵的激励下写过一些东西，因为使徒犹大在一封正典书信中这样说过。② 但是，这些由希伯来圣殿中的祭司一代代小心谨慎地保存下来的经卷被排除在圣经正典之外并非毫无理由。这些经卷的古老引起人们的怀疑，人们已不可能发现这些经文是否以诺所写，保存这些经卷的人也不被认为有一个严格的世系，有权保存这些经卷。因此，谨慎的人可以正确决定，我们不应当相信以诺是这些归在他名下的经卷的作者，其中包含着巨人的故事，这些巨人的父亲不是凡人。以同样的方式，其他一些经卷是由异端以其他先知的名义提出来的，更晚近一些的，则是以使徒的名义提出来。但经过仔细的考察，这些经卷都被排除在正典权威之外，被称作"外经"。

按照正典圣经，希伯来人和基督徒都不怀疑在大洪水之前有许多巨

---

① 《诗篇》82：6。
② 参阅《犹大书》14。

人,他们是属地之人的社会的公民,而上帝的儿子们——他们是塞特按血气所生的后代——在抛弃公义时坠入了这个社会。我们也不需要怀疑上帝的儿子们可以生出巨人来,尽管并非他们的所有子女都是巨人,但这个时期肯定比自大洪水以来的任何时期拥有更多的巨人。创造这些巨人令造物主喜悦,因为它可以再次告诉聪明人不应当太重视身体的美貌、体形、力量。聪明人得到的赐福要比他们好得多,聪明人得到的是比这些东西更加确定的善。他们得到灵性之善和不朽之善,这些善不是好人和恶人共有的,而只属于好人。另一位先知用这一事实提醒我们,他说:"从一开始就有著名的巨人,身形巨大,英武善战。他们不是上帝选择的,上帝也没有给他们获得知识的方法。后来他们被毁灭了,因为他们没有智慧,因他们自己的愚蠢而遭到灭亡。"①

章24　如何理解上帝对那些在大洪水中灭亡的人说的话,"他的日子还可到一百二十年"

然后上帝说:"他的日子还可到一百二十年。"②但这句话不能当作是预言人的寿命往后不超过一百二十年,因为我们发现,大洪水以后人的寿命像大洪水之前一样,也有超过五百年的。倒不如说,必须理解为这句话是在挪亚大约五百岁的时候说的——当时挪亚是 480 岁,按圣经的说法是处在第五个百年中,差别不大时就用一个整数来表示。而大洪水发生在挪亚寿命的第六个百年的第二个月。所以那句预言的意思是将要在大洪水中灭亡的人还可以活一百二十年,时间一到,他们就会被大洪水摧毁。

我们并非没有理由地相信,当大洪水发生时,大地上再也找不到一个不配遭遇这种死亡的人了,这种死亡对恶人来说是一个恰当的惩罚(尽管这样的死亡不会影响善人,他们虽然也有一死,但死后就没有任何办法可以伤害他们)。不管怎么说,圣经中没有提到任何一个塞特的子孙在

---

① 《巴录书》3:26 以下。
② 《创世记》6:3。

大洪水中死去。关于大洪水的原因，圣史是这样叙述的："上帝见人在地上罪恶很大，终日所思想的尽都是恶，上帝就后悔造人在地上，心中忧伤。上帝说：'我要将所造的人和走兽，并昆虫以及空中的飞鸟，都从地上除灭，因为我造他们后悔了。'"①

章25　上帝的愤怒并不影响他的心灵，或者干扰他不变的安宁

　　上帝的愤怒不是他心灵中的一种起纷扰作用的情感，而是一种审判，按照这种审判，对罪进行惩罚。上帝的思想和反思也只是他不变的计划对可变事物的运用。上帝并不会像人一样对任何行动表示"后悔"，他对任何事情所作出的决定就像他的预见一样确定。但若圣经没有使用这样的术语，那么就不能把这样的意思如此清晰地传递给它关心的所有人。如果它不是首先弯下腰来降到堕落者的水平，它就不能震慑骄傲者，刺激冷漠者，锻炼探索者，滋养理智者。还有，当它宣布地上和空中一切生灵的毁灭时，它向我们显示了这场灾难的巨大，但并没有无缘无故地吓唬那些生灵，就好像它们也已经犯了罪似的。

章26　上帝命令挪亚所造的方舟在各方面都象征着基督和教会

　　我们现在来谈挪亚，他是一个义人，他确实如圣经所说"在当时的时代是个完全人"。② 他确实还不像上帝之城的公民在不朽国度中作为上帝的天使那样完善，但他已经像一个人在他的客居中所能做到的那样尽可能完善了。上帝命令挪亚造方舟，他和他的家人——他的妻子，他的三个儿子和儿媳——在其中躲避大洪水的毁灭，在方舟里的还有按上帝的指示带上船的一些动物。这无疑象征着上帝之城在这个世界上客居的寓所，也就是教会，人通过方舟得救，方舟就是"上帝和人中间的中保，降世为人的基督耶稣。"③

---

① 《创世记》6:5以下。
② 《创世记》6:9。
③ 《提摩太前书》2:5。

方舟的尺寸,长、宽、高,象征着耶稣降世时披戴的人体。因为人从头到脚的高度是它从一侧到另一侧的宽度的六倍,是它从背部到腹部的厚度的十倍。按言之,如果你让一个人仰卧或俯卧在地上,然后测量他的身体,那么他从头到脚的长度是他从左侧到右侧的宽度的六倍,是他从地面算起的高度的十倍。这样,方舟长三百肘,宽五十肘,高三十肘。方舟的门开在旁边,显然代表后来被钉十字架后被枪扎肋旁所留下的伤口,①这确实是为那些进入他里面的人准备的通道入口,因为从这个伤口流出的血水就是信徒加入教会的圣礼。还有,上帝命令要用方木造舟,方木象征着圣徒生活的坚定,无论怎么转动,它都是方的,都保持稳定。经上所提到的建造方舟的各种细节都是教会事物的象征。

若要在此探讨所有细节,需要花费很多时间。所幸我已经在为了反对摩尼教的福斯图而写的那本书中这样做了,②他否认希伯来圣经中有任何关于基督的预言。还有,某些人也许比我或比其他人能更加恰当地解释这些事情。然而,不管如何解释,总是与我们正在讲的上帝之城有关,这座客居之城在这个邪恶的世界上就像处在大洪水中一样,否则,解释者就会偏离大洪水故事作者的意图。

例如,考虑一下这句经文:“方舟除了第一层,还要造第二层和第三层。”③有些人的解释可能与我在反对福斯图的著作中作出的解释不同。④ 在那里,我建议这句话讲的是教会要有两个层次,因为她是所有民族聚集而成的,其中有两类人,一类是受过割礼的,一类是没有受过割礼的,或者如使徒使用另一种方式所表达的那样,分为犹太人和希腊人。⑤ 而经上说方舟要分三层,因为大洪水以后各民族的重建都源于挪亚的三个儿子。然而,其他任何解释都必须与信仰的原则一致。上帝希望方舟不仅要有底层,而且也要有较高的层次(他称作第二层),还有在此之上的

---

① 参阅《约翰福音》19:34。
② 奥古斯丁:《反摩尼教的福斯图》,章 12,节 14。
③ 《创世记》6:16,圣经和合本译为“方舟要分上、中、下三层”。
④ 参阅奥古斯丁:《反摩尼教的福斯图》,章 12,节 16。
⑤ 参阅《罗马书》1:16,3:9;《加拉太书》3:28。

层次（他称作第三层）。这样，方舟里的居民可以从最底层经过三个阶段上升，所以可以认为这三个层次象征着使徒赞扬的三种美德：信、望、爱。① 还有，这三层甚至可以更加恰当地解释为象征着福音书所说的三次大丰收，"三十倍的，六十倍的，一百倍的"；②或者解释为已婚者的贞洁占据最底层，鳏寡者的贞洁占据中间层，童贞占据最高层。确实还可能会有其他与这座城的信仰相一致的更好的解释。但我要说的是，其他一些解释之所以有可能提出，这是因为，尽管解释各不相同，但它们必定与大公教的信仰和谐一致。

章27　关于方舟和大洪水，我们既不赞同那些接受故事的历史含义但排斥它的象征意义的人，也不赞同那些接受它的象征意义但排斥它的字面意义的人

然而，没有人会假定大洪水的故事毫无目的，或者认为我们只应当寻求它的真正的历史叙述，而非它的寓意象征；或者正好相反，认为这个故事记载的事件完全是非历史的，它的语言仅仅是象征性的；或者认为无论怎么解释，这个故事并非关于教会的预言。除了心灵邪恶的人，有谁会说这些历经数千年由一些组织严密的卫士虔诚地保存下来的经卷，它们的写作是毫无目的的，或者说它们之所以被写下来仅仅是为了查考历史？其他的事情都不提了，如果说是畜类众多迫使挪亚建造如此巨大的方舟，那么他有什么必要把不洁净的畜类带一公一母，洁净的畜类带七公七母，使它们能够保存下来？ 还有，尽管上帝要求他用这种方式留种，但上帝不是也有力量按他最初创造它们时的相同方式再造它们吗？

再说另外一些人，他们认为大洪水的故事不是历史，而仅仅是由一些象征性的事情组成的。首先，他们认为大洪水的水势不可能比最高的山峰还要高十五肘，因为云彩不可能在奥林普斯山的顶峰上方聚集，它的顶峰已经直插云霄，那里的空气已经十分稀薄，缺乏形成风、云、雨的条件。

---

① 《哥林多前书》13:13。

② 《马太福音》13:8。

但他们没有注意到,一切元素中最重的土能够在山顶上存在,或者说他们也许否认山峰是土构成的? 他们为什么不承认土都可以升得那么高,可以插入云端,水为什么就不可以呢? 那些称量元素的人告诉我们,水能比土升得高,但比土轻。所以我们的对手有什么理由可以解释,为什么比较重也比较低级的元素土,可以经过多年的变动,侵入天空这个比较稀薄的区域,而水这种比较轻也比较高级的元素就不能在短时间内这样做呢?

他们还说,方舟里盛不下那么多两种性别的牲畜,每一种不洁净的牲畜一公一母,洁净的牲畜七公七母。但在我看来,我们的对手只注意到方舟有 300 肘长,50 肘宽,但没有注意到上面一层也有这么大,再上面一层也有这么大,所以要乘以 3,因此整个方舟的平面面积就是 900 肘乘以150 肘。让我们注意一下奥利金的合理建议,①摩西这位上帝的人像经上所说的那样,"学了埃及人一切的学问",②他喜欢几何学,因此他所说的几何学中的肘相当于我们的六肘。所以,有谁看不到如此巨大的方舟能盛下多少东西?

还有人争论说这么大的方舟不可能拼接起来,但这种说法是错误的,非常愚蠢。因为我们的对手知道那时候已经建造了巨大的城市,但他们没有注意到建造方舟花了一百年时间。如果说用石灰可以把石块粘结起来,造成数千里长的城墙,那么为什么就不可能用榫头、钉子、树脂胶水把笔直的木头,而非弯曲的木头连接起来,造出巨大的方舟来呢? 这样的方舟不需要用人力推入海中,但在大水到来时会由于重量上的天然差异而浮起来,当它漂流的时候,上帝的旨意而非人力在为它掌舵,免得它会在某个地方翻船。

下一个经常问起的问题是极为迂腐的,涉及微小的动物,不仅是像老鼠、水蜈这样的动物,而且还有像蝗虫、甲虫,甚至苍蝇和跳蚤这样的动物,这些动物如果都进入方舟,那么不就要超过上帝规定的总数了? 我们

①　奥利金:《创世记布道文》,章 2,节 2。
②　《使徒行传》7:22。

首先要提醒为这个问题所困的人，"每一种在地上爬行的动物"①这句话的意思应当理解为，不需要在方舟中保存那些能够在水中生活的动物，不仅是那些能在水中生活的鱼类，而且还有那些能在水面上游泳的动物，比如许多水鸟。还有，经上说"一公一母"，②这就清楚地表明这样做是为了复原物种，那些不需要通过交配来繁殖的动物不需要进入方舟，或者说如果它们进入方舟就像平时在家一样，那就不需要确定的数量了。另一方面，当时发生的事是一个最神圣的奥秘，不用象征就无法恰当地表达事情的伟大真相，当时所有为其本性所阻而不能在水中生活的动物都按规定的数目出现了。如果是这样的话，那么这就不是一个人或人类的责任，而是上帝的责任。因为挪亚并没有去捕捉动物，把它们放进方舟，而是当它们自己来的时候，挪亚让它们进入方舟。这就是经上为什么要说"要到你那里"，③这不是出于人的行为，而是由于上帝的命令。

然而，我们不相信这些动物也包括那些没有性别之分的动物在内，因为经上明确地写着"一公一母"。有些动物，比如蝇子，无需交配就可以从某些事物中产生出来，但后来则以交配的方式生育后代。还有一些动物，比如蜂类，没有性别特征。④ 此外，还有一些牲畜，尽管有性器官，但并不生育后代，比如公骡子和母骡子，如果它们也被包括在方舟中，那可真是太神奇了。倒不如说，只要有骡子的父母在内就可以了，也就是说有马和驴就可以了。对于其他任何通过不同种动物的杂交来产生后代的动物来说也是这样。但若有牲畜对方舟的象征意义有所贡献，那么它们也会被包括在内，这样的牲畜也是有公有母的。

还有不少人为那些肉食动物在方舟中的食物感到忧虑。他们怀疑是否有超过规定数量的动物被带上方舟，而又不违反诫命，因为这些动物必然要以其他动物为食；或者说是否有某种非肉类的食物可以供所有动物

① 《创世记》6：20。

② 《创世记》6：19。

③ 《创世记》6：20。

④ 参阅奥古斯丁：《摩尼教之路》，章63；《反摩尼教的福斯图》，章8。

食用(这种解释似乎更加可信)。因为我们知道许多肉食动物也吃植物与果实,尤其是无花果和栗子。那么,如果像挪亚这样聪明的义人在上帝的指点下准备和储存了适合所有动物的食物,那还有什么可感到惊讶的?

如果我们饿了,但我们不吃,那会怎么样?还有,要是上帝不能创造快乐和健康,那会怎么样?神力确实能轻而易举地赋予这些动物不吃东西而活着的能力,事实上,它们的进食也在表现这个伟大奥秘时发挥它的部分作用。只有那些喜爱争论的人才会允许人假设包含在大洪水这个历史故事中的许多事情并不象征教会。教会已经充满了各个民族的人,有洁净的,也有不洁净的,都被包括在教会统一的大船中,直到实现既定的目标。这一含义在故事中有清晰的显示,所以我们不能合法地怀疑这个故事的其他方面有它们自己的意义,哪怕这些用语比较晦涩和难以理解。

如果是这样的话,那么没有人,无论他多么笨,胆敢假设大洪水的故事写下来是毫无目的的,或者说记载下来的这个事件只有历史意义,或者说它们的象征意义与教会无关。倒不如说,我们相信这些记载有着十分明智的目的,记载下来的事件具有历史的真实性,同时它们也具有象征意义,旨在预示教会。

我们已经获得了这个结论,现在必须结束本卷。接下去我们必须考察两座城——即属地之城,按照人生活,属天之城,按照上帝生活——在大洪水以后以及在下一个时代的进程。

第 十 六 卷

【本卷提要】本卷第一部分(1—12章)依据圣经叙述两座城的进程,属地之城和属天之城,从挪亚到亚伯拉罕;第二部分只谈属天之城的进程,从亚伯拉罕到以色列诸王。

章1　按照上帝生活的家族是否都能在大洪水之后找到,从挪亚到亚伯拉罕

自从大洪水以后,圣城的进展是连续的,还是由于不虔诚而中断,以至于不再有唯一真神的崇拜者存在? 从圣经中找不到关于这个问题的清晰陈述。但是,从挪亚的时代开始——他与他的妻子,以及他的三个儿子、儿媳配得上在方舟中得救,避免大洪水的毁灭——直到亚伯拉罕的时代,我们在正典经卷中找不到任何人的虔诚得到过神旨的宣扬。唯一的例外是挪亚用他预言式的祝福赞扬他的儿子闪和雅弗,因为他知道并预言将来会发生的事情。因此,也是他咒诅了他中间的儿子——亦即比长子小,比最小的儿子大——因为他犯了罪,反对他的父亲。挪亚没有咒诅含本人,而是咒诅含的儿子。他说:"迦南当受咒诅,必给他弟兄作奴仆的奴仆。"①迦南是含的儿子,含没有为他赤身入睡的父亲盖衣,反而让他的兄弟注意到这件事。这就是为什么挪亚要继续给他另外两个儿子祝福。他说:"闪的上帝是应当称颂的,愿迦南作闪的奴仆。愿上帝使雅弗扩张,使他住在闪的帐篷里。"②以同样的方式,挪亚种植的葡萄园、挪亚喝了园中的酒醉了、挪亚赤身入睡,以及这个故事里的所有其他事情,都

---

① 《创世记》9:25。
② 《创世记》9:27。

充满着预言的意义,蒙着预言的薄纱。①

章2　挪亚之子有什么预言性的象征

　　这些事情都已经在这些儿子的后裔身上应验,过去掩蔽的东西现在充分显示出来了。只要仔细而又理智地加以考虑,有谁会怀疑这些事情都应在基督身上? 闪这个名字的意思是"出名的",基督的肉身是闪的后裔,他的名字的芳香传遍四方,有什么名字能比基督的名字更荣耀? 正因如此,他的名字在雅歌中被比作先知的预见和倒出来的香膏?② 雅弗这个名字的意思是"广大",广大的民族不就住在基督的家中,也就是住在教会里吗? 还有,含这个名字的意思是"热",他是挪亚的次子,与挪亚的其他两个儿子分开,位于他们中间,既不包括在以色列初熟的果子中,也不在外邦人的圆满中;他如果不是象征着异端这个"热的"种族——不是智慧之灵在他们身上燃烧,而是焦躁在他们身上燃烧——又能象征什么?胸中充满着焦躁,所以他们才怒容满面,由于这个原因,他们才要打扰圣徒们的安宁。然而,即使在这方面,他们也有助于信仰者的进步。按使徒的说法:"在你们中间不免有分门结党的事,好叫那些有经验的人显明出来。"③还有,经上说:"受过良好训导的儿子是聪明的,他会使用愚蠢者作他的奴仆。"④许多对大公教信仰非常重要的事情被异端躁动不安的心所扰乱,由于抵挡他们的进攻是必要的,因此就要更加仔细地考察他们,更加清楚地理解他们,更加紧急地谴责他们。就这样,由对手提出的问题变成了学习的机会。不管怎么说,认为挪亚的次子不仅象征着那些公开与教会分离的人,而且也象征那些以基督徒之名为荣,但却过着放荡生活的人,这样说并不荒唐。因为这样的人宣扬基督受难——以挪亚的裸体为象征——但却用他们的邪恶行为羞辱它。就是因为有这些人,所以经上

---

① 参阅奥古斯丁:《论基督教教义》,卷3,章21,章45;《反摩尼教的福斯图》,章12,节23以下。

② 《雅歌》1:3。

③ 《哥林多前书》11:19。

④ 《箴言》10:4,见圣经希腊文七十子本。

说:"凭着他们的果子,就可以认出他们来。"①

　　由于这个原因,含受到咒诅,但却是以他儿子的名义,应在他的果实上,亦即应在他的成果上。因此,他儿子的名字迦南的意思是"他们的活动",这样说是适宜的,除了表示"他们的成果",它还能是什么意思? 另一方面,闪和雅弗代表着受过割礼的和没有受过割礼的,或者换句话说,代表犹太人和希腊人,使徒就是这样讲的,(尽管他仅指那些得救的和称义的人)。当得知他们的父亲裸体的时候——象征着救世主受难——他们"拿件衣服搭在肩上,倒退着进去,给他父亲盖上",②背着脸就看不到他们抱着敬畏之情所盖的。现在,当我们纪念基督受难时,我们在一定意义上是在荣耀他为我们所做的事,我们背对着犹太人的罪恶。衣服象征着奥秘,背象征着我们对过去的记忆。现在确实处在这样的时代,雅弗住在闪的家里,而他们中间有邪恶的兄弟,③教会把基督受难当作过去的事情来纪念,而不再到未来去寻找它。

　　然而,邪恶的兄弟——以他的儿子的名义,亦即他的成果——是善良兄弟的仆人,也就是奴隶。这里的意思是,善良的兄弟会有意识地使用邪恶的兄弟,锻炼他们自己的耐心或增加他们自己的智慧。如使徒所证明的那样,有些人宣扬基督的动机不纯,但是他说:"或是假意,或是真心,无论怎样,基督究竟被传开了。"④现在,基督自己栽了葡萄园,对此先知说:"万军之主的葡萄园,就是以色列家。"⑤"他喝园中的酒",⑥这里的酒可以理解为基督说另一句话时的酒杯,"我将要喝的杯,你们能喝吗?"⑦还有,"我父啊,倘若可行,求你叫这杯离开我。"⑧这里讲的杯无疑象征着

---

① 《马太福音》7:20。

② 《创世记》9:23。

③ 亦即外邦人和犹太人都开始相信基督,但仍有异端和恶人在他们中间。

④ 《腓立比书》1:18。

⑤ 《以赛亚书》5:7。

⑥ 《创世记》9:21。

⑦ 《马太福音》20:22。

⑧ 《马太福音》26:39。

他的受难。或者说,由于酒是葡萄园的成果,我们宁可作这样的理解:从葡萄园本身,亦即从以色列人中间,基督为我们取了肉身和血气,而他自己则要受苦。"他喝醉了"的意思就是他受苦了,"他没有盖东西"的意思就是他的软弱被显示出来。如使徒所说:"他因软弱被钉在十字架上。"①由于这个原因,使徒还说:"上帝的愚拙总比人智慧,上帝的软弱总比人强壮。"②还有,在说了"他赤着身子"以后,经上马上说"在他自己的帐篷里",以这种方式,圣经巧妙地表明基督在他自己的同胞手中被钉十字架而死,是他自己家里的人,甚至是犹太人,杀了他。

这些恶人宣扬基督受难只是外在的,只是用他们的声音,因为他们不懂他们所宣扬的事情。然而义人在内心拥有这个伟大的奥秘,他们用他们的心荣耀主的这种软弱和愚拙,因为这种软弱和愚拙比人更强大,更聪明。这一点在下列事实中得到预示:含走出帐篷,把他父亲赤身的事情说了出去,而闪和雅弗则走进帐篷给他盖衣,也就是荣耀他,相比而言,他们的行为更加内在。

我们要尽可能找出圣经的这些奥秘,有时候会比较成功,有时候则不那么成功,但我们会始终保持我们的忠实信念,认为这些事件和记载必定象征着将要以某种方式发生的事情,并总是与基督和他的教会有关,他的教会就是上帝之城。从人类一开始,这种预示就从未停止过,我们现在看到这些预言在各方面都应验了。

这样,在挪亚的两个儿子得到赐福,次子受到咒诅以后,直到亚伯拉罕为止,在这长达一千多年的时间内没有记载下任何虔诚地崇拜上帝的义人。我不相信这样的人不存在。但若将他们一一记载下来,那么就会太长了。这样的记载会展现更多的历史精确性,而不是先知的预言。然而,圣经的作者——或者倒不如说上帝之灵通过他们在行动——只关心那些既能解释过去,又能预言未来的事件,只提到那些与上帝之城相关的人。而在无论何处提到那些不是这座城的公民的人,要么是上帝之城使

① 《哥林多后书》13:4。
② 《哥林多前书》1:25。

之得益，要么是为了通过比较彰显上帝之城。当然，我们一定不能给所有记载下来的事件都加上象征意义，但那些本身不具有象征意义的事情被包括在文本中，都是由于具有象征意义的事情的缘故。耕开地面的只是犁铧，但犁的其他部分也都是必要的。只有七弦琴的弦或其他乐器的弦能产生乐声，但要构成能演奏音乐的乐器，其他部分也是必要的，这些部分虽然不会被拨动，但却为之产生共鸣。同理，先知的历史中所说的某些事情本身没有象征意义，但具有象征意义的事情就依附在整个框架中。

章3　挪亚的三个儿子的家系

　　下面，我们必须考虑挪亚的儿子们的家系，我们要把这些必须说明的事情纳入我们当前的任务，即说明属地之城和属天之城这两座城的展开。

　　圣经的记载始于挪亚最小的儿子，名叫雅弗。经上提到了他的八个儿子，外加七个孙子，由两个儿子所生——一家三个，一家四个——加在一起总共十五人。然后提到含的四个儿子，他是挪亚的次子，还有五个孙子，都是含的一个儿子所生，此外还有两个曾孙，都由含的一个孙子所生，加在一起总共十一人。列举完这些人后，经上回过头来说："古实又生宁录，他为世上英雄之首。他在上帝面前是个英勇的猎户，所以俗语说：'像宁录在上帝面前是个英勇的猎户。'他国的起头是巴别、以力、亚甲、甲尼，都在示拿地。他从那地出来往亚述去，建造尼尼微、利河伯、迦拉，和尼尼微、迦拉中间的利鲜，这就是那大城。"[①]这位古实，巨人宁录之父，是含的儿子中第一位被提到名字的，但古实的五个儿子和两个孙子在前面却已经提到过了。这里有两种可能，要么是他生这个巨人的时候是在他的孙子出生以后，要么圣经分开来提到宁录，因为他更优秀，这种可能性比较大。经上确实写着，他的王国的开端就是巴比伦最杰出的城市，其他相关的城市或地区也有记载。经上说到，他从那地——示拿地，属于宁录的王国——出来往亚述去，在那里建造了尼尼微和其他附属的城市，这些事情实际上很晚才发生。作者在这里提到这些事情，是因为亚述王国

────────────

① 《创世记》10：8以下。

的宏大,这个王国在伯鲁斯(Belus)之子尼努斯(Ninus)、尼尼微大城的创
建者的统治下神奇地扩张,尼尼微这个名称源于他的名字,也就是说,尼
尼微城是以尼努斯的名字命名的。另一方面,亚述人之祖亚述不是挪亚
次子含的儿子,而是挪亚的长子闪的儿子。因此很显然,闪的后裔后来取
得了巨人王国的统治权,然后开始建造其他城市,其中第一座就是尼尼
微,以尼努斯之名命名。

　　然后,圣经的叙述转向含的第二个儿子,名叫麦西。但圣经在叙述麦
西的后代时不是提到一些个人,而是提到七个宗族。而从这第六个宗族
中——也许是从第六个儿子那里——产生了那个称作非利士人的宗族,
这样就有了八个宗族。然后又转回到迦南,含以他的名义受到咒诅,经上
提到了他的十一个后代。再接下去就提到他们的疆域得到扩张,也提到
他们的一些城市。这样,说完了含的儿孙,含的后裔数量达到三十一。

　　剩下要记载的是挪亚的长子闪的后代,从闪的最小的儿子开始。但
是这段叙述中有某些晦涩之处,我们必须详加解释,因为它对我们的考察
想要达到的目的是至关重要的。这段话写道:“由于闪,甚至由于他自
己,他的子孙之祖,希伯出生了,雅弗的哥哥之子。”①这句话的恰当词序
是这样的:“由于闪,希伯也出生了,甚至由于闪本人——也就是说闪本
人生了亚伯——这位闪是希伯子孙之祖。”由此可见,作者在这里希望人
们能够清楚地理解闪是他这个家族的族祖,因此在他的叙述中,闪的儿
子、孙子、曾孙,甚至更远的后裔都被包括在里面。闪本人确实没有生希
伯,他是希伯之祖,而且是往上数第五代的。因为闪生亚法撒和其他儿
子,亚法撒生迦南,迦南生沙拉,沙拉生希伯。

　　然而,在闪的所有后裔中最先提到希伯的名字不是没有理由的,尽管
他属于闪的第五代子孙,但却先于其他子孙被提到。我们知道,希伯来人
就是以他的名字命名的。他们当时被称作希伯人(Heberews)。确实还
有另一种可能性,也就是说他们可能是以亚伯拉罕的名字命名的,因此被

----

① 《创世记》10:21,圣经和合本译为“雅弗的哥哥闪,是希伯子孙之祖,他也生了儿
　　子”。

称作"亚伯拉人（Abrahews）"。然而事实上，他们确实是以希伯的名字被命名为希伯人（Heberews），后来则省略了一个字母，称作希伯来人（Hebrews）。希伯来语只在以色列人中存在，在这个民族中，在圣徒中，在一种象征和神秘的意义上，在全人类中，孕育着上帝之城的朝圣者。

起先被提到名字的有闪的六个儿子，然后是闪的一个儿子所生的四个孙子，闪的另一个儿子也为他生了一个孙子，这个孙子则为闪生了一个曾孙，这个曾孙又生了曾曾孙，他就是希伯。希伯生了两个儿子，一个名叫法勒，意思是"分"，圣经在这里加了一句解释，说明为什么要叫这个名字，"因为那时人就分地而居"。① 这句话的意思现在可以看得很清楚。希伯的另一个儿子生了十二个儿子，这样一来，闪的后裔总数就有二十七了。而挪亚的三个儿子的后裔总数就达到七十三个：十五个源于雅弗；三十一个源于含；二十七个源于闪。然后，圣经继续说道："这就是闪的子孙，各随他们的宗族、方言，所住的地土、邦国。"②对挪亚的所有子孙，圣经同样也说："这些都是挪亚三个儿子的宗族，各随他们的支派立国。洪水以后，他们在地上分为邦国。"③根据这些记载，我们可以知道当时有七十三个宗族，（或者说，按后面的说法是七十二个）而不是七十三个人。雅弗的子孙比较早就提到了，对他们也有一句结论性的话："这些人的后裔将各国的土地、海岛分开居住，各随各的方言、宗族立国。"④

从上所述，已经记载下来的宗族在提到含的子孙的那段话中比较清楚，"麦西生路低人"，⑤然后又以同样的方式列举了七个宗族。讲完之后作出结论："这就是含的后裔，各随他们的宗族、方言，所住的土地、邦国。"⑥然而，有许多他们的后裔没有记载下来，这是因为当他们出生时，他们就成了已有宗族的成员，没有再建立他们自己的新宗族。雅弗的儿

---

① 《创世记》10：25。
② 《创世记》10：20。
③ 《创世记》10：32。
④ 《创世记》10：5。
⑤ 《创世记》10：13。
⑥ 《创世记》10：20。

子列举了八个,但只提到有两个有他们自己的儿子,这一事实还能有别的
理由吗? 还有,含的儿子有四个被提到,但只有三个儿子的后代有记载;
闪的儿子有六个提到,但只有两个儿子的后代有记载。那么其他没有记
载的后裔都没有儿子吗? 上帝禁止我们相信这种看法! 倒不如说,他们
的儿子不值得提起,因为他们没有建立自己的宗族,他们出生以后就融入
已经由其他人建立的宗族中去了。

章4 语言的多样性和巴比伦的开端

这些宗族据说每一个都有它自己的语言,但讲述者不管怎么说还是
追溯到一个所有人都使用一种语言的时代,然后解释后来产生那么多语
言的原因。他说:"那时,天下人的口音言语都是一样。他们往东边迁移
的时候,在示拿地遇见一片平原,就住在那里。他们彼此商量说:'来吧,
我们要作砖,把砖烧透了。'他们就拿砖当石头,又拿石漆当灰泥。他们
说:'来吧,我们要建造一座城和一座塔,塔顶通天,为要传扬我们的名,
免得我们分散在全地上。'上帝降临,要看看世人所建造的城和塔。上帝
说:'看哪,他们成为一样的人民,都是一样的言语,如今既作起这事来,
以后他们所要作的事就没有不成就的了。我们下去,在那里变乱他们的
口音,使他们的言语彼此不通。'于是上帝使他们从那里分散在各地上,
他们就停工不造那城了。因为上帝在那里变乱天下人的言语,使众人分
散在各地上,所以那城名叫巴别。(就是'变乱'的意思)"①

这座被称作"变乱"的城市就是巴比伦,所有民族的历史学家都提到
过它的神奇建筑。"巴比伦"这个名字的意思确实是"变化"。因此可以
从中推论,巨人宁录是它的建造者,就像我们在上面简要地提到过的那
样。因为,圣经提到他的时候说"他国的起头是巴别",也就是说,巴比伦
是一座城,为其他城市之首,是国王居住的京城,尽管它最后没有像它的
建造者傲慢和不虔诚地想要达到的那样尽善尽美。他们提议要造一座又
大又高的建筑,能够"通天",尽管我们不知道它指的是一座塔,要把它建

---

① 《创世记》11:1以下。

成众多建筑中的主要建筑，还是指所有的塔，但用一个单数名词来表示，就好像我们用单数的"士兵"来表示成千上万的士兵，用单数的"青蛙"和"蝗虫"来表示大量的青蛙和蝗虫，在讲述摩西用来打击埃及人的那些灾难时经文的作者就是这样表述的。①

但是，无论这座建筑物有多么宏大，无论它如何通天，抵达上帝，哪怕它甚至超过高山峻岭，直插云霄，这些傲慢自负的人又能怎么样呢？简言之，人的任何灵性的行为和有形的骄傲能对上帝造成什么伤害吗？通天的最安全、最真实的道路是用谦卑来建造的，这条道路会把人心提向上帝，而不是反对上帝，就像那个被称作"反对上帝的英勇猎户"的巨人一样。有不少翻译者受希腊文晦涩之处的误导而没有正确理解这个短语，把它译成"在上帝面前"，而不是"反对上帝"。希腊文"enantion"确实既有"在……面前"的意思，也有"反对……"的意思。前一种意思出现在诗篇中，"让我们在造我们的上帝面前跪下"，②后一种意思出现在《约伯记》中，那里写道："你用你的灵反对神。"③我们在后一种意义上理解对巨人宁录的描写，他是一个"反对上帝的英勇猎户"。"猎户"这个词该作何种理解，不就是一个骗子、压迫者、大地生灵的屠杀者吗？他和他的民众开始建造一座塔来反对上帝，塔象征着他的不虔诚和傲慢。尽管这项工程没有胜利完成，但这种邪恶的意图应当受到惩罚。那么，是什么样的惩罚？统治者的权力与他的言语有关，而应受谴责的是宁录的傲慢，由于宁录拒绝理解和服从上帝的命令，所以他自己的命令也不能被他的民众理解。就这样，他的反叛被化解了，因为别人要是听不懂他的话当然就会撤离，而他只能对那些听得懂他的话的人下令。就这样，他们的语言划分出这些宗族，分散在各地，这使上帝感到喜悦。上帝以一种隐秘的方法完成了这件事，这种方法是我们不能明白的。

---

① 参阅《出埃及记》，章8，章10。
② 《诗篇》95：6。
③ 《约伯记》15：13。

章 5　上帝降临变乱建塔者的语言

经上写道："上帝降临，要看看世人所建造的城和塔"，这里讲的不是上帝的儿女在建造，而是按人生活的世人的社会在建造，我们称之为属地之城。上帝当然不会从一处移向另一处，因为他始终无处不在，但当上帝要在大地上采取超越自然常规的神奇行动时，经上就说他"降临"，以此显示上帝的临在。还有，他不会不知道任何事情，因此他也不需要在某个特定时间去看某样东西。但经上说上帝在某个具体时间看和发现，而被看和被发现的事物是由他引起的。因此，当上帝表示非常不高兴的时候，这是因为这座城先前并没有按上帝让它被看的那种方式被看到。另一种理解是，上帝可以降临这座城，因为上帝的天使降临了，而上帝存在于它们中间。所以经上说"上帝说：'看哪，他们成为一样的人民，都是一样的言语'"等等，然后又说"我们下去，在那里变乱他们的口音"。这些话构成了一个陈述，说明被描述为"上帝降临"的行动是如何完成的。因为上帝若是已经降临，那么他为什么还要对天使们说"我们下去"，除非他和下去的天使们在一起，因此通过他们上帝也下去了？他没有说"下去，变乱他们的口音"，而是说"让我们下去变乱他们的口音"，这样说是合适的，因为上帝以这样的方式表明他通过他的执行者工作，所以这些执行者也是上帝的同工。如使徒所说，"因为我们是与上帝同工的。"①

章 6　如何理解上帝对天使说的话

还有，上帝在造人时说的一些话可以理解为与天使有关。上帝说"让我们造人"，②而没有说"让我造人"。然而，紧跟着的还有"按我们的形象"。如果相信人是按照天使的形象造的，或者认为天使和上帝拥有相同的形象，那么这样的想法是亵渎的，这里的复数（我们）应当正确地理解为指的是三位一体。不管怎么说，三位一体是一神，因此，即使经上说"让我们造人"，它也会继续说"按上帝的形象造人"。它不会说"诸神

---

① 《哥林多前书》3：9。

② 《创世记》1：26。

造人"或"按诸神的形象"。

如果有什么事情禁止我们把它理解为指的是天使，那么我们在此考虑的这段话本身就可以理解为指的是三位一体，就好像圣父在对圣子和圣灵说："来吧，让我们下去，在那里变乱他们的语言。"但是更恰当的理解是，天使应当神圣地来到上帝这里，也就是带着虔诚的思想，向作为它们这个天庭永恒法则的不变的真理请教。因为它们自己并不是真理，它们是创造性的真理的分有者，向着它运动，就像趋向生命的源泉，①从它那里接受它们自身不拥有的东西。它们的这种运动是坚定的，决不会后退。

但是上帝并不以我们相互之间说话的这种方式对天使说话，或以我们对上帝说话、我们对天使说话、天使对我们说话、上帝通过天使对我们说话的方式，倒不如说，上帝以他自己不可言喻的方式说话。上帝的话语按我们的说话方式向我们解释，但上帝的话语比我们的话语确实要精致得多。它始于上帝自己作为行动本身之不变原因的行为，没有可听的和短暂的声音，但有着持久永恒的力量。他以这样的方式对神圣天使说话，而他对我们说话的方式是不同的，我们与上帝相距甚远。然而，我们也用我们内心的耳朵把握了这种语言的某些内容，我们自己走近了天使。在本书中我没有必要反复解释上帝的"讲话"。因为不变的真理自身可以对理性动物的心灵讲话，这些话是不可言喻的，也可以通过可变的生灵来讲话，要么通过灵性的形象来对我们的灵讲话，要么通过有形的声音对我们的身体感官讲话。

经上说"现在没有什么能约束（Et nunc non deficient ex illis omnia）他们想要作的事了"，②这确实不是作为一个论断说出来的，而是作为一个问题提出来，就好像我们为了表达一种威胁经常用的方式，如某位作者说，"他们难道不会拿着武器从全城各处来追踪他吗？"③所以，这句话必

---

① 参阅《诗篇》36：9。
② 《创世记》11：6，和合本圣经译为"如今既作起这事来，以后他们所要作的事就没有不成就的了"。
③ 维吉尔：《埃涅阿斯纪》，卷4，行592。

须理解为,上帝说"现在难道不应当用一切办法来约束(Et nunc nonne omnia deficient ex illis)他们想要作的事吗?"这段引文的最初形式本身不能表达威胁之意,所以我加上词尾 -ne 以利于那些理解力迟钝的人,于是就成为 nonne,否则就不能表达这种语气。

从这三个人那里——挪亚的儿子——产生了七十三个宗族和许多语言,或者倒不如说是七十二个,如计算所表明的那样,随着人数的增加,他们遍布各地。然而民族的增加比语言的增加更多,因为我们知道在非洲甚至有许多蛮族只有一种语言。

章7　是否远离大陆的岛屿也得到方舟中保存下来的所有物种

有谁会怀疑,当人类繁衍众多时可以乘船渡海去岛屿上居住?但问题是,各种不是由人饲养的、不能像蛙一样从土里长出来的、要靠公母交配才能繁殖后代的野兽,比如狼和其他野兽,会怎么样呢?大洪水以后,所有不在方舟中的野兽都灭绝了,如果只有保存在方舟中的两种性别的动物才能繁殖它们的后代,那么它们怎么能够抵达岛屿呢?我们确实可以相信它们会游泳过去。但是它们只能抵达较近的岛屿,而有些岛屿远离大陆,任何动物似乎都游不过去。有人说,人可以捕捉这些野兽,然后把它们带上岛屿,以供今后猎取,就这样它们在这块新的土地上繁殖起来了,但这种说法是不可信的。还有,我们不应当否认有这样的可能性,天使把它们送往这些地方,要么是出于上帝的命令,要么是在上帝的允许下这样做。或者说它们可以从土中出生,就像它们最初诞生一样,那时候上帝说:"地要生出活物来。"①在这种情况下——如果大地能在野兽不能游泳到达的岛屿上生出许多野兽来——我们可以看得更加清楚,各种动物被安放在方舟里,更多地不是为了让这些动物再次遍满大地,而是为了象征各个民族只有在教会中才能得到拯救。

---

① 《创世记》1:24。

章 8 亚当的后裔或挪亚的后代会否出现某些怪人的宗族

有些民族的历史讲到有某些怪人的族类。① 如果这些故事是可信的，那么就可以问，这些怪人是不是挪亚的儿子们的后代，或者说他们是否来自挪亚的儿子们的祖宗，即世上第一个人。据说这种人有些只有一只眼睛，长在前额中间。有些双脚朝后长。有些是双性人，右边是男人，左边是女人，在交配的时候就轮流当男人和女人。有些没有嘴巴，只靠鼻孔呼吸。有些只有一肘高，在希腊文中称作"Pygmies"，源于希腊人用来表示一肘的词"pygme"。此外，我们会看到有女人五岁生育，但最多只能活到八岁。还有一族人两只脚长在一条腿上，膝盖也不会弯曲，但却行动迅速。这些人被称作"阴凉脚"，因为在炎热的夏季他们躺在地上可以用大脚遮太阳。还有一些人没有脖子，眼睛长在肩膀上，而在迦太基海滨广场还用马赛克画着一些人，或者说一些像人的动物，作为自然界的奇闻而画下来。对那些所谓的狗头人我能说些什么，它们的狗头和真实的狗叫声已经表明它们是兽而不是人？

当然了，我们不一定要相信这些人都是存在的。但只要作为人生于某地（亦即作为一个理性的、可朽的动物），必定源于最先那个被造的人，而无论在形体、肤色、运动、声音，或在任何自然的能力、部分、性质等方面，他对我们的身体感官显得多么不寻常。没有人会怀疑这一点。然而也很清楚，自然的构造在大多数情况下是正常的，而在非常罕见的情况下也会有怪异出现。

还有，关于我们中间出现畸形人所作的解释也可用于这些怪人。上帝是万物的创造主，他知道事物应当在什么地方被造和什么时候被造，他知道如何用部分的同一性和多样性来编织整体之美。不能掌握全局的人看到畸形的部分会感到受了冒犯，但这是因为他不知道这样的部分如何被接纳到整体中去，或者如何与整体相联。我们知道人生下来有不止五

---

① 奥古斯丁写作本章时的主要来源是普林尼：《自然史》，卷 7，章 2，节 10 以下；参阅奥鲁斯·盖留斯：《阿提卡札记》，卷 9，章 4 以下；希罗多德：《历史》，卷 3，节 12；卷 4，节 13；卷 4，节 191；荷马：《伊利亚特》，卷 3，行 3 以下。

个手指头或脚趾头的。这样的畸形比较小,与正常的人没有大差别。然
而上帝禁止那些不知道造物主为什么会这样做的人愚蠢地设想,在这种
情况下是上帝犯了错误,把人的手指头的数目安错了。所以,即使有更大
的差别发生,也没有人可以公正地谴责上帝创造的作品。

在希波札里图(Hippo Zaritus)①有个人长着月牙形的脚,每只脚只有
两个脚趾头,他的手也一样。如果有哪个种族也有这样的特征,我们又得
把它添到我们的自然界奇闻中去。但我们能够为此而否认这个人也是第
一个被创造出来的那个人的后代吗?

还有,每个时代几乎都有两性人,或者称作阴阳人,尽管这样的人数
量很少。他们拥有两种性别的所有特征,人们很难确定他们是男的还是
女的。然而按照语言的习惯,人们还是把他们当作比较优秀的那种性别,
也就是说把他们当作男性,因为至今还没有人使用过"女两性人"或"女
阴阳人"这些术语。②

很多年前——但肯定还在我的记忆范围内——有个婴儿生下来就有
两个上半身,但只有一个下半身。他有两个头,两个胸部,四只手,但只有
一个肚子和两条腿,就好像一个人。他活了很长时间,名气很大,吸引了
很多人前来看他。

还有,谁能把所有这些生下来就与他们的父母很不一样的婴儿都讲
出来?然而不容否认的是,它们全都源于一个人——亚当;对所有那些有
着身体差异的种族这样说也是对的,它们都来源于大部分种族,或者说整
个人类,所通常表现出来的自然类型。如果这些种族被包括在"人"的定
义中,也就是说如果他们是理性的、可朽的动物,那么必须承认他们的祖
宗是同一个人——即全人类的祖先。我们假定我们听说的这些不同的种
族,以及他们之间的巨大差异,或者他们与我们之间的巨大差异,是真实
的,但这些也有可能是不真实的。因为,我们若是不知道猴子、猩猩、狒狒

---

① 亦称作希波达里图(Hippo Diarrhytus),位于现今突尼斯的比塞塔(Bizerta)。

② 两性人 (androgyni) 和阴阳人 (hermaphrodites) 为阳性名词,女两性人
(androgyness)和女阴阳人(hermaphroditess)为阴性名词。

不是人而是兽,那么那些用虚幻的想象专门收集奇闻轶事的历史学家就会诱导我们相信它们是某种人。然而,如果这些记载中的神奇动物确实是人,那么上帝为什么要以这种方式创造这些种族呢？当我们人生下某些怪物时,我们也许不应当认为它们是一名不完善的工匠的作品；我们也不应当假定,尽管上帝用智慧创造了人的本性,但他这一次犯了错误。正如人的各个种族都会出现某些怪人,所以人类作为一个整体会出现某些怪异的种族,这样说似乎并不荒谬。

现在我要对这个问题作出谨慎的、尝试性的回答,以此作为结论:要么是关于这些种族的记载是完全没有价值的；要么是这样的生灵是存在的,但它们不是人；但若他们是人,那么他们来源于亚当。

章9　我们是否相信在大地的另一面有和我们的住处相对的"对跖地"

至于传说中的"对跖地"的居民——亦即占据大地另一面的人,我们这里太阳落下的时候就是他们那里太阳升起,他们的脚底板正好对着我们的脚底板——我们没有理由相信有这样的人存在。① 有些人肯定这种人存在不是依据任何历史知识,而是在依据推理的力量进行推测。他们说,大地悬挂在天穹上,这个世界的最低部分和中间部分与最高部分是相同的,根据这一点他们猜测说,处在这个部分下面的这个世界的另一半也不能缺少居民。然而他们没有注意到,哪怕我们相信,或依据某些其他的理性工具来证明这个世界是一个半球或球体,仍旧无法从中得出结论说这个世界的另一面的陆地是裸露的,没有被"聚集的水"②覆盖。还有,即使陆地是裸露的,也不能从中直接推论上面肯定有人。因为圣经没有任何谬误,它依据事实对过去进行忠实的记载,所以它的许多预言已经应验了。说某些人会穿越大洋,从大地的这一面航行到另一面,使源于第一个人的后裔也能在那里生存,这样说太荒唐了。

----

① 　参阅西塞罗:《学园派哲学》,卷2,章39,节123;拉克唐修:《神圣原理》,卷3,章24;奥古斯丁:《创世记诠释》,章2,节9。

② 　《创世记》1:10。

所以让我们集中精力,在人类这些以往划分出来的七十二个宗族和同样多数量的语言中寻找,看看能够在他们中间发现客居在大地上的上帝之城。我们的叙述已经讲到大洪水和方舟,我们已经说明上帝之城如何通过挪亚的赐福在他的儿子们的身上延续,尤其是对他的长子闪的赐福,因为雅弗得到的赐福仅仅是他可以住在他兄弟的帐篷中。

章 10　闪的家系,上帝之城的进程在他的后代中直接指向亚伯拉罕

现在我们必须追随从闪本人开始的家系,说明上帝之城在大洪水之后的延续方式,这一方式与上帝之城在大洪水之前在塞特的家系中的延续方式是一样的。由于这个原因,圣经在告诉我们位于巴比伦(亦即"在变乱中")的属地之城之后,返回到族长闪,以概述的方式提供了一个到亚伯拉罕为止的族谱。这个族谱也记载了某人在生下他属于这个家系的儿子之前过去了的年岁,以及他在此之后又活了多少年。在此,我们必须注意前面提到过的那段话,我当时许诺要加以解释,在提到希伯之子时,经上说"一个人名叫法勒,因为那时人就分地居住。"①若不是由于语言的多样化而引起分地,我们又该如何理解那时分地的说法呢?

然而,闪的其他儿子被省略了,因为他们并不属于能够把我们一直导向亚伯拉罕的家系,正如在大洪水以前,只有属于从亚当之子塞特一直导向挪亚的家系的那些人才被提到。闪的家系是这样开始的:"闪的后代记在下面:洪水以后两年,闪一百岁生了亚法撒。闪生亚法撒以后,又活了五百年,并且生儿养女。"②接下去提到各代传人的方式也是一样的。先讲他多少岁生下属于直达亚伯拉罕的家系的那个儿子,然后讲他又活了多少年。然后还提到他们生儿养女,使我们能够理解人口增长的来源。否则的话,如果我们只知道名字有记载的这些人,就会像儿童一样产生疑惑,如此辽阔的土地和王国怎么能够由闪的后裔遍满。这在亚述人的王国这个例子中尤其如此。因为就是从那里开始,尼努斯这个东方各族的

---

① 《创世记》10:25;参阅本卷,章3。
② 《创世记》11:10 以下。

征服者建立了疆土辽阔、繁荣稳定的帝国，把帝国传给他的继承人，延续了许多世代。

然而，为了不使我们当前的任务有任何不恰当的延长，在这里我们不提这个家系的每个成员生下儿子以后又活了多少年，而只说他生儿子时的岁数。以这种方式，我们可以知道从大洪水结束直到亚伯拉罕的时代一共多少年，在这样做的时候，引起我们注意的其他事情都只能简略地涉及。

大洪水以后的第二年，闪生亚法撒。亚法撒活到 135 岁，生迦南。迦南 130 岁时生沙拉，沙拉也在这个年纪生希伯。希伯活到 134 岁，生法勒，在他那个时候人分地居住。法勒活到 130 岁，生拉吴。拉吴活到 132 岁，生西鹿。西鹿活到 130 岁，生拿鹤。拿鹤活到 79 岁，生他拉。他拉活到 70 岁，生亚伯兰，上帝后来给亚伯兰改名，叫他亚伯拉罕。① 所以从大洪水那年到亚伯拉罕出生，按照我们的标准版本，也就是希腊文圣经七十子本的说法，总共 1072 年。然而我们得知，在希伯来文本中看到的数字要小得多，对这种差异人们要么不作解释，要么提出很难理解的解释。

因此，当我们在这七十二个宗族中寻找上帝之城时，我们就不能十分确定地断言，在那个时候，当只有一种语言的时候——也就是只有一种说话方式——人类已经背离了对真神的崇拜，真正的虔诚只保留在闪的后代中，经过亚法撒，直抵亚伯拉罕。由于在建造通天塔的过程中所表现出来的傲慢，这座亵渎者之城，亦即社会，显现出来。这座城在那个时代之前也许并不存在，或者说它是隐秘的，或者说两座城都持续存在。虔诚者之城由挪亚的两个儿子代表，他们得到他们父亲的赐福，也由他们的后裔代表。亵渎者之城由受到咒诅的那个儿子代表，也由他的后裔代表，从他们中间产生了"反对上帝的英勇的猎户"。要在这些可能性中下判断是很困难的。

最可信的可能性是，早在巴比伦开始建造之前，在两个好儿子的后代中已经有了轻视上帝的人，而在含的后裔中也已经有了上帝的崇拜者。

---

① 《创世记》11：10 以下；17：5。

在各种情况下我们都必须相信这个世界从来都不会没有这两种人。经上写道，那个时候"他们都偏离正路，一同变为污秽，并没有行善的，连一个也没有"，在包含着这些词句的两首诗中我们还读到"作孽的都没有知识吗？他们吞吃我的百姓如同吃饭一样"。然而，即使在那个时候，也有上帝的子民。因此"没有一个人行善"说的是世人，而不是上帝之子。因为前面的诗句是"上帝从天上垂看世人，要看有明白的没有，有寻求神的没有。"①而在此之后添上的话表明，所有"世人"，亦即所有属于这座城的人——他们按人生活，而不是按上帝生活——都是该受谴责的。

章11　希伯来语是人类最初使用的语言，以希伯的名字命名，当开始有多种语言的时候，希伯来语保存在希伯的宗族中

正如在所有人都使用一种语言的时代（大洪水之前只有一种语言，但除了义人挪亚一家外，其他所有人都被大洪水毁灭了），这个世界上也有瘟疫之子，所以当各个宗族由于亵渎的虚枉而受到惩罚、被多种语言分开、这座亵渎者之城由此得到"变乱"这个名称、亦即巴比伦的时候，也还有着希伯之家，希伯来语保存在他的宗族中，而在此之前希伯来语是所有人的语言。我在上面说过，②由于这个原因，希伯在闪的子孙中间第一个被提到，闪是这些宗族的祖先，尽管希伯是闪的第五世孙，亦即希伯是闪的第五代传人。因此，这种语言——相信这种语言最初是全人类的共同语言并无不恰当之处——在其他宗族被不同语言分开这后，仍旧在希伯的宗族中使用。这就是为什么后来它被称作希伯来语的原因，因为当时有这种需要，用一个它自己的名称来与其他语言相区别，正如其他语言也都有了它们自己的名称。然而，当世上只有一种语言的时候，它只被称作"人的口音"或"人的言语"，因为它是整个人类所讲的唯一语言。

但有些人会说，如果是在希伯之子法勒的时代，人们由于不同的语言而分地——也就是说从那以后大地上的人开始讲多种语言——那么这种

---

①　《诗篇》14：2以下；53：2以下。

②　见本卷，章3。

人类先前的共同语言应当以法勒的名字命名。然而，我们必须明白，希伯给他的儿子命名，称他为法勒，也就是分的意思，这确实是因为在法勒出生的时候，人们已经由于语言不同而分地而居了，圣经中"在他那个时候人分地居住"的说法指的就是这个时候。如果希伯在多种语言产生之时已经不在这个世上，那么保存在他的宗族中使用的这种语言就不会以他的名字命名。因此我们相信，这种语言是人类最初共有的语言，由于语言的多样化和变乱是作为惩罚到来的，所以上帝的子民应当不属于受惩罚的范围。

希伯来语是亚伯拉罕使用的语言，这一事实意义重大，但亚伯拉罕不能把它传给所有的后裔，只能传给从他开始经过雅各的那一支派，传给那些以最高尚、最杰出的方式组成的上帝的子民，他们能够守约，保存基督将要降临的那个人群。希伯本人没有把这种语言传给他的所有后裔，而只传给到达亚伯拉罕的那一支派。因此，尽管我们没有清楚的证据表明在亵渎者建巴比伦之时有任何虔诚者的种族存在，但这一晦涩之处并不会阻碍探索者的兴趣，反而会激励它。因为我们读到，最初，所有人只有一种语言，还有，在闪的所有子孙中最先提到希伯，尽管他是闪的第五代传人，希伯来是这种语言的名字，这种语言由族长和先知的权柄保存下来，不仅在他们的言语中，而且也在他们的神圣作品中。所以，当我们问在变乱语言后，为什么这种原先是共同语言的语言能够保存下来时（无可怀疑的是，在这种语言幸存之处，作为惩罚而进行的变乱语言在这里并没有起作用），除了说这种语言在其得名的那个人的宗族中幸存，我们还能作什么样的回答？我们没有任何微小的证据说明这个支派的公义，事实上当其他宗族受到变乱语言的惩罚时，这样的惩罚没有延伸到这个宗族。

但现在又产生了另外一个问题：如果希伯和他的儿子法勒都连续使用相同的语言，他们为何各自建立宗族？希伯来民族确实是从希伯一直延伸到亚伯拉罕，再经过亚伯拉罕到以色列而成为一个伟大的民族。如果希伯和法勒没有建立自己的宗族，那么为什么挪亚所有有记载的子孙都建立了他们自己的宗族？对此最有可能的解释是巨人宁录也建立了他自己的宗族,他有这样的名字或是由于他的英勇,或是因为他巨大的体形,所以宗族和语言的数量保持在七十二个,而法勒被提到,不是由于他建立了一个宗族(因为他的民族是希伯来民族本身,他的语言是希伯来语),而是由于他生活的时代很重要,因为是在他所处的时代,人们分地而居。

我们也不要被这样一个问题所困惑:当建造巴比伦和变乱语言发生,由此产生宗派时,巨人宁录怎么可能还活着? 这是因为,尽管希伯是挪亚的第六代传人,而宁录属于第四代,但并不表明他们不可能同时活着。这种情况发生在人寿命较长而世代较少,或人寿命较短世代较多,或出生较迟而世代较少,或出生较早而世代较多的时候。我们一定要明白,当人们分地而居的时候,挪亚的儿子们的传人——他们作为支派的族长而被提到——不仅已经出生了,而且还到了一定的年纪,并且有了一个称得上"宗族"的大家族。因此我们一定不要假设他们是在我们读到他们的那个时候出生的。否则的话,如果我们从希伯的另一个儿子约坍在他的兄弟法勒之后被提到这一事实推论出约坍出生在法勒之后,那么约坍的十二个儿子怎么可能已经建立支派了呢? 法勒生在分地之时,所以我们必须明白,尽管法勒先于约坍被提到,但法勒的出生时间比他兄弟迟得多,在他出生的时候,约坍的十二个儿子已经有了很大的家族,或已经按他们自己的语言区分开来了。一个儿子尽管出生较迟,但可以较早被提到,就好像挪亚的三个儿子的后裔:小儿子雅弗的后代最先被提到;然后提到的是次子含的后代;最后则是闪的后代,闪是挪亚的长子。

这些宗族的名称有些幸存下来,所以直到今天它们的演变也很清楚。例如,亚述人源于亚述,希伯来人源于希伯。然而有些宗族的名字在漫长的时间中发生了变化,即使研究古代历史的最博学的人也无法把这些名字的起源都弄清楚。例如,埃及人的起源被追溯到含的儿子麦西,但在这个例子中没有保留麦西这个名称的任何发音。埃塞俄比亚人也一样,据说他们是含的儿子古实的后裔。总的看来,发生了变化的名称要远远多于没有发生变化而保存下来的名称。

章 12 始于亚伯拉罕的这个时代开创了圣史的新纪元

现在让我们来考察上帝之城在从亚伯拉罕开始的这个时代的进展，我们关于这个时代的知识有比较多的证据，我们可以读到更加清晰的例证表明上帝的应许在基督那里应验。

从圣经中我们得知，亚伯拉罕诞生在迦勒底，①这块土地属于亚述王国。但当时迦勒底人中间弥漫着亵渎的迷信，就像其他一些宗族一样。只有亚伯拉罕之父他拉的家族还在崇拜唯一的真神，相信希伯来语仅在那里幸存是有理由的。（尽管按照嫩的儿子约书亚的叙述，②连他拉本人也在侍奉美索不达米亚的他族神，正如在埃及的上帝子民在变得显赫以后的作为。）与此同时，希伯的其他后裔逐渐融入其他语言和民族。

因此，正如挪亚之家在大洪水中保存下来以恢复人类一样，现在只有他拉之家还在覆盖整个世界的迷信的汪洋大海中幸存，而上帝之城就在这个世界上生长。在前一个事例中，经文首先提供到挪亚为止的家系，再加上他们的岁数，以及解释大洪水的原因，然后说"挪亚的后代记在下面。"③所有这些事情都发生在上帝要挪亚建造方舟之前。在当前这个事例中也一样，在提供了挪亚的儿子闪的到亚伯拉罕为止的家系以后，就以相同的方式说了下面这段极为重要的话："他拉的后代记在下面：他拉生亚伯兰、拿鹤、哈兰。哈兰生罗得。哈兰死在他的本地迦勒底的吾珥，在他父亲他拉之先。亚伯兰、拿鹤各娶了妻：亚伯兰的妻子名叫撒莱；拿鹤的妻子名叫密迦，是哈兰的女儿。"④哈兰是密迦的父亲，也是亦迦的父亲，这位亦迦据信就是亚伯拉罕的妻子撒拉。

章 13 在讲述他拉离开迦勒底前往美索不达米亚时，为什么没有提到他拉之子拿鹤

接下去，圣经告诉我们他拉和他的家庭如何离开迦勒底，迁往美索不

---

① 参阅《创世记》11：28。

② 《约书亚记》24：2。

③ 《创世记》6：9。

④ 《创世记》11：27 以下。

达米亚,在哈兰定居。但在这里没有提到他拉的儿子拿鹤。他拉似乎没有带上拿鹤,因为经上说:"他拉带着他的儿子亚伯兰和他孙子哈兰的儿子罗得,并他儿媳妇亚伯兰的妻子撒莱,出了迦勒底的吾珥,要往迦南地去。他们走到哈兰就住在那里。"①这段话中一点儿也没有提到拿鹤和他的妻子密迦。然而后来,当亚伯拉罕派他的仆人去为他的儿子以撒找一个妻子的时候,我们看到有这样的记载:"那仆人从他主人的骆驼里取了十匹骆驼,并带些他主人各样的财物,起身往美索不达米亚去,到了拿鹤的城。"②

依据圣史的这段记载和其他证言,亚伯兰的兄弟拿鹤也离开了迦勒底,在亚伯兰和他父亲他拉定居的美索不达米亚建立了他自己的地盘。那么,当圣经讲到他拉带着他的家庭离开迦勒底人迁往美索不达米亚定居的时候,为什么没有提到拿鹤呢?而圣经不仅提到了他拉的儿子亚伯兰,也提到了他的儿媳妇撒莱和他的孙子罗得。我怀疑这可能是因为拿鹤与他虔诚的父亲和兄弟分了家,陷入了迦勒底人的迷信,后来则因为悔改或者因为遭人怀疑或迫害,也迁居了。

在标题为《犹滴传》的这本书中,当以色列人的敌人何乐弗尼问亚摩利人的首领亚吉奥,这是个什么样的民族,是否必须对它开战时,亚吉奥回答说:"让我的主听他的臣仆的话语,我会告诉你这个居住在这些山区的民族的真相,从你的臣仆嘴里说出来的话绝不会有谎言。这个民族出自迦勒底人,从前住在美索不达米亚,因为他们不愿追随他们父辈的诸神,也就是在迦勒底受荣耀的神。他们偏离他们的祖先,崇拜他们知道的天主。所以迦勒底人把他们赶走,使他们不会出现在诸神面前。这些人逃往美索不达米亚,在那里住了许多日子。然后他们的上帝吩咐他们离开那里,去了他们现在居住的迦南地。"③此外,这位亚摩利人亚吉奥还讲了其他许多事情。据此可以清楚地看到,他拉家由于信仰真正的宗教,崇

① 《创世记》11:31。

② 《创世记》24:10。

③ 《犹滴传》5:5以下。

敬唯一真正的上帝，而受到迦勒底人的迫害。

章14　他拉的寿命，他死在哈兰

　　他拉在美索不达米亚去世，据说他在那里活到205岁，上帝对亚伯拉罕的应许已经初露端倪。经上说："他拉在哈兰的日子是205年，他死在哈兰。"①然而，我们不要把这句话的意思理解为他拉始终住在那里，而只是说他在那里过完了他的全部日子，总共是205年。否则的话，我们就不知道他拉的寿命是多少，因为经上没有记载他来到哈兰的时候多少岁，而若要假设在这些勤勉地记载每一个人的寿命的家系中，只有这个人的寿命没有为后人记载下来，那么这个假设是荒谬的。当然，圣经在提到有些人的时候没有说他们的年纪，但这只是因为他们不是在记载这些世代相传的谱系时被提到的。正好相反，在记载从亚当到挪亚，再到亚伯拉罕的系谱时，里面提到的人没有一个是没有讲到他的寿命的。

章15　关于亚伯拉罕按上帝的吩咐启程离开哈兰的日子

　　在记载了亚伯拉罕之父他拉去世之后，我们读到："上帝对亚伯兰说：你要离开本地、本族、父家"，等等。② 但我们一定不能假定，按经书中所记载的事情的秩序，上帝的这个吩咐紧随他拉之死，因此在事件的实际秩序中也是这样发生的。确实，如果事情是这样的话，那么就会产生无法解决的问题。在上帝对亚伯拉罕说了这些话以后，经上说："亚伯兰就照着上帝的吩咐去了，罗得也和他同去。亚伯兰出哈兰的时候年75岁。"③但若他在他父亲死后启程，这件事怎么可能是真的呢？因为我们在上面注意到，他拉生亚伯兰的时候是70岁，如果在这个数字上再加上亚伯兰离开哈兰时的岁数，那么总数是145岁。所以，这就是亚伯拉罕离开美索不达米亚这座城时他拉的岁数，因为亚伯兰当时75岁，而他父亲生他时

---

① 《创世记》11：32，圣经和合本译为"他拉共活了205岁，就死在哈兰。"

② 《创世记》12：1。

③ 《创世记》12：4。

是 70 岁,所以如我所说,他父亲那时候 145 岁。因此,亚伯拉罕没有在他
父亲死的时候启程离开,也就是没有在他拉活到 205 岁的时候离开。倒
不如说,由于亚伯拉罕在 75 岁时离开哈兰,而在 70 岁上生他的他拉那时
候 145 岁。

据此我们必须明白,作为一种习惯,圣经在这里回溯到一个已经讲过
的时间。还有,在前面的一段话中,在"按照他们的方言和宗族"①记载挪
亚的儿子们的后裔以后,经上继续说"那时,天下人的口音言语都是一
样",②就好像是按时间秩序说的一样。那么,如果当时天下人只有一种
言语,如何可能按照方言和宗族来记载他们呢? 这肯定是因为这里的叙
述又返回到前面已经讲述过的某一点上。所以,我们正在考虑的这段话
也一样,圣经首先说:"他拉在哈兰的日子是 205 年,他死在哈兰。"③然后
又回到为了首先讲完他拉的事迹而省略了的某一点上。经上说:"上帝
对亚伯兰说:你要离开本地、本族、父家",等等。④ 在讲完上帝的这些话
语之后,经上继续说"亚伯兰就照着上帝的吩咐去了,罗得也和他同去。
亚伯兰出哈兰的时候年 75 岁。"⑤所以这件事情发生在他的父亲 145 岁
的时候,因为亚伯拉罕当时 75 岁。但这个问题也可以用另一种方式来解
决,把亚伯拉罕的岁数从他被上帝从迦勒底人的大火中解救出来而离开
哈兰开始算起,⑥而不是从他出生时算起,就好像他的得救是他真正的
生日。

然而,有福的司提反在使徒行传里讲述这些事情时说:"当日我们的
祖宗亚伯拉罕在美索不达米亚还未住哈兰的时候,荣耀的上帝向他显现,
对他说:'你要离开本地和亲族,往我所要指示你的地方去。'"⑦按照司

---

① 《创世记》10:31。

② 《创世记》11:1。

③ 《创世记》11:32。

④ 《创世记》12:1。

⑤ 《创世记》12:4。

⑥ 传说亚伯拉罕因为拒绝崇拜迦勒底人的火神而被扔进大火,参阅杰罗姆:《希伯
   来文创世记诠释》,章 19;奥古斯丁:《旧约全书前七卷诠释》,章 1,节 25。

⑦ 《使徒行传》7:2以下。

提反的这些话,上帝不是在亚伯拉罕父亲死了以后才对亚伯拉罕说这番话的,因为他拉死在哈兰,他的儿子亚伯拉罕也和他住在一起,倒不如说是在亚伯拉罕住在哈兰这座城之前,尽管他当时已经在美索不达米亚了,也就是说,这个时候他已经离开迦勒底了。因为当司提反接着说“那时候他离开迦勒底人之地,住在哈兰”①的时候,这里讲的不是上帝对他说了这番话以后发生的事(因为亚伯拉罕不是在听了上帝的这番话以后才离开迦勒底的土地的,司提反说当上帝对亚伯拉罕说话的时候,亚伯拉罕已经在美索不达米亚了)。倒不如说,这里讲的是整个时期,“那时候”的意思是当他离开迦勒底人之地,住在哈兰以后。对后面的话也一样,“从那以后,在他父亲去世的时候,他搬到这块你们居住的土地上来,这也是你们的父亲居住的地方。”②司提反在这里的意思不是“在他父亲死后,他离开了哈兰”,而是“在他父亲死后,上帝使他从那里搬到这块土地上来”。

所以我们要明白,上帝对亚伯拉罕说这番话是他在美索不达米亚但还未住在哈兰的时候,但亚伯拉罕已经和他的父亲去过哈兰,为了遵守上帝的吩咐,他在 75 岁时离开哈兰,而那一年他父亲是 145 岁。我们得知,他在迦南地定居,而非他离开哈兰,发生在他父亲去世以后,因为当亚伯拉罕在迦南得到土地时,他父亲已经死了,他成了这块土地的主人是在他父亲去世之后,而不是在这件事之前。至于当他已经在米索不达米亚的时候,亦即当他已经离开迦勒底人的土地前往那里的时候,上帝对他说“你要离开本地、本族、父家”,这不是在吩咐他要迁移到那里去,因为他已经在那里了,而是吩咐他切断他的心。因为他仍旧存有希望回到迦勒底,而按照上帝的吩咐,在上帝的帮助下,再加上他自己的服从,他切断这种希望是适当的。所以,设想在拿鹤后来追随他的父亲来到哈兰的时候,亚伯拉罕为了实现上帝的吩咐而离开哈兰,带着他的妻子撒拉和他的侄儿罗得,这种设想没有什么不可信的。

---

① 本句在和合本中译为“他就离开迦勒底人之地,住在哈兰。”

② 本句在和合本中译为“他父亲死了以后,神使他从那里搬到你们现在所住之地。”

章16　上帝对亚伯拉罕所作应许的秩序和性质

现在我们来考虑上帝对亚伯拉罕所作的应许。因为在这些应许中，我们的上帝的启示开始显得更清楚了。这些启示涉及先知们的权威所预言过的虔诚的子民。这些最初的应许包含在下面这段话中："上帝对亚伯兰说：'你要离开本地、本族、父家，往我所要指示你的地去。我必叫你成为大国。我必赐福给你，叫你的名为大，你也要叫别人得福。为你祝福的，我必赐福与他；那咒诅你的，我必咒诅他。地上的万族都要因你得福。'"①

我们应当注意，上帝在这里对亚伯拉罕应许了两件事。第一件事是他的后代会拥有迦南地，用"往我所要指示你的地去"这句话来表示。第二件事更加远大，不仅涉及他的肉身的后代，而且涉及他的灵性的后代，藉此，他不仅是以色列人之祖，而且是追随他的信仰足迹的一切民族之祖，这一应许表现在"地上的万族都要因你得福"这句话中。

欧西庇乌认为这一应许是在亚伯拉罕75岁时作出的，理由是在这一应许作出后不久亚伯拉罕就离开了哈兰，而圣经是不可能自相矛盾的，我们在圣经中读到"亚伯兰出哈兰的时候年七十五岁。"②但若这一应许是在这一年作出的，那么显然这时候亚伯拉罕已经与他父亲一起住在哈兰，因为他要不是先住在那里就不可能离开。那么，这个说法与司提反的说法"当日我们的祖宗亚伯拉罕在美索不达米亚还未住哈兰的时候，荣耀的上帝向他显现"相互矛盾吗？不矛盾，因为这些事情全都发生在同一年——上帝在亚伯拉罕住在哈兰之前所作的应许，亚伯拉罕住在哈兰，亚伯拉罕离开那里。这不仅是因为欧西庇乌在他的编年史中从应许这一年算起，说明法律颁布以后出埃及这件事发生在430年以后，而且也因为使徒保罗提到过它。③

---

① 《创世记》12：1以下。
② 欧西庇乌：《编年史》，章24；杰罗姆：《编年史》，章23；《创世记》12：4。
③ 参阅《加拉太书》3：17。

章 17　外邦人的三个最强大的王国，亚伯拉罕诞生时亚述人的王国已经达到鼎盛

在这个时代，异邦人有三个强大的王国，在那些堕落的天使的控制下，属地之城——即按人生活的人的社会——兴起，获得巨大的权力。这三个王国是西徐亚人的王国、埃及的人王国、亚述人的王国，①但亚述人的王国在那时最强大、最显赫。国王尼努斯是伯鲁斯之子，他征服了除印度以外的整个亚细亚的人民。当我说"亚细亚"的时候，我指的不是那个仅仅相当于大亚细亚的一个行省的那个部分，而是指整个亚细亚。有人建议把亚细亚当作世界两大部分中的一个部分，②尽管大多数人把它当成世界三大部分之一，整个世界由亚细亚、欧罗巴、亚菲利加组成。这种分法不是平均划分。因为被称作亚细亚的部分从南方穿过东方向北方延伸，欧罗巴从北方向西方延伸，而亚菲利加则从西方开始向南方延伸。因此可以看到欧罗巴和亚菲利加包括这个世界的一半，而亚细亚本身包括了这个世界的另一半。但是欧罗巴和亚菲利加被当作两个分开的部分，因为来自大洋的海水侵入它们之间的区域，构成了我们这个大海。如果你把世界分成两部分，分成东方和西方，那么亚细亚是一方，而欧罗巴和亚菲利加是另一方。这就是为什么这三个最杰出的王国中只有西徐亚人的王国不处在亚述人的统治之下，因为它在欧罗巴。与此形成对照的是，埃及人的王国怎么能不服从统治整个亚细亚的大帝国呢，唯有印度是一个例外？

因此，那些不虔诚者的城市在亚述拥有支配地位。它的京城就是那个巴比伦，"变乱"这个名称是最适合这座世俗之城的。当时是尼努斯在位，他继承了他父亲伯鲁斯的王位，伯鲁斯作为那里的第一位国王统治了65年。他的儿子尼努斯在他死后继位，统治了52年，当亚伯拉罕诞生时，尼努斯已经拥有这个王国43年。这件事大约发生在罗马建城前1200年，罗马是位于西方的第二个巴比伦。

---

① 参阅本书卷18，章2以下。
② 参阅撒路斯特：《朱古特战争》，章17，节3。

章18　上帝第二次向亚伯拉罕保证把迦南地应许给他和他的后代

所以亚伯拉罕离开了哈兰,那时候他 75 岁,而他的父亲 145 岁。他的侄儿罗得、妻子撒莱和他同行,他们进入迦南地,路经示剑,在那里又一次得到上帝的启示,经上是这样写的:"上帝向亚伯兰显现,说:'我要把这地赐给你的后裔。'"①这里没有提到使他成为万族之祖的他的后裔,这里所讲的后裔只是使他成为以色列这一族之祖的后裔,因为要拥有这片土地的是这些后裔。

章19　上帝在埃及如何保护撒拉的名誉,亚伯拉罕说撒拉是他的妹子而非他的妻子

然后,在筑坛求告上帝之名以后,亚伯拉罕离开那里,前往旷野居住,后来由于遭遇饥荒前往埃及。在埃及的时候,他称他的妻子是妹子,②这不是撒谎,因为撒拉和他有着很近的血缘关系。同理,罗得被称作亚伯拉罕的兄弟,因为罗得与他关系也很密切,是他兄弟的儿子。这样,亚伯拉罕没有说撒拉是他的妻子,尽管他也没有否认这一点。他把撒拉的名誉托付给上帝,而作为一个人,他也保护自己,反对人的背叛,因为他若是不能尽力防范各种危险,保障自己的安全,那么他就是在试探上帝,而不是盼望上帝。然而,关于这一点,我在回答摩尼教的福斯图的谎言时已经说得够多了。③ 事实上,亚伯拉罕对上帝的信任得到了证实,当法老——埃及人的国王——要娶撒拉为妻时,他受到巨大的伤害而把她还给她的丈夫。然而,上帝禁止我们相信撒拉由于和其他男人交合而受到玷污,因为情况更像是法老受到巨大的伤害而无法与撒拉交合。

章20　亚伯拉罕与罗得达成协议而分手,这项协议没有削弱他们之间的友爱

亚伯拉罕从埃及回到他先前住的地方以后,他的侄儿罗得离开了他,

---

① 《创世记》12:7。

② 《创世记》12:10 以下。

③ 奥古斯丁:《反摩尼教的福斯图》,章 22,节 36。

去了所多玛之地,尽管他们之间的友爱并没有削弱。他们确实已经成为富人,有许多牧人替他们放牧,而在牧人之间发生争吵。因此,亚伯拉罕和罗得分开,以避免他们的奴仆之间的争斗与不和,否则的话,人的本性所然,他们之间也会发生争吵。为了预防这样的邪恶发生,亚伯拉罕对罗得说:"你我不可相争,你的牧人和我的牧人也不可相争,因为我们是兄弟,遍地不都在你眼前吗?请你离开我。你向左,我就向右;你向右,我就向左。"①这也许就是谋求和平的习俗的起源,人们在分地的时候,由长者来划分,由幼者来挑选。②

章 21　上帝的第三个应许,把迦南地永远赐给亚伯拉罕和他的后裔

亚伯拉罕和罗得就这样分手了,他们分开居住,亚伯拉罕住在迦南地,而罗得住在所多玛人中间。这不是发生争执的结果,而是由于他们家族的生计。这时候上帝给了亚伯拉罕第三个启示:"从你所在的地方,你举目向东西南北观看,凡你所看见的一切地,我都要赐给你和你的后裔,直到永远。我也要使你的后裔如同地上的尘沙那样多,人若能数算地上的尘沙,才能数算你的后裔。你起来,纵横走遍这地,因为我必把这地赐给你。"③

这里不太清楚这个应许是否也包括前面的应许,让亚伯拉罕成为地上万族之祖。因为当它说"我也要使你的后裔如同地上的尘沙那样多"的时候,这个应许似乎与较早的应许相连,但这个说法肯定是希腊人所谓的"语言的象征"(hyperbole),不能仅从字面上加以理解。圣经确实习惯性地使用这样或那样的象征性语言,研究它们的人没有人会怀疑这一点,这种象征性的语言——亦即这种讲话的方式——在使用时所包含的意思远远超过字面意义。有谁会看不出尘沙的数量远远多于所有人的数量,哪怕从亚当开始一直算到世界末日?因此,尘沙的数量也要远远多于亚

---

① 《创世记》13:8以下。
② 参阅塞涅卡:《争论集》,章6,节3。这位塞涅卡是老塞涅卡,而不是哲学家小塞涅卡。
③ 《创世记》13:14以下。

伯拉罕的后裔,不仅是他属于以色列民族的那部分后裔,而且还有全世界各民族追随他的信仰而将成为他的后裔的人! 这些后裔的数量与不虔诚者的数量相比确实很少,但他们会使自己极其繁多,这一事实由"地上的尘沙"这一象征性的语言来表示。这一应许给亚伯拉罕的众多后裔对人来说确实是数不清的,但对上帝来说不是这样,因为对上帝来说,即使是地上的尘沙也不是数不清的。

由于这个应许不仅对以色列民族的众多后裔作了保证,而且也在灵性的意义上而非肉身的意义上对亚伯拉罕的所有后裔作了保证,而后者更适宜比作地上众多的尘沙,因此我们可以明白这个应许既指肉身的后裔,又指精神的后裔。然而我说这段话也有不清楚的地方,因为即使是亚伯拉罕通过他的孙子雅各繁衍的这个民族人数已经极其繁多,几乎遍满世界各地。因此用象征性的语言,这个民族本身就可以比作极其繁多的尘沙,因为这个民族的人数对人来说已经数不清了。

然而,没有人会怀疑这里提到的土地是迦南地。但当经上说"凡你所看见的一切地,我都要赐给你和你的后裔,直到永远(in saeculum)"时,①有些人会感到困惑,以为这里的"永远"应当理解为"永恒"。然而,他们若在我们忠实持有的信仰之光的照耀下理解"时代"(saeculum),那么当前这个时代只会持续到将要到来的那个时代开始的时候,所以这里没有什么可以感到困惑的。因为即使以色列人被逐出耶路撒冷,他们仍旧留在迦南地的其他城市,他们会一直留在那里,直到这个时代终结。还有,这片土地上有基督徒居住,他们本身也是亚伯拉罕的后裔。

章 22　亚伯拉罕战胜所多玛的敌人,救回罗得,受到麦基洗德的祝福

得到这个应许以后,亚伯拉罕就搬到同一块土地的另一个地方居住,靠近幔利的橡树,在希伯仑。② 然后就发生了五王与四王交战,所多玛人受到攻打。所多玛城沦陷,罗得被俘。但是亚伯拉罕使他恢复了自由,亚

---

① 这句经文是和合本的译法,拉丁文"saeculum"的意思是时代(age)。

② 《创世记》13:18。

伯拉罕带着他家里生养的精练壮丁318人参战，为所多玛王赢得这场战争。然而，当这位国王把财物赐给他时，他不愿意带走任何战利品。① 但他在那个时候接受了至高神的祭司麦基洗德的美好祝福，而关于这位祭司在《希伯来书》中有许多重大记载，②对此有许多人说这是使徒保罗所为，但有些人则予以否认。③ 这确实是现今由全世界的基督徒奉献给上帝的这种献祭的第一次出现，预示着很久以后由先知预言的将以肉身显现的基督，"你是照着麦基洗德的等次永远为祭司"，④也就是说他不是"照着亚伦的等次"为祭司，因为当这些预言了的事情实现的时候，亚伦的等次将要被取消。

章23　上帝对亚伯拉罕说话，应许他的后裔会像众星一样繁多，相信上帝的亚伯拉罕甚至在他行割礼以前就已经称义了

后来，上帝在异象中对亚伯拉罕说话，许诺做他的盾牌，大大地赏赐他。⑤ 然而，亚伯拉罕为他的子嗣担忧，说他家的一个仆人以利以谢要承受他的家业，于是上帝马上应许给他一位继承人，但不是这个仆人，而是他自己生的。还有，他再一次得到应许，会有无数的后裔，但不像地上的尘沙，而像天上的众星。⑥ 这个应许似乎与那些升天享受属天幸福的后裔有关，否则把他的后裔比作众星和比作尘沙有什么区别呢？然而，也可以说比作众星和比作尘沙是相同的，天上的星辰也数不清，因为我们必须相信并非所有星辰都能看见。观察者的视力越好，他看到的星星越多。我们可以设想有些星辰哪怕是最好的视力也看不见，还有星辰在这个世界的另一面升降，远离我们。最后，对那些自夸已经观察和记载了所有星

---

① 参见《创世记》14。
② 参见《希伯来书》7。
③ 参阅奥古斯丁：《论基督教教义》，卷2，章8，节11。
④ 《诗篇》110∶4以下。
⑤ 参阅《创世记》15∶1。
⑥ 《创世记》15∶1以下。

辰的人——比如阿拉图斯、欧多克索斯,等等,如果还有别人的话①——本书的作者会藐视他们。

这里还有一句话是后来使徒在赞扬上帝的恩典时提到的:"亚伯兰信上帝,上帝就以此为他的义。"②使徒提到这一点,免得受过割礼的人自夸,拒绝承认未受割礼的人认信基督。③ 因为当上帝作出这些应许的时候,当亚伯拉罕因信而被称义的时候,亚伯拉罕还没有行割礼。

章24 亚伯拉罕想要就他所信之事得到指点而受命献祭,这件事的意义

在同一异象中,上帝还对亚伯拉罕说:"我是上帝,曾领你出了迦勒底的吾珥,为要将这地赐你为业。"然后,亚伯拉罕向上帝求一征兆,藉此知道自己能承受这份家业。"上帝对他说:'你为我取一只三年的母牛,一只三年的母山羊,一只三年的公绵羊,一只斑鸠,一只雏鸽。'亚伯兰就取了这些来,每样劈开分成两半,一半对着一半地排列,只有鸟没有劈开。有鸷鸟下来落在那死畜的肉上,亚伯兰就把它吓飞了。日头正落的时候,亚伯兰沉沉地睡了,忽然有惊人的大黑暗落在他身上。上帝对亚伯兰说:'你要的确知道,你的后裔必寄居别人的地,又服侍那地的人,那地的人要苦待他们四百年。并且他们所要服侍的那国,我要惩罚,后来他们必带着许多财物从那里出来。但你要享大寿数,平平安安地归到你列祖那里,被人埋葬。到了第四代,他们必回到此地,因为亚摩利人的罪孽还没有满盈。'日落天黑,不料有冒烟的炉,并烧着的火把,从那些肉块中经过。当那日,上帝与亚伯兰立约,说:'我已赐给你的后裔,从埃及河直到幼发拉底大河之地,就是基尼人、基尼洗人、甲摩尼人、赫人、比利洗人、利乏音人、亚摩利人、迦南人、革迦撒人、耶布斯人之地。'"④

所有这些事情都是在异象中说的和完成的,但要逐一讨论每个细节

---

① 参阅西塞罗:《论共和国》,卷1,章14,章22。

② 《创世记》15:6。

③ 《加拉太书》13:18;《罗马书》4:3。

④ 《创世记》15:7以下。奥古斯丁在这段引文最后所提到的宗族的名字在和合本中作为河流的名字。

需要很长时间，还会超越本书的范围。因此我们只涉及必须知道的内容。经上说亚伯拉罕相信上帝，上帝以此为他的义。然而在此之后，他的信心并非不足，因为他说"我凭什么知道必得这地为业呢？"①（也就是这块土地许给他为业）因为他不是说"我怎能知道"，好像还不相信似的。他说"我凭什么知道"——也就是说他在寻找某种征兆，藉此知道他所信的事已经到来了。以同样的方式，当童女马利亚说"我没有出嫁，怎么有这事呢"②的时候，她并不缺乏信心。她相信这件事会发生，但她要问的是这件事以什么方式发生，当她问的时候，她得到了回答。所以在亚伯拉罕的事例中，征兆以动物的形式出现：母牛、母山羊、公绵羊，还有两只鸟，一只斑鸠，一只雏鸽。通过这些征兆，他就可以知道这些他并不怀疑将会发生的事情如何发生。

这样，母牛象征着置于律法之轭下的这个民族，母山羊象征着这个民族将会陷入罪恶，公绵羊也象征着这个民族，但现在处在统治地位。这些家畜被说成是三年的，因为这个时代的三个重要时期是从亚当到挪亚，从挪亚到亚伯拉罕，从亚伯拉罕到大卫。大卫在逐走扫罗后，建起了第一个按照上帝的意愿建立的王国。③ 在这第三个时期，从亚伯拉罕到大卫，这个民族进入它的第三个发展阶段。或者说，对这些征兆还有其他更加适当的解释。

然而，我并不怀疑后来加上的斑鸠和雏鸽象征着亚伯拉罕的灵性后裔。因为经上说"鸟没有劈开"，这是因为属肉体的可以分开，而属灵性的没有任何办法分开，就像斑鸠，它们会远离繁忙的人类世界，或者说像鸽子，它们在人间居住。还有，这两种鸟都是天真无邪的，对人无害的，象征着得到这片土地应许的以色列民族会有一些应许之子和这个注定永远幸福的王国的继承人。但是落在劈开的死畜肉上的鸷鸟并不象征任何好事。倒不如说，它们代表低空的精灵，在这些劈开的死畜肉中寻找自己特

---

① 《创世记》15：8，和合本中译文为"我怎能知道必得这地为业呢？"
② 《路加福音》1：34。
③ 参阅《撒母耳记上》26。

别的食物。还有,亚伯拉罕坐在这些劈开的畜肉边上,象征着即使有分裂,忠诚者也会持守到底。日落时攻击亚伯拉罕的恐怖和黑暗,象征着这个世界终结时会有巨大的磨难落在忠诚者身上。关于这一点,主在福音书中说:"因为那时必有大灾难,从世界的起头直到如今,没有这样的灾难。"①

至于上帝对亚伯拉罕说的话,"你要的确知道,你的后裔必寄居别人的地,又服侍那地的人,那地的人要苦待他们四百年",这是关于以色列民族的一个非常清晰的预言,他们在埃及为奴。然而这个民族并没有在埃及人中寄居、服侍、受苦四百年。所以倒不如说这里预言的是这件事情会在四百年中发生。以同样的方式,经上在讲到亚伯拉罕之父他拉的时候说"他拉在哈兰的日子205年"②,不是因为这些年都是在那里度过的,而是因为他的一生是在那里结束的。所以在这个地方,在讲到"那地的人要苦待他们四百年"的时候,这里的意思这样的苦待会在某个时间结束,而不是在所有时间都受苦待。四百年在这里确实只是一个整数。真正的时间还要更长些,无论从这些对亚伯拉罕的应许算起,还是从以撒出生算起,因为以撒是亚伯拉罕的后代,整个预言就是对亚伯拉罕的后代作出的。如上所说,从亚伯拉罕75岁得到第一个应许算起,直到以色列人出埃及,一共是430年。在回忆这些事情的时候,使徒说:"我是这么说:上帝预先所立的约,不能被那四百三十年以后的律法废掉,叫应许归于虚空。"③所以,在当时430年可以叫作400年,因为差别不大。如果我们从上帝在异象中对亚伯拉罕说话算起,这样说也就更加准确了,因为其间又过了很长时间;或者从以撒出生的时候算起,亚伯拉罕100岁时生以撒,是在第一个应许以后25年,这样一来430中只剩405年,所以上帝说400年。至于包括在下面这些话中的上帝的预言,无人怀疑它指的是以色列民族。

————————

① 《马太福音》24:21。
② 《创世记》11:23。
③ 《加拉太书》3:17。

圣经继续说:"日落天黑,不料有冒烟的炉,并烧着的火把,从那些肉块中经过。"这里象征的是,在末日的时候,肉身将要受到火的审判。上帝之城在反基督时将要遭受苦难——这样的苦难是过去从未见过的——由亚伯拉罕在日落时遇上"黑暗的巨大恐怖"来象征,也就是在这个世界临近末日的时候。以同样的方式,日落时——亦即终结时——出现的火象征着审判之日,从火中得救的人要与那些判定要受火刑的人分开。①

然后是上帝与亚伯拉罕立的约,这很清楚指的是指迦南地,提到了那里的十一条河流,从埃及河到幼发拉底大河。然而这里讲的埃及河指的不是埃及那条称作尼罗河的大河,而是划分埃及与巴勒斯坦的一条小河,里诺科鲁拉城(Rhinocorura)就坐落在那里。

章25　撒拉把使女夏甲给亚伯拉罕为妾

接下去讲的是亚伯拉罕生儿子的事,一个儿子是使女夏甲生的,另一个是自主之妇撒拉生的,关于他们,我在前一卷已经说过了。② 然而,考虑到当时的处境,纳妾这件错事从各方面来说都不应怪罪于亚伯拉罕。③因为亚伯拉罕使用夏甲的目的是生育后代,而不是为了满足他的情欲;不是为了冒犯他的妻子,而是为了服从她。因为撒拉生来不育,所以她相信如果按照自己的选择把她的使女能生育的子宫当作自己的子宫来使用,那么这对她自己的不育来说是一个慰藉。于是,作为自主之妇,她使用了使徒所说的这种权力,"丈夫也没有权柄主张自己的身子,乃在妻子",④她这样做是为了能让其他人为丈夫生一个儿子,因为她自己做不到。这里没有邪恶的欲望,也没有罪恶羞耻的成分。妻子把使女给丈夫是为了生育的缘故,而丈夫接受了使女也是为了生育的缘故。丈夫与使女的目标不是罪恶的快乐,而是自然的生育。但当使女有了孩子的时候,她就小

---

① 参阅《哥林多前书》3:12 以下;本书卷 21,章 26;奥古斯丁:《圣经诠释》,章 68以下。

② 本书卷 15,章 2 以下。

③ 参阅奥古斯丁:《反摩尼教的福斯图》,章 22,节 30。

④ 《哥林多前书》7:4。

看她不育的主母,而撒拉带着女人的妒忌责备她的丈夫。然而,即使在这个时候,亚伯拉罕也表现出他不是一个奴颜婢膝的情人,而是一个自由的生育者。他即使在与夏甲在一起的时候也敬重他妻子的美德,不是为了寻求自己的快乐,而是为了实现撒拉的心愿。他没有要夏甲,但却与她同房,他去了她那里,但却没有依赖她,他给了她种子,但他没有爱她。因为他说:"使女在你手下,你可以随意待她。"①在使用女人方面,他是一个多么杰出的男人啊! 因为他有节制地对待他的妻子,也尊重她的使女,但对谁都没有过分的地方。

章 26 上帝对亚伯拉罕显现,应许在他老年时让不育的撒拉生子,并立他为多国之父,用割礼作为立约的证据

后来,夏甲生了以实玛利,亚伯拉罕以为上帝对他的应许在以实玛利身上实现了,当时他提出要过继在他家出生的人,而上帝说:"这人必不成为你的后嗣,你本身所生的才成为你的后嗣。"②因此,为了免得他又会以为这个应许在使女之子身上实现,在"亚伯兰年九十九岁的时候,上帝向他显现,对他说:'我是全能的上帝,你当在我面前作完全人,我就与你立约,使你的后裔极其繁多。'亚伯兰俯伏在地,上帝又对他说:'我与你立约,你要作多国的父。从此以后,你的名不再叫亚伯兰,要叫亚伯拉罕,因为我已立你作多国的父。我必使你的后裔极其繁多,国度从你而立,君王从你而出。我要与你并你世纪代代的后裔坚立我的约,作永远的约,是要作你和你后裔的上帝。我要将你现在寄居的地,就是迦南全地,赐给你和你的后裔,永远为业。我也必作他们的上帝。'上帝又对亚伯拉罕说:'你和你的后裔必世世代代遵守我的约。你们所有的男子都要受割礼,这就是我与你,并你的后裔所立的约,是你们所当遵守的。你们都要受割礼,这是我与你们立约的证据。你们世世代代的男子,无论是家里生的,是在你后裔之外用银子从外人买的,生下来第八日,都要受割礼。你家里

---

① 《创世记》2:17。

② 《创世记》15:4。

生的和你用银子买的，都必须受割礼。这样，我的约就立在你们肉体上，作永远的约。但不受割礼的男子，必从民中剪除，因他背了我的约。'上帝又对亚伯拉罕说：'你的妻子撒莱，不可再叫撒莱，她的名要叫撒拉。我必赐福给她，也要使你从她得一个儿子。我要赐福给她，她也要作多国之母，必有百姓的君王从她而出。'亚伯拉罕就俯伏在地喜笑，心里说：'一百岁的人还能得孩子吗？撒拉已经九十岁了，还能生养吗？'亚伯拉罕对上帝说：'但愿以实玛利活在你面前。'上帝说：'不然，你妻子撒拉要给你生一个儿子，你要给他起名叫以撒。我要与他坚定所立的约，作他后裔永远的约。至于以实玛利，我也应允你，我必赐福给他，使他昌盛极其繁多。他必生十二个族长，我也要使他成为大国。到明年这时节，撒拉必给你生以撒，我要与他坚定所立的约。"①

这是一个更加清楚的应许，在以撒身上，也就是在应许之子身上召唤各族，以撒象征着恩典，而非本性，因为他被应许为一个老人和一名不育的老妇之子。尽管上帝仍以生育的自然方式运作此事，但他的恩典更加清楚地展现在这个事例中，在这里上帝的作用是明显的，因为本性已经受到损害而无效。由于这件事的发生不靠生育而靠再生，这就是当上帝应许撒拉生子的时候，上帝要他们受割礼的原因。还有，上帝命令他们受割礼，实际上不仅所有的儿子要受，而且家生的奴隶和购买来的奴隶也要受，这就证明了这个恩典和所有人有关。因为，割礼所象征的不就是摆脱年迈而使本性获得更新吗？第八天除了象征基督还能象征什么呢，他在七天以后复活，也就是在安息日以后复活？这对父母的名字也改了，整个故事贯穿着新意。新约以一种被旧约掩盖着的方式呈现了。我们所谓旧约不就是新约的一种隐秘的形式吗？我们所谓的新约不就是旧约的启示吗？② 亚伯拉罕的笑是一种感恩的欢笑，而不是怀疑者的嘲笑。这些话是他心底发出的，"一百岁的人还能得孩子吗？撒拉已经九十岁了，还能

---

① 《创世记》17：1以下。
② 参阅《希伯来书》10：1；奥古斯丁：《反摩尼教的福斯图》，章6，节9；本书卷4，章33。

生养吗?"——这些话不是怀疑,而是惊奇。

但是经上说,"我要将你现在寄居的地,就是迦南全地,赐给你和你的后裔,永远为业",有些人会对这句话感到困惑。他们的问题是,这里讲的事情应该当作已经实现的,还是当作有待实现的,因为对任何民族来说,尘世间的任何东西都不可能"永远"。对有这种困惑的人要让他知道,我们的翻译者在使用"永远"这个词的时候,意思相当于希腊人说的"aionios",这个词是从他们表示"时代"(aion)的那个名词中派生出来的,与希腊文 aion 对等的拉丁词是 saeculum。但是拉丁文的译者不敢大胆地把它当作"secular"来使用,担心这个词会表达一种完全不同的意思。确实有许多发生在这个世界上的事情被称作"世俗的",它们是流逝的,短暂的,但当某个事情被称作"aionios"的时候,它的意思要么是没有终结,要么是它会延续到这个时代的尽头。①

章 27 在第八天不受割礼的男婴要从民中剪除,因为他背了上帝的约

还有,一些人可能会对这句话的理解感到困惑,"但不受割礼的男子,必从民中剪除,因他背了我的约。"②因为这绝对不是婴儿的错,但却要把他的灵魂除去。背上帝之约的不是他,而是他的长辈,他们没有给他行割礼;除非婴儿不是在今生背了约,而是在他们与所有人共有的那个源头上背了约,因为众人因那一个人犯了罪而都犯了罪,背了上帝的约。③除了两个主要的约,旧约与新约以外,确实有许多约被称作上帝的约,所有人都可以通过阅读圣经来了解。与第一个人立的第一个约无疑是"你吃的日子必定死"。④ 因此在《便西拉智训》中写道:"所有肉身都会像衣服一样变旧,这是最初立下的约,所有罪人必定死。"⑤由于后来有了更加

---

① 参阅本卷,章 21;奥古斯丁:《旧约全书前七卷诠释》,章 1,节 31。

② 《创世记》17:14,这里用的是和合本的译法,直译为"不受割礼的男婴,他的肉体的包皮未曾割去的,那么他的灵魂要从民中剪除,他背了我的约。"

③ 参阅《罗马书》5:12。

④ 《创世记》2:17。

⑤ 《便西拉智训》14:18。

清楚的律法,于是使徒说:"哪里没有律法,哪里就没有过犯。"①除非所有受到某种罪的束缚的人都是某些律法的过犯者,否则《诗篇》中所说的"我把地上所有罪人都当作过犯者"②怎么可能是真的呢?

　　然而,若像真正的信仰所认为的那样,甚至连婴儿也生来就是罪人,不是由于他们自己的行为,而是因为他们的起源(这就是我们为什么承受他们也有得到赎罪恶典的必要的原因),而按照他们是罪人这一事实,他们也被认作是上帝在乐园中所赐律法的过犯者。所以两段经文都是对的:"我把地上所有罪人都当作过犯者";"哪里没有律法,哪里就没有过犯。"因此,割礼作为一种再生的标志而设立,由于破坏了上帝之约的原罪,出生本身给婴儿带来了一种并非不应得的毁灭,除非他能得到再生的救赎。因此,这些神圣的话语必须理解为好像在说"要是他不能再生,那么他的灵魂要从民中剪除",因为他在亚当里,与其他所有人一道背了上帝的约。这段话如果说"因为他已经背了我的约",那么我们就不得不把这句话理解为只涉及割礼。然而,由于它没有说婴儿背了什么约,所以我们可以自由地把它理解为指某种约,违背它就可以归到婴儿身上。

　　但是还有人会认为这段话确实只指割礼,婴儿由于没有受割礼而背了上帝之约。然而在这种情况下,请他找到某种方式来陈述他的论证,使这句话可以准确无误地被理解为婴儿背了约,因为这个约是在他身上违背的,但并不是他干的。我们确实必须坚持,在不是婴儿的过错的情况下,仅仅由于没有受割礼而使婴儿的灵魂灭亡是不公正的,我们倒不如说,他必死是因为他处在原罪的约束之下。

章28　上帝给亚伯拉罕和撒拉改名字,尽管他们由于不育和年迈不能生子,但上帝还是把儿子赐给他们

　　上帝给亚伯拉罕的应许既重大又清晰,用下面这些话清楚地传给亚伯拉罕:"因为我已立你作多国的父。我必使你的后裔极其繁多,国度从

---

① 《罗马书》4:15。
② 《诗篇》119:119,见希腊文圣经七十子本。

你而立,君王从你而出。"①"我也要使你从撒拉得一个儿子,我要赐福给他,他要变成多国,国度的君王从他而出。"②我们看到这个应许现在应验在基督身上。从那以后,这对夫妇不再像以前一样叫作亚伯兰和撒莱,而叫作亚伯拉罕和撒拉,而我们从一开始就这么叫,因为现在每个人都这么叫。亚伯拉罕改名字的原因在圣经中是这样说的,"因为我已立你作多国的父"。所以,一定要把这句话理解为亚伯拉罕这个名字的含义,而他从前的名字亚伯兰的意思是"高尚的父亲"。撒拉改名字的原因在经上没有作解释,但有些研究圣经中的希伯来名字翻译的学者说,撒莱的意思是"我的女王",而撒拉的意思是"力量"。因此,在《希伯来书》中有这样的话:"因着信,撒拉自己也得着力量怀孕。"③

如圣经所证明的,他们两人都老了。撒拉不仅不育,而且已经停经,所以哪怕她不是不育,也不能再生儿子了。还有,即使某些年纪较大的妇女在还有月经的时候可以与一青年男子生育,但与年迈的男子却不行;而年迈的男子仍旧能够生子,但只能与青年女子生。撒拉死后,亚伯拉罕能与基土拉生子,因为他在基土拉身上找到了青春的活力。然而,这被使徒称作奇迹,因为使徒说亚伯拉罕的身体已经"死了",④这只是因为亚伯拉罕在那个年纪已经不能使每个处在最后生育期的妇女怀孕了。我们必须明白,他的身体已经死了是在一种特殊意义上说的,而不是说他的身体在各方面都死了。如果在各方面都死了,那么它就不是一个老人的身体,而是死者的尸体。亚伯拉罕如何能够与基土拉生子的问题经常被解释为,上帝赐给他的生育能力在他妻子死后仍旧保存着。不管怎么说,我们在这里采用的解释更为可取。因为一名百岁老人肯定不能使我们这个时代的任何妇女生育,但在那个时代就不一样,那时候人的寿命很长,一百岁

---

① 《创世记》17:5以下。
② 《创世记》17:16,和合本译文为"我必赐福给她,也要使你从她得一个儿子。我要赐福给她,她也要做多国之母,必有百姓的君王从她而出。"
③ 《希伯来书》11:11,和合本译为:"因着信,连撒拉自己虽然过了生育的岁数,还能怀孕。"
④ 《罗马书》4:19;参阅《希伯来书》11:12。

并不会给男人带来衰老。

章29　上帝以三个人或三个天使的形象在幔利橡树向亚伯拉罕显现

　　上帝又以三个人的形象在幔利橡树向亚伯拉罕显现，无疑，他们是天使。然而有人认为他们中有一个是我们的主基督，断言他在道成肉身之前在这个场合就已经变为可见的了。对上帝和不可见的权能来说，这确实是可能的，它们的性质是无形体的和不变的，可以不用变化其自身而向凡人的视力显现，这样做不是依靠它本身的存在，而是依靠服从于它的存在。那么还有什么存在不从属于它呢？但是，认为三个人中有一个是基督的人之所以有这种看法，乃是因为亚伯拉罕在看到三个人的时候，称他们中的一个为"主"（因为经上写道："举目观看，见有三个人在对面站着。他一见，就从帐篷门口跑去迎接他们，俯伏在地，说：'我主，我若在你面前蒙恩'。"）。① 然而，他们为什么没有注意到，当亚伯拉罕还在与他们中的一个讲话，称他为"主"，劝说他不要把所多玛的义人与恶人一同摧毁的时候，另外两个已经去摧毁所多玛，而当罗得见到他们，与他们说话时，他也称他们中的一个为"主"？罗得第一次与他们讲话时用的称呼是复数的，他说："我主（Lords）啊，请你们到仆人家里来"②，在这段话的其他部分也这样，但是后来我们读到："但罗得迟延不走。二人因为上帝怜恤罗得，就拉着他的手和他妻子的手，并他两个女儿的手，把他们领出来，安置在城外。领他们出来以后，就说：'逃命吧！不可回头看，也不可在平原站住，要往山上逃跑，免得你被剿灭。'罗得对他们说：'我主（Lord）啊，不要如此。你仆人已经在你眼前蒙恩，你又向我显出莫大的慈爱'，"等等。③ 在这些话以后，主以单数作答，尽管他在两个天使之中，说"你瞧，我已经当着你的面创造奇迹"，等等。④ 所以，说亚伯拉罕在三个人中认出了主，罗得也在两个人中认出了主，是非常可信的。因为他们以单数

① 《创世记》18:2以下。
② 《创世记》19:2。
③ 《创世记》19:16 以下。
④ 《创世记》19:21，见希腊文圣经七十子本。

的称呼与他说话,哪怕他们认为三个天使只是凡人,而他们请天使进来的唯一原因是问他们有什么需要,就好像凡人需要歇脚一样。很清楚,他们有某些与众不同之处,所以,尽管他们好像是人,那些盛情款待他们的人不会怀疑主在他们中间,就好像上帝不在先知中似的。由于这个原因,亚伯拉罕和罗得有时候用复数称呼他们,而在对他们中的主说话时则用单数。他们是天使,这一点不仅在《创世记》记载别的事情时得到证明,而且在《希伯来书》中赞扬好客时得到证明,使徒说:"曾有接待客旅的,不知不觉就接待了天使。"①

所以,通过这三个人,上帝的应许又一次给予亚伯拉罕,他的妻子必生一个儿子以撒,然后上帝又重复说:"亚伯拉罕必要成为强大的国,地上的万国都必因他得福。"②在这里,两个应许都非常简洁和充分,对以色列民族的应许是按照肉身来做的,而对万国的应许是按信仰来做的。

章30　从所多玛拯救罗得,天火毁灭所多玛,亚比米勒的淫欲不能伤害撒拉的贞洁

在这一应许之后,当罗得逃出所多玛时,从天上降下大火,把整座亵渎之城烧为灰烬。因为所多玛盛行男同性恋以及其他律法所不允许的种种罪恶。但这些事件也是未来上帝审判的一个样品。那些被天使救出来的人为什么不能回头看,这不就是在警告我们,如果我们希望逃脱末日审判,在恩典的帮助下得到再生,那么就一定不要回想旧日的生活?还有,罗得之妻在她回头看的地方变成了一根盐柱,这件事可以为信仰者提供教训,让他们能牢记她的下场。③

此后,亚伯拉罕和他的妻子南迁,在基拉耳他在对妻子的称呼上又使用了和在埃及一样的伎俩,结果他的妻子落入基拉耳王亚比米勒之手,但没有受到玷污而被归还。确实,当这位国王责备亚伯拉罕对撒拉是他的

① 《希伯来书》13:2。

② 《创世记》18:18。

③ 《创世记》19:24 以下。

妻子这一事实保持沉默，称她为妹子的时候，亚伯拉罕说出了他的恐惧，并说："况且她也实在是我的妹子，她与我是同父异母"。① 撒拉与亚伯拉罕同父，所以从父系来说她是他的胞妹。还有，她的美貌使她在年迈时也会有人想要她。

章31　关于以撒按应许出生，他之得名在于他父母的喜笑

此后，撒拉按上帝的应许为亚伯拉罕生了一个儿子，亚伯拉罕给他起名以撒，意思是"笑者"。因为当上帝作出这一应许的时候，他的父亲喜笑，②当这一应许由那三个人再次作出时，他的母亲也喜笑，尽管在她的笑声中包含着一些怀疑。然而，当天使责备她的笑声没有表现出全信的时候，这位天使坚定了她的信仰。所以，这就是这个婴儿得名的来历。当以撒出生和得名的时候，撒拉发出的笑声确实不是嘲笑，而是欢乐的庆贺，因为她说："上帝使我喜笑，凡听见的必与我一同喜笑。"③然而，此后没多久，那个使女和她的儿子就被赶出家门。按照使徒的说法，这件事象征着两约，旧约和新约，撒拉代表"在上的耶路撒冷"，亦即上帝之城。④

章32　亚伯拉罕的顺服和信仰受到杀子献祭的考验，撒拉之死

有些事情需要很长时间才能详细叙述，亚伯拉罕受试验就是其中之一。上帝要他把他最喜爱的儿子以撒献为燔祭，以此证明他的虔诚与服从，但不是展现给上帝，而是展现给这个世界。并非每一试验都要受指责，因为使个人能够证明自己的试验是值得庆贺的。还有，除了用行动而不是用言词来回答由试验的经历提出的问题，人的灵魂通常找不到别的方式来认识自己。如果承认上帝的恩惠，那么它本身是虔诚的并建立在对恩典的坚信上，所以用不着愚蠢的自夸。

亚伯拉罕肯定从来都不相信上帝会喜欢人祭，但他知道，听到上帝的

---

① 《创世记》20：12。
② 《创世记》17：16。
③ 《创世记》21：6。
④ 参阅《加拉太书》4：22 以下。

呼叫之后,我们必须服从上帝的命令而不能怀疑。还有,亚伯拉罕受到赞扬,因为他马上就相信他的儿子被燔祭以后会复活。因为当他不希望满足他妻子的愿望,把使女和她的儿子赶出家门的时候,上帝对他说:"从以撒生的,才要称为你的后裔。"确实,下一句经文就说"至于使女的儿子,我也必使他的后裔成立一国,因为他是你所生的。"①然而,当上帝也把以实玛利称作亚伯拉罕的后裔时,我们该如何理解"从以撒生的,才要称为你的后裔"这句话呢?"这就是说,肉身所生的儿女不是神的儿女;唯独那应许的儿女才算是后裔。"②因此,从应许之子以撒所生的儿女是亚伯拉罕的后裔,也就是说,他们因恩典而被称作亚伯拉罕的后裔,聚集在基督之中。因此这位虔诚的父亲信守应许,由于这个应许要通过上帝命令所杀的一个人来实现,所以他不怀疑这个在他没有希望生子时赐给他的儿子在被燔祭以后也能还给他。

这种理解也可以在《希伯来书》中看到,经上是这样讲的:"亚伯拉罕因着信,被试验的时候,就把以撒献上,这便是那欢喜领受应许的,将自己独生的儿子献上。论到这儿子,曾有话说:'从以撒生的,才要称为你的后裔。'他以为上帝还能叫人从死里复活。"然后使徒又说:"他也仿佛从死中得回他的儿子来。"③那么,这里所说的儿子指的是谁呢?不就是使徒所说的"上帝没有舍不得他自己的儿子,但为我们众人把他救了上去"吗?④ 由于这个原因,正如主要背负他的十字架,以撒也要背他燔祭用的柴而去祭处。还有,当天使从天上呼叫亚伯拉罕住手不要杀以撒,因为他不适合作牺牲的时候,谁是被当作祭品宰杀、洒血为证,以完成燔祭的公羊呢?确实,当时亚伯拉罕举目观看,看到有一只公羊两角扣在稠密的小树中。因此,这只公羊象征的不就是在被献祭时戴着犹太王冠的耶

---

① 《创世记》21∶12 以下。

② 《罗马书》9∶8。

③ 《希伯来书》11∶17 以下。

④ 《罗马书》8∶32,和合本译为"神既不爱惜自己的儿子为我们众人舍了,岂不也把万物和他一同白白地赐给我们吗?"

稣吗？①

现在让我们来聆听天使的圣言。经上说："亚伯拉罕就伸手拿刀，要杀他的儿子。上帝的使者从天上呼叫他说：'亚伯拉罕！亚伯拉罕！'他说：'我在这里。'天使说：'你不可在这童子身上下手，一点不可害他。现在我知道你是敬畏上帝的了，因为你没有将你的儿子，就是你独生的儿子，留下不给我。'"②"现在我知道"的意思是"现在我已经使它为人所知了"，因为说上帝从前不知道这件事是不对的。然后，在用公羊代替他的儿子以撒献祭时，我们读到："亚伯拉罕给那地方起名叫'见主'，直到今日人还说主出现在山上。"③正如"现在我知道"的意思是"现在我已经使它为人所知了"，在这里"见主"的意思是"主出现"，也就是说主使他自己成为可见的。"上帝的使者第二次从天上呼叫亚伯拉罕说：'上帝说：你既行了这事，不留下你的儿子就是你独生的儿子，我便指着自己起誓说：论福，我必赐大福给你；论子孙，我必叫你的子孙多起来，如同天上的星，海边的沙。你子孙必得着仇敌的城门，并且地上万国都必因你的后裔得福，因为你听从了我的话。'"④以这种方式，在象征着基督的整个燔祭结束以后，上帝的誓言确认了在亚伯拉罕的后裔中召唤万国。上帝经常作应许，但在此之前他从未起誓。而真实的、忠实的上帝的誓言不就是对他的应许的确认，以及对不信者的斥责吗？

在这些事情之后，撒拉死了，享年127岁，而她的丈夫那一年137岁。她丈夫比她大十岁，这是他本人在得到上帝让撒拉为他生儿子的应许时说的。他说："一百岁的人还能得孩子吗？撒拉已经九十岁了，还能生养吗？"⑤亚伯拉罕买了一块坟地，埋葬了他的妻子。按照司提反的说法，⑥

---

① 参阅《马可福音》15：16以下；《约翰福音》19：1。

② 《创世记》22：10以下。

③ 《创世记》22：14。和合本译为"亚伯拉罕给那地方起名叫耶和华以勒，直到今日人还说：'在耶和华的山上必有预备。'"

④ 《创世记》22：15以下。

⑤ 《创世记》17：17。

⑥ 《使徒行传》7：4。

从那时候起,亚伯拉罕在那里定居,因为他已经开始成为那块土地的主人,也就是说,这事发生在他父亲死后,按照计算,他的父亲是在两年前死的。

章33 以撒娶拿鹤之孙女利百加为妻

后来,当以撒40岁那年,也就是他父亲140岁,他母亲死了三年以后,娶了利百加为妻,利百加是他的叔父拿鹤的孙女。当以撒之父亚伯拉罕派仆人去美索不达米亚为以撒觅妻的时候,他对仆人说:"请你把手放在我大腿底下。我要叫你指着上帝天地的主起誓,不要为我儿子娶这迦南地中的女子为妻。"①除了表明我们的主,天的上帝与地的上帝,将要拥有肉身,从那大腿中产生出来,这段话还能表示什么呢?我们现在看到这些预示真理的所有小征兆不都在基督身上应验了吗?

章34 我们如何理解撒拉死后,亚伯拉罕娶基土拉为妻

但是撒拉死后亚伯拉罕娶基土拉为妻的意思是什么呢?上帝禁止我们怀疑他不能自制,尤其是考虑到他的年纪和他信仰的神圣。那么是他仍旧想要生养子女,尽管上帝已经最庄重地发誓使以撒的后裔增多,如同天上的星,海边的沙吗?然而,如果像使徒所教导的那样,②夏甲和以实玛利象征着旧约属肉身的民众,那么为什么基土拉和她的儿子就不能象征相信自己属于新约的属肉身的民众?因为夏甲和基土拉都被称作亚伯拉罕的妾与妻,而撒拉从未被说成是妾。当夏甲给了亚伯拉罕的时候,经上说:"于是亚伯兰的妻子撒莱将使女埃及人夏甲给了丈夫为妻。"③还有,关于基土拉,亚伯拉罕在撒拉死后娶她为妻,我们读到:"亚伯拉罕又娶了一妻,名叫基土拉。"你们瞧,她们俩都被称作妻,但她们俩也都是妾,因为经上继续说:"亚伯拉罕将一切所有的都给了以撒。亚伯拉罕把

---

① 《创世记》24:2以下。
② 《加拉太书》4:24。
③ 《创世记》16:3,和合本将最后一个字译为"妾"。

财物分给他庶出的众子，趁着自己还在世的时候，打发他们离开他的儿子以撒，往东方去。"①

　　因此，庶出的儿子们不是没有得到财物，但他们没有去应许的王国——异端和属肉身的犹太人也没有——因为除了以撒，他们都不是后裔，"肉身所生的儿女不是上帝的儿女；唯独那应许的儿女才算是后裔"，对这些人圣经说"从以撒生的才要称为你的后裔。"②除了这层隐藏的意思的缘故，我看不出为什么亚伯拉罕在他妻子死后娶的基土拉要被称作妾。但任何不希望从这种意义上去理解这段话的人一定不要责备亚伯拉罕。因为这个故事提出来也许是为了驳斥那些反对第二次婚姻的异端。③ 万国之父本人的榜样不就已经证明了在妻子死后再婚不是一种罪吗？

　　亚伯拉罕死的时候是 175 岁。他丢下了他的儿子以撒，而以撒这一年 75 岁，是亚伯拉罕 100 岁时生的。

章35　对利百加的双生子作出的预言，当时他们还在母腹中

　　我们现在必须考察上帝之城在亚伯拉罕后裔中的进程。从以撒出生到他 60 岁那年——他的儿子在这一年出生——在此期间，一件值得纪念的事情发生了。当以撒为他不生育的妻子祈求的时候，上帝应允了，他妻子就怀了孕，但孩子们在她腹中彼此相争。她对此感到忧心就去求问上帝，得到答复说："两国在你腹内，两族要从你身上出来，这族必强于那族，将来大的要服侍小的。"④使徒保罗希望把这个答复理解为上帝恩典的重大证据。⑤ 因为他们还没有出生，善恶还没有作出来，都还没有犯下任何个人的罪，但他们无疑都拥有相同的原罪，小的没有任何功德而被拣选，但大的却被排斥。

---

①　《创世记》25：1以下。

②　《罗马书》9：7以下。

③　奥古斯丁：《反摩尼教的福斯图》，章 32，节 17；《反异端》，章 26。

④　《创世记》25：23。

⑤　参阅《罗马书》9：11 以下。

但是我整本书的计划不允许我现在来谈这些事,因为我已经在其他一些地方谈过了。① 至于"大的要服侍小的"这个说法,我们的作家几乎无人把它理解为旧的种族犹太人要服侍新的种族基督徒。这个预言确实可能已经在以东人身上应验,以东人之祖是这位长子,他有两个名字(以扫又叫以东,②因此这个宗族称作以东人)。因为以东人后来被以色列人征服,以色列人以这位小儿子为祖。然而,更恰当的是相信"大的要服侍小的"这个说法想要表达某种更加重大的预言。如果它表示的不是现在清楚地在犹太人和基督徒身上应验了的事,那又是什么呢?③

章36　以撒所得到的启示和赐福,上帝喜爱他是由于他父亲的功德,他得到的赐福也和他父亲得到的一样

以撒也得到预言,与他父亲几次得到的预言相同。经上说:"在亚伯拉罕的日子,那地有一次饥荒;这时又有饥荒。以撒就往基拉耳去,到非利士人的王亚比米勒那里。上帝向以撒显现,说:'你不要下埃及去,要住在我所指示你的地。你寄居在这地,我必与你同在,赐福给你,因为我要将这些地都赐给你和你的后裔。我必坚定我向你父亚伯拉罕所起的誓。我要加增你的后裔,像天上的星那样多;又要将这些地都赐给你的后裔,并且地上万国必因你的后裔得福;都因亚伯拉罕听从我的话,遵守我的吩咐和我的命令、律例、法度。"④

这位族长没有其他的妻子,也没有妾,而是对一次生下两个儿子感到心满意足。(当以撒客居的时候,他因为妻子的美貌,也担心将会遇到的危险,所以像他父亲一样,他称利百加为妹子,而对利百加是他的妻子这一事实保持沉默。而从血缘方面来讲,在父系方面和母系方面,她确实是以撒的亲属。而利百加也因为他们客居的那个地方的人知道她是以撒之妻而免受污辱。)然而,我们不能仅仅因为以撒除了妻子没有别的女人而

---

① 参阅奥古斯丁:《罗马书诠释》,章60。

② 参阅《创世记》25:30。

③ 奥古斯丁:《旧约全书前七卷诠释》,章1,节72;《忏悔录》,卷7,章9。

④ 《创世记》26:1以下。

敬重他,超过敬重他的父亲。因为他父亲信仰和服从的功德无疑要超过他,就如上帝所说,由于亚伯拉罕的缘故,他也会像善待亚伯拉罕一样善待以撒。上帝说:"地上万国必因你的后裔得福;都因亚伯拉罕听从我的话,遵守我的吩咐和我的命令、律例、法度。"还有,他在另一个启示中说:"我是你父亲亚伯拉罕的上帝,不要惧怕! 因为我与你同在,要赐福给你,并要为我仆人亚伯拉罕的缘故,使你的后裔繁多。"①

所以,让我们明白,亚伯拉罕的行为确实是贞洁的,尽管不洁的人想从圣经中为他们自己的邪恶寻找证据而相信亚伯拉罕的行为出自淫欲。还有,让我们从中学到,不要根据一项善行来判断人的价值,而要考虑他们的所有品质。因为有可能一个人在他的生活与道德的某些品质中超过其他人,但在其他性质上却远远地被其他人超过。按照这种完整真实的判断原则,尽管禁欲要好过结婚,但一个结过婚的有信仰的人无论如何比禁欲的无信仰的人要好。无信仰的人确实不仅不值得赞扬,而且极为可恶。让我们假定两个人都是善人,即使完全忠实、完全顺服的结过婚的人比信仰不那么坚定的、不那么顺服的禁欲者要好,但在其他事情上两人都一样,那么又有谁会怀疑这位禁欲者比结过婚的人更可取呢?

章 37　在以扫和雅各身上神秘地预示了的事情

所以以撒的两个儿子,以扫和雅各,一同成长。通过他们之间的协商,长子的优先权转给了幼子,因为这位长子无节制地想要得到幼子准备的食物红豆汤。在起誓之后,他就以这样的代价把他的名分卖给了他的弟弟。② 因此,我们从中可以得知,不是我们吃的食物,而是我们无节制的贪婪,使我们蒙羞。以撒年老,眼睛昏花。他想要为他的长子祝福,但在不知情的情况下为幼子祝福,而不是为全身有毛的长子祝福;这是因为幼子用山羊羔皮包在手上,他挨近以撒,把以撒的手放在他的手上面,让以撒误以为他是以扫。但是为了不使我们思考雅各的骗人诡计而不去寻

---

① 《创世记》26:24。

② 《创世记》25:29 以下。

求这件事的伟大奥秘,圣经在前面已经明确地讲:"以扫善于打猎,常在田野;雅各为人安静,常住在帐篷里。"①我们有些翻译者把这句话中的"安静的"译为"无诡诈的",但无论希腊词"aplastos"的意思是"无诡诈的"还是"单纯",或者更好些,是"不做作",但一个无诡诈的人接受祝福会有什么欺骗可言呢?② 一个单纯的人有什么欺骗呢? 除非有深刻的、神秘的真相,一个不撒谎的人会有什么做作之处呢? 这个祝福本身又是什么性质的? 以撒说:"我儿的香气如同上帝赐福之田地的香气一样,愿上帝赐你天上的甘露、地上的肥土,并许多五谷新酒。愿多民侍奉你,多国跪拜你;愿你作你弟兄的主,你父亲的儿子向你跪拜。凡咒诅你的,愿他受咒诅;为你祝福的,愿他蒙福。"③因此,在雅各得到的祝福中,预示着向万国宣谕基督,而这个宣谕现在正在实现。

以撒是律法和先知,基督受到律法和先知的祝福,哪怕是通过一位犹太人之口,就好像是通过一个并不知道自己在干什么的人,因为他并不知道律法和先知。这个世界像一块田野,充满基督之名的香气。他就是上天所赐的甘露,亦即神圣话语的甘霖;他就是地上肥土的祝福,亦即万民的聚集。他就是丰盛的五谷新酒,亦即五谷新酒聚集在他的圣体和圣血的圣礼中。他是万民侍奉的基督,国王要向他跪拜。他是弟兄们的主,因为他的子民统治犹太人。他父亲的儿子向他跪拜,他们就是亚伯拉罕按信仰来说的儿子,而按照肉身来说,基督本人也是亚伯拉罕之子。凡咒诅他的要受咒诅,凡为他祝福的会蒙福。我要说,我们的基督是有福的,也就是说,连犹太人也真实地谈到他,尽管犹太人仍旧错误地恪守律法和先知,但在错误中他们仍旧在寻找这位蒙福的。

你们瞧! 当他的长子来请他祝福的时候,以撒大大地战兢,知道自己已经祝福过的不是长子而是另一个人。他想要知道这个人是谁,但他并不抱怨自己受了骗。正好相反,这个伟大的奥秘马上在他心中启示出来,

---

① 《创世记》25:27,这是和合本的译法,"安静"(plain)一词亦有"单纯的意思"。

② 关于进一步发展这个牵强的论证,参阅奥古斯丁:《旧约全书前七卷诠释》,章1,节74;《布道文》,章4,节16以下。

③ 《创世记》27:27以下。

他克制了愤怒，确认了他的祝福。他说："你未来之先，是谁得了野味拿来给我呢？我已经吃了，为他祝福，他将来也必蒙福。"①如果这里发生的事情不是受到在上的灵的推动，而是按照世俗的标准，有谁不会期待这个愤怒的人在这里发出咒诅？噢，这些事情是真实的，但它们也是预言；它们是属地的，但也是属天的；它们是人事，但也是神事！这个伟大的奥秘内容如此丰富，如果我们考察它们的所有方面，那要写好几卷书。但限于本书的范围，我们需要一个合理的限度，这一点迫使我们继续考察其他事情。

章38　雅各去美索不达米亚觅妻，在途中做梦得异象，他要找一位妻子，但得到四个女人

雅各受父母之命去美索不达米亚，在那里找一位妻子。他父亲打发他上路，对他说："你不要娶迦南的女子为妻。你起身往巴旦亚兰去，到你外祖彼土利家里，在你母舅拉班的女儿中娶一女为妻。愿全能的上帝赐福给你，使你生养众多，成为多族，将应许亚伯拉罕的福赐给你和你的后裔，使你承受你所寄居的地为业，就是上帝赐给亚伯拉罕的地。"②

在此，我们明白，雅各的后裔与以撒通过以扫而得来的其他后裔被区别开来。因为当经上说"从以撒生的才要称为你的后裔"时，③显然指的是属于上帝之城的后裔，而亚伯拉罕通过使女，后来也通过基土拉所得来的儿子都被区别开来。但人们对以撒的双生子仍有疑惑，以撒的祝福属于他们俩，还是只属于一人，如果只属于一人，那么属于谁？但这个疑惑在雅各得到他父亲的预言性的祝福后得以化解，他父亲对他说："愿多民侍奉你，愿上帝赐你亚伯拉罕的福分。"

在赴美索不达米亚的途中，雅各在梦中得到启示，对此经上是这样写的："雅各出了别是巴，向哈兰走去。到了一个地方，因为太阳落了，就在那里住宿，便拾起那地方的一块石头枕在头下，在那里躺卧睡了。梦见一

---

① 《创世记》27：33。
② 《创世记》28：1以下。
③ 《创世记》21：12。

个梯子立在地上,梯子的头顶着天,有上帝的使者在梯子上,上去下来。上帝站在梯子以上,说:'我是你祖亚伯拉罕的上帝,也是以撒的上帝。我要将你现在所躺卧之地赐给你和你的后裔。你的后裔必像地上的尘沙那样多,必向东西南北开展,地上万族必因你和你的后裔得福。我也与你同在,你无论往哪里去,我必保佑你,领你归回这地,总不离弃你,直到我成全了向你所应许的。'雅各睡醒了,说:'上帝真在这里!我竟不知道。'就惧怕说:'这地方何等可畏!这不是别的,乃是神殿,也是天的门。'雅各清早起来,把所枕的石头立作柱子,浇油在上面。他就给那地方起名叫伯特利(就是神殿的意思)。"①

这是一个有预言象征意味的行为。雅各给石头浇油并不是在拜偶像,好像把石柱当作神似的。因为他没有向石头下跪,或者向石头献祭。倒不如说,这是一个象征性的行为,传达了一个伟大的奥秘,因为"基督"(Christ)这个名字源于"chrism",意思是"涂油"(anointing)。至于梯子,我们知道救世主本人在福音书中提到过这一点,有助于我们回想。耶稣看到拿但业来,就指着他说:"看那儿,这是个真以色列人,他心里是没有诡诈的"②——这里讲的是以色列,也就是雅各,他看到了这个异象;然后在同一处,耶稣说:"我实实在在地告诉你们,你们将要看见天开了,上帝的使者上去下来在人子身上。"③

雅各去了美索不达米亚,在那里找妻子。但如圣经所说,结果他在那里得到四个女人,④生了十二个儿子和一个女儿,但他对四个女人中的任何一个都没有不合律法的欲望。他去那里确实只是为了娶一位妻子,但当另一个女子通过欺骗代替他的妻子,而他也在那一晚不自觉地使用了她时,他并没有把她打发走,免得使她成为笑柄。然而,在那个时代,为了繁衍后代,律法并不禁止一个男人拥有几个妻子。所以雅各娶了第一位女子为妻,因为雅各已经发誓要娶她为妻。然而,她不能生育,所以就把

---

① 《创世记》28:10以下。
② 《约翰福音》1:47。
③ 《约翰福音》1:51。
④ 《创世记》29—30。

使女给了丈夫,以便有自己的孩子。那位姐姐也这样做了,尽管她已经生过孩子了,因为她想要增多自己的后裔。我们没有读到雅各除了娶一位妻子以外还要娶别的女人的事,除了生育后代,他也没有使用任何女人。还有,他恪守他的婚誓,因为他并没有像他的妻子敦促他那样去行动,因为当时的合法妻子有权力支配丈夫的身体。① 就这样,雅各通过四个女人生了十二个儿子和一个女儿。然后,他去了埃及,因为他的儿子约瑟被妒忌约瑟的兄弟们卖到埃及去了,而约瑟后来在埃及成了富贵之人。

章 39　雅各为什么亦称以色列

如我前不久所说的那样,雅各也叫以色列,这个名字一般指的是作为他的后裔的那个民族。他之所以得到这个名字是因为,在他从美索不达米亚返回的途中有一位天使与他摔跤,这位天使显然象征基督。雅各赢了天使这一事实——天使允许这件事发生,为的是起象征作用——象征着基督的受难,犹太人在这一事件中似乎战胜了基督。然而雅各也从他赢了的这位天使那里得到赐福,因为得到这个名字也是一种福分。"以色列"的意思是"看见上帝",所以看见上帝是在末日到来之时对所有圣徒的奖赏。还有,天使也在雅各的大腿窝摸了一把,以这种方式使他瘸腿。② 因此,同一个人,雅各,既是有福的,又是瘸腿的:他的福分应在那些相信基督的以色列人身上,他的瘸腿应在那些不信基督的以色列人身上。大腿窝象征着他的后裔增多,而先知的警告确实针对这个民族的大多数人,"他们衰残,偏离他们的道路。"③

章 40　雅各如何与 75 人进埃及,而这里提到的人大部分是后来才出生的

据说与雅各同到埃及的共有 75 人,包括他本人和他的子孙。④ 在这

---

① 参阅《哥林多前书》7:4。
② 《创世记》32:24 以下。
③ 《诗篇》18:45,和合本译为"外邦人要衰残,战战兢兢地出他们的营寨。"
④ 《创世记》46:26 以下,见希腊文圣经七十子本;《使徒行传》7:14。

个数字中,只提到两位妇女,一个女儿和一个孙女。但对事实仔细地考察,表明雅各的后代在他去埃及时并没有那么多。没错,连约瑟的曾孙也记录在内,还有一些当时显然还没有出生的人。因为雅各那时候 130 岁,而他的儿子约瑟 39 岁。众所周知,约瑟在 30 岁或更大一些的时候娶妻。他又如何能在 9 年的时间里从他的这位妻子给他生的儿子中有曾孙呢?雅各去埃及时,确实在那里看到了约瑟的儿子以法莲和玛拿西,但他们当时是不到 9 岁的儿童,因此他们怎么可能已经有自己的孩子了呢?然而,不仅是他们的儿子,而且是他们的孙子,怎么也会计算在当时与雅各同到埃及的人中间呢?因为这里提到了玛吉,玛拿西之子、约瑟之孙,还有玛吉之子迦得,他是玛拿西之孙,约瑟之曾孙。这里也还提到约瑟另一儿子以法莲所生的后代:乌塔拉、约瑟之孙,还有以东,这位乌塔拉之子、以法莲之孙、约瑟之曾孙。这些人在雅各下埃及时绝不可能已经出生,约瑟的孙子也不可能见着他们的祖父,因为约瑟的儿子当时还不到 9 岁。

但是圣经记载了雅各以及进埃及的 75 人的名字,这些人无疑不是在那一天或那一年进埃及的,而是在约瑟活着的整个时期,因为他,雅各才下埃及。因为圣经也讲到约瑟本人,"约瑟和他父亲的眷属都住在埃及。约瑟活了 110 岁。约瑟得见以法莲第三代的子孙。"以法莲的第三代子孙是约瑟的第四代子孙。因为"第三代"很清楚地是指儿子、孙子、曾孙。圣经继续说:"玛拿西之子玛吉的孩子们也养在约瑟的膝上。"①尽管这里孩子一词用的是复数,但它指的是玛拿西的孙子和约瑟的曾孙。这种用法在圣经中很普遍,就好像提到雅各唯一的女儿时用的是"女儿们"。确实在拉丁语中,我们也经常讲"儿子们",哪怕只有一个孩子。②

所以这里宣扬的是约瑟的幸福,事实上他能见着他的曾孙。但我们一定不要认为,当这些曾孙们的曾祖父约瑟只有 39 岁时,这些曾孙们就已经活在世上了,而那时候雅各已经到了埃及。这是那些没有足够细心

---

① 《创世记》50:22 以下。和合本译作"玛拿西的孙子玛吉也养在约瑟的膝上。"
② 参阅《创世记》46:7;奥鲁斯·盖留斯:《阿提卡札记》,卷 2,章 13;亦见《民数记》6:7;《提摩太前书》3:4,5:4。

地研究这件事情的人所看不到的。因为经上说："这些就是与他们的父亲雅各一起来到埃及的以色列人。"然后马上就列举了包括雅各在内的75 个人的名字。但这并不意味着他们全都与雅各在同一时间下埃及。如我所说，这个名单的时间范围包括约瑟的一生，只有这样看，它才有可能成立。

章 41　雅各对他的儿子犹大的祝福

那么，涉及基督的子民，客居在这个世界上的上帝之城，如果我们在亚伯拉罕的后裔中考察基督肉身的祖先，我们发现亚伯拉罕的妾的儿子们和以撒区分开来。至于以撒的后裔，我们发现以扫，也就是以东，与雅各，也就是以色列，区分开来。当我们考察到以色列本人的后裔，我们发现他的其他儿子与犹大区分开来；因为基督就诞生在犹大这个支派中。由于这个原因，我们要聆听以色列给他的儿子犹大的预言性的赐福，当他在埃及将要去世的时候，他祝福了他的儿子们。他说："犹大啊，你弟兄们必赞美你，你手必掐住仇敌的颈项，你父亲的儿子们必向你下拜。犹大是个小狮子。我儿啊，你抓了食便上去；你屈下身去，卧如公狮，蹲如母狮，谁敢惹你？圭必不离犹大，杖必不离他两脚之间，直等细罗（就是'赐平安者'）来到，万民都必归顺。犹大把小驴拴在葡萄树上；他在葡萄酒中洗了衣服，在葡萄汁中洗了袍褂；他的眼睛必因酒红润，他的牙齿必因奶白亮。"①

我已经在我反对摩尼教的福斯图的那本著作中解释了这些诗句。②我认为这个预言的真理在各种情况下都很清楚。这里提到的"卧"象征着基督之死，"狮子"这个称呼表示基督凭他自己的权能而死，而不是出于某种必然。基督本人在福音书中宣称这种权能说："没有人夺我的命去，是我自己舍的。我有权柄舍了，也有权柄取回来。"③这样，狮子吼叫，

① 《创世记》49：8 以下。
② 奥古斯丁：《反摩尼教的福斯图》，章 12，节 42。
③ 《约翰福音》10：18。

而基督实现了他的诺言。因为后面的话也涉及他的权柄,谈到他的复活。"谁能唤他醒来?"①——这也就是说无人能够这样做,除了他自己。因为基督提到他自己的肉身时说:"你们拆毁这殿,我三日内要再建立起来。"②还有,基督死时的状况——亦即被钉十字架——在一个词中得到表达,经上说"上去"(ascendisti),然后说他"屈下身去卧",这些都由这位传道人解释了。他说:"便低下头,把灵魂交付上帝了。"③或者说,这里象征的是他的棺木,他卧在棺木中,没有人能将他唤醒,就像先知使某些人醒来,或者像他自己使某些人复活。他使自己复活,就好像从睡眠中醒来一样。

还有,他在葡萄酒中洗的衣服就是他用鲜血洗去的罪,受过洗礼的人知道这种血的圣礼。当以色列又说"在葡萄汁中洗了袍褂"时,这些袍褂不就是教会吗?还有,"他的眼睛必因酒红润",象征着那些属灵的人饮他的酒而醉,对此《诗篇》的作者唱道:"你的酒使我醉,多么神奇!"④"他的牙齿必因奶白亮",指的是婴儿喝的奶,如使徒所说,是滋养的话语,是婴儿还不能吃饭时吃的。⑤ 对犹大的应许"圭必不离犹大"指的是基督本人,"直等时候到来"指的是应验——也就是说,这个民族绝不会缺少王,以色列人的王。"万民都必归顺",这句话本身的意思已经比任何解释都要更加清楚了。

章42 雅各给约瑟的两个儿子赐福,换手的含义

所以,以撒的两个儿子,以扫和雅各,为我们提供了两个种族的象征,犹太人和基督徒(尽管就肉体的后裔而言,犹太人并不来自以扫的后裔,他的后裔是以东人,基督徒这个种族并不来自雅各,雅各的后裔是犹太人,这里的象征意义仅就"大的要服侍小的"而言)。同样的象征也在约

---

① 这一句在和合本中译为"谁敢惹你"。

② 《约翰福音》2:19。

③ 《约翰福音》19:30。

④ 《诗篇》23:5,见希腊文圣经七十子本。

⑤ 《哥林多前书》3:2。

瑟的两个儿子身上完成,大儿子代表犹太人,小儿子代表基督徒。当雅各为他们祝福时,他把右手放在小儿子头上,小儿子在他的左边,他把左手放在大儿子头上,大儿子在他的右边。在约瑟看来这是弄错了,所以他提醒父亲他们中哪一个才是长子。但这位父亲拒绝换手,说"我知道! 我儿,我知道! 他也必成为一族,也必昌大,只是他的兄弟将来比他还大,他兄弟的后裔要成为多族。"①这里有两个应许:一个种族应许给一个儿子,众多的万民应许给另一个儿子。按照这两个应许,以色列人和整个世界都包含在亚伯拉罕的后裔中,前者是按肉身的,后者是按信仰的,还有什么能比这更清楚呢?

章43　摩西时代,嫩之子约书亚,士师与列王,扫罗是第一位王,大卫是最重要的王,皆因摩西的誓言和功德

　　雅各和约瑟死后,此时离以色列人出埃及还有114年,尽管他们一再遭受迫害,甚至一度他们的男婴要被处死,因为埃及人对以色列人人丁兴旺感到惊讶和担心,但他们仍旧生养众多,极其繁茂。② 当时,摩西秘密地逃脱了那些杀婴者的魔爪,被带入国王宫中,因为上帝准备用他来完成伟大的事业。他在法老女儿的抚养下成长,③（埃及的所有国王称作法老）成为拯救这个民族的伟人。这个民族神奇般地增长,但在埃及受到最严厉的苦待,受到最悲惨的扼制。或者倒不如说,是上帝通过摩西拯救了他们,因为上帝对亚伯拉罕应许过要这样做。

　　摩西确实曾经先逃出过埃及,他为了保护一名以色列人而杀了一名埃及人,因此感到惧怕。④ 但是他后来受到上帝的差遣,用上帝之灵的力量抗拒法老的巫师。在埃及人拒绝让上帝的子民离去时,上帝通过摩西,兴起十场令人难忘的瘟疫,攻击埃及人。水变成了血,蛙灾、虱灾、蝇灾,牲畜得瘟疫,疮灾、雹灾、蝗灾、黑暗之灾和击杀长子之灾。最后,埃及人

---

① 《创世记》48:19。
② 《出埃及记》1:7以下。
③ 《出埃及记》2:5以下。
④ 《出埃及记》2:11 以下。

被这么多可怕的灾难吓坏了,终于释放了以色列人。但后来埃及人变心要追赶以色列人时,埃及人自己被淹死在红海中。因为大海在以色列人要过去时便分开了,成了通道,而当埃及人下海追他们时,海水复原,把他们都淹没了。①

在那以后,上帝的子民在旷野中居住了四十年,摩西做他们的首领。在此其间,"圣所"得到了它的名字,上帝在圣所中受崇拜,并用有象征意义的祭品供奉。② 这件事发生在上帝在山上赐予律法之后,神奇的征兆和巨大的声响最清楚地证明了上帝的临在。③ 这件事发生在以色列人出埃及以后不久,当他们开始在旷野中居住之时,约在他们用羊羔献祭庆祝逾越节后的第十五天。④ 羊羔象征基督,预言着通过基督的受难和牺牲,他要经过这个世界回到天父那里去("pasch"是"逾越"的希伯来文)。这个象征非常完整,新约在基督之后开启,我们举行逾越节奉献的第十五天,圣灵就会从天而降。⑤ 圣灵在福音书中称作"上帝的指头",⑥这使我们想起,经上说,法版是上帝用指头写的石板。⑦

摩西死了以后,嫩的儿子约书亚统治着这个民族,他带领他们进入应许之地,并把土地分配给族人。⑧ 在这两位领袖的率领下,他们在战争中取得了辉煌的胜利,尽管上帝证明他们取得这些胜利不是由于希伯来人的功德,而是由于被战胜者的罪孽。在这两位领袖之后出现了士师,这时这个民族已经在应许之地定居。就这样,上帝对亚伯拉罕的第一个应许开始在一个民族,即希伯来民族中,在迦南地实现。然而,这一应验还没有扩展到全世界的所有民族。这要随着基督的肉身在末日前的复临而实现,不是依靠恪守旧的律法,而要依靠福音的信仰。这件事在这样一个事

---

① 《出埃及记》7—12,泛见 14。

② 《出埃及记》25:8—27,21。

③ 《出埃及记》24:16 以下。

④ 《出埃及记》12:1以下。

⑤ 参阅《使徒行传》2:1以下。

⑥ 《路加福音》11:20,和合本译为"神的能力"。

⑦ 《出埃及记》31:18。

⑧ 泛见《约书亚记》1。

实中得到预示,这个民族不是被摩西,而是被约书亚带进应许之地,摩西
为他的民族在西奈山上得到律法,而约书亚的名字是在上帝的吩咐下改
变的,所以他应当被称作耶稣。① 然而,在士师的时代,战争的胜利被失
败所取代,这也是由这个民族的罪孽和上帝的怜悯来决定的。

　　然后是列王时代,他们中的第一位王是扫罗。他在一场灾难性的战
斗中被追赶和丧生以后,人们拒绝他的后代为王,所以后来的王都不是从
他的家族中出来的,而是由大卫继承了这个王国。②"大卫之子"是基督的
主要称号。大卫标志着一个起点,从这时候开始,上帝的子民开始成年。
因为我们可以把亚伯拉罕到大卫这段时间视为这个民族的青少年时期。
传福音的马太以这样的方式记载下来的基督家谱也并非没有意义,他指
出了这第一阶段,亦即从亚伯拉罕到大卫,共十四代。③ 在青少年时期,
一个人开始能够生育后代,由于这个原因,这个家谱从亚伯拉罕开始,在
接受了上帝给他改的名字以后,亚伯拉罕确实可以称得上是万民之祖。
而在那以前,上帝的子民处在儿童期,从挪亚直到亚伯拉罕本人。这就是
为什么我们发现当时只有一种语言,也就是希伯来语。因为在儿童时期,
人开始讲话。所谓婴儿期乃是因为婴儿不具有说话的能力。这个婴儿期
的第一阶段已经湮没,就好像人类的第一阶段在大洪水中灭亡。有多少
人还能想得起他们的婴儿期呢?

　　这样,正如前一卷书涉及的是上帝之城发展的第一个时代,本卷包含
的内容涉及第二个时代和第三个时代。在这第三个时代——由三年的母
牛、三年的母山羊、三年的公绵羊来象征——律法之轭设立了,大量的罪
人出现了,世俗的王国开始了。然而无论如何并不缺少属灵之人,他们由
斑鸠和雏鸽来象征。

---

① 参阅《民数记》13∶16。"摩西就称嫩的儿子何西阿（Oshea）为约书亚
　　（Jehoshua）。""Jehoshua"或"Joshua"在希腊文中是"Iseous",在旧约拉丁文翻译
　　中作"Iesua"。这就是为什么"Joshua"在拉丁文中几乎总是指嫩的儿子约书亚
　　（Iesus Nave）,以区别于新约中的耶稣。
② 参阅《撒母耳记上》15∶26,31∶1以下;《撒母耳记下》5∶1以下。
③ 《马太福音》1∶17。

第 十 七 卷

【本卷提要】本卷在列王和先知时期追溯上帝之城的历史，从撒母耳到大卫，甚至到基督；《列王纪》、《诗篇》，以及其他所罗门的书中记载的预言都被解释为与基督和教会相关。

章1　先知的时代

我们已经知道，与上帝对亚伯拉罕的应许相一致，以色列民族起源于亚伯拉罕的后裔，这是按肉身来说的，而世上所有民族起源于亚伯拉罕，这是按信仰来说的。上帝之城在这些时代的进展表明了这些应许如何实现。由于前一卷已经处理了到大卫王朝结束为止的时期，我们现在要涉及这个王朝之后发生的事件，以满足本书的需要。

我们现在要进入的这个时期始于神圣的撒母耳开始说预言，一直到以色列民众被掳到巴比伦，七十年后回归，按神圣的耶利米的预言重建上帝之家。① 这整个时期是一个先知的时代。当然，我们可以并非不妥地把先知这个名称赋予挪亚，在他生活的时代整个大地都被大洪水毁灭。先知这个名称也可赋予在他前后的其他人，直到在上帝的子民中间开始出现国王为止。因为这些人象征或预言了某些未来的事件，与上帝之城及天国有关。我们在经上读到，有不少人——例如亚伯拉罕和摩西——还直接被称作先知。② 然而，"先知的时代"这个说法专门或主要用来指始于先知撒母耳的这个时期，在上帝的吩咐下，撒母耳首先膏扫罗为王，扫罗被废以后，大卫本人及他的子孙相继为王，只要人选适宜。

---

① 参阅《耶利米书》25：11。

② 参阅《创世记》20：7；《申命记》34：10。

　　然而，若要在此细述所有在那个时代预言基督的先知，那会是一项巨大的任务，而上帝之城在那个时代继续运行，老成员死去，新成员诞生。因为从表面上看，圣经仅仅记载了前后相继的列王的历史，记载了他们的行为和遇到的事情；但若我们仔细考察，就可以看到它与圣灵的帮助有关。我们会看到预言未来比记录以往更值得关注，或者至少需要同等关注。要想鉴别、解释、讨论所有预言，需要许多卷的篇幅，哪怕是作有限的思考，有谁看不出这是一项极为艰苦劳累的任务呢？还有，清晰地涉及基督和天国，即上帝之城的预言性的段落如此之多，要想对它们作比较广泛的讨论也会超出本书范围的限制。因此，我要尽可能约束我的笔，使之既不失于肤浅，又不疏漏任何必要的内容，以按照上帝的意志完成本书。

章2　上帝关于迦南地的应许何时应验，甚至属肉身的以色列人也获得了迦南地

　　在前一卷中我们说过，上帝从一开始就对亚伯拉罕应许了两件事。第一件是他的后裔会拥有迦南地。这在经文中是这样说的："往我所要指示你的地去。我必叫你成为大国。"①但另一个应许更加伟大，涉及的不是他的肉身的后裔，而是他属灵的后裔，藉此他不是一个以色列民族的祖先，而是追随他的信仰的所有民族的祖先。这个应许始于这句话："地上的万族都要因你得福。"②许多段证言已经向我们显示这两个应许完全实现了。这样，亚伯拉罕的肉身的后裔——亦即以色列人——住在应许之地，开始在那里统治，不仅掌握和占领了他们敌人的城市，而且也有了自己的国王。因此，上帝对这个民族的应许在很大程度上已经实现，不仅包括对三位族长——亚伯拉罕、以撒、雅各——的应许，以及在那个时期所作的其他应许，而且也包括通过摩西对以色列人作出的应许。通过摩西，以色列人摆脱了在埃及所受的奴役，通过他，以往所有应许也都在他领着以色列人穿越旷野时显示出来。

---

①　《创世记》12∶1以下。
②　《创世记》12∶3。

以色列人在嫩之子约书亚的率领下进入应许之地,征服了那块土地上的国家,并按上帝的吩咐将土地分给十二个支派。然而,他去世了,上帝的应许——拥有从某条埃及河开始直到幼发拉底大河的迦南地的应许①——既没有在他身上实现,也没有在继他之后的整个士师时代实现。然而,这个应许已经不再是将要在下一个时代实现的预言了,但它还是实现了。通过大卫和他的儿子所罗门,这个应许确实实现了,他们的王国包括这个应许所给予的全部土地。因为他们征服了所有国家,使它们成为进贡国。② 这样,在列王统治下,亚伯拉罕属肉身的后裔定居在应许之地,即迦南地。所以,就实现上帝关于那块土地的应许已经没有什么需要再做的了。只要服从他们的上帝的律法,希伯来人就可以在那块土地上生息,无忧无虑,繁荣昌盛,世世代代延续下去,直到这个可朽时代终结。但由于上帝已经知道他们不会遵守律法,所以他确实设置了针对他们的暂时性的惩罚。上帝这样做既可以考验这个民族少数有坚定信仰的人,也告诫将要来自所有民族的人。这个告诫适用于上帝用来实现他的第二个应许的人,这个新约的启示通过基督的道成肉身来完成。

章3 预言的三重含义,有时指尘世的耶路撒冷,有时指属天之城,有时两种含义都有

给予亚伯拉罕、以撒、雅各的神圣启示,以及其他预言性的征兆,或圣经较早记载的话语,部分涉及亚伯拉罕按肉身的子孙,部分涉及因亚伯拉罕而得赐福的、通过新约成为基督的共同继承人的后裔,他们得到的赐福是拥有永生和天国。在列王时代所赐予的其他预言也一样。因此,这些预言部分指向使女,他们的子女生来为奴,也就是指向尘世的耶路撒冷,她与她的子女一同处在奴隶制的轭下。但这些预言也部分指向自由的上帝之城,也就是真正的耶路撒冷,她在天上永恒,她的子女是那些按上帝生活、在这个世界上客居的人。然而,有某些预言我们理解为同时指向二

---

① 《创世记》15:18。

② 《列王纪上》4:21。

者,字面上指向使女,但象征着自主的妇人。

　　因此,先知的话语有三种:有些指尘世的耶路撒冷,有些指天上的耶路撒冷,有些同时指二者。但我必须举例来证明。先知拿单被派去申斥大卫王犯下的大罪,预言了将要接踵而来的邪恶。① 有谁能怀疑这些话语和其他同类的话语指的是这座属地之城? 因此,这些话语要么是公开说的,亦即为了这个民族的得救和利益,要么是私下说的,就像有时候神的话语会传递一些关于未来的知识给某些人,供他们在现世生活中使用。另一方面,我们读到下面这段话:"主说:'日子将到,我要与以色列家和犹大家另立新约,不像我拉着他们祖宗的手领他们出埃及的时候,与他们所立的约。我虽作她们的丈夫,他们却背了我的约。这是主说的。'主又说:'那些日子以后,我与以色列家所立的约乃是这样:我要将我的律法放在他们里面,写在他们心上,我要作他们的上帝,他们要作我的子民。'"②这个预言无疑与天上的耶路撒冷有关,而对她的奖赏就是上帝本身,她的最高的、最完整的善就是拥有上帝和被上帝拥有。

　　但当耶路撒冷被称作上帝之城,以及说上帝之家建在那里的时候,这样说含有双重指向的意图。因为一方面,可以看到这个预言已经实现了,所罗门王在那里建起了最高贵的神殿。但这件事不仅是属地的耶路撒冷的一个历史事件,而且也是属天的耶路撒冷的一个象征。这一类把两种指向组合在一起的预言在包含着历史事件的古代经典中具有重大意义,也锻炼了研究圣经的人的心智,并将继续下去。这样,当我们读到预言及其在亚伯拉罕按肉身的后裔的历史中如何实现的时候,我们也要寻找它在亚伯拉罕按信仰的后裔中应验的寓意。常见的情况是,有些人认为在这些书中没有预言只有事件,或者有事件但没有预言,并没有什么象征性的含义涉及属天的上帝之城及其在今生客居的这座城的子女。如果是这样的话,那么先知们的话语只有两类,而不是三类。或者倒不如说,包括在旧约全书中的所有经文都是这种情况。因为,若是旧约全书中的预言

---

① 《撒母耳记下》12:1。

② 《耶利米书》31:31 以下;参阅《希伯来书》8:8以下。

所涉及的所有关于耶路撒冷的事情,或与预言的实现相关的事情,按照寓意解经的方法,指的都是属天的耶路撒冷,那么就没有什么内容是只指属地的耶路撒冷的了。所以只有两种预言:一种指自由的耶路撒冷,另一种指两座城。

在我看来,认为书中记载下来的这些事件没有一样具有任何超越历史意义以外的意义,这样想是大错特错了,但是,若认为每一句话都包含着微言大义,那么这种想法也太鲁莽。这就是我要说预言有三种,而不是两种的原因。然而,尽管这是我所相信的,但我并不谴责那些认为对每一历史事件都能获得一种灵性意义的人,当然了,只要他们能保存历史真相的优先权。还有,某些陈述无法恰当地区分为人的事件和神的事件、过去的事件和将来的事件。有哪个有信仰的人会怀疑这些说法是空洞的? 如果他能按灵性的意义理解这些事件,他难道不会这样做吗? 或者至少承认这些事件应当被那些有这种能力的人加以解释?

章4 以色列人的王权和祭司权的变化,由撒母耳之母哈拿预言,哈拿象征着教会

因此,上帝之城继续它的进程,到列王时代,直至扫罗被驱逐、大卫获得王权为止,大卫的后代得以统治尘世的耶路撒冷,长期世代相继。这些事件具有象征意义,预示了一些不容忽视的事情。它们预示了后来发生的两约的变化,旧约与新约,一位新的永久的"祭司-王"基督耶稣带来了祭司权和王权的转型。因为,祭司以利被放弃、撒母耳替代他侍奉上帝,行使祭司和士师职司,扫罗被抛弃、大卫王建立他的王国,这些事件都表现出我已经说过的这种变化。

还有,撒母耳之母哈拿前先不育,而后来生子而喜乐,似乎也准确地预言了这种转型,她在狂喜中向上帝谢恩。孩子出生和断奶以后,她以同样的虔诚立下誓言,要把孩子归与上帝。她说:"我的心因上帝快乐,我的角因上帝高举,我的口向仇敌张开。我因上帝的救恩欢欣。只有上帝为圣,除他以外没有可比的,也没有磐石像我们的上帝。人不要夸口说骄傲的话,也不要出狂妄的言语,因上帝是大有智识的上帝,人的行为被他

衡量。上帝准备他自己的计谋,勇士的弓都已折断,跌倒的人以力量束腰。素来饱足的,反作佣人求食;饥饿的,再不饥饿;不生育的,生了七个儿子;多有儿女的,反倒衰微。上帝使人死,也使人活;使人下阴间,也使人往上升。他使人贫穷,也使人富足;使人卑微,也使人高贵。他从灰尘里抬举贫寒人,从粪堆里提拔穷乏人,使他们与王子同坐,得着荣耀的座位。地的柱子属于上帝,他将世界立于其上。他必保护圣民的脚步,使恶人在黑暗中寂然不动,人都不能靠力量得胜。上帝把力量赐给他们立誓言,上帝赐福义人的年数。让精明的不要荣耀他的精明,勇敢的不要荣耀他的勇敢,富裕的不要荣耀他的富裕。凡荣耀的让他这样荣耀:理解和知道上帝,行公义乃至地极。与上帝争竞的,必被打碎,主升上天庭,雷鸣电闪,要亲自审判地极之人,因他就是公义,将力量赐与所立的王,高举受膏者的角。"①

　　我们难道真的以为这些话都只是一位小妇人为了感谢得子而说的话? 人的心灵难道会如此偏离真理,竟然察觉不到这位妇人所说的话已经远远不止这个意思? 听了这些话,感受到这些事情已经开始在这个属地的寓所应验的人,有谁看不到和不承认上帝通过这位妇人(她的名字哈拿的意思是"上帝的恩典")在这里讲的是基督宗教本身,是上帝之城本身,它的王和建城者是基督? 确实,预言之灵、上帝的恩典本身在通过她讲话,由于这种恩典而使骄傲者受到约束,使卑微者得到提升,这些不就是这首颂诗主要欢庆的事情吗?

　　但也许确实有人说这位妇人讲的不是预言,而只是赞颂上帝,感谢上帝对她的祈求作出回应,赐她生子。然而,若是这样的话,她说这些话想表达什么意思呢? "勇士的弓都已折断,跌倒的人以力量束腰。素来饱足的,反作佣人求食;饥饿的,再不饥饿;不生育的,生了七个儿子;多有儿女的,反倒衰微。"尽管她自己是不育的,但她已经生了七个儿子吗? 在

①　《撒母耳记上》2:1以下,见希腊文圣经七十子本;参阅《耶利米书》9:23以下。和合本中译文缺少部分句子,由中译者补上,并改译某些句子,以翻译奥古斯丁的诠释。

讲这些话的时候,她只生了一个儿子,即使后来,她也没有生七个儿子——或者说生六个,加上撒母耳是七个——而是生了三个儿子和两个女儿。还有,她在颂诗结尾讲,上帝"将力量赐与所立的王,高举受膏者的角。"而在那个时候,还没有一个人做以色列人的王。如果这不是预言,她为什么要这样说呢?

还是让基督的教会来讲吧,"大王之城"充满了恩典和子孙众多。让教会来讲很久以前通过这位虔诚的母亲之口讲的话:"我的心因上帝快乐,我的角因上帝高举。"她的心确实快乐,她的角确实高举,但不是因为她自己,而是因为上帝。"我的口向仇敌张开",因为即使在逼迫的灾难中,即使在她的使者被捆绑时,"上帝的道却不被捆绑。"①她说:"我因上帝的救恩欢欣。"这个救恩就是基督耶稣,因为我们在福音书中读到,西面用手接过基督来,这位老人抱着这个孩子承认他的伟大,并说:"主啊,如今可以照你的话,释放仆人安然去世,因为我的眼睛已经看见你的救恩。"②所以让教会来说,"我因上帝的救恩欢欣,只有上帝为圣,除他以外没有可比的。"因为上帝是神圣的,他使人成圣,上帝是公义的,他使人称义。"除他以外没有可比的",因为没有上帝就没有人可以成圣。接下去则说:"人不要夸口说骄傲的话,也不要出狂妄的言语,因上帝是大有智识的上帝。"上帝知道你们,哪怕没有任何人知道,因为"人若无有,自己还以为有,就是自欺了。"③

这些事情是针对上帝之城的敌人讲的,他们属于巴比伦,追求自己的力量,荣耀他们自己,而不是荣耀上帝。他们中间也有按肉身来说的以色列人,是属地的耶路撒冷的土生公民。如使徒所说,这些人"因为不知道上帝的义"(也就是上帝赐给人的义,只有上帝是公义的并能使我们称义),"就想要立自己的义"(也就是他们好像依靠自己得到某些东西而不是依靠上帝),所以"就不服从上帝的义了。"④在傲慢中,他们相信能依

---

① 《提摩太后书》2:9。

② 《路加福音》2:29 以下。

③ 《加拉太书》6:3。

④ 《罗马书》10:3。

靠自己的力量使上帝喜悦,相信他们自己不需要"有智识的上帝"的帮助,由此上帝也判断了人的良心。因为在这些人身上,上帝看到了人的思想的空虚,①如果这些思想仅仅属于人,而不是来源于上帝。

　　哈拿说:"上帝准备他自己的计谋。"除了使骄傲者受到约束,使卑微者得到提升,我们还能设想她讲的计谋是什么意思? 她确实叙述了这些计谋,说"勇士的弓都已折断,跌倒的人以力量束腰"。被折断的弓,就是那些人的意图,他们以为自己非常强大,可以用人的力量完成上帝的命令,而不需要上帝的恩赐和帮助。而当人的内心在说"上帝啊,求你可怜我,因为我软弱"②的时候,他们就是在以力量束腰。

　　哈拿说:"素来饱足的,反作佣人求食;饥饿的,再不饥饿。"除了那些所谓的"勇士",亦即上帝的预言所针对的以色列人,③还有谁是"素来饱足的"? 在这个民族中,使女之子已被削弱(minorati sunt)。(这不是很好的拉丁文,但却很好地表达了意思,因为他们的重要性已经由大变小了)他们被削弱乃是因为,尽管他们有食粮——即上帝的启示,在当时所有民族中,只有以色列人得着——但他们只想着地上的食粮。与此相反,那些没有得着律法的民族,在他们通过新约得到启示以后,逾越了饥荒的大地,因为他们在这些启示中品尝到了属天的意思,而非属地的意思。哈拿似乎在寻找为什么会这样的理由。她说:"不生育的,生了七个儿子;多有儿女的,反倒衰微。"整个预言对明白数字七的重要意义的人来说变得非常清楚,它象征着整个教会的成全。由于这个原因,使徒约翰给七个教会写信,④以这种方式表明他是在给一个整全的教会写信。在此之前,所罗门箴言中的"智慧"也已经预示着教会,其中说道:"智慧建造房屋,其中凿成七根柱子。"⑤因为上帝之城在我们现在看到的这些后裔诞生之前在各个民族中都是不育的。我们也看到属地的耶路撒冷有许多子女,

---

① 参阅《诗篇》94:11。

② 《诗篇》6:2。

③ 参阅《罗马书》3:2。

④ 参阅《启示录》1:4。

⑤ 《箴言》9:1。

但已变得衰微,因为她在这座城中所生的自主之妇的儿子都是她的力量。但如今在那里只有字句,没有精意,①所以她的力量消退了,衰微了。

"上帝使人死,也使人活",上帝使那有许多儿子的妇人死,也使那生了七个儿子的曾经不育的妇人生。然而,这句话的意思更恰当地应当理解为,上帝可以使同一批人死,也可以使同一批人生,因为似乎是为了表达这个意思,哈拿重复地又说,上帝"使人下阴间,也使人往上升。"还有,使徒说过:"你们若真的与基督一同复活,就当求在上面的事,那里有基督坐在上帝的右边。"②使徒讲的那些与基督一同死的人确实是为了他们自己得拯救,所以他对他们说"当求在上面的事,而不要求地下的事",他们就是那些逾越了饥荒的大地的人。

使徒说:"因为你们已经死了"——瞧,上帝为了拯救他们而使他们死了! 然后他继续说:"你们的生命与基督一同藏在上帝里面"③——瞧,上帝又使这些人活了! 那么上帝会领着同一些人下阴间,又使他们升天吗? 对于信仰者来说,我们看到这些事情都在基督身上应验,这没有什么可争论的,也就是说,基督是我们的首领,我们的生命和他一同藏在上帝里面。因为"上帝没有舍不得他自己的儿子,但为我们众人把他救了上去"。④ 这里说的确实是把他从死亡中拯救出来,使他从死中复活,使他再次获得生命。由于基督的声音也在预言中出现,"因为你必不将我的灵魂撇在阴间",⑤所以上帝使他下阴间又使他回来的就是这位基督。凭着他的贫困我们成为富有的,因为"上帝使人贫穷,也使人富足"。为了明白这句话的意义,我们必须注意倾听下面的话:上帝"使人卑微,也使人高贵"——也就是说,上帝使骄傲的人谦卑,使谦卑的人高贵。因为在

---

① 参阅《哥林多后书》3:6以下。

② 参阅《歌罗西书》3:1以下;《罗马书》6:8。

③ 《歌罗西书》3:3。

④ 《罗马书》8:32,合和本译为"神既不爱惜自己的儿子为我们众人舍了,岂不也把万物和他一同白白地赐给我们吗?"

⑤ 《诗篇》16:10。

另一处我们读到："上帝阻挡骄傲的人，赐恩给谦卑的人"①这就是哈拿所说的这句话的全部意思，哈拿这个名字的意思是"上帝的恩典"。

接下去是"他从灰尘里抬举贫寒人"，除了把这句话用于基督，我提不出更好的解释，基督为了我们的缘故变得贫寒，所以通过他的贫寒我们得以富足。② 因为上帝很快就使他从土中复活，他的肉身还没有腐烂。后续的话用于基督也没有什么不妥的，上帝"从粪堆里提拔穷乏人"。③ "穷乏人"和"贫寒人"肯定是一个意思，而穷乏人得以从中被提拔的"粪堆"，我们完全可以正确地理解为犹太人迫害者，使徒把他自己也包括在内，作为教会的逼迫者，他说："只是我先前以为与我有益的，我现在因基督都当作有损的。我为他已经丢弃万事，看作粪土，为要得着基督。"④因此，贫寒人基督从灰尘里被抬举得高于一切富人，他从粪堆里被提拔得高于所有贵人，这样他可以坐在国王们中间，上帝对他说："你要坐在十二个宝座上。"⑤"得着荣耀的座位"，这是因为那些国王说过，"看哪，我们已经撇下所有的跟从你。"⑥这一誓言是他们用尽全身力量说出来的，但这种力量从哪里来？ 只能从上帝那里来。哈拿的颂诗接下去就说"上帝把力量赐给他们立誓言"。否则的话，他们就会像那些"被上帝折断弓的勇士"。她说"上帝把力量给他们立下誓言"，因为没有人能够对上帝立下公义的誓言，除非他从上帝那里得到力量立下这样的誓言。

下面的话是"上帝赐福义人的年数"，意思是义人将与上帝一道生活，没有尽头，而经上说上帝的"年数没有穷尽"。⑦ 因为在那里，年数停止不动了，而在这里年数是流逝的，确实会消失。在时间到来之前，时间还不存在，当时间已经到来的时候，时间就不再存在；因为时间到来之时

---

① 《雅各书》4:6。
② 参阅《哥林多后书》8:9。
③ 穷乏人的原文是乞丐的意思。
④ 《腓立比书》3:7以下。
⑤ 《马太福音》19:28。
⑥ 《马太福音》19:27。
⑦ 《诗篇》102:27。

就带着时间的终结。① 现在,这两个说法——亦即"上帝把力量赐给他们立誓言"和"上帝赐福义人的年数"——前者指的是我们做的某些事情,而后者指的是我们接受的事情。但是这赐福并不是由于上帝的慷慨而被我们接受,除非在他的帮助下我们已经立下誓言,因为"人都不能靠力量得胜"。"与上帝争竞的"——指的是有些人妒忌和抗拒已经立下誓言的人,为的是不让他完成自己的誓言——"必被打碎"。但是希腊原文在这里很晦涩,这个短语也可以理解为"他自己的对手"。因为当上帝开始拥有我们的时候,作为我们对手的人马上成为上帝的对手;他将会被我们战胜,但不是依靠我们自己的力量,因为"人都不能靠力量得胜"。这样,"与上帝争竞的,必被打碎","上帝是神圣的",所以圣徒征服了这个对手,依靠他们神圣的上帝而成圣。

由于这个原因,"让精明的不要荣耀他的精明,勇敢的不要荣耀他的勇敢,富裕的不要荣耀他的富裕。凡荣耀的让他这样荣耀:理解和知道上帝,行公义乃至地极。"如果一个人理解和知道他的能力都是上帝赐予的,那么他对上帝本身的理解和认识就不小了。使徒说:"你有什么不是领受的呢? 若是领受的,为何自夸,仿佛不是领受的呢?"②也就是说,你为什么要荣耀自己,仿佛有什么东西可以归于你自己似的? 正义地生活的人行公义,而所谓正义地生活就是服从上帝的诫命。而"命令的总归"就是诫命的指向,就是"从清洁的心和无愧的良心、无伪的信心生出来的爱"。③ 还有,如使徒约翰所证明的,"爱是从上帝来的。"④所以,"行公义"的能力也是从上帝来的。

但是"地极"是什么意思? 这句话的意思不是说住在大地边缘的人不必要行公义。有谁会这样说? 但为什么要加上"地极"呢? 如果不加这个词,而只是说"行公义",那么它显然既涉及那些住在大地边缘的人,

---

① 参阅奥古斯丁:《忏悔录》,卷11,章15,章18以下。
② 《哥林多前书》4:7。
③ 《提摩太前书》1:5。
④ 《约翰一书》4:7。

也涉及住在海边的人。但在我看来，"地极"的意思是"活在肉体中的每个人"，加上这个意思就可以免得有人以为，在住在这个肉身中的今世结束之后，还有一个时期我们可以通过行我们在今生未曾行过的公义来逃避上帝的审判。确实，每个人都携带着他的"地"度过今生，当他死的时候，普通的大地会接受他的"地"，而在他复活的时候，又会把"地"复归于他。因此，"在地极"的意思也就是，在我们的灵魂被包裹在这个属地的身体中时，我们必须"行公义"。这有助于我们在将要到来的时候，"各人按着在肉身中所行的或善或恶受报。"①因此，当使徒说"在肉身中"的时候，他的意思是"在他活在肉身中的这段时间"。很清楚，他的意思不是指一个亵渎者由于没有肉身的行动就没有罪，因为，当他的心灵中有邪恶的念头，当他的思想上有亵渎的想法时，他的肉身肢体并没有采取行动，他的行动是在他居住在肉身中的时候发出的。还有，我们也可以按同样的方式理解诗篇中的话，"上帝，我们世代以前的王，在地极得拯救。"②这里的"上帝"可以理解为主耶稣，他在世代以前，因为世代是由他造出来的。当他道成肉身并居住在地极的时候，③他"在地极得拯救"。

　　在用这些话告诉我们荣耀者为什么一定不要荣耀自己，而要荣耀上帝以后，哈拿的这个预言讲到了末日审判时的报应，"主升上天庭，雷鸣电闪，要亲自审判地极之人，因他就是公义。"在这里，她坚持信徒的规条，因为主基督"升天，要审判活人和死人。"④如使徒所说："既说升上，岂不是先降在地下吗？那降下的，就是远升诸天之上要充满万有的。"⑤因此，主通过他自身的云彩雷鸣电闪，当升天时他为圣灵所充满。这里讲的云彩就是他在《以赛亚书》中对使女耶路撒冷，亦即对可耻的葡萄园说的云，他威胁说，我也必命云不降雨在其上。⑥ 但当哈拿说"要亲自审判

---

① 《哥林多后书》5:10，和合本译为"各人按着本身所行的或善或恶受报"。
② 《诗篇》74:12，和合本译为"神自古以来为我王，在地上施行拯救"。
③ 参阅《约翰福音》1:14。
④ 《使徒行传》10:42。
⑤ 《以弗所书》4:9以下。
⑥ 《以赛亚书》5:6。

地极"时,她的意思就好像在说"乃至地极"。因为她的意思不是主不审判大地的其他部分。无疑,他要审判所有人。或者说,可以更好地把"地极"理解为人的最后处境。因为上帝不会按照人在生活中变好或变坏来审判人,倒不如说,上帝要按照人的最后状况审判人。这就是经上说"唯有忍耐到底的必然得救"的原因。[①] 因此,那些坚持行公义乃至地极的人在审判地极的时候不会受到惩罚。

然后,哈拿说"将力量赐予所立的王",所以在上帝审判时,他们不会受到惩罚。也就是说上帝把力量赐予那些像国王一样统治肉身的人,依靠为这些人流血的基督的力量征服这个世界。"高举受膏者的角"。基督还能以什么方式举起他的受膏者的角呢?因为上面已经讲到"主升上天庭",这里的主指的是基督。那么这里说"高举受膏者的角"不也就是指基督吗?他会举起每个信仰他的人的角,如哈拿在她的颂诗开头时所说的"我的角因上帝高举"那样吗?我们确实可以正确地说,一切受过基督之油膏的都是他的受膏者,然而这里指的是他的整个身体,这个身体的首领是基督。

这些事情由撒母耳之母哈拿所预言,撒母耳是闻名遐迩的圣人。确实,在他身上象征着现已完结的旧祭司权的转型,在"多有儿女的反倒衰微"的时候,"生了七个儿子"的那位曾经不育的女子在基督那里获得了一种新祭司权。

章5 "上帝的人"通过预言之灵对以利说话,象征着按照亚伦的等次建立起来的祭司权被废除

由一位受差遣的"上帝的人"对祭司以利本人说的话更加清楚地宣告了这种祭司权的转型。圣经对他的名字确实保持沉默,但考虑到他的职司和使命,我们无疑应当把他理解为一位先知。经上说:"有上帝的人来见以利,对他说,上帝如此说:'你祖父在埃及法老家作奴仆的时候,我不是向他们显现吗?在以色列众支派中,我不是拣选人作我的祭司,使他

---

① 《马太福音》10:22。

烧香,在我坛上献祭,在我面前穿以弗得,又将以色列人所献的火祭都赐给你父家吗? 我所吩咐献在我居所的祭物,人们为何践踏? 尊重你的儿子过于尊重我,将我民以色列所献美好的祭物肥己呢?' 因此,以色列的上帝说:'我曾说,你和你父家必永远行在我面前;现在我却说,决不容你们这样行。因为尊重我的,我必重看他;藐视我的,他必被轻视。日子必到,我要折断你的膀臂和你父家的膀臂,使你家中没有一个老年人。在上帝使以色列人享福的时候,你必看见我居所的败落。在你家中必永远没有一个老年人。我必不从我坛前灭尽你家中的人,那未灭的必使你眼目瘪干,心中忧伤。你家中所生的人都必死在中年。你的两个儿子何弗尼、非尼哈所遭遇的事可作你的证据:他们二人必一日同死。我要为自己立一个忠心的祭司,他必照我的心意而行。我要为他建立坚固的家,他必永远行在我的受膏者面前。你家所剩的人都必来叩拜他,求块银子,求个饼,说:求你赐我祭司的职分,好叫我得点饼吃。'"①

　　但是,在这个预言中如此清晰地得到表述的旧祭司权的转型并没有在撒母耳身上得以完成。确实,他不是亚伦的子孙,被指定担当祭司的是亚伦的子孙,但他也并非出于另一个不同的支派,上帝要从这个支派中指定一位祭司侍奉他的祭坛。② 然而,通过耶稣基督发生的这种祭司权的转型在撒母耳那里得到预示,因为撒母耳继承的祭司位置表面上是与旧约相连的,但它象征性地指向新约。由这位先知对祭司以利说的那些话也一样,亚伦的支派后来有一些祭司。例如,大卫王朝时的撒督和亚比亚他,③以及后来的一些人,直到祭司权转型的时候到来。对它作出的预言很早,但它最后确实是在基督那里完成的。但是,用信仰的眼光看待这件事的人有谁看不出这一转型现在已经完成? 尽管以色列人曾一度按照上帝的律法从亚伦的子孙中指定祭司,但现在,已经没有给犹太人留下会

---

① 《撒母耳记上》2:27 以下,"上帝的人"在和合本中译作"神人"。
② 奥古斯丁在《订正录》章 11,节 69 处对这段话的意思作了澄清。在以利的时代,祭司习惯上由祭司的子孙担任,撒母耳尽管不是一名祭司的儿子,但他无论如何属于这个祭司的支派。
③ 参阅《撒母耳记下》15:24。

幕、神殿、祭坛、供物,因此也没有祭司。

这位先知说:"以色列的上帝说:'我曾说,你和你父家必永远行在我面前;现在我却说,决不容你们这样行。因为尊重我的,我必重看他;藐视我的,他必被轻视。'"他在说这些话的时候确实是在庆贺这一转型。他讲的"你父家",指的不是以利的直系父亲,而是指担当第一位祭司的亚伦,所有后来的祭司都是他的后裔。这在这位先知前面的话里说得很清楚,"你祖父在埃及法老家做奴仆的时候,我不是向他们显现吗?在以色列众支派中,我不是拣选人作我的祭司吗?"以利的祖父们有哪一位在埃及做奴仆,而在他们得到自由以后,又被选作祭司?只有亚伦。所以,这位先知在这段话里讲的是亚伦家,他说时候一到他们就不再做祭司了,而我们现在看到这一点应验了。让信仰保持警醒,它能够察觉和依据已经清楚地呈现了的事情,而这些事情积累下来,甚至已经堆在不希望看到它们的那些人眼前。这位先知说:"日子必到,我要折断你的膀臂和你父家的膀臂,使你家中没有一个老年人。在你家中必永远没有一个老年人。我必不从我坛前灭尽你家中的人,那未灭的必使你眼目瘦干,心中忧伤。"瞧,预言中的日子现在已经到来了!现在已经没有祭司是出于亚伦家的了,他的支派的人看到基督徒的献祭在全世界昌盛,而亚伦的巨大荣耀已经被取走,他眼目瘦干,心中忧伤。

接下来的那些话尤其与以利家有关,"你家中所生的人都必死在中年。你的两个儿子何弗尼、非尼哈所遭遇的事可作你的证据:他们二人必一日同死。"然而,这件事的发生象征着祭司权从以利家转移。但这件事也象征着亚伦家的祭司权转移了。以利之子的死亡并不仅仅是指人死了,而且也指亚伦子孙的祭司权死了。还有,下面的话指的是由撒母耳象征的"祭司",①撒母耳后来代替以利做祭司。因此这些话讲的是基督耶稣,新约的真正祭司。"我要为自己立一个忠心的祭司,他必照我的心意而行。我要为他建立坚固的家,他必永远行在我的受膏者面前。"这里的家指的是永恒的、属天的耶路撒冷。"他必永远行在 …… 面前

---

① 指基督。

（transibit）"的意思是"他将住在"，就如上帝前面说到亚伦家的时候说的
一样，"你和你父家必永远行在我面前"。还有，"他必永远行在我的受膏
者面前"这个说法必须读作"它必永远行在我的受膏者面前"，也就是说，
指的是家本身，而不是指这位祭司本身，作为中保和救世主的基督本身。
所以，上帝之家将存在于基督的临在之中。但是"在……面前
（transibit）"也可以理解为"他将穿越"，他从死到生，在他处于肉身中的
"所有日子里"，直到这个世界的末日。还有，当上帝说这位忠心的祭司
"必照我的心意而行"①的时候，我们不应从中推论上帝有灵魂，因为上帝
是灵魂的创造者。倒不如说，这里的说法是比喻性的，而不是字面的，正
如我们说上帝的手，上帝的脚，或者说上帝身体的其他部分。所以我们一
定不要因为这类比喻而相信人是按照上帝的这些方面的形象造出来的。
圣经还提到过上帝的翅膀，"将我隐藏在你翅膀的荫下"，②而人肯定没有
翅膀。在这里，我们要把这些对上帝的描述理解为不是字面意义的，而是
象征意义的。

　　预言接下去说的是"你家所剩的人都必来叩拜他"。然而，这里说的
不是以利家，而是亚伦家。亚伦家直到耶稣基督到来的时候，还有些人剩
下，甚至可以说到现在也还不缺这样的人。因为前面已经说过，"在你家
中必永远没有一个老年人"，③如果说他们全都在中年死去，那么这里怎
么还会有"你家所剩的人都必来叩拜他"呢？所以第二个说法一定不要
用于以利家，而是指那些属于亚伦后裔的人，亦即按照亚伦的等次产生的
所有祭司。在这种情况下，第二个说法指的是那些命中注定剩下的人，关
于他们，另一位先知说过"所剩下的必回归"，④使徒则说，"如今也是这
样，照着拣选的恩典，还有所留的余数。"⑤因此，由于"你家所剩的人"可
以很好地理解为属于这个余数，那么无疑他们会来相信基督，正如亚伦支

① "心意"在原文中是"心和灵魂"。
② 《诗篇》17:8。
③ 此句直译为"你家中出生的所有人都会在中年死去"。
④ 《以赛亚书》10:22。
⑤ 《罗马书》11:5。

派的许多人在使徒时代都来相信基督一样。确实,这样的信徒即使到了现在也不是完全没有,尽管非常少。上帝的人的下面这个预言应验了,"叩拜他,求块银子"。如果不是朝着作为神的大祭司叩拜,那又朝着谁叩拜呢?因为即使在按照亚伦的等次产生的祭司面前,人们也来到神殿或上帝的祭坛叩拜祭司。还有,"一块银子"指的是什么?只能是使徒所说的简洁的信仰告白,"主要在世上施行他的话,叫他的话都成全,迅速地完结。"①确实,《诗篇》可以证明这一解释,用"银子"这个词表示神圣的言语:"上帝的言语是纯净的言语,如同银子在泥炉中炼过七次。"②

那么,那个人前来叩拜上帝的祭司或祭司的上帝,说了些什么话呢?他说:"求你赐我祭司的职分,好叫我得点饼吃。"这就是说,我祈求的不是把我安放在我祖父的荣耀地位上,因为已经没有这样的地位了。求你让我担当你的祭司的部分职分。因为"我宁可在我上帝的家中看门"。③我希望成为你的祭司职分中的成员,无论地位多么卑微和低下。"祭司"在这里是什么意思?无疑是指基督的子民。他们的祭司就是"在神和人中间的中保,降世为人的基督"。④ 他们就是被使徒彼得称作"属上帝的,有君尊的祭司"⑤的子民。有些翻译者确实把这个词译成"你的献祭",而不是"你的祭司",但无论如何,它都象征着基督的子民。使徒保罗说:"我们虽多,仍是一个饼、一个身体。"⑥因此,这里说的"好叫我得点饼吃"所恰当地表达的献祭种类,这是这位祭司本人所说的"我所要赐的粮,就是我的肉,为世人之生命所赐的"。⑦ 这种献祭不是按照亚伦的等次,而是按照麦基先德的等次。"读这经的人需要会意。"⑧所以,当经上说"求你赐我祭司的职分,好叫我得点饼吃"的时候,这是一个简洁的信

---

① 参阅《罗马书》9:28;《以赛亚书》10:23。
② 《诗篇》12:6。
③ 《诗篇》84:10。
④ 《提摩太前书》2:5。
⑤ 《彼得前书》2:9。
⑥ 《哥林多前书》10:17。
⑦ 《约翰福音》6:51。
⑧ 《马太福音》24:15。

仰告白，是一个完全谦卑的告白。这个告白本身就是"银子"，因为它是简短的，它是居住在信徒心中的上帝的言语。上帝已经说过，他从旧约的献祭中把食粮给了亚伦家，因为他说过"我不是将以色列人所献的火祭都赐给你父家吗？"（当然了，这些东西都是犹太人的献祭）所以，上帝的人现在说，"好叫我得点饼吃"，这是新约中的基督徒的献祭。

章6　尽管说犹太人的祭司和王国是永远的，但实际上并不持久，所以关于永恒的应许必须作别样理解

现在，就像这些事被崇高地预言了一样，它们也被清晰地启示出来。然而，有些人仍旧会问，我们怎么能够肯定这些经书中预言将要到来的事情确实都会发生？提出这样的问题并非毫无理由，因为在我们刚才考察过的这段话中就有一件事显然不会发生，"你和你父家必永远行在我面前"。因为我们看到祭司权已经转移，亚伦家曾经得到的应许要在某个时候应验是毫无希望的，因为当它被放弃和改变的时候要取代它的那件事已被宣布为永久的了。然而，说这种话的人没有明白，或没有记住，正是这种按照亚伦的等次指定的祭司权被用作将要到来的永久祭司权的影子。由于这个原因，当永恒被应许时，得到应许的不是影子或象征本身，而是被影子预示和象征的东西。但为了避免有人会设想影子本身会持久，所以也要预言它的转移，这样做是适宜的。

同理，扫罗的王国——扫罗本人确实被抛弃和撇开——是将要到来的永恒王国的影子。扫罗受过膏，因此被称作"受膏者"，但这肯定要在神秘的意义上加以理解，这件事是一个大奥秘。大卫本人极为敬重这个奥秘，以至于他会战栗和恐惧。当他藏身在一个山洞里的时候，扫罗进去大解，大卫悄悄地走到扫罗身后，割下扫罗外袍的衣襟。他这样做是为了告诉扫罗，在他能杀死扫罗的时候，他宽恕了扫罗，藉此消除扫罗心中的疑心，由于这种疑心，扫罗把大卫当作他的敌人，对神圣的大卫进行凶猛的迫害。但是大卫非常害怕自己会冒犯了扫罗的大奥秘而受到谴责，仅仅由于他拉了扫罗的衣服。因为经上写道："随后大卫自责，因为割下扫罗的衣襟。"跟随他的人催促他动手杀了送上门来的扫罗，他对他们说：

"我的主乃是上帝的受膏者,我在上帝面前万不敢伸手害他,因他是上帝的受膏者。"①所以,对这样一个预示着将要到来之事的影像他表现得如此敬畏,这不是由于这个影像本身的缘故,而是由于被这个影像象征的事情的缘故。因此,撒母耳也这样对扫罗说:"你作了糊涂事了,没有遵守上帝所吩咐你的命令。若遵守,上帝必在以色列中坚立你的王位,直到永远。现在你的王位必不长久。上帝已经寻着一个合他心意的人,立他作百姓的君,因为你没有遵守上帝所吩咐你的。"②这里的意思不可理解为上帝最初打算坚立扫罗的王国,以至永远,但后来扫罗犯了罪,上帝就不准备恪守应许了,这是因为上帝不会不知道扫罗会犯罪。上帝坚立扫罗的王国,为的是使它能够起到象征那个永恒王国的作用。所以上帝又说:"现在你的王位必不长久。"因此,被象征的那个王国将会坚立,但它不是为扫罗而坚立,因为扫罗自己已经永远不能再统治了。这个王国也不是为扫罗的后裔所立,免得那个"永久"的应许似乎应在他的世代相继的后裔身上。撒母耳说:"上帝要为自己找一个人。"③这里的意思既可指大卫,又可指新约的那位中保,他确实在受膏中得到预示,而大卫和他的后裔也是受膏者。还有,这里说的并不是上帝似乎不知道去哪里找这样一个人。倒不如说,上帝通过一个人讲话,上帝以一个人的方式讲话,以这种方式他找到我们。因为不仅对天父来说,而且对天父的"来寻找失丧者"④的独生子来说,我们都是他已经知道的,甚至在这个世界被造之前就已经被上帝拣选。⑤ 所以,"上帝要为自己找一个人"的意思是"他会拥有他自己的人"。在拉丁文中,"他将寻找"(quaerit)加上一个前缀,就变成"他会得到"(adquirit),其含义相当清楚。但哪怕是没有这个前缀,"他将寻找"和"他会得到"在这里也要理解为含义相同,这就是"获得"要被称作"quaestus"的原因。

---

① 《撒母耳记上》24:1以下。

② 《撒母耳记上》13:13 以下。

③ 该句在和合本中译为"上帝已经寻着一个合他心意的人"。

④ 参阅《路加福音》19:10。

⑤ 参阅《以弗所书》1:4。

章7　以色列王国的分裂，象征着属灵的以色列与属肉身的以色列永久分裂

　　扫罗由于不服从上帝而再次犯罪，撒母耳则又一次以上帝的言语对他说，"因为你厌弃上帝的命令，上帝也厌弃你作以色列的王。"①当扫罗向撒母耳认罪，请求赦免，并请撒母耳同他回去，以敬拜上帝的时候，撒母耳回答说："'我不同你回去，因为你厌弃上帝的命令，上帝也厌弃你作以色列的王。'撒母耳转身要走，扫罗就扯住他外袍的衣襟，衣襟就撕断了。撒母耳对他说：'如此，今日上帝使以色列国与你断绝，将这国赐与比你更好的人。以色列的大能者必不至说谎，也不至后悔。因为他迥非世人，决不后悔。'"②

　　"你厌弃上帝的命令，上帝也厌弃你作以色列的王"，"上帝使以色列国与你断绝"，这些话所说的这个人统治以色列长达四十年，③与大卫在位的时间一样长，但扫罗听到这些话的时候却是在他统治的早期。经上之所以这样写乃是为了使我们明白，他的后代中没有人做以色列的王，我们应当在大卫的后裔中寻找，按肉身来说，从大卫的后裔中也产生了"上帝与人之间的中保，基督耶稣这个人"。④

　　但是我们在这里引用的经文与大多数拉丁文译本不一样。拉丁文本是："今日上帝使以色列国与你断绝。"但在希腊文本中就像我们现在所确定的那样是"上帝使以色列国与你断绝"，正因如此，"与你断绝"可以理解为"与以色列断绝"。因此，扫罗这个人象征着以色列民族，当我们的主基督耶稣——不是按肉身的，而是属灵的——前来统治的时候，通过新约，以色列王国就从以色列人那里被拿走了。撒母耳对扫罗说"将这国赐与你的邻居"，这句话可以按照属肉身的国王来理解，因为基督按肉身来讲是以色列人，而扫罗也是。但这句话还加上了"好在你之上"，这确实只能理解为"比你好"，而有些人以这样的方式把"比你好"理解为

---

① 《撒母耳记上》15：23 以下。
② 《撒母耳记上》15：26。
③ 参阅《使徒行传》13：21。
④ 《提摩太前书》2：5。

"好在你之上",因为他是善的,因此他"在你之上",而按照另一句预言
"等我使你仇敌作你的脚凳",①那么以色列属于这些敌人之列,由于以色
列人迫害基督,基督取走了他们的王权,尽管以色列人中也有心里没有诡
诈的人,②就像谷糠中的米粒。使徒们确实都出自以色列,许多殉道者也
都是,司提反是第一个,还有许多教会,使徒保罗赞扬他们,为它们的皈依
赞美上帝。③

　　接下去讲的"要把以色列分为两半",④无疑应当理解为这样一种区
分。也就是说,分成作为基督敌人的以色列和依靠基督的以色列,或者分
成属于使女的以色列和属于自主之妇的以色列。这两族开始是在一起
的,正如亚伯拉罕仍旧收留使女一样,直到那位蒙上帝恩典的不育之妇叫
道"你把这使女和她儿子赶出去"。⑤ 我们确实知道,由于所罗门之罪,以
色列在所罗门之子罗波安统治时期分成两半,这种分裂持续了很长时间,
两部分各有自己的国王,直至遇上巨大的毁灭,整个国家被迦勒底人消
灭,民众被掳。但这些事与扫罗有什么关系? 如果是用这些事来警告扫
罗,那么应当警告大卫本人,而所罗门是大卫的儿子。最后,希伯来人不
仅是在这个时候出现分裂,而且早就散居到世界各地去了,他们所犯的也
是同样的错误。但是我们说,上帝警告过的以色列王国和以色列民族的
这种分裂,蕴涵在扫罗身上,扫罗是以色列人的代表。上帝的警告是永远
的,不可改变的,"以色列的大能者必不至说谎,也不至后悔。因为他迥
非世人,决不后悔"。也就是说,人是会后悔的,不能坚持到底,而上帝不
会像人一样后悔。当我们读到经上说上帝后悔的时候,这只是表示事情
的变化,而上帝的预知保持不变。因此,当经上说上帝不后悔的时候,应
当理解为上帝不改变。

　　我们看到,这些话中披露了上帝的旨意,以色列人的分裂是完全不可

---

① 《诗篇》110：1。

② 参阅《约翰福音》1：47。

③ 参阅《加拉太书》1：24。

④ 这句话在和合本译文中缺。

⑤ 《创世记》21：10。

化解的,永久性的。那些或是按照上帝的预言,或是按照人的共同本性,从前、现在、将来归于基督的人并非真正的以色列人。同理,那些进入基督,在基督里得以保存的以色列人,不再是与基督永远为敌的以色列人,乃至今世终结。倒不如说,以色列人将永远处于所预言的这种分离中。因为除了给新约作见证,"出于西奈山,生子为奴"①的旧约不再有用。否则的话,不管有多少人读摩西的经文,他们的心仍旧蒙着帕子,但若转向基督,帕子就除去了。② 这些人的改变都是从旧转向新,所以他们不再追求肉身的幸福,而是追求灵性的幸福。因此,你们看伟大的先知撒母耳在给扫罗涂油膏之前是怎么做的。他"为以色列人呼求上帝,上帝就应允他"。当外族人要来与上帝的子民争战时,撒母耳献燔祭,上帝大发雷声,惊乱外族人,他们就败在以色列人面前。然后,撒母耳将一块石头立在旧的和新的米斯巴之间,称它为"以便以谢",在拉丁文中就是"助手之石"之意,撒母耳说"到如今上帝都帮助我们"。③ 米斯巴的意思可以解释为"目的","助手之石"是救世主的中保,我们通过它从旧米斯巴逾越到新米斯巴——亦即从人在属肉身的王国中寻求虚假的肉体幸福的欲望,进到在天国中寻求真正的灵性的幸福的欲望。由于没有任何东西比后一种幸福更好,所以上帝帮助我们去获得它。

章8　对大卫的应许并不全部应在他的儿子所罗门身上,而是完全应在基督身上

　　与我们现在讨论的主题相关,让我们来看一下上帝对大卫本人的应许。大卫继承了扫罗的王国,这一变化象征着最终的改变,为了圣言讲到的以及经上记载的所有事情的缘故。

　　当大卫王的事业蒸蒸日上的时候,他想为上帝建一个家,也就是后来由他的儿子所罗门王建造的最出名的圣殿。当他考虑这件事的时候,上

---

① 《加拉太书》4:24。
② 参阅《哥林多后书》3:15 以下。
③ 《撒母耳记上》7:12,米斯巴是地名。

帝对先知拿单说话,再由拿单转告这位国王。① 在拿单的预言中,上帝说他的家不应当由大卫本人来建造,因为从未有人用柏木给他造过神殿。然后上帝说:"现在你要告诉我仆人大卫说万军之上帝如此说:'我从羊圈中将你召来,叫你不再跟从羊群,立你作我民以色列的君。你无论往哪里去,我常与你同在,剪除你的一切仇敌;我必使你得大名,好像世上大大有名的人一样。我必为我民以色列选定一个地方,栽培他们,使他们住自己的地方,不再迁移;凶恶之子也不像从前扰害他们,并不像我命士师治理我民以色列的时候一样。我必使你安靖,不被一切仇敌扰乱。并且我上帝应许你,必为你建立家室。你寿数满足,与你列祖同睡的时候,我必使你的后裔接续你的位,我也必坚定他的国。他必为我的名建造殿宇,我必坚定他的国位,直到永远。我要作他的父,他要作我的子;他若犯了罪,我必用人的杖责打他,用人的鞭责罚他。但我的慈爱仍不离开他,像离开在你面前所废弃的扫罗一样。你的家和你的国,必在我面前永远坚立。你的国位也必坚定,直到永远。'"②

如果以为这个伟大的应许在所罗门那里实现,那就大错特错了。因为这样想的人注意到了"他必为我建造殿宇",就像所罗门建造那座最著名的神殿一样,但没有注意到"你的家和你的国,必在我面前永远坚立"。③ 让这样想的人注意,所罗门的宫里充满崇拜伪神的外国嫔妃,曾经很聪明的国王本人现在受到她们的诱惑而堕入偶像崇拜,所以也遭到上帝的抛弃。让这样想的人不要大胆地相信上帝的应许本身是错的,或者上帝不能预知所罗门和他的家的所作所为。我们在此一定不要怀疑,或者说要看到这些事情只能应验在我们的主基督身上,按肉身他是大卫的后裔,但我们不要像那些属肉身的犹太人一样,空洞愚蠢地去寻找大卫的其他后裔。但即使他们也明白,对大卫作出的这个应许中所提到的大卫之子不是指所罗门,但由于他们对作出这个现在已经显明了的应许的

---

① 《撒母耳记下》7:4。

② 《撒母耳记下》7:8以下。

③ 本句直译为"他的家将是忠心的,他的王国在我面前永远坚立"。

上帝表现出惊人的盲目，他们就去寻找其他的大卫之子。

确实，在所罗门那里也有许多事情具有象征意义，他建造神殿，他的名字的含义是和平的缔造者，还有在他统治之初，他非常值得赞扬。但尽管他自身是未来之事的一个先驱者或影像，但他没有代表我们的主基督这个人。因此，有些记载下来的关于基督的事情似乎是由所罗门来预示的，而用事件来做预言的圣经也在某种意义上在所罗门身上刻画了未来之事的轮廓。除了记载了所罗门王朝的圣史以外，所罗门的名字也在《诗篇》第72章的标题中出现，但其中讲到的许多大事，并不能全部归于所罗门。倒不如说，它们都可用于主基督，之所以如此显然是因为在所罗门身上包含着未来之事的影像，而在基督那里，真理呈现在我们面前。大家都知道所罗门王国的疆域是有限的，但在同一首诗中，在没有说其他事情的时候就说"他要执掌权柄，从这海直到那海，从大河直到地极"。① 但在基督那里我们看到这些话应验了，因为基督的统治确实始于约翰施洗的那条河。在约翰认出他来以后，基督开始被他的门徒承认，他们不仅称他夫子，而且称他为主。

还有，所罗门开始统治的时候他的父亲大卫还活着，这样的事在其他国王那里没有发生过。之所以如此没有别的原因，只是为了充分显示前面对他父亲说的预言指的不是所罗门，"你寿数满足，与你列祖同睡的时候，我必使你的后裔接续你的位，我也必坚定他的国。"我们怎么可能假定下面讲的"他必为我的名建造殿宇"指的是所罗门，而前面又说"你寿数满足，与你列祖同睡的时候，我必使你的后裔接续你的位"呢？这里岂不是清楚地指明应许的是另一位"和平的缔造者"吗？这位被预言将会兴起的人不是在大卫去世之前，像所罗门那样，而是在大卫去世之后。无论从大卫之死到耶稣基督降临的间隔有多长，但他无疑是在大卫王死了以后到来的。这个对大卫王作出的应许说，基督将会到来，建一所上帝之家，不是用木石，而是用人，一所令我们喜乐的家。针对这所上帝之家，也

---

① 《诗篇》72：8。

就是针对所有基督的信徒,使徒说:"神的殿是圣的,这殿就是你们。"①

章9 《诗篇》第89章关于基督的预言与拿单在《撒母耳记》中的预言有多么相似

《诗篇》第89章的标题是"以斯拉人以探的训诲诗",诗中也提到上帝对大卫王的应许,所讲的事情有些与《撒母耳记》中的预言相似。例如"我向我的仆人大卫起了誓,我要建立你的后裔,直到永远"。② 还有,"当时,你在异象中晓谕你的圣民,说:'我已把救助之力加在那有能者的身上,我高举那从民中所拣选的。我寻得我的仆人大卫,用我的圣膏膏他。我的手必使他坚立,我的膀臂也必坚固他。仇敌必不勒索他,凶恶之子也不苦害他。我要在他面前打碎他的敌人,击杀那恨他的人。只是我的信实和我的慈爱要与他同在,因我的名,他的角必被高举。我要使他的左手伸到海上,右手伸到河上。他要称呼我说:你是我的父,是我的神,是拯救我的磐石。我也要立他为长子,为世上最高的君王。我要为他存留我的慈爱,直到永远,我与他立的约必要坚定。我也要使他的后裔存到永远,使他的宝座如天之久。'"③正确地理解这些话,它们全都指向主耶稣基督,但却以大卫的名义,因为这位中保也从大卫后代的一位童女那里取了仆人的形象。

紧接着的一段话解释大卫之子的罪,与《撒母耳记》中作出的解释相同,很容易把它理解为指的是所罗门。因为在那里——即在《撒母耳记》中——上帝说:"他若犯了罪,我必用人的杖责打他,用人的鞭责罚他,但我的慈爱仍不离开他。"④这里说的杖和鞭指的是矫正之杖和鞭。因此经上所说的"不可难为我受膏的人"⑤除了表示不要伤害他们,还能是什么意思? 还有,在《诗篇》中,在表面上对大卫说的那些话中,上帝也说了和

---

① 《哥林多前书》3:17。

② 《诗篇》89:3以下。

③ 《诗篇》89:19 以下。

④ 《撒母耳记下》7:14 以下。

⑤ 《诗篇》105:15。

这里相同的意思。他说："倘若他的子孙离弃我的律法，不照我的典章行，背弃我的律例，不遵守我的诫命，我就要用杖责罚他们的过犯，用鞭责罚他们的罪孽。只是我必不将我的慈爱（从他那里）全然收回。"①尽管上帝讲的是大卫的子孙，但上帝没有说"从他们那里"，而是说"从他那里"，恰当地理解一下，它指的是同一件事。因为在作为教会之首的基督那里找不到需要用人的矫正来进行约束的罪，上帝的慈爱仍旧保留着。然而，他的子民在身体和肢体中发现有罪。所以《撒母耳记》也提到他的罪，而《诗篇》中讲的是"他的子孙"的罪，所以我们可以理解，说到他的身体就是以某种方式说他本身。同理，当扫罗迫害他的身体，亦即他忠心的子民时，他本身从天上说："扫罗，扫罗！你为什么逼迫我？"②所以在《诗篇》下面的话中，他说："我必不背弃我的约，也不改变我口中所出的。我一次指着我的圣洁起誓，若我向大卫说谎。"③这也就是说，我决不对大卫说谎，这种讲话方式在圣经中很普遍。然后他告诉我们在哪些方面不撒谎，"他的后裔要存到永远，他的宝座在我面前如日之恒一般，又如月亮永远坚立，如天上确实的见证。"④

章10 属地的耶路撒冷的事情与上帝应许的王国的事情有什么区别，应许的真相应当理解为与其他国王和王国的荣耀有关

在如此重大的应许得到确认以后，一定不要认为这个应许在所罗门那里应验，诗篇说，这样的应验可以期盼，但却不是真的，"但你已经把他抛弃，你已经使他化为虚无。"这一点确实已经在所罗门的王国，在他的后裔中变成现实。即使是属地的耶路撒冷本身，王国的宝座，那时候也被推翻了，更重要的是，由所罗门建造的神殿也被摧毁了。但为了不使人们认为上帝的行为与他自己的应许相反，诗篇直接加上这样的话，"你推迟

---

① 《诗篇》89:30以下，和合本中无"从他那里"这四个字。
② 《使徒行传》9:4。
③ 《诗篇》89:33以下，最后一句在和合本中译为"我决不对大卫说谎"。
④ 《诗篇》89:36以下。

了你的受膏者"。① 如果上帝的受膏者推迟了,那么他既不是所罗门,也不是大卫本人。一方面,所有君王都被称作上帝的受膏者(christus);因为所有君王——不仅是大卫王以后的国王,甚至从这个民族第一个受膏的王扫罗开始,大卫本人也把扫罗称作"上帝的受膏者"——都由于神秘的受膏而圣化。然而另一方面,只有一位真正的基督,而这些君王由于先知的涂膏而带有受膏者的形象。按照人的看法,受膏者应当理解为大卫或所罗门,基督的到来推得很迟,但他按照上帝的安排在他自己的时代到来。

这首诗的下一部分继续说,在基督的到来推迟了的时候,属地的耶路撒冷变成了什么样子,那里确实期盼着基督的统治:"你厌恶了与仆人所立的约,将他的冠冕践踏于地。你拆毁了他一切的篱笆,使他的路障变为荒场。凡过路的人都抢夺他,他成为邻邦的羞辱。你高举了他敌人的右手,你叫他一切的仇敌欢喜。你叫他的刀剑卷刃,叫他在争战中站立不住。你使他的光辉止息,将他的宝座推倒于地。你减少他青年的日子,又使他蒙羞。"②这些事情都落到做使女的耶路撒冷身上,那里也有某些自主之妇的儿子在统治,暂时延续着这个王国,但掌握属天的耶路撒冷王国的是忠心的、期盼真基督的耶路撒冷的子女。阅读这个王国的历史,将会显示这些事情是如何发生的。

章11 上帝子民的基质存于基督之中,他的肉身升天,只有基督有力量拯救他自己的灵魂出地狱

在预言了这些事情以后,这位先知转而向上帝祈求,但他的祈求本身也是一个预言:"主啊,这要到几时呢? 你要永远转过身去吗?"③这里要加上"你的脸"这几个字,因为别处讲到"你掩面不顾我要到几时呢?"④

---

① 《诗篇》89:38,和合本译文为"你恼怒你的受膏者。"

② 《诗篇》89:39 以下。

③ 《诗篇》89:46,和合本译为"主啊,这要到几时呢? 你要将自己隐藏到永远吗?"

④ 《诗篇》13:1。

有些文本在这里不是"你要转过身去"，而是"当你转过身去"。然而，这句话不能理解为"你收回了你应许给大卫的慈爱"。但是，当诗篇作者说"到永远"的时候，它的意思如果不是"到终点"，又能理解成什么呢？"终点"要理解为时间的终结，到那个时候甚至连犹太人也相信基督。① 然而，在这个终点之前，诗篇作者为之感到悲哀的事情必定要出现。也由于这个原因，下面的话是"你的忿怒如火焚烧。要记住我的基质（substance）。"②这句话除了指耶稣本身，他的子民的基质，他的肉身是从他们的本性中产生出来的，没有更好地理解了。诗篇说"你创造世人，要使他们归何等的虚空呢？"③若人子不是属于以色列的基质，通过这种基质人子可以拯救许多人的子孙，那么一切人的子孙都会成为完全的虚空。确实，由于第一个人的犯罪，整个人性现在已经从真理堕落为空虚。由于这个原因，另一首诗说"人好像一口气，他的年日如同影儿快快过去"。④ 然而上帝没有使人的所有子孙都成为虚空，因为他通过中保耶稣从虚空中拯救了许多人。它确实不是完全的空虚，上帝甚至使许多他没有预知的人得到拯救，因为按照所有理性被造物最公平、最正义的秩序，也为了两座城之间的比较，上帝创造了这些人，使他们有益于那些等待拯救的人。下面的话是："谁能常活免死，救他的灵魂脱离阴间的权柄呢？"⑤唯有出自大卫后裔的基督耶稣的这个以色列的基质，使徒说他"既从死里复活，就不再死，死也不再作他的主了"。⑥ 尽管他死了，但他将复活，永远见不到死，因为他已经从地狱中把他的灵魂拯救出来了。他将下地狱解救某些灵魂，使它们摆脱地狱的枷锁，他用他在福音书中讲过的权柄这样做，"我有权柄舍了，也有权柄取回来"。⑦

---

① 参阅本书卷20，章29。

② 《诗篇》89:46以下。后一句在和合本中没有译出。

③ 《诗篇》89:47。

④ 《诗篇》144:4。"一口气"的原文是"虚空"。

⑤ 《诗篇》89:48。

⑥ 《罗马书》6:9。

⑦ 《约翰福音》10:18。

章12 诗篇中说"你从前的慈爱在哪里"等等,这些话以谁的名义说出?

这首诗的剩余部分是这样的:"主啊,你从前凭你的信实向大卫立誓,要施行的慈爱在哪里呢? 主啊,求你记念仆人们所受的羞辱,记念我怎样将一切强盛民的羞辱存在我怀里。上帝啊,你的仇敌用这羞辱,羞辱了你的仆人,羞辱了你受膏者的脚踪。"①现在可以正确地问,这些话是以那些想要这个对大卫的应许在他们身上实现的以色列人的名义说的吗? 或者说是以基督徒的名义说的,他们是按圣灵而非按肉身来说的基督徒? 这些话确实是在以探的时代讲的或写的,这首诗的标题从他的名字而来,也是在大卫为王的时代。除非先知自己是在以在他之后很久将会到来的那些人的名义讲话,说的是未来的事情,这些对大卫王应许的事情才是"从前的",否则他就不会说"主啊,你从前凭你的信实向大卫立誓,要施行的慈爱在哪里"。另一方面,这些话也可以理解为有许多民族迫害基督,所以他在这里用基督的受难来责备他们,这在圣经中称作基督的"改变"②,因为借助死,基督被造就为不朽的。还有,按照这种思路解释,基督的"改变"可以理解为对以色列人的羞辱,因为,尽管以色列人期盼基督是他们的救主,但基督被造为外邦人的救主。许多相信基督的民族现在依据新约羞辱那些仍旧停留在旧约的民族,由于这个原因,经上说"主啊,求你记念仆人们所受的羞辱。"因为,如果主没有忘记,而且仍旧对他们施行慈爱,那么他们自己在受到这种羞辱以后也就会相信基督了。

但我所说的第一种解释似乎最恰当。因为"主啊,求你记念仆人们所受的羞辱"这句话不能恰当地置于那些受羞辱的人之口,因为基督已经离开他们,转向外邦人,也因为这样的犹太人不能被称作上帝的仆人。然而,这些话语确实适合那些因基督之名受到迫害而承受巨大羞辱,但仍能记住这个曾经应许给大卫后裔的天国的人,适合那些期盼这样的王国的人——不是在绝望中,而是在寻找、探索中——他们会说,"主啊,求你记念仆人们所受的羞辱,记念我怎样将一切强盛民的羞辱存在我怀里。"(也就是耐心

---

① 《诗篇》89:49 以下。

② "改变"一词在和合本中译为"脚踪"。

地在心里忍受）"上帝啊，你的仇敌用这羞辱，羞辱了你的仆人，羞辱了你受膏者的脚踪。"（因为他们以为这不是一种改变，而是一种毁灭）还有，如果不是"记住有慈爱补偿耐心忍受的羞辱，用你凭你的信实向大卫立誓要行的高举作我的回报"，那么"主啊，求你记念"又能是什么意思呢？

　　另一方面，我们毕竟也可以把这些言语都归于犹太人。这样的言语可以由那些被掳的上帝的仆人说出，但时间是在属地的耶路撒冷沦陷之后，在耶稣基督以人的形象诞生之前。如果是这样的话，我们应当把"你的受膏者的改变"理解为不是指属地的和肉身的幸福，就像所罗门王朝统治期间所看到的那样，而是指信仰者等待的属天的和灵性的幸福。当时不信上帝的民族对这种幸福一无所知，他们对战胜上帝的子民、在以色列人被掳时羞辱以色列人感到狂喜。但他们在无知中羞辱了的，除了是"改变了的受膏者"、那些知道真理的人，还能是什么人呢？这就是要说后面这句诗的原因，说完后这首诗就结束了，"愿上帝的赐福直到永远。阿门，阿门！"①这些话完全适用于属天的耶路撒冷的全体上帝的子民，既包括那些新约启示之前在旧约时代被藏匿起来的子民，也包括那些在新约启示之后清楚地属于基督的子民。因为我们所期盼的"上帝对大卫后裔的赐福"不是某些暂时存在的东西，就像所罗门时代出现的幸福，而是永恒的东西，为了表达这种希望的完全确定性，经上说"阿门，阿门！"重复地说这个词是对这种希望的肯定。因此，大卫在《撒母耳记下》我们离题去解释的这首诗中说："主啊，你又应许你仆人的家至于久远。"②这个时候，他明白这一点。稍后他也说："现在求你赐福与仆人的家，可以永存"等等，③因为，从他的后裔中基督将要诞生，通过基督他的家才能永存，才能成为上帝之家。它由于大卫的家族而被称作大卫之家，但同一个家也被称作上帝之家，因为它是上帝的殿宇，是用人造的，而不是用石头造的。在这个殿宇中，上帝的子民将永远与上帝住在一起，住在他们的上

---

① 《诗篇》89：52，和合本译为"上帝是值得称颂的，直到永远。阿门，阿门！"
② 《撒母耳记下》7：19。
③ 《撒母耳记下》7：29。

帝之中,而上帝也将和他的子民住在一起,住在他的子民之中,所以上帝
将充满他的子民,他的子民将充满上帝,上帝将是一切中的一切。① 上帝
本身是他们战争中的力量,也是他们和平中的奖赏。这样,当拿单说"上
帝会告诉你要为他造一所什么样的住所"②时,经上以大卫自己的口吻说
"万军之上帝、以色列的神啊,你开启了你的仆人之耳,我要为你建立家
室"。③ 这个家室既是由我们依靠良好的生活建起来的,又是由上帝通过
使我们良好的生活建起来的,因为"若不是上帝建造房屋,建造的人就枉
然劳力"。④ 当这座家室最后得以奉献时,那么上帝通过拿单所说的事情
就实现了,"我必为我民以色列选定一个地方,栽培他们,使他们住自己
的地方,不再迁移;凶恶之子也不像从前扰害他们,并不像我命士师治理
我民以色列的时候一样。"⑤

章13　这一应许的和平的真正含义能否归于所罗门时代的那些事情

如果有人期盼在这个世界上,在这个大地上,有这样的大善,那么他
的智慧只能是愚蠢的。有谁能够设想这个应许已经在所罗门王朝的和平
中应验了吗? 圣经确实高度赞扬这一作为未来之事的影像的和平。但相
信上帝应许的和平在所罗门王朝应验,这种信念受到极大的阻力。因为
经上说了"凶恶之子也不像从前扰害他们"以后,马上又加上"像我命士
师治理我民以色列的时候一样"。从以色列人得到应许之地开始,到列
王统治以色列民众之前,以色列人由士师统治。凶恶之子——也就是外
敌——在这些时期中肯定扰害了以色列,如我们所读到的那样,和平与战
争交替,然而在那个时期,可以找到比统治了四十年的所罗门所拥有和平

---

① 参阅《哥林多前书》15:28。
② 《撒母耳记下》7:11,和合本译为"我必为你建立家室"。
③ 《撒母耳记下》7:27,和合本译为"万军之上帝,以色列的神啊,因你启示你的仆人
　　说,我必为你建立家室"。
④ 《诗篇》127:1。
⑤ 《撒母耳记下》7:10。

时间更长的和平。因为在一位名叫笏的士师的领导下,国中太平八十年。① 所以,上帝禁止我们相信这个应许表征着所罗门时代,更不用说指的是其他国王了。没有任何国王能像所罗门那样享有和平的统治,这个民族从来没有过一个王朝是不担心被外敌征服的。人间事务的巨变使得没有任何民族可以得到永久的安全保障,以至于可以从来不用担心外敌的侵犯。因此这种应许了的和平安全的居住地是永久性的,永远属于自由的母亲耶路撒冷,以色列的子民将在那里居住,因为以色列这个名字被解释为"看见上帝"。抱着得到这种奖赏的心愿,在这不幸的寄居时期,通过信仰,我们过着一种虔诚的生活。

章14 大卫精心安排诗篇,使之具有一种神秘的秩序

在上帝之城经历各个时代的进程中,大卫首先作为象征未来事物的影像统治属地的耶路撒冷。大卫是个擅长诗歌的人。他喜欢音乐的和谐不是为了世俗的快乐,而是有着忠心的意愿。因为他用诗歌侍奉他的上帝,真正的神,使伟大的事情得到神秘的表征。把各种各样的音符合理地、有序地安排在一个和谐的复合体中,可以很好地象征秩序良好的城邦这种复合物。② 这样,他的所有预言几乎都以诗的形式出现,《诗篇》中就包含 150 首诗。有些人考虑,只有那些标有大卫名字的诗才是由大卫创作的。还有些人假设只有那些在标题中有"大卫的诗"(of David)字样的诗歌才是大卫创作的,而那些有着"为大卫写"(for David)字样的诗歌则是由其他人代他创作的。但这后一种看法受到救世主本人在福音书中的言语的驳斥,说大卫被圣灵感动仍旧称基督为主。③ 因为《诗篇》第 110首是这样开头的:"上帝对我主说:'你坐在我的右边,等我使你仇敌作你的脚凳'",④像其他许多诗一样,这首诗的标题中没有"为大卫写",而是写

---

① 参阅《士师记》3:30。
② 参阅西塞罗《论共和国》,卷 2,章 42,节 69。
③ 《马太福音》22:43 以下。
④ 《诗篇》110:1。

着"大卫的诗"。在我看来,更加可信的是另外一些人的看法,他们把所有
150 首诗都归于大卫。他们相信,大卫也把其他一些人的名字写入某些诗,
为的是象征某些相关的事情,但他不希望别人的名字出现在其余诗的标题
中。他在安排这些不同诗歌的秩序时受到圣灵的感动,尽管是隐秘的,但
并非无意义。也不应当有人由于下面这个原因而不相信这些诗是大卫写
的,某些生活在大卫以后很久的先知出现在诗歌的描写中,就好像这些事
情是由他们说出来似的。① 因为预言之灵并非不能把这些后来的人的名
字启示给大卫王,使他能够恰当地吟诵与这些人有关的事情。因为以同
样的方式,圣灵对另一位先知作启示,说三百多年以后约西亚王将兴起和
统治,这位先知既预言了这位国王的行为,又预言了他的名字。②

章15　是否要将诗篇中所有涉及基督和他的教会的预言都包括在本 书中

我明白,现在我会被期待在本卷的这个部分开始解释大卫在《诗篇》中涉
及基督和他的教会的预言。尽管我已经在一个例子中这样做了,但我还是踌
躇不前,不是因为材料的稀少,而是因为材料实在太丰富了。避免冗长的必
要性禁止我去解决所有问题,然而我担心,即使我只包括有限的内容,但对许
多知道这些预言的人来说,我都似乎已经逾越了这种必要性。此外,所提供
的证言必须得到整首诗的语境的支持,至少不能出现与其他文本矛盾之处,
哪怕并非每个细节都在支持这个证言。否则的话,我似乎就只是在随意收集
与我的目的相吻合的简短的段落,就好像在搞一个诗句的汇编,这些句子不
是取自按同一主题所写的长诗,而是来自按不同主题所写的诗。③ 然而,为

---

① 在希腊文圣经七十子本中,《诗篇》第 137 首归于先知哈该,第 145—150 首归于
　　先知撒迦利亚。
② 参阅《列王纪上》13:2。
③ 奥古斯丁此时头脑中想到的是一种很奇怪的文学形式,称作"汇编"(cento),用
　　取自异教诗歌中的诗句编成一首基督教的诗。例如公元前四世纪有一位基督徒
　　名叫浦洛巴(Proba),他写了一首关于基督生平的诗,所有材料都取自维吉尔的
　　《埃涅阿斯纪》。

了引述这些证言，我们必须解释被引述的每首诗的整体状况，从其他作者的著作和我已经完成的工作中可以看出这是一项多么巨大的工程。因此，让任何希望阅读这些著作的人去阅读，他会发现大卫有大量重大的预言——他既是国王又是先知——涉及基督和基督的教会，亦即涉及上帝已经坚立起来的这位王和这座城。

章 16　第 45 首诗中与基督和教会相关的事情，直接说出来的，或象征性地说出来的

　　无论就何种主题所作的非比喻的、直白的预言，都不可避免地要与象征性的表述混合，而象征性的表述尤其迫使博学者从事艰苦的讨论，为那些迟钝者作解释。当然，某些象征性的表述同时讲到了基督和教会，碰到这样的言语也会有某些事情不那么容易理解，需要在方便时加以解释。《诗篇》中就有这样的一个例子："我心里涌出美辞。我论到我为王做的事，我的舌头是快手笔。你比世人更美，在你嘴里满有恩惠，所以上帝赐福给你，直到永远。大能者啊，愿你腰间佩刀，大有荣耀和威严。为真理、谦卑、公义赫然坐车前往，无不得胜。你的右手必显明可畏的事。你的箭锋快，身中王敌之心，万民扑倒在你以下。主啊，你的宝座是永永远远的，你的国权是正直的。你喜爱公义，恨恶罪恶，所以上帝，就是你的神，用喜乐膏你，胜过膏你的同伴。你的衣服都有没药、沉香、肉桂的香气，象牙宫中有丝弦乐器的声音，使你欢喜。"①无论心智多么迟钝，有谁看不出这里讲的是我们赞颂和相信的基督？他是上帝的受膏者，他的宝座直到永远，因为上帝确实不是膏了一位可见的救世主，而是膏了一位属灵的、智慧的救世主。有谁对这种宗教如此无知，或者如此不在意它广泛传播了的名声，以至于不知道基督之名就源于这种受膏？但是，承认这位王是基督以后，每个接受基督用真理、仁慈和公义进行的统治、做他的臣民的人，都要在方便的时候考察一下这里象征性地提到的其他一些事情。例如，说他比世人更美，这就是说他的美更值得世人去爱，这种美是非形体的；又比

① 《诗篇》45：1 以下。

如说他的佩刀、箭，以及其他一些东西，这些话不能从字面上去理解，而应当视为象征性的。

下面让他①思考一下基督的教会，一位如此伟大的丈夫与她在属灵的神婚中结合，诗中对此是这样描写的："有君王的女儿在你尊贵妇女之中；王后佩戴俄斐金饰站在你右边。女子啊，你要听，要想，要侧耳而听，不要记念你的民和你的父家，王就羡慕你的美貌，因为他是你的主，你当敬拜他。推罗的民必来送礼，民中的富足人也必向你求恩。王女在宫里极其荣华，她的衣服是用金线绣的。她要穿锦绣的衣服，被引到王前，随从她的陪伴童女也要被带到你面前。他们要欢喜快乐被引导，她们要进入王宫。你的子孙要接续你的列祖，你要立他们在全地作王。我必叫你的名被万代纪念，所以万民要永永远远称谢你。"②我不认为有谁会那么愚蠢，竟然相信这里赞扬和描写的是某些女人。这里描述的是基督的妻子，而经上已把基督说成"主啊，你的宝座是永永远远的，你的国权是正直的。你喜爱公义，恨恶罪恶，所以上帝，就是你的神，用喜乐膏你，胜过膏你的同伴。"显然，这里讲的就是基督，在基督徒之上受膏。基督徒被称作他的"同伴"，由于他们的团结与协和，成了基督的"王后"，她在另一首诗中被称作"大王之城"。③

这位王后是灵性意义上的锡安，这个名字在拉丁文中的意思是"沉思"。因为她沉思着将要到来的这个世界的大善，因为这就是她为之奋斗的目标。她也是灵性意义上的耶路撒冷，对此我们已经说了许许多多。她的敌人是恶魔之城巴比伦，意思是"变乱"。然而这位各民族中的王后通过新生从巴比伦中得到救赎，从侍奉最坏的国王转为侍奉最好的国王，也就是从侍奉魔鬼转为侍奉基督。由于这个原因，经上说要她"不要记念你的子民和你的父家。"在这个亵渎的城中，也有一部分按血气而非按信仰来说的以色列人，他们也是这位大王和这位王后的敌人。基督来到

───────────────

① 　此处的"他"指上一段中讲的"每个接受基督用真理、仁慈和公义进行的统治，做他的臣民的人"。

② 　《诗篇》45：10 以下。

③ 　《诗篇》48：2。

他们中间,但却被他们杀了,所以他就成为其他人的王,但他并没有看见他们的肉身。这样,我们的王通过一首诗的预言亲自说:"你救我脱离百姓的争竞,立我作列国的元首,我素不认识的民必侍奉我。他们一听见我的名声,就必顺从我。"①所以,这些外邦人的民众,道成肉身时基督并不认识他们,但无论如何当基督对他们宣谕时他们相信他是基督。所以可以正确地说"他们一听见我的名声,就必顺从我",因为"信道是从听道来的"。② 我要说的是,这些人再加上那些按血气和信仰都属于以色列的人,就是上帝之城。当她仅由以色列人组成时,这座城生了基督本人。因为那里来了童贞女马利亚,从她那里基督得着人的肉身。另一首诗说到这座城:"论到锡安,必说:'这一个那一个都生在其中。而且至高者必亲自坚立这城。'"③如果不是上帝,谁又能是至高者呢? 因此,基督在他通过马利亚在那座城中成为人之前是上帝,他本身通过族长和先知建了这座城。这样,预言中提到这位王后,亦即上帝之城时说:"你的子孙要接续你的列祖,你要立他们在全地作王",我们看到这个很久以前作出的预言现在应验了。确实如此,从她的子孙中出了她的领袖和遍布全地的王,她的子民聚集在她那里赞美她,直到永远。诗篇中的象征性表达经常有某些晦涩之处,然而我们的解释必定无疑会与这些显然为真的事情保持一致。

章17 《诗篇》第110首与基督的祭司权有关,第22首与他的受难有关

在我们刚刚讨论过的这首诗中,基督被宣布为王。以同样的方式,他在另一首诗中被宣布为祭司。"上帝对我主说:'你坐在我的右边,等我使你仇敌作你的脚凳。'"基督坐在天父上帝的右边,这是可信的,但却是看不见的;基督的仇敌也被置于基督的脚下,但却是不显现的。但是这件事是完成了的,它将在最后出现,现在所信的事情确实将能看见。接下去

---

① 《诗篇》18:43 以下。
② 《罗马书》10:17。
③ 《诗篇》87:5。

则说:"上帝必使你从锡安伸出能力的杖来,你要在你仇敌中掌权。"①这里的意思非常清楚,如果加以否认就不仅是不信或不忠的问题,而且确实是放肆无礼。因为甚至连我们的敌人也承认被我们称作福音的基督的律法,我们把福音视为基督的能力的杖,是从锡安伸出来的。基督在他的仇敌中的统治可以由他统治的这些仇敌来证明,他们咬牙切齿,但无法摆脱灭亡,他们没有任何力量反对基督。

稍后处,诗篇的作者说"上帝起了誓,决不后悔"——他用这些话表示他要添上的话是不变的——"你是照着麦基先德的等次永远为祭司。"有谁得到允许怀疑这些话讲的是基督?因为现在已经没有任何地方有照着亚伦的等次设立的祭司和献祭,而在基督这位祭司之下,人们现在献上麦基先德在给亚伯拉罕赐福时用的祭品。② 这样,在这首诗中多少有些晦涩地表达了的事情,如果正确地理解,可以看作指的就是这些明显的事实,对此我已经在我的布道文中向人们说过了。③

另一个例子出现在基督清楚地预言他受难时的谦卑的那首诗中。他说:"他们扎了我的手、我的脚。他们数了我的所有骨头。他们瞪着眼看我。"④他确实用这些话预言他的身体在十字架上伸展,手脚被钉子钉穿。他也以此象征着他将以这种方式观看那些观看他和瞪眼看他的人。他又说:"他们分我的外衣,为我的里衣拈阄",福音书告诉我们这个预言是如何实现的。⑤ 还有一些话在这首诗中含义不那么清楚,但只要按照与这些极为清楚地表达了的意思相一致的方式进行解释,这些话也还是能够正确理解的。非常清楚,我们在这首诗中读到的一些事情,我们相信不是过去发生的,而是在现在可以看到的,是整个世界都看到的,与我们在诗中读到的预测完全一致。因为这首诗稍后就说:"地的四极都要想念他,并且归顺他;列国的万族都要在他面前敬拜,因为国权是主的,他是统治

---

①　《诗篇》110:1以下。

②　参阅《诗篇》110:4;《创世记》14:18。

③　奥古斯丁:《布道文》,章8,节541以下。

④　《诗篇》22:16以下,第二句在和合本中译为"我的骨头,我都能数过"。

⑤　《诗篇》22:18;《马太福音》27:35;《约翰福音》19:24。

万国的。"①

章18　《诗篇》第3首、第41首、第16首、第68首预言了基督的死亡与复活

　　《诗篇》中的启示对基督的复活也决没有保持沉默，因为《诗篇》第3首说："我躺下睡觉，我醒着，上帝都保佑我。"②这些话就像由基督本人说出的一样，还有其他什么意思可以加于这句话？有谁会愚蠢到相信先知在这里讲的意思仅仅是告诉我们，他睡着了然后又醒过来，好像这是什么大事似的？这里的睡肯定表示死亡，这里的醒肯定表示复活，因为诗的作者认为以这种方式预言基督的死亡与复活是恰当的。

　　这一点在《诗篇》第41首表现得更清楚，在那里和通常一样，被预言的事情是以中保本人的口吻说出来的，以叙述已经过去的事件的形式。之所以这样做，乃是因为将来的事情在某种意义上确实已经发生了，不过是在上帝的前定和预见中。他说："我的仇敌用恶言议论我说：'他几时死，他的名才灭亡呢？'他来看我就说假话，他心存奸恶，走到外边才说出来。一切恨我的，都交头接耳地议论我。他们设计要害我。他们说：'他不是睡了又再起来了吗？'"③这些话肯定是以这样一种方式来表达相同的意思，就好像说"他不是已经死了，然后又活过来了吗？"前面的话证明他的敌人设计置他于死地，有一个人前来看他，然后又出去背叛了他。这个人不就是那个名叫犹大的那个门徒，后来当了叛徒的吗？

　　这样，由于他们将要按计谋行事——也就是将要杀害他——所以他指出他们想要极为邪恶地杀害他是徒劳的，因为他会复活。于是，他添上了那句话，就好像在说：傻瓜，你们要干什么？这样做对你们是一桩恶行，对我来说是一次睡眠，"他不是睡了又再起来了吗？"然而在后面的诗句中，他也指出他们犯下如此可悲的罪行不可能不受惩罚："连我知己的朋

---

① 《诗篇》22:27以下，中译文与和合本有不同之处。
② 《诗篇》3:5。
③ 《诗篇》41:5以下，最后一句与和合本译法不同。

友,我所倚靠吃过我饭的,也用脚踢我"——也就是把我踩在脚下。他说:"但是你,上帝啊,求你怜恤我,使我起来,好报复他们。"①看到基督的受难与复活、犹太人遭战争屠杀和毁灭而被完全掷下他们的坐席以后,有谁还会否认这种解释的真实性? 基督被他们杀害以后又复活了,同时对他们进行暂时的惩戒,但对那些在他要来审判死人和活人的时候仍旧不悔改的人来说,那时候的惩罚就不是暂时的了。

我们的主耶稣本人用蘸一点饼递给犹大的方式,告诉使徒们犹大是出卖他的人。② 他回想起这首诗的一句话,并说这事要应验在他自己身上:"我知道我把我的平安托付给谁。同我吃饭的人,用脚踢我",③但他说"托付给谁",这是就身体来说的,不是就头脑来说的。换言之,救世主本人并非不知道这个人的身份,因为他已经说过"你们中有一个人要出卖我","你们中间有一个是魔鬼"。④ 但他习惯上不把某个人说成是他的肢体,也不把属于他们的东西归于自己,因为头与身体是一个基督。因此在福音书中有这样的话:"因为我饿了,你们给我吃",⑤为了解释这句话,他说:"这些事你们既做在我这弟兄中一个最小的身上,就是做在我身上了。"⑥因此,在我们正在讨论的这句话中,他说自己已经把对门徒们的信任放在犹大身上了,因为犹大曾名列使徒数中。

现在犹太人不认为他们期盼的受膏者会死。由于这个原因,他们也不接受我们的基督是律法和先知宣布了的。倒不如说,他们已经虚构了我所不知的、不会承受死亡的他们自己的弥赛亚。也由于这个原因,他们在极端的空虚和盲目中认为我们所引的这些话并不象征死亡和复活,而只是说到睡与醒。但是《诗篇》第 16 首也大声对他们说:"因此我的心欢喜,我的灵快乐,我的肉身也要安然居住。因为你必不将我的灵魂撇在阴

---

① 《诗篇》41:9以下。

② 参阅《约翰福音》13:26。

③ 参阅《约翰福音》13:18。

④ 《约翰福音》6:70 以下。

⑤ 《马太福音》25:35。

⑥ 《马太福音》25:40。

间,也不叫你的圣者见朽坏。"①有谁能说他的肉身安然居住,他的灵魂不会被撇在阴间,而是直接复归肉身,再次复活,所以不会承受通常的尸体朽坏? 除了在第三天复活的基督,有谁能这样说? 犹太人肯定不会这样说他们的先知和大卫王。《诗篇》第68首也大声对他们说:"我们的主是诸般救恩的上帝,人能脱离死亡是在乎主。"②还有什么能比这说得更清楚? 因为"上帝的救恩"是我主耶稣,这个名字可以解释为"救世主"或"救治者"。这个名字的来历在于,在耶稣从童女而生之前,"她将要生一个儿子,你要给他起名叫耶稣,因他要将自己的百姓从罪恶里救出来"③,由于他的血为赎罪而流,所以除了死亡没有别的办法可以脱离今生。因此,当经上说"我们的主是诸般救恩的上帝"时,马上又说"人能脱离死亡是在乎主",以说明我们通过他的死亡而得救。但是"在乎主"这些词是以惊讶的口吻说出来的,就好像是在说"今世可朽的生活甚至连主本身不经过死亡也不能脱离。"

章 19　《诗篇》第 69 首宣称了犹太人的不信和固执

　　但是犹太人完全拒绝这个预言的见证,哪怕这些证言如此清晰,并且在后来的事件中有了明确的应验。然而,后面的诗倒确实在他们身上应验了。因为,耶稣受难的事件以基督本身的口吻得到了预言性的描述:"他们拿苦胆给我当食物;我渴了,他们拿醋给我喝",这句话的意思在福音书中非常清楚。④ 其次,在这样一个筵席呈现给他的时候,他说:"愿他们的筵席在他们面前变为网罗,在他们平安的时候变为机槛。愿他们的眼睛昏,不得看见;愿你使他们的腰常常战抖",等等。⑤ 这里说的不是愿望,而是以愿望的形式表达出来的先知的预测。如果这些"昏花看不见"的眼睛看不到如此明显的真理,那又有什么可惊讶的呢? 如果这些常常

---

① 《诗篇》16:9以下。

② 《诗篇》68:20。

③ 《马太福音》1:21。

④ 《诗篇》69:21;《马太福音》27:34,48。

⑤ 《诗篇》69:22 以下。

战抖的腰弯下来,看不到天上的事情,那又有什么可惊讶的呢? 这些身体的形象可以理解为指的是灵魂的邪恶。

为了保持本书的限制,关于《诗篇》——亦即关于大卫王的预言——我们就说到这里。愿那些读到我的书,熟知整个主题的人原谅我,如果他们知道或相信我省略了某些也许能够提供更强有力证言的事例,请他们不要埋怨。

章20　大卫和他的儿子所罗门的统治与功绩,在那些与所罗门有关的书及无疑是由所罗门所写的书中与基督有关的预言

大卫统治着属地的耶路撒冷,这个耶路撒冷是属天的耶路撒冷之子。他在神圣的证言中受到很大的赞扬,因为他用虔诚克服了很多罪,成为完全谦卑的悔过者。他无疑属于他自己所说的那种人,"得赦免其过、遮盖其罪的,这人是有福的。"①在他之后统治整个民族的是他的儿子所罗门,如上所说,②所罗门开始统治时他父亲还活着。他的统治有一个很好的开端,但却有一个很坏的终结,因为"繁荣耗尽了聪明人的灵性",③他的智慧给他带来的伤害比给他带来的利益更大,这种智慧至今乃至永远值得纪念,而在当时更是闻名遐迩。他也在他的书中作了预言。他有三本书被纳入权威的正典:亦即《箴言》、《传道书》、《雅歌》。确实还有其他两本书,一本叫《所罗门智训》,另一本叫《便西拉智训》,由于风格相似,习惯上也归于所罗门。较为博学的权威们毫不犹豫地说它们不是所罗门写的,但是教会,尤其是西部教会,无论如何都将它们视为古代传下来的权威经典。

两书之一的《所罗门智训》最清晰地预言了基督的受难。书中以杀害基督的刽子手的口吻说:"'义人实在讨厌,让我们伺机摆脱他们吧。他们反对我们的所作所为;他们谴责我们破坏了摩西的律法,违反了祖先

---

① 《诗篇》32:1。

② 本卷,章8。

③ 撒路斯提乌斯:《喀提林阴谋》,章11,节8。

的传统。他们要求认识上帝，他们自称是主的孩子。对于这样的人，我们不能坐视不管，谁叫他们与我们的全部思维方式背道而驰呢。他们与其他人不一样；他们具有奇怪的生活方式。他们认为我们的道德标准是如此的低下，以致应该回避我们所做的一切。他们夸有上帝做他们的父亲，并且相信，花言巧语无足论，唯有义人得幸福。然而我们倒要看看，此话是否当真！让我们看看他们临死时会发生什么事！如果义人确是上帝的孩子，那么上帝就会救他们摆脱仇敌之手。那就让我们考验他们一下吧。我们要残忍地对待他们，欺侮他们，随后我们将会发现，他们多么镇静而有理智！我们将会发现，他们到底能够禁得住多大的磨难！我们要宣判他们耻辱的死刑。总而言之，他们会说，上帝会保护他们。'这就是恶人如何想的，然而他们是荒谬的。他们被自己的恶行蒙住了眼睛。"①

还有，在《便西拉智训》中，各民族未来的信仰以这样一种方式得到预言："啊，上帝呀，宇宙之主宰，看看我们，可怜可怜我们吧。让各国在你面前发抖吧。采取行动，反对外国，让他们亲眼看见你的大能！你曾经用我们来向他们显示你是何等圣洁，如今请用他们来向我们显示你是何等伟大吧。让他们知道，就像你曾经让我们知道的那样，除了你，没有别的神，啊，主啊。"②这个预言在形式上是愿望和祈祷，我们看到它通过耶稣基督得以应验。

使用不被包括在犹太正典中的作品反对我们的对手不具有很大的力量。但另一方面，对这三本显然属于所罗门的、被犹太人接受为正典的作品，必须作详细的讨论，以表明其中看到的这一类事情显然指基督和他的教会。如果现在进行这种讨论，它将推延我们既定的任务，并超过必要的范围。然而我们在《箴言》中读到，一个不虔诚的人说："让我们不义地把义人埋藏在地下，让我们像坟墓一样把他吞下，让我们从大地上消除对他的记忆，让我们攫取他的宝藏。"③这些话并不晦涩，没有什么无法理解而

① 《所罗门智训》2：12 以下。
② 《便西拉智训》36：1 以下。
③ 《箴言》1：11 以下，译文与和合本不同。

需要详细解释的地方,它们指的就是基督和他拥有的教会。的确,福音书中那个坏园户的寓言表明耶稣本人也说过相同的事情:"这是承受产业的。来吧!我们杀他,占他的产业!"①

还有,这部《箴言》中有一段话是我们在提到"生了七个儿子"的不育之妇时已经谈到过的。② 一般说来,这些话一说出来,那些知道基督是上帝的智慧的人马上就会明白这只能指基督和教会。"智慧建造房屋,凿成七根柱子,宰杀牲畜,调和旨酒,设摆筵席。打发使女出去,自己在城中至高处呼叫,说:'谁是愚蒙人,可以转到这里来!'又对那无知的人说:'你们来,吃我的饼,喝我调和的酒。'"③在这里,我们肯定能认出上帝的智慧,也就是与天父共同永恒的道,他在童女的子宫中为自己建造了一所房屋,有了人的身体,他与教会结合,就像把肢体联系到头部。他以殉道者作为教会的牺牲献祭,他用酒和饼摆设他的筵席。这个筵席的桌旁也出现了按麦基洗德等次的祭司,他邀请愚蒙人和无知者前来赴席,因为如使徒所说,他"拣选世上软弱的,叫那强壮的羞愧"。④ 但对这些弱者,经上继续说:"你们愚蒙人,要舍弃愚蒙,就得存活,并要走光明的道。"⑤成为那筵席的客人,就是开始得到生命。

还有,在另一本书,即所谓的《传道书》中,经文说:"人莫强如吃喝"。⑥ 要使这句话更容易被人们相信,莫过于把它解释为指分享这位祭司本人提供的这场筵席,他是按照麦基洗德的等次而立的新约的中保,席上摆的是他的身体和鲜血。这样的献祭远远高于一切旧约的献祭,是作为将来要献上的祭品的象征物献上的。由于这个原因,我们也在《诗篇》第40首中看到同一位中保预言说:"祭物和礼物,你不喜悦,你宁可要我

---

① 《马太福音》21:38。
② 参阅本卷,章 4。
③ 《箴言》9:11 以下。
④ 《哥林多前书》1:27。
⑤ 《箴言》9:6,见希腊文圣经七十子本。
⑥ 《传道书》8:15。

的身体。"①因为他的身体取代了所有祭物和礼物,他的身体给了所有分享者。《传道书》经常重复、多次赞扬吃喝,但在这样做的时候,它指的不是使肉体快乐的筵席。这一点清楚地显示在"往遭丧的家去,强如往归乐的家去"②这句经文中。稍后经上又说:"智慧人的心,在遭丧之家;愚昧人的心,在快乐之家。"③

　　但是,我想尤其应当从这本书中引用与两座城相关的段落,一座城是恶魔的,另一座城是基督的,以及与两座城的王相关的段落,魔鬼和基督。"邦国啊,你的王若是孩童,你的群臣早晨宴乐,你就有祸了! 邦国啊,你的王若是贵胄之子,你的群臣按时吃喝,为要补力,不为酒醉,你就有福了!"④由于愚蠢、骄傲、鲁莽、任性,以及其他那个时代盛行的邪恶,魔鬼在此处被称作孩童。但基督是贵胄之子,也就是说他出身于属于自由之城的神圣族长,他的肉身是从他们而来的。另一座城的群臣"早晨宴乐",亦即在适当的时辰之前,因为他们没有寻求恰当的幸福,寻求那将要到来的世界中的真正幸福,因为他们想要今世的快乐,想要在这个世界上显赫。但是基督之城的群臣们耐心地等待着真正幸福的时刻到来。这在"为要补力,不为酒醉"⑤这些话中得到表达,因为他们的盼望不会欺骗他们,如使徒所说:"盼望不至于羞耻。"⑥这首诗也说:"凡等候你的必不羞愧。"⑦

　　还有,《雅歌》真正庆祝了某种灵性的快乐,这种快乐是由圣徒的心灵在这座城的国王与王后成婚时感受到的,亦即基督与教会的婚姻。但这种快乐蒙着寓意的薄纱,若是揭去这层薄纱,一切都会更加热烈,更加

---

① 《诗篇》40:6,见希腊文圣经七十子本。
② 《传道书》7:2。
③ 《传道书》7:4。
④ 《传道书》10:16 以下。
⑤ 直译为"坚忍而不混乱"。
⑥ 《罗马书》5:5。
⑦ 《诗篇》25:3。

欢乐,新郎会显示真相,如诗中所说"正直人爱他",①新娘也一样,她会听到"仁爱就在你的快乐中"。② 由于急着想完成本书,我们略去其他许多相关的内容。

章21　所罗门以后的国王,包括犹大国的和以色列国的

所罗门之后,很难看到有希伯来人的王,犹大国的或以色列国的,作过任何预言,通过某种神秘的言语,或者通过他们的行为,提及基督和教会。这里提到的这些名字是这个民族的组成部分的名字,由于所罗门的冒犯,上帝从继承所罗门王位的儿子罗波安的时候开始复仇,使这个民族分裂。确实,所罗门的臣仆耶罗波安得到了十个支派,在撒玛利亚建立了一个王国,做了这个王国的国王,也称作以色列,尽管这以前是整个民族的名字。③ 但有两个支派,犹大和便雅悯,由于大卫的缘故,仍旧归属耶路撒冷城,免得整个王国与大卫家完全分开,这个国便称作犹大国,因为大卫来自犹大支派。同属犹大国的便雅悯支派是大卫之前的扫罗的母族。如我们所说,这两个支派加在一起称作犹大国,用这个名字来与以色列国相区别,以色列国是十个支派有了他们自己的国王时的专名。利未这个支派由于是祭司的支派,只能侍奉上帝,而不能侍奉国王,因此它是第十三个支派。这是因为身为以色列④的十二个儿子之一的约瑟,不像以色列的其他儿子一样只建立一个支派,而是建了两个:以法莲和玛拿西。但是利未人无论如何最初属于耶路撒冷王国,那里是它侍奉的上帝的神殿所在。

因此,当这个民族分裂以后,所罗门之子罗波安作为犹大国王,在耶路撒冷统治,而所罗门的臣仆耶罗波安,在撒玛利亚登基作以色列国的国王。当耶罗波安像僭主似的要兴兵攻打分裂出去的那部分以色列人时,

---

① 《雅歌》1:4,和合本译文中没有译出这一句。
② 《雅歌》7:7,和合本译文中没有译出这一句。
③ 泛见《列王纪上》12。
④ 即雅各。

上帝通过一位先知传达他的旨意，禁止民众与他们的兄弟打仗。① 由此可以清楚地看到，这个王国的分裂不在于国王或以色列民众的罪，而倒不如说是上帝复仇意愿的实现。大家知道，分裂后的这两个部分订立了和平的协议，因为被分裂的不是他们的宗教，而只是他们的王国。

章 22　耶罗波安用亵渎的偶像崇拜玷污他的臣民，尽管上帝并没有停止感动他的先知，使许多人避免偶像崇拜之罪

但是以色列王耶罗波安心灵邪恶，尽管上帝证明他的应许为真，把王国赐给了他，但他还是不相信上帝。他担心，要是去耶路撒冷的圣殿献祭，民众会受到诱惑而离弃他，回归大卫支派这个王家的后裔，而按照神圣的律法，整个民族都应当去那里献祭。因此他在自己的王国里搞了偶像崇拜，欺骗、恐吓他的民众，使他自己和上帝的子民陷入偶像崇拜。然而上帝并未完全停止通过他的先知进行告诫，不仅是对这位国王，而且也对这位国王的继承人，以及他在亵渎方面的模仿者，还对那里的民众。因为伟大的、闻名遐迩的先知以利亚和以利沙在那个时候兴起了，他们确实行了许多奇迹。也是在那个时候，当以利亚说"以色列人用刀杀了你的先知，毁坏了你的祭坛，只剩下我一个人，他们还要寻索我的命"②时，上帝作了回答，并说那里有七千人没有对巴力屈膝。③

章 23　希伯来人的这两个王国的不同命运，直到两国民众在不同时间被掳，犹大国后来复国，但逐渐被罗马统治

还有，犹大王国也属于耶路撒冷，在它后来的那些国王的时代，并不缺少先知。当上帝乐意派遣他们的时候，他们就作预言，申斥罪行，教导公义。因为在犹大王国，尽管比以色列王国少得多，也兴起一些不虔诚的、冒犯上帝的国王，他们与追随他们的民众一道受到适度的惩罚。然

---

① 《列王纪上》12：24。
② 《列王纪上》19：14。
③ 《列王纪上》19：18；《罗马书》11：3以下。

而,这个王国敬神的国王功德不小,在圣经中得到赞扬。而另一方面,我们读到以色列王国的所有国王或多或少都是邪恶的。因此,这两个部分都有繁荣的时候,也有受到各种敌人的侵略而衰弱的时候,按神旨的吩咐或允许而定。还有,它们不仅受到外部战争的伤害,而且也受到内乱的影响,为的是依据某些存在的原因使上帝的仁慈或愤怒得以显现。这样,随着上帝愤怒的增长,整个民族不仅由于迦勒底人的征服而被赶出它的居处,而且还被掳往亚述人的土地。当耶路撒冷和她最高贵的神殿被毁的时候,这种事首先发生在称作第十三个支派的以色列国,然后也发生在犹大国,整个民族被掳的时间长达七十年。在这个时代结束之时,他们返回那里,重建被摧毁的圣殿。尽管有很多人仍旧留在外国的土地上,然而这个王国不再有两个部分,不再有两位国王。倒不如说,他们只有一位国王,在耶路撒冷,他们从四面八方赶来,所有人都在一个确定的时间来到在那里的上帝的圣殿。然而,即使在那个时候,他们也并不缺少外敌和征服者。确实,当基督看到他们时,他们已经成了罗马人的贡臣。

章 24　在犹太人史的晚期出现的先知,以及福音书中提到的基督诞生时的先知

但在以色列人从巴比伦回归的整个时期,在玛拉基、哈该、撒迦利亚(他在那个时期作预言)和以斯拉之后,犹太人没有先知,直到救世主到来的时候,除了另一位撒迦利亚、约翰之父,和他的妻子伊利莎白,而这个时候基督很快就要诞生了,还有在基督诞生之后,年迈的西面和寡妇亚拿,她当时已经非常老了。最后作预言的是约翰,他当时和基督本人一样年轻,但他没有预言基督将要到来,而是用先知的知识在基督还不为人知的时候指认基督。由于这个原因,主说:"众先知和律法说预言,到约翰为止。"①但这五位先知的预言在福音书中为我们所知,基督的童贞母本人在约翰之前就作了预言。但是邪恶的犹太人不接受他们的这个预言,而其他无数的人接受它,并且通过它相信了福音。然后,以色列人真正分

---

① 《马太福音》11:13。

裂成两部分，这一分裂是由先知撒母耳对扫罗王作了预言的，是不可改变的。但甚至邪恶的犹太人也接受玛拉基、哈该、撒迦利亚、以斯拉，承认他们是最后拥有神圣权柄的人，因为这些先知也像其他先知一样写了被纳入正典的经书。他们有些预言与基督和他的教会有关。我明白这些预言必须包括在本书中，但在上帝的帮助下，在本书下一卷这样做更合适，这样我们可以不使本卷进一步负担过重，它已经太长了。

第 十 八 卷

【本卷提要】奥古斯丁追溯属地之城与属天之城的平行发展过程,从亚伯拉罕时代直到世界终结。他提到各种关于基督的预言,说预言的有西彼尔,也有罗马建城以后的上帝的先知——何西阿、阿摩司、弥迦,以及他们的后继者。

章1　在第十七卷中讨论过的到救世主的时代为止的那些事件

我许过诺言,要在上帝恩典的帮助下,驳斥上帝之城的敌人,他们青睐他们自己的神灵胜过上帝之城的创建者基督,并且出于妒忌而恶毒地仇恨基督徒,我在前十卷中已经这样做了。然后我就描写两座城的起源、进展和各自的终结,这两座城中有一座,即上帝之城,居于另一座城中为客,这座城即这个世界之城,仅就人的范围而言。我分三步完成这个诺言,在紧接着开头十卷的后四卷书中,我简述了两座城的起源。然后又花一卷的篇幅,亦即在本书第十五卷中,叙述两座城的进展,从第一个人开始直到大洪水。再接下去,我们的叙述追溯直到亚伯拉罕时代为止的两座城的进展。然而,从族长亚伯拉罕直到以色列民族的列王,这是第十六卷中的内容,从列王时代再到救世主肉身的诞生,这是第十七卷的内容,我的笔端似乎只触及上帝之城。但这座城并非独自在这个世界上发展。正好相反,正如两座城同时开始一样,所以在人类的整个历史中,它们共同经历着时代的变化无常。我以这种方式写作,乃是因为到新约启示为止,上帝之城的发展不是公开的,而是隐秘的,因此我希望通过描写它的进程更加清楚地呈现这座城的历史,而不受另一座对立之城的妨碍,从上帝的众多应许开始显现起,直到上帝从童女而生,这些应许最终应验。然而,我明白自己必须在必要之处弥补一下我的省略,讲一下另一座城从亚伯拉罕时代开始的进展，以便读者可以对两座城进行比较，观察它们之间的对立。

章2　属地之城的国王和年代，与从亚伯拉罕算起的圣徒时代同步

凡人的社会扩散到四面八方，尽管各地有很大差异，但都依靠某种普遍人性的亲情而联系在一起，但人类的每个部分都在谋求实现他们自己的愿望。在这种状况下，并非每个人，或者说没有一个人，能够完全实现他自己的愿望，因为并非所有人都追求同一目标。因此世界各地的人们都会分裂，当一部分人比较强大时，就会压迫其他人。被征服者要屈服于胜利者，所以他们必定会不惜一切代价争取和平与生存，宁可不要权力甚至自由。人们确实对那些宁死也不愿受奴役的情况感到极大的惊讶。因为几乎在所有民族中，人们都出自本性的呼唤而宣称，战败者应臣服胜利者，而不是被战争完全毁灭。就这样，有些民众对王国表示信赖，而有些人就被置于其他人的统治之下，这种情况的发生并非没有上帝的旨意，上帝的权能在战争中决定了哪些人要被征服，哪些人会来征服他们。但是以属地的利或者愿望为目标的社会被分成大量的王国，对这些世俗之城我们一般称之为"这个世界之城"。我们注意到，在这些王国中，有两个王国具有远远超过其他王国的名声。首先是亚述人的王国，然后是罗马人的王国。二者在时间和地点上都有先后和差别。前者兴起较早，后者兴起较晚；前者在东方，后者在西方。还有，这两个王国正好前后相继，而我要说的是，其他所有王国和国王都好像是这两个帝国的附庸。

当亚伯拉罕在迦勒底的土地上诞生时，尼努斯已经是亚述的第二位国王，他的父亲伯鲁斯是这个王国的第一位统治者。当时也还有西徐亚人的国家。这是一个非常小的王国，但马库斯·瓦罗这位在所有知识部门都极为博学的人在他的著作《论罗马人的氏族》一开始就提到这个王国，因为它非常古老。瓦罗从西徐亚的国王开始讲起，然后讲到雅典人，再讲到拉丁人，再讲到罗马人。但他记载下来的罗马建城以前的王国与亚述人的王国相比是微不足道的。然而，即使是罗马历史学家撒路斯特也赞扬雅典人在希腊取得了最高的成就，但这可能更多的是由于他们的

名望而非他们的实际成就。他在谈到他们时是这样说的："按我的判断，雅典人的成就相当多，相当重要。但他们确实不像他们拥有的名望那么伟大。由于那座城市涌现出天才的大作家，雅典人行为的伟大就为全世界所知晓。这样一来，作出这些行为的人的美德也被认为与赞扬它们的作家的能力相同了。"①此外，这个城邦从文学和她的哲学家那里得到不小的荣耀，在那里人们对这些知识部门有着格外的热情。但就帝国而言，人类早期没有比亚述帝国更强大的国家了，也没有任何帝国的疆域能够扩展得如此辽阔。据说亚述王伯鲁斯之子尼努斯征服了整个亚细亚，直至吕底亚边境，而亚细亚据说是整个世界的三分之一，尽管实际上人们发现亚细亚是整个世界的一半。确实，他唯一没有能够统治的东方民族是印度人。他死了以后，甚至连他的妻子塞弥拉弥斯也对印度人发动战争。就这样，这些土地上的所有民族都接受了亚述列位国王的统治，执行他们的一切命令。

亚伯拉罕在尼努斯时代诞生在迦勒底人的王国。但是我们了解希腊人的历史远远多于了解亚述人的历史，那些回到古代去追溯罗马人的系谱的人按照年代的先后先提到希腊人，再提到拉丁人，然后再提到罗马人，而罗马人本身也是拉丁人。因此我们必须在必要之处提到亚述国王的名字，以表明巴比伦，第一个罗马，如何与客居在这个世界上的上帝之城一道发展，但是为了对两座城，亦即属地之城和属天之城作比较，我们要添加的一些事情必须来自希腊人和拉丁人的历史，罗马本身在这个历史中就好像第二个巴比伦。

当亚伯拉罕诞生的时候，统治亚述的是第二位国王尼努斯，统治西徐亚的是她的第二位国王欧罗普斯，亚述人的第一位国王是伯鲁斯，西徐亚人的第一位国王是艾吉亚留。但在亚伯拉罕离开巴比伦的时候，上帝应许一个伟大的民族要从他而出，世上一切民族都要因他得福，这个时候，亚述人处在他们的第四位国王的统治之下，西徐亚人处在他们的第五位国王的统治之下。因为尼努斯之子在他的母亲塞弥拉弥斯之后统治亚述

---

① 撒路斯特:《喀提林阴谋》,章 51,节 7 以下。

人。据说她是被她的儿子杀死的，因为她竟然胆敢乱伦玷污他。① 不少人假设建立巴比伦的是塞弥拉弥斯，而她确实有可能建了这座城。② 但我已经在第十六卷描写了巴比伦是什么时候、怎样建起来的。③ 还有，尼努斯和塞弥拉弥斯继承王位的这个儿子在有些书中名字也叫尼努斯，但在另一些书中叫他尼涅亚斯，这个名字源于他的父亲。当时，西徐亚人的国王是特尔克西翁，在他统治的时代人们生活在和平与幸福之中，因此在他死后，人们把他当作神来崇拜，为了荣耀他首次设立了献祭和庆典。

章3　在上帝的应许下，亚伯拉罕在 100 岁时生以撒，以撒本人 60 岁时，利百加生下以扫和雅各这对双生子，当时统治亚述的是哪些国王

　　特尔克西翁在位期间，以撒也诞生了，这是上帝的应许，那时候他的父亲已经 100 岁了。以撒是亚伯拉罕和撒拉之子，撒拉是亚伯拉罕之妻，由于不育和年迈，她当时已经完全丧失对生育的期盼。那个时候的亚述国王是第五位，名叫阿琉斯。以撒本人 60 岁的时候，他的妻子利百加为他生了一对双生子，以扫和雅各，而这个时候，他们的祖父亚伯拉罕还活着，时年 160 岁。亚伯拉罕的寿命共 175 岁，当他去世的时候，统治亚述的是泽西斯，也叫巴琉斯，而统治西徐亚人的是图利亚库，有些书上叫他图利玛库。他们是自己国家的第七位国王。阿耳戈斯人的王国在亚伯拉罕孙子的时代兴起了，她的第一位国王是伊那科斯。瓦罗报道说，在他们的第七位国王图利亚库的墓前献祭是西徐亚人的习惯，这一点我们一定不能加以忽略。然后，在第八位国王统治时期（亚述人的国王是阿玛米特利斯，西徐亚人的国王是留基伯），上帝对以撒作出应许，这两个应许与上帝对他父亲作的应许相同：把迦南地赐给他的后裔居住，因他的后裔而赐福给万族。这些相同的应许是赐给他的儿子的，亦即亚伯拉罕的孙子，他的名字最初叫雅各，后来叫以色列，这一时期正值亚述的第九位国

---

① 卢尔、西尔编：《查士丁努著作集》，卷 1，章 2。
② 狄奥多洛·西库卢斯：《世界史》，卷 2，章 7。
③ 参阅本书卷 16，章 4。

王柏洛库斯在位,也是阿耳戈斯的第二位国王,伊那科斯之子福洛纽斯,
在位的时候,而此时留基伯仍旧是西徐亚人的国王。在这些时代,希腊的
名声由于在阿耳戈斯国王福洛纽斯统治时期制定了某些法律和设立了法
庭而增长。然而,在福洛纽斯的弟弟弗古斯死后,人们在他墓前建起神
庙,把他当作神来崇拜,用公牛献祭来荣耀他。我相信,人们高度荣耀他
的原因在于,在属于他的那部分王国中——他的父亲把整个王国分给他
们兄弟俩,让他们在有生之年统治——他建造了崇拜诸神的神庙,还教会
他的臣民怎样用月和年来计算时间,记载所发生的事件。那些不开化的
民众敬佩他的这些新发明,相信他就是神,或者希望他是神,这样,他死后
就成了神。据说伊娥也是伊那科斯的女儿,她后来的名字叫作伊希斯,在
埃及被当作大女神来崇拜。然而,其他一些作家说她是来自埃塞俄比亚
的一位王后,由于她的统治宽厚和正义,也由于她制定了许多有益的事
情,尤其是书写的技艺,死后人们把她当作神来荣耀。人们确实对她如此
敬重,任何人如果说她只是一个凡人,都会被指控犯了大罪。

章4　雅各的时代与他的儿子约瑟的时代

　　亚述的第十位国王巴琉斯和西徐亚的第九位国王美撒普斯(某些作
家亦称他为凯菲苏斯,这两个名字如果是一个人,那么使用第二个名字的
作家就没有把他与其他人混淆),以及阿耳戈斯的第三位国王阿皮斯在
位时期,以撒在180岁时死了,他留下的两个儿子此时120岁。我们现在
要讲的这位弟弟雅各属于上帝之城,而他的哥哥被排除在外。雅各有十
二个儿子,在他们的祖父以撒还活着的时候,作为十二个儿子之一的雅各
被他的兄弟卖给旅行商人,带往埃及。[①] 但到了他30岁的时候,他从卑
微中得到提升,成了法老面前的宠臣。这是因为,在神的帮助下,他为法
老解梦,预言将有七个丰收年,而后又会有七个颗粒无收的大灾年。[②] 由
于这个原因,法老把他从监狱中释放出来,让他治理埃及地。约瑟入狱的

---

① 《创世记》37:27 以下。
② 泛见《创世记》41。

原因在于他保持贞洁,拒绝主人之妻的诱奸。① 主人之妻对约瑟怀有不洁的爱情,遭到拒绝后就对轻信的主人撒谎。但是约瑟不服从主人之妻的威逼利诱,当那妇人拉住他的衣服时,他就丢下衣服跑了出去。后来到了七个灾年的第二年,雅各来到埃及与他的儿子相聚,带着他的全家。他当时已经 130 岁了,这是他本人在回答法老的问题时说的,②约瑟那年是39 岁,也就是说他在国王那里得荣耀是 30 岁,加上七个大丰收年,再加两个灾年。

章5 阿耳戈斯国王阿皮斯,埃及人称他为塞拉皮斯,把他当作神来崇拜

在此期间,阿耳戈斯国王阿皮斯带着船队航行到了埃及。他死在埃及,变成塞拉皮斯,埃及所有神祇中最伟大的神。瓦罗非常简单地解释了为什么他死以后不再被称作阿皮斯,而是被称作塞拉皮斯。这是因为埋葬死人用的棺材现在人们都称作"sarcophagus",但在希腊被称作"soros",阿皮斯被埋葬的时候,民众开始敬拜他,但这是在为他建造神庙之前,因此他被称作索拉皮斯(Sorapis),源自"棺材"(soros)和"阿皮斯"(Apis)。然后就像通常发生的情况那样,更换一个字母,他的名字就成了塞拉皮斯(Serapis)。人们对他的敬重程度也一样,谁要是说他仅仅是个凡人,就会被判处死刑。瓦罗在评价中也提到几乎所有人都崇拜的伊希斯和塞拉皮斯神庙中的偶像的意义,塞拉皮斯的像一只手指放在嘴唇上,似乎在警告我们保持沉默,不得说他们曾经是凡人。另一方面,被这弥天大谎蒙骗了的埃及人用精饲料喂养一头公牛,③把这头公牛叫作阿皮斯,而不是塞拉皮斯,因为他们把公牛神圣化,但公牛是活的,没有棺材。这头公牛死后,他们就去寻访一头毛色相同的牛犊来代替,也就是有一些白斑的,一旦找到了,他们就认为这是神向他们显示的奇迹。其实这样做并不难,因为想要欺骗他们的精灵会使母牛显现只有它能看见的公牛的幻

---

① 《创世记》39:7以下。
② 《创世记》47:9。
③ 参阅斯特拉波:《地理志》,卷 17,章 1,节 31。

觉,使它怀孕生下的后代也会具有和那头公牛一样的形体特征。这也是雅各用过的办法,他用剥了皮的树枝来确保绵羊和山羊生下各种颜色的羊羔。① 凡人用某些颜色和形体能够做到的事,精灵当然也能轻易做到,所用的办法就是在交配季节对母畜展示形体的幻影。

章6 雅各在埃及去世时阿耳戈斯和亚述的国王

阿皮斯死在埃及,尽管他不是埃及的国王,而是阿耳戈斯的国王。他的儿子阿古斯(Argus)继承他的王位,他的国民由他得名,称作阿耳戈斯人(Argives)。因为在前面那些国王统治时,这块土地和那里的国民都还没有这个名称。在阿古斯统治阿耳戈斯人,以及埃拉图斯统治西徐亚人期间,巴琉斯仍旧是亚述人的王,此时雅各死在埃及,享年147岁。临死时,他给他的儿子们祝福,并通过约瑟给他的孙子们祝福。他在给犹大的祝福中清楚地预言了基督,说:"圭必不离犹大,杖必不离他两脚之间,直等细罗来到,万民都必归顺。"②阿古斯在位期间,希腊人开始种植谷物,种子是从别处传进来的。阿古斯死后也开始被当作神,人们建立神庙,向他献祭,以此荣耀他。阿古斯在位期间人们也把相同的荣耀给予一个名叫荷谟基鲁的人,他是被雷劈死的,因为他第一个驾起公牛耕地。

章7 约瑟在埃及去世时这些国家的国王

当亚述第十二位国王玛弥索斯、西徐亚第十一位国王普勒缪斯在位,而阿古斯仍旧在统治阿耳戈斯的时候,约瑟在埃及去世,享年110岁。他死以后,上帝的子民继续在埃及待了145年,生养极其众多。他们起初太平地生活着,直到约瑟那一辈人过世。后来,由于他们人口众多,于是就成了怀疑的对象,所以直到从那块土地上被拯救出来为止,他们承受着迫害和严酷的奴役。然而由于上帝的恩典,他们仍旧生养众多,人口不断增长。在此期间,亚述和希腊的这两位国王仍旧在位。

---

① 《创世记》30:37以下。
② 《创世记》49:10。

章 8　摩西诞生时的国王，崇拜多神的宗教兴起

　　第十四位国王萨福鲁斯统治亚述人、第十二位国王奥索波利统治西徐亚人、第五位国王克利亚苏斯统治阿耳戈斯人的时候，摩西在埃及诞生。通过他，上帝的子民从埃及的奴役中被解救出来，但不管怎么说他们需要这种奴役，因为通过奴役他们才会寻求他们的造物主的帮助。某些作者相信普罗米修斯生活在这些国王在位的年代。据说普罗米修斯曾用泥土造人，①这个传说源于他作为一名智慧教师的伟大形象，尽管我们并不知道这位聪明人是谁，他生活在什么年代。据说他的兄弟阿特拉斯是一位伟大的星相家；②由于这一事实而产生了他擎天的神话。③ 然而，那里有座山叫这个名字，这座山的高度似乎更能解释流传的阿特拉斯擎天的信念。④ 其他许多神话故事最初都是由那个时代的希腊人发明的。确实，直到雅典国王凯克罗帕的时代，雅典这个城邦才有了这个名字，在他统治时期，上帝通过摩西引导他的子民出埃及，而希腊人盲目的习俗和空洞的迷信把几个死人添加到诸神的行列中去。

　　这样的人有美兰托米丝，国王克利亚苏斯的妻子，还有他们的儿子福拜斯，他继承父亲的王位，成为阿耳戈斯的第六位国王；还有伊阿索斯，第七位国王之子；特利俄帕，第九位国王斯塞尼拉（或斯塞尼留、斯塞尼鲁，在不同的作者那里各不相同）之子。按照更加流行的作品的说法，墨丘利也生活在这个时代，他的祖父是阿特拉斯，他的母亲是迈亚。墨丘利出名的是他的多种技艺，据说他也把这些技艺传给人类；看到这些技艺的用处，人们在他死后希望把他当作神，或者相信他就是一位神。赫丘利据说晚于墨丘利，尽管他仍旧属于阿耳戈斯时代。有不少作者把他放在墨丘利之前，但我认为这是错的。无论这两个人是在什么时候出生的，承认这些古代神话的重要历史学家都同意，他们起初都是凡人，之所以得到神的

---

① 　参阅鲍桑尼亚：《希腊游记》，卷 10，章 4，节 4；贺拉斯：《诗集》，第 1 首，第 16 节，第 13 行以下。
② 　普林尼：《自然史》，卷 7，章 56，节 203。
③ 　赫西奥德：《神谱》，行 517 以下，行 746 以下。
④ 　普林尼：《自然史》，卷 5，章 1，节 5。

荣耀是因为他们给人类带来许多福祉,使生活更加便利。

然而,密涅瓦要古老得多,据说她是俄吉古斯时代的一位少女,住在特利托尼斯湖附近,由此她也叫特利托尼娅。她无疑是许多技艺的发明者,人们更容易相信她是一位女神,因为人们对她的身世几乎一无所知。关于她从朱庇特头部出生的故事必须归于诗人和讲故事的人,不能算作历史事实。然而,历史学家对俄吉古斯本人生活在什么时代也缺乏一致的看法,那个时候也发生了一场大洪水,但不是那场除了在方舟中藏身的人以外无人幸免的大洪水,希腊或拉丁历史对此一无所知,而是后来在丢卡里翁时代发生的一场更大的洪水。我已经提到过的瓦罗的那本书从俄吉古斯统治时期开始,他认为除了俄吉古斯时代的大洪水,追溯罗马的历史没有更早的起点了,这也就是说这场大洪水发生在俄吉古斯时代。但我们自己的撰写编年史的人——前有欧西庇乌,后有杰罗姆,他们无疑要追随某些较早的历史学家的看法——记载的俄吉古斯时代的大洪水要晚三百年,这个时候阿耳戈斯的第二位国王福洛纽斯在位。不管俄吉古斯的年代如何,当凯克罗帕统治雅典人的时候,密涅瓦已经被人们当作女神来崇拜了。他们说雅典城的创立或创建是在凯克罗帕在位的时候。

章9 雅典何时建城,瓦罗解释这个城邦的名字

这个城邦的名字叫作雅典肯定源于密涅瓦的名字,在希腊文中密涅瓦叫作雅典娜,瓦罗对这样命名的原因作了如下解释。一棵橄榄树在那里突然长出来,在另一处,泉水从地上喷涌而出。这些奇怪的现象使国王心神不宁,他派人去向德尔斐的阿波罗求神谕,看应当如何理解这些事,也问自己有什么该做的。[①] 阿波罗回答说,橄榄树象征着密涅瓦,泉水象征着尼普顿,现在公民们有权决定他们的城邦应该以被象征的神祇中的哪一位的名字来命名。得到这个神谕以后,凯克罗帕把所有的公民召集到一起来投票,男的和女的,因为这是当时那个地方的习俗,妇女也像男

① 参阅阿波罗多洛斯:《韵文编年史》,卷3,章14,节1;希罗多德:《历史》,卷8,节55;奥维德:《变形记》,卷6,行70以下。

人一样参加公共事务的讨论。向民众宣布了这件事以后，男人们投了尼普顿的票，女人们投了密涅瓦的票，但由于女人比男人多一个，所以密涅瓦赢了。

尼普顿对此非常愤怒，兴起海浪扫荡雅典人的土地，精灵要想这样做是毫不困难的。这位作者说，为了平息尼普顿的愤怒，雅典妇女受到三重惩罚。她们从今以后不能再投票；她们的孩子不能再跟她们姓；没有人可以再称她们为雅典的妇女。所以这座城市——她是博雅研究的母亲或保姆，产生了如此众多的哲学家，这座城市拿不出比这更加优秀和高尚的东西了——受到精灵的愚弄，得到雅典这个名字，原因是两位神祇之间的争吵，一位男神和一位女神，而这位女神通过女人的投票取得了胜利。后来，由于受到这位愤怒的男神的伤害，城邦被迫对取胜的女性进行报复，因为尼普顿的大水比密涅瓦的武器更可怕。就这样，密涅瓦尽管取得了胜利，但由于那些妇女受到惩罚，因此她本身也打了败仗，因为她没有前来帮助那些投票选举她的人。她们失去了投票的权利，她们的儿子不能跟她们姓，密涅瓦甚至不能保证她们被称作雅典妇女，这就是她们帮助这位女神对那位男神取得胜利，使这座城市以女神的名字命名所得到的奖赏！如果我们的讨论不需要马上转入其他事情，我们还可以就这个主题大谈特谈。

章10 瓦罗对亚略巴古山这个名称的解释以及丢卡利翁时期的大洪水

然而，马库斯·瓦罗并不希望赞扬这些令诸神蒙羞的虚构的神话故事，免得赞同有损诸神尊严的信念。因此，他不接受有关亚略巴古山（Areopagus）的故事，使徒保罗曾在那里与雅典人争论，[1]这个城邦的执政官的名称（Areopagites）也来自这座山。这座山之所以叫这个名字是因为玛斯（Mars）——在希腊称作阿瑞斯（Ares）——由于犯了杀人罪而在这座山上受到十二位神祇的审判，结果因六票定他无罪而获释。[2] 这是当时

---

① 《使徒行传》17：19 以下。
② 阿波罗多洛斯：《韵文编年史》，卷3，章14，节2。

的习俗,当票数相等时当事人被宣布为无罪而不是有罪。为了反对这个为人们广泛相信的故事,瓦罗依据他费解的文学知识,努力提出关于这个名字的另一种解释。他不希望我们认为雅典人把"Ares"和"pagus(地方)"放在一起,称这座山为"Areopagus",就好像它的意思是"战神之山",因为这种说法对诸神不公平,他相信法律诉讼和审判与诸神无关。他断言,这里讲的玛斯的故事与那个三女神的故事一样荒唐,据说朱诺、密涅瓦和维纳斯这三位女神比美,帕里斯是裁判,奖品是金苹果。这个故事以歌舞的形式上演,在剧院中博得阵阵掌声,但无论事情真假,人们总认为诸神会由于他们的恶行受到审判而感到愉悦。

　　瓦罗不相信这些事情,因为这些事情与诸神的本性或性格对立。然而当他对雅典的名称作历史的而非寓言的解释时,他却在他的著作中塞入尼普顿和密涅瓦之间的争端,这座城市是以密涅瓦而非尼普顿的名字命名的。当这两位神祇用展示奇迹来竞争时,甚至连阿波罗在有人来求神谕时也不敢在他们之间作出裁定。倒不如说,为了结束这场神祇间的争执,阿波罗让他们去接受凡人的裁决,就好像朱庇特把刚才提到的那些女神送给帕里斯裁决一样。在这样的法庭上,密涅瓦赢得了投票,但由于投票给她的妇女受到惩罚而失败。她能够在雅典对那些与她为敌的男人行使权力,然而却不能为她的朋友取得"雅典妇女"这样的称号! 在这些时期,如瓦罗所说,当凯克罗帕的继承人克拉诺斯统治雅典的时候,或者如我们的权威欧西庇乌和杰罗姆所认为的那样,当凯克罗帕仍旧是国王的时候,那里发生了一场洪水,被称作丢卡利翁大洪水,因为丢卡利翁统治的那些地方受到的危害最大。然而,这场洪水肯定没有影响到埃及和它的周边地区。①

章11　摩西何时带领上帝的子民出埃及,继承摩西的嫩之子约书亚死时有哪些国王在位

　　摩西带领上帝的子民出埃及,这件事发生在雅典国王凯克罗帕的统

---

① 　奥维德:《变形记》,卷1,行262以下。

治将要结束的时候,此时统治亚述的是阿斯卡塔德,统治西徐亚的是玛拉苏斯,统治阿耳戈斯的是特利俄帕。领着民众出了埃及以后,摩西把他在西奈山上从上帝那里得来的律法颁布给他们。这个律法被称作旧约是因为其中包含着属地的应许,而将要到来的新约则是通过耶稣基督,其中包含着关于天国的应许。这一秩序适宜保持,就好像每个个别的人趋向上帝一样,所以如使徒所说,"属灵的不在先,属血气的在先,以后才有属灵的。"确实,像他说的那样,"头一个人是出于地,乃属土;第二个人是出于天。"①

摩西在旷野中率领民众 40 年,他在 120 岁的时候死去,他本人也用在会幕中身体要遵守的规矩以及祭司象征性地预言了基督,此外还有其他充满神秘意义的献祭和规条。嫩之子约书亚继承了摩西的位置,推翻了占据那些地方的民族,然后带领民众进入应许之地,这是上帝赐给他们居住的。摩西死后,约书亚统治这个民族 27 年,他死的时候统治亚述的是第十八位国王阿明塔斯,统治西徐亚的是第十六位国王科拉克斯,统治雅典的是第四位国王厄里克托尼俄斯。

章12　从以色列人离开埃及到嫩之子约书亚去世,这一期间由希腊国王设置的伪神祭仪

在这些时期——亦即从以色列人离开埃及,一直到嫩之子约书亚去世,以色列人通过了他得到应许之地——希腊的国王们设置了荣耀伪神的祭仪。这些祭仪用来纪念大洪水,表现人类从大洪水中得救,首先迁往高地然后又回归低地所经历的生活苦难。这确实是对那些畜牧神卢帕库的祭司们沿着圣道上下的一种解释。②据说他们象征着人们在洪水泛滥时攀上山顶避险,洪水退后又返回低地。据说狄奥尼索斯在这个时候把酿造葡萄酒的方法告诉他在阿提卡的主人,他死以后被当作神,亦称父神

---

① 《哥林多前书》15:46 以下。
② 参阅奥维德:《哀歌》,卷 2,行 267 以下。

利伯尔。① 那个时候也还规定了音乐节,以平息德尔斐的阿波罗的怒火。因为人们认为希腊的土地由于他的愤怒而变得贫瘠,而阿波罗愤怒则是由于希腊人在达那俄斯王入侵希腊时没有保卫他的神庙,因此神庙被焚。在规定这样的节日时,他们确实得到过阿波罗神谕的警告。在阿提卡,国王厄里克托尼俄斯第一个规定了荣耀阿波罗的节日,不光是为阿波罗而设,而且也为了密涅瓦。② 在那些较后的庆典中,给胜利者的奖品是橄榄油,因为人们相信密涅瓦发现了橄榄树的果实,而利伯尔发现了葡萄藤的果实。

在这些年代,据说欧罗巴被克里特王克珊托斯抢走(尽管在某些作者那里,这个名字有不同的写法),结果拉达曼堤斯、萨尔培冬、米诺斯出生了。最一般的说法是,他们是朱庇特与这个女人生的孩子,但崇拜这些神祇的信徒接受我们所说的这个故事,即与克里特王有关,并视之为历史事实,而把诗人们吟诵的与朱庇特有关的事情当作虚假的故事,这个故事在剧场中获得掌声,得到大众的喜爱。这样的故事仅仅是旨在用解释诸神之罪恶来讨好诸神的戏剧表演的一部分,哪怕这种解释是虚假的。

在同一时期,赫丘利③在叙利亚得到高度崇敬,尽管无疑还有另外一个不同的赫丘利。秘传的历史确实说有好几个不同的父神利伯尔,④也有好几位赫丘利。⑤ 那十二项伟业肯定属于这位叙利亚的赫丘利,但不包括杀死亚菲利加的巨人安泰俄斯,这件事属于另一位赫丘利。⑥ 也有作者在他们的作品中说,这位赫丘利在奥塔山(Mount Oeta)自焚,因为他无法忍受疾病的折磨,而凭着坚忍不拔的精神,他以往是战无不胜的。

---

① 阿波罗多洛斯:《韵文编年史》,卷3,章14,节7。

② 参阅阿波罗多洛斯:《韵文编年史》,卷3,章14,节6。

③ 在希腊人中称赫拉克勒斯。

④ 参阅狄奥多洛·西库卢斯:《世界史》,卷3,章82。

⑤ 参阅希罗多德:《历史》,卷2,节44;狄奥多洛·西库卢斯:《世界史》,卷3,章73;西塞罗:《论神性》,卷3,章16,节42;塞维乌斯:《论维吉尔〈埃涅阿斯纪〉》,卷8,行564。

⑥ 参阅阿波罗多洛斯:《韵文编年史》,卷2,章5,节10。

在这一时期，还有一位国王布希里斯，或者说有一位僭主，把客人献祭给诸神。布希里斯据说是尼普顿与埃帕福斯之女利彼娅生的儿子。但我们肯定不能相信尼普顿会犯下这种不洁的行为，免得我们会冒犯诸神！让这样的故事归于诗人和剧场，这样他们就可以用他们的手段抚慰诸神！据说国王厄里克托尼俄斯的父母是伏尔甘和密涅瓦，[①] 嫩之子约书亚就死于这位国王的统治行将结束之际。但由于我们的对手也希望说密涅瓦是一位处女，所以他们说这两位神在激烈搏斗的时候，伏尔甘异常兴奋，对着大地射精，生出来的这个人由于这个原因而得名。因为"eris"在希腊文中的意思是搏斗，而"chthon"的意思是"大地"，厄里克托尼俄斯（Erichthonius）这个名字就是二者的组合。

然而我们必须承认更加博学的权威拒斥这样的故事，以捍卫他们的诸神。他们考虑，这种荒谬信念的产生是由于在伏尔甘和密涅瓦共享祭祀的雅典神庙中发现了弃婴。[②] 这个婴儿被蛇盘绕，象征着他未来的伟大，由于这座神庙是两位神祇共享的，而又不知婴儿的父母是谁，所以就把他说成是两位神祇之子。对这个名字的来源所作的解释确实更像故事而非历史。但这与我们有什么关系呢？让出现在可靠书籍中的后一种解释教导虔诚者，让前一种解释在虚构的表演中使不洁的精灵愉悦。然而虔诚者把这些精灵当作诸神来崇拜，他们可能会否认关于诸神的这种故事，但他们不能清除这些无恶不作的神祇。因为，尽管这些故事在别处被审慎地否定了，但同样的故事仍旧在邪恶地上演，因为这些诸神本身需要它。当这样的戏剧在歌唱神祇的罪恶时，诸神也在这样的虚假和邪恶中得到抚慰。这样的故事确实是假的，但从一种虚假的罪恶中取乐是一桩真正的罪行。

章13　当士师开始统治希伯来人时，有什么样的虚构故事产生

嫩之子约书亚死后，上帝的子民有士师作他们的统治者。在那些日

---

① 阿波罗多洛斯：《韵文编年史》，卷3，章14，节6；欧里庇德斯：《伊安》，行20以下，行266以下。

② 鲍桑尼亚：《希腊游记》，卷1，章14，节5。

子里,他们由于罪孽深重、生活艰辛而变得谦卑,但也得到上帝丰盛恩典的安慰。有关特利托勒莫的故事在那个时候发明出来了。故事说,按照刻瑞斯的吩咐,长着翅膀的大蛇生下特利托勒莫,并把种子撒向它飞经的贫瘠土地;①牛头人身的怪兽出现了,被关在迷宫中,这个地方人只要进去就出不来,"就好像喝醉酒一样"找不到出路;②人头马身的怪兽也出现了,结合了马和人的性质;还有刻耳柏洛斯,那只地狱里的三只狗;福律克苏斯和他的妹妹海列,他们骑在公羊背上逃跑;戈耳工,头上长的不是头发,而是毒蛇,能把所有看到她的人变成石头;柏勒洛丰,他骑一匹名叫珀伽索斯的飞马;安菲翁,他能用弦琴演奏甜美的音乐,连石头也被他吸引过来;工匠代达罗斯和他的儿子伊卡洛斯给自己装上翅膀飞行;俄狄甫斯迫使四足人面的怪兽斯芬克司自杀,因为他解答了怪兽提出来的难解之谜;安泰乌斯被赫丘利所杀,他是大地之子,只要沾着地面,就能更强壮地站起来。无疑还有许多诸如此类的故事,我只好加以省略。

再往后就到了特洛伊战争的时代,马库斯·瓦罗的《论罗马人的氏族》第二卷以这一事件结尾。人的心机虚构了这些故事,从包含着历史事实的历史记载中取出某些事情,再添上对神祇的诬蔑。在这一时期之后,出现了该尼墨得的故事,他是一位相貌俊美的男童,被朱庇特抢去做情人;国王坦塔罗斯犯下的罪行在故事中被归于朱庇特。还有一个故事是朱庇特化为一阵金雨与达那厄交合,这个故事按照我们的理解,象征着女人的贞洁被金子腐蚀。无论是谁发明了这样的故事,无论是事实还是虚构,或是把别人的事情转嫁到朱庇特身上,如果人心中没有某种程度的邪恶是不可能去这样描述的,因为他们相信人们会耐心地忍受这样的谎言。不过,人们确实欢乐地拥抱了这些故事。对朱庇特越是忠心崇拜,确实就越应该严厉惩罚胆敢讲这种事情的人。然而,远非对发明这种故事的人感到愤怒,他们担心的倒是如果不在剧场里表演这些虚假的故事,就

---

①　参阅鲍桑尼亚:《希腊游记》,卷 8,章 18,节 2;奥维德:《变形记》,卷 5,行 642 以下。

②　维吉尔:《埃涅阿斯纪》,卷 6,行 14 以下;奥维德:《变形记》,卷 8,行 152 以下。

会引来诸神对自己的愤怒！

在这个时期，拉托娜生下了阿波罗。但这位阿波罗不是我们上面讲的人们习惯上向他请求神谕的阿波罗，而是与赫丘利在一起的阿波罗，是阿德墨托斯的仆人。然而大多数人坚定地相信他就是同一位阿波罗，几乎所有人都这样想。也是在这个时期，父神利伯尔对印度开战，[1]他的军队中有许多妇女，称作巴凯（Bacchae）[2]她们的出名之处更多地在于疯狂，而非勇敢。有些作家确实说利伯尔打了败仗，成了俘虏，还有不少作家说他在战斗中被珀耳修斯所杀，也没忘记提他的葬身之地。但不管怎么说，巴凯的神圣祭仪——或者倒不如说是亵渎的——是不洁的精灵以他的名义设置的，就好像以一位神祇的名义。许多年后，元老院的议员们对这些淫秽下流的祭仪感到可耻，禁止它们在罗马城举行。也是在这个时期，在珀耳修斯与他的妻子安德洛墨达死后，人们普遍相信他们已经升天，并且既不脸红、也不害怕地在星空中标出他们的形象，用他们的名字给星座起名。

章14　神学诗人

这一时代的同一时期产生了也被称作神学家的诗人，[3]因为他们创作了关于诸神的诗歌。但是他们涉及的诸神有些只不过是凡人，尽管这些人很伟大，有些是真正的上帝创造的这个世界的元素，或者是按照他们的造物主的意志和他们自己的功德确定的原则和权力。在所有空洞虚假的谎言中，这些诗人也许说出了唯一真神的某些事情。但当他们把真神与其他并非诸神的神祇一并加以崇拜的时候，当他们把仅归于一神的祭祀献给这些所谓的神祇的时候，他们肯定不会真正地侍奉他。即使像奥菲斯、穆赛乌斯、利努斯这样的诗人也不能完全与这些诸神的可耻故事摆脱干系。这些"神学家"确实崇拜诸神，但他们没有被当作诸神来崇拜。

---

① 参阅狄奥多洛·西库卢斯：《世界史》，卷4，章3。
② 意思是狂女。
③ 参阅希罗多德：《历史》，卷2，节53。

然而,我不知道为什么亵渎者的城邦习惯上把奥菲斯列为祭祀冥神的神圣的(或者倒不如说是亵渎的)祭仪之首。还有,国王阿塔玛斯之妻伊诺和她的儿子美利凯尔特志愿投海身亡,人们把他们提升到诸神的地位,就像那个时候的其他一些人——卡斯托耳和波吕克斯。希腊人确实把美利凯尔特的母亲称作琉科忒亚,而拉丁作家叫她马图塔,但都视之为女神。

章 15　阿耳戈斯王国的衰亡,时值萨图恩之子皮库斯成为劳伦图的第一位国王

在那个时候,阿耳戈斯王国走向终结,转变成迈锡尼,出了阿伽门农;劳伦图人的王国兴起了,萨图恩之子皮库斯是第一个取得王权的。此时希伯来人的士师是位妇女底波拉,上帝之城通过她行使这种职司,因为她也是一位女先知。然而在我看来,她的预言如果不作详细解释就不能清楚地证明指的是基督。①

当时劳伦图人已经在意大利统治,根据劳伦图人的国王可以继希腊人的系谱之后更加清楚地追溯罗马人的起源。然而,亚述王国仍在延续,当皮库斯开始成为劳伦图的第一位国王时,拉帕瑞斯是亚述的第二十三位国王。

至于皮库斯之父萨图恩,让否认他是一个凡人的那些人注意一下崇拜这种神祇的人相信些什么。其他作家说在他的儿子当国王之前他已经在意大利进行统治。维吉尔也这样,他在一段甚为出名的段落中说:"他使一个野蛮的民族安定下来,散居在高山区;他为他们立法,并选择了一个名字'拉丁姆'(Latium),因为他曾经在这些山里安全地藏身(latuisset)。在他的统治下度过的这些年代被称作黄金时代。"②然而,把这些事被当作诗人的虚构吧,让我们还是弄清皮库斯的父亲是斯特耳凯斯(Sterces),有些作家称他为斯特科提乌(Stercutius)。③ 他是一位技艺

---

① 参阅《士师记》4,泛见 5。
② 维吉尔:《埃涅阿斯纪》,卷 8,行 321 以下。
③ 参阅马克洛庇:《农神节》,卷 1,章 7,这位作家称他为斯特库图斯(Stercutus)。

娴熟的农夫，发现动物的粪便可以肥田，所以根据他的名字，施肥被称作
"stercus"。还有，无论出于什么原因称他为萨图恩，但很清楚这位斯特耳
凯斯或斯特科提乌之所以被当作神是因为他对农业的贡献。根据同样的
道理，民众也把他的儿子皮库斯纳入诸神的行列，断言他是一位著名的占
卜家和勇士。① 皮库斯生了一个儿子，名叫法乌诺斯，是劳伦图的第二位
国王。按照他们的估量，他也是一位神，或者说他过去是一位神。在特洛
伊战争之前，他们把神圣的荣耀赋予死人。

章16　狄奥墨得在特洛伊沦陷以后被当作神，人们相信他的同伴变成了鸟

接下来的事情是特洛伊沦陷，它的毁灭到处被人传颂，甚至连孩子都
知道。这件事之所以广为人知，乃至于成为普通常识，既因为这件事本身
的重大，又因为记载它的作者们的杰出技巧。这件事发生在法乌诺斯之
子拉丁努斯在位时期，从这个时候起，这个王国被称作拉丁王国，劳伦图
这个名字停止使用。

当希腊胜利者离开被毁的特洛伊返回自己的家园时，他们受到各种
灾难的折磨和打击。然而，他们中的有些人也增加了诸神的数量。确实，
连狄奥墨得也成了神。② 据说他遭到神的惩罚而无法回到自己的族人那
里去，他的同伴则变成了鸟。这件事不是被当作编造的故事，而是被当作
史实。③ 但尽管他是一位神，像人们所认为的那样，他自己却不能把他的
同伴再变成人，作为神祇社会的一个新来者，他也无法获得朱庇特王的青
睐。他的神庙建在狄奥墨得亚岛，离阿普里亚的伽伽努山不远。他们说
这些鸟围着神庙上空飞翔，用喙取水给神庙洒水，表现得无比忠心。还
有，当希腊人，或希腊人的后裔，来到那里时，这些鸟不仅非常安静，而且
还会充满亲情地靠近他们；但另一方面，要是看到其他民族的人来了，它

---

① 参阅维吉尔:《埃涅阿斯纪》，卷7，行187以下。
② 品达:《尼米亚颂歌》，章10，节7；斯特拉波:《地理志》，卷6，章3，节9以下。
③ 参阅维吉尔:《埃涅阿斯纪》，卷11，行252以下；奥维德:《变形记》，卷14，行455
　以下。

们就会飞过去啄他们的头,使他们重伤甚至死亡。据说这些鸟武装得很好,长着坚硬的长喙。

章17　瓦罗提到一些人的变形

为了强化这个故事,瓦罗提到一些人变形的事情,最著名的是巫师喀耳刻,他把乌利西斯的同伴变成兽类。还有,阿卡狄亚人抽签决定让谁游过一个湖,变成狼在那个荒凉的区域生活,与狼为伴。如果变成狼的人在九年里都没有吃过人,那么他们就可以再游过那个湖恢复人形。最后,他还提到某个名叫德曼奈图的人,他吃了阿卡狄亚人习惯上献给吕凯乌斯神作牺牲的儿童,变成了狼,但是十年后他又重新变成人,被训练成一名拳击手,在奥林匹克赛会上赢得胜利。这位历史学家也还考虑,吕凯乌斯在阿卡狄亚之所以被称作潘·吕凯乌斯或者朱庇特·吕凯乌斯,没有别的原因,只能是由于这种人变成狼的变形,这一点只有神的力量能够做到。① 因为狼在希腊文中是"lykos",吕凯乌斯(Lycaeus)这个名字显然源于这个词。瓦罗还提到罗马人的狼神的祭司(Lupeici)也起源于这些秘仪,也就是说狼神的祭司是这些人的后代。

章18　我们应该如何看待精灵使人变形

读了这些故事的人现在期待我们说这些事情都是精灵跟我们开的大玩笑。但除了说"你们要从巴比伦出来"②以外,我们还能说些什么呢?这个先知的告诫应当在灵性的意义上加以理解,意思是我们应当离开这个世界之城,这座城当然就是不虔诚的天使和凡人的社会。我们应当"凭着由爱而生的信心"③继续前进,直到在活生生的上帝那里找到藏身之所。我们确实感到,精灵在下界拥有的力量越大,我们就越要坚定地依靠我们的中保,通过他从深渊爬向高处。如果我说这些变形的事情是不

---

① 普林尼:《自然史》,卷8,章81以下。
② 《以赛亚书》48:20。
③ 《加拉太书》5:6,和合本译为"凭着信心"。

可信的，那么即使现在也会有人说他们亲自听说过这样的真实事例，甚至会有人说亲自经历过这种事。当我在意大利时，我本人确实曾经听到过这个国家的某个地区有这种事。那个地方的旅店的老板娘懂得这种邪术，当她们想这样做并能够这样做时，就会把一种药混在奶酪中给客人吃，把他们变成驮畜，用来运送各种各样的东西，等完成了任务以后再把他们变回来。但他们的心并没有变成畜生的心，而仍旧是有理性的人的心。就是由于这个原因，阿普留斯要在他的那本题为《金驴》（De asino aureo）的书中说，喝下药水以后，他变成了一头驴子，但仍旧保持着他的人心。

诸如此类的故事既不真实，又十分离奇，我们完全有理由不相信它们。然而，我们必须坚定地相信万能的上帝能做到他希望做的一切，既可惩罚我们，也可帮助我们。与此相反，除非有上帝的许可，精灵凭着属于它们自己的本性的力量却什么也做不到，这种本性被造就为天使的本性，但由于它们自己的过错而变得邪恶。上帝的公断经常是隐秘的，但绝不会是不公正的。当然了，精灵不能创造真正的本性。如果它们确实完成了我们在这里考虑的一些事情，亦即仅就它们改变了由真正的上帝创造的事物的样式而言，那么它们就好像不是精灵了。因此，我绝不相信精灵的技艺或力量能把人的身体或灵魂改变成兽类的身体和形象。倒不如说，我相信一个在思想上或在睡梦中有幻影的人，会在各种环境条件的影响下设想各种变形。这种幻影本身不是身体，然而却会以神奇的速度呈现像身体那样的形状。我相信，当其他人的身体感觉处在睡眠状态或受到压抑的时候，这种幻影能以某种我不理解的方式以身体的形象对其他人的感官呈现。我们这里所讲的人的真正的身体躺在别处，仍旧活着，但它们的感觉比平常的睡眠更加深沉。与此同时，幻影会以其他动物的形象对其他人的感觉呈现，人可以感到自己处在这样的状况下，有着沉重的负担，就像有时候在梦中发生的情况一样。但若这些负担是真正的物体，是精灵搬来骗人的，那么人们感觉到的东西一部分是真正的身体负担，一部分是动物的虚假的身体。

例如，有个名叫普赖坦提的人曾经讲述他的父亲在家中吃了那种混

在奶酪中的药以后发生的事情。他父亲躺在床上,就好像睡着了似的,怎
么都醒不过来。普赖坦提说,几天以后,他父亲醒过来了,把发生的事情
都告诉他,就好像做梦一样。他父亲特别提到自己变成了一匹马,与其他
驮畜一道运送军粮,称作"瑞提亚的"(Rhaetic),因为这些粮食被送往瑞
提亚(Rhaetia)。这件事确实如他所说的那样发生了,而在他自己看来只
是一个梦。还有一个人说,在他退休之前的某个晚上,他在自己家中看到
有位熟识的哲学家朝他走来,向他解释有关柏拉图的几个问题,而他以前
向这位哲学家提出过这些问题,但当时这位哲学家拒绝回答。当他问哲
学家以前在其他人家中为什么不回答他提出来的问题时,这位哲学家说:
"我是没有回答,但我在做梦的时候回答了。"从这个事例可以看出,一个
人在梦中看到的事情通过幻影展示给其他醒着的人。

　　这些事例不是由那些各种各样似乎不值得我们信任的人提供给我们
的,而是由一些我们无法相信他在撒谎的人提供的。因此,在我看来,这
种口述的和书面记载的普遍现象是会发生的,以我已经说过的这种方式
发生。不管怎么说,阿卡狄亚的诸神,或者倒不如说是精灵,不断地把人
变为狼是真的,"喀耳刻凭着她的魅力把乌利西斯的伙伴变形"①也是真
的。但是据说狄奥墨得的那些鸟一代代繁衍下去仍旧是鸟,因此我不相
信这种鸟的产生是人变形的结果,它们只是取代那些灵气已失的人而已,
就好像那只取代阿伽门农的女儿伊菲革涅亚的雌鹿。② 这种伎俩对精灵
来说,只要上帝允许它们这样做,做起来并不难,但由于后来发现这位少
女仍旧活着,所以很容易明白这只雌鹿是她的代用品。另一方面,狄奥墨
得的同伴突然消失,再也不在任何地方出现,因为他们被愤怒的邪恶天使
摧毁了。所以人们假定他们变成了那些鸟,被秘密送往有这种鸟的踪迹
的其他地方,这些鸟直接取代了他们。至于人们相信这些鸟会用喙取水
给狄奥墨得的神庙洒水,对希腊血统的人友好,并攻击陌生人,这是精灵
在敦促它们这样做,不值得奇怪。以此说服人们相信狄奥墨得变成了神,

---

① 维吉尔:《短诗集》,第 8 首,行 70。

② 欧里庇得斯:《伊菲革涅亚》,行 26 以下。

欺骗他们，这样做符合精灵的利益。因为精灵希望人们由于崇拜众多伪神而对真正的上帝不义，希望人们用神庙、神坛、献祭、祭司去侍奉死人——他们甚至在活着的时候都没有真正地活着——而所有这些东西正确地说来不属于任何人，而只能属于唯一真神和活生生的上帝。

章19　埃涅阿斯来到意大利，这是押顿当希伯来人的士师时的事情

在这一时代，特洛伊沦陷被毁之后，埃涅阿斯带领二十条船，载着幸存的特洛伊人，到达了意大利。当时意大利由拉丁努斯统治，而墨涅修斯是雅典国王，波利菲德是西徐亚国王，坦塔尼斯是亚述国王，押顿是希伯来人的士师。后来，拉丁努斯死后，埃涅阿斯在那里统治了三年，而上面提到的这些国王都继续在位，除了佩拉古斯成为西徐亚人的国王，参孙成为希伯来人的士师。参孙力大无穷，人们都认为他就是赫丘利。但拉丁人把埃涅阿斯变成了他们的一个神，因为他死的时候无影无踪。① 萨宾人（Sabines）也把他们的第一位国王列入诸神的行列，这位国王名叫桑库斯，有些人也叫他桑克图斯。也是在这一时期，雅典国王考德鲁斯化了装，自动落入他的城邦的敌人伯罗奔尼撒人手中，结果被杀，以此达到他的目的。他以这种方式拯救了他的国家，因为伯罗奔尼撒人得到神谕，不能杀死雅典国王，否则就不能取胜。而考德鲁斯打扮成乞丐奚落敌人，把他们惹火了而动手杀人。因此维吉尔在提到这件事情时说"考德鲁斯的奚落"。② 雅典人也把考德鲁斯当作神，用祭祀来荣耀他。西尔维乌斯是埃涅阿斯之子，但不是克瑞乌莎所生，而是由拉丁努斯之女拉维尼娅所生。他据说是埃涅阿斯的遗腹子，而克瑞乌莎是拉丁人的第三位国王阿斯卡尼俄斯之母。当西尔维乌斯成为拉丁人的第四位国王时，俄纽斯是亚述的第二十九位国王，美兰苏斯是雅典的第十六位国王，祭司以利是希伯来人的士师。此时西徐亚王国告终。据说她一共延续了959年。

---

① 奥维德：《变形记》，卷14，行581以下。
② 维吉尔：《短诗集》，第5首，行11。

章 20　士师时代以后的以色列诸位国王的相传

此后不久,国王们仍旧在上面提到的这些地方进行统治,到了先知撒母耳的时候,士师时代告终,以色列人开始有了王国,始于扫罗王。当时,被称作西尔维家族的国王开始统治拉丁人。第一位国王西尔维乌斯是埃涅阿斯之子,那些后继者保留这个名字为姓,然后再加上自己的名,这种取名的方式与后来是一样的,例如奥古斯都·恺撒以恺撒为姓。但是扫罗被放逐,他的后代没有人当国王。扫罗统治了四十年,他死以后当国王的是大卫。那个时候,在考德鲁斯死后,雅典人不再有国王,而由执政官管理这个国家。大卫也统治了四十年,他的儿子所罗门继承王位,在耶路撒冷建造了最著名的圣殿。在所罗门当政的那个时期,阿尔巴城①在拉丁姆建立。从那以后,国王们不再称作拉丁人的国王,而是称作阿尔巴人的国王,尽管他们的领地仍在拉丁姆。所罗门的继承人是他的儿子罗波安,在他统治时期这个民族分成两个王国,每个部分都有她自己的国王。

章 21　拉丁姆的国王,第一位国王埃涅阿斯和第十二位国王阿文廷被当作神

在埃涅阿斯成了神以后,拉丁姆共有十一位国王,这些国王都没有成为神。然而,埃涅阿斯之后的第十二位国王阿文廷在战斗中死去,被埋葬在一座小山上,那座山到现在还以他的名字命名。从那时起,他就被列入这些人为自己所造的神的行列。但确实有些作者不愿意说他是在战斗中被杀的,而宁可说他失踪了,那座山的得名不是由于他,而是源于"候鸟的到来"(ex adventu avium)。阿文廷之后,除了罗马的创建者罗莫洛,没有国王被列为神。在这两位国王之间,我们看到另外有两位国王,其中第一位用维吉尔的话来说,"下一位是普洛库斯,特洛伊民族的骄傲"。② 在他那个时候,罗马已经诞生,而亚述这个最伟大的王国走向了她漫长历史的终结。在延续了 1305 年以后——如果我们从尼努斯之父伯鲁斯的时

---

① 即阿尔巴·隆加(Alba Longa)。
② 维吉尔:《埃涅阿斯纪》,卷 6,行 767。

候算起,作为第一位国王,他的领地有限——她的权力转到了美狄斯人（Medes）手中。

普罗卡斯①在艾姆留斯之前统治。艾姆留斯让他兄弟努米托尔的女儿瑞亚作女灶神维斯太的贞女,她也叫伊利娅,是罗莫洛之母。罗马人希望说她与战神玛斯交合怀了双生子,以这种方式,他们荣耀或谴责了她的不贞。他们提供的证据是,当两个婴儿被抛弃时,有母狼来为婴儿哺乳。他们认为这种动物属于玛斯,因此那头母狼能够认出这两个婴儿是它的主人的儿子,于是就给婴儿哺乳。然而也有人说当这两个婴儿被抛弃在那里啼哭时,某个不知名的妓女给他们喂奶,他们最先吃的是妓女的奶,因为人们称妓女是母狼,而臭名昭著的妓院则被称作"狼屋"。后来,据说婴儿得到一位名叫福斯图鲁斯的牧人的照料,他的妻子阿卡给他们哺乳。然而,为了确定那个残忍地下令把这两个婴儿抛入水中的国王有罪,上帝帮助了这两个今后要建立一座伟大城市的婴儿。在上帝的干预下,他们从水中得救,又有野兽给他们哺乳,这有什么值得惊讶的吗？阿姆留斯②在拉丁姆的王位由他的兄弟努米托尔继承,他是罗莫洛的祖父,在他当国王的第一年,罗马城建立了。由于这个原因,他后来与他的孙儿罗莫洛一道统治罗马。

章22　罗马建城在亚述灭亡之时,当时的犹大国王是希西家

下面我们不再拘泥于细节,但罗马城是作为第二个巴比伦而建立的。她就好像是前一个巴比伦的女儿,上帝乐意通过她征服全世界,使全世界成为一个共同体,在一部法律下统一起来,并把和平赋予这个幅员辽阔的国家。这个时期已经有了一些强大的国家,她们有强大的军队,这样的国家是不容易征服的。国家之间的相互攻伐给双方都带来巨大的伤害与不小的毁灭,还有可怕的劳役。因为在亚述王国几乎征服整个亚细亚的时候,这种征服虽然也是通过战争取得的,但比较容易实现而无需残酷而又

---

① 奥古斯丁同时使用两种拼法：普洛库斯（Procus）和普洛卡斯（Procas）。
② 奥古斯丁同时使用两种拼法：艾姆留斯（Aemulius）和阿姆留斯（Amulius）。

艰难的争斗，因为当时这些国家还不懂得如何防御，国家的规模也还不像后来变得那么大。总之，当尼努斯征服了除印度之外的整个亚细亚的时候，自大洪水算起还不到 1000 年，在这场大洪水中只有八个人在挪亚的方舟中逃命。与此相反，罗马没有那么迅速而又轻易地征服东方和西方的所有国家，如我们所看到的那样，这些国家现在是罗马帝国的组成部分，因为罗马的发展是渐进的，她扩张到哪里，就在哪里遇到勇敢尚武的民族。在罗马建城的时候，以色列人拥有应许之地已经 718 年。最初 27 年是嫩之子约书亚统治，其次 329 年属于士师时期。然后还有 362 年就是列王时期。此时犹大的国王叫作亚哈斯，或者按照另一种算法，此时的犹大国王是亚哈斯的继承人希西家。人们都说他是一位最杰出、最虔诚的国王，在位时间与罗莫洛大体相同。与此同时，何细亚开始统治另一部分希伯来人，这个国家叫作以色列。

章 23　埃里色雷亚的西彼拉所作的大量预言，有许多明显涉及基督

按照某些权威的说法，在这个时期，埃里色雷亚的西彼拉作了她的预言，尽管瓦罗说有许多位西彼拉，而不是只有一位。这位埃里色雷亚的西彼拉肯定记载了某些明显指向基督的话语。我最初读到这些预言是拉丁文的，用拙劣的不押韵的拉丁文诗句译成。有些缺陷要归于它们的译者的无知，这是我后来意识到的，尽管我并不知道译者是谁。杰出的福拉基阿努斯博学而又雄辩，曾经当过总督。当我们在一起谈论基督时，他拿出一卷希腊文手稿，说里面有埃里色雷亚的西彼拉的诗。他把手稿指给我看，说里面某些段落每一行开头的大写字母拼在一起就成了"IESOUS CHREISTOS THEOU UIOS SOTER"，这些拉丁文的意思就是"耶稣基督、圣子、救世主"。有人已经把它译成押韵的拉丁文诗歌，抄录如下：

> 审判的时候到了，大地要受到惩罚。
> 一位国王从天而降，他要统治直到永远，
> 他坐在审判席上，审判所有人和这个世界。
> 不信者和忠信者将看见我们的上帝，
> 这个时代终结时他的圣徒都要升天。

　　裹着肉身的灵魂都要到这里来接受他的审判。

　　厚重的荆棘令人窒息，整个世界无人照看；

　　偶像和人的所有玩物都被抛弃。

　　每一块土地、大海、天空都将焚烧，

　　烈火甚至逼近地狱之门。

　　救世之光将拯救圣徒之身，

　　恶人将在永恒的烈火中焚烧，

　　秘密的行为将被揭示，个人的秘密都要暴露；

　　上帝将把所有人心中的秘密公开。

　　哭泣声和咬牙切齿声将会响起；

　　太阳将会熄灭，星辰将会灭寂；

　　天穹将会倾倒，月亮将会死去；

　　山谷将会隆起，高山将会下陷。

　　直到这个世界不再有高地和山丘。

　　所有高山都夷为平地，也不再有蓝色的大海，

　　大地死亡，开裂，

　　清泉溪流都被烈火烤干。

　　天上的号角声在高空中响起，

　　恶人发出哀号与悲叹，

　　大地开裂，露出巨大的地狱的深渊，

　　国王们接踵而至，来到主的面前；

　　硫磺火海将从天而降。①

　　把这些诗句从希腊文译成拉丁文时，我们不可能把原意完全译出来，尤其是原文句首的大写字母中有希腊字母"upsilon"，而拉丁语词中找不到对应的词是以这个字母开头的。② 这样的诗句有三行：第五行、第十八

---

① Oracula Sibyllina, ed. F. Geffcken, Heidelberg, 1902,《西彼拉神谕》，卷 8，行 217 以下；参阅拉克唐修：《神圣原理》，卷 7，章 16，句 11；章 20，句 3。

② 与希腊字母"upsilon"相对应的拉丁字母是 Y，但没有一个拉丁词是以这个字母开头的。

行、第十九行。如果我们把这些诗句开头的大写字母拼在一起,我们就要
把这几行的首个字母用"upsilon"来取代,就好像它们真的出现在拉丁译
文的句首一样,使之构成五个词①的一句话:耶稣基督、圣子、救世主
(Jesus Christ, Son of God, Saviour),但它只在希腊文而非在拉丁文中才
是正确的。

这里共有 27 行诗,27 是 3 的立方。3 乘以 3 等于 9,9 乘以 3 等于
27,也就相当于长乘以宽,再乘以高。还有,如果你把这五个希腊词
"Iesous CHreistos THeou Uios Soter"——译成拉丁文就是"耶稣基督、圣
子、救世主"——每个词的开头的大写字母组合在一起就构成一个希腊
词"ichthys",意思是"鱼",这个词就是基督的神秘符号,他能够在这个凡
人的深渊中无罪地生活,就好像在大海深处一样。

无论是埃里色雷亚的西彼拉,还是像有些人所相信的那样是库卖的
西彼拉,她的整首诗——这里所引的只是其中一小部分——没有任何地
方与崇拜伪神相关,或者与那些人造的神相关。正好相反,她强烈地反对
这样的神祇及其崇拜者,她似乎可以算作上帝之城的人。还有,拉克唐修
在他的著作中引用这位西彼拉的某些关于基督的预言,尽管他没有说明
是哪一位西彼拉。拉克唐修逐一提到这些预言,但我想最好还是把它们
按逻辑顺序摆在一起,就好像由拉克唐修记录下来的许多简短的陈述构
成了一个连续的整体。他说:"他以后会落入不义者和无信者的手中,他
们会用污秽的手掌打神,他们的脏嘴会吐出毒汁样的唾沫,而他则会决然
伸出他神圣的背脊忍受鞭打。他挨打但不开口,免得有人会知道什么是
道,道什么时候到来,道会对凡人说什么,直至戴上荆棘编的冠冕。他们
拿苦胆给他吃,拿醋给他喝。这就是他们对他的冷漠。你们津津乐道于
有害的思想,不认你们的神,以凡人的想法去戏弄他,给他戴上荆棘编的
冠冕,给他喝苦胆汁。殿中的幔子将撕裂,日头在正午落下,三个时辰大
地黑暗如夜。睡了三天以后,他要使死亡的命运终结,他要从死亡中解救

---

① 在希腊文中是五个词。

自己，他要走向光明，向那些蒙召者显示复活的开始。"①拉克唐修每次引用一条西彼拉的证言，插入他的讨论，用在需要证明之处。然而我试图把这些证言放在一起，只用句首的大写字母来区分，这样抄写员就不会忽略了。要注意的是，也有不少作者说埃里色雷亚的西彼拉不是生活在罗莫洛时期，而是生活在特洛伊战争时期。

章24 罗莫洛在位时期的希腊七贤，以色列十个支派在这一时期被迦勒底人征服，罗莫洛死时享有神的荣耀

米利都的泰勒斯生活在罗莫洛在位时期。他是"神学诗人"（其中品格方面最伟大的是奥菲斯）之后的所谓七贤之一，被称作"sophoi"，在拉丁文中就是贤人的意思。同一时期，希伯来民族分裂以后被称作以色列的十个支派被迦勒底人征服，被掳到他们的土地上为奴。但以犹大之名命名的两个支派仍旧在犹大地，拥有耶路撒冷作为他们王国的京都。罗莫洛死的时候也失踪了，被罗马人列为神祇，这件事是人所周知的。这种做法到了西塞罗时期完全停止——等到恺撒时代这种事情再次兴起的时候，它只是一种奉承，而不是真正的无知——西塞罗认为这是对罗莫洛的最高褒奖，他并非在一个未开化的、民众容易受骗的时代，而是在一个有文化、有知识的时代赢得这种荣耀，尽管当时哲学还没有绽放出它纤细的嫩芽。② 后来的时代尽管不再把死人立为神祇，但人们并没有停止崇拜由他们的祖先确立的那些崇拜对象，把它们当作神。恰恰相反，他们甚至通过接纳偶像的办法，制造出更加迷惑人的、空洞的、亵渎的迷信，这是古人所没有的。这种事情的发生是由于邪恶的精灵在他们心中运作，用虚假的神谕以及其他方式欺骗他们。这样一来，尽管在一个比较文明的时代有关诸神罪行的故事不再发明出来，但那些古老的故事仍旧在剧场中邪恶地上演，以侍奉那些伪神。

继罗莫洛之后，努玛继位，他认为这座城市需要大量的神祇来保护，

---

① 拉克唐修：《神圣原理》，卷4，章18以下。
② 西塞罗：《论共和国》，卷2，章10。

尽管这些神都是伪神。然而努玛本人死的时候并没有在这个庞大的神族中赢得一席之地。这就好像他用大量的神灵填满了天空,以至于在那里无法为自己找到安身之处!据说撒米亚的西彼拉是努玛的同时代人,努玛在罗马开始统治的时候也正是玛拿西统治希伯来人的时候,这位不敬神的国王由于杀害先知以赛亚而受到谴责。①

章25 塔奎纽斯·普利斯库统治罗马人、西底家统治希伯来人、耶路撒冷沦陷、圣殿被毁时有哪些著名哲学家

在耶路撒冷沦陷、所罗门建造的圣殿被毁、西底家统治希伯来人、塔奎纽斯·普利斯库作为安库斯·玛修斯的继承人统治罗马人的时候,犹太人被掳到巴比伦。先知们斥责犹太人的邪恶和不虔诚,预言了这种状况将会发生,尤其是耶利米,他甚至已经具体说出了被掳多少年。② 据说,另一位"七贤"之一,米提利尼的庞塔库斯在这个时候还活着。欧西庇乌写道,另外五位贤人,加上我们上面提到过的泰勒斯,再加这位庞塔库斯,总共有七位贤人生活在上帝的子民被掳往巴比伦的时候。他们的名字是:雅典的梭伦、斯巴达的喀隆、哥林多的佩里安德、林杜斯的克莱俄布卢斯、普里耶涅的彼亚斯。③ 这七位贤人都在"神学"诗人的时代之后出名,因为在他们的生活方式中具有某种值得赞扬的美德,在这个方面超过其他人,他们也把许多道德戒律化简为一些格言。但他们并没有给后人留下文学的丰碑,除了梭伦给雅典人留下某些法律,还有泰勒斯是一位自然哲学家,留下了一些包含他的学说的书。在犹太人被掳时期,出名的自然哲学家还有阿那克西曼德、阿那克西美尼、克塞诺芬尼,此外还有毕泰戈拉,从他那个时候起,这样的思想家开始被称作哲学家。

---

① 参阅查士丁:《与犹太人特里风的对话》,章120,节14。

② 《耶利米书》25:11。

③ 参阅柏拉图:《普罗泰戈拉篇》343A,柏拉图提到的七贤中没有哥林多的佩里安德,但是有泽恩的密松。

章26　当犹太人被掳七十年结束后，罗马人也从国王的统治下解放出来

在同一时期，波斯国王居鲁士也统治着迦勒底人和亚述人，他放宽了对被掳的犹太人的限制，使五千犹太人回归故土，重建圣殿。但他们只是打了基础，建起了一座祭坛。他们的敌人经常来抢掠，使得他们无法继续建设，整个工程一直拖延到大流士①的时代。在这个时候，那些写在《犹滴传》中的事情发生了，尽管犹太人确实没有把这本书列为正典。然而，在波斯国王大流士统治之下，当先知耶利米预言的七十年过去以后，犹太人的被掳结束，重新获得自由。这个时期也正是塔克文在位的时候，他是罗马人的第七位国王。当塔克文被放逐时，罗马人自己也开始摆脱这些暴君的统治。

一直到这个时期，以色列民众仍有先知。但是，尽管先知的人数很多，但他们的作品只有很少一些被犹太人和我们当作正典来对待。在结束上一卷的时候，我许诺要在本卷中对这些先知作解释，我现在就来做这件事。

章27　预言包含在我们书中的那些先知的时代，当罗马帝国开始、亚述帝国灭亡的时候，他们多次预言了上帝对外邦人的召唤

现在让我们略微后退一些，以便考察这些先知的时代。何西阿被列为十二先知的首位，他在《何西阿书》的开头说："当乌西雅、约坦、亚哈斯、希西家作犹大王的时候，上帝的话临到备利的儿子何西阿。"②阿摩司也写道他在乌西雅当政的时候作预言，还提到以色列王耶罗波安此时也在位。③ 还有，阿摩司之子以赛亚——无论他是我们刚刚提到的这位先知之子，还是像人们更一般的看法，是另一位不是先知的、名叫阿摩司的人的儿子——也在他的书开头之处提到何西阿已经提到过的四位国王，说在这些人在位的时候他作预言。弥迦也记载了这个时代当作他发预言

---

① 亦译"大利乌王"。
② 《何西阿书》1:1。
③ 《阿摩司书》1:1。

的时候,但在乌西雅统治之后。因为他提到了三位何西阿也提到过的国王:约坦、亚哈斯、希西家。① 依据他们自己著作中提供的证据,我们发现他们三人在同一时期作预言。我们还要加上约拿和约珥,他们在乌西雅的继承人约坦统治时发预言。但是这两位先知的时代可以在《编年史》②中,而不是在他们自己的书中找到,因为他们在自己的书中没有提到他们所处的时代。这些时代始于拉丁人的国王普洛卡斯,或他的前任国王阿文廷,到罗莫洛为止,他此时是罗马国王,甚至延伸到他的继承人努玛·庞皮留斯、犹大国王希西家继位时。所以我们看到,当亚述王国灭亡,罗马帝国兴起时,这些人就像两口预言之泉一齐涌现。事情很清楚,正如亚述王国之初出现了亚伯拉罕,他得到了最清晰的应许,万国都要因他的后裔而得福,所以在这个西方的巴比伦③出现的时候,基督到来了,这些应许要在他身上应验,先知们也要张口说话,不仅说预言,而且写预言,为这一未来的伟大事件作见证。因为,尽管以色列人自从有国王起几乎从来不缺先知,但他们只给以色列人带来好处,而不是对外邦人。然而,到了这个时候这些意涵更加普遍、给外邦人也带来好处的先知作品出现了,在这个现在统治着一切外邦人的城市建立之时,它们的出现是适宜的。

章28　与基督福音相关的何西阿与阿摩司的预言

先知何西阿必须说的预言含义深刻,比较难懂,但为了完成我们的许诺,我们必须考察其中的一部分。他说:"从前在什么地方对他们说:'你们不是我的子民',将来在那里必对他们说:'你们是永生神的儿子。'"④使徒也把这句话理解为召唤那些先前不属于上帝的外邦人的预言。⑤ 由于这些外邦人灵性上属于亚伯拉罕的子女,在此意义上可以正确地被称

---

① 《弥迦书》1:1。
② 即欧西庇乌和杰罗姆的《编年史》。
③ 指罗马。
④ 《何西阿书》1:10。
⑤ 参阅《罗马书》9:26。

作以色列人，所以先知继续说："犹大人和以色列人必一同聚集，为自己立一个首领，从这地上去。"①如果我们试图解释这句话，那么只会糟蹋它的预言意味。然而让我们回顾一下那块房角石和两堵墙，一堵是犹太人，另一堵是外邦人；②让我们承认，被称作犹大子女的犹太人和被称作以色列子女的外邦人在同一个首领之下，从这地上去。

还有，这位先知也证明，现在拒绝相信基督的属肉身的以色列人以后会相信基督，也就是说他们的子孙会相信，而这些不信者本人死的时候肯定会去他们自己的地方。③ 他说："以色列人也必多日独居，无君王、无首领、无祭祀、无柱像、无以弗得、无家中的神像。"有谁看不到犹太人现在正处在这种状态之下？ 但是，让我们来听听他还说了些什么。"后来以色列人必归回，寻求他们的上帝和他们的王大卫。在末后的日子，必以敬畏的心归向上帝，领受他的恩惠。"④没有什么能比这个预言更清楚了，因为大卫王的名字被理解为基督的象征，因为如使徒所说："按肉体说，他是从大卫后裔生的。"⑤以这样一种与预言相适宜的高尚风格，这位先知也预言了基督将会在第三日复活，他说："过两天他必使我们苏醒，第三天他必使我们兴起。"⑥以同样的方式，使徒对我们说："你们若真与基督一同复活，就当求在上面的事。"⑦阿摩司也预言了这些事情，他说："以色列啊，我必向你如此行。以色列啊，我既这样行，你当预备迎见你们的主。"⑧他在另一处说："到那日，我必建立大卫倒塌的帐幕，堵住其中的破口，把那破坏的建立起来，重新修造，像古时一样，使剩余的人可以向我询问，万国呼唤我的名，此乃行这事的主

---

①　《何西阿书》1:11。

②　参阅《以弗所书》2:14;20。

③　参阅《使徒行传》1:25。

④　《何西阿书》3:4 以下。

⑤　《罗马书》1:3。

⑥　《何西阿书》6:2。

⑦　《歌罗西书》3:1。

⑧　《阿摩司书》4:12 以下。

说的。"①

章29 以赛亚有关基督与教会的预言

先知以赛亚没有在所谓的十二"小"先知的书中出现,之所以称他们为"小"是因为他们的文章比较简短,而那些篇幅较长的先知书的作者则被称为"大"先知。以赛亚就属于后者,但我继上面两位先知之后就谈到他,乃是因为他们全都在同一时期作预言。以赛亚谴责邪恶,教导公义,预言了将要使罪人跌倒的疾病。他的预言比其他先知更多地涉及基督和教会,亦即涉及上帝创立的王和城。所以有些评论者甚至已经称他为传道人,而非先知。但是为了能使本书保持合理的限制,我在这里只引用他的一段话。以圣父的口吻,他说:"我的仆人行事必有智慧,必被高举上升,且成为至高。许多人因他惊奇,他的面貌比别人憔悴,他的形容比世人枯槁,这样,他必洗净许多国民,君王要向他闭口。因所未曾传与他们的,他们必看见;未曾听见的,他们要明白。我们所传的有谁信呢? 上帝的膀臂向谁显露呢? 他在上帝面前生长如嫩芽,像根出于干地。他无佳形美容,我们看见他的时候,也无美貌使我们羡慕他。他被藐视,被人厌弃,多受痛苦,常经忧患他被藐视,好像被人掩面不看的一样,我们也不尊重他。他诚然担当我们的忧患,背负我们的痛苦;我们却以为他受责罚,被神击打苦待了。哪知他为我们的罪过受害,为我们的罪孽压伤。因他受的刑罚,我们得平安;因他受的鞭伤,我们得医治。我们都如羊走迷,各人偏行己路,上帝使我们众人的罪孽都归在他身上。他被欺压,在受苦的时候却不开口,他像羊羔被牵到宰杀之地,又像羊在剪毛的人手下无声,他也是这样不开口。因受欺压和审判,他被夺去,至于他同世的人,谁想他受鞭打、从活人之地被剪除,是因我百姓的罪过呢? 他虽然未行强暴,口中也没有诡诈,人还使他与恶人同埋;谁知死的时候与财主同葬。上帝却定意将他压伤,使他受痛苦;上帝以他为赎罪祭。他必看见后裔,并且延长年日上帝所喜悦

---

① 《阿摩司书》9:11 以下,译文与和合本有不同之处。

的事必在他手中亨通。他必看见自己劳苦的功效，便心满意足。有许多人因认识我的义仆得称为义，并且他要担当他们的罪孽。所以，我要使他与位大的同份，与强盛的均分掳物；因为他将命倾倒，以至于死，他也被列在罪犯之中。他却担当多人的罪，又为罪犯代求。"①

这些事情讲的是基督。现在让我们来听听接下去他是怎么提到教会的："你这不怀孕、不生养的，要歌唱；你这未曾经过产难的，要放声歌唱，扬声欢呼。因为没有丈夫的比有丈夫的儿女更多。这是上帝说的。要扩张你帐幕之地，张大你居所的幔子，不要限止；要放长你的绳子，坚固你的橛子。因为你要向左向右开展，你的后裔必得多国为业，又使荒凉的城邑有人居住。不要惧怕，因你必不致蒙羞；也不要抱愧，因你必不致受辱。你必忘记幼年的羞愧，不再纪念你寡居的羞辱。因为造你的是你的丈夫，万军之上帝是他的名；救赎你的是以色列的圣者，他必称为全地之神，"等等。② 我们引用的经文已经足够了。这段话中有许多方面需要解释，但有一点很清楚，无论我们的对手愿意不愿意，他们都要被迫去理解它。

章30 弥迦、约拿、约珥所作的与新约有关的预言

先知弥迦以大山的形象描述基督，他说："末后的日子，上帝殿的山必坚立，超乎诸山，高举过于万岭，万民都要流归这山。必有许多国的民前往，说：'来吧，我们登上帝的山，奔雅各神的殿。主必将他的道教训我们，我们也要行他的路；因为训诲必出于锡安，上帝的言语必出于耶路撒冷。他必在多国的民中施行审判，为远方强盛的国断定是非。'"③

这位先知也预言了基督将要诞生的地方。他说："伯利恒以法他啊，你在犹大诸城中为小。将来必有一位从你那里出来，在以色列中为我作掌权的；他的根源从亘古、从太初就有。上帝必将以色列人交付敌人，直等那生产的妇人生下子来。那时，掌权者其余的弟兄必归到以色列人那

---

① 《以赛亚书》52:13 以下。
② 《以赛亚书》54:1以下。
③ 《弥迦书》4:1以下。

里。他必起来,倚靠上帝的大能,并上帝他神之名的威严牧养他的羊群。他们要安然居住;因为他必日见尊大,直到地极。"①

然而,先知约拿关于基督的预言没有他叙述自己的经历那么多。他确实以他自己的声音宣称了基督的死亡与复活。他被吞进鲸鱼肚子,又在第三日出来,除了象征基督将在第三日从地狱的深渊中返回,这还能象征什么呢?

为了解释约珥关于基督和他的教会的预言,需要花费很多口舌。然而其中有段话我不想省略,使徒也回忆过这段话。当基督作了应许的时候,圣灵从天而降,来到信徒中间。约珥说:"以后,我要将我的灵浇灌凡有血气的。你们的儿女要说预言,你们的老人要做异梦,少年人要见异象。在那些日子,我要将我的灵浇灌我的仆人和使女。"②

章31　俄巴底亚、那鸿、哈巴谷关于基督救世的预言

三位小先知,俄巴底亚、那鸿、哈巴谷,都没有提到自己所处的时代,欧西庇乌和杰罗姆的《编年史》中也找不到他们作预言的时候。他们确实把俄巴底亚与弥迦放在一起,但却不是在提到从弥迦自己的作品可知他作预言的时代的那段话中。我假定,这是抄写员所犯的错误。但我在我们拥有的任何《编年史》抄本中找不到那鸿和哈巴谷。不管怎么说,由于他们的作品都被纳入正典,不考虑他们是不合适的。

就作品而言,俄巴底亚是所有先知中最简洁的。他反对以东人,也就是以扫的后裔,以扫是以撒的双胞胎中的长子,亚伯拉罕的孙子,是被排除了的。但若按照用部分代表整体的语言象征,可以把以东理解为表示外邦人。我们可以察觉到这里有一个关于基督的预言,俄巴底亚说:"在锡安山必有得救的人,那山也必成圣。"稍后,在预言的结尾处,他说:"必有拯救者上到锡安山,审判以扫山;国度就归主了。"③这里确实很清楚,

---

① 《弥迦书》5:2以下。

② 《约珥书》2:28 以下;参阅《使徒行传》2:17 以下。

③ 《俄巴底亚书》17,21。

这个预言应验在那些从锡安山得救的人要上来保卫以扫山——亦即那些相信基督而从犹大地得救的人，尤其是那些使徒。那么他们如何保卫呢，除了拯救那些通过福音的传播相信基督的人，使他们摆脱黑暗力量的统治，进入上帝之国，还能如何？后续的那句话表达了这个意思，"国度就归主了"。锡安山象征犹大地，它被预言将会得救和成圣，这就是基督耶稣。而以扫山就是以东，以此象征外邦人的教会，如我已经解释过的那样，在锡安山得救的人来保卫它，使它成为上帝的国度。这段话在这个事件发生之前是晦涩的，但在这个事件之后还有谁看不出来呢？

先知那鸿——或者倒不如说上帝通过他——说："我必从你神的庙中，除灭雕刻的偶像和铸造的偶像，我必因你鄙陋，使你归于坟墓。看哪，有报好信、传平安之人的脚登山，说：'犹大啊，可以守你的节期，还你所许的愿吧！因为那恶人不再从你中间经过，他已灭绝净尽了。'那升上来的站在你面前，拯救你们出苦难。"①让所有记得福音的人回想一下这位从地下升上来把圣灵的气息吹拂在犹大脸上的是谁，这里的犹大就是那些犹太门徒。他们的节日已经从精神上被造就为新的，属于新约，不能再回到古代。还有，依靠福音，那些雕刻的偶像和铸造的偶像，亦即伪神的偶像，被除灭了，我们看到它们已经湮没无闻了，就好像进了坟墓。我们知道这个预言就应验在这件事上。

还有，哈巴谷在下面这段话中讲的意思除了是指基督的再临还能指什么？"主对我说：'将这默示明明地写在板上，使读的人容易读。因为这默示有一定的日期，快要应验，并不虚谎。虽然迟延，还要等候；因为必然临到，不再迟延。'"②

章32　包含在哈巴谷的祈祷与歌唱中的预言

还有，在哈巴谷的祈祷中有一首歌，③他对基督说："主啊，我听见你

---

① 《那鸿书》1：14 以下；2：1。
② 《哈巴谷书》2：2以下。
③ 泛见《哈巴谷书》3，希腊文圣经七十子本。

的言语就害怕;主啊,我想到你的作为就害怕。"这里表达的不就是预见到一位新的、突然降临的救恩者的惊慌吗?"看到你站在两个人之间",这里讲的要么是在两约之间,要么是在两名盗贼之间,要么是指摩西和以利亚在山上与他说话,对吗?"在这年份将近的时候你被认出来,你在这些年间显明出来",这句话不用解释。"我在怒火中伤害你,你以怜悯为念",这位先知在此以犹太人的口吻讲话,他是犹太人。因为犹太人在愤怒中"伤害他",他们把基督钉十字架,但他"以怜悯为念",并且说"父啊,赦免他们! 因为他们所作的,他们不晓得。"①

"神从提幔而来,圣者从隐秘的深山临到。"这里说到"神从提幔而来",有些翻译者解释为来自南方,或来自东南方,象征中午,表示仁爱的热烈和真理的宏伟。"隐秘的深山"确实能够理解成好几种意思,但我宁可把它理解为这些关于基督的预言的精致。圣经中确实有许多隐秘的段落,锻练着研究者的心灵。说基督来自那里乃是因为那些理解圣经的人找到了他。"他的荣光遮蔽诸天,颂赞充满大地。"这句话讲的意思不就是诗篇中讲的"上帝啊,愿你崇高过于诸天,愿你的荣耀高过全地"②吗?"他的辉煌如同日光。"这句话讲的意思不就是基督的名声将照亮信徒吗?"他的手上拿着角",这不就是十字架的纪念吗?"他用他的力量建立了坚定的爱"则不需要解释。

"在他面前有道,在他脚后有田野。"这里的意思不就是在他到来之前有人为他开路,在他离去之后有人传扬他的名声吗?"他站立,大地震动",他站立的意思就是他来帮助我们,使大地感动而相信他,不是吗?"他观看,赶散万民",也就是说,他仁慈,使民众悔过。"他使山岭崩陷",就是说那些傲慢者被他行奇迹所展示的力量震慑。"永久的山崩裂",也就是说在某个时候低微的将会永久上升。"我见他的行迹永久报答着他的辛劳",这就是说我察觉到他的爱的辛劳不会没有永久的奖赏。"我见古珊的帐篷遭殃,米甸的幔子战兢",这就是说即使这些不受罗马统治的

---

① 《路加福音》23:34。
② 《诗篇》57:5。

国家也会在听到他的奇迹之后感到惊慌，那里的民众也将成为基督的民众。

"主啊，你岂是不喜悦江河，向江河发怒气，向海洋发愤怒吗?"之所以这样说是因为他现在还没有来审判这个世界，使这个世界可以通过他得救。[1] "你乘在马上，你的坐骑就是救恩"，也就是说你的传道人会成为你的驭手，他们将会听你的指点，你的福音就是你的信徒的救恩。"主说，跪下，我要弯弓射权杖"，也就是说你要审判地上的君王。"你以江河分开大地"，这就是说那些传扬你的旨意的人开启着认信你的人的心，他们"撕裂你的心肠，不撕裂你的衣服"。[2] "来见你且悲哀的民众"的意思不就是"哀恸的人有福了"[3]吗?"你行走，水流散开"的意思只能是你在那些到处传扬你的人中间行走，你的教训像水一样散布各方，不是吗?

"深渊发声"的意思只能是人心深处发出声音，说出什么对它最好。"它的想象的深处"是对前面这句话的解释，因为深处和深渊的意思是一样的。"它的想像"必须与发声联系起来，意思就是我已经说过的"说出什么对它最好"。"想像"确实是指异象，不是人心依赖的，也不是要藏匿异象，而是在告白中说出来。"太阳升上高空，月亮停在本宫"，意思是基督升天，教会居于她的王给她指定的位置。"箭射出发光"指的是你的话语不是秘密地传播，而是公开的。"你的枪闪出光耀"，这一句必须与前一句联系起来。因为基督曾对他的门徒说，我在暗中对你们讲的事情，你们要公开讲。"你发忿恨通行大地"，意思是你通过威慑使人谦卑。"发怒气责打列国"讲的是你在愤怒中打击那些自傲的人。"你出来要拯救你的百姓，拯救你的受膏者，打破恶人家长的头"，这些话不需要作任何解释。

"你们要有约束，直到颈项"，这些约束确实可以理解为智慧的良好约束，脚上穿鞋，颈上有衣领。"你在惊慌中受到击打"，意思就是说他提

---

①　参阅《约翰福音》3:17。

②　《约珥书》2:13。

③　参阅《马太福音》5:4。

升好的约束,除去恶的约束,因为经上也提到"你已经解开我的绑索"。①
至于说"在惊慌中"指的就是以奇迹的方式。"强者对此感动",指的就是
"惊慌"。"他们将张开大嘴,就像穷人在暗中偷吃",因为有些犹太强人
来到主面前,对他的行为和言语感到惊讶,就好像在饥饿中想吃他的教诲
的食粮,但如福音书所说的那样,他们偷吃,"因为害怕这个犹太人。"②

"你乘马踏海,扰乱诸水",这里诸水的意思无非就是"许多人",如果
他们不受扰乱,许多人就不会由于惊恐而皈依。"我听见我的嘴唇发出
的祈祷声,身体战兢",他注意他说的话,他为自己的祈祷感到恐惧,他以
预言的方式说出内心察觉到的将要发生的事情。因为在惊恐中他看到了
教会苦难的迫近。他马上就承认自己是教会的成员,并说"我只可安静
等候灾难之日临到",作一个充满希望、耐心等候苦难的欢欣的人。③ 他
说:"我可以在我客居的民众中稳行在高处",丢下那些与他同族的恶人,
因为他们在这个世上并不寻求天国。他说:"虽然无花果树不发旺,葡萄
树不结果,橄榄树也不效力,田地不出粮食,圈中绝了羊,棚内也没有
牛。"他看到这个杀害基督的国家将会失去灵性的食粮,就用预言的方式
加以描述,用属地的食粮象征精神的食粮。

这个国家要在上帝的愤怒中遭受苦难的原因是,不知道上帝的义,要
立自己的义。④ 由于这个原因,先知接着就说:"然而我要因上帝欢欣,因
救我的神喜乐。主是我的力量! 他使我立稳脚跟。他使我稳行高处,在
上帝的歌声中克敌制胜。"这里讲的意思就是诗篇中讲的"他使我脚步立
在磐石上,使我脚步稳当。他使我口唱新歌,就是赞美上帝的话。"⑤这
样,按照经上所说的"夸口的,当指着主夸口",⑥唱着新歌克敌制胜的他
就是赞美上帝而不是赞美自己的人。然而有些版本说"我要因上帝我的

---

① 《诗篇》116:16。
② 参阅《约翰福音》3:2,19:38。
③ 参阅《罗马书》12:12。
④ 参阅《罗马书》10:3。
⑤ 《诗篇》40:2。
⑥ 《哥林多前书》1:31。

耶稣欢欣"，在我看来这样的理解更好，说出这个名字使我们欢欣鼓舞，无比甜蜜。

章33 耶利米和西番雅的预言，涉及基督和召唤外邦人

耶利米像以赛亚一样，是大先知之一，而不属于我已经频繁引用他们著作的小先知。耶利米在耶路撒冷的约西亚在位时期发预言，这时候的罗马国王是安库斯·玛修斯，犹太人被掳已经在即。他发预言一直到犹太人被掳的第五个月，这是我们从他自己的书中得知的。西番雅是众小先知之一，与耶利米有关。因为西番雅本人告诉我们他在约西亚在位时期发预言，尽管他没有提到有多久。然而耶利米不仅在安库斯·玛修斯在位时期发预言，而且也在罗马的第五位国王塔奎纽斯·普利斯库在位时期发预言。当犹太人被掳时，他已经继位了。

耶利米预言了基督，说"基督耶稣好像我们鼻中的气，由于我们犯罪而被捉"，①用这个简短的叙述表明基督是我们的主，他为我们受苦难。还有，他在另一处说："他是我们的上帝，谁也不敢跟他相比。他发现了全部的通往知识的道路，并且将智慧赐给他喜爱的仆人以色列。从那以后，智慧便出现在世界上，生活在我们中间。"②有些权威把这段证言不是归于耶利米，而是归于他的抄写员，名叫巴录，但人们一般把它归于耶利米。

还有，关于基督，这位先知说："上帝说：'日子将到，我要给大卫兴起一个公义的苗裔，他必掌王权，行事有智慧，在地上施行公平和公义。在他的日子里，犹大必得救，以色列也安然居住。他的名必称为主我们的义。'"③他也谈到后来对外邦人的召唤，现在我们看到这已经应验了。他说："上帝，主啊，在苦难之日是我的避难所，列国人必从地极来到你这

---

① 《耶利米哀歌》4：20，和合本译文为"上帝的受膏者好比我们鼻中的气，在他们的坑中被捉住"。
② 《巴录书》3：36。
③ 《耶利米书》23：5以下。

里,说:'我们列祖所承受的,不过是虚假,是虚空无益之物。'"①但这位
先知也指出杀害基督的犹太人不认识他。他说:"人心诡诈,他是凡人,
有谁认识他?"②这位先知也是我已经在本书第十七卷引用过的那些话的
源泉,涉及新约,以基督为中保。耶利米确实说过:"日子将到,我要与以
色列家另立新约",这段话的其余部分在前面都已经引用过了。③

　　下面我要谈到西番雅关于基督的预言,他作预言的时间与耶利米相
同。"上帝说:'你们要等候我,直到我兴起掳掠的日子。因为我已定意
招聚列国,聚集列邦。'"④还有,"上帝必向他们显可畏之威,因他必叫世
上的诸神瘦弱,列国海岛的居民各在自己的地方敬拜他。"⑤稍后,他又
说:"那时,我必使万民用清洁的言语,好求告我上帝的名,同心合意地侍
奉我。祈祷我的就是我所分散的民,必从古实河外来,给我献供物。当那
日,你必不因你一切得罪我的事羞愧;因为那时我必从你中间除掉矜夸高
傲之辈,你也不再于我的圣山狂傲。我却要在你中间留下困苦贫寒的民,
他们必投靠我上帝的名。"⑥这里讲的"余数"在别处有预言,使徒引述
说:"以色列人虽多如海沙,得救的不过是剩下的余数。"⑦所谓"余数"就
是相信基督的这个民族。

章34　两位更大的先知但以理和以西结的预言

　　在巴比伦本身被掳的时候,两位更大的先知但以理和以西结第一次
发预言。但以理甚至指出了基督到来和受难的具体时间,但若要说明他
是如何计算的,那么篇幅就太长了,但在我们之前确实有人这样做过。关
于基督的权柄和他的教会,但以理说:"我在夜间的异象中观看,见有一

---

①　《耶利米书》16:19。

②　《耶利米书》17:9,见希腊文圣经七十子本。

③　本书卷17,章3;《耶利米书》31:31。

④　《西番雅书》3:8。

⑤　《西番雅书》2:11。

⑥　《西番雅书》3:9以下。

⑦　《以赛亚书》10:22;参阅《罗马书》9:27。

位像人子的，驾着天云而来，被领到亘古常在者面前，得了权柄、荣耀、国度，使各方、各国、各族的人都侍奉他。他的权柄是永远的，不能废去，他的国必不败坏。"①

以西结也一样，他以圣父的口吻预言了基督。他以预言的方式把基督说成是大卫，因为基督从大卫的后裔那里取得肉身，由于这种"奴仆的形象"，②他成为凡人，被称作上帝的仆人或上帝的儿子。他说："我必立一牧人照管他们，牧养他们，就是我的仆人大卫。他必牧养他们，做他们的牧人。我上帝必做他们的神，我的仆人大卫必在他们中间为王。这是上帝说的。"③在另一处，他说："有一王做他们众民的王。他们不再为二国，决不再分为二国。也不再因偶像和可憎的物，并一切的罪过玷污自己。我却要救他们出离一切的住处，就是他们犯罪的地方，我要洁净他们。如此，他们要做我的子民，我要做他们的神。我的仆人大卫必做他们的王，众民必归一个牧人。"④

章35　哈该、撒迦利亚、玛拉基这三位先知的预言

剩下三位小先知在被掳结束时作预言：哈该、撒迦利亚、玛拉基。在他们中间，哈该讲到基督和教会的时候最清楚。他说："万军之主如此说：过不多时，我必再一次震动天地、沧海与旱地。我必震动万国，万国所羡慕的必来到。"⑤我们注意到这个预言的一部分已经应验了，而它的其他部分的应验还有待时日。因为基督道成肉身时天使和星辰的证言证明上帝已经震动了天；童女生子的巨大奇迹已经震动了地，上帝震动了沧海与旱地，所以基督在岛屿和整个世界被传扬。这样我们看到万国都受到感动而信基督。至于后面的"万国所羡慕的必来到"指的是他的最后降临，我们还在期盼。因为在基督被那些相信他的人所爱之前，那些想要他

---

① 《但以理书》7：13 以下。
② 参阅《腓立比书》2：7。
③ 《以西结书》34：23 以下。
④ 《以西结书》37：22 以下。
⑤ 《哈该书》2：6。

到来的人是不会期盼他的。

关于基督和教会，撒迦利亚说："锡安的民哪，应当大大喜乐！耶路撒冷的民哪，应当欢呼！看哪，你的王来到你这里，他是公义的，并且施行拯救，谦谦和和地骑着驴，就是骑着驴的驹子。他的权柄必从这海管到那海，从大河管到地极。"①我们在福音书中读到这个预言的应验，当我们的主基督要进入圣城的时候他就引用了这个预言的一部分。② 在另一处，先知按预言的精神谈到了通过基督的血罪得以赦免。他说："我因与你立约的血，将你中间被掳而囚的人，从无水的坑中释放出来。"③"深坑"的意思可以有多种理解，但与正确的信仰都是一致的。然而在我看来，没有比把它解释为人的深重苦难更好的了，也就是说它是无水的和不育的，那里没有公义的溪流，只有邪恶的泥沼。在诗篇中也有一处与此相关，经上说："他从祸坑里、从淤泥里把我拉上来。"④

玛拉基预言了通过基督建立的教会，他以有可能最清晰的方式以上帝的口吻对犹太人说："我不喜悦你们，也不从你们手里收纳供物。从日出之地到日落之处，我的名在外邦中必尊为大。在各处，人必奉我的名烧香，献洁净的供物。"⑤我们现在看到这种供物在各处献给上帝，通过麦基洗德等次的祭司基督，从极远的东方到极远的西方。与此相反，关于犹太人，经上说"我不喜悦你们，也不从你们手里收纳供物"，不容否认的是他们的献祭已经停止了。尽管犹太人已经读到这段预言，看到这一预言的实现，明白这一预言只能通过基督本身来应验，但他们为什么仍旧还要期待另一个基督呢？

稍后，玛拉基又以上帝的口吻说："我曾与他立生命和平安的约，我将这两样赐给他，使他存敬畏的心；他就敬畏我，惧怕我的名。真实的律法在他口中，他嘴里没有不义的话。他以平安和正直与我同行，使多人回

① 《撒迦利亚书》9:9以下。
② 《马太福音》21:5。
③ 《撒迦利亚书》9:11。
④ 《诗篇》40:2。
⑤ 《玛拉基书》1:10。

头离开罪孽。祭司的嘴里当存知识，人也当由他口中寻求律法，因为他是万军之主的使者。"①

基督耶稣被称作万军之主的使者不值得奇怪。正如他"以奴仆的形象"来到人间而被称作"奴仆"，所以他由于传福音而被称作"使者"。如果我们把希腊文的"好消息"这个词译成"福音"，那么"天使"的意思是"使者"。玛拉基确实在另一处提到基督："我要差遣我的使者在我前面预备道路，你们所寻求的主，必忽然进入他的殿；立约的使者，就是你们所仰慕的，快要到来。他来的日子，谁能当得起呢？他显现的时候，谁能立得住呢？"②在这段话中，他预言了基督的第一次和第二次到来；第一次就是他说的"必忽然进入他的殿"，亦即进入他的肉身，对此基督在福音书中说"你们拆毁这殿，我三日内要再建立起来"；③第二次就是他说的"他来的日子，谁能当得起呢？他显现的时候，谁能立得住呢？"当先知说"你们所寻求的主"和"立约的使者"时，这肯定是指，按照他们所读的圣经，连犹太人也在寻找和期盼基督。然而他们中的许多人并不认识已经到来的他们在寻找和期盼的基督，因为他们的心被他们自己的功德所占据而变得盲目。

当先知提到约的时候——无论是在前面那段话中提到"我与他立约"，还是在这段话中称基督为"立约的使者"——我们必须毫不怀疑地认为指的是应许永恒幸福的新约，而不是赐予暂时幸福的旧约。现在有许多人由于虚弱而侍奉真正的上帝，为的是这种暂时的幸福，看重这样的幸福，看到不虔诚者大量拥有这种幸福就感到困惑。由于这个原因，同一位先知区别了只赐予善人的新约的永久幸福以及也经常赐给恶人的旧约的世俗的幸福。他说："主说，你们用话顶撞我。你们还说，我们用什么话顶撞了你呢？你们说侍奉上帝是徒然的，遵守上帝所吩咐的，在万军之上帝面前苦苦斋戒，有什么益处呢？如今我们称狂傲的人为有福，并且行

---

① 《玛拉基书》2:5以下。
② 《玛拉基书》3:1。
③ 《约翰福音》2:19。

亚的人得建立。他们虽然试探上帝,却得脱离灾难。那时,敬畏上帝的彼此谈论,上帝侧耳而听,且有纪念册在他面前,记录那敬畏上帝、思念他名的人。"①这里"纪念册"的意思是新约。

接下去让我们听听他下面是怎么讲的:"万军之上帝说,在我所定的日子,他们必属我,特特归我。我必怜恤他们,如同人怜恤、服侍自己的儿子。那时你们必归回,将善人和恶人、侍奉上帝的和不侍奉上帝的分别出来。万军之上帝说,那日临近,势如烧着的火炉,凡狂傲的和行恶的必如碎秸,在那日必被烧尽,根本枝条一无存留。但向你们敬畏我名的人必有公义的日头出现,共光线有医治之能。你们必出来跳跃如圈里的肥犊。你们必践踏恶人,在我所定的日子,他们必如灰尘在你们脚掌之下。这是万军之上帝说的。"②这段话里讲的日子就是审判之日,关于这一点,要是上帝愿意的话,我们将在恰当之处更将充分地谈论。

章36　以斯拉与马加比传

在哈该、撒迦利亚、玛拉基三位先知之后,在犹太人从巴比伦的奴役下解放出来的同一时期,以斯拉也写了预言。他被人们认为更是一位历史学家,而非一位先知,对以斯帖来说也一样,他的著作赞颂上帝,描写了与这一时期相距不远的一些事件。但是当一些年轻人在争执世上什么事情最伟大的时候,可以认为以斯拉预言了基督。③ 第一位年轻人说是"国王",第二位说是"酒",第三位说是"女人",因为在大部分情况下女人支配国王。但这第三位年轻人也证明真理是一切事物中最伟大的,如果我们看一下福音书,我们知道基督就是真理。④

重建圣殿以后,统治犹太人的不是国王,而是王子,一直到阿里斯托布罗时代。圣经正典中没有记载他们的年代,但在《马加比传》中有记载。这些书卷不是被犹太人而是被教会接受为正典,因为这些书中记载

---

① 《玛拉基书》3:13 以下。

② 《玛拉基书》3:17—4:3。

③ 参阅圣经后典《以斯拉上》3:1 以下;4:1。

④ 参阅《约翰福音》14:16。

了肉身的基督到来之前有某些殉道士承受巨大的痛苦,为了捍卫上帝的律法而英勇斗争,不怕牺牲,在最邪恶、最凶狠的酷刑前坚定不移。

章37　早于外邦哲学的先知记载

在我们的先知时代——他们的著作几乎已经被所有国家关注——外邦人的哲学家还没有开始实践,尽管他们后来变得如此显赫。确实,最先被称作哲学家的萨摩斯的毕泰戈拉开始出名的时间是犹太人被掳结束的时候,后来的哲学家更是如此。苏格拉底是雅典人,他是当时名声最显赫的人士中的佼佼者,在那个被称作道德哲学或实践哲学的部门中拥有最高地位,在《编年史》中可以看到他在以斯拉之后。此后不久,柏拉图诞生了,他超过了苏格拉底其他所有学生。如果我们加上较早的一些还没有被称作哲学家的思想家——亦即"七贤",还有在他们之后出现的自然哲学家,他们继承泰勒斯,模仿他热心地研究自然事物,如阿那克西曼德、阿那克西美尼、阿那克萨戈拉,以及在最先自称哲学家的毕泰戈拉之前的许多人——那么一般说来,就时间的先后而言,甚至连这些人也并不早于我们的先知。这些人中间最早的泰勒斯据说是在罗莫洛统治时期出名的,而在这一时期,预言之河从以色列的源泉中流淌出来,包含着这些预言的圣经传向整个世界。因此,只有那些"神学"诗人,奥菲斯、利努斯、穆赛乌斯,以及其他一些希腊人,在时间上早于其著作被我们视为权威的希伯来先知。

但即使这些诗人在时间上也不早于摩西,他是我们上帝的真正学生,他真实地宣扬了唯一真神,他的著作现在列在我们的权威正典的首篇。由于这个原因,对希腊人而言,尽管他们的文字语言在这个世界上产生着最大的影响,但他们没有理由自夸他们的智慧,甚至不能自夸优于我们的宗教,而在我们的宗教中有着真正的智慧,而且不管怎么说更加古老。但是必须承认,在摩西之前——确实不是在希腊人中,而是在像埃及这样的野蛮民族中——有某种学问可以称作他们的"智慧"。否则圣经中就不会写着"摩西学了埃及人一切的学问",[①]确实如此,他生在埃及,由法老

---

① 《使徒行传》7:22。

的女儿认养,也接受了那里的普通教育。① 但即使埃及人的智慧在时间上也不会早于我们的先知的智慧,因为亚伯拉罕本人也是一位先知。还有,在伊希斯教埃及人书写技艺,因而在死后被当作伟大的女神来崇拜之前,埃及能有什么样的智慧呢? 据说伊希斯是伊那科斯之女,在伊那科斯开始统治阿耳戈斯的时候,我们看到,此时亚伯拉罕的孙子已经出生了。

章38 教会正典不接受某些作品,因为它们的年代太久远,担心其中会嵌入某些虚假的内容

如果我可以回顾更加远古的时代,那么我们的族祖挪亚肯定生活在大洪水之前。我可以正确地称他为先知,因为他建造方舟以及他和家人在其中避难就是我们这个时代的一个预言。② 还有,亚当的七世孙以挪在使徒犹滴的正典书信中不是被称作先知吗?③ 但由于他们实在是太久远了,这些人的作品没有被犹太人或我们当作权威来接受,由于担心其中会嵌入错误的内容而对它们抱存疑态度是适当的。有些人确实按照他们自己的倾向把这些作品当作真作,无歧视地相信其中的内容。但是正典的纯洁性不能承认这些著作,这样做不是因为这些令上帝喜悦的作者的权威性受到排斥,而是由于这些作品不一定是他们的。我们确实不能因为这些作品有一个如此古老作者的名字就加以怀疑。因为在犹大和以色列的列王的历史中,本着圣经正典的权威性,我们相信其中的内容是历史事实,但那里提到的许多事情都没有详细的解释。而在先知写的其他著作中可以找到的一些事情,在有些情况下这些先知的名字并没有略去,但上帝的子民接受的正典并没有纳入这些书。我承认,这种省略的原因是我所不知的,除了我猜测,即使是揭示了这些事情的、必须被圣经当作宗教权威的人,也会在两种情况下写作,有时候作为一个凡人记载历史,有

---

① 参阅《出埃及记》2:5。
② 参阅《希伯来书》11:7;《彼得前书》3:20。
③ 《犹滴传》14。

时候作为受上帝感动的先知。这两类作品有明显区别，可以恰当地判明第一类属于作者自己，而另一类可以视为上帝在通过他们讲话。因此第一类作品必须建立知识，而另一类必定与宗教权威有关。作为这种权威的外衣，正典必须加以精心保护。但在正典之外，尽管有些作品置于真正的先知名下，但它们对于增添我们的知识来说没有价值，因为它们到底是不是这些先知的真作是不确定的。这就是人们不能相信它们的原因，尤其当有些著作确实与正典所述的信仰有对立冲突之处时，在这种情况下马上就可断定它们不是真作。

章39　关于希伯来语始终具有书写字母

有些人假设希伯来语在希伯那里——"希伯来"一词就是由他的名字而来——仅仅是一种口头语言，从希伯开始一直传到亚伯拉罕，而作为书面语言的希伯来语则始于摩西得到的律法，但这种观点不可信。与此相反，我们宁可相信一代又一代的族长们培育了这种书面语言及文字。摩西确实曾经在民众知道书面的神的律法之前，在民众中指定一些人教其他人识字。[①] 这些人在希腊文圣经七十子本中称作"grammatoeisagogoi"（语法教师），而在拉丁文中他们可以称作"inducers"（引导员），或字母的"introducers"（引入者），因为他们在某种意义上把字母引进他们的学生的心灵，或者倒不如说他们教其他人识字。

因此在古代智慧方面，任何民族都不要徒劳地认为自己民族的智慧早于我们的族长和先知，他们身上有神的智慧居住。甚至连埃及也不能虚假而又愚蠢地炫耀，说她的某种智慧在时间上先于我们的族长。确实无人敢说埃及人的各项成就在他们学会字母之前就已经取得，也就是说在伊希斯教他们识字之前。至于他们那些被称作智慧的、值得纪念的学问主要由天文学和其他一些学科组成，这些学问都是工具性的，而非用真正的智慧启迪人的心智。

就声称可以使人幸福的哲学来说，她大约在墨丘利时代在那些岛屿

---

① 参阅《出埃及记》18：21，希腊文圣经七十子本。

上产生,这位墨丘利被称作特利斯买吉特,①他尽管远远早于希腊七贤或哲学家,但无论如何却晚于亚伯拉罕、以撒、雅各、约瑟,而且也确实晚于摩西本人。因为我们发现,摩西诞生在那位伟大的星相家阿特拉斯生活的年代,阿特拉斯是普罗米修斯的兄弟,是老墨丘利的祖父,我们说的这位墨丘利·特利斯买吉特是这位老墨丘利的孙子。

章40 说埃及人的智慧有100000年的历史,这是一种空洞的谎言

因此,有些人极为愚蠢地提出最空洞的假设,说埃及人懂得星辰类型的时间超过100000年,这完全是徒劳的。因为在埃及人向他们的老师伊希斯学会书写的技艺之前,他们从什么书中能够收集到这么多信息,而伊希斯距今不超过2000年?这是瓦罗告诉我们的,而他无疑是历史领域的权威;更重要的是,他的说法与圣经的真理并无分歧。自从那个被称作亚当的第一个人被造以来,还不到6000年,如果有人努力劝说我们接受这样一个与通过考察得来的确定的真理极不相同的时间,那么他们受到的是嘲笑,而非驳斥,难道不是这样吗?我们对以往某位较好的编年史家的依赖,怎么能够超过对也能预见我们现在亲眼所见的事情的那一位的依赖呢?历史学家中也有非常不同的看法,这就给我们提供了一个例证,表明我们要相信其解释并没有离我们所拥有的神圣真理的那一位的说法。还有,亵渎之城的公民们散布到全地,阅读那些大学问家写的书,看不出有任何理由要谴责他们中某一位的权威性,然而这样的权威在处理距今十分遥远的事件时的看法互不相同,他们无法发现必须相信哪一种说法。另一方面,我们坚信属于我们宗教的神圣权威。因此我们相信,任何与之不符的事情都是完全虚假的,而无论世俗的文献其他还说了些什么。这样的文献,无论是真还是假,对我们公义和幸福的生活都没有提供什么帮助。

---

① 墨丘利就是希腊人的赫耳墨斯,古代的神秘主义文献有一些署名赫耳墨斯·特利斯买吉特(Hermes Trismegistus)。

章41　哲学观点的分歧与教会正典的和谐

　　现在让我们把历史知识放在一边，来谈谈哲学家本身。我们之所以要偏离正题提到他们，是为了讨论我们上面处理的问题。在努力进行探索的时候，除了发现应当如何指引我们的生活达到幸福的境地，这些哲学家似乎并不具有其他任何目标。那么这些学生怎么会与他们的老师意见不一，学生相互之间的意见也不一呢？这不就是因为他们在探索中作为凡人仅仅依靠人的感觉和理性吗？当然了，他们可能也受到获取荣耀的欲望的推动，每个人都期待自己比其他人更聪明、更敏锐，不只是依靠其他人的智慧，而宁可成为某种学说的发现者，或者提出他自己的意见。另一方面，我承认有不少哲学家，甚至可以说大部分哲学家，由于热爱真理，也为了找到他们认为是真理的东西，而与他们的老师或同学决裂。但在任何情况下，如果没有神圣权威的引导，不幸的人类应当朝什么方向或以什么方式寻求幸福，又能有什么差别呢？然而，对我们自己的作者来说，上帝禁止他们以任何方式各执己见！其作品被确定为圣经正典的这些作家，人们正确地相信当他们写下这些著作的时候，上帝本身在对他们说话，或者通过他们说话。这些著作不是由一些在学校和体育场里愚蠢地进行争论的唠叨不休的人来确定为正确的，而是由大量的、乡村的和城镇的、有学问的和无学问的人确定为正典。作者本身在数量上应当是少数，免得我们宗教中的这些极为珍贵的作品被大众弄得太普通，然而这些作者所表现出来的惊人的一致性不在少数，这没有什么值得惊讶。在通过努力写作而在身后留下自己学说的大量哲学家中，有谁能轻易地发现某个学派的成员在信仰的各个方面都一致？但要在当前这本书中说明这种现象那就太冗长了。

　　然而，有哪个派别的哲学家在这个崇拜精灵的城市中得到认可，而其他观点与他不同，或持反对意见的哲学家没有得到认可？雅典人不是有两个繁荣的学派吗？一个是断言诸神对人间事务不感兴趣的伊壁鸠鲁学派，另一个是持有相反观点的斯多亚学派，他们争论说诸神统治和保护人间事务，诸神是人类的帮助者和庇护者。还有，使我感到惊讶的是阿那克萨戈拉被发现有罪，因为他说太阳是一块炽热的石头，否认太阳是神①；因为也是在这个城邦里，伊壁鸠鲁平安地生活，享有荣耀，尽管他不仅否认太阳或其他星辰是神，而且也否认朱庇特和其他任何神祇居住在这个世界上，人们通过祈祷和求援就能找到神。阿里斯提波和安提斯泰尼这两位著名哲学家不也住在雅典吗？他们都是苏格拉底的追随者，但各自的生活最高目标很不相同，甚至相互对立，前者把身体的快乐当作最高的善，而后者断言人的幸福主要依靠心灵的美德。一个还说人应当远离政治，而另一个则说参加国家的管理是聪明人的职责。而他们不都拥有大批学生吗？哲学家们确实各持己见，在那远近著名的柱廊、体育场、花园，在公开场合和私人家中争吵不休。有些断言只有一个世界，有些则说有无数个世界；有些认为这个世界有产生，有些认为这个世界没有开端；有些认为这个世界将会毁灭，有些认为这个世界将会永存；有些认为这个世界受神的心灵的指引，有些认为这个世界受运气和偶然性的支配。有些认为灵魂是不朽的，有些认为灵魂是有朽的；在认为灵魂不朽的人中间，有些认为灵魂会进入动物身体，有些则说这决不可能；在那些认为灵魂可朽的人中间，有些认为身体死后灵魂就会死亡，有些相信灵魂还会继续活着，时间或长或短，但不会永远活着。有些把身体当作终极之善，有些把心灵当作终极之善，有些把二者都当作终极之善，还有一些则在心灵和身体之外再加上外在的善。有些认为我们应当始终依靠身体的感觉，而有些则说我们不应当始终这样做，还有些认为我们决不要这样做。哲学家中存在着这样的分歧意见，几乎多得不可胜数。但在这个亵渎的城中，有什么人、议员、权柄、公共机构曾担负起判明这些不同意见的责任，宣布哪些观点可以接受，哪些观点应当清除和谴责？正好相反，这座城不是把所有不同的意见都随意混合在一起，不加区别地一视同仁吗？这些不同意见涉及的不是土地、房屋、钱财，而是与我们生活的不幸或幸福有关的事情。

尽管哲学家说的话有些是真的，但他们也同样允许说假话，所以这个属地之城得到"巴比伦"这个象征性的名称并非徒劳，因为我们已经说

---

① 参阅第欧根尼·拉尔修：《著名哲学家的生平和著作》，卷 2，节 8。

过，巴比伦的意思是"变乱"。但是对于这座城的统治者魔鬼来说，哲学家们无论如何就他们相互对立的谬误争吵不休都没有什么关系，因为他们全都已经在魔鬼的掌控之中，他们的不虔诚是巨大的、多方面的。

与此相反，得到上帝话语托付的这个国家、民族、城市、共同体，也就是这些以色列人，肯定不会混淆得到相同许可的假先知与真先知。倒不如说，这些相互一致、没有任何分歧的先知被视为和接受为圣经的真正作者。他们就是这个民族的哲学家，也就是智慧的热爱者，是这个民族的贤人、神学家、先知，是这个民族正直和虔诚的教师。无论谁相信他们的教导，都不会按照人生活，而会按照上帝生活，上帝通过这些人讲话。如果亵渎在他们的著作中受到禁止，那么禁止亵渎的是上帝。如果说要荣耀你的父亲和母亲，那么是上帝在吩咐你这样做。如果说不可犯奸淫，不能杀人，不能偷盗，以及不能做其他类似的事情，那么这些诫命不是由人的嘴说出来的，而是由上帝的神谕说出来的。某些哲学家确实能在他们大量的错误意见中得到某些真理，他们努力讨论并说服别人，这个世界是上帝创造的，上帝用他最仁慈的旨意指引着这个世界。他们谈论品德高尚、热爱祖国、对朋友忠诚、努力工作，以及其他所有与高尚道德相关的事情。然而他们不知道做这些事情的目的，不知道为什么要这样做，不知道判断这些事情的标准。然而在我们这座城里，先知的预言——也就是通过人说出来的神的话语——把这些事情告诉了人民，他们不会由于争论和争吵而不知所措。这样一来，人们就可以知道他们要担心的不是轻视人的聪明能干，而是轻视上帝的话语。

章42　按照上帝的旨意，旧约圣经从希伯来文译成希腊文，使万国皆知

甚至有一位埃及国王托勒密也希望知道和拥有这些神圣的著作。马其顿的亚历山大，也称作亚历山大大帝，在很短的时间内得到一个巨大的帝国。他征服了整个亚细亚，也几乎征服了全世界，部分靠的是武力，部分靠的是恐吓。在东方的其他土地中，他进入了犹大地，占领了它。然而在他死后，他的部将们不能和平地划分这个巨大的王国，而都想独自拥有它。他们宁可用战争来割裂它，让它整个儿地毁灭。托勒密家族开始成

为埃及的国王,他们中的第一位,拉古斯之子,从犹大地把许多战俘送往埃及。然而他的继承人,另一位托勒密,名叫菲拉德福,①允许他的前任掳来的所有囚犯作为自由人返回故土。还有,他派遣使者带上王家礼物前往上帝的圣殿,恳求大祭司以利亚撒给他一套圣经,因为他听说这些经文是神圣的,他想要一套,放在他建立的最高贵的图书馆里。这位大祭司给了他一套希伯来文的圣经,然后他就要一些翻译。他得到了七十二位,十二个支派各派六位,都是精通两种语言的饱学之士,这两种语言就是希腊文和希伯来文。他们的译本习惯上称作希腊文圣经七十子本。他们的译本完全一样,实在令人惊讶,这肯定是神的作为。因为他们分别进行同一工作——托勒密喜欢这样做,以检验他们的翻译能力——但他们的译文分毫不差,不仅没有出现用同义词表达相同意思的情况,甚至连词序也没有差别。这样的高度一致就好像只有一位译者似的,这确实是一位圣灵降临在他们所有人身上。上帝使他们的工作具有如此高度的准确性,因此圣经七十子本不可视为凡人的工作,而应视为上帝的工作,赐给那些相信基督的外邦人。我们看到,这一目的现在已经实现了。

章43 希腊文圣经七十子本的权威性,除了希伯来圣经原文,它优于其他一切译本

当然,还有其他一些翻译者把这些神圣的话语从希伯来文译成希腊文,例如阿揆拉、绪玛库斯、塞奥多提翁。还有一个译本我们不知道译者的名字,引用的时候被称作“第五版”。然而,教会接受的唯一版本是七十子本,就好像只有这一个译本似的。讲希腊语的基督徒使用它,大部分人不知道还有别的译本。依据七十子本翻译拉丁文圣经的工作也已经做了,这是讲拉丁文的教会支持的。还有,我们的时代有了长老杰罗姆,他极为博学,精通三种语言,他把圣经译成拉丁文,不是从希腊文,而是从希伯来文翻译。

现在犹太人承认杰罗姆的译文的准确性,而指责七十子本的译者有

---

① Ptolemy Philadelphus,即托勒密二世。

许多地方搞错了。然而,基督教会的判断是,这样一项重大的工作由大祭司以利亚撒挑选这么多人来完成,不应当怀疑它的权威性而去相信其他人的译本。即使它有些地方不够清晰,但一位圣灵无疑临在所有译者;即使七十位学者像人们通常所做的那样相互比照译文,但只有他们全都赞同的译法才会令他们喜悦;认为其他译本的可信度超过他们的译本是不恰当的。由于他们的作品显然具有神圣的象征,所以无论把希伯来圣经译成什么文字都必须与七十子本一致。或者说,如果有人不同意这种看法,那么我们必须相信预言的含义在七十子本中得到了最高的表达。因为临在于讲预言的先知的圣灵也临在于翻译预言的七十位学者,圣灵也会以神圣的权威讲其他事情,就像先知一样,因为讲这两种事情的圣灵是同一圣灵。圣灵也会以不同方式讲同一件事,所以即使用语不一,相同的意思仍旧能够启发能正确理解它们的人。圣灵也会省略或添加,以这种方式表明翻译工作的完成不是依靠凡人对语词的费力的解释,而是依靠上帝的权能充满和指引译者的心灵。

然而有不少学者认为希腊文圣经七十子本需要对照希伯来文本进行修正。但他们不敢去掉那些希伯来文本没有的内容。他们只是加上那些在希伯来文本中有,而在七十子本中没有的内容,并在句子开头加上星号表示这种添加。与此相同,那些在希伯来文本中没有,而在七十子本中有的内容则在句首加上横线,就好像我们用来表示盎司的符号一样。许多拉丁译本也有这些符号,这样的译本广为流传。①

然而,不比较希伯来文本和希腊文本,我们就不能确定这些段落有无增减,有无不同表达法,也不能确定这些段落尽管与原文并不对立,但有无意思上的差别,或者说可以视为意思相同,但表达方式不同。我们应当看到,如果这些圣经中除了上帝之灵通过凡人讲话以外没有别的内容,那么在希伯来文本中有,但在希腊文本中没有的经文就是上帝之灵认为不宜通过翻译者来说、而只能通过先知来说的事情。同理,那些在希腊文本中没有,而在希伯来文本中有的经文就是这位圣灵选择要通过翻译者来

---

①　这样的译本没有保存下来,奥古斯丁是唯一提到有这种译本的人。

说,而不通过先知来说的事情,以此表明前者和后者都是先知。因为,圣灵也以同样的方式,有些事通过以赛亚说,有些事通过耶利米说,还有些事通过其他先知来说,或者说圣灵通过这位或那位先知使同一件事得到不同的表达。还有,在两种文本中都有的内容就是这位圣灵希望通过双方来说的事情,但在这种情况下,先知以预言的方式作前导,译者以先知性的翻译在后跟随。正如圣灵临在众先知,使他们说出完全一致的预言,这位圣灵也临在于七十位翻译者,尽管他们没有相互咨询,但仍旧能够把圣经译得一模一样。

章 44　如何理解尼尼微居民被毁的恐吓,希伯来文圣经中提到的四十天在希腊文圣经七十子本中被减为三天

但有些人会说:"我该如何理解先知约拿对尼尼微居民说的话?'再等三日尼尼微必倾覆',还是'再等四十日尼尼微必倾覆'?"①有谁不明白上帝派这位先知去尼尼微城恐吓那里的居民时不会既说三日又说四十日?如果这座城要在第三日毁灭,那就不会在第四十日毁灭;如果是第四十日,那就显然不会是第三日。如果有人问我约拿说的这些事,我会说我们宁可相信希伯来文圣经中读到的"再等四十日尼尼微必倾覆"。然而希腊文七十子本的译者在长期工作以后能够说出别的事情来,这些事情是相关的,表达的意思完全相同,但有另外一种象征意义。这是为了告诫读者不要低估圣经的权威,而要超越历史的层面,寻求历史性的叙述所要表达的意义。这些事情在尼尼微城确实没有发生,但超越这座城的范围,有着另一种意思。以同样的方式,这位先知本人确实在鲸鱼腹中待了三日,但这件事本身也象征着其他事情,即所有先知的主要在地狱的深渊中待三日。因此,如果尼尼微城可以正确地理解为预言性地表示外邦人的教会的"倾覆"——通过苦难——也就是说不再是她原先那个样子,那么由于这件事是基督在用尼尼微作象征的外邦人的教会中所为,那么四十日和三日象征的都是基督本身。用四十日来象征基督,因为基督复活之

---

① 《约拿书》3:4,希伯来文本中说的是四十日,七十子本中说的是三日。

后与门徒在一起度过四十日,然后升天;用三日来象征基督,因为他在第三日复活。那七十位译者似乎在唤醒那些执著于历史事实的读者,要读者们深入研究预言。他们就好像是在说:"你们在基督那里找到了四十日,也就能找到三日。你们会发现前者指他的升天,后者指他的复活。"就这样,这两个数字所表达的意思都是最恰当的,一个通过先知约拿之口说出,一个通过七十位译者的预言说出,然而真正说话的是同一位圣灵。然而我希望能避免用大量的篇幅处理这个问题,所以我不再用指出其他许多例证的方法来证明七十子本的翻译契合希伯来文本的真理,只要能够正确的理解,二者是完全和谐的。因此我甚至可以追随使徒的脚步,因为他们也从两种文本中引用证言,也就是说既引用希伯来文本,又引用七十子本。我认为把两种版本都当作权威是正确的,因为二者为一,都是神圣的。但现在还是让我们继续尽力完成剩余的任务。

章45　重建圣殿以后犹太人不再有先知,从那时起到基督诞生为止犹太人不断受到伤害,先知的声音表明已经应许了建立另一座圣殿

犹太人开始没有先知以后,他们的处境无疑每况愈下,而在这种时候,他们希望能够通过结束在巴比伦为奴以后重建圣殿来改善处境。这确实是这些属肉身的人对先知哈该所作预言的理解。他说:"这殿后来的荣耀必大于先前的荣耀。"①但他在稍微前面一点的地方所说的话清楚地表明这句话指的是新约,他提到的是对基督的应许,"我必震动万国,万国所羡慕的必来到。"②七十子本的译者提供了这句话的另一种意思,这种意思更适用于身体而不是头脑,也就是说更适用于教会,而不适用于基督。因为他们说:"主从万国选来的事物必来到",这里的"事物"指的是"人",而对这些人耶稣本人说过,"被召的人多,选上的人少。"③因为用万国选来的这些人,用这些"活石"④,通过新约建造上帝之家,这座圣

---

① 《哈该书》2:9。
② 《哈该书》2:7。
③ 《马太福音》22:14。
④ 《彼得前书》2:5。

殿比所罗门建造并在被掳后重建的圣殿更加辉煌。由于这个原因——也就是说他们因此不能假设哈该的预言应验在重建圣殿上——犹太民族从那以后不再有先知,许多外国的国王,还有罗马人,给他们带来了许多灾难。

确实,不久以后,亚历山大来了,这个民族再次被征服。这一次他们没有遭到毁灭,因为他们没敢反抗,很轻易就归顺了,和平地接受了亚历山大。但是以色列之家也就不如在他们自己的国王统治下那么荣耀了。亚历山大确实在圣殿进行过献祭,①但他这样做并非因为真心皈依上帝,而是因为他亵渎地认为可以在崇拜其他伪神的同时一道崇拜上帝。亚历山大死后,我已经提到过的拉古斯之子托勒密把犹太俘虏送往埃及。他的继承人托勒密·菲拉德福表现出极大的仁慈,允许他们返回故土;也由于他,我在前面讲过,我们有了希腊文圣经七十子本。犹太人当时在战争中精疲力竭,这是《马加比传》中描述的。后来,他们被亚历山大里亚的国王托勒密·爱庇芳尼②俘虏。其后,叙利亚国王安提奥库斯用各种邪恶的酷刑逼迫犹太人崇拜偶像,圣殿中充满了各种亵渎的行为和外邦人的迷信。但是犹大·马加比,最勇敢的犹太百夫长,反抗安提奥库斯的武力,清除了圣殿中所有的偶像崇拜的污秽。③

然而,不久以后,有个名叫阿尔西姆斯的人通过阴谋成了大祭司,尽管这是不合法的,因为他并不是祭司支派的成员。这段时间几乎延续了十五年,尽管犹太人在某些方面过得还不错,但他们知道没有和平。在那以后,阿里斯托布罗是犹太人中第一个攫取王冠的人,他既是国王,又是大祭司。在这个时期,在他们从巴比伦回归故土、重建圣殿以后,犹太人没有国王,而只有军队首长或头领。当然了,国王也可以称作领袖,因为他领导着整个政权,他也可以称作军队首长,因为他指挥着军队。但我们无法从中推论军队首长或指挥官也可以称作国王,像阿里斯托布罗一样。

---

① 　参阅约瑟福斯:《犹太人古史》,卷11,章8,节5。
② 　Ptolemy Epiphanes,即托勒密五世。
③ 　参阅《马加比传下》10:1以下;约瑟福斯:《犹太人古史》,卷12,章7,节1以下。

　　他的后任是亚历山大,也和他一样既是国王又是大祭司,据说亚历山大残忍地统治他的国民。继他之后,他的妻子亚历山德拉成了犹太人的女王。从她那个时候起,犹太人仍旧受到更加悲惨的苦难。确实,亚历山德拉的儿子,阿里斯托布罗①和叙尔卡努斯,争夺王位,借助罗马的力量镇压以色列民众,因为叙尔卡努斯寻求罗马人的帮助来反对他的兄弟。这个时候,罗马已经征服了亚菲利加和希腊,也在这个世界的其他部分指挥着一个庞大的帝国。她就好像还不能强到支撑她自己的体重,因其自身的庞大而会骨折。事实上,她已经开始了内部的巨大纷争,经历了统一战争和内战,这些战争使她精疲力竭,从一个共和国转变成一个君主制的国家此时已经非常明显了。这就是当时的形势,庞培,这位罗马人最杰出的统帅,率领大军进入犹大地,占领了这座城。他打开了圣殿的大门而没有任何祭献,凭的是胜利者的权力,他不是作为一名崇拜者,而是作为一名渎神者进入至圣所,而这个地方只有大祭司才能进入。在确认叙尔卡努斯为大祭司,并任命安蒂帕特为这个被征服民族的看管人(他们称之为行省总督)以后,庞培把阿里斯托布罗作为囚犯带走。从那以后犹太人也成了罗马人的贡臣。再往后,卡西乌斯(Cassius)②甚至抢劫了圣殿。再过了几年,犹太人有了一个外国人希律做他们的国王,这是犹太人罪有应得,在希律王统治时期,基督诞生了。因为这个时候预言之灵通过族祖雅各之口指出的时间已经到了。他说:"圭必不离犹大,杖必不离他两脚之间,直等细罗来到,万民都必归顺。"③确实,到希律为王的时候,犹太人一直不缺犹太人为王,而希律则是第一个出身于外族的人被他们接受为王的。因此,这是基督应当到来的时候,他是新约之下得应许的,他应当得到异邦人的期待。然而,异邦人若不是在他来到这个世上耐心承受卑微的审判时先相信他,他们就不可能期待他的到来,以及他以宏大的权能进行审判。

---

① 阿里斯托布罗二世。
② 实际上是克拉苏(Crassus)。
③ 《创世记》49:10。

章46 我们的救世主的诞生，道成肉身，①犹太人像预言所说的那样散居各国

当希律统治犹大地的时候，形势发生了变化，恺撒·奥古斯都成了皇帝，给全世界带来和平，基督按照很久以前作出的预言，诞生在犹大的伯利恒。② 他首先向我们显身为凡人，由童女而生，而他的来自天父的神性则隐藏着。这就是先知所预言的："主自己要给你们一个兆头，必有童女怀孕生子，给他起名叫以马内利，就是神与我们同在的意思。"③然后为了告诉我们他确实是神，基督施行了许多神迹，福音书中包含了许多神迹足以传扬他。他的诞生就是第一个大奇迹，而他的身体死后复活升天则是最后一个奇迹。但是杀害基督的犹太人不会相信他，也不相信他会死后复活，他们在罗马人手中受到更加不幸的毁灭，他们的王国被连根拔起，而在这个王国中他们已经处在外国人的统治之下。他们散布到全世界（犹太人确实无处不在），所以，按照他们自己的圣经，他们为我们作了见证，因为我们并没有虚构关于基督的预言。确实有许多犹太人在基督受难以前就思考这些预言，而在他复活之后就相信了他。对这些犹太人有预言说："以色列啊，你的百姓虽多如海沙，唯有剩下的归回。"④而其他犹太人则是盲目的，有预言说到他们，"愿他们的筵席在他们面前变成网罗，在他们平安的时候变为机槛。愿他们的眼睛昏蒙，不得看见；愿你使他们的腰常常战抖。"⑤因此，当犹太人不相信我们的圣经的时候，他们自己的圣经应验在他们身上，因为他们用昏蒙的眼睛阅读圣经。当然，有些人会说，基督徒虚构了关于基督的预言，以西彼拉的名义发表，还有归于其他人的诸如此类的预言，要是有的话，但这些预言并非从犹太人中产生。然而，对我们来说，这些产生于我们对手的书中的预言已经足够了，因为我们知道，依据他们拥有和保存在这些书中的证言，哪怕不情愿，他

---

① 《约翰福音》1:14。

② 《弥迦书》5:2。

③ 《以赛亚书》7:14。

④ 《以赛亚书》10:22。

⑤ 《诗篇》69:22 以下。

们也已经散居到各国,而基督的教会也在各国传播。

　　确实,关于这种散居的预言很早以前在《诗篇》中就已经有了,而他们也已经读到过了。经上写道:"我的主要以慈爱迎接我,要叫我看见我仇敌遭报。你不杀他们,恐怕他们忘记你的律法,用你的能力使他们四散。"①因此上帝已经在教会的敌人犹太人身上显示了对教会的仁慈,因为如使徒所说,"因他们的过失,救恩便临到外邦人。"②这就是上帝不杀他们的原因,也就是说尽管犹太人被罗马人征服和压迫,但他们并没有完全灭绝,免得他们忘了上帝的律法,不能为我们现在讲的事情作见证。因此,如果不加上"使他们四散",那么诗篇作者光是说"你不杀他们,恐怕他们忘记你的律法"是不够的。但若圣经的证言仅仅存在于犹太人自己的土地上,而不存在于各地,那么遍布四方的教会就显然不会为这些很久以前作出的关于基督的预言作见证。

章47　基督的时代之前,在以色列人以外有无属天之城的团契的成员

　　按照同样的道理,如果我们现在或将来知道有任何陌生人——亦即不是出生在以色列之家,也没有被这个民族纳入圣典的人——写过关于基督的预言,我们可以引用他们的话作为附加的证言。这样的证言对我们来说不是必需的,但若它是我们缺少的,那我们就不要加以忽略。但我们相信,其他民族也和犹太人一样,会有一些人得到这个奥秘的启示,并受到感动而宣扬基督,这种信念并非不可接受。他们可以享有上帝同样的仁慈,或者说他们也有可能受到恶鬼的教唆,我们知道这些恶鬼在基督出现时认出基督来,而犹太人却不认识他。③　我也不认为连犹太人也会宣扬基督,自从以色列的长兄被排除以后,除了以色列民族,没有一个民族曾属于上帝。确实,没有其他民族可以称作上帝的子民,但犹太人无论如何不能否认,在其他民族中也有某些人属于真正的以色列人,这样说不

---

① 《诗篇》59:10 以下。

② 《罗马书》11:11。

③ 参阅《马太福音》8:29;《马可福音》1:24;《路加福音》4:34。

是依据属地的团契,而是依据属天的团契,他们是超自然的国度的公民。如果他们不否认这一点,那么用圣洁而又神奇的约伯为例可以很容易证明他们错了。因为约伯从出生来讲不是以色列人,也不是改宗者,亦即皈依以色列民族的人。他的祖先可以追溯到以东的种族,他出生在那里,也死在那里。然而在神圣的话语中他得到高度赞扬,在那个时代没有人可以在公义与虔诚上与他相比。尽管我们在《编年史》中没有发现他的年代,但他的书由于自身的重要性而被以色列人接受为权威正典,从他的书中我们可以看出他属于以色列之后的第三代。我不怀疑这是由于上帝旨意的特许,而从这个人身上我们应当知道,其他民族中也有人按照上帝生活,令上帝喜悦,他们属于灵性的耶路撒冷。然而不可相信这种特许会赐予任何人,除非他得到上帝的启示,"在上帝和人中间,只有一位中保,乃是降世为人的基督耶稣。"①基督将要降世为人这件事已经预言给古代的圣徒,就好像基督降临这件事已经对我们做了宣告,这样,通过基督,这种信心可以引导所有预定为上帝之城公民的人趋向上帝,上帝之城是上帝之家和上帝的圣殿。

但从圣经之外的来源产生的显示上帝通过耶稣基督展示恩典的所有预言都会被怀疑为基督徒的伪造。由于这个原因,除了指出写在犹太人圣经中的关于基督的神圣预言,我们没有其他更加确定的方式驳斥那些在这个问题上与我们争辩、认为他们的理解才是正确的外人。正因如此,犹太人为了做见证而被赶出家园,散居到全世界,而基督的教会也在全世界增长。

章48　哈该预言后来的上帝之家比从前的上帝之家更加荣耀,这个预言不是应在重建圣殿这件事情上,而是应在基督的教会

这座上帝之家比前一座用木头、石头和其他珍贵的材料和金属建造的上帝之家更加荣耀。所以哈该的预言②不是应在前一座圣殿的重建

---

① 《提摩太前书》2：5。

② 《哈该书》2：7。

上。因为圣殿重建以后，它没有任何时间拥有它在所罗门时期所拥有的那种荣耀。正好相反，它的荣耀的减弱首先表现在预言的终止，然后表现在巨大的灾难降临这个民族，直至最后的毁灭，这件事在罗马人手中完成，用我们上面描述过的事件可以证明。① 但是我们的上帝之家属于新约，肯定拥有更大的荣耀，建造它的"活石"②更加珍贵，因为它是由那些信基督的人造成的，他们自己也已经被造为新人。然而这座新家在重建圣殿中得到象征，因为重建这座建筑物本身就像预言一样象征着第二个约，被称作新约。因此，当上帝通过我们上面讲的这位先知说："在这地方我必赐平安。"③"地方"这个词是一个符号，依据这个符号我们理解它所表示的事物。所以"在这地方"重建所表示的是基督建立教会。说"在这地方我必赐平安"的意思无非就是"我将把平安赐给'这个地方'这些词所象征的事物。"因为一切有象征意义的事物都可以视为以某种方式作为它们所象征的事情的一部分。例如使徒说"那磐石就是基督"④，因为他所说的磐石肯定象征着基督。因此新约的这座上帝之家的荣耀比从前旧约的上帝之家的荣耀更加伟大，当它被奉献以后，它会显得更加伟大。因为到那时候，"万国所羡慕的必来到"，⑤这是希伯来文圣经中的读法。现在，基督的第一次降世还没有被万国所羡慕。因为他们不知道自己必须羡慕基督，还不相信基督。按照那七十位译者的说法（他们的翻译也具有预言的意义），到那时候，"被主从万国拣选的人也会到来"。实际上，到了那个时候只有被拣选的才会到来，关于他们，使徒说："从创立世界以前，在基督里拣选了我们。"⑥因为这位建造者说过，"因为被召的人多，选上的人少"⑦，他这里说的不就是那些从筵席上被赶出去的人

---

① 参阅本卷章 45。

② 《彼得前书》2:5。

③ 《哈该书》2:9。

④ 《哥林多前书》10:4。

⑤ 《哈该书》2:7。

⑥ 《以弗所书》1:4。

⑦ 《马太福音》22:14。

吗?① 或者说他想要告诉我们,这座上帝之家是用蒙拣选的人建造的,从今以后不用担心毁坏。然而,由于教会也有许多要被簸出去的人,就好像在打谷场上一样,所以这座上帝之家的荣耀还没有显得像将来那样伟大,而到了那个时候,在那里的每个人就会永远在那里了。

章49　教会无限地增长,但在教会中有许多坏人与蒙拣选的人混合在一起

在这个邪恶的世界上,在这些邪恶的日子里,教会正在通过她当前的谦卑来准备她将来的提升。她正在经历恐惧的毒针、悲哀的折磨、劳役的艰辛和诱惑的危险。她只有在盼望中才能欢乐,在她的欢乐圆满的时候。因此,在这个时候,教会里有许多坏人与义人混在一起。他们都好像是被福音之网聚拢到一起来的。在这个世界上,像在大海中一样,好人与坏人都被网聚拢在一起,直到被拉上岸。② 然而,到了那个时候,恶人会与义人分别开来,就像在上帝的圣殿中一样,"上帝为万物之主。"③我们确实知道他的道现在已经应验了,他在诗篇中说:"我已经陈明,其事不可胜数。"④自从他陈明以来,这件事已经发生了,他首先通过他的先驱约翰之口,然后通过他自己的嘴说:"天国近了,你们应当悔改!"⑤

基督拣选了他的门徒,他也称他们为使徒。他们出生卑贱,默默无闻,没有文化,所以,如果说在他们身上或在他们的行为中有什么伟大之处,就应当归于基督本身,基督临在他们,是基督在起作用。他的门徒中有一个恶人,但基督恶人善用,用他们来完成他的受难,并且给他的教会树立了一个宽容恶人的榜样。在通过他的身体的临在传播神圣的福音以后,他受苦、死亡,然后复活,他的受难告诉我们必须寻求真理,他的复活告诉我们必须盼望永恒,更不必说他流血为我们赎罪这个深刻的奥秘了。

---

① 参阅《马太福音》22:14。
② 参阅《马太福音》13:47 以下。
③ 《哥林多前书》15:28。
④ 《诗篇》40:5。
⑤ 《马太福音》3:2,4:17。

然后他在这个世界上与他的门徒一起度过四十日，他们看着他升天。后来，过了十天以后，像他所应许的那样，他派来了圣灵。这位圣灵来到他的信徒中间，这件事最大的、最令人惊奇的征兆就是他们每个人都能说别国的话。这种方式表明大公教会的统一将会在万国应验，教会将说各种语言。

章50　福音的传播，传道人所受的苦难使得传福音更加出名和伟大

然后就是"训诲必出于赐安，上帝的言语必出于耶路撒冷"①这条预言的应验，还有主基督在他复活以后亲自所作的预言。对此他的门徒非常惊讶，"耶稣开他们的心窍，使他们能明白圣经。又对他们说，照经上所写的，基督必受害，第三日从死里得活，并且人要奉他的名传悔改、赦罪的道，从耶路撒冷起直传到万邦。"②还有，当门徒们问他何时再临时，他回答说："父凭着自己的权柄所定的时候、日期，不是你们可以知道的。但圣灵降在你们身上，你们就必得着能力；并要在耶路撒冷、犹太全地和撒玛利亚，直到地极，作我的见证。"③

教会首先从耶路撒冷向外扩展，犹大地和撒玛利亚的许多人相信了，基督本人亲自准备的那些传福音的人就好像明灯，把福音送往许多国家，因为基督用他的话语修剪他们，用圣灵点燃他们的热情。基督对他们说过："那杀身体不能杀灵魂的，不要怕他们；唯有能把身体和灵魂都灭在地狱里的，正要怕他。"④这样，他们就不会由于害怕而呆滞，而会在仁爱中充满热情。最后，福音传播到全世界，不仅依靠那些在基督受难之前和复活之后亲眼看到基督和听到他讲话的那些人，而且也依靠他们的后继者。他们处在恐怖的迫害之中，许多殉道士受酷刑和死亡。上帝用征兆、显现和权柄的隐秘运作，用圣灵的馈赠，使外邦人相信基督是为了救赎他们而被钉十字架的，使他们用基督徒的爱去敬重那些被魔鬼愤怒杀害的

---

① 《以赛亚书》2：3。

② 《路加福音》24：45 以下。

③ 《使徒行传》1：7以下。

④ 《马太福音》10：28。

殉道士的鲜血,使那些立下法律取消教会的国王可以变成他们残忍地想
要从大地上消灭掉的这个名字的臣子,可以开始逼迫伪神,由于它们的缘
故,真神的崇拜者才受到迫害。

章51   大公教的信仰确实可以由于异端的分裂而得到加强

但是看到精灵的庙宇被废弃,人们都急于拥抱这位拯救我们的中保
的名字,于是魔鬼就挑起异端。他们尽管自称基督徒,但却反对基督的教
导。就好比可以不加歧视地把这些人包含在没有矫正过的上帝之城中一
样,变乱之城也可以不加区别地包含那些各执己见、自相矛盾的哲学家。
因此在基督的教会中有些人嗜好某些病态的、堕落的学说,通过矫正这些
人才会嗜好完善和正确的学说。他们拒绝修正他们那些瘟疫般的、致人
于死地的教义,固执地加以坚持和捍卫。这些人成为异端,当他们离开教
会时,就成了给教会增添麻烦的敌人。然而,即使这些十分邪恶的人也会
给真正的、基督的大公教会的成员带来一定的好处。因为上帝甚至能够
善用恶人,确保“万事都互相效力,叫爱上帝的人得益处”。① 教会的所有
敌人确实都因谬误而盲目,或因邪恶而堕落,如果他们得到伤身体的权能,
他们就会起到锻炼教会坚韧的作用。如果他们仅仅用他们邪恶的信仰反
对教会,那么他们训练了教会的智慧。还有,他们甚至在仁慈方面,甚至在
善行方面,训练了教会,因为教会甚至可以爱她的敌人,通过教育或严格执
行纪律的方法说服他们。这样的话,哪怕是魔鬼,这个亵渎之城的国王,当
他亲自反对在这个世界上客居的上帝之城时,上帝也不会允许它伤害上帝
之城。无疑,上帝的旨意既让这座城得到有形的繁荣的安慰,让她不至于
被对手打败,又让她接受严格的纪律,使她不至于因为繁荣而腐败。上帝
用一样东西来考验另一样东西,以这种方式,我们在这里可以认识到诗篇
中的那句话的来源,“我心里多忧多虑,你安慰我,就使我欢乐”②。还有使

---

① 《罗马书》8:28。
② 《诗篇》94:19。

徒的话："在指望中要喜乐，在患难中要忍耐。"①

　　我们一定不要认为下面所说的相同教导会在任何时候失效："凡立志在基督里虔诚度日的，也都要受逼迫。"②当教会之外的人不愤怒时，那么就会有，而且确实会有带来巨大安慰的安宁，尤其是对弱者。在教会中甚至不会缺少这样的人，用他们对道德的抛弃来折磨那些虔诚生活的人的心。确实有许多这样的人，他们亵渎了"基督徒"和"大公教"的名字。这个名字对那些立志在基督里虔诚度日的人越亲切，他们对那些恶人的所作所为也就越悲哀，虔诚的心灵想要爱他们，但他们却变得不那么可爱。还有，当异端自己认为拥有基督徒的名字和圣礼、圣经、教条时，会给虔诚者的心带来巨大的痛苦。这是因为，许多原来想成为基督徒的人会由于异端的分裂活动而变得犹豫不决。也因为许多亵渎者会在这样的分裂中伺机诬蔑基督徒的名字，因为连异端也被称作基督徒。由于这种人的堕落行径，那些"在基督里虔诚度日的人"忍受着逼迫，哪怕身体上没有受到骚扰和折磨。他们忍受这种逼迫不是在身体上，而是在心里。因此诗篇作者说"我心里多忧多虑"，没有说"我身上"。

　　还有，由于人们认为上帝的应许是不变的，也因为使徒说过"上帝知道他们是他的，他预先就知道他们，他预先就定下让他们具有他儿子的模样"，③由此可见他的选民没有一个会死亡。这就是那首诗要继续说"你安慰我，就使我欢乐"的原因。当那些坏的或假的基督徒逼迫他们，由此给他们带来一定的好处时，他们的心感到悲哀。之所以如此，乃是因为这样的痛苦从一种仁慈中产生出来，他们并不希望这些逼迫者灭亡或去阻碍他人的得救。总之，当这些犯错误的人得到矫正时，安慰就到来了，这些安慰就像洪水一样冲刷着虔诚者的心，就好像当他们想到这些犯错误的人将会失去时感到的痛苦所带来的折磨一样。在这些罪恶的日子里，

① 《罗马书》12:12。

② 《提摩太后书》3:12。

③ 《罗马书》8:29，和合本译为"因为他预先所知道的人，就预先定下效法他儿子的模样"。

教会以这样的方式开始她在这个世界上的客居。这种客居不是从基督以肉身显现以及使徒的时代开始的,而是从第一位义人亚伯开始的,他被他亵渎的兄弟杀害,这种客居从那时候起一直要延伸到这个世界终结,虔诚者会处在这个世界的逼迫和上帝的安慰之中。

章52 我们是否要像某些人那样相信在已经发生过十次大迫害之后,只会再有一次迫害,即第十一次,将发生在敌基督的时代

同理,我想我们不应该大胆地说,除了来自敌基督(Antichrist)的时代的这次迫害,教会不会再受迫害了,在经历了十次迫害以后,将要来自敌基督的这次迫害是第十一次和最后一次。我们已经看到不少人有这种看法,我们还将继续看到有人会有这种看法。① 这十次大迫害他们是这样计算的:第一次来自尼禄;第二次来自多米田;第三次来自图拉真;第四次来自安东尼努斯;第五次来自塞维卢斯;第六次来自马克西米努;第七次来自德修斯;第八次来自瓦勒良;第九次来自奥勒良;第十次来自戴克里先和马克西米安。他们考虑,上帝的子民出埃及之前有十次大难,应当把它理解为一个象征,最后一次来自敌基督的迫害则与埃及人的第十一次灾难相对应,当埃及人愤怒地追赶希伯来人时,他们淹死在红海中,而上帝的子民过红海如走旱地。然而我不认为这些发生在埃及的事件是这些迫害的象征。有这样想法的人似乎真诚地比较过每一次的细节,但他们这样做不是凭预言之灵,而是凭人心的猜测,而人心的猜测在有些时候可以获得真理,有些时候则会失败。

这些人对主本身被钉十字架的这次迫害该作出什么解释呢? 但他们也许会认为这次迫害不算在十次迫害之内。也许他们相信计算迫害的次数可以算在内的是与教会的身体有关的迫害,因此这次逮捕教会头领并加以杀害的迫害不应计算在内。然而,这样说来,他们又如何处理基督升天之后发生在耶路撒冷的迫害呢? 当时有福的司提反被石头砸死,约翰的兄弟雅各被剑砍死,使徒彼得被囚禁和处决,但被天使救走。还有,扫

---

① 参阅奥洛修斯:《历史》,卷7,章17。

罗（也就是后来的使徒保罗）摧毁耶路撒冷的教会，使教会的兄弟们逃亡和散落。还有，当保罗本人已经成为信徒，宣扬他曾经加以迫害的福音时，他自己也受到迫害，就像他以前迫害教会一样。无论他抱着巨大的热情去哪里传福音，在犹太人中或者在外邦人中，这种事情都发生了。那么他们为什么要选择从尼禄的时代开始计算迫害，而自从教会成长以来，她已经经历了许多最残忍的迫害，要想把它们全都写出来不就太长了吗？还有，他们若是认为只有由国王发起的迫害才应当计算在内，那么希律是一位国王，他甚至在我主升天以后还进行过最残忍的迫害。

还有，关于朱利安他们又该如何处理呢？因为他们并没有把朱利安的迫害算在这十次之内。当他责令基督徒实行或接受普通教育时，他不是在迫害教会吗？在他统治之下，老瓦伦廷（他是朱利安之后的第三位罗马皇帝）表明自己有基督徒的信仰，于是被剥夺兵权。至于朱利安开始在安提阿做了些什么我就不说了，只提到他被那里的一位忠诚的年轻人所深深打动。当时有许多人被捕，受到严刑拷打。这位年轻人被捕后受到一整天的折磨，然而即使在受到酷刑的时候，他仍旧在唱赞美上帝的颂歌。这位皇帝对这样的奇迹感到震惊，不敢再去伤害别的囚犯，免得自己羞得无地自容。最后，在我们记忆的范围内，瓦伦斯，那个雅利安人，我们刚才提到过的那位瓦伦廷的兄弟，不是在东部的一次大迫害中摧毁大公教会吗？如果认为在全世界结出果实和不断增长的教会不会受到来自其他民族的国王的迫害，哪怕她并没有受到迫害，那该有多么奇怪！在哥特人的王国，国王们对基督徒的残忍迫害是惊人的，因为那里的民众全都是大公教的信徒，这难道不算迫害吗？① 他们中有许多人因为殉道而获得荣耀，这是我们从某些兄弟那里听说的，他们栩栩如生地回忆了当时他们看到的情况，而在那个时候他们还是少年。最近在波斯发生的事情怎么样？那里对基督徒的迫害如此凶狠——哪怕它确实已经消退——以至于有许多人逃离，甚至来到罗马的城镇？② 每当我想起这些类似的事件，

---

① 参阅奥洛修斯：《历史》，卷 6，章 32。
② 参阅塞奥多洛：《圣史》，卷 5，章 38。

我似乎就无法给基督徒受迫害的次数设置任何限制,教会必须承受对她的锻炼。但是,除了没有基督徒会表示怀疑的这场最终的迫害以外,也不用匆匆忙忙地断定会有来自国王们的其他迫害。就这样,让我们搁置这个问题,对两种意见我都没有表示支持或反对,而只是呼吁双方不要仅凭猜测对事情作论断。

章53　最后的那次迫害的时间是隐秘的

然后,这最后的迫害确实是"敌基督"所为,将要由耶稣本人来灭绝他。因为经上写道:"耶稣要用口中的气灭绝他,用降临的荣光废掉他。"①人们通常会问:"这事何时发生?"但这个问题本身是完全不恰当的。如果知道这个问题的答案对我们有益,那么当耶稣的门徒问这个问题时,我们的主,上帝本身就会作出回答。当他们与耶稣在一起的时候,他们对这个问题并没有保持沉默。正好相反,他们直接问耶稣:"主啊,你复兴以色列国就在这时候吗?"但是耶稣对他们说:"父凭着自己的权柄所定的时候、日期,不是你们可以知道的。"②实际上,当他们得到这样的答复时,他们问的不是具体的时辰、日子、年份,而是一般的时候。因此,如果我们努力去计算和限定这个世界还剩下多少时间,计算还有多少年,那么这样做是徒劳的,因为我们听到真理本身的口中说这不是我们可以知道的。然而有些人已经说过,从主升天到他最后的降临之间还会有四百年、五百年,甚至一千年。然而,若要说明这些人如何证明自己的观点需要的时间太长了。我们也没有必要这样做,因为他们仅仅是在使用人的推测能力,而没有提供来自正典圣经的坚强证据。当基督说"父凭着自己的权柄所定的时候、日期,不是你们可以知道的"时候,他确实是在吩咐所有作这种计算的人放松他们的手指头,让它们休息。③

但由于这句话出现在福音书中,所以许多伪神的崇拜者不会以此约

---

①　《帖撒罗尼迦后书》2:8。

②　《使徒行传》1:6以下。

③　亦即停止数他们的手指头。

束他们的伪装，这不值得惊讶。这些崇拜者实际上是根据被他们当作神来崇拜的精灵的反映来确定基督徒的宗教会延续多久。因为当这些崇拜者看到基督宗教在经历了这么多次大迫害之后都没有被摧毁，反而由于受到迫害而神奇般的增长，他们就虚构出一些我不懂的希腊文的句子，当作神谕来告诉某些向他们询问的人。在这些句子中，他们确实说基督没有犯渎神罪，但他们说彼得使用巫术来确保基督之名得到365年的崇拜，在过了这些年以后，就直接走向完结。

啊，博学者的心哪！这些有文化的知识人，竟然不选择相信基督，反而认为相信这些有关基督的事情才是恰当的！他们认为基督的门徒彼得没有向基督学习巫术，但这样一来，尽管基督是清白的，彼得却成了巫师。他们宁可相信通过彼得的巫术可以使基督之名得到崇拜，而不是使彼得自己的名字得到崇拜，而彼得在这样做的时候要花费巨大的辛劳和冒着巨大的危险，最后甚至要流血牺牲！如果巫师彼得使全世界热爱基督，那么清白的基督做了些什么使彼得如此热爱他？让我们的对手自己去回答这个问题吧。还有，要是他们能够明白的话，让他知道使这个世界为了永恒生命而热爱基督的是神圣的恩典，也正是由于这种恩典，彼得为了能够从基督那里得到永恒生命而热爱基督，哪怕为了基督而承受暂时的死亡。

还有，能够预言这样的事情但却不能消除这些事情的是什么样的神？这些神屈从于一位巫师，屈从于一种邪恶的巫术（他们说有个一岁的儿童被杀害了，撕成碎片，用邪恶的仪式埋葬），也允许一个与它们为敌的宗教长时间地积聚力量，面对多次残忍恐怖的大迫害，不是去抗拒它，而是耐心地忍受它。这些神甚至允许人们废弃它们自己的偶像、神庙、祭仪和神谕？最后，受到劝说或被迫去做这种事情的神是什么神？因为它肯定不是我们的神，而是他们的诸神中的某个神。像这些希腊文句子所告诉我们的那样，彼得不是用他的巫术对某些精灵作出这种安排，而是对一位神作出这种安排。这样的神就是那些并不拥有基督的人的神！

章 54　把基督宗教延续的时间限制在 365 年是异教徒最愚蠢的谎言

如果那个虚假的、用荒谬的虚构欺骗人的启示所说的年份还没有过去,那么我可以收集到许多其他的论证。确实,从基督肉身的降临,以及他的门徒设立对基督的崇拜算起,365 年事实上已经过了好久了。那么我们为什么还要寻找其他论据来驳斥这种谎言呢? 我们不需要以基督的诞生为这一时期的起点,因为他在婴儿时期和少年时期并没有门徒,但从他开始有门徒起,那么基督的教义和宗教无疑就开始通过他的有形的临在而开始为人所知了,亦即从约翰在约旦河为他受洗开始算起。这确实是很久以前就有的预言的原因,"他要执掌权柄,从这海直到那海,从大河直到地极。"①然而,在基督受难和复活之前,基督徒的信仰还不具备一种为所有信徒所设的确定形式。通过基督的复活,这种形式确定了,因此使徒保罗对雅典人说了这样一番话:"如今吩咐各处的人都要悔改,因为他已经定了日子,要藉着他所设立的人按公义审判天下,并且叫他从死里复活,给万人作可信的凭据。"②因此,若要寻找这个问题的答案,最好从复活开始,尤其是也是在基督复活以后的这一时期,圣灵在那座城中赐予了第二律法,亦即立下了新约。称作旧约的第一律法通过摩西来自西奈山,这件事是第二律法的预言,而第二律法通过基督赐予,"训诲必出于赐安,上帝的言语必出于耶路撒冷。"③也是由于这个原因,基督本人说要奉他的名传悔改,从耶路撒冷起直传到万邦。④ 因此,对这个名字的崇拜是从耶路撒冷开始的,所以人应当相信耶稣基督,他在十字架上受难而又复活。从那里开始,这种信仰喷发出来形成熊熊烈焰,有如此高尚的开端,数千人欣然皈依基督之名。他们出售自己的财产,分给穷人,凭着一种神圣的决心和最坚定的仁慈,自甘贫穷,他们自己作好了准备,要在愤怒的、想要喝他们血的犹太人中间为真理而斗争,直到牺牲。他们用的不是武器,而是坚贞不屈这种更加伟大的力量。如果这么多工作的完成并

---

① 《诗篇》72:8。

② 《使徒行传》17:30。

③ 《以赛亚书》2:3。

④ 参阅《路加福音》24:47。

没有使用巫术,我们的对手为什么要犹豫不决,不相信同一上帝的权能在这里产生的结果也能够在全世界产生?

然而,让我们假定彼得确实行过巫术,使耶路撒冷大量的民众狂热地崇拜基督之名。而那里的人曾经抓住基督,把他钉十字架,或者在他钉十字架时嘲笑他。在这种情况下,我们就要从实行这种巫术的那一年开始算起,来看一看 365 年什么时候过完。基督死于两位盖弥尼执政时期,① 在四月的第一天之前的第八天。他死后在第三天复活,这是使徒们亲自证实的。四十天以后他升天,十天以后(亦即他复活以后的第十五天)他派来了圣灵。当使徒们传扬他的时候就有三千人相信了他。因此,崇拜他的名在那个时候兴起了,通过圣灵的作用,这既是我们相信的,又是真实的。但是按照那些不虔诚者虚构的故事,这件事是彼得用巫术来完成的。稍后,当有神奇的征兆通过这位彼得出现时,又有 5000 人相信了基督。当时有一个乞丐生来就是瘸子,由别人背着去圣殿门口乞食,但彼得以基督之名治愈了他,使他马上就能健步行走。随着教会的增长,信徒越来越多。

这样我们可以确定一个日子,作为计算的开始,亦即基督派来圣灵的那一日,5 月的第十五日。如果我们算一下从这个时候开始的执政官,那么我们发现 365 年的时间应当在荷诺留和欧提基阿努执政的那一年的 5 月 15 日结束。② 因此,按照那个精灵的谕言或凡人的虚构,基督宗教在下一年,也就是玛略·塞奥多洛执政的时候,就应该停止存在了。然而我们知道在那一年,在 4 月的第一天之前的第十四日,在迦太基这座远近闻名的亚菲利加最著名的城市(不需要再提到在这个世界的其他部分发生的事情了),发生了什么事,罗马皇帝荷诺留的两名高官,高登修斯和约维乌斯,摧毁了伪神的神庙,把它们的偶像打得粉碎! 有谁看不到,从那时起直到现在,在这三十年间,对基督之名的崇拜有了多么大的发展!③

---

① 亦即公元 29 年。

② 亦即公元 398 年,读者可以注意到奥古斯丁的计算错误,29+365 = 394,而不是398。

③ 亦即从公元 394 年到大约公元 426 年,在这一年《上帝之城》完成。

尤其是那么多人从前不接受这种信仰,认为那个预言是真的,而在这个具体的年数过完以后,发现它是空洞的和可笑的,于是成了基督徒。因此我们这些是基督徒,也被称作基督徒的人,不信仰彼得,而信仰彼得所信的基督。彼得传扬基督增强了我们,我们不会被彼得的符咒毒害。我们不会被他的巫术欺骗,倒不如说他的善行帮助了我们。在导向永恒生命的教义上,基督本人是彼得的老师,也是我们的老师。

现在让我们结束本卷。到目前为止,我们已经相当充分地描述了两座城的世俗进程,属天之城和属地之城,二者从头到尾都混杂在一起。两座城之一,属地之城,如其所愿为它自己造就了这样的伪神,从某些来源挑选这些伪神,甚至把凡人当作神,用祭祀侍奉它们。但另一座城,属天之城,客居在这个世界上,没有制造伪神。倒不如说,这座城本身是真神创造的,它本身是上帝真正的牺牲。这两座城在这种暂时状态中都使用善物,也都受到邪恶的伤害,但它们在这样做的时候有着不同的信仰、不同的盼望、不同的爱,直到它们在最后的审判中被分别开来,各自到达自己的目的地,而这个目的地是没有终点的。这些不同的目的就是我们下面要加以讨论的主题。

第 十 九 卷

【本卷提要】本卷讨论属地之城和属天之城这两座城的目的。奥古斯丁考察了哲学家关于至善的观点,以及他们为了使自己今生幸福而作的徒劳的努力。在对这些观点进行驳斥的时候,他乘机说明和平与幸福现在和将来都属于属天之城,或属于基督的子民。

章1　按照瓦罗的说法,不同哲学派别关于至善的观点多达288种

我明白,下面我必须讨论这两座城的恰当目的,属地之城和属天之城。所以在本书计划所允许的范围内,让我先来讲一下有许多凡人在不幸的今生努力为自己创造幸福,在此过程中他们提出了一些论证。我这样做为的是弄清他们空洞的信仰和上帝赋予我们的希望之间有什么差别。这种希望将会在上帝赐予我们的幸福中应验。我在这样做的时候,不仅要求助于神圣的权威,而且也要了不信者的缘故,尽可能多地使用理性。

关于作为最高目的的善与恶,哲学家们已经提出了大量不同的论证。试图发现什么使人幸福,他们对这个问题给予了可能有的最大关注。因为我们想要得到其他事物的目的就是我们最终的善,而人们想要得到最终的善则是由于它自身的缘故;我们想要回避其他事物的目的就是最终的恶,而最终的恶被回避则是由于它自身的缘故。① 因此,当我们在这里说"最终的"善的时候,我们并非在"最后的"善的意义上讲的,因为在最后的善以后,善就结束了,不再存在了;倒不如说,我们的意思是"目的",

---

① 参阅亚里士多德:《尼各马可伦理学》,卷1,章2。

善藉此得以完成和实现。还有,用"最终的"恶,我们的意思不是指恶结束了、停止了,而是指恶的有害结果引导我们所趋向的那个最终目的。所以,这两个目的就是至善和至恶。我已经指出,寻找它们,想要在今生获得至善,回避至恶,就是那些智慧寻求者的辛劳的对象,他们在这个虚幻的世界中以此为业。尽管他们以各种方式犯下过错,但自然本身并没有允许他们偏离真理的道路太远,所以他们全都把至善与至恶置于三个位置中的一个,要么在灵魂中,要么在身体中,要么既在灵魂中又在身体中。从这一分歧开始,哲学派别分为三类,马库斯·瓦罗在他的《论哲学》①一书中对大量的学说作了仔细的研究和考察,借助某种区分的原则,他发现很容易分成 288 个派别,这些派别并非已经全部存在,而是有可能存在。

为了简要说明他的观点,我必须从他本人在上面提到的这本书中作的陈述开始。他说,人依据本性想要得到四样东西,这种向往不需要教师,不需要任何学说的帮助,不需要作任何努力,也不需要获得我们称作"美德"的生存技艺,而美德无疑是习得的。② 这四样东西是:快乐,是身体感觉的一种令人愉快的运动;安宁,是身体没有痛苦的状况;快乐与安宁的结合(伊壁鸠鲁把这种结合称为快乐,就好像它们是一样东西似的);本性所向往的一般对象。③ 最后这样东西包括已经提到的这些东西和其他一些东西,比如正直、身体的健康和安全,或者可以在人的灵魂中看到的大大小小的精神能力。现在这四样东西——快乐、安宁、快乐与安宁的结合、本性向往的一般对象——以这样的方式在我们身上存在,我们为了这些东西的缘故必须要有美德(这是后来通过教育植入我们心中的),或者说我们为了美德的缘故必须要有这些东西,或者说我们为了它们自身的缘故,既要这些东西,又要美德。这样一来,十二个派别就产生了,因为向往的四种东西中的每一种都有三种方式成为向往的对象。我要举一个例子来证明,其余的也就不难看出也是对的。由于身体的快乐

---

① 该书已佚失。
② 参阅柏拉图:《美诺篇》,86 以下;亚里士多德:《尼各马可伦理学》,卷 2,章 1。
③ 参阅西塞罗:《论至善与至恶》,卷 2,章 4。

会服从心灵的美德，或者宁可要心灵的美德，或者二者具有同等价值，这样一来，一个派别就可以分成三个。当用身体的快乐侍奉美德时，身体的快乐就服从美德。例如，为国家而活、为了国家的缘故而生儿子，就属于美德的功能，但没有身体的快乐，这些事情是不能完成的。因为为了活着而吃喝，或者为了生儿子而性交，但却不经历快乐，这是不可能的。另一方面，当宁要身体的快乐而不要心灵的美德时，那么这种愿望就是由于它自身的缘故，因为它相信美德应当侍奉身体的快乐，也就是说，它相信美德的目的不是别的，就是获得或者维持身体的快乐。当美德是奴仆并以快乐为它的主人时，这确实是一种无序的生活，而此时的美德确实不能称作美德。但这种可怕的、邪恶的观点无论如何却有某些哲学家作它的赞助人和捍卫者。还有，当美德和快乐不是互为目的而想要得到对方，而是各自以自己为目的，这个时候快乐的价值就与美德等同。因此，快乐产生三个派别，要么是服从美德，要么是宁要快乐不要美德，要么是与美德具有同等价值。对安宁、快乐与安宁的结合、本性向往的一般对象来说也一样，它们中的每一种都会产生三个派别。由于人的观念的多样性，这些东西有时服从美德，有时优于美德，有时与美德具有同等价值，所以我们一共有了十二个派别。但这个数字本身在运用另一个区分原则时需要加倍，这个原则就是社会生活。因为属于这十二个派别的任何人在这样做的时候要么是为了他自己的缘故，要么也为了他的同胞，因为他对他的同胞也有义务希望他们拥有自己所希望得到的东西。这样一来，就有十二个派别认为人们有这样或那样的向往，只是为了自身的缘故，另外还有十二个派别认为他们之所以拥抱这种哲学或那种哲学，不仅是由于他们自身的缘故，而且也是为了其他人的缘故，他们希望这些人也得到善，就好像自己得到善一样。当新学园派添加了另一个区分原则的时候，这二十四个派别还要加倍，成为四十八个派别。因为一方面，任何人可以拥有和捍卫这二十四个派别中的某一派别的观点，把它当作确定的，如斯多亚学派所为，他们捍卫这样的观点，与人的幸福相关联的人的善仅仅由人的灵魂美德构成。另一方面，其他人也可以拥有这样的观点，但却把它当作不确定的，如新学园派所为，他们所捍卫的观点在他们看来是不确定的，但

无论如何又是可能的。这样,有二十四个派别认为他们的观点可以当作
确定的真理来接受,还有二十四个派别拥有相同的观点,这些观点尽管是
不确定的,但仍旧可以依据可能性来加以接受。还有,这四十八个派别中
的任何一个派别的某位信奉者可以采用像其他哲学家一样的生活方式,
而另一位信奉者可以采用昔尼克学派①那样的生活方式,以此为区分原
则,就使原来的四十八个派别加倍,成为九十六个派别。还有,这些派别
中的任何一个学派都可以被热爱闲暇生活的人接受,就像有些人既不愿
也不能把时间花在任何事情上,除了研究他们的学说;或者被那些热爱实
际生活的人接受,就像有些人尽管是哲学家,但却热衷于管理国家和处理
公共事务;或者被那些把两种生活方式结合在一起的人接受,就像有些人
用部分时间做学问,用部分时间处理其他事务。由于有这些差别,派别的
数量可以增长为三倍数,总数达到288。

　　我已经尽可能简洁地介绍了瓦罗书中的观点,用我自己的语言解释
他的阐述。他驳斥了所有这些派别,并选择了其中的一种,即老学园派,
这个学派由柏拉图创立,一直延续到波勒莫时代,波勒莫是这个被称作学
园的学校的第四位首领,从柏拉图之后算起。瓦罗想要说,这个学校把它
的学说当作确定的,用这一事实区别于新学园派,②新学园派把一切事情
都当作不确定的,这种看法始于波勒莫的继承人阿凯劳斯。瓦罗认为这
个派别——即老学园派——是正确无误的。要想充分讨论所有这些事情
需要的时间太长了,但瓦罗的论证一定不能完全省略。

　　首先,瓦罗消除了所有这些增加派别数量的区分原则。他之所以要
这样做的理由是,这些派别在至善问题上没有区别,他认为任何哲学派别
除非在至善和至恶的问题上拥有不同看法,否则就不能称作一个派别。
因为除了获得幸福,人们实践哲学并没有别的目的。但能使人幸福的无
非就是至善。因此,实践哲学的唯一目的就是至善。因此,一个派别对至

---

①　即犬儒学派。

②　奥古斯丁在这里讲的新学园派通常被称作中期学园派,而新学园派则始于卡尔
　　涅亚得。

善没有它自己的观点，就不能称作一个哲学派别。因此，当问到一名哲人是否拥有社会生活，是否也像为自己一样为他的朋友寻求至善，是否仅仅为了他自身的幸福，那么这里提出的问题并没有涉及至善。倒不如说，这里涉及的是要不要有同伴分享这种善，不是为了这名哲学家自己，而是为了这名同伴的缘故，以便使这位哲人可以为他的同伴之善喜乐，就像为他自己的善而喜乐一样。还有，如果我们问新学园派的成员——在他们眼中所有事情都是不确定的——这种不确定性是否也和哲学的主题有关，或者说我们应当像其他哲学家一样认为哲学学说具有确定性，那么我们在这里问的不是应当把什么东西当作至善来追求，而是我们是否应当怀疑在我们看来必须追求的善的真相。让我们换一个说法把问题说得更清楚一些：我们要说，人们追求的至善是真的，还是好像是真的，或者也有可能是假的吗？在这两种情况下，追求的对象是同一个善。还有，当我们使用源于昔尼克学派的习惯和生活方式作区分原则的时候，问题并无涉及至善的本性。倒不如说，问题在于是否把似乎为真的善当作真正的善来追求的人——无论这种善是什么，在他看来都是值得追求的——都应当接受这些习惯和生活方式。有一些哲学家具有这种习惯和生活方式，因此被称作犬儒，而实际上被他们当作至善来追求的东西是不同的，有些追求美德，有些追求快乐。因此，用来区分昔尼克学派哲学家和其他哲学家的标准并没有涉及他们所选择的、能使他们幸福的善。如果涉及到了，那么追求相同的目标显然需要相同的生活习惯，而其他不同的生活习惯必定是追求其他不同的目标所需要的。

章2　通过消除这些并不能构成派别的次要差别，瓦罗抵达关于至善的三个定义，我们必须从中作一选择

还有，生活有三种。第一种生活，尽管不是懒散的，但却是有闲暇的，把时间花在对真理的沉思或探索上。第二种生活，从事各种人的事务。第三种生活是前两种生活的明智的结合。要是问这些生活中哪一种更有价值，那么仍旧没有涉及关于至善的争论。倒不如说，问题在于这三种生活中哪一种使至善的获得或保持变得比较容易或困难。因为，一旦抵达

至善,人马上就成为幸福的,他并不是仅仅因为过着有闲暇的生活,或者过着处理公共事务的生活,或者过着一种二者结合的生活,而成为幸福的。确实,过着这三种生活之一的人,在寻求使人幸福的至善中也会偏离正确的道路。

因此,至善与至恶的本性问题——对这个问题的回答造成了不同的哲学派别——与这些问题很不一样,包括社会生活、学园派的犹豫不决、昔尼克派的衣食习惯,或者上面讲的三种生活:有闲暇的生活、积极的生活、二者结合的生活。与后面这些事情有关的问题没有一个会必然引发有关至善和至恶的争论。同理,运用这四个标准——来自社会生活、新学园派、昔尼克派、三种生活——马库斯·瓦罗首先说可以产生 288 个派别,并且认为运用同样的方式还可能产生其他的派别。然后,他把这些标准全都搁在一边,因为对什么是人们追求的至善来说,这些差别并非根本性的。由于这个原因,他说这些派别并没有根本的区分,也不应当称作派别。这样,他又回到原来的十二个派别,这些派别想要为人发现能使人幸福的善,他希望说明它们中只有一个拥有真理,而其他派别都是错误的。通过消除由生活方式的种类所提供的差别原则,他从总数中减去了三分之二,留下了九十六个派别。通过消除来自昔尼克派的那个原则,他又减去了一半,剩下四十八个派别。再排除来自新学园派的原则,又减去一半,剩下二十四个。同样,再排除产生于社会生活的原则,剩下的是十二个,这个数字由于运用这条原则而成为二十四个。

然而,对这十二个派别来说,没有理由可以说它们不是派别,因为它们的目的确实就是寻找至善与至恶。发现至善的同时也就发现了至恶,作为至善的对立面。这十二个派别是通过三乘以四种向往的东西得来的:快乐、安宁、快乐与安宁的结合、被瓦罗称作“基本的善”的本性向往的基本对象。这四种东西有时候确实各自服从美德,所以它们被视为值得向往的,但并非由于它们自身的缘故,而是作为美德的工具。然而有的时候,人们对它们的向往胜过美德,所以美德在这种时候没有被视为由于自身的缘故而是必需的,而仅仅是为了获得和保持这些东西的缘故。有的时候它们被同等看待,所以这四种向往的东西和美德也被认为由于它们自身的缘故而值得向往。就这样,四乘以三,我们就得到十二个派别这个数字。然而,瓦罗也消除了这四样东西中的三样,即快乐、安宁、二者的结合。他这样做并不是因为他认为它们没有价值,而是因为他把快乐和安宁都包括在"基本的善"之内。所以,有什么必要从这些东西中区分出三种分离的向往对象呢,也就是说,把快乐和安宁当作两种分离的向往的对象,把二者的结合当作第三种? 本性向往的基本对象已经把它们包括在内,还包括其他许多东西。所以,按照瓦罗的说法,在我们作选择之前,只有三个派别必须仔细地加以考察,因为正确的理性不会允许一个以上的派别是正确的,无论是这三个派别之一,还是如我们以后会看到的,可以在别处发现的某个派别。我们同时必须尽可能简明扼要地解释瓦罗如何在这三个派别中作出选择,也就是说,这三个派别中有一个认为,这些本性所向往的基本对象是由于美德的缘故而被向往的,或者认为美德是由于这些基本对象的缘故而被向往的,或者美德和本性向往的基本对象都是由于它们自身的缘故而被向往。

章3　按照追随安提奥库斯和老学园派的瓦罗的看法,哪一种关于至善的观点最可取

　　然后,瓦罗努力以下面这种方式确定这三个派别哪一个是真的,是人们应当接受的。首先,由于哲学要寻找的至善不是树之善、兽之善、神之善,而是人之善,因此我们必须先问,什么是人? 关于这一点,他的看法是,人的本性有两种成分,即身体和灵魂。他不怀疑在这两种成分中灵魂比较优秀,因此更有价值。但是灵魂凭其自身就能成为一个人,因此身体对人来说就像马对骑手一样吗? 骑手不是一个人加一匹马,而仅仅是一个人,他被称作骑手乃是因为他与马有某种关系。或者可以问,身体仅凭其自身就能成为一个人,它与灵魂具有的某种关系就好像喝酒的器皿与喝酒一样吗? 因为不是酒器加上喝酒被称作喝酒的器皿,而是某种器皿凭本身被称作器皿,之所以称作酒器是因为这种器皿的目的包含着饮酒。或者可以说,既不是灵魂凭其自身,又不是身体凭其自身而构成人,而是

二者一道构成完整的人,二者都是人的组成部分,是吗?这种关系就像我们把一起拉车的两匹马称作"一对"。左边的马和右边的马都是"一对"的组成部分,但无论它们之间有多么密切的关系,我们不会称其中之一为"一对",而只会称它们俩为"一对"。

在这三种可能性中,瓦罗选择了第三种。他考虑到,人之所以为人不是仅凭灵魂自身,也不是仅凭身体自身,而是凭二者。因此他说,使人幸福的至善由人的这两种成分的善组成,即灵魂之善和身体之善。由于这个原因,他认为本性向往的基本对象之所以被向往乃是由于它们自身的原因,而美德也是被向往的。美德作为一种生活的技艺是灵魂诸善中最优秀的善,是通过教育植入的。因此,当这种美德——指导人生的技艺——得到这些并无美德的本性的基本对象时,在有任何指导之前,她本身就由于这些对象本身的缘故向往它们,同时也寻求她自身的增长。这样她既使用这些对象,同时又使用她自己,所以她就能在其间快乐,并享有这些对象。这种快乐或大或小,取决于这些善本身的大小。但不管怎么说,她在所有对象中喜乐,尽管若有必要,她可以为了获得和保持较大的善而放弃某些较小的善。

然而,所有这些善,无论是灵魂之善还是身体之善,没有一样会值得美德将其置于她自己之上。因为美德既善用她自身,又善用其他使人幸福的善。但若美德本身不在场,那么无论有多少其他的善,都不会给人带来好处,所以这些善实际上并不能真正地被称作他的"善"。这是因为他不正确地使用这些善,所以它们不能给他带来好处。因此,可以被恰当地称作幸福的人的生活是这样的,它享有美德和其他灵魂之善和身体之善,而没有灵魂之善和身体之善,美德也不能存在。但若一种生活享有这些事物中的某一种,或许多种,美德没有这些事物仍旧能够存在,那么人就会更加幸福。如果毫无例外地享有所有的善,甚至不缺少任何一种灵魂之善或身体之善,那就是所有生活中最幸福的了。

生活与美德不是一回事,因为并非每一种生活都合乎美德,而只有聪明的、受到指引的生活才合乎美德。可以有某些种类的生活没有美德,而没有生活美德不能存在。我可以对记忆、理性,以及人拥有的其他能力说同样的话。这些能力在任何教育之前就有了。确实就像任何教育都不会没有这些能力，所以若无这些能力，美德也不可能有，因为美德肯定是习得的。另一方面，跑得快的能力、身体的美貌、强健的体力，以及其他一些东西可以没有美德而存在，正如美德可以没有它们而存在一样。然而不管怎么说，这些东西是善，按照我们的哲学家的看法，美德甚至由于这些善本身的缘故而热爱它们，以一种适宜美德的方式使用它们。

　　这些哲学家还说这种幸福生活是社会性的，它喜爱朋友之善就像喜爱自己之善一样，它也为了朋友的缘故对他们抱有与自己一样的希望。这样的"朋友"可以是那些生活在同一个家庭中的人，比如一个人的妻子、孩子，或者他拥有的无论什么样的奴仆；也可以是生活在同一地方的人，比如在一个城市中，一个人的同胞公民也可以是他的朋友。或者说"朋友"这个术语可以扩展到全世界，所以人是社会的成员，与之有联系的各个民族的人都可以是他的"朋友"；这个术语甚至也可以用于被我们称作天地的宇宙，以及被哲学家们称作诸神的那些精灵，他们认为诸神是聪明人的朋友。而我们更加习惯于称它们为"天使"。① 还有，这些哲学家否认对至善及其对立面至恶可以有任何怀疑，他们断言这是他们与新学园派成员的区别。他们也认为，从事哲学的人在追求他所信以为真的目的时是否采用昔尼克学派的衣着和进食习惯，或仿效他们的其他一些做法，是无关紧要的。还有，在有闲暇的生活、积极的生活、二者相结合的生活中，他们说自己倾向于第三种。这些观点是老学园派相信的和传授的，瓦罗相信安提奥库斯的权威性，此人是西塞罗的老师，也是瓦罗的老师，尽管西塞罗似乎认为安提奥库斯在许多方面与斯多亚学派具有更多的共同之处，超过与老学园派的共同之处。但这与我们有什么关系？因为我们必须做的是按照这些事例来做判断，而不是通过知道其他人对它们的看法来添加重大的意义。

---

① 参阅《希伯来书》1:14。

章4 基督徒对至善与至恶的看法与哲学家相反,这些哲学家以为至善与自己有关

因此,若要问我们上帝之城对这些观点会作出什么样的回应,其中的首要问题是上帝之城对至善与至恶的看法是什么,那么我们的回答如下:永恒的生命是至善,永恒的死亡是至恶,为了获得永恒的生命,避免永恒的死亡,我们必须公义地生活。由于这个原因,经上说:"惟义人因信得生。"①因为我们还没有看到我们的善,因此我们必须凭着信去寻找它。还有,当我们信和祈祷的时候,除非得到上帝的帮助,否则我们就不能公义地生活,上帝赐予我们信心,我们必定得到上帝的帮助。然而哲学家们以为至善与至恶可以在今生得着。他们认为至善在身体中,或在灵魂中,或在二者中(或者说得更清楚些,在快乐中,或在美德中,或在二者中);在安宁中,或在美德中,或在二者中;在快乐与安宁的结合中,或在美德中,或在二者中;在本性向往的对基本对象中,或在美德中,或在二者中。带着极度的虚幻,这些哲学家希望在当下得到幸福,凭借他们自己的努力去获得幸福。在先知的话语中,真理嘲笑了这样的哲学家,"上帝知道人的意念是虚妄的",或者如使徒所说,"主知道智慧人的意念是虚妄的"。②

有谁的口才足以描述今生的不幸,无论他的口才有多么流利? 西塞罗运用他的最佳能力,在他的《亡女悼文》(Consolatio de morte filiae)中对这些不幸表示了悲哀。③ 但是他把他的最佳能力用在了什么地方呢? 因为,何时、何地、如何能够称得上在今生拥有了本性向往的基本对象,又如何肯定它们不受邪恶的偶然性的支配呢? 有哪一种痛苦,快乐的对立面,不会降临哲人之身? 有哪一种不安,安宁的对立面,不会降临哲人之身? 肢体的切除或衰弱肯定在破坏人的完整,畸形在损害人的美貌,疾病在摧毁人的健康,虚弱在损害人的力量,困乏在损害人的活力,麻痹或呆滞在

---

① 《哈巴谷书》2:4;《罗马书》1:17;《加拉太书》3:11;《希伯来书》10:38。
② 《诗篇》94:11;参阅《哥林多前书》3:20。
③ 这篇文章写于公元前45年,纪念他的女儿图利娅之死,现仅存残篇,亦可参见西塞罗给阿提库斯的信。

损害人的活动。这些事情有哪一样不会攻击哲人之身吗？身体的姿势和运动，当它们是美丽的、适宜的时候，被列为人的天赋能力。但若由于某些无序引起肢体颤抖，那又如何？如果人的脊椎弯曲，变得像某种四足动物，那又如何？无论是静止还是运动，这难道不会破坏人体的美貌和优雅吗？他们所说的心灵本身最基本的善是什么？居于首位的是感觉和理智，因为它们使我们能够把握和察觉真理。但若一个人变成瞎子和聋子，更不必说变成其他残废，还会剩下什么感觉吗？如果一个人因疾病而变得疯狂，理性和理智会退居何处，在哪里蛰伏？疯子的荒唐言行对他们的意愿和秉性来说，大部分是外在的；而人的言行对人的良好意愿和正常的秉性来说肯定是好的。当我们思考或看到处在这种状况下的人，充分考虑他们的困境，我们禁不住悲泣，或者说我们根本就欲哭无泪。对那些魔鬼附体而受伤害的人我该说些什么？当邪恶的魔鬼按自己的意愿使用这些人的灵魂和肉体时，他们自己的理智躲藏或被埋葬在哪里？有谁能如此肯定这样的恶魔不会在今生降临哲人之身？还有，处在肉身之中，我们如何能够察觉真理，察觉到什么程度？我们在最可靠的智慧书中读到："可朽的肉身压迫着灵魂，属地的帐篷使思考许多事情的心灵堕落。"[①]还有，趋于行动的冲动和欲望——如果这是对希腊文"horme"所指称的东西的正确表达——也被算作本性向往的基本的善，[②]那么当感觉消失、理性昏睡的时候，不就是这种冲动和欲望在推动这些令我们恐惧的不幸的姿势和疯狂的举动吗？

还有，关于美德我们该说些什么呢？它本身不是那些基本的善，因为美德是后来发生的，是通过教育引入的。[③]尽管它在人类诸善中占据最高地位，它在这个世上的任务，除了持久地与邪恶作斗争，还能是什么呢？还有，这些邪恶不是外在的恶，而是内在的恶，不是他人的恶，而显然是我们的恶，并且仅仅是我们自己的恶。这种斗争尤其是由被希腊人称作

---

① 《所罗门智训》9:15。

② 参阅西塞罗：《论至善与至恶》，卷5，章6，节17；《论神性》，卷2，章22，节58。

③ 参阅亚里士多德：《尼各马可伦理学》，卷2，章3。

"sophrosyne"、在拉丁文中称作"节制"的这种美德来进行的。① 这种美德约束肉身的欲望,防止它们把心灵拖向罪恶,确保心灵的判断。邪恶确实决不会不出现,因为如使徒所说,"情欲和圣灵相争"。然而面对各种罪恶,有一种抗争的美德,对此这位使徒也说:"灵和情欲相争,这两个是彼此相敌,使你们不能作所愿意作的。"②当我们希望通过至善最终成为完善之人的时候,我们所希望获得的是什么? 除了让肉身停止与灵相争,除了在我们自身不再有与灵相争的邪恶,其他什么也没有。但我们在今生没有办法做到这一点,无论我们多么希望能做到。然而,让我们至少明白,在上帝的帮助下,我们不屈从于与灵相争的肉身的欲望,我们不允许自己同意自己犯罪。上帝吩咐我们,只要我们参与了这种内在的战斗,我们就应当相信自己已经获得了幸福,要通过我们的胜利来获得这种幸福。获得这种智慧的人也就不再需要继续保持对欲望的斗争了。

对这种被称作审慎的美德我们该说些什么? 她的全部精力不都用在分别善恶,使我们在求善避恶时可以不让谬误潜入吗? 而审慎本身不是在藉此检验居住在邪恶之中的我们或居住在我们中间的邪恶吗? 因为她教导我们对罪过表示赞同是一件坏事,不赞同罪过是一件好事。尽管审慎教导我们不要对恶表示赞同,而节制使我们不赞同恶,但审慎和节制都不能从我们的生活中消除这样的恶。正义怎么样,她的任务不就是让一切事物各得其所吗? (由于这个原因,人自身就有某种天然的公正秩序,灵魂服从上帝,身体服从灵魂,而身体和灵魂都服从于上帝。)正义在执行这一任务时,不是证明了她仍旧在继续辛劳,而不是已经完工休息了吗? 确实,灵魂对上帝的沉思越少,它对上帝的服从也就越少;肉身与灵魂相争的欲望越多,身体对灵魂的服从也就越少。因此,只要在我们身上有这种软弱,有这种灾祸,有这种倦怠,我们又如何能够得救呢? 如果我们不能得救,我们又如何敢说我们已经拥有了最终的幸福呢?

还有,名为坚忍的这种美德,无论陪伴她的智慧有多么伟大,最清楚

---

① 参阅西塞罗:《图斯库兰争论集》,卷3,章8,节16。
② 《加拉太书》5:17,本句中的"灵"在和合本中仍译为"圣灵"。

地为人的疾病作了见证，因为她必须耐心地忍受这些疾病。我对斯多亚学派的无耻感到惊讶。因为他们认为这些疾病根本不算病，但却又承认这些病要是非常严重，使得哲人不能忍受或不应当忍受，那么他就要被迫自杀，离开这种生活。然而这些人以他们愚蠢的傲慢相信可以在今生找到至善，可以通过自己的努力获得幸福。他们相信他们的哲人——他们用令人惊讶的徒劳把他们的哲人说成这种样子——哪怕成了瞎子、聋子、哑巴，甚至身体受到痛苦的折磨，哪怕他成为某种能够描述或想象的疾病的牺牲品，哪怕他被迫自杀，也不能因此就不把他的生活称作幸福的！啊，多么幸福的生活，竟然要靠自杀来终结！如果他的生活是幸福的，那就让他继续过这样的生活，但若疾病在迫使他摆脱，这样的生活又怎么会是幸福的？当这些事情要靠坚忍之善来克服，也要靠这种坚忍来抗拒，这些事情怎么能不是邪恶呢？不仅如此，把一种生活称作幸福的，同时又劝说人们逃避它，这该有多么荒谬！有谁如此盲目，以至于看不出一种幸福生活不会是他希望逃避的生活？另一方面，如果确实由于这种生活包含着巨大的不确定性，所以应当逃避，那么斯多亚学派为什么不停止他们僵硬的傲慢，承认它是一种不幸呢？我要问，推动加图自杀的是坚忍，还是不坚忍？[①] 因为他若不是不能忍受恺撒的胜利，他就不会自杀了。那么他的坚忍到哪里去了？他的坚忍抗拒了，但又屈服了，他被彻底征服了，以至于抛弃了这种"幸福生活"，他的坚忍抛弃了它，逃跑了。或者说，这种生活已不再是一种幸福？所以它是一种不幸，但在这种情况下，这些使生活变得不幸、值得逃跑的事情怎么会不是邪恶？

那些承认这些事情是邪恶的人，他们的谈论方式比较能够容忍，就像逍遥学派一样，或者像老学园派一样，瓦罗把老学园派的观点当作众说之冠。然而即使是他们的观点也包含巨大的谬误，因为他们认为哪怕受到各种邪恶的包围，过着这种生活的人要靠自杀来摆脱，但这种生活无论如何仍是幸福的。瓦罗说："身体的折磨和痛苦是恶，它们恶的程度与它们的严重程度成正比，为了摆脱它们，你必须摆脱这种生活。"我要问的是，

---

① 参阅本书卷 1，章 23。

什么生活？他的回答是："这种承担着重大罪恶的生活。"那么，处在这些邪恶之中，因此你说我们应当加以摆脱的生活是幸福吗？或者说你称之为幸福，因为你至少可以通过自杀来逃避这些邪恶？如果按照某些神的论断你是坚强的，不允许你死亡，也不允许你的生活没有这样的恶，那又该如何呢？在这种情况下，你肯定会把这样的生活称作不幸，是吗？不错，这样的生活会停止，但这并不能使它成为不是不幸的，因为它若是永远的，那么按照你们的判断它也是不幸的。我们一定不能仅仅因为苦难的短暂而把它当作摆脱苦难。我们也不能称之为一种幸福的状态，因为这种说法更加荒谬。

恶中有巨大的力量迫使人消除他自身作为人的存在，按照这些哲学家的说法，哪怕是哲人也会有这种事。他们说（而且说得对）本性的最先的和最大的需要就是珍惜自己，由于这个原因人会出于本能逃避死亡，人应当是自己的朋友，人应当强烈地渴望继续作为一个生灵，在这种身体和灵魂的结合中活着。所以在这些恶中有一种巨大的力量击败了这种使我们尽全力避免死亡的天然情感，人们一开始希望能够逃避死亡，但若不能以其他方式达到这一目的，人就想要自杀。在这些邪恶中有一种巨大的力量使坚忍成为杀人凶手，确实，如果它还能被称作坚忍的话，当它被这些邪恶彻底征服的时候，它不仅不能起保护人的作用，而且迫使人自杀。哲人确实必须耐心地承受死亡，但这种死亡应来自别处。然而，如这些哲学家所说，人被迫自杀，那么他们必须承认这些迫使他自杀的原因不仅是邪恶，而且是难以承受的邪恶。因此，担负着如此重大的、可悲的疾病，或者受偶然性支配的生活决不能被称作幸福。至少那些被疾病的重压征服，为了抗拒不幸而自杀的人的生活不应当称作幸福，他们被健全的推理征服而愿意屈尊于真理。让他们不要再认为最终的善和至高的善是他们可以在这种凡人的处境下享有的某种东西。因为在这种处境下，在人身上发现的、没有比之更好的、更有益的美德通过它们在危险、艰辛、悲伤中提供的帮助，清楚地证明了人的不幸。

然而，真正的美德只能存在于那些真正虔诚的人身上，这些美德并不声称能够保护人不受任何苦难。真正的美德不是会宣布这种事情的撒谎者。但它们确实宣称，由于这个世界上的巨大罪恶，人生不得不是一种不幸，但它处在来世的期盼和得救的希望之中是幸福的。既然它还没有得救，它怎么能够幸福？因此使徒保罗说——他说的不是没有审慎、坚忍、节制和正义的人，而是按照真正的虔诚生活的人，因此他们的美德是真正的美德——"我们的得救是在乎盼望；只是所见的盼望不是盼望，谁还盼望他所见的呢？但我们若盼望那所不见的，就必忍耐等候。"①因此，我们凭着盼望而得救，在这种盼望中我们被造就为幸福的，由于我们还不享有当前的拯救，而是在等候将来的拯救，所以我们并不享有当前的幸福，而是在耐心地等候将来的幸福。我们处在邪恶之中，必须耐心地忍受它们，直至我们来到充满令我们欢悦的善物之处，在那里就不再有任何我们必须坚忍的事情了。这就是在将来的那个世界里的拯救，它本身就是我们最终的幸福。然而这些哲学家不相信这种幸福，因为他们看不见它。这样一来，他们就用像骄傲一样虚假的美德，努力为自己虚构完全虚假的幸福。

章5　人们尽管向往社会生活，但经常受到许多灾难的干扰

　　这些哲学家也认为哲人的生活是一种社会生活，对此我们更多地倾向于认可。因为我们现在写的这本论上帝之城的书已经进到第十九卷，如果圣人的生活不是社会性的，那么这座城怎么能够产生，并沿着它自己的道路取得进展，又怎么能够实现它自己的特定目标？然而，有谁能够把握充斥在人类社会中的大量病患，以及这种不幸的世俗处境？哲学家们应当倾听一下他们自己的喜剧中的一个人物说的话，他的话表达了全人类都会赞同的一种情感。"我娶了妻子，但我发现这有多么的不幸！孩子出生了，更多的烦恼来临了。"②还有，这位特伦斯也评价说，什么是爱的考验，"不就是伤害、怀疑、敌视和战争，然后又恢复和平吗？"③人间事

---

① 《罗马书》8：24 以下。
② 特伦斯：《安德尔斐》，卷 5，章 4，行 13 以下。
③ 特伦斯：《阉人》，卷 1，章 1，行 14 以下。

务不是到处充斥着这一类的考验吗？甚至在拥有高尚友谊的朋友之间，不也有这种事情吗？人间事务不是充斥着伤害、怀疑、敌视和战争这样的邪恶吗？甚至和平也是一种不确定的善，因为我们不知道我们希望与之保持和平的那些人的心。还有，即使我们今天知道他们，我们也不知道他们明天会变成什么样。一般说来，他们应当或者必须比包含在同一家族中的人相互之间更加友好，是吗？然而，即使同一家庭中的人也经常会产生这样的毛病，处在这种友谊中的人又有谁是确定的呢？这些毛病比和平中的甜蜜更加厉害，尽管人们相信这种和平是真正的和平，但实际上却是一种更加巧妙的伪装。由于这个原因，西塞罗说的话拨动了所有人的心弦，给他们留下深刻印象。他说："世上没有任何条约比伪装成义务或以王权之名出现的条约更狡诈的了。因为提防公开来犯的敌人是最容易的。而这种隐藏在内部的邪恶不仅会出现，而且在你能够作出预见和检查之前就已经把你吞没。"①圣言也说："人的仇敌就是自己家里的人。"②这句话我们听了以后会感到无比心酸。因为即使某些人足够强壮，能够镇静自如地承受这些病患，或者有足够的精力有预见地和审慎地提防这种邪恶、虚假的友谊，但他若是一个善人，在他发现这些人是恶人以后，他就不会感受不到由这些恶人的背信弃义所带来的悲伤。无论他们是否始终是恶人（他们的善仅仅是一种伪装），还是他们经历了一种从过去的善到现在的恶的变化，其结果都一样。

如果说，连在家中都不能避免这些降于人类的普遍的恶，那么对一座城来说又会怎么样呢？城市越大，法庭上的诉讼和审判就越多。哪怕处在和平时期，没有实际的分裂和内战，这座城也从来没能够避免这样的动乱的危险，甚至经常发生流血。

章6　真相不明时，人的判决会出现失误

人要对他们的同胞作判决，而一座城无论有多么和平也会出现这样

① 西塞罗：《致维瑞姆》，卷2，章1，节15。
② 《马太福音》10：36。

的问题。我们难道不认为这类事情是不幸的、可悲的吗？法官确实绝不可能明了他们所判决的那些人的心。所以他们不得不用折磨无辜者的方法去寻找真相，仅仅因为这些人是其他人的罪行的见证人。如果拷打被告本人，又怎么样呢？在这里，问题在于他有罪还是无罪，但即使他是无罪的，也要受拷打。就这样，他要为一桩可疑的罪行承受确定无疑的惩罚，但他承受这种惩罚不是因为人们发现他犯了罪，而是因为人们不知道他有没有犯罪。由此可见，法官的无知往往会造成无辜者的痛苦。更加无法容忍的是——也实在是可悲可叹，诚可谓足以使人以泪洗面——法官由于不明真相而拷打受指控的人，目的却是不误杀无辜者。因此，法官的不明真相是一种恶，他想要避免误杀，但却把受到折磨的无辜者处死了。因为若是按照哲学家的智慧行事，被告作出逃避折磨而非继续忍受的选择，于是他会承认一桩他并没有犯下的罪行。这样的被告受到审判被处死以后，法官仍旧不知道自己杀了一个有罪的人还是一个无辜的人，哪怕为了避免误杀无辜而对被告用了刑。在这种情况下，法官对无辜者用刑，目的是发现事情的真相，但他被杀之后法官仍旧不知道事情的真相。

　　面对这样一种被黑暗笼罩的社会生活，哲人会坐在法官的位置上吗，或者说他不敢这样做？他显然会这样做，因为他认为这个邪恶的要被抛弃的人类社会在约束他，迫使他履行义务。无辜的证人由于他人的案子而受到折磨，无辜的被告由于受不了巨大的痛苦而屈打成招，他不认为这是一种罪恶。无辜的被告哪怕没有被宣判死刑，也经常死于酷刑之下，或受到酷刑而致死，他也不认为这是一种罪恶。有的时候是原告受到处罚，哪怕他们的本意是希望罪犯能够受到惩罚，以利于人类社会。证人在作证时会撒谎，被告在刑法下也会坚持不认罪，所以原告无法证明他们的指控，无论这些指控有多么正确，而法官由于不知真情会谴责原告。哲学家们没有考虑到这些事情都是罪恶，因为他想聪明的法官不会有伤人之心而以这种方式行事。倒不如说，法官会这样做，因为一方面，法官不明真相是不可避免的，另一方面，由于社会在迫使他履行职责，他必须作出审判。

因此,我们在此肯定邪恶并非出自聪明法官的恶意,但我们肯定得到了一个实例来说明人的邪恶处境。如果法官的不明真相是不可避免的,而法官的职责又不可避免地迫使他去折磨无辜者,那么法官本身肯定是无罪的。但他也是幸福的吗?如果他能认识到他的行事方式必然是一种不幸的方式,那么他会更加富有同情心,更加具有人的尊严的价值。如果他痛恨自己在其中所起的作用,那么带着虔诚的知识,他会对上帝叫喊道:"求你救我脱离我的祸患。"①

章7　语言的多样性阻碍了人与人之间的交际,哪怕是所谓的正义之战也是不幸的

继城镇之后有了世界,②哲学家们把世界定义为人类社会的第三个层级。首先是家庭,然后发展为城镇,最后是世界。这个世界就像水流的汇聚,由于规模更加巨大,因而充满着危险。首先是语言的多样性造成了人与人之间的分离。如果有两个人相遇,各自听不懂对方的语言,又由于某种无法逾越的必然性而必须待在一起,那么哪怕是两种不会说话的动物之间的交往也会比这两个待在一起的人的交往要容易些。当人们不能交流他们的思想时,他们就不能相互交往,尽管他们的本性相同,这种情况的起因仅仅在于语言的多样性。人确实更愿意与他的狗交谈,而不会更愿意与外国人交谈。这座帝国之城不仅给各民族套上了她的枷锁,而且也推行她的语言作为和平与社会的保证,所以她不缺翻译,而是有许多翻译。③但这种状况是打了多少仗、杀了多少人,流了多少血才换来的啊!

这些战争现在结束了,但这些罪恶带来的苦难还没有终结。尽管帝国过去有,现在也有外敌,对抗外敌的战争也一直在进行,然而现在这个帝国产生了一种更坏的战争,即社会的战争或内战。由于这种战争,人类

① 《诗篇》25:17。
② 奥古斯丁在这里说的世界指的是人类社会。
③ 参阅瓦勒留·马克西姆:《秘闻录》,卷2,章2,节2。

变得更加不幸，要么是由于这些旨在永久和平的战争本身，要么是由于对这些冲突再次发生的恐惧。我无法对这些巨大的罪恶、这些多重的灾难、这些必然发生的不幸作出雄辩的描述。如果我试着这样做，那需要多么大的篇幅啊！

但是他们说，聪明人会发动正义的战争。没错，要是这个聪明人还记得自己是一个人，就很容易发现这样一个事实，他处在发动正义之战的必然性之下。因为战争若不是正义的，他就不会去发动，但这样一来这个聪明人也就没有要发动的战争了。对立双方的不公正把发动战争的责任强加在聪明人头上，而每个人都会反对这种不公正，尽管这种不公正不会必然导致战争，但它仍旧是人的不公正。因此让每一个痛苦地思考过这些罪恶、恐怖、残忍的人承认这是不幸的。如果有人忍受它们，或者在思考它们时不感到灵魂的愤怒，那么他的状况更加不幸，因为他认为自己是幸福的，其原因仅在于他已经失去了人的所有情感。

章8 在与好人的友谊中我们不能确保安宁，今生的危险迫使我们焦虑

在今生不幸的处境中，我们经常把敌人当朋友，也经常把朋友当敌人。这是一种与疯狂相似的无知，如果我们加以逃避，那么我们在这个充满谬误和灾难的人类社会中的唯一安慰、真正的好朋友之间的无伪的信任和相互喜悦，不也要加以逃避吗？然而，我们的朋友越多，我们拥有的朋友所在的地方越大，我们就越害怕他们会在这个充斥着罪恶的世界上受到污染，担心罪恶会落在他们头上。我们不仅担心他们会受到灾荒、战争、瘟疫、俘虏，担心他们会受到超出我们想象的奴役和迫害，而且更加担心与他们的友谊会变成一种罪恶。当这种事情发生（朋友越多，这种事情发生得越多），当我们知道事实真相的时候，除了有过同样经历的人，有谁能理解这样的伤心事？确实，我们宁可听到我们的朋友死了，尽管这也会给我们带来痛苦；但若他们的生会给我们带来友谊的安慰，他们的死怎么不会给我们带来悲伤呢？没有这种悲伤的人必定没有朋友间的交往，如果这是可能的话。这种人必定要禁止或熄灭友情，或者冷漠地轻视各种人与人的关系，或者只是使用这样的关系而不让它给灵魂带来任何

愉悦。但若这样做是不可能的,那么曾给我们带来甜蜜的某个人的死亡
怎么会不引起我们的痛苦呢？由于这个原因,人心里的悲哀就像伤口或
溃疡,只有用我们安慰的话语才能治愈。尽管处在较好状况下的灵魂比
较容易治愈,但我们一定不要认为在这种情况下没有什么可治的。

所以,人的生活受那些我们爱得最深的人的死亡的影响,时轻时重,
对那些放弃人类社会必要义务的人来说,更是如此。然而我们宁可听到
或看到我们所爱的人死了,也不愿知道他们背弃了信仰或良好的道德,这
也就是说他们的灵魂死了。

大地上充满了巨大的罪恶。由于这个原因,经上说:"人在大地上的
生活是一种诱惑吗？"①由于这个原因,主本人说:"这世界有祸了！因为
将人绊倒。"②还有,"只因不法的事增多,许多人的爱心才渐渐冷淡
了。"③因此,当那些好人,我们的朋友去世时,我们要为他们感到高兴。
因为,尽管他们的死使我们悲伤,但我们从中得到了更加确定的安慰,我
们知道他们现在已经超越了这些罪恶,而在这些罪恶的影响下,连好人也
会崩溃或在今生作恶,或者说也处在这样的危险之中。

章9　由于奴役诸神崇拜者的精灵的欺骗,人们无法确保今世与神圣天使的友谊

那些希望说诸神是我们的朋友的哲学家④把与神圣天使的团契放在
第四个层级,因为他们现在开始从大地上的社会的三个层级走向整个宇
宙,在某种程度上包括天本身。我们确实没有理由担心这样的朋友会由
于死去或变得邪恶而令我们悲哀。然而,它们并不以人们所熟悉的方式
与我们混杂,而这本身就是今生可悲的源泉之一。还有,我们读到,撒旦
有时候装扮成光明的天使,⑤诱惑那些需要约束之人,或者该受欺骗之

---

① 《约伯记》7:1,见希腊文圣经七十子本。
② 《马太福音》18:7。
③ 《马太福音》24:12。
④ 参阅本书卷9,章14。
⑤ 参阅《哥林多后书》11:14。

人。因此，上帝的巨大仁慈必然防止任何人以为自己与善良的天使有某种友谊，免得他把邪恶的精灵当作朋友。否则的话，这样的人所受到的伤害程度与精灵的狡猾和欺骗程度相同。如果对那些处在今生巨大不幸中的、充满无知、极易受到这些精灵的诡计欺骗的人来说，这还不是最为必要的上帝的仁慈，那么对那些把邪恶的精灵当作朋友的人来说，这确实是最为必要的。亵渎之城的哲学家们说，诸神是他们的朋友。完全可以肯定的是，他们实际上处在那些邪恶精灵的控制之下，整座城都服从精灵，并将与精灵一道承受永久的惩罚。在这座城中，崇拜这些存在者的那些神圣的，或者说亵渎的仪式、那些庆祝它们的罪行的最不洁的表演、那些它们的信徒认为必须举行的祈祷，已经清楚地表明了这些存在者的本性。这是因为精灵本身需要表演这些可耻的事情，并使之精确。

章10　为忍受今世之诱惑的圣徒所准备的奖赏

但是连唯一真神、至高上帝的圣徒和忠实的崇拜者也不能确保不受精灵的欺骗和诱惑。确实，在这个不确定的地方，在这些邪恶的日子里，这样的焦虑并非毫无用处，因为它会引导他们更加热烈地寻找充满和平和确定性的安全处所。在那里，自然的馈赠，亦即创造一切的造物主的馈赠，不仅是好的，而且是永久的。不仅对得到智慧治疗的灵魂来说是真的，而且对通过复活得到更新的身体来说也是真的。在那里，美德不再是因为对抗各种罪恶才被称作美德。倒不如说，美德将获得胜利的奖赏，亦即没有任何对手能加以干扰的永久和平。

这是我们最终的幸福、最终的完善，是一种没有终结的圆满。因此，在这个世界上，当我们有那么一点和平可以享受善良生活时，我们就说是幸福的。但这样的幸福与我们所说的最终幸福相比，仅仅是一种不幸。因此，当我们公义地生活时，我们这些凡人拥有的只是人间事务中的和平，是美德在正确使用这些和平带来的幸福。还有，即使我们不拥有和平，美德也能善用凡人承受的病患。但美德之所以是美德，仅在于它能指导一切被它善用的善物，和一切被它善用的恶物，以及它本身，走向我们的和平得以完善的目的地，这个目的地如此完善与伟大，以至于不会再有更好或更大的地方了。

章11 永久和平的幸福,这是圣徒的目的和真正的完善

我们可以说和平就是我们的至善,就好像我们已经说过永恒的生命是我们的至善一样。按照神圣的诗篇与本书主题上帝之城有关的启示,这样的理解尤其正确。"耶路撒冷啊,你要颂赞上帝! 赐安啊,你要赞美你的上帝! 因为他坚固了你的门闩,赐福给你中间的儿女。他使你境内平安。"①当她的门闩坚固了的时候,没有人能够进去,也没有人能够出来。这样,我们应当把她境内的平安理解为指的是我们现在希望证明的终极和平。这座城的名字本身,即耶路撒冷,是一个神秘的象征,如我已经说过的那样,它的意思是"和平的远象"。

然而,"和平"这个词通常用于世俗事务,在这些地方肯定不是指永生,所以我宁可用"永久的生命"这个表达法,而不是用"和平"来描述这座城的目的,这是发现至善的地方。关于这个目的,使徒说:"但现今你们既从罪里得了释放,作了上帝的奴仆,就有成圣的果子,那结局就是永生。"②另一方面,那些不熟悉圣经的人会认为恶人的生命也是永生的。他们会说,这是由于连他们的某些哲学家也认为灵魂是不朽的,或者是由于我们自己相信不虔诚者将受无限的惩罚,而只有永生的才能永远受折磨。这样,为了使每个人都能比较容易理解我们的意思,让我们说这座拥有至善的城的目的可以被称作"在永生中和平"或"在和平中永生"。因为和平是一种大善,即使在大地上,在世俗事务中,我们也听不到有什么东西能得到更多的感谢之言了,或者说没有什么东西能受到更大的期盼了,简言之,不可能找到比和平更好的东西了。如果我希望能够强调这一主题,我想这不会成为我的读者的一个负担。为了理解作为本书主题的上帝之城的目的,也为了理解一切人都热爱的甜蜜的和平,他们会关注和平。

---

① 《诗篇》147:12 以下。
② 《罗马书》6:22。

章12　即使有残酷的战争和各种纷争，人们还是以各种本性都期盼的和平作为他们的目的

与我们一道考察人间事务和人类共同本性的人，无论好奇程度如何，都会承认，就像没有人不希望快乐一样，也没有人不希望和平。即使当人们选择发动战争时，他们所期盼的也只是胜利。因此，借助战争的手段，他们想要获得和平与荣耀，因为所谓胜利不就是让那些反对我们的人服从我们吗？这一点做到了，就有了和平。所以战争本身受和平的意图引导，哪怕这些战争是由喜欢在战争中表现好战本性的人指挥的。因此，和平显然是战争期望达到的目的。每个人都寻求和平，甚至在制造战争时也这样，但没有人通过制造和平来寻求战争。确实，连那些想要打断现存和平状态的人这样做也不是由于他们仇恨和平，而是由于他们想要使现存的和平改变为他们所选择的和平。因此，他们的希望不是不应该有和平，而是应该有他们所希望的那种和平。即使他们自己由于其他人的分裂而被分离出去，但这并不影响他们的愿望，除非他们与他们的同谋坚持某种和平。确实，连盗贼也希望在他们的同伙中保持和平，为的是能够更加安全，更加有效地侵犯其他人的和平。当然了，一个盗贼可以比其他盗贼强壮，他怀疑其他盗贼，不相信任何同伴，因此独自策划他的阴谋，独自去抢劫。然而，连这样的盗贼身上也有某种和平的印迹，至少对那些他不能加以杀害的人，他希望对他们隐匿自己的行为。还有，他努力在自己家中保持和平，对他的妻子、孩子，以及其他人。对他们的服从他无疑会感到高兴，如果不是这样，他就会愤怒。他申斥，他惩罚，如果必要，他会用更加严厉的手段维持家庭的和平，他相信，除非所有社会成员都服从一个首领，否则和平就无法维持，而这个首领，在他自己的家中，就是他自己。这样，如果有很多人侍奉他，一座城的人，甚至一个国家的人，都以他的家人侍奉他那样的方式侍奉他，那么他就不会再像盗贼一样隐藏起来，而是会像国王一样公开露面，让所有人都能看见他。但他的贪婪和残忍仍旧保留着。所以，任何人都向往与他自己的人保持和平，希望看到这些人按照他们的意愿生活。他们甚至希望那些反对他们的人也能这样，若有可能就对这些人开战，把自己的和平法律强加在这些人头上。

　　然而,让我们来考虑一下诗歌和神话寓言中描写的那个人,[1]他没有什么社会联系,处在野蛮状态,与其称之为人,不如称之为"半人"。他的王国是一个偏僻的洞穴,他处在邪恶之中,所以就有了这样一个名字来反映这个事实——他叫卡科斯(Cacus),在希腊文中"Kakos"的意思是"坏"。他没有妻子可以相互照顾,没有孩子可以与他玩耍,也不用在孩子长大后进行教育,更没有朋友可以交谈,甚至与他的父亲伏尔甘也从不交谈。他比他的父亲要幸福,仅仅在于他不用生下一个像他自己那样的怪物。他不用把任何东西给别人,而在可能的时候他从任何人那里攫取他所需要的东西。然而,尽管他处在偏僻的洞穴中,如维吉尔所描写的那样,地上洒着新近杀戮的动物的鲜血,但他所希望的无非就是没有任何人骚扰的和平与安宁。还有,他向往与他自己的身体保持和平,只要他拥有身体的和平,那就万事大吉。他支配着他的肢体,他的肢体服从他。当有身体需要时,他的可朽的本性会造反,会引起饥饿的骚动,会把灵魂逐出身体,所以他会尽快抚慰这种本性,狩猎、杀戮、吞吃。这样,尽管他的行为是野蛮的,但他的目的是为了和平;因为他用野蛮残忍的手段所要寻求的仅仅在于保持他自己的生活的安宁。但若他想要其他人也像他一样拥有他在洞穴里或与他自己那样的和平,那么他就不会被称作恶了,也不会被称作怪物或"半人"了。如果他的身体形象以及口吐烟火吓走了人类的同伴,那么使他如此凶猛的欲望不是伤人,而是为了保持他自己安宁的生活。这样的人也许根本不存在,或者更为可能的是,他并不像诗人所虚构的那个样子。如果不是如此贬低卡科斯,那么杀了卡科斯的赫丘利就不会得到很高的赞扬了。因此,就像以往许多诗人所虚构的那样,这种人的存在——或者如我所说,这样的半人——不值得相信。

　　卡科斯的部分本性来自野兽(因为他也被称作"半兽"),但即使是最野蛮的野兽,也会用某种和平来保护自己。在大部分情况下,它们甚至在没有社会联系和孤独的时候也会这样做,它们不像绵羊、鹿、鸽子、椋鸟、蜜蜂,而像狮、狼、狐、鹰、鹄。有哪只母虎对幼虎不温柔,在哺育幼虎时不

---

[1]　维吉尔:《埃涅阿斯纪》,卷8,行190以下。

把凶狠放在一边？有哪只独自在猎物上空盘旋的鸢不在交配时期筑巢孵卵，哺育幼鸢，尽可能与母鸢一道维护它的家庭，保持和平？人受到自然法则的强烈约束，也就是说，人在其力所能及的范围内会与他的同类和平相处。因为即使邪恶地发动战争也是为了保持他们自己的人民的和平。如果能做到的话，他们希望所有人都成为他们自己的人，以便让一切都服从一个主人。但若非所有人都同意与他们保持和平，或者是由于爱或恐惧而表示同意，那么这种事怎么会发生呢？

因此，骄傲是一种邪恶的对上帝的模仿。因为骄傲仇恨上帝之下的平等友谊，想要取代上帝的位置，把它自己的统治强加于和它处于相同地位的事物。因此，它仇恨上帝公正的和平，它喜爱它自己的不公正的和平，但它总要爱某种和平。因为没有一种恶会完全与本性相对，以至于摧毁最后的本性的残余。

这样，宁要正确不要错误、宁要正确有序不要倒错的人会看到，与义人的和平相比，不义者的和平根本不配称作和平。然而，即使是倒错，也必定与它置身于其中的事物秩序相关，并从中取得其存在或组成部分，或从中派生出来，也总会有某种程度的和平。否则，它就根本不能存在。例如，把某人倒着吊起来，这时候他的身体和四肢的位置肯定是一种倒错。因为本应在上的变成了在下的，本应在下的变成了在上的。这种倒错扰乱了肉身的安宁，因此引起紊乱。但不管怎么说，身体中的灵仍旧处在和平中，并努力确保它的健康，而确实是由于这个原因才会有疼痛感。哪怕由于身体的紊乱把灵魂从身体中驱逐出去，但只要身体的位置保持不动，留下的还是某种和平，这就是仍旧有东西挂在那里的原因。如果属土的身体被放到地面上来，它也会取一自身的位置以保持和平。哪怕已经没有任何生命和感觉，它也不会失去它的天然位置，而会占据某个和平的位置。如果此时使用某些防腐的药物来防止尸体腐烂，那么它的各个部分仍旧会保持完整，这在某种意义上仍是和平的。另一方面，不采用这样的防腐措施，而像通常那样抛弃尸体，那么就会出现我们可以感觉到的气味的蒸发（也就是我们所说的腐烂）。这种情况会一直持续到尸体与这个世界的元素同化，一点一点地分解，直到这些元素完全稳定为止。

　　总而言之,没有任何事物可以逃避自然法则,而这条法则是由指导着宇宙和平的最高的造物主和规范者制定的。尽管小动物是从较大动物的尸体中产生出来的,但这些较小的身体都依据它们的造物主的同样法则侍奉着它们小小的灵魂,以维持它们的生命。即使死亡动物的身体被其他动物吞食,但仍旧可以发现同样的法则在起作用,这条法则适用于整个宇宙,维持着各种生灵,通过使相宜者相聚而带来和平。不管所取的是何种基质,也不管事物转变成何种基质,这条法则都是正确的。

章13　通过动乱达到和平的宇宙法则,上帝依据这条法则使万物各得其所

　　因此,身体的和平与它各个组成部分的平衡有序相关。非理性灵魂的和平在于欲望的正确有序,理性灵魂的和平在于认知与行为之关系的正确有序,身体与灵魂的和平在于生灵的生活与健康的正确有序,人与上帝的和平在于永恒法则之下的有序的服从和信仰,人与人之间的和平在于心灵与心灵之间的有序的一致。家庭的和平是一种有序的涉及命令与服从的协调,就居住在一起的人而言;城市的和平是一种有序的涉及命令与服从的协调,就公民而言;属天之城的和平是一种完善的秩序与和谐,享有上帝,相互之间共处于上帝之中。[①]　一切事物的和平在于秩序的稳定,秩序是平等与不平等事物的配置,使每一事物有其恰当的位置。

　　邪恶的东西之所以邪恶,显然在于它们并不处在和平状态中。因此,它们缺少稳定的秩序,而在稳定中是没有动乱的。然而,完全是由于它们的不幸,连它们也不能说是超越了秩序的范围,因为它们的不幸是应得的、公正的。它们确实不和幸福者联系在一起,然而按照秩序的法则,它们才被分离出去。当它们变得习惯于它们的处境时,它们带有某种程度的和谐,这个时候它们没有心灵的动乱。所以它们中间有某种稳定的秩序,因此也有某种和平。但它们仍旧是邪恶的,这仅仅是因为,尽管它们处在某种安宁之中,摆脱了痛苦,但它们仍旧没有抵达完全的安宁之处,

①　参阅奥古斯丁:《论基督教教义》,卷1,章35,节32。

没有完全摆脱痛苦。如果它们没有达到自然法则所规定的自然秩序的稳定，那么它们只会更加邪恶。因为当它们承受痛苦时，它们的和平就在痛苦之处受到纷扰，而在没有感到极度痛苦之处仍旧是和平的，在此范围内它们的本性尚未化解。因此，就好像没有不痛苦的生命，也没有无生命的痛苦，所以可以有无战争的和平，但不会有不带任何程度和平的战争。这不是由于战争本身的本性，而是由于战争只能由人来发动或在人之间进行，而人在某种意义上是天然的存在物，如果人身上根本不存在某种和平，人就根本不能存在。

所以有一种无恶的本性，在这种本性中恶根本无法存在。但不会有一种完全无善的本性。因此，就本性而言，即使恶魔自身的本性也不是恶，而是它的本性的倒错使恶魔成为恶的。因此，恶魔不遵循真理，但它不能逃避真理的审判。它不会停留在稳定的秩序中，但它也不能因此而逃避规范者的力量。魔鬼的本性中有上帝输入的善，它无法摆脱上帝的公正，而上帝的公正已经决定了魔鬼要受惩罚。上帝要惩罚的也不是上帝创造的善，而是魔鬼犯下的罪恶。还有，上帝没有取走他赋予本性的东西。他消除了某些东西，但也留下了某些东西，所以才会有某些留下的东西感到被取走的那些东西的痛苦。痛苦本身既检验了被取走的善，也检验了留下的善。如果没有善留下来，就不会有对被取走之善的悲伤了。如果对失去公义感到喜乐，那么犯罪者的处境更加糟糕，而那些感到悲伤的罪人，尽管不会由于悲伤而得到善，但至少对失去拯救感到悲伤。公义和拯救都是善，失去任何善都是一件悲伤的事，而不是一件喜乐的事。如果是这样的话，那么这种损失是无法用获得更大的善来抵消的，就好比说灵魂的公义是比身体的健康更大的善。因此不义之人应当对他受到的惩罚表示悲哀，而不是对他的过错表示喜乐。因此，罪人放弃善而表现出来的快乐显然出于恶意，所以当他受惩罚时，他对失去善而表示的悲哀显然出于善的本性。当一个人对失去他的本性的安宁表示悲哀的时候，他的悲伤是从这种安宁的残余中产生出来的，而这种安宁使他的本性成为本性自身的朋友。还有，在最后的审判中，恶人和不虔诚者都要在折磨中对他们失去的天然之善感到悲哀，他们知道上帝公义地剥夺了他们的这些善,而当上帝仁慈地把这些善赐予他们时,他们却轻视上帝。

因此,上帝是一切事物最聪明的创造主和最公正的规范者。他创造了人类,作为一切属土事物中最伟大的装饰,他把某些与今生相适应的善赋予人。这些善包括与短暂的今生相应的短暂的和平、身体的健康和完善、所属的某种社会,以及保持和恢复这种和平所必需的所有事物。后面这些东西对我们的感官来说是适当的和可接受的,比如光明、言语、可以呼吸的空气、可饮之水,以及身体的滋养、保暖、遮蔽、治疗和装饰所需要的一切。这些东西在最公正的条件下给予人,每个正确使用这些适合凡人和平的善的人都将得到更加丰富、更加优秀的善,亦即享有不朽的和平,这种和平由上帝和存在于上帝中的人享有,与之相伴的还有无限永生中的荣耀和光荣。然而,那些不能很好地使用这些短暂的善的人,将失去这些善,也不能得到永久的善。

章 14　支配天地的秩序与法则,据此统治者要侍奉社会

所以,在属地之城中,对所有短暂事物的使用,其向往的都是享有属地的和平;而在属天之城中,其向往的都是享有永久的和平。因此,如果我们是非理性动物,我们向往的东西不应当超过恰当地安排身体的组成部分和满足我们的欲望。也就是说,我们只应当向往肉身的舒适和提供充分的快乐,使身体的和平能产生灵魂的和平。如果缺少身体的和平,非理性灵魂的和平也会受阻,因为它不能实现欲望的满足。然而,两种和平共同产生的身体与灵魂的相互关系会形成一种生活的和谐秩序与健康。所有生灵在感到痛苦时都表现出它们热爱身体的和平,而所有生灵在寻求快乐以满足欲望的要求时都表现出它们热爱灵魂的和平。以同样的方式,它们对死亡的逃避相当清楚地表明它们对那种由灵魂与肉身的和谐关系所组成的和平有多么向往和高兴。

但由于人还有一个理性灵魂,所以人使他自己所有与兽类共同的东西服从理性灵魂的安宁。人这样做是为了使他的心灵可以进行某种沉思,也可以按照这种沉思的结果来采取行动,由此表现出思想与行为的有序一致,而我们说过,这就是构成理性灵魂之和平的东西。为了实现这个

目的,他应当希望既不要受到痛苦的困扰,又不要受到欲望的干预,也不要因为死亡而中止,以便能够获得某些有用的知识来规范他的生活,以及获得与这些知识相一致的道德。但他需要有神圣的指导,对这种指导他可以充满信心地加以服从;他也需要有神的帮助,对这种帮助他可以自由地加以服从。否则,在他热烈追求知识的时候,他会由于人的心灵的软弱而陷入某些致命的错误。还有,只要他还作为一名客人住在这个可朽的身体中,他便与主远离;所以他凭着信心行走,而不是凭着眼见。① 由于这个原因,他要把所有和平,无论是身体的,还是灵魂的,或是二者的,都归因于凡人与不朽的上帝一道拥有的和平,以便能够在信心中表现出对永久法则的有序的服从。

现在,我们的主上帝教导我们两条主要的诫命:爱上帝,爱邻人。在这些诫命中,人找到了三样他要爱的对象:上帝、自己、他的邻人,因为爱上帝的人爱自己并不是错误。由此可以推论,他会努力使他的邻居也爱上帝,因为他得到的诫命是爱人如己。还有,只要有可能,他会同样对待他的妻子、孩子、奴仆,以及其他所有人。还有,出于同样的目的,要是需要这样的帮助,他也会希望他的邻人能这样对待他。以这种方式,他会与和他有联系的所有人和平相处,其结果他自己就会处在和平,或和谐的秩序之中。这种和谐的秩序首先是不能伤害任何人,其次是只要有可能,就应当对所有人行善。因此,第一位的事情是他必须照料他自己的家庭,人类社会的天然秩序本身给他提供了做到这一点的进路和较大的照料家人的机会。因此使徒说:"人若不看顾亲属,就是背了真道,比不信的人还不好。不看顾自己家里的人更是如此。"②在这种看顾中,存在着内部和平的基础,这就是在一起共同生活人的有序和谐,既有命令又有服从。看顾者要发出命令,比如丈夫对妻子,父母对儿女,主人对仆人。被看顾的要服从,比如妻子服从丈夫,子女服从父母,仆人服从主人。然而,在义人的家庭中,义人凭信而生,处在走向属天之城的旅途之中,连那些发布命

---

① 参阅《哥林多后书》5:6以下。

② 《提摩太前书》5:8。

令的人也是那些似乎听从他们命令的人的奴仆。因为他们发布命令并不是出于统治的欲望,倒不如说他们这样做是出自对他人的义务;不是出于他们的统治的傲慢,而是由于他们的爱的仁慈。

章15　自由属于人的本性,由于罪过而导致奴役,有邪恶意志的人是他自己欲望的奴隶,哪怕他在与其他人的关系中是自由的

这是由自然秩序规定的,因此上帝创造了人。他说:"使他们管理海里的鱼、空中的鸟、地上的牲畜,并地上所爬的一切昆虫。"①他没有打算让按照他的形象创造的理性动物统治非理性动物以外的东西,不是人统治人,而是人统治动物。因此,第一个义人被立为牧羊人,而不是人的国王。上帝也以这种方式指出合乎本性的秩序需要些什么,罪人应得的惩罚是什么。因为我们相信使罪人处于奴隶状态是公正的。由于这个原因,我们在圣经中并非到处都可看到"奴仆"这个字眼,直到义人挪亚用这个名字惩罚他儿子的罪。② 奴隶(servus)这个拉丁词据信源于这样一个事实,有些按照战争法要被处死的人有时候会得到胜利者的赦免(servabantur),他们被称作奴隶乃是因为他们保住性命了。但即使是这种保命也要通过对罪的应有的惩罚。因为,即使我们发动的是一场正义的战争,我们的对手必然有罪,但每一场胜利,哪怕是由恶人取得的,也是上帝最初判断的结果,为了消除或惩罚他们的罪,上帝使战败者卑微。上帝的人但以理对此做了见证,他在被掳时向上帝忏悔自己的罪和他的民众的罪,在悲哀中证明他们才是被掳的原因。③

因此,奴役的首因是罪,由于罪,人被置于奴役状态下。这种状态只能出于上帝的论断,上帝不会不公正,他知道如何按照冒犯者的行为作出不同的惩罚。如上帝所说:"所有犯罪的,就是罪的奴仆。"④因此,当许多虔诚者成为不义之主的奴仆时,他们所侍奉的主人也不是自由人,"因为

---

① 《创世记》1:26。

② 《创世记》9:25。

③ 《但以理书》9:3以下。

④ 《约翰福音》8:34。

征服他人的人同时也就处在奴役之下。"①做人的奴隶显然比做欲望的奴隶要幸福些；统治的欲望，更不必说别的欲望了，本身就是一种最严厉的控制人心的统治。然而，当某些人被置于他人之下的和平秩序在人间盛行时，谦卑对这些侍奉者是有益的，就像骄傲对那些统治者是有害的一样。

所以依据本性，上帝首先创造出来的人中间没有人的奴隶，也没有罪的奴隶。但是根据保持自然秩序的法则，奴役本身也确实被定下来作为一种惩罚，用来禁止扰乱秩序。如果没有任何事情违反这条法则，就不会有规定奴役的需要。因此使徒告诫奴仆服从他们的主人，忠诚地、善意地侍奉主人，哪怕主人不能解放他们，但至少也能得到某种程度的自由。②他们可以通过侍奉来做到这一点，不是带着狡猾的恐怖，而是带着忠诚的爱，一直到所有不义之行终止，一切掌权的和有能的都毁灭，上帝为万物之主。③

章16 论公正的统治

因此，尽管我们公义的祖先们④拥有奴隶，并使他们保持内部和平，在今生短暂的好的事务方面区分他们自己的后代和他们的奴仆的权力，但在崇拜上帝这件事上，他们对所有家庭成员表现出同样的关心，而我们必须把永善的希望放在上帝身上。这是天然的秩序规定的，家庭的首领被称作"家庭之父"（paterfamilias），这个名称被普遍接受，即使那些实行不义统治的人也乐于用这个名称。但那些真正的"他们的家庭的父亲们"总是尽量关心家庭所有成员的福利，在崇拜和侍奉上帝这个方面，所有成员全都是他们的子女。他们向往和祈祷所有成员都能去属天之家，在那里，管理凡人的义务不再是必要的了，因为享有不朽幸福的人的福利

---

① 《彼得后书》2：19，和合本译为"因为人被谁制服，就是谁的奴仆。"
② 参阅《以弗所书》6：5。
③ 参阅《哥林多前书》15：24,28。
④ 指族长。

不再需要看顾。然而在到达属天之家之前,父亲们有责任实行统治,这项责任大于奴隶忍受奴役的责任。如果家中有人由于不服从而成为内部和平的敌人,那么用话语、殴打或其他人类社会允许的惩罚来矫正他是公正合法的,但这样做是为了被矫正者的利益,使他从分裂状态进入和平状态。正如帮助某人而使他失去一种更大的善不是一种仁慈的行为,宽恕某人而使他陷入一种更大的罪也不是一种可以不受谴责的行为。因此,如果我们是无可谴责的,那么我们的责任不仅包括不伤害任何人,而且也包括约束他,不让他犯罪,或惩罚他的罪,以此对他进行矫正,而其他人也可以通过他的例子得到警告。

家庭必定是城市的开端,或一个小小的部分,每一开端都有它自身的某种目的,每个部分都与它所属的整体的完整性有关。根据这个道理,家庭的和平与城市的和平是相关的,也就是说,家庭事务中的治理与服从的有序和谐与城市的治理与服从的有序和谐有关。因此,家庭的父亲们从城市的法律中引出家规治理他的家庭,使之成为城市和平的和谐的组成部分。

章17　属天之城和属地之城之间由什么产生和平,由什么产生不和

但是,不按信心生活的家庭努力在属于短暂今生的好事和利益中寻求属地的和平。相反,按照信心生活的家庭寻求应许了的来世的永恒幸福,这样的人在使用属地的和暂时的事物时就像做客,不会被这些东西俘虏,也不会被它们误导而偏离走向上帝的道路。当然了,他们也要靠这些东西维持生命,以便能比较容易忍受压制灵魂的可朽身体的负担,但他们至少不会允许这些东西加重这样的负担。

因此,两种人和两种家庭都使用这些对凡人生活来说是必要的东西,但在使用它们的时候各有其极为不同的目的。亦因此,不按信心生活的属地之城向往属地的和平,建立了一种内部服从的有序的和谐与统治,以确保人与人之间的合作,以获得属于这个可朽今生的东西。但是按照信心生活的属天之城,或者倒不如说是在这个可朽的处境中客居的部分,必定也要使用这种和平,直到这种可朽状态消失,而这种和平对这种状态来

说是必需的。这样,上帝之城生活得像一名俘虏和旅客,尽管它已经得到救赎的应许和作为其保证的圣灵的馈赠。只要还处在这种状况下,它就不会犹豫要不要服从属地之城的法律,为维持今生所必要的事物是靠它来治理的。这样一来,由于这种可朽的状况对两座城来说是共同的,所以属于这种状态的事物在两座城之间就要有和谐。

属地之城的成员中有某些哲人,他们的学说被神圣的教导所拒斥。受骗于他们自己的沉思或精灵,这些哲学家相信有许多神祇对人间事务感兴趣。他们也相信,诸神有不同职司和不同的影响范围。这样,身体是一位神的职责,心灵是另一位神的职责,而在身体中,一位神负责头,另一位神负责脖子,身体的其他部分亦然。同理,在心灵中,一位神负责理智,一位神负责学习,一位神负责愤怒,一位神负责欲望。与我们生活有关的事物也一样,牛、谷物、葡萄、油、林地、金钱、航海、战争、胜利、婚姻、分娩、生育力,等等,都由不同的神负责。但是属天之城只知道一位受崇拜的神,并且规定要带着忠心和虔诚侍奉他,向他献上仅仅属于他的供品,这在希腊文中称作"latreia"。由于这一差别,属天之城拥有与属地之城相同的宗教律法是不可能的。在这个方面,她必须与属地之城分开,成为那些有不同想法的人的负担。因此她要忍受敌人的愤怒、仇恨和迫害,除非敌人受到人数众多的基督徒的警告,或者由于上帝明显的庇护而使他们怒火平息。

因此,只要属天之城在大地上客居,她就会召集来自各个国家、说各种语言的公民,组成一个客居的社会,在其中不会有人注意习俗、法律、制度等方面的差别,而属地的和平是通过这些东西取得的。然而,她也不会废除或摧毁这些东西。因为各个国家无论有什么差别,全都是为了实现同样的属地的和平这一目的。因此,她保持或追随这些东西,只要它们不会阻碍教导我们崇拜唯一至高上帝的宗教。因此,甚至连属天之城在客居期间也使用属地的和平,向往和保持人们在获取这些属于人的可朽本性的事物时的合作,只要它不歧视真正的虔诚和宗教。她确实指引着属地的和平走向属天的和平,至少在理性动物的范围内,这种属天的和平如此真实,只有这种和平才是真正的和平,才配称得上真正的和平。因为这种和平是完全有序和谐的,在上帝中喜乐,共同拥有上帝。当我们达到这种和平时,我们的生活不再是可朽的,或者倒不如说到那个时候我们是完善的,并且肯定是有活力的。不再有动物的身体由于腐朽而压迫灵魂,而会有不需要任何东西的属灵的身体,一个在各个部分都服从意志的身体。当属天之城客居时,她在信心中拥有这种和平,凭着信心公义地生活,指引着每一个以获得这种和平为目的的善行,这些行为要么是为了上帝,要么是为了邻人,因为这座城的生活不可避免的是社会性的。

章18 新学园派的可疑与基督徒信仰的确定有什么区别

瓦罗断定新学园派有一个明确的特点,它把一切事物视为不确定的。然而上帝之城完全厌恶这种怀疑,视之为疯狂。就心灵和理性所感知到的事情来说,人们的知识是最确定的,哪怕这些知识由于可朽的身体会压迫灵魂而有局限性,如使徒所说:"我们现在所知道的有限。"① 在各种情况下,感觉提供的证据也是最真实的,心灵以感觉为手段使用身体,任何人认为感觉绝不可能真实的都犯了不幸的错误。它也相信被我们称作正典的旧约圣经和新约圣经,信心从中而来,义人凭信心生活,凭着信心我们坚定不移地向着主行走。只要这种信心保持完整和确定,我们可以不受谴责地接受某些我们的感觉或理性没有觉察到的事情、正典圣经没有启示给我们的事情、通过见证来到我们知识之中的事情,而不相信它们是荒谬的。

章19 论基督徒的衣着和生活方式

只要不和神圣的诫命相悖,拥抱这种走向上帝的信仰的人采用什么样的衣着或生活方式对属天之城来说没有什么关系。因此,当哲学家变成基督徒时,他们要改变他们错误的学说,但不需要被迫改变他们的衣着或他们习惯的生活方式,因为这些东西并不是这种宗教的障碍。因此,瓦罗所关注的作为昔尼克学派之确定特点的行为,只要不是不体面的,不是

① 《哥林多前书》13:9。

不节制的,都没有什么关系。至于三种生活——有闲暇的生活、行动的生活、二者相结合的生活——基督徒可以过其中任何一种生活,但仍旧能够获得永久的奖赏,只要他的生活没有损害他的信仰。当然了,热爱真理和履行仁慈的义务也是重要的。因为没有人可以过闲暇的生活,以至于在闲暇中根本不考虑他的邻人的利益,也没有人可以过一种行动的生活,以至于感觉不到有沉思上帝的需要。有闲暇的生活提供的快乐一定不会在愚蠢的懒惰之中存在,而会在寻求真理的机会中存在,所以在这方面取得进步的任何人都不会由于小心眼而隐藏他的发现。另一方面,在行动的生活中,我们爱的不是由这种生活提供的荣誉或权力,因为"日光之下所做的一切事,都是虚空"。① 倒不如说,如我们上面所解释的那样,②我们应当按照上帝的意志,为处在我们之下的人公义地、有益地使用这些荣誉或权力。由于这个原因,使徒说:"人若想要得监督的职分,就是羡慕善功。"③他想要解释"监督"的意思,于是他就指出这是一种职责的名称,而不是一种荣誉。监督(episcopate)是一个希腊词,它的意思是一个人被置于其他人之上,"监视"他们,也就是说,他对他们负有一定的责任。"epi"的意思是"在……之上","skopein"的意思是"看"。如果愿意的话,我们可以把"episkopein"翻译成拉丁文的"监督"。因此,乐意统治而非行善的主教不是真正的主教。④

所以,没有任何人被禁止寻求真理的知识,以这种方式度闲暇是值得赞扬的。但它不是对高位的贪求,尽管这种地位似乎也是管理民众所必需的。因此,对真理的热爱在寻找神圣的闲暇,而在爱的推动下,我们从事公义的事业。如果后一种责任没有落在我们肩上,我们就应当把我们的自由献给对真理的沉思和探索。但若责任落到了我们肩上,我们就要在爱的推动下加以承担,但此时追求真理的快乐仍不应完全抛弃。如果这种快乐完全离开我们,那么我们的责任就太沉重了。

---

① 《传道书》1:14。
② 见本卷,章 14。
③ 《提摩太前书》3:1。
④ 参阅奥古斯丁:《诗篇诠释》,章 126,节 3。

章20 圣徒在今生的期盼中得到赐福

所以，上帝之城的至善就是永久的、完全的和平。它不是凡人在由生到死的旅程中经历的那种和平。倒不如说，它是凡人在不朽中安息、不再受到邪恶侵害的和平。然而，有谁能否认这是一种最幸福的生活，或者说无论我们现在的生活充满多少灵魂与身体之善、外在环境之善，但与最幸福的生活相比是最不幸的？不管怎么说，如果有人能以这样一种方式利用今生以实现他如此钟爱、如此期盼的目的，那么他现在就可以无误地被称作幸福的，尽管这是一种期盼，而非现实。没有这种期盼的现实是一种虚假的幸福和巨大的不幸，因为在这种情况下，灵魂并没有享有真正的幸福。一种智慧如果不能指引它所有的审慎、坚忍、节制、正义去实现上帝为万物之主的、永恒完善的和平这一目的，那么它就不是真正的智慧。

章21 是否曾有过与西塞罗对话中的西庇阿提出的定义相吻合的罗马共和国

现在，我要实现我在本书第二卷①中许下的诺言，按照西塞罗的《论共和国》中西庇阿提出的定义，证明从来就没有过罗马共和国。我将尽可能说得简洁明了。

西庇阿非常简洁地把共和国定义为"人民的事业"。然而，如果这是一个真实的定义，那就从未有过罗马共和国，因为罗马人的国家从来不是这个定义所规定的"人民的事业"。西庇阿把"人民"定义为许多人"基于法权②的一致和利益的共同而结合起来的集合体"。在讨论的过程中，他解释了"法权的一致"是什么意思，说明没有正义就不能维护一个共和国。因此，没有真正的正义，就没有法权可言。因为按照正义行事肯定是一种正确的行为，而没有任何不义的事情能够是正确的。但是人的不正义的制度既不能称作正确的，也不能认为是正确的，因为即使人本身也说"正确"源于"正义"的源泉。至于由某些不懂正义的人提出来的看法，把

---

① 第21章。
② 此处法权的原文是"what is right"。

正义定义为"强者的利益"，这种看法是错误的。①

所以，没有真正的正义，就没有"基于法权的一致而结合起来的"集合体，因此也就没有西庇阿或西塞罗的定义所说的人民。如果没有人民，那么也就没有"人民的事业"，而只有某种人的集合，配不上人民这个名称。如果说共和国是"人民的事业"，没有"人民"就没有"法权的一致"，没有正确就没有正义，那么由此可以毫无疑问地推论，没有正义就没有共和国。还有，所谓正义就是一种使每个人得其应得的美德。② 那么，使人远离真正的上帝、服从不洁的精灵算什么正义呢？ 这样做使每个人得其应得了吗？ 如果有人从买下某份产业的人那里夺走这份产业，把它交给并不拥有权力的人手里，那么我们会称他为不正义的，而那些使自己远离创造了他的上帝的统治，侍奉邪恶的精灵的人，我们难道要称他们为正义的吗？

《论共和国》这本书中有一个最有活力、最强大的论证，以正义的名义反对不义。而在讨论中较早提出的一个论证则倾向于不义，反对正义。它说，共和国只有依靠不义才能成立或治理。它提出了一个似乎不容驳斥的观点，一些人统治，一些人侍奉，这是不公正的，除了用不公正的手段实施统治，否则帝国就不能统治它的行省。而正义一方则说，这种状态实际上是正义的，因为侍奉对侍奉者可以是有益的，就好像侍奉帝国的各个行省一样，只要有公正的治理，亦即剥夺不诚实者作恶的自由。这个论证还提出，被征服者在各种情况下都会变得比较好，因为不被征服时他们在变坏。为了加强这个推论，它还添加了一个出自本性的著名例证。它问道："为什么上帝统治人，灵魂统治身体，理性统治欲望以及灵魂的其他邪恶部分？"这个例子相当清楚地表明侍奉对某些人有益，而侍奉上帝确实对所有人有益。因为，侍奉上帝，灵魂就能正确地统治身体，而在灵魂中，当理性服从上帝，以上帝为主，理性就能正确地统治欲望和灵魂的其他部分。然而，如果事情是这样的话，不侍奉上帝的人能有什么样的正义

---

① 参阅柏拉图：《国家篇》339A 以下。
② 亚里士多德：《尼各马可伦理学》，卷 5，章 5。

呢？如果灵魂不侍奉上帝就不能正义地统治身体,那么理性不侍奉上帝也就不能正义地统治各种邪恶。如果这样的人没有正义,那么由这种人组成的集合体也没有正义。因此,没有什么"法权的一致"和法权一致的人民,也没有作为人民的事业的共和国。我还有必要再谈一下使人集合成"人民"的"利益的共同"吗？因为只要仔细关注,你自己就会看到那些亵渎者的生活无利益可言,这些人不侍奉上帝,而侍奉精灵,而精灵的不虔诚就在于它们想要得到献祭,就好像它们是神,而不是不洁的灵。我认为,关于"法权的一致",我所说的已经足够清晰了,按照这个定义,没有正义就没有这样的"人民",因此也就没有被称作共和国的"人民的事业"。

但我们的对手也许会说,罗马人在他们的国家中并不侍奉不洁的灵,而是侍奉善良的、圣洁的诸神。那么我们必须一而再、再而三地重复吗？读了本书前面这几卷的人如果仍旧怀疑罗马人侍奉邪恶不洁的精灵,那么他不是极端愚蠢,就是极端无耻。我们不用再谈罗马人献祭崇拜的诸神了,而只要说真正的上帝的律法中写着:"祭祀别神,不单单祭祀上帝的,那人必要灭绝。"①发出这一严重威胁的上帝不希望我们祭祀那些善良的神或邪恶的神。

章 22　基督徒侍奉的上帝是真正的神,只能向他献祭

但可能会有下面这种答复:"上帝是谁？有什么证据可以证明他是罗马人应当服从的唯一的神,只能向他而不能向其他神献祭？"问上帝是谁的人一定非常瞎。上帝就是对我们看到已经完成了的那些事情作出预言的先知们的上帝。上帝就是亚伯拉罕从他那里得到"地上万国都必因你的后裔得福"②这个应许的上帝。这个应许已经在基督那里应验,按照肉身基督是亚伯拉罕的后裔。连那些对基督之名保持敌对态度的人也承认这一点,不管他们想不想这样做。上帝就是他的圣灵通过这些人发预

---

① 《出埃及记》22:20。
② 《创世记》22:18。

言的上帝，我在前面几卷已经引述过这些预言，它们在教会中应验，我们看到教会现在已经传播到全世界。上帝就是最博学的罗马人瓦罗以为是朱庇特的上帝。瓦罗不明白他自己在说些什么，但我认为值得注意的是，这位博学者并不认为这位上帝不存在或微不足道，而是相信他是至高神。最后，上帝是最博学的哲学家波斐利——基督徒的死敌——按照所谓神谕也承认是大神的上帝。

章 23　波斐利解释有关基督的神谕

波斐利有一本书，名叫《来自神谕的哲学》，①他在书中收集了诸神对哲学问题的回答，并加以评论。波斐利说（我引用他的原文，尽管是从希腊文译成拉丁文的）："有人问，为了把他的妻子从基督教中召回来，他应当向哪一位神祈求，阿波罗用诗句做了下列回答。"接下去就是所谓阿波罗的原话。"也许你更能用水写字，或者像鸟一样张开翅膀在天上飞翔，也不能让你受到玷污的、不虔诚的妻子恢复知觉。让她继续这样吧，随她喜欢，充满幻像，为一位欺骗自己的神唱哀歌。正义的法官审判了这位神，用最残忍的办法处死了他。"在阿波罗说了这些话以后（拉丁文的翻译没有保存原文的韵律），波斐利继续说："在这些话中，阿波罗清楚地指出基督徒的信仰不可救药，说犹太人比基督徒更容易承认上帝。"你们瞧，他在表示他对犹太人的偏向超过基督徒，说犹太人在捍卫上帝时，对基督做了何等诋毁。因为他在解释阿波罗的诗句时说基督被公义的法官处死，就好像这些诗句的意思是法官的判决是公义的，基督应该受惩罚。波斐利相信阿波罗的这段撒谎的谕言，这段神谕也可能是波斐利自己虚构的。但是让我们把这个问题搁在一边，来看波斐利能否首尾一贯，或者说他能否使他赞同的这些神谕相互一致。

他在这个地方说犹太人是上帝的捍卫者，他们公正地审判基督，基督

---

① 参阅欧西庇乌：《福音的准备》，卷4，章6，节2；卷4，章8，节3。该书现存残篇，由 John O'Meara 编辑，参阅 John O'Meara, ed., Porphyry's Philosophy from Oracles, Londong, 1959.

应该遭到可耻的死亡。因此,波斐利为犹太人的上帝做了见证,然而在这种情况下,他必须聆听上帝的话语,"祭祀别神,不单单祭祀上帝的,那人必要灭绝。"①但是让我们进一步弄清问题,听听这位伟大的波斐利对犹太人的上帝是怎么说的。例如,当有人问阿波罗道(亦即理性)是否比法律好的时候,"他用下面的话作了回答"。然后波斐利开始引用阿波罗的话,我从中选出下面这些也就够了。"上帝是先于一切事物的生育者和国王,天地、大海、隐秘的地狱都在上帝面前颤抖,神圣的存在者都害怕他,因为它们的律法就是圣洁的希伯来人极大地荣耀了的圣父。"②在他的神阿波罗的这则神谕中,波斐利说希伯来人的上帝如此伟大,哪怕是神圣的存在者都害怕他。因为上帝说过"祭祀别神,不单单祭祀上帝的,那人必要灭绝",而我感到惊讶的是波斐利本人并不害怕祭祀别神而遭"灭绝"。

尽管我们提到的他的这些话冒犯基督,但这位哲学家也对基督说过某些好话。就好像他的诸神睡着时讲基督的坏话,醒着时承认基督是好的,并且赞扬基督。在似乎打算宣扬某些神奇的、无法置信的事情时,他说:"对这些在某些人看来肯定无法相信的事情我们该说些什么。因此诸神已经宣称基督是极为虔诚的,他已经变成不朽的了,而这些人珍视对他的纪念。但他们也说基督徒受了污染,陷入谬误。诸神还说了其他许多这样的事指控基督徒。"接下去他开始提供诸神指责基督徒的例子。他说:"有些人问基督是不是上帝,赫卡忒回答说:'你们要知道,当不朽的灵魂离开身体时,如果失去了智慧,它就总是犯错误。基督的灵魂是一个极为虔诚的人的灵魂,他们崇拜它,因为真理已经离开了他们。'"③在引用了这个所谓的神谕以后,波斐利添上他的评论:"就这样,赫卡忒说基督是最虔诚的人,他的灵魂像其他虔诚者的灵魂一样,死后得到了不朽,而基督徒由于无知而崇拜他的灵魂。还有,有些人问为什么基督受审

① 《创世记》22:18。
② 参阅拉克唐修:《论上帝的愤怒》,章23,节12。
③ 参阅欧西庇乌:《福音的证明》,章3,节6。

判。这位女神对此作出下列神谕性的回应：'身体确实总要接受摧毁它的刑罚，而虔诚者的灵魂可以在天上居住。但是基督的灵魂是赐给其他灵魂的一样礼物，它注定不能得到诸神的礼物，或者得到不朽的朱庇特的知识，一种使它们陷入谬误的礼物。这就是诸神仇恨基督徒的原因，因为他们命中注定不认识上帝，或者不能接受诸神的礼物，因此他们必定要被这个人的礼物引入谬误。然而他本人是虔诚的，就像其他虔诚的人一样升天。所以你们不应当说他的坏话，而应当对人们的疯狂表示遗憾。他们面临的紧迫危险是从他那里来的。'"

有谁如此愚蠢，竟然不明白这些神谕要么是这个不虔诚的人、这个基督徒的最坚定的敌人的虚构，要么是不洁的精灵抱着同样的意图作出的回应？这些精灵的意图在这里显然是通过赞扬基督来为他们对基督徒的辱骂赢得信任，藉此若有可能的话就封闭我们成为基督徒的永久拯救之道。他们清楚地知道，只要人们相信了他们对基督徒的辱骂，那么他们对基督的赞扬并不会伤害他们的目的，二者并不矛盾。相信二者的人可以是一个基督的崇敬者，但不会成为基督徒，而基督尽管受到赞扬，却并没有摆脱精灵的支配。还有，他们对基督的赞扬在各种情况下若被人相信，那么信者都不会是真正的基督徒，而会是一名像福提努斯那样的异端，只承认基督是人，不承认基督是神。① 因此，这样的人不能得到上帝的拯救，也不能回避或摆脱这些撒谎的精灵的圈套。

在我们这一方，我们无法证明阿波罗对基督的污辱，也不能证明赫卡忒对基督的赞扬。因为阿波罗希望人们相信正义的法官处死基督，像对待恶人一样。而赫卡忒则说基督是一个虔诚的人，但只是一个凡人。然而在这两种情况下，它们的意图是相同的，这就是引导人们拒绝成为基督徒。而不成为基督徒，就不能从精灵的控制下得救。

但是我们的哲学家，或者所有相信这种所谓神谕的人，如果能做到的话，首先要使阿波罗和赫卡忒对基督的看法一致，使二者能够一致谴

---

① 参阅奥古斯丁：《忏悔录》，卷8，章19；《布道文》，篇192，章3，节3；篇37，章17，节12；篇183，章8，节5；《反异端》，章44以下。

责或赞扬基督。但即使他们做到了这一点，我们无论如何也要禁绝精灵的虚假证言，无论它们在冒犯基督还是赞扬基督。然而现在的情况是，我们这位对手的神和女神有了不同的意见，一个冒犯基督，一个赞扬基督。所以明白这件事的人不会相信它们对基督徒的亵渎，这样做是正确的。

当波斐利（或赫卡忒）赞扬基督时，他还说基督把自己送给基督徒作礼物，使基督徒陷入谬误，他认为自己同时也揭示了这种谬误的根源。但在我用他自己的话来解释这些根源之前，我首先要问：如果基督把他自己当作这种导致谬误的礼物来馈赠，那么他这样做是有意的还是无意的？如果是有意的，他怎么能够是公义的？如果是无意的，他怎么能够是有福的？现在让我们来听听这种谬误的根源。波斐利说："在某个地方，有一些非常小的属地的灵，服从邪恶精灵的权能。希伯来民族的这些哲人（耶稣是其中之一，从我们已经讲过的阿波罗神谕中你们已经听到过他了）警告虔诚的人要提防这些邪恶的精灵和较小的灵，禁止人们敬拜它们，而要敬拜天神，崇拜天父上帝。但是诸神也作过这样的训导，我们在上面已经讲过它们如何告诫我们要把心转向上帝，它们在各种场合吩咐我们崇拜上帝。然而，没有受到训导的、不虔诚的本性没有得到诸神的礼物和不朽的朱庇特的知识，他们不听从诸神和受到神激励的凡人的教训，所以他们拒斥所有的神，但他们并不仇恨遭禁的精灵，反而敬重精灵。佯装崇拜上帝，他们错误地做了那些只有上帝才配得上的事情。上帝确实是万物之父，不需要任何东西，但对我们来说，用正义、贞洁以及其他德性来敬重他，终身向他祈祷，模仿他，寻求对他的认识，这样做是好的。因为寻求对他的认识促使我们在对他的模仿中让我们的气质与他相似，从而圣化我们自己。"

波斐利在赞扬天父上帝、崇拜上帝的行为时确实讲得很好，希伯来的先知书中也充满这样的告诫，依靠这些诫命生活的圣洁之人也给我们提供了借鉴。但是波斐利的错误或谎言在于把基督徒也说成和精灵一样希望成为神。无论谁都不难回想剧场里的下流表演，可以拿来与我们在教会里阅读、谈论和聆听的事情，或者与我们献给真神的东西做一比较。从中不难理解人在什么地方成为圣洁的,在什么地方遭到毁灭。有谁不相信只有邪恶的精灵能够告诉波斐利,或者激励他说出这样空洞和明显的谎言来,说基督徒敬重禁止崇拜精灵的希伯来人,而不是仇恨它们? 希伯来的哲人崇拜的上帝甚至禁止向神圣的天使和上帝的权能献祭,尽管我们敬重这些天使和权能,视之为我们今生客居期间最有福的同胞公民。以一种雷鸣般的恐吓,上帝说出了赐予他的希伯来子民的律法:"祭祀别神,不单单祭祀上帝的,那人必要灭绝。"①有些人也许会认为,这条禁令只适用于那些最坏的精灵和那些波斐利所说的非常微小的属地的灵。然而,即使这些灵在圣经中也被称作"神",外邦人的神,也就是说,它们不是希伯来人的神,从希腊文圣经七十子本翻译的一首诗中可以看得很清楚,那里说:"各国的诸神皆是精灵。"②有些人会认为,即使向这些精灵献祭是禁止的,但向所有那些属天的存在者献祭是允许的。这就是为什么要马上加上"不单单祭祀上帝"这些词的原因,这里的意思也就是说"只应当祭祀上帝"。我这样说,免得有人相信"只祭祀主"(Domino soli)的意思是向"我们的太阳"(Dominum solem)献祭。③ 从圣经希腊文版本中很容易看清不是这个意思。

这位杰出的哲学家为之做见证的希伯来人的上帝把这条律法赐予他的希伯来子民,它是用希伯来文写的,但并不晦涩而深不可测,现在已经传遍全世界。这条律法说的是"祭祀别神,不单单祭祀上帝的,那人必要灭绝。"④我们现在还有必要在律法书或先知书中进一步寻找证据吗? 确实没有这个必要了,因为这方面的证据既不难找,也不稀罕。所以有什么必要在我清楚和又充分的证据上再添加新的证据呢? 我的证据已经非常清楚地表明,至高的上帝确实不希望祭祀其他任何存在者,而只祭祀他。你们瞧,这个证据既简洁又重大,它是一个恐吓,但确实是我们这位最博学的对手热烈宣扬的上帝的真正话语。让人们聆听、害怕、服从这个警

---

① 《创世记》22:18。

② 《诗篇》96:5。

③ 奥古斯丁在这里提防有人把"主"转义为"太阳"。

④ 《创世记》22:18。

告,免得那些不服从的人遭到灭绝,因为上帝说"祭祀别神,不单单祭祀上帝的,那人必要灭绝。"①这不是因为上帝需要什么东西,而是因为祭祀上帝对我们有益。在希伯来文圣经中,诗篇作者对上帝唱道:"我曾对主说,你是我的上帝,因为你并不需要我的东西。"②

然而,我们自己、上帝自己的城,是献给上帝最神奇、最好的供品。还有,如忠心者所知,如我们在前面解释过的那样,③我们用供物来庆祝这种献祭的奥秘。神谕通过神圣的先知宣称,犹太人献上的牺牲是一种象征,但这样的献祭将会停止,各个国家,从日出之地到日落之处,都会献上同一种供物,④而我们现在看到这些事情已经实现了。关于这些神谕,我从这本书中似乎已经选得够多了。

这样,我们看到一位至高的上帝按照他的恩典统治着一座服从的城,所以它不能祭祀别神,只能祭祀上帝。由此带来的结果是,在属于这座城并且服从上帝的所有人那里,灵魂统治着身体,理性在合法的秩序中忠实地统治着各种恶德。在这座城中,个别的义人、社团和正义的民众,都按照信仰生活,并通过爱来生效。⑤ 人们必须爱上帝,爱邻人,要爱人如己。但在没有正义之处,就没有通过法权的一致和共同的利益统一起来的集合体。所以也就没有共和国,因为在没有"人民"之处,就没有"人民的事业"。

章24 对人民与共和国应当提出什么样的定义,使之不仅适用于罗马人的国家,而且也适用于其他王国

让我们放弃这个关于人民的定义,采用另一个。让我们说,所谓人民就是由某种一致拥有的爱的对象而联系在一起的理性动物的集合体。按照这个定义,如果要发现某个民族的特点,我们只要考察他们爱什么就行

---

① 《创世记》22:18。

② 《诗篇》16:2,与和合本译文不同。

③ 尤其参阅本书卷10,章5,章6,章20。

④ 参阅《玛拉基书》1:11。

⑤ 参阅《加拉太书》5:6。

了。如果人民是一个集合体，不是动物的集合体，而是理性动物的集合体，是由某种一致拥有的爱的对象联系在一起的，那么称之为人民并不荒谬，而无论这个爱的对象是什么。显然，这个一致拥有的爱的对象越好，人民也就越好；如果这个对象越糟，那么人民也就越糟。

　　按照我们的定义，罗马人确实是人民，它的"事业"无疑是共和国。至于这个人民所热爱的对象，历史已经告诉了我们，而在前面几卷我也作了阐述，无论在它的早期还是后继的各个时期。我说明了它如何遭受内战和血腥分裂而衰退，构成人民健康的和谐的关系如何瓦解。然而我并不按照这种解释说罗马人并非真正的人民，或者说罗马并非共和国，只要它还是一个由某种一致拥有的爱的对象而联系在一起的理性动物的集合体。然而我们必须明白，我所说的罗马人民和罗马共和国也适用于雅典人、其他希腊人、埃及人、亚述人的古巴比伦，以及其他一切民族，无论大小，只要它拥有一个公共的政府。因为一般说来，不虔诚者的城市不服从只祭祀上帝的诫命。这样一来，由于灵魂不能公义地、忠实地统治身体，理性不能统治恶行，那么这座城也就不能有真正的正义。

章 25　没有真正的宗教，就没有真正的德性

　　由灵魂统治身体、理性统治德行看起来确实值得赞扬，但若灵魂和理性自身不服从上帝（上帝本身教导我们应当侍奉他），那么灵魂和理性不能以任何方式公正地统治身体和德性。如果不认识真正的上帝、不服从上帝的统治，身体和德性除了向最邪恶的精灵卖淫以外，还能做心灵的什么样的情妇呢？因此，心灵看起来似乎拥有它所向往的美德，藉此统治身体和德性，但若与上帝无关，那么它实际上是真正的恶德，而不是美德。有些人确实认为，即使并无其他目的而只与自身相关，美德仍是真实的、光荣的。然而，这是由于美德受到吹捧而骄傲，也由于它应当算作恶德，而不是美德。正如把生命赋予肉体的不是从肉体中产生出来的某种东西，而是高于肉体的某种东西，所以使人的生活有福的也不是从人身上产生出来的某种东西，而是高于人的某种东西。这个道理不仅适用于人，而

且适用于每一种属天的权能和任何德性。

章26　离开上帝的民族所享有的和平，上帝的子民在客居时期利用这种和平

恰如灵魂是肉体的生命，上帝则是人生的幸福。如希伯来圣经所说："有上帝为主的百姓便为有福。"①因此，远离上帝的民族必定是邪恶的。然而，即使这样的民族也有它自己热爱的和平，不能加以轻视。它不会在终结之时拥有和平，因为在终结之前它没有很好地使用和平。但若这样的民族和平地生活，对我们也是有益的；因为，当两座城混杂在一起的时候，我们也可以利用巴比伦的和平。尽管上帝的子民在巴比伦的客居是暂时的，是凭着信心从巴比伦得救的，但我们仍旧要这样做。由于这个原因，使徒告诫教会要为国王祈祷，为所有在位的祈祷，然后说，"使我们可以敬虔、端正、平安无事地度日。"②还有，当先知耶利米预言古代的上帝子民被掳时，他以神圣的诚命吩咐他们顺从地去巴比伦，耐心地忍受，以此侍奉上帝。他本人告诫他们要为巴比伦祈祷，说"因为那城得平安，你们也随着得平安"，③暂时的和平是善人和恶人共享的。

章27　上帝的奴仆拥有的和平在可朽的今生无法在其完善中得到理解

但是，我们甚至现在就凭着信心与上帝一道享有我们特有的和平，今后也将凭着眼见与上帝一道永远享有这种和平。④但我们在此处拥有的和平，无论是我们与其他人共享的，还是我们特有的，只是对我们的不幸的一种安慰，而非幸福的欢乐。我们的公义也一样，尽管就朝着一个善的目的而言，它是一种真正的公义，但在今生它仅仅是对罪的救赎，而非美德的完善。整个上帝之城在大地上客居期间的祈祷可以为之作见证，因

---

① 《诗篇》144：15。

② 《提摩太前书》2：2。

③ 《耶利米书》29：7。

④ 参阅《哥林多后书》5：7。

为它的所有成员众口一声地对上帝叫喊道："宽恕我们的过失,如同我们宽恕人的过失。"①但这一祈祷对那些拥有"无行动的、死的"②信心的人来说无效,而只对那些"生发仁爱的"③信心的人有效。义人顺从上帝,但由于他们的理性而不需要这样的祈祷,尽管他们的理性在这种可朽状态中不能对恶德实施完善的控制,而受到可朽身体的压制。理性尽管统治着恶德,但恶德不会毫无抵抗地接受统治。人们无论怎样去平衡这种冲突,无论怎样完全克制和征服这样的敌人,但邪恶的事情仍旧会潜入;有些事即使没有行动,但也会从嘴边说出来,或者潜入人的思想。

因此,只要有统治恶德的必要,就不存在完全意义上的和平。这场战斗充满危险,而恶德会抗拒被征服;即使有些恶德被征服,其结果也不是万事大吉,而只会是一种充满焦虑的统治和努力。因此,我们生活在诱惑之中,这在神圣的话语中有清晰的表述,"大地上的人生不就是一种诱惑吗?"④有谁能假定自己以这样的方式生活,但没有必要对上帝说"宽恕我们的过失吧"? 除了傲慢的人,没有人会这样想。这种人不是真正的伟人,而是被骄傲吞噬了的人,一定会公正地受到赐恩给谦卑者的上帝的阻挡。由于这个原因,经上说:"上帝阻挡骄傲的人,赐恩给谦卑的人。"⑤

因此,在今生服从上帝、用心灵统治身体、用理性通过征服或抵挡来统治反对它的恶德,在这样的时候正义就出现在每个人身上。还有,向上帝祈求恩典去行功德、请求上帝饶恕他的冒犯、对所得的赐福感恩,在这样的时候正义也就出现了。然而,在那最后的和平中,我们的本性将会得到永恒与不朽的医治,我们的一切公义都与此相关,这样做也是为了保持公义。到了那个时候,在我们或其他人身上,不会再有任何恶德与我们中的任何人有冲突。这样,理性也就没有必要去统治恶德,因为不再有恶德。倒不如说,上帝将统治人,灵魂将统治身体;我们在那最后的和平中

———————————

① 《马太福音》6:12,和合本译为:"免我们的债,如同我们免了人的债。"

② 《雅各书》2:17。

③ 《加拉太书》5:6。

④ 《约伯记》1:7,见希腊文圣经七十子本。

⑤ 《雅各书》4:6;《彼得前书》5:5。

乐意服从,这种服从就像我们在生活和统治中得到的幸福一样伟大。对每个人和一切人来说,这种状况是永久的,它的永恒是有保证的,所以这种幸福的和平,或这种和平的幸福,就是至善。

章 28　恶人的终结

但另一方面,不属于这座上帝之城的人将会永远不幸。这种不幸也叫作第二次死亡,因为与上帝的生命分离的灵魂不能称作活的,被永久的痛苦征服的身体也不能称作活的。所以这种第二次死亡是最难忍受的,因为没有别的死亡可以令这种状况终结。

正如不幸是幸福的对立面、死是生的对立面一样,和平的对立面是战争。可以公正地问:如果善者的最终状态被宣称和赞扬为一种和平,那么恶者的最终状态如何,或者在什么意义上可以被理解为一种战争?提出这个问题的任何人都应当关注,什么是战争中最有伤害性的和毁灭性的,他会看到这无非就是事物的对立与冲突。那么可以想象有什么战争可以比意志对情欲、情欲对意志的冲突更加可悲和激烈?它们中哪一方的胜利都不能结束它们之间的敌对,而在这样的战争中,痛苦的力量与身体的本性之间的冲突如此激烈,以至于无法向对方投降。因为在今生,当这样的冲突发生时,要么是痛苦成为征服者,死亡消除了感觉,要么本性是征服者,健康消除了痛苦。但在未来的生活中,痛苦将始终延续,为的是折磨,而本性也在延续,为的是感觉痛苦。二者都不会停止存在,免得惩罚也要停止。所以,这就是善与恶的最后状态,前者是受期盼的,后者是要回避的。由于通过最后的审判,善人要进入一种状态,恶人要进入另一种状态,所以在上帝允许的范围内,我要在下一卷处理这种审判。

第 二 十 卷

【本卷提要】论末日审判,旧约和新约经文中关于末日审判的宣告。

章1 上帝始终在审判,但在本卷中把我们的关注限定在末日审判的范围内是合理的

依靠上帝赋予我的力量,现在我要来谈论上帝终极审判的日子,确认这一审判针对不虔诚者和不信者。我必须提出圣经中的证据,作为这项工作的基础。不愿相信这些证据的人竭力想要推翻它们,凭的是凡人虚假的、荒谬的智术。他们要么说圣经提出来的证据有其他含义,要么否认这些证据是神圣的启示。但我相信,理解这些陈述的凡人,无论是否公开承认,没有一个会表示不赞成它们是由至高的、真正的上帝通过圣洁的灵魂说出来的;当然了,他也有可能会由于某些过失而羞于这样做或害怕这样做。甚至有可能,当这些启示与某种疯狂有密切关系时,他会竭尽全力地辩护说他所知道的或所相信的东西是假的,而不是说他所知道的或所相信的东西是真的。

所以,真正上帝的整个教会,坚持并承认这一信仰:基督会从天上降临,审判活人与死人。这就是我们所谓的末日,上帝审判的日子,也就是最后的时间,因为这种审判到底要花多少天是不确定的。然而,阅读圣经的人无论怎么粗心,也不会不知道"日子"在经文中经常用来表示"时间"。① 还有,当我们谈论上帝审判的日子时,我们添上"最后的"或"终极的"这些词,因为上帝甚至现在也在审判。从人类一开始,上帝就一直

---

① 参阅奥古斯丁:《反摩尼教论创世记》,卷2,章4,节3。

在审判。他把最初的人类从乐园中驱赶出去,切断他们与生命树的联系,因为他们犯了弥天大罪。甚至在那之前,上帝就作出审判,他没有宽恕犯了罪的天使,①这种天使的王子自己受到诱惑,又在妒忌中诱惑人。还有,不是由于别的什么原因,而是由于上帝深邃的、正义的审判,精灵在空中或在天上的生活、人在大地上的生活,是最不幸的,充满了谬误和恐惧。还有,即使没有人犯罪,没有上帝善良、正义的审判,整个理性的被造物也不能通过保持它对主的依靠而保持永久的幸福。

还有,上帝不仅对整个精灵的族类和整个人类作出普世的审判,使他们遭殃,作为对他们最初所犯罪行的惩罚,而且也对个体通过自由意志的选择作出的行为进行审判。因为即使精灵也恳求不要叫它们受苦,②上帝按照它们各自表现出来的邪恶程度来宽恕它们或者叫它们受苦是公正的。人也经常由于自己的作为而受到上帝的惩罚,在今生或来世,这种惩罚经常是可见的,但隐秘的惩罚更多;尽管只有得到神的帮助人才能公义地行事,但若无上帝及其最公正的审判的允许,那就没有精灵或人能够邪恶地行事。因为,如使徒所说:"上帝没有不公平的地方。"③在别处他还说:"他的判断何其难测!他的踪迹何其难寻!"④

所以,在上帝允许的范围内,我在本卷中要谈的不是最初的那些审判,也不是中间的那些审判,而是最后的审判,基督要从天上降临,审判活人与死人。那个日子被称作审判日是恰当的,因为在那个日子到来时,愚昧者不再有机会问为什么这个不义之人是幸福的,那个义人是不幸福的。到那个时候事情变得很清楚,真正的、圆满的幸福只属于善人,而所有恶人,也只有恶人,将要承受它们应得的最大的不幸。

章2　上帝的审判甚至在人不能察觉的时候就呈现在人类的事务中

然而,就目前来说,我们知道人人都会患上同样的疾病,甚至连善人

---

① 《彼得前书》2:4。
② 参阅《马太福音》8:29。
③ 《罗马书》9:14。
④ 《罗马书》11:33。

也要受疾病之苦。同时,我们也知道,恶人也能得到那些并不十分重要的好东西。甚至在神圣的正义并不明显的处境中,神圣的教义也在引导我们的拯救。因为我们不知道根据上帝什么样的判断,善人要受穷,而恶人却是富有的。我们不知道为什么某人的德行在我们看来应当受苦、应当悲哀,而他却是快乐的。我们不知道为什么某人的生活值得赞扬,应当快乐,但他却是悲哀的。我们不知道为什么有些无辜者在法庭上,不仅被定罪,而且受处罚,或者是由于法官的不公正,或者是被虚假的证据所诬陷。而与之相反,我们不知道为什么诬告他的对手不仅可以掩饰真相,而且还能令人信服。我们不知道为什么不虔诚的人生活得最健康,而虔诚的人在疾病中死亡。我们不知道为什么做强盗的年轻人身体极好,而不会伤害任何人的婴儿,他们甚至不能出口伤人,也要受到各种疾病的伤害。我们不知道为什么那些总是在做好事的善人会被死亡夺去生命,而有些在我们看来根本不应该出生的人却格外地长寿。我们不知道为什么有些罪孽深重的人享有各种荣誉,而一些言行无可指摘的人却在默默无闻中死去,不被世人所知。这样的例子多得不胜枚举,又有谁能把它们全都说完呢?

这些在我们看来是荒谬的事例若能表现出某种一致性,那么我们理解起来也会容易些。也就是说,如果人生如同神圣的诗篇所说的那样"人好像一口气,他的年日如同影儿快快过去",①只有恶人能在今生得到短暂的幸福,而善人只能承受它的疾苦,那么我们理解起来也就容易多了。因为这种状态毕竟可以归结为上帝的某种公正而又仁慈的审判。这样我们就可以假设这些不能获得使人幸福的永恒之善的人,要么受到这些短暂的善的蒙蔽,以此作为对他们的罪恶的一种惩罚,要么是由于上帝的仁慈,用这些短暂的善来安慰他们。按照同样的道理,我们也可以假设这些不会承受永久折磨的人,要么此后不会再受短暂病患的伤害,作为对无论何种罪过的惩罚,这些罪无论如何微小,是他们曾经犯下的,要么这是对他们的一种锻炼,使他们的美德趋向圆满。然而,好人受苦而恶人享

---

① 《诗篇》144:4。

福似乎是不公正的,而且也有坏人倒霉而好人有好报的。这样一来,上帝的审判也就显得更加难测,上帝的踪迹也就更加难寻了。

所以我们不知道上帝的审判为什么要使这样的事情发生,或者允许这样的事情发生,因为在他那里有最高的权能、最高的智慧、最高的正义,在他那里没有软弱、仓促和不义。因此,我们要是不认为这些好人和坏人都会遇上的好事或坏事具有重要的价值,而去寻找那些只属于好人的好事物,尤其是回避那些只属于恶人的邪恶,那么这样做是有益的。然而,当我们面对上帝审判之时,这个时候在某种特殊意义上称作审判日,有时候也称作主日(the day of the Lord),我们就会明白上帝的审判是完全公正的,不仅是在这个时候作出的所有审判是公正的,而且他从一开始就作出的审判和后来作出的审判也是公正的。到了这个日子,依据上帝将会作出的正义审判,我们也就清楚为什么上帝现在作出的许多正义的审判(确实如此,几乎所有审判都这样)在凡人的感觉和心灵看来是隐藏的。然而,在这件事情上,有一点对虔诚的信者来说是不隐秘的,这就是上帝隐秘的审判无论如何都是公正的。

章3 所罗门在《传道书》中说的那些对好人和坏人都一样的事情

以色列人最聪明的国王所罗门在耶路撒冷实行统治,他那本被犹太人纳入正典的《传道书》以这样一种方式开始:"传道者说:虚空的虚空,虚空的虚空,凡事都是虚空。人一切的劳碌,就是他在日光下的劳碌,有什么益处呢?"①他所说的其他内容都围绕着这个论断。首先,他列举了今生的灾难和谬误以及当前的急促,没有任何事情是确定的,没有任何事物保持稳定。然后,他特别指出这样一个事实:在日光之下的虚空中,尽管"智慧胜过愚昧,就像光明胜过黑暗","聪明人的眼睛长在头上,愚昧的人在黑暗中行走",然而"有一件事是他们都会遇到的"。他说的"事"指的当然是"日光下"的今生。他的意思是,就像我们所看见的那样,这些坏事对好人和坏人来说都一样会发生。他还说,好人要受罪,就好像他

① 《传道书》1:2以下;参阅奥古斯丁:《订正录》,卷1,章7,节3。

们是坏人似的，而坏人会享福，就好像他们是好人似的。他说："我见大地上的事情都是虚空，义人所遇上的事情就好像是恶人要遇上的一样。还有，恶人遇上的事情就像善人一样。我说这也是虚空。"①

　　这位最聪明的人把整本书都用来描述这种虚空。他这样做的动机显然是，我们不应当向往一种日光下的虚空的生活，而应当向往一种造物主的阳光照耀下的真实生活。那么，在这种除了上帝的公义审判以外其他一切都是虚空的状态下，被造就为虚空的人注定要消失吗？然而，在他虚空的日子里，最重要的差别在于他是抗拒真理还是服从真理，他与真正的虔诚无关还是拥有虔诚。这一差别之所以重要，不是为了获得今生之善，或回避将要消逝的恶，而是为了将来的审判，到了那个时候，善人永远得善，恶人永远受恶。然后这位聪明的国王在书中总结说："总意就是敬畏上帝，谨守他的诫命，这是人所当尽的本分。因为人所作的事，连一切隐藏的事，无论是善是恶，上帝都必审问。"②还有什么能比他说得更加准确、更加真实、更加完整吗？他说"敬畏上帝，谨守他的诫命，这是人所当尽的本分。"每个真实存在的人都是上帝诫命的遵守者，而不遵守上帝诫命的人什么也不是。只要人还与虚空相似，那么他就不能在真理的形象中更新。"因为人所作的事，连一切隐藏的事，无论是善是恶，上帝都必审问。"这就是说，哪怕是微不足道之人，上帝也能看见他，既不会轻视他，也不会放弃对他进行审判。

章4　引入关于末日审判的证据，首先取自新约，然后取自旧约

　　现在，我要提供圣经中关于上帝的末日审判的证据，首先选自新约全书，然后选自旧约全书。尽管旧约时间上在先，然而从尊严角度考虑，我们把新约置于旧约之先，因为旧约是新约的先驱者。因此，我们首先引用新约的证据，然后我们再用来自旧约的证据来确证它。在旧约中我们有律法书和先知书，而在新约中我们有福音书和使徒书信。使徒说："律法

① 《传道书》8∶14，与和合本中译文不同。
② 《传道书》12∶13 以下。

本是叫人知罪。但如今上帝的义在律法以外已经显明出来,有律法和先知为证:就是上帝的义,因信耶稣基督加给一切相信的人。"①这种上帝的义属于新约,而旧约各书,即律法书和先知书,为它作见证。所以我必须首先说明情况,然后引用证据。这是耶稣基督本人告诉我们的秩序,他说:"凡文士受教作天国的门徒,就像一个家主,从他库里拿出新旧的东西来。"②他没有说"旧新的东西",因此他的意思肯定是说,他在这里所遵循的秩序是功德的秩序,而不是时间的先后。

章5　我们的救世主在某些段落中宣布,世界终结时有一场神圣的审判

因此,在对那些尽管主已经施展异能,但那里的人仍旧不信主的城市进行斥责时,救世主本身将它们比作异邦的城,并且说:"但我告诉你们,当审判的日子,推罗、西顿所受的,比你们还容易受呢!"③稍后,在提到另一座城时他又说:"但我告诉你们,当审判的日子,所多玛所受的,比你还容易受呢!"④在这里,他最清晰地指明审判之日将要到来。他在另一处还说:"当审判的时候,尼尼微人要起来定这世代的罪;因为尼尼微人听了约拿所传的就悔改了。看哪! 在这里有一人比约拿更大。当审判的时候,南方的女王要起来定这世代的罪,因为她从地极而来,要听所罗门的智慧话。看哪! 在这里有一人比所罗门更大。"⑤从这段话中我们知道两件事:一是有一场审判将要到来;二是到那时死者将要复活。因为当主在这里讲到尼尼微人和南方的女王时,他无疑是指现在的死人,然而他说他们在审判日将会"起来"。当他说"他们要定这世代的罪"时,他这样说并不是因为这些人要来审判,而是因为与他们相比,其他人更应公正地接受审判。

还有,他在另一处讲到好人与坏人现在混在一起,将来要分开——这

---

① 《罗马书》3:20 以下。
② 《马太福音》13:52。
③ 《马太福音》11:22。
④ 《马太福音》11:24。
⑤ 《马太福音》12:41 以下。

件事当然发生在审判日——这个时候,基督用上了后面所说的麦子和稗子的比喻。他对门徒们解释说:"那撒好种的就是人之子;田地就是世界;好种就是天国之子;稗子就是那恶者之子;撒稗子的仇敌就是魔鬼;收割的时候就是世界的末了,收割的人就是天使。将稗子薅出来用火焚烧,世界的末了也要如此。人子要差遣使者,把一切叫人跌倒作恶的,从他国里挑出来,丢在火炉里;在那里必要哀哭切齿了。那时,义人在他们父的国里,要发出光来,像太阳一样。有耳可听的,就应当听。"① 在这里,基督确实没有用到"审判"或"审判日",但他把末日审判的细节都更加清楚地描写出来,并预言这些事情都将发生在世界终结之时。

以同样的方式,他对门徒说:"我实在告诉你们,你们这跟从我的人,到复兴的时候,人子坐在他荣耀的宝座上,你们也要坐在十二个宝座上,审判以色列十二个支派。"② 在这里,我们知道耶稣将和他的门徒一道进行审判。因此他在另一处对犹太人说:"我若靠着别西卜赶鬼,你们的子弟赶鬼,又靠着谁呢? 这样,他们就要断定你们的是非。"③

然而,当他说他们将坐在十二个宝座上时,我们不要以为只有十二个人与他一道进行审判。倒不如说,十二这个数在这里象征着参与审判的所有人。三和四是七的组成部分,七这个数一般用作普遍性的象征,三乘四得十二,四乘三也得十二。十二这个数也可以有别种解释,但其结果意思相同。④ 否则的话,我们读到马提亚被立为使徒,接替了叛徒犹大的位分,⑤ 这样一来就没有审判的宝座留给使徒保罗,而他"比众使徒格外劳苦"。⑥ 然而,保罗说"岂不知我们要审判天使吗?"⑦ 这个时候,他清楚地表明他与其他圣徒一道属于审判者之列。

---

① 《马太福音》13:37 以下。
② 《马太福音》19:28。
③ 《马太福音》12:27。
④ 参阅奥古斯丁:《诗篇诠释》,章 49,节 9。
⑤ 参阅奥古斯丁:《使徒行传》1:25 以下。
⑥ 《哥林多前书》15:10。
⑦ 《哥林多前书》6:3。

同样值得注意的是,经上提到受审者时也使用了十二这个数。因为经上说"审判以色列十二个支派"的意思不是指作为第十三个支派的利未支派可以不受审判。它的意思也不是说只有以色列人受审,而其他民族不受审。基督说"到复兴的时候",这无疑表明他希望我们把"复兴"(regeneration)这个词理解为死者的复活。因为我们的肉身将由于不朽而得到更新,正如我们的灵魂由于信而得到更新。

其他还有许多段落似乎也涉及最后的审判,但我要加以省略,因为出于更加仔细地考虑,它们的涵义比较晦涩,或者说它们指代其他事情更为贴切。比如,它们可以指救世主的"到来",而在当前这个时代救世主已经临在于他的教会,亦即临在于他的肢体。在这个意义上,他的到来是一部分一部分的,是一点一点的,因为整个教会是他的身体。还有,这些段落可以指属地的耶路撒冷的毁灭。因为在谈到这一毁灭时,基督经常显得像是在谈论这个世界的终结和伟大的审判日。因此,不比较在马太、马可、路加这三位传道人那里出现的有关这个主题的所有段落,就没有可能把这两个事件区别开来。因为某位传道人在某些方面说得比较晦涩,而其他传道人说得比较清楚,因此各位传道人指代相同事件的说法可以用来相互参照,以明了其中的涵义。我在写给海西吉乌斯的一封信中已经努力这样做了,他是萨罗那城的主教,记性极好,这封信的标题是《论末世》(De fine saeculi)。①

下面我要引述《马太福音》中的一段话,其中讲到基督强有力的终极审判把好人与恶人区分开来。耶稣说:"当人子在他荣耀里,同着众天使降临的时候,要坐在他荣耀的宝座上,万民都要聚集在他面前。他要把他们分别出来,好像牧羊的分别绵羊、山羊一般;把绵羊安置在右边,山羊在左边。于是王要向那右边的说:'你们这蒙我父赐福的,可来承受那创世以来为你们所预备的国;因为我饿了,你们给我吃;渴了,你们给我喝;我作客旅,你们留我住;我赤身裸体,你们给我穿;我病了,你们看顾我;我在监里,你们来看我。'义人就回答说:'主啊,我们什么时候见你饿了,给你

---

① 　奥古斯丁:《书信集》199。

吃,渴了,给你喝?什么时候见你作客旅,留你住,或是赤身裸体,给你穿?又什么时候见你病了,或是在监里,来看你呢?'主要回答说:'我实在告诉你们,这些事你们既作在我这弟兄中一个最小的身上,就是作在我身上了。'主又要向那左边的说:'你们这被咒诅的人,离开我!进入那为魔鬼和他的使者所预备的永火里去!'"①然后,本着同样的精神,他列举了那些恶人没有做的事情,也就是他说那些在他右边的人做了的事情。当这些在他左边的人提出同样的问题——我们什么时候在你需要的时候不伺候你了——这个时候,他回答说,这些事你们既不作在我这弟兄中一个最小的身上,就是不作在我身上。他最后的结论是这样的:"这些人要往永刑里去,那些义人要往永生里去。"②

还有,传道人约翰最清晰地告诉我们,耶稣如何预言审判将会在死者复活时发生。因为他首先说:"父不审判什么人,乃将审判的事全交与子,叫人都尊敬子如同尊敬父一样。不尊敬子的,就是不尊敬差子来的父。"然后他马上又添上"我实实在在告诉你们,那听我话,又信差我来者的,就有永生,不受审判,是已经出死入生了。"③你们瞧,他说信者"不受审判"。那么,信者不受审判如何能将好人从坏人中区分出来,站在他的右边呢,除非他在这里使用"审判"这个词的意思是"定罪"? 所以"审判"在这里的意思是"定罪",那些听他的话、相信差他来者的人不会被定罪。

章6　第一次复活和第二次复活

接下去,耶稣继续说:"我实实在在地告诉你们,时候将到,现在就是了,死人要听见上帝儿子的声音,听见的人就要活了。因为父怎样在自己有生命,就赐给他儿子也照样在自己有生命。"④在这里他还没有谈到第

---

① 《马太福音》25:31 以下。
② 《马太福音》25:46。
③ 《约翰福音》5:22 以下,此处"不受审判"的英译文为"shall not come into judgment",和合本译为"不至于定罪"。
④ 《约翰福音》5:25 以下。

二次复活,亦即肉体的复活,这是在终结的时候发生的,①而第一次复活的时候就是现在。确实是为了作出这个区别,他说"时候将到,现在就是了"。然而,这第一次复活不是肉体的复活,而是灵魂的复活。因为灵魂也有它们自己的死亡,由不虔诚和罪过构成,这种死亡就是主所说的"任凭死人埋葬他们的死人"②的那种人所承受的死亡,也就是说让那些灵魂死亡的人去埋葬肉体死亡的人。③ 所以,耶稣说"时候将到,现在就是了,死人要听见上帝儿子的声音,听见的人就要活了",这个时候他说的就是那些由于不虔诚和罪过而灵魂死亡的人。他所说的"听见的人",指的是那些服从和相信主,甚至一直坚持到终结之时的人。他在这里没有对好人与坏人作任何区别。因为,所有人听见主的声音都是好事,听见的人就得着生命,就可以从不虔诚的死亡进入虔诚的生命。使徒保罗说:"一人既替众人死,众人就都死了;并且他替众人死,是叫那些活着的人不再为自己活,乃为替他们死而复活的主活。"④他在这里讲的就是这种死亡。

所有人都死在罪里,无人能够幸免,无论这种罪是原罪还是后来增加的有意识的罪,是在无知状态下犯下的罪还是没有做已知为公义的事。至于说替众人而死的那一个人,他实际上是活的,也就是说,这个人是完全无罪的。他为替众人赎罪而死,使他们得活,而他们从此以后不再为自己活,而是为他活。他为赎我们的罪而死,为叫我们称义而复活。⑤ 他为我们而死,使我们这些只信称罪人为义的神的人⑥和被他判断为不虔诚的人从死中复活,能够享有"现在就是"的第一次复活。只有参与了第一次复活的人能够得到永恒的赐福。然而,关于第二次复活,耶稣讲得很简短,他教导我们说,义人和恶人同样都要经历它。第一次复活是仁慈的复

---

① 参阅奥古斯丁:《论三位一体》,卷4,章5,节3;《以弗所书》2:1,5;《提摩太前书》5:6。
② 《马太福音》8:22。
③ 参阅奥古斯丁:《布道文》,篇100,章2。
④ 《哥林多后书》5:14以下。
⑤ 参阅《罗马书》4:25。
⑥ 参阅《罗马书》4:5。

活,第二次复活是审判的复活。由于这个原因,经上写道:"主啊,我要对你歌唱仁慈与审判。"①

接下去,耶稣开始谈论这次审判,他说:"因为他是人子,就赐给他行审判的权柄。"此处,他还告诉我们,他将要以他那被审的肉身前来审判。由于这个原因,他说"因为他是人子"。然后,他又添上与我们在这里所讨论的问题相关的一些话:"你们不要把这事看作稀奇,时候要到,凡在坟墓里的,都要听见他的声音,就出来;行善的复活得生;作恶的复活定罪(judgment)。"②他在这里使用"judgment"一词的意思与前面的用法相同,他说"那听我话,又信差我来者的,就有永生,不受审判,是已经出死入生了","审判"在这里的意思是"定罪"(condemnation)。换言之,参与了第一次复活,在当前这个时候出死入生,也就不再被定罪了,耶稣称这个定罪为"审判",就像他在另一处所说的一样,"作恶的复活受审判",也就是定罪。这样,凡是不希望在第二次复活中被定罪的人必须要参与第一次复活。因为"时候将到,现在就是了,死人要听见上帝儿子的声音,听见的人就要活了",也就是说他们不会被定罪,这个定罪被称作"第二次死亡"。但在将要到来的第二次复活,即肉身的复活之后,那些在第一次复活中,亦即在灵魂的复活中没有复活的人将要陷入这种死亡。因为"时候要到,凡在坟墓里的,都要听见他的声音,就出来",这个时候就是世界终结之时,亦即上帝作最后的、最重大的审判之时。他没有像在谈到第一次复活时那样也说"听见的人就要活了"。因为这些人全都不会活。然而,这里的意思不是这些人都不会拥有这种生活,因为这是一种幸福的生活,是唯一配得上称作幸福的生活。很清楚,如果他们根本不具有任何一种生命,他们就不可能听,也不可能从他们复活了的肉身中出来了。

还有,在后续的话中,基督告诉我们为什么这些人全都不会活。他说"行善的复活得生",这些人是会活的;"作恶的复活定罪",这些人是不会活的,因为他们都要第二次死亡。他们作恶,因为他们的生命是恶的。他

---

① 《诗篇》101:1,和合本译为"我要歌唱慈爱和公平,耶和华啊,我要向你歌颂。"
② 《约翰福音》5:27 以下。

们的生命之所以是恶的,乃是因为他们没有在第一次复活中得到新的生命,这第一次复活就是现在的灵魂复活,或者是因为他们在灵魂复活以后没有将新生命一直保持到底。这样,我在上面已经提到了两种新生。一种新生凭信,通过"现在"就受洗而实现;另一种新生凭肉身,肉身在经历最大的、最终的审判时被造就为不朽的和永恒的。复活也有两种。"现在"就已经在这里或那里发生的第一种复活是灵魂的复活,可以防止我们落入第二次死亡;而第二种复活的时候还没有到,将会在世界终结之时发生。这第二种复活不是灵魂的复活,而是肉身的复活,在末日审判时有许多人会进入第二次死亡,而其他人则会进入无死亡的生命。

章7 约翰在《启示录》中提到两次复活和一千年,我们该如何理解这些事情

传道人约翰在那本名叫《启示录》的书中也谈到这两次复活。但他谈论的方式使我们有些民众不能理解第一次复活,甚至把它变成荒唐的故事。下面就是使徒约翰在我刚才提到的这本书中讲的话:"我又看见一位天使从天降下,手里拿着无底坑的钥匙和一条大链子。他捉住那龙,就是古蛇,又叫魔鬼,也叫撒旦,把它捆绑一千年,扔在无底坑里,将无底坑关闭,用印封上,使它不得再迷惑列国。等到那一千年完了,以后必须暂时释放它。我又看见几个宝座也有坐在上面的,并有审判的权柄赐给他们。我又看见那些因为给耶稣作见证、并为上帝之道被斩者的灵魂,和那没有拜过兽与兽像,也没有在额上受过他印记之人的灵魂,他们都复活了,与基督一同作王一千年。这是头一次的复活。其余的死人还没有复活,直等那一千年完了。在头一次复活有分的有福了,圣洁了;第二次的死在他们身上没有权柄。他们必作上帝和基督的祭司,并要与基督一同作王一千年。"①

受这段话的影响,有些人假定第一次复活是将要到来的肉身的复活。除了其他事情,他们还特别受一千年这个数字的影响,以为在这段时间里

---

① 《启示录》20:1以下。

圣徒们将享有某种安息日。在劳碌了六千年以后,他们享有圣洁的安宁。这六千年始于第一个人被造,由于犯下大罪而被赶出乐园,陷入这种可朽的状态。还有,经上讲过:"主看一日如千年,千年如一日。"①因此,他们认为这六千年就像六日一样结束,最后的一千年就像第七日或某种安息日一样来到,这就是圣徒复活的目的,他们复活是为了庆祝这种安息日。

如果这种意见所表达的只是一种信念,认为圣徒们在安息中享有的欢乐是一种灵性的快乐,产生于上帝的临在,那么这种看法还是可以容忍的。我本人确实也听到过这种看法。②但有些人断言,这些复活者从今以后将在无节制的筵席中度过余生。这些筵席提供大量的食物和饮料,不仅远远超出合理的限度,而且多得难以想象。只有属血气的人才会拥有这种看法。属灵之人会用希腊文"Chiliasts"(相信千禧年的人)来称呼相信这种事情的人,这个词我们可以用"Millenarians"(相信千禧年的人)来对译。③然而,要逐条驳斥他们的看法太冗长了。我们必须现在就来说明该怎样理解这段经文。

主耶稣基督本人说:"人怎能进壮士家里,抢夺他的家产呢?除非先捆住那壮士。"④"壮士"我们理解为魔鬼,因为它有权柄俘虏人类。"家产"被基督用来表示魔鬼通过各种罪过曾经占有过的人,但他们要成为基督忠诚的子民。根据使徒在《启示录》中的异象,捆绑这位"壮士"的天使"从天降下,手里拿着无底坑的钥匙和一条大链子;他捉住那龙,就是古蛇,又叫魔鬼,也叫撒旦,把它捆绑一千年。"也就是说,天使制服了魔鬼的力量,使它不能再诱惑和占有那些已经得到救赎的人。

在我看来,关于这个一千年似乎有两种理解。首先,它可以表示在这最后的一千年,亦即在这好像第六日似的第六个千年中将要发生的事情。我们现在正处在这一日的最后时刻,然后将是一个没有夜晚的安息日,也就是圣徒们安息的时候,它是没有终点的。这样,使用象征性的语言,用

---

① 《彼得后书》3:8。

② 参阅奥古斯丁:《布道文》,篇259,章2。

③ 参阅奥古斯丁:《反异端》,章8;杰罗姆:《以赛亚书诠释》,卷18,节769。

④ 《马太福音》12:29,句中"家产"一词在和合本中译为"家俱"。

整体来象征部分,约翰用"一千年"这个表达法来表示这个千年——或"日子"——在世界终结之前剩余的最后部分。另一种理解是,他可能想用千年来表示这个世界存在的所有年代,用一个完整数来象征时间的圆满。因为一千是十的立方,十乘十是一百,这是一个平方,构成一个平面;但若再给它加上高度,构成一个立方体,用一百再乘以十,就是一千。还有,一百有时可以用来表示整体,比如主应许那些抛下自己的财物跟随他的人,说他们"必要得着百倍。"①使徒对此作解释说:"似乎一无所有,却是样样都有",②因为古人说"整个世界都是忠信者的财富。"③如果是这样的话,那么十的平方再乘以十构成立方体而得到的一千不就能更加完整地表示整体吗? 因此,当我们在诗篇中读到"他记念他的约,直到永远;他所吩咐的话,直到千代"④的时候,除了说它表示"所有世代",没有其他更好的解释了。

"他把它扔在无底坑里",也就是说,他把魔鬼扔在无底坑里。在这里,无底坑象征着不虔诚者的众多,这些人的心无比邪恶,反对上帝的教会。这不是说魔鬼以前就不在他们中间,而是说魔鬼无法再去伤害信徒,于是就开始更加彻底地抓住不虔诚者不放。抓住这些人的魔鬼不仅违反上帝的命令,而且邪恶地敌视上帝的仆人。约翰说:"将无底坑关闭,用印封上,使它不得再迷惑列国,等到那一千年完了。""关闭"的意思是天使防止魔鬼再跑出来,违反上帝的诫命。再加上"用印封上",在我看来,哪些人属于魔鬼的集团,哪些人不属于魔鬼的集团,上帝似乎希望这件事能够成为一个秘密。在今世,这确实是一个秘密,因为那些现在似乎坚定的人也会跌倒,而那些现在似乎跌倒的人也会站立。

魔鬼被捆绑和关闭起来,禁止和防范魔鬼诱惑那些属于基督的列国,而它们从前受到魔鬼的诱骗和俘虏。因为如使徒所说,上帝在创立世界

---

① 《马太福音》19:29。

② 《哥林多后书》6:10。

③ 《箴言》17:6,见希腊文圣经七十子本;参阅奥古斯丁:《书信集》,第153,节26;杰罗姆:《书信》,第53,节10。

④ 《诗篇》105:8。

之前挑选了它们，①使它们摆脱黑暗，让它们归于他的爱子的王国。忠信的人有谁不知道魔鬼一直到现在还在诱惑列国，拉着它们与他一道进入永久的惩罚？然而，注定要永生的不是这些国。魔鬼甚至经常诱惑那些已经在基督里再生并行走在通向上帝道路上的人，人们不要因此而产生怀疑。因为，"主认识谁是他的人"，②魔鬼诱惑不了那些被永远定罪的人。在这里，主是作为上帝，而不是作为凡人来认识他们的。对上帝来说，没有任何事情是隐藏的，甚至那些还没有发生的事情对他来说也不是秘密。然而，凡人只能看见当前的事情，尽管我们确实可以说一个人可以明白他人的心，而他人的心实际上是他看不见的。尽管他本人可以清楚地知道自己将会成为什么样的人，但他还是看不见自己的未来。由于这个原因，魔鬼要被捆绑，关在无底坑里，使它不能再去诱惑其中建有教会的列国；而它从前诱惑和奴役的列国是没有教会的。因为，经上说的不是"使他不得再迷惑人"，而是"使它不得再迷惑列国"——这里的意思无疑是有教会建立于其中的列国——"等到那一千年完了"，这里讲的一千年的意思，要么是第六日（由一千年组成）的剩余部分，要么是世界终结之前还要到来的所有年份。

　　但是这些话——"使它不得再迷惑列国，等到那一千年完了"——不能理解为魔鬼以后只会欺骗教会注定要在其中建立的列国，魔鬼被捆绑和关闭在无底坑里这一事实表明魔鬼的诱惑已经被阻止。倒不如说，这里说话的方式与圣经别处的方式是相同的，例如，在《诗篇》中有这样的话："我们的眼睛也照样望着主，我们的上帝，直到他怜悯我们"，③这里的意思不是说当上帝怜悯的时候，他的仆人的眼睛就不看上帝了。还有一种理解方式是，这些话的恰当词序是："将无底坑关闭，用印封上，等到那一千年完了"，中间插入的从句"使它不得再迷惑列国"不应按照它在句中的原先位置来理解，而应单独理解，就好像这个从句置于句末一样。这

---

① 参阅《以弗所书》1:4。

② 《提摩太后书》2:19。

③ 《诗篇》123:2。

样一来,整句话应当读为:"将无底坑关闭,用印封上,等到那一千年完了,使它不得再迷惑列国。"也就是说,魔鬼要被关闭一千年,这样它就不能再迷惑列国了。

章8　魔鬼被捆绑和释放

　　圣约翰说:"以后必须暂时释放它。"如果说捆绑和关闭魔鬼的意思是使它不能欺骗教会,那么它的获释意味着它又能欺骗了吗? 上帝禁止我们这样想! 因为它不会再欺骗上帝在创立世界之前就已确定挑选的教会,关于教会,经上说"主认识谁是他的人"。然而,即使在魔鬼被释放的时候,这个世上也有教会,就好比有开端,就有后来的各个世代,新生的必将取代死亡的。约翰在稍后处确实说过,魔鬼获释以后确实会欺骗世界列国,引诱它们对教会开战,教会的敌人会多得像大海里的沙。他说:"他们上来遍满全地,围住圣徒的营与蒙爱的城,就有火从天降下,烧灭了他们。那迷惑他们的魔鬼被扔在硫磺的火湖里,就是兽和假先知所在的地方。他们必昼夜受痛苦,直到永永远远。"①这段话指的是最后的审判。然而我认为在这里引用也是适宜的,免得有人以为,当魔鬼被"暂时"释放时,大地上没有教会,要么是魔鬼获释时在大地上找不到教会,要么是魔鬼已经用各种迫害的方式摧毁了教会。

　　这样,魔鬼被捆绑的时间包括《启示录》所说的整个时期,亦即从基督的第一次降临到世界末日,世界末日也就是基督第二次降临的时候。但是这种捆绑并不简单地意味着魔鬼在这被称作"一千年"的间隙中停止迷惑教会了。只有当魔鬼在被释放之后也不再欺骗教会了,我们才能这样说。如果它被捆绑的意思是它不能够或不允许它去欺骗教会,那么它被释放的意思肯定是它现在能够或允许它去这样做。然而,上帝禁止这种事情! 倒不如说,魔鬼被捆绑的意思是,上帝不再允许它施展全力进行诱惑,用暴力逼迫或阴险狡诈的手段胁迫人站在它一边。如果上帝允许它长时间地这样做,许多人的信仰就会被它颠覆,或者说它会阻碍许多

---

① 《启示录》20:9以下。

人相信上帝，而上帝并不希望这些人遭受这样的命运。魔鬼被捆绑起来，所以它就不能这样做了。

但是，魔鬼将"暂时"被释放，因为我们读到，它和它的天使会愤怒三年零六个月。① 而将要与魔鬼作战的是这样一种人，魔鬼的大力攻击和阴谋诡计不能征服他们。但若它从来不曾被释放，那么它的邪恶力量就不能清晰地展示，而圣城的坚韧也不会在它所表现的巨大忠诚中得到彻底的证明。简言之，这样一来，人们也就不能清楚地察觉全能者如何善用魔鬼巨大的邪恶。因此，全能者没有完全消除他的圣徒被诱惑的可能性；倒不如说，他只保护他们的内心，他们对上帝的信就居于内心，所以他们能够从魔鬼外在的攻击中得益。上帝把魔鬼和那些站在魔鬼一边的人一起捆绑，使魔鬼不能用它的邪恶力量阻碍或打断无数虚弱的人的信仰，这些人有些已经信了，有些还没有信，教会从这些人中得到增加和补充。然而，全能者最终会释放魔鬼，使上帝之城可以看见它征服的敌人有多么可怕，会极大地荣耀它的救赎者、救助者、解放者。这些圣徒和将来的信徒要经受这样一个不被捆绑的敌人的诱惑，而我们要加以抵抗的紧迫危险却是来自受捆绑的魔鬼，两相对照，这样的敌人又算得了什么呢？然而，毫无疑问，即使在这样的间隙时期，也会有某些基督坚强勇敢的士兵，如果他们在这个可朽的状态中、在这个魔鬼被松绑的时代仍旧活着，那么他们无疑最聪明地保护了自己，也最耐心地忍受了魔鬼的诡计和攻击。

魔鬼被捆绑的时间不仅仅是从教会诞生，越出犹大地，越来越广泛地向其他国家传播。哪怕现在，魔鬼还是被捆绑的，并将持续到世界末日，到那个时候，魔鬼会被释放。因为，即使现在仍有人从被魔鬼占有的不信状态中皈依信仰，这种情况无疑将一直持续到世界末日。所以，每当有作为魔鬼"家产"的人离开魔鬼，这个"壮士"就被捆绑着。当那些最初与魔鬼一道被关在无底坑中的人死去时，这个无底坑也不会废弃。其他仇恨基督徒的人作为这些魔鬼同道的继承者会继续产生出来，直到世界末日，他们的心处于黑暗状态，而魔鬼每天都被囚禁着，就

---

① 参阅《启示录》12:12, 11:2, 12:6, 13:5。

好像在无底坑中。

然而,我们可以很好地问,在这最后的三年零六个月中,当魔鬼被释放而又极端愤怒的时候,那些没有接受信仰的人还会这样做吗? 如果那个壮士的家产在他还没有被释放的时候都没有取走,那么"人怎能进壮士家里,抢夺他的家产呢? 除非先捆住那壮士"这句话如何有可能是真的呢? 因此,依据这段话,我们似乎必须相信,在那个时期,尽管非常简短,基督的子民不会增添,而魔鬼会对那些已经成为基督徒的人开战,尽管他们中有些人会被征服,成为魔鬼的追随者,但这些人并非预定的上帝之子。写了《启示录》的这位使徒约翰在写给某些人的书信中说:"他们从我们中间出去,却不是属我们的;若是属我们的,就必仍旧与我们同在。"①他这样说,并非毫无意义。

但这个时期的孩子会怎样呢? 我们不可能相信这个时期的基督徒没有已经出生但尚未受洗的孩子,也不可能相信这些日子没有婴儿出生。如果这个时期有尚未成年的孩子,我们也不可能相信他们的父母会不想方设法使他们接受"重生的洗".② 但在这种情况下,如果"人怎能进壮士家里,抢夺他的家产? 除非先捆住那壮士"这句话仍旧是真实的,那么这种"家产"如何能够在魔鬼没有被捆绑的时候被取走呢? 然而,我们实际上相信,即使在那个时候,既不缺少离开教会的人,也不缺少参加教会的人。在那些日子里,为家中幼小成员寻求洗礼的父母和那些第一次前来接受信仰的人都会表现得足够坚忍,可以战胜"壮士",哪怕他没有被捆绑。尽管这个壮士会以前所未有的阴谋诡计攻击他们,但这些人会保持高度警惕,识破他的诡计,坚定地抗拒他的诱惑,所以尽管壮士没有被捆绑,这些家产也会被取走。

但这样说并不意味着福音书上的这个说法是错误的,"人怎能进壮士家里,抢夺他的家产呢? 除非先捆住那壮士"。这句话的真相要按照下面这个秩序才能理解:第一,"壮士"被捆绑;第二,他的家产被夺走;最

---

① 《约翰一书》2:19。
② 《提多书》3:5。

后，教会在列国有了巨大的增长，坚强的人与软弱的人都会加入教会，因为教会坚定地相信上帝的预言和已经应验了的事情，他现在已经足够强大，可以取走魔鬼的家产，哪怕魔鬼已经松了绑。我们确实必须承认，"只因不法的事增多，许多人的爱心才渐渐冷淡了。"①还有，确实有许多没有记在生命册上的人会被不期而至的大迫害和魔鬼的欺骗所击倒，但他们被释放了。确实也有许多人在这个时候能够战胜魔鬼，尽管魔鬼已被松绑。我们必须假定，好人能够在这个时候表现出忠心，但有些人确实也会一直待在教会之外。后面这些人会变得更加坚定地相信他们以前不相信的事情，变得难以克服。但在上帝恩典的帮助下，通过学习圣经的预言和其他事情，他们最后能够找到通道。如果事情是这样的话，魔鬼的被捆绑必定在先，取走它的家产既可以是在它被捆绑的时候，也可以是在它被松绑的时候。这就是"人怎能进壮士家里，抢夺他的家产呢？ 除非先捆住那壮士"这句话的意思。

章9　圣徒与基督一道统治一千年的含义，这种统治与永恒的王国有什么不同

　　但是，当魔鬼被捆绑一千年的时候，圣徒也要和基督一道统治一千年，这一点无疑也要按同样的方式加以理解，也就是指从基督的第一次降临开始的这个时期。这个千年统治与传道人所说的最后的王国是很不相同的，"你们这蒙我父赐福的，可来承受那创世以来为你们所预备的国。"②因为基督的圣徒甚至现在也在与基督一道统治，尽管处在一种极不相同的、较为险恶的境况中，基督对这些圣徒说："我就常与你们同在，直到世界的末了。"③否则的话，现在的教会就不能被称作他的王国或天国了。确实是在这个时期，"文士受教作天国的门徒"，我们上面提到过这些人"从库里拿出新旧的东西来"。④ 来自教会的收割的人

---

① 《马太福音》24：12。
② 《马太福音》25：34。
③ 《马太福音》28：20。
④ 《马太福音》13：52。

要把稗子挑出来,主允许这些稗子与麦子一道生长,直到收割的时候,这是主的解释,他说:"收割的时候就是世界的末了,收割的人就是天使。将稗子薅出来用火焚烧,世界的末了也要如此。人子要差遣使者,把一切冒犯者都从他国里挑出来。"①他在这里讲的王国会没有冒犯者吗? 如果没有,那么它肯定不是他们聚集于其中的现在的王国,即今世的教会。还有,基督说:"无论何人废掉这诫命中最小的一条,又教训人这样做,他在天国要称为最小的;但无论何人遵行这诫命,又教训人遵行,他在天国要称为大的。"②他讲两种人都"在天国",一种人不遵守他吩咐的诫命("废掉"的意思是"不遵守","不实行"),另一种人实行他的诫命,又教训别人这样做。他称前者为"最小的",称后者为"最大的"。他又直截了当地说:"我告诉你们,你们的义若不胜于文士和法利赛人的义"——亦即那些不实行他们所教训的诫命的人的义,他在别处还说"因为他们能说不能行",③——因此,除非你们的义胜过他们的义,也就是说不废除你们所教训的,而是加以实行,否则你们"断不能进天国"。④

　　在一种意义上,我们把天国理解为包括两种人在内的王国,一种人不实行他们的教训,另一种人实行他们的教训,尽管一种人在天国里是最小的,一种人在天国里是最大的。然而,在另一种意义上,这个天国只有那些实行他们教训的人才能进。所以在第一种意义上,两种人都在其中的天国就是教会,就像她现在一样。但在第二种意义上,只有第二种人才能进的天国,她就是没有恶人的教会。因此,教会即使在现在也是基督之国和天国。即使在现在基督的圣徒也和基督一道统治,尽管与他们今后的统治方式不同。但是,稗子不会与基督一道统治,尽管稗子与麦子在教会中一道生长。只有那些与基督一道统治的人能像使徒所说的那样,"你们若真与基督一同复活,就当求在上面的事;那里有基督坐在神的右边。

---

① 《马太福音》13:39 以下,最后一句与和合本译法不同。
② 《马太福音》5:19。
③ 《马太福音》23:3。
④ 《马太福音》5:20。

你们要思念上面的事,不要思念地上的事。"①使徒还说这样的人"在天上说话"。② 简言之,他们与基督一道在基督的天国里统治,他们本身就是基督的王国。但是,撇开其他不谈,尽管这些人都被包括在这个王国内,直到世界末了的时候所有的冒犯都将被消除,但无论如何他们求自己的事,"并不求耶稣基督的事",③那么在什么意义上这些人可以成为基督的王国呢?

因此,我们正在考虑的《启示录》的这段话所指的王国是一个打仗的王国,会有冲突和战争。在这个王国里,当我们的罪过抗拒我们时,我们要努力征服它们,当它们投降时,我们要统治它们,直到最安宁的王国到来,到那个时候我们的统治就没有任何敌人了。因此,这个会有战争发生的王国就是第一次复活,"现在就是了"。因为使徒约翰首先说魔鬼被捆绑一千年,然后说它会被暂时释放。然后他开始简短地解释在这些千年中教会做什么,或者说教会发生什么事。他说:"我又看见几个宝座也有坐在上面的,并有审判的权柄赐给他们。"④我们不认为这里指的是最后的审判。倒不如说,这些话应当理解为那些统治者的宝座,或指统治者本人,教会现在受到他们的统治。"并有审判的权柄赐给他们"指的是"凡你们在地上所捆绑的,在天上也要捆绑;凡你们在地上所释放的,在天上也要释放",⑤似乎没有比这更好的解释方式了。所以使徒说:"审判教外的人与我何干? 教内的人岂不是你们审判的吗?"⑥约翰说:"我又看见那些因为给耶稣作见证、并为上帝之道被斩者的灵魂";稍后他继续说:"他们都复活了,与基督一同作王一千年。"⑦很清楚,这些灵魂是还没有回归肉身的殉道士的灵魂。

---

① 《歌罗西书》3:1以下。
② 《腓立比书》3:20,和合本译作"是天上的国民"。
③ 《腓立比书》2:21。
④ 《启示录》20:4。
⑤ 《马太福音》18:18。
⑥ 《哥林多前书》5:12。
⑦ 《启示录》20:4。

死去的虔诚者的灵魂不会与教会分离,甚至现在也在基督的王国之内。否则,当我们分有基督的肉身时,它们就不会在上帝的祭坛前受到赞扬了。① 还有,如果死去的虔诚者的灵魂与教会分离,那么当危险逼迫时接受教会的洗礼对我们就没有好处,因为我们害怕无洗礼或无忏悔地了结今生,免得由于缺少耐心或心地不善而与肉身分离。除非忠信者甚至在死后也仍旧是基督的肢体,否则怎么会有这些事呢? 因此,他们的灵魂,尽管与他们的身体没有联合,也已经在这千年进程中与基督一道统治。在同一本书的另一部分,我们读道:"从今以后,在主里面而死的人有福了。圣灵说:'是的,他们息了自己的劳苦,作工的效果也随着他们。'"②这样,教会现在开始与基督一道在活人与死人中间实行统治。因为如使徒所说:"因此基督死了,为要作死人并活人的主。"③《启示录》中只提到殉道士的灵魂,因为这种死后的统治尤其属于那些为真理而献身的人。但是按照部分可以代表整体的原则,我们可以把圣经的意思理解为其他死者也属于教会,教会就是基督的王国。

下面我们来看这些话:"和那没有拜过兽与兽像,也没有在额上受过他印记之人的灵魂。"④我们认为这些话既适用于活人,又适用于死人。"兽"表示什么意思,需要我们更加仔细地考察。然而,把"兽"理解为象征不虔诚的城本身与真正的信仰并无矛盾之处,不虔诚的城就是不信者的团契,它反对忠信的民众和上帝之城。"兽像"在我看来似乎是指"它的虚伪",也就是说,指的是有些人虽然向信仰忏悔,但却像不信者一样生活,由此而表现出来的虚伪。他们实际上不是基督徒,但却伪装成基督徒,他们被称作基督徒依据的不是真相,而是假象。基督之名的公开敌人属于这兽,上帝最荣耀的城也属于这兽。在世界末日,还有稗子从上帝的王国里薅出来,这王国就是教会。除了那些使徒所说的"不要与不信者

---

① 参阅奥古斯丁:《忏悔录》,卷9,章13,节36;《圣经诠释》,卷29,章9。
② 《启示录》14:13。
③ 《罗马书》14:9。
④ 《启示录》20:4。

同负一轭"①的人，还有谁是不拜兽和兽像的人呢？这些人不拜兽，也不认同和服从兽。所以他们不受兽的印记——罪的印记——要么在额上，依据他们的忏悔，要么在手上，依据他们的行为。不犯这种罪恶的人，无论是仍旧活在可朽肉身中的，还是已经死去的，都在这个由千年来象征的整个时期，哪怕是现在，以一种与时代相适应的方式，与基督一道统治。

经上说："其余的死人还没有复活"，②因为在将要到来的时候，"死人要听见上帝儿子的声音，听见的人就要活了"，③因此，其余的死人是不会复活的。但是接下来的话是"直等那一千年完了"，意思是一千年过完后，他们也不会复活，亦即不会出死入生。当日子到了的时候，肉身会复活，会从坟墓里出来，但它们不是来得生命，而是来受审判，亦即来定罪的，这被称作第二次死亡。在那一千年完了的时候没有得着生命的任何人——指在第一次复活的整个时期没有听见上帝的儿子的声音，没有出死入生的人——肯定会在这第二次复活，亦即肉体的复活中，连同肉身进入第二次死亡。因为圣经又说："这是头一次的复活，在头一次复活有分的有福了，圣洁了。"④在头一次复活有分的人不仅从罪的死亡中复活，而且会坚定地保持这种更新了的生命。《启示录》说："第二次的死在他们身上没有权柄"。因此，死亡对其他人没有权柄，因为经上已经说过，"其余的死人还没有复活，直等那一千年完了。"在被称作一千年的整个间隙中，无论他们在这一时期在肉身中的生命有多长，他们的不虔诚都会使他们不能出死入生。因此，他们在第一次复活中无分，而第二次死亡也对他们没有权柄。

章10 有些人相信复活只适用于肉身而不适用于灵魂，我们对他们该说些什么

有些人认为复活只属于肉身，所以他们认为第一次复活也将是肉身

---

① 《哥林多后书》6：14。
② 《启示录》20：5。
③ 《约翰福音》5：25。
④ 《启示录》20：6。

的复活。他们说,只有跌倒才会有重新站起。肉身在死亡时跌倒,尸体之所以被称作尸体(cadavera),正是因为它们跌倒(cadendo)。① 因此,他们说,不会有什么灵魂的复活,而只会有肉身的复活。那么,使徒谈到了灵魂的复活,他们又该如何反对使徒的看法呢? 当使徒说:"你们若真与基督一同复活,就当求在上面的事"②的时候,他讲的肯定是内人(the inner man)的复活,而不是外人(the outer man)的复活。③ 使徒在别处还用不同的话语讲了同样的意思,他说:"叫我们的一举一动有新生的样式,像基督借着父的荣耀从死里复活一样。"④还有,"你这睡着的人,当醒过来,从死里复活,基督就要光照你了。"⑤

　　他们说只有跌倒才会有重新站起,所以他们认为复活只是肉身的复活,而不是灵魂的复活,因为只有肉身跌倒。他们为什么没有听到下面这些话呢? "敬畏主的人哪,等着主的怜悯吧,切莫离开主,否则你们会跌倒的";⑥"他或站住,或跌倒,自有他的主人在";⑦还有,"自己以为站得稳的,须要谨慎,免得跌倒。"⑧我想,我们在这里得到警告,我们要注意防止的是灵魂的跌倒,而不是肉身的跌倒。因此,如果复活与跌倒有关,而灵魂也会跌倒,那么我们肯定也要承认灵魂也会复活。

　　在说了"第二次的死在他们身上没有权柄"以后,经上继续说:"他们必作上帝和基督的祭司,并要与基督一同作王一千年。"很清楚,这里指的不仅是主教和长老,他们现在由于是教会里的"祭司"而出名。倒不如说,正如我们现在称所有基督徒为神秘受膏意义上的"基督"一样,我们可以把他们全都称作"祭司",因为他们都是一位祭司的肢体。因此,使

---

① 奥古斯丁的意思是,"尸体"一词源于"跌倒"。

② 《歌罗西书》3:1以下。

③ 内人指的是人的灵魂,外人指的是人的肉身。

④ 《罗马书》6:4。

⑤ 《以弗所书》5:14。

⑥ 《便西拉智训》2:7。

⑦ 《罗马书》14:4。

⑧ 《哥林多前书》10:12。

徒彼得说他们是"圣洁的子民,有君尊的祭司"。① 当约翰说:"上帝和基督的祭司",亦即圣父和圣子的祭司时,他的看法尽管很简短,但他肯定是把基督当作上帝,尽管基督以仆人和人子的形象成为麦基洗德等次的永久的祭司。但是,我在本书中已经不止一次地提到过这个观点了。②

章11　关于歌革和玛各,魔鬼在世界末日获释时唆使他们出来迫害教会

《启示录》继续说:"那一千年完了,撒旦必从监牢里被释放,出来要迷惑地上四方的列国,就是歌革和玛各,叫他们聚集争战。他们的人数多如海沙。"③所以,在那个时候,魔鬼要欺骗他们,把他们聚集起来打仗。哪怕在此之前,魔鬼已经用各种手段欺骗他们了。但这里讲的是"出来要",意思就是他不能再秘密地仇恨,而要公开发怒进行迫害了。这确实将是最后的迫害,因为最后的审判在即,全世界圣洁的教会都要承受这场迫害,也就是说基督的普世之城将要受到魔鬼的普世之城的逼迫,而无论处于大地何方。我们不把"歌革和玛各"理解为居于在大地某处的某些野蛮民族的名字,就好像格泰人(Getae)和玛萨格泰人(Massagetae)似的,也不把它们理解为不属罗马管辖的某些外族人。正好相反,后面跟着"歌革和玛各"的"四方的列国"清楚地告诉我们,它们遍布全世界。按我的理解,"歌革"(Gog)这个词的意思是"屋顶","玛各"(Magog)的意思是"来自屋顶的",或者说它们表示"房屋"和"来自那座房屋的"。④ 因此,它们是我们在上面提到过的⑤魔鬼被关闭于其中的无底坑,魔鬼本身就是从里面出来的,就是从它们中间出来的。它们是"房屋",魔鬼是"来自那座房屋的"。然而,我们若是认为这两个名字指的都是列国,而不是

---

① 《彼得前书》2:9。
② 参阅《腓立比书》2:7;《诗篇》110:4;《希伯来书》7:17 以下;本书卷 16,章 22;卷17,章 17,章 20。
③ 《启示录》20:7以下。
④ 参阅《以西结书》38:1;《创世记》10:2;杰罗姆:《以西结书诠释》,卷 11,节 38;安布罗斯:《论忠诚》,卷 2,章 6。
⑤ 参阅本卷,章 7。

一个名字指列国,一个名字指魔鬼,那么它们就都是"房屋",因为古代的敌人都被关闭在里面,在一定的意义上被房屋覆盖,当它们从隐藏处出来成为人们公开仇恨的对象时,它们也是"来自那座房屋的"。"他们上来遍满了全地,围住圣徒的营与蒙爱的城",①这些话显然并不表示万国已经来到或将要来到某处,就好像圣徒之营和蒙爱的城位于某个具体地方似的。因为圣徒之营和蒙爱的城就是遍布全地的基督的教会。因此,那个时候的教会无论在哪里——教会将在万国之中,这是"遍满全地"的意思——都会有圣徒之营和蒙爱之城。这座城会被她的敌人重重包围,遭受严厉的迫害,因为敌人也会出现在处于万国之中的城中。也就是说,这座城将被围困,遭攻打,受苦难,然而她不会停止斗争,这种斗争在这里被称作"营"。

章12 从天而降烧灭歌革和玛各的火是否指对恶人的最后惩罚

接下去,经上说:"就有火从天降下,烧灭了他们。"但是我们一定不要认为这些话指的是最后的惩罚,而关于最后的惩罚基督说过:"你们这被咒诅的人,离开我,进入那永火里去!"②因此,定了罪的要被扔进火里,这种火不是从天而降,落在他们身上的。倒不如说,恰当地理解,这种从天而除的火指的就是圣徒的坚定(firmness),他们抵挡围攻他们的敌人靠的就是这种坚定。因为这个天就是"天空"(firmament),由于圣徒们的坚定,那些攻击圣徒的人会被他们烈火一般的焦急所折磨,因为他们不能把基督的圣徒拉入敌基督的阵营。这种焦急会成为吞食他们的烈火,它来自上帝,因为靠着上帝的恩赐,圣徒们被造就为不可征服的,由此成为他们敌人的苦恼的根源。"焦急"既有褒义,如"因我为你的殿心里焦急,如同火烧",③又有贬义,比如"不受教训的人焦急,现在烈火将烧灭敌人"。④ 句中的"现在"清楚地表明这里的烈火指的不是作为最后惩罚的

---

① 《启示录》20:9。

② 《马太福音》25:41。

③ 《诗篇》69:9。

④ 《以赛亚书》26:11,见希腊文圣经七十子本。

火。另一种理解，从天而降烧灭他们的火指的是基督消灭教会的迫害者，这些人现在还活在大地上，基督要用"口中的气灭绝"敌基督的人。① 但即使作这种解释，这里指的仍旧不是对不虔诚者的最后审判，因为最后的审判是肉身复活时他们将要承受的事情。

章13　敌基督的迫害时代是否要算作千年的一部分

　　最后的迫害是由"敌基督的"挑起的，将会延续三年零六个月。对此我们已经提到过了，《启示录》讲到这件事，而先知但以理也作过预言。② 这段时间虽然短暂，但我们可以很好地怀疑它是否包括在魔鬼被捆绑、圣徒与基督一道统治的这些千年中。如果我们说这段时间包括在这些千年中，那么我们将发现圣徒与基督一道统治的时间比魔鬼被捆绑的时间要长一些，而不是一样长。与他们的国王一道统治的圣徒在迫害时期肯定会实行统治，哪怕魔鬼已经不再被捆绑，在以全力实行迫害，他们也会战胜魔鬼的邪恶。那么，如果魔鬼被捆绑是在圣徒与基督一道统治的千年之前的三年零六个月结束的时候，圣经如何能够把魔鬼的被捆绑和圣徒统治的时间都说成是相同的千年呢？另一方面，如果我们说这个短暂的迫害时期不算千年的一部分，而是附加的，那么我们就能理解《启示录》的字面含义了。因为它首先说上帝和基督的祭司将要与基督一道统治一千年，然后它又说："那一千年完了，撒旦必从监牢里被释放。"③从字面上看，这些话表示圣徒的统治与魔鬼的关押是同时结束的。因此，迫害的时间与圣徒统治的时间以及撒旦被关押的时间都不耦合。我们宁可相信这是一个附加的时期。

　　然而，若是这样解释，我们就要被迫承认圣徒在迫害时期并不与基督一道统治。但是有谁敢大胆地说，在圣徒最紧密、最强烈地依靠基督的这一时期，基督的肢体会不和基督一道统治？在这一时期，抵抗的荣耀更加

① 参阅《帖撒罗尼迦后书》2:8。
② 参阅本卷，章8;《但以理书》12:7。
③ 《启示录》20:6以下。

彰显,殉道士的冠冕更加美丽,因为这一时期的战斗更加残酷。换言之,如果我们说他们在那个时候不进行统治,因为他们承受着巨大痛苦,那么我们也必须说在较早的时候,在那些千年中,所有圣徒也在承受苦难,也不能与基督一道统治。同理,《启示录》的作者所说的那些"因为给耶稣作见证,为上帝之道被斩者的灵魂"①在承受迫害时也不与基督一道统治,因此他们不属于基督的王国,尽管基督把他们当作最好的家产。但是这个结论是相当荒谬的,可以用各种方式加以拒斥。因为,那些最光荣的殉道士的灵魂在经历千辛万苦,放下了他们可朽的肉身,取得了胜利以后,确实已经开始并且仍旧在与基督一道统治,直到一千年完结,以便今后可以在得到不朽的身体时继续与基督一道统治。

因此,在这三年半的时间里,那些被杀的殉道士的灵魂——既包括已经离开他们的肉身的,也包括将要在这最后的迫害中离开肉身的——将与基督一道统治,直到这个可朽的世界终结,然后他们将进入一个无死亡的王国。因此,圣徒与基督一道进行的统治比魔鬼被捆绑和被囚禁的时间更长,在这魔鬼不再被捆绑的三年半里,圣徒将会与他们的王、上帝之子一道统治。因此,当我们听到上帝和基督的祭司将要与基督一道统治一千年,一千年过完后撒旦将要被释放的时候,我们仍旧可以把这些话理解为两件事情之一。一方面,尽管魔鬼被捆绑和囚禁,但圣徒统治的千年并不会终结。换言之,双方各有它们自己的"千年",这个时期对它们各自来说是适宜的,但它们的实际长短是不同的,圣徒的统治时间要长一些,魔鬼被捆绑的时间要短一些。另一种理解是,由于三年零六个月是非常短的一个时期,我们可以认为这个短时期既不必从魔鬼被捆绑的整个时间中减去,也不必在圣徒统治的整个时间中加上。我们在本书第十六卷提出过类似的观点,在那里预以讨论的时期是四百年。② 在那里,实际时间要多于四百年,然而却被说成四百年这个整数。如果人们注意的话,这种表达法在圣经中是常用的。

---

① 《启示录》20:4。
② 参阅本书卷16,章24。

章 14　魔鬼及其追随者的定罪，肉身通过重构得以复活以及最后的审判

在提到最后的迫害之后，约翰简要地描述了魔鬼以及以魔鬼为王的城，将要接受最后的审判。因为他说："那迷惑他们的魔鬼被扔在硫磺的火湖里，就是兽和假先知所在的地方。他们必昼夜受痛苦，直到永远永远。"①像我们已经说过的那样，②"兽"应当恰当地理解为象征不虔诚者的城。假先知要么表示敌基督的，要么表示我们在同一处提到的兽像，也就是虚伪。此后，约翰对最后的审判本身作了简短解释，它发生在死者第二次复活，亦即肉身复活的时候。他告诉我们他是怎么知道的。"我又看见一个白色的大宝座与坐在上面的；从他面前天地都逃避，再无可见之处了。"③他没有说"我又看见一个白色的大宝座与坐在上面的；从他面前天地都逃避"，因为这件事还没有发生，亦即这件事在审判死人和活人之前没有发生。倒不如说，他说他看见一个白色的大宝座与坐在上面的，审判之后天地都从他面前逃避。审判完成以后，天地都会离开，因为会有新天和新地。当这个世界消失以后，不会出现事物的绝对毁灭，而会出现变形了的事物。由于这个原因，使徒说："用世物的，要像不用世物；因为这世界的样子将要过去了。"④所以要过去的是样子，而不是本性。

因此，当约翰说了他看见一个白色的大宝座与坐在上面的，从他面前天地都逃避以后，他说："我又看见死了的人，无论大小，都站在宝座前案卷展开了，并且另有一卷展开，就是生命册。死了的人都凭着这些案卷所记载的，照他们所行的受审判。"⑤他讲到展开的"案卷"和另有"一卷"，但他没有提到"就是生命册"的这一卷书的性质。因此，他先讲到的"案卷"必须理解为旧约和新约这些圣书，它们被展开，说的是上帝对我们所作的诫命。而另一卷生命册被展开，说的是每个人是否遵守这些诫命。如果我们想像这卷生命册是字面意义上的书，那么又有谁能够测量它的

---

① 《启示录》20:10。
② 参阅本卷，章9。
③ 《启示录》20:11。
④ 《哥林多前书》7:31 以下。
⑤ 《启示录》20:12。

大小和厚薄呢？阅读这样一本记载着每个人的所有生活的书要花多少时间呢？在最后的审判中会有众多天使在场，使每个人都能聆听天使复述他的生活吗？因此，在这种情况下，不会有一本记载所有人的生活的书，而是一人一本。然而经文希望我们把它当作一本书。经上说"另有一卷展开"。因此我们必须把这本书理解为象征着某种神圣的权能，藉此能使每个人回忆他的全部业绩，善的或恶的，使心灵能以神奇的速度阅读，使每个人的知识能够对自己的良心进行审视，[1]这样一来，所有人和每个人都可以同时受审。这种神圣权能之所以被称作"书"，无疑是因为它能使我们回忆，就像读书一般。

然后，为了能够告诉我们这些大大小小的死者是谁，受审的是谁，约翰又回过头来重新复述，就好像回到曾经省略的某件事情，或者回到某个推迟叙述之处。他说："于是海交出其中的死人；死亡和阴间也交出其中的死人。"[2]这些事情无疑都发生在死者受审之前，然而先提到的却是审判。由于这个原因，我说约翰回过头去重新复述他省略了的事情。然而，现在他要保持事件的前后，为了告诉我们这一后果，他又再次进行复述，因为在这里复述更加恰当，而在此之前他已经说过受审的是死人。因为在说了"于是海交出其中的死人；死亡和阴间也交出其中的死人"之后，他马上就加上他在稍前处已经说过的话，"他们都照各人所行的受审判。"

章15　大海、死亡和阴间交出的死人是谁

但是大海交出来的死人是谁呢？这句话的意思不是那些在海上死去的人不在地狱里，或者说他们的尸体保存在大海中，要是以为大海保存着好人，而地狱保存着坏人，那就更加荒谬了。有谁会想象这样的事情？然而，有些人认为这段话中间的"海"表示"当前这个时代"，这确实是一个恰当的解释。因为约翰希望指出，基督在对那些复活的人进行审判的时

---

① 参阅《罗马书》2：15。

② 《启示录》20：13。

候,也要对那些他发现在大地上仍旧拥有肉身的人进行审判,这个时候约翰称他们为"死人"。用"死人"这个词,他的意思既指好人又指坏人,对这些好人经上说"因为你们已经死了,你们的生命与基督一同藏在上帝里面",①对这些坏人经上说"任凭死人埋葬他们的死人"。② 还有,他们之所以被称作"死人",乃是因为他们披戴着可朽的肉身。这就是使徒为什么要说"身体因罪而死,心灵却因义而活"③的原因。换言之,对一个仍旧有着肉身的人来说,他的肉身是死的,而他的灵是活的。约翰没有说身体是"可朽的",而是说肉身是死的,尽管稍后他又以更普通的方式说身体是"可朽的"。这样,我们可以得出结论,"海交出其中的死人"指的是当今这个时代交出所有人来接受审判,但他们实际上还没有死。

"死亡和阴间也交出其中的死人。"大海只是把他们交（presented）出来,就好像他们在那里,然后把他们找到了。但是死亡和阴间把他们交出来（gave up）,这是因为死亡和阴间召唤他们回归他们已经离开的生命。约翰考虑到只说"死亡"或只说"阴间"还不够,而要同时用到这两个词,这样的考虑并非无理。他也许用"死亡"来表示好人,只承受死亡,并不承受阴间,而用"阴间"表示坏人,既也承受死亡也要承受阴间的惩罚。毕竟,我们相信,坚信基督将要到来的古代圣人尽管居住在阴间的某个部分,但不会像不虔诚者那样经受那么多苦难。我们相信他们居住在阴间,直到基督用鲜血来拯救他们,这样想并不荒谬。所以善良的信徒因基督流血而得赎价,他们肯定没有阴间的知识,只是在那里等候复归他们的肉身,领取他们应得之善。

所以,当他说"照他们所行的受审判"时,约翰简单地告诉我们这种审判的方式是"死亡和阴间也被扔在火湖里"。"死亡"和"阴间"在这里表示魔鬼,它是死亡的作者、阴间的极度痛苦和精灵的整个阵营。这就是他在上面已经说过的意思,用的术语比较清晰,"那迷惑他们的魔鬼被扔

---

① 《歌罗西书》3:3。
② 《马太福音》8:22。
③ 《罗马书》8:10。

在硫磺的火湖里。"但随后他又加了一些晦涩的词语,"就是兽和假先知所在的地方"。但是现在,他使这些话的意思比较清楚了,他说:"若有人的名字没记在生命册上,他就被扔在火湖里。"这个"册子"不是为了帮助上帝记忆,免得他遗忘而犯错!倒不如说,它象征着上帝的预定,要赐予那些人永生。上帝并非不知他们的存在,因此要找一个册子来了解。倒不如说,上帝事先就知道他们,不会有错,这就是所谓的生命册,也就是说,上帝事先就已经知道了。

章16　新天与新地

　　说完了恶人受审判的预言以后,约翰还要提到对好人的审判。所以在简要地说了主的话语"这些人要往永刑里去;那些义人要往永生里去"①以后,他开始作解释。他说:"我又看见一个新天新地,因为先前的天地已经过去了,海也不再有了。"②这是对他前面已经提到过的事情的具体化,他在前面说过:"我又看见一个白色的大宝座与坐在上面的;从他面前天地都逃避。"③因为,一旦那些没有写在生命册上的人受到审判,被扔进永火里(我想没有人知道这种火是什么样的,或者这种火位于世界何处,除非圣灵把这些事告诉过某些人),一旦这件事完成,这个世界的样式就将在一场宇宙大火中消失,就好像古老的大地被宇宙众水淹没。在这场燃烧的大火中,适宜我们可朽肉身的可朽元素会完全除去。然后,借助一种神奇的转型,我们的基质会具有属于不朽身体的性质,其目的在于装点这个世界,它现在已经被造就为一个新的世界和更好的世界,在这个世界上人口数量适宜,这些人是新人,他们的肉身比以前要好。

　　至于"海也不再有了"这个说法的意思,我不太容易说得清它是指在一场大火中海也干涸了,还是指海本身也变成了某种更好的东西。我们确实在别处读到过要有新天新地,但我记不起在哪里读到过要有新海,除

----

① 《马太福音》25:46。

② 《启示录》21:1。

③ 《启示录》20:11;参阅本卷,章14。

了在同一本书中我们读到，"有一个玻璃海，如同水晶"。① 但是在这些地方，约翰并不再谈论世界的末日，也不再谈论字面意义上的海。倒不如说，他说的是"好像一个海"。先知的语言风格毕竟喜欢在某个范围内混合使用象征性的表达与实际的字面含义。所以"海也不再有了"指的是他刚才讲过的"交出其中的死人"的海。到那时就不再有这个世界了，也不再有这种可朽生活中的狂风暴雨了，这就是"海"这个词在这里所象征的意义。

章 17　教会的无限荣耀

然后，约翰说："我又看见圣城新耶路撒冷由上帝那里从天而降，预备好了，就如新妇妆饰整齐，等候丈夫。我听见有大声音从宝座出来说：'看哪！上帝的帐幕在人间。他要与人同住，他们要作他的子民；上帝要亲自与他们同在，作他们的上帝。上帝要擦去他们一切的眼泪；不再有死亡，也不再有悲哀、哭号、疼痛，因为以前的事都过去了。'坐宝座的说：'看哪！我将一切都更新了。'"②

这里提到这座城从天而降，由于上帝的恩典，它已被造成属天的了。由于这个原因，上帝也通过以赛亚说，"我是创造你们的主"。③ 这座城从一开始就已经从天而降，而从这个时候起它的公民数量大增，这是由于上帝的恩典从天而降，靠的是圣灵从天上赐下的"重生的洗"。④ 但是通过上帝的最后的审判，通过上帝的儿子耶稣基督的拯救，作为上帝的恩典，这座城的荣耀显得如此伟大和新颖，没有留下丝毫陈旧的痕迹。甚至连我们的身体也从过去必朽坏的变成现在不朽坏的。⑤

在我看来，现在若把这段话的意思理解为是指这座城与它的王一道统治一千年会极为不妥。因为约翰极为清楚地说："上帝要擦去他们一

① 　《启示录》4：6，15：2。

② 　《启示录》20：2以下。

③ 　《以赛亚书》45：8，见希腊文圣经七十子本。

④ 　《提多书》3：5。

⑤ 　参阅《哥林多前书》15：53 以下。

切的眼泪;不再有死亡,也不再有悲哀、哭号、疼痛。"我要说,有谁会如此荒谬、热衷于固执的争论,进而大胆地肯定,在这种令人苦恼的可朽境况中,不仅是那些圣洁的子民,而且每一位活着的圣徒,会在今生没有眼泪或悲哀? 因为正好相反,一个人越是圣洁,他的神圣的愿望越丰满,所以在祈祷的时候,他的悲哀也就越多。我们难道没有听过属天的耶路撒冷的公民的声音吗?"我昼夜以眼泪当饮食";①"我每夜流泪,把床榻漂起,把褥子湿透";②"我的叹息不向你隐瞒";③"我的愁苦发动了。"④当我们"叹息劳苦,并非愿意脱下这个,乃是愿意穿上那个,好叫这必死的被生命吞灭"时,我们难道不是上帝的子女吗?⑤ 或者说,即使我们"这有圣灵初结果子的,不也是在自己心里叹息,等候得着儿子的名分,乃是我们的身体得赎"?⑥ 使徒保罗不是属天的耶路撒冷的公民吗? 他不也为了那些他的骨肉之亲以色列人而大有忧愁,心里时常伤痛吗?⑦ 还有,那座城什么时候才会不再有死亡,除非如经上所说的时候到来,"死啊! 你得胜的权势在哪里? 死啊! 你的毒钩在哪里? 死的毒钩就是罪。"⑧显然,当这个时候到来时,当我们可以问死亡在哪里的时候,这时不会再有罪。然而,在这时,不是这座城的某些软弱的公民,而是约翰本人在他的书信中喊道:"我们若说自己没有犯过罪,便是自欺,真理不在我们心里了。"⑨

在这本称作《启示录》的书中,确实有许多晦涩的表述,旨在锻炼读者的心智,只有少数陈述含义足够清楚,使我们能够据此推论其他陈述的含义,费力较少。这种情况的出现主要是约翰本人以许多不同方式复述

---

① 《诗篇》42:3。
② 《诗篇》6:6。
③ 《诗篇》38:9。
④ 《诗篇》39:2。
⑤ 《哥林多后书》5:2以下。
⑥ 《罗马书》8:23。
⑦ 参阅《罗马书》9:2以下。
⑧ 《哥林多前书》15:55 以下。
⑨ 《约翰一书》1:8。

相同的事,结果就显得他是在讲不同的事情,而实际上他是在用不同的话语讲述相同的事。但当他说"上帝要擦去他们一切的眼泪;不再有死亡,也不再有悲哀、哭号、疼痛"的时候,情况不是这样。这里的意思就像白天一样清楚明白,这里指的是将要到来的世界、圣徒的不朽与永恒,因为只有到了那个时候,这些事情才会停止。如果我们认为这句话也是晦涩的,那么我们在阅读圣经时就找不到什么清晰的话语了。

章18　关于最后的审判使徒彼得作了什么预言

现在,让我们来看一下使徒彼得关于审判的论述。"在末世必有好讥诮的人随从自己的私欲说:'主要降临的应许在哪里呢? 因为从列祖睡了以来,万物与起初创造的时候仍是一样。'他们故意忘记,从太古凭上帝的命有了天,并从水而出、借水而成的地。故此,当时的世界被水淹没就消灭了;但现在的天地还是凭着那命存留,直留到不敬虔之人受审判遭沉沦的日子,用火焚烧。亲爱的弟兄啊,有一件事你们不可忘记,就是主看一日如千年,千年如一日。主所应许的尚未成就,有人以为他是耽延,共实不是耽延,乃是宽容你们,不愿有一人沉沦,乃愿人人都悔改。但主的日子要像贼来到的一样;那日,天必大有响声废去,有形质的都要被烈火销化,地和其上的物都要烧尽了。这一切既然都要如此销化,你们为人该当怎样圣洁,怎样敬虔,切切仰望上帝的日子来到。在那日,天被火烧就销化了,有形质的都要被烈火熔化;但我们照他的应许,盼望新天新地,有义居在其中。"①

在这里,彼得没有提到死者的复活,但他肯定说了许多关于这个世界毁灭的事情。还有,他提到很久以前发生的大洪水,似乎想要告诫我们,在这个时代终结的时候这个世界会完全毁灭。他说世界在那个时候消灭了,不仅大地被消灭,而且天也被消灭,我们显然应当把这里讲的天理解为气,气的处所被众水所淹。这样一来,所有的气,或者大部分气变成了湿气,并以这种方式与大地一道消灭,而大地已经被大洪水摧毁。(彼得

---

① 《彼得后书》3:3以下。

称这种气为"天"，或者说"众天"，但他显然指的是众天的较低部分，而非日月星辰所处的区域。）"但现在的天地还是凭着那命存留，直留到不敬虔之人受审判遭沉沦的日子。"所以，取代被大洪水毁灭了的世界的这个天地被"存留"下来，直到"不敬虔之人受审判遭沉沦的日子"用火焚烧。彼得毫不犹豫地说，由于这一巨大变化，人也会消灭。然而他们的本性会继续存留下去，尽管处在永刑之中。

有些人也许会提出下列问题。如果审判结束，这个世界被焚毁了，那么圣徒们在这场大火发生时，在这个世界被新天新地取代之前，待在哪里呢？由于圣徒们拥有物体性的肉身，所以他们必定要有物体性的场所。对此我们可以回答说，他们待在一个更高的区域，大火烧不着他们，就好像大洪水也不能淹没他们一样。他们的身体已经使他们能够待在他们选择的任何地方。不管怎么说，当他们已经变得不朽和永恒时，就不会再害怕这场大火的烈焰了。而我们要知道，有三个人尽管他们的肉身是可朽的，但窑中的烈火也无法伤害他们。①

章19　使徒保罗在写给帖撒罗尼迦人的信中提到，敌基督的出现先于主的日子

我知道，有关上帝最后的审判在福音书和使徒书信中有许多论述，但我必须加以省略，免得本卷变得格外冗长。但我一定不能省略使徒保罗在写给帖撒罗尼迦人的信中说的话。"弟兄们，论到我们主耶稣基督降临和我们到他那里聚集，我劝你们：无论有灵、有言语、有冒我的书信，说主的日子现在到了，不要轻易动心，也不要惊慌。人不拘用什么法子，你们总不要被他诱惑；因为那日子以前，必有离道反教的事，并有那大罪人，就是沉沦之子，显露出来。他是抵挡主，高抬自己，超过一切称为神的，和一切受人敬拜的，甚至坐在神的殿里，自称是神。我还在你们那里的时候，曾把这些事告诉你们，你们不记得吗？现在你们也知道，那拦阻他的是什么，是叫他到了的时候，才可以显露。因为那不法的隐意已经发动，

---

① 参阅《但以理书》3：13以下。

只是现在有一个拦阻的,等到那拦阻的被除去,那时这不法的人必显露出来,主耶稣要用口中的气灭绝他,用降临的荣光废掉他。这不法的人来,是照撒旦的运动,行各样的异能、神迹,和一切虚假的奇事,并且在那沉沦的人身上行各样出于不义的诡诈;因他们不领受爱真理的心,使他们得救。故此,上帝就给他们一个生发错误的心,叫他们信从虚谎,使一切不信真理,倒喜爱不义的人,都被定罪。'"①

毫无疑问,保罗在这里讲的是敌基督和审判的日子(他称作主的日子)。他说这个日子不会到来,除非先有背教者出来,亦即那叛逆主上帝的。如果这个名称可以用来指所有不敬虔的人,那么用到他身上就更合适了! 但是他坐在哪座神的殿里是不确定的,要么是所罗门王建造的已经被毁的神殿,要么是教会。因为使徒不会称任何偶像或精灵的神庙为"神的殿"。依据这种解释,有些人想要相信敌基督的在这里的意思不是指这位王本身,而是指他的整个身体,也就是说,指属于他的所有人,再加上他自己,他是他们的王。这些人还认为,要是我们不是说"在神的殿里",而是说"好像在神的殿里",那么这个译法就更加准确地把希腊文译成了拉丁文,就好像他本身就是教会这个上帝的殿。毕竟有一种与此相类似的通常的表达法,当我们说"他作为一个朋友坐着"(he sits as a friend)的时候,我们的意思是"像一个朋友"(like a friend)。

接下去的那些话"现在你们也知道,那拦阻他的是什么,是叫他到了的时候,才可以显露。",讲的也就是拦阻和推延的原因。使徒在这里并没有直截了当地讲,因为如他所说,他们已经知道了。由于这个原因,我们这些不知道的人不能够明白使徒的意思,无论我们多么努力,或者多么希望知道。由于他下面的叙述更加晦涩,所以我们要想弄明白他的意思就更加困难了。"因为那不法的隐意已经发动,只是现在有一个拦阻的,等到那拦阻的被除去,那时这不法的人必显露出来",这句话到底是什么意思? 我承认自己不知道。但我不想省略我能够从人们那里听到或读到的各种猜测。

---

① 《帖撒罗尼迦后书》2:1以下。

　　有些人认为这些话指的是罗马帝国,而使徒保罗不愿用清晰的语言
来表达他的意思,因为他担心会遭受指责,说他希望一个想要永恒的帝国
倒霉。因此,当他说"那不法的隐意已经发动"的时候,他希望人们明白
这里指的是尼禄,他的行为已经与敌基督的行为相似。所以有些人怀疑
尼禄复活了,成为敌基督的。还有一些人认为尼禄没有被杀死,而是隐藏
起来,但大多数人都相信他已经被杀死了。他们认为,当人们以为尼禄已
经死去的时候,尼禄仍旧处于壮年,因此他"必显露出来",恢复他的王
位。① 但在我看来,对这些猜测我只能表示惊讶。

　　但是,当使徒说"只是现在有一个拦阻的,等到那拦阻的被除去"时,
相信这句话指的是罗马帝国并不荒谬,他就好像在说"只是现在有一个
统治的,让他统治,直到他被除去"。"那时这不法的人必显露出来",这
个人毫无疑问是指敌基督的。然而有些人认为"你们知道那拦阻的"和
"不法的隐意"指的只是恶人和教会里的假信徒,直到他们人数增多,成
为敌基督的子民。他们争论说,这是"不法的隐意",因为这件事看起来
是隐秘的。他们还假设使徒正在鼓励忠心者顽强地保持信仰,"只是现
在有一个拦阻的,等到那拦阻的被除去"的意思就是说,直到现在隐藏着
的不法的隐意离开教会。还有,他们相信使徒约翰在他的书信中讲的另
一段话指的也是这个"不法的隐意"。他说:"小子们哪,如今是末时了。
你们曾听见说那敌基督的要来,现在已经有好些敌基督的出来了,从此我
们就知道如今是末时了。他们从我们中间出去,却不是属于我们的;若是
属于我们的,就必仍旧与我们同在。"②因此,就像当前有许多异端——约
翰称他们为"好些敌基督的"——在这个世界末日之前的时候——被约
翰称作"末时"——已经从教会出来一样,所以,当末日到来的时候,不属
于基督的人会继续从教会出来,但敌基督的要到这个最后的时候才会
显露。

---

① 　按照塔西佗的说法,这种看法在尼禄死后广泛流传,引起各种猜测。参阅塔西
　　佗:《编年史》,卷 2,章 8。
② 　《约翰一书》2:18 以下。

因此，关于使徒这些晦涩话语的含义有许多不同的猜测。然而，他无疑说过这样的意思，基督不会前来审判活人和死人，除非敌基督的，基督的敌人，先来到，欺骗那些灵魂已死的人。但即使这种欺骗也属于上帝已经作出的隐秘审判。因为如经上所说，主的到来是在撒旦的运动之后，撒旦"行各样的异能、神迹，和一切虚假的奇事，并且在那沉沦的人身上行各样出于不义的诡诈"。然后，撒旦会被释放，通过敌基督的作用，他会行异能，作虚假的奇事。人们在这里经常提出的问题是，这些"神迹和虚假的奇事"是撒旦在用幻觉欺骗凡人的感官吗？撒旦好像做了某些事，但实际上没有做；或者说尽管这些事情真的是奇迹，但仍会把人引向谬误，因为他们不明白这是魔鬼的力量所致，尤其是在这个时候，魔鬼的力量是前所未有的，而他们相信这些事情只有上帝的力量才能做到。因为，当天上降下火来，把义人约伯的羊群和仆人都烧灭，当狂风从旷野刮来，吹塌房屋，压死他的孩子的时候，这些事情不是幻觉，然而这些事情是撒旦的作为，上帝赐给他力量让他做这些事。①

但随着时间的进展，我们会比较清楚这些事情为什么要称作"神迹和虚假的奇事"。无论这样称它们的原因是什么，那些受这些事情欺骗的人活该上当，"因他们不领受爱真理的心，使他们得救"。使徒还毫不犹豫地接着说："故此，上帝就给他们一个生发错误的心，叫他们信从虚谎。"这里说"上帝就给"，也就是说，上帝凭着他的公正审判，允许魔鬼做这些事情。然而魔鬼本身做这些事情带有邪恶的目的，是为了"使一切不信真理，倒喜爱不义的人，都被定罪。"这些人受了审判，因此将要受骗；而由于他们受骗，因此他们要被定罪。但当他们已经受审的时候，他们将受到上帝的那些判决的欺骗，这是一种秘密的公正，或公正的秘密；自从理性的生灵开始犯罪以来，这样的审判上帝从来就没有停止过。受到这样的欺骗，他们会在由基督耶稣宣布的最后的、最明显的审判中被定罪，他们会得到基督最公正的审判，而他本身受到的审判却是最不公正的。

---

① 参阅《约伯记》1：16 以下。

章 20　使徒在给帖撒罗尼迦人的第一封信中作出关于死者复活的教导

在我们刚才考虑过的段落中,使徒没有提到死者复活。然而在写给帖撒罗尼迦人的第一封信中,他写道:"论到睡了的人,我们不愿意弟兄们不知道,恐怕你们忧伤,像那些没有指望的人一样。我们若信耶稣死而复活了,那已经在耶稣里睡了的人,上帝也必将他与耶稣一同带来。我们现在照主的话告诉你们一件事:我们这活着还存留到主降临的人,断不能在那已经睡了的人之先;因为主必亲自从天降临,有呼叫的声音和天使长的声音,又有上帝的号吹响;那在基督里死了的人必先复活。以后我们这活着还存留的人,必和他们一同被提到云里,在空中与主相遇。这样我们就要和主永远同在。"①使徒这些话清楚地告诉我们,当基督前来审判活人和死人时,死者复活这件事将要完成。

人们常问的是:基督将在大地上发现的活着的这些人——在上面段落中指使徒和那些与他在一起还活着的人——绝不会再死了吗? 他们会与那些复活后与主在空中相遇的人聚集在一起,并在这时候极为神速地通过死亡而进入不朽吗? 我们一定不要说他们在空中经历由死到生的过程是不可能的。还有,我们一定不要把"我们就要和主永远同在"的意思理解为我们将永远与主一道待在空中。主本人肯定不会待在那里。他在降临的时候会经过那里,我们在他到来时要去迎候他,但他并不待在那里。我们将"和主永远同在"的意思是,我们将会拥有永久的身体,所以我们能够与他一道待在任何地方。

使徒本人似乎要求我们按这样的意思理解他的话,那些被主发现仍旧活着的人将承受死亡,并在极短的时间里得到不朽。因为他说:"在基督里众人也都要复活。"②还有,当他在另一处再次提到肉身复活时,他说:"你所种的若不死就不能生。"③所以,那些被基督发现在这里活着的人如果不死,那又如何能够得着不朽呢? 因为我们明白,"你所种的若不

---

① 《帖撒罗尼迦前书》4:13 以下。

② 《哥林多前书》15:22。

③ 《哥林多前书》15:36。

死就不能生"讲的就是这个意思。换言之，如果我们不能正确地说"所种的"人的肉身只有以某种方式在死的时候回归土（就好像上帝在人类之祖犯罪时对他说，"你本是尘土，仍要归于尘土"），①那么我们就不得不承认那些基督将会发现仍旧活在肉身中的人就不包括在使徒和《创世记》所说的话语之中。因为他们若是被提到云里，那么他们肯定不是"所种的"，无论他们是根本没有死亡，还是在空中短暂地死亡，他们都不会进入尘土，也不会归于尘土。

然而，同一位使徒还有另一段对哥林多人说的话提到肉身复活："我们都要复活"，或者如另一个抄本所说的"我们都要睡觉"。② 因此，只有先发生死亡，然后才有复活，"睡觉"在这里的意思只能被理解为死亡，如果基督发现的那些仍在肉身中活着的人既不在睡觉，又没有复活，那么"我们都要"睡觉或复活如何可能呢？ 所以，如果我们相信在基督降临时被发现仍旧活着并被提升的到空中与基督相遇的圣徒在这个时候会抛下他们可朽的肉身，直接回归不朽的肉身，那么依据这种假设来理解使徒的话，"你所种的若不死就不能生"，或"我们都要复活"，或"我们都要睡觉"，就没有什么困难了。连圣徒也只有先死亡，然后才会迅速进入不朽，无论死亡的时间多么短暂。所以不能把他们从复活中排除，在复活之先有睡觉，尽管睡的时间很短，但仍旧不是完全没有。

还有，为什么众多的"所种的"位于空中的肉身马上回归生命，进入不朽状态，对我们来说会显得不可信呢？ 我们相信这位使徒最清楚地说过的话，复活的发生"就在一霎时，眨眼之间"，③我们无法理解肉体如何会如此迅捷地回归尘土，而从那以后它又如何永生。还有，尽管他们的肉身在死的时候实际上不会回归尘土，而是在被提升到空中时死亡和复活，但我们不一定要把这些圣徒算作上帝对人类宣布的那句话的例外，"你本是尘土，仍要归于尘土。""仍要归于尘土"的意思确实是"当你失去你

---

① 《创世记》3∶19。

② 参阅《哥林多前书》15∶51。

③ 《哥林多前书》15∶22。

的生命时,你将回归你得到生命之前的状态。"换言之,"当生命的气息离开你的时候,你将回归你得到生命气息之前的状态"(是上帝把生命的气息吹在用尘土造成的那个人的脸上,使他成为活灵)。这就好比说,"你是有灵的尘土,但你本来不是有灵的尘土,你将会成为无灵的尘土,这是你先前的状态。"这样说适用于一切死者的肉身,甚至也适用于肉身开始腐烂之前的状况,对圣徒的肉身来说也一样,如果他们的肉身死了,无论死于何处,也就是说,当他们被剥夺生命之后,即使他们马上又可取得生命。因此,他们会"归于"尘土,因为作为一个活人,他们将变成尘土。以同样的方式,要回归尘土的会变成尘土,要腐烂的会变成已经腐烂的,被造就为瓷器的要变成瓷器,同样的例子还有成百上千。然而,随着时间流逝,由于我们推理能力的不恰当,我们只能猜测这种事是如何发生的,在这件事真正发生之前,我们无法知道事情的真相。然而,如果我们希望做一名基督徒,那么我们必须相信基督降临审判活人和死人的时候,死者将以肉身复活,如果仅仅是由于我们不能完善地理解这种复活如何起作用,那么我们的信仰是不会落空的。

然而,如我们在上面许诺过的那样,①在必要的情况下,我们现在必须说明旧约先知书如何预言上帝的最后审判。在我看来,如果读者能够不怕麻烦地使用我们已经提供过的帮助,那么花费大量时间来讨论和解释它们是不必要的。

章 21　先知以赛亚论死者复活和报应的审判

先知以赛亚说:"死人要复活,所有在坟墓里的要兴起,所有在尘埃里的要醒来歌唱;因为你的甘露就是他们的健康,恶人的大地要塌陷。"②这段话的第一部分讲的是有福者的复活。但是"恶人的大地要塌陷"应当正确地理解为不敬虔者的尸首将彻底毁灭。如果我们更加仔细地考察涉及善人复活的文字,那么我们将会看到"死人要复活"肯定是指第一次

---

① 参阅本卷,章 4。
② 《以赛亚书》26:19,见希腊文圣经七十子本。

复活,后面跟着的话"所有在坟墓里的要兴起"指的是第二次复活。还有,如果我们在其是寻找指代主发现仍旧在这里活着的圣徒的话,那么就是后面这些了,"所有在尘埃里的要醒来歌唱;因为你的甘露就是他们的健康"。把其中的"健康"理解为"不朽"是完全正确的,也就是说,这是一种最完善的健康,而不是用食物可以恢复的健康,就像通过日常医药一样。

以同样的方式,在先向好人提供了关于审判日的希望之后,这位先知接下去就恐吓恶人。他是这样说的:"主如此说:'我要使平安延及她,好像江河;使列国的荣耀延及她,如同涨溢的河。你们要从中享受,你们必蒙抱在肋旁,摇弄在膝上。母亲怎样安慰儿子,就照样安慰你们,你们也必因耶路撒冷得安慰。你们看见,就心里快乐;你们的骨头必得滋润,像嫩草一样。而且上帝的手向他仆人所行的,必被人知道,他也要向仇敌发恼恨。看哪!上帝必在火中降临,他的车辇像旋风,以烈怒施行报应,以火焰施行责罚;因为上帝在一切有血气的人身上,必以火与刀施行审判,被上帝所杀的必多。'"①

在主对好人的应许中,我们必须清楚地明白,"好像江河一样的平安"指的是平安极为丰盛,无法再增。这种平安是我们在末日来临时在其中得以更新的,对此我们在前一卷中已经谈得很多了。主说他要使这种平安像江河一样流向那些他已经给他们赐福的人。他这样说是为了使我们可以明白,处在这种幸福状态的万物是在天上,他们的幸福是由这条河流供给的。由于这种不朽的平安会从天上流向属地的肉身,因此主说他会像江河一样流淌,以这样一种表述方式,主表明他会从天上的事物延及地下的事物,使人等同于天使。

还有,我们不要把这里提到的"耶路撒冷"理解为与她的子女一同处于奴役之下的耶路撒冷,而要像使徒所说的那样,理解为在天上永恒的我们所有人的自主之母。② 在她的怀中,我们在为今生可朽生活劳累和忧

---

① 《以赛亚书》66:12 以下。

② 参阅《加拉太书》4:26。

愁之后将在她那里得到安慰,我们将被提升为她膝上和肩下的儿女。到那时候,我们的鲁莽无知都会蒙上一层不期而来的惊喜。我们会在那里看见,我们的心会喜乐。先知没有告诉我们在那里会看见什么,但他的意思除了是指看见上帝,使福音书中的应许在我们身上应验,还能是什么呢?"清心的人有福了,因为他们必得见上帝。"①他的意思除了看见我们现在相信,但还没有看到的事情,还能是什么呢? 我们现在只是在沉思这些事情,而我们虚弱的人的能力所能形成的形象与实际是无法相比的。他说:"你们看见,就心里快乐。"你们在这里相信,你们在那里将会看见。

但在说了"你们就心里快乐"以后,他又说"你们的骨头必得滋润,像嫩草一样",就好像补充忘记说了的好事似的。他在这里涉及的是肉身的复活,免得我们以为耶路撒冷的赐福只和我们的灵性相关。因为肉身的复活并不在我们看见之后发生,正好相反,在肉身的复活发生之后,我们将会看见。先知已经讲了新天和新地,他经常以多种方式对在末日应许给圣徒的事情进行描述。他说:"我造新天新地。从前的事不再被纪念,也不再追想。你们当因我所造的永远欢喜快乐,因我造耶路撒冷为人所喜,造其中的居民为人所乐。我必因耶路撒冷欢喜,因我的百姓快乐。其中必不再听见哭泣的声音和哀号的声音",等等。② 有些人努力想要把这些应许解释为仅仅是在这千年中在属血气的意义上会发生的事。这是因为,如先知们通常所拥有的风格一样,象征性的表述与真实的表述混在一起,所以,比较清醒的心灵可以通过有用的和完善的辛劳,得到灵性的意思;肉身的懒惰,或未经教诲和训练的心灵的迟钝,会满足于字面含义,认为没有更加内在的意思需要探寻。希望我现在所说的话已足以处理我们现在正在讨论的这个段落之前的那些预言。

现在回到我们偏离了的那个段落,先知说了"你们的骨头必得滋润,像嫩草一样"之后,又说"而且上帝的手向他仆人所行的,必被人知道"。他加上这句话,为的是使人明白他在这里讲的确实是肉身的复活,仅指好

---

① 《马太福音》5:8。

② 《以赛亚书》65:17 以下。

人的复活。只有上帝的手才把他的信徒和那些轻视他的人区分开来。至于后者，这段话马上又说"他也要向仇敌发恼恨"，或者按另一种译法，"向不信者发恼恨"。不是上帝在那个时候恐吓不信者，倒不如说在那个时候，这些恐吓的话语就要实现了。他说："看哪！上帝必在火中降临，他的车辇像旋风，以烈怒施行报应，以火焰施行责罚；因为上帝在一切有血气的人身上，必以火与刀施行审判，被上帝所杀的必多。""火"、"旋风"、"刀"，在这里象征上帝的审判所施行的惩罚。先知说上帝在火中降临，这就清楚地表明上帝的降临会带来惩罚。"车辇"这个词在这里用的是复数，可以恰当地理解为天使们的侍奉。当他说上帝必以火与刀施行审判时，我们必须明白这里审判的对象既包括属灵的和圣洁的人，而且也包括属地的和属血气的人；既包括那些"专以地上的事为念"①的人，又包括那些被告知"体贴肉体的，就是死"②的人。这里的审判对象指的是被主统称为"血气"的人，他说："人既属乎血气，我的灵就不永远住在他里面。"③

至于"被上帝所杀的必多"这个说法，实现将要到来的第二次死亡靠的就是这种杀灭。我们确实可以在褒义上理解"火"、"刀"、"杀"。因为主说他希望"把火丢在地上"；④当圣灵降临时，使徒们感到"有舌头如火焰显现出来"。⑤ 还有，主说："我来并不是叫地上太平，乃是叫地上动刀兵。"⑥圣经说上帝的话语是一柄双刃剑，有两面剑锋，有两种证明。⑦ 还有在《雅歌》中，圣洁的教会说她被爱所杀，被穿透，就像中了爱情之箭。⑧我们读到或听到主将要再来施行责罚，按这种意思去理解，这些话的含义是清楚的。

---

① 《腓立比书》3：19。
② 《罗马书》8：6。
③ 《创世记》6：3。
④ 《路加福音》12：49。
⑤ 《使徒行传》2：3。
⑥ 《马太福音》10：34。
⑦ 参阅《希伯来书》4：12。
⑧ 《雅歌》2：5。

　　然后,在简短地提到将在这场审判中毁灭的那些人以后——他用那些不忌食旧约律法所禁肉类的人的形象描写了那些罪人和不敬虔者①——这位先知提供了一段关于新约恩典的总结性解释,从救世主的第一次降临一直讲到我们正在处理的最终审判,从而结束他的讨论。他告诉我们,主说他将要来聚集万民万族,让他们来看他的荣耀。② 如使徒所说,"因为世人都犯了罪,亏缺了上帝的荣耀。"③他说,主要显神迹在他们中间,使他们感到惊讶并相信他。他还说主会把那些已经得救的差往列国去。这些人要去边远地方,要去遥远的海岛,那里的人从来没有听见过主的名声,也没有看见过主的荣耀。他们要将主的荣耀传扬在列国中,把他们的兄弟送回。先知所说的这些兄弟就是信仰拣选以色列人为子民的上帝圣父的人。他说这些兄弟要从列国送回,带着他们的供物献给耶路撒冷圣城,忠心的圣徒们已经把主的名声传遍全世界。④ 这里提到的坐骑和轿子可以正确地理解为象征着侍奉上帝的两个等次,天使的等次和人的等次,提供的圣洁的帮助。凡有圣洁的帮助之处,人们就相信了;他们一旦相信,就会前来。主把这些兄弟比作以色列人奉到上帝殿中的供物,就像教会在各处所行的那样。主应许说,他必从他们中间取人为祭司,为利未人。⑤ 这个应许我们看到现在已经应验了,尽管事实上祭司和利未人现在已经不再是按亚伦等次的同族成员,这只是最初的状况。现在,出于新约的恩惠,"照着麦基洗德等次的"⑥大祭司是基督,我们看到,现在要做祭司是按照赐给各人的神圣恩典来拣选的。这些祭司并不按照他们拥有的称号来受审,因为常有坏人得到祭司的称号,而是按照他们拥有的圣洁来受审,圣洁并非好人和坏人可以共有的。

　　在清晰明白地谈到上帝赐予教会的恩典以后,主提到了一种确定的

---

① 　参阅《以赛亚书》66:17。

② 　《以赛亚书》66:19。

③ 　《罗马书》3:23。

④ 　参阅《以赛亚书》66:19 以下。

⑤ 　参阅《以赛亚书》66:21。

⑥ 　《诗篇》110:4。

终结,当最后的审判把好人和恶人分开的时候,我们将面临这种终结。主通过先知讲话,或者说先知代表主讲话。他说:"我所要造的新天新地,怎样在我面前长存,你们的后裔和你们的名字,也必照样长存。每逢月朔、安息日,凡有血气的必来在我面前下拜。这是上帝说的。他们必出去观看那些违背我人的尸首,因为他们的虫是不死的,他们的火是不灭的。凡有血气的,都必憎恶他们。"①

说到这里,先知结束了这本书;而这个世界本身也是在这个时候告终。有些人确实采用了"人的尸首"的译法,而不是译为"人的肢体"。"尸首"这个词在这里想要表示肉身所受的可见的惩罚,尽管"尸首"这个词通常仅指无生命的躯体。不管怎么说,这些肉身仍旧是活着的,因为它们要是死了,就不能感受到任何折磨了。换一种理解法,这些肉身也许可以称作"尸首"而不至于荒谬,也就是说它们是陷入第二次死亡的那些人的肉身。因此,这位使徒说:"恶人的大地要塌陷",②这句话我们在前面已经引用过了。有谁不明白"尸首"(cadavera)这个名称就源于它们的沉沦(cadendo)吗?③ 还有,这些翻译者所使用的"男人"(men)这个词显然是指"所有人"(human beings),因为没有人会说女性的罪人就不会受惩罚。倒不如说,男性是一种比较重要的性别,女人从男人而生,男人这个词在这里指两种性别的人。但与我们的主题关系更加密切的是,"凡有血气的必来"事实上指的也是好人。因为上帝的子民由各个民族组成(尽管并非所有人都在那里,因为有许多人要受惩罚)。因此,如我一开始就说过的那样,"血气"既表示好人,也表示坏人,而"肢体"或"尸首"表示恶人。由此清晰可见,肉身复活之后,紧接着就是好人和恶人要进入他们最后的结局。我们对这种复活的信仰由此也得到了增强。

章22 好人出去观看恶人受罚是什么意思

但是,好人要以什么样的方式"出去"观看恶人受罚? 他们要通过移

---

① 《以赛亚书》66:22 以下。
② 《以赛亚书》26:19,见希腊文圣经七十子本。
③ 参阅本卷,章10。

动有形的身体,离开他们得到赐福的居所,以便能够前往实施惩罚的场
所,观看有形体的恶人受惩罚吗? 上帝禁止我们这样想! 倒不如说,凭着
他们的知识,他们会"出去"。但"出去"这个表达法表示那些要受惩罚的
人在外面。还有,这就是主要称这个惩罚地为"外面的黑暗"①的原因,与
此相反的是,通过"入口",善良的仆人"可以进来享受你主人的快乐"。②
他以这样的方式讲话,免得我们认为恶人会进来,知道里面的事。正好相
反,我们要明白好人凭着他们的知识出去,因为好人知道在外面的是什
么。那些正在接受惩罚的人不会知道里面发生的事,不知道主人的快乐,
而那些享有快乐的人会知道在"外面的黑暗中"发生的事。因此经上说
"他们要出去"是因为他们要知道在外面的人发生了什么事。如果凭着
上帝在凡人虚幻心灵中的临在,先知们能够知道还没有发生的事情,那么
当"上帝在万物之上"③的时候,不朽的圣徒难道不知道已经发生的事吗?

圣徒的后裔和名字会长存于幸福之中,这个后裔就是约翰说的"存
在他心里的种",④这个名字也就是主本身通过以赛亚说的,"我必赐他们
永远的名。"⑤"他们每逢月朔、安息日",就好像是说"每逢月朔和休息"。
因为好人在经历了以往陈旧的时间之影后会进入永恒的新的光照,会有
月朔和安息日。

然而当恶人受罚时,火不会熄灭,虫子不会死,不同的权威对此有不
同的解释。有些人确实考虑到这两个说法指的都是肉身,有些人认为二
者指的都是灵魂。还有些人认为前者指的是肉身,后者象征性地指代灵
魂,这种解释似乎更加可信。但是现在我们没有时间来讨论这一差别了。
因为本卷要处理的主题是最后的审判,通过审判将好人与坏人分开。我
们必须在别处更加仔细地讨论他们得到的奖赏和惩罚。

---

① 《马太福音》25:30。
② 《马太福音》25:21 以下。
③ 《哥林多前书》15:28。
④ 《约翰一书》3:9。
⑤ 《以赛亚书》56:5。

章 23 但以理预言敌基督的迫害、上帝的审判、圣徒的统治

但以理涉及最后审判的预言是这样安排的：首先他预言了敌基督的到来；然后他叙述圣徒的永恒统治。他从四个巨兽的先知性异象开始，象征四个王国，其中第四个王国被某个认为是敌基督的国王征服。在此之后，人子的永久统治来到了，人子就是基督。然后但以理说："至于我但以理，我的灵在我里面愁烦，我脑中的异象使我惊惶，我就近一位侍立者，问他这一切的真情。他就告诉我，将那事的讲解给我说明。"①

然后，但以理把他从侍立者那里听来的事情告诉我们，就好像那侍立者在向他解释这些事情。"这四个大兽就是四王将要在世上兴起。然而，至高者的圣民，必要得国享受，直到永永远远。那时我愿知道第四兽的真情，它为何与那三兽的真情大不相同，甚是可怕，有铁牙铜爪，吞吃嚼碎，所剩下的用脚践踏；头有十角和那另长的一角，在这角前有三角被它打落。这角有眼，有说夸大话的口，形状强横，过于它的同类。我观看，见这角与圣民争战，胜了他们。直到亘古常在者来给至高者的圣民申冤，圣民得国的时候就到了。"②

但以理告诉我们，这是他提出的问题，然后他继续告诉我们他得到的答复："他说（即那侍立者说）：'那四兽就是世上必有的第四国，与一切国大不相同，必吞吃全地，并且践踏嚼碎。至于那十角，就是从这国中必兴起的十王，后来又兴起一王，与先前的不同，他必制服三王。他必向至高者说夸大的话，必折磨至高者的圣民，必想改变节期和律法。圣民必交付他手一载、两载、半载。然而审判者必坐着行审判，他们权柄必被夺去、毁坏、灭绝，一直到底。国度、权柄和天下诸国的大权，必赐给至高者的圣民。他的国是永远的，一切掌权的都必侍奉他，顺从他。'那事至此完毕，至于我但以理，心中甚是惊惶，脸色也变了，却将那事存记在心。"③

某些人已经把这四国解释为亚述、波斯、马其顿和罗马。如果希望知

---

① 《但以理书》7:15 以下。

② 《但以理书》7:19 以下。

③ 《但以理书》7:23 以下。

道这个解释是否恰当,那么就让他去阅读长老杰罗姆以他的博学,历经辛劳写下的论但以理的书。然而,任何人读了这段话,哪怕是在睡觉时读的,也不会怀疑这种敌基督的统治将要产生,它会最野蛮地攻击教会。这种状态时间尽管短暂,但会一直持续到上帝的最后审判和圣民们得到他们的永恒王国为止。从后面那个段落提供的天数来看,①那里讲的"时间(单数)、时间(复数)、分成两半的时间"②显然是指一年、两年、半年,也就是三年半,尽管在圣经中这些时间有时候是用月份给出的。尽管"时间"(复数)这个词在拉丁文中是一个不确定的表达法,但在原文中它是双数。③ 这是一种拉丁文没有的形式,但希腊文中有,据说,希伯来文也是这样。因此,"时间"(复数)在这里的意思是"两个时间"。至于"十王",好像是指敌基督到来时看到的十个人。对此我承认,我们的解释可能有误,敌基督的可能会不期而至,而此时的罗马世界活着的国王可能不止十个。不过,十这个数在这里所表示的不就是敌基督的到来时所看到的所有国王吗? 人们在表示全部时经常用千、百、十,或其他一些数,对此我们不必细考。

在另一段话中,这位但以理说:"有大艰难,从有国以来直到此时,没有这样的,你本国的民中,凡名录在册上的,必得拯救。睡在尘埃中的,必有多人复醒。其中有得永生的,有受羞辱永远被憎恶的。智慧人必发光,如同天上的光;那使多人归义的,必发光如星,直到永永远远。"④这段话很像我们已经从福音书中引过的那段话,⑤至少涉及死者肉身的复活。那些在福音书中被说成"在坟墓里的",在这里被说成"睡在尘埃中的",或者像其他译本那样译为"睡在土丘中的"。还有,福音书中说的是"他们就出来",而在这里说的是"他们就复醒"。在福音书中说的是"行善的

---

① 《但以理书》12:11。

② 此处原文为"a time and times and the dividing of time",和合本中译文意译为"一载、两载、半载"。

③ 希腊文语法有三种数:单数、双数、复数。

④ 《但以理书》12:1以下。

⑤ 《约翰福音》5:28 以下;参阅本卷,章 6。

复活得生，作恶的复活定罪"，而在这里说的是"其中有得永生的，有受羞辱永远被憎恶的。"福音书中说"凡在坟墓里的"，这位先知没有说"凡"，但说了"睡在尘埃中的有多人"。但我们不要以为这里有什么差别，因为"多"在圣经中经常用在表示"所有"的地方。例如，上帝对亚伯拉罕说："我立你为多国之父"，但在另一处则说"地上万国都必因你的后裔得福。"①

那位侍立者稍后说了这位先知本人的复活，"你且去等候结局，因为你必安歇。到了末期，你必起来，享受你的福分。"②

章24　大卫的诗篇中预言世界末日和最后审判的段落

《诗篇》中有许多段落谈到最后的审判，尽管大部分都很简洁，一带而过。但我这样说绝不是要省略其中关于世界末日的清楚表述。"你起初立了地的根基，天也是你手所造的。天地都要灭没，你却要长存；天地都要如外衣渐渐旧了，你要将天地如里衣更换，天地就改变了。唯有你永不改变，你的年数没有穷尽。"③

波斐利赞扬希伯来人虔诚地敬拜上帝，他们崇拜的上帝是伟大的、真实的，哪怕诸神也都害怕上帝。④　那么，他为什么要由于基督徒说这个世界将要终结而抱着满腔怒火追随那些诸神指责基督徒的神谕呢？你们瞧！在希伯来人的神圣著作中，连这位杰出的哲学家都承认的、令诸神害怕的上帝是怎么说的："天也是你手所造的，它们都要灭没。"当诸天作为这个世界较高的、较为坚实的部分遭到灭亡时，这个世界本身还不灭亡吗？这个说法令朱庇特不悦，在波斐利的著作中，当波斐利指责基督徒们的轻信时，朱庇特的神谕被当作最有分量的权威来引用。那么，他为什么不同样把希伯来人的智慧指责为愚蠢呢？这个说法是在希伯来人最神圣的书中发现的，我们从这种希伯来人的智慧中得知诸天将要灭亡，然而波

---

① 《创世记》17：5；22：18。

② 《但以理书》12：13。

③ 《诗篇》102：25。

④ 参阅本书卷19，章23。

斐利喜欢这样的智慧,哪怕是通过他自己的诸神之口道出这种喜悦! 那么,他为什么还要由于基督徒相信这个世界将会灭亡而犯下如此虚假的错误,厌恶基督徒的信仰呢? 他厌恶的如果不是全部信仰,至少也是部分信仰。如果诸天将要灭亡,那么这个世界肯定也要灭亡。还有,在那些对我们来说特有的圣书中,亦即在我们并不与希伯来人共有的福音书和使徒书信中,我们读到,"这世界的样子将要过去了"。① 我们还读到,"这世界要过去",②"天地要废去"。③ 尽管我认为,"过去"或"废去"比"灭没"要说得温和一些。

在使徒彼得的书信中也一样,那里说到,"当时的世界被水淹没就消灭了"。这就相当清楚地说明了要灭亡的是这个世界的哪个部分,灭亡到什么程度,而这个世界的部分又是用整个世界来表示的。它也清楚地表明什么样的天"会存留,直到不敬虔之人受审判和用火焚烧的日子。"稍后,使徒说:"但主的日子要像贼来到一样;那日,天必大有响声废去,有形质的都要被烈火销化,地和其上的物都要烧尽了。"然后他又添上,"这一切既然都要如此销化,你们为人该当怎样?"④现在这些将要灭亡的诸天可以理解为就是他所说的"存留下来等待火焚"的天。还有,那些被烈火销化的形质可以理解为处在这个世界最低部分的那些激荡不安的元素,使徒说诸天也还要在这个世界存留。因为那些立有永恒星辰的较高的天会完善的存留。经上确实说过"众星要从天上坠落"。⑤ 如果众星将从天上坠落,那么这件事本身就表明诸天将要存留,尽管事实上这些话语可以用不同的方式去理解。所以这个说法既可以是象征性的,这也许是一种更加可能的解释,又可以是对这层较低的天将要发生的事实的描述,在这层天中有些事情会比现在发生的事更加神奇,就像维吉尔提到过的

---

① 《哥林多前书》7:31。

② 《约翰一书》2:17。

③ 《马太福音》24:35。

④ 《彼得后书》3:6以下。

⑤ 《马太福音》24:29。

星辰，"拖着一条火尾，发出耀眼的光芒"，"落到伊达山的树林后面去了"。①

然而，我从《诗篇》中引用的这段话似乎并没有排除诸天的任何部分将要毁灭。因为它说："天也是你手所造的，它们都要灭没。"由于它们没有任何部分不是上帝所造，因此它们也没有任何部分可以逃避毁灭。但是我们的对手不会停止为希伯来人的敬虔辩护，他们引用他们自己的诸神的神谕，也引用使徒彼得的话，因为他们痛恨彼得。他们确实可以依据诗篇作者说的"它们都要灭没"而不相信整个世界将会灭亡，因为在这句话中整体仅代表部分，只有最低的天将要灭没。但在作这样的理解时，必须与使徒在他的书信中的说法保持一致，当他说"世界"在大洪水中灭亡时，他也用整体来代表部分，这个部分指的就是世界的最低部分，与之相对应的则是诸天的区域。如我所说，我们的对手不会停止按这一思路进行推理，因为他们担心似乎不这样做就会证实彼得的意思。他们不希望把最后的大火说得像我们描写的大洪水那样重要，因为他们争论说没有任何大水或大火能够彻底摧毁整个人类。因此，留给他们能继续说的就是，他们的诸神赞扬希伯来人的智慧，因为他们没有读过这段赞美诗！

还有，我们要把《诗篇》第50首理解为与上帝的最后审判有关。"我们的上帝要来，绝不闭口；有烈火在他面前吞灭，有暴风在他四围大刮。他招呼上天下地，为要审判他的圣民，招聚他的圣民到他那里去，就是那些用祭物与他立约的人。"②我们把这段话理解为指的是我们的主耶稣基督，我们在期盼中等候他，他将要从天而降，审判活人和死人。他会公开到来，审判义人和不义之人，而他的第一次到来是秘密的，被不义之人不义地审判。我要说，他要公开到来，"绝不闭口"，也就是说他进行审判的声音会使他自己为人所知，而他的第一次到来是秘密的，在审判之前他是沉默的。就像我们在以赛亚的预言中读到、在福音书中应验的那样，"他

---

① 维吉尔：《埃涅阿斯纪》，卷2，行694，行696。
② 《诗篇》50：3以下。

像羊羔被牵到宰杀之地,又像羊在剪毛的人手下无声,他也是这样不开口。"①至于"烈火"和"暴风",当我们在处理以赛亚的一段相同的预言时,我们已经解释了该如何理解这些词的意思。至于"他召唤上天",圣民和义人可以正确地称作"天",所以这里的意思与使徒说的那句话的意思相同,"我们必和他们一道被提到云里,在空中与主相遇。"②毕竟,我们若按字面意思理解这些词,那么"招呼上天"又如何可能,就好像天可以在除了上面以外的任何地方似的? 至于接下来的那些词"下地,为要审判他的圣民",如果我们把它们与前面连起来一并理解,那么它的意思就是"他也招呼下面的地",从而提供一种与正确的信仰一致的意思。"天"象征着那些与基督一道要来进行审判的人,"地"象征着那些受审判的人。这样的话,"他将招呼上天"的意思就不是"他提升到空中",而是"他将升空坐在审判席上"。还有,"他将招呼上天"可以表示"他将在崇高的处所召唤天使,与它们一道下来审判";"他也招呼下面的地"则表示"他将招呼地上的人前来接受审判"。但若我们把"地"、"他将招呼"、"上"连起来考虑,整个意思是"他将招呼上天下地",那么在这种情况下,我认为整段话最好理解为那些要被提升到空中与基督相遇的人。按照这种解释,他们被称作"天","天"指的是他们的灵魂,而"地"指的是他们的肉身。

接下去,"审判他的民"的意思不就是通过审判区分好人和坏人,就像区分绵羊和山羊似的吗? 然后他又转向天使,对它们说"招聚圣民到他那里去",如此重要的事情当然要由天使来承担。如果我们问由天使招聚到他那里去的圣民是谁,那么诗篇说了,"就是那些用祭物与他立约的人"。义人的整个生活就是用祭物与上帝立约。这里的"祭物"可以表示在上帝的审判中作用在祭物之上的怜恤,上帝说"我喜爱怜恤,不喜爱祭祀。"③换言之,"在祭物之上"可以表示"在祭物之中",以同样的方式

① 《以赛亚书》53:7。

② 《帖撒罗尼迦前书》4:17;参阅本卷,章20。

③ 《何西阿书》6:6。

某些在世界中发生的事情可以说发生在大地之上。在这种情况下，怜恤的作用就是令上帝喜悦的祭物，我记得我在本书第十卷中说过这一点。①在怜恤的这些作用下，义人与上帝立约，因为他们这样做是为了包含在上帝的新约中的应许。这样，当圣民们被招聚在一起，在最后的审判中站在他的右边时，基督会说："你们这蒙我父赐福的，可来承受那创世以来为你们所预备的国。因为我饿了，你们给我吃"，等等，②他讲述了义人的一系列善功，以及按这位法官的最后宣判赐予他们的永恒奖赏。

章 25　玛拉基的预言，其中讲到最后的审判、某些人要通过受惩罚来涤罪

先知玛拉基（Malachi）或玛拉基尔（Malachiel）也被称作"天使"，有些人认为他就是祭司以斯拉（因为杰罗姆说这是希伯来人的看法），他的其他一些作品没有被收入正典。③ 他预言了最后的审判，说："万军之主说：瞧，他来了。但他来的日子，谁能当得起呢？ 他显现的时候，谁能立得住呢？ 因为他如炼金之人的火，如漂布之人的碱。他必坐下如炼净银子的，必洁净利未人，熬炼他们像金银一样；他们就凭公义献供物给上帝。万军之主说：那时犹大和耶路撒冷所献的供物，必蒙上帝悦纳，仿佛古时之日，上古之年。我必临近你们，施行审判。我必速速作见证，警戒行邪术的、犯奸淫的、起假誓的、亏负人之工价的、欺压寡妇孤儿的、屈枉寄居的和不敬畏我的。因为我是主，我不改变。"④

依据这些话，似乎很清楚，当审判到来时，有些人要经受某种涤罪性的惩罚。因为除了这种理解以外，我们还能如何理解"但他来的日子，谁能当得起呢？ 他显现的时候，谁能立得住呢？ 因为他如炼金之人的火，如漂布之人的碱。他必坐下如炼净银子的，必洁净利未人，熬炼他们像金银

---

① 参阅本书卷 10，章 6。

② 《马太福音》25：34。

③ 参阅杰罗姆：《玛拉基书引论》（Jerome, *Praefatio in Malachiam*, Biblia Sacra, vol. XVII, Rome, 1987）；句中"其他一些作品"指的是《以斯拉书》和《尼米亚书》。

④ 《玛拉基书》3：1以下。

一样"这些话呢？以赛亚也说过相同的话："主以公义的灵和焚烧的灵，将锡安女子的污秽洗去，又将耶路撒冷中杀人的血除净。"①

除非我们也许可以说，当恶人与坏人分开时，他们的污秽就被洗去了，在一定意义上洗去了罪行。在这种情况下，恶人的分隔和定罪是好人的洁净，因为从今以后他们就不必与恶人混在一起了。但是先知接下去说"他必坐下如炼净银子的，必洁净利未人，熬炼他们像金银一样；他们就凭公义献供物给上帝。"在这里他确实告诉我们，那些经过洗涤的人会"蒙上帝悦纳"，因为他们"凭公义献供物"，其结果是他们洗涤了自己的令上帝不悦的不公义。当他们在洗涤时，他们自己确实已经成了圆满的、完善的公义的供物，还有什么供物能比他们自己更能使上帝悦纳呢？但是，关于涤罪性的惩罚我们必须放到其他时间再谈，以便考察得比较仔细。

至于"利未人"、"犹大和耶路撒冷"，我们应当明白这些名称象征着教会本身，她的成员不仅来自希伯来人，而且也来自其他民族。教会也并非像她现在这个样子，"我们若说自己无罪，便是自欺，真理不在我们心里了。"②倒不如说，这些名称象征着将来的教会，在最后的审判中受到洗涤，就像在打谷场上扬谷，她的那些需要这种涤罪的成员都被火炼净了，没有一个需要继续为他的罪献祭。因为献供物的人显然还处在他们的罪中，献祭就是为了赎罪，如果上帝接受了他们的供物，他们的罪就可赦免了。

章26　仿佛古时之日，上古之年，圣民献给上帝的供物蒙主悦纳

由于上帝希望他的圣城不要继续遵守献祭的习俗，所以他说利未人凭公义献供物。也就是说，他们不会陷在罪中上供，也不会为了赎罪而上供。这样，我们就能明白先知接下去说的话是什么意思了，"那时犹大和耶路撒冷所献的供物，必蒙上帝悦纳，仿佛古时之日，上古之年。"借助这

---

① 《以赛亚书》4:4。
② 《约翰一书》1:8。

些词的力量，犹太人应许要按旧约的律法重新献祭，但这样做是徒劳的。因为那时候他们不是凭公义献祭，而是陷在罪中献祭。他们以往的献祭确实是为了赎罪，甚至对祭司来说也一样，我们必须相信祭司要比其他人公义，他们按上帝的诚命献祭，首先是为了赎自己的罪，然后是为他们族里的其他人赎罪。因此必须解释我们如何理解"仿佛古时之日，上古之年"这些词。先知这时候心里想的也许是最初的人在乐园中的时候。那时候他们确实是纯洁无瑕、无罪无染的，把他们自己当作供物献给上帝。但由于他们的过失，他们被赶出乐园，人的本性在他们身上被定了罪，唯一的例外是那位中保，还有那些刚出生就已经受洗的人。然而现在，"谁能使洁净之物出于污秽之中呢？无论谁也不能！"①也许可以回答说，那些凭信仰献祭的人可以恰当地说是在凭公义上供，因为义人凭信而生。②然而无论谁说自己无罪就是在欺骗自己，所以义人不会由于自己凭信而生就这样说。还有，那些凭公义献上供物的人将在最后审判的烈火中炼净，这时候还会有人说当前的信仰会在最后阶段留下同样的印迹吗？我们必须相信，在这样的精炼之后，义人无罪了。一旦无罪，那么最后的审判之后的时代只能比作最初的人类在犯罪之前纯洁无瑕地生活在乐园中的时代。以这样的方式，我们正确理解了"仿佛古时之日，上古之年"这些话的意思。

在讲到关于新天新地的应许之后，以赛亚也对圣民的幸福做了寓意的和神秘的描述。想要避免不必要的冗长这一意愿阻止我对这些描述进行专门的解释。但以赛亚在谈到其他一些事情的时候说："我民的日子必像树木的日子。"③现在，还有哪个看过一眼圣书的人会不知道，上帝种下生命树，从这棵生命树的果实中，上帝砍下最初的人类，当他们犯罪的时候把他们逐出乐园，而把守生命树的是四面转动的发火焰的剑？

但有些人可以争辩说，先知以赛亚讲的"必像树木的日子"指的是基

---

① 《约伯记》14:4。

② 参阅《罗马书》1:17。

③ 《以赛亚书》65:22。

督的教会当前的日子,基督本人被预言称作生命树,因为他是上帝的智慧,而所罗门说过,"他与持守他的作生命树。"①有些人也可以坚持说最初的人类在乐园中并没有生活"许多年",而是在他们还没有生育子女的时候就已经被赶出乐园。由此看来,"仿佛古时之日,上古之年"这些话不可能指最初的人类在乐园中度过的日子。然而这是一个我要加以省略的问题,仅仅为了弄清这一点而详细讨论每一个细节那就太冗长了。但我看到另外有一种意思会阻止我们相信先知在这里是应许我们回复到旧约用牺牲作供物的献祭,"仿佛古时之日,上古之年",以为这是一种巨大的幸福。因为在旧约律法的规定下,选作牺牲的牲畜应当是完全纯洁的、无瑕疵的。因为它们象征着无罪的圣洁之人,但只有基督是人们所能看到的唯一的这样的人。然而在审判的时候,那些配得上涤罪的人甚至要被火炼净,从那以后,所有圣民都将是完全无罪的。在这种状况下,他们就凭公义把自己当作供物献给上帝,就像完全纯洁的、无瑕疵的牺牲一样。这样的话,当献上预示着未来的最纯洁的牺牲时,他们确实"仿佛古时之日,上古之年"。这些牺牲的肉身预示着圣民们的肉身和心灵的纯洁。

接下去,上帝讲到那些不配涤罪,而要被定罪的人。"我必速速作见证,警戒行邪术的、犯奸淫的。"在列举了其他一些要定罪的行为以后,他又添上"因为我是主,我不改变"。他就好像在说,"尽管你们的错误改变了你们,你们变得更坏了,但我的恩典不会改变,我不会改变。"他说他自己将要作"见证",因为在他的审判中,不需要其他见证。他要"速速",既可以表示他要很快地来到,进行审判,这在过去显得很慢,又可以表示他的到来是无法预期的,因为他对人的良心进行审判没有任何预备阶段。如经上所说:"邪恶者意向将受到严密的监视。"②使徒说:"他们的思念互相较量,或以为是,或以为非,就在上帝借耶稣基督审判人隐秘事的日

---

① 《箴言》3:18。

② 《所罗门智训》1:9。

子,照着我的福音所言。"①所以,我们以这种方式理解上帝的"速速",他会突如其来地给人定罪,惩罚他们的良心。

章27 区分善人与恶人,在最后审判时这种区别会更明显

先知玛拉基还有另外一段话与最后的审判有关,这段话我在第十八卷中已经引用过了,不过背景不一样。② 他说:"万军之上帝说,在我所定的日子,他们必属我,特特归我。我必怜恤他们,如同人怜恤、服侍自己的儿子。那时你们必归回,将善人和恶人、侍奉上帝的和不侍奉上帝的分别出来。万军之上帝说,那日临近,势如烧着的火炉,凡狂傲的和行恶的必如碎秸,在那日必被烧尽,根本枝条一无存留。但向你们敬畏我名的人必有公义的日头出现,共光线有医治之能。你们必出来跳跃如圈里的肥犊。你们必践踏恶人,在我所定的日子,他们必如灰尘在你们脚掌之下。这是万军之上帝说的。"③

在那照耀着今生之空虚的阳光之下,我们察觉不到区分善人和恶人、奖赏与惩罚的鸿沟。而在永恒生命的照耀下,这条鸿沟在公义的太阳之下显示出来,那么确实就会有一场前所未有的审判。

章28 必须在灵性的意义上理解摩西律法,藉此排除那些从肉身的意义 对摩西律法做解释的抱怨

接下去,这位先知又添上这样一些话:"你们当记念我仆人摩西的律法,就是我在何烈山为以色列众人所吩咐他的律例典章。"④先知在这里提到律例典章是很及时的,因为前面宣布了要区分遵守律法的人和藐视律法的人。与此同时,先知想要人们学会按灵性的意义解释律法,在其中找到基督,因为根据基督的审判,善人与恶人才能区分开来。主本人对犹

---

① 《罗马书》2:15 以下。
② 参阅本书卷 18,章 35。
③ 《玛拉基书》3:17 以下。
④ 《玛拉基书》4:4。

太人说的话并非毫无意义，"你们如果信摩西，也必信我；因为他书上有指着我写的话。"①但由于犹太人以一种肉身的方式接受律法，由于他们不明白属土的应许是将要在天上应验的事情的象征，所以犹太人就抱怨，甚至竟敢说："侍奉上帝是徒劳的，遵守上帝所吩咐的，在万军之上帝面前苦苦斋戒有什么益处呢？如今我们称狂傲的人为有福，并且行恶的人得建立。"②在一定的意义上，这些人说的这些话迫使先知预言最后的审判。因为到了那个时候，恶人不会有丝毫幸福，而会极为悲惨，善人也不会再受以往那种苦难，而会享有光明和永恒的幸福。先知在前面也引用过一些类似的抱怨，这些人说"凡行恶的，上帝眼看为善，并且他喜悦他们。"③我要说，这些人对上帝发出这样的抱怨是因为他们按肉身的意义理解摩西的律法。所以《诗篇》第73首的作者说，他的脚几乎闪失，险些滑跌，因为当他看到那些恶人享平安时，就愚蠢地心怀不平。这样一来，他就说："上帝怎能晓得？至高者岂有知识呢？"还有，"我实在徒然洁净了我的心，徒然洗手表明无辜"。诗篇作者说，为了解决由善人受难、恶人享福这一事实提出来的困难问题，他思索良久，"实系为难，直到他进了上帝的圣所，思想他们的结局。"④确实，在最后的审判中，事情就不是这样了。正好相反，随着恶人的灾难和义人的幸福显现出来，事物的状况就与现在完全不一样了。

章29　以利亚在审判前到来，使犹太人可以通过他的传道和解释圣经皈依基督

然后，玛拉基告诫民众记住摩西律法（因为他预见到长期以来他们不明白它的灵性意义）。他继续说："看哪，上帝大而可畏之日未到以前，我必差遣先知以利亚到你们那里去。他必使父亲的心转向儿子，儿女的

---

① 《约翰福音》5:46。

② 《玛拉基书》3:14 以下。

③ 《玛拉基书》2:17。

④ 《诗篇》73:3 以下。

心转向父亲,免得我来咒诅遍地。"①这是一个频繁地出现在忠心者的口头和心中的信念,在审判之前,在最后大而可畏的日子里,先知以利亚要来向犹太人解释律法,使他们相信真正的基督,亦即我们的基督。在我们的审判者和救世主到来之前,我们期盼以利亚的到来并非没有理由。我们确实有理由相信他仍旧活着,因为圣经清楚明白地说他乘"火车火马"去了。② 因此,当他到来时,他会对律法作灵性的解释,而犹太人现在仅仅在肉身的意义上理解律法,由此他会"使父亲的心转向儿子",亦即父亲们的心会转向子女们,圣经的翻译者在这里用单数指代复数。它的意思是,这些子女,亦即犹太人,会像他们的父亲——即先知们,他们中间包括摩西——一样理解律法。等到这些子女像父亲一样理解律法时,这些父亲们的心将转向他们的子女;当这些子女分享他们父亲的信仰时,子女们的心会转向他们的父亲。希腊文圣经七十子本还说"以及人对他邻居的心",这是因为父亲和子女显然可以互为邻居。

但在希腊文圣经七十子本的译者那里还可以看到另一种更为可取的意思,他们按灵性的意义翻译预言,亦即以利亚会使天父上帝的心转向圣子。以利亚这样做肯定不是由于他能使圣父爱圣子,而是通过他关于圣父爱圣子的教导,使犹太人也能爱这位圣子,而犹太人最初仇恨这位圣子,他就是我们的基督。因为犹太人相信上帝已经把他的心从我们的基督那里转开了,这是他们现在的看法。但他们将要相信上帝的心转向了圣子,因为他们自己的心通过皈依转向了圣子,他们已经学到了圣父对圣子的爱。

至于后面的话,"以及人对他邻居的心",讲的就是以利亚也会使人的心转向他的邻居,除了把这句话理解为人心转向基督这个人,还能有什么更好的解释吗?尽管处于"人的样式"中,他"取了奴仆的形象",但他确实是我们的上帝,③他使自己卑微,成了我们的邻居。这就是以利亚要

---

① 《玛拉基书》4:5以下。
② 参阅《列王纪下》2:11。
③ 《腓立比书》2:7。

来做的事,"免得我来咒诅遍地。""地"在这里指的是那些热爱属地事物的人,也就是到现在为止那些肉身的犹太人,由于这个原因,他们抱怨上帝说"凡行恶的上帝眼看为善","侍奉上帝是徒劳的"。

章 30　旧约书卷中的某些段落说上帝将要来审判大地,但从这些上帝说的话语中可以清楚地看到是基督要来审判大地,尽管基督的位格没有清楚地提到

圣经中有许多段落见证着上帝的最后审判,如果把它们全都收集在这里,那就太长了。所以只要足以证明旧约和新约都预言了最后的审判也就够了。与新约相比,旧约不太清楚的地方是这个审判是由基督来执行的。也就是说,基督从天上下来做审判者。这是因为,在旧约中,主上帝说他将要来,或者说主上帝将要来,我们并不一定要把这些话理解为指的是基督要来。因为"主上帝"可以表示圣父,也可以表示圣子,或者表示圣灵。

这个问题我们一定不能不加讨论地放过去。我们首先必须说明耶稣基督如何在先知书中以主上帝的名义讲话,而不会使我们留下疑问,明白讲话的确实是耶稣基督。这一步做完了,我们就能理解基督也就是有些段落中讲的"主上帝",他将要来执行最后的审判,尽管这一点不是十分清晰。

先知以赛亚的一段话清楚地说明了我的意思。上帝通过这位先知说:"雅各,我所选召的以色列啊,当听我言:我是上帝,我是首先的,也是末后的。我手立了地的根基,我右手铺张诸天,我一招呼便都立住。你们都当聚集而听,他们内中谁说过这些事? 上帝所爱的人,必向巴比伦行他所喜悦的事,他的膀臂也要加在迦勒底人身上。唯有我曾说过,我又选召他,领他来,他的道路就必亨通。你们要就近我来听这话,我从起头并未曾在隐秘处说话,自从有这事,我就在那里。现在主上帝差遣我和他的灵来。"①这是肯定是基督本身在以主上帝的名义讲话,然而,如果他最后没

---

① 《以赛亚书》48:12 以下。

有说"现在主上帝差遣我和他的灵来"，我们就不应当理解为是耶稣基督。因为他按照"奴仆的形象"说这些话，用过去时态表示将要发生的真实事情。这种用法在这位先知的别处也能看到，他说"他像羊羔被牵到宰杀之地"，而不是说"他将被牵到"。用过去时表示将要发生的事，这是预言的常用方式。

撒迦利亚还有另外一段话，清楚地说明是全能者在差遣全能者，如果这里的意思不是上帝圣父差遣上帝圣子，还能是什么意思呢？ 经上说："全能者上帝这样说：在显出荣耀之后，差遣我去惩罚那掳掠你们的列国；摸你们的，就是摸他眼中的瞳仁。看哪，我要向他们抢手，他们就必作服侍他们之人的掳物。你们便知道全能者上帝差遣我了。"①瞧，全能者上帝说全能者上帝差遣他。有谁胆敢把这些词理解为是指其他而不是指基督，亦即讲到以色列家迷失了的绵羊的基督？ 他在福音书中说过："我奉差遣不过是到以色列家迷失的羊那里去"，②而在这里他把以色列人比作上帝眼中的瞳仁，为的是说明上帝对他们极为慈爱，使徒们本身也属于这个绵羊的等次。但在显出荣耀之后——因为在复活之前，如传道者所说"耶稣尚未得着荣耀"③——他也被派到外邦人那里去，在他的使徒中，由此应验了《诗篇》中所说的"你救我脱离百姓的争竞，立我作列国的元首。"④这样，那些"掳掠"以色列人的人，那些以色列人在臣服外邦时侍奉的人，不仅在他们回归时被掳掠，而且他们自己也成了以色列人的掳物。（这是基督对使徒们的应许，他说："我要叫你们得人如得鱼一样"；⑤他还对一位使徒说："从今以后，你要得人了。"⑥）他们确实变成了掳物，但却是对他们自己有好处的，就像那位"壮士"被一位更强的壮士

---

① 《撒迦利亚书》2：8以下。
② 《马太福音》15：24。
③ 《约翰福音》7：39。
④ 《诗篇》18：43。
⑤ 《马太福音》4：19。
⑥ 《路加福音》5：10。

捆绑时从他那里取走的家产。①

还有，主通过同一位先知说："那日，我必定意灭绝来攻击耶路撒冷各国的民。我必将那施恩叫人恳求的灵，浇灌大卫家和耶路撒冷的居民。他们必仰望我，就是他们所扎的；必为我悲哀，如丧独生子；又为我愁苦，如丧长子。"②除了上帝，还有谁能用他的力量摧毁与圣城耶路撒冷为敌的各国？这里的"与之为敌"就是"反对她"，或者如其他译法一样，要"征服她"。有谁能够"将那施恩叫人恳求的灵，浇灌大卫家和耶路撒冷的居民"？这些事情显然与上帝的权能有关，先知在以上帝的名义说话。然而基督表明他自己就是施行这些伟大而又神奇的事情的上帝，他继续说道："他们必仰望我，就是他们所扎的；必为我悲哀，如丧独生子；又为我愁苦，如丧长子。"到了那一天，当他们看到他尊贵地到来，当他们知道他就是曾以卑微的形象到来而被他们羞辱的基督时，犹太人就会后悔在基督受难时对他的羞辱。或者说，这些犹太人无论如何将得到恩典和慈爱的灵。他们饶恕自己犯下的这种巨大的不敬虔，当他们复活的时候，他们会再见到基督，但只是为了接受惩罚，而不是接受矫正。"我必将那施恩叫人恳求的灵，浇灌大卫家和耶路撒冷的居民。他们必仰望我，就是他们所扎的"，这些话我们理解讲的不是这些人。倒不如说，我们认为这里讲的是他们的后裔，到了那个时候他们会通过以利亚相信基督。但正如我们对犹太人说"你们杀了基督"一样，尽管他们宽恕了自己的行为，但到了那个时候犹太人会感到悲哀，因为在一定意义上犹太人的祖先做的事就是犹太人做的事，这些后裔是他们祖先的后代。然而，尽管得到恩典与慈爱之灵的人不会与他们不敬虔的祖先一样定罪，但他们一定会感到悲哀，就好像他们自己也做了他们祖先做过的事。所以，他们的悲哀不是出于犯罪感，而是出于一种虔诚感。

当然了，希腊文圣经七十子本把希伯来圣经"他们必仰望我，就是他们所扎的"这句话译为"他们必仰望我，就是他们所冒犯的"。"所扎的"

---

① 《马太福音》12∶29；参阅本卷，章7。
② 《撒迦利亚书》12∶9以下。

这个词确实更加清楚地说明了基督被钉十字架。但是希腊文圣经七十子本的译者们宁可用"冒犯"这个词，因为在整个受难过程中，基督一直受冒犯。基督被捕、受捆绑、受审判；他们给他穿上朱红色的袍子，嘲笑他；他们跪在他面前拜他，戏弄他；他们给他戴上荆棘编的冠冕，拿苇子打他；基督背他的十字架，最后被钉十字架。在这些时候，犹太人都一直在冒犯他。因此，当我们不是只根据一种解释，而是把"冒犯"和"扎"这两种解释结合起来时，我们对主受难的真相就认识得更加全面了。

因此，当我们在先知书中读到上帝将要来执行最后的审判时，我们必须把它理解为基督将要来到。哪怕没有别的说明，只要提到最后的审判，我们就必须这样理解。尽管圣父将要审判，但他的审判是通过人子的到来进行的。在圣父自身的临在中，"父不审判什么人，乃将审判的事全交与子"，①而由于圣子是作为人来进行审判的，所以圣子将显身为人进行审判。上帝不是曾经通过以赛亚讲话，讲的是雅各和以色列，但实际上指的是从他们那里得着肉身的圣子基督吗？经上说："雅各是我的仆人，我所扶持的；以色列是我拣选的，我已将我的灵赐给他。他将要对外邦人进行审判。他不喧嚷，不扬声，也不使街上听见他的声音。压伤的芦苇，他不折断；将残的灯火，他不吹灭。他凭真实进行审判。他不灰心，也不丧胆，直到他在地上进行审判，万国都期待他。"②在希伯来经文中，没有"雅各"和"以色列"这些词，而只有"我的仆人"。但是希腊文圣经七十子本的译者无疑希望告诫我们，"我的仆人"要理解为指的是"仆人的形象"，至高者使自己卑微而取了仆人的形象。所以，译者们要在这里塞入一个人的名字，基督从他那里得着肉身，取了仆人的形象。

上帝把圣灵赐给基督，并以鸽子的形象显现出来，这是福音书所证明的。③ 他要审判外邦人，因为他预言将要到来的审判从前对外邦人是隐秘的。他是温和的，不喧嚷，不叫喊，但不会停止宣扬真理。他的声音是

---

① 《约翰福音》5:22。

② 《以赛亚书》42:1以下，见希腊文圣经七十子本。

③ 《马太福音》3:16。

听不见的,外面的人听不到他的声音,这是因为他并不服从那些外在于他的肉身的人。迫害他的犹太人,尽管像压伤的芦苇,失去了他们的完整性,但他不会去折断他们;像将残的灯火,尽管失去了光芒,他也不去吹灭他们。因为他饶恕了他们,尽管他受到了他们的审判,但还没有审判他们。他将凭真实进行审判,会对他们说,如果他们坚持邪恶,那么就要受到惩罚。他的脸面明亮如日头,①他的名声传扬全世界。他既没有被折断,也没有被征服,因为他本人和他的教会都没有向迫害者屈服并停止存在。所以,他的敌人说过的或仍在说的话,"他几时死,他的名才灭亡呢"②是不会实现的,"直到他在地上进行审判"。

所以,瞧,我们寻求的隐藏的事情现在都已显明了。这是基督从天而降在地上进行的最后审判。我们看到这段预言中的最后的话也已经在他身上应验,"万国都期待他"。凭着这种应验,无人能够否认我们的敌人最可耻地加以否认的事。而从前,有谁会期盼这样的事情呢?那些仍旧拒绝相信基督的人现在也能看到在我们身上应验的这些事,它们是无法被否认的,对此他们只能"咬牙消化"。③ 我要说的是,当基督被捕、被捆绑、被鞭打、被嘲笑、被钉十字架的时候,甚至连他的门徒都已经失去他们开始在他身上拥有的希望时,有谁会希望万国期待基督的名? 这一在当时除了钉在十字架上的那个强盗之外几乎无人相信的希望,现在已经是全世界各民族的希望,十字架成了他们的标记,基督被钉死在上面,使他们可以永远不死。

所以,圣经作了预言的最后审判将由耶稣基督来执行,没有人会否认或怀疑这一点,除非有人瞎了眼,拒绝相信这些经文,它们的真实性现在已经在全世界得到了充分证明。在审判的时候,或者在接近审判的时候,我们已经知道还会发生这样一些事:提斯比人以利亚将要到来;犹太人将要信基督;敌基督的将要实行迫害;基督将要审判;死人将要复活;善人与

---

① 《马太福音》17∶2。

② 《诗篇》41∶5。

③ 《诗篇》112∶10。

恶人将分开；世界将会被大火烧毁并得到更新。我们必须相信这些将要发生的事。这些事情将如何发生，按什么样的顺序发生，我们可以在时候到来时通过经历这些事件来了解。而现在，这些事情是人的理智无法告诉我们的。然而，我本人确信这些事情会按我在这里叙述的顺序发生。

我还要写两卷书，以便在上帝的帮助下，实现我的诺言。一卷涉及对恶人的惩罚，另一卷涉及义人的幸福。在这两卷书中，我要尽力使用上帝赐给我的力量，试着驳斥某些对神圣的预言和应许咬牙切齿的恶人使用的论证，他们嘲笑作为我们信仰的丰富营养的那些学说，认为这些学说是虚假的，可笑的。另一方面，那些顺从上帝的聪明人认为真理和上帝的万能是最强有力的论证，有许多圣经上的事情在凡人看来似乎是不可信的，然而它们却已经以各种方式得到证实。因为他们确信上帝不会以任何方式撒谎，他能够做到那些不信者认为不可能的事情。

第二十一卷

【本卷提要】本卷讨论魔鬼之城的结局，即这座城被定罪，接受永久性的惩罚，在此期间，作者讨论了那些由不信者提出来的反对这种观点的论证。

章1 讨论的顺序，先讨论与魔鬼相伴的迷失者的永久惩罚，再讨论圣民们的永久幸福

我们接下去要讨论惩罚的性质，当两座城——上帝之城和魔鬼之城——通过我们的主耶稣基督、审判活人与死人的法官，达到它们各自应得的结局时，这种惩罚将要落到魔鬼以及属于魔鬼的所有人身上。在本卷中我将更加仔细地讨论这个问题，只有上帝的帮助使我能够这样做。

我采用这样的顺序，宁可晚些时候再来讨论圣民的幸福，这是因为，尽管得救的和被定罪的到了那时候都要与他们的肉身相连，但似乎比较可信的是这些身体将承受永久的折磨而不是毫无痛苦地处于永久幸福之中。我已经证明，一定不能认为这样的惩罚是不可信的。这一点对我帮助很大，因为相信了这一点就比较容易相信圣民们的身体不朽，圣民们的身体不会有任何痛苦。

还有，这样的顺序与圣著并无矛盾之处。因为在圣著中，善人的幸福有时放在头里，比如"行善的复活得生，作恶的复活定罪。"① 但有的时候，善人的幸福放在后头，比如"人子要差遣使者，把一切叫人跌倒的和作恶的，从他国里挑出来，丢在火炉里；在那里必要哀哭切齿了。那时，义人在

---

① 《约翰福音》5:29。

他们父的国里,要发出光来,像太阳一样。"①还有,"这些人要往永刑里去;那些义人要往永生里去。"②先知们也是这样,有时候把这个放在前面,有时候把那个放在前面。要在这里列举这些例子实在太冗长,任何人只要去查看一下圣经就会明白是这么回事。我本人要采用这种顺序的理由已经讲明了。

章2　物性的身体有无可能在烈火中持久

那么,我能举出什么证据来说服那些不信者,有生命的、活生生的人的身体不仅能够不死,而且能够承受永恒烈火的折磨呢? 我们的对手拒绝让我们把原因归于万能者的力量。他们要我们举出实例来证明这一点。我们可以回答说,有些生灵确实是可朽的,因为它们是俗世的,然而却能在火中生存。有一种温泉中的蠕虫炽热无比,无人能够用手触摸它而不被烫伤;这种动物只能生活在那里而不能生活在别处,但又不会伤害自己。然而,我们要是讲述这些事情,他们要么拒绝相信,除非我们能拿给他们看,要么,如果我们能够用可见的证据或依据可靠的证言来向他们证明,他们就会本着不信的精神与我们争辩说这些不是我们想要寻找的证据,因为这些动物不会永远活着。还有,他们会说这些动物毫无痛苦地生活在高温中乃是因为火元素适合它们的本性,火使它们感到愉快而不是痛苦。然而,说它们在这样的环境中会更愉快而不是感到痛苦,这种说法更不可信。说任何事物可以承受火带来的痛苦并且仍旧活着是令人惊讶的,但若说它能够生活在火中而不感到痛苦,那就更加令人惊讶了。所以,要是相信后者,为什么不能也同时相信前者呢?

章3　属血气的身体能否承受永久的痛苦

他们说,没有一种身体能承受痛苦但却不会死。③ 但我们是怎么知

---

①　《马太福音》13:41 以下。

②　《马太福音》25:46。

③　参阅西塞罗:《论神性》,卷3,章13,节32。

道的呢？当精灵承认它们在痛苦地受折磨时,有谁能肯定它们不在它们的身体里呢?① 如果我们回答说,能受苦但不会死的属血气的身体——这里的身体指固体的、可触摸的身体,简言之,就是肉体——是不存在的,那么我们听到的事情不就是仅仅来自于人的经验和身体的感官？因为他们根本不知道有什么不会朽坏的肉体,他们的整个推理局限在这一范围之内,对他们简单地判断为不可能的事情他们根本就没有经验。我们不能从痛苦推导出死亡,这样的推导我们不能称之为推理,而实际上倒不如说,痛苦是有生命的征兆。我们确实可以问,能忍受痛苦的能否永生,但能感受到痛苦的任何事物肯定活着,痛苦只能呈现在活的生灵那里。因此,处在痛苦中的人必定是活的,但要说痛苦必定会杀死承受痛苦的人,那是不一定的,因为痛苦并非在任何情况下都能杀死身体,哪怕是对我们将要死亡的可朽的身体来说也一样。能杀死身体的痛苦实际上是由于和身体相连的灵魂在极度的痛苦到来时屈服于这样的痛苦而产生退却。因为我们肢体的构成和维持生命所必需的部分如此软弱,以至于无法抗拒会产生剧烈痛苦的力量。但在将来的生命中,身体与灵魂会以这样一种方式结合,它们之间的联系不会由于时间久远而分解,也不会受到任何痛苦的侵犯。因此,尽管现在没有任何能承受痛苦但不会死的血肉,但在将来的世界中会有现在没有过的身体。死亡已经化为乌有,或者倒不如说它已经成为永久的了,因为到那个时候,灵魂既不能拥有上帝而活着,也不能用死去逃避肉身的痛苦。第一次死亡违反灵魂的意愿把灵魂赶出身体。第二次死亡违反灵魂的意愿把灵魂留在身体中。② 两次死亡有一个共同点,这就是灵魂由于它与身体的联系而承受痛苦,这是违背灵魂自己的意愿的。

　　反对我们的人关注这一事实,在这个世界上没有能够承受痛苦但不会死亡的肉身。但他们丝毫也不关注另一事实,存在着某些比肉身更伟大的事物。呈现在身体中、赋予身体活力,并统治身体的灵魂能够承受痛

---

① 　参阅《马太福音》8:29。
② 　参阅本书卷 13,章 2;奥古斯丁:《论三位一体》,卷 4,章 5,节 3。

苦但不会死亡。那么，你们瞧，这里就有某种能够拥有痛苦的感觉但却又是不朽的事物。我们知道，现在呈现在所有人的灵魂中的这种性质将来也会呈现在被定了罪的那些人的身体中。还有，如果我们更加仔细地考虑这个问题，我们将会看到所谓身体的痛苦实际上与灵魂相关。是灵魂而非肉体在身体受到伤害的地方感受痛苦。尽管身体的感觉和活力来自灵魂，但我们仍旧说身体的感觉和活力；与此相仿，尽管离开灵魂的身体不存在痛苦，但我们仍旧说身体承受痛苦。所以与身体结合在一起的灵魂在身体受到伤害的地方承受着痛苦；而当某些不可见的原因骚扰着灵魂而身体并未受到伤害时，灵魂尽管处在身体中，它也是在独自承受痛苦。甚至当灵魂还没有进入身体时，它就承受着痛苦，因为当那个富人说"我在这火焰里，极其痛苦"①时，他的灵魂肯定在地狱中受苦。但身体在没有灵魂时不承受痛苦，即使灵魂呈现在身体中的时候，身体除了通过灵魂也不能承受痛苦。然而，如果我们可以从痛苦的存在正确地推论出死亡的存在，并得出结论说可以感受到痛苦的地方必会发生死亡，那么死亡在这种情况下更多地属于灵魂而不是属于身体，因为痛苦更多地属于灵魂而不属于身体。但既然承受痛苦的不会死，我们有什么理由相信定了罪的身体由于要受苦，因此也要死呢？柏拉图主义者确实说这些属地的身体和死的肢体会有灵魂的恐惧、欲望、悲哀和欢乐。"因此"，维吉尔说，从那些属地的身体和死的肢体中"会有欲望、恐惧、快乐与悲哀"。②但我们已经在本书第十四卷中向柏拉图主义者证明，按照他们自己的论证，即使是涤清了身体所有的污秽，灵魂仍旧由于被一种命中注定的欲望所占据而返回身体。而存在欲望之处，必有某些痛苦；因为欲望受到困顿，要么是因为没有获得它寻求的东西，要么是由于失去它已经获得的东西，从而转入痛苦。然而，如果作为痛苦唯一的或主要的承受者的灵魂有某种它自身的不朽，那么事实上被定了罪的人的身体将受苦并不蕴涵着它们会死。简言之，如果身体能使灵魂受苦，那么为什么身体不能使灵魂

---

① 《路加福音》5：29。
② 维吉尔：《埃涅阿斯纪》，卷6，行733。

死亡和受苦呢？除非由于引起痛苦的原因并非也是死亡的原因。因此，烈火会引起被定了罪的人的身体的痛苦，但并不一定迫使它们死亡，这又有什么不可信的呢？因此，痛苦的存在并不蕴涵着将来的死亡。

章4 自然界的例子表明身体可以在火中存活而不毁灭

那些精心研究过动物志的人记载过，蝾螈生活在火中。[①] 还有，西西里岛有一些非常著名的火山，长久以来一直在喷火，但仍旧保持着完整。[②] 这些事情足以表明，并非所有燃烧着的事物都会毁灭。灵魂也是一个证据，并非所有能承受痛苦的事物都要死。那么，为什么我们的对手要求我们提供证据，证明我们的看法并非不可信呢？我们认为，经过审判要接受永久惩罚的那些人的身体在烈火中并不会失去它们的灵魂，它们可以在烈火中燃烧，但不会毁灭，可以承受痛苦但不会死亡。然后，曾经赋予事物众多令我们惊叹不已的神奇性质的上帝会把恰当的属性赐给这些肉身的基质，这样的神奇性质如此之多，以至于我们已经见怪不怪了。

除了万物的创造者，还有谁能赋予孔雀死后不腐烂的性质？当我第一次听到这种事情时，我认为这似乎是不可信的。但这种事情就这样发生了，我们在迦太基的时候有人煮了这种鸟肉供我们食用。我切了大小适中的一块胸脯肉，让人替我保存。过了一些日子，要是别的煮熟的肉肯定已经腐烂，而我让人把那块肉拿出来摆在我面前，它仍旧没有什么臭味。一直到了第三十天，它仍旧处于这种状态。一年以后，除了变小变干，它仍旧还是老样子。

有谁能赋予糠秕这样的力量，使盖在糠秕下的雪不融化，而又使盖在糠秕下的青苹果成熟？[③] 还有，谁能解释火本身的神奇属性？它本身是明亮的，然而无论什么东西烧过以后就变黑了。火的颜色非常美丽，然而它会使任何烧过的东西褪色，把熊熊燃烧的燃料变成肮脏的灰烬。但是

---

① 参阅普林尼：《自然史》，卷10，章67；亚里士多德：《动物志》，章5，节19。

② 参阅普林尼：《自然史》，卷2，章106以下。

③ 参阅普罗塔克：《会饮篇》，章6，节6。

这种变形并不遵循任何僵硬的法则。正好相反,当石头在炽热的烈火中烧烤时,石头本身呈耀眼的白色,尽管火是红色的,但石头是白色的,而白色与光明同源,就像黑色与黑暗同源一样。就这样,尽管火在烧烤石头时烧的是木头,但这些相反的结果并非由于不同质料拥有的相反属性。因为尽管木头和石头不一样,但并不像白与黑那样对立。然而火的相同作用对石头产生了一种颜色,对木头产生了另一种颜色。火把它自己的光明输入石头,却使木头变黑;然而火要是没有后者给它当燃料,就不会对前者起作用。①

　　还有,木炭非常脆弱,稍微用力就能折断,也很容易碾成粉末,然而它却如此坚强,湿气不能使它腐烂,漫长的时间也不能征服它。这些性质并不神奇,是吗? 正是由于这种持久性,所以当人们竖立界石时,通常会在界石下面放些木炭,以后,无论多久,若是有人挑衅说这块界石立的不是地方,那么下面的木炭就能证明他错了。② 除了是因为毁灭万物的火,还会是什么东西使木炭持久而不腐烂,哪怕埋在木头极易腐烂的泥淖里?

　　让我们也来考虑一下石灰的神奇性质。③ 除了我已经提到过的在能使一切变黑的火中变白以外,石灰还有在其自身中起火的奇怪性质。石灰石摸上去是冷的,然而它本身却隐藏着不会马上对我们的感官显现的火,但我们根据经验知道,这种火尽管看不见,但仍旧潜藏在石灰石中。这就是我们称之为"生石灰"的原因,隐藏的火就好像不可见的灵魂,使可见的身体活跃起来。④ 更为神奇的是,当石灰石变冷的时候,这种暗火确实被点燃了。因为石灰石被水打湿或浸泡在水里的时候,暗火就释放出来。所以,尽管冷却在先,但它后来却变热了。而它的变热却又是通过

---

① 参阅普林尼:《自然史》,卷 36,章 26;卷 27,章 200 以下;卷 2,章 106;卷 107,章 236 以下。

② 参阅第欧根尼·拉尔修:《著名哲学家的生平和著作》,卷 2,节 103;普林尼:《自然史》,卷 36,章 14。

③ 参阅普林尼:《自然史》,卷 33,章 5,节 94。

④ "生石灰"(quicklime)一词的原文由"quick"(使……活跃起来)和"lime"(石灰)两部分构成。

接触使一切事物变冷的东西！就好像火离开了石灰,喘了最后一口气,此时以后它不再是暗的而是明的了。然后,这样的石灰就冷冰冰地躺着,无法再活跃起来,再给它泼水也不能点着了。所以我们前面称作"生"的东西现在称作"熟"。还有什么性质我们可以添加,使这件奇事变得更加神奇吗？确实还有。如果你用油而不是用水,那么石灰石不会变热,无论是在石灰石上浇油,还是把石灰石浸在油中。如果我们读到或听到某种我们没有机会直接接触的印度矿石有这样神奇的事情,那么我们会马上认为这种事情是假的,或者不管怎么说,会感到非常惊讶。但我们对每日常见的事情熟视无睹,不是因为它们不神奇,而是因为它们太常见。我们确实已经对来自印度的一些东西不再感到惊奇了,一旦证明来自世界的这个非常遥远的部分的东西有这样神奇的性质是可能的,它就不再神奇了。

我们中有许多人拥有钻石,尤其是那些金匠和珠宝匠,钻石是一种铁、火,以及其他任何力量都无法征服的石头,除了山羊血。[1] 但现在拥有钻石并知道它们特性的人也会像那些初次知道这些特性的人一样感到惊奇吗？没有见过这些特性显示的人也许不相信,或者说,如果他们相信,但对超出他们经验范围的事情感到惊讶。如果他们正好经历过这种事,但他们仍旧会对某些不熟悉的事情感到惊讶,而经验的增加则会逐渐削弱他们惊讶的程度。

我们知道磁石有吸铁的神奇力量。[2] 当我第一次看到这种情景的时候,我惊呆了。我看到一个铁圈被吸附在石头上！然后,就好像这块石头把它的力量传给它所吸的铁圈、与之共享磁力一样,把这个铁圈放在另一个铁圈附近,这个时候,第二个铁圈被第一个铁圈吸住,就像第一个铁圈被磁石吸住一样。以同样的方式,随着第三、第四个铁圈相继被吸引,磁石挂上了一连串的铁圈,但它们之间并不连结,而仅仅是靠着表面的接触吸附在一起。有谁能不对这种石头的力量感到惊讶？这种力量不仅居于石头本身,而且能够吸引这么多的铁圈,用一种不可见的约束把它们联系

---

[1]　参阅普林尼:《自然史》,卷 20,章 1;卷 28,章 9。

[2]　参阅普林尼:《自然史》,卷 20,章 1。

在一起。

我从我的兄弟和同工、弥勒维斯主教塞维卢斯那里听来的关于磁石的事情更加令人惊奇。他本人告诉我，当他去见一度被称作阿菲利加的巴桑奈留，在他家吃饭时，巴桑奈留拿出一块磁石和一只银盘，盘子里放着一小块铁。然后他拿着磁石在银盘下移动，盘子里的小铁块也跟着移动。磁石对银盘毫无影响，而当石头在盘子下面来回快速移动时，盘中的小铁块也被吸得来回移动。我已经说了我亲眼所见的事情，也已经说了我从某些人那里听来的事情，我相信这些人就像相信自己的眼睛。现在我再来说说从书中读到的事情。如果把钻石放在磁石附近，磁石就不能吸铁；如果磁石已经吸了铁，那么当它靠近钻石时，铁块就会跌落。① 这些石头来自印度。如果我们会由于熟悉它们而停止对它们表示惊讶，那么很容易得到这些石头，并且把它们送到我们这里来的人就更加不会感到惊讶了。他们对这些石头的关注也许和我们对石灰石的关注一样少，石灰石有着燃烧的属性，把通常用来灭火的水浇在石灰石上，它就会发热，而如果用通常极易着火的油与石灰石混合，那么石灰石不会发热。我们不对石灰石感到惊讶，仅仅是因为它太普遍了。

章 5　有许多事情理性无法解释，但却是真实的

凡此种种，当我们宣扬神的力量在以往和未来施行奇迹，但我们无法让这些奇迹向缺乏信仰之人呈现时，他们就要求我们对这些事情提供合理的解释。当我们做不到这一点，因为这样的事情超越了人心的力量时，他们就得出结论，认为我们所说的都是假的。那么就让他们来对我们能够提供或我们看见的所有神奇的事情提供合理的解释吧。如果他们认为这样的事情超出了他们的能力范围，那就让他们承认对某些事不能提供合理的解释并不意味着它们在过去没有发生或在将来不会发生，因为这些事情哪怕就在当前发生，也同样是无法解释的。

还有，某些著作讲述了许多奇事，这些解释涉及的不仅是已经发生或

---

① 参阅普林尼：《自然史》，卷 28，章 9。

完成了的事件,而且还涉及某些地方所具有的永久特点,如果有人希望亲眼看见这些事情并且也能这样做,那么他可以去那里,看一看这些事情到底是真的还是假的。在这里我不打算继续谈论这些事情,而只是略微提几件。①

西西里的阿格里真托(Agrigentum)产的盐扔到火里就变成液体,好像在水里似的,但扔进水里时,它就会劈劈啪啪地响,好像在火里一样。伽拉曼特(Garamantes)有一眼泉水,白天涌出来的是无人能喝的冰水,而在夜晚涌出来的是无人能碰的沸水。埃皮鲁斯(Epirus)也有一眼泉水,其他的泉水把点着的火把扔进去就会熄灭,而这眼泉水把熄灭了的火把扔进去就会点着。阿卡狄亚(Arcadia)有一种矿物叫石棉,因为它一旦点着了就不会熄灭。② 有一种埃及的无花果木不像别的木头一样能浮在水面上,而会沉底。更加奇怪的是,当它在水中一段时间以后,又会浮到水面上来,尽管它在水中浸泡以后应该比原来重。所多玛地方生长的苹果看起来刚成熟,但你要是挤压或是用嘴咬,它们马上就会裂开,碎成烂泥。③ 波斯的黄铁矿石要是握在手里久了会烧手,它的名字的来源就是火。④ 在波斯还有另外一种石头叫透明石膏(selenite),它之所以得名乃是因为它内部的火会随着月亮的盈亏发生变化。⑤ 在卡帕多西亚(Cappadocia),牝马迎风受孕,产下的马驹顶多活三年。提隆是印度的一个岛屿,它的独特之处在于岛上的树从来不落叶。

除了这些事情,史书中还有其他无数的奇迹,有些事还成了现存的某个地方的永久特征。在这里要想提到所有事情那就太花时间了,而我还有别的事要做。但要是那些不信者能够为这些事情提供一个合理的解

① 奥古斯丁在这里使用的主要文献是普林尼《自然史》,卷31,章7;卷5,章5;卷2,章103;卷37,章10;卷13,章7;卷37,章11;卷8,章42。

② 石棉的希腊文是"asbestos",词义即"不会熄灭的";参阅索利努斯:《杂史》章13。

③ 参阅约瑟福斯:《犹太人古史》,卷4,章8,节4。

④ "黄铁矿石"(pyrites)这个词的词根是希腊文的"火"(pyr);参阅索利努斯:《杂史》,章40。

⑤ 希腊文"selene"的意思是月亮;参阅索利努斯:《杂史》,章40。

释,那就让他们做吧,因为他们拒绝相信圣经。他们认为圣经不是上帝激励的产物,因为其中包含许多不可信的事情,就像我们在这里讨论的事情一样。他们说,理性不承认肉身能在火中焚烧而不毁灭,能够承受痛苦而不死亡。这些人是多么伟大的推理能手,能为一切存在的奇事提供合理的解释!因此,让他们去解释我们已经提到的这些事情吧,如果他们不知道这些事情是存在的,那么他们就会不相信这些事情,其程度绝不亚于他们现在拒绝相信我们的话。因为,我们要是不说人的活生生的身体将会在火中焚烧,要承受永久的痛苦但不会死亡,而是说在将来的世界里,盐会在火中变成液体,就像在水中一样,而在水里会噼啪作响,就像在火中一样,或者,我们要是说有一眼泉水在奇冷的夜晚烫得不能碰,而在炎热的中午冷得不能喝,或者,我们要是说有一种石头握紧了会烧手,有一种矿石点着了就永不熄灭,或者说我在这里提到的其他神奇的事情以及被我省略了的无数奇迹,那么他们中又有谁会相信我们呢?如果我们说这些事情存在于将要到来的那个世界,那么不相信我们的人会回答说,"如果你们希望我们相信这些事情,就给每件事作一个合理的解释。"我们不得不承认我们做不到,因为我们凡俗虚弱的推理能力被上帝所行的奇事击败了。但我们也还应当说,我们的理性得到劝告,万能者做任何事都不会没有原因,尽管虚弱的人心不能解释这个原因是什么。我们要说,在许多情况下我们不能确定上帝的意图是什么,但无论如何可以确定的是他想做的事没有什么是不可能的。我们要说,上帝把他的意志告诉了我们,我们相信上帝,我们不能认为他是没有力量的和不真实的。还有,尽管那些批评我们信仰的人要我们提供合理的解释,但当他们面对人的理性无法提供解释但确实存在的事情,面对这些看起来与合理的自然秩序相矛盾的事情,他们又能如何回答呢?如果我们说这些事情会在将来发生,不信者就要我们提供合理的解释,正如他们要求我们解释我们确实说过会在将来发生的事情一样。同理,正如上帝当前做的工并不会由于人的理性和语言缺乏解释它们的力量就不存在,所以那些我们在这里说的事情也不会由于理性无法向人提供关于它们的解释而成为不可能的。

章6 并非所有奇迹都是自然产生的,因为有些奇迹可以归为人的发明,有些是由精灵虚构出来的

我们的对手也许会回答说:"这些事情是不存在的,我们不相信它们;相关的传闻是虚假的,那些记载是虚假的。"他们还可以继续添加这样一些论证,说:"如果你们相信这些事情,那么你们也要相信这些书里记载的事情。也就是说,有一座,或曾经有一座维纳斯神庙,它的露天烛台上摆着一盏熊熊燃烧的明灯,任何狂风暴雨都不能吹灭它,因此它就像上面提到的那种石头一样,被称作'长明灯'(石棉灯),意思就是'不会熄灭的灯'"。① 他们很有可能会这样说,他们这样做是为了把我们逼上绝路。因为我们要是说这件事不可信,那么我们就会削弱其他有记载的奇事。另一方面,我们要是承认这件事可信,那么我们就会增强异教徒所崇拜的神灵的地位。然而,我在本书第十八卷已经说过,②我们并不认为必须相信异教徒的书中所包含的一切。毕竟,如瓦罗所说,历史学家们似乎在许多事情上都想标新立异,就像是在提出肯定性的观点。但我们相信,我们选择的这些事情与我们必须确信无疑的圣经实际上是不矛盾的。至于我们用来说服不信者,希望他们能够相信这些将要发生的事情的奇迹,有些是我们自己能观察到的,有些则不难发现可靠的证据,足以实现我们的目的。还有那座有长明灯的维纳斯神庙,它并不能使我们陷入困境,而是为我们开辟了一片更加广阔的论证天地。因为除了这种长明灯,我们还可以添上许多人造的奇迹,或用巫术产生的奇迹,也就是人的发明或精灵本身使用技艺进行的创造。毕竟,我们要是决定否定这些奇迹,就会与我们相信的圣著的真理自相矛盾了。因此,这盏长明灯要么是由工匠或凡人制造的,与某种永不熄灭的矿石有关,要么是通过巫术产生的,为的是使那些庙里的崇拜者感到震惊,或者是由于某些精灵在借维纳斯之名表现自己,使这种奇迹出现在那里,并延续许多年。精灵惯于受到创造事物的诱惑,但创造事物的不是它们,而是上帝。这些被造的存在者向魔鬼

---

① 普林尼:《自然史》,卷2,章96。
② 参阅本书卷18,章18。

献上适合它们嗜好的东西。至于精灵，它们不像动物那样受食物的诱惑，而是受适宜它们的象征符号的诱惑，比如各种各样的石头、草药、树木、动物、歌曲、祭仪。凡人可以提供这些东西，而精灵可以预先狡猾地诱惑凡人，要么是用隐藏的毒药煽动人心，要么借助虚假的友谊。以这样的方式，它们使一些凡人成了它们的门徒，而这些门徒又成了许多凡人的师傅。除非精灵预先开导人，否则人就不能知道它们各自的愿望、好恶，或者用什么样的名称可以呼唤或驱赶它们。因此，这就是巫术和巫师的起源。尤其重要的是，精灵能占据凡人的心，当它们装扮成光明天使的时候，它们对占有人心感到格外骄傲。①

　　所以，有许多事情是精灵干的，我们越是承认这些事情神奇，就越要小心避开它们。然而，它们的这些行为有助于我们在这里所作的论证。如果不洁的精灵能做这样的事情，那么比它们强大得多的天使为什么不能？创造了能行奇迹的天使的上帝的力量为什么不能？

　　还有，上帝的造物可以用人的技艺发明各种被希腊人称作"机巧"（mechanemata）的奇迹，而无知者会对它们的神奇感到惊讶，从而认为它们是神造的。例如，在某个神庙中安装两块大小适宜的磁石，一块安在房顶上，一块安在地下，使一座铁像能悬挂在半空中，而不知情者就会以为是神力在支撑着铁像。② 还有，如我们已经说过的那样，维纳斯的长明灯可以由某些工匠用不会熄灭的矿石制成。还有，精灵能做巫师的事情——在我们的圣经中称他们为"术士"（sorcerers）和"巫士"（enchanters）——那位著名的诗人维吉尔描述过一位本领高强的女巫。他说："她自称能用符咒解除人们心头的痛苦，如果她愿意的话；但她也能让另一些人陷入难熬的愁绪；她能使河水不流，星辰倒退，在夜晚时分唤起幽灵；你会听到大地在你脚下隆隆作响，也会看到桉树从山上走下来。"③那么，上帝岂不是更能做这样的事情？对不信者来说，它们是不可信的；但对上帝

①　参阅《哥林多后书》11：14。

②　参阅普林尼《自然史》，卷34，章14，节148；鲁菲努斯：《圣教史》，卷2，章3。

③　维吉尔：《埃涅阿斯纪》，卷4，行487以下。

的力量来说,它们是轻而易举的。因为是上帝本身把各种属性赋予这些石头和其他各种事物,把神奇地使用这些事物的技艺赋予人。上帝赋予天使的本性比大地上任何生灵更加强大。上帝的力量超越一切奇迹,上帝的智慧在运作和指挥中对万物的使用比创造万物更为神奇。

章7　相信奇迹的根据是造物主的全能

那么上帝为什么不能影响将要复活的死者的身体和那些被定了罪、将要在永火中受折磨的人的身体呢? 上帝毕竟创造了一个充满无数奇迹的世界,在天上、地下和水中,而大地本身无疑是一个更大的奇迹,胜过充满大地的所有奇迹。但是那些与我们争辩的人相信有一个创造世界的神,也相信有这位神创造出来的诸神,协助他或代表他统治这个世界。就这样,他们不否认或继续宣称,世界上有一些力量通过举行祭仪或某种仪式,或者依靠巫术,能够产生神奇的效果。然而,当我们提供某些实例,说明由某些事物的基质所表现出来的神奇属性时——这些事物不是拥有某种理性的理性动物或精灵,而是我已经提到过的一些实例所指的那种事物——他们习惯上回答说"这是它们的自然属性,是它们的本性,是天然地属于它们的力。"如此说来,阿格里真托的盐在火中液化和在水中噼啪作响的所有原因就是"这是它们的本性"。然而,这种情况似乎正好与盐的本性相反,使盐液化的不是火而是水,使盐干化的不是水而是火。但我们的对手说,这是具有非同寻常的属性的这种特殊的盐的本性。于是同样的理由也可以用来解释伽拉曼特的泉水,白天泉水冰冷,晚上泉水滚烫,在两种情况下人都不能碰。也可以用来解释另一眼泉水,尽管它像其他泉水一样可以碰,但却与其他泉水不一样,具有点燃熄灭了的火把的神奇性质。也可以用来解释石棉,尽管它本身不热,但一旦燃烧起来就那么猛烈,无法熄灭。还有其他一些事例,再重复一遍那就太长了。尽管它们似乎展示出一种特有的内在属性,并与它们的本性相悖,但除了"这是它们的本性"之外,仍旧没有其他的理由可以提供。

我承认,这确实是一个简明的理由,一个充分的回答。但由于上帝是一切本性的创造者，为什么我们的对手在拒绝相信我们加以肯定而他们认为不可能的事情的时候，不愿意从我们这里接受一个比他们的理由更加强大的理由，认为这是全能的上帝的意愿呢？上帝被称作"全能者"确实是因为他能做他想做的任何事情，他能够创造许多事物，而这些事物要是不向我们显现或用可靠的证据向我们确认，就会被认为是完全不可能的。这一点不仅适用于我们完全不知道的事情，甚至也适用于我已经提到过的最熟悉的事情。至于那些除了在书中读到的作者的证言以外没有别的证据可资证明的奇迹——这些作者没有受到神灵的激励，可能会犯人的错误——任何人都会拒绝相信它们而又不受谴责。

我本人也不希望人们仓促地相信我在这里引用的所有奇迹。我本人确实也没有完全相信它们，乃至于心中不存一丝疑虑，除非我本人经历过这些事情而其他任何人也很容易经历。这样的事例有在水中发热而在油中变冷的石灰石、用一种我所不知的吸引力吸铁但却不能使干草移动的磁石、不会腐烂的孔雀肉，而甚至连柏拉图的肉也会腐烂、可以防止冰雪融化但又能使苹果成熟的糠秕、能把石头烧白而能把大部分东西烧黑的火。这就好像最纯净的油也会留下污渍，用白银画出来的线也会变黑。还有木炭，经过烈火的作用它的属性发生了彻底的变化，最漂亮的木头变成了最丑陋的，最坚硬的变成了最脆弱的，会腐烂的变成了不会腐烂的。

我知道的这些事情有许多别人也知道，有些事情所有人都知道。这样的事情很多，都塞到这本书中来就太长了。我引述的有些事情是我在书中读到的，但我并没有亲眼见过，也无法找到可靠的证据来断定它们是否真实，除了那眼能点燃熄灭了的火把的泉水，还有那看起来刚成熟但实际上里面已经腐烂、全是尘土的所多玛的苹果。在这眼泉水的例子中，我没有找到任何证人说他在埃皮鲁斯见到过这样的事情，但我碰到过一些人，他们知道高卢也有这样的泉水，离格里诺伯城不远。另外，所多玛的苹果不仅有可靠的文献证明，而且也有许多人可以用他们自己的经验来加以证实，我实在无法怀疑他们的看法的真实性。

至于其他奇迹，我决定既不加以否定也不加以肯定。我之所以要加以引用,乃是因为我在我们的对手接受的历史学家的著作中读到了它们。以这样的方式,我已经表明有许多重大事情在他们的权威作家的著作中记载着,连这些作者本身也相信对这些事情无法作合理的解释。然而,当我们说全能的上帝能施行超越他们经验和感官的事情时,他们就表示不相信,哪怕我们提供了合理的解释。除了说万能者能够使这些事情发生,将会使这些事情发生,这些事情在书中作了预言,书中预言了的事情有许多已经发生了,还能有什么更好的、更强的理由可以提供? 上帝确实会做现在被人们认为不可能的事情,因为上帝预言了他将会这样做,他将实现他应许了的事情,使那些不信的列国可以相信这些不可信的事情。

章8 我们所知的物体属性并不与本性相悖,在已知属性中可以找到替代这些属性的合乎本性的东西

但是,当我们说人的身体将在火里焚烧但绝不会死的时候,我们的对手也许会回答说,他们不相信我们的看法,因为人体的本性据知根本不是这样的。他们也许会说我们不能提供像我们在解释自然奇迹时那样的理由——也就是说,我们不能说这是一种自然的属性,亦即事物的本性——因为我们知道这不是人的肉体的本性。

但是我们在圣经中有对这个问题的解答,简言之,人体在犯罪以前确实是以某种方式构成的,也就是说它被造就为不会死亡的;而在犯罪以后人体就以另一种方式构成,处于我们现在所知的这种可恶的、凡俗的境况中,不能拥有持久的生命。按同样的道理,在死者复活时,人体又将被重新构造成与我们所知的当前境况不同的状态。我们的对手不相信这些著作,而我们在这些著作中读到人在乐园中生活是一种什么样的境况,人离开必然的死亡有多远。毕竟,要是他们相信这些事,我们就几乎没有任何麻烦与他们讨论被定罪的人所受到的惩罚。然而,由于现在这种情况,我们必须从他们自己最博学的作者的著作中找到某些证据,来说明某些事物从一种先前确定的本性转变为另一种不同的本性是可能的。

　　我们在马库斯·瓦罗的《论罗马人的氏族》一书中读到下面这段话。① 我在这里引用的是他的原文。他说："天上出现了神奇的不祥之兆，卡斯托耳记载说，当明亮的维纳斯星（star Venus）——普劳图斯（Plautus）称之为'维斯佩鲁戈'（Vesperugo），②而荷马称之为最美丽的'赫斯佩鲁斯'（Hesperus）③——改变了它的颜色、大小、形状和轨道的时候，这个大征兆出现了。这样的事情过去从未出现过，今后也不会再出现。著名的数学家，西泽库的阿德拉斯托斯（Adrastus of Cyzicus）和拿波勒斯的狄翁（Dion of Naples），都说这件事发生在国王俄吉古斯（Ogyges）统治时期。"所以，若非与本性相悖，像瓦罗这样敏锐的作者肯定不会称它为"不祥之兆"。人们确实说，所有不祥之兆都与本性相悖。然而它们并非如此，因为按上帝的意志产生的事情怎么会与本性相悖呢？如此伟大的造物主肯定就是一切被造物的本性。因此，不祥之兆不是一种与本性相悖的现象，而只是与我们所知的本性相悖。

　　各国史书中包含的征兆之多有谁能说得清？由于时间关系，我们必须把注意力限制在与我们当前讨论的问题有关的方面。天空和大地的创造者严格规定了星辰的有序运行，建立了稳定不变的运行法则。然而，只要上帝愿意——他统治着他用最高权威和力量创造出来的东西——星辰就会改变现有的大小、亮度和形状，更加神奇的则是改变它的运行轨道。在这种情况下，这些变化肯定打乱了星相家们的星表。他们通过似乎正确无误的计算列出星表，用来预测星辰的未来。凭着这样的星表，他们大胆地指出这颗晨星是过去从来没有出现过的，今后也不会再出现。但是我们在圣书上读到，甚至连太阳也会停留在空中，因为某个义人，嫩之子约书亚，向上帝祷告，请上帝让这种事发生，直到他在进行着的战斗结束。④ 我们还读到，太阳甚至会逆行，以便应许给国王希西家的十五年寿

---

① 马库斯·瓦罗的《论罗马人的氏族》（De gente populi Romani）一书已佚失，仅存残篇。

② 普劳图斯：《安菲特里翁》，卷1，章1，节119。

③ 荷马：《奥德修纪》，卷22，行318。

④ 参阅《约书亚记》10:13。

数可以得着一个兆头。① 甚至连我们的对手也相信这些因圣民们的功德
而产生的奇迹,但他们把这些奇迹归于巫术。因此,维吉尔在我上面引用
过的那段话中把"使河水不流,星辰倒退"的力量归于巫术。但在我们的
圣著中,我们读到上游的水停止流动,而下游的水继续流动,在上帝的子
民在我前面提到过的这位领袖——嫩之子约书亚的带领之下过了河。②
这样的事也发生在先知以利亚过河的时候,后来他的门徒以利沙过河时
也这样。③ 我们刚才还提到,在国王希西家统治时期,星辰中最明亮的星
逆行。但是按照瓦罗的说法,晨星发生的异动并不是为了回应任何人的
祈祷。

　　因此,在这些与自然知识相关的问题上,让不信者们自己不要把事情
弄糊涂了。让他们不要认为在神力的作用下某些事情的发生是不可能
的,这些事与他们自己的个人经验并无关系。哪怕是那些我们熟知的不
那么神奇的自然秩序,如果人们习惯于对稀罕的事情表示惊讶,那么也会
成为所有思考它的人惊讶的源泉。比如,尽管人的数量极多,尽管他们的
本性极为相似,但每个人总会有他自己独特的相貌。出于理性的考虑,有
谁看不出这件事有多么神奇呢? 如果没有这种相同,人就不会是与其他
动物有区别的一个种族;但若人与人之间没有差异,就不可能识别个人。
因此我们承认,凡是人都是相同的,同时我们也发现,他们又都是不同的。
考虑这种差异必定会使我们感到惊讶,因为相同似乎与我们的共同本性
更为一致。然而,由于事物的稀罕才使我们感到惊讶,所以当我们发现两
个人长得很像,以至于我们总是或经常无法识别他们的时候,我们会感到
更加惊讶。

　　也许我们的对手不相信我引自瓦罗的那个故事,哪怕他是他们最杰
出的历史学家之一。或者说他们对这个事例不以为然,因为这颗星的异
动时间并不长,而且很快就回归正常的轨道。那么,这里还有另外一个例

---

① 参阅《以赛亚书》38:8。

② 《约书亚记》3:16。

③ 《列王纪下》2:8,14。

子,现在就能告诉他们。我想这个例子足以告诫他们,尽管他们通过观察熟悉了某些事物的本性,但他们不能由此得出结论说,上帝无法把它改变成与他们所知的这种事物不同的东西。所多玛的土地肯定并非总是像它现在这个样子。它一度与其他地方一样,土地滋润,物产丰富,在圣经中被比作上帝的乐园。① 但它后来与天相撞,成为一片焦土。甚至我们对手的史书也为此作了见证,②到过那里的人知道它直到现在还是这个样子。还有,那里的苹果外表像是成熟了,里面却包着尘土。所以,你们瞧,有些事物曾经是某个样子,后来又变成另外一个样子。它们的本性被一切本性的创造者神奇地转变为不同的本性,这种变化过去长时间地发生,而且还会继续长时间地发生。

　　因此,正如上帝可以按他的意愿创造任何本性一样,所以上帝也可以按他的意愿改变他以任何方式创造出来的本性。这就是为什么会有那么多"怪物"、"兆头"、"预兆"或"奇迹"出现的原因。如果我一一加以叙述,这本书还能写到头吗? 我们得知,"怪物"(monsters)这个词显然来自"表现"(monstrare),因为怪物是某种得到表示的事物的兆头;"兆头"(ostentum)源于"展示"(ostendere);"预兆"(portent)源于"作出预兆"(to portend),亦即提前展示(pareostendere);"奇迹"(prodigy)源于"谈论遥远的事情"(porro dicere),也就是预言未来。让占卜者自己明白,用这样的方法经常得出错误的结论。让他们明白,即使他们作出了正确的预言,他们仍旧处在恶灵的影响之下,恶灵困扰着凡人的心灵,让他们在这种有害的好奇心的煎熬下受惩罚。让他们明白,在许多预测过程中,他们有时候只是碰巧撞上了真相。

　　当这些兆头出现时,它们似乎与本性相悖,人们确实说它们与本性相悖。使徒说野橄榄枝接到好橄榄树上"得着橄榄根的肥汁"是"逆性的",③这个时候他用的也是凡人的语言方式。然而在我们看来,所谓怪

---

① 参阅《创世记》13:10。
② 参阅塔西佗:《编年史》,卷5,章7。
③ 参阅《罗马书》11:24。

物、兆头、预兆和奇迹必定向我们证明——向我们显示、向我们显出兆头、向我们预言——上帝会对死者的身体做他预言过的事情,没有什么困难能够阻挡他这样做,也没有什么自然法则能够禁止他这样做。对此他是怎么预言的,我想我已经在前一卷中清楚地说明过了,我引证了旧约和新约圣经,尽管我没有引用与这个主题相关的所有段落,但对本书来说确实已经足够了。

章9 地狱以及地狱中的永刑的性质

因此,上帝通过他的先知说过的事将会发生,定罪者将要接受永久的惩罚,"他们的虫是不死的,他们的火是不灭的",①这样的事情肯定会发生。我们的主耶稣谈到人的肢体使人跌倒,值得我们高度注意,他指的是那些人爱自己像爱他的右手一样。耶稣要我们砍去这些肢体,他说:"你缺了肢体进入永生,强如有两只手落到地狱,入那不灭的火里去;在那里虫是不死的,火是不灭的。"脚也一样,"你瘸腿进入永生,强如有两只脚被丢在地狱里,入那不灭的火去;在那里虫是不死的,火是不灭的。"他说眼睛也没有什么两样,"你只有一只眼进入上帝的国,强如有两只眼被丢在地狱里,入那不灭的火去;在那里虫是不死的,火是不灭的。"②在同一段落里,他毫不犹豫地三次说了同样的话。使用这样的重复是为了加强语气,又有谁不害怕如此强烈地表达出来的神圣惩罚呢?

但有些人希望说这些词,即"虫"和"火",与灵魂的惩罚有关,与身体的惩罚无关。他们说,从上帝之国分离出来的恶人将会由于灵魂的痛苦而烧焦,他们的忏悔太迟了,没有用了。他们争辩说,用"火"这个词来表示这种痛苦并没有什么不恰当的地方,就好比使徒也说,"有谁跌倒我不焦急呢?"③还有,他们按同样的方式理解"虫"。因为经上说,他们认为"对伤心的人唱歌,就如蛀虫咬衣服,蛀虫咬木头。"④然而,其他人并不怀

---

① 《以赛亚书》66:24。

② 《马可福音》9:42 以下。

③ 《哥林多后书》11:29。

④ 《箴言》25:20;和合本译为:"对伤心的人唱歌,就如冷天脱衣服,又如碱上倒醋。"

疑身体和灵魂都将在未来的惩罚中受苦,他们肯定身体将在火中焚烧,而灵魂则会受到愤怒的蛀虫的咀嚼。这是一个比较恰当的建议,因为假定身体和灵魂都处于无痛苦的状态显然是荒谬的。然而在我看来,假定"火"和"虫"都与身体有关而非假定它们都与身体无关要容易些。我认为圣经对灵魂将要承受的痛苦保持着沉默。然而,尽管经上没有提到这一点,但我们必须明白在身体受苦的时候,灵魂也会由于忏悔无效而受折磨。在旧约经文中我们读到:"恶人的身体得到的惩罚是火和虫。"①这句话可以更加简洁地说成"恶人得到的惩罚是火和虫"。那么为什么它要说"恶人的身体得到的惩罚"呢,除非因为二者,亦即火和虫,都是对身体的惩罚? 然而,也许在他说"身体得到的惩罚"的时候,作者希望表明这是对那些顺从肉身而活着的人进行的惩罚,这会导致第二次死亡,如使徒所告诉我们的那样,"你们若顺从肉体活着,必要死。"②那么,让每个人按自己的愿望去选择吧。让他把火说成是针对身体的,虫是针对灵魂的,前者是按字义解释的,后者是象征意义上的;或者让他把二者按字面意义都说成是针对身体的。在任何情况下,我现在都已充分讨论了生灵有无可能在火中仍旧活着的问题。我已经借助它们全能的创造主的奇迹表明,它们能够在火中焚烧而不毁灭,能够受苦而不死亡。认为这种事不可能的人不懂得上帝使之产生的一切令他惊讶的事物的本性。因为是上帝本身创造了我们提到的这个世界上的一切大大小小的奇迹,以及我们没有提到的其他无数的奇迹;上帝把所有奇迹都包含在一切奇迹中最伟大的奇迹之中,这就是这个世界本身。

因此让每个人在这两种解释中任意选择。他可以相信虫按字面意义理解指的是对身体的惩罚,或者这里是在用有形的事物象征灵性的事物,虫指的是对灵魂的惩罚。事件本身将会很快揭示真相,但圣民们的知识到那时并不需要经验来告诉他们这些痛苦的性质。到那时,他们的智慧

---

① 《便西拉智训》7:17。

② 《罗马书》8:13。

将是圆满的,完善的。因为"我们现在知道的有限,到那时候就全知道了。"①然而,我们绝不要相信那些未来的身体在火中不会感到痛苦。

章10　地狱之火若是物性的,那么它能否焚烧恶灵,亦即魔鬼,因为魔鬼是无形体的

这里产生了一个问题:如果这种火不是无形体的,像灵魂的痛苦一样,而是物性的,接触它就会感到疼痛,因此身体在火中要受折磨,那么恶灵怎么能在其中受惩罚呢? 凡人和精灵显然都在同一火中受惩罚,因为基督说:"你们这被咒诅的人,离开我! 进入那为魔鬼和它的使者所预备的永火里去!"②当然了,也许像某些有学问的人假设的那样,精灵有某种它们自己特有的身体,由浓稠的气构成,我们感受到它们就好像风刮来一样。如果这种元素不受火的影响,那么在我们洗澡的时候,空气就不会温暖我们的身体了,只有空气首先被加热了,我们才能感到暖和。但若有人断言精灵没有身体,那么我们就根本不需要花费气力去考察这个问题或进行争论了。因为我们为什么就不能说有某些神奇的方式,即使无形体的精灵也要受到物性的火的伤害? 毕竟,人的灵肯定是无形体的,但它们现在被包裹在物性的身体之中,在未来的世界里,它们会再次与它们自己的身体结合在一起。这样,即使精灵没有身体,精灵的灵——或者倒不如说,作为精灵的灵——无论如何都会受到物性的火的折磨,尽管它们本身是无形体的。它们要进入的火并非由于和这些精灵结合而有了生命,变成灵和肉构成的生灵。倒不如说,如我已经说过的那样,这种结合是以一种神奇的、无法知晓的方式进行的,所以魔鬼会在火中受苦,但它们并不会得到生命。按照一种不同的结合方式,身体与灵魂联系在一起,成为生灵,这种方式是极为神奇的,是人无法理解的,人本身就是以这种方式造就的。

确实,我应当说这些灵将会在火中焚烧,但这时候它们并不与它们自

---

① 《哥林多前书》13:9。

② 《马太福音》25:41。

己的身体在一起，就像那位富人在地狱中受火刑。他说："我在这火焰里受折磨。"①然而我注意到，这里也有一种恰当的回答，亦即这种火焰的性质与这个富人抬头看拉撒路时的眼睛的性质是一样的，或者和他干渴的舌头的性质是一样的，或者和拉撒路的手指的性质是一样的，这个富人要求拉撒路用手指尖蘸一点水凉凉他的舌头。所有这些事物都发生在没有身体的灵魂中。因此，焚烧富人的火和富人想要喝的水都是无形体的。它们就像人们睡眠或出神时看到的异象，无形体的事物以有形体的形式对他们呈现。甚至当一个人明白自己处于这种状况时——是灵而不是肉身——他仍旧看到自己以肉身的形象出现，他自己无法感到这有什么差别。但是，亦称作"硫磺的火湖"②的地狱是一个有物性的火的地方，被定了罪的身体将要受折磨，无论是人的还是精灵的，人的身体是固体的，精灵的身体是气构成的。或者说，如果只有人有身体和灵，那么精灵尽管没有身体，但无论如何也会以某种能感受到痛苦的方式与物性的火发生接触，但又不会丧命。如真理所言，肯定会有某种火适宜人和精灵。

章 11　对罪的惩罚是否延续得比罪本身还要长

但某些反对我们捍卫的上帝之城的人认为，如果所有定罪的人，无论罪行大小，都要受到长期的惩罚，以至于无限期，那是不公正的。就好比制定任何法律都应当注意刑罚与罪行的对等！西塞罗写道，③法律规定了八种惩罚：罚款、囚禁、鞭笞、赔偿、羞辱、流放、死刑、劳役。但与犯罪的时间相应，实行惩罚的时间应当压缩，所以罪犯接受惩罚的时间不应当比犯罪时间长。赔偿也许最能说明问题，因为赔偿要求犯罪者对造成的伤害作出补偿。因此，律法说："以眼还眼，以牙还牙。"④如果罪犯残忍地伤害了别人，使受害者瞬间失去了一只眼睛，那么按照严格的报复，确实也可以在瞬间挖去罪人的一只眼睛。但若鞭笞是对吻了别人的妻子这种罪行

---

① 《路加福音》16：24。

② 《启示录》20：9。

③ 在西塞罗现存著作中没有这段引文，可能出自西塞罗《论法律》的佚失部分。

④ 《出埃及记》5：29。

的一种合理惩罚,那么罪行是在瞬间发生的,而鞭笞罪犯可能要用几个小时,可见罪犯的瞬间快乐与他后来招致的痛苦并不相称。囚禁怎么样?罪犯戴枷锁的时间应当与他所犯罪行的时间一样长吗?正好相反,让罪犯戴许多年的铁链不正是对一名用语言冒犯主人,或者在瞬间打了主人一拳的罪行的公正惩罚吗?至于罚款、羞辱、流放、劳役,这些惩罚通常不会减刑和赦免,对于人的今生来说,这些惩罚不也像永久惩罚一样吗?罪犯只能在今生受罚,而不能无限延长,以至永久,这乃是因为罪犯本身不能永生。然而,哪怕接受最漫长的痛苦惩罚,罪犯也只是在一个非常短暂的时间犯了罪。没有人会认为对罪犯的惩罚时间应当超过他们犯罪的时间。凶杀、通奸、盗窃圣物,或其他任何罪行,应当按照伤害或邪恶的程度来惩罚,而不应当按照犯罪时间的长短来惩罚。至于那些罪大恶极要被处死的罪犯,法律考虑的只是在瞬间处死罪犯,使他永远从这个活人的社会中消失。正如第一次死亡的惩罚把人从世俗之城中驱逐出去一样,第二次死亡的惩罚把人从不朽的城市中驱逐出去。正如这座世俗之城的法律没有力量把处死了的罪犯召回一样,定了罪要接受第二次死亡的人也无法再被召回永生。我们的对手说,如果暂时的罪要受永久的惩罚,那么你们的基督说的"你们用什么量器量给人,也必用什么量器量给你们"①怎么会是真的呢?然而,他们没有注意到,"同样的量器"指的不是相同的时间长度,而是恶的互换,亦即作恶者受恶的原则。此外,这些词可以恰当地理解为专门指主正在谈论的那些事情,也就是审判与定罪。这样,如果不正义的审判者和定罪者受到正义的审判和定罪,他就得到了"同样的量器",尽管他受到的审判与定罪与他作出的审判和定罪不是一回事。因为他实施审判和接受审判,他不公正地定了别人的罪,而他被定罪是公正的。

章12 首次犯罪的意义重大,由于这个原因,永刑将落在所有处于救世主恩典之外的人身上

但是永刑似乎使人感到太严厉,不公正,因为我们的死亡意识太软

---

① 《路加福音》5:29。

弱,缺乏最高、最纯的知识,藉此我们可以明白人所犯下的第一次罪的意义有多么重大。人在上帝那里找到的快乐越多,他抛弃上帝的邪恶就越大;人摧毁了一种可以使自己永恒的善,得到一种永久的恶也就是罪有应得。因此,整个人类被定了罪。因为第一个犯罪的人要与他所有同出一根的后裔一道受惩罚,所以无人可以逃避这种公义的、应得的惩罚,除非得到仁慈和格外恩典的救赎。但是人类倾向于这样一种方式,仁慈的恩典要在某些人身上得到证明,而正义的复仇要在另一些人身上得到证明。但这两方面不能同时得到证明,因为若是所有人都被公正地定罪,那么恩典仁慈的救赎就无法在任何人身上呈现了。另一方面,如果所有人都可以得到引导从黑暗进入光明,报应的真理也就不会呈现了。但受惩罚的人要多于得救赎的人,所以,所有人都有份的事情是以这种方式展现的。如果惩罚确实已经落在所有人身上,那么无人可以公正地抱怨复仇的上帝是不公正的,而我们则有理由衷心感谢我们的救赎者,他的无偿的恩赐使许多人得到拯救。

章13　反对有人认为恶人死后受罚是涤罪

当柏拉图主义者希望说无罪可以不受惩罚的时候,他们确实认为惩罚是为了治疗。[1] 他们相信神或人的法律实施惩罚是为了治疗,无论这种惩罚是在今生还是在死后,因为人可以逃避今生的惩罚,或者受到惩罚也不能得到矫正。所以维吉尔有段话首先讲到我们属地的身体和有死的肢体,然后说"欲望、恐惧、快乐和悲哀"从灵魂中出来,灵魂不能抬头仰望天空,而是被囚禁在暗无天日的洞穴中。然后他说:"甚至当最后时刻来到,生命离开躯体的时候"——亦即今生的生命在最后一刻离开躯体——"不是所有的病恶也随之消失,因为许多瑕疵长期与肉体发生联系,必然早已在不知不觉中变得根深蒂固了。因此,灵魂不断受到磨炼,由于根深蒂固的罪行而受惩罚。有的被吊起来,任凭风吹,有的被投入大

---

① 例如,参阅普罗提诺:《九章集》,卷3,章2,节41。

渊,去洗掉他们的罪孽,有的被投入火中,去把罪孽烧掉。"①

　　坚持这种观点的人相信,人死后所受的惩罚都是涤罪性的。他们相信被土玷污而留下的瑕疵可以被一种或几种优于土的元素——气、火、水——施加的补偿性的痛苦抵消。"任凭风吹"可以看作指的是风,"大渊"指的是水,"把罪孽烧掉"指的就是火。我们承认,即使在今生,某些惩罚确实是涤罪性的。当然了,经受涤罪的生命受到这些元素的伤害后不是变好了,而是变坏了,但对那些被这些元素的强制性力量矫正了的人来说,这些惩罚确实是涤罪性的。然而,其他所有惩罚,无论是暂时的还是永久的,都按照神的旨意降在每个人身上,或者是由于以往的罪过,或者是由于今世之罪,或者是为了锻炼和揭示人的美德,凡人和天使都可实施这种惩罚,无论是好人还是坏人。

　　如果有人由于他人的欺骗和错误而受到某些伤害,那么无知的或不义的人所做的事情确实犯了罪;上帝依靠他公正而又隐秘的判断允许伤害发生,但上帝并没有犯罪。至于暂时的惩罚,有些人只在今生受苦,有些人在死后受苦,还有人在今生和来世都受苦,所有这些惩罚都先于最严厉的最后审判。然而,并非所有忍受了暂时惩罚的人都要进入审判之后的永刑。像我已经说过的那样,某些人在将要到来的世界上会得到他在今世没有得到的赦免,不会在将要到来的这个世界上受永刑之苦。

章14　今世暂时性的惩罚是人生注定要承受的

　　今生不受任何痛苦的惩罚,而只在死后受惩罚,这样的人是极为罕见的。我知道,也听说过有人幸福长寿,从来没吃过苦,一辈子都平安。然而,凡人的生命本身整个就是一种惩罚,因为它是一种诱惑,如圣经所宣称的那样,"人在地上的生活不就是一种诱惑吗?"②还有,愚蠢和无知本身的惩罚也不小,我们想要避免它们是对的。正因如此,男孩子要被迫学习手艺和文字,否则就要受严厉的惩罚。然而被迫学习本身就是一种惩

---

① 维吉尔:《埃涅阿斯纪》,卷6,行733。
② 《约伯记》7:1,见希腊文圣经七十子本。

罚，因此他们经常宁愿受罚而不愿学习。如果有人提供选择，要么死，要么重新变成小孩，有谁会选择死而不是作出第二种选择呢？我们的今生开始的时候，当我们作为婴儿诞生的时候，我们确实不是从笑而是从哭开始的，这一点似乎不自觉地预言了我们将要进入罪恶。只有佐罗亚斯特据说生下来时就发出欢笑；①但这种不自然的欢笑并不是他交好运的征兆。据说他是巫术的发明者；②然而，即使在今生虚假的幸福中，这些巫术也不能保护他免受敌人的攻击。他作为巴特利亚人（Bactrians）的国王，在战争中被亚述国王尼努斯征服。③ 经上说："工作的重担压在我们身上，从出生的日子一直到我们回归大地母亲的日子。"④这些话必定在每个人身上应验，哪怕是接受了新生洗礼、免除了原罪的婴儿，因为他们仍旧会生病，而且经常受恶灵的侵袭。然而，上帝禁止我们认为这样的痛苦能伤害他们，哪怕疾病使他们的灵魂离开身体而早年夭折。

章15　根深蒂固的罪恶使我们沉沦，上帝的恩典把我们从罪恶中拯救出来，这件事发生在使万物更新的未来的世界里

就这样，"工作的重担压在我们身上，从出生的日子一直到我们回归大地母亲的日子。"然而，即使是这种恶也是神奇的，因为它教导我们谨慎地生活，它要我们明白，由于人在乐园中犯下的那第一桩最可悲的罪行开始，生活成了对我们的惩罚，而整个新约的全部应许就在于我们在未来的世界里拥有新的继承权。到了那个时候，我们得到了这种继承权的保证，而在这种保证中我们按时继承。因此，让我们在期盼中行进，靠着神灵治死身体的恶行，每日里进步。⑤ "主认识谁是他的人"，⑥"因为凡被上帝引导

①　参阅普林尼：《自然史》，卷7，章15。
②　参阅普林尼：《自然史》，卷30，章2。
③　参阅欧西庇乌、杰罗姆：《编年史》，赫姆（Helm）编，卷1，章20，节13。
④　《便西拉智训》40:1。
⑤　参阅《罗马书》8:13。
⑥　《提摩太后书》2:19。

的,都是上帝的儿子。"①然而,之所以如此,不是因为本性,而是由于恩典。因为按本性来说,上帝只有一个儿子,由于上帝的怜悯,他为了我们的缘故而成为人子,而我们按本性来说是人的儿子,但是通过他我们得着上帝的恩典成为上帝的儿子。尽管上帝的本性是不变的,但上帝取了我们的本性加诸于他的儿子,以便通过这种本性他可以接受我们,让我们和他在一起。当他的神性仍旧坚定时,他甚至分有了我们的软弱,而我们由于分有他的不朽和公义可以变得较好,我们可以摆脱我们的罪性与可朽,保存他植入我们本性的任何优秀品质,他的本性是至善,可以成全我们的本性。正像由于一个人的犯罪,我们沉沦在罪中,通过一个也是神的人的称义,我们将进入美善的状态。② 但人们不可过分自信,以为自己能够从一种状态进入另一种状态,直至来到一个不再有诱惑的地方,直至获得他在各种各样的"情欲和圣灵相争,圣灵与情欲相争"③的战斗中寻求的和平。

如果人的本性按它自己的自由意志继续处在它被造时的公义之中,那么这样的战争绝不会开始。但是现在,人的本性由于自己的不幸而拒绝与上帝在一起,拒绝了这种和平带来的幸福,因此与自己相争。这种状况尽管是不幸的,但仍旧好于我们在基督到来之前的生命,因为与邪恶抗争肯定要比不加抵抗地屈服于邪恶要好。我要说,在对永久和平的期盼中战斗比成为毫无获释希望的俘虏要好。我们确实期盼这种战斗的结束,我们被上帝的爱的火焰点燃,热切地想要获得安宁,在这种良好的安宁秩序中,我们身上卑劣的成分会服从在它之上的成分。哪怕没有这种对大善的期盼——这是上帝的吩咐——我们无论如何也必须忍受这种冲突的困苦,而不是停止抗争,允许我们的恶支配我们。

章16 恩典的法则延伸到再生者的各个阶段

但是,上帝对蒙怜悯、预备得荣耀的器皿的怜恤极大。④ 在人的第一

---

① 《罗马书》8:14。

② 参阅《罗马书》5:12。

③ 《加拉太书》5:17。

④ 参阅《罗马书》9:23。

阶段——也就是在他的婴儿期——人屈从于肉身的推动，无任何抗拒。而在第二个阶段，即所谓的儿童期，人也还没有足够的理由去从事与肉身的抗争，所以人会成为各种罪恶的快乐的猎物。在这个时期，人尽管有了语言能力，因此也似乎过了婴儿期，但人的心灵仍旧太弱小，无法掌握所受的教导。但若孩子接受了这位中保的圣礼，由此摆脱黑暗的权势而进入基督的王国，①那么即使他的生命在这个时期结束，他也不仅可以不受永刑，而且也不用承受死后涤罪性的折磨。因为灵性的再生本身足以预防由于接触肉体的死亡而带来的伤害。但若一名儿童到了能够理解所受的教导，且能明白要服从律法的权柄的年纪，那么他必须与他的罪恶作斗争，努力避免要被定罪的那些罪孽。如果这些罪过还没有大到难以战胜，那么克服它们在这个时候还比较容易。然而，这些罪过若是已经变成了习惯或规则，那么要想克服它们那就难了。确实，只有热爱真正的公义，只有对基督的信仰，方能做到这一点。因为若是律法的诫命呈现了，但却没有圣灵的帮助，那么任何禁令都只会增强犯罪的欲望，添加人的罪过。有的时候，确实有某些非常明显的罪恶是被其他隐秘的罪恶克服的，但这些恶却被视为美德，表现出这些邪恶的人受骄傲的统治，由于某种毁灭性的自鸣得意而自高自大。但邪恶仅当通过上帝之爱被征服的时候才会被认为是克服了的，除了上帝本身以外，没有谁能赐予这种爱，只有通过上帝与人之间的中保、基督耶稣这个人，他分有了我们的可朽性，由此他使我们成为他的神性的分有者。②

但确实很少有人在青年时期能够足够幸运地不犯任何要受谴责的罪过。他们犯有各种恶行，或者犯下各种可耻的、不虔敬的错误。很少有年轻人成功地使用他们的灵性征服支配他们肉体的快乐。然而有很多青年在第一次被他们自身的邪恶力量克服，违反了他们接受的律法以后，祈求恩典的帮助，以便能够经受更加持久、更加猛烈的斗争，从而第一次使他们的心灵服从上帝，使他们的心灵支配他们的肉身。

---

① 参阅《歌罗西书》1:13。

② 参阅《提摩太前书》2:5。

因此,任何人想要逃避永刑,不仅需要受洗,而且要在基督里称义,摆脱魔鬼之手进入基督。但他不应当认为任何痛苦都是涤罪,除了那些先于最后的巨大审判的惩罚。然而不容否认的是,永火本身的猛烈程度视恶人的罪行而定。对有些人温和一些,对有些人猛烈一些。这种火的热量是可变的,与每个罪人应受的惩罚相对应;但也许火的热量保持不变,但每个人由此产生的痛苦是不同的。

章17 有些人相信无人会永久受罚

我们有些仁慈的兄弟拒绝相信,这位最公义的法官将要宣判的那些应受地狱之罚的人将永远受苦。他们认为,定了罪的人将会在某个确定的惩罚期结束之后获释,时间或长或短,依每个人罪行的大小而定。我明白,我现在必须与这些人打交道,温和地与他们争论。

在这个方面,奥利金把这种仁慈心推进得更远。因为他相信,连魔鬼本身和他的天使在接受了最可悲的、最集中的惩罚以后也会获释,这种惩罚对它们来说当然是罪有应得,它们获释后将与神圣的天使实现统一。由于这一谬误和其他一些谬误,教会谴责奥利金,这样做并非没有道理。尤其是,奥利金认为幸福与不幸之间会轮流交替,永无止境,从一种状态过渡到另一种状态。然而在这一点上,奥利金似乎失去了他曾经表现过的仁慈。因为他说圣民会由于受到罪的惩罚而拥有真正的悲哀,然而他们只有虚假的幸福,在这样的幸福中只有对永恒之善的无谓保证,而无真正确定的欢乐。①

然而,我们在这里讲的谬误是很不一样的。这种错误的根源在于这些人的仁慈心。他们以为这些在审判中被定罪的人所遭受的不幸是暂时的,而那些或迟或早将获得自由的人的幸福是永久的。如果说这种观点是好的和对的,因为它是仁慈的,那么我们就得说越仁慈越好。那么就让这种仁慈心扩展和加深吧,把迷失的天使也包括在内,让它们也得到自由,不管需要多少个时代。然而,这股仁慈之流为什么在裹挟了整个人类

---

① 奥利金:《论首要原理》,卷1,章6;卷3,章6,节5;参阅本卷,章23。

之后，一抵达天使就干涸了呢？我们在此讨论他们信仰的那些人不敢大胆地把他们的仁慈超出人的范围，乃至于包括魔鬼本身的救赎。如果有人胆敢这样做，那么他肯定在仁慈方面超过他的同伴，但他本身也会更加剧烈地陷入谬误，所以，尽管他的仁慈心超过所有人，但无论如何是对上帝公义之言的歪曲。

章18　有些人相信，有圣徒的代祷，没有人会在最后审判中定罪

甚至还有这样一些人——我有过和他们谈话的经历——尽管对圣经似乎很崇敬，但他们无论如何却是一些可悲的凡夫俗子。在为自己辩护的时候，他们说上帝对人类抱有极大的仁慈，超过我刚才提到的那些人。他们说圣言的预见是真实的，恶人和不信者要受惩罚，但他们又说，当审判到来时，到处都有怜悯。上帝出于怜悯会答应他们的祈求和圣徒的代祷。因为，圣徒若是在忍受他们的敌意时都会为他们祈祷，那么当圣徒看到这些俯伏在地的谦卑的求援者时，圣徒岂不是更会这样做！他们说，我们不能相信圣徒在获得最圆满的圣洁时会失去他们的怜悯之心。① 我们不能相信，当他们自己在过去并非无罪的时候，为他们的敌人祈祷，而现在他们已经不再有罪的时候，会不替乞援者祈祷。或者说，上帝不会不听那么多他心爱的子女的话，他们现在已经进入了圣洁状态，上帝没有理由不答应他们的祈求。

《诗篇》中有段话似乎支持这样一种观点，他们允许不信者和不虔敬者免除一切疾病，尽管是在经受了很长时间的折磨以后。这段话似乎特别支持我们现在谈到的这些人的看法。我们读到："难道上帝会忘记开恩？难道上帝会因为发怒而止住他的慈悲？"②他们说，上帝的愤怒会在审判中把一切不配得到永恒幸福的人定罪，让他们接受永刑。但若上帝允许一种长久的惩罚——或者确实是任何一种惩罚——那么很清楚，上帝会"止住他的慈悲"，以便进行惩罚，但诗篇作者说上帝不会这样做。

---

① 参阅《歌罗西书》3:12;《腓立比书》2:1。

② 《诗篇》77:9。

因为他没有说"难道上帝会因为发怒而长时间地止住他的慈悲?"倒不如说,他想要告诉我们,上帝根本就不会止住慈悲。

但拥有这种看法的人并不希望说上帝关于惩罚的恐吓是空洞的,上帝实际上不会给任何人定罪。因为,以同样的方式,当上帝说他将要倾覆尼尼微城的时候,我们不能说这是一种空洞的恐吓。① 他们说,尼尼微城倾覆的事并没有发生,尽管上帝已经作了无条件的预言。因为他没有说,"如果他们不改悔和矫正他们的生活,尼尼微城将要倾覆"。倒不如说,上帝预言这座城要倾覆是无条件的。但他们坚持说这种恐吓是真的,因为上帝预言的惩罚确实是他们要承受的,尽管上帝实际上没有真的倾覆这座城。他们说,上帝饶恕了他们,因为他们改悔了,上帝确实不会不知道他们会改悔这一事实。然而不管怎么说,上帝确实作了绝对的、确定的、无条件的预言,这座城将要倾覆。所以他们认为,这种恐吓是上帝严厉态度的一种表达方式,因为尼尼微人应当受苦。但这不是上帝仁慈的一种表达方式,因为上帝没有坚持发怒,而是宽恕了乞援者,使他们不遭受他曾经对顽固者作出恐吓的那种惩罚。所以,当他肯定会宽恕他的神圣先知的时候,他也宽恕了尼尼微人。那么,当所有圣徒都恳求他宽恕恶人的时候,上帝会多么容易宽恕那些更加邪恶的乞援者!

这就是他们心中的推测。圣经没有提到这种意思。但他们认为,为了让许多害怕受长期惩罚或永刑的人能够矫正他们的生活,我们可以这样说,而这样一来,就会有许多还没有矫正他们生活的人能够向上帝祈祷。他们认为,圣经在这一点上并没有完全保持沉默。因为经上写道:"你在那些害怕你的人面前隐藏起来,你的善行有多么伟大。"②他们问道,如果不是为了使我们明白上帝的仁慈是伟大的和隐藏的,上帝这样做为的是让人可以恐惧他,那么说这句话的目的何在? 他们还指出,使徒说过,"因为上帝将众人都圈在不顺服之中,特意要怜恤众人。"③他们说,这

---

① 参阅《约拿书》3:4。
② 《诗篇》31:20,和合本译为"你必把他们藏在你面前的隐秘处,免得遇见人的计谋。"
③ 《罗马书》11:32。

些话表明上帝不会定任何人的罪。

　　然而，甚至连拥有这种看法的人也不会把他们的观点扩展到魔鬼及其天使的救赎和免罪。他们的仁慈只朝着人，他们主要是在为他们自己恳求。他们抱着一种虚假的期盼，希望自己抛弃道德之罪可以不受惩罚，于是他们就认为上帝会把仁慈施予整个人类。这样，他们的仁慈心不如前面那些人，因为前面那些人认为，连魔鬼之王及其仆从也不会受惩罚。

章 19　有些人认为不受惩罚的应许甚至也适用于异端，他们由于分有基督的身体而免受惩罚

　　还有一些人认为，这种免除永刑的应许确实不是针对所有人，而是针对那些已经接受了基督的洗礼和成为基督身体的分有者的人，而无论他们如何生活，是不是异端，或无论他们有多么不虔敬。他们的依据是耶稣说的话，"这是从天上降下来的粮，叫人吃了就不死。我是从天上降下来生命的粮；人若吃这粮，就必永远活着。"①因此，他们说，这些人必定可以从永死中得救，进入永生。

章 20　有些人说不是所有人不受永刑，而只是像大公教徒这样受过洗礼的人，哪怕他们不断地犯罪或成为异端

　　还有一些人认为这个免除永刑的应许不是针对所有接受过基督的洗礼和基督的圣体的人，而只是针对大公教徒，无论他们的生活有多么邪恶。因为这些人不仅吃了基督的圣体，而且真的与基督无形体的身体联为一体了。对此，使徒说："我们虽多，仍是一个饼，一个身体。"②因此，尽管他们后来成了异端，甚至成为异教偶像的崇拜者，然而由于他们接受过基督的洗礼，吃过基督的圣体而处于基督的身体中——亦即在大公教会中——所以他们不会永死，而会最终获得永生。按照这种看法，他们所有不虔敬的行为，无论有多么巨大，都不足以使他们陷入永刑，而只会使他

---

①　《约翰福音》6:50 以下。
②　《哥林多前书》10:17。

们要接受的惩罚延长或变得严厉。

章21　有些人断言所有保持信仰的大公教徒都会由于信仰的原因而得救，哪怕他们生活邪恶，应受地狱之火

经上说："唯有忍耐到底的必然得救。"①有些人根据这句话就认为那些生活邪恶的人只要继续待在大公教会里就能够得救。他们是要得救，然而"乃像从火里经过的一样"。使徒是这样说的："因为那已经立好的根基就是耶稣基督，此外没有人能立别的根基。若有人用金、银、宝石、草木、禾秸，在这根基上建造，各人的工程必然显露，因为那日子要将它表明出来，有火发现；这火要试验各人的工程怎样。人在那根基上所造的工程若存得住，他就要得赏赐。人的工程若被烧了，他就要受亏损，自己却要得救；虽然得救，乃像从火里经过的一样。"②因此，他们说，大公教的基督徒，无论他的生活方式如何，都有基督作他的根基，异端由于和基督的身体分离，不能拥有这个根基。仅仅由于这个根基，大公教的基督徒，哪怕生活邪恶，也会得救，就好像用草木禾秸建造房屋的工匠。他们像这样的工匠一样也会得救，"乃像从火里经过的一样"。也就是说他确实会得救，但却是在经受了最后审判时惩罚恶人的烈火的痛苦之后。

章22　有些人相信我们的罪行若与我们的怜悯行为混合在一起，那么在最后审判时就不会被定罪

我还发现某些人认为，将在永刑中经受烈火焚烧的罪人只是那些不愿用怜悯的行为矫正自己罪行的人。因为，按使徒雅各的说法，"那不怜悯人的也要受无怜悯的审判"。③　因此，他们说，任何人只要表现出怜悯，哪怕他没有使自己的行为变好，哪怕他在有怜悯行为的时候仍旧过着非常邪恶和令人厌恶的生活，都能在审判中得到怜悯。这样一来，他就不会

---

① 《马太福音》24：13。
② 《哥林多前书》3：11 以下。
③ 《雅各书》2：13。

在任何审判中被定罪，或者说他会在经受了一段时间的惩罚以后获释，无论这段时间有多长。

他们说，就是由于这个原因，审判活人和死人的法官要提到怜悯的行为，让那些做了怜悯之事的人站在他的右边往永生里去，让那些没有做怜悯之事的人站在他的左边往永刑里去。① 他们说，由于同样的原因，我们每天在主祷词中提出这样的恳求："饶恕我们的罪过吧，就像我们饶恕他人的罪过。"因为饶恕他人罪过的人无疑是在怜悯，宽恕他人的罪行。主本人要求我们这样做，他说："你们饶恕人的罪过，你们的天父也必饶恕你们的罪过；你们不饶恕人的罪过，你们的天父也必不饶恕你们的罪过。"②所以当雅各说那不怜悯人的也要受无怜悯的审判时，他指的是这种怜悯之举。他们还说我们的主没有讲到罪行的大小，他只是说，如果饶恕他人的罪过，天父也会饶恕你们的罪过。由于这个原因，他们认为，一个人即使到了世界末日仍旧过着放纵的生活，无论他的罪过有多大，都会由于这种每日里的祈祷而得到宽恕，只要他注意这样一件事：当那些用任何方式伤害了他的人请求他的宽恕时，他能从心里饶恕他。

依靠上帝的恩典，当我对所有这些错误作了回答的时候，本卷就该结束了。

章 23　驳斥那些相信魔鬼和恶人都不会受永刑的人

首先，这些人认为魔鬼可以得到洁净或宽恕，哪怕是在承受了最大的、时间最长的惩罚之后，而教会为什么不能容忍这样的论证呢，提出这个问题并弄明白是恰当的。并非那些对旧约和新约圣经十分博学的义人不愿把天国里的洁净和幸福赋予经历了某种惩罚之后的天使，不管它们是哪种天使，或者有多少，而是因为他们明白自己不能虚构或削弱圣经的意思，我们的主预言他在进行审判时会说的话是："你们这被咒诅的人，

---

① 参阅《马太福音》25：34 以下。
② 《马太福音》6：14 以下。

离开我！进入那为魔鬼和他的使者所预备的永火里去！"①这段话确实告诉我们,将要焚烧魔鬼和他的使者的火是永火。还有,《启示录》中写道:"那迷惑他们的魔鬼被扔在硫磺的火湖里,就是兽和假先知所在的地方。他们必昼夜受痛苦,直到永永远远。"②第一段话用了"永"这个词,第二段话中用了"永永远远";这些词在圣经中习惯上指的是一个没有尽头的时间。因此,找不到比这更加公正和更加明显的理由了,真正的虔敬者确信魔鬼和它的使者决不会得到圣民那样的公义和生命。因为不欺骗任何人的圣经说上帝不会饶恕它们,上帝已经给它们定了罪,把它们捆绑在黑暗的地狱中,直到末日审判的那一天,它们要进入永火中受苦,直到永永远远。③

如果情况是这样的话,那么我们怎么能说所有人,或任何人,都可逃避这场永刑而不会马上动摇我们的信仰？ 我们相信对精灵的惩罚是永久的。因为基督说:"你们这被咒诅的人,离开我！进入那为魔鬼和他的使者所预备的永火里去！"如果所有被咒诅的,或某个被咒诅的不会永远在火中,那么我们有什么理由相信魔鬼和它的使者会永远在火中？ 上帝对所有作恶者,恶的天使及恶人,作出的审判,有可能对天使来说是真的,而对人来说是假的吗？ 如果是这样的话,那么这些人的推测显然比上帝的话语更有价值。而这是不可能的,所以,那些渴望免除永刑的人应当停止反对上帝,乘现在还有时间,开始服从神圣的诫命。

还有,我们怎么能够假定"永刑"的意思是"长时间燃烧的火",而又相信"永生"的意思是"没有终结的生命"？ 毕竟,在同一场合,基督用相同的术语在同一句话中提到二者:"这些人要往永刑里去;那些义人要往永生里去。"④如果二者都是"永",那么我们必须把它们都理解为,要么是"漫长的但逐渐会到达尽头的",要么是"没有尽头的"。因为"永刑"

---

① 《马太福音》25:41。

② 《启示录》20:10 以下。

③ 参阅《彼得后书》2:4。

④ 《马太福音》25:46。

和"永生"的意思是并行的,认为这句话的意思是"永生是没有尽头的,而永刑有尽头"是极为荒唐的。因此,由于圣民的永生是没有尽头的,那么毫无疑问,那些定了罪的人的永刑也是没有尽头的。

章 24　驳斥那些人,他们认为在上帝的审判中定了罪的所有人都会由于圣民的祈祷而得宽恕

同样的批评也可用于那些人,他们似乎想要表现出比其他人更多的怜悯心,但实际上是在为自己辩护,竭力反对上帝的话语。也就是说,他们断定这些话是真的,但它的意思不是人真的会经受上帝所说的那种痛苦,而是人应当经受这种痛苦。他们说,上帝会同意圣民们的祈祷,圣民们到了那个时候会更加圣洁,会更加虔诚地为他们的敌人祈祷,他们的祈求会更加有效,值得上帝倾听,因为他们到了那个时候就完全无罪了。然而在这种情况下,为什么完全圣洁的圣民不也代那些天使进行最纯洁、最怜悯的祈祷,永火就是为它们预备的,以便上帝可以减轻惩罚,使它们脱离永火?确实,现在会有人假定神圣的天使会与现在已经变得与上帝的天使相等的圣民一道为定了罪的人祈祷,无论它们是天使还是凡人,使上帝怜悯它们,免除由他亲口宣布的它们应受的惩罚吗?拥有健全信仰的人决不会这样说,今后也不会这样说。否则,教会就没有理由不为魔鬼和它的天使祈祷,因为教会的主人,上帝,吩咐她为她的敌人祈祷。

但是教会不为邪恶的天使祈祷,她知道它们是她的敌人。她不这样做的原因就是阻止她为那些将要在永火中受刑的人祈祷的原因,而无论他有多么圣洁。现在,教会处在人间为她的敌人祈祷,因为他们仍旧有时间进行富有成效的改悔。她尤其要为他们祈祷的原因不就是使徒说过的吗?"上帝会给他们悔改的心,可以明白真道,他们这已经被魔鬼任意掳去的,可以醒悟,脱离他的网罗。"①但若教会确实知道有些人尽管仍旧活在今生,但注定要与魔鬼一道进入永火,那么教会就不会再为他们祈祷了,就像教会不会为魔鬼祈祷一样。但是教会现在对任何人都还没有这

---

① 《提摩太后书》2:25 以下。

种确定的认识,所以她要为她所有的敌人祈祷。或者严格地讲来,为所有现在是她的敌人的仍旧活在肉身中的人祈祷。然而,并非她的所有祈祷都能得到回答。正好相反,只有她为某些人的代祷会得到答复,这些人尽管现在反对教会,但上帝会倾听教会为他们进行的代祷,因为他们注定要成为教会的儿女。但若有人保持一颗顽固的心,一直到死,不能从教会的敌人变成教会的儿女,那么教会在他们死后还会为他们祈祷吗?教会不这样做,这不就是因为活在肉身中的人若不能皈依基督,那么现在就都要被算作魔鬼阵营的一员吗?

阻碍教会现在和将来为邪恶的天使祈祷的原因,也会阻碍教会为那些要在永火中受永刑的人祈祷。也是因为这个原因,教会尽管为人祈祷,但现在和将来都不为已死的不信者和不虔敬者祈祷。教会或某些虔敬者代某些死者进行的祈祷确实会被倾听,但这些在基督中重生的人在肉身中的生活如此邪恶,以至于被断定为不配这样的怜悯,他们也不需要这样的怜悯。所以,在死者复活之后,死者的灵魂并不缺乏适合它们的刑惩,因此它们不会在被送进永火之后得到赐予它们的怜悯。除非有某些人不在今生而在来世得到宽恕,否则经上说的话“他们今生来世总不得赦免”①就不可能是真的了。但是审判活人和死人的法官已经说过:“你们这蒙我父赐福的,可来承受那创世以来为你们所预备的国”;而与此相反的则是:“你们这被咒诅的人,离开我!进入那为魔鬼和他的使者所预备的永火里去!”他还说:“这些人要往永刑里去;那些义人要往永生里去。”所以,要是说那些上帝说他们“要往永刑里去”的人没有永刑,那就太荒唐了,这样的假设也会使我们对永生感到绝望,或者至少怀疑永生。

还有《诗篇》中的那句话,“难道上帝会忘记开恩?难道上帝会因为发怒而止住他的慈悲?”我们不要把它理解为可以用来支持这样的观点,上帝的审判对好人是真的,对恶人是假的,或者对好人和恶的天使是真的,对恶人是假的。因为《诗篇》的这句话指的是“蒙怜悯的器皿”和“得

---

① 《马太福音》12:32。

应许的儿女"，①使徒本人就是其中之一。因为当他说了"难道上帝会忘记开恩？难道上帝会因为发怒而止住他的慈悲？"之后，他马上就添上，"我便说这是至高者的右手带来的变化。"②在这里，他显然清楚地解释了"难道上帝会因为发怒而止住他的慈悲"是什么意思。因为上帝发怒确实是针对今生，人在今生被造的"好像一口气，他的年日如同影儿快快过去。"③然而在愤怒中上帝并没有忘记慈悲，因为"他叫日头照好人，也照歹人；降雨给义人，也给不义的人"；④以这样的方式，上帝并没有"因为发怒而止住他的慈悲"。这一点在《诗篇》作者的那句话中看得尤其清楚，"我便说这是至高者的右手带来的变化。"上帝使蒙怜悯的器皿变得较好，哪怕他们仍旧处在最可悲的今生，今生就是使上帝愤怒的原因，尽管他仍旧在对可悲的、腐败的今生发怒，但他并没有"因为发怒而止住他的慈悲"。

由于这句圣歌的真义已经以这种方式充分显示，所以没有必要把它理解为指的是在永刑之地那些不属于上帝之城的人将要受永刑。但若有人要把这句话的意思延伸为不虔敬者受苦，那就让他无论如何要明白，上帝的愤怒仍将继续，上帝在愤怒中预言了永刑，但他不会因为发怒而止住他的慈悲，因为他将使罪人受刑罚之苦，这种刑罚的恶的程度低于他们应得的刑罚。按照这种理解，恶人不能完全逃避刑罚，他们不会只受短时间的刑罚，但他们所受的刑罚比他们应受的刑罚要温和一些，要轻一些。这样，上帝的愤怒将会继续，但他不会因为发怒而止住他的慈悲。这种观点我不反对，但我也不支持这种观点。

接下去我们要讨论另一些人的观点，他们认为下述经文中包含着空洞的恐吓，而不是真理："你们这被咒诅的人，离开我！进入永火里去！""这些人要往永刑里去"，"他们的虫是不死的，他们的火是不灭的"。不

---

① 参阅《罗马书》9：23；《加拉太书》4：28。
② 《诗篇》77：10，见希腊文圣经七十子本。
③ 《诗篇》144：4。
④ 《马太福音》5：45。

是我，而是圣经本身，可以最清楚、最全面地驳斥这些人的看法。由于尼尼微人表示了改悔，他们的改悔是有成效的。他们在这块土地上撒种，上帝说他们流泪撒种，今后可以欢呼收割。① 有谁会否认上帝对他们所作的预言应验了，除非有人不明白上帝不仅在愤怒中而且也在慈悲中倾覆他们？因为罪人以两种方式被推翻。要么像所多玛人一样，人本身受到他们的罪的惩罚；要么像尼尼微人一样，人的罪被改悔所摧毁。因此，上帝的预言应验了，邪恶的尼尼微倾覆了，前所未有的善良的尼尼微建立起来。城墙和房屋仍旧在那里，但这座城的被抛弃的人都被打倒了。这样，尽管先知感到悲哀，因为他所预言的和那些人害怕的事情没有发生，然而上帝预见了的事情发生了，上帝对它作了预见，上帝知道如何在更好的意义上使他的预见应验。

但是，让那些有着不恰当的怜悯之心的人明白这句经文的意思："你在那些害怕你的人面前隐藏起来，你的善行有多么伟大。"为了达到这一目的，让他们再读一下后面的话："你必完善期盼你的人的心。"②这里的意思如果不是上帝的公义对那些人并不甜蜜，因为他们害怕惩罚，想要依靠律法"立他们自己的义"，③那么"你在那些害怕你的人面前隐藏"和"你必完善期盼你的人的心"又能是什么意思呢？上帝的公义对他们不甜蜜，因为他们不知道上帝的公义，他们没有尝过上帝的公义。他们把希望寄托在自己身上，而不是期盼上帝，因此上帝丰盛甜蜜的善行都在他们面前隐藏起来了。他们确实害怕上帝，但这种害怕是奴仆般的恐惧，而"爱里没有惧怕，爱既完全，就把惧怕除去。"④因此，对那些期盼上帝的人来说，上帝是完全甜蜜的，上帝用自己的爱激励他们，他们对上帝有一种圣洁的敬畏，上帝的爱不会除去这种敬畏，当他们夸口时，他们会指着主夸口。因为上帝的公义是基督，如使徒所说，"上帝又使他成为我们的智

---

① 《诗篇》126:5。

② 《诗篇》31:19，见希腊文圣经七十子本。

③ 《罗马书》10:3。

④ 《约翰一书》4:18。

慧、公义、圣洁、救赎。如经上所记：'夸口的，当指着主夸口。'"①上帝的公义是一种恩典，与功德无关，那些想要立自己的义的人不知道这种公义，因此也不认为自己要服从上帝的公义，即服从基督。只有在这种公义中，才能看到上帝丰盛的恩典，所以《诗篇》中说"你们尝尝主恩的滋味，便知道他有多么甜蜜了。"②我们在客居期间确实尝过这种甜蜜，但我们没有得到满足。倒不如说，我们"又饿又渴"，③所以当我们"得见他的真体时"，④我们就可以得到满足。这就是经上说的，"我得见你的形象，就心满意足了。"⑤因此，基督使那些期盼他的人得到丰盛甜蜜的恩典。但我们的对手由于不知道上帝不会审判不虔敬的人，所以他们认为，上帝对那些害怕他的人隐藏了他的甜蜜，使他们公义地生活，以便有人可以为那些生活不公义的人祈祷。然而，按照这个看法，上帝如何能使那些期盼他的人完善呢，因为他们的梦想若是真实的，那么这种甜蜜将阻止上帝去审判那些不期盼上帝的人？因此，让我们寻求他为那些期盼他的人完善了的这种甜蜜，而不要寻求他被认为会使那些轻视和亵渎他的人完善的甜蜜。因为，人要是在离开肉身之后寻求他还在肉身中予以轻视的东西，那完全是徒劳的。

　　使徒还说过："因为上帝将众人都圈在不顺服之中，特意要怜恤众人。"⑥但这句话的意思不是上帝不会定任何人的罪。正好相反，它的意思通过它前面的话表现出来。因为使徒这封信写给那些已经是信徒的外邦人，他对他们说，犹太人将来会相信基督。他说："你们从前不顺服上帝，如今因他们的不顺服，你们倒蒙了怜恤。这样，他们也是不顺服，叫他们因为施给你们的怜恤，现在也就蒙怜恤。"⑦然而，我们的对手错误地用

① 《哥林多前书》1∶30 以下。
② 《诗篇》34∶8。
③ 《马太福音》5∶6。
④ 《约翰一书》3∶2。
⑤ 《诗篇》17∶15。
⑥ 《罗马书》11∶32。
⑦ 《罗马书》11∶30 以下。

来安慰他们自己的那句话，"因为上帝将众人都圈在不顺服之中，特意要怜恤众人"，如果不是指他正在对他们讲话的那些人，也就是他所说的"你们和他们"，那么句中的"众人"还能是什么意思？所以上帝已经把外邦人和犹太人都圈在不顺服之中，上帝预见和定下他们要效法他的儿子的模样，①使他们可以经历不顺服的艰辛，通过悔改，转向上帝怜恤的甜蜜，可以用《诗篇》的话叫喊，"你在那些害怕你的人面前隐藏起来，你的善行有多么伟大，你必完善期盼你的人的心"，这里讲的不是他们自己，而是"你"。所以，上帝怜恤所有蒙怜悯的器皿。"所有"的意思是什么呢？就是上帝定下来的、所召来的、所称为义的、叫他们得荣耀的所有外邦人和犹太人。② 上帝不会饶恕所有人，但这些人中没有人会被上帝定罪。

章25 接受异端的洗礼后来陷入邪恶生活的人、接受大公教的洗礼但沦为异端和宗派的人、继续留在大公教会但仍旧过着邪恶生活的人，可否期盼通过圣体的力量避免永刑

现在让我们来回答那些作从永火中得救的应许的人，他们应许的对象不是魔鬼和他的天使（持这种观点的人我们已经驳斥过了），甚至也不是所有人，而只是那些受过基督的洗礼、分享过他的血肉的人，而无论他们如何生活，无论他们是不是异端或是否虔敬。这些看法与使徒的看法是对立的，使徒说："情欲的事都是显而易见的：就如奸淫、污秽、邪荡、拜偶像、邪术、仇恨、争竞、忌恨、恼怒、结党、纷争、异端、妒忌、醉酒、荒宴等类，我从前告诉你们，现在又告诉你们，行这样事的人必不能承受上帝的国。"③如果这样的人能够获释，哪怕是很久以后，能够承受上帝的国，那么使徒的这句话显然是错的。然而，这句话没有错，因此这种人肯定不能承受上帝的国。如果他们必不能承受上帝的国，那么他们必定在受永刑。

---

① 参阅《罗马书》8:29。
② 《罗马书》8:30。
③ 《加拉太书》5:19 以下。

因为对那些不能在这个无惩罚的王国中站立的人来说，没有什么中间的位置可以让他们立足。

所以，我们可以公正地问，我们该如何理解主耶稣说的话，"这是从天上降下来的粮，叫人吃了就不死。我是从天上降下来生命的粮；人若吃了这粮，就必永远活着。"①我们现在对之作答的那些人对这些话的理解确实来自那些我们将简要作答的人，也就是说来自那些把拯救不应许给所有接受洗礼和圣体的人，而只应许给大公教徒的人，而无论他们的生活有多么邪恶。他们说，大公教徒吃主的身体，不是礼仪性的，而是真实的，由于这个原因，他们才构成主的肢体，对此使徒说："我们虽多，仍是一个饼，一个身体。"因此，与主的身体联合的人——亦即处在基督徒团契中的人，他们是基督的肢体，忠信者习惯上在基督的祭坛前分享基督的身体——真的可以说是吃了基督的肉，喝了基督的血。由于这个原因，那些从这种身体的联合中分裂出来的异端宗派可以得到相同的圣体，但对他们并无益处。正好相反，圣体对他们是一种伤害，因为圣体会给他们带来更加严厉的惩罚，而不是给他们带来拯救，哪怕是很久以后。因为他们并不处在以圣体为象征的"用和平彼此联络"之中。②

还有，即使那些正确地明白自己不属于基督身体的人，也不能说吃了基督的身体就可以得着应许，不能把免除永刑的拯救应许给那些从这种身体的联合中沦为异端，甚至沦为异教迷信的人。让他们注意，首先，如果许多离开教会、变成异端的人，或所有这样的人，将比大公教徒的处境还要好，因为他们已经落入异端的网罗，那么这样的说法与健全的学说是完全对立的，是无法容忍的。如果这些异端仅仅由于他们曾在大公教会中受洗、首先在基督的真正身体中得到了基督的圣体，就可得到拯救，免除永刑，那么事情是这样的。但对背弃信仰的人来说，先是背弃信仰，然后又攻击信仰，那么他的情况肯定比那些从来没拥有过这种信仰，因此也

---

① 《约翰福音》6:50 以下。

② 《以弗所书》4:3。

无从背弃的人要糟。其次,让他们注意使徒在我们已经引用过的这些话后面说的话。在列举了肉身的表现后,他指出他们"必不能承受上帝的国",①这里指的就是异端。

因此,那些放弃道德、应当遭谴责的人必定不会仅仅由于一直待在大公教会里就感到安全。他们不应当用这样的话来安慰自己,"唯有忍耐到底的必然得救"。② 由于生活邪恶,他们抛弃了基督赐予他们的生命的公义,无论是由于行奸淫,还是由于犯下使徒没有提到的其他不洁罪行,或是醉心于邪恶的奢侈,或者是做了使徒所说的任何事情,"行这样事的人必不能承受上帝的国"。因此,行这样事的人除了待在永刑中,不会待在其他任何地方,因此他们不能在上帝的国中。如果他们行这样的事一直到今生结束,那么他们肯定不能说是在基督里忍耐到底的,因为在基督里忍耐到底就是一直保持对基督的信仰,这种信仰如使徒所定义的那样,是"由仁爱生发的",③而这种仁爱,他在别处说过,"不会生发出恶来"。④所以,这些人既不能说是吃了基督身体的,因为他们不能算作他的肢体。不必说其他考虑了,他们不能马上既是基督的肢体又是娼妓的肢体。⑤还有,当主本人说"吃我肉喝我血的人常在我里面,我也常在他里面"⑥的时候,他告诉我们吃肉喝血的真实意思是什么,而不是告诉我们它象征着什么。这就是常在基督里面,使基督常在我们里面。这样,主就好像是在说,"不在我里面的,我也不在他里面,让他不要说或不要认为,他吃了我的肉,喝了我的血。"所以,那些不是基督肢体的人不在基督里面。那些使自己成为娼妓肢体的人不是基督的肢体,除非他们坚决地抛弃邪恶,回归与基督和谐之善。

---

① 《加拉太书》5:21。
② 《马太福音》10:22。
③ 《加拉太书》5:6。
④ 《哥林多书》13:4;参阅《罗马书》13:10。
⑤ 参阅《哥林多前书》6:15。
⑥ 《约翰福音》6:56。

章 26　以基督为根基是什么意思，谁将得救，"乃像从火里经过的一样"

但是，我们的对手说，大公教的基督徒以基督为他们的根基，他们没有与基督分离，无论他们的生活有多么邪恶，但他们都是在这根基上建造的，就好像是在用草木、禾秸建造。据此，他们说，基督是他们的根基的正确信心将会使他们从永火中得救，尽管他们会有些亏损，因为他们在这根基上建造的东西会被焚烧。让使徒雅各来正确地回答他们吧："若有人说自己有信心，却没有行为，这信心能救他吗？"①他们问，使徒说的"虽然得救，乃像从火里经过的一样"这句话指的是什么人？所以，我们也要问这句话指的是什么人？有件事是非常确定的，这句话里指的人不是雅各讲的人，否则两位使徒的说法就相互矛盾了。就好像一位使徒说"尽管一个人的行为是邪恶的，他的信心会使他得救，就像从火里经过一样"，而另一位使徒说"如果他没有善的行为，这信心能救他吗？"

因此，如果我们首先明白谁以基督为根基，那么我们就能明白谁能得救，"乃像从火里经过的一样"。如果我们注意到这个比喻本身，那么我们理解起来就要容易得多。造房子，没有比立根基更早的事了。所以，无论谁心中有基督，有基督作他的根基，就不会有属地的或暂时的事情在基督之前，哪怕这些事是合法的和允许的。如果他把这些事放在基督之前，那么即使他似乎对基督拥有信心，基督在他里面也不是根基，因为对他来说，其他事情的到来先于基督的到来。如果他轻视救赎的诫命，犯下不合法的罪行，那就进一步证明他并没有把基督放在其他事情之前。当他拒绝基督的告诫与许可时，他把其他事情放在了基督之前；为了满足自己的邪恶欲望，他藐视基督的告诫与许可。这样，如果有基督徒爱娼妓，依恋她，与她合为一体，那么他并没有以基督为根基。②　但若有人遵从基督的告诫，爱他自己的妻子，那么有谁会怀疑他是以基督为根基的呢？③　但若他照着这个世界的样子爱她，也就是在情欲中爱她的肉身，就像那些不知

---

① 《雅各书》2:14。

② 参阅《哥林多前书》6:16。

③ 参阅《以弗所书》5:25。

道上帝的民族一样,①那么这确实是一种错误,但使徒说——或者倒不如说,基督通过使徒说——这只是一个小错误。② 因此,哪怕这样的人也可以拥有基督作他的根基。只要他不把这样的情欲和快乐置于基督之前,基督就是他的根基,哪怕他在此根基之上用草木、禾秸建造。因此,他会得救,"乃像从火里经过的一样"。因为使人痛苦的火将会烧毁一切这样的快乐和属地的爱,尽管在婚姻之内的这样的行为并不会被定罪。这种"火"与丧失有关,消除这些快乐的火也将驱除其他灾难。结果,他建造的房屋会有亏损,他无法继续拥有他在这根基上建造的东西,由于失去他喜爱的东西,他会感到痛苦。然而,由于这个根基,他将得救,"乃像从火里经过的一样",因为若有迫害者强迫他在基督和这些事物之间作选择,那么他不会把这些事物置于基督之前。

你们瞧使徒怎么说那些用金、银、宝石在这根基上建造的人,他说:"没有娶妻的,是为主的事挂虑,想怎样叫主喜悦。"你们再来看他怎么说那些用草木、禾秸建造的人,"娶了妻的,是为世上的事挂虑,想怎样叫妻子喜悦。"③他说:"各人的工程必然显露,因为那日子要将它表明出来,有火发现。"④这里讲的"日子"当然就是受苦之日。在这里,他把"痛苦"称作"火",就如我们在别处读到过的那样,"陶坯在火窑中烧制能显出裂缝,酷刑能锻炼义人。"⑤还有,"这火要考验各个人的工程怎样。人在那根基上所造的工程若存得住"——如果人关心上帝的事情,也就是让上帝喜悦,那么他就存得住——"他就要得赏赐"——也就是说,他关心上帝的事就会得赏赐——"人的工程若被烧了,他就要受亏损"——因为他不再拥有他喜爱的东西了——"自己却要得救"——因为将没有痛苦能使他离开那稳固的根基——"虽然得救,乃像从火里经过的一样",这是因为他不会再受情爱的诱惑,也不会再有亏损的悲哀。所以,你们瞧,我

---

① 参阅《帖撒逻尼迦前书》4:5。

② 《哥林多前书》7:5以下。

③ 《哥林多前书》7:32 以下。

④ 《哥林多前书》3:13。

⑤ 《便西拉智训》27:5。

们看到这种火并不会把两种人都摧毁，而是丰富了一种人，给另一种人带来亏损，但两种人都要经受考验。

但我们也许可以希望把这种火理解为主对在他左边的那些人说的那句话中的火："你们这被咒诅的人，离开我！进入那永火里去！"按照这种观点，我们相信，在"被咒诅的人"中间，有那些用草木、禾秸建造的人，但由于他们拥有良好的根基，因此在既定的时间里，他们会从火中获释，这是对他们的恶行的报应。然而在这种情况下，我们对那些站在主右边的人又该怎么想？经上说："你们这蒙我父赐福的，可来承受那创世以来为你们所预备的国。"他们不就是那些用金、银、宝石在他们的根基上建造的人吗？但若主所说的火与使徒所说的火，"乃像从火里经过的一样"，是相同的，那么双方——在他右手边的和在他左手边的——都要被掷入火中。这火是锻炼双方的，因为经上说"各人的工程必然显露，因为那日子要将它表明出来，有火发现。"然而，由于这种火考验双方的，所以有些人的工程若得以存留——也就是他的工程若不被烈火焚毁——那么他就可以得到奖赏，而他的工程若是被焚毁了，那么他就要承受亏损，所以这种火显然不是永火本身。因为只有那些在主左手边的会被掷入永火，最后永久定罪，而其他的火也在考验那些在主右手边的。经过这样的考验，有些人在基督这个根基上建造的东西不会被焚毁。但有些人的结果就不一样了，烈火会烧毁他们建造的工程，他们要承受亏损。然而，他们仍将得救，因为他们带着强烈的爱紧紧地抓住基督不放，基督是他们坚实的根基。所以，若是得救了，他们显然会站在基督的右手边，与其他人为伴，他们将听到基督的声音，"你们这蒙我父赐福的，可来承受那创世以来为你们所预备的国。"他们不会站在他的左手边，站在这一边的人不会得救，因此站在这边的人会听到基督的声音，"你们这被咒诅的人，离开我！进入那永火里去！"这些人没有一个会从永火中获释，因为他们全都要进入永刑，在那里他们的虫是不死的，那里的火是不灭的，他们要在那里受折磨，永永远远。

但是，在当前肉身死亡与紧随肉身复活之后的末日定罪和奖赏之间有一段时间的间隙。有些人说，在此期间，离开肉身的灵要受烈火之苦。

他们说,这种火是那些凭着道德和爱生活在今生、但没有用那些可被烈火烧毁的草木禾秸去建造的人感觉不到的。倒不如说,只有那些建造过的人才能感受到。因为这样的工程,尽管是可以宽恕的、不会被定罪的,但却是建造在这个世界上的,它们将要在这过渡性的使人痛苦的烈火中被烧毁,要么是在将要到来的那个世界,要么既在现在这个世界又在将来的那个世界,或者仅在这个世界而不在将来的那个世界。

我不想就这一点展开争论,因为这种看法也许是真的。我们肉身的死亡本身——当人犯下最初的罪,这种死亡就存在了——就可以是这种痛苦的一部分。还有,也可以是在这个紧随死亡的间隙中,每个人都有一种与他所建造的东西相适应的经历。同样的评价也可用于使殉道士得王冠的迫害,所有基督教的民众在迫害中也都经受了苦难。这样的迫害就像烈火一样考验着两种工程。有些工程毁灭了,如果基督不在它们里面作根基,那么这些工程的建筑师也要毁灭。有些工程被毁灭,但它们的建筑师没有毁灭,因为基督在它们里面作它们的根基。哪怕它们会受亏损,但建筑师本身会得救。还有一些工程不会毁灭,因为它们是用一些持久的材料建成的,将永久存在。

在世界的末日,在敌基督的时代,会有这样前所未有的苦难。有多少工程将要在那烈火中接受考验!有些是金子造的,有些是草木造的,但却建造在最坚实的根基上,这根基就是基督耶稣。这烈火将要考验两种工程。它会给一些人带来欢乐,给另一些人带来亏损,但由于根基的坚实,他们不会遭到毁灭。但有些人只爱他的家人,我就不说他爱他的妻子仅仅是为了肉体快乐的缘故,无论谁把这些事情置于基督之前,按照人的时尚喜爱这些事情,而不以基督为他的根基,那么他就不会有这样的欢乐。因此,这样的人不会在烈火中得救。确实,他根本不会得救,因为他不能与救世主在一起,关于这件事,救世主曾经非常清楚地告诉我们,"爱父母过于爱我的,不配作我的门徒;爱儿女过于爱我的,不配作我的门徒。"[1]与此相反,爱他的家庭成员,但同时又不把他们置于基督之前的

① 《马太福音》10:37。

人，如果接受考验，他会选择基督先于他的家庭成员，这样的人会得救，"乃像从火里经过的一样"，这是因为他由于失去他们而承受的痛苦与他对他们的爱是成正比的。至于那些爱父母、儿女的人，按基督的说法，他可以帮助他们承受基督的国，使他们依靠基督，或者让基督爱他们，因为他们是基督的肢体。上帝禁止让这种爱像草木、禾秸一样焚毁，倒不如说，上帝要我们像珍视金、银、宝石一样对待这种爱！因为，只为基督的缘故而爱的人怎么会爱这些东西过于爱基督呢？

章27　反对有人相信只要有怜悯的善功，罪行就不会给人带来伤害

现在还剩下需要我们回答的是这样一些人，他们说只有那些忽视用怜悯的善功来弥补罪行的人才会在永火中焚烧。他们说，这是因为使徒雅各说过，"那不怜悯人的也要受无怜悯的审判。"①因此，他们说，怜悯人的在审判中也会得到怜悯，哪怕他没有矫正自己堕落的道德，在做怜悯的善功时仍旧生活在邪恶之中。他们说，这样的人要么根本不会被定罪，要么在定罪以后会经受一段时间的惩罚，然后获释。他们相信，由于这个原因，基督按照人们的爱和怜悯心把人们分为右手边的和左手边的。他们说，这是因为基督将要接纳前者进入他的王国，而让后者进入永刑。他们认为，这些人每日里犯下的罪行可以由于他们怜悯的善举而得到宽恕，无论他们的罪行有多大，属于什么样的性质。还有，作为这种信念的证据，他们努力使用我们的主要求我们进行的祈祷。② 他们说，由于基督徒每天都会祈祷，所以每日里犯下的罪，无论是什么种类的，都会得到宽恕，只要我们说，"饶恕我们的罪过吧，就像我们饶恕他人的罪过"。他们争论说，主没有说"你们饶恕人的罪过，你们的天父也必饶恕你们每日里犯下的小小的罪过"，而是说"你们的天父也必饶恕你们的罪过"。因此，无论这些罪行有多大，是什么性质的，哪怕他们天天犯罪，拒不改变他们的生活，也能通过他们表现出来的对他人的怜悯而得到宽恕。

---

① 《雅各书》2:13。

② 《马太福音》6:12 以下。

以这种方式进行争论的人,就其敦促人们要表现出与我们的罪相抵的怜悯善功而言,是正确的。但若他们认为每天犯下的罪行——甚至是滔天大罪,以及习惯性的恶的生活——都会由于行怜悯而得到神的宽恕,那么他们应当明白,这样说是荒唐可笑的。因为这样一来,他们就要被迫承认,一个非常富有的人可以通过每天付一点儿小钱而去凶杀、奸淫,以及犯各种罪行。这样说显然是完全荒谬的、丧失理智的。那么,当基督的先驱说"你们要结出果子来,与悔改的心相称"①的时候,他所说的相称的怜悯行为是什么呢? 如果我们提出这个问题,那么我们无疑会发现这样的怜悯不是由那些每天犯罪、生活邪恶、一直到死为止的人作出的。首先,这样的人从别人那里攫取的东西远远超过他们为别人提供的东西;然而他们认为可以捐出一小部分他们从穷人那里攫取的东西来供养基督。他们相信自己已经向基督购买,或逐日向他购买了作恶的许可,因此认为自己是安全的,从而更加轻易地去犯罪,而这些罪将要被定罪。然而,哪怕他们把自己的所有财产都拿去周济基督的穷人,藉此矫正罪行,但若他们没有依靠不会生发恶行的爱去抛弃他们的罪,那么他们这样做也不会给他们带来什么益处。② 因此,任何想要赎罪而实施怜悯的人必须从他自己开始。如果一个人不愿对自己做某事,那么他同样也不会为邻人做,因为我们听到上帝说,"要爱人如己";我们还听到,"怜悯你的灵魂,令上帝喜悦。"③那么,对他自己的灵魂不怜悯的人——亦即不令上帝喜悦的人——怎么能够为他的罪而行怜恤呢? 本着同样的精神,经上写道:"对自己邪恶的人怎么能对他人良善?"④怜悯的行为肯定有助于我们的祈祷,我们必须注意经上写道:"儿呀,你犯过罪吗? 可不要再犯了,为你已经犯过的罪祈求宽恕吧。"⑤所以我们必须实行怜悯,以便我们在为已经犯下的罪祈求宽恕时上帝能够倾听和宽恕我们。但我们不能相信,在坚

---

① 《马太福音》3:8。

② 参阅《哥林多前书》13:3。

③ 《利未记》19:18;《马太福音》22:39;《便西拉智训》30:24。

④ 《便西拉智训》14:5。

⑤ 《便西拉智训》21:1。

持犯罪的时候,我们可以凭怜悯的行为替自己获得作恶的许可。

　　这样,主预言他会记录那些在他右手边的人怜恤的功德,审判那些在他左手边的不怜恤的人,他这样做的目的是为了表明,这样的怜恤所起的作用不是使恶行长期不受惩罚,而是消除过去犯的罪。因为人若是拒绝放弃他们作恶的习惯,改变他们的生活方式,那么他们不能说是实行了怜悯。确实,当基督说"这些事你们既不做在我这弟兄中一个最小的身上,就是不做在我身上"①的时候,他告诉我们,哪怕他们以为自己正在做这样的事,但他们实际上仍旧没有做。如果他们把饼分给饥饿的基督徒,那么基督徒肯定不会否认这是公义之饼,亦即基督本身,但上帝没有考虑把这个礼物赠给谁,而是考虑馈赠的意义。因此,热爱基督的基督徒本着亲近基督的精神行怜悯,而不会本着弃绝基督的精神行怜悯,如果他能够这样做而不受惩罚的话。一个人越是喜爱基督感到悲哀的事情,他就越是抛弃了基督。如果不称义,受洗又有什么益处呢? 基督说:"人若不是从水和圣灵生的,就不能进上帝的国。"②但他不也说过"你们的义若不胜于文士和法利赛人的义,断不能进天国"吗?③ 害怕前一句话,赶快去受洗的人如此之多,但为什么害怕后一句话而赶快称义的人就那么少呢?

　　因此,正如一个人不会去骂兄弟是"傻瓜"而招致地狱之火一样,④他不会这样说他的兄弟,而会这样说他兄弟的罪,所以如果他不爱在他里面的基督,那么即使他周济了基督徒,他实际上也没有真正地周济基督徒。拒绝在基督里称义的人不爱基督。如果说一个人骂他的兄弟傻瓜是有罪的——也就是说他不公正地污辱他的兄弟,而不是希望消除他的罪——那么他的怜悯根本无力消除这种罪过,除非他还能按下面的话去调解。经上接着就说:"所以,你在祭坛上献礼物的时候,若想起弟兄向你怀怨,就把礼物留在坛前,先去向弟兄和好,然后来献礼物。"⑤只要罪过者仍旧

---

① 《马太福音》25:45。

② 《约翰福音》3:5。

③ 《马太福音》5:20。

④ 参阅《马太福音》5:22。

⑤ 《马太福音》5:23 以下。

坚持恶行,无论何种怜悯的行为,对于弥补恶行都是无济于事的。

如果我们不仅每天念耶稣本人教导我们要每天祈祷的,因此被我们称作主祷文的那些祷词,"饶恕我们的罪过吧",而且还照着后面的话去做,"就像我们饶恕他人的罪过",那么确实能消除我们每天犯下的罪。但我们念这句祷词不是为了取得犯罪的许可,而是为了我们已经犯下的罪行。用这些祷词,我们的救世主希望告诉我们,无论我们在今生这黑暗和软弱的生活中生活得有多么公义,我们都决不会无罪,我们必须为这些罪得到宽恕而祈祷,如果我们自己得到了宽恕,我们还必须为那些邪恶地反对我们的人祈祷。这样,当主说"你们饶恕人的罪过,你们的天父也必饶恕你们的罪过"的时候,他的意思并非要我们从这些话中得到一种自信,每天去犯罪,要么假设我们自己可以摆脱对人间法律的恐惧,要么以为自己可以狡猾地欺骗我们的同胞。倒不如说,他的意图是让我们从中明白,我们并不是无罪的,尽管我们应当避免犯罪。同理,上帝对旧约律法的祭司提出过相同的告诫,吩咐他们首先为自己的罪献祭,然后再为民众的罪献祭。①

但我们必须警醒,关注我们伟大的主的真义。因为他并没有说,"你们饶恕人的罪过,你们的天父也必饶恕你们的罪过,而无论是什么样的罪过"。他只是说"你们的罪过"。他在这个时候教导我们的是每天进行祈祷,与他谈话的门徒显然是已经称了义的。所以,他所说的"你们的罪过",除了表示"那些连称义和圣洁了的人也会犯下的罪过"以外,还能是什么意思? 由于主在这里没有说"小小的罪过",而只是说"你们的罪过",因此那些在祷词中为每天犯罪寻找借口的人断言,"你们的罪过"也包括大的罪过在内。然而,我们在这里考虑到与主说话的那些人的性质,当我们听到"你们的罪过"这些词时,我们必须明白他指的只是小小的罪过,因为这样的人不会犯大罪。

在任何情况下,这些必须通过彻底改变生活方式才能得到宽恕的大罪肯定不会由于念了主祷词就得到宽恕,除非他们也能照着去做,饶恕那

① 《利未记》16:6。

些冒犯了他们的人。由于最小的罪过，那些连公义地生活的人也不能避免的小小的罪过，也只能在这种条件下得到宽恕，所以我们完全可以更加确定地说，这些犯有大量可悲罪行的人，尽管他们已经停止犯罪，但若他们顽固地拒绝宽恕他人对他们的罪过，那么他们绝不会得到宽恕。主不是说过"你们不饶恕人的罪过，你们的天父也必不饶恕你们的罪过"吗？使徒雅各本着同样的精神也说，那不怜悯人的也要受无怜悯的审判。我们也必须提醒自己，那个主人宽恕了欠了一千万两银子的仆人，但那个仆人遇到欠他十两银子的同伴就马上要他还钱。① 所以使徒雅各下面的话可以用于那些应许之子和怜悯的器皿："怜悯原是向审判夸胜。"②连那些生活圣洁、被"接到永存的帐幕里去"的义人也要"借着那不义的钱财结交朋友"，③只能靠审判不虔敬之人的主的怜悯得拯救。主在计算给他们的奖赏时依据恩典，而不是按照工价。④ 使徒本人确实属于得恩典的人，因为他说："我蒙主的怜恤能作忠心的人。"⑤

　　然而必须承认，那些被接到永存的帐幕里去的义人接受的人并不拥有足够的道德品性，使他们可以没有圣徒的代祷也能得救。因此对他们来说，"怜悯原是向审判夸胜"尤其正确。然而我们不能按照这种解释假定每一个不去恶从善的人，都可以由于他们不义地帮助了圣徒，亦即用不义的钱财帮助圣徒，而被接到永存的帐幕里去。哪怕他们的钱财是诚实地得来的，但仍旧不是真正的富有，而只是把邪恶当作了富有。不义之人不知道什么是真正的财富，在这样的财富中，那些富有者也会接受别人进入永存的帐幕。

　　所以，有一种生活方式并不那么坏，按这种方式生活的人不能依靠仁慈的怜悯得到帮助，进入天国，而他们的怜悯行为可以满足圣徒的需要，也可以与那些能把他们引入永存的帐幕的人交朋友；但这样的生活方式

---

① 参阅《马太福音》18：23 以下。此处原文用的是希腊货币名，按和合本中译文改。
② 《雅各书》2：13；参阅《加拉太书》4：28；《罗马书》9：23。
③ 《路加福音》16：9。
④ 参阅《罗马书》4：4。
⑤ 《哥林多前书》7：25。

也不那么好,如果按这样的方式生活的人不能依靠他们赢得友谊的人的功德来取得怜悯,那么他们本身不足以获得巨大的幸福。(我经常惊讶地发现,维吉尔也有和我们的主一样的看法。主说:"要借着那不义的钱财结交朋友,使他们可以接你们到永存的赌幕里去";还有意思很相近的,"人因为先知的名接待先知,必得先知所得的赏赐;人因为义人的名接待义人,必得义人所得的赏赐。"① 而这位诗人在描述"厄琉息原野"时——异教徒认为灵魂幸福地居住在那里——他说在那里的不仅有那些凭自身功德抵达那里的灵魂,还有那些"给别人做好事,赢得别人怀念的人"。② 他指的是那些侍奉他人的人,藉此配得上别人的怀念。就好像他们用了谦卑的基督徒经常挂在嘴上的话,当他们把自己推荐给某些圣人时,他们常说"求你记念我",③试图让别人牢记。)

要发现这是一种什么样的生活方式是很困难的。还有,试图确定什么样的罪过会阻碍我们得到上帝之国也是很危险的,但通过圣洁的朋友的功德无论如何可以得到宽恕。这个问题我本人想了很久,但无法得出结论。它对我们来说可能是隐秘的,免得我们知道以后就不再去努力避免一切罪过。如果我们知道是哪些罪过,哪怕这些罪过仍在不断地犯,没有因为生活方式的改变而遭到拒斥,那么它们仍旧不会阻碍我们寻求和期盼义人的代祷,人的懒惰会轻率地陷入这些罪过,也就不会注意凭借各种美德方面的努力摆脱罪过的纠缠。倒不如说,它会只想要凭借他人的功德获救,用不义之财去赢得这些人的友谊。但若我们对这种可以得到宽恕的罪过的性质保持无知,哪怕这些罪过仍犯,那么我们在祈祷和努力进步的时候肯定会更加警醒。我们也不会停止努力用不义之财在圣徒中交友。

所以,凭我们在这里讲的拯救,无论是自己祈祷还是由圣徒代祷,人都不会被掷入永火。但要说被掷入永火还会在一段时间后得救,那不是

---

① 《马太福音》10:41。

② 维吉尔:《埃涅阿斯纪》,卷 6,行 664。

③ 参阅《路加福音》23:42。

真的。经上说，好土里结好果，有三十倍的，有六十倍的，有一百倍的，①
有人认为这些话应当理解为圣徒按不同的功德拯救别人，所以有些圣徒
能救三十人，有些能救六十人，有些能救一百人，尽管他们所相信的这种
事通常认为发生在审判日，而不是在审判以后。然而，有人明白，想要对
这种由凡人来应许的、把一切人都包括在内的拯救信念作出有效的回应
是十分愚蠢的。他说，我们倒不如努力过一种良善的生活，这样我们就可
以及时地成为能够为他人的得救代祷的人；否则这样的人就太少了，能代
祷的人很快就会救完他们能拯救的三十人、六十人，或一百人，乃至于大
量的人得不到拯救，对他们来说，由圣徒代祷而从罚中得救也就不再可能
了。在这些人中间当然可以看到那些鲁莽而又徒劳地许诺自己是他人辛
劳所结果实的人。

　　但愿我对这些人的答复已经够了，他们与我们共同拥有圣经，但由于
错误地理解经文，他们对未来的期盼超越了圣经的教导。我已经按照我
的诺言做了答复，现在可以结束本卷了。

---

① 《马太福音》13：8。

第二十二卷

【本卷提要】本卷处理上帝之城的结局,亦即圣民的永久幸福问题。作者在本卷中解释并确立肉身复活的信念,并在最后说明拥有不朽的灵性身体的圣民将会如何得到使用,以此结束全书。

章1 天使和凡人的被造

如我在上一卷所许诺的那样,本书最后一卷将包含讨论上帝之城的永久幸福的内容。这座城被称作"永久的",不是因为它的存在延续了许多世代,但最后会在某个时候终结,而是因为福音书说"他的国也没有穷尽"。① 这座城也不像一棵常青树,之所以常青是由于树叶不断茂盛地生长,取代那些枯萎的落叶,这座城不会仅仅用以新代旧的方式来表现她的持久性。倒不如说,这座城的所有公民都将不朽,因为凡人也将获得天使决不会丧失的不朽性。上帝会使人的不朽成为现实,上帝是这座城的万能的创建者。这是上帝应许过的,他不会撒谎。上帝已经做了许多他应许过的事情,也做了许多他没有应许的事情,以此表现他的诚信。

起初,上帝创造世界,并使世上充满了所有好事物,既有可见的,又有理智的。在这些事物中,没有什么能比那些由他赋予理智、能够沉思和理解上帝的灵更好的事物了。上帝使它们联合在一个团契中,我们称之为神圣的天城,在其中,上帝本身就是这些灵生活和幸福的依靠,就好像是它们共同的生命和食粮。但上帝赐予这些理智的本性以自由选择的能力,如果它们希望这样做的话,它们可以弃绝上帝;也就是说,作为其直接

---

① 《路加福音》13:8。

后果,它们会中断它们的幸福而得到苦难。上帝预见到某些天使会骄傲地希望能够自足,依靠自己取得幸福,因此会抛弃它们真正的善。然而,上帝并没有剥夺它们这样做的权利,因为上帝断定从恶中产生善比排斥恶的存在需要更大的力量和更大的善。如果不变的本性(尽管本性是善的,是由至高的上帝创造的,上帝创造了一切善的事物)没有因为犯罪而产生恶,那么确实就根本不会有任何恶了。这种罪本身就是一个证据,表明本性被造为善的,如果本性不是一个大善,尽管它不能等同于造物主,那么它像偏离光明一样偏离上帝就不会是一种恶了。盲目是眼睛的缺陷,但这个缺陷本身表明眼睛被造的目的是为了看见光明。这样,由于它自己的缺陷,眼睛得以表明它比身体的其他部分更优秀,因为它能看见光,此外没有别的理由可以说明缺少光是眼睛的一个缺陷。以同样的方式,一度拥有上帝的"本性"由于它被造得优秀这一缺陷而得到证明,因为本性现在之所以邪恶,完全是由于它现在不拥有上帝。

但是上帝要处罚堕落的天使,因为它们自甘堕落,永久的苦难是对它们最公正的处罚,而其他对它们最高的善保持着忠心的天使,上帝保证让它们与他一道待在这个永无终结的世界上,以此作为对它们的忠诚的奖赏。上帝也把人造成公义的,让他们有自由意志。人确实是属土的生灵,然而由于他依靠他的创造者而配得上天,但若他弃绝上帝,那么他也会被定罪,陷入与人的本性相应的苦难。上帝预见到人会由于弃绝上帝和违反上帝的律法而犯罪,然而上帝并不剥夺人的自由意志,因为他同时预见到他可以从人的恶中产生出善来。从这个可朽的、理应被公正定罪的族类中,上帝靠他的恩典聚集起一个伟大的民族,让他们去填充由于天使堕落而在那可爱的天城中留下的空位。因此,这座城不会在补足公民的时候受到欺骗,她甚至也许能够由于有了更多的人口而感到欢乐。

章2　上帝永远不变的意志

恶人做了许多违反上帝意志的事情。然而,上帝的智慧和力量如此伟大,他已经预见到一切与他的意志相悖的事情,使其结果或结局变成好的和正义的。由于这个原因,每当人们说上帝改变了意志的时候——举例来说,当他原先对某些人很温和而后来对之表示愤怒的时候——发生改变的是人,而不是上帝。这些人发现上帝改变了,但仅仅是在他们感受到上帝发生了改变的意义上说的,就好像眼睛受了伤就说太阳"变了",在一定意义上原先温和的太阳变得严酷了,曾经令人欢乐的太阳变成有害的了,尽管对太阳本身来说,它仍旧保持着原来的模样。说到上帝的"意志",我们指的是上帝在那些服从诫命的人心中产生的意志,对此使徒说:"你们立志行事,都是上帝在你们心里运行。"①同理,上帝的"公义"不仅仅是上帝本身藉以称义的东西,而且也是上帝在称义的人心中产生的公义。还有,我们所谓"上帝的律法"实际上是人的律法,是由上帝赐予的。耶稣说:"它写在你们的律法上"②;在另一处我们读到:"他的上帝的律法在他心里",③这些地方讲的肯定是人的律法。这样,按照上帝在人心中产生的这种意志,我们说上帝的意志并非上帝本身的意志,而是他使他的子民产生的意志,这就好比我们说上帝认识他使无知者认识的事情。使徒说:"现在你们既然认识上帝,更可说是被上帝所认识的",④当他这样说的时候,如果我们相信只是上帝前来认识这些在创世之前就已被上帝预知的人那就有点亵渎了。⑤ 说上帝"认识"他们,只是因为他知道自己应当被他们认识。但我想起我们在本书前面若干卷中讨论过这些语言问题。⑥ 因此,按照上帝意志的这种意思,我们可以说上帝的意志就是他使其他人立志,对立志者来说未来是不可知的,而上帝"想要"许多他还没有实施的事情发生。

　　例如,上帝的圣徒们拥有上帝所激励的圣治的意志,他们想要许多实际上还没有发生的事情出现。当他们为其他人进行虔诚圣洁的祈祷时,他们所祈求的事情还没有发生,尽管如此,上帝仍旧依靠他的圣灵使他们

---

①　《腓立比书》2:13。

②　《约翰福音》8:17。

③　《诗篇》37:31。

④　《加拉太书》4:9。

⑤　参阅《彼得一书》1:20。

⑥　参阅本书卷11,章8;卷14,章11;卷15,章25;卷16,章6。

立志祈祷。就这样，按照上帝的教导，圣徒们立志祈求上帝让某些人得救，我们可以按照这种讲话方式，说上帝想要这种事情发生，但这件事还没有发生。我们这样说的意思是，当上帝使某些人有这样的意愿时，我们就可以说上帝有这样的意愿。然而，按照上帝自己的永久意志，再加上他的预见，上帝肯定已经在他想要的大地中创造了万物，不仅包括过去和现在的事物，而且也包括将来的事物。但在这些上帝在一切时间之前已经预见到并想要它在某个时候出现的事物真的到来之前，我们说，"上帝要它到来的时候它就会到来。"这句话的意思不是说上帝会有一个前所未有的新的想法，而是说这些按时到来的事物已经在他永恒不变的意志中准备好了。

章3　把永恒的幸福应许给圣民，把永罚给恶人

因此，有许多事情已经过去了。比如我们现在看到上帝给亚伯拉罕的应许，"万国都必因你的后裔得福"，①在基督那里已经应验了。上帝通过先知对同样的后裔所作的应许也将应验，"死人要复活，尸首要兴起"，②还有"我造新天新地。从前的事不再被纪念，也不再追思。你们当因我造的永远欢喜快乐，因我造耶路撒冷为人所喜，造其中的居民为人所乐。我必因耶路撒冷欢喜，因我的百姓快乐。其中必不再听见哭泣的声音和哀号的声音。"③另一位先知把上帝对他作的预言告诉我们："你本国的民中，凡名录在册上的，必得拯救。睡在尘埃中的，必有多人复醒"——或者如有些译者所译的，"睡在土堆中的"——"其中有得永生的，有受羞辱永远被憎恶的。"④在另一处，同一位先知说："至高者的圣民，必要得国享受，直到永永远远。"⑤稍后，他说："他的国是永远的。"⑥

---

① 《创世记》22:18。
② 《以赛亚书》26:19。
③ 《以赛亚书》65:17以下。
④ 《但以理书》12:1以下。
⑤ 《但以理书》7:18。
⑥ 《但以理书》7:27。

与此主题相关的还有其他一些段落,我在第二十卷已经引用过一些,①但还有一些没有引用,但不管怎么说它们都写在经上。这些事情将要发生,就像那些不信者认为绝不会发生但已经发生了的事情一样。应许这两类事情的是同一位上帝,是他预言了这两种将要发生的事情。异教的神祇要在上帝面前颤抖,就像最著名的异教哲学家波斐利所证明的那样。②

章4 反对今世的哲人,他们认为人的属土的肉身不能上天

但有某些博学的哲人反对这种伟大的力量,它使很久以前预言过的事情得以实现、现在又使万国万民相信和期盼它的应许。当他们用西塞罗在他的《论共和国》第三卷中不得不说的话来提醒我们时,他们自己似乎尖锐地反对身体的复活。西塞罗断言赫丘利和罗莫洛是被造就为神祇的凡人,他说:"他们的身体没有被摄上天,因为自然不允许任何由大地产生的东西存在于大地之外。"③

所以,这就是这位哲人的伟大推理。但是"上帝知道人的意念是虚妄的。"④假定我们仅仅是灵魂——亦即没有任何身体的灵——住在天上,我们知道那里没有任何属地的生灵。再假定有人告诉我们,在某种神奇的力量的作用下,我们与属土的身体结合,从而使肉身有了生命,我们难道不会顽固地拒绝相信这一点,而争辩说自然不允许无形体的基质受有形体的事物的约束?然而这个世界上充满了使属土的事物拥有生命的灵魂,它们以一种神奇的方式与属土的事物结合在一起。所以,如果创造这种生灵的是同一位上帝,如果比任何身体,乃至于属天的身体,更加高贵的灵魂能够居住在属土的肉身中,那么属土的肉身为什么不能升天,成为属天的肉身呢?如果非常微小的属土的粒子能够在自身中包含比属天的身体更好的东西,以便能得到感觉和生命,那么天难道不是设计出来在

---

① 参阅本书卷20,章21。
② 参阅本书卷19,章23。
③ 西塞罗:《论共和国》,卷3,章28,节40。
④ 《诗篇》94:11。

它们有了感觉和生命时用来接纳它们的吗？或者说,在接纳它们以后,如果它们被剥夺了来自比任何属天的身体更加优秀的事物的感觉和生命,天就不能保持它们了吗？如果说这种事情现在没有发生,那是因为时候还没有到,当上帝要它发生的时候,它就会发生。创造这个世界的上帝——尽管这个世界是我们的公共场所,因为我们不断地看到它——已经完成了比我们的对手拒绝相信的变形更加神奇的事情。我们为什么不对无形体的灵魂感到惊讶呢？它比属天的身体更加伟大,它处在属地的身体中,而身体尽管是属地的,会被提升到天上,在那里居住,这个居所尽管是属天的,但无论如何是有形体的。这里的原因确实是因为我们本身是这种结合的产物,而我们还没有处在后一种状态下,也从来没有见过。然而,如果我们向清醒的理智请教,我们肯定会发现更加神奇的事情,两种神圣的作用交织在一起,它们是有形体的事物和无形体的事物,而不是属土的事物和属天的事物的结合,这两种事物尽管不同,但无论如何都是有形体的。

章5　哪怕全世界都相信肉身复活,但仍旧有人拒绝接受这一信念

你们瞧,这又是一件难以置信的事情,现在全世界都相信基督属土的身体已经被接到天上去了。有知识的和无知识的人都相信基督肉身的复活和他的升天,只有极少数人仍旧对此感到困惑。如果全世界都相信的事情是可信的,那么让那些不相信的人明白自己有多么愚蠢。另一方面,若全世界都相信的事情是不可信的,那么如此不可信的事情竟然被相信也就更不可信了。所以,这里有两件不可信的事情:一是我们的身体的复活,以至永恒;二是全世界相信这件不可信的事情。而上帝本身在这些事情还没有发生之前,就已经预言了这些不可信的事情。①

我们看到,这两件不可信的事情中有一件已经发生了,因为全世界已经相信了这件不可信的事情。那么我们为什么还要对剩下的那件事感到绝望呢？全世界现在相信了这件曾被认为不可信的事情,为什么全世界

_____

① 参阅《马太福音》26:13。

就不会在将来同样相信另一件将要发生，但现在仍被认为不可信的事情呢？尤其是，在这两件不可信的事情中，有一件我们看到已经应验了，而另一件在圣经中同样有预言，是全世界都已经相信的。

如果仔细考虑，我们确实会发现，全世界相信这件事的方式甚至更加难以置信。几名渔夫，一些没有受过文化教养的人，对他们的对手的学说一无所知，没有语法知识，没有辩证法的武装，也不懂修辞学，但就是这样一些人，基督把他们派到世上去用信仰之网在这个人世的海洋中捕捞。①以这种方式，基督捕捉到了各种各样的鱼，②甚至连某些哲学家也包括在内。这是更加神奇的，因为比较稀罕。所以，你们若是乐意的话，或者倒不如说，你们一定会乐意，在这两件不可信的事情之上，让我们再来添加第三件不可信的事情。

我们在这里有三件不可信的事，然而它们全都发生了。基督肉身的复活与升天，这是不可信的。全世界相信这件不可信的事情，这是不可信的。少数几位默默无闻的人，没有什么地位，也没受过什么教育，竟然能够有效地说服全世界，包括有学问的人在内，这也是不可信的。在与他们讨论的时候，我们的对手拒绝相信这三件事情中的第一件，但被迫注意第二件，而除非他们相信第三件事，他们找不到解释第二件的办法。基督肉身的复活以及升天现在肯定已经在全世界传扬，为人们所相信。如果这些事是不可信的，那么为什么全世界会相信这些事？如果有许多高贵博学的人说他们为这些事情作见证，如果他们到处传扬他们为之作见证的事情，那么全世界相信这些事就没有什么可奇怪的了，不相信这样的见证反倒确实有悖常理。但若整个世界相信几个既无地位又无学问、默默无闻的人，他们已经用语言和文字把他们见到的事情告诉了我们，那么为什么还有少数人仍旧极为顽固地不相信这些全世界都已经相信的事情呢？全世界之所以相信少数不重要、无教养、默默无闻的人，这完全是因为他们所宣扬的事情具有神圣的性质，而经过这些地位低下的人作见证，这些

---

① 参阅《马可福音》1∶17。

② 参阅《马太福音》13∶47 以下。

事情变得更加明显。他们宣扬的事情所具有的说服力是由神力构成的，而不是由语词组成的。没有见到基督肉身复活和升天的人相信这些人的证言，因为他们讲述了自己看到的事情，不仅仅是讲述，而且还有神奇的征兆。因此，这些只懂一种语言，或顶多只懂两种语言的人，突然神奇地能听懂所有国家的方言。生来是瘸腿的人在四十年后听了他们奉基督的名说的话，马上就能起来行走。从他们身上拿来的手巾放在病人身上可以治病。无数病人躺在门徒要经过的路边，他们的身影就能使病人康复。门徒们奉基督的名行了许多奇迹，他们最后确实使死人复活了。而那些没有见到基督复活的人见证了这些事。①

如果我们的对手承认这些他们读到过的事情确实发生过，那么你们瞧，除了三件不可信的事情以外，我们现在又有了更多的不可信的事情。我们指出这些不可信的事情有许多见证，指出这些所谓不可信的事情实际上是可信的，也就是说，基督肉身的复活与升天是可信的。然而，仍旧令我们感到惊讶的是那些不信的人竟然如此顽固。但若他们不相信这些奇迹是基督门徒的作为，这样做为的是使人们相信他们所传扬的基督的复活与升天，那么这里面包含着一个大奇迹，这就是在没有任何奇迹的时候，全世界都相信了，而这对我们来说已经足够了！

章 6　罗马人把罗莫洛造就为神，因为他们热爱他，而教会热爱基督，因为教会相信他是神

在此，让我们回想一下西塞罗对罗马人持有的罗莫洛是神的信念表现出来的惊讶。下面是他的原话："对于罗莫洛来说，有一点更令人惊异。其他传说由凡人成为神的人都生活在文明水平较低的时代，那时理智喜好杜撰，因为无知的人们容易轻信，然而正如我们知道的，罗莫洛却生活在近六百年之前，当时文字和各种科学已经普遍流行，一切与人的野蛮生活有关的谬误都已消失。"②稍后，讲的还是罗莫洛，西塞罗又说了一

---

① 参阅《使徒行传》泛见章 2,3:1 以下,19:10,5:15。
② 西塞罗：《论共和国》，卷 2，章 10，节 18。

番话,起的效果是一样的:"由此可以看出,荷马早于罗莫洛许多年,当时的人们已很有知识,时代本身也已文明,因而很难有杜撰的余地。要知道,只有古代接受那些杜撰故事,有时甚至是胡乱杜撰的故事,而罗莫洛时代业已文明化,特别是当时对所有不可能的事情已持嘲笑态度,否弃它们。"①

马库斯·图利乌斯·西塞罗是所有人中最博学、最雄辩的,他说关于罗莫洛的神性的信念是令人惊异的,因为它产生在一个各种知识已经建立、杜撰的故事已经不能被人们接受的时代。然而,除了还十分弱小、处于初始阶段的罗马城,还有谁相信罗莫洛的神性呢?后代会保存从祖先那里传下来的传统,城邦也会受这种迷信的影响,就像婴儿吮吸母乳一样。后来,这个城邦发展起来,成了一个巨大的帝国,运用她的权力和至高无上的地位,她把这种信念传播到被她占领的各个国家。这些国家宣称罗莫洛是神,但并不相信,它们这样做为的是不至于因为拒绝罗马人赋予这座城的创建者以神的称号而冒犯这座城,这一称号不是出于错误的爱,而是出于爱的错误。与此相反,尽管基督是这座属天的、永恒的城的创建者,但这座城相信他是神并不是由于他是这座城的创建者,而是因为相信基督是神是这座城的根基。罗马建造和奉献以后,在神庙里崇拜她的创建者,但这座耶路撒冷把基督当作她信念的根基完全是因为基督可以建造和奉献。罗马相信罗莫洛是神,因为她爱罗莫洛,而这座属天之城爱基督,因为她相信基督是神。就这样,罗马有了爱的对象,但她发现很容易相信这个可爱的对象是一种虚假的善。而属天之城有了她信仰的对象,所以她不会轻率地爱一种虚假的善,而会在正确的信念中爱真正的善。除了有许多伟大的奇迹在说服属天之城相信基督是神以外,还有许多先于基督的预言,这些预言是神圣的,值得我们相信。人们相信这些预言将会应验,就像我们的祖先相信它们一样,而这些预言的应验也已经证实了预言。但由于罗莫洛创建并统治罗马这一事实,我们听到或读到这件事仅仅是作为已经发生了的事,而非还没有发生以前的预言。至于他

① 西塞罗:《论共和国》,卷2,章10,节19。

被接纳为神,有关的资料仅将它作为一种信念记载,而没有将它视为一种
事实。因为没有神奇的征兆证明这样的事情确实在他身上发生。人们认
为他得到母狼的哺育是一个巨大的征兆,但这种征兆就足以表明他是神
吗? 即使肯定这头母狼是野兽,而不是妓女,①她哺育了两兄弟,但另一
个并没有被当作神。有谁被禁止说罗莫洛、赫丘利,或其他这样的人,是
神? 但他们宁愿死,也不肯这样说。如果不是畏惧罗马的名字而被迫这
样做,有哪个国家会把罗莫洛当作神来崇拜? 另一方面,有谁能数得清如
此众多的人,宁可忍受酷刑去死,也不愿否认基督是神? 甚至连担心在罗
马人的心中引起轻微的愤怒,也会强迫某些城市服从罗马法律而把罗莫
洛当作神来崇拜。但是对巨大的、长远的惩罚的恐惧——不只是恐惧冒
犯罗马人的心灵,而且是恐惧死亡,一切恐惧中最深刻的恐惧——不会约
束全世界众多的殉道士把基督当作神来崇拜,并且传扬基督。基督之城,
哪怕她在这尘世的旅居中已经获得了大量的公民,也决不会为了暂时的
幸福再次与那些不虔敬的迫害者作斗争。正好相反,为了她永久的幸福,
她会避免战斗。她的公民被捆绑、囚禁、鞭打、折磨、焚烧、撕碎、屠杀,然
而他们仍旧在成倍地增长! 除了为他们的救世主而轻视尘世的安全,他
们并不为他们自己的得救而战斗。

　　我知道西塞罗争论说,最好的城市不会发动战争,除非为了捍卫她的
信仰或安全。如果我没有弄错,他在《论共和国》的第 3 卷中说过这样的
话。他在另一处说明了他说的安全是什么意思,他希望我们如何理解安
全。他说:"个人常常可以因面临突然的死亡而躲过甚至连最愚蠢的人
都可能经受的惩罚:贫困、放逐、囚禁、鞭打;然而对于国家来说,死亡本身
便是惩罚,尽管在我们看来,它可以使单个的人免除惩罚,因为国家应该
建立得能够永远存在。因此,没有什么死亡对国家来说如同对人一样是
自然的,对人来说,死亡不仅是必然的,而且常常是求之不得的。国家被
摧毁、被消灭、不复存在,如果可以以大喻小,便如整个世界死亡、陨灭一

---

① 参阅本书卷 18,章 21。

样。"①西塞罗以这样的方式谈论,因为他像柏拉图主义者一样,相信这个
世界不会毁灭。② 因此很清楚,他希望城市为了保证安全而发动战争,以
确保能永久存在,哪怕她的个别公民死去,被新生的公民取代,就好像橄
榄树、月桂树,以及其他树木,长出茂密的树叶,通过树叶的更新来保持常
青一样。如他所说,死亡经常会使个人躲过可能经受的惩罚,但对国家来
说,死亡本身就是惩罚。因此可以公正地问,萨贡顿人(Saguntines)宁可
整座城市毁灭也要恪守对罗马共同体的信念,这样做是否正当。③ 世俗
国家的所有公民都赞扬这种做法。但我不明白他们如何能够遵循西塞罗
的建议:不应当发动战争,除非为了捍卫信仰或安全。因为西塞罗没有告
诉我们,当信仰和安全在同一时间处在同样的危险之中,因此只可能保存
一样而失去另一样的时候,我们应该要这两样东西中的哪一样。很清楚,
如果萨贡顿人选择了安全,那么他们必定违反信念;而若是保持信念,他
们必定会牺牲他们的安全,他们确实就是这样做的。

然而,上帝之城的安全是一种只有带着信仰并通过信仰才能拥有或
者获取的安全。失去信仰,无人能够获得安全。这种想法在最坚定、最坚
忍的心中呈现才造就了如此众多的殉道士;而当罗莫洛被信为神的时候,
他不曾拥有,也不能拥有这样的殉道士,他甚至连一个都没有。

章 7 这个世界信仰基督的原因在于神力,而不在于凡人的劝说

当我们在谈论基督的时候,提到罗莫洛虚假的神性是相当可笑的。
然而,罗莫洛要是活在西塞罗之前近六百年,活在一个如他所说的如此文
明、否弃一切不可能之事的时代,那么近六百年之后,在西塞罗的时代,甚
至到了肯定更加文明的奥古斯都和提庇留统治的时代,凡人的心灵肯定
还是不能接受基督肉身的复活和升天! 若无真理本身的神圣性,或者若
无神圣的真理伴以神奇的征兆,证明这种事情能够发生并且已经发生,那

---

① 西塞罗:《论共和国》,卷3,章23,节34。

② 参阅本书卷8,章6。

③ 参阅本书卷3,章20。

么人们会用他们的耳朵和心灵嘲笑和否弃它。所以，尽管有这么多次大迫害的恐怖，教会仍旧最坚定地相信肉身的复活与不朽，首先是基督，然后是生活在新时代的所有人；教会无所畏惧地宣扬它，为的是通过殉道士的鲜血播撒种子，在全世界获得更大的丰收。[①] 因为人们已经读了先知从前的宣谕，强大的征兆又对它作了确认，真理说服了人，尽管这种信仰与他们原有信念不同，但与理性并不相悖，所以到了最后，曾经愤怒地迫害过这种信仰的全世界现在已经追随这种信仰。

章8　奇迹在全世界接受这种信仰中起了作用，在全世界接受这种信仰后奇迹并没有停止

我们的对手问，你们宣扬的那些早先的奇迹为什么现在没有了？我会这样回答：奇迹在以前是必要的，为的是使世人接受这种信仰。任何人要是继续寻求奇迹来使自己相信，那么他本身就是一个伟大的奇迹，因为他甚至不相信全世界都相信的东西。我们的对手倒是言行一致的，因为他们希望从前也没有发生过这样的奇迹。那么为什么人们现在到处都在怀着巨大的信仰纪念基督的肉身升天呢？在一个文明的、任何不可能的事情都会遭到否弃的时代，这个世界怎么会相信如此神奇的不可信的事情，而无须任何奇迹的帮助呢？或者，我们的对手会说这些事情是可信的，所以人们相信它，那么在这种情况下，他们自己为什么还不相信呢？

所以，我们的论证可以简要陈述如下：要么是不可信的事情——它尽管是不可信的，但它发生了，而且有人看见了——引诱这个世界相信了一件没有人看见的、不可信的事情；要么是复活本身是可信的，不需要奇迹来说服人们相信它——在这种情况下，我们的对手就显得疑心病太重了。我的言行也是一致的，为的是驳斥他们最空洞的论证。然而，我们在任何情况下都不能否认有许多奇迹在起作用，在证明基督肉身复活和升天这一宏大的拯救奇迹。确实，包含所有真理的书卷中记载着所有这样的奇迹，它们既在起作用，又是起作用的信仰。它们为人所知，为的是产生信

---

① 参阅德尔图良：《申辩书》，章13，节50。

仰;通过它们产生的信仰的作用,它们变得更加清楚地为人们所知。民众读到它们,所以民众可以相信它们;但若他们不信,那么他们绝不会读到这些奇迹。还有,甚至到了现在,奇迹仍在产生,要么是奉基督之名,要么依靠基督的圣体,要么依靠他的圣徒的祈祷或遗物,然而这些都比不上以往那些广为传扬的荣耀的奇迹。由教会确定的圣经正典使以往的奇迹到处传扬,在所有民众心中留下了深刻的印象。然而,近期的一些奇迹,无论在哪里发生,很少被这座城的所有民众得知,或者在出现奇迹的整个地区广为人知。在多数情况下只有少数人知道,大多数人对此一无所知,尤其当奇迹出现在大城市里的时候更是如此。当事情传到另一处时,也没有充分的权威性来使人确信奇迹的真实性,能被人毫无困难或毫无疑心地接受,哪怕是由忠心的基督徒讲给其他信徒听。

我在米兰(Milan)的时候,那里发生了一件奇迹,一个瞎子恢复了光明,许多人知道这件事,这座城市很大,而当时皇帝也在那里。当时有大批人前来观看殉道士普洛塔西乌(Protasius)和革尔瓦西乌(Gervasius)的遗体——他们的遗体曾经佚失,无人知道在哪里,直到安布罗斯(Ambrose)主教在梦中得到启示——所有人都见证了这一奇迹。① 就在那个发现遗体的地方,笼罩那个瞎子多年的黑暗被驱除了,他恢复了光明。

然而,与此相反,除了少数迦太基人以外,又有谁知道行省副总督伊诺珊提乌(Innocentius)治病的事呢?而我当时在场,是这件事的目击者。当时我和我的兄弟阿利庇乌斯(Alypius)②渡海来到那里,他当时还不是教士,但已经是上帝的仆人,伊诺珊提乌接待了我们,让我们住在他家,他和他的家人都是非常虔诚的人。他患了瘘管病,他的直肠和身体各处都长了瘘管,医生在给他治疗。医生已经对某些瘘管动了手术,还在继续治疗。但病人在手术过程中异常疼痛,手术时间延长了,但还有一处溃疡使

---

① 参阅安布罗斯:《书信集》,第 22 封;奥古斯丁:《忏悔录》,卷 9,章 7;《布道文》,篇 286,篇 318。

② 阿利庇乌斯是奥古斯丁的同乡和亲密朋友。

医生感到为难。这处溃疡需要割开,但由于所处位置太隐蔽而使医生束手无策。其他的溃疡都已割除,只剩这一处,但他们的各种努力都显得白费了。病人由于长时间的手术而显得焦躁,非常害怕再动一次手术。这是另一位医生,他的一位家庭成员预测过的。这位医生没有得到允许观看第一次手术,所以不知道手术做到哪一步,伊诺珊提乌在愤怒中把他赶出家门,因此他也不可能说服伊诺珊提乌让他回来。但此时伊诺珊提乌突然发问:"你们还要再给我动一次手术吗? 我们最后还得听你们不允许他到场的那个人的话吗?"这些手术医生嘲笑这个人没技术,用漂亮的话语和许诺安抚病人的恐惧。几天以后,他们的手术没有奏效,但医生们仍旧坚持可以用其他方法治愈溃疡,而不需要再动手术。然后,他们请来了另一位德高望重的名医,年迈的阿莫尼乌（Ammonius）,当时他还活着。检查了患处后,他告诉病人那些医生们的努力很快就会奏效,还带着崇敬的口吻说他们的医术很高明。有了这位大权威的保证,病人开始与他家里的那个医生开玩笑,就好像自己的病已经痊愈了似的,这位医生曾预测病人还要再动一次手术。后来怎么样呢? 又过了一些日子,那些医生黔驴技穷,不得不承认还要动一次手术,否则就不可能痊愈。病人吓坏了。他恐惧过度而脸色苍白,最后到他能够定下神来说话时,他叫那些医生都滚,永远不要再回来。哭得精疲力竭以后,他想不起还有其他什么办法,于是派人去请来一位亚历山大里亚的神奇的外科医生,让他来替自己治病,因为他在愤怒中已经不要其他医生替他治疗了。但当这位神医来替他看了伤口、检查了其他医生的手术质量以后,他履行了一个好人应尽的义务。他劝告病人说,根据他的检查,手术动得相当成功,所以最好还是让原来的医生继续治疗,以至最后治愈。他还说,不做另一次手术,确实不能完全治愈,不能因为害怕剩余的手术而否定原来那些医生的医术和功劳,这从手术的伤口就可以看出来。于是,病人又派人去请原先那些医生,但他们要求在继续为病人动手术,割除那块被大家都认为无法治愈的溃疡时,那位亚历山大里亚的神医也要在场。事情推迟到第二天。而当医生们离去的时候,哭声在他家响起,就像丧礼一样,我们几乎无法克制对主人的同情。

　　一些义人每天都要来看望伊诺珊提乌，他们是：当时担任乌扎利（Uzali）主教的博闻强识的萨图尼努（Saturninus）、监事古洛苏（Gulosus），还有迦太基教会的执事们。执事中有奥勒留（Aurelius），他是他们中间唯一仍旧被世间事务牵扯的，现在是主教，我们应当用敬重的口吻提到他的名字。当我们在一起回忆上帝的神工时，我在讲这件事的时候总会提到他，因为他对这件事记忆犹新。那天傍晚，义人们像通常那样前来探望病人，伊诺珊提乌痛苦地流着眼泪恳求他们，说他们应该第二天再来垂顾，那时可能就是他的丧期，而不是他在受苦的时候了。他已经经历过的手术痛苦使他极度恐惧，确信自己会死在那些医生手里。他们安慰他，鼓励他要相信上帝，要像一个男子汉，把自己交付给上帝的意志。然后，我们开始祈祷。当我们像往常一样跪倒在地的时候，他也翻身下床，俯伏在地上祈祷，就好像有股力量迫使他这样做。有谁能用言语描述他祈祷的情景：他的情感、极度痛苦的表情，他泪如泉涌、全身颤抖、几乎无法说话！我不知道是否还有其他人在祈祷时注意到了这种景象，但我自己肯定已经无法祈祷了。我只是在心里一遍遍地说一些简单的话语："主啊，如果你不能听到他的祈祷，还有什么样的祈祷能让你听到呢？"在我看来，没有什么话可以再添加了，除非他在祈祷时气绝身亡。接受了主教的祝福，我们起身离去，伊诺珊提乌恳求他的朋友在次日清晨来看他。他们鼓励他，要他放宽心。可怕的一天到来了。上帝的仆人们已经在那里，这是他们答应了的。医生也来了，一切都已准备就绪，可怕的手术器械已经拿了出来，大家都在静悄悄地等着手术开始。那些对病人影响最大的人安慰了病人虚弱的心灵，然后病人的身体抬上桌面以便手术。绷带的结解开了，创口打开了。医生手执手术刀，仔细寻找着要割除的溃疡。用眼睛看，用手指摸，用各种办法试，他终于找到了要割除的硬痂！我无法用语言描述我的欢乐，也无法表达我对仁慈和万能的上帝的感恩，所有在场的人都热泪盈眶！这样的情景可以想象而不用我来描述！

　　迦太基城中还住着一位尊贵的公民，极为虔诚的伊诺珊提娅（Innocentia）。她患了乳腺癌，医生说已经无法治疗了。通常的办法是手术，从患处割去肿瘤。另外一个办法是遵循希波克拉底的建议，医生对患部根本不做任何处理。这样,病人的生命可以有限地延长,但死亡肯定会到来,不管生命可以延长多久。伊诺珊提娅从一位杰出的医生那里了解到这一切,这位医生是她家的好朋友。于是她转向上帝的帮助,也就是祈祷。复活节临近了,①她在梦中被告知,等候参加了洗礼以后出来的第一位妇女,请这个人在她患癌的部位画十字。她照样做了,她的病马上就好了。那个告诉她如果想活得长一些就不要求治的医生来替她检查,发现她已经完全恢复健康。医生急切地问她用了什么办法治愈癌症的,对此我们可以理解,这位医生想要找到一种疗法,以便推翻希波克拉底的主张。但当他听了事情真相后,他用一种审慎、礼貌而又怀疑的口吻说了一些话,这种讲话方式使伊诺珊提娅担心他会说出亵渎基督的话来。他说:"我以为你会告诉我什么大事!"当他看到伊诺珊提娅震惊的样子,他马上又说:"治疗癌症对基督来说又能算什么大事呢,他能让死了四天的死人复活!"

当我听说这件事以后,我感到非常愤怒,这样大的一件奇迹发生在这座城市里,发生在一个并不糊涂的人身上,但竟然被隐瞒起来。我想应当就这件事严厉地训斥她。她说自己并没有对这件事保守秘密,但当我问她,她的亲密朋友是否知道这件事的时候,她说他们不知道。我说:"你瞧,你说你没有保守秘密,但是连你最要好的朋友也不知道这件事!"我简短的提问使她把整个事情的经过告诉了我,那些听她讲述这件事的人也都惊讶万分,赞美上帝。

这座城里还住着一位医生,患有痛风。他已经要求接受洗礼,但在受洗的前一天,他在梦中看见一些卷发的黑孩子,叫他不要在那一年受洗,他认为这些黑孩子是精灵。他没有听这些精灵的话,于是它们就踩他的脚,让他感到从未有过的疼痛。但这只能使他更加坚定决心,克服精灵,不推迟在洗礼池中受洗。他受洗以后,不仅折磨他的疼痛全消,而且他的痛风也好了。尽管后来他又活了很长时间,但他的脚再也没有疼痛过。

---

① 当时教会举行洗礼的时间没有固定,复活节被认为是恰当的时间之一,参阅德尔图良:《论洗礼》,章19。

有谁知道这件事吗？我们知道,还有少数几位附近的兄弟也听说了这件事。

库鲁比(Curubis)①有一位喜剧演员在洗礼中不仅治好了他的震颤性麻痹,而且治好了严重的生殖器畸形,当他从洗礼池中出来时,他的两种病都治愈了,就好像身体从未患病一样。除了少数人在别处听说过这件事,库鲁比以外的人能知道这件事吗？但当我们听说这件事的时候,我们按照神圣的主教奥勒留的吩咐,派人去迦太基了解,尽管我们已经听说了这件事,而且这些人的诚心是我们不能怀疑的。

我们中间有个人名叫赫斯佩留斯(Hesperius),属于护民官等级。他有一处庄园叫祖倍狄(Zubedi),位于福萨拉(Fussala)地区。② 发现他的家人、牲畜、仆人全都受到恶鬼的蹂躏,他要求我们去一位监事,用祈祷来赶鬼。当时我不在,我们有一位监事去了那里。他献了基督的圣体,竭尽全力祈祷,恳求让痛苦停止。在上帝的恩典下,恶鬼的骚扰马上停止了。赫斯佩留斯从一位朋友那里得到了一些从耶路撒冷带回来的圣土,基督埋葬在那里,三天后又复活。他把圣土吊在床头,避免受到恶鬼的伤害。当他的房子已经驱除了恶鬼以后,赫斯佩留斯开始犹豫,不知该如何放置那块圣土,因为他崇敬圣土,不想再把它留在卧室里。当时我和昔尼塔(Synita)主教马克西米努(Maximinus)正好在附近地区,马克西米努当时是我的同伴。赫斯佩留斯请我们去他那里,我们就去了。他把事情经过都告诉了我们,然后请求我们把圣土埋在某个地方,使那埋圣土之处能够成为基督徒聚会祈祷、崇拜上帝的地方。我们没有表示反对,后来也就这样做了。附近有个年轻的乡下人是个瘫子。他听说这件事以后,恳求他的父母马上把他送往那个圣地。他在那里祈祷,他的瘫痪马上就好了,可以用他自己的脚走路了。

有个村庄名叫维克多里那(Victoriana),距离希波·瑞吉乌(Hippo Regius)不足三十哩。村里有个神龛,是献给米兰殉道士普洛塔西乌

---

① 邻近迦太基的一个小镇。
② 靠近希波(Hippo)。

（Protasius）和革尔瓦西乌（Gervasius）的。夏天的一个中午,有位青年在河边洗马,恶鬼附了他的身,被人抬往神龛。他躺在那里奄奄一息,濒临死亡。他家的女主人带着女仆和其他一些信徒来到这里,他们通常在晚上聚集唱诗和祈祷。他们唱起了赞美诗。在歌声中,那个青年像遭到电击一样跳了起来,拼命地抓住祭坛,好像被钉在那里一样。然后,他发出响亮的哭泣声,恳求得到宽恕,这是精灵在那里忏悔,诉说自己什么时候和怎样进入青年的身体。慢慢地,他说自己要离开身体了,但威胁说要毁坏青年身体的某些部分,然后一个部位一个部位地说。说完这些话以后,恶鬼离开了青年人的身体。但那青年有一只眼睛掉了出来,只有一丝血管连着,悬挂在面颊上,原先是黑色的瞳孔变成了白色的。在场的人看到这种景象（其他一些人闻声赶来,全都跪倒在地为他祈祷）,尽管为他恢复知觉感到高兴,但都非常关心他的眼睛,劝他去看医生。但是把他送到神龛来的他的姐夫说:"赶走恶鬼的上帝也能在他的圣民的祈求下让眼睛复原。"然后,他把掉出来的眼珠放回眼眶,用手巾固定在那里,嘱咐那个青年七天内不要解开手巾。七天以后,他的眼睛完全复原了。他受到伤害的其他部位也都复原了,但要一样一样地讲,那就太长了。

我知道,希波有位年轻妇女用一位监事为她祈祷时流下的眼泪和成的油膏膏她自己,很快就把附身的恶鬼赶走了。我还知道,有一位主教为一个他从未见过的青年祈祷,那个青年马上就摆脱了精灵的控制。

我们希波城里还有一位老人,名叫福罗伦提乌（Florentius）的老人。他是个虔诚的穷人,以裁缝手艺为生。有一次,他丢了一件斗篷,但没钱再买一件,于是他去了我们极为荣耀的二十殉道士的神龛,在那里大声地祈祷,希望能有衣服穿。有些年轻人正好在那里,听到他的祈祷就嘲笑他。他离去时,他们又跟着他继续笑话他,就好像他向殉道士要半两银子买斗篷似的。他默默地走着,突然看到一条大鱼跳上岸来,在那里挣扎。他壮着胆子,在那些年轻人的帮助之下,捉住那条鱼,把它卖给一位名叫卡托苏斯（Catosus）的厨师做咸鱼。厨师是一位好基督徒,老人把事情经过告诉他,厨师给了他三两银子作鱼钱,他用这些钱买了羊毛,让他的妻子为他编织一件斗篷。然而,厨师剖开那条鱼,在鱼肚子里发现了一只金戒指。在同情心和宗教敬畏感的推动下,厨师马上把金戒指给了老人,说:"你瞧,二十殉道士是如何使你有衣穿的!"

当主教普赖吉克图(Projectus)把最荣耀的殉道士司提反(Stephen)的遗体迎回提比里斯海边(the waters of Tibilis)来的时候,大批民众到圣地来迎候他。有个瞎眼的妇女恳求别人领她靠近捧着遗体的主教。主教把他手里拿的鲜花给了这位妇女。她捧着鲜花,鲜花靠近她的眼睛,结果她的眼睛马上复明了。在场者莫不感到惊讶,她欢乐地走在人们头里,不再需要有人引路。这位圣徒的遗体安放在昔尼塔城堡,邻近希波的殖民城镇。主教卢库鲁斯(Lucullus)带着大批民众前呼后拥地护送遗体。卢库鲁斯长期患瘘管病,他最亲密的私人医生一直在等候机会为他切除。但这次迎接神圣的遗体之后,他的病突然全好了,以后在他身体里也没有瘘管的痕迹。

尤卡利乌斯(Eucharius)是一位西班牙的监事,住在卡拉玛(Calama)。他长期患有结石病。然而靠着波西狄乌(Possidius)主教带给他的同一位殉道士的遗物,他的病痊愈了。这位监事后来由于生了其他的病而去世,人们都已经把他的尸体裹好了,等着安葬。但这位监事的斗篷被送往这位殉道士的神龛,然后又送回来,盖在他的尸体上。就这样,靠着殉道士的帮助,他又复活了。

有位等级很高的贵族名叫玛提阿利斯(Martial),多年来对基督宗教怀有恶意。但他的女儿是一名信徒,他的女婿也在同一年受洗。玛提阿利斯患病以后,他们流着热泪恳求他成为基督徒,但他坚决予以拒绝,并且大发雷霆,把他们赶走。他的女婿想,最好还是去圣司提反的神龛全力为玛提阿利斯祈祷,让上帝给他良好的心灵,使他不再拒绝相信基督。他这样做了,带着巨大的热忱,泪流满面,十分虔诚。在他离开的时候,他带了一些祭坛上的鲜花回家,乘夜晚放在睡熟了的玛提阿利斯枕边。你们瞧,第二天黎明时分,玛提阿利斯就大声叫嚷,让人去请主教,主教当时正好与我一道在希波。当玛提阿利斯知道主教不在家的时候,他就要监事们代替主教前往。监事们去了他家,面对又惊又喜的众人,玛提阿利斯说他信了,接受了洗礼。在他的整个余生中,他嘴上一直挂着这样的话:

"求主接收我的灵魂。"他不知道这些话就是最有福的司提反在被犹太人用石头砸死时说的最后的话。但这也是他的临终之言，因为不久以后他就去世了。

在同一处，这位殉道士还治好了另外两个人的痛风，一个是本地公民，另一个是外地人。那位公民完全康复，而那个外地人得到启示，告诉他痛风复发时该怎么办，当他这样做的时候，疼痛马上消失。

奥杜鲁斯（Audurus）是一个庄园的名字，那里建有一座教堂，教堂里有殉道士司提反的神龛。有个小男孩在前院玩耍，一头公牛拉着车偏离了道路，碾伤了小男孩。他躺在地上奄奄一息，他的母亲把他抱到神龛前，他不仅活了过来，而且毫发无损。

有一位虔诚的妇女住在邻近的卡斯帕里乌（Caspalium）庄园，患了重病。当她生命濒危之际，有人把她的衣服送往这座神龛，在他们来得及把衣服送回来之前，她已经死了。但无论如何，当她的父母给她的尸体穿上这些衣服时，她又有了呼吸，恢复了健康。

在希波有一位叙利亚人，名叫巴苏斯（Bassus），他在同一位殉道士的神龛前为他病危的女儿祈祷。他也带上了他女儿的衣服。你们瞧，后来他的仆人们从家里赶来报告他的女儿已经死了。由于当时他正在祈祷，所以他的朋友拦住他的仆人，不让他们讲这件事，免得他在公众场合哭泣。等他回到家里，那里已是一片悲哀的哭声。他把带回来的衣服给女儿盖上，他女儿又活了过来。

还有我们的税吏的一个儿子伊里奈乌（Irenaeus）也得病死去。他的尸体停放在那里，葬礼已经在准备。在一片哭泣声中，前来吊唁的一位朋友安慰死者的父亲，建议他用同一位殉道士的圣油膏死者的尸体。他们这样做了，结果死者复活了。还有，我们的护民官厄琉息努斯（Eleusinus）把他夭折的儿子送往邻近他的住处的殉道士的神龛，当他在那里泪流满面地祈祷时，他的儿子复活了。

我该怎么办呢？我必须按照我的诺言结束本书，所以我实在无法将我知道的所有奇迹都记载下来。我们的民众有许多人在读到这些事的时候，无疑会责备我省略了那么多他们和我确实知道的事情。然而在这一点上,我请求他们的原谅,要提到所有奇迹实在是太长、太累人了,而本书的宗旨并没有迫使我一定要这样做。哪怕我不提别处发生的奇迹,而仅仅是提到在卡拉玛和在我们希波城发生的借助这位殉道士治病的奇迹——也就是最荣耀的司提反——就需要好几卷的篇幅。所以我们的记载不包括所有奇迹,而仅仅是一些供民众传阅的奇迹,当我看到在我们自己的时代,神圣的力量频频显示出与古时候相同的征兆,我想做这样的记载,以免随着时间的流逝,这样的奇迹会从人们的记忆中淡忘。自从希波·瑞吉乌开始有圣司提反的神龛,至今还不到两年,据我所知,有许多在那里发生的奇迹没有记载下来,而当时就作了记录予以公布的奇迹总数达七十件。卡拉玛是最先建有圣司提反神龛的,那里记载奇迹比较经常,奇迹的数量更多。

乌扎利(Uzali)是邻近尤提卡(Utica)的一个殖民城邦,我们知道在那里也有许多与这位殉道士有关的奇迹,早在我们在希波建立他的神龛很久之前,主教埃伏第乌斯(Evodius)就已经在那里建立了圣司提反的神龛。但公布记载下来的成文的奇迹也不是那里的习惯做法,或者倒不如说,这样的做法刚刚开始。因为前不久我正好在那里,有一位尊贵的妇女佩特洛尼娅(Petronia)所患的重病奇迹般地治愈了,而在此之前各种医疗手段都未能奏效。出于我在上面提到过名字的这位主教的意愿,我鼓励她把事情经过写下来,供民众传阅,她这样做了。她叙述了事情的经过,尽管我急于转向本书的其他重要方面,但我实在无法略去这件事。

她说有位犹太人劝她在一根用头发编成的发圈上穿上一只戒指,贴身佩戴。与其他的戒指不一样,这只戒指上的宝石是在一头公牛的肾脏里发现的。戴着这只发圈,她去朝觐那位殉道士的神龛。离开迦太基以后,她在巴格拉达河(the river Bagrada)边的她的一所住宅里住了一个晚上。当她第二天继续上路的时候,她发现那只戒指躺在她的脚下。她感到十分惊讶,于是查看那个发圈,但发现戒指仍旧牢牢地拴在发圈上,她又怀疑是戒指受到磨损而跌落,然而她仔细看了戒指,却没有任何磨损。她据此推断这个奇迹可能预示着她的病要好了。所以,她解下发圈,连同戒指一道扔进河里。

　　不相信这件事的人不会相信主耶稣的母亲是童贞女，也不会相信主耶稣能穿门而过来到他的门徒中间。但请他们仔细考虑这个故事，如果他们发现这件事是真的，那就让他们也相信其他奇迹。这位妇人品质高尚，有高贵的出身和高贵的婚姻，居住在迦太基。如此高尚的人居住在如此高尚的城市中，她不会隐瞒事实真相。由于殉道士本人的干预，那位妇人恢复了健康，殉道士肯定相信圣子的母亲是童贞女，也相信耶稣穿过关着的门来到他的门徒中间。迄今为止我所说的最重要的意思就是，这位殉道士相信死而复活、肉身升天的耶稣。这样的大事现在通过这位殉道士的作用来完成，这完全是由于他为他的信仰献出了生命。

　　然而，即使是现在，上帝仍旧产生许多奇迹，我们读到过这些奇迹，上帝通过某些人按照他的意愿行奇迹。但这些人不像从前那些行奇迹的人那样出名，也不像从前那些奇迹一样由于人们的反复阅读而留下深刻印象，就好像用砾石铺路，不会从人们的心灵中消失。那些注意阅读关于奇迹的记载的人——我们在希波现在已经开始这样做了——有些只来听过一次，也有许多人没来。在这样的情况下，那些听到这些事情的人在心中能记得这些事顶多也就是几天的时间，也几乎没有任何缺席者能从别人那里听到转述。

　　但在我们中间有一个奇迹，虽然不比我们已经提到过的奇迹大，但非常清晰和荣耀，我认为在希波没有一个人没有看见或听见过这件事，也没有人会忘了它。有一个十口之家——七个兄弟加三个姐妹——来自卡帕多西亚（Cappadocia）的恺撒利亚（Caesarea）。他们并不是他们城邦的卑劣公民，但他们对他们的母亲做了错事。他们的父亲最近死了，而他们的母亲在巨大的痛苦中诅咒了他们。于是他们遭到了可悲的天谴，全身肢体不停地颤抖。处在这样可怕的疾病中，他们无法忍受同胞们的注视，因此各自流浪，去了罗马世界的不同地方。他们中有兄妹两人来到希波，名叫作鲍鲁斯（Paulus）和帕拉狄娅（Palladia）。他们的可悲境况已经在其他许多地方流传。他们到达的时候是复活节前十五天左右。他们频繁造访教会，尤其是最荣耀的司提反的神龛，在那里向上帝祈祷，恳求上帝怜悯，让他们恢复健康。在神龛前，还有他们所到之处，整座城的人都在看他们。有些人在别处已经见过他们，就利用各种机会讲述他们的苦难。复活节到了。星期日早晨，大批信徒已经聚集在教堂里，那个年轻人又颤抖着来到保存殉道士遗物的地方祈祷。当触及神龛的栏杆时，他突然跌倒在地，好像睡着了一般，但不像平时那样睡着了还会全身颤抖。在场的人莫不感到惊讶。有些人感到害怕，有些人心存怜悯。有些人想要搀扶他起来，有些人阻拦说，还是再等一等，看他会怎么样。然后，你们瞧，他站起来了。他不再全身发抖，因为他已经痊愈了。他健康地站在那里，反过来瞅着那些凝视他的人！

在这样的时刻，有谁能不赞扬上帝？整个教堂充满了感恩的声音。他们跑到我坐的地方来，等着忏悔。当这个年轻人和其他一些人过来的时候，我自己也正在欢乐地向上帝谢恩。他跪倒在我膝前，然后起身接受我的亲吻。我们去了会堂，里面挤满了人，欢乐的声音此起彼伏，"感谢上帝！""赞美上帝！"没有一个人是沉默不语的。我向大家问候，他们用更加热烈的喊声回应我。最后，人们终于安静下来，开始读圣经的某些段落。然后像通常那样由我来布道，但此时我只说了几句与当时的欢乐场景相适应的一些话。因为我希望他们不要听从我的话语，而要认识上帝的雄辩，如这个神迹所令人信服的那样。这个人与我们一道进餐，把整场灾难的细节都告诉我们，也讲到了他的兄弟姐妹和母亲。第二天布道之后，我答应就这一奇迹写一篇文章，使人们都能读到它。复活节星期天以后的第三天，文章写成了。我让这对兄妹站在讲坛上，就在我通常讲话的那个位置的下方，然后把我的文章念给大家听。

教堂里所有的男男女女都看到那位兄长站立着，没有任何不正常的地方，而他的妹妹则全身颤抖。那些没有看到上帝如何怜恤那位兄长的人从他妹妹身上看到了。他们明白自己必须为他谢恩，也必须为他的妹妹祈祷。我的文章念完以后，我请他们离开众人的视线，然后开始叙说这件事的一些细节。然而就在这个时候，你们瞧，当我开始讲话的时候，一片新的感恩的喧嚷声从殉道士的神龛那边传来。那些听我讲话的人开始朝那边走去。那位妹妹从她站着的讲坛下来以后就去了神圣的殉道士的神龛祈祷，当触及神龛的栏杆时，她也突然跌倒了，就像睡着了似的，等她再站起来的时候,她已经康复了。当我们询问发生了什么事,为什么会有那么多欢乐的声音时,已经康复了的她与其他人一起回到我们所在的会堂。男男女女的喧嚷声再起。人们把她领到原先她颤抖着站过的位置。那些原先为她感到悲伤的人现在开始为她感到欢乐。他们明白,哪怕他们还没有为她进行祈祷,但他们的心已经为上帝所知。他们竭尽全力赞美上帝,发出震耳欲聋的喊声。除了司提反为之流血牺牲的对基督的信仰之外,他们欢乐的心中还能有什么呢?

章9　奉基督之名通过殉道士所行的一切奇迹都证明了殉道士对基督的信仰

　　如果不是为了传扬基督肉身复活与入天的信仰,这些奇迹还能为什么作见证?因为殉道士本身是信仰的殉道士,也就是信仰的见证人,由于为信仰做见证,他们在这个世界上给自己带来了最大的敌意和残忍,不仅要靠抗拒,而且要靠死亡才能克服。他们为这种信仰而死,所以他们现在可以恳求主的恩惠,他们是奉主的名被杀的。为了这种信仰的缘故,他们表现得坚贞不屈,所以才会有大能显现在这些后来的奇迹中。如果肉身的复活和永生没有在基督那里完成,或者没有像基督所预言的那样在既定的时间中完成,或者像先知所预言的那样基督将要再来,那么为什么这些为信仰而被杀的人、这些传扬基督复活的人,能够作出这样的大事来?上帝有时候亲自行这样的奇迹,尽管上帝本身是永恒的,但以这样神奇的方式,他产生一些暂时的效果。在这样做的时候,他有时通过他的仆人行奇迹,有时通过殉道士的灵行事,正如他也通过那些仍旧处在肉身中的人行事一样,有时用天使的力量来做所有这些事情,对天使他拥有不变的、不可见的、无形的权柄,所以说通过殉道士做的事不是殉道士的行为,而是靠他们的祈祷和恳求产生的。这样,有些事情以一种方式完成,有些事情以另一种方式完成,凡人无法理解这一点。但无论如何,所有这样的奇迹为传扬肉身复活与永生的信仰作了见证。

章 10 那么多奇迹与殉道士有关,为的是真正的上帝可以得到崇拜,上帝比精灵更值得荣耀,精灵也行奇迹,为的是让人们把它们当作神

在这一点上,我们的对手会说他们自己的神祇也做了某些神奇的事。不管怎样说,他们现在开始把他们的神祇比作我们的死者了,这样很好。因为这样一来,他们也就承认他们把某些死者当作他们的神祇。比如,赫丘利和罗莫洛,以及其他许多被他纳入诸神行列的神,不是吗?但我们的殉道士不是神,因为我们知道只有一位神,他既是我们的神,也是殉道士的神。殉道士的神龛前产生的奇迹与我们的对手宣称的在他们的神庙里产生的奇迹也不尽相同。即使看起来它们之间有相似之处,但它们的诸神已经被我们的殉道士战胜了,就像法老的巫师被摩西战胜了。① 因为精灵行奇迹带有一种不洁的骄傲,想要成为诸神,但是殉道士行奇迹——或者倒不如说当他们与上帝同工和祈祷的时候,上帝行奇迹——为的是增强信念,我们相信殉道士不是我们的神,殉道士和我们拥有同一位神。简言之,我们的对手为他们的诸神盖神庙、立祭坛、设祭司、献供物,但我们荣耀我们的殉道士并没有为他们盖神庙,像对神一样,而只是为他们建立纪念性的神龛,就好像对死者一样,但殉道士的灵与上帝生活在一起。我们会祭祀殉道士,但我们不在殉道士的神龛前立祭坛,而是为殉道士的和我们自己的上帝立祭坛。在这样的祭祀中,他们的名字会按照他们所处的地位和等次被提到,他们是通过认信上帝而征服了这个世界的上帝的人,但没有专司供奉他们的祭司。因为祭司供奉的是上帝,而不是殉道士,哪怕祭司在他们的神龛前得到供奉,因为祭司是上帝的祭司,不是殉道士的祭司。供物本身确实是基督的身体,但它不是献给殉道士的,因为殉道士本身就是基督的身体。

那么比较容易被相信行奇迹的是谁呢?是那些希望自己被当作诸神的,还是那些行各种奇迹使人相信也是基督的上帝的?是那些希望在神圣的祭仪中表现它们罪恶的,还是那些甚至不希望把对自己的赞扬包括

---

① 泛见《出埃及记》8。

在这样的祭仪中,而是希望把对他们的一切赞扬都献给使他们受赞扬的
上帝的荣耀的? 他们的灵魂在主里面受赞扬。① 因此,让我们相信那些
既讲真理又行奇迹的。由于讲真理,他们受苦难,因此他们才能行奇迹。
他们为之做见证的首要真理是基督从死里复活,基督首先证明了自己的
肉身不朽,他应许我们也会有这样的肉身复活,要么在将要到来的世界之
初,要么在这个世界终结之时。

章11　反对柏拉图主义者,他们根据元素的重量争辩说属土的身体不能 在天上居住

"主知道人的意念是虚妄的",②这些意念虚妄的推论者诉诸于元素
的重量,反对上帝的重大恩赐。从他们的祖师爷柏拉图那里,他们学到世
上有两种最大的元素,地与天,相距最远,通过两种居间的元素,即气和
水,连在一起。③ 从最低的元素开始算起,第一种元素是地,第二种是高
于地的水,第三种是高于水的气,第四种是高于气的天。由于这个原因,
他们说,属地的身体不能生活在天上,因为每一元素都由它自己的重量来
平衡,各自保持自己的位置。瞧这种软弱虚妄的人的意念所作出的论证,
反对上帝的万能! 气是从地开始算起的第三种元素,那么气中为什么会
有那么多物体呢? 上帝赋予鸟类属地的身体,但通过羽翼它们可以生活
在气中。那么,我们是否要认为上帝不能赋予人不朽的、能在最高的天上
生活的身体? 还有,那些不能飞的属土的动物,包括人在内,肯定要生活
在地下,就好像鱼类——水中的动物——生活在水下。因此,为什么能生
活在第三种元素中的属地的动物不能生活在第二种元素——亦即水——
中间呢? 为什么它尽管属于地,若是被迫生活在高于地的元素中就会窒
息,而在第三种元素中却能生活,离开它就不能生活呢? 元素的等级在这
里有什么错误吗? 或者说,这并不是有缺陷的事物的天然等级,而只是我

---

① 参阅《诗篇》34:3,见希腊文圣经七十子本。
② 《诗篇》94:11。
③ 参阅柏拉图:《蒂迈欧篇》32A。

们的对手的论证？在此我要约束一下自己，不要重复我已经在本书第十三卷说过的话：许多沉重的属土的基质，比如铅，只要在匠人手中具备了某种形状，就能漂浮在水上。① 那么，我们还要否认人的身体可以从万能的工匠那里得到一种能使它在天空中生活和居住的属性吗？

如果柏拉图主义者想一想我在上面这个段落中说的话，他们就不能从他们坚信的这个元素的等级中推论出任何结论来。如果这个等级是：地第一、水第二、气第三、天第四，那么灵魂比它们都要高。因为亚里士多德说灵魂是第五种身体，柏拉图说灵魂根本就不是身体。② 如果灵魂是第五种身体，那么它肯定高于其他身体；如果灵魂根本不是身体，那么它更加高于其他的一切事物。因此，灵魂在属地的身体中干什么呢？假定它比其他事物更加稀薄，它在一团物体中干什么呢？比其他任何事物都要轻的东西与重量有什么关系呢？比其他任何事物都要更加快捷的东西与缓慢有什么关系呢？身体不会由于具有这样优越的性质而升天吗？属地的身体的天然基质能够把灵魂约束在地下，就不能逐渐地使属地的身体升高吗？

我们的对手引用他们的诸神兴起的奇迹来反对我们的殉道士，如果我们来看一下这些奇迹，那么从中也能看到完全有利于我们的地方。他们的诸神有许多伟大的奇迹，其中有一样是瓦罗提到过的处女维斯太，她受到诬告，有人说她不贞洁，于是她就用筛子从台伯河（Tiber）里舀水，然后滴水不漏地端到她的法官面前。筛子中的水的重量是由谁来承受的呢？阻挡水从筛眼中穿过的又是谁呢？我们的对手会说"是某位神"，或者说"是某个精灵"。那么，如果是神，它比创造这个世界的上帝还要伟大吗？如果是精灵，它比侍奉这位创造了这个世界的上帝的天使还要强大吗？因此，如果一位比较小的神、天使、精灵能够以这种方式负荷这种湿元素的重量，使得水好像改变了本性，那么创造了一切元素的万能的上

---

① 参阅本书卷 13，章 18。

② 参阅西塞罗：《图斯库兰争论集》，卷 1，章 27，节 65；亚里士多德：《论灵魂》，卷 2，章 2；奥古斯丁：《创世记诠释》，章 7，节 21。

帝难道不能消除属地的身体的重量，使身体能够按照圣灵的意志居住在任何元素中吗？

还有，由于柏拉图主义者把气摆在上面的火和下面的水之间，我们怎么会经常在水与水、水与地之间发现气呢？他们又如何看待位于充满水的云和海之间的气呢？还有，我要问，按照元素什么样的重量和等级，狂风暴雨在猛烈地落在气下面的地上之前，怎么能够悬挂在地上的云彩中？简言之，如果气的位置在天与水之间，就像水的位置在气和地之间一样，为什么不管朝这个世界的哪个方向走，气总是处在最高的天和最低的地之间？

因此，按照柏拉图的说法，元素的等级是以这样的方式排列的：两端是火和土，联结二者的是两种居间的元素，气和水，火的位置是诸天的最高部分，土的位置是这个世界的最低部分，就像这个世界的基础，因此土不能在天上。如果情况是这样的话，那么火本身又怎么能够在天上呢？因为按照这个推理，土和火这两种元素应当被限定在它们的专门位置上，分别位于最低处和最高处，因此最低的不能升到最高的位置，最高的也不能降到最低的位置。因此，正如柏拉图主义者所设想的那样，天上没有或永远不会有土的粒子，所以我们在地上也看不到火的粒子。然而事实上它是存在的，不仅在地上，而且在地下，所以才会有山顶冒烟的事。进一步说，我们明白火存在于地上对人有用，火甚至能从土中产生，因为木头和石头都可以取火，而木头和石头无疑都是属地的物体。但是我们的对手说，属天的火是安宁的、纯洁的、无害的、永恒的，而属地的火是动荡的、有烟的、可朽的和腐败的。然而，火在山脉和洞穴中连续地燃烧，但并没有使它们腐败。还有，即使属地的火以某种方式与它属地的处所不一致，但在这种情况下，为什么他们要拒绝让我们相信属地的物体会被造就为不朽的、适合天的，就好像火现在被造就为可朽的、适合地的呢？因此，柏拉图主义者从元素的重量和等级无法推论出万能的上帝不能把我们的身体造就为能在天上居住的。

章12　反对不信者用谎言谩骂基督徒的身体复活的信念

我们的对手经常详尽地考察我们关于身体复活的信念，然后通过问流产的婴儿能否复活这样的问题来嘲笑这种信念,或者由于主说过"你们连一根头发也必不损坏",①因此他们就问是否所有的身体大小和气力都一样,或者问它们是否可以在大小上有所不同。如果它们都是一样的,那么流产的婴儿复活的时候能拥有他们从未有过的那么大的身体吗? 或者说,如果流产的婴儿不会复活,因为他们还没有出生,所以是白费了,那么我们的对手就会把相同的问题转为幼儿,问他们如何能够获得成人的身体,因为我们看到他们夭折的时候也还没有成人的身体(因为我们不会说幼儿不会复活。因为他们既然能出生,也就能再生)。所以,我们的对手会进一步问,我们的身体以什么方式相同。因为若是每个人在复活时重新得到他现在的身体,如果所有人都和现在最高的、最魁梧的人一样高和一样重,那么,他们问,不仅是幼儿,而且是大部分人,怎么会得到他们原先没有的东西呢? 使徒说我们全都会"满有基督长成的身量",②他还说有些人"预先定下效法他儿子的模样"。③ 我们的对手说,如果我们明白这里的意思是指所有那些在基督王国里的人都具有和主相同的身材,那么许多人的身体的尺寸和高度一定会缩小。如果许多的人身体都要缩小,那么怎么会"连一根头发也必不损坏"呢?

还有,提到头发,也可以问是否所有剃头匠剪下的头发都要恢复。如果要恢复,有谁不会对这样的畸形感到惊骇呢? 指甲肯定也会发生同样的事,剪下来的指甲都复原到身体上,在这种情况下,身体还有什么美感可言? 处在不朽状态中的指甲肯定会比可朽状态下的指甲长? 但若这些东西都不会复原,那么它们必定死亡。所以,他们问,一根头发也必不损坏是在什么意义上说的? 在胖和瘦的问题上,他们也提出相同的论证。如果所有人都是一样的,那就无所谓胖瘦。但若是这样的话,那就会出现有些人增加体重,有些人减轻体重,所以就不会有原先存在的人的复原,因为有些人将得到他们原先没有的东西,有些人会失去他们原先拥有的

---

① 《路加福音》21:18。

② 《以弗所书》4:13。

③ 《罗马书》8:29。

东西。

　　下面要提到身体的腐烂和分解。有的化为尘土,有的化成气泡,有些人被野兽吃掉,有些人被烈火烧死,有些人死于海难,或者淹死在水里,所以他们的身体会在水中腐烂和分解。我们的对手受到这些事实的极大的困扰,因为他们不能相信这些散落的元素会再次聚集在一起,重新组合成血肉。还有,他们追问畸形和缺陷问题,无论是流产还是可怕的怪胎,问我们是否这样的事情仍将在复活中保留。如果我们说这样的事情不会出现在人的复活的身体中,他们就认为他们可以通过引述我们传扬的在主基督复活的身体上可以看见伤疤来驳斥我们的回答。① 但在他们提出来的所有疑惑中最困难的问题是:一个人如果在饥饿的驱使下吃了另一个人,那么在复活时血肉应当回归哪个人的身体呢? 因为被吃的人的血肉已经转变成了以人肉为食的那个人的血肉,以补充由于饥荒而失去的血肉。为了嘲笑我们肉身复活的信仰,他们接下去就会问:这些血肉到底应该恢复到第一个人身上,还是恢复到第二个人身上? 按照柏拉图的看法,他们认为人的灵魂处于真正的苦难和虚假的幸福的交替之中;或者按照波斐利的看法,他们许诺在经历了许多不同的肉身以后,灵魂会结束它的苦难,不会再回归肉身,然而,不是靠获得不朽的身体,而是靠逃避任何类型的身体。②

章 13　如果流产也算死亡,那么流产的胎儿是否也在复活之列

　　如果仁慈的上帝在帮助我所做的努力,那么我现在就要来回答我们的对手提出来的这些反对我们信仰的论证。

　　关于流产的胎儿——在母腹中是活的,但流产后就死了——我不敢大胆地肯定或否定它们会复活。然而,如果它们并没有被排除在死者之外,我看不出为什么它们就不能分享死者的复活。因为,既非所有的死者都会复活,有些人的灵魂会永远没有身体,尽管它们曾经有过人的身体,

---

① 参阅《约翰福音》20:25 以下。
② 柏拉图:《国家篇》619D;《斐德罗篇》249A;参阅本书卷 10,章 29;卷 12,章 27。

哪怕仅仅是在他们的母腹中拥有；或者说，如果所有人的灵魂都将再次得到他们从前活着的时候拥有、而在死亡的时候失去的身体，那么我不明白我怎么能说哪怕是那些死在母腹中的胎儿也会没有复活。但是无论谁都可以相信，如果流产的胎儿复活了，我们关于已经出生了的婴儿所必须说的话也都可以用在他们头上。

章14　夭折的婴儿在复活时能否拥有成年人的身体

所以，婴儿若是不会在他们夭折时的小小的身体中复活，而是通过上帝最神奇、最快捷的运作，获得要经过相当长时间才能长成的身体，那么我们又该怎么说呢？主说"你们连一根头发也必不损坏"，这里说我们将不会缺少我们曾经拥有的一切，但没有说我们将不能得到我们现在不拥有的一切。死去的儿童没有完善的身体，甚至连完善的儿童也缺少完善的身体，因为与成年人不一样，它们还没有最大限度地成长。然而，在一种特殊的意义上，这种完善的身体是所有受孕诞生了的人都具有的，这就是说，他们都潜在地拥有完善的身体，即使他们在现实中还没有达到完善。以同样的方式，身体的所有肢体在精子中都有潜在的萌芽，尽管有些肢体在婴儿出生以后仍旧缺乏，比如牙齿，以及诸如此类的器官。每一物体性的基质似乎都在它自身中包含着还不存在的事物的型相，或者倒不如叫作萌芽，随着时间的进程，这些事物会出现，或者说能够被人看见。因此，在这种意义上，我们说矮个子的儿童或高个子的儿童已经是矮的或高的了。所以，按照这一推理，我们不要害怕在身体复活时所有以往失去的东西都会恢复。即使所有人真的都会获得巨人的身体，免得那些今生身材最高大的人会因失去些什么而灭亡（因为这样会违反基督的保证，他说你们连一根头发也必不损坏），在这种情况下，从无创有的创造主这位神奇的工匠为什么就不能为那些他认为必需的地方添加点儿什么呢？

章15　是否所有死者的身体在复活时都会像基督的身体一样大小

当基督从死里复活时，他的身体大小无疑与他死的时候一样。我们也不允许说，所有人在复活的时候，为了与个子最高的人相等，基督的身体会变得与他在门徒面前显身时不一样。但若我们说那些身体比主高的人在复活的时候会削减到主那样的身材，那么有许多人的身体就要去掉许多基质，尽管主应许说你们连一根头发也必不损坏。因此，我们需要得出结论，每个人都会得到他原来的身体：如果他死的时候是个老年人，那么他会得到他年轻时的身体；如果他死得比较早，那么他会得到他原来的身体。至于使徒说过的"满有基督长成的身量"这句话的意思，我们可以理解为指其他事情，亦即指基督的岁数，当作为肢体的所有基督徒民众都联结到"元首"的时候，基督的岁数就长成了。换言之，如果使徒讲的确实是身体的复活，我们可以认为他指的是所有死者的身体在复活时既不会变得比基督年老，也不会变得比基督年轻，而会处在我们所知的基督曾经达到的年富力强的壮年。这个世上最博学的人曾经把生命的顶峰定在三十岁左右。达到这个顶峰以后，人就开始走下坡路，朝着老年迈进。因此使徒在这里指的不是身体的大小，或身材的高矮，而是指"基督的完全的成年期"。

章16　经上说圣民"效法他儿子的模样"是什么意思

　　还有，使徒所说的"预先定下效法他儿子的模样"可以按照"内在的人"（the inner man）的意思来理解。他在另一处也对我们说过，"不要效法这个世界，只要心意更新而变化。"①所以当我们已经变了形的时候，我们不再效法这个世界，而是效法上帝的儿子。使徒的话也可以这样理解，就像基督以凡俗之身效法我们一样，我们将以不朽之身效法基督，这样的话，它指的确实是肉身的复活。但若这些词也有把我们复活了的身体的形式告诉我们的意思，那么就像上面所说的"身量"一样，效法基督指的不是身材，而是年纪。

　　所以，所有复活的肉身都和它们原先的身材相同，或者会拥有生命成年期的身材。即使是儿童或老人的身体，那也不会有什么危害，只要心灵或身体不再软弱。这样，即使某些人争辩说所有人都会以与他死的时候

---

① 《罗马书》12∶2。

一样的身体复活,我们也不需要花太大的力气在这一点上与他争辩。

章17　女人的身体在复活时是否仍旧保持原来的性别

看到"直到我们长大成人,满有基督长成的身量"、"效法他儿子的模样"这些话,有不少人相信妇女复活时不再是女人,而是全都变成男人,因为上帝用土只造了男人,女人是从男人来的。但在我看来,更好的看法是复活时仍旧会有两种性别。到那时候不会再有欲望,欲望是引起变乱的原因。因为在他们犯罪之前,男人和女人是赤身裸体的,并不感到羞耻。① 然而,邪恶将从身体中消除,而本性将会保留。女人的性别不是恶,而是本性。复活后的人不会再有性交和生育,但仍旧有女性,她们不再起以往的作用,而会拥有一种新的美貌,它不会激起已经不存在的淫欲,而会推动我们赞美上帝的智慧和仁慈,上帝既创造了过去不存在的东西,也使他创造出来的东西摆脱腐败。

人类开始的时候,女人是用那个男人熟睡时取下的一根肋骨造成的;②这个行为甚至是基督和教会的一个恰当的预言。那个男人入睡就是基督之死,取下他的肋骨预言了他被钉死在十字架上,一个士兵拿枪扎他的肋旁,就有水和血流出来,我们知道这就是教会得以建立在其之上的圣体。③ 因为圣经用了这个非常特别的词。我们不读作"他建"或"他造",而是读作"他建立(aedificavit)一个女人"。④ 所以使徒也说"建立基督的身体",也就是教会。⑤ 因此,女人是上帝的造物,就好像男人是上帝的造物一样。女人是用男人的肋骨造的,由此两人要联合成为一体;如我们所说,这个女人被造的方式预示着基督和教会。所以设立了两种性别的上帝也会使两种性别复活。

还有,否认死者复活的撒都该人问耶稣本人,有弟兄七人,哥哥娶妻

① 参阅《创世记》2:25。
② 参阅《创世记》2:21 以下。
③ 《约翰福音》19:34。
④ 《创世记》2:22。
⑤ 《以弗所书》4:12。

后死去,按照律法的规定,由弟弟续娶,结果直到第七个都是如此,最后那妇人也死去了,问她复活以后要做谁的妻子。主回答说:"你们错了,因为不明白圣经,也不晓得上帝的大能。"在这个时候,主也可以这样说,"你们问的这个女人复活后是男人,而不是女人"。但他没有这样说,而是说:"当复活的时候,人也不娶也不嫁,乃像天上的使者一样。"①在不朽和幸福方面,他们会和天使一样,但不是在肉身上,也不是在复活上,因为天使不需要复活,天使不会死。因此,主否认在复活时有嫁娶,但没有否认有女人。还有,要是他真的预见到复活后没有女性的话,那么他在这种情况下本来确实可以更加轻易地否认这一点。然而他肯定复活后会有女性,因为他说"人不嫁"指的是女性,"也不娶"指的是男性。所以在复活的时候,在这个世界上仍旧会有可嫁和可娶的人,但他们不会这样做。

章18　成人是基督,教会是他的身体,是他的长成

接下去,如果我们想要理解使徒所说的我们都将"长大成人"的意思,我们必须考虑整段话的上下文。经上说:"那降下的,就是远升诸天之上要充满万有的。他所赐的,有使徒,有先知,有传福音的,有牧师和教师;为要成全圣徒,各尽其职,建立基督的身体,直等到我们众人在真道上同归于一,认识神的儿子,得以长大成人,满有基督长成的身量;使我们不再作小孩子,中了人的诡计和欺骗的法术,被一切异教之风摇动,飘来飘去,就随从各样的异端:惟用爱心说诚实话,凡事长进,连于元首基督;全身都靠他联络得合式,百节各按各职,照着各体的功用彼此相助,便叫身体渐渐增长,在爱中建立自己。"②

所以,你们瞧什么是"成人":头和身子在一起,各种肢体健全,各自在既定的时候得以长成。在教会建立的时候,新的肢体每日里添加到这个身体上来。经上讲教会"是基督的身体和他的肢体",还有,使徒说"你

---

① 《马太福音》22:29 以下。
② 《以弗所书》4:10 以下。

们就是基督的身子,并且各自作肢体",①还有"我们虽多,仍是一个饼,一个身体"。② 关于这个身体的建立,这里还提到"为要成全圣徒,各尽其职,建立基督的身体"。然后就是我们现在要考虑的这段话,"直等到我们众人在真道上同归于一,认识神的儿子,得以长大成人,满有基督长成的身量",等等。然后使徒告诉我们,这里讲的身量应当理解成什么样的身子,他说,使我们可以"凡事长进,连于元首基督;全身都靠他联络得合式,百节各按各职,照着各体的功用彼此相助。"所以,就像每一部分都有度量一样,整个身体也有一个身量,身体是由各部分组成的,这些部分显然是它成长的度量,对此它说"满有基督长成的身量"。使徒说的这种长成也出现在另一处关于基督的地方,"又将万有服在他的脚下,使他为教会作万有之首。"③

然而,假定关于"成人"的这段话确实是指我们每个人复活的样子,那么哪怕在这种情况下,又有什么能够阻碍我们把"男人(man)"这个词理解为在这里替代也可用于女人的"人"(person)? 因为在"敬畏上帝的人必要蒙福"④这句话里,敬畏上帝的女人肯定也包括在内。

章19　有损美貌的所有人的身体缺陷都将在复活中消除,但身体的天然基质会保存,基质的性质和数量会有变化,以便产生美

关于头发和指甲我现在该怎么回答呢? 一旦明白没有身体的任何部分会以引起身体畸形的方式毁灭,也就明白了身体任何基质的添加都不会过多而引起畸形,也不会有身体的任何部分被糟蹋。假定我们用粘土做一个瓦罐,然后再把它揉成泥团重新塑造,全部粘土都用上了,一点儿都没落下,做成一个新瓦罐。在此过程中不一定是原先做把手的粘土仍旧做把手,原先做罐底的粘土仍旧做罐底。因此,被剪去的头发和指甲如

---

① 《哥林多前书》12:27。
② 《哥林多前书》10:17。
③ 《以弗所书》1:22 以下。
④ 《诗篇》112:1。

果在复活时会产生畸形，那么它们不会被复原到原来的位置上去。然而，复活的时候没有任何东西受损害，身体基质的每个部分都会复原，但会以某种方式保持身体各部分的正常状态。

还有，主说"你们连一根头发也必不损坏"，这句话可以更加恰当地理解为指的是头发的数量，而不是长度。因此，他在别处说："就是你们的头发，也都被数过了。"①我这样说不是因为我认为任何天然地呈现在身体中的东西都会灭亡。倒不如说，我相信身体中出现的任何畸形（这样的畸形之所以出现没有别的原因，无非就是为了表示现存的可朽的人受惩罚的状态）都会以这样一种方式恢复，亦即当身体的基质得以保留的时候，畸形将会消除。一位工匠如果由于某种原因造了一座有缺陷的雕像，他可以重新塑造，把它造得漂亮一些，消除它的缺陷而不损失它的任何基质。如果最初的雕像在比例上有某些缺陷，或者有某个地方与其他部分不协调，他并不一定要把它割去，把它与整体分开。倒不如说，他可以把雕像全部熔化了重塑，而不会生产任何丑陋的雕像或者缩小雕像的大小。如果一个人能够这样做，那么万能的工匠难道不能吗？他难道不能消除或消灭人体的所有缺陷吗，无论是比较普遍的，还是较为稀罕、怪异的，这些缺陷虽然与可恶的今生相应，但与圣徒未来的幸福并不相称？难道上帝就不能以同样的方式，消除我们天然而又丑恶的排泄，但又不会削减身体的基质吗？

由于这个理由，胖子和瘦子都不用害怕他们在复活时的模样会与他们现在所希望的、若能具有的模样有什么不同。因为所有身体之美在于身体各部分的恰当排列，再加上某种令人愉悦的颜色。凡是身体各部分的排列有不恰当之处，要么是缺了某些部分，要么是太小或太大，那就很难看。但由于排列不恰当而产生的畸形不会在天上存在。在那里，所有缺陷都得到矫正。无论有什么不恰当之处都会从造物主所知道的根源上造得很好。无论有什么过分恰当之处都会被消除，但不会伤及身体基质的完整性。至于颜色的愉悦，"义人在他们父的国里要发出像太阳一样

---

① 《路加福音》12:7。

的光来"，①在这样的地方，我们得到的愉悦该有多么伟大啊！我们必须相信，基督的身体在复活时并不缺乏这样的光，但对门徒们的眼睛来说，这种光却是隐匿的。凡人虚弱的视力无法承受这种光，尽管凡人的眼睛可以看见基督，以便认识基督。由于相同的原因，基督把他的伤疤显示给门徒，让他们可以摸到它。他也吃喝，但不是因为他需要营养，而是因为他有这样做的权利。一个眼前的物体对那些注视着其他物体的人来说是不可见的——就好像在我们所说的光的例子中它虽然是在场的，但对那些看着别的事物的人来说，它是不可见的——这在希腊文中称作"aorasia"，这个词在《创世记》中被我们的译者译成"盲目"，因为他们找不到更好的词了。所多玛人受着这样的盲目之苦，他们寻找义人罗得的房门，但就是找不到。② 但若他们真的是瞎子，什么也看不见，那么他们就会请人领着他们走，而不会去寻找房门了。

我不知道为什么会这样，但我们对有福的殉道士的爱使我们想要在天国里看到他们为了基督之名而得到的伤疤，也许我们确实能够看到他们的伤疤。因为这不是一种畸形，而是一种荣耀的标记，他们的德性之美会在他们身体里发光，这种美在身体里，但却不是身体的美。那些被砍去肢体的殉道士在复活时不会缺少肢体，因为"你们连一根头发也必不损坏"这句话就是对他们说的。在将要到来的世界中，他们不朽的身体可能仍旧有某些可见的荣耀的伤疤。如果是这样的话，那么在他们受伤的地方会有伤疤，但他们被砍去的肢体不会丢失，而会复原。所以，在将来的世界中身体不会有缺陷，我们无论如何不能把这些美德的标记视为缺陷，或称作缺陷。

章20 我们身体的基质无论如何散落，在复活中都将全部重新结合在一起

至于被野兽吃掉、被火烧毁、化为尘土和水汽的身体，上帝禁止我们

---

① 《马太福音》13∶43。
② 参阅《创世记》19∶11。

假定无所不能的创造主不能使它们复活！上帝禁止我们设想某种在靠近自然的最秘密通道上能够避开我们的感官的事物也能躲避创造主的知识和排斥创造主的权能！像西塞罗这样伟大的罗马作家想要尽可能精确地定义上帝。他说："上帝是一个心灵，它是无限的和自由的，它远离一切物性的和可朽的事物，它察觉一切，推动一切，它本身拥有永恒的运动。"①他在最伟大的哲学家们的学说中找到了这个定义。那么我们要问，按他们自己的术语，又有什么事情能够躲避察觉一切和推动一切的上帝呢？

我们现在来回答那个似乎比其他所有问题更为困难的问题：一个人的肉身如果已经化为另一个活人的血肉，那么在死者复活时，死者的血肉应当回归到哪个人身上去？假定有人为饥饿所迫吃了人肉。这种可怕的事情有时候确实会发生，古时候的史书和我们现在的一些见闻都证实了这一点。② 按照真相或理性，有谁能够争辩说，被吃掉的整个身体能够穿过消化道，变成吃人者的血肉，而又不发生任何变化？事实上，吃人肉的人都很消瘦，无法清楚地表明他所缺乏的营养已经由这样的食物提供了。

但是我已经作出的评论足以清楚地解开这个死结。所有被吃掉的血肉都将像蒸汽一样喷发到空中，如我们所说，万能的上帝有力量把这些气召回。因此，被吃掉的人的血肉会复原到它最初成为人的血肉的那个人身上。被吃掉的血肉必须视为出借，就好像贷款一样，吃了人肉的人就好像借了钱，必须归还。然而吃人的人由于饥饿而失去的血肉也会由上帝来复原，因为上帝甚至能够召回化为气的血肉。哪怕肉身完全消灭了，它的基质也没有一点儿留存在自然的任何隐蔽场所，万能者仍旧可以按他的意志以这样的方式使肉身复原。"真理"说："你们连一根头发也必不损坏"，但我们若是按照这一说法去假定，尽管头发不会损坏，但大块的血肉会损坏，因为会被饥饿者吃掉，这样的假设是荒谬的。

---

① 　西塞罗：《图斯库兰争论集》，卷 1，章 27，节 66。
② 　按照圣杰罗姆的说法，在蛮族国王阿拉里克（Alaric）围攻罗马城（409 年）期间，吃人肉的事情确实发生过，奥古斯丁在这里想到的可能是这件事。

这样,在我们能够涉及的狭小范围内考虑和讨论了所有这些事情以后,我们达到了下列结论:在肉身复活乃至于永恒的时候,肉身会拥有它处在生命顶峰时的身材,或者拥有赋予它的范型所能达到的身材;肉身也能拥有从它的所有各个部分的恰当排列中产生的美。还有,假定由于保存了这种美的缘故,肉身的基质的任何部分如果集中在某一处,由于积存过多而产生畸形,那么它们都会重新分布到整个身体中去。以这样的方式,身体的任何部分或整个身体的恰当排列都不会失去,只有身体的总的体形会由于原先不可见地集中在某一处的基质的重新分布而增加。换言之,如果有人争辩说,每个人在复活的时候都会拥有与死的时候相同的身体,那就没有必要强烈地反对这个论证,只要没有畸形,没有虚弱,没有沉重,没有腐败。如果不是在身体和年纪方面,那么肯定是在幸福方面,对这个复活之子和应许之子①和上帝的天使一样的王国来说,不存在任何一种不恰当的地方。

章21　圣民的血肉之躯将会转变为新的灵性之体

因此,一切从活人的身体或死后的尸体中失去的东西都将复原。这些东西与存留在坟墓中的尸骸一齐复活,从旧的动物的身体转变为新的灵性的身体,为不朽所包裹。哪怕在某些可怕的事故中身体被碾为粉末,或者被敌人凶恶地摧残,完全散落在风中或水中,没有任何残留,但无所不能的创造者仍旧能够使之复原,或者倒不如说连一根头发也必不损坏。到那时,肉身是灵性的,服从于灵,但它仍旧是肉身,而不是灵。这就好像灵即使在服从于肉身的时候仍旧是灵而不是肉身一样。

后一种情况可以在我们当前畸形的肉身受处罚的状况中体会到。因为这些人属肉体不是按照肉身,而是按照灵来判断的,使徒对这些人说,"不能把你们当作属灵的,只得把你们当作属肉体的"。② 甚至当一个人在今生被称作属灵的时候,他无论如何仍旧保有肉身,感到肢体中另有个

---

① 参阅《路加福音》20:37;《加拉太书》4:28。

② 《哥林多前书》3:1。

律和他心中的律交战。① 但当同一肉身复活时，他即使处在肉身中也仍旧是属灵的，经上说："所种的是血气的身体，复活的是灵性的身体。"②但是我们现在没有任何经验使我们能够懂得这种属灵的身体的本性和这种恩典延伸的范围，我担心，如果现在就加以描述，那就太鲁莽了。

　　然而为了赞扬上帝，我们不能对我们所期盼的喜乐保持沉默，带着发自内心深处的神圣的爱的火焰，经上说："上帝啊，我喜爱你的居所的美丽。"③所以，在上帝的帮助下，从上帝在这个苦难重重的今生同等地赐给好人和坏人的幸福中，我们可以努力推论这种喜乐有多大，但对此我们肯定没有能力加以描述，因为我们还没有经历过。关于上帝把人造就为公义的那个时代我什么也不说了，关于最初的人和他的妻子在那硕果累累的乐园中的幸福生活我什么也不说了，因为那段时间如此短暂，他们的后裔对它没有任何体验。但哪怕是上帝在我们所熟知的今生赋予人类的恩惠，又有谁能够描述呢？我们正处在这种生活中，无论我们取得什么样的进步，只要身处其中我们就无法逃避诱惑，因为世上全都是诱惑。④

章22　由于最初的罪，人类现在要公正地遭受苦难与疾病，除了基督的恩典，无人可以摆脱苦难

　　此世今生，如果可以被称作是生的话，通过充满于其中的许多大恶，证明了第一个人的所有后裔都要遭谴。从可怕的、深深的无知中产生的所有谬误把亚当的子孙囚禁在黑暗之中，无人可以摆脱辛劳、痛苦和恐惧。除此之外，还有什么事情能够更加清楚地表明人类所受到的惩罚？人喜爱那么多空洞有害的事情：痛苦的忧虑、纷扰、悲伤、痛苦、疯狂的欢乐、分裂、争讼、战争、谋反、愤怒、仇恨、虚伪、奉承、欺骗、盗窃、抢劫、叛变、骄傲、野心、妒忌、谋杀、忤逆、残忍、凶狠、邪恶、奢侈、蛮横、鲁莽、淫

---

① 参阅《罗马书》7：23。

② 《哥林多前书》15：44。

③ 《诗篇》26：8。

④ 参阅《约伯记》7：1，见希腊文圣经七十子本。

荡、私通、奸淫、乱伦，以及两性间诸多难以启齿的、可耻的、不洁的、逆性的行为；盗窃圣物、异端、亵渎、伤害、压迫无辜者、造谣、阴谋、撒谎、伪证、不公正的审判、暴力、拦路抢劫，以及其他一下子我还没有想起来、但距离人们的生活并不遥远的邪恶，所有这些不也都证明了人类所要遭受的惩罚吗？没错，这些确实是恶人所犯的罪恶，但究其根源则是亚当的每一个子孙生来就有的谬误和邪恶的爱好。有谁不知道我们对真理的无知有多么深，甚至在婴儿时期就已经有所表现？有谁不知道人的空洞欲望如此之多，一个人来到世上，甚至在儿童时期就已经显露出来？如果让人随心所欲，他会陷入所有的罪恶，或者肯定会陷入许多我已经提到的和没有提到的罪恶。

但是上帝的统治没有完全弃绝应受惩罚的人，上帝也没有在愤怒中不再怜恤；①由于这个原因，他的戒条和训导令人类警醒，驱散我们生来就屈服于其中的黑暗。但是这样的戒条和训导本身就充满着辛劳和悲伤。为什么要有那么多各种各样的恐吓来约束人类的愚蠢，甚至对孩子就需要恐吓呢？为什么圣经说对可爱的孩子必须要有教师、师傅、棍棒、皮鞭、笞杖和各种纪律，"从小就要鞭打他，免得他难以驾驭"，②免得他变得野蛮倔强，几乎不可能或完全不可能驯服？如果不是为了克服无知、约束邪恶的欲望和与生俱来之恶，为什么必须要有这些痛苦呢？为什么记忆如此之难，遗忘如此容易？为什么学习如此之难，保持无知如此容易？为什么精神振奋如此之难，呆滞迟钝如此容易？所有这些不都清楚地表明，我们堕落的本性会轻而易举地、快速地倾向于恶，就好像凭它自身的重量就能做到似的。如果要使它得到救赎，还需要什么样的帮助呢？游手好闲、拖拖拉拉、懒惰、粗心大意都是阻挡辛劳的恶，因为辛劳尽管是有用的，但它本身就是一种惩罚。

但是，除了儿童时期就要受到的惩罚以外——没有这种惩罚，儿童就不能学会他们的长者希望他们做的事情，尽管他们很少希望学习任何有

---

① 参阅《诗篇》77：10。
② 《便西拉智训》30：12。

用的事情——有谁能够详细描述或者在任何思想过程中把握人类所受的惩罚的种类和严厉？这些惩罚不仅落在坏人头上，而且也是我们所有人不幸的共同状况。丧偶的悲哀、伤害与受审、欺骗与谎言、作伪证、他人的各种暴行，伴随着这些事情，人们会产生什么样的恐惧和困顿！我们经常被掳掠、受监禁、被流放、受拷打、变残废、受摧残，还要忍受其他各种可怕的罪恶，以满足压迫者的欲望。且不说威胁着我们身体的其他的恶了，酷暑严寒、洪水泛滥、雷电冰雹、地震地裂、房屋倒塌、放养家畜时受的伤、毒草、毒虫、毒气、毒水、野兽的撕咬；此外还有疯狗传染的狂犬病。哪怕是比较温顺的动物对待它的主人，甚至是其他像狮子和巨龙那样的猛兽，也不会像得了狂犬病的人那样，疯狂地对待他的父母妻儿，其残忍胜过任何野兽。航海者和陆上旅行者会遇到什么样的恶！有谁能保证走出家门而不遭受任何不可预测的不幸？四肢健全的人从市场回家，路上摔了一跤，把腿跌断了，这样的意外害了他一辈子！还有什么能比一个人坐在那里更安全呢？然而，祭司以利从他的座位上往后跌倒，摔死了！① 农夫——或者说所有人——会遭到多少意外？他们总是担心谷物歉收，土地受灾，动物的糟蹋。一般说来，庄稼收割入库总可以感到安全了吧，然而我们知道，突如其来的洪水会把人冲走，把库房里的粮食一股脑儿卷走。

有谁能以他自己的清白无辜作为盾牌，抵抗各种精灵鬼怪的侵袭？确实，谁都不要这样做，哪怕是受了洗的婴儿，他们确实是清白无辜的，但有的时候也要受到精灵的骚扰。上帝允许精灵这样做，以此警告我们要明白今生的灾难，期盼来世的幸福。

还有，伤害身体的疾病如此之多，所有医书加在一起都无法把它们全部包括在内。还有，在许多病例中——确实几乎是在所有情况下——治疗本身就是一种折磨，病人只有经过痛苦的治疗才能摆脱痛苦。不是有人在极度口渴时喝人尿，甚至喝自己的尿吗？不是有人在极度饥饿之下几乎无法克制想要吃人肉的欲望吗？——不仅吃死人肉，而且杀人当粮食，不仅吃陌生人的肉，而且还有做母亲的在求食的狂暴欲望驱使下吞食

---

① 参阅《撒母耳记上》4:18。

她们自己的儿女。最后,甚至连恰当地被称作休息的睡眠本身也经常受到异象和噩梦的骚扰。有谁能用语词描述邪恶的灵魂和感官如何受到恐怖的骚扰? 这种恐怖尽管是假的,但却是巨大的,它以这样一种方式展示,使我们无法将它与真实的东西区分。患有某些疾病或处在某些毒药的作用下,人在醒着的时候也受到虚假异象的骚扰。还有,哪怕身体健康,人有时候也会被邪恶的精灵欺骗,恶灵有着无穷多样的虚假的外貌。它们兴起这样的幻觉只是因为它们想要扰乱它们的牺牲品的感觉,尽管它们并不想诱惑这些人站到它们那边去。

这就是我们不幸的生活状态,就像大地上的地狱,除了通过基督,我们的救世主、我们的上帝和主的恩典,我们无法逃避这个地狱。耶稣的名字表明了这一点,因为它的意思就是救世主。他拯救我们脱离今生,进入一个更加可悲的、永久的状态,这种状态与其说是生,倒不如说是死。在今生,圣民和神圣的追求者为我们提供了巨大的安慰,但是人们始终在祈求的幸福并没有降临,因此,寻求这种宗教的目的不能仅仅是为了这样的幸福,也不能是为了得到另一种无恶存在的生活。但是恩典确实会帮助好人抗争今生之恶,使他们能够坚忍地承受恶,只要他们的信仰足够坚强。

这个世界上的哲人说,哲学在这个方面也是有益的,按照西塞罗的说法,诸神只把真正的哲学赐给极少数人。他说除了这一恩惠,诸神从来没有对人有过什么巨大的赏赐。① 这样一来,即使那些与我们争辩的人也以某种方式承认,在这种寻求中,上帝的恩典是必要的,这种恩典不是任何一种哲学,而是真正的哲学。如果真正的哲学是诸神赐给少数人用来对抗今生苦难的唯一帮助,那么很显然,大多数人已经被定罪,要接受痛苦的惩罚。但要是按照我们的对手所承认的那样,神没有赐予我们更大的恩典,所以我们必须相信能够赐予这种恩典的就是他们所说的比他们崇拜的所有神祇更加伟大的上帝。

---

①　参阅西塞罗:《学园派哲学》,卷1,章2,节7。

章 23　除了那些对好人和坏人都一样的苦难外,今生的苦难尤其会光顾勤劳的好人

在今生除了那些对好人和坏人都一样会光临的恶以外,义人还要承受他们特有的艰辛,因为他们努力抗拒自己的恶,抵挡各种诱惑与危险。这样的斗争有时候很剧烈,有时候较温和,但是"情欲和圣灵相争,圣灵和情欲相争"决不会停止,所以我们不能做我们愿意做的事,完全驱除邪恶的欲望。① 倒不如说,我们只能在上帝的帮助下,尽力表明我们不赞同邪恶以克制这样的欲望。让我们从不间断地保持警醒,免得貌似真理的东西误导我们,免得狡猾的语言欺骗我们,免得谬误把我们拉入黑暗,免得我们以善为恶或以恶为善,免得恐惧使我们止步,不去做应该做的事,或者被欲望欺骗去做我们不应该做的事,免得含怒到日落,②免得在仇恨的唆使下以恶报恶,③免得沉浸在低劣的、无节制的悲伤之中,免得不感恩的心灵使我们在怜恤他人时犹豫不决,免得邪恶的谣言磨损我们的良心,免得仓促的疑心欺骗我们,或者他人的虚假指控令我们沮丧,免得罪统治我们可朽的肉身,使我们"顺从身子的淫欲",免得我们把肢体"献给罪作不义的器具",④免得我们的眼睛顺从淫欲,免得复仇的欲望把我们征服,免得我们的眼光和心思停留在某些令我们愉悦的邪恶的事物上,免得我们在听到那些邪恶的、下流的谈话时感到快乐,免得我们去做那些快乐的但不符合律法的事情,免得我们在这场充满艰辛和危险的斗争中希望依靠自己的力量去取胜,或者在胜利时归功于我们自己的力量,而不是归功于上帝的恩典,对此,使徒说:"感谢上帝,使我们借着我们的主耶稣基督得胜。"⑤在另一处,他还说:"然而靠着爱我们的主,在这一切的事上已经得胜有余了。"⑥

---

① 《加拉太书》5:17。
② 参阅《以弗所书》4:26。
③ 参阅《罗马书》12:17。
④ 《罗马书》6:12 以下。
⑤ 《哥林多前书》15:57。
⑥ 《罗马书》8:37。

然而,我们要知道,无论多么努力驱除我们的罪恶,无论我们在克服罪恶上多么成功,但只要我们仍旧居于这个肉身中,我们对上帝说:"饶恕我们的过犯"①就绝不是没有理由的。在我们不朽的身体将要永久居住的那个王国中,不会再有冲突或过犯。确实,在任何时间或任何条件下,只要我们的本性像它被造时一样保持着公义,就绝不会有任何冲突或过犯。然而我们当前陷入的冲突属于今世的疾病,有着巨大的危险,我们期盼着能依靠最终的胜利获得拯救。今生今世所包含的许多大恶,表明这是一种要被定罪的生活。

章24 尽管今生要被定罪,造物主仍旧赐福,使今生充满幸福

人类当前不幸的处境是一种惩罚,对此我们只能赞扬上帝的公正,然而上帝的善也使他创造的世界充满各种各样好的事物,这就是我们现在要加以考虑的。

上帝在亚当犯罪之前赐给人类第一样幸福,他说:"要生养众多,遍满地面"。② 亚当犯罪之后,上帝也没有削减这种幸福。倒不如说,他赐予人类的这种幸福继续保存在这个要被定罪的种族中。罪的污点尽管必然给我们带来死亡,但上帝并没有因此而消除我们生儿育女的能力,甚至可以说使这种神奇的力量表现得更加神奇了,这种力量可以说已经植入人体了。在人类绵延的长河中,两种元素并行:一种是源于我们祖先的恶,另一种是我们从创造我们的上帝那里得来的善。最初的恶由两样事情组成:罪与罚;最初的善也由另外两样事情组成:繁殖与造形(conformatio)。③ 但就我们当前的目的来说,讲到两种恶也就够了:来源于我们自己的胆大妄为的罪和来自上帝的审判,亦即惩罚。接下去我们要谈到上帝赐予我们的幸福,这种赐福即使在我们处于邪恶的、被定罪的状态时仍在继续。因为即使在给我们定罪时,上帝也没有取回他以前赐予我们的

---

① 《马太福音》6:14。

② 《创世记》1:28。

③ 奥古斯丁在这里使用的"造形"一词的意思不仅是指种族繁衍的能力,而且指种族复制自身的能力。

所有东西。否则的话，人类就会停止存在了。① 上帝也没有从他的权柄范围内消除人，哪怕上帝惩罚人，使人屈从于魔鬼，因为连魔鬼都没有被上帝排除在他的权柄之外。甚至魔鬼的存在也仅仅是因为作为最高存在的上帝使它存在，任何事物得以存在的原因都在于上帝使它存在这一事实。

如我们已经说过的那样，这些好事物是从上帝的善的源泉中流淌出来的，就像一眼清泉，连受到罪的侵害、定了罪要受惩罚的人也能得到它的滋润。上帝完成了最初的创造之工，在第七日休息，在此期间他把第一件好事，即生育，赐予人类；而第二件好事，即造形，上帝直到现在还在做这件事。如果上帝从事物中消除他的权能所起的作用，那么这些事物确实就不能继续存在，并获得既定的发展，或者活到它们既定的年限，也就确实不能保持它们被造时的形态了。

因此，上帝造人的方式是使他有生育能力，使他可以生出其他人来，与此同时上帝又使其他人也都能够生育，尽管不是每个人都必然拥有这种能力。上帝按其意愿消除了某些人的生育力，使他们不育，但从整个人类来考虑，上帝没有取消他曾经赐给第一对夫妇的这种幸福，使人类丧失生育力。所以人类并没有因为犯罪而丧失生育力，但人已经不是无罪时的那个样子了。因为"人被安置在尊贵的地位，但由于堕落而如同畜类一样"，②人的后裔现在就像畜类一样。然而人身上还有某种理性的火花，因为他是按照上帝的形象被造的，这种火花是不会完全熄灭的。

但若生育之后没有造形，人类就不能继续展示他自己的独特相貌和生存方式。还有，即使人没有性活动，上帝无论如何也会希望这个世界上充满人类。上帝会创造所有人，就好像他创造第一个人一样，那样也就不需要有夫妻了；然而若无上帝的创造力，人的性活动也肯定不能生育后代。所以我们可以在这种肉体的生育之上加上使徒所说的属灵的造形，藉此人被塑造为虔诚的和公义的。使徒说："栽种的算不得什么，浇灌的

---

① 参阅奥古斯丁：《创世记诠释》，章4，节12。
② 《诗篇》49∶12；20。

算不得什么,只在那叫他生长的上帝。"①以同样的方式,我们可以说性交的算不得什么,播种的算不得什么,只在那造形的上帝;我们还可以说,受孕、怀胎、分娩、哺育婴儿的母亲算不得什么,只在那叫他生长的上帝。

由于上帝的作用一直持续到现在,所以种子才能展现自身,从隐秘的、不可见的变得拥有美的形式,可以为我们所见。上帝使无形体的东西与有形体的本性神奇地结合在一起,让前者统领,而让后者服从,由此造就活的生灵。这一伟大而又神奇的工作令思考它的心灵感到震撼,想要赞美造物主。这种情况不仅对人来说是真的,哪怕是对最小的飞蝇来说也是真的,人是理性的存在,因此比大地上的其他任何生灵都要优秀和高贵。

上帝已经把灵赋予人的灵魂。婴儿时期,理性和理智处在某种蛰伏的状态,就好像根本不存在似的。但过了若干年后,它们很快苏醒过来,开始起作用。就这样,个别的人有了认知和学习的能力,能够把握真理,热爱善良。这种能力使心灵能够在智慧之井中饮水,获取审慎、坚忍、节制、公义这些美德,以这些美德武装起来,人就可以抵御谬误和植根于他自身的其他罪恶,通过追求至高的、不变的善来克服这些罪恶。一个人要做这种事确实不会成功,但有谁能恰当地描述或想象万能者的这项工作?上帝把神奇的恩惠植入我们的理性本性,从而使我们拥有追求这样的善的能力。

我们不仅拥有这种良好生活的能力和通过那些被称作美德的技艺获得不朽的幸福的能力,这是上帝的恩典,是在基督中赐予得应许的子女和那个王国的子女的,除此之外,还有许多由人的创造力所发明和实施的重大技艺,这些技艺有些是生活必需的,有些是为了快乐。人的心灵和理性在发明这样的技艺时表现得极为卓越,尽管它们也可以是肤浅的,甚至是危险的和有害的,但这种卓越岂非证明了人的本性中有一种伟大的善,藉此人能够发现、学习和实施这些技艺吗? 人类辛勤地发明了织布和建筑,这方面的成就多么神奇,多么令人惊讶! 人类在农业和航海方面的进步

---

① 《哥林多前书》3:7。

有多么巨大！人类在陶瓷、绘画、雕塑等方面取得的成就令人眼花缭乱！剧场里的表演对观众来说有多么引人入胜！人类发明的捕捉、猎杀、驯服野兽的方法多么有创意！有多少种毒药、武器、装备被发明出来用于抗敌？我们用来维护健康的药物和治疗方法又有多少？有多少种调料被发明出来以增进我们的食欲，使吃饭成为一种享乐？人类的交际和沟通又有多少种方法，而以语言和写作为首？在演讲和大量的诗歌中心灵又能得到多么大的欢乐？在人类发明的乐器和曲调中，人的耳朵会得到多少快乐？人类在测量和数学方面有什么样的发现，甚至可以用来研究运动和星辰的秩序？人对世界万物的理解多么充分啊！尤其是当人们专注于某个方面，而不是试图成为全才的时候，有谁能描述人的各种知识？最后，有谁能充分把握哲学家和异端分子在为谬误和虚假的学说辩护时所表现出来的创造性？我们在此谈论的仅仅是人的心灵在可朽的今生所拥有的天然能力，而不是人藉以获得不朽生命的信仰和真理的道路。

　　由于神奇的本性的创造者只能是真正的、至高的上帝，由于上帝用绝对的权能和正义统治由他创造的一切，所以很清楚，如果不是因为第一个人所犯的大罪，那么作为他的后裔的其他所有人的本性决不会堕入当前不幸的状态，这种人的本性当前的苦难也不会成为永恒的（尽管有少数人将要得救）。

　　还有，我们伟大的造物主的旨意甚至在肉身上也表现得非常清楚！尽管人的肉身像野兽一样是可朽的，但在许多方面甚至比野兽还要软弱。人的感官和身体其他部分的现有排列，整个身体的形式、形状和身材被安排成现在这个样子，不正好表明肉身被造就为理性灵魂的仆从吗？我们看到人没有被造成缺乏理性的、脸朝地的动物。正好相反，人的身体是直立的，脸朝天，这是在告诫他要在意天上的事物。还有，人的舌头和双手十分灵活，使他能够说话、写字、掌握其他许多技艺。所有这些不都相当清楚地告诉我们，需要这种身体作为其附属品的灵魂是一种什么样的灵魂吗？还有，即使撇开各部分的必要功能不说，根据它们之间的和谐与排列中呈现的美和相关性，谁都能明白创造它们的决定性因素是有用性和美。

　　我们确实看到,为了有用而创造出来的身体的各个部分也会对身体的美作出贡献。这就使我们更加明白身体各部分都是相互联系的。如果赋予我们这个任务,仅仅通过观察人的外表,人的创造性也许确实能够发现这些联系。至于被隐藏在人的外表之下的内部,那些血管、神经、内脏、器官的复杂排列,那就没有人能够把握了。某些被称作解剖师的医生,既勤奋又鲁莽,曾经解剖死人的尸体,甚至解剖濒临死亡的病人的身体,以便研究人体。这样的方式缺乏对人性的尊重,但他们窥视人体的秘密,以了解疾病的性质和发病的位置,以及用什么样的手段可以治愈疾病。至于那些构成"全局"(希腊人称作和谐)的身体各部分之间的内部关系与外部关系,有谁能发现它们吗? 没有,确实没有人能有胆量去发现它们。然而,如果这些关系也是可知的,那么甚至连不美的身体的内脏也会使心灵兴奋。心灵使用双眼,心灵使我们喜爱理性之美,胜过喜爱仅仅令眼睛感到愉悦的可见之美。

　　还有,身体的某些东西与身体的联系仅仅在于美,而缺乏有用性。这方面的例子有男人胸脯上的乳腺和脸上的胡须。事实上,胡须的存在仅仅是男性的一种装饰品,而不是一种防护装置,这一点可以用女人脸上不长胡须这一事实来证明,女性是较弱的一种性别,若是胡须能起防护作用,那么女人长胡须才是对的。因此,如果情况是这样的话——无人怀疑这一点——我们可以明白,能看见的人的肢体不会为了美而牺牲有用性,但有些东西除了对身体之美有所贡献外没有实际的用处,所以我想,我们从中可以明白,身体在被造时,尊严先于需要。需要毕竟是一种过渡性的东西,将来当我们相互欣赏对方的美而没有任何淫欲时,欢乐尤其要重归对造物主的赞扬,如《诗篇》中所说的那样,造物主"披戴赞扬与美貌"。①

　　其次,有什么样的言谈能够恰当地描述其他被造物的美丽和有用? 这是赐予人看与消费的神圣的恩惠,哪怕人已经被定罪,陷入我们当前的辛苦与苦难的状态。想一想天空、大地、海洋繁复多样的美丽,想一想日月星辰之光和森林的影子的神奇性质,想一想花朵的芬芳,想一想鸟类的

---

① 《诗篇》104:1,见希腊文圣经七十子本。

多种多样,以及它们的歌声和鲜亮的羽毛,想一想生灵的多样性,哪怕在最小的生灵身上我们也能看到最大的奇迹——因为我们对小蚂蚁、小蜜蜂的灵巧所产生的惊讶绝不亚于对巨大的鲸鱼的惊讶。

　　我们还要想一想大海的波澜壮阔、五彩缤纷,就像穿着艳丽的服装,有时候是绿色,有不同的影子,有时候是紫色,有时候是蓝色。当狂风在大海里卷起波浪的时候,我们自己却从陆地上看到水手在远处拼命挣扎,这该是一件何等的乐事![1] 我们到处囤积粮食以防饥荒,但是食物的丰盛供应对我们有过什么限制吗? 或者说,面对我们过分讲究的胃口,除了厨师的技艺和辛苦以外,这个世界为我们提供了多少丰盛的食物? 我们也要想一想,为了保持身体健康,我们有各种资源可以利用,日夜的交替、温和的凉风、为我们提供保暖衣物的植物和动物。有谁能够把这些东西完全列举出来?

　　这些事情我讲得都非常简单。如果我逐一加以论述——对我提到的每件事展开详细的讨论——那需要花费多少时间! 所有这些事又仅仅是邪恶的、要定罪的人所能得到的安慰,而不是对有福者的奖赏! 如果所能得到的安慰就有这么多,这么大,那么所能得到的奖赏又该如何呢? 如果上帝对那些注定要死的人都赐予那么多安慰,那么他对那些注定要生的人又会如何赏赐呢? 上帝要他的独生子在今生经历这样的大恶,乃至于死亡,如果对那些今生苦难的人上帝也要赐福,那么在未来的幸福生活中,上帝会有多么大的赏赐? 因此,使徒用这样的话语讲到那些注定要进入那个王国的人:“上帝既不爱惜自己的儿子,为我们众人舍了,岂不也把万物和他一同白白地赐给我们吗?”[2]

　　当这个应许应验时,我们会在哪里? 我们会是什么样子? 我们将会在那个王国里得到什么样的好事情,因为我们已经得着基督之死作为这些好事情的定金? 当一切恶都已不存在的时候,人的灵该会处在什么样

---

[1]　参阅卢克莱修:《物性论》,卷2,行1以下,卢克莱修接下去说:“不是因为我们乐于看见别人遭受苦难,而是因为我们看到自己免于受难而感到庆幸。”

[2]　《罗马书》8:32。

的神奇状态,既不需要屈从任何对象,也不需要努力对抗任何东西,而会在纯净的安宁与美德中得到完善!它对万物的知识该有多么完整、多么丰富、多么确定,得来没有任何谬误,也无须任何辛劳,只需在上帝的智慧之泉中啜饮,有着最高的幸福,而无任何阻碍!当人的身体以各种方式服从于灵的时候,人的身体状况会有多么神奇,它将充满活力而无须其他营养!到那个时候,人的身体不再是动物的身体,而是属灵的身体,它确实拥有血肉的基质,但却不会有任何肉身的腐朽。

章25 尽管全世界都已经像预言所说的那样相信肉身复活,但仍有人顽固地加以否定

灵魂在来世将要享受完善的幸福,关于这件好事,高贵的哲学家们的看法与我们的看法并无什么不同。然而,他们反对肉身复活,竭尽所能加以反对。但是除了极少数孤立的人之外,这个世界上的大多数人相信了,无论是有学问的还是没学问的,是聪明人还是傻瓜。他们转向基督,而基督已经用他自己的复活证明了这一在不信者眼中视为荒谬的真理。世人已经相信了上帝预言过的要发生的这件事,上帝还预言过世界将要相信这件事。无论如何,这些预言的出现并不是因为上帝受到了彼得的法术的逼迫而发预言,以此推动信徒赞扬上帝,因为这些预言在很久以前就已经作出了。① 上帝当着颤抖的众神的面预言了这些事情(这是我前面已经说过的,在此重复一下我并不感到有什么难为情)。波斐利本人多次承认,并想要诉诸于他的诸神的神谕来证明它。② 确实,他甚至赞扬上帝到了称他为天父和君王的地步。然而上帝禁止我们以这些不信者的方式解释这些预言,他们与世上其他人不一样,不相信这件上帝预言全世界都会相信的事。追随其信仰已经得到预言的世界上的其他人,而不是追随极少数胡言乱语的不信者,这样做岂不是更好?

然而我们的对手可以说他们对这些预言的解释与我们不一样,这

① 参阅本书卷18,章53以下。
② 参阅本书卷19,章23;卷20,章24。

只是因为他们若从字面上理解这些预言，那么这些预言是胡言乱语，而要是这样做就会当众冒犯他们高度尊敬的上帝。但是，尽管上帝本身在这个世界上赞扬、应许、实现了这种信念，而他们却认为上帝所预言了的事情应当作别样理解，这岂不是对上帝更严重的冒犯吗？不管怎么说，为什么上帝就不能使肉身复活，使肉体永生呢？或者说，我们难道要相信上帝不愿这样做，因为这是一件坏事，不配由上帝来做吗？上帝无所不能，他使许多不可信的事情发生，关于这一点我们已经说过许多遍了。如果我们的对手想要知道万能者不能做什么，那么这就是给他们的回答，让我来告诉他们：他不能撒谎。因此让我们借助不相信他不能做的事情来相信他能做的事情。不相信上帝能撒谎，因此让他们相信上帝能做他应许了的事情，让他们像全世界一样相信这件事，这种信念是上帝预言了的，是上帝赞扬了的，是上帝应许了的，是上帝现在显示给我们看的。

还有，谁能证明复活是一件坏事？复活了的肉身没有腐败，腐败才是肉身之恶。我已经讨论过元素的秩序，关于人们的其他推测我也讲得够多了。至于不朽的肉身要停止运动，以及肉身的不朽状态，我们当前的肉身与之根本无法相比，哪怕是处于同等的健康状况，我相信，关于这些事情我在第十三卷中已经作了充分的说明。[①] 让那些还没有读过我在前面所作的评论的人，还有那些希望回忆一下已经读过的内容的人，再去看一看我在那里是怎么说的。

章 26　波斐利认为灵魂为了得到赐福必须与各种身体分离，柏拉图说至高神应许诸神决不会脱离它们的身体，他们的观点是对立的

但是，我们的对手说，波斐利告诉我们，得到赐福的灵魂必须避免与任何身体有接触。因此，如果说灵魂在逃避各种身体之前不能得到赐福，那么说将来的身体是不朽的是没有意义的。这种反对意见我在刚才提到的那卷书中已经作了充分讨论。然而，在此我要重复一件事：让他们的祖

---

① 参阅本书卷 13，章 18。

师爷柏拉图修订他的著作,他说他们的诸神为了得到赐福必须摆脱他们的身体,这也就是说它们必须去死。因为柏拉图说过,诸神有着属天的身体,但不管怎么说使诸神能够不朽的是上帝,这也就是说,是上帝应许诸神能够永远居住在同样的身体中,诸神之所以能够如此,不是根据本性,而是凭着对它们产生有力影响的上帝的旨意。柏拉图在同一处也推翻了某些人的论证,这些人说,我们不相信肉身复活,因为这是不可能的。确实,按照柏拉图的说法,当非被造的上帝把不朽应许给由他创造的诸神时,上帝相当清楚地说他能做不可能的事情。柏拉图对此是这样说的:"众神的后裔,你们要聆听。由我作为父亲和创造者的这些作品未经我的许可,是不会毁灭的。所有组合而成的事物都可以分解,但想要分解由理智联结在一起的结合物绝不是好事。由于你们都是被造的,因此你们确实不能不朽和不灭。然而,你们确实不会解体,也不会死亡,因为没有一种意志比我的意志更伟大,我的意志是你们永生的更加强大的保证,胜过你们诞生时得到的身体。"①除非又聋又傻,否则听了这些话,按照柏拉图的说法,没有人会怀疑上帝向他创造的诸神应许他将做不可能的事情。因为实际上,当上帝说:"尽管你们不能不朽,但凭着我的意志你们将成为不朽"的时候,这句话的意思除了"我要使你成为你不可能是的",还能是什么意思?

所以,按照柏拉图的意思,上帝应许了这件不可能的事,使肉身复活,使肉身不朽、永生和属灵。当这个世界已经相信了上帝的应许,当我们宣扬上帝会这样做,而柏拉图本人也宣称上帝能做到不可能的事的时候,为什么我们的对手仍旧要坚持上帝应许了的事情是不可能的呢?

所以,要想确保灵魂的幸福,所要做的事就不是逃避任何种类的身体,而是要获得一个不朽的身体。对那些复活者来说,还有什么能比得到不朽的身体更能使他们欢乐,而当他们的身体是可朽的时候,他们痛苦地呻吟?当他们处在这样的身体中时,他们不会感到有追随柏拉图的维吉

① 西塞罗译,柏拉图《蒂迈欧篇》41A 以下;参阅本书卷 13,章 16。

尔所讲的那种愿望，"愿意重新回到肉身里去"。① 我要说的是，当他们处在这种身体里面时，他们不会愿意回到可朽的肉身中去，这完全是因为他们到那时已经拥有了一个他们希望能回归的身体，他们拥有这样的身体，而且绝不会再次失去它，他们也决不会因为死亡而再有瞬息与身体分离。

章27　柏拉图和波斐利的观点显然是对立的，但若他们能够吸取对方的某些意见，那么他们都会走向真理

如果柏拉图和波斐利能够相互交流他们独立作出的某些论断，那么他们都可以变成很好的基督徒。柏拉图说，灵魂没有身体就不能永久存在。由于这个原因，他说哪怕是聪明人的灵魂也要回归肉身，无论在此之前要经过多长时间。但波斐利说涤罪后的灵魂回归天父以后，决不会再回归到这个世界的罪恶中来。这样，如果柏拉图把他看到的真理——哪怕是聪明人和义人的最纯洁的灵魂也必然回归肉身——输送给波斐利，而波斐利也把他看到的真理——圣洁的灵魂决不会再回归到可朽肉身的苦难中去——输送给柏拉图，那么他们就不再是只拥有部分真理，而是拥有全部真理了。② 我想，在这种情况下，他们会明白灵魂是要回归身体的，但灵魂将要得到的身体会使灵魂幸福、永久地生活在其中。按柏拉图的说法，哪怕是圣洁的灵魂也要回归人的身体，而按照波斐利的说法，圣洁的灵魂决不会回到这个世界的罪恶中去。所以，让波斐利对柏拉图说："灵魂将回归身体"；而让柏拉图对波斐利说："灵魂决不会回归它们先前的罪恶。"然后他们就会同意说，灵魂要回归身体，但它们在所回归的身体中不会再承受罪恶。这样的身体只能是上帝所应许的身体，上帝说有福的灵魂将永远生活在它们自己的身体中。一旦承认了圣民的灵魂也将回归不朽的身体，那么按照我的判断，柏拉图和波斐利在这一点上就与我们大大接近了，也就是说，承认灵魂将会回归它们自己的身体——今生今

---

① 维吉尔：《埃涅阿斯纪》，卷 6，行 751；参阅柏拉图《斐德罗篇》249A；《国家篇》619D；本书卷 14，章 5。

② 参阅本书卷 13，章 16；本卷，章 12。

世,灵魂在这些身体中承受着这个世界的罪恶,它们在这样的身体中虔诚地、忠心地崇拜上帝,以便从这些罪恶中得救。

章28 如果柏拉图、拉贝奥、瓦罗能够把他们的观点综合在一起,也能对肉身复活的真正信仰有所贡献

不少基督徒有点喜欢柏拉图,因为他的文笔优雅,也因为他的观点经常是正确的;他们说柏拉图关于死者复活的观点与我们的观点相似。然而,西塞罗在他的著作《论共和国》中提到这一点时,断言柏拉图是在开玩笑,说柏拉图并不希望人们把他说的话当作关于真理的陈述。① 西塞罗介绍了一个死而复活的人,这个人的体验进一步确证了柏拉图的论证。② 有,拉贝奥提到有两个人死后在某个十字路口相遇。然后,他们按照吩咐回归肉身,两人相约要成为好朋友,并且一直保持到他们再次死去为止。但是这些作者讲的肉身复活的人就像我们所知道的某些复活的人一样,他们确实复活了,但并非不会再死。然而,马库斯·瓦罗在他那本名叫《论罗马人的氏族》的书中记载的某些事情更加值得注意,我想最好还是引用他的原话。他说:"某些星相家写道,人会再生,希腊人称之为'palingenesia',按照他们的说法,这种事发生在 440 年以后。然后,从前在某个人身上的相同的灵魂和相同的身体会再次结合成同一个人。"

瓦罗在这里说的事情,或者说,这些没有提到名字的星相学家说的事情,当然是虚假的,因为当灵魂回归到它们曾经披戴过的身体后,就决不会再离开身体。然而他说的某些事情确实大大地瓦解或摧毁了那些复活不可能的愚蠢说法。因为那些有瓦罗所记载的这种看法或仍旧坚持这种看法的人,不会认为肉身复活是不可能的,哪怕肉身已经化为空气、尘埃、液体,或者被动物吃掉,甚至被人吃掉。

因此,柏拉图和波斐利——或者说那些仍旧活着的崇拜他们的人——与我们有相同的看法,哪怕是圣洁的灵魂也会回归肉身(如柏拉

---

① 西塞罗:《论共和国》,卷6,章3 以下。
② 柏拉图:《国家篇》614B 以下。

图所说），但它们不会回归任何罪恶（如波斐利所说）。从这些前提可以推出结论，灵魂会得到某种身体，生活在这种身体中的灵魂将永远幸福，不会有任何罪恶，这就是基督徒的信念所宣扬的。让他们现在也采用瓦罗的学说，灵魂会回归它先前所在的身体，这样一来，肉身永久复活的整个问题也就解决了。

章29　关于圣民在未来的世界中将面见上帝

在上帝给我们的帮助下，接下去让我们来考虑，当圣民们披戴不朽的、属灵的身体时，当他们的身体不再按属肉身的方式，而是按属灵的方式生活时，圣民们从事什么样的工作。然而说实话，我不知道这种工作的性质，或者说我不知道他是不是在休息和长眠。毕竟，我从来没有用我的眼睛看见过。如果我说自己用心灵看见过——也就是说用我的理智——那么我们人的理智有多么伟大，竟然能够理解如此卓越的境况？到那个时候，如使徒所说："上帝的和平将超越一切理智"；①这不就意味着上帝的和平将超越一切人的理智，也许还超越一切天使的理智吗？当然了，上帝的和平不会超越上帝的理智。因此，圣民们将生活在上帝的和平中，生活在超越一切理智的和平中。上帝的和平无疑将超越我们人的理智，但若上帝的和平也超越天使的理智——使徒所说的"一切理智"似乎并没有把天使的理智排除在外——那么我们必须明白，按照这个说法，我们人和天使都不能像上帝那样理解上帝所享有的和平。所以，这种"超越一切理智"的和平唯独不会超越上帝的理智。

但是按照我们的尺度，我们被造就为上帝的和平的分享者，所以我们知道如何在我们中间，如何在我们与上帝之间，就上帝在我们中间而言，使和平得以成全。所以，按照天使的尺度，天使也知道如何使和平得以成全；但是人在当前状态下对这一点的认识处在非常低下的水平上，而无论他们的精神能力有多么卓越。关于人有多么伟大，让我们记住经上是怎么说的，"我们现在所知道的有限，先知所讲的也有限，等那完全的来

---

① 《腓立比书》4：7，和合本译为"神所赐出人意外的平安"。

到。""我们如今仿佛对着镜子观看,模糊不清,到那时,就要面对面了。"①神圣的天使已经面对面观看上帝了。它们也可以被称作我们的天使,因为我们已经从黑暗的力量中被拯救出来,我们已经得着圣灵付的定金,已经进入基督的王国,所以我们已经开始属于神圣的、最快乐的上帝之城中的天使的团契,关于这座城我们已经写了好几卷书。因此,以这样的方式,上帝的天使也是我们的天使,就好比基督是上帝的,也是我们的。天使是上帝的,因为它们并没有弃绝上帝;天使是我们的,因为它们开始把我们当作它们的同胞公民。主耶稣还说过:"你们要小心,不可轻看这小子里的一个;我要告诉你们,他们的使者在天上,常见我天父的面。"②因此,像他们见天父的面一样,我们也将见天父的面;但我们还没有以这种方式见过天父的面,由于这个原因,使徒说了我们刚才引用过的那句话:"我们如今仿佛对着镜子观看,模糊不清,到那时,就要面对面了。"这种异象保存下来作为对我们信仰的奖赏;对此使徒约翰也说过:"主若显现,我们必要像他,因为必得见他的真体。"③我们把见上帝的"面"理解为上帝显现,而不是身体的某些部分,就像我们所拥有的身体的部分或被我们称作"面"的那个部分。

这样,如果有人问我在灵体中的圣民将会有什么活动,我不能说我现在看见了。我所能说的只是我相信的事情,这是诗篇中的教训:"我因信,所以如此说话。"④所以我说圣民们将见到上帝的面,但他们是否能以我们现在观看日月星辰以及大地上的一切事物的方式,用肉身的眼睛看见上帝,这不是一个小问题。一方面,很难说圣民们将拥有这样的身体,不能随意睁开或闭上眼睛;但另一方面,要说有些人到那时不能看见上帝,因为他闭上了他的眼睛,那就更加困难了。

先知以利沙的身体尽管不在场,却能看见他的仆人基哈西接受了叙

---

① 《哥林多前书》13 以下。
② 《马太福音》18:10。
③ 《约翰一书》3:2。
④ 《诗篇》116:10。

利亚人乃缦的礼物,先知治好了乃缦的大麻风,而仆人基哈西以为先知不知道他向乃缦索要礼物之事,因为先知不在场。① 以属灵的身体,圣民能更好地观看万物,不仅是在他们闭上眼睛的时候,而且是他们不在身体中的时候! 因为到那时就是使徒所说的成全的时候了,"我们现在所知道的有限,先知所讲的也有限,等那完全的来到,这有限的必归于无有了。"然后,为了尽可能充分说明未来的生活与现今的生活有什么不同,不仅普通人过着这样的生活,那些极为圣洁的人也过着这样的生活。他说:"我作孩子的时候,话语像孩子,心思像孩子,意念像孩子;既成了人,就把孩子的事丢弃了。我们如今仿佛对着镜子观看,模糊不清,到那时,就要面对面了。我如今所知道的有限,到那时就全知道,如同主知道我一样。"②

　　然而,尽管今生与来世相比就像孩子与成人,有着神力的先知以利沙虽然不和他的仆人在一起,但仍旧能看见他的仆人接受了礼物。所以我们要说,"等那完全的来到"的时候,可朽的身体不再"使灵魂坠落",③而会是不朽的,不会使灵魂往下坠,圣民们将需要肉眼看东西,尽管以利沙并不需要肉眼来看那个不在他身边的仆人。按照希腊文圣经七十子本的译法,先知对基哈西说:"那人下车转回迎你的时候,我的心岂没有去呢?"④此外还有其他一些话。或者按照长老杰罗姆的译法,"那人下车转回迎你的时候,我的心难道不在场吗?"所以如他本人所说,先知用他的心看见了所发生的事情,他能做到这一点无疑有神力相助。到那时,当上帝在万物之中的时候,他的恩赐必定要丰盛得多!⑤ 然而,肉眼仍有它们的作用和地位,会被灵通过属灵的身体加以使用。先知不需要肉眼看他不在身边的仆人,但他仍旧要使用肉眼来看身边的东西,尽管他闭上眼睛也能用他的灵看见身边的事物,就好像他看那些不在身边的东西一样。因此,上帝禁止我们说圣民们闭上眼睛就看不见上帝,因为他们在圣灵中

---

① 《列王纪下》5:20 以下。
② 《哥林多前书》13:9以下。
③ 《所罗门智训》9:10。
④ 《列王纪下》5:26。
⑤ 参阅《哥林多前书》15:28。

始终看见上帝。

　　然而,问题是他们是否也用身体睁开的眼睛看东西。因为他们属灵的身体的眼睛,尽管是属灵的,但并不能比我们现在拥有的眼睛看到更多的东西,所以用这样的眼睛无疑并不能看见上帝。所以,如果它们能够看见没有任何处所、但又无所不在的无形体的性质,它们必定具有一种非同寻常的力量。尽管我们说上帝在天上和在地下——如上帝通过他的先知说"我充满天地"①——但这样说并不意味着上帝的一部分在天上,一部分在地下。倒不如说,他完全在天上,或完全在地下,并非在不同时候,而是同时,而这种情况对任何有形体的事物来说都不可能是真的。所以在未来的世界中,我们的眼睛的力量会极大地超过它们现有的力量。这不仅仅是说它们将拥有像蛇或鹰一样敏锐的视力,因为这些生灵的视力无论多么敏锐,都只能察觉有形体的事物,而不能察觉其他事物。倒不如说,我们的眼睛到了那个时候就能够看到无形体的事物。义人约伯对上帝说:"我从前风闻有你,现在亲眼看见你。因此我厌恶自己,在尘土和炉灰中懊悔。"②甚至在这个时候,在他仍旧处于可朽的身体中的时候,他也许就已经被赐予这样伟大的看的能力,尽管我们也可以没有任何障碍地把这句话中的眼睛理解为心之眼,也就是使徒所说的"照明你们心中的眼睛。"③

　　但是没有基督徒怀疑用心中的眼睛可以看见上帝,因为他会忠诚地接受我们的上帝和主的教诲,"清心的人有福了,因为他们必得见上帝。"④然而问题是,身体的眼睛在未来的世界里也要看见上帝吗?因为经上说:"凡有血气的,都要见上帝的救恩!"⑤这句话可以毫无困难地理解为"每个人都将见到上帝的基督",基督的身体肯定是可见的,当他再来审判活人与死人的时候,他的身体也是可见的。圣经有许多段落证明

---

①　《耶利米书》23:24。

②　《约伯记》42:5以下。

③　《以弗所书》1:18。

④　《马太福音》5:8。

⑤　《路加福音》3:6。

了基督就是上帝的救恩,那个虔诚的老人西面说的话尤其清楚,当时他用手抱过还是婴儿的基督,说:"主啊! 如今可以照你的话,释放仆人安然去世;因为我的眼睛已经看见你的救恩。"①还有我们已经提到过的约伯的话,可以在希伯来经文中看到,"在我的肉身中,我自己要见他。"②这些话无疑是一个关于肉身复活的预言。如果他说的是"凭着我的肉身",而不是"在我的肉身中",我们马上就会把他的意思理解为"我将要见到基督,我的上帝,凭着肉身我将见到他。"这样的话,我们仍旧可以把他的意思理解为"我将在肉身中看见上帝"。

　　还有,当使徒说"面对面"的时候,这样的说法并不要求我们一定相信我们将凭着这个肉眼所在的有形的面见上帝,因为我们见上帝凭的是灵,其间不会有任何阻隔。如果使徒在这里想要使我们把它理解为内在的人的"面",他就不会说"我们众人既然敞着脸得以看见主的荣光,好像从镜子里返照,就变成主的形状,荣上加荣,如同从主的灵变成的。"③我们对诗篇作者所唱的这句诗也不会有其他理解了,"靠近他,受启示,你的脸就不会羞耻了。"④我们凭着信仰接近上帝,信仰是灵的行动,不是身体的行动。但我们不知道属灵的身体有什么新的性质,因为我们在这里谈论的事情是我们没有经历过的。这样,面对某些我们不能理解的事情,而圣经对此又不能提供帮助,我们的处境就必然如智慧书中所说的那样,"我们凡人的思想是昏暗的,我们的预见是不确定的。"⑤

　　哲学家们的推理断言,理智的事物可以用心灵的视觉来察觉,可感的事物——也就是有形体的事物——可以用身体的感官来感受;而心灵不能用身体的工具来观察理智的事物,也不能只凭它自己的活动来观察有形体的事物。如果我们确定这个推理是完全确定的,那么上帝甚至不可

① 《路加福音》2:29 以下。
② 《约伯记》19:26,圣经和合本译为:"我必在肉体之外得见神。我自己要见他,亲眼要看他。"
③ 《哥林多后书》3:18。
④ 《诗篇》34:6,和合本译法不同。
⑤ 《所罗门智训》9:14。

能被属灵的身体的眼睛看见。但是,真正的推理和先知的权威都表明这个推理是可笑的。有谁敢偏离真理,竟敢说上帝没有关于有形体的知识?上帝有身体,他的身体的眼睛不就有可能使他得到这样的知识吗?还有,我们刚才说过的先知以利沙不是清楚地表明有形体的事物可以被没有身体的灵察觉吗?当以利沙的仆人接受礼物时,这无疑是一种身体的行为,然而先知没有用肉身的工具,而是凭着心灵就看见了。因此很清楚,灵可以察觉有形体的事物,那么按照同样的道理,为什么属灵的身体就不能有一种足够强大的力量使这样的身体也能察觉灵呢?因为"上帝是个灵"。① 还有,每个人都知道自己的生命,这是他现在居于身体中并使其属地的肢体成长和生存的生命,但他知道自己的生命并非凭着身体的眼睛,而是通过内在的感官。然而,其他人的生命,尽管是不可见的,他可以用他身体的眼睛看到。除非同时看到肉体和生命,否则我们如何区别有生命的物体和无生命的物体?而生命对我们来说只能用肉身的眼睛看见。但是,无身体的生命是我们用身体的眼睛看不见的。

　　所以,完全可信的是,在未来的世界里我们将会看见新天新地的有形体的样子,以这样的方式看见完全清晰地呈现在各处和统治万物的上帝,他既是物体的又是灵性的。而在今生,我们作为被造的事物理解上帝的不可见的事物,我们昏暗地、有限制地看上帝,就好像在镜子中看见,更多的是凭着信仰,而不是用我们身体的眼睛去感觉有形体的事物的形象。然而在将来的生活中,我们也许将凭着我们到那时会拥有的身体的眼睛去看我们想看的东西。毕竟,在今生,每当我们知道我们生活于其中的周围的那些人时,我们相信他们是活的,因为他们表现出有活力的运动。毫无疑问,我们是凭着我们的身体看见他们的,尽管我们不能看见他们没有身体时的生命。按同样的道理,在将要到来的那个世界里,无论我们是否将用我们身体的属灵的眼睛观看,我们都将用我们的身体看到统治一切的无形体的上帝。

　　因此,上帝也许能够以这样的方式被看见,因为眼睛有某些与心灵相

---

① 《约翰福音》4:24。

同的优点,凭着这些优点,它们能够看到无形体的事物。然而这种建议难以,或不可能,从圣经中找到任何支持。另一种比较容易被接受的解释是,我们到那时可以按这样的方式看见上帝,上帝到那时可以被我们所知,可以被我们所见,我们将用我们自己的灵去看在我们之中、在我们之间、在它自身中、在新天和新地中、在到那时存在的一切被造物中的上帝;我们也可以用我们的身体看见在一切事物中的上帝,我们属灵的身体的敏锐眼光能够延伸。我们每个人的思想到那时也会向所有人显现,使徒的话语到那时就应验了,他说:"所以,时候未到,什么都不要论断,只等主来,他要照出暗中隐情,显明人心的意念。那时,各人要从上帝那里得着称赞。"①

章30　上帝之城的永久幸福,永久的安息日

在一个没有邪恶、不缺乏善的地方,在一个我们将自由地赞美上帝的地方,在一个上帝是一切事物中的一切的地方,那该有多么幸福啊!处在一种既不会由于无所事事而停止工作,又不会在贫乏的驱使下去工作的状况,我不知道其他我们还要做什么。还有,我们读到或听到的圣诗说:"主啊,如此住在你家的便为有福,他们仍要赞美你。"②

当身体被造为不朽的时候,我们现在看到的有着各种功能的所有肢体和内脏都会联合起来赞美上帝,因为到了那个时候没有贫乏,只有充盈、确定、安全和永久的幸福。因为我已经说过的所有那些身体的元素、那些现在隐秘的和谐,到那时就不再是隐秘的了。通过整个身体的再组,内部的和外部的,与到那时候再被启示出来的其他伟大而神奇的事物相结合,它们的理性之美将赋予我们快乐,将点燃我们理性的心灵,赞扬这位伟大的造物主。

关于这样的身体在将来的世界上会如何运动,我不敢冒险提出大胆的解释,确实,对此我甚至不敢想象。然而我要说的是,不管身体处于什

---

① 《哥林多前书》4:5。
② 《诗篇》84:4。

么状况,是运动还是静止,到那时一切事物的形象都是美的,因为在那里不会再有不美的事物。灵想要去哪里,身体也肯定能马上去哪里;灵决不会希望有任何对灵来说或对身体来说不美的事物。那里将有真正的荣耀,因为无人会错误地或奉承地受到赞扬。那里也将有真正的光荣,配得上的人不会得不到光荣,不配的人也不会被授予光荣;不配的人不会提出光荣方面的要求,因为被那个地方接纳的人全都是配得上光荣的。那里将有真正的和平,因为没有人会承受敌意,这种敌意要么来自他自身,要么来自其他人。

上帝本身是对美德的奖赏,上帝赐予美德,把他自己应许给我们,没有任何事物能比他更优秀,更伟大了。当上帝通过先知说"我要作你们的上帝,你们要作我的子民"①的时候,上帝在这里除了表明我将是你们的充足资源、我将是所有人荣耀地想要得到的对象、我是生命、健康、营养、充裕、荣耀、光荣、和平,是一切善物,还能有别的意思吗?这也是对使徒说的那句话的正确理解,使徒说"上帝是一切事物中的一切。"②上帝将是我们向往的对象。上帝将被无目的地看,无限制地爱,无疲倦地赞美。这种义务、这种情感、这种工作,将像永恒的生命本身一样,对所有人来说都是共同的。

到那时,对于各种程度不同的功德会有什么样的光荣和荣耀的等级?对此有谁能加以谈论,甚至加以想象?然而无可置疑的是,会有这样的等级。但在这个方面,幸福之城也看它自身为好,因为等级低的不会妒忌等级高的,若有妒忌也绝不会超过天使妒忌天使长。没有人想要拥有他没有得到的,他会生活在他已经得到的最平安的恩惠之中;就像在身体中手指头不希望成为眼睛,因为两种肢体都被包含在整个身体的有序的配置之中。因此,有些人会得到较大的恩赐,但每个得到恩赐的人都不会祈求他所拥有的恩赐以外的东西。

还有,到那时他们不再会以犯罪为乐。然而,这不意味着他们没有自

---

① 《利未记》26∶12。

② 《哥林多前书》15∶28,和合本译为"上帝为万物之主"。

由意志。正好相反，他们会有更大的自由，因为摆脱了以犯罪为乐，会使他们始终以不犯罪为乐。当人被创造为公义的时候，他得到的最初的自由意志是由能够不犯罪和能够犯罪组成的。但是这种最后的自由意志更加伟大，它是由能够不犯罪组成的。然而，这并不是一种天然的可能性，而是上帝的恩赐。因为上帝是一回事，上帝的分享者是另一回事。上帝依本性就是不会犯罪的，而分有上帝性质的人得到的不能犯罪只是来自上帝的恩赐。还有，上帝所赐的自由意志应当被视为一个渐进的过程，人首先得到的是他能够不犯罪的自由意志，最后得到的是他不能够犯罪的自由意志；赐予人的前一种恩典是一种可能状态，赐予人的后一种恩典是一种奖赏。由于人的本性在能够犯罪时犯了罪，然后被一种更加丰盛的恩典拯救出来，导向一种他不能犯罪的自由状态。

由于亚当犯罪而失去的最初的不朽是由他能不死组成的，而人的最后的不朽是由他不能死组成的。同理，最初的自由意志是由他能不犯罪组成的，而最后的自由意志是由他不能犯罪组成的。这样，人到了那个时候不能失去想要敬虔和公义的意志，就好像他现在不会失去想要幸福的意志。我们由于犯罪而不能坚持敬虔或幸福，但当我们失去幸福时，我们并没有失去想要幸福的意志。确实，上帝本身是不会犯罪的，但我们因此就要否定上帝有自由意志吗？

所以在属天之城里会有意志的自由，全体公民有意志的自由，每个公民也有意志的自由。这座城摆脱任何罪恶，充满了各种好东西，处在永久的幸福欢乐之中，冒犯被遗忘了，惩罚也被遗忘了。然而，它不会忘记它自己的得救，也不会忘记对它的拯救者的谢恩。但是，作为一种理性的知识，它甚至会记住它过去的恶，哪怕它已经完全忘记了恶的感性经历；这就好像最杰出的医生凭着他的技艺懂得所有疾病，但由于他自己没有生过什么病，所以他对他自己身体里的大部分疾病是无知的。

因此，关于恶的知识有两类。一类是心灵的力量可以察觉的，另一类是从感性经验中产生的。还有，要想知道所有的恶，一种方式是通过聪明人的教导，另一种方式是从蠢人的邪恶生活中得知。所以，遗忘罪恶也有两种方式，拥有关于恶的知识和理解恶的人以一种方式遗忘，而对于恶有亲身体验的人以另一种方式遗忘,前者通过忽视他所知的东西而遗忘,后者通过逃避他所受的害来遗忘。按照第二类遗忘,圣民们不记得以往的恶。他们将完全摆脱恶,恶已经从他们的情感中完全消除了。然而知识的力量如此伟大,圣民们不仅知道他们自己过去的痛苦,而且也知道被定了罪的人的永久痛苦。因为他们若是不知道他们自己过去的痛苦,他们怎么会像诗篇作者所说的那样,永远歌颂上帝的怜恤?① 没有什么能比这首歌颂基督荣耀的恩典的歌能给予这座城更大的快乐了,我们靠他的血得救。到了那个时候这些话将要应验:"你们要安静,知道我是上帝。"②到了那个时候会有无夜晚的大安息日,上帝在他最初的造物中庆祝,如经上所说:"到第七日,上帝造物的工已经完毕,就在第七日歇了工,安息了。上帝赐福给第七日,定为圣日,因为在这日上帝歇了他一切创造的工,就安息了。"③

当我们被上帝的幸福和圣洁充满,被造就为新人的时候,我们自己将变成第七日。然后我们会安静,知道他是上帝。当我们偏离上帝的时候,我们听了诱惑者的话,"你们便如神一样",④因此便弃绝上帝。而上帝已经把我们造得像神一样,不是靠弃绝上帝,而是凭分有上帝。如果没有上帝,除了处在上帝愤怒的危险之中,我们还能做成什么呢?但上帝使我们复原,上帝巨大的恩典使我们成全,我们将永远安静下来,知道他是上帝,当上帝成为一切中的一切时,我们就被上帝充满了。

仅当我们明白我们的一切善功都是上帝的,而不是我们自己的时候,那些可以获得安息的功绩才会记在我们头上。如果我们把这些善功说成是我们自己的,那么它们是"奴仆的工作",关于安息日经上说"这一日不可作奴仆的工"。⑤ 还有先知以西结说:"将我的安息日赐给他们,好在我

_____

① 《诗篇》89:2。
② 《诗篇》46:11,与和合本译文不同。
③ 《创世记》2:2以下。
④ 《创世记》3:5。
⑤ 《申命记》5:14。

与他们中间为证据,使他们知道我上帝是叫他们成为圣的。"①当我们完全安息的时候,我们将完全知道这一点,我们将完全知道他是上帝。

如果我们把在圣经中看到的"日"理解为指一段时间的时代,那么这个安息日的性质会向我们更加清晰地显示,因为到那时就可以看出安息日是这些时代中的第七个时代了。第一日是第一个时代,从亚当延伸到大洪水;第二日从大洪水延伸到亚伯拉罕。第二个时代与第一个时代的相等不是时间长度上的,而是世代的数量上的;因为每个时代各有十个世代。从亚伯拉罕一直到基督降临,如传道人马太所计算的那样,共有三个时代,每个时代共有十四个世代。这三个时代中的第一个是从亚伯拉罕延伸到大卫,第二个是从大卫延伸到巴比伦流放,第三个是从流放到基督的肉体诞生。这样,一共有五个时代。现在是第六个时代,但无法知道这个时代有多少个世代,在这个时代之后,上帝将要安息,就好像在第七日一样,因为经上说"父凭着自己的权柄所定的日期不是你们可以知道的";②上帝也将把在他里面安息赐予我们这些处在第七日的人。

然而,在此逐一详细讨论每一个时代那就太长了。我们只要说第七日是我们的安息日也就够了,这个安息日不会以黑夜告终,而会以"主日"的到来告终,主日是第八日,是永久的日子,它因基督的复活而成圣,不仅象征着圣灵的安息,而且也象征着身体的安息。到那时我们将安息和观看,我们将观看和爱,我们将爱和赞美。处在一个没有终点的终结处,你们瞧,将来会是什么样子! 除了抵达一个没有终结的王国,我们还能给自己确立其他终点吗?

所以在我看来,在主的帮助下,我现在已经偿还了我的债务,到了该结束这本巨著的时候了。愿那些认为这本书太小或太大的人原谅我,愿那些认为这本书正好的人不要感谢我,而是与我一道感谢上帝。阿门!阿门!

---

① 《以西结书》20:12。
② 《使徒行传》1:7。

名 目 索 引 *

A

阿波罗(Apollo):希腊神话中的太阳神,主神宙斯和勒托之子,主管光明、青春、音乐、诗歌等。传说中出生在提洛岛,在德尔斐发神谕。 5,59,82,90—92,105,134,144,146,217,230,246,247,356,721—723,725,726,728,824—827

阿得俄娜(Adeona):罗马女神,负责监管学走路的婴儿,除了奥古斯丁之外,其他文献中均未提及,参阅本书卷4,章21;卷7,章3。 144,232

阿德拉斯托斯(Adrastus):瓦罗的《论罗马人的氏族》(De gente populi Romani)一书中提到西泽库斯的阿德拉斯托斯,说他是一位数学家,但其他文献均未提到过他。 916

阿德墨托斯(Admetus):帖撒利国王。希腊神话说太阳神阿波罗对独眼巨人开战,宙斯为此罚阿波罗为阿德墨托斯牧羊一年。 728

阿多尼斯(Adonis):希腊神话中的美少年,爱神阿佛洛狄忒的情人。据说在狩猎时被野猪咬伤而死,后被尊为植物神。 218

阿尔托耳(Altor):本书卷7,章23处提到的一位神的名字,意思是"哺育者"。没有其他资料来源。 254

阿尔西庇亚德(Alcibiades):雅典政治家、将军(450—404BC),苏格拉底的学生。伯里克利(Pericles)于公元前429年死后,他成为民主派的领袖。参阅柏拉图,《会饮篇》,215A—222A。 521

阿尔西姆斯(Alcimus):耶路撒冷的大祭司,由叙利亚国王德米特利乌·索特尔(Demetrius Soter)在镇压马加比派时期任命。按照犹太史学家约瑟福斯(Josephus)的说法,他的希伯来名字是雅基(Jakim)。参阅约瑟福斯,《犹太人古史》,卷12,章

---

* 本索引的内容包括本书正文中出现的人名和神名,不包括圣经人物,所标数码为本书页码。

9,节7。 769

阿菲利卡努（Africanus）：参阅西庇阿（Scipio）。 68,366

阿伽门农（Agamemnon）：迈锡尼国王，阿特柔斯（Atreus）和埃洛珀（Aerope）之子，墨涅拉俄斯（Menelaus）之兄，特洛伊战争中担任希腊联军的统帅。 729,733

阿革诺利亚（Agenoria）：女神名，奥古斯丁在本书卷4,章2、章6处提到她，但在其他古代作家的著作中均未提到，也可能就是普林尼《自然史》(3，5，65)提到的安革罗娜（Angerona）。 135,139

阿根提努斯（Argentinus）：罗马银币神，除了奥古斯丁在本书卷4,章21提到过他以外,没有其他文献材料。 144,153

阿古斯（Argus）：阿耳戈斯国王阿皮斯（Apis）之子,继承阿皮斯的王位。 719

阿喀琉斯（Achilles）：希腊英雄,帖撒利国王珀琉斯与女神忒提斯之子。荷马史诗《伊利亚特》中的主要英雄之一。 82,317

阿卡（Acca）：参阅福斯图鲁斯（Faustulus）。 573,574,731,733,736,909

阿凯劳斯（Archelaus）：希腊哲学家,阿那克萨戈拉（Anaxagoras）的同时代人和学生,据说曾当过苏格拉底的老师。 270,789

阿揆拉（Aquila）：在本书卷15,章23及卷18,章43处提到,此人系罗马哈德良（Hadrian）的一个姻亲。由于施行巫术而被逐出教会,后皈依犹太教,把旧约圣经译成希腊文。 598,765

阿拉图斯（Aratus）：斯多亚学派哲学家、诗人、星相家,生卒年代约为公元前315至前240年。主要著作为《天象》(Phaenomena)。 241,280,637

阿勒克托（Allecto）：冥神,冥王普路托（Pluto）之女,罗马诗人维吉尔对她作过描写,参阅《埃涅阿斯纪》,卷7,行323以下。 93

阿里斯提波,昔勒尼的（Aristippus of Cyrene）：希腊哲学家（约435—366BC）,昔勒尼学派创始人,主张感性的快乐是生活的恰当目的。一切快乐都有同等价值,但程度和持久性不同,应由理性来控制。 272,312,313,763

阿里斯托布罗二世（Aristobulus II）：阿里斯托布罗一世之子,参阅亚历山德拉（Alexandra）。 770

阿里斯托德谟（Aristodemus）：雅典政治家,当过演员,曾于公元前347年作为雅典代表团成员赴马其顿与腓力进行和平谈判。 53

阿里斯托尼卡（Aristonicus）：公元前133年罗马征服帕伽玛王国时,他领导一场反抗罗马人的起义,于公元前129年被俘,在罗马被处决。奥古斯丁在本书卷3,章2处

B

游记》,卷2,章2,节4。　727

柏洛库斯(Belocus):或者写做柏洛库斯(Belochus),亚述王国的第九位国王,统治时间大约相当于上帝对雅各作应许的时候。　717

柏洛娜(Bellona):罗马人的女战神,有时候被说成玛斯(Mars)的妻子。　72,93,135,144,148,159,178,186,197,226

拜庇乌斯(Baebius):全名马库斯·拜庇乌斯(Marcus Baebius),罗马政治家,苏拉(Sulla)的支持者,公元前87年马略(Marius)和秦纳(Cinna)进入罗马时,被处死。奥古斯丁在本书卷3,章27处的记载有误。据说他被刽子手撕成碎片。　117

保利努斯(Paulinus):诺拉(Nola)地区的主教(409—431),奥古斯丁之友。　15

鲍鲁斯(Paulus):与其姐妹帕拉狄亚(Palladia)患病,奇迹般地被治愈,见本书卷22,章8。　976

彼亚斯(Bias):希腊七贤之一。　741

毕泰戈拉(Pythagoras):希腊哲学家,鼎盛年约为公元前530年。　213,265,269,272,279,741,758

庇塔库斯(Pittacus):密提林(Mitylene)的庇塔库斯,希腊七贤之一。　741

波尔塞那(Porsenna):早期厄拙斯康人的一位国王,全名拉尔斯·波尔塞那(Lars Porsenna)试图帮助被流放的塔奎纽斯·苏泊布斯(Tarquinius Superbus)复辟。178,188,189

波斐利(Porphyry):新柏拉图主义哲学家(约232—304),普罗提诺的学生,基督教的死敌。　256,284,337,349—354,364,366—369,372,373,375,378,380—384,386,461,468,493,824,825,827,828,884,885,959,984,1005,1006,1008—1010

波勒莫(Polemo):学园派哲学家(约死于公元前270年),继承塞诺克拉底任学园首领。　789

波利菲德(Polyphides):特洛伊城沦陷、埃涅阿斯逃往意大利时的西徐亚国王。　734

波吕克斯(Pollux):希腊英雄,宙斯与勒达所生,与他的兄弟卡斯托耳同称狄俄斯库里。　729

波莫娜(Pomona):罗马女仙,皮库斯之妻,在罗马通往奥斯提亚的大道上拥有一片树林作为圣地。　149,159

波普洛尼娅(Populonia):罗马女神。　226

波斯图米乌(Postumius):奥古斯丁在本书卷2,章24处提到的一个占卜家。　72

波提那(Potina):主管婴儿喝水的女神。　135,159,221

E

F

虐待，与姐姐赫勒骑有翼的公羊腾空飞行，后来姐姐头晕，坠海而死。他安全到达科尔喀斯，宰杀公羊祭献给宙斯，并把羊皮，即金羊毛送给国王埃厄忒斯。国王把金羊毛转送给阿瑞斯，由毒龙看守。　727

福斯图鲁斯（Faustulus）：牧人，抚养过罗马创建者罗莫洛（Romulus）和瑞摩斯（Remus）。　736

福提努斯（Photinus）：大公教异端首领，否定基督的神性，曾任主教，在381年君士坦丁堡大公会议上正式受到谴责。　826

富尔戈利娅（Fulgoria）：罗马女神。　226

G

伽利（Galli）：库柏勒的祭司，这个名称显然源于伽鲁斯河（River Gallus）。　48,49,218,255,256

该尼墨得（Ganymede）：一位年轻美貌的特洛伊王子，相关事迹见荷马，《伊利亚特》，卷5，行265以下。　257,727

盖弥尼（Gemini）：公元29年的罗马执政官。　784

盖乌斯·塞维留斯（Gaius Servilius）：罗马政客卢西乌斯·萨图尼努斯（Lucius Saturninus）的朋友和同盟者。　116

高登修斯（Gaudentius）：罗马帝国官员，除了本书卷18，章54处提及外，没有其他资料来源。　784

戈耳工（Gorgon）：希腊神话人物，福耳库斯与刻托所生的三个女儿。她们的头发都是毒蛇，嘴里长有野猪的尖牙，身上还长有翅膀。三人中最小的墨杜萨最危险，任何人只要看到她的脸就会变成石头。她后来被珀耳修斯杀死。　727

革尔瓦西乌（Gervasius）：与普洛塔西乌（Protasius）是两兄弟，尼禄迫害教会时的大公教殉道士。　967,972

革拉提安（Gratian）：全名弗拉维乌·革拉提安（Flavius Gratianus），罗马帝国分为东西两部分后西罗马皇帝（367—383）。　200

格奈乌斯·曼留斯（Gnaeus Manlius）：罗马官员，公元前195年在西西里任执法官，公元前189年任总督。　111

格尼乌斯（Genius）：罗马神祇，复数格尼（Genii），也指精灵。　230,244,247,253

古洛苏（Gulosus）：迦太基教会的一位监事。本书卷22，章8处提到。　969

H

L

M

Claudius Marcellus),公元前 3 世纪的罗马著名将军,公元前 222 年抗击高卢人,公元前 212 年攻克叙拉古,公元前 208 年被杀。　8

马库斯·普尔维鲁斯(Marcus Pulvillus):全名马库斯·霍拉提乌·普尔维鲁斯(Marcus Horatius Pulvillus),公元前 509 年任罗马执政官。　189

马库斯·瓦罗(Marcus Varro):拉丁文化名人,全名马库斯·泰伦提斯·瓦罗(Marcus Terentius Varro),生于公元前 116 年,死于公元前 27 年,出生地为罗马东北面的莱亚特(Reate)。师从埃利乌斯(L. Aelius),后来去雅典跟随学园派哲学家安提俄库斯。政治上属于庞培派,得到恺撒的青睐后,开始负责筹建罗马的第一所公共图书馆。公元前 46 年受到安东尼的猜忌,从政治舞台上隐退,以全部精力投身于著述。瓦罗的著作涉及面非常广,有诗歌、讽刺诗、文学评论、文法、语言学、科学、历史、教育、哲学、法律、神学、地理、考古。整个古代对他的评价很高。当他逝世之后,他的声誉世代相传,与日俱增。文艺复兴时的意大利诗人佩特拉克把他与西塞罗、维吉尔并列,称作罗马三杰。瓦罗有大量著作,但保存下来的仅有两种。《论拉丁语》(De lingua Latina),原文共 25 卷,仅存 6 卷;《论农业》(De Re russtica),写于公元前 37 年,共 3 卷。　208,214,229,714,722,727,787,791,916,1009

马利卡(Marica):拉丁姆的一位女仙,常与维纳斯或狄安娜混同。　71

马略(Marius):罗马将军(157—86BC),全名盖乌斯·马略(Gaius Marius),公元前 107 年首次担任执政官,以后多次当选。　69—72,74,86,116—119,196,201

马图塔(Matuta):罗马女神,主管黄昏和早晨。　130,729

玛拉苏斯(Marathus):西徐亚王国的国王,统治时期大约相当于以色列人出埃及时。　724

玛略·塞奥多洛(Mallius Theodorus):罗马执政官(399)。　784

玛弥索斯(Mamythos):亚述王国的第十二位国王,在位时期大约相当于约瑟去世以后。　719

玛斯(Mars):罗马战神,相当于希腊神祇阿瑞斯,据说为罗莫洛之父。　58—60,83—85,134,135,144,146,147,153,159,186,197,226,230,233,244—246,317,722,723,736

玛提阿利斯(Martialis):希波的一位年长的异教徒,临死前皈依大公教。　58,973

迈亚(Maia):希腊神话人物,阿特拉斯(Atlas)和普勒俄涅(Pleione)的女儿,与宙斯生赫耳墨斯。　720

曼图耳那(Manturna):罗马神祇,只有奥古斯丁在本书卷 6,章 9 处提到。　222

斯·斯卡沃拉(Gaius Mucius Scaevola),罗马英雄人物。 184

N

奈尼娅(Naenia):罗马神祇,主管死人或葬礼。 223

奈维乌斯(Naevius):罗马戏剧家和诗人(约270—199BC),全名格奈乌斯·奈维乌斯(Gnaeus Naevius)。 51,55

尼吉底乌斯(Nigidius):毕泰戈拉学派哲学家,天文学家,西塞罗的朋友,瓦罗的同时代人。政治上支持庞培,死于公元前45年。 163

尼禄(Nero):罗马皇帝(54—68),以残暴著称,公元65年迫害基督徒。 193,196,779,780,871

尼努斯(Ninus):传说中位于尼尼微地区的亚述城市的创建者,发明战争技艺,组织大规模的军队。他的儿子也叫尼努斯,或者叫尼涅亚斯(Ninyas)。 128,611,621,632,714—716,735,737,926

尼普顿(Neptune):意大利水神,后来等同于希腊海神波赛冬。 59,82,132,134,146,159,226,230,239,247,251—253,261,721—723,726

宁妇(Nymphs):仙女,有许多位。 159

努玛·庞皮留斯(Numa Pompilius):罗马的第二位国王(715—673BC),罗马宗教体系和历法的创建者。 59,88,91,92,99,264,265,274,743

努美里亚(Numeria):罗马女神,主管分娩婴儿的速度和教儿童数数。 135

努米托尔(Numitor):阿尔巴·隆加的第十六位国王,罗莫洛的祖父。 84,736

努米托留(Numitorius):罗马贵族,苏拉的支持者,全名盖乌斯·划努米托留(Gaius Numitorius)。 117

诺多图斯(Nodotus):罗马谷物神。除奥古斯丁提到外无其他资料来源。 130,131,135

O

欧多克索斯(Eudoxus):希腊数学家、天文学家、地理学家(约390—340BC)。 637

欧赫墨鲁(Euhemerus):昔勒尼学派哲学家,鼎盛年约为公元前300年。 217,259

欧吉纽斯(Eugenius):全名弗拉维乌·欧吉纽斯(Flavius Eugenius),392年宣布为罗马皇帝,394年被杀。 201

欧罗巴(Europa):希腊神话人物,腓尼基国王阿革诺耳的女儿,卡德摩斯的姐妹,被宙

斯化作白牛劫到克里特,生下弥诺斯、拉达曼堤斯、萨耳培冬,后嫁给克里特王阿斯忒里俄斯。 632,725

欧罗普斯(Europs):西徐亚王国的第二位国王,统治时间约为亚伯拉罕诞生时。 715

欧西庇乌(Eusebius):全名欧西庇乌·潘菲鲁斯(Eusebius Pamphilus),基督教护教士,生卒年代约为260至340年,圣经诠释家、教会历史学家,314年担任恺撒利亚的主教。 33,282,372,380,631,721,723,741,743,747,824,825,926

P

帕凡提亚(Paventia):罗马女神,负责保护儿童不受惊吓。 135

帕拉斯(Pallas):赫丘利之子。 91

帕里斯(Paris):特洛伊王普里阿摩斯之子,诱拐美人海伦,引发特洛伊战争。 83—85,99,723

帕特拉娜(Patelana):罗马女神,主管谷物抽穗。 130

潘土斯(Panthus):特洛伊的一位长老,见荷马,《伊利亚特》,卷3,行146。 5

庞波纽斯(Pomponius):公元一世纪罗马喜剧家,全名卢西乌斯·庞波纽斯(Lucius Pomponius)。 139

庞培(Pompey):罗马军人(106—48BC),全名老格奈乌斯·庞培(Gnaeus Pompeius Magnus),镇压奴隶起义而声名显赫。"前三头同盟"成员之一。 93,119,200,770

庞皮留斯(Pompilius):参阅努玛·庞皮留斯(Numa Pompilius)。

佩库尼亚(Pecunia):罗马女神,"钱币"的人格化。 144,149,234,242,243

佩洛尼亚(Pellonia):罗马女神,向她祈求可以使敌人逃跑。 144

皮库斯(Picus):意大利的农业神,传说中的劳伦廷(Laurentines)的第一位国王。 146,224,274,729,730

皮洛斯(Pyrrhus):本书卷3,章13处提到的皮洛斯是荷马史诗中的人物,阿喀琉斯之子。 93

皮洛斯(Pyrrhus):伊庇鲁斯国王(319—212BC),出现在本书卷3,章17处。 105,191

珀耳修斯(Perseus):马其顿国王,公元前179至前168年在位。 90

珀耳修斯(Perseus):希腊著名英雄,主神宙斯化作金雨与达那厄亲近,生下了他。长大后经历各种冒险,立下许多功绩,其中有杀死怪物美杜莎。 728

珀伽索斯(Pegasus):戈耳工所生的怪物。 727

Q

秦纳（Cinna）：全名卢西乌斯·高奈留·秦纳（Lucius Cornelius Cinna），罗马政治家，公元前 87 年担任执政官。他是苏拉的政敌、马略的同盟者。 69,116,201

R

瑞摩斯（Remus）：罗莫洛之弟。 41,560,561

瑞提图图（Restitutus）：本书卷 14，章 24 处提到的一位监事，无其他资料来源。 549

瑞亚（Rhea）：希腊神话中的众神之母，乌拉诺斯和该亚之女。 46,736

S

撒比留斯（Sabellius）：公元 3 世纪初出现的大公教异端派别首领。 368,400

撒达纳帕鲁斯（Sardanapalus）：亚述国王亚述班尼帕（Assur bani pal，668—626BC）的名字的拉丁写法。 65

撒拉西娅（Salacia）：意大利海神尼普顿（Neptune）的伴侣。 132,134,226,251,252

撒路斯特（Sallust）：罗马政治家、历史学家（86—34BC），全名盖乌斯·撒路斯特·克里斯普（Gaius Sallustius Crispus）。 7,59,61,62,65,67,69,83,89,90,96,100,102,103,111,112,177—182,192,233,243,319,632,714,715

萨尔培冬（Sarpedon）：欧罗巴（Europa）之子。 725

萨福鲁斯（Saphrus）：亚述王国的第十四位国王，统治时间大约相当于摩西诞生的时候。 720

萨图恩（Saturn）：古老的意大利神祇，后来等同于希腊的克洛诺斯（Kronos），天神朱庇特之父。 59,132,133,135,144,146,152,217,219,229—233,235,240,244—246,248—251,257,258,274,729,730

萨图尼努（Saturninus）：公元 391 年以前的乌扎利（Uzali）主教，本书卷 22，章 8 处提及。 969

塞奥多提翁（Theodotion）：亦称作塞奥奥图（Theodotus），生活于公元 2 世纪，曾翻译旧约圣经，见本书卷 18，章 43。 765

塞尔托利乌（Sertorius）：罗马著名军人，全名昆图斯·塞尔托利乌（Quintus Sertorius），苏拉获胜后站在民主派一边，后被暗杀。 119

塞吉提娅（Segetia）：罗马女神，主管田地，亦称塞格斯塔（Segesta）。 130,131,149,

T

埃及的时候。　720,724

特利托勒莫(Triptolemus)：希腊神话人物，被视为农业的发明者，因此也是文明的创始人。　727

特利托尼娅(Tritonia)：罗马神祇密涅瓦(Minerva)的别名。　721

特伦斯(Terence)：罗马喜剧家，生于北非。　50,55,520,521,550,800

特伦提阿努(Terentianus)：公元 2 世纪的罗马语法学家、诗人。　208,209

特洛古斯·庞培(Trogus Pompeius)：罗马历史学家，李维(Livy)的同时代人。　128

特米努斯(Terminus)：罗马边界女神，源于界石。　134,147,153,154,196,237,238,240

提奥多西一世(Theodosius I)：罗马基督徒皇帝。　583

提庇留(Tiberius)：罗马皇帝奥古斯都的养子，后继承皇位。　965

提伯里努斯(Tiberinus)：台伯河(River Tiber)之神，罗马人崇敬这位神，因为这条河流对这个国家的生计极为重要。　146,224

提多·拉丁纽(Titus Latinius)：奥古斯丁在本书卷4,章26和卷8,章13处讲述的故事中的人物。　150,285

提多·塔修斯(Titus Tatius)：萨宾人的国王，领导萨宾人(Sabines)抵抗罗马人。后与罗马人调解，并入罗马，与罗莫洛(Romulus)共同统治约五年，奥古斯丁说他被罗莫洛杀害，见本书卷3,章13。　94,146,224

廷达鲁斯(Tyndarus)：斯巴达英雄，勒达(Leda)的丈夫。　274

图拉真(Trajan)：罗马皇帝(98—118)，以仁慈和公正著称。　779

图利亚库(Thuriacus)：西徐亚王国的第七位国王，亦称图利玛库(Thurimachus)，统治时间约为亚伯拉罕去世的时候。　716

图鲁斯·霍斯提略(Tullus Hostilius)：罗马的第三位国王(673—642BC)。　95,98,99,224

图提利娜(Tutilina)：罗马女神，保护谷物丰收。　130

图图努斯(Tutunus)：罗马神祇普里阿普斯(Priapus)的别名。　136

托夸图斯(Torquatus)：罗马将军，执政官，全名提多·曼鲁斯·因佩廖索·托夸图斯(Titus Manlius Imperiosus Torquatus)，在公元前 340 年的拉丁战争中杀死他自己的不服从军令的儿子。　30,188

托勒密(Ptolemy)：埃及的马其顿王都叫托勒密。本书中提到的有以下三位：(一)卷8,章2和卷18,章42处提到的是托勒密二世(Ptolemy II Philadelphus)，与翻译希

摩斯。　51

绪玛库斯（Symmachus）：公元 2 世纪的圣经翻译者，曾把旧约圣经译为希腊
　　文。　765

Y

亚伯俄娜（Abeona）：罗马女神，负责监管学走路的婴儿，除了奥古斯丁之外，其他文
　　献中均未提及，参阅本书卷 4，章 21；卷 7，章 3。　144，232

亚里士多德（Aristotle）：古希腊大哲学家（384—322BC），柏拉图的学生，后创立逍遥
　　学派。曾当过亚历山大大帝的老师，著作丰盛。　284，311，401，436，786，787，
　　796，822，905，981

亚历山大大帝（Alexander the Great）：马其顿国王腓力二世之子，马其顿帝国的创建者
　　（356—323BC）。在其父腓力二世被刺以后继承王位，军事才能卓越。奥古斯丁在
　　书中（卷 8 章 5，27；卷 12，章 11）提到亚历山大给他的母亲写信，主要资料来源是
　　普罗塔克（Plutarch）的《亚历山大传》，章 27。　126，445，446，764

亚历山德拉（Alexandra）：亚历山大·伊阿奈乌斯之妻，在丈夫死后继承国王和祭司
　　的位置，在位年代是公元前 79 年至前 69 年。她死以后，她的两个儿子争夺继承
　　权。参阅约瑟福斯，《犹太人古史》，卷 12，章 12，节 7。　770

杨布里科（Iamblichus）：新柏拉图学派哲学家（约 250—352），师从波斐利，著有《毕达
　　戈拉斯传》（Protrepticus）。　284

伊阿诺斯（Janus）：罗马最古老的神祇之一。　88，90，134，146，223，229—232，235，
　　237—242，246—248，257，260，261

伊阿索斯（Iasus）：阿耳戈斯国王。　720

伊壁鸠鲁（Epicurus）：希腊晚期哲学家（341—271BC），创立以他的名字命名的学派。
　　194，213，275，277，392，394，508，762，763，787

伊娥（Io or Ion）：阿耳戈斯国王伊那科斯的女儿。主神朱庇特爱她，朱诺由于妒忌而
　　把她变成母牛。后来她去了埃及，成为埃及人的伊希斯（Isis）神。　717

伊菲革涅亚（Iphigenia）：希腊英雄阿伽门农（Agamemnon）之女。阿伽门农得罪女神
　　阿耳忒弥斯，被迫把女儿作牺牲向女神献祭。在祭坛上，女神赦免了伊菲革涅亚，
　　把她摄走，让她做女神的祭司。　733

伊卡洛斯（Icarus）：雅典建筑师和工匠代达罗斯之子，与他的父亲被囚禁在克里特迷
　　宫中。为了逃离克里特，他们用蜡粘合羽毛制成双翼装在身上飞离克里特。由于

Z

朱庇特（Jupiter）：罗马主神，相当于希腊主神宙斯，众神之父。

朱伽提努斯（Jugatinus）：奥古斯丁提到有两位神祇都叫这个名字，一位是婚姻之神（卷4，章11），一位是山峦之神（卷4，章8）。　130,135,222

朱利安（Julian）：全名弗拉维乌·格劳底乌斯·朱利安（Flavius Glaudius Julianus），罗马皇帝（361—363），加入过大公教，后叛教，被称作"变节者"（the Apostate）。154,196,200,282,367,780

朱利乌斯·普洛库鲁斯（Julius Proculus）：阿尔巴（Alba）的一位贵族，奥古斯丁在卷3，章15处提到他。　97

朱诺（Juno）：最初是意大利的一位女神，主掌妇女和生育，后来与希腊神话中的天后赫拉（Hera）混同，成为罗马主神朱庇特之妻，战神玛斯之母。　5—7,54,79,93,131—134,146,179,189,218,225,226,230—233,242,245,247,254,260,274,365,366,723

朱文塔斯（Juventas）：罗马神祇，主掌青年。　135,147,153,207

译名对照表

A

Aaron 亚伦

Abel 亚伯

Abeona 亚伯俄娜

Abiathar 亚比亚他

Abimelech 亚比米勒

Abraham 亚伯拉罕

Abram 亚伯兰

Academics 学园派

Acca 阿卡

Achilles 阿喀琉斯

Achior 亚吉奥

Adah 亚大

Adam 亚当

Adeodatus 阿得奥达多斯

Adeona 阿得俄娜

Admetus 阿德墨托斯

Adonis 阿多尼斯

Adrastus of Cyzicus 阿德拉斯托斯（西泽
   库斯的）

Aegialeus 艾吉亚留

Aemulius 艾姆留斯

Aeneas Silvius 埃涅阿斯·西尔维乌斯

Aeneas 埃涅阿斯

Aeolus 埃俄路斯（风神）

Aeschinese 埃斯基涅斯

Aesculanus 埃斯库拉努斯

Aesculapius 埃斯库拉庇俄斯

Aether 以太

Africanus 阿菲利卡努

Agamemnon 阿伽门农

Agar（Hagar）夏甲

Agenoria 阿革诺利亚

Agesilaus 阿革西劳

Ahaz 亚哈斯

Alaric 阿拉里克

Alcibiades 阿尔西庇亚德

Alcimus 阿尔西姆斯

Alexander Jannaeus 亚历山大·伊阿奈
   乌斯

Alexander the Great 亚历山大大帝

Alexandra 亚历山德拉

Allecto 阿勒克托

Altor 阿尔托耳

Alypius 阿利庇乌斯

Amalthea 阿玛塞亚

Ambrose，Saint 圣安布罗斯

Ammonius 阿莫尼乌

Amos 阿摩司

B

Baal 巴力

Bacchae 巴凯

Bacchantes 巴克坎忒斯

Baleus 巴琉斯

Barnabas 巴拿巴

Baruch 巴录

Bassus 巴苏斯

Baynes 白奈斯

Beelzebub 别西卜

Beeri 备利

Bellerophon 柏勒洛丰

Bellona 柏洛娜

Belocus 柏洛库斯

Belus 伯鲁斯

Berecynthia 伯瑞昔西娅

Bethuel 柏苏艾尔

Bias of Priene 彼亚斯

Bubona 布波那

Busiris 布希里斯

C

Cacus 卡科斯

Caecilius 凯西留斯

Caelestis 凯勒斯提斯

Cain 该隐

Cainan 该南

Caius Caesar Strabo Vopiscus 盖乌斯·
恺撒·斯特拉波·伏皮斯库

Camena 卡美那

Camilla 卡弥拉

Camillus 卡弥鲁斯

Canaan 迦南

Cardea 卡尔戴亚

Carmentes 卡门特斯

Cassius 卡西乌斯

Castor 卡斯托耳

Catius 卡提乌斯

Catosus 卡托苏斯

Cato 加图

Cecrops 凯克罗帕

Cephisus 凯菲苏斯

Cerberus 刻耳柏洛斯

Ceres 刻瑞斯

Chaeremon 凯瑞蒙

Chilon of Sparta 喀龙(斯巴达的)

Chrysippus 克律西波

Cicero 西塞罗

Circe 喀耳刻

Claudian 克劳狄安

Cleobulus 克莱俄布卢

Cleombrotus 克莱奥布洛图

Cleon 克莱翁

Cleophon 克莱俄丰

Cloacina 克洛亚西娜

Codrus 考德鲁斯

Collatina 科拉提那

Concord; Concordia 和谐女神

Constantine 康士坦丁

Consus 康苏斯

Corax 科拉克斯

Epaphus 埃帕福斯

Ephraim 以法莲

Epictetus 爱庇克泰德

Epicurus 伊壁鸠鲁

Epulones 埃普洛奈斯

Eratus 埃拉图斯

Erichthonius 厄里克托尼俄斯

Esau 以扫

Esdras 以斯拉

Esther 以斯帖

Ethan 以探

Eucharius 尤卡利乌斯

Eudoxus 欧多克索斯

Euhemerus 欧赫墨鲁

Europa 欧罗巴

Europs 欧罗普斯

Eusebius Pamphilus 欧西庇乌·潘菲鲁斯

Eutychianus 欧提基阿努

Eve 夏娃

Evodius 埃伏第乌斯

Ezekiel 以西结

Ezra(Esdras)以斯拉

F

Fabricii 法伯利奇

Faunus 法乌诺斯

Faustulus 福斯图鲁斯

Faustus 福斯都

Fear"恐惧"

Felicity "幸福"

Fessona 费索娜

Fever "发烧"

Firmus 费尔姆斯

Flaccianus 福拉基阿努斯

Flamen Dialis 福拉门·狄阿利斯

Flamen Martialis 福拉门·玛尔提阿利

Flamen Quirinalis 福拉门·奎里那利斯

Flavius Claudius Aurelian 弗拉维乌·克劳狄·奥勒良

Flavius Eugenius 弗拉维乌·欧吉纽斯

Flavius Jovian 弗拉维乌·约维安

Flora 福罗拉

Florentius 福罗伦提乌

Forculus 福尔库鲁斯

Fortuna Barbata 福耳图那·巴耳巴塔

Fortuna Muliebris 福耳图那·姆利伯利丝

Fortune, Fortuna 福耳图那

Frutesca 福鲁特斯卡

Fulgoria 富尔戈利娅

Furius Camillus 福里乌斯·卡弥鲁斯

G

Gaidad 盖达

Gaius Aurelius Cotta 盖乌斯·奥勒留·科塔

Gaius Fabricius 盖乌斯·法伯里修

Gaius Flavius Fimbria 盖乌斯·弗拉维乌·菲姆利亚

Gaius Hostilius Mancinus 盖乌斯·霍斯提留·曼昔努斯

Hostilina 霍斯提利娜

Hostilius 霍斯提略

Hyperbolus 叙佩伯鲁斯

Hyrcanus 叙尔卡努斯

I

Iamblichus 杨布里科

Iasus 伊阿索斯

Icarus 伊卡洛斯

Inachus 伊那科斯

Innocentia 伊诺珊提娅

Innocentius 伊诺珊提乌

Ino 伊诺

Intercidona 英特西多纳

Io 伊娥

Iphigenia 伊菲革涅亚

Irenaeus 伊里奈乌

Isaac 以撒

Isaiah 以赛亚

Iscah 伊斯卡

Ishmael 以实玛利

Isis 伊希斯

Israel 以色列

Iterduca 伊特杜卡

J

Jabal 雅八

Jacob 雅各

James 雅各

Janus 伊阿诺斯

Japheth 雅弗

Japhtha 耶弗他

Jared 雅列

Jeremiah 耶利米

Jeroboam 耶罗波安

Jerome 杰罗姆

Job 约伯

Joel 约珥

John the Baptist 施洗约翰

Joktan 约克唐

Jonah 约拿

Joseph 约瑟

Joshua 约书亚

Josiah 约西亚

Jotham 约坦

Jovius 约维乌斯

Jubal 犹八

Judah 犹大

Jugatinus 朱伽提努斯(婚姻之神)

Jugatinus 朱伽提努斯(山峦之神)

Julian 朱利安

Julius Proculus 朱利乌斯·普洛库鲁斯

Juno 朱诺

Jupiter 朱庇特

Justinus 查士丁努

Juventas 朱文塔斯

K

Keturah 基土拉

Kronos 克洛诺斯

L

Laban 拉班

Lycurgus 莱喀古斯

Lymphs 吕姆福斯

M

Machir 玛迦

Madaura 麦道拉

Magog 玛各

Mahalaleel 玛哈拉利尔

Maia 迈亚

Malachi 玛拉基

Mallius Theodorus 玛略·塞奥多洛

Mamythos 玛弥索斯

Manasseh 玛拿西

Manichaeism 摩尼教

Mannia 玛尼娅

Manturna 曼图耳那

Marathus 玛拉苏斯

Marcellinus 马凯利努斯

Marcus Atilius Regulus 马库斯·阿提留·勒古鲁斯

Marcus Baebius 马库斯·拜庇乌斯

Marcus Curtius 马库斯·库提乌斯

Marcus Fulvius 马库斯·伏尔维乌

Marcus Furius Camillus 马库斯·富里乌斯·卡弥鲁斯

Marcus Horatius Pulvillus 马库斯·霍拉提乌·普尔维鲁斯

Marcus Livius Drusus 马库斯·利维乌斯·德鲁苏斯

Marcus Marcellus 马库斯·马尔采鲁斯

Marcus Varro 马库斯·瓦罗

Marcus Varro 马库斯·瓦罗

Marica 马利卡

Marius 马略

Mark 马可

Mars 玛斯

Martialis 玛提阿利斯

Mary Magdalene 马利亚（抹大拉的）

Mary 马利亚

Mathusael 马苏赛尔

Matthew 马太

Matthias 马提亚

Matuta 马图塔

Maximian 马克西米安

Maximinus 马克西米努

Maximus 马克西姆

Melanthus 美兰苏斯

Melantomice 美兰托米丝

Melchizedek 麦基洗德

Melicertes 美利凯尔特

Mellona 美洛那

Mena 美那

Menelaus 墨涅拉俄斯

Mens 孟斯

Mercury 墨丘利

Messapus 美撒普斯

Metellus 美特鲁斯

Methusael 美苏赛尔

Methuselah 玛土撒拉

Mevia 美维亚

Micah 弥迦

Milcah 弥尔迦

Pelasgus 佩拉古斯

Peleg 佩勒格

Peleus 珀琉斯

Pellonia 佩洛尼亚

Perander of Corinth 佩兰德耳（哥林多的）

Pericles 伯里克利

Peripatetics 逍遥学派

Perseus 珀耳修斯

Persius 波西乌斯

Pertunda 波图达

Peter 彼得

Petronia 佩特洛尼娅

Phares 法瑞斯

Phegous 弗古斯

Philip of Macedon 腓力（马其顿的）

Philus 菲鲁斯

Phineas 菲尼亚斯

Phoebus 福玻斯

Phoenix 腓尼克斯

Phorbas 福拜斯

Phoroneus 福洛纽斯

Photinus 福提努斯

Phryxus 福律克苏斯

Picus 皮库斯

Pilumnnus 皮鲁姆努斯

Pittacus of Mitylene 庇塔库斯（密提林的）

Plato 柏拉图

Plautus 普劳图斯

Plemmeus 普勒缪斯

Pliny 普林尼

Plotinus 普罗提诺

Pluto 普路托

Polemo 波勒莫

Pollux 波吕克斯

Polyphides 波利菲德

Pomona 波莫娜

Pompey 庞培

Pompilius 庞皮留斯

Pomponius 庞波纽斯

Populonia 波普洛尼娅

Porphyry 波斐利

Posidonius 波西多纽

Possidius 波西狄乌

Postumius 波斯图米乌

Potina 波提那

Praejectus 普赖吉克图

Praestantius 普赖坦提

Prema 普瑞玛

Priam 普利阿姆

Priapus 普里阿普斯

Priscus Tarquinius 普利斯库·塔奎纽斯

Procus 普洛库斯

Prometheus 普罗米修斯

Proserpine 普洛塞耳皮涅

Protasius 普洛塔西乌

Proteus 普洛托斯

Ptolemy II Philadelphus 托勒密二世（托勒密·菲拉德福）

Ptolemy Soter 托勒密·索特尔

Ptolemy V Epiphahes 托勒密五世（托勒

Septimius Severus 塞提米乌·塞维卢斯

Serapis 塞拉皮斯

Serug 塞卢格

Servius Tullus 塞维乌斯·图鲁斯

Seth 塞特

Severus 塞维卢斯

Shem 闪

Silvanus 西尔瓦诺斯

Silvius 西尔维乌斯

Simeon 西面

Simplicianus 辛普里西安努

Socrates 苏格拉底

Sol 索尔

Solomon 所罗门

Solon 梭伦

Speusippus 斯彪西波

Sphinx 斯芬克司

Spinensis 斯比奈西斯

Spurius Maelius 斯普利乌·买留斯

Statilinus 斯塔提利努斯

Stephen 司提反

Sterces 斯特耳凯斯

Sthenelas 斯塞尼拉

Stimula 斯提莫拉

Strato 斯特拉波

Strenia 斯特瑞尼亚

Subigus 苏比古斯

Summanus 苏玛努斯

Symmachus 绪玛库斯

T

Tantalus 坦塔罗斯

Tantanes 坦塔尼斯

Tarquin 塔克文

Tarquinius Priscus 塔奎纽斯·普利斯库

Tarquinius Sextus 塔克纽·塞克斯都

Tarquinius Superbus 塔奎纽斯·苏泊布斯

Tarutius 塔鲁提乌斯

Taurus 陶鲁斯

Tellumo 忒路莫

Tellus 忒路斯

Telxion 特尔克西翁

Terah 忒拉

Terence 特伦斯

Terentianus 特伦提阿努

Terentius 特伦提乌斯

Terminus 特米努斯

Terra 忒拉

Thales 泰勒斯

Theodosius I 提奥多西一世

Theodotion 塞奥多提翁

Thetis 忒提斯

Thuriacus 图利亚库

Tiberinus 提伯里努斯

Tiberius Sempronius Gracchus 提比略·塞普洛尼乌·革拉古

Tiberius 提庇留

Tigillus 提吉鲁斯

Titus Latinius 提多·拉丁纽

Titus Tatius 提多·塔修斯

Tobit 多比

Torquatus 托夸图斯

责任编辑:张伟珍
封面设计:吴燕妮
版式设计:边　娜
责任校对:马　婕

图书在版编目(CIP)数据

上帝之城/[古罗马]奥古斯丁 著;王晓朝 译. —2 版(修订本). —北京:
　人民出版社,2018.8(2022.3 重印)
ISBN 978 - 7 - 01 - 019552 - 0

Ⅰ.①上… Ⅱ.①奥…②王… Ⅲ.①基督教-研究-古罗马
Ⅳ.①B979.198.5

中国版本图书馆 CIP 数据核字(2018)第 158302 号

上帝之城

SHANGDI ZHICHENG

（修订版）

[古罗马]奥古斯丁　著　　王晓朝　译

人民出版社 出版发行

（100706　北京市东城区隆福寺街 99 号）

北京新华印刷有限公司印刷　新华书店经销

2018 年 8 月第 2 版　2022 年 3 月北京第 3 次印刷
开本:710 毫米×1000 毫米 1/16　印张:68.75
字数:985 千字　印数:6,001-11,000 册

ISBN 978 - 7 - 01 - 019552 - 0　定价:220.00 元(上、下)

邮购地址　100706　北京市东城区隆福寺街 99 号
人民东方图书销售中心　电话 (010)65250042　65289539